"十一五"国家重点规划图书

"985工程"哲学社会科学创新基地
教育部人文社会科学重点研究基地
中国海洋大学海洋发展研究院
资 助

中国海洋文化史长编

明清卷

主　　编　　曲金良

本卷主编　　马树华　　曲金良

中国海洋大学出版社
·青岛·

图书在版编目(CIP)数据

中国海洋文化史长编.明清卷/曲金良主编;马树
华,曲金良分册主编.—青岛:中国海洋大学出版社,
2011.11

ISBN 978-7-81125-120-3

Ⅰ.①中… Ⅱ.①曲…②马… Ⅲ.①海洋—文化史
—中国—明清时代 Ⅳ.①K203②P7-05

中国版本图书馆 CIP 数据核字(2011)第 226930 号

出版发行	中国海洋大学出版社			
社　　址	青岛市香港东路 23 号		**邮政编码**	266071
出 版 人	杨立敏			
网　　址	http://www.ouc-press.com			
电子信箱	cbsebs@ouc.edu.cn			
订购电话	0532—82032573(传真)			
责任编辑	张华		**电　话**	0532—85902342
印　　制	日照日报印务中心			
版　　次	2012 年 11 月第 1 版			
印　　次	2012 年 11 月第 1 次印刷			
成品尺寸	170 mm×230 mm　1/16			
印　　张	45.75			
字　　数	756 千字			
定　　价	79.80 元			

海洋文化的历史视野

——《中国海洋文化史长编》序

　　海洋文化是一门新兴的交叉性、综合性学科，它既包含了人文科学、社会科学学科与自然科学、工程技术学科，又包含了基础理论学科与应用科学学科，具有重要的学术价值、现实意义和发展潜力。

　　海洋文化史体现了海洋文化的历史视角，或是历史研究的海洋史观，既涉及海洋文化的各个层面，如精神文化、制度文化、物质文化，也涉及历史学的各种专门史领域，如政治史、经济史、外交史、军事史、文化史、思想史、科技史、艺术史、文学史、民俗史等等。更细的当然还有海疆史、海岛史、海防史、海军史、海战史、航海史、造船史、海关史、海产史、海港史、海洋文学史、海洋艺术史等，还包括海洋意识、海防观念、海权观念、海洋政策、海路交通、海上贸易、海洋社会、海外移民等等，可见涵盖面极其广泛，内容极其丰富。

　　从中国海洋文化史的视角来看，中国也是一个海洋大国，有着18000多千米长的大陆海岸线，6500多个岛屿和300多万平方千米的海域（按《联合国海洋法公约》，领海加上大陆架和专属经济区）。而这片广阔的海洋国土却常常为国人所忽略或误解。甚至有人把中华文明简单归结为与海洋脱离以至对立的"黄土文明"，这是必须加以纠正的。回顾中国历史，大量史料证明中华民族是世界上最早走向海洋的民族之一。浙江河姆渡遗址发现的独木舟的桨距今已有7000多年的历史。文字记载中，《竹书纪年》有夏代的航海活动记录，"东狩于海，获大鱼。"甲骨文中也有殷商人扬帆出海的记载。《史记》写春秋战国时，吴国水军曾从海上发兵进攻齐国。而齐景公曾游于海上，乐而不思归。《论语》中说连孔子也表示过想"乘桴浮于海"呢！秦始皇多次东巡山东沿海，命方士徐福率童男童女和百工出海寻找长生不老药,而徐福船队出海东行后竟一去不复返。后人遂有徐福东渡日本的种种传说。以上这些都是发生在公元前的事例,难道能说我们的老祖宗不知道海洋吗? 我们应该从考古遗址文物和上古史料文献研究中,发掘出更多中华民族先人从事有关海洋活动的事迹,并加以考订、阐述。

中国在古代还曾经是海上贸易十分发达,航海和造船技术领先于世界水平的国家,这是值得炎黄子孙们自豪的历史。《汉书·地理志》记载汉代中国船队从广东徐闻或广西合浦出海,经东南亚、马六甲海峡直至印度马德拉斯沿海"黄支国"和"已程不国"(斯里兰卡),被后人称为汉代的"海上丝绸之路"。汉武帝时已与欧洲的"大秦国"(即东罗马帝国)有了交往。东晋僧人法显从长安出发经西域到印度(当时称天竺),学梵文抄佛经。公元411年,又从"狮子国"(斯里兰卡)坐船经印度洋和南海回国。唐代,中国国力强盛,经济繁荣,海上交通十分发达,开辟了多条海外航线。如赴日本的东亚航线,还分为经朝鲜半岛沿海的北路与直接横渡东海的南路。另有赴库页岛、堪察加的东北亚航线。特别是通往西方的唐代海上丝绸之路。据唐朝宰相贾耽所著《广州通海夷道》记载,这条航线从广州出发,越海南岛,沿印度半岛东岸航行,顺马来半岛南下。经苏门答腊、爪哇,出马六甲海峡,横渡孟加拉湾至狮子国,沿印度半岛西岸航行,过阿拉伯海,抵波斯湾。再沿阿拉伯半岛南岸西航经巴林、阿曼、也门至红海海口,最后南下直至东非沿岸。唐代远洋海船把中国丝绸、瓷器、茶叶运销亚非各国,并收购象牙、珍珠、香料等物品,盛况空前。唐代重要海港如广州、泉州、福州、明州(宁波)、扬州、登州等都已成为世界贸易大港。而宋代的海上贸易更超过唐代,政府设立市舶司,给商人发放出海贸易的"公凭"(许可证),对进港商船征收关税,鼓励发展对外贸易。据《岭外代答》、《诸蕃志》等宋朝书籍记载,通商的国家和地区就有50多个,包括阇婆(爪哇)、三佛齐(苏门答腊)、大食(阿拉伯)、层拔(东非)等。尤其是宋代中国海船首先用指南针和罗盘针导航,开创航海技术的重大革命,后经阿拉伯人传到欧洲,才有欧洲人的大航海时代。当时中国的海船建造水平及航海技术水平都达到了世界前列。宋代远洋航船依靠罗盘导航甚至可以横渡印度洋,直达红海和东非。元代航海事业又有进一步发展,元代的四桅远洋海船在印度洋一带居于航海船舶的首位,压倒阿拉伯商船。元代运用海船进行南粮北运的海上漕运。意大利威尼斯旅行家马可·波罗曾见到中国港口有船舶 15000 多艘。而摩洛哥旅行家伊本·白图泰更赞扬泉州是当时世界上最大的海港,甚至他在印度旅行还见到不少来自泉州的中国商船。元人汪大渊在其《岛夷志略》中记载与泉州港有海上往来的国家和地区近百个,泉州港口还竖有指示航行的大灯塔。

明代初年郑和舰队七次下西洋,是中国古代海洋及造船、航海事业的顶峰,也是世界航海史上极其伟大辉煌的一页。郑和舰队规模之大,造船、航海水平之高,所到国家地区之多,都可谓当时世界之最。郑和舰队在 1405—1433 年的 28 年中先后七次远洋航行,到达东南亚、南亚、伊朗、阿拉伯直至红海沿岸和非洲东海岸的 30 多个国家和地区。在所到之处进行和平外交与经济文化交流,谱写中外友好的篇章。他们开拓的航路、总结的航海经验、记录的见闻、绘制的海图都是留给后人的极其珍贵的海洋文化遗产。我们应该把郑和航海史作为中国海洋文化历史研究最重要最典型的课题进行全方位、多角度、多学科的深入研究。例如,郑和的海洋观、海权观、海防观、海洋外交思想、外贸思想、航海技术、海战战略战术、造船技术、航海路线、海图测绘、通讯导航、舰队组织、人才培养、海洋见闻、海洋文学、海洋民俗信仰,以及郑和下西洋的目的动机、效果作用,所到之处的活动影响、遗址文物、民间传说等;不仅要搞清楚郑和舰队究竟到了哪些地方,还要与当时欧洲的航海家如哥伦布、达伽马、麦哲伦等人的航行作具体实证的比较;更要科学总结郑和下西洋的历史经验教训,深刻分析郑和航行为什么不能达到哥伦布航行的效果,没能推动中国航海事业更大的发展。

郑和航海史是我们中华民族的辉煌和骄傲,但郑和以后中国航海事业的衰退和萎缩,又是我们民族的遗憾和教训。我们应该认真研究和反思郑和以后明清两代的海洋政策和统治集团、知识分子以至民众的海洋意识。为什么明初鼎盛的航海事业会中断?为什么明清政府要实行海禁政策,其历史背景、直接动因以及更深层的政治、经济、文化、思想原因是什么?禁海政策与日本倭寇海盗骚扰、郑成功反清斗争、西方殖民者入侵等的关系如何?闭关锁国政策是怎样形成的,其具体措施规定又是什么? 其实我们也不要把明清的海禁政策、闭关政策绝对化,似乎始终不许片板下海,一直紧闭所有国门。实际上,海禁在不同时期曾有松弛,民间商船仍不断东渡日本长崎进行信牌贸易。即使实行闭关之后,也并非完全封闭,仍留广州一地,允许各国商船前来贸易。但这种消极保守的外交及海洋政策,确实给中国经济发展带来严重的影响和阻碍。尤其在 18—19 世纪,西方进行工业革命和资产阶级革命,生产力和综合国力突飞猛进之时,中国却不求进取甚至停滞倒退,这一进一退形成东西方力量消长的悬殊变化,以致出现近代中国落后挨打的局面。这说明海洋意识与国家发展、民族兴衰有多么重大的关系,这个历史的教训实在太深刻了。

进入近代,中华民族的命运与海洋更是息息相关。一方面,西方列强加上日本侵略中国大多是从海上入侵。从第一次鸦片战争、第二次鸦片战争到中法战争、甲午战争、八国联军侵华战争,无不如此。中国万里海疆,狼烟四起。帝国主义依仗船坚炮利,烧杀抢掠,横行霸道,迫使中国割地赔款,许多港口、海湾被割占、租借,海疆藩篱尽撤,中国陷入半殖民地的深渊。我们应该好好研究一下这些不平等条约中关于海港、海湾、海岛、海域、海关、海运等等有关海洋权益的条款,看看我们究竟在近代丧失了多少海洋方面的主权和利益,以史为鉴。

另一方面,近代中国军民曾经为反抗外国从海上入侵,保卫祖国海疆进行过前仆后继、艰苦卓绝的斗争,涌现过林则徐、关天培、陈化成、邓世昌等许多民族英雄。但历次对外战争却都以失败告终。其原因归根结底是当时统治阶级的愚昧、腐败以及政治、经济、军事制度和综合国力的落后。中国封建统治者长期以为中国是世界的中心,其他国家都是蛮夷,应向"天朝"朝拜进贡。直到 18 世纪末清代乾隆年间纂修的《皇朝文献通考》对世界地理的描述,仍是"中土居大地之中,瀛海四环"。1840 年英国舰队已经打进国门,道光皇帝才急忙打听:英国究竟在哪里,有多大,与中国有没有陆路可通,与俄罗斯是否接壤? 连英国是大西洋中一岛国这样起码的地理知识都没有,可见对世界形势愚昧无知到什么地步! 在鸦片战争刺激下,一批爱国、开明的知识分子开始睁眼看世界,了解国际形势,研究外国史地，寻找救国道路和抵御外敌的方法。如林则徐编译《四洲志》，魏源编撰《海国图志》，徐继畬编著《瀛环志略》，梁廷枏写作《海国四说》等。这些著作达到了当时东亚对世界和海洋史地认识的最高水平，可是却不受统治集团重视，反被斥为"多事"。皇帝和权贵们依然迷信和议，苟且偷安。

由于清朝统治集团缺乏海洋意识、危机意识和海防意识，不仅在西方列强从海上入侵的两次鸦片战争中遭到失败，而且对新兴的日本从海上侵犯，也缺乏警惕和对策。1874年，日本出兵侵略台湾南部高山族地区，清政府竟视为"海外偏隅"，听之任之。最后签订《台事专约》，反给日本50万两银子，以"息事宁人"。这种妥协退让态度助长了日本和西方列强侵略中国海疆的野心。日本侵台事件后，经过海防与塞防之争，李鸿章等清政府官僚认识到东南海疆万里，已经门户洞开，再不加强海防和建立海军，前景"不堪设想"！于是分别建设北洋海军和福建水师。福建水师的军舰和人员都是由法国人作顾问的福州船政局制造和培训出来的。不料在1883年8月23日中法战争的马江海战中，几小时内就被法国舰队全部消灭。这真是对清政府依靠外国进行洋务运动和海军建设的一个绝大的讽刺，值得好好研究，总结、吸取历史教训。

甲午海战可以作为近代海军史、海战史以至海洋文化研究的一个重要典型事例。李鸿章花了中国人民大量血汗钱，用了十多年时间建立起来的北洋舰队，在1888年成军时的确是当时亚洲最强大的一支海军舰队，拥有"定远"号和"镇远"号两艘从德国买来的7000多吨的主力铁甲舰。1891年北洋舰队访问日本时，曾威震东瀛，吓得日本赶紧全力以赴拼命发展海军。而与此相反，清政府却满足现状，不仅不再添置战舰，反而压缩海军军费，甚至挪用海军经费给慈禧太后修颐和园和"三海工程"（北京北海、中海、南海）。一进一退，中日海军建设又拉开了差距。三年后中日甲午战争双方海军大决战时，便见分晓。甲午战争中北洋海军全军覆没，有着多种原因。仅从海洋史观或海洋文化历史研究的角度，也有许多问题值得研究。如清政府特别是李鸿章等权贵的海洋意识、海权观念、制海权观念、海洋国际法观念、海防指导思想、海军建设思想、海军战略战术思想、海陆协防思想，以及具体的海军组织、指挥体系、后勤供应、海防炮台、船舰性能、武器装备、海军人才教育、官兵素质、海战经过、战略战术得失、海上通讯情报、气象水文、海战新闻、海战文学诗词等许多方面内容。甲午海战和北洋海军留下的历史经验教训是值得我们深刻总结、认真反思的,失败和教训同样也是宝贵的历史遗产。

中国近代海洋文化历史研究还有一个方面值得注意,就是近代中国人如何通过海洋走向世界,如出使、游历、贸易、留学、华工、移民等等。他们在海外的见闻、观感及其思想观念、心理的变化十分有趣,并留下大量著作、游记、日记、笔记。例如,1876年前往美国费城参观世界博览会的浙海关委员李圭,原来不太相信地圆说,后来亲自从上海乘轮船出发一直向东航行,经太平洋到美洲,再经大西洋、印度洋,又回到中国上海。他这才恍然大悟:原来地球真是圆的。同文馆学生出身一直做到出使大臣的张德彝八次出国,每次都写下一部以"航海述奇"为名的闻见录,自称要把这些见所未见、闻所未闻、奇奇怪怪甚至骇人听闻的海外奇闻告诉国人。还如1887年出访日本、美洲的游历使傅云龙在其著述《游历图经余纪》中详细记载了自己横渡太平洋,特别是经过南美洲海峡,与惊涛骇浪搏斗的经历。凡此种种,都是海洋文化研究的极好素材。

可以说,海洋文化研究离不开历史研究,而历史学也应通过海洋文化研究扩大视野,开拓领域。海洋文化史研究有着广阔天地,大有作为。相信有志于海洋文化研究的学者和青年学生们,在这块尚未开垦的园地里辛勤耕耘,必将获得丰硕的成果。

中国海洋大学海洋文化研究所编纂的《中国海洋文化史长编》,从浩如烟海的学术界研究文献中,汇集、梳理并编辑、概述了涉及中国海洋文化史各个时期、各个方面的研究成果资料,为海洋文化学习者、研究者及广大干部群众,提供了一套内容丰富、很有价值的参考书,也为中国海洋文化学科的建设发展,做了一项很重要的基础性工作。因此应主编曲金良先生之邀,欣然为之作序。

全国政协委员　王晓秋

北京大学历史系教授、博士生导师、中外关系史研究所所长

二〇〇六年八月

于北大蓝旗营公寓遨游史海斋

弁　言

　　我国既是内陆大国，又是海洋大国，海洋文化历史悠久，蕴涵丰厚，独具东方特色，在世界海洋文化史上占有重要地位。对此，我国许多学者已在各自学科中，从不同视角、不同领域作了多年专深的研究。有鉴于长期以来国人海洋文化意识观念的淡薄和对我国海洋文化历史的无视，中国海洋大学海洋文化研究所集全所同仁之力，经长时间的酝酿、准备，在中国海洋大学立项支持下，在"中国海洋文化史"的框架下，汇总辑录了国内主要相关学者的研究成果，梳理、编纂成了一部大型五卷本《中国海洋文化史长编》，较为集中、系统、全面地展示出了中国海洋文化历史悠久、内涵丰富的基本面貌，同时展示了中国学术界不同学科、视角对海洋文化史相关领域、相关问题的已有研究成果，既可作为培养海洋文化研究人才的工具书性质的基本文献，也可供社会各界读者阅读参考。

　　本书分"先秦秦汉卷"、"魏晋南北朝隋唐卷"、"宋元卷"、"明清卷"、"近代卷"凡 5 卷，近 300 万字。每卷分章、节、小节、目等，系统钩稽阐述了中国海洋文化发展史的精神文化、制度文化、经济文化、社会文化及其海外影响与中外文化海路传播等层面。

　　本书作为中国海洋大学海洋文化研究所的集体编纂项目，得到了学校领导的高度重视和支持，由学校 211 工程建设项目支持启动，后成为教育部人文社科重点研究基地、国家 985 哲学社科创新基地——中国海洋发展研究院海洋历史文化学科基础建设项目，由所长曲金良博士主编，修斌博士、赵成国博士、闵锐武博士、朱建君博士、马树华博士以及本所聘请的北京师范大学陈智勇博士担任各卷主编，自 2002 年开始，至 2004 年初成，后不断梳理修改，2006 年统编校订，前后历时 5 年。

　　本书力图承继中国古代图书编纂"汇天下书为一书"的"集成"传统，在"中国海洋文化史"的体例框架下，广泛搜集汇总、梳理参阅、编选辑纳学术界有关中国海洋历史文化的主要研究成果,得到了全国 100 多位主要相关学者的热情慨允和大力支持。著名学者、全国政协委员、厦门大学杨国桢教授给予多方面的指导,著名学者、全国政协委员、北京大学王晓秋教授为本书作序,对本书的学术性、资料性价值给予了高度重视和肯定。特此鸣谢。

本书被国家新闻出版总署列为"十一五"国家重点规划图书,由中国海洋大学出版社出版。相信本书会成为国内外相关学界尤其是年轻学子关注中国海洋文化历史、了解学术界相关研究成果、探求中国海洋文化问题的基础性参考书,从而通过这些研究成果进一步扩大影响,促进中国海洋文化史研究的进一步发展繁荣。

关于本书的编纂宗旨与体例,说明如次:

——本书的编纂目的,是基于中国海洋大学海洋文化学科建设和人才培养的基础性教学和研究的参考用书,也适用于社会各界读者阅读参考。

——本书力图通过对国内海洋人文历史学相关学者研究成果的汇总性梳理、集纳,较为全面、系统地展示中国海洋文化悠久、丰厚的历史面貌和发展演变轨迹,以期有利于读者在学界相关著述的浩瀚书海中,通过这样一部书的集中介绍,同时通过对各部分内容的出处的介绍,既能够对中国海洋文化史的基本面貌和丰富蕴涵有一个大致的把握,又在一定程度上对我国海洋文化相关研究的学术状况、学者成就有一个大体的了解。

——本书涵括和展示的"中国海洋文化史",上自先秦、下迄近代,涉及中国海洋精神文化、制度文化、物质文化的方方面面,以及中国人所赖以生存、繁衍和创造、发展海洋文化的历史地理环境。大凡中国历代沿海疆域、岛屿的开发管理与更迭变迁,历代王朝和民间海洋思想、海洋观念,国家海洋政策与制度管理,海上航线与海路交通、造船、海上丝绸之路与海洋贸易,中外海路文化交流,海港与港口城市,海洋天文水文、海况地貌等自然现象的科学探索,海洋渔业及其他生物资源的评价与开发利用,历代海洋信仰的产生与传播,海洋文学艺术的创造,海洋社会与海外移民,历代海关、海防、海军、海战等国家海洋意志的体现等,都是本书作为"中国海洋文化史"的学术视阈与展示内容。

——本书以中国海洋文化发展的历史时期为序,分"先秦秦汉卷"、"魏晋南北朝隋唐卷"、"宋元卷"、"明清卷"、"近代卷"凡 5 卷;全书设弁言,各卷设概述,卷下各章设节、目;各章节目的具体内容,凡是编者已经搜检研读过的学界研究成果中适于本书体例和内容需求的,均予选编引用,或者加以综述;对于学界尚无研究的问题,凡是编者认为重要且能够补充介绍的,则加以补充介绍。

——所有引用于本书中的学界已有研究文献,均对作者、书名或篇名、出处、时间、页码等——注明,并列入参考文献;所引用成果的原有注释,依序——列于页下,并对原注按现行出版要求尽可能作统一处理,包括补充或调整部分信息内容。

　　——本书出于叙述结构体例、各内容所占篇幅大小以及叙述角度转换等需要,对选编引用的成果,必要时作适当节略和调整,力求做到叙述角度的统一性和行文的贯通性。

　　——本书主编负责设计全书体例与内容体系,各卷主编具体负责本卷概述的撰写和各章节目的编纂;最后由主编统编、定稿。

　　——本书书后附录包括本书主要引用及参考文献在内的"中国海洋文化史相关研究主要论著论文索引",以利于读者更为广泛的研究参考。

目 次

3

目
次

本卷概述

公元 1368 年,朱元璋建立明朝,逐步统一全国,至崇祯十七年(1644 年),明思宗自缢,明亡,结束了明朝达 277 年的统治历史。同年,清军入关称主,是为清顺治元年,从此确立了清朝长达 268 年的统治。整个明清时代,几近 550 年。其中 1840 年至 1911 年清亡而中华民国成立,凡 60 年有余,是中国的近代时期,中国海洋文化的历史出现了不同于传统的面貌,对此,我们将在下一卷中加以考察叙述。本卷所考察论述的,是自明朝建立至鸦片战争前 472 年的中国海洋文化历史(当然,在有些问题的考察论述上,考虑到其整体性和完整性而难以切割卡断,对其后时段的发展也有所延伸)。

明清时代,是沿海社会充满新旧交替冲动的时期,因而也是中国传统的海洋文化经历了几千年的发展积累之后走向大繁荣、大高潮然而又大衰退、大失败的时期。所谓大繁荣、大高潮,所谓大衰退、大失败,既是这一时期历史发展的总体趋势与面貌,其间又经历了几度穿插交替。在这一历史时期,我们有可歌可泣的辉煌,又有可悲可叹的屈辱。辉煌源于海洋,来自海上,屈辱同样源于海洋,来自海上。

在这一长达近 5 个世纪的历史时期,明清官方既要通过海洋发展经济,增加税收,又要通过海洋建立泱泱大国俯视天下的华夷秩序和朝贡体系,如果说有哪个帝王故意看不起海洋,故意忽视了海洋,那可能是冤枉了他——我们有那么绵延漫长、美丽富饶的海疆,那么多大则庞然大物、小则轻巧灵便的民船、战舰,那么多自古拥有、谁都知道可获鱼盐之利的渔场、盐田;我们有那么多的海外贡臣,献来那么多的异方珍奇,丰富着人们的餐桌,供人们欣赏把玩;我们可以通过世界性的大航海,创造世界历史的奇迹。面对四海称臣朝拜,有哪个帝王作为一个万国之君不感到满脸荣光,有哪个臣子作为一个大国子民不感到荣光满面?然而,中国毕竟太大了,"万里河山",泱泱九州,幅员辽阔,物产富饶(至少在皇帝看来是这样),无所不有,因而很容易对海洋有所忽视,很容易不再想占领世界市场,因而面对一次次或大或小的来自海外小国的海上威

本卷概述

1

胁,明清王朝只是一味地固守海门,只是消极地应战、抵御着或是东洋倭寇、或是西洋毛番的海上叩关。一座座海防设施,一座座卫所城池,一座座烽火炮台,一个个民族英雄,一个个报国忠魂,洒尽一腔热血,献上年轻的生命,血流染海,累累硝烟,但是依然没有抵挡住(如此必然不能抵挡住)海上国门的洞开、海洋疆土的残破。

由于不断地受到来自海上的威胁,因而不断地实行海防、海禁(对外是海防,对内是海禁,二者可谓相辅相成),结果是不断地向那些"番夷"们让步、妥协。这种现象几乎笼罩着整个明清两代,即使是我们引以为自豪的几下西洋、称雄海上、万国来朝、扬大国风威的"海洋帝国"时期,也在上述整个国家局势和世界局势下不得不被否定、被排斥、被消解。整个明清两代,总体上来看,是一方面海洋发展势不可挡,而另一方面海洋发展不断受阻的时代;尤其是国家海洋活动,不是在宋元时代的基础上全面发展、全面辉煌,而是在局部的、片面的发展和辉煌的背后,总体上的全面的退却、再退却,直到无路可走,只好听人摆布,任人宰割,最终走上了在维护东方大国的面子的同时,不得不用西方的理论、西方的制度、西方的技术和西方的经济模式来"拯救中华民族"的近代化乃至现代化的道路。

明清时期中国海洋文化的发展,较以往朝代更多地受到了官方的控制与干涉,并随着政策的松弛而跌宕起伏。在国家海洋政策和海洋社会经济发展等因素的影响下,这一时期的海洋文化发展体现出阶段性特征,其发展脉络可分为四个时期:明中叶以前,明中后期,清初和清中叶。明中叶以前,通过郑和下西洋和朝贡贸易体制,官方经营的海洋文化事业达鼎盛状态;明中后期,随着政府海洋力量的衰弱与走私贸易的发展,民间海洋力量崛起,海洋文化趋向民间化、多样化;清初,受海禁与迁界影响,沿海社会文化一度萎缩,停滞不前;清中叶开海设关后,国家整体海洋活动尽管仍不活跃,但海洋贸易有了进一步发展,西方文化的海路输入和传播,使海洋思想观念、海路文化交流等领域出现了向近代转型的倾向,中国海洋文化开始由古代向近代迈进。

中国古代海洋文化自秦汉经魏晋南北朝至唐朝发展了数百年,长江下游三角洲沿海地带以及南部沿海地区在江河文明与海洋文明的双重滋养下,海洋文化获得了相当程度的发展。由于"中国北部总的来说,缺乏可以形成浙江—福建沿海港口的那种沿海的山脉和河流。它还缺乏诸如茶、丝和陶器那样的出口品"①,宋元以降,随着中国经济重心南移东倾的趋势愈来愈强化,海洋文化重心南移的趋势也越来越明显,呈现出鲜明的南重北轻的区域性特征。到明清时期,中国北部沿海地区的社会经济发展处于相对迟滞状态,在全国经

---

① 〔美〕费正清编:《剑桥中华民国史》(上),中国社会科学出版社1998年版,第12页。

济中的比重日益下降,北方诸港的海外交通地位逐步削弱,其军港性质日益凸显,北方海洋文化在整体态势上已不能望南方之项背。对此,我们可以引用海洋史学家杨国桢先生的论述加以说明。

明清时期的江南沿海地区既是封建工商业最发达的地带,也是全国最重要的农粮生产基地;闽粤沿海地区是全国商品性经济作物栽培和海外贸易最繁盛的区域。这些地区拥有足够的供出口海外的茶叶、丝绸、瓷器、甘蔗等生产品和加工品,而且这些商品在海外市场具有高利润与强适应性。入明,东南沿海的经济总量不断增加。明中叶以后,西方早期资本主义殖民势力东来,使它不仅成为中西政治、经济冲突的必经地带和主要交汇点,而且成为西方宗教和外来文化渗透、传播的首要区域。清初以后,福建复因台湾岛的开发找到了新的经济增长点,到清中叶,台湾地区已成为东南的粮仓。东南沿海得天独厚的海洋优势促使这一地区的居民乐于从事海洋事业,善于经营海上资本;"促致沿海民间社会向海洋发展形成潮流,使沿海这一陆海交叉地带的'大陆—海岸型'社会开始从内陆主流体系向海洋文化体系倾斜"①,从而促成了王朝政府控制下虽然步履维艰,但由其内在活力与张力使然而毕竟难以遏制的民间海洋社会文化全方位的向内、向外发展。

海洋经济,指人类在海洋中及以海洋资源为对象的社会生产、交换、分配和消费活动。海洋社会,指向海洋用力的社会结构,包括社会组织、行为制度、思想意识、生活方式。随着海洋活动的拓展,海洋社会经济不仅体现在渔捞、航运、贸易、移民等直接的海洋经济活动中,还包括为这些活动提供劳力、资金、技术、商品和市场等沿海陆地经济活动。由此,海洋社会就发展成为一定海域的"渔村社会"、"海商社会"、"海盗社会"、"海洋移民社会"甚至地方性以至国家的向海洋用力的社会系统。②

明朝初年,中国沿海社会已获得相当发展,沿海人口的增长、市场的发展与生活消费状况的变迁引起了对海外贸易的进一步需求,社会剩余财富积累了充足的投资资金,封建金融信贷体制也已初步建立,造船和航海技术在原有基础上又有所发展。不过,直到明中叶以前,沿海地区都尚未形成真正意义上的海洋社会经济。"明代实施的海禁政策压抑了海洋发展的势头,然而这种封闭性的经济专制体制的社会不适应性,又为海洋社会经济的脱颖而出,积蓄了足够的社会能量(包括沿海人口剩余、社会价值观念变迁等等)和经济能量(沿海社会需求增长、商品经济发展等等)。"③到明代中后期,随着政治腐败、中央

① 杨国桢、郑甫弘、孙谦:《明清中国沿海社会与海外移民》,高等教育出版社1997年版,第21页。
② 杨国桢、郑甫弘、孙谦:《明清中国沿海社会与海外移民》,高等教育出版社1997年版,第2—3页。
③ 杨国桢、郑甫弘、孙谦:《明清中国沿海社会与海外移民》,高等教育出版社1997年版,第4页。

控制力下降,社会经济向商品经济倾斜发展,朝贡贸易衰落,民间海上走私贸易猖獗,海洋社会经济便以地方性、民间性形式在东南沿海局部地区和海域应运而生。

明清海洋社会经济的地方性、民间性孕育和生长主要包括以下几个方面:"一、东方海洋贸易网络形成,并与世界市场相连接,与西方海洋势力展开竞争;二、海外移民社会逐步形成,并对沿海社会产生互动;三、近海渔业在海禁下衰落,远洋渔业和近海水产养殖业兴起;四、海洋社会组织在局部地区和海域形成和发展;五、沿海民间海洋意识增长。"①

明中叶海洋社会经济出现以后,利用沿海社会动荡、海防趋弱的时机,迅速兴起。海盗与海商两位一体的海上走私贸易,是当时海洋社会经济的主要内容。湖海大姓、豪右之家受海洋经济利益的驱动,在或明或暗的地方官府的庇护下,纷纷造船置货,私通外国。受海上走私贸易的带动,民间违禁制造大船的现象蔚然成风,造船业在偏僻海隅发展起来,一些港汊荡地、海岛也得到开发,成为走私基地,浙江双屿,福建安平、月港、梅岭均被辟成海港。东西洋航路在官方停止下西洋活动后,由民间继承,得到大部分的恢复,远洋渔业也开始出现。月港部分开禁,使月港和马尼拉航路——太平洋航路对接,海洋商业活动和海外移民更成一股潮流。从月港经台湾、琉球到日本的走私航路,也日益活跃。②

中国海洋社会经济的出现,是社会与政治震荡在经济方面的客观反应,而不是执行国家海洋政策的主观效果,因此它从一开始就只能在传统经济的夹缝中顽强地寻求有限的发展空间,造成主体发展上的民间自发性和地方区域性特征。复因明清两代统治者漠视海洋发展,一再地加以限制和禁止,海洋经济未能被纳入传统经济体制内进行循环运作,在整个中国社会经济中处于从属的、次要的地位。这导致它在国际海洋竞争中最终失去了对抗优势。③ 到18世纪初至19世纪中叶,在内外挤压下,中国海洋社会经济逐渐显露颓势,并走向了变异。

本卷共包括11章内容,分别从11个方面汇总了学术界已有的相关研究成果,展示了明清时期中国海洋文化发展的基本面貌。其概况如下。

明清时期是中国古代海疆发展史上的鼎盛时期。由于沿海方向出现了前所未有的国防危机,加上那里的农业、手工业经济均较前代有较大发展,所以两代统治者对海疆地区的重视程度要远远超过宋、元时期。明、清两朝在治理

① 杨国桢、郑甫弘、孙谦:《明清中国沿海社会与海外移民》,高等教育出版社 1997 年版,第 5 页。

② 杨国桢、郑甫弘、孙谦:《明清中国沿海社会与海外移民》,高等教育出版社 1997 年版,第 22 页。

③ 杨国桢、郑甫弘、孙谦:《明清中国沿海社会与海外移民》,高等教育出版社 1997 年版,第 6 页。

和巩固海疆方面均付出了巨大努力，形成了完整的海疆管理和防御体系，在体制上使海疆管理形成了"军事管理"、"军事管理、土官管理与州、县民政管理相结合"、"在实行府、州、县民政管理的同时，屯驻海防兵力"三种管理模式；在濒海都转运盐使司及盐课提举司、卫所屯军和地方府县三个系统的共同管理下，沿海荡地得以大规模开发。但与此同时，在海防危机日益凸显的情况下，狭隘的"侧重陆岸海口要点防御，以打击海盗和走私为宗旨的海防战略"既无法有效地对付大股海盗，又不能抵御西方列强从海上的入侵，国家制海权受到严重威胁，中国古代海疆遇到了最严峻的挑战。

明清时期是我国古代海上交通由盛而衰的转变时期，其海洋政策与管理主要包括三方面内容。明代的海洋政策以"海禁"为主体特征，清代的海洋政策主要体现为前期的"禁海"、迁界与中期的开海设关；在贸易管理上，明代市舶司的主要职责从原来管理互市舶的机构变为管理贡舶的机构，而督饷馆的设置及其饷税征收办法的制定，则标志着我国历史上征收海外贸易税已从实物抽分制转向货币税饷制，清代的海洋贸易管理主要体现在以粤海关关税制度和十三行公行及保商制度为最重要内容的"广州制度"上；明清时代还是中国海洋渔政朝着全面、系统及法制化管理方向发展的时代，尽管其管理的宗旨及手段有不尽科学和合理之处，但总的看来是有效有益的，对我们今天的海洋渔政管理也有不少可资借鉴之处。

海防思想是明清海洋思想的主要内容。明代张弛交替的禁海强化了其守土防御的"防海"意识，使海防思想在战略取向上以防守为基点。战略上一味地防守而不进攻就是战略上的保守，而战略上的保守则必败无疑——道理十分简单，如同足球比赛，一味地只知守门而不知进攻，对方的球门万无一失，而自己的球门却总有一天会被攻破。明代最有价值的海防思想是抗倭名将从抗倭实践和教训中得出的一些海防主张，只可惜得不到应用和发展，终于酿成中华民族的千古遗恨。至清代前期，由于海防建设的需要，不少学者和军事家总结、继承了明代抗倭海防的经验教训，认真剖析了海岸、海岛以及海区的地理形势，讨论了海口、海港、海道的军事、经济利用价值，并初步探讨了海洋气候、海洋水文对海洋作战的影响，其研究内容已经涉及当代海防地理学的各个方面，为当时的海防军队的部署与调整提供了宝贵的理论依据。但从总体看来，一方面，探索这些海防理论、科学知识的潜在指导思想还是建立在"不攻"的保守型"守势"海防观念与战略思想之上，另一方面，即使是这样也没有被吸收、纳入国家的海防决策和海防实战中加以优化发展和广泛应用。标志着中国从传统历史走向近代历史的鸦片战争以及再后来的甲午海战的全面失败和丧权辱国，就是刻骨的伤痛、千古的教训。

值得注意的是，在海洋思想方面，明末曾产生过"通洋裕国"的思想观念。

这与近代西方的"海洋富国论"有相似之处，只是这种声音太微弱、太单薄了，在当时的时代条件下，没有、也不可能成为整个国家的思想和主张。

郑和下西洋是明清航海事业的最杰出成就。为实现建立以明朝为天下共主的国际秩序的目标和理想，朱棣派遣郑和率领世界一流的远洋船队大规模地七下西洋，可以说，郑和下西洋是中国以造船、航海技术演进为主的海洋发展、中国沿海社会经济发展和国家政治价值取向的综合产物。郑和七下西洋的盛事，把中国传统造船技术推进到空前的鼎盛时期。这时的海舶类型更加大型化和多样化，装备更加完善，此后，由于国家战略和指导思想的转型、一系列的禁海、禁贸甚至禁渔的退却型政策和措施的出台，中国造船业由盛而衰，规模渐渐不及往昔。

明代中国海洋贸易活动的最重要内容之一，是海外"番邦"朝贡贸易体制的建立和维持。朝贡贸易是独特的"中国化"或曰"中国特色"的海外贸易形式，并不具有真正贸易的开放性的特点，而是对强权政治的一种支持，其政治意味远甚于经济意义。明代中后期朝贡贸易衰落后，民间私人海外贸易的迅速发展，使我国以官方垄断为主的海外贸易发生了根本性的变化。"真正的"海外贸易大规模的发展始于清代开海设关之后，即使在一口通商时期，其发展势头和贸易总值也远远超过前代，达到了新的高度。当然，这种"真正的"海外贸易还远远不是真正的海上自由贸易。

明清时期海港城市的发展有两点引人注意，一是区域特征十分突出，广州、澳门、福建等东南沿海港市的城市功能主要体现在港口通商贸易上，港市建设充满活力，城市面貌呈现出商业都会与文化交汇的特征，而北方天津、登州等港的城市功能则以军事防御和运输为主，港市建设也多围绕海防需要进行，城市面貌比较单一，缺少多样化；二是大批走私贸易港的崛起，随着官方航海的衰落、走私贸易的兴盛，双屿、安平、月港、南澳等港汊被辟为海港，一度发育成繁荣的国际贸易港，成为民间海洋社会经济生长的温床。

中国古代海洋学知识发展到明清时期更趋丰富和完备。在航海事业的推动下，地文导航系统逐步完善，从更路簿到针经再到海图，导航手册不断成熟，出现了如《郑和航海图》等各种类型；海洋气象学取得的成就主要集中在海洋占候和对海洋风暴的认识上，当时海洋占候已十分发达，形成了一个独立部门，对风暴的认识和预报，已成为古代海洋气象学的重要组成部分。海洋水文方面，人们已将对潮流、潮汐及其规律的认识熟练地应用于航海、海战、海岸工程等各海洋领域，同时，各种实测潮汐表在不同海区全面迅速地发展起来，而且已采用多种方法进行盐度测量，并将海水盐度动态规律应用在潮灌和纳潮中。明清时人们对于我国海洋生物资源的特点和变化，也有了更全面的记述与评价，人工海水养殖业迅速兴起，在养殖规模、养殖技术和产品的商品化程度上,均取得了空前的发展,在中国海洋渔业发展史上具有划时代的转变意义。

明清时期的中外海路文化交流按空间分布可分为两大部分,一是以传教士和西方商人为媒介的中西海路文化交流,一是以中国海外移民为中介的海路文化交流。第一部分又包括西方文化的输入与中国文化对欧洲国家的传播和影响两类内容:随着东西方海上交通的发展,欧洲耶稣会士远涉重洋而来,将一股异质文化导入中国文化系统,从而揭开了近代中西文化交融与冲突的序幕,具体内容涉及科学技术、艺术、音乐以及哲学与宗教思想等方面;与此同时,中国的儒家哲学思想、古典经籍、语言文字、医学、工艺美术、绘画和建筑艺术等传统文化,又通过来华海商和耶稣会士的吸收翻译、介绍和携带,在欧洲各国广为传播,对西方世界和西方文化产生了强烈而深远的影响。第二部分也包括两类内容,一类是海外移民对中国文化的传播,通过农业手工业移民,农作物种植及加工技术、手工制造技艺、航海与造船技术、建筑技术等生产技术的海外流播,成为沿海地区与海外移居地社会经济交流的重要内容;另一类是海外移民与本土沿海社会文化的变迁,在海外生根、经过中外文化调适而成的海外华侨社会文化,随着海外移民的回归或往返联系,注入中国本土沿海社会,使沿海社会文化在思想、语言、文学、民俗等领域都不同程度地受到了海外影响,发生了传统回归意识深化和向外开拓意识强化两个方向的变化。

海洋社会是海洋活动的实践主体,包括各种介入海洋活动的群体。海洋社会具有自己独特的社会结构形式,其海洋活动呈现出强烈的社会组织特性。本卷以几大海洋社会群体为例,考察描述了它的独特风貌和鲜活特征。渔民是最传统的海洋社会群体之一,到明清时期,其开发海洋的角色已从单纯的捕捞朝着多元化方向发展,除作为渔民外,还分别充当着商人、海盗、海外移民和水师等角色;在海洋贸易的带动下,明清海商的构成及其相互关系发展得相当成熟,并出现了海上商帮、商会、商人家族集团、兼武兼商的海上集团、兼盗兼商的海上集团以及特权官商、买办牙行等新群体;明清两代是中国海盗活动由鼎盛走向衰落的阶段,众多海盗海商集团的涌现,掀起了亦商亦盗活动的高潮,他们在海洋开发与海战军事中具有不可忽视的地位;作为海洋特殊群体的疍民,在明清沿海多元经济发展的过程中,开始与海洋其他社会群体融合,角色也呈现出多元化特征;海外移民与华侨社会是伴随着海洋社会经济发展而出现的一类特殊社会群体,它对于中国沿海社会的变迁以及近现代海外华人社会的发展具有深远的意义和影响。

明清时期的海洋社会信仰益发丰富多彩,海神族类众多,陆岸与海岛、海上的祭祀活动丰富而庞杂,已形成了由海洋水体本位神与水族神,海上航行的保护神与海洋渔业、商业的行业神,镇海神与引航神三个系统构成的海洋神灵结构体系,它是古代海客舟子在心中构筑生命安全与获取海洋经济利益的保障系统,它增强了海洋社会内部的凝聚力,强化了海上活动的群体精神,使人们在追逐海洋经济利益时能够鼓足信心与勇气,从而直接维系了海洋社会海内外网络的形成及其凝聚力和向心力的发展,间接促进了海洋经济的发展与繁荣。

明清时期海洋文学艺术的突出成就主要体现在海洋诗歌、小说与杂记中,其中沿海方志中记载、收录了丰富的涉海诗、通俗海洋小说故事以及涉海杂记等,构成了这一时期海洋文学艺术的主体内容。此外,海洋生物志、海洋山水画、海洋歌、谚语、成语及故事等均从不同视角丰富了这一时期的海洋文化。

总而言之,面海的中国在明清时期仍是具有"大陆中国"性质的王朝体系下的不重要的附属物,造船、航海和对外贸易依然在学者感兴趣的事物中不占重要位置,海洋和有关海洋的工艺尚无法有力地吸引中国的文人。① 而且对于官员来说,海洋意味着问题而不是机会,经世术既没有关于领海边界的内容,也几乎不涉及公海。官员们注意的焦点集中在保甲和其他登记及控制的技术,要塞、驻防军和沿海管制的海军分队,官办造船厂的管理等方面。中国航海者关于海外各地的扎实的知识,很少能列在经世术中加以讨论②。这尚且是就"好官"、"清官"而言,而对于那些负责海洋相关事务的贪官来说,其主观上希望海洋经济贸易发展,而又客观上败坏、阻碍了海洋经济贸易和海洋社会文化的发展繁荣。然而,中国的海洋文化尽管有不同于西方海洋文化的特色和特质,但毕竟同样是海洋文化,其发展由其内在的、天然的开放性、拓展性、国际性和交流性品质与内涵所决定,又是谁也难以彻底阻挡、扼杀得了的。因此,明清时代的中国海洋文化仍然在艰难顽强中得到了丰富和发展,并全面地影响了世界,伴随着中国海洋发展的自身的历史弊端,迈入了中国海洋文化由古代走向近现代的转型期,同时也为我们今天留下了一笔宝贵的灿烂遗产。

---

① 〔美〕费正清编:《剑桥中华民国史》(上),中国社会科学出版社1998年版,第20页。
② 〔美〕费正清编:《剑桥中华民国史》(上),中国社会科学出版社1998年版,第21页。

第一章
明清时期的海疆及其开发^①

在中国古代海疆史上，明代与清前期的地位至关重要：这一时期，封建王朝对海疆地区的管辖更加完善，形成了军事管理、土官管理与州、县民政管理相结合，州、县民政管理与屯驻海防兵力相结合的多模式管理体制，还将台湾、澎湖以及南海诸岛正式纳入沿海州、县体制之内。海疆地区经济历经唐、宋、元历代的持续发展，呈现出更加繁荣的景象，以沿海地区星罗棋布的大中城市、小城镇为中心，依托沿海航道或沿海地区江河水道、陆路进行频繁的商品交流，商业性农产品和手工业产品无论在数量上，还是在质量、品种上都达到较高水平。但与此同时，中国海疆也面临着前所未有的严重威胁。倭寇频频从海上入侵中国，在沿海地区烧杀掳掠；西方殖民者大举东来，觊觎广袤富庶的中国大陆，窃据沿海岛屿。令人扼腕叹息的是，面对有喜有忧的海疆形势，明、清统治者并没有采取积极进取的经略政策，而是守旧僵化，实行限制中国海上力量和海外贸易发展的"海禁"政策，忽视水军建设，在海疆兵力部署上主要是沿大陆海岸线陆岸设防，实行海口防御的作战方针。这一系列错误的政策，最终造成了清道光二十年（1840 年）鸦片战争爆发时，中国"有海无防"、"有海难防"的悲惨境遇。

第一节　明朝的建立及其对沿海疆域的统一

明太祖朱元璋在应天府（今南京市）建立根据地之后，其主要对手除了元军以外，还有占据江南沿海地区的张士诚、陈友谅和方国珍等部。其中张士诚

---

① 此部分前三节内容主要参见张炜、方堃：《中国海疆通史》，中州古籍出版社 2002 年版，第 253—323 页。

的将领多是私盐贩子和盐丁，方国珍本来就是纵横海上的海盗集团，陈友谅队伍中的水军力量也相当强大。朱元璋既要击败这些强大的对手，还要在胜利之后妥善安置归降的将士民众，对其原来所据有的沿海州、县实施有效统治。明中后期，倭寇长期入侵我国东南沿海，荷兰、葡萄牙等西方殖民者窃据台湾、澳门等沿海岛屿。正是由于沿海方面出现了前所未有的国防危机，加上那里的农业、手工业经济均较前代有较大发展，江南地区更是明朝的粮仓和财税征收的主要来源，因而明代统治者对海疆地区的重视程度要远远超过宋、元时期。

一 明朝建立前后统一海疆的战争

元朝末年，阶级矛盾和民族矛盾日益尖锐。元朝廷以赏赐和强取豪夺等方式，将土地高度集中于蒙汉官僚地主手中，如一次就将 5000 顷土地赏赐给右丞相伯颜，赏赐给大承天护国寺的山东土地更达 162000 余顷之多。不仅广大农民失去赖以生存的土地，流落他乡，就连中小地主的生活水平也迅速下降。元朝统治者分国内各民族为蒙古、色目、汉人、南人(指南宋统治下的汉人及西南地区各民族)四等，实行不平等的民族政策，至元末更发展到登峰造极的地步。中央和地方的重要官职，军队中掌握兵权的职位，都不容许汉人和南人染指。而一些蒙古贵族犹嫌不足，伯颜甚至荒唐地建议元顺帝诛杀张、王、李、赵、刘五大姓的汉人和南人。[①] 在统治阶级内部，元顺帝继位后，因伯颜欲废顺帝，他便与伯颜之侄脱脱合谋逼伯颜自杀。后脱脱之父马扎尔台继为丞相，脱脱又"劝"父下台，自任丞相。随着皇权日益削弱，地方权力扩张，统治集团内部自相倾轧乃至残杀之事愈演愈烈。

至正十一年(1351 年)，因黄河屡屡决口，灾民遍地，官府征发各地民众挑挖黄河故道。当时的秘密宗教组织白莲教首领韩山童及其门徒刘福通利用民夫聚集开河之机，传播"石人一只眼，挑动黄河天下反"[②]的谣谚，并暗地里凿出一个独眼石人，埋在黄河工段，待民工挖出，以为是天意应验。与此同时，他们派人四处联络，决定以红巾裹头为号，发动反元起义。不久，韩山童被元朝官府捕获处死，刘福通提前起义，当年五月攻占颍州，六月又攻占元朝的屯粮要地朱皋镇(今河南固始北)，散粮给当地饥民，起义队伍迅速发展到 10 余万人。在刘福通红巾军的影响下，各地纷纷举义，其中著名的有江淮地区的李二与彭大、赵均用、郭子兴，湖北地区的彭和尚、徐寿辉，湘水和汉水流域的布王三、孟海马等，还有聚众在海上抗元的方国珍，在江苏泰州附近活动的张士诚

---

① 《元史》卷三九《顺帝本纪二》。
② 叶子奇:《草木子》卷三《克谨篇》。

等部。他们活跃在黄河两岸、淮汉之间，攻克州、县城镇，消灭元军力量，沉重地打击了摇摇欲坠的元朝统治。

至正十二年(1352年)三月，自幼失去父母、出家为僧的濠州钟离(今安徽凤阳东北)人朱元璋加入郭子兴部红巾军。他作战勇敢、机智多谋、富于远见，招收家乡农夫，收编地方武装，迅速扩大了起义军的队伍和地盘，自己也成长为濠州起义军的主要将领。至正十五年(1355年)三月，郭子兴病死。朱元璋明奉韩山童之子小明王韩林儿的龙凤旗号，实则积极谋求扩充实力，精心操练军队，手下聚集起徐达、汤和等一大批富有军事才华的将领。次年三月，朱元璋率军攻克有50万军民的集庆(今江苏南京)，改名应天府，并以此为根据地，积极向东南方向发展，先后占领了长兴、常州、泰兴、江阴、扬州以及今天安徽的宣城、绩溪、休宁、歙县、贵池，浙江的建德、浦江、金华、诸暨、衢县、丽水等地，截断了元朝的南、北通道，扩大了自己的势力范围。此时，北上与元军苦战的刘福通部红巾军主力遭到元军主力的重创；占据苏州的张士诚部和占据宁波的方国珍部接受元朝收编，割据一方；率领红巾军队伍在湖北活动的徐寿辉被部将陈友谅杀死，其部众一部分由部将明玉珍率领入川，一部分归陈友谅统领，占据荆楚之地。朱元璋为了在诸强大势力的夹缝中站稳脚跟，进而拥有与元廷决战的强大实力，最终统一全国，便采取了各个击破的战略，发动了一系列夺取沿海地区的战役。

(一)消灭陈友谅之战

陈友谅本是湖北沔阳的一名渔家子弟，气力大，武艺好，参加红巾军起义后积战功升至领兵元帅。至正二十年(1360年)，他以江州(今江西九江)为都城，建国称帝，立国号为汉，"奄有江、楚，控扼上游，地险而兵强，才剽而势盛"①。但陈友谅是靠谋杀徐寿辉、倪文俊等红巾军领袖登上皇帝宝座的，其忌下杀上的卑劣行径在军中极不得人心；登基后他不是向腐败的元朝政权发动进攻，而把攻击矛头指向抗元的朱元璋，并积极向安徽、江西、福建等地扩充地盘，而且对辖区内百姓横征暴敛，以满足自己的奢侈生活和巨额军费开销。朱元璋及手下将领们在分析应当打击的目标时，首先选定陈友谅为对手。对此，谋臣刘基分析说："(张)士诚自守虏，不足虑。(陈)友谅劫主胁下，名号不正，地据上流，其心无日忘我，宜先图之。陈氏灭，张氏势孤，一举可定。然后北向中原，王业可成也。"②

至正二十年(1360年)闰五月，陈友谅率水师10万以及"混江龙"、"塞断

第一章

明清时期的海疆及其开发

---

① 谷应泰:《明史纪事本末》卷三《太祖平汉》。
② 《明史》卷一二八《刘基传》。

江"、"撞倒山"、"江海鳌"等大舰巨舶上百艘，自采石蔽江而下，逼近南京。朱元璋采取设伏诱敌战术，派元军降将康茂才以故友的身份写信给陈友谅，表示愿为内应，约定在江东桥（今南京江东门附近）会合，以呼"老康"为暗号；同时派兵埋伏在石灰山（今幕府山）、卢龙山（今狮子山）等地，又派水师出龙江关（今南京兴中门外）待命。初十日，陈友谅带水军驶抵江东桥，连呼"老康"无人响应，知道受骗，于是派兵万人至龙江登岸立营。这时朱军伏兵四起，水陆夹攻，陈军登岸之兵大溃，争相涌往战船。适逢江中退潮，陈军巨舰搁浅，将士多被击杀、溺死，剩下的纷纷投降，只有陈友谅等少数人乘小舟逃回江州。次年，朱元璋借江东桥大捷的余威，率军溯江而上，占领江西各州、县和湖北部分州、县，迫使陈友谅退至武昌。

　　至正二十三年（1363 年）初，正在北方与元军苦战的红巾军首领刘福通、韩林儿受到元军与张士诚部的夹击，刘福通被杀，韩林儿被包围。朱元璋领兵北上解围。陈友谅趁江西战场朱军兵力空虚，派主力进围归附朱氏的长江中游战略要地洪都（今江西南昌）。鉴于几年前陈军攻打位于江边的太平州城时，士兵可直接从战舰甲板登上城垣，陈军这次特意派大型战舰数百艘围攻洪都。有的战舰"高数丈，饰以丹漆，上下三级，级置走马棚，下设板房为蔽，置橹数十其中，上下人语不相闻，橹箱皆裹以铁"。朱元璋却料知陈军会重施故技，早已让守军拆掉原先临江而立的城垣，后撤 30 步，重新夯土砌筑。陈军预先设计好的攻城战法无从施展，屯兵城下近 3 个月之久，伤亡惨重，粮食缺乏，士气相当低落。七月，朱元璋调集各路部队解洪都之围。他先是派兵封锁鄱阳湖通往外江的各条水道，将陈军困于湖内，随后率主力在鄱阳湖康郎山水域与陈友谅决战。作战时，朱元璋发现鄱阳湖多有水浅之处，不利于巨舰行驶，而陈友谅"巨舟首尾连接，不利进退"，因而决定充分发挥自己舰小灵活、善用火攻的优势，将水师战船分编成队，火器、弓矢、刀矛依次配置。"近寇舟，先发火器，次弓弩，及其舟则短兵击之"①。从七月二十一日开始，双方战船在湖面进行了长达一个月之久的交锋。朱军以火攻船，用燃烧性火器和舰炮攻击，焚烧陈军战舰数百艘，虽然自己损失也不小，却始终牢牢控制着通往长江的水道，并截获了陈军粮船，把陈友谅困在湖内动弹不得。陈军则损失惨重，又饥又累，大部分活着的将士纷纷向朱元璋投降。八月二十六日，陷入绝望之中的陈友谅率楼船百余艘冒死向湖口方向突围。混战中，陈友谅中箭身亡，余部投降。朱元璋在消灭了陈军大部分主力之后，进围武昌、汉阳，占领陈友谅所据有的长江中游广大地区，其政权随之灭亡。

---

① 谷应泰：《明史纪事本末》卷三《太祖平汉》。

(二)消灭张士诚和迫降方国珍

张士诚系泰州白驹场人,一向以操舟运盐为业。他于至正十三年(1353年)在家乡聚众起兵,占据了南至杭州、绍兴,北达山东济宁,西至汝、颍、濠、泗诸州,东到大海的广阔土地,拥兵数十万,自称吴王。至正十七年(1357年),他放弃了反元斗争,投降元朝,被授以太尉官职,领兵进攻刘福通、韩林儿等红巾军队伍,又企图在朱元璋对陈友谅作战时攻其后方重地。所以,朱元璋在灭陈之后,即将张士诚定为下一个作战目标。

至正二十五年(1365年),朱元璋在进行了两年的精心备战之后,决定挥师东向,推翻吴政权。吴王张士诚投降元朝,已失去百姓支持,将校们贪图享乐,"皆不以军务为意。及丧师失地还,(张)士诚概置不问。已,复用为将"①。根据这些情况,特别是吴军不加强西部防线,而是屯重兵于诸暨的布防特点,朱元璋决定先攻江北,后取江南。十月十七日,朱元璋派马、步军和舟师进围吴政权在江北的战略重镇泰州。张士诚为解泰州之围,派战舰数百艘进入长江,又派兵万余到海安周围佯动,企图调动朱军主力。朱元璋不为所动,坚持攻打泰州,至闰十月城破,俘获吴军士卒5000人。次年正月,朱军水师主力在江阴击败张士诚水军,缴获大批楼船、斗舰,张军水师官兵溺死过半,将士5000人被俘。经此数次血战,张士诚主力遭受重创,淮安、濠州和徐州等重要城镇尽被朱军占领,通往浙西的门户被打开了。

至正二十六年(1366年),朱元璋考虑到张士诚龟缩在平江(今江苏苏州)城内不出,但他与湖州守将张天骐等人关系密切,若直接攻打平江,湖州吴军必然出兵救援,容易陷朱军于腹背受敌的不利境地,所以制定了先取湖州、再捣平江的作战计划。当年八月,朱元璋派徐达率主力20万人从南京出发,扬言进攻平江;又派兵直趋杭州和嘉兴,牵制当地吴军。徐达部主力行至太湖洞庭山附近时,突然转向湖州,将该城团团包围。张士诚为解湖州之围,多次派兵救援。朱军一方面加紧攻打湖州城,一方面将位于湖州东面的吴援军驻地旧馆周围据点扫荡拔除,把吴国援军孤立起来。当年十月,驻旧馆的吴国援军首先投降。十一月,湖州守军眼看援军不至,突围无望,也举城投降。与此同时,杭州、嘉兴等地也传来捷报,慑于朱军声威,杭州、绍兴、嘉兴诸城望风而降,平江实际上已成为一座孤城。十一月,徐达率大军包围平江。平江城垣坚固,设防严密,徐达遂采取长困久围之计,在城外"架木塔与城中浮屠等,筑敌楼三层,下瞰城中,置弓弩火铳其上,又设襄阳炮击之,城中震恐"②。由于采

① 《明史》卷一二三《张士诚传》。
② 谷应泰:《明史纪事本末》卷四《太祖平吴》。

用这种火铳与冷兵器相结合的战法,摧毁力较大的襄阳炮可以破坏城上设施,火铳和弓弩又可以杀伤敌人,致使吴军损伤惨重。次年九月,平江城破,张士诚被俘,吴国政权随之灭亡。

朱、张两军激战正酣时,据有浙东温州、台州和庆元(今浙江宁波)的方国珍势力已成惊弓之鸟。方氏力量远不如张士诚强大,所以他投降元朝后,为元朝从海上运送粮食,解救大都之急;又对朱元璋进献贡物,虚与委蛇,表示愿意献出浙东之地;还与占据福建的陈友定相交往,以求苟延残喘之计。朱元璋消灭吴国政权后,即派人招降方国珍,方氏据土顽抗,并做好了战败逃往海上的打算。至正二十七年(1367年)九月,朱元璋派朱亮祖进占台州、黄岩、温州;十月,又派汤和进攻庆元。方军不堪一击,许多将领闻风而降,余部逃至海上避难。十一月,朱元璋增派廖永忠部从海道配合汤和所部。方国珍至此走投无路,接受汤和的劝降书,余部数万人被收编。

(三)平定福建和两广

朱元璋歼灭张士诚和方国珍势力后,把进攻的目标定为盘踞福建的陈友定和统治两广地区的元朝残余势力。陈友定靠组织"民兵"为元朝镇压起义军起家,在元朝受到红巾军起义阻隔、南北呼应不畅、大都粮饷困难的情况下,他从海路不断运米至大都,以济元廷之需。至正二十五年(1365年)朱军胡深部曾孤军深入福建,最终兵败被杀。朱元璋解决张士诚之后,于至正二十七年(1367年)分兵两路,一路从江西进入福建,一路由明州(今浙江宁波)浮海至福州。年底,由汤和率领的水师抵福州城外,城中守军启门投降。由陆路入闽的朱军也攻下建宁,与水师会攻陈友定巢穴延平。次年正月二十九日,陈友定服毒,城中守将文殊海牙等投降。其余汀州、泉州、漳州等城也相继归附。

在进军福建的同时,朱元璋分兵三路,一路由湖广入广西,一路由江西趋德庆(今属广东),一路则在平定福建后,由海道进攻广东。洪武元年(1368年)三月,廖永忠率水师抵广东潮州,元朝的江西分省左丞何真已将广东所有郡县户口、兵马、钱粮等造册制表,遣使请降。四月,朱军水师进入广州,擒杀了拒降的元广州参政邵宗愚以及周围各县聚众抵抗的土豪。而从江西陆路进入广东境内的朱军,此时也克复英德、清远、连江、肇庆各城。六月,元海南、海北道元帅罗福与海南分府元帅陈乾富归降,广东全境被占领。

如果说,因为何真的请降,朱元璋可以兵不血刃,迅速平定广东,而在解决广西元军时则要稍费时日。当时广西元军精锐主要聚集在靖江(今广西桂林)。该城位于漓江之西,居"五岭之表,联两越之交,屏蔽荆、衡,枕山带江,控制数千里,诚西南会府,用兵遣将之枢机"①。守将也儿吉尼在此经营10余年,城防相当坚固。从湖南和广东进入广西的两路朱军围攻该城近两个月,仍不能攻克。洪武元年(1368年)六月,朱军将领杨璟暗约城内元军总制张荣为内应,开启城门,朱军进城将也儿吉尼擒获,靖江城和广西其他州、县皆被占领。

(四)北上夺取山东、攻克大都

朱元璋在规取福建、两广的同时,派大将徐达率主力部队展开了北上灭元之战。两线作战素来为兵家之大忌。但朱元璋认为,南方的几股元廷残余势力已不成气候,指日可平。北方虽然元朝重兵屯集,但已形成沂州(今山东临沂)的王宣、王信父子,河南的王保保,关陇的李思齐、张思道等拥兵自重的地方势力,元廷朝臣们也是相互钩心斗角,倾轧不已,为明朝军队长驱北上创造了极为有利的条件。但他又不同意直捣元大都(今北京),因为大都城高池深,防守必固,若明军一时攻不下元都,必然形成屯兵坚城、粮饷无继的不利局面,反而遭到各地来援的元军攻击。"先取山东,撤其屏蔽;旋师河南,断其羽翼;拔潼关而守之,据其户檻";"然后进兵元都,则彼势孤援绝,不战可克"②。

形势正如朱元璋所预料的那样,占据沂州的王宣父子虽然首鼠两端,降而复叛,却不能阻挡明军前进的步伐。至正二十七年(1367年)十月,徐达从淮安出兵,十一月二十九日即攻克山东重镇益都,十二月占领济南及登州(今山东莱阳)等沿海郡县。次年四月,转兵中原的徐达主力在洛阳击败王保保之弟脱因帖木儿率领的中原元军主力,随后乘胜进占潼关。至此,明军已割断元大都与陕西的联系,王保保固守山西观望不救,元大都实际上已陷入孤立无援的境地。

洪武元年(1368年)七月,徐达按照朱元璋的部署,率中原的明军主力至山东临清,与来自山东各地的明军会合后,一路攻克德州、长芦(今河北沧州),进抵直沽(今天津附近),控制出海口,二十七日已逼近元大都城下。元大都自辽金以来即为都城,城墙高厚,防守严密。但元朝末年政治腐败,频频发生军事、政治之变,城守设施失修,守城士卒无心恋战。元顺帝知道已无固守待援的可能,遂于闰七月二十八日趁夜色开启城门,仓皇出居庸关,逃至元上都开平(今内蒙古多伦西北)。徐达事先已预料到元顺帝北逃的可能性,且朱元璋已指示对元顺帝可不必穷追,所以只是"固守疆圉,防其侵扰"③,分兵守卫居

---

① 顾祖禹:《读史方舆纪要》卷一〇七《广西二·桂林府》。
② 《明太祖实录》卷二六,吴元年十月庚申。
③ 《明太祖实录》卷三二,洪武元年六月庚子。

庸关、古北口等要塞。

（五）经略辽东

明军占领元大都及其周围地区后,中国只剩下东北海疆仍控制在元朝残余势力的手中。但朱元璋这时忙于解决山西、陕西和漠北的残余元军,又要消灭明玉珍在巴蜀建立的夏政权,特别是盘踞甘肃的扩廓帖木儿势力还相当强盛,实为明朝的心腹之患。洪武五年(1372年)正月,朱元璋派大将徐达率精兵强将15万人进攻扩廓帖木儿,结果在岭北(今蒙古乌兰巴托东北)失利,死亡数万人。这说明残元势力不可小觑。朱元璋为此改变了以往积极进攻的军事方针,在总体上采取守势,其平定辽东海疆的战争进程也随之放缓。

元朝灭亡后,辽东之地掌握在蒙古名将木华黎的后人纳哈出手中。他以辽阳为中心,聚集了退出关外的大批元朝遗臣和地方官员,拥众数十万,统治区域南起旅顺,北至开原,东临鸭绿江,西至山海关,效忠于漠北元朝宗室,不时袭扰明边,严重地威胁了明朝北方的安全。明朝廷多次派人招抚他,打算和平解决辽东问题,却得不到响应。洪武十九年(1386年),朱元璋解决了巴蜀的夏政权和云南的梁王势力,一度称雄草原的扩廓帖木儿又死去,西北、西南逐渐安定下来之后,决心全力经略东北,以军事进攻为后盾,迫降纳哈出。其实,在此之前明朝已做了一些相关的战争准备。洪武四年(1371年),元辽阳行省平章刘益投降明朝,朱元璋任命他为辽东卫指挥同知。很快,明朝派马云等人率兵从山东蓬莱渡海抵金州(今辽宁新金南),总辖辽东兵马,经营辽东地盘,压缩纳哈出的势力范围。在决定迫降纳哈出之后,明廷一方面加紧从海上运粮,充实辽东实力,另一方面在北方征发民夫运粮123万石至松亭关(今河北喜峰口)、大宁(今内蒙古宁城)、会州(今河北平泉西南)和富峪(今河北平泉北),为下一步的军事行动做好了充分准备。

洪武二十年(1387年)二月,冯胜率北征军进驻通州,派人到庆州(今内蒙古巴林左旗西北)侦察,得知那里有敌人轻骑活动,即派蓝玉带兵出关袭击,杀掉纳哈出任命的平章果来;同时又派原纳哈出部下乃剌吾携书致纳哈出,劝其归降。三月,冯胜指挥大军出松亭关。六月,冯胜军已逼近纳哈出驻地金山(今吉林双辽东北)。纳哈出眼看大兵压境,部下多愿归明,知道大势已去,遂带20万众投降明朝。次年,明军将领蓝玉、王弼进兵今黑龙江、吉林西部,盘踞在那里的朵颜元帅表示愿意臣服明朝。其后明军多次在松花江、黑龙江流域抚慰当地少数民族,永乐年间又在黑龙江下游设立奴儿干都司,正式确立对当地居民的统治。至此,经过朱元璋、朱棣数十年的苦心经营,中国海疆全部置于明王朝的统治之下。

二 明代的海疆区划及管理模式

与前代相比,明代在海疆区划上并没有太大的改变,只是根据不同地区的民族构成和经济发展水平采用不同的管理办法,从而形成了不同的海疆管理模式。

(一)明代的海疆区划

明代地方区划,特别是海疆区划大体沿袭元代。在东北地区设置都司(都指挥使司的简称),在华北、华东和华南沿海设置府、州、县行政机构。其中临海区域如下:

奴儿干都司,永乐七年(1409年)设,治所在黑龙江下游,距海口150千米的特林(在今俄罗斯境内),其辖境"东濒海,西接兀良哈,南邻朝鲜,北至奴儿干北海"①,即北至外兴安岭,南达阿也苦河(图们江上游),东至日本海,西至兀良哈的区域。其境内卫、所数量最多时是在万历年间(1573—1620年),达到384卫、24所。

辽东都司,洪武四年(1371年)置定辽都卫,后改此名。治所在辽阳。其地东至鸭绿江,西至山海关,南至旅顺口,北至开原,有25卫、2州。

永平府,洪武四年(1371年)改此名。治所在卢龙(今属河北),辖州滦州,辖县乐亭、抚宁、昌黎等濒海。

河间府,洪武元年(1368年)升为府。治所在河间(今属河北),辖州沧州临海。

济南府,治所在历城(今山东济南),辖县海丰、利津、沾化、蒲台濒海。

青州府,治所在益都(今属山东),辖县博兴、乐安、寿光、诸城、莒县等临海。

莱州府,治所在掖(今属山东),所辖掖县、潍州、昌邑、平度、胶州、高密、即墨近海。

登州府,治所在蓬莱(今属山东),所辖黄县、福山(今烟台)、文登等临海,并长岛庙岛群岛。

淮安府,治所在山阳(今江苏淮安),辖县盐城、安东临海。

扬州府,治所在江都(今属江苏),辖州泰州、通州濒海。

苏州府,治所在吴(今江苏苏州),所辖嘉定县、太仓州临海。

嘉兴府,治所在嘉兴(今属浙江),辖县平湖、海盐等临海。

杭州府,治所在钱塘(今浙江杭州),辖县海宁临海。

---

① 陈循:《寰宇通志》卷一一六《女直》。

第一章

明清时期的海疆及其开发

绍兴府，治所在山阴（今浙江绍兴），辖县萧山、会稽、余姚、上虞临海。

宁波府，治所在鄞（今浙江宁波），所辖之慈溪、定海、象山临海，并辖有众多海上岛屿。

台州府，治所在临海（今属浙江），辖县黄岩、宁海临海。

温州府，治所在永嘉（今浙江温州），所辖永嘉、瑞安、乐清、平阳均临海。

福宁州，治所在宁德（今福建霞浦），濒海。

福州府，治所在闽（今福建福州），辖县长乐、福清皆为出海要港，连江为海上岛屿。

兴化府，治所在莆田（今属福建），临海。

泉州府，治所在晋江（今福建泉州），辖县同安、惠安临海，且拥有众多近海岛屿。

漳州府，治所在龙溪（今福建漳州），辖县漳浦、诏安临海，且拥有东山岛等海上岛屿。

台、澎地区，明承元制，在澎湖设有巡检司；台湾岛在明代曾被荷兰殖民者占领，明末郑成功收复台湾，在岛上设立军、政管理机构。

潮州府，治所在海阳（今广东潮州），所辖海门、饶平、惠来、澄海等近海。

惠州府，治所在归善（今广东惠州），近海。

广州府，治所在南海（今广州），所辖新安、新宁等近海。

肇庆府，治所在高要（今广东肇庆），辖县阳江临海。

高州府，治所在茂名（今广东高州），近海。

雷州府，治所在海康（今属广东），辖县徐闻、遂溪临海。

廉州府，治所在合浦（今属广西），临海。

琼州府，治所在琼山（今海南海口），所辖文昌、儋州、万州等临海。

（二）明代海疆的三种管理模式

大概由于以往历史上来自海疆方向的威胁从未对中央政权构成致命冲击，明朝从未（哪怕是尝试性地）建立中央和地方性专门海疆管理机构，所以其对海疆的管理也随相关陆地区域管理体制的不同而呈现出不同的面貌。从体制上看，明朝对海疆的管理大体为三种模式：一是军事管理模式，二是军事管理、土官管理与州、县民政管理相结合的模式，三是在实行府、州、县民政管理的同时，屯驻海防兵力的模式。

军事管理模式：主要实行于包括辽东海疆、滨海地区及库页岛等东部沿海岛屿在内的东北海疆地区。明朝在这里设立了分别隶属于左军都督府的辽东都司和隶属于兵部职方清吏司的奴儿干都司。

辽东都司的前身是洪武四年（1371年）设置的辽东卫指挥使司，后在辽东

"置定辽都卫指挥使司,马云、叶旺为都指挥使,吴泉、冯祥为同知,王德为佥事,总辖辽东诸卫兵马"[①]。4年后,因全国各都卫一律改称都指挥使司,辽都卫指挥使司也改为辽东都指挥使司,简称"辽东都司"。辽东都司对管下民户编以卫所之制。在这些卫所里,处于滨海地区的有定辽中卫、定辽左卫、定辽右卫、定辽前卫、定辽后卫、东宁卫、广宁中屯卫、广宁左屯卫、广宁右屯卫、宁远卫、海州卫、盖州卫、复州卫、金州卫等。作为辽东都司军事长官的辅助民政事务机构,明朝还于洪武年间在辽东设立了分守辽海东宁道(亦称布政分司),由山东布政使司右参议或参政充任,管理粮储之事;设立了辽东按察分司,亦由山东按察使司派员充任,主管司法事务。明中期,辽东的粮储、司法事务改由朝廷直接管理。成化十二年(1476年)在辽东设户部分司,任命总理辽东粮储户部郎中一员主持,办事机构设广宁。明永乐年间,派监察御史一人巡按辽东,办事机构设辽阳。

奴尔干都司设立于明永乐七年(1409年)。此前,明太祖朱元璋即很注意加强对奴尔干地区的招抚,对前来依附的当地少数民族部落酋长给予封赏,在当地设立卫所。到永乐六年(1408年),已在嫩江、松花江、黑龙江、乌苏里江、精奇里江等地设立卫所130余个。永乐七年,根据前来朝见的奴儿干头目忽刺冬奴的提议,明朝在这个元朝征东元帅府的旧地建立奴儿干都司,以康旺为都指挥同知,王肇舟为都指挥佥事,刘兴为经历,治所在特林(今属俄罗斯)。明朝派来驻防的官兵多达2000—3000人,少则500人,每两年轮换一次。都司下辖卫所多达400多个,其中处于滨海地区的有黑龙江下游的古鲁卫等30余个卫所,乌苏里江下游的双城卫等10余个卫所,库页岛上的波罗河卫等3个卫所。奴儿干都司的官员虽然为流官,但明朝允许其世袭。下属卫所的大小官员,多任命当地部落酋长担任,朝廷也常常调动他们的职务,甚至任命他们到内地去任职。由于奴儿干地域遥远,明朝特意恢复了元代在北方设立的驿站(包括狗站),又在今吉林市松花江两岸设立造船场,造船运载往来于黑龙江下游及滨海地区的官员、士兵及粮食、物资等通过水路抵达目的地。

兼容性管理模式:在南方少数民族聚居的滨海地区和沿海岛屿上,则参照明朝对边疆少数民族管理的办法,军事管理、土官管理与州、县民事管理相结合。

明代南方各民族聚居的滨海省份主要有广西、福建和广东。

明洪武二年(1369年)三月,明朝袭用元朝制度,设广西行中书省,洪武六年(1373年)置广西都卫,洪武八年(1375年)改卫为都指挥使司,洪武九年(1376年)改中书省为承宣布政使司,下辖8个府、1个州、5个县、4个长官司。

①　《明太祖实录》卷六七,洪武四年七月辛亥。

广西都指挥使司和承宣布政使司分别管理当地军、民事务。而在一些少数民族聚居地区,则设立了数量相当可观的土官衙门,利用当地民族首领的力量协助进行统治,并允许他们世代承袭。广西除了管辖大陆地区外,在明朝洪武二年(1369年)三月,还一度管辖汉族和黎族人民生活的海南岛,当年四月,海北海南道重归广东管辖。

福建都卫初设于洪武七年(1374年),次年改为福建都指挥使司。其属下晋江县负责处理有关生活在台湾、澎湖的汉族和高山族等少数民族事务。明代在澎湖设有巡检司,负责当地防务。后荷兰殖民者多次侵占澎湖,又与西班牙殖民者争夺我国台湾,直到郑成功收复台湾后,明朝才在台、澎地区正式建立了北路安抚司、澎湖安抚司等较完备的军政建置。

广东下辖琼州府(今海南),府领儋州、万州、崖州3个州及琼山、昌化等10个县。由广东都指挥使司负责岛上防务,各州、县管理汉族、黎族事务,在黎族聚居区还设置了一些黎族土官进行管理。

以民政管理为主的管理模式:明朝对直隶、山东、江浙、福建及广东等沿海省份,在实行府、州、县民政管理的同时,设立沿海卫所屯驻海防兵力。据不完全统计,洪武年间,明朝在沿海地区设立的大小卫所有:北直隶1卫,山东10卫、5所,南直隶9卫、10所,浙江11卫、30所,福建11卫、13所,广东8卫、29所。此外还有200处巡检司。这些海防部队依托遍布万里海防线上的城寨、墩堡、烽堠等设施,对防御和打击入侵的倭寇,起到了一定的作用。但这种将海疆分割成数块交给各省分辖,由各省的主要官员(他们大都驻在远离海口的内陆城市之中)通过府、州、县等与内陆地区相同的民政管理机构去管理的方式有很多弊病。正如一位美国学者所说,官员们"设法以统治陆地的同样方法来统治海面,把局部防卫的观念同样运用于沿岸和大海。他们未将海岸沿线划分成可从四面八方扫荡水上世界的机动防御力量的长条形行政单位,而是建立起一套官僚政治的、容易导致混乱和重叠的军事统治机构"①。由此给明代海防带来的问题,我们在后面还要进行具体分析。

第二节　威胁来自海上:明代的海防建设与海防战争

明朝从建立之初,便遇到了倭寇来自海上的入侵。15世纪以后,随着倭寇大规模窜犯中国东南沿海,江、浙、闽、粤各省不断发生大规模海盗抢劫和烧杀事件。七八年间破城池10余座,掠子女财帛数百万,官军吏民战死者不下

---

① 〔美〕穆黛安:《华南海盗》(1790—1810),刘平译,中国社会科学出版社1997年版,第21页。

10余万。一时间天下骚动,百姓惊恐。西方殖民主义势力也在此前后开始向东方大肆扩张,占据各岛口岸,建立码头,控制海上贸易。葡萄牙、荷兰殖民者还占领了珠江口的屯门、双屿、月港、澳门、台湾等地,与中国军队数次交战,海疆危机日趋严重。明朝的边防政策不得不由主要防范北方游牧民族的袭扰,变为同时要对付来自海上和陆上的双重威胁,对万里海疆的防卫日益显示出其无可替代的重要性。令人遗憾的是,明朝面对如此严峻的局面,却没有及时改变自己的落后观念,采取积极的海疆经营政策,因而使中国海上力量的发展逐渐落伍,最终给海疆防卫造成无可挽回的消极影响。

一　明代海上安全与海防体制的建设

明朝初年,中国虽然遇到来自倭寇的骚扰,但其侵扰尚未构成严重的海防危机,朱元璋为此所采取的种种"海禁"措施以及因此所建立的明代海防体制,主要是为了维护以闭关自守为核心的封建国家战略目标。明成祖朱棣继位后,一方面仍继承了太祖朱元璋的"海禁"政策,另一方面却派郑和船队七下西洋,由军队唱主角,进行了一系列积极经营海外的远洋航行。但这一带有积极进取倾向的海上大规模行动在历史的长河中如流星般转瞬即逝。到明代嘉靖年间,当小股倭寇与沿海"盗贼"相结合的袭扰活动已经演变成大规模的海上武装劫掠和走私活动,西方殖民者也开始叩响中国大门的时候,明朝君臣的思想却大都停留在执行祖宗之法,强调"海禁"上面,而明初所建立的沿海防御体系至此已是千疮百孔,难以抵御侵略者的进攻。俞大猷、郑若曾、胡宗宪和戚继光等人在进行激烈的抗倭斗争的同时,对重建明代海防作出了艰苦卓绝的贡献。

(一)明初海防体制的建立

在明朝统治者看来,其海上安全形势从开国伊始就十分严重。当时日本正处于封建诸侯割据混战时期,许多溃兵败将逃往海上,伙同不法商人到中国沿海进行武装走私和抢劫烧杀,被朱元璋击灭的张士诚、方国珍、陈友定部的残余分子则与他们勾结起来。其侵扰地区从山东沿海扩展到南直隶的苏州、崇明以及浙江、福建、广东的一些沿海州县,所到之处,杀掠居民,劫夺财货,"沿海之地患之"①。为此,朱元璋采取了三个方面的措施:

一是对日本宣示睦邻相处的良好意愿,同时在外交上对倭寇袭扰中国沿海提出警告。洪武二年(1369年)三月,朱元璋派行人杨载携诏书前往日本,告知其建明称帝之事,同时也向日本王室说明,近年来倭寇数次掠夺中国山东

第一章

明清时期的海疆及其开发

---

① 谷应泰:《明史纪事本末》卷五五《沿海倭乱》。

沿海,如果这种情形继续延续下去,明朝"当命舟师扬帆诸岛,捕绝其徒,直抵其国,缚其王"①。

二是在中国沿海实行"海禁"。朱元璋在位时期,曾多次下令"禁濒海民私通海外诸国"②;同时又在国内市场上禁止出售外国商品,"禁民间用番香、番货",从货物来源和销售渠道上彻底禁绝海外商品交易,并特别指出这是因为"缘海之人,往往私下诸番贸易香货,因诱蛮夷为盗"③的缘故。为了严格执行"海禁",还下令迁徙沿海岛屿上的居民到大陆,禁止渔民下海捕鱼;对擅自打造三桅以上的航海大船,卖于外国人图利者,为首的要处斩,从犯发往边卫充军。

三是在北起鸭绿江,南至与越南交界处的辽阔海疆,建立起一个"陆聚步兵,水具战舰"④的陆上坚守与近海巡剿相结合的海防体系。这是朱元璋应对当时海上安全形势所采取的最有效措施,其工程量也相当浩大。它主要包括以下4项措施:

其一,在沿海地区设置卫所,修筑城寨及烽堠、墩台。朱元璋先后派李文忠、汤和、周德兴等人到沿海地区分别筑城设卫。如洪武三年(1370年)十一月,李文忠奏请在浙江设立了钱塘、海宁、杭州、严州、崇德、德清、金华7卫及衢州守御千户所。洪武十九年(1386年),汤和又到浙江筑城59座。洪武二十年(1387年)四月,周德兴在福建增建卫所,到第二年的冬天,已建成的卫所有福宁、镇东、平海、永宁、镇海等5个,千户所有大金、定海、梅花、万安、莆禧、崇武、福全、金门、高浦、六鳌、铜山、玄钟等12个。洪武二十五年(1392年)十一月,明朝又在山东沿海设立莱州卫、宁海卫,分别统辖8个海防总寨和5个海防总寨。总计在洪武年间共设立57卫、89个千户所。其中辽东8卫,千户所1;北直隶千户所1;山东10卫,千户所5;南直隶(含沿江卫所)9卫,千户所10;浙江11卫,千户所30;福建11卫,千户所13;广东8卫,千户所29。另有巡检司200余,防海城、堡、寨及烽堠、墩台等1000余处。这些卫所分布在中国沿海各大小海口、岛屿的要点上,连绵而成明代的海防长城。

其二,充实沿海卫、所兵力。为了充实沿海各地星罗棋布的海防据点,明朝统治者采取各种办法增加其兵力员额。一种办法是把战败的方国珍、张士诚部降众编入沿海卫所,将曾经反抗过朱元璋的兰秀山之民编配到各个沿海卫所充军。另一种办法就是在沿海百姓中"籍民为军"。如赵庸把广州城附近

---

① 《明太祖实录》卷三九,洪武二年二月辛未。
② 《明太祖实录》卷一三九,洪武十四年十月己巳。
③ 《明太祖实录》卷二三一,洪武二十七年正月甲寅。
④ 《明史》卷一二六《汤和传》。

海岛上居无定所的蜑户万余人编到卫所里当水军。周德兴在福建时,以当地百姓"三丁抽一"的方式,为沿海各大小水寨征集兵员。

其三,增造战船。为了把沿海各海防据点连成一道海防线,就需要组建能够出海巡剿的水军力量,造船则成为建立沿海水军的当务之急。朱元璋最初设立 24 卫水军时,就为其配备各类战船 1200 艘。海上倭患加剧后,他又命浙江、福建濒海 9 卫增造海舟 660 艘,以后频频下令建造多橹快船。到了洪武二十三年(1390 年),沿海各卫每百户所和巡检司基本上配备有战船两艘。

其四,建立统一指挥与分区守备、机动巡剿与近岸歼敌相结合的海防体制。明初在沿海卫所屯聚兵力,但其卫所并不一定位于海防作战的最佳地点。为此,朱元璋根据汤和、周德兴等人的建议,在沿海岛屿和海岸线的突出部建立水寨,作为监视海面和停泊巡逻战船之地。以福建为例,周德兴先后在泉州的浯屿、兴化的南日岛、福宁州的烽火门、福州的小埕、漳州的铜山(今东山岛)建立 5 座水寨。每寨拥有一队或几队战船,每艘战船编配 100 名旗军。由于水寨只是作战、巡逻基地,没有固定员额编制,其兵力、战船都要由附近的卫所派出。以福建南日岛水寨为例,它的战船由兴化卫派来 9 艘,平海卫派出 10 艘,泉州卫派出 10 艘,总计 29 艘。至于上述水寨战船如何加强联防,时人建议:"铜山而北至担屿,以会浯屿;浯屿会南日于平海;南日会小埕于南交;小埕会烽火于西洋;烽火出北浦门以会温之金盘,而南下亦如之,此其大势也。视寇之所在而总兵赴之——贼在温而镇烽火,贼在潮而镇铜山,御不使入,此定策也。"[1]福建各水寨战船的巡逻海区北至浙江平阳嘴,南至广东南澳岛,并定期与浙江、广东水军会哨,演练阵法。在此基础上,朱元璋还指定了统一指挥沿海各卫所的将领,并且组建了一支机动的巡海水军。洪武七年(1374 年),他任命吴祯为总兵,于显为副总兵,统领广洋、江阴、横海、水军等 4 卫水军,并节制沿海各卫所军队。其远洋船队追击倭寇于琉球大洋,缴获许多倭船。随后将春季水军舟师出海,分路防倭,秋季返回各卫所作为一种制度稳定下来。

明初海防体制的建立对抑制倭患的蔓延产生了较明显的效果。

(二)永乐、宣德年间加强海防和组建远洋舰队

明成祖朱棣继位后,对朱元璋历经数十年建立起来的海防体制进行了进一步的充实和完善。一方面,他将洪武年间主要是在南直隶、江浙、福建、广东等省沿海建立的海防线向北方延伸。为此,他在山东半岛沿海设立即墨(永乐二年即 1404 年设)、登州(永乐七年即 1409 年设)等海防守备营,下属 24 个卫所,统归备倭都司管辖;又在渤海湾沿岸设立抚宁、天津等卫(宣德年间增设广

---

① 顾炎武:《天下郡国利病书》卷九六《福建六·兵事》。

宁中、右等千户所);任命辽东总兵官指挥沿海卫所加强辽东半岛的防守;在黑龙江下游设立奴儿干都司,管辖日本海沿岸、库页岛及其他沿海岛屿的防务。至此,一个完整绵密的明代海疆防御体系基本形成。另一方面,朱棣下令在沿海各地增筑烟墩城堡,增配火铳战船。比如永乐二年(1404年)七月,在浙江定海卫的新塘增筑烟墩,第二年又在霩衢修千户所城;永乐十年(1412年)在位于长江口的嘉定青浦堆土建烽堠;永乐十四年(1416年)在旅顺的望海堝、左眼、右眼、三手山、西少州、山头、爪牙山等地修建敌台、营垒;永乐十五年(1417年)十二月,在浙江的海宁、金乡、松门、海门、昌国、定海等卫,增建72处烽堠。此外,还建造了大量战船,配备给沿海沿江卫所,以满足近海巡逻及出海剿捕倭寇的需要。在兵力配备上,先是以李彬统兵赴广东等处镇守;又任命王友、郭义率"师往海道巡哨,如遇寇贼,就行剿捕"①。永乐六年(1408年)进一步充实南方沿海兵力,以李彬统兵负责淮安(今属江苏)至沙门岛(即长岛庙岛,今山东长岛县)沿海防务,罗文等率兵至苏州备倭,姜清、张真、李珪、杨衍等各率兵5000人、海船50艘在广东、福建海域备倭,上述各部统归李彬节制。

明朝水军把积极出海巡捕与坚守沿海卫所结合起来,并派使者赴日本,联合日本政府剿捕倭寇、海盗,很快见效。经过白山岛,青州中灵山,浙江的松门、金乡、平阳以及旅顺望海堝等几次大小战役,严惩了来犯的倭寇,震慑了敌人。史载:"自是倭大惧,百余年间,海上无大侵犯。朝廷阅数年一令大臣巡警而已。"②

不过,朱棣在海防方面最激动人心之举,却是组建大规模远洋舰队,由郑和率领多次远赴西洋。虽然这些航海行动的主要目的是发展对外关系和海外朝贡贸易,但它是由军队唱主角,在战略上有建威销萌的威慑作用,提高了明朝在南洋诸国的威望。同时,在下西洋的过程中,郑和歼灭了盘踞巨港(即邻巴旁)的海盗集团头目陈祖义,维护了南海交通枢纽巨港的安定,明朝还在该港设立了宣慰使司;击败了宽纵海盗、袭击宝船又与邻国不和的锡兰国王亚烈若奈儿;擒获了阴谋篡位并发兵袭击宝船的苏门答腊的苏干剌等,铲除这些作乱势力,实际上起到了维护海上交通线的重要作用。郑和率领的各舰上水手和用于陆战的士兵是严格按照作战需要配备的,工匠、医官等后勤保障人员也一应俱全,此外各船上还配备了大发煩、大佛朗机、碗口铳、喷筒、鸟嘴铳等火器及砍刀、标枪、藤牌等冷兵器,在漫长的航海及海外作战过程中,舰队官兵的航行、作战能力得到了进一步提高。

---

① 《明太宗实录》卷三一,永乐二年五月壬寅。
② 《明史》卷九一《兵三》。

（三）明中后期海防体制的变化

从 14 世纪中期开始的抗倭海防战争，直至"自是倭大惧，百余年间，海上无大侵犯"①，来之不易。14 世纪中期，明朝承平日久，政治腐败，军备废弛，昔日较为完备的海防体制逐渐荒废。沿海卫所同内地一样，军卒多有逃亡者。"漳、泉巡检司弓兵旧额二千五百余，仅存千人"，"浙中卫、所四十一，战船四百三十九，尺籍尽耗"②。而"一卫不满千余，一所不满百余"③的现象在沿海地区并不是少数。海防卫所的将领，此时也早已不是明初那些久经战阵的宿将，而多为门荫世袭的军官子弟，"纨绔习深，英雄气少，虽驰马弯弓有未能者，况望其谙韬略乎？"④而 14 世纪的日本恰好处于南北朝分裂时期，一部分武士、浪人和商人与中国走私海商勾结起来，对中国沿海进行武装掠夺和骚扰，因而才造成了严重的"倭患"。

为了有效地抵御倭寇入侵，明朝在进行御倭战争的同时，着手整顿海防体制，所采取的主要措施有以下几方面：

第一，打破过去卫所防御区划，形成沿海划区防守的新体制。明初军队编制设卫、千户所、百户所、总旗、小旗各级，此时基本上改为适于作战需要的营、总、哨、队、什各级。原先的总兵、副总兵多是临时设立的官职，事毕即撤；此时总兵、参将为常设之职，统管一段海疆的防务。在总兵、参将之上，各地区设有兵巡道（即整饬海防兵备副使），一省设有总督（或巡抚、巡按、巡视等），有时数省设一总督。上述海防编制体制的变化，更有利于协调相邻地区的海防力量，强化沿海防务的整体性。

经过整顿以后的沿海各卫情况如下：

辽东海防设镇守总兵官、广宁参将、左游击将军，下辖广宁前卫（今辽宁绥中西南）、广宁中屯卫（今辽宁锦州）、广宁左屯卫（同前）、广宁右屯卫（今辽宁锦县东南）、金州卫（今辽宁金州）、复州卫（今辽宁复县西北）、盖州卫（今辽宁盖州）、义州卫（今辽宁义县）、宁远卫（今辽宁兴城），每卫设卫备御都指挥。

北直隶海防设山海卫（今河北山海关）、抚宁卫（今河北抚宁北）、卢龙卫（今河北卢龙）、天津卫（今天津）、天津左卫（同前）、天津右卫（同前）。

山东海防设管领民兵参将，总督登莱沿海兵马备倭都指挥和登州营、文登营、即墨营把总，下辖安东卫（今山东日照南）、灵山卫（今青岛胶南）、鳌山卫

---

① 《明史》卷九一《兵三》。
② 《明史》卷二〇五《朱纨传》。
③ 唐顺之：《条陈海防经略事疏》，《明朝经世文编》卷二六〇。
④ 郑若曾：《筹海图编》卷一一《择将才》。

（今青岛即墨）、大嵩卫（今山东海阳东南）、靖海卫（今山东荣成西南）、成山卫（今山东荣成东北）、宁海卫（今山东牟平）、威海卫（今山东威海）、登州卫（今山东蓬莱）、莱州卫（今山东莱州东）、青州左卫（今山东益都东）。

南直隶海防分为江南、江北两个防守区。江南设镇守浙直地方总兵官（驻浙江）、协守浙直地方副总兵官（驻金山），下辖苏松常镇参将、游击将军和刘家河、吴淞江、南汇、青村、柘林、川沙、福山、镇江、京口、圌山把总。江北设总督漕运总兵官和提督狼山等处副总兵官，下辖扬州、盐城参将，统领兵勇游击将军，仪真、掘港守备，大河口、周家桥、东海把总，狼山水兵把总，管领漕濮民兵把总和管领沂州民兵把总，并设有金山卫（今上海金山东南）、太仓卫（今江苏太仓）、镇海卫（今江苏太仓）、镇江卫（今江苏镇江）、扬州卫（今江苏扬州）、高邮卫（今江苏高邮）、仪真卫（今江苏仪征）、大河卫（今江苏淮安）、淮安卫（今江苏淮安）及海州千户所（今江苏连云港西南）。

浙江海防区分设4位参将和6位把总，由总兵官统辖。其中金乡卫（今浙江平阳南）、盘石卫（今浙江乐清西南）由把总一员管辖，隶属于温处参将；松门卫（今浙江温岭东）、海门卫（今浙江黄岩东）由把总一员管辖，隶属于台金严参将；昌国卫（今浙江象山南）及钱仓（今浙江象山东）、爵溪千户所（今浙江象山东北）设把总一员，观海卫（今浙江慈溪东）、临山卫（今浙江余姚西北）设一把总，定海卫（今浙江镇海）及霩𩇕（今浙江镇海东南）、大嵩（今浙江宁波东南）等千户所设一把总，隶属于宁绍参将；在海宁卫（今浙江海盐）设一把总，隶属于杭嘉湖参将。

福建海防区分为5寨3路，归总兵官统辖。明初在福建设立的5个水寨曾一度废弛，后根据谭纶的建议予以恢复。每寨设兵船40艘，兵13000人，由把总统领；遇敌警，则以烽火门、南日、浯屿寨为正兵，铜山、小埕寨为游兵，相互配合作战。3路是嘉靖年间为了抗击倭寇、加强守备而划分福建为3路防区。以福宁州、兴化府为一路，置参将一员（驻福宁），防守自流江（今福建福鼎）至南日岛；漳州府、泉州府为一路，置参将一员（驻今福建诏安），防守自南日岛至走马溪（今福建诏安东南海滨）安边馆；在南、北两路之间，以福州为一路，亦置参将。在3路之下，设有镇海卫（今福建龙海东南）、泉州卫（今福建泉州）、福州左卫（今福州）、福州中卫（同前）、福州右卫（同前）、永宁卫（今福建晋江东南）、平海卫（今福建莆田东南）、镇东卫（今福建福清东）、福宁卫（今福建霞浦）、漳州卫（今福建漳州）、兴化卫（今福建莆田）。

广东海防区亦分为3路。东路为惠、潮诸府，特设潮州总兵官、整饬惠潮兵备金事、惠潮参将。中路为广州、肇州、韶州等地，设有整饬高肇兵备金事、高肇韶广参将。西路为高、雷、廉诸府，设有整饬雷廉兵备金事等官职。下辖廉州卫（今广西合浦）、雷州卫（今广东海康）、神电卫（今广东电白东）、广海卫

（今广东台山南）、肇庆卫（今广东肇庆）、南海卫（今广东东莞）、碣石卫（今广东陆丰东南）、潮州卫（今广东潮安）、海南卫（今海南海口）。

这种由多个卫所组成的划区防守体系，比起原先一卫一所的防区更加扩大，各级指挥系统也更加严密，不同卫所部队也能相互支援，适于对付倭寇的大范围流窜袭扰。

第二，推行募兵制，摆脱明初沿海卫所"寓兵于农"的传统，建立一支精于作战的常备机动之师。明初实行的卫所屯田之制，是为了有利于巩固边、海防，减轻民众负担。但随着明朝政治、军制败坏，"屯田多为内监、军官占夺，法尽坏"①，卫所军士衣食无以自给，又限于世代为兵，不得脱离军籍的规定，遂大量逃亡，剩下的老弱之兵也大都缺乏训练，斗志全无。在抗倭战争中，许多将领曾考虑到调遣客军（外地军队），或组织乡兵。但张经等将领调来的两广兵、湖广兵、羌土兵、辽东虎头枪手、河南毛葫芦兵等或者是强悍难驯，或者是骚扰抢夺百姓，并不能有效抗击倭寇。沿海各地编练的乡兵在保家卫里的战斗中倒是发挥了作用，但对他们不能像明朝正规军队那样远调他处，也不能成为抗倭斗争的主力。嘉靖年间，谭纶、戚继光等人先后招募了大量的勇士当兵。如谭纶于嘉靖三十四年（1555年）募壮士千余人，"教以荆楚剑法及方圆行阵"，几个月内，就训练成一支"进止先后有节，厉诛信赏，部士皆欲争命效死"②的敢战之师。戚继光则于嘉靖三十八年（1559年）在浙江义乌招募义乌矿工和农民4000余人。这些精选出来的士兵从军完全出于个人的意愿，经过严格训练成为技战术娴熟的职业军人，且与将领之间稔熟相知，可以根据作战任务调往他处，是一支机动能力和作战能力都很强的部队，在抗倭战争中发挥了至关重要的作用。嘉靖以后，募兵作为一种制度被固定下来，成为沿海地区乃至全国主要实行的兵役制度。

第三，形成了海上、海岸和城池多重防御体系。戚继光等抗倭将领在战争中不断改进沿海水军的海上作战能力。他负责浙江台州、金华、严州一带的海防，浙江沿海调集的战船有横江船、鸟尾船200余艘，改造后的福清船400余艘，还有苍山船、沙船等数百艘，在数量上已大大超过以前朱纨负责浙江海防时的船数。而且，这些战船特别增加了火器数量。比如戚继光的一艘水军主力战舰福船上，要配备大发熕1门、大佛朗机6架、碗口铳3具、飞天喷筒10个、鸟嘴铳10支、火砖100块、火箭300支等。作战时，则要将不同类型的战船组织在一起，以发挥它们各自的特长。比如戚氏将福船2艘、海沧船1艘、艟𦨲2只编为一哨。作战时各类船相互配合，福船发火炮击敌，遇敌舟小则

---

① 《明史》卷七七《食货一》。
② 欧阳祖经：《谭敏襄公年谱》。

犁沉之。海沧比福船船体小,也更灵活,艟𦩖船最小,但吃水浅,风息时也可以划橹行驶,是追击倭寇小船的良好船型。

在提高海上作战能力的基础上,戚继光实施多层次的海防部署。他派水师远哨至他省洋面,要求各哨水师严格执行会哨和巡逻制度,从而可以较早发现敌情,甚至及时地将小股倭寇歼灭在海上。在海岸线上,则划分严格的防区,在各哨之间规定会哨的地界标志,既各负其责,又密切配合,形成了整个沿岸地区的严密防线。鉴于江南沿海地区“县多无城,府虽有城而弛斥不堪御寇。况承平日久,骤加倭警,非惟乡民奔窜不自保,凡城中居民亦无固志”①,各地官府、百姓在抗倭斗争中加紧修筑城池。在此期间,浙江曾筑县城 20 座,修复县城 8 座,沿海各县全都建起县城。还有一些沿海重要据点,有的如山东蓬莱的水城,系明军修建的北方重要军港;有的如浙江温州的永昌堡,则是当地绅民自动集资修建起来的。密布在沿海的府、县城池与海防水寨城堡,构成了抗击海上入侵之敌的第三道防线,对加大沿海防御纵深力度,增强防御的稳定性起到了重要的支撑作用。

应当看到,经过抗倭将领们的改造,明代的海防体系更加完备,其抗击倭寇来自海上入侵的能力也有很大的提高。但这种海口与海岛相维、岛屿与海岸并重的海防体制,即使从陆岸要点设防的角度看,也明显存在着许多致命的缺陷。一是明朝统治者很少把沿海各省组织起来,实行联防。明初虽然任命吴祯统管沿海防务,但在仅靠风帆战舰和驿马传递信息的条件下,实际上吴祯并不能对辽阔的海区进行有效管理。在抗倭战争中,明朝统治者曾一度认识到诸省联防的重要性,派浙江巡抚朱纨兼管福建沿海军务,首次尝试统一闽、浙两省海防指挥权。其后,兵部尚书张经又奉命总督浙江、福建、江南、江北军务。但这都属临时应急性措施,事缓则撤,仅适用于战时,平时各省的巡防、操练都单独进行,虽然一卫一所单独防卫的弊病得以克服,各省间的相互配合和指挥协调却无法实现。二是这一体制本身的“重陆轻海”色彩,必然使沿海驻防官兵把更多的精力放在陆路防卫上,而忽视海岛防卫和海上巡逻。明朝在沿海地区设置的军镇、总兵府大都设在位于内陆的府城之中,将领们贪图享受,不愿出海巡察,经历海上风涛之苦。驻守于海防前线的部队则因“百年以来,海烽久息,人情怠玩,因而堕废。国初海岛便近去处,皆设水寨,以据险伺敌,后来将士惮于过海,水寨之名虽在,而皆自海岛移置海岸”②。

明代海防体制最致命的缺陷,是缺乏争雄海上的气魄,缺少组建强大海军的胆略,只实行陆岸要点设防,而不御之于海,只能是被动接仗,处处设防,防

---

① 严从简:《殊域周咨录》卷三《日本》。
② 唐顺之:《条陈海防经略事疏》,《明经世文编》卷二六〇。

不胜防。在明代早期,中国在造船技术、航海能力等许多方面领先于其他国家,并拥有一支"云帆高张,昼夜星驰,涉彼狂涛,若履通衢"的强大远洋舰队。当时郑和率领的宝船吨位远远大于西方海船,航行距离、舰队规模也远非他国所能企及。可惜的是,对航海事业实行限制政策的明王朝并没有保持住这一海上优势,在西方航海事业飞速发展、西方殖民者大举东侵之际,对获利丰厚且对繁荣中国海疆经济起到至关重要作用的海外贸易和海上运输给予沉重打击,或以实行海禁、迁海政策,或以严刑酷法、保甲连坐等方式禁绝人们私自出海,限制出海船只的数量、行程,限制海船携带粮食、武器的数量,限制海商经销丝、茶、铜等紧俏商品的数量,把海外贸易限制在少数几个港口,还把正常的海上贸易纳入封贡制度的礼仪交往之中,对打着朝贡旗号的外国商人给予种种免税优待,使中国商人处于极不利的不平等地位。上述措施直接导致了中国沿海地区航海业的极度萎缩,导致了一度较为先进的航海技术停滞落后,导致作为一个国家海上力量重要组成部分的民间商船商帮式微凋零,而一个国家缺少来自海上贸易利润的巨额资金,缺少先进的航海技术,缺少庞大的民间船队的有力支持,它的海上军事力量必然趋于衰落。中国的海上军事力量就是从明朝中后期开始走向衰落的。

二 抗击倭寇的沿海与海上战争

倭寇在中国沿海地区的袭扰,并非始于明初。早在元朝末年,山东一带沿海已有倭寇出没。明朝初年,一些在日本国内斗争中失意的武士、浪人与张士诚、方国珍残部及沿海盗贼勾结起来劫掠中国沿海,其活动范围从山东蔓延至辽东、南直隶、浙江、福建等地。朱元璋、朱棣等人加强海防建设,积极联络日本政府共同捕捉倭寇,所以在永乐十七年(1419 年)辽东望海埚(今辽宁金县东北)大捷之后,海警渐息。到了嘉靖年间(1522—1566 年),日本诸岛正处于战国时期,各地诸侯武装割据,争夺领地,战火长燃不息。其四国、九州岛及本岛西南部因为临近中国,许多生活在这里的溃兵、败将和武士、浪人乘明朝军备废弛之际,挂帆西来,在中国沿海进行规模更大的劫掠活动。其势力与中国沿海的海盗及从事武装走私的海商集团相结合,致使倭患日益猖獗,从辽东到广东的万里海岸线上烽火频燃,中国海疆第一次面临全面入侵。对此,明朝不得不将国防的主要方向转到东南沿海上来,历经数十年的艰苦作战,剿灭各路倭寇势力,终于使中国沿海出现相对的平静。

明代抗倭战争大体上可分为明朝前期抗倭,朱纨、张经、胡宗宪主持的抗倭斗争,戚继光、俞大猷抗倭 3 个阶段。

（一）明朝前期的抗倭

明代的倭寇入侵，最早是在洪武二年（1369年）二月。当时倭寇侵扰山东沿海，"离人妻子，损伤物命"①，随后其烧杀劫掠的强盗行径迅速蔓延到浙江、福建、广东沿海地区。当时明朝海防体制远未建立起来，沿海地区城池、寨堡都没有修缮完整，特别是沿海卫、所缺少强大的水师舰队，"官军逐捕往往乏舟，不能追击"②，眼睁睁地看着倭寇掠夺中国财物及百姓后啸然入海，扬长而去。所以这一时期，明军的抗倭作战主要依托陆岸要点，在近海海域对倭寇捕剿。比如洪武二年（1369年）夏，倭寇袭扰崇明岛，太仓卫指挥佥事翁德闻讯后，带领战船出海追剿，在海门（今江苏南通东南部）附近与敌人遭遇。翁德先发制人，趁敌人尚未将战船列成阵势，即指挥手下士兵鼓帆摇橹冲向敌船，倭寇猝不及防，数百人被擒，倭船及船上众多武器被缴获。

洪武三年（1370年）以后，朱元璋一方面加强沿海兵力，修筑卫、所城池和水寨，另一方面也抓紧打造巡海战船，操练水军。当时位于今南京的龙江船厂曾专门负责建造战船，其中大部分是供沿海水军使用的。据史料记载，其主力战船有100料、150料、200料、400料数种，平时"操练以观其进退之常，巡逻以习其应变之略，奇正并用，缓急从宜"③。还有一种配备多橹，航速较快，适于水上机动作战的快船，也是沿海水军的辅助战船。洪武七年（1374年），明朝建立的巡海水军已形成远海机动作战的能力，朱元璋任命吴祯统领这支水军，采取更积极的巡剿行动，出海追捕倭寇至琉球大洋，取得了重大战果，并把俘虏的倭寇送到都城南京处置。

明成祖朱棣继位后，进一步完善了朱元璋所建立的沿海防御体系，并特别弥补了原先相当空虚的山东至辽东海岸防务，加强了在渤海和黄海海面的巡逻。永乐四年（1406年），陈瑄督明军驾海舟从南方运饷粮至辽东，返航时途经沙门岛，正遇上倭寇劫掠该岛。他指挥明军攻击倭寇。倭寇不敌，向东逃窜。明军乘胜追击至金州（今辽宁金州区）附近的白山岛，全歼残敌，尽焚其舟。三年后，柳升率水师巡海时，在青州海中灵山（位于今青岛胶南海中）附近水面发现倭寇，柳升指挥水师击败倭寇，并与陈瑄领兵追至白山岛一带。对于那些在沿海一带锚泊或上岸劫掠的倭寇，明王朝则调动沿海卫、所兵力坚决打击。如永乐十四年（1416年）明军歼灭锚泊于靖海卫（在今山东靖海）杨村岛的倭寇。次年浙江明军击退倭寇对松门、金乡、平阳等地的侵扰。但对倭寇最

① 《明太祖实录》卷三九，洪武二年二月辛未。
② 《明太祖实录》卷七五，洪武五年八月甲申。
③ 李昭祥：《龙江船厂志》卷二《舟楫志·图式》。

具震撼力的还是辽东的望海埚之战。

望海埚位于辽东金州金线岛西北,历来为滨海襟喉要地,也是倭寇入侵辽东金州的必经之地。辽东总兵官、都督刘江奉命负责沿海抗倭备战之后,巡视海疆,在此以山石修筑多座城堡、敌台,设置烟墩瞭望,做好了抗击倭寇入侵的准备。永乐十七年(1419年)四月,朝廷通知沿海各卫所,倭寇可能前来劫掠,各地应当严谨防备,"如有机可乘,即尽力剿捕,无遗民患"①。刘江为此特地给沿海城堡内增配了铳炮。六月,有人瞭望到东北方向海中王家岛上夜有灯光。由于明朝执行"海禁"政策时,已将岛上居民尽迁内地,渔民亦不得下海,所以刘江判断岛上住有倭寇,且将登岸抢劫,遂于六月十五日令部下官兵进驻望海埚各小堡中。他制定的作战计划是:指挥徐刚率兵伏于山下,百户江隆待倭寇上岸后,率壮士潜烧敌人海船,断其归路。最后刘江严令部下"旗举伏起,鸣炮奋击,不用命者,以军法从事"②。次日,倭船31艘从马雄岛驶来,2000余名倭寇登岸劫掠。刘江下令堡中守军发炮,埋伏在山下的明军也应声而出,猛击倭寇。倭寇死伤惨重,余众纷纷奔向樱桃园内的空堡躲避。明军将该堡包围,独留下西面的道路。当堡内倭寇夺路向西逃窜时,从两翼夹击,生擒倭寇110余名,消灭千余人。剩下的倭寇逃回登陆点,企图乘船返回海上,但船只早已被江隆等人焚烧,至此敌人全部被歼,无一漏网。

(二)朱纨、张经、胡宗宪主持的抗倭斗争

望海埚大捷的胜利,对倭寇是一个沉重打击,加上当时明王朝与日本方面进行合作,联手捕倭,中国沿海倭患暂时平息下来。可惜好景不长,15世纪中叶日本列岛进入军阀混战的战国时代,一些失意武士和浪人、海盗商人贪图中国财货和经商厚利,在中国沿海大肆进行劫掠和走私贸易。而此时明朝内部日益严重的土地兼并,迫使一些农民出逃成为流民,相当一部分人私自下海谋生,有些人成为海盗;中国沿海的一些豪强大户也因不满朝廷对海外通商的禁令,依仗权势进行走私贸易。这些海上流民、沿海豪强和一些多年从事武装走私的大海商往往与倭寇势力勾结在一起,乘明朝海防废弛之机,在中国沿海的侵扰日益猖獗。从嘉靖二十五年(1546年)开始,倭寇连犯浙江宁波、台州、黄岩、象山、定海,江苏太仓以及吴淞、上海等地,随后又骚扰广东、福建,所过之地,掠财物,焚城镇,甚至挖坟掘尸,又"随处掠劫人口,男则导行,战则令前驱,妇女昼则缲茧,夜则聚而淫之"③,东南沿海民众备受侵略者摧残。

---

① 《明太宗实录》卷二一一,永乐十七年四月丙戌。
② 谷应泰:《明史纪事本末》卷五五《沿海倭寇》。
③ 采九德:《倭变事略》。

由于浙江、福建两省防海之兵互不统属,双方军政大员意见不能统一,明军在很长一段时间里不能有效剿捕倭寇,致使其盘踞沿海岛屿,不时窜扰大陆,势力日渐坐大。嘉靖二十六年(1547年),明朝廷任命巡抚南赣汀漳等处的左副都御史朱纨巡抚浙江,兼管福建福、兴、建宁、漳、泉等处海道,等于是给予他实际指挥抗倭战争的权力。朱纨性格峭直,勇于任事,他受命后迅速采取了一系列整顿海防的措施。

首先,他认为,当时浙、闽两省倭寇活动猖獗,是由于沿海豪姓大族及汉奸与倭寇相勾结,所以着手切断汉奸、窝主与倭寇的联系,下令禁止船只出海,杜绝与倭寇往来,严格保甲制度,搜捕交通倭寇之人。“旬月之间,虽月港、云霄、诏安、梅岭等处,素称难制,俱就约束。府、县各官,交口称赞。”①其次,他整顿久已疲弱的沿海水军,添置新船,增筑水寨,派福建都指挥使卢镗率兵船泊福宁州,海道副使翁学渊统陆兵亦驻福宁州;海道副使柯乔驻守漳州;佥事余爌驻泉州;备倭黎秀驻金门所(今福建金门岛),把总孙敖驻流江(今福建福鼎东南),各人分守要地,独当一面。在扼制倭寇侵扰势头的同时,朱纨选择了位于今浙江象山港外的双屿作为自己的首要进攻目标。

双屿是汉奸李光头(又名李七)、许栋等人勾结倭寇和葡萄牙人进行走私贸易和海盗劫掠的巢穴。其地两山对峙,中间水道相通,是一个避风泊船的天然良港。许栋等人在南北入口处修营房、泊战舰,防守相当严密。朱纨制定了合闽、浙二省之兵,协力夹攻,待时而动的作战方针。嘉靖二十七年(1548年)初,福建都指挥使卢镗奉命指挥此役,与备倭指挥刘恩至、张四维、张汉等封堵港外水道。一开始,李光头等倚仗当地易守难攻的形势,坚壁不出。至四月初七夜,李光头等人忍不住了,乘风雨交加,海雾弥漫,倾巢而出。明军将士发现后,不顾海况恶劣,操橹出击,俘斩溺死敌人数百,擒获数名倭寇头目和大窝主。卢镗率兵突入港内,焚毁了敌人战舰,捣毁双屿港码头。朱纨得知原先盘踞双屿的倭寇已逃往福建浯屿(今金门岛)后,又命卢镗等乘胜追击。卢镗分兵追击在浙江、福建沿海的双屿残敌。四月,败倭寇于九洋大山(在今浙江象山东南韭山列岛附近),俘斩倭酋稽天新四郎等55人;六月,再败倭寇于沙头吞和北茭(今福建罗源东);七月,击败汉奸许栋和倭寇联合势力,俘斩80多人,赴水死者上千人。嘉靖二十八年(1549年)三月,李光头勾引葡萄牙人流窜到诏安一带活动。朱纨令海道副使柯乔、福建都司卢镗领兵战于走马溪(今福建诏安海滨),生擒李光头等96人。经过一年多的战斗,李光头、许栋势力基本上被清除,与之相勾结的倭寇、葡萄牙殖民者也受到一定的打击。

朱纨发动的双屿之战虽然取得很大战果,却深深地触动了福建沿海专营

---

① 朱纨:《阅视海防事》,《明经世文编》卷二〇五。

走私的豪姓大族的利益。他们四处散布谣言，制造舆论，不惜挑动日本贡使与朱纨作对，还收买了言官上奏攻击朱纨。明军取得诏安走马溪大捷后，更有御史上书指责朱纨擅杀。嘉靖二十八年（1549 年）四月，就在走马溪大捷的捷报传出后不久，明朝廷下令撤销朱纨巡视浙江、福建海疆之职，迫使他含冤饮药而死，作战有功的将领柯乔、卢镗也被捕问罪，一度大有起色的浙、闽海防再度废弛。

朱纨之死，对明朝抗倭斗争是一个很大的打击。明世宗"罢巡视大臣不设，中外摇手不敢言海禁事"①，浙江海道副使丁湛更把朱纨苦心营建的海防破坏殆尽。"浙中卫、所四十一，战船四百三十九，尺籍尽耗。（朱）纨招福清捕盗船四十余，分布海道，在台州海门卫者十有四，为黄岩外障，副使丁湛尽散遣之，撤备弛禁"②。

明世宗昏聩之举的恶果很快显示出来。嘉靖三十二年（1553 年）倭患大炽，原李光头的部下王直纠合倭寇入侵，台州、宁波、嘉兴、湖州、苏州、松江、淮北各地同时报警。明朝统治者这才感到海防问题的严重，于当年七月恢复浙江巡视（后改巡抚），派王忬出任此职并兼管福、兴、漳、泉等地。王忬上任后，以俞大猷、汤克宽出任分守浙江、南直隶参将，又将被诬陷入狱的抗倭官员尹凤、卢镗释放出来，招募温州、台州民壮加强海防。无奈这时王直的势力已经坐大，拥有诸多战舰和党羽，并与倭寇门多次郎、田助四郎相勾结，流窜沿海各地掠夺烧杀，"吴中村落市井，故称殷富者，半成丘墟"，死者数十万。俞大猷、汤克宽、卢镗等虽领兵力战，终不能阻止倭寇进犯。嘉靖三十三年（1554 年）六月，王忬调任大同巡抚，以张经为右都御史兼兵部侍郎，"总督南直隶、浙江、山东、两广、福建等处军务"③，在明代历史上第一次将沿海主要地区的防务统管起来。

张经到任后，把整顿海防队伍，进一步加强沿海地区的兵力作为首要大事。他在苏州、松江增设防海同知，在福山港（今江苏常熟东北）、青村增设把总，又下令修复沿海城池，勾捕逃亡军士，编组当地耆民、沙民、盐徒、矿徒为兵，远调外地尚有战斗力的狼兵、土兵等参加抗倭。他认为当时海防作战最大的弊病是明军既不能各守防区，又不能相互支援，所以特别重视游兵（机动部队）的建设。规定每总兵船以一半为游兵，一半为守兵，"贼入本总则并力截杀，入它总则守兵回守信地，而令游兵追捕，与他部相互策应"④。嘉靖三十四

① 《明史》卷二〇五《朱纨传》。
② 查继佐：《罪惟录》列传卷三六《日本》。
③ 《明世宗实录》卷四一〇，嘉靖三十三年五月丁巳。
④ 《明世宗实录》卷四一七，嘉靖三十三年十二月辛巳。

年(1555年)春,猬集在柘林、川沙的倭寇已达到2万余人,而更多的倭寇还在乘顺风船相继到来,张经决定调集来自广西的狼兵、湖广的土兵等对其进行围剿。三月,他命俞大猷统狼兵4000余人驻金山(今上海金山东南),邹继芳统狼兵约2000人驻闵行(今上海县东南),汤克宽统广东东莞打手等驻乍浦,从西、北方向围堵倭寇,单等更强悍的永顺、保靖州二宣慰司之兵到来后,诸军分进合击。这时,奸相严嵩的党羽、兵部尚书赵文华前来祭奠海神。他来到松江后,就催促张经立刻出兵进剿柘林、川沙的倭寇,并上疏诬告张经养寇糜财,张经坚持厚集兵力,直到永顺、保靖等地狼兵5000余人抵达后,才郑重决定于四月二十一日进剿敌巢。

盘踞在柘林的倭寇头目徐海打探到明军大兵压境,便先期派兵四出,以牵制明军。四月十九日,倭寇3000余人离开柘林老巢,先攻金山卫,又窜入浙江乍浦、海盐,进犯嘉兴。张经及时命令卢镗督保靖兵增援嘉兴;倭寇分兵两路向北流窜后,又令俞大猷在平望(今吴江南)堵截,派汤克宽率水师从中进击。五月初一,倭寇在平望、胜墩(在今吴江南)受到沉重打击,被歼灭数百人,两股势力合聚窜至江南名镇王江泾(在今江苏吴江盛泽东南)一带。此时,卢镗督率的保靖兵、俞大猷督率的永顺兵以及汤克宽率领的水师战船已成三面包围之势,遂合围攻倭,歼敌1980人,还有许多倭寇焚溺而死,只剩下几百人逃回柘林老巢。

王江泾大捷是明代抗倭以来所取得的重大胜利之一,但主持此役的张经却因功罹祸,受赵文华诬告而被捕入狱,最终被杀。此后,严嵩与赵文华更肆无忌惮,操纵沿海抗倭之事,先后罢去继张经之职的周珫、浙江巡抚李天宠等人,倚仗胡宗宪等人"颠倒功罪,牵制兵机,纪律大乖,将吏人人解体","虽征兵半天下,贼寇愈炽"[①]。他们所任用的胡宗宪在军事上也是一筹莫展,眼见在战场不能速胜,遂采取用间和收买等手段,挑拨倭寇头目王直手下徐海、陈东等人的关系,令其自相残杀,互相削弱,最后乘其归附不防之机,予以围歼。胡宗宪还派人到日本平户劝诱王直回国受抚,最终将王直处斩。

(三)戚继光、俞大猷抗倭

胡宗宪以用间手段击灭徐海、陈东,诱斩王直,固然对勾结倭人的汉奸是个不小的打击,却不能从根本上遏止倭寇的侵扰。此时倭寇侵扰中国势头正猛,他们利用三、四、五月"春汛"和九、十月"秋汛"的风向,东北风猛则犯广东、福建,正东风则犯浙江、江苏,遇南风则犯天津、辽东,连年袭扰,致使东南沿海几无宁土。而从根本上抵御他们入侵的办法只有一个:建设强大的海防和能

---

① 《明史》卷三〇八《赵文华传》。

征惯战的抗倭队伍，采用正确的战略战术，对侵略者进行摧毁性打击。这一重任历史性地落在了抗倭斗争中成长起来的戚继光、俞大猷等人身上。

嘉靖三十四年（1555年），时任浙江按察司副使的谭纶首先打破明代世兵制度，招募壮士从军，随后任台金严参将的戚继光也在浙江义乌招募矿工和农民从军。其中具体带兵的戚继光不仅对招募来的土兵进行严格的训练，还根据自己总结的抗倭战术，摒弃传统的卫、千户所、百户所、总旗、小旗的编制，实行主将下辖前、后、左、右、中5营，营下分哨和队的新编制，配备的武器也是冷兵器与火器相结合，长兵器与短兵器相结合，以适应与倭寇陆战的需要。戚继光统领的水师则分部（指挥）、司（营）、哨、船各级，其中哨为水师最小作战单位，由福船2艘、海沧1艘和艟𰀋2艘组成，各种船型齐备，特别注意配备船上火器。这些改革使他所领导的军队编组更合理，战术更实用，武器更精强，为接下来的一系列抗倭作战的胜利打下了基础。

嘉靖四十年（1561年）四月，倭寇2000余人在浙江象山、奉化沿海登陆，赴宁海一带劫掠，企图吸引明军兵力，乘虚进犯台州府城。时任分守台金严参将的戚继光留部分兵力分守台州、海门，自己率主力赶赴宁海歼敌。倭寇侦知台州空虚，果然有3000余人分别登陆桃渚（今临海东）、新河（今黄岩东南）、健跳（今三门东南），尤以新河一路距所城很近，威胁极大。戚继光一面坚持进军宁海歼敌，一面派胡守仁等部驰援新河。二十六日拂晓，倭寇逼近新河城下时，胡守仁部援军也恰好赶到。下午四时，倭寇从其占领的城南寺前桥鲍主簿家大院逸出时，明军出动将其击溃，并乘势进围该大院，用鸟铳杀伤其数百人，倭寇见不能得逞，乘夜逃走。与此同时，戚继光得知在桃渚登陆之敌有进犯府城的迹象，且原在宁海的倭寇已经逃走，于是他带主力连夜急行军，回师台州府城。二十七日中午，戚继光先敌赶至台州府城之外，侦知敌人正在距城2里的花街，决定立即前往花街灭敌。戚军先以火器轮番射敌，继则以勇士持刀冲入敌阵，很快将倭寇分别压迫在瓜邻江畔和新桥之下。戚军伙夫刚刚将午饭做好，前线即传来捷报，擒敌酋2人，斩首300余，落水溺死者更多。在击溃和歼灭前两股倭寇之后，戚继光依靠身边的1500名士兵，在仙居大峰岭设伏，打算拦截从此地窜犯处州（今浙江丽水）的第三股倭寇。五月初四，倭寇2000多人冒雨排成单行翻越上峰岭，队伍长前后20余里。戚家军士兵每人执松枝一束，用以隐蔽。倭寇始终没有发现伏兵。初五，戚继光见倭寇过半，下令鸟铳齐发，士兵居高临下杀入敌阵，斩杀倭寇首级344颗，擒获头目5人。继之进行的藤岭之战、海上长沙之战，将溃逃的倭寇尽行歼灭。同时卢镗等也率部歼灭进犯宁波、温州之敌。至此，倭寇对台、宁、温沿海地区闻风丧胆，再也不敢进犯。

倭寇对浙江的入侵受挫后，将攻击矛头指向福建。当时福建卫所只拥有一些老弱疲病的士兵，有战斗力的军队则被俞大猷带领赴江西去镇压农民起义。故倭寇很快就攻陷福清、福宁(今福建霞浦)、宁德、永宁(今福建石狮东南)等地，"沿海千里，尽为贼窟"①。鉴于福建明军攻敌无术，朝廷派戚继光领兵 6000 人，都府中军都司戴冲霄领兵 1600 人入闽抗倭。

嘉靖四十一年(1562 年)八月初一，戚家军抵达福建宁德。戚继光根据倭寇以横屿为巢穴、四出劫掠的特点，决定击贼击强，先打掉盘踞横屿的倭寇，然后乘胜扫清福清等地。横屿位于宁德东北，三都澳西北，是四面环水的海岛。其朝向大陆的一面，涨潮时汪洋一片，退潮时淤泥一片。岛上千余名倭寇恃此天险，结巢筑屋，立木城防守。戚继光经过了解，发觉以水师登陆，极易搁浅，就派陆兵趁退潮时"负草填泥"，越过淤泥滩登上横屿。倭寇发觉明军进入岛内，便以主力守山上木城，以一部在山脚列阵，企图趁明军立足未稳，发起冲击将其赶入海中。戚继光以主力正面迎敌，同时出奇兵绕至敌后，并在关键时刻以后续部队越过泥滩上岛增援，终于将倭寇击败。一些投海逃跑的倭寇不是淹死，就是被封锁外洋的都司张汉部水师捞斩，总计生擒 29 人，斩首及焚溺而死的近千人。战后，戚家军乘胜进至牛田(今福清东南)、林墩(今莆田南)，歼敌 5000 余人，基本消灭福建倭寇，于十月初一返回浙江。

听说"戚老虎"(倭寇对戚继光的畏称)返回浙江，倭寇万余人卷土重来，攻占兴化府城(今福建莆田)，将城中洗劫一空。朝廷只好调俞大猷、戚继光为福建总兵和副总兵，加上增援福建的广西总兵刘显，三路会剿倭寇。嘉靖四十二年(1563 年)三月，早已掠夺得钵盈盆满的倭寇聚于渚林东南的许厝村。该村位于形似足形的平海卫(今莆田平海)半岛的足腕处，据险而守，可以屏障整个半岛。当时，倭寇已派人护送大量掠来的资财返回日本，留下 3000 精悍之兵负隅顽抗。四月二十日，福建巡抚谭纶召集俞大猷、戚继光、刘显会议，集中明军 3 万人围攻倭寇。二十一日，戚继光身当中哨，俞大猷、刘显左右包抄，将前来迎战的倭寇 2000 余人击败，接着明军乘胜追击，把倭寇余部围在许厝巢穴之中，因风放火，全歼敌人 2200 余人，次日收复平海卫。

福建倭寇平定后，巡抚谭纶为保海疆安宁，建议任命戚继光为总兵官，恢复福建 5 水寨，浙江土兵分春、秋两班轮戍。戚军实行轮戍后，其在福建的兵力只有 6000 余人，分驻福宁、福清和漳、泉，每个水寨的 40 艘战船、13000 余士兵，一时无从筹划，只能以修缮好的 92 艘战船先分配使用。当年秋十月，贪婪的倭寇 15000 余人乘秋汛风顺，大举入侵福建，真倭万余人包围了仙游县城。戚继光考虑到目前兵力不足，遂先取守势，派兵骚扰攻城倭寇，并且切断其窜犯道路。十二月二十三日，从浙江调回的轮休官兵 6000 人抵达，戚继光

---

① 《戚少保年谱耆编》卷三，嘉靖四十一年。

得此生力军,决定对盘踞四门的倭寇各个击破。二十六日拂晓,明军乘浓雾接近城南敌人巢穴,将其四面寨栅拔除,举火尽焚,在大火中未丧命的倭寇奔向城东贼巢,又奔向城北贼巢,戚继光则督促部队依次将各巢焚毁,杀敌1400余人。尔后戚继光与明军进入仙游城内。城外倭寇虽然人多势众,但已胆丧魂飞,不敢恋战,向泉州、惠州方向逃窜。事后,巡抚谭纶评价这次以寡击众的作战,称"自东南用兵以来,军威未有若此之奇,军功未有若此之奇者也"①。

嘉靖四十三年(1564年),在浙江、福建遭受沉重打击的倭寇集中在广东沿海劫掠,并且与以南澳岛为根据地的吴平海盗集团勾结起来,加上当时遍地是矿徒、农民起义,广东形势日益紧张。其时俞大猷已率部进入广东,为了平定倭患和吴平势力,他招抚矿徒和农民军,又派人"诏谕"吴平,先将倭寇孤立起来。三月,俞大猷厚集明军15000余人,其中矿徒伍端部将士勇敢,军纪严明。俞大猷派广东水师屯驻柘林港(今广东饶平东南),断倭后路,然后先以伍端部进击邹塘之敌,斩首400余人;又佯攻芦清之敌,实际上先打屯兵水戎水的倭寇主力。芦清之敌见倭寇主力被歼,惊恐而奔崎沙(今陆丰南)、甲子(今陆丰东南)等吞口,抢夺船只出海,大部遭风浪溺毙。剩下的2000余人只好再次登岸,被围困在金锡都(今海丰南偏东)达两月之久。六月,倭寇乘夜突围,在明军汤克宽、王诏部的追击、搜捕下被歼。

作为抗倭战争的尾声,嘉靖四十四年(1565年)戚继光开始进剿明里受抚、暗地企图东山再起的海盗吴平。吴平于前一年被俞大猷送回到诏安梅岭安置。但他在当地"创武场,日习兵事,造舰百余艘泊港中"②,当明军水师抵达梅岭时,吴平已事先携家属逃往广东,明军只犁沉贼舟105艘,消灭贼徒3000余人。嘉靖四十四年六月,吴平据南澳岛筑城立栅,企图长期据守。于是,戚继光和俞大猷部奉命合兵进攻这一勾结倭寇的海盗集团。南澳孤悬海外,易守难攻,戚、俞两人首先派兵严守大陆,防止吴平窜犯,接着又派水师封锁南澳港口,不让吴平出海。九月二十二日,戚部选择吴平防守不严、地形较为平坦的龙眼沙为登陆点,顺利渡海登上岛岸,当天立木栅建营盘。吴平听说明军已经登陆,派2000余人前来诱战,甫一交锋,吴平的乌合之众便丢盔卸甲,死伤数百人。吴平一心想乘明军立足未稳,赶其下海,遂悬赏3000两,以精锐之兵发起反扑。戚继光一面鼓励将士杀敌,一面散发"胁从弃刀不死之檄"③。吴兵见自己的将士全无斗志,损伤500余人后退回深澳巢穴。3天后,俞大猷率广东明军分乘300余艘战船抵达南澳。戚、俞两人合计,以俞部封锁

---

① 谭纶:《水陆官兵剿灭重大倭寇分别殿最请行赏罚以励人心疏》,《谭襄敏公奏议》卷二。
② 《戚少保年谱耆编》卷五,嘉靖四十三年十一月。
③ 《戚少保年谱耆编》卷五,嘉靖四十四年九月。

各澳口,戚部乘船从海上绕至敌军侧后,登陆击敌大寨。十月初五,海上大风刚刚停息,戚继光部就抵达宰猪、大沙两澳,登陆直冲吴平大寨。明军砍栅而入,放火焚毁敌舟和木城,将敌人主力迅速击溃,只有吴平率 80 余人乘小船逃向潮州。战后,明军穷追吴平至雷州、廉州,最后在安南境内将其彻底消灭。

至此,明代东南沿海的倭患最终平息。

三 沿海地区抗击西方殖民者入侵的斗争

宣德八年(1433 年)九月,明朝第七次下西洋的舰队返回祖国。搭乘明朝宝船一同来到中国的,还有苏门答剌、古里、柯枝、锡兰山、佐法儿、阿丹、甘巴里、忽鲁谟斯、加异勒、天方等 10 国前来"朝贡"的使团。然而早在第七次下西洋之前,新的宝船已停止建造,中止下西洋航行的方针已经确定,而如何把滞留京师的各国使团送回国,成为一个难以解决的问题。三年之后,朝廷终于决定把护送苏门答剌等国使团回国的任务委托给单独来明朝"朝贡"的爪哇使团,还为此专门在广东打造了大八橹船,明英宗本人也修书给爪哇国王:"王自我先朝修职弗息,朕今即位,王复遣使朝贡,诚意具悉。宣德时有古里及真腊等十一国,各遣使朝贡未回,今王使回,特赐海船与各使同还。王其加意抚恤,分遣还各国,庶副朕怀远之心。"①这次由明王朝出资出船,由外国使团完成航行,为明成祖时开始的大规模远航活动画上了最后的句号。

然而,紧闭的国门只能使明朝自我孤立,却不能阻止西方殖民者从海上入侵。明朝后期,西方殖民者与倭寇一样,构成对中国海疆的严重威胁,中国沿海军民也与其展开了激烈的斗争。

(一)抗击葡萄牙殖民者的屯门、西草湾之战

明朝自我孤立的"海禁"政策和官方航海活动的停止,造成印度洋上航海力量的空虚,而它很快就被一心想打通东方海路的葡萄牙殖民者所填补。弘治十一年(1498 年),瓦斯科·达·伽马带领着一支葡萄牙船队横穿印度洋来到古里(在今印度半岛),运回了包括香料在内的大批印度货物。随后,葡萄牙国王派战舰轰击未设防的古里,屠杀当地无辜渔民,焚毁阿拉伯商船,并在印度西海岸修建起众多城堡和要塞;正德六年(1511 年)又攻占了满加剌国(今马六甲),控扼了从中国和东南亚地区通往印度洋的海上咽喉;正德十年(1515年),又占领了霍尔木兹海峡,掌握了波斯湾的门户。从此,印度洋的海上航行完全处于葡萄牙人的控制之下。

受到《马可·波罗游记》的影响和精美的中国瓷器的诱惑,葡萄牙殖民者

---

① 《明英宗实录》卷一九,正统元年闰六月癸巳。

来到印度以后,就想积极寻找前往中国的道路。正德八年(1513年)和正德十年,两伙葡萄牙商人先后来到广东珠江口的屯门岛(今属香港特区新界)进行贸易。葡萄牙人安德拉德、皮莱资等人到达广州后,竟通过贿赂地方官员和派驻广东的明朝太监得以入京"朝贡"。但他们冒充满加剌国使者,并在广州掠买人口、盖房立寨的真相很快就暴露出来,等到昏乱的明武宗一死,新即位的明世宗就下令将葡萄牙使节押回广东并驱逐出境。

葡萄牙人靠行贿手段难以如愿,于是打算像征服印度和东南亚各国那样,以战争手段敲开中国的大门。其实,早在皮莱资到中国之前,他就根据自己在马六甲和印度搜集到的有关中国的资料,撰写了一部《东方志》。书中称中国人非常懦弱,易于征服,只要从马六甲派出10艘船舰,便足以控制整个中国沿海。一个被囚禁在广州的商人维拉里说得更轻松,他认为只要有2000人,就可以夺取广州。而闯进珠江口进行贸易的商人加尔沃则进一步说,一旦占领广州,便可以在这座城市里建立另一个印度公司,除了往印度和葡萄牙搬运金银的船只外,无须从葡萄牙带任何东西来。在上述狂想欲望的驱使下,葡萄牙人自正德十二年(1517年)秋登上屯门岛以后,就一直赖在那里不走,还在岛上修炮台、驻军队,企图以此作为他们的"殖民乐土"。于是一场中国驱逐葡萄牙殖民者的战斗不可避免地开始了。

正德十六年(1521年)四五月间,奉命收复屯门的广东海道副使汪铉率军进驻与屯门隔海相望的东莞县南头镇,随后向葡军发起进攻。葡军使用的佛朗机子母铳因可以利用子铳快速填药,射击速度较快,又有照星可以瞄准,所以据之负险顽抗。于是汪铉按照白沙巡检何儒的建议,劝说在葡萄牙人战舰上服务的华人杨三、戴明逃离葡军,为明军仿造佛朗机铳。明军拥有了这一新式武器后,对屯门岛上的敌人炮台进行猛烈轰击。十月,葡萄牙的残余武装乘夜突围,逃回马六甲。《明史》上记载的"正德末,其国(指佛朗机国,即葡萄牙)舶至广东,白沙巡检何儒得其制,以铜为之"[①],指的就是这件事情。

嘉靖元年(1522年),库丁霍(中国史书记为米尔丁·甫思·多·灭儿)率领葡萄牙舰队从马六甲出发,企图重新占领屯门,但表面上却声称要与中国签订和平条约,并在当地进行贸易。"葡军头目别都卢恃其巨铳利兵,劫掠满加剌诸国,横行海外。至率其属疎世利等千余人驾舟五艘破巴西国,遂寇新会县西草湾。备倭指挥柯荣、百户王应恩率师截海御之。转战至稍州,向化人潘丁苟先登,众兵齐进,生擒别都卢、疎世利等四十二人,斩首三十五级,俘被掠男妇十人,获其二舟。余贼米尔丁·甫思·多·灭儿等,复率三舟接战,火焚先

第一章

明清时期的海疆及其开发

---

① 《明史》卷九二《兵志四》。

所获舟,百户王应恩死之。余贼亦遁。"①

葡萄牙殖民者两次侵华都铩羽而归,以后再也没有派遣舰队来华。但在对华贸易中尝到甜头的葡萄牙商人却加紧与中国走私海商、海盗集团以及倭寇相勾结,在浙江双屿,福建月港、浯屿建立走私贸易基地。嘉靖二十七年(1548年),朱纨将双屿、月港等地的葡萄牙人逐走后,这些在走私贸易中大获其利的葡萄牙人又返回珠江口,把香山县东南的半岛澳门(又称濠镜)作为他们的基地。据史书记载:"嘉靖三十二年,夷舶趋濠镜者,托言舟触风涛缝裂,水湿贡物,愿借地晾晒,海道副使汪伯徇贿许之。时仅蓬累数十间,后工商牟利者,始渐运砖瓦木石为屋,若聚落然。"②后来,汪柏受贿之银被查出,其款项竟被转为地租收入国库,葡萄牙人留居澳门之事也就糊里糊涂被明朝默认了。

(二)西班牙殖民者对中国的觊觎

尽管葡萄牙殖民者两次进攻中国未果,其商人与中国贸易获利甚厚却极大地刺激了欧洲后起的航海大国西班牙。弘治五年(1492年),该国派遣哥伦布率3艘战舰横渡大西洋,沿着与葡萄牙人相反的方向寻找通往东方的新航路,其实是想借此到达中国、日本与印度。但在他的旅途中,中国并没有出现在远方的地平线上,倒是阴差阳错发现了美洲大陆。可是在正德十五年(1520年),得到西班牙国王查理一世支持的葡萄牙贵族麦哲伦却穿过以他的名字命名的海峡,进入太平洋,来到了亚洲。隆庆五年(1571年),西班牙人在菲律宾的吕宋岛建立起殖民地政府后,立即把侵略中国提上议事日程,第一任西班牙驻菲律宾总督黎牙实备开始着手准备入侵的船只和军队。谁知,到了第二年远征队正准备出发时,黎牙实备突然病死,入侵计划也由此搁浅。接替黎牙实备职务的拉瓦沙扎斯也满脑子是侵略中国的疯狂念头。他甚至于万历三年(1575年)派了一个名叫拉达的神甫到中国福建,要求划出一块地方来给西班牙人居住,这一无理要求自然遭到福建地方官员的拒绝。于是,西班牙殖民地的大小头目们于万历十四年(1586年)在马尼拉召开会议,决定把征服中国作为在亚洲进行殖民扩张的核心。按照他们的如意算盘,要让葡萄牙人进攻广州,由西班牙人进攻福建泉州,进而征服整个中国。但在两年之后,著名的西班牙"无敌舰队"在英吉利海峡遭受灭顶之灾,西班牙王国也从昔日海上霸主的宝座上骤然跌落下来,入侵中国的狂妄计划自然再也无人谈起。

但在菲律宾,西班牙殖民者一方面从大批中国海商赴该处所进行的贸易中获得财税收入,另一方面则对寄寓该处的数万中国人心怀敌意,蛮横地规定

---

① 《明世宗实录》卷二四,嘉靖二年三月壬戌。
② 郭棐:《广东通志》卷六九。

中国人必须信仰基督教才允许在当地居住,而信教后必须按照西洋发式理发,又不许中国人经营零售业,不许当地人穿着中国丝绸,以减少岛上的中国商人数量。万历二年(1574年),广东海盗林凤来到马尼拉湾。林凤是曾经名噪一时的海盗首领林国显的同族后人,19岁时加入海盗队伍,后成为与广东大海盗林道乾齐名的海盗首领,拥有战舰数十艘,部众数千人。他因受到明朝官军的追击,在台湾、澎湖一带无法立足,带着62艘战船,水陆士兵各2000人,妇女1500人从台湾魍港出发,到菲律宾一带活动。他刚到菲律宾,就派400人突袭马尼拉城,虽然火烧了菲律宾殖民军队司令戈迪的住宅,攻城却没有成功。3天后,林凤率大队再次攻城,同样遭到西班牙人火炮的猛烈射击。此后,林凤转舵扬帆,北上今菲律宾班加丝兰省定居下来。西班牙总督随即调集兵力3000余人,围剿林凤部。由于林凤的船只已被烧毁,西班牙殖民者对其实行长困久围之策。次年夏天,林凤利用秘密打造的30余艘战船乘夜突围,返回台湾魍港,后来在闽、粤两省明军的合力围剿下再度逃往海外,也有人说他"逃往西番","仍逃外夷"①,不知所终。林凤攻打马尼拉之役,更加剧了菲律宾殖民当局对当地华侨的歧视,他们强征华侨从事苦役,稍不如意即加以鞭笞。广大华侨难以忍受如此残酷的压迫,万历二十一年(1593年),一些被征发到船上当桨手的华人奋起反抗,杀死了包括总督达斯马里纳斯在内的75名西班牙殖民者,驾船逃离吕宋。当年年底,代行其父职权的达斯马里纳斯之子卢易斯掀起排华浪潮,将上万名华侨驱逐回国,又出兵捣毁马尼拉的华人社区。鉴于明朝当局对华人在海外的生活状况不闻不问,菲律宾殖民者于万历三十一年(1603年)在马尼拉屠杀了手无寸铁的华侨25000余人,又于明崇祯十二年(1639年)、清康熙元年(1662年)、康熙七年(1668年)三次对当地华侨进行了大屠杀。

(三)郑芝龙、郑成功父子抗击荷兰的作战

与葡萄牙和西班牙殖民者相比,荷兰殖民者是晚至17世纪初才来到中国沿海的,但他们对中国海疆的威胁却更大。万历二十九年(1601年),荷兰舰队入侵广东海面,与明军水师相遇。明军因对其"素不习见,且状貌服饰非向来诸岛所有,亦未晓其技能,辄以平日所持火器遥攻之。彼姑以舟中所贮相酬答,第见青烟一缕,此即应手糜烂,无声迹可寻,徐徐扬帆去,不折一镞,而官军死者已无算"②。万历三十二年(1604年),荷兰人在几次未能获得贸易特权的情况下,竟与一些汉奸相勾结,伪造大泥国书,向福建漳州地方官员投递,后来

① 《明神宗实录》卷四五,万历三年十二月己卯。
② 沈德符:《万历野获编》卷三〇《红毛夷》。

又见明军守兵从澎湖岛上撤走,便乘虚而入,窃据澎湖。漳州地方官员百般劝说荷兰人离开澎湖,又禁止商民下海贸易,切断其粮食供应,致使荷兰人在占领澎湖四个多月后不得不离去。

天启二年(1622年),荷印总督燕·彼得·昆决定以武力打开中国的大门。他派遣雷耶斯佐恩带领15艘战船和800名士兵进攻澳门。早有准备的葡萄牙人以炮火迎击。雷耶斯佐恩攻击不利,调棹北上二次占领澎湖。荷兰殖民者在澎湖掠捕中国人做苦役,修堡垒,又勾结海盗兼海商杨六、杨七等人进行走私贸易,无恶不作。天启三年(1623年),福建巡抚南居益调集150艘战船和4000名土兵在澎湖白沙岛登陆,建筑前敌城垒,封锁澎湖海面,四面困住荷兰殖民者。荷兰殖民者孤立无援,只好与明军达成条件,拆除堡垒,退出澎湖。

荷兰殖民者离开澎湖后,即侵入台湾,在台湾西南海岸的大员湾建立起城堡(最后定名为热兰遮城),以此为巢穴,抢劫前往马尼拉的中国商船,以切断中国与西班牙人之间的贸易通道。也就是在此后不久,曾经与荷兰殖民者保持密切商业往来的海盗首领郑芝龙被明朝招安了。郑芝龙系福建南安平安镇人,早年投靠旅居日本的著名海商李旦门下,被收为义子。李旦死后,郑芝龙迅速发迹,成为明末海外走私商人集团的首领,拥有海舶上千艘。崇祯元年(1628年),福建巡抚熊文灿正式委任郑芝龙为海防游击。由于郑氏依次剿除沿海各海盗团伙,"从此海岛宁靖,通洋贩货内客、夷商皆用飞黄旗号(即郑氏令旗),联帆望影,无儆无虞,如行徐、淮、苏、常之运河"①,郑芝龙也由游击、参将升至副总兵官、总兵官。与此同时,郑芝龙仍与日本、荷兰保持着紧密的贸易关系。崇祯三年(1630年),台湾的荷兰长官普特曼斯与郑芝龙达成航海保护协议。该协议规定:荷兰人不劫掠郑氏商船,对其提供保护,郑氏则要与荷兰通商贸易。郑芝龙严格遵守了这一协议,对破坏协议的行为毫不犹豫地进行惩罚。崇祯四年(1631年),荷兰人拦截了一艘前往马尼拉的中国商船,向其征收金钱。郑芝龙得知后,立即停止荷兰人在漳州的贸易,直到荷兰人归还这笔钱为止。不久,福建地方官员获知此事,遂严行禁止荷兰人前来贸易。普特斯曼恼羞成怒,于崇祯六年(1633年)对厦门发起攻击,郑芝龙停泊在港内的战船尽被摧毁。不过郑芝龙很快就组建起新的舰队,在金门料罗湾重创荷兰殖民者,人称郑军"焚其巨舰,俘其丑类,为海上数十年所未有"②。

---

① 花村看行侍者:《花村谈往》卷一。
② 《兵科抄出福建巡按路振飞题稿》,《明清史料》乙编。

第三节　清朝对海疆的镇辖和防卫

明崇祯十七年（1644年），也就是清朝的顺治元年，清军叩关进入中原，从农民起义军手中夺取政权，确立了对全国长达268年的统治。由于明朝余部在相当长一段时间里依托东南沿海地区从事抗清斗争，特别是明朝将领郑成功从荷兰侵略者手中夺回台湾，据之为抗清基地，清朝对全国海疆的统一是康熙二十二年（1683年）才完成的。清王朝作为中国历史上最后一个封建王朝，政治上空前统一，经济上高度发展，出现了被誉为封建社会鼎盛时期的"康乾盛世"。但它在海疆的治理上仍承袭明朝的"海禁"政策，建立旧式的防御型的海防体系，闭关锁国，最终使自己陷入"落后挨打"的屈辱境地。

一　对海疆的统一

清朝是生活在中国东北地区的一个古老民族——女真族（后称满洲、满族）建立的国家。明朝末年，女真人在建州女真酋长努尔哈赤的领导下，势力不断壮大，不仅统一了东北地区，而且攻入中原，统一全国，建立了大一统的封建王朝。他们统一东北和统一全国的历史进程也就包括了对海疆地区的占领和镇辖。

（一）对海疆的基本统一

清太祖努尔哈赤所在的建州女真部落分布在浑河流域东至长白山、南至鸭绿江的内陆地区，其攻占海疆的历史最早可以追溯到明万历三十七年（1609年）到万历四十三年（1615年）。当时，努尔哈赤攻打北方的乌拉部时，为肃清其东方的割据部落和依附乌拉部的势力，在黑龙江下游和乌苏里江流域发动了一系列的战争。万历三十七年（1609年），他派兵征服了瑚叶路（乌苏里江上源胡叶河），第二年又招抚了那木都鲁、绥芬、宁古塔、尼马察4路，征讨雅兰路（今海参崴东苏昌河）。万历三十九年（1611年），攻取乌尔古辰（库尔布新河）、木伦（穆棱河）两路以及札库塔城（乌苏里江毕新河口）。万历四十三年（1615年），占领了今俄罗斯伯力东方海滨的额赫库伦城。其后，女真人在东北海滨地区的扩张势头一直不减。经努尔哈赤和皇太极两代统治者的多年经营，至清朝崇德年间（1636—1643年），黑龙江下游的使犬部，东北滨海地区的使鹿部皆归入其版图。清朝对明朝宣布："自东北海滨，迄西北海滨，其间使犬、使鹿之邦及产黑狐、黑貂之地，不事耕种，渔猎为生之俗，厄鲁特部落以至斡难河源,远迄诸国,在在臣服。"①这里的东北海指鄂霍次克海,西北海指贝加尔湖。

也就是在努尔哈赤征服东北滨海地区的同时,天命四年(1619年),他率部与明军在萨尔浒(今辽宁抚顺大伙房水库附近)进行了一场战略性决战。面对明朝4路大军10余万人马的分进合击,努尔哈赤制定了"凭尔几路来,我只一路去"②的作战方针,依次围歼和击溃各路明军,歼灭其45000余人。战后,明朝彻底丧失了在东北地区发动战略进攻的能力,只能据守辽东、辽西的一些战略要地。努尔哈赤则抓住有利时机,于天命六年(1621年)发动沈辽之战,次第夺取沈阳、辽阳诸城,并向辽东挺进,占领了金、复、海、盖4州及附近海岛,将明军压迫至旅大半岛的狭长地带。时明朝以黄龙守旅顺,毛文龙守皮岛(位于今西朝鲜湾内),隔海依托山东登州、莱州为守军后援。但明王朝对这一带的海上防务并不重视。皇太极继位后,于天聪七年(1633年)、崇德二年(1637年)在明军降将孔有德、尚可喜的帮助下,先后夺取旅顺和皮岛,拔除了明军在辽东海上的据点,控制了整个辽东半岛地区。

顺治元年(1644年),李自成农民起义军占领北京,明宁远守将吴三桂勾结清军入关,在山海关一役中击败李自成,占领北京。随后,一路清军由巴纳哈、石廷柱率领,占领了山东、直隶(约今河北)一带,接着调转方向,把主要兵力用于同战斗力较强的农民军李自成、张献忠等部作战。顺治二年(1645年)正月,李自成在清军的猛烈攻击下撤出陕西,经商洛山区进入荆襄。五月,他在九宫山遭当地地主武装突然袭击而牺牲(一说出家在湖南石门夹山寺为僧)。顺治三年(1646年)十一月,清军从陕西进入四川,张献忠的部下刘进忠叛变投清,献出川北门户朝天关,并引导清军进袭张献忠总部,杀死张献忠。

顺治元年(1644年)十二月,清定国大将军多铎指挥清军分道南下,一路由山东沂州(今临沂)、济宁逼近宿州、邳州,一路由河南彰德、卫辉逼近归德(今河南商丘)、徐州。时明朝臣僚推福王朱由崧为皇帝,在南京建立弘光政权,即南明政权,由南明兵部尚书史可法负责前线军事。但是小皇帝朱由崧昏庸淫逸,朝政由阉党马士英、阮大铖等人把持,整日里忙于内部纷争和卖官鬻爵,打击正直朝臣和抗清将领,以致朝中"无为国家实心任事者"③,也缺少抗清斗争的切实准备。这时,长期受马、阮二人打击的明朝武昌守将左良玉带兵进攻南京,扬言要"清君侧",同时清军也在多铎的指挥下进攻淮南、淮北,逼近南京门户扬州。史可法连章上奏,请求朝廷增兵前线,马、阮二人却说:"宁可

---

① 《清太宗实录》卷六一,崇德七年六月辛丑。
② 夏允彝:《幸存录》卷下《东彝大略》。
③ 徐鼒:《小腆纪传》卷一〇《史可法传》。

君臣皆死于清,不可死于(左)良玉之手"①,不仅不为前线增派一兵一卒,反而把史可法部署在两淮地区的大部分兵力调去打内战。顺治二年(1645年)四月,清军穿过早已没有多少兵力的江淮防线,如入无人之境,直抵扬州城下。史可法指挥8000明军婴城固守,终因清军兵力众多,且其用来攻城的红衣大炮威力极大,虽"守陴者犹不退,发矢石如雨。城下死者山积,攻者反籍叠尸以登,蜂拥蚁聚"②,城被攻破,史可法被俘不屈,慷慨就义。清军入城后10天,在城中纵兵劫掠杀人,"凡被杀数十万人,所掠妇女称是,无一人得存者,扬城遂空"③。其后,清军在军事上进展颇为顺利,很快就渡过长江,攻破南京、江阴、无锡、苏州、江阴、松江、太仓等江南沿海重镇,俘虏南明皇帝朱由崧。但清军将领在扬州、江阴等地纵兵劫掠屠城,并重新颁发"剃发令",用暴力强令汉族人民改变习俗,有的清朝官员甚至强行命令当地百姓三日内剃发,声言"留头不留发,留发不留头",激起江南人民的激烈反抗。福建、浙东的明朝官员也积极拥立朱氏子孙建立起隆武和鲁王两个南明政权。两个南明政权的王公臣僚为争正统地位,势同水火,在清军各个击破的军事行动面前不能相互策应。当年八月,隆武帝朱聿键被俘杀,隆武政权灭亡。次年,据守福建沿海,支持隆武政权的郑芝龙也投降了清朝;顺治十年(1653年),鲁王政权的根据地舟山被攻破,该政权亦灭亡。

顺治三年(1646年)八月以后,清军加紧了对福建、广东等沿海省份的军事进攻。惟这时抗清活动更加激烈,一方面由于清朝残暴的民族政策激起了南方各地人民的普遍反抗,各州、县义军蜂起,有些一度投降清朝的明军将领也反戈而击;另一方面李自成、张献忠起义军余部也与反清复明势力联合起来共同作战,所以这一时期出现了两个南明政权:以朱聿镈为帝的绍武政权和以朱由榔为帝的永历政权。绍武政权只存在了43天,永历政权却得到较广泛的支持,南明臣僚官兵和各地抗清义军、农民军联起手来,击退进攻广西的清军孔有德等部,收复湖南失地,占领福建各州府水陆要隘,在东南沿海地区掀起第二次抗清高潮。连清朝福建官员也不得不承认:"闽省虽云已入版图,较之未入版图之初,尤难料理。"④

顺治五年(1648年),清军为了扭转南方海疆形势,推行"以汉人制汉人"的政策,派明朝降将洪承畴坐镇南京,招抚东南各省,派孔有德为定南王,出征广西;派耿仲明为靖南王,尚可喜为平南王,出征广东。次年底,尚可喜和耿仲

---

① 计六奇:《明季南略》卷三《议御北兵》。
② 张纯修:《史可法别传》,载《史可法集》。
③ 计六奇:《明季南略》卷八《史可法扬州殉节》。
④ 郑天挺编:《明末农民起义资料》,中华书局1954年版,第304页。

明之子耿继茂部清军越过大庾岭,进入广东。正在广东肇庆的永历帝朱由榔准备登船逃往海上。南明广西巡抚瞿式耜百般劝阻,说"粤东水多于山,良骑不能野合……赋财繁盛,十倍粤西。且肇庆去韶(关)千里,材官兵土南北相杂,内可以自强,外可以备敌,强弩乘城,坚营固守,亦可待勤王兵四至"①。无奈永历帝已被清兵吓破了胆,闭耳不纳,离开肇庆直奔梧州。顺治七年(1650年),清军尚可喜、耿继茂部攻破广州城,尽杀城内军民,并很快占领广东要地肇庆、钦州(今属广西);另一路清军孔有德部则攻破广西战略重镇桂林等城,占领广西大部,基本结束了永历政权在粤、桂的统治。

顺治八年(1651年),抗清斗争发生了新的变化。张献忠农民军余部在孙可望的领导下,以云南、贵州两省为中心,联合永历政权和西南少数民族,组成了浩浩荡荡的 20 余万人的抗清大军。他们兵分两路:一路由李定国等人率领,从贵州出湖南、广西;一路由刘文秀率领,从贵州入四川。李定国很快攻下桂林,占领全部广西,清朝定南王孔有德举火自焚而死;继而又出兵进攻湖南、江西,清敬谨亲王尼堪中伏被杀。刘文秀部也收复四川的叙府、泸州、重庆、成都等大部分地区。在闽、浙、粤东战场上,郑芝龙之子郑成功则率部誓死抗清。他奉永历正朔,发兵围攻福建重镇漳州,并约期与李定国会师于广东新会,牵制了不少清军兵力。清朝得知尼堪败死,东南沿海形势危急,一度曾打算放弃云南、贵州、四川、广西、广东、湖南、江西等省,与南明媾和。

但孙可望等农民军将领却在大好形势面前闹起了内讧。孙可望妒忌李定国功高于己,不择手段加害于李定国,迫使李定国放弃湖南战场的有利战机,退往广西。孙可望与李定国交战失败后投降清朝;李定国则在抗击清军入侵贵州的作战中迁延失机,又在贵阳、普安州两次被清军击败,精锐丧尽,难以保住云、贵抗清根据地。顺治十六年(1659年),李定国在怒江磨盘山(今高黎贡山南段)设伏,杀死清军追兵数千人,自己的人马也遭受到严重损失,不得不退入缅甸,永历帝亦逃入缅甸避难。康熙元年(1662年),缅甸因清军大兵入境,执永历帝献于清军将领吴三桂,朱由榔被押回云南绞死,永历政权灭亡,李定国亦悲愤交加,病死于缅甸。至此,大股的抗清力量只有活跃在东南沿海的郑成功了。

(二)郑成功收复台湾

顺治十六年(1659年),正当李定国抗击清军最艰难的时刻,郑成功为策应李定国部,大举北伐,"以图牵制"②清军。五月,郑成功率兵 17 万,分水、陆

---

① 徐鼒:《小腆纪年附考》卷一七,顺治七年正月辛酉。
② 魏源:《圣武记》卷八。

两军进攻长江流域。其一部在崇明岛登陆,然后直趋镇江。清军在江面设置滚江龙(即用铁索连接起来的木栅)、木浮营(即漂浮在江面的木城)拦阻郑军,皆被斩断、冲垮,清军被歼 4000 余人,镇江城被攻占。紧接着,郑成功率军攻下江浦,直趋江宁(今南京)城下。另一路郑军由张煌言率领,也攻占芜湖等地,与围攻江宁之军相配合。但郑成功在大好形势下,却放弃了兵贵神速、乘胜积极攻城的正确方针,屯兵城下,毫无防备,坐待敌人投降。七月二十三日,清军对正在饮酒作乐的郑军发动突袭,郑军主要将领大多战死,主力损失大半,被迫乘舟出海,返回厦门。

顺治十七年(1660 年)五月,清军对郑军根据地厦门、金门发动进攻。郑成功部擅长海战,将士训练有素,在海上和陆上作战中都给予清军沉重打击,清军统帅达素战败自杀。但战场上的胜利并不没有解决困扰郑军已久的粮食问题,而且由于孙可望降清,李定国和永历帝逃往缅甸避难,大陆抗清斗争形势日益恶化,为了经营一个可以据以进行长期抗清斗争的根据地,郑成功举目四望,"附近无可措足,唯台湾一地离此不远,暂取之,并可以连金、厦而抚诸岛",然后"广通外国,训练士卒,进则可战而复中原之地,退则可守而无内顾之忧"①。在郑芝龙旧部、曾经在台湾的荷兰人那里担任过通事的何廷斌的帮助下,他开始筹划攻台事宜。

明天启四年(1624 年),荷兰殖民者被明朝军队从澎湖赶走后,就来到台湾,逐渐占领整个台南地区。两年后,西班牙殖民者也不甘落后,派兵 300 人在鸡笼(今台湾基隆)登陆,窃据台北地区。崇祯十四年(1641 年),荷兰殖民者将西班牙人赶走,独霸了整个台湾。为了巩固自己的统治,荷兰殖民者一方面加紧对台湾人民的压迫,另一方面在台湾一鲲身(今台南平安镇)修建起热兰遮城(台湾城),在北线尾岛修筑了热堡,在魍港修建起弗里辛根堡,派驻岛上的荷兰守军则多达 2200 人。当获知郑成功打算东征台湾的消息后,荷兰殖民者加紧从巴达维亚(今印度尼西亚雅加达)派兵增防台湾。至战前,在台湾的荷兰殖民军已增加到 2800 人,其主力配备战船多艘驻台湾城附近,以火力封锁一鲲身和北线尾岛之间的大员港,又以沉船堵塞鹿耳港航道,防止郑军在这两处登陆。其他部队则配属在赤嵌城等城堡港口。

顺治十八年(1661 年)三月二十三日午刻,郑军从金门料罗湾出发,第二天早晨已渡过台湾海峡,抵达澎湖,但在准备前往台湾时却遇上了逆风,困顿在澎湖岛上数日不能前进。为了按时在每月初一、十五涨大潮时赶至鹿耳门港,郑成功力排众议,于三十日晚冒着暴风雨强渡海峡,终于在次日拂晓赶至台江海口之外的海面上。当时从海上驶入台江有两条水道可行:一条叫鹿耳

---

① 江日升:《台湾外纪》卷五。

门港水道,道窄水浅,荷军又用沉船加以阻塞,只有在涨大潮时才能勉强通过,所以也没有派驻兵力。另一条叫南航道,口宽水深,荷军以台湾城、赤嵌城大炮扼守,又派有战船巡护,防守极为严密。郑成功避开荷军设防重点,利用大潮,在四月初一中午从鹿耳门港水道驶入台江,并迅速在禾寮港登陆,切断赤嵌城与台湾城的联系。四月初四,因郑军击败荷军的3次反扑,又切断了赤嵌城的水源,赤嵌城的荷军不得不举旗投降。郑成功随后调动兵力,包围了荷兰驻台湾长官揆一所在的台湾城,予以长期围困。七月十八日,荷兰殖民者派700名士兵和10战船前来增援,但援军在进攻郑军时遭受重创,再也不敢与郑军交战,困守台湾城的荷军军粮缺少,疫病流行,士气极为低落,郑成功则在城外修筑炮台,架设巨炮,对城内进行猛烈轰击。当年十二月,荷兰殖民者对前途完全绝望,认为"如果继续战斗下去,可怕的命运将降临到每一个人头上,而这样坚持对公司也没有什么好处"①,决定"罢兵约降,请乞归国"②。顺治十八年十二月十三日(1662年2月1日),揆一签字投降,交出所有城堡、武器和物资,乘船离开台湾。

(三)康熙统一台湾

康熙元年(1662年),郑成功在收复祖国宝岛台湾后不久即因病去世。郑氏集团内部也因此展开争夺权力的斗争。据有郑氏主要根据地厦门的世子郑经带兵在台湾登陆,击溃声称为郑成功继承人的叔父郑世袭,又杀害伯父郑泰,直接导致郑氏集团的内部分裂,大批将士向清军投降,削弱了郑氏的军事实力。康熙二年(1663年)十月,清军与荷兰人组成联军,企图一举夺占金门、厦门两岛。十九日,郑军水师战船20余艘在金门乌沙港海面与荷军大型战船14艘、清军中小型战船300余艘交战,荷船体大笨重,行动不便,清军战船又不善水战,在郑氏水师的迅速攻击下,清军水师将领马得功自溺身亡,大小船只损失惨重,荷军缺乏清军水师的配合,也退出了战斗。但在海澄方向,清军却成功地招降了守卫陆路要地高崎的郑军将领,突破了郑军的防御体系,进占厦门、金门。接着,清军再施招降之策,守卫镇海(今福建龙海东南)的郑军将领林顺、守卫南澳的郑军将领杜辉以及在乌沙港海战中立下战功的郑军水师将领周全斌等率10万余人降清,郑经完全失去了大陆沿海的岛屿,退往台湾,在澎湖修筑营垒、烟墩和炮台,作为防御的前沿阵地。

为了消灭郑氏集团、占领台湾,降清的郑氏旧将施琅、周全斌等人曾率水

---

① 〔荷兰〕揆一(C. E. S.):《被忽视的福摩萨》卷下,见《郑成功收复台湾史料选编》(增订本),福建人民出版社1982年版,第182页。

② 江日升:《台湾外纪》卷五。

师 3 次进攻澎湖,终因风向不利或遇海上风暴,不得不返航。其后,清军改变对台政策,放弃沿海岛屿,在内陆进行防御。康熙十三年(1674 年),驻守福建的藩王耿精忠参与吴三桂叛乱,联络郑经,劝其攻占江浙或攻取南京、天津。郑经却派兵在厦门登陆,经过几年的战争,从耿精忠、尚可喜手中夺取了福建的泉州、漳州、兴化(今福建莆田)、邵武、汀州和广东的潮州、惠州等七府之地。康熙十九年(1680 年),清军已平息三藩之乱,遂调集兵力水、陆并进,扫除福建、广东沿海的郑氏势力,郑经战败逃回台湾,于第二年正月去世。

此时,康熙经过多年经营,铲除了权奸鳌拜和吴三桂等"三藩"势力,国内政治也渐趋稳定,特别是改变了过去"焚船撤军"的做法,重建并加紧训练了一支强大的福建水师,在扫除沿海郑氏势力的水面作战中取得了不俗的战绩。鉴于过去清朝与郑经进行了长期和平谈判,郑经并没有表现出丝毫诚意,反而写信给舅舅说:"今日东宁(指台湾),版图之外另辟乾坤,幅员数千里,粮食数十年,四夷效顺,百货流通,生聚教训,足以自强,又何慕于藩封、何羡于中土哉?倘清朝以海滨为虞,苍生为念,能以外国之礼见待,互市通好,息兵安民,则甥亦不惮听从,不然未有定说,恐徒费往返耳。"①和平统一已无可能,康熙决定以武力统一台湾。康熙二十年(1681 年)六月初七,他得知郑经已死的消息后,发布上谕:"郑锦(经)既伏冥诛,贼中必乖离扰乱,宜乘机规定澎湖、台湾。总督姚启圣,巡抚吴兴祚,提督诺迈、万正色等,其与将军喇哈达,侍郎吴努春,同心合志,将绿旗舟师分领前进,务期剿抚并用,底定海疆,毋误事机。"②不料,这道谕旨遭到相当一部分大臣的激烈反对,连福建宁海将军喇哈达、福建水师提督万正色等前线将领也站在反对者的一边。康熙帝考虑到郑经死后,郑氏集团内部分崩离析,部将冯锡范和刘国轩杀死郑经长子,拥立年仅 12 岁的冯锡范女婿、郑经次子郑克塽,必然引起人心浮动。况且台湾孤悬海外,不能收归版图,郑氏经常攻扰沿海,也是清朝的一块心病。为了一劳永逸地解决台湾问题,康熙帝毅然起用支持收复台湾的水师老将施琅为福建水师提督,全权负责攻台行动,福建总督姚启圣坐镇福州,负责后勤保障。

施琅到任后,根据自己多年的航海经验,把渡海攻台的时机选择在夏至前后的 20 余天之内,一来可以尽量避开台风,二来又能出敌不意。他制订的作战方案分 3 个阶段:一是攻占台湾前沿阵地澎湖,打开台岛大门,切断其与海外各国的通道;二是在大军屯兵澎湖、威胁台岛的形势下,派使者与郑氏集团谈判,实现和平统一;三是若谈判不能成功,再进军台岛。康熙二十二年(1683

---

① 《政经复董班舍书》(永历二十一年六月二十三日),见《康熙统一台湾档案史料选辑》,福建人民出版社 1983 年版,第 69~70 页。

② 《清圣祖实录》卷九六,康熙二十年六月戊子。

年)六月十四日,清军2万余人,分乘230余艘战船从位于上风、上流位置的铜山(今福建东山岛)起航,向澎湖进发。次日,清军顺利夺取八罩屿作为舰队的锚泊地,并于第三天向郑军防御阵地发起进攻。澎湖守将刘国轩将水师排列在湾内,以岸炮和舰炮火力抵抗清军,清军前锋将领蓝理被炮击中,施琅眼部也被击伤,只得率军退出战斗。这时有人建议刘国轩乘胜夜袭清军水师锚地,刘国轩没有理睬,以为只要谨守门户,台风一起,清军必然不战自溃。二十二日,休整后的施琅率军再次进攻。他自率主力担任正面主攻,又组成东、西两线部队,分别从澎湖湾东、西两口攻入。战斗开始后,清军战船按照施琅的命令,"遇贼船一只,即会数只合攻"①,集中兵力歼敌。不久,南风大发,使清军战船处于上风有利位置,而东、西两线部队也恰好于这时赶到,合击郑军船队。刘国轩眼见所率战船多已损失,大势已去,带着剩余的31艘战船逃往台湾,澎湖诸岛守军纷纷投降。

澎湖之战结束后,施琅一面休整部队,做好进攻台湾的准备,另一方面积极加强政治攻势,安抚澎湖百姓,释放郑氏被俘官兵返回台岛,又向台湾军民发布《安抚谕诚示》,派原刘国轩的副将曾蜚赴台劝说郑氏投降。施琅本人一家数十口都曾被郑氏所杀,仇怨甚深,但他当着刘国轩等人的部下,郑重表示不计家仇,以国事为重,"不特台湾人不杀,即郑家肯降,吾亦不杀。今日之事,君事也,吾敢报私仇乎?"②康熙帝也同时向郑氏集团颁布了赦罪诏书。

康熙二十二年(1683年)闰六月,在经过十分激烈的内部争论之后,刘国轩等人向清朝投诚的意见占了上风,郑克塽派人与清军谈判,接受了将台湾人口、土地全部移交清朝管理、郑氏集团人员迁入内地安置的条件。八月,施琅率军在鹿耳门港登陆,举行隆重的受降仪式,台湾归入清朝版图,中国海疆又一次实现了统一。

二 康雍乾时代的海防战略与海防体系

(一)以海口和陆路设防为主的海防战略

清王朝是由满族贵族与汉族地主共同建立的封建政权。历史上,女真人(满族)长期生活在内陆白山黑水之间,对海洋不免陌生。他们在入关统一全国的战争中,主要是靠骑兵宽大正面的冲击和红夷大炮的强大火力击败明军和明末农民军,夺取各地城邑。在相当一段时间里,清朝水师尤其是远洋水师力量并不强大。鉴于清军海上作战并不占优势,它在与台湾郑氏集团、对海盗

---

① 江日升:《台湾外纪》卷一〇。
② 李光地:《榕村续语录》卷一一。

及西方殖民者的斗争中,往往采取"海禁"、"内迁"等相对消极的策略,尽管这些措施的效果往往并不理想。清朝后来统一台湾,与福建建立强大的水师并在施琅的指挥下击败刘国轩、取得澎湖之战的胜利有很大关系。但在随后的百余年间,清朝统治者并没有因此而加强水师建设。清朝水师战船不仅无法与西方舰船一较高下,就连海盗船也比不上。19世纪初,由两广总督那彦成、浙江水师提督李长庚率领的清朝水师,受到由张保、郭婆带等人指挥的海盗联盟明目张胆的攻击而一败涂地,李长庚当场阵亡,那彦成则因剿匪不力,被流放西北。后来,清朝统治者是靠着招安政策,才使这支强大的海上武装瓦解的。究其原因,一个是官兵船远不如海盗船吨位大,船况好,数量多,就连水师将官乘坐的舰船(应当是最好的舰船),尚且"日夜戽水数百桶,譬如老牛羸马"。在火器配备上,海盗船火炮可大到5000斤,而官兵舰船大多缺少火炮,即使有,也多是两三千斤的小炮,与海盗船交战时每每处于下风。另一个原因是水师官兵平时应付差事,往往视巡海会哨为具文,对管区内风涛沙线不甚在心。出海时,在无风、大风、逆风、大雨、阴云笼罩、夜黑、沙路不熟、前无收泊地的情况下,皆不作战,而海盗则对"海洋之路熟若门庭,波涛之险安如平地",危急时能够同心协力,舍死拼命;水师官兵"则各顾性命,危急之际辄弃其将官,跳水先逃,鲜有与将官同死者"[1]。到鸦片战争前,中国水师所拥有的最大船只是数十吨的"米艇",这种通常用于沿海运送粮食的小船根本就不能抵挡大洋之中的惊涛骇浪,自然也就不具备与海上强国交锋的能力。在这种情况下,清军只能以陆上或海口设防为主,很少进行海上尤其是远洋航行,更谈不上对入侵者进行积极的海上防御和进攻了。

中国海上力量的极度萎缩,迫使鸦片战争前的清朝广东水师提督关天培不得不放弃前任虚应故事式的出海巡逻行动,改弦更张,把精力放在经营虎门海口要塞上。他在控扼珠江入海口的虎门两岸修筑多座炮台,配以原始前装火炮,设置拦江木排和铁链,以分段逐次防堵的战法拦阻敌舰内驶。应当说,关天培的这种海口要塞防御战法,代表了当时清军沿海防御的最高水平。但虎门炮台系两个多世纪以前就被意、法、荷、德等欧洲国家淘汰的裸露式圆型、半圆型炮台,一般以青麻条石砌就,仅以正面墙垛掩蔽火炮和兵丁,无顶盖防护和台内隔堆,敌人的曲射火炮可遍及全部设施。在火炮配置上又单纯追求远程炮(其实,当时清军火炮射程十分有限,两岸炮台的火炮射程甚至无法相交于主航道,留下一段炮火空白区,听任敌舰行驶),而非远程火炮与近程火炮相结合配置,火炮多设于正面,炮台侧后也缺少沟壕和其他掩护工事。所以外国侵略者可以把战舰驶到距离炮台很近的炮火盲区摧毁炮台,又可以派登陆

第一章

明清时期的海疆及其开发

---

[1]　程含章:《上白制军筹办海匪事》,《皇朝经世文编》卷八五《兵政》一六《海防下》。

小船运载步兵上岸,从侧后攻击炮台。后来的战争史实证明,这种以防御为主的海防工事和战法并不能长时间抵御"坚船利炮"的攻击,即使是当时清朝最坚固的海防要塞虎门仍然在较短的时间内被西方侵略者所攻破。

(二)清代前期的海疆管理方式

清承明制,在海疆地区也是主要采取军事管理,军事管理、土官管理与州、县民政管理相结合,在州、县民政管理的同时屯驻海防兵力等3种管理方式。在海防方面则是近海巡防与海口、陆岸设防相结合。

清朝统一全国之后,以东北为其龙兴之地,设立奉天将军、吉林将军和黑龙江将军进行军事管理,其管理范围也包括辽东海疆及今俄罗斯远东滨海地区。由于东北地区还有一些未入八旗的汉民,各将军之下也陆续设有一些府、州、厅、县等民政机构予以管理。

奉天将军始设于顺治元年(1644年),驻节奉天(今辽宁沈阳),其职掌是"镇抚留都,安辑旗民,董率文武。凡军师卒戍、田庄粮糈之籍,疆域之广轮,关梁之要隘,咸周知其数,以时简稽而修饰之"①。奉天将军管辖区域东临吉林将军辖区,西至山海关,北至开原,南至朝鲜界,西南至海。该将军下辖副都统3员,一驻奉天,一驻锦州,一驻熊岳城。

吉林将军最初叫宁古塔将军,始设于康熙元年(1662年),驻节宁古塔(在今黑龙江省宁安境)。康熙十五年(1676年)移驻吉林乌拉城,乾隆二十二年(1757年)改称吉林将军。其管辖区西至开原,与奉天将军辖区相接;东南至希喀塔山以南之海(今日本海);东北至乌第河以南黑龙江下游地区及库页岛、鄂霍次克海沿岸。该将军下设副都统5员,一驻宁古塔,一驻吉林,一驻伯都纳,一驻三姓(今黑龙江依兰),一驻阿勒楚喀(今黑龙江阿城)。其中以三姓副都统辖域最广,东南沿尼满河以东至东海岸的约色河以北地区,北方包括黑龙江下游全部地区及库页岛等沿海岛屿。为了治理如此广阔的疆域,该副都统分别在尼曼河(后迁至莽牛河)、黑龙江下游各设一处行署,每年夏天派人前去驻扎3个月,就近办理当地各族事务。

黑龙江将军最初称瑷珲将军,始设于康熙二十二年(1683年),驻节瑷珲旧城,后移驻黑龙江城(今黑龙江爱辉)、墨尔根城(今黑龙江嫩江)、齐齐哈尔。其辖境乃吉林将军原先所辖的西北地区,东至毕占河,南至松花江,西至喀尔喀河,西北至额尔古纳河和格尔毕齐河,北至外兴安岭。该将军下设副都统3员,一驻齐齐哈尔,一驻黑龙江城,一驻墨尔根城。

在直隶(包括今河北、天津及内蒙古、山西的一部分)、山东、江苏(清初以

---

① 《清朝通典》卷三六《职官一四》。

明代南直隶为江南省,乾隆二十五年(1760 年)又分江南省为安徽、江苏两省)、浙江、福建等沿海省份,则是采取府、州、县民政管理与屯驻海防兵力相结合的办法。

在隶属于广东省的海南岛及广西省,清王朝仍照明代旧制,在汉族聚居地区设立府、州、县等民政机构,在少数民族聚居的地区则设立土州,任命当地少数民族头领充任土官,允许世代承袭。雍正四年(1726 年),因土司土官制度已严重阻碍了当地经济的发展和清朝的统一,云贵总督鄂尔泰奏请改土归流,后广西泗城府、思明府土知府和东兰、归顺、恩城的土州被革职,龙州长官司被革职,改置龙州厅,由清廷派流官管辖。

(三)清代海疆布防

清代经制兵分八旗、绿营两大部分。八旗系满族统治者赖以起家的主力,绿营则是由先后降清的明朝军队改编而来。为了镇辖和威慑海疆,清朝派驻各海口及台湾、澎湖、海南、崇明、定海等岛屿的八旗和绿营兵水师、陆营多达数十万人。

东北地区:奉天将军、吉林将军和黑龙江将军统领的驻防八旗陆营,分驻牛庄(今辽宁营口)、盖州(今辽宁盖州市)、盛京(今辽宁沈阳)、锦州、宁远(今辽宁兴城)、兴京(今辽宁新宾境)、辽阳、金州、旅顺、宁古塔(今黑龙江宁安境)、齐齐哈尔、珲春、瑷珲等 61 处。此外还设有奉天八旗水师营(又称金州水师营,驻旅顺)、吉林水师营(驻今吉林省吉林市)、黑龙江水师营(驻今黑龙江爱辉)、齐齐哈尔水师营、墨尔根水师营(驻今黑龙江嫩江)、呼兰水师营。其中吉林及黑龙江的陆营、水师在抗击沙俄入侵中国东北的作战中曾发挥了重要作用。

直隶:京畿地区是清军驻防重心所在。除了驻守京师的禁旅八旗外,还在京城附近的独石口、张家口、山海关、喜峰口、古北口、天津、热河(今河北承德)、密云等 27 处驻有八旗驻防兵陆营;另驻有宣府镇、正定镇(曾一度改为正定协)、蓟州镇(后改蓟州协)、通州镇(后改通州协)、天津镇、山海关镇、古北口镇(后设提督)、马兰镇、泰宁镇、大名镇、通永镇等绿营陆营。在大沽海口,则驻有天津八旗水师 2 营(乾隆三十二年即 1767 年裁撤)。嘉庆二十一年(1816 年)复设天津绿营水师镇(后改水师营)。

山东:除在德州有八旗驻防兵之外,还有临清镇、沂州镇、胶州镇、登州镇、兖州镇、曹州镇绿营陆营。在登州、胶州还设有水师前、后 2 营(后营旋移驻旅顺)。

两江:除江宁、京口(今镇江)两地驻防的八旗陆营,还设有江宁八旗水师营、镇江水师 4 营(该水师其实为绿营编制,但受八旗将军节制)。绿营兵陆营则有苏州镇、镇江镇、浦口镇、安庆镇、池太镇、东山镇、广德镇、江宁镇、寿春镇、徐州镇、皖南镇、淮扬镇,还有崇明水师镇、福山水师镇、狼山水师镇、京口水师镇以及太湖水师协所属左、右2营等。

闽浙:该区八旗驻防有福州将军、杭州将军属下八旗陆营,还有乍浦八旗水师左、右2营,福州三江口八旗水师1营。绿营兵有汀州镇、泉州镇、铜山镇、福宁镇、兴化镇、漳浦镇、金门镇、海坛镇、台湾镇、漳州镇、建宁镇、澎湖镇、衢州镇、金华镇、台州镇、平阳镇、黄岩镇、舟山镇、处州镇诸陆营,还有浙江提督直辖的钱塘水师营、乍浦水师营,宁波水师镇所辖左、右2营,定海水师镇所辖前、后、左、右4营,海门水师镇所辖中、左、右3营,温州水师镇所辖中、左、右3营,福建水师提督所辖前、后、左、右、中5营以及属水师统辖的南澳镇左、右2营,澎湖水师协2营,闽安水师协2营,烽火门水师营,铜山水师营,福安水师营及督标水师营(又称南台水师营)等。

两广:该区有广州将军所属的八旗驻防陆营,还有在广州凤凰岗南石头村组建的八旗水师1营。绿营兵则有肇庆镇、潮州镇、琼州镇、高廉镇、南韶连镇、北海水陆镇、左江镇、右江镇、柳庆镇等陆营,还有广东水师提督所辖前、后、左、右、中5个水师营,香山协、顺德协、大鹏协、赤溪水师协各左、右2营,碣石水师镇中、左、右3营,北海水陆镇辖龙门水师协左、右2营,琼州镇辖崖州协水师、海口水师,驻龙州的广西绿营水师、梧州水师协所辖中、左、右3营以及左江镇派驻南宁隆安、横州、永淳的部分水师部队。此外,两广总督亦有直辖水师1营,广东巡抚有直辖水师2营。[①]

清代派驻海疆地区的水、陆师员额相当可观,编制稳定,制度严密。但其沿海兵力部署和管理体制也存在着十分严重的弊病。其一是只有八旗驻防部队和总督、巡抚、提督、总兵直接统领的绿营部队,因驻防在沿海重要城镇,兵力相对集中,必要时可以用来执行机动作战任务。但这些部队的数量相当有限。大部分沿海驻军都被分散到各汛地驻守,有的汛地只有数人一船,仅可勉强执行巡逻任务。其二是驻海疆的水、陆师分别隶属于各地区的将军、总督、巡抚、提督,各省营兵慎守自己防区,连同归闽浙总督管辖的浙江、福建军队之间也很少通气。由此在战争中胜不相闻,败不相救,往往铸成大错。至于海上巡逻会哨,清朝虽然有严格的制度,但大都得不到认真执行。有时即使出海,也往往舍远求近,敷衍塞责。清朝皇帝多次发布上谕,责令各水师将领亲自领兵出海,但水师巡海制度荒废的现象仍未得到丝毫改变。其三是清军水师装备相当落后,清前期水师的主力战舰系由沿海渔民使用的赶缯船改装而成,最

---

① 以上系参照罗尔纲著《绿营兵制》(中华书局1984年版),张铁牛、高晓星著《中国海军史》(八一出版社1993年版)有关资料整理而成。

大者不过长 36 米、宽 7 米，载重 1500 石；清中期的主力船型大同安横洋梭式战船船宽 8 米，吨位与大赶缯船差不多。船上通常配有大炮 4 门以及百子炮、子母炮、鸟枪、喷筒等火器，在火力强度上与动辄配有数十门甚至上百门火炮的西方战船相差甚远。所以清代海防仍以陆上设防为主。到了清代中期，原先战斗力颇强的八旗军开始走向衰落。大部分八旗子弟不再具有勇悍敢战的尚武精神，终日沉溺于斗鸡走狗、玩票唱戏，完全堕落成一群空耗皇粮的乌合之众。绿营官兵也是暮气日浓，军队内部极为腐败，兵额常常严重短缺或由社会闲杂人员混入冒充。以鸦片战争前夕的定海镇为例，据当时为定海县令幕僚的王庆庄说，其 2000 余"隶兵籍者，半系栉工修脚贱佣，以番银三四十圆，买充行伍"①，这些人只是想在自己的营生之外，再得到一份旱涝保收的"铁杆庄稼"，平时点卯会操都要雇人顶替，自然不会有什么战斗力。由此就不难理解，为什么由数十万清军官兵把守的海防大门，会在道光二十年（1840 年）的鸦片战争中被两万余名英国侵略军轻而易举地打开了。

三　对台湾、海南岛及其他海疆岛屿的镇辖与开发

中国海疆历经数千年、数十个朝代的开发，在清代达到鼎盛时期。清王朝在对台湾、海南岛、南海诸岛以及其他海疆岛屿的镇辖与开发方面也进行了许多富于建设性的工作。

（一）对台湾、澎湖的镇辖与开发

明初，朱元璋实行"海禁"政策和迁徙沿海岛屿居民到内陆，澎湖列岛上居住的百姓一度被迁走。但明代大陆居民渡海到澎湖、台湾岛上居住者一直络绎不绝。明末郑芝龙海上武装集团崛起后，曾以台湾为根据地，并设立了佐谋、督造、主饷、监守、先锋等官职，对当地军民进行管理。清朝初年，郑成功从荷兰人手中收复台湾，并将大陆的政治、文教制度移植到台湾，设立了承天府（治赤嵌城）、天兴县和万年县（后升为州），郑经继位后，又增设了南路安抚司、北路安抚司和澎湖安抚司，同时建孔庙，设学校，积极开展文教活动。康熙统一台湾以后，清朝督抚大臣曾为保留还是放弃台湾进行过激烈的争论。康熙二十三年（1684 年）四月，康熙帝正式决定在台湾设立府、县，雍正五年（1727 年）又专设台湾道管理台湾和澎湖。总计台湾府下辖台湾、凤山、诸罗（后改名嘉义）、彰化 4 县，淡水、澎湖、噶玛兰 3 厅。驻军则有台湾镇总兵所辖镇标 3 营及安平水师营，澎湖水师营，南、北路参将营等，兵员由福建驻军抽调，三年一换。

---

① 《鸦片战争》第 3 册，上海人民出版社 1957 年版，第 240 页。

清朝禁止大陆居民迁移台湾,康熙统一台湾后,又将大多数郑氏集团官兵及家属移居大陆,留下的汉人据估计仅有 7 万人左右。① 但大陆居民却以各种办法偷渡赴台,以至当地官员说:"自数十年以来,土著之生齿日繁,闽粤之梯航者日众,综稽簿籍,每岁以十数万计。"② 到了嘉庆十六年(1811 年),台湾人口大约增加了 180 万,这中间大部分是来自大陆的移民。大陆移民的到来,加快了台湾农业发展的速度,不仅因郑氏官兵内迁而抛弃的台南平原土地得以复垦,台湾中部和北部的平地,甚至丘陵山地也被拓垦出来,台湾历来的农业粗放经营也逐渐向精耕细作方面转化,"小民薙草粪垆,悉依古法行之,勤耘耨,浚沟洫,力耕不让中土"③,高产农作物水稻普遍种植,使台湾成为清代大米输出之区,每年运往大陆的米谷达 50 万石以上。经济作物甘蔗、花生的产量也不少,全台甘蔗制糖的产量在六七十万担左右,同时樟脑也是台湾重要的输出产品。

台湾的贸易与航运,在晚清开港前是指与大陆之间的贸易与航运。台湾土地肥沃,盛产稻米、蔗糖,手工制造业却极不发达,日常生活所需要的铸造、陶瓷、日用杂货产量甚微,完全靠大陆提供,因此许多海舶往来于大陆与台湾之间,运送双方所需商品。在此背景下,台湾的一些口岸逐渐发达起来。康熙统一台湾之初,台湾最发达的港口是鹿耳门港(后改称平安镇港),清朝也以其作为与厦门对渡的唯一口岸。当时,鹿耳门港最重要的一项航运是为从福建去台戍守的"班兵"运送兵饷米谷,同时也给"班兵"在大陆的家眷运送赡家米谷,其数量达每年 85000 余石。一开始,清朝规定每条船船梁头宽 2 丈以上者,配运台谷 180 石;船梁头宽 1 丈 6 尺者,配运台谷 130 石,每石给运价白银6 分 6 厘。但由于当时民间运价高达每石白银 3 钱至 6 钱,官府仓吏又常常借机勒索敲诈,运送台米常令船商赔累不迭,许多船商千方百计躲避运送台米的任务。与此同时,台湾的一些小口岸却在走私偷渡中兴盛起来,如台湾南部的笨港(后改称北港)、旗后(高雄),台湾中部、北部的鹿港、八里坌口等。鹿港"烟火数千家,帆樯麇集,牙侩居奇,竟成通衢矣"④;作为淡水溪的出海口,八里坌口实际上是台北盆地的物资集散地艋舺的出海通道,当时已是"居民铺户约四五千家","商船聚集,阛阓最盛"⑤的商业中心了。所以清朝也先后于乾隆四十九年(1784 年)、乾隆五十七年(1792 年)正式开放了鹿港与福建晋江县

① 参见邓孔昭:《清政府禁止沿海人民偷渡台湾和禁止赴台者携眷的政策及其对台湾人口的影响》,载陈坤耀编《台湾之经济社会及历史》,香港大学,1991 年版。
② 周文元:《申请严禁偷贩米谷详文》,《重修台湾府志》卷一〇《艺文志》。
③ 王瑛曾:《重修凤山县志》卷三《风土志》。
④ 朱景英:《海东杂记》卷一。
⑤ 姚莹:《东槎纪略》卷三。

的蚬江口，八里岔口与蚬江及福州五虎门的对渡航运，进一步促进了两岸间的贸易与这两个口岸的繁荣。

（二）对海南岛及所属南海诸岛的镇辖管理

清代在海南岛置琼州一府，归广东管辖。琼州府下设儋、崖、万3州，感恩、昌化、陵水、琼山、澄迈、定安、文昌、会同、乐会、临高等县。由于"琼郡孤悬海中，府属州县，滨海港口，处处可以进船湾泊，在在可以登岸取水"①，清军在海南实行水师、陆营并防，在府城设有琼州镇总兵，派兵分防各海口要隘汛地；又设有崖州水师协和海口水师协，驾驶哨船巡海缉查，与陆岸守军歼击海寇外敌。

琼州府除管辖海南本岛外，当时被称为"万里长沙"的今西沙、中沙和东沙群岛及附近海面，被称为"万里石塘"的今南沙群岛及附近海面也归琼州府下属万州管辖。东沙群岛在明代郑和航海图中曾被称为"万里石塘"，后来又改称"东沙"。据清代航海家谢清高说，由吕宋回国"若西北行五六日，经东沙；又日余，见担干山，又数十里入万山，到广州矣。东沙者，海中浮沙也，在万山东，故呼为东沙"②。该群岛及附近海域资源丰富，鱼及海洋生物种类数量繁多。中国大陆或海南渔民每年正月、五月和九月3次前去捕鱼，渔船多达数百艘。为了祈求海上平安，渔民们还在岛上建有海神庙（天后庙、大王庙），有的渔民死于岛上，就安葬于此。西沙和南沙群岛也很早就被中国居民开发用来从事渔业和农业。近年来，人们在西沙群岛的北岛、南岛、赵述岛、和五岛、晋卿岛、琛航岛、广金岛、永兴岛、珊瑚岛、甘泉岛先后发现14座明清以来的孤魂庙，有的庙里还有明代龙泉窑观音瓷像、清代景德镇瓷和德化瓷器等；在南沙群岛的太平岛、中业岛、南威岛、西月岛，也发现了类似的小庙。可见明、清两代中国渔民始终在这一带海域捕鱼，许多人为开发西沙、南沙群岛而航海遇难，这些小庙就是为悼念他们而建的。在适宜耕作的海岛上，也有人在那里定居，掘井栽树，修屋造田。明代弘治年间王佐纂修的《琼台外纪》，就记载了"万州东长沙、石塘，环海之地，每遇铁飓挟潮，漫屋淳田，则害中于民矣"③这样的情况，说明那时已对其中的一些岛屿进行了农业开发。

在民众用勤劳的双手开发南海诸岛丰富的海洋和农业资源的同时，明、清封建王朝也对这一带海域进行了有效管辖。元末明初修纂的《琼海方舆志》，明正德年间所修《琼台志》，清康熙、雍正、道光时撰修的《广东通志》都把长沙、

———————————

① 张嶲等纂修：《崖州志》，广东人民出版社1988年版，第241页。
② 谢清高：《海录》卷中《小吕宋》。
③ 道光《万州志》卷三转引。

石塘列在中国疆域之内。在康熙五十五年（1716 年）编绘的《大清中外天下全图》，乾隆二十年（1755 年）编绘的《皇清各直省分图》，嘉庆二十二年（1817 年）编绘的《大清一统天下图》等官方舆图中，我们也都可以看到处于中国疆域之内的南海诸岛。更重要的是，作为中国行使主权的重要标志，明、清两代都确立了在南海海域进行巡逻的制度。明代早在洪武初年，就设立了南海备倭指挥官职，督管军船在所辖海面巡视。清康熙四十九年（1710 年），广东水师副将吴升巡视海面，自琼崖，历铜鼓，经七洲洋（即西沙群岛）、四更沙等地，"周遭三千里，躬自巡视，地方宁谧"①。按照清军对沿海水师巡逻会哨的规定，"崖州协水师营分管洋面，东自万州东澳港起，西至昌化县四更沙止，共巡洋面一千里"，其巡海洋面"南面直接暹罗、占城夷洋"；道光十七年（1837 年）又规定崖州水师协"每年定期以十月初十日，与儋州营舟师齐集昌化四更沙洋面会哨一次"②。制度还是相当严密的。

（三）对钓鱼岛诸岛的管辖

钓鱼岛诸岛包括位于中国东海大陆架之上、中国台湾东北海域的钓鱼岛、黄尾屿、赤尾屿、南小岛、北小岛和其他 3 个小岛礁以及该海域的礁石。中国古代船民在航海赴琉球国时，早就发现并记录了这些岛屿。据明代永乐年间编写的一部记录中国古代航海经验的著作《顺风相送》所载，从福建往琉球，"南风东涌放洋，用乙辰针取小琉球（指台湾）头，至彭家花瓶屿在内。正南风梅花开洋，用乙辰取小琉球，用单乙取钓鱼屿南边，用卯针取赤坎屿，用艮针取枯美山。南风用单辰四更，看好风单甲十一更取古巴山即马齿山，是麻山赤屿，用甲卯针取琉球国为妙"。明嘉靖十一年（1532 年）册封琉球使臣陈侃在《使琉球录》中也记载了"过钓鱼屿"，"过黄尾屿"，"过赤屿"之事。这说明当时中国人已经为今天钓鱼岛诸岛各屿取名，而且这些名字至今仍被人们沿用。

从明代琉球朝贡的事实来看，也可以证明钓鱼岛诸岛最早是中国人所熟知的。当时琉球国造船航海技术都很落后，琉球人进行"朝贡"贸易的货物多是从其他国家购买来的，通贡海舟也是由明朝朝廷赐予的，通常由闽东、闽南各卫、所调拨；船上的水手、舵师也是明朝所提供的，大多来自福州府的闽县、长乐和泉州府的南安等地。明代洪武、永乐年间，这些专门为琉球向中国"朝贡"事宜服务的中国航海人才和外交翻译人才落籍琉球，聚居于今冲绳县那霸市久米村，直到清代，久米村的中国移民仍靠着自己熟练的海上导航技术，充当琉球与中国之间航海活动的主角，钓鱼岛诸岛是他们每次航海的必经之路，

---

① 嘉庆《广东通志》卷一二四。
② 张嶲等纂修：《崖州志》，广东人民出版社 1988 年版，第 241 页。

也是他们最熟悉的岛礁。

从明代开始，中国便将钓鱼岛诸岛置于自己的主权之下。明代郑若曾的《筹海图编》、《郑开阳杂著》，茅元仪的《武备志》都清楚地标明钓鱼屿（山）、黄毛屿、赤屿，可见是把它们放在中国海防区的范围之内的。清代康熙年间黄叔敬所编《台海使槎录》则把钓鱼屿列为台湾所属的港口之一，称"山后大洋北，有山名钓龟台，可泊大船十余"。至于归属中国的钓鱼岛与琉球的界线，清嘉庆年间曾出使琉球的齐鲲明确说，到姑米山始入琉球界，那么姑米附近洋面以西，包括今钓鱼岛诸岛附近海域，当然不属于琉球，而是属于中国了。正是由于钓鱼岛的主权归属十分清楚，清光绪十九年（1893 年），也就是日本吞并琉球国 14 年之后，慈禧太后把钓鱼台、黄尾屿、赤尾屿 3 座无人小岛赏赐给时任太常寺卿的"盛宣怀为产业，供采药之用"[1]。作为清朝实际上的最高统治者，显然她是不会把属于其他国家的岛屿拿来做空头人情的。

第四节　明清时期沿海荡地的开发[2]

明清时期是我国沿海荡地大规模开发的重要时期。关于"荡地"的概念，明清时期已多见于文献。所谓"荡地"，其实是泛指沿海的濒海滩涂地。如果细分，包括地目甚多。在明清史料中，最常见的是草荡、沙荡、海荡、沙坦、荒坦、沙坼、涂、丘、埕、屿，等等。然因时间和地域、方言的不同，对荡地的称谓也不一样。如在广东，荡地一般称为"沙地"、"沙田"、"潮田"等，而在福建，除上述常见称谓外，又有称为浦、峙、步、渚、塝的。综观明清沿海开发文献资料，可知沿海荡地开发，分别是由濒海都转运盐使司及盐课提举司、卫所屯军和地方府县三个系统完成的。由于这三个系统对于濒海荡地的管理制度不同，开发方式及其发展趋势也不尽一致，故有必要按荡地所属系统，分述其开发活动的实态。

一　盐业荡地的开发

在传统社会中，盐业是支撑中央集权统治的重要产业部门，盐课收入，从南宋时起，即占全国财政收入的一半。明清时期，朝廷为满足军国之需，对天下盐业统制更为严密。由于海盐生产居当时池盐、井盐、土盐四大类盐产之

---

[1]　以上引文俱见于于福顺、刘耀祖编：《钓鱼岛历史资料》，载《中国边疆史地研究报告》第一辑，中国社会科学院中国边疆史地研究中心，1987 年。

[2]　此部分内容主要参见刘淼：《明清沿海荡地开发研究》，汕头大学出版社 1996 年版，第 46—172 页。

首,所以最为朝廷所重视。

仅从海盐生产而论,其本身包括对沿海荡地和海洋资源的开发、利用两大问题。而荡地,无论怎么说都是沿海盐业劳动力进行生产、生活的基本空间。在其他产业不发达的情况下,沿海荡地的绝大部分由朝廷分划给滨海盐业部门进行管理。因此,对明清盐业荡地的基本制度和开发实态进行探讨,占有主体性地位。

(一)盐场盐课司的各类土地及其基本制度

荡地是海盐生产不可或缺的物质条件。作为盐业生产单位的各盐场盐课司,是明清朝廷划拨盐业作业地和燃料柴薪地的基本单位,盐场盐课司将本场额定的荡地,按灶户丁的实际额数平均"分拨"[①],灶户丁对官拨荡地有使用权,但没有处置权、继承权,原则上讲,荡地属官地的一种,产权归朝廷所有,但管理权则归盐场盐课司。而盐场盐课司所管理的盐业荡地,其面积大体与地方州县所拥有的土地面积相当。这可以万历年间巡视两淮、两浙盐区的直隶监察御史乔应甲奏疏说两淮三十场"延袤千有余里,即可比拟三十郡县"[②]一语得知。

在煎盐作业的盐场,其荡地主要是煎盐燃料即柴草的供应地,此即明清盐法关系文献中所说的草荡。由朝廷按灶户丁额给拨一定量的柴草地以解决煎盐所需燃料的制度,渊源于宋元。据《明史》卷八十《食货四·盐法》记载:"明初仍宋元旧制,所以优恤灶户者甚厚,给草场以供樵采,堪耕者许开垦。"以其文意,明廷承袭宋元给拨草场之制,实际上泛指濒海尚不能开耕为熟地的荒闲荡地。宋元时期草荡与亭户结合的制度,为明代朝廷所继承,从《明史》的记载,可以推知明初曾施行过官拨草荡,这可从明代官员的奏疏得以证明。如,弘治元年(1488年)两淮巡盐御史史简《盐法疏》言:"鬻海之利,所资者草荡。灶户每丁岁办大引盐十引,该用草二十余束。洪武年间编充灶丁,每丁拨与草荡一段,令其自行砍伐煎烧,不相侵夺。"[③]而使濒海煎盐人户与濒海属于"官地"的荒闲土地相结合的重要制度,即系"官拨荡地"。应该承认,灶户与土地的结合,是沿海荡地开发的首要条件,否则荡地的开垦则不可能进行。

如果从盐业生产本身考察,仅仅官拨草荡是不能进行煎盐生产的。除解决盐生产的燃料外,还必须由朝廷提供生产性用地,即晒灰淋卤的"卤地",煎

---

① 盐场盐课司荡地分拨制度,洪武二十三年(1390年)前则施行按户分拨制,按丁分拨是随该年度施行"计丁纳课"制的同时,改为"计丁分拨"的关于"计丁分拨"制及其实施状况,参见刘淼《明代盐业荡地考察》,刊于《明史研究》,黄山书社1991年版。

② 《明神宗实录》卷四一七,万历三十四年正月甲申。

③ 朱廷立《盐政志》卷七《疏议下》。

盐的灶房灶舍地基地,以及贮放盐产的仓基地等。这部分土地,也属于"官拨地"的范围。官拨草荡、卤地制不仅见行于南方沿海盐区,在北方的山东、长芦盐运司,官拨草荡则称为"草场",而南方所说的"卤地"、"卤田",即称为"灶滩"。

如果从沿海荡地所包括的范围考虑,盐业荡地不仅包括官拨田地、草荡,灶户还有"事产"田地及民田、房基地[1]等。一般来说,灶户家庭财产即被称为"事产",其中主要的是田地房产以及大农具、大牲畜等。从明廷对灶户事产征发盐课看,"事产"盐课是与官田、民田盐课分项征收的,而"事产"的主体则系灶户所有的田产。在灶户自己的经济中,除用以生产自给性的生活资料外[2],还有用于盐生产的生产资料。灶户盐生产投资,主要是煎盐灶房、晒灰取卤的堤围以及小型盐生产工具。如"灶房"即是指"跨卤池盘灶而屋之,以避风雨,谓之灶房"[3]。可知灶房是煎盐作业的工作场所。在明初,灶房为灶户自置,《明太祖实录》卷十九"丙午春正月己巳"条即有"灶户自置灶房"的明确记载。灶房既为灶户私有,其修缮自然也由灶户承担。无论是煎盐灶户还是晒盐灶户,其灶房、卤池[4]、晒盐池均由灶户投资,用于这方面的生产性开支,则是明代"官支工本"的一部分。在盐业荡地的开发利用中,随着盐业生产规模的扩大,官方投资[5]与灶户的投资量也随之增加,只有当灶户经济衰退,无力支付其生产性投资时,明廷才"预支工本",以维系盐生产的进行,而"预支工本"的价额,则必须从灶户盐产的"盐价"中"扣还"。很清楚,灶户在盐业土地的开发利用中,其水利设施、盐业生产、生活的直接性投资的相当部分,是由灶户负担的。

沿海滩涂荡地处于自然的生成过程中,新涨海滩沙地的出现以及已有荡地的坍没,对沿海地区来说,是很自然的现象,在明清时期的官员奏疏中屡屡见到"坍没不常"的表述,亦不足为奇,但问题是,对于"新涨海滩沙地"如何处置,却是应该加以注意的。从制度上讲,沿海新涨荡地,本不属于"官拨地"的范围,但却属于官地。这一点,至少由明至清未见改变。对于灶户在盐场范围内整治的海荡,由于系灶户"出资挑修",为抵偿灶户所出资本,明廷除在法令

---

[1] 灶户所居房基地和灶户煎盐作业的"灶舍"土地关系,前人研究未及涉足。房基地究竟属于何种地目,迄今不明。仅据清人吴震方《岭南杂记》所记广东地方其"灶籍之民,所居房屋则为灶地,种禾之田、种树之山则为灶田、灶山",可见房基地与灶田、灶山具有同等重要的性质。

[2] 灶户经济生活来源,除其事产田地、赡给田土所产粮食外,还有其出纳盐产时收授的"官支工本"。关于"官支工本"制及其实施状况,参见刘淼《明朝官收盐制考析》,刊于《盐业史研究》1993 年 2 期。

[3] 吉庆《(乾隆)两淮盐法志》卷一六,《场灶》。

[4] 即晒灰淋卤的"溜井"。关于明清时代"溜井"构造与晒盐池埕的形制,参见刘淼《明代海盐制法考》,刊于《盐业史研究》1988 年 4 期。

[5] 官方投资的主要构成,即有土地,灶具等。关于灶具制度,参见前示刘淼《明代海盐制法考》。

规定上确定新涨沙荡的官有地位外,在课赋上则采取按比例征收课赋以补灶户逃户所遗盐课的办法,逐步将灶户开发海荡收归朝廷所有。简言之,无论是自然的"新涨荡地",还是灶户出资开发的海荡,一旦开发成有效益的土地,即由盐运司清丈,将其30%的土地产权收归官有。这一点从明实录的记载,可知对灶户挑修海荡的利益分成,是按其土地所能生产的盐利来计算的。尽管在明清文献中把官拨荡地说成有如灶户的"恒产",其实灶户对于分拨给自己的荡地只有使用权,并无业权,只是其使用权在灶户未逃绝的情况下"管业"时间较长而已。

明清两代荡地制度的施行,以丁荡清审制为保障措施。清审的核心是编造盐册,朝廷则以盐册作为灶丁办纳盐课的依据。灶户的盐册,又称灶册,与民户黄册性质相同,实即灶户丁产赋役册。盐册的编制及内容,据《万历会典》卷三四所云:灶册乃是以盐场为单位,该场原额大丁办盐课额、实征小丁办盐课额、灶户丁总额、每户灶丁额、每丁办盐额、每户田地亩额、应免杂役田额,均是盐册记载的内容。而在"本户有田若干"项中,虽指灶户家庭所有的田地事产,但应认为是以官拨荡地为主体的。盐册的编造,应该说是朝廷加强盐业统制的体现。朝廷通过丁荡清审制编造盐册,其原则虽与民户的黄册大同小异,但对编造盐册的重视程度,却远在民户之上。按明制,民户黄册,"五岁均役,十岁一更造",但在盐业,则"每岁验其老壮,以为增减,其有死亡事故者,即为除额"①。这是对灶丁的清审。而对于官拨荡地,则"每五年审户之时,亦坐委公廉官三员,分诣三分司地方,将各场草荡逐一踏勘,总计若干,随荡多寡,均分灶丁"②。可知基本上是五年清查荡地一次,而清查的结果,以及各场"均分灶丁"的荡地亩额,也必定载录盐册无疑。不过,这仅是从制度考察而已,实际上并未也不可能严格执行。即便是朝廷最为重视的淮浙运司,也由于"灶荡本属海沙,惟近海潮汐之不常,则历岁坍涨不一",所以濒海盐区荡地,"向来因仍旧额,不行清丈",说明随着统治力量的削弱,法制日弛,每岁清丁、五岁清荡实难施行,也是实情。不过,有明一代,洪武、弘治、嘉万时期确有几次大规模的清审丁荡活动,其清审方法及统计数字,见诸于盐法志书和其他有关盐法关系的文献,这也不能否认朝廷对沿海盐业资源区控制力的强化。

明清时期对盐业荡地的清丈以及分拨灶丁制度的实施,尽管具有制度本身的弊端,但作为政府对沿海盐业资源的管制,不能不认为是传统社会中最为

---

① 《明太祖实录》卷一九九,洪武二十三年春正月甲。监察御史陈宗礼奏疏云:"运司核实丁口,编灶册在官。"可知陈氏奏疏是由于灶户丁口不实,以致"盐课不均",才提出自己的编造方案。如此看来,明初盐册的编造是同民户编造黄册同时进行的。

② 朱廷立《盐政志》卷一〇《禁约》。

完备的控制体制。对沿海盐业生产资料和劳动力的双重控制,有效地保证了盐业始终被控制在官府专卖的框架内,为中央集权的政治统治提供源源不绝的财政收入。

(二)荡地占耕及其影响

按《明史·食货志》的记述,明初因战乱土地荒芜,沿海官拨荡地,允许有力灶户垦种。随着时间的推移,大部分"堪垦种"的濒海滩涂得到开垦,甚至用于盐生产的官拨草荡、滩涂也多为豪强灶户占耕,贫灶缺草煎办盐课。至景泰元年,诏令:"各运司、提举司及所属盐课司,原有在场滩荡供柴薪者,不许诸人侵占。"[①]这一规定,可以说从制度上结束了洪武时"堪垦种者"可开耕的旧制,对于盐业荡地,无论灶户民户均不许开垦。景泰诏令的原则,为后世遵行而无改。如正德六年(1511年)户部议准:盐场"附近州县人民",如"侵占草场,运司行文提问,有司无得坐视"[②]。嘉靖十三年(1534年)又严申:草场如"为豪强所侵,或转相贸易"者,"宜清查还官","分给各灶"[③]。至清代,其原则无改。[④]

禁止盐业荡地开耕的法令愈严,则愈说明官荡占耕的普遍化,严格地讲,盐业荡地占耕问题并不是明清时期特有的现象。如果稍作长时段的考察,即可发现沿海荡地实在是最难管理的土地之一,所以自宋元时代起,广占濒海滩涂以为田产者,就不乏其人。[⑤] 对沿海荡地,尽管历代朝廷有严密的清审制度,但在实际操作中,难免出现"随意捏写"的情况,这主要是沿海滩涂难以清丈之故[⑥],此外,沿海滩涂沙荡"坍没不常",自然也无从及时清丈。再者,依明初荡地制度,灶户开垦荡地当系合法行为,并无违制之说。只是到景泰时,因盐业荡地占耕问题严重,明廷才施行对盐业荡地的保护政策。如此言之,这里所谓的"占耕",当是就明廷加以保护的官拨荡地的侵占耕种而言的。

明代关于荡地占耕的最早记录,见于景泰年间的户部奏疏。倘若对各盐

---

① 《万历会典》卷三四。

② 陈仁锡《皇明世法录》卷二八《盐法·凡优处灶丁》。

③ 《明世宗实录》卷一六六,嘉靖十三年八月癸丑。

④ 禁垦、禁典卖,乃是清代荡地制度的原则。见吉庆《(乾隆)两淮盐法志》卷十六《场灶二·草荡》。

⑤ 元代的典型例证,据《山居新话》所云:"松江下砂场瞿霆发,尝为两浙运司。延祐间,以松江府拨属嘉兴路括田定役,榜示其家出等上户,有当役民田二千七百顷,并佃官田共及万顷。浙西有田之家,无出其右者,此可为多田翁矣。"关于瞿霆发的身份,本为浙西豪强灶户,元大德时,"以功授承务郎两浙转运司副使。仁宗时,拜转运使"。灶户以占垦土地起家,应该是宋以来沿海地方社会盐业组织殊值重视的问题。参见日本学者吉田寅的《元代制盐技术资料(熬波图)的研究》第二章,东京汲古书院1983年版。

⑥ 关于明代田土的统计数据,究竟是用什么方法测量诸问题,参见日本学者藤井宏的《明代田土统计的一考察》,刊于《说林》三十卷、三十一卷,1942年6月。

运司、提举司稍作实态性考察,明中期占荡耕种已成普遍现象。至万历时期,荡地占耕规模已超过历史上任何时期。

就制度而言,由于明末荡地占耕现象日渐炽盛,至正德时,明廷不得不对开耕荡地施行"升科纳粮"制。① 此制的推行,无疑说明盐业荡地占耕垦种的合法化。换言之,明季以来乃至清朝,沿海荡地的开发,与正德改制有密切的关系。开耕荡地升科纳粮,系正德时的吏部尚书许瓒奏准施行,其奏疏云:"荡地原无正赋,且淹没不常,非岁稔之区。其已入赋额者勿论,馀悉任其开耕,候三年后耕获有常,始开报起科。"②这就是说,官拨荡地(还应包括新涨荡地)过去只办盐课,不纳正赋(即夏税秋粮),至此除在籍已纳正赋的荡地外,供煎盐之外的所谓"馀荡",皆可垦种。至嘉靖时,两淮巡盐御史朱廷立也主张"供煎之外,馀荡可利"。很清楚,正德、嘉靖时期实行馀荡开耕政策,打破了景泰以来的"禁垦"限制,更进一步使荡地占耕合法化、扩大化。除权豪势要、有力民灶户可以"馀荡"之名垦种或兼并贫弱灶户的官拨荡地外,甚至盐政衙门也乘机广占荡产,设庄牟利。

明清时期荡地禁垦至放垦的历史发展过程,说明朝廷与沿海灶民各自追求的荡地利益是不同的。朝廷追求盐利,荡地以生长柴草为主;而灶民垦种荡地,乃是广种花、豆、桑等经济作物,追求的是荡地综合种植收益。③ 朝廷重在维护户役旧制,把滨海灶民束缚在官拨荡地上;而灶户为的是建立自己的经济,以摆脱朝廷的控制。加上当时的海洋社会的发展,为沿海灶民家庭经济的建立提供了途径。可以说,明清两代盐业荡地禁垦不止、灶民私垦日众的原因,即在于此。

二 沿海屯田的屯种与开发

如果在客观上把朝廷在沿海设官制盐看做一种政府的开发活动的话,那么,在沿海地区的卫所屯戍垦种,也应当视为是另一种国家组织开发形式。

就屯田而论,明清时期的屯田主要是军屯和民屯二种。从国家组织沿海屯垦的角度看,屯军的屯种垦殖当是主体。

---

① 综观明代垦荒制度,嘉靖六年(1527年)曾出现全国范围的垦荒高潮。据陈仁锡《皇明世法录》卷三九《田土》记载,嘉靖六年令:"各处板荒、积荒、抛荒田地,遗下税粮派民赔纳者,所在官司,出榜召募,不拘本府别府军民匠仗,尽力垦种,给与由帖,永远管业。量免税粮三年,以后数目,具奏查考。"可知明末垦种荒田,应包括濒海荡地免当税粮者。就盐业论,当系水乡荡地。关于水乡荡地,另文专论。

② 吉庆《(乾隆)两淮盐法志》卷一六《场灶·草荡》。

③ 明清灶户的盐生产,是被朝廷统制在户役制下,灶户的劳作,仅是尽封建义务,自然谈不上收益问题。关于此,参见刘淼的《明朝灶户的户役》,刊于《盐业史研究》1992年2期。

（一）屯军屯种的基本制度

大凡以农为本的传统社会,其军队兵员的来源及粮草供给,皆取自于农。平时务农,战时从伍,由此演为军屯。

同前朝一样,明清时期也大兴屯田,以屯养军。然若就明朝屯田之兴的缘由作具体考察,当与前朝有别。腹里地区姑且不论,仅就沿海屯田而言,其设屯大体一是罢海运、二是防倭之故。罢海运,辽东屯田始兴;为防倭设屯驻戍,东南沿海一带屯地得以垦种。以上原因虽然中断了中国海洋发展的进程,却为沿海荡地垦种提供了制度保证。

明王朝建立,辽东驻军的军饷供给,主要依赖于海运江南税粮。永乐十三年(1415年)罢海运,辽东军饷供应遂转为屯田。军屯的发轫,实始于兹。但问题是,辽东军屯究竟是否始于永乐十三年罢海运之时呢? 按常理推之,辽东每年海运约70万石的粮料,此偌大数目必转由屯田承当,其屯种的始种年限当早于永乐十三年,这是不言而喻的。辽东地区在洪武末至永乐初即始行屯田,由军屯的生产解决军饷,而正是这一原因,才使明廷于永乐十三年罢革海运。反过来说,海运的罢革,却进一步推动了沿海屯田规模的扩大化,荡地由此被开发。

沿海军屯设置的另一原因是"防倭"。设屯驻防,一是徙民,二是籍民。太祖之所以废县设卫徙民,确为刚建立的明王朝海防考虑,以防止倭寇的侵扰。此外,濒海岛民"内相仇杀",致使海疆不靖,也是徙民原因之一。不仅如此,明廷还采取籍民为兵的办法,重新组合滨海卫所的兵员成分。对于沿海岛屿所设置的卫所屯田,明人即称之为"海屯"。海屯成立的物质基础,除徙民、籍民作为军屯的屯种劳动力外,其卫所所在海岛存在大量荒闲土地可供开耕养军,当是卫所生存、发展的基础条件。

对于军屯的制度及其沿革,沿海卫所与内地腹里卫所的区别不大。就军卫屯种制度而论,明代分为屯军与操军,规定屯军分拨屯地的亩额、征收屯田籽粒额,以及对屯种征收籽粒的分配与处置等等。关于沿海屯军与操军的比例,因时因地不同,比例多有差异,并不统一。明初制定的卫所屯军比例,乃以其卫所所在地的屯田土地肥瘠程度,以及卫所所处的战略位置决定的,这一原则的确定,表明屯军与操军的比例并无一定,乃因地因时因事而变化。至景泰六年(1455年),边关的屯军与操军的比例,已同明初腹里地区的屯操比例相接近,这无疑是正统扩大屯种规模政策的继续。同时,景泰议准的沿边城堡扩大屯种之制,也适用于沿海地区,这对沿海地区的荒地垦种,必定产生积极作用。明廷不断扩大屯军与操军的比例,就等于扩大了屯田的规模。这是因为,明代屯军的给拨亩额,是按军士分拨,并按军士人数征收屯租(明代亦称

"屯田籽粒")的,屯军比例小,屯地亩额自然就少,反之亦然。从总体上讲,海防屯田的设置,实际上就是"垛集"民产为军,去开垦沿海荡地,此制为清代营田、伍田等军垦形式提供了历史依据。

明代于沿边卫所设置屯守,尽管有限田的规定,但从屯守的本身意义看,并不限制屯守军开垦荒地,而是鼓励垦荒。① 屯田定额外的荒闲田土,只要军舍人呈官告佃,就可以取得其耕种权。反之,未经管领所司官查勘的荒田,如果被开垦,则以"盗耕"论。而一经告佃,所辟垦荒田就被列入屯田官地之内,只是其纳粮科则与"原拨"屯地有所差别而已。就滨海地区而言,呈官告佃的荒地,恐大部分系"濒海荡地"。沿海广大地区的边卫屯地,除屯种军余舍人的垦种之外,地方有力的"民人"也多有开垦。这方面的例证很多,如前示福建惠安县崇武所城郭"后湖埔一带荒地",则为"奸民假名给帖,违禁垦种"②。民人"开其埔,阑入近城地插薯,取煨煤"③。民人占耕卫所屯地,并非是屯政崩坏的原因。其实,早在"正统后,屯政稍弛","其后屯田多为内监、军官占夺,法尽坏"。至弘治、正德年间,屯粮征收远较明初为轻,"有亩止三升者"。正德时,就颇富成效的辽东屯田而论,其屯田总额"较永乐间田赢万八千余顷,而粮乃缩四万六千余石"④。以上记述,可大体反映明中期以来的屯军垦种实态,即:荒地的开垦终未停止,但屯田的利益并未能由朝廷收夺。屯田利益分流,最终导致明朝屯政的失败。其主要原因,乃在于最初领种的屯军日渐贫困,其屯田遂为"势豪"即《明史》所说的"内监、军官"所侵夺,其利益自然也随之转移。入清后,随着明卫所制的罢革,其屯军也没有什么存在的意义,旧有的卫所屯田遂转入所在地的地方有司管掌。然由于作为地方有司管领的屯种官地的性质并未改变,所以明代屯军的种种名目及征收屯粮的项额,就仍然保留在清代沿海州县的册籍之中。

清代屯田"由卫改县",沿海地区明初所设卫所屯田,至清雍正时已并入卫所附近州县。尽管明代兵制、屯政已不复存在,但屯垦的经济形式却依然在后世沿海农业经济中发挥作用,并对地方民间的荡地垦种产生影响。

---

① 禁垦亦不乏其例。究其原因,主要因海防之需要,并非限于屯种制度。如福建晋 江崇武所,"惠安县戍地也"。其城外"斥卤广漠,飞沙所掩。国初,留近城地禁民耕垦,使其沙莽漫生,缀带盘根,则土膏用坚,风尘不动"(见万历四十五年(1617年)丁巳秋八月晋江何乔远撰《惠安仁侯靖予陈公禁垦护城碑记》,载《崇武所城志》)。又,泉州府惠安县《为海氛警急城堑平地乞除沙患以固边防事》所示,惠安县对"后湖埔一带荒地","经该县清查,立定界址,建竖石碑,世代永永不许开垦"(见《后湖埔即赤土墩碑》,同上书)。此种情况,当不止惠安一地,他处亦当有之。
② 《后湖埔即赤土墩碑》,《崇武所城志》。
③ 前示何乔远《惠安仁侯靖予陈公禁垦护城碑记》。这里所说"插薯",即种植番薯。
④ 以上均见《明史·食货志一》。

（二）民屯的垦种

与卫所屯田相表里的是州县的民屯。从民屯的分布及规模看,明初沿海地区民屯的发展不及军屯,这显然与太祖的海洋政策及经济发展重心的确定有关。沿及明末,由于人口增长及国家财政需要,朝野兴沿海屯田之议甚盛,一时成为明清之际开发沿海荡地、发展海洋经济的契机。

明末海屯兴起,表现最为突出的地区是福建、浙江、山东及天津。如在福建、浙江,"福建巡抚许孚远垦闽海坛山田成,请复开南日山、澎湖"。嗣后,许孚远又奏请开垦"浙江滨海诸山,若陈钱、金塘、补陀、玉环、南麂"等地。而在山东,由"山东巡抚郑汝璧请开登州海北长山诸岛田"。而天津屯田,则是朝廷官员议垦的重点地区。

明清时期民屯的运作形态,大体为召民屯垦之法,地方官府招募有力民人垦辟沿海荡地,由官给帖,垦种者才享有开垦权,垦种者自行投资,按垦帖所载四至亩步,将荒荡开垦为熟田,三年内免纳赋,三年后即视其垦种程度升科纳粮。如果垦种者不由官给帖或不按官帖告垦地亩四至、亩步开垦,其所告垦屯荡地即系"盗垦",一经官受理,则须重新勘丈,补纳盗垦土地税。所垦海荡屯地,分为"永为己业"的"私有"田土以及"官筑屯田"两种,在后世的田土交易即买卖、典当时,均须明记该屯田地的地权属性,向该屯地所有者交纳地租,然后方可过割。"永为己业"的私有屯田,称为"民筑屯田",其与"官筑屯田"的差别,主要在于所有权不同而造成土地关系的不同。无论怎样讲,"官筑屯田"、"民筑屯田"都与前述的军屯有所不同。

与前述军屯比较,可知民屯有官屯和民屯之分。而无论官屯、民屯,皆"领之州县"。所以说,明清时期的民屯亦可类归于地方有司的开发活动内容,这是不言自明的。

三 地方有司的海荡开发

自元代以来,"南人"的海荡开发技术水平,已为世人瞩目。明清时期,北方海滨地带的滩涂垦种开发,也必须以"南人"的"圩田"之法为指导,否则开发荡地就会"徒付空间",无大成效。[1] 既然如此,南方地区州县开发荡地的深度和广度,就非常值得注意。

对滨海土地开发利用程度的高低,取决于对滨海各类田土的认知深度。换言之,如果我们从明清时期沿海各地有关土地开发利用的观念形态入手,是大致可以反映海荡开发的深度及实际状态的。

---

① 沈德符:《野获编》卷一二。

　　如前所述,既然明清时期在海荡开发方面仍以"南人"执其牛耳,广东、福建、江浙地区的海荡开发,足以作为州县荡地开发的代表。

　　广东海荡开发,屈大均《广东新语》卷二有关于香山县田土的记载:"香山土田凡五等:一曰坑田。山谷间稍低阔者,垦而种之,遇涝,水流沙冲压,则岁用荒歉。二曰旱田。高硬之区,潮水不及,雨则耕,旱干则弃,谓之望天田。三曰洋田。沃野平原,以得水源之先者为上。四曰咸田。西南薄海之所,咸潮伤稼,则筑堤障之,依山溪水至而耕,然堤圮苗则槁矣。五曰潮田,潮漫汐干,汐干而禾苗乃见,每西潦东注,流块下积,则沙坦渐高,以黄草植其上,三年即成子田。子田成然后报税,其利颇多。"香山田土的划分,实际上反映了广东滨海地区的土地开发利用状况。

　　无论从哪方面看,明清时期广东海荡的开发重点,实际上已转入潮田的开发。或者说,开发者对子沙(新沙)的重视程度远远超过母沙(旧沙)。按屈大均的说法[①],广东沿海一带之所以重视潮田,乃是因为潮田能种植出名为"火禾"的优质水稻,火禾既为积谷者所重,其经济价值不用说要高于其他稻作物的种植收益。潮田既是优质水稻种植地,可以想见广东海荡开发是以开发潮田为中心的。

　　在福建,从观念形态上将濒海土地划分等分的县份是漳浦县。据顾炎武辑《漳浦志》[②]记述,福建滨海田土以洋田、洲田最为肥沃,其次为埭田。而其田农耕条件的优劣与否,则取决于水利设施的兴建。其中洲田与埭田的水利设施要求较高,当是福建滨海平原土地开发的重心。如果将福建滨海田土与前示广东香山县略作比较可知:一是广东的咸田相当于福建的埭田,但广东筑障海堤的目的是防潮水内侵,以减少土地的盐化;而福建的障湖堤修建,主要是引湖中淡水灌溉洲田,如果水利设施不完善,洲田的农垦效益势必受到影响。二是在福建沿海地区,很少见有如广东的子沙成田的记录。三是福建海田虽相当于广东的潮田,但草的种植不及广东、江浙地区,这可能与福建草荡不如广东、江浙发达,所以盐的煎盐作业所需燃料,主要不是由沿海草荡供应,而是由柴山承担有关[③],海田的开发利用程度,显然不如广东高。在江浙地区,仅荡地的称谓,因开垦情况不同而各异。清人叶梦珠说:"沙滩渐长,内地渐垦,于是同一荡地,有西熟、有稍熟,有长荡,有沙头之异。西熟、稍熟可植五

---

① 屈大均:《广东新语》卷一四。

② 顾炎武:《天下郡国利病书》福建。

③ 在广东,据《广东新语》卷一四记载,其潮田所产大禾,"则以海水淋秆烧盐"。这一点与两浙、两淮、长芦、山东同。然在福建,灶户有称"依山户"者,恐由此户供应"附海"户的燃料。此外,福建晒盐业最为发展,也可证明煎盐业的燃料不是以草荡芦柴为主。关于此,参见前示刘淼:《明代海盐制法考》。

谷,几与下田等。既而长荡亦半堪树艺,惟沙头为芦苇之所,长出海滨,殆不可计。萑苇之外,可以渔;长荡之间,可以盐。"[1]叶梦珠对海荡开发利用的描述,无疑是指今江苏苏北、苏南、浙江的东向外延荡地。所谓"西熟",当是指开垦较早的熟荡,因位于东向外延荡地的西部,故以方向名之。

在传统的开发体制下,无论是旧有的在册荡地还是新生荡地,都被国家纳入盐业、屯军和地方州县的三大沿海管理部门中,荡地的开发活动即是在这三大部门中展开的。不过,希图摆脱传统开发体制的尝试,在任何时代都在局部地区存在,特别是在明中期至清代的海上武装势力崛起之时,沿海荡地一度成为海洋社会组织的落脚点,这些所谓"私垦"对沿海荡地的开发作用,是不能忽略或低估的。如果仍以传统开发作为主体机制的话,那么,可以说传统开发对于增加国土资源的历史意义是应当加以肯定的。

四　荡地开发要素分析

(一)荡地垦殖技术

一定历史时期的荡地垦殖技术水准,标志着该时期农业发展的水平,或者说是衡量沿海地区社会知识阶层对濒海荡地自然属性的认知高度的尺度之一。在明清时期,如果可以把荡地开发和利用作为两个层面来考察的话,那么,作为开发层面的固沙、子沙移位及"去盐"技术[2],以及利用层面的由煎盐作业向晒盐作业的结构性转化,都达到了相当高的技术水准。应该承认,明清时期沿海荡地开发热潮之所以历久不衰,并且在东南沿海地区形成独特的"南人"开发技术群体,当与该时代荡地垦殖技术的总体高度有直接关系。

1.固沙技术

如果按照围垦新涨沙坦的技术操作程序,固沙技术当是围垦之初首先采用的技术。所谓"固沙",系指以筑堤、树艺的方法,将初露出海面的新涨沙坦固定的技术。此种技术的应用范围,一般限定在固着"母沙"方面。沿海地区对海中新涨沙坦有"母沙"、"子沙"之分。[3] 就一般情况而言,由于海底地质构

---

① 叶梦珠:《阅世编》卷一。
② 除此之外,还应包括传统的障潮技术、护沙养沙技术的沿用及创新诸方面。
③ 所谓"母沙"、"子沙",仅是指淤涨出海面的沙洲而言,这部分沙洲,显然是已发育成熟的淤淀物质。由于淤淀物质处在不同的发育阶段,尚未露出海面的沙洲,即称为"暗沙"。例如在苏北沿海地区,由于黄河的巨量泥沙堆积在入海口外的古三角洲上,在潮流的作用力下,游移不定,在苏北濒海沿岸形成一系列的暗沙。随着发育的成熟,这部分暗沙即成为"母沙"。而所谓"子沙",顾名思义,当系附着于大面积"母沙"的游移沙群。关于此,参见中国科学院《中国自然地理》,科学出版社1979年版。

造不同和内河入海口流量、泥沙量以及潮流方向相异,形成构造不同的沙洲。对于发育成熟、成洲面积较大的"母沙",采用"固沙"技术,增强"母沙"的抗潮流冲击力,使其成为稳定的可垦沙洲,这可谓是新涨沙坦围垦成功与否的关键所在。在淤涨"母沙"与本土相连的场合,固沙之法多用筑坝围垦技术。筑坝的目的,主要是促淤,这除了泥沙的自然淤积外,当还伴有人工回填的意味。圈筑沙荡有堤坝的护卫,对于防止母沙漂移坍没,以及蔽障海潮侵蚀,显然具有长久性优点,所以,堤坝固沙法的采用当是普遍的。

2. 咸草种植与养育子沙

沙坦一经围筑,种植咸草成为所围沙坦是否可成熟为田地的关键性技术。"咸草"究竟为何物令人费解,屈大均《广东新语》卷二描述广东潮田时,曾言及草的种植问题。其记曰:"每西潦东注,流块下积,则沙坦渐高,以黄草植其上,三年即成子田。"①不过,"咸草"是否仅仅指"黄草",仍有疑问。据调查,濒海地带的草地(即草坪、草荡、草场)均系盐生草甸类型。生长的草种类有:芦草、蒲草、芦苇、马绊草、黄须、蒿子、碱蓬、蒙古鸦葱、虎尾草、狗尾草、三棱、白刺、白茅、大麻、黄草、问荆、草麻黄、葎草、剪刀股、地肤、猪毛菜、马齿苋、石竹、委陵菜、地稍瓜、益母草、茵陈蒿、艾蒿、盐蒿、苍耳子等数十种草,其中有许多草具有很高的经济价值。当然,以上罗列的荡地草植物种类,并不能说是沙坦形成时种植的"咸草",但也不可否认这些草植物均是荡地盐化土壤地带可以生长的植物,如果将"咸草"这一并不十分确切的概念稍加扩大的话,那么,自然不能仅限定"黄草"一种,其他的草植物也应包括在内。这一点,至少在清代将草坪所生长的草统称为"咸草"的实例中得到证明。

值得注意的是,荡地垦殖除草植物之外,还有树木种植。草与树的种植,构成濒海植被。树木的种类很多,主要有紫穗槐、洋槐、乌桕,等等。树木与草种植的作用,一是护沙,二是捍潮,即海堤防护林带。更进一步讲,在滨海地区,燃料的缺乏如同缺少米粮一样。而在传统的产业结构下,无论是滨海最大规模的产业——盐业也好,还是其他手工业部门如瓷器业、糖业、窑业、织染业等产业部门,其生产的维持与发展,以及劳力的生活必需,都需要大量的燃料供应,不可一日或缺。对于人民生活,"柴米油盐酱醋茶"的谚语,反映了人民生活对"柴"的依赖程度已居于首位。因此说,沿海新生沙坦的植草树艺技术,不仅具有将生沙开垦成熟田地的技术意义,同时草的种植也具有极高的经济价值。

---

① 这里所说的"子田",即系子沙开垦成熟田之意。如同前述母沙、子沙的概念,可以认定这里所说的"母沙"即旧沙,"子沙"即新沙。作如是解,沿海人民重视子沙即新生沙坦的开垦,是极好理解的了。

3. 制盐技术演进与海荡开发利用

中国古代海盐生产方式，大体上采用农业式的经营。沿及明清时期，海盐作业的农业色彩依然相当浓厚。就制盐技术而论，明朝初期朝廷建立的是以煎盐作业为主导的生产模式，晒盐作业仅在个别地区的少数盐场得以应用。明朝廷对晒盐业的抑制态度，显然是因为传统的煎盐管理体制很难适应对分散的晒盐人户进行统制的需要。而旧有的煎盐管理体制，只需要朝廷向濒海产盐地方派遣盐务官员，设置盐业管理机构，并从法规意义上划拨一定的濒海荡地均分给朝廷编金的煎盐人户，从而以划拨的荡地亩额及灶户人丁的丁额为依据，由盐务官员征收其认纳盐课，并且由官支付灶户煎盐工本，以维持灶户再生产的需要。这样架构的盐生产体制，决定了明清时期海盐生产是按煎盐作业、池晒盐、板晒盐三个阶段发展的。海盐生产技术阶段的演进，反映了对盐业荡地节约程度的提高。

一般来说，明清海盐生产有四道工序：一是晒灰取卤；二是淋卤；三是试卤；四是煎晒成盐。[①] 从沿海荡地开发利用角度考察海盐技术构成，其中关系最为密切的是晒灰取卤、淋卤中的"溜井"技术以及后期晒盐技术的出现与普及。

晒灰取卤技术，实际上分为灰压、削土、潮浸、掘坑诸种方法。[②] 因沿海各区域自然条件和历史文化构成的差异，各地采用的技术也不相一致。仅就灰压、削土法而论，虽为沿海盐区所通用，但在两淮和长芦盐区则盛行灰压法，两浙、广东则以削土为主。至于山东，尚未见灰压、削土的详细记载，但从清人王守基《山东盐务议略》的描述可知，山东沿海盐场大体行用潮浸法。然无论行用何种技术取卤，其操作大体与农耕有渊源关系，所以明清时代的人往往称之为"种盐"。

无论怎样说，晒盐在明末清初的大发展，意味着与当时盐业燃料用地"草荡"占种开耕相一致，换言之，在朝廷盐课制不变的情况下，由于官拨草场、灰荡大部分为官军民灶人户开耕成熟田地，而灶户又必须按年度上纳定额实物盐课，这就必然导致盐生产技术由传统煎盐向晒盐的转化，而晒盐技术的普及和发展，反过来又可节约大量荡地以供开发。从这个意义上讲，明清盐生产技术由煎向晒的发展，对于沿海荡地开发新区的形成，具有重要的促进作用。从

第一章

明清时期的海疆及其开发

[①] 参见徐泓：《明代前期的食盐生产组织》注③、注⑥，刊于中国台湾《文史哲学报》第 24 期，1975 年。又，陈诗启《明代的灶户和盐的生产》，刊于《厦门大学学报》1957 年第 2 期。

[②] 参见刘淼《明代海盐制法考》，刊于《盐业史研究》1988 年 4 期。所谓"灰压"，系指以稻麦草灰平铺于滩地，以其灰吸收地表盐分的一种取卤方法。"削土"，是指用"削刀"刮取滩土灰，以取其潮浸盐分的一种取卤法。"潮浸"是海边滩地用"海潮"浸漫之沙土，直接收取"盐霜"，"扫起煎炼"之法。而"掘坑"，大体与本书所述"溜井"构造相类，故不赘述。

技术方面分析,明清时期煎盐向晒盐的转化,其关键性技术乃是"溜井"构造的改进。① 所谓"溜井",是指以两淮为代表的淋卤所用之"溜"与贮卤之"卤井"相组合的淋卤设施,其他海盐产区大体上是在"溜井"的基本型制上演变的。两淮的传统式"溜井"构造,其作用是将晒灰所附盐分,通过溜底所铺柴木、草灰等过滤下渗,通过地表下埋设的竹管或芦管流入贮卤之"卤井",以备煎晒之用。这种传统的"溜井"构造的功能仅是"淋卤",以缩短煎盐时间,节省燃料,似与晒盐关系不大。随着草荡面积的缩小,在两浙等地遂产生以"溜井"为渊源的"囊"、"垒"的淋卤设施。同两淮相比较,"囊"与"井"的关系,大体与"溜井"构造相同。不同之处,乃在于"垒"的出现。但"垒"的作用,大概仅限于"聚沙"贮存盐分,并不具有"晒盐"的功能。但无论怎样讲,垒、井、囊的组合,已突破了传统的"溜井"构造。"囊"的发展,即是福建"漏"、"埕"的晒盐设施,与淮浙相较,"漏"与"溜井"有渊源关系。与煎盐作业的差异,仅是将灶房煎盐盘铁改进为晒盐"埕"而已,从"取卤"来说,依然带有脱胎于"溜井"的痕迹,具有向晒盐技术成熟期的过渡性质。

晒盐技术的成熟,可以山东盐运司的晒盐池为代表。清人王守基《山东盐务议略》记述山东晒盐技术有两种形式:一是掘井取卤法;二是挖池取卤法。山东挖池取卤法已完全脱离传统的"溜井"取卤淋卤旧法,转化成充分利用太阳光蒸发海水水分,替代传统制盐业取卤、淋卤、成盐诸多工序。从制盐技术史的角度看,这无疑是划时代的跃进。

总之,明清时期沿海荡地开发技术,主要集中表现在农业开垦和海盐生产两大方面,其技术水平不断提高,一方面加快了沿海荡地的开发利用速度,同时在开发利用深度和广度上也较前朝有明显的变化。尽管技术构成发展缓慢,但从整体上看,传统产业技术水平已达到前所未有的高度。另一方面,传统产业技术的进步,相应地引发社会经济的演变。仅就农业与制盐业关系而言,制盐技术的提高,则为农业开垦提供一定的滩涂荡地,从而为沿海以经济作物为主体的商业性农业得到大发展提供物质基础。换言之,由于农业经济收益高于官统制的制盐业,农业对土地的量的需求,也迫使旧有的制盐业发生分化,盐业生产者对官拨荡地占用量的减少,最终导致了传统制盐技术的改进,而采用节约土地的晒盐技术。煎盐向晒盐的转化,以及晒盐业本身由池晒向板晒的发展②,完全可以说明盐业生产技术与荡地开发的密切关系。

---

① 关于"溜井"的构造及功能,参见刘淼《明代海盐制法考》"二、'淋卤'法与'溜井'构造"。

② 所谓"板晒",指的是清末江浙地区盛行以板晒卤水成盐的技术。从节约晒盐池地这一点看,板晒盛行的原因,无疑与土地和人口压力有关。

（二）劳动力配备

作为有组织的沿海荡地开发活动，必然存在如何配备劳动力的问题。在传统社会条件下，朝廷对沿海资源区的控制，就经济而言，主要是通过户役制实现的。"配户当差"，是朝廷对沿海主体产业——盐业、防卫体系——卫所、地方社会——府县民户劳力编佥制度的核心内容。可以说，朝廷对沿海土地资源、海洋资源的控制，乃是通过对沿海各编户的劳力资源的控制实现的。

1. 户役制

军、民、匠、灶，为明朝四大役户。其中军、民、灶户，当系沿海地区配置的主要役户。军户出军丁服役，充当沿海卫所军人，民户纳粮当差，灶户煎办盐课，均为军国所需，不可或缺。以全国而论，军、民、匠诸户役，各府县无一例外，唯灶户编佥，则以沿海为主体，内陆池盐、井盐及府县土盐次之。因此，对明朝沿海劳动力配置的户役制进行考察，其重点当在灶户户役。

从总体上说，所谓"户役"制，乃是《大明律·户律》的首要内容。① 共开列"户役"条目 15 条，其核心即是"人户以籍为定"，对天下"军、民、驿、灶、医、工、乐诸色人户"②，明确规定"以籍为定"，不得"诈冒脱役，避重就轻"。有违者，则处以"杖八十"的处罚。这说明对以上诸人户的户役一旦确定则不得脱役的原则。

"断"入某户役的人户，又称为"编佥"。编佥户籍，其作用有三：一是编入户籍的人户，必须以"版籍为定"，"世守其业"。以灶户而言，世代子孙必须以煎盐为业，煎办盐课之户役"皆永充"。如果灶户有"求归民者"，则需"按籍详复核，毋得辄与改易"。③ 二是灶户私自逃移，则被称为"逃灶"，将受到比民户逃避徭役更为严厉的惩罚。三是编定灶户灶籍，严禁"数姓合户"，更不允许灶户"附籍"④，而且对灶户附籍民户，远较民户附籍灶户为苛。

明初所制定的户役制原则，仍为清朝统治者所继承。其原因，不外是"灶课"乃系军国大计，为了盐课利益的收夺，其劳动力配备的户役性质是不会改变的。明廷实行户役制，成功地在沿海地区括民为灶为军，编佥沿海各府州县民户，成为朝廷在沿海地区基本的劳动力组合单位和赋役单位，这对沿海地区

---

① 《皇明制书》下卷，《大明律》卷一三。
② 《大明律》所说四大户役，与《明史》卷七七《食货一·户口》所说"军民匠灶"四大户役不同。想必洪武设立驿户，乃关系军国大计，故将驿户列为户役第三位。
③ 所谓灶户改易民户，一般不是指煎盐灶户，而是指编入灶籍而"不谙煎盐"的"水乡灶户"。关于此，参见《皇明经世文编》及《明史·食货志》。
④ 明代将"有故而出侨于外者"称作"附籍"。以灶户而言，当指不准其他人户附灶籍，同时也不许灶籍附入他籍，两种情况均存在。

的经济开发,发挥了积极作用。

2.移民、垦民、流民及其他

封建国家调配沿海人力资源的方式,还包括有组织的移民、招垦在内,而民间的自发性人口迁移,则成为有组织调配人力的补充形式。对于明清时期沿海地区移民的考察,从荡地开发的角度看,可以把移民归属于政治性移民和经济性移民两种类型。前者是国家因海防、社会治安、沿海经济因素而采取的强制性移民;而后者虽具有一定的强制性,但其中大部分属于"利益期望"型的自发性移民。

总的来说,明清时期的政策,反对人口的自由迁移,这包括国内各地区间的移民,以及国人向海外移民,至于中国人招引外国人前来中国,更为朝廷所严禁。① 不过,这仅是从禁止人口"自由"迁移这一层面来考虑的,如果从明清时期朝廷有组织地进行大规模移民活动来讲,可以说朝廷并不是反对一切移民,只不过是把人口迁移活动纳入朝廷进行有效统治的框架之内罢了。

明初朝廷组织的移民,可分为政治性移民和经济性移民两种,移民方向限于国内,大多采取沿海迁移内陆,内陆迁移沿海的双向移民。政治性移民,是为了保证朝廷对沿海地区的控制,防止出现前元张士诚、方国珍等地方割据势力而采取的迁徙富户政策。明初的迁徙富户,大多限于浙江杭州、嘉兴、湖州、松江、温州等地的"江南富户"。朝廷组织的经济性移民,可以说是为了缓解沿海地区无田游手之人的比例,使其在地旷人稀的内陆地区与土地相结合。清初辽东招民开垦,当是国家组织的经济性移民。由于被召的人民有自己选择的权利,相对于明朝从宽乡向狭乡移民略有不同。明清鼎革之际,辽东是"用武之地","兵燹之馀,城廓堰墟,人民寥落"。清廷在此"设官招民",以恢复社会经济。顺治十年(1653年),定《辽东招民开垦例》,形成华北大量移民入关。由于辽东地区招民开垦例的施行,促使华北及其他地区农民流入,容易造成人口与土地的压力,于是在乾隆四十七年(1782年)清廷又发布"流民归还令",严禁流民出关。嘉庆八年(1803年)废"流民归还令",再度出现关内移民高潮。在此期间,尽管法令上禁止移民东北地区,但在现实中,移民东北地区的现象恐并未禁绝。清廷以经济政策的形式招徕移民,从对人身的控制来说,则较明代宽松。

传统中国社会经济是以传统农业生产为"本",土地和劳力是最重要的因素。然而土地是有限的,而土地的收益不高,则难以吸收无限增长的人口。传统手工业和商业,尽管达到相当高的发展程度,但也无法吸纳农业剩余人口。

① 《大明律》,载《皇明制书》卷三。关于此,参见张彬村的《十六—十八世纪中国海贸思想的演进》,载《中国海洋发展史》第二辑,中国台北"中央"研究院1987年版。

当新王朝度过经济恢复期后,土地与人口的矛盾就日益显现出来。在人口增长以成倍的速度超过土地开发的情况下,大量的农村剩余人口就成为流民,向有土地开发可能性的地区流动。这样,沿海地区就成为内陆地区流民集中的地方,而流民的大量存在,寻找临时性工作的佣工人数也相当多,成为沿海地方社会问题之一。如广东"边海诸县",尤其是顺德、新会、香山等地有大量的新涨"沙田",同时也有相当数量的无地流民,因而佣工即成为耕作沙田的主体。

流民做佣,可说历朝历代皆有之,不足为奇。然具体到明清沿海地区,多少与当时当地的土地开发及沿海经济发展有关。流民做佣,往往不是直接耕作荡地,而是从事荡地所产花、豆的加工业。在江浙、辽东地区,由于荡地盛产豆类,油坊业也随之兴盛。而油坊做佣者,大多系流民。总之,当新王朝经过一段时间的休养生息之后,土地不足和人口过剩成为严重的社会问题。尤其在沿海地区,由于"田少人稠",加上朝廷统治力量薄弱,往往流寓人口占相当大的比重。

（三）荡地开发资金构成

如前所述,在传统社会经济中,土地和劳力是最重要的因素,资金不占主要地位。但这并不意味着荡地开发过程中不需要资金,资金的种类、来源及其构成,仍应是荡地开发的因素之一。荡地开发资金的种类及其来源主要有以下八种:

一是荡地开发者投入的资金。所谓"荡地开发者",实际上是指荡地的经营者"业主"和直接垦种者"佃户"。无论是报垦人向官府承批围垦荡地权,还是佃户交纳"承价",都属于"自出工本"的范畴。业主与佃户所出工本,往往按对半、四六、三七比例交纳。因此说,荡地开发过程中的"圩本",则系荡地开发者投入的资金。

二是从传统社会土地国有的属性出发,对于特定行业如盐业、屯军等,国家划拨相当数量的濒海荡地,作为其生产、生活用地,这部分土地应当是国家投入的土地资本。

三是捐资与借贷。此两种筹资形式,主要见行于水利兴修而又缺乏资金的场合,大多采用地方官府"劝捐"、"倡捐",由地方士绅及"殷户捐助"。

四是受益人户摊派。在荡地开发围垦区,由于筑圩或兴修水利工程,为周边地区的农户带来相应的水利排灌利益。在这种情况下,水利兴修的工料费用,则按受益人户的田亩面积摊征,此即"按亩起科",是在无公项开支情况下筹集民间经费的传统形式。

五是商业资本流入土地。士绅在地方社会兴修水利、围垦荡地过程中,尽管以"捐助"、"资助"的名义参与荡地开发活动,但实际上则是以其商业资本或其他资本注入新垦区经营活动之中。这可以说是商业资本流入土地的直接表现形式。至于商业资本与荡地结合的间接形式,大多表现在商人在盐或其他农业经济作物交易中,对土地经营者、使用者的间接控制。

六是朝廷政策允许沿海地方截留课赋,间接转入荡地开发活动。

七是外国人荡地开发资金。由于历史的原因,江、浙、闽、粤一带自宋元以来与外通商,有相当数量的外国人留居此地,成为中国沿海地区最早参与荡地开发的外国人资金。这些外国人,其中不少为波斯(今伊朗)的亦思法杭人,此外还有印度人、犹太人(元朝称为斡脱人)及欧洲人,国人称其为南海番人或番客。他们的职业,有的是贵族官僚,有的是商人、教士。其中有的人与中国女子结婚,所生孩子曰半南番。外国人留居沿海地区,大多参与地方社会的建设。

八是地方社会组织开发荡地,也当有资金准备。这里所说的"地方社会组织",主要是指荡地开发组织、乡族组织及地方割据势力。

总之,在传统农业社会条件下,由于荡地开发仍被限定在农业开发的框架内,所以在荡地开发资金构成方面,也表现出强烈的农业色彩。只有进入近代社会后,沿海地区才出现了真正意义上的投资兴垦荡地,为近代工业提供原料及生活必需品。但无论怎么讲,传统的集资开发荡地,为近代沿海工业的发展奠定了物质基础。

(四)海洋政策的影响

从海洋区域经济学的角度出发,沿海荡地的开发高度,取决于政府的海洋政策,以及海洋经济开发与内陆相关地区的经济开发状况。从这个意义上讲,明清时期的中国海洋政策,也是沿海荡地开发的要素之一。从政治、军事乃至经济上的海外贸易利益着眼,封建国家自然难以顾及荡地开发的局部利益。因此,明清时期禁海、迁界时期的海洋政策,对荡地开发的负面影响是主要的;而随着社会安定,军事行动停止而带来的开海、展界政策,则引发了沿海人民荡地开发的高潮。

第五节　明清时期对海疆镇辖和开发的历史特征①

明代和清前期是中国古代海疆发展历史上的鼎盛时期,也是中国古代海疆遇到最严峻挑战的关键时期。作为发展成熟的封建大一统王朝,明、清两朝在治理和巩固海疆方面付出了巨大努力,形成了完整的海疆管理和防御体系,

---

① 此部分内容主要参见张炜、方堃的《中国海疆通史》,中州古籍出版社 2003 年版,第 323—326 页。

出现了郑和下西洋的世界性航海壮举,也取得了抗倭斗争的巨大胜利和从西方殖民者手中夺回台湾宝岛、澎湖的辉煌战绩。然而,在自然经济占绝对优势的古代中国,在传统的"重农轻商"、"重陆轻海"思想的影响下,明、清两朝的海疆政策和海防战略都呈现出浓郁的消极保守色彩,对中国古代海疆的发展具有明显的阻碍作用。

一 经济"北轻南重"与政治"北重南轻"的历史格局

明、清两朝继承了唐、宋时期业已形成的"南重北轻"的经济格局,而且南方沿海地区经济有了进一步的发展。一是农业生产的商品化倾向更明显。宋代江南地区兴修水利和精耕细作,使原先水潦低洼的苏州、太湖地区成为当时的重要粮食产区,古语所谓"苏湖熟,天下足",说的就是这个意思。到了明、清时期,中国粮食主要产区已转移至湖广地区,民间谣谚也一改而为"湖广熟,天下足"了。但获利丰厚的经济作物,如棉花、桑树、甘蔗、果树、花生、茶叶、烟草的种植面积却在东南沿海地区迅速扩大,并且出现了一定程度上的规模经营。二是丝织、棉布、陶瓷等各种手工业蓬勃发展,并且大都脱离了一家一户、自给自足的农业、手工业兼营的方式,以城镇手工业作坊主雇工集中劳动为主要方式,相当一部分手工业者完全离开了土地,靠手艺或在市场采购手工业原料,出卖手工业产品谋生。三是新兴市镇群体大量涌现。它们大都有很强的专业化倾向,或以经营某些手工业商品著称,或以地处交通要冲、商品集散地闻名,或是作为大、中城市的卫星城镇,形成各级市场网,带动相关产业的发展,促进了商品的交流。

由于明、清两朝把都城设在北方(明初曾以南京为都城),其政治重心与经济重心实际上长期处于严重错位的状态。尽管历朝统治者都无法改变这个既定经济格局,但作为一种有限的平衡手段,他们沿用了元朝的办法,通过京杭大运河或沿海水道将南方粮食源源不断地运到北方,运到京城,供养规模庞大的中央机构官员及其家属,供养庞大的禁军和京畿驻防部队。粮食漕运一定程度上带动了北方运河沿岸和沿海地区经济的发展。明、清封建王朝对沿海地区经济发展的最大阻碍是压制了那里正在蓬勃发展的海洋经济势头,堵塞了海外贸易的通畅,并导致直接与海外贸易相关联的海舶制造、航海、港务等行业的极度萎缩,具有明显外贸性质的丝织、瓷器等行业也失去了进一步发展的空间。东南沿海地区商品经济逐渐发展起来之后,急需打开新的市场,为商品经济的更大发展寻求空间。而当时无论是中国传统的海外贸易国——日本、朝鲜、琉球及东南亚、印度洋沿岸诸国,还是新兴的欧洲海上强国葡萄牙、西班牙、荷兰、英国等都对中国商品极感兴趣,愿意扩大贸易往来。但自认为是"天朝上国"、"无所不有"的明、清统治者却满足于经济上的自我封闭。他们实行"海禁"政策,严令"片板不许下海",将沿海岛屿上及沿海地区的居民强行迁到内地,对从事海外贸易的民间商人严刑处罚。这些举措对沿海,尤其是东南沿海地区经济发展的负面影响是显而易见的。

二 实质相同的海疆政策及实施后果

明代中叶,随着倭寇大规模窜犯中国东南沿海,江、浙、闽、粤各省不断发生大规模海盗抢劫和烧杀事件,随着西方殖民主义势力向东方大肆扩张,中国海疆面临严峻挑战。"迨(明朝)中叶以后,欧罗巴诸国东来,据各岛口岸,建立埠头,流通百货,于是诸岛之物产充溢中华,而闽、广之民造舟涉海,趋之若鹜。"①西方殖民者还占领了广东的屯门、澳门,浙江的双屿,福建的月港、澎湖和台湾等地,来自海上的威胁被凸现出来。明、清封建王朝不得不由主要防范北方游牧民族的袭扰,变为同时要对付来自海上和陆上的双重威胁。

在此历史背景下,明、清两代一脉相承的海疆政策呈现出以下特点:一是海疆管理政策的核心是管辖民众和陆上疆土,具有明显的重人轻海、重陆轻岛的倾向。明初颁布的"海禁"令实际上剥夺了沿海民众固有的谋生手段,破坏了正常的海疆经济结构,遭到民众的顽强抵制。当"海禁"令一时难以奏效时,明朝统治者采取了更为严厉的移民政策,将沿海岛屿居民迁徙一空,以加速"海禁"令的贯彻实施。清初同样实行"海禁"政策,不仅将岛屿居民迁移一空,还把大陆居民从岸边向内迁徙数十里,对沿海居民生活的影响更加严重。重开"海禁"之后,亦对沿海渔民、船民实行保甲连坐,严格限制他们跨界捕鱼和出国不归,对寄居海外的华人往往视为"叛国"而处以极刑。但对西方殖民者乘虚占据中国沿海岛屿,却大都抱着事不关己的漠然态度,致使澳门、台湾等岛屿轻易被葡萄牙、荷兰殖民者所占据。二是在发展海疆经济方面,重农桑盐业,轻渔商海运,将发展沿海经济的重要方面——海上贸易纳入东方封贡体系的礼义交往之中。即使开放海禁,也是将对外贸易强行纳入官办的朝贡贸易的框架之内,把正常的商贸往来视为对海外诸国的"恩赐",为对方带来的"贡品"支付远远高出其价值"回赐",使本来就不宽裕的国家财政背上更沉重的包袱。明、清两朝对民间海外贸易的禁绝或严格限制,使相当一部分商人采用非法的走私方式继续从事海外贸易,也有人走上与官府武装对抗的道路,形成具有海盗兼海商双重身份的武装集团,有人甚至与倭寇和荷兰等外国殖民势力勾结起来。明、清时期沿海倭患日炽,西方殖民者屡占中国沿海岛屿,大肆进行走私活动,这中间既有外国侵略者欲壑难填、野心膨胀方面的原因,同时也与明、清统治者压制民间正常的海外贸易需求,将从事海外贸易的沿海商人和

---

① 徐继畬:《瀛环志略》卷二。

居民推向自己的对立面,致使走私活动四处蔓延不无关系。

三 面对海上威胁:陆岸海口防御战略体系的失败

　　针对来自海上的威胁日益严重的形势,明代一些军事思想家和抗倭将领提出了许多有价值的海防战略思想。他们的普遍看法是:大洋为倭寇入侵的必由之路,且倭寇长于陆战,所以防之于陆"不如防之于水";其次才是屯扎于海岸要害之地或敌人可登岸之处,以逸待劳,击敌于立足未稳之际;南方江河交错,水港相通的地形条件,也使得在内河歼敌成为可能;最后一道防线,则是固守沿海城镇,利则出战,不利则守,牵制敌人,使其不敢深入内侵。其中最重要的是水上防御(包括海上防御和内河防御),因此要大力发展水军,使"水兵常居十七,陆兵常居十三"[①],敌寇"来则攻之,去则追之,屡来屡攻,屡去屡追"[②]。

　　但这些有价值的看法并未被明、清统治集团所采用。他们中间大多数人缺少海洋实践和海上生活经历,对海外各国的情况茫然无知,对中国沿海海域和沿海岛屿漠不关心。直到晚清,仍有一些朝廷大员认为"夫外之人涉重洋而来,志在登陆,非志在海中也。中国恶其来者,恶其登陆耳,非恶其在海中也"[③],从中曲折地反映出他们习惯以海洋为天然屏障,以陆岸为国家边界,只求得对陆上疆土封闭式的"大一统"管辖的观念。中国历史上大多数海上军事行动都是在近海范围内进行的。中华民族的海洋军事观是防守型的。即使是在海上力量相当强盛的明代,仍缺乏强烈的海上扩张需求,缺少争夺海上霸主地位的欲望。在大多数情况下,明、清王朝所建立的海防体系以打击海盗和走私为主要目标,不仅将制海权拱手相让,就连近海防御也是有名无实。清朝海防官兵醉心于修建陆岸哨所,而把海上巡逻会哨视为畏途,极少主动采取进攻入侵的海盗或西方殖民者的行动,所使用的战船吨位小、装备差,大多数保养状况很差,只能逡巡近海而无法扬帆远航。这样的军队对付大股海盗尚且感到吃力,当然就更谈不上抵御西方列强从海上的入侵了。

　　总之,明、清两朝的多数统治者已丧失宋、元王朝在海疆经营方面的勃勃生气和开拓精神,失去了扩大中华文明对世界各国影响的恢宏气度,也失去了漂洋过海与各国加强交往的兴趣,满足于几千年来一脉相承的自然经济缓慢曲折的发展。如果说,在东、西方山海阻隔,尚未发生直接联系的背景下,这些政策还没有威胁到这个古老的封建王朝的生存,那么等到西方殖民者大举东来,靠着"坚船利炮"打开中国大门时,它的负面影响便立刻显现出来了。

① 俞大猷:《正气堂集》卷一六。
② 俞大猷:《正气堂集》卷九。
③ 《筹办夷务始末》(同治朝)卷一○○。

第一章

明清时期的海疆及其开发

第二章

明清时期的海洋观念

由国家海上安全的客观需要而产生的海防思想是明清时期海洋观念的集中体现。明初海防思想有两个潜在的发展趋势,一是以防守为基点的战略取向,二是初步奠定了边海防并重的基本战略原则。嘉靖"倭患"所引起的海防需求,使明代的海防思想又有所发展。明代后期私人海上贸易的迅速发展和民间海上势力的崛起,带来了一些海洋观念上的变化,尤其是郑氏武装海商集团所具有的"通洋裕国"的观念意识,更是明代海洋观一个引人注目的变化,集中反映了明末民间海洋观的显著变化。

清代前期的海洋观念首先反映在禁海与筹海的论争中,在各种筹海意见中,慕天颜的重商思想和蓝鼎元的通过发展海外贸易吸收"番钱"、增强国力的主张最具进步性。由于海防建设的需要,在清代前期,我国出现了一批关心海防安危、潜心研究海防地理的著名学者和军事家。他们总结、继承了明代抗倭海防斗争的经验教训,不仅详细分析了海岸、海岛以及海区的地理形势,而且重点讨论了海口、海港、海道的军事、经济利用价值,并初步探讨了海洋气候、海洋水文对海洋作战的影响。他们研究的内容已经涉及当代海防地理学的各个方面。这些讨论内容,为当时的海防军队的部署与调整提供了宝贵的理论依据,是近现代海防地理学发展的重要基础。

第一节　明代海洋观念的变迁[①]

就总体发展趋势而言,由于社会经济的发展、造船技术的进步和航海水平

---

① 此部分内容参见黄顺力:《海洋迷思——中国海洋观的传统与变迁》,江西高校出版社 1999 年版,第 58—140 页。

的提高,唐、宋、元以来中国海洋观念呈现出一种有限开放性的特点,尤其是历代统治者在某些经济利益的驱动下,对海外贸易活动的政策取向也采取了鼓励和提倡的态度。然而,我们也应该看到,唐、宋、元时期的海外贸易政策在官方许可范围内所带来的海外贸易的繁盛,并不意味着中国人就此可以自由地走向海洋,也不意味着这种海外贸易的一时繁盛已经铸就了古代海洋时代的辉煌。实际上,唐、宋、元历朝统治者重视或鼓励海外贸易,主要目的还是要利用海外贸易为封建专制统治服务,宋元以后出于经济利益的考虑虽然海外贸易有所加重,但始终还是处于从属的地位。这主要体现在唐朝以稳定的政治和繁荣的经济为基础,应允"四邻夷国"入贡来朝,目的是为了显示大唐帝国的强大和稳定。宋代极力招徕海外诸国入宋贸易,更多的是出于提高宋王朝政治威信的考虑,即所谓"不惟岁获厚利,兼使外番辐辏中国,亦壮观一事也[1]"。元朝统治者对海外朝贡贸易表现出少有的热情[2],声称:"诸番国列居东南岛屿者,皆有慕义之心,可因蕃舶诸人宣布朕意,诚能来朝,朕将宠礼之。其往来互市,各从所欲。"[3]由此还形成了"外国贡献,视唐宋为多"[4]的繁荣景象。但是这种以政治利益为主导的海外贸易活动,表面上蓬勃兴盛,实质上被牢牢地控制在封建国家政权的股掌之中而缺乏应有的生命力,有限开放的海洋观念到了明代遂出现了禁海与"开海"这种"海洋迷思"的现象。

一 从海洋退缩

元末长期的攻伐征战,使社会经济遭到严重破坏。明太祖朱元璋于1368年建立明王朝时,面对的是一个"兵革连年,道路榛塞,人烟断绝"[5]的残破局面。为了巩固统治政权的稳定,朱元璋采取了一系列休养生息的政策,刺激经济的恢复和发展。在朱元璋看来,以农立国的传统经济自然应以农业的发展为主导,要"使农不废耕,女不废织,厚本抑末,使游惰皆尽力田亩"[6],并希图通过"计口授田"分配土地的办法,把农民约束、限制在土地上。同时,在海外贸易政策上,明王朝一反唐、宋、元诸代鼓励开放的倾向,自洪武初年就宣布海禁,实施从海洋退缩的基本国策,对后世海洋观的发展产生了巨大而深远的影响。

明王朝立国伊始,即实行禁海的政策,这的确是一个引人注目而又耐人寻

---

① 《续资治通鉴长编拾补》卷五。

② 参见李金明、廖大珂:《中国古代海外贸易史》,广西人民出版社1995年版,第179页。

③ 《元史·本纪第十·世祖七》,第204页。

④ 王圻:《续文献通考》卷三二《土贡考》。

⑤ 《明太祖实录》卷二九。

⑥ 《明太祖实录》卷一七七。

味的变化。正如有学者所说的那样:"一直到元朝(1271—1368 年)为止,中国政府对于海外贸易大致都持开放和鼓励的态度;这种态度到了 1368 年朱元璋建立明政权时发生了全面的逆转,政府对于海贸改采否定和禁绝的政策。"①

(一)禁海政策的思想缘由

明初开国禁海政策的实施对中国海洋观的发展变化起了相当深远的消极影响。我们把中国古代海洋观归纳为具有"有限开放性"、"边缘从属性"和"守土防御性"三个主要特点,其中所显现的以大陆农业文明为中心的重陆轻海、陆主海从的传统观念意识,即使在堪称开放的宋元时期也始终居于主导地位。明初禁海政策的实施则进一步强化了传统海洋观的局限性,这在 15—16 世纪世界性海洋时代到来的前夕,无疑将严重地羁绊中国人迈向海洋时代的步伐。

首先,就"有限开放性"而言,虽然宋元以前中华民族是以一种较为开放的心态与海洋打交道的,但在以内陆农业文明为中心的强势文化影响下,海洋观的开放趋向始终被限制在一定的范围之内。明初的禁海政策更加强和扩大了这种限制的力度和范围,从而使整个国家的政策导向开始指向从海洋上退却。例如,明太祖朱元璋最初便三令五申"禁濒海民私通海外诸国",对私人海上贸易活动作了严格的限制,接下来又严厉禁止外国商品在国内市场上流通,企图从根本上堵死海外贸易的流通渠道。朱元璋晚年时,更以《大明律》的法律形式,具体制定了种种有关限制"私出外境及违禁下海"的律令。明王朝为了实施禁海政策,不仅禁止私人出海贸易,而且还禁止人民下海捕鱼②,甚至对沿海地区的海岛居民实行大规模的迁海行动,或"以三日为期,限民徙内,后者死"③,或"约午前迁者为民,午后迁者为军"④,强制手段相当严厉和残酷。由此可见,开国禁海政策实际上就是从海洋全面退却。明朝统治者抱着"朕以海道可以通外邦,故尝禁其往来"⑤的闭关心态,把自己与即将到来的海洋时代隔绝开来,从而给中华民族的未来发展埋下了潜在而深远的危机。如果从海洋观念的发展层面加以分析,我们可以看出,明王朝的开国禁海使中国古代海洋观的有限开放性特点逆向发展,其限制性愈加鲜明而开放性却愈加淡化,传统"有限开放性"的不足和局限没有随时间的推移逐渐予以摈弃,反而在世界历史发展的转折关头进一步得到了强化,这真是中华民族的悲哀与不幸!

---

① 张彬村:《十六——十八世纪中国海贸思想的演进》,《中国海洋发展史论文集》第二辑,台北中研院 1987 年版,第 39 页。
② 《明太祖实录》卷一五九记载:"信国公汤和巡视浙江、福建沿海城池,禁民入海捕渔。"
③ 《福建通志》(乾隆朝)卷六六《杂记》。
④ 王士性:《广志绎》卷四。
⑤ 《明太祖实录》卷一七六,洪武十八年十一月甲子。

其次,就"边缘从属性"而言,自秦汉以来,中原地区以农立国的文化大传统相对于东南沿海地区的海洋文化传统,始终占据中心和主导地位,即使在唐、宋、元海洋经济相对发达、海洋文化相对灿烂时期,海洋文化传统也只能居于边缘从属的地位。明王朝建立后的开国禁海,从思想观念上进一步固化了这种边缘从属性的地位差异。明太祖朱元璋一贯认为:"保国之道,藏富于民,民富则亲,民贫则离。民之贫富,国家休戚系焉。"但如何做到"藏富于民"? 朱元璋的主张是"使农不废耕,女不废织,厚本抑末,使游惰皆尽力田亩"①,明确表示其治国之道的基点在以农立国和"重农抑商"。因此,立国之初,朱元璋即恪守"先王之世,野无不耕之民,室无不蚕之女,水旱无虞,饥寒不至"②的传统观念,实行奖励开荒、移民屯田等积极恢复和鼓励农业生产的措施,而对官方控制的海外贸易活动则持不以为然、可有可无的态度,尤其对"行贾四方,举家舟居,莫可踪迹"③的私人海上贸易采取反对和严禁的态度。由此可见,开国禁海所体现的海洋观念意识,说到底还是以农立国、重陆轻海、陆主海从思想的另一种表现形式。当国家来自海上方向的安全未受到威胁时,统治者可以在有限的范围内发展海外贸易,包括私人海外贸易,出现了宋元时代海外贸易的兴盛。但这种"治国之末"的兴盛始终比不上统治者对农本的重视,也始终处于边缘从属的地位。而当国家来自海上方向的安全开始受到威胁,并可能危及新政权统治的稳定时,统治者一则担心沿海"莠民"与海外势力勾结,威胁到国内的安宁;二则深恐"行贾四方"的海外贸易可能会带来"海疆不靖"的后果,再加上海洋本身在统治者心目中的从属地位,实施禁海政策也就顺理成章了,但由此却进一步强化了传统海洋观边缘从属性的思维定式。朱元璋曾说:"诸蛮夷小国,阻山隔海,僻在一隅,得其地不足以供给,得其民不足以使令",如果轻易对海外用兵,就会像隋炀帝"妄兴师旅,征讨琉球"那样,因"徒慕虚名,自弊中土,(而)载诸史册,为后世讥"④。可见,大陆王朝的统治者将基本国策放在土地与农桑上,即国家的基点建在陆上,而对"阻山隔海"的海洋开拓与发展却持不以为然的态度,甚至以禁海的方式全面从海洋退却,这就决定了传统海洋观所具有的"边缘从属性"特征不仅没有淡化,反而有日渐发展、强化的趋势。明初开国禁海政策的实施正昭示了这一点。

其三,就"守土防御性"来说,明初禁海政策的实施最为典型地勾画出传统海洋观的这一特征。元末明初以来,沿海倭患频仍,开始构成对国家安全的海

---

① 《明太祖实录》卷一七七,洪武十九年三月戊午。
② 《皇明世法录》卷三《明太祖高皇帝宝训》,第43页。
③ 周忱:《舆行在户部诸公书》,见《昭代经济言》卷二。
④ 《明太祖实录》卷六八,洪武四年九月辛未。

上威胁。再加上明初在讨灭张士诚、方国珍等沿海地方势力的过程中,不少"莠民"称兵构乱,甚至勾结海外势力,反对明王朝的统治。史称:"时国珍及张士诚余众多窜岛屿间,勾倭为寇。"①在这种情况下,明太祖下令"禁濒海民私通海外诸国",而且禁令愈来愈严,甚至于强令迁徙沿海岛屿居民,以防止岛民与倭寇内外勾结威胁明王朝的统治。

我们知道,明王朝初建之时,对新生政权构成安全威胁的外部因素主要来自北方的蒙元残余势力和东南沿海的倭患。但在当时情况下,明王朝只能把防御重点放在北方,以防止蒙元残余势力卷土重来,故有徐达、常遇春率军西征之举,而对东南沿海一带则采取守土防御的做法。明太祖宣称:"海外蛮夷之国,有为患于中国者,不可不讨;不为中国患者,不可辄自兴兵。……朕以海外诸蛮夷小国,阻山越海,僻在一隅,彼不为中国患者,朕决不伐之。"②他告诫后世子孙,不得"倚中国富强,贪一时战功,无故兴兵,致伤人命"③。因此,朱元璋去世后,禁海政策作为明王朝的祖宗旧制延续下来,并逐步形成"片板不许入海"④的定制。这种情况一直延续到隆庆元年(1567年)穆宗皇帝上台后才有所改变,但以禁海为基本手段的守土防御却成为一种思维定式,对传统海洋观,特别是明代以后开始形成的海防思想也产生了深远的影响。

(二)明初海防思想的产生

明初海防思想的产生,有其内在的思想渊源和特定的时空背景。就其内在的思想渊源而言,自春秋以来,随着人们对海洋本质属性认识的加深及其对海洋经济资源利用范围的扩大,海上用兵与保护海洋安全的海防意识也逐渐产生。例如元朝统治者就曾以对外用兵作为夺取海洋经济资源和扩大海外贸易的辅助手段,史称:"西南夷有所谓八百媳妇者,沃壤多产可取,朝廷……命之出师。"⑤又称:"元世祖在位之日,击缅甸、击爪哇、击占城、击日本,殆无虚岁……盖闻此诸国多珠贝宝石之类,欲得之耳。"⑥与此同时,来自国家海洋方向的安全需要也促进了海防意识的萌芽。自元至元十九年(1282年)开始兴办海运后,海漕之利引起元朝统治者的高度重视:"元都于燕,去江南极远,而百司庶府之繁,卫士编民之众,无不仰给于江南。自丞相伯颜献海运之言,而江南之粮分为春夏二运。盖至于京师者一岁多至三百余万石,民无挽输之

---

① 《明史·志》第六七《兵三》,第2243页。
② 《皇明世法录》卷六《明太祖高皇帝宝训》,第30—31页。
③ 《皇明祖训·祖训首章》。
④ 《明史·列传》第九三《朱纨》,第5403页。
⑤ 许有壬:《至正集》卷四八《刘平章神道碑》。
⑥ 丘浚:《大学衍义补》卷一五六《劫诱穷黩之失》。

劳,国有储蓄之富,岂非一代之良法欤。"①因此,元朝先后设立都漕运司、行泉府司等官职,专掌海运事务,并在沿海重要地区增添海防兵力,如"升台州海道巡防千户所为防御海道运粮万户府"②等,以加强对海运通道安全的保护。元末明初沿海倭患猖獗,加之地方势力方国珍、张士诚等"余党导倭寇出没海上,焚民居,掠货财,北自辽海、山东,南抵闽浙、东粤,滨海之区,无岁不被其害。"③保护国家海上安全的海防意识即由此萌发,明初海防思想正是这种内在思想渊源发展的必然结果。

就明初特定的时空背景而言,明王朝建立之时,对其统治政权安全的威胁既有来自陆上方向的北方蒙元残余势力,也有来自海上方向的沿海倭寇与反明力量相纠集的势力。对于来自海上方向的威胁,明太祖朱元璋最初寄希望于用"天朝上国,番使入贡"的传统手法来加以消弭。因此,明在立国之初即四处遣使诏谕日本、高丽、占城、爪哇等国,一方面以正统自居,力图肃清蒙元统治的影响,宣称:"曩者我中国为胡人窃据百年,遂使夷狄布满四方,废我中国之夷伦,朕是以起兵讨之,垂二十年。芟夷既平,朕主中国,天下方安,恐四夷未知,故遣使以报诸国。"④另一方面采取安抚手段,鼓励海外诸国入明朝贡,稳定海疆安全,申明:"昔帝王之治天下,凡日月所照,尤有远迩,一视同仁。故中国奠安,四夷所得,非有意于臣服之也。"⑤对于倭寇的骚扰,明太祖最初也希望通过外交途径加以解决。洪武二年(1369年),朱元璋遣使日本,但日本方面并未遣使朝贡,沿海倭患反而愈演愈烈。在这种情况下,明太祖对日本的防范戒备之心大大增强。洪武九年(1376年),明廷在给日本国王的国书中暗示说:"今吾与日本止隔沧溟,顺风扬帆止五日夜耳。"⑥题中之意不言自明。洪武十三年(1380年)、十四年(1381年)明廷更是先后斥责日本为"蕞尔东夷,君臣非道,四扰邻邦"⑦,"自夸强盛,纵民为盗,贼害邻邦"⑧,并警告日本国王:"若必欲较胜负,见是非,辩强弱,恐非将军之利也。"⑨正是这日益紧张的海上安全利益的冲突使明朝海上防卫思想开始逐渐形成。

此外,保护海上运输通道的安全,也是明初海防思想形成的重要因素。明朝建立伊始,虽实行开国禁海政策,但却重视海上漕运。洪武元年(1368年),

① 《元史·志》第四二《食货一》,第2364页。
② 《元史·志》第四一下《百官八》,第2337页。
③ 《明史纪事本末》卷五五,第843页。
④ 《明太祖实录》卷三九,洪武二年二月辛未。
⑤ 《明太祖实录》卷三四。
⑥ 《明太祖实录》卷一〇五,洪武九年四月甲申。
⑦ 《明太祖实录》卷一三四,洪武十三年十一月丙戌。
⑧ 《明太祖实录》卷一三八,洪武十四年七月戊戌。
⑨ 《明太祖实录》卷一三八,洪武十四年七月戊戌。

第二章

明清时期的海洋观念

朱元璋"募水工发莱州洋海仓饷永平卫。其后海运饷北平、辽东为定制"①。明成祖朱棣即位后，建都北京，"转漕东南，水陆兼挽，仍元人之旧，参用海运"②，并任命平江伯陈瑄具体负责海运事宜，"督海运，饷辽东、北京，岁以为常"③。因此，对海上漕运安全问题的重视，也促进了明初海防思想的形成。

由国家海上安全的客观需要而产生的明初海防思想有两个潜在的发展趋势值得注意：

一是以防守为基点的战略取向。

明初开始重视海防建设的主要目的是为了防范来自海上方向的安全威胁，其中当然主要是倭患。据史料记载："（洪武初），倭寇出没岛海中。乘间辄傅岸剽掠，沿海居民患苦之。帝数遣使赍诏书谕日本国王，又数绝日本贡使，然竟不得倭人要领。"④结果，洪武元年（1368年）就发生了多起倭寇犯海入侵的事件。⑤洪武二年（1369年），倭寇又"数侵掠苏州、崇明，杀掠居民，劫夺货财"⑥，浙江永嘉、玉环，广东惠州、潮州一带也遭到倭寇剽劫。洪武三年（1370年）以后，倭寇的劫掠范围北至辽东、山东，南至福建、广东，给明王朝的海上安全造成严重的威胁。因此，明初海防思想的战略取向，首先就是防守和防范倭寇对沿海地区的骚扰。这既体现在严厉的开国禁海政策上，又体现在加强水军、增置卫所、建设沿海防务体系等具体措施上。因此，"沿海之地，自广东乐会接安南界，五千里抵闽，又二千里抵浙，又二千里抵南直隶，又千八百里抵山东，又千二百里逾宝坻、卢龙抵辽东，又千三百余里抵鸭绿江"⑦，或"设兵戍守"，或"造海舟防倭"，或"移置卫所于要害处"，或抽丁"为沿海戍兵"，逐步形成比较完整的沿海防务体系，同时也表明明初以防守为基点的海防思想业已形成。

二是初步奠定了边海防并重的基本战略原则。

在明代以前的史籍上基本上看不到"海防"这一字眼，一般只有"招训民兵，以备海道"⑧或"以防海道"⑨、"措置海道"⑩、"防御海道"⑪、"控扼海口"⑫

① 《明史·志》第五五《食货三》，第1915页。
② 《明史·志》第六一《河渠三》，第2077页。
③ 《明史·本纪》第六《成祖二》，第79—80页。
④ 《明史·列传》第一八《张赫》，第3832页。
⑤ 参见陈懋恒：《明代倭寇考略》，人民出版社1957年版。
⑥ 《明史纪事本末》卷五五，第839页。
⑦ 《明史·志》第六七《兵三》，第2243页。
⑧ 《宋史·本纪》第二四《高宗一》，第448页。
⑨ 《宋史·本纪》第二六《高宗三》，第481页。
⑩ 《宋史·本纪》第三三《孝宗一》，第629页。
⑪ 《元史·本纪》第一五《世祖十二》，第320页。
⑫ 《元史·志》第四七《兵二》，第2544页。

等表述。中国历代统治者认为,国家的边患主要来自北方或西北内陆边疆,故边防始终是历朝历代国家防务体系的战略重点。元末明初以后,情况发生了变化,东部及东南沿海倭患的频繁出现,迫使统治者在关注边防的同时,也注意到"岛寇倭夷,在在出没"的新情况,形成"海防亦重"的新认识,开始把"海防"纳入国家防务体系之中。

明代的军制实行卫所制。洪武元年(1368年),朱元璋在总结历代军制经验教训的基础上,吸取唐代府兵制寓兵于农的精神,"革元旧制,自京师达于郡县,皆立卫所"①。在各边事要地,"度要害地,系一郡者设所,连郡者设卫"②。洪武二十六年(1393年),"定天下都司卫所,共计都司十有七,留守司一,内外卫三百二十九,守御千户所六十五。及成祖在位二十余年,多所增改。其后措置不一"③。这里,我们尚未统计过专事海防职责的卫所数目究竟有多少,但早在朱元璋为吴王时,已在嘉兴、海盐、海宁等地设兵戍守。朱元璋正式登上皇帝宝座后,立即下令在广东等沿海要地设置卫所,加强海上防范。洪武三年(1370年),朱元璋下令设水军等24卫,规定"每卫船五十艘,军士三百五十人缮理,遇征调则益军操之"④。后来又籍编方国珍余部及浙东沿海"无田粮之民"10余万人,分隶各卫为军,戍守海疆。同时又下令浙江、福建等沿海省份,"造海舟防倭","命广洋、江阴、横海、水军四卫增置多橹快船,无事则巡徼,遇寇以大船薄战,快船逐之"⑤,还任命靖海侯吴祯"充总兵官,领四卫兵,京卫及沿海诸卫军悉听节制,每春以舟师出海,分路防倭,迄秋乃还"⑥。此外,又先后在山东、江、浙、闽、粤等沿海各地筑城、屯兵设守。简而言之,明初的防务体系中已明显加入"海防"的成分,并随着北方蒙元势力的消亡、沿海倭患的猖獗,"海防"日益受到统治者的重视,初步奠定了有明一代边海防并重的战略方针。

二 "开海"远航

明太祖朱元璋的开国禁海政策,到明成祖朱棣上台后,在形式上发生了重大变化。1402年,朱棣以"清君侧"为名,发动"靖难之役",从建文帝手中夺得皇帝宝座。为了使自己的地位得到确立和承认,明成祖积极发展与海外诸国的关系。登基一个月后,即遣使安南、暹罗、爪哇、琉球、日本、西洋、苏门答剌、

① 《明史·志》第六五《兵一》,第2175页。
② 《明史·志》第六六《兵二》,第2193页。
③ 《明史·志》第六六《兵二》,第2196页。
④ 《明太祖实录》卷一四。
⑤ 《明史·志》第六七《兵三》,第2243页。
⑥ 《明史·志》第六七《兵三》,第2243页。

占城诸国。从永乐三年（1405年）起，明成祖派遣中官郑和六下西洋，把明代"开海"远航的官方经营海洋活动推到盛况空前的境地。

（一）经略海洋意识的转向

不论是明太祖朱元璋的"开国禁海"，还是明成祖朱棣的"开海远航"，共同点都是严禁濒海居民下海兴贩，私通外洋，而对于自宋元以来日趋活跃的海外贸易，则以"朝贡贸易"的方式集中于王朝的控制之下，明代经略海洋的观念意识由此发生了引人注目而又影响深远的重大转向。

明代的"朝贡贸易"制度是明王朝为了加强对海外贸易的控制和垄断，以"厚往薄来"为手段，实行招徕海外诸国入明朝贡的一种贸易制度。它准许海外诸国在朝贡的名义下随带货物，由官方给价收买，完成贸易的往来。从表面上看，明代的朝贡贸易与宋元时期的海外贸易有相似之处，但实质上却有很大的不同。

首先，宋元时期的海外贸易一般都有"朝贡贸易"和"市舶贸易"两种形式。前者与明代的"朝贡贸易"相似，有着浓厚的政治交往色彩，即海外国家派遣使节，以向宋、元王朝"呈献贡物"的名义带来各种海外物品，而宋、元王朝则通过"回赐"的方式，回赠相应或高于贡物价值的中国物品，其主要目的是利用"朝贡"关系作为羁縻海外国家的手段，借以造成"万国来朝"的盛大气势，提升中原王朝的政治威望。后者则有所不同。宋元时期的市舶贸易虽然是处于市舶司的管理之下，受官府的严密控制，但主要目的却是"笼贾人专利之权以归公上"①，追求的是"动以百万计"的经济利益。因此，从本质上说，宋元时期的市舶贸易实际上是私人经营、官府管理的海外贸易。由于"市舶之利"在国家财政收入上占据重要地位，因此，宋、元王朝都在不同程度上对海外贸易采取鼓励和提倡的态度，采取一些积极的措施来保护和刺激海外贸易的发展。明代的海外贸易则不一样，在明太祖"开国禁海"既定政策的左右下，由官府控制和垄断的朝贡贸易几乎成为当时唯一的海外贸易形式，而濒海居民犯禁出海的"走私贸易"是要遭到严厉阻绝的。不仅国内商人出海贸易遭到严禁，而且除贡使之外，还不许外国私人来华贸易。所以，从本质上讲，明初的海外贸易已完全变成明王朝用来羁縻海外诸国的一种手段。正如明人王圻所概述的那样："凡外夷贡者，我朝皆设市舶司以领之……许带方物，官设牙行与民贸易，谓之互市。是有贡舶即有互市，非入贡即不许其互市。"②

其次，宋元时期的海外贸易政策把税收看成国家财政收入的一大来源，故

---

① 《续资治通鉴长编》卷三四一。
② 王圻：《续文献通考》卷三一《市籴考》。

悉心"讲求市舶之利",重视海外贸易的发展。例如南宋时,宋高宗曾强调:"市舶之利最厚,若措置合宜,所得动以百万计,岂不胜取之于民?朕所以留意于此,庶几可以少宽民力尔!"[1]为此,他还指示臣下:"市舶之利,颇助国用,宜循旧法,以招徕远人,阜通货贿。"[2]采取增辟通商口岸,优待商贾,对发展市舶贸易有功或失职的官员进行奖励或处罚等措施,来促进海外贸易的发展,其着眼点在于经济效益。而明代朝贡贸易制度的着眼点则主要在政治影响,一方面借海外诸国的频繁入贡树立"万国来朝"、"四夷宾服"的大国形象,另一方面作为一种"羁縻"手段,笼络海外诸国,巩固东南海疆的安定局势。为了达到这个目的,明王朝不惜对海外诸国以高于"贡品"几倍的价值作"赏赉",即使对那些没有贡物的使者,也常常从"怀柔远人"的角度考虑给予赏赐。规定凡是入明朝贡的使者,在华期间的车船食宿一律免费,对他们附带私物的交易还予以免税的待遇。明洪武三年(1370年),高丽使者入贡多带私物进行私下交易,中书省官员欲征其税,朱元璋大度地说:"远夷跋涉万里而来,暂尔鬻货求利,难与商贾同论,听其交易,勿征其税。"[3]次年又诏谕福建行省:"占城海舶货物皆免其征,以示怀柔之意。"[4]到洪武十七年(1384年)干脆下令:"凡海外诸国入贡,有附私物者,悉蠲其税。"[5]明成祖不仅秉承乃父旧制,甚至对海外使者入贡附带私物与民交易,有关部门欲征其税都感到有损国体。他认为:"商税者,国家以抑逐末之民,岂以为利,今夷人慕义远来,乃欲侵其利,所得几何,而亏辱大体万万矣。"[6]因此,他上台后立即宣布:海外遣使来华的使团"一皆遇之以诚","其以土物来市易者,悉听其便。或有不知避忌而误干宪条,皆宽宥之,以怀柔远人。今四海一家,正当广示无外,诸国有输诚来贡者,听"[7]。对于外国贡船违反规定附载违禁物品的情况一般都采取宽容的态度。如日本遣使至宁波,将违禁的"兵器刀槊"私售于民,礼部官员据此请籍封送官。明成祖闻知后,谕令"勿拘法禁,以失朝廷宽大之意,以阻远人归慕之心"[8]。由上述可见,朝贡贸易虽然在明初中外经济交往中起过一定的作用,但它追求的主要是"宣德化而柔远人"的政治效果,其政治性目的显然要远远凌驾于经济性目的之上。

---

① 《宋会要辑稿·职官四四之二三》。
② 《宋会要辑稿·职官四四之二三》。
③ 《明太祖实录》卷五七,洪武三年冬十月丁巳。
④ 《明太祖实录》卷六七,洪武四年秋七月辛未。
⑤ 《明太祖实录》卷一五九,洪武十七年正月丁巳。
⑥ 《明成祖实录》卷二四,永乐元年十月甲戌。
⑦ 《明成祖实录》卷一二上,洪武三十五年九月丁亥。
⑧ 《明成祖实录》卷二二。

当然,更重要的是,明初朝贡贸易制度的这种变化,实际上反映了宋元以来王朝统治者经略海洋意识的转向。我们知道,"开国禁海"和"朝贡贸易"是明初海洋政策的两大支柱。明初的禁海政策反映的是明王朝"防寇"、"防倭"与加强对海外贸易控制和垄断的双重需求。它在政治上是维护沿海地区的安全,稳定明王朝的政权统治;在经济上则是禁绝民间船只从事海上贸易,而由政府加以控制和垄断。与此相配合的,就是官方控制的朝贡贸易。这两种政策实施的结果,使得宋元以来日趋发达的民间海外贸易受到压抑,与此同时,由官方控制垄断的朝贡贸易又因缺乏内在的经济利益驱动,造成"连年四方蛮夷朝贡之使相望于道,实罢中国"①的尴尬局面。在这种情况下,郑和下西洋的航海壮举虽然显赫一时,但每次下西洋所耗费的人力、物力都十分巨大,而随船带回的一些海外奇珍或香料,又不能为国家增殖财富,这就为无视海洋的官僚们找到了借口,当时就有人攻击说:"朝廷岁令天下有司织锦缎、铸铜钱、遣内官赍往外藩……所出常数千万,而所取曾不能及其一二,耗费中国,糜敝人民,亦莫甚于此也。"②郑和死后,更有人上奏说:"三保太监下西洋,费钱粮数千万,军民死者万计,纵得奇宝而回,于国家何益?"连郑和积累的航海档案"亦当毁之,以拔其根"③。到明宣宗宣德年间郑和第七次下西洋之后,这种属于朝贡贸易性质的"开海远航"活动终究因难以为继而戛然中止。郑和的船队虽然已七下西洋,但在悄然来临的航海时代却未能率先走向世界,这其中的遗憾怎不令人扼腕痛惜!

(二)海洋观念转向的原因

明永乐年间声势浩大的"开海远航"并不意味着明朝的海洋观念较之前代更加开放,相反,由于既定的禁海政策与朝贡贸易制度的相互配合,实际上反映了明代统治者从海洋退缩、出现海洋迷思的观念转向。这种海洋观念转向的主要原因有三:

1.儒家传统政治理念的阐扬

明太祖朱元璋以布衣之身夺得天下,深谙"人君之得天下,不在地之大小,而在德之修否"④的儒家传统政治理念之道,对蒙元统治者四处征伐的穷兵黩武政策一向不以为然。因此,他在取得全国政权之后,汲取元朝"昏主恣意奢欲,使百姓困乏,至于乱亡"⑤的历史教训,经常以"地广非久安之计,民劳乃易

---

① 《明宪宗实录》卷一二○。
② 邹缉:《奉天殿灾疏》,《皇明文衡·卷六·奏议》。
③ 严从简:《殊域周咨录》卷八。
④ 《明太祖实录》卷七六,洪武五年九月辛未。
⑤ 《明太祖实录》卷一七六,洪武十八年十月甲子。

乱之源"①的道理自省或告诫子孙和臣下。开国之初，朱元璋根据"今中国方宁，正息兵养民之时"②的形势，对内励精图治，采取"安养生息"与"藏富于民"的政策，尽快恢复遭元末战乱破坏的社会经济；对外则以实施儒家所赞美的"仁政"为己任。在这个前提下，朱元璋以传统重陆轻海的政治思维，认为"胡戎与西北边境，互相密尔，累世战争，必选将练兵，时谨防之"③。而对东南海外诸国，则采取遣使通好，互不侵犯的政策，并把朝鲜、日本、大小琉球、安南（今越南）等十五国列为"不征诸夷国"④，为的是求得"远迩相安于无事，以共享太平之福"，达到内外安宁的目的。可见，在实现儒家"仁政"理想的思想指导下，再配以"开国禁海"的具体政策，从海洋退缩已成为明王朝的既定国策。明成祖的"开海远航"虽在形式上把官方经略海洋的活动推向极致，但其内在的动力是封建国家所特有的政治要求，而不是经济利益的诱惑。《明史·西域传》载："自成祖武定天下，欲威制万方，遣使四出招徕。由是西域大小诸国，莫不稽颡称臣，献琛恐后。又北穷沙漠，南极滨海，东西抵日出没之处。凡舟车可至者，无所不届。自是殊方异域，鸟语侏僬之使，辐辏阙廷。而四方奇珍异宝，名禽殊兽，进献上方者，亦日增月益。盖兼汉唐之盛而有之，百王所莫併也。"⑤其"遣使四出"、"开海远航"是为了"内安诸夏，外抚四夷"⑥以达到"四夷顺则中国宁"，"共享太平之福"⑦的目的。可见，明成祖的"开海远航"仍然是实现儒家"仁政"理念的一部分，其经略海洋的意识转向与乃父只是在时间和形式上有所不同而已。

2. 传统"重农抑商"观念的影响

与历代封建帝王一样，不论是明太祖还是明成祖都有着浓厚的"重农抑商"思想。明太祖朱元璋"起自布衣，于凡民间之事，罔不周知"⑧。为了尽快恢复在元末农民战争中被破坏的社会经济，他以传统的农本思想为基点，强调"朕有天下，务俾农尽力田亩"，下令"减省徭役，使农不废耕"⑨，采取诸如免租蠲税、计民授田、屯田垦荒等多种措施，目的就在于使人民固着于土地，巩固小农经济，以维持封建经济、政治秩序的稳定。明成祖朱棣上台后，治国的大政

---

① 《明太祖实录》卷六八，洪武四年九月辛未。

② 《明太祖实录》卷一二五，洪武十二年闰五月甲戌。

③ 《明皇祖训·箴戒章》。

④ 《明皇祖训·四夷》

⑤ 《明史·西域传四》卷三三二《列传》，第220页。

⑥ 《明成祖实录》卷一二七。

⑦ 《明成祖实录》卷十上。

⑧ 《明仁宗实录》卷五下。

⑨ 《明太祖实录》卷一七七，洪武十九年三月戊午。

方针也没有变化。他宣称:"建文以来,祖宗成法有更改者,仍复旧制"①,坚持以"民之贫富"、"厚本抑末"为基本国策。为了迅速恢复因"靖难之役"受到严重破坏的社会经济,明成祖对洪武年间所实行的一系列"安养生息"政策,均采取"率由旧章"的守成态度,多次申明"朕当守成之日,正安养生息之时"②,同样也制定各种政策措施来保障小农经济能够迅速得到恢复和发展,"是时宇内富庶,赋入盈羡,米粟自输京师数百万石外,府县仓廪蓄积甚丰,至红腐不可食"③,成为明代的极盛时期。正是基于这种"劝农务垦辟,土无荒芜,人敦本业"的"农本"思想,明初的统治者对商业的关注远不如对农业的关注,而对有可能危害海疆安宁的民间海上贸易活动则更是严加阻绝。因此,不论是实行"开国禁海",抑或是"开海远航",其表象虽然不同,但实质都是对宋元以来凸显活力的海洋商品经济的轻视。"国家抑逐末之民,岂以为利?"④明代经略海洋意识的转向与传统"重农抑商"的观念,的确有很深的思想渊源关系。

3. 私人海上贸易日趋活跃引起统治者不安

由于宋元时期统治者基本上对海外贸易采取鼓励和开放的态度,故由民间私人经营的海上贸易也日趋活跃。例如,宋代商品经济和海外贸易的发展对封建社会的固有关系产生了巨大的冲击,许多人以追逐利润为目的,纷纷投入海外贸易。当时从事海外贸易活动的既有以官僚权贵身份出现的绅商,如北宋景德年间官僚邵晔"假官钱八十万,市私觊物"⑤;南宋的"中兴名将"张俊派部下出海经商,"获利几十倍"⑥;还有自己出资打造船只或租用他人之船出海贸易的舶商,如福建沿海就有许多依靠贩海为生计者,史称"福建一路,多以海商为业"⑦。北宋中叶谢履所作《泉南歌》曰:"泉州人稠山谷瘠,虽欲就耕无地僻,州南有海浩无穷,每岁造舟通异域。"⑧这说明东南沿海一带人民出海经商已蔚然成风。到了元代,私商经营的海外贸易更趋活跃。元代例不禁商,故经商风气很盛,上自皇室贵族,下至平民百姓,都有从事海外贸易的典型例子。例如江苏太仓的朱清、张瑄二人,以创办海运起家,"父子致位宰相,弟侄甥婿皆大官,田园宅馆遍天下,库藏仓庾相望,巨舰大舶交番夷中"⑨,成为元初著名的官僚海商。福建泉州的蒲寿庚,南宋末年曾任泉州市舶,元军南下时蒲寿

① 《明成祖实录》卷十上。
② 参见余继登:《典故纪闻·卷六》。
③ 《明史·志》第五四《食货二》,第 1895 页。
④ 《明成祖实录》卷二四。
⑤ 《续资治通鉴长编》卷六五,第 1443 页。
⑥ 罗大经:《鹤林玉露·丙编》卷二《老卒回易》。
⑦ 苏轼:《东坡奏议》卷六《论高丽进奉状》。
⑧ 参阅李金明、廖大珂著:《中国古代海外贸易史》,广西人民出版社 1995 年版,第 143 页。
⑨ 陶宗仪:《辍耕录》卷五《朱张》。

庚开城降元,被任命为福建行省中书左丞,主持泉州的海外贸易,史称其"擅蕃舶利者三十年"①。此外,还有专门从事海外贸易的舶商、弃农耕趋贩海的散商、出国经商的华侨商人、从事海运的船户和水手等等。

宋元统治者对包括官僚权贵在内从事的私人海外贸易活动曾作过种种限制,尤其是元王朝还推行过大规模的官本船贸易制度,"造船给本,令人商贩。官有其利七,商有其三。禁私泛海者,拘其先所蓄宝货,官买之。匿者,许告,没其财,半给告者"②,借以加强朝廷对海外贸易的垄断。但由于海外贸易乃利薮所在,不仅官僚权贵违法经商,一般海商也私自下海贸易,对禁商敕令视同具文。海外贸易的兴盛、海商势力的坐大,将直接威胁朝廷的利益,自然会引起封建统治者的不安。元代后期曾力图加强朝廷对海外贸易的垄断,但统治政权的衰弱已无法有效地限制海商势力的壮大,只能采取睁一眼闭一眼的态度。而明王朝建立后情况就不同了,新生政权为了巩固自己的统治地位,需要、也能够采取国家统治机器的强制手段来限制海商势力的发展。因此,明朝立国之初,统治者要借助新建政权的力量,实行严厉的禁海政策以及由官方控制、垄断的朝贡贸易制度,也就完全是顺理成章的基本国策了。可以看出,这种基本国策的制定正反映了明代经略海洋意识转向的基本趋势。

三 "倭患"频仍与"筹海"思想的发展

郑和七下西洋,是明初盛事,也是中国海洋发展史上的空前壮举。但郑和下西洋这一航海活动所具有的非经济目的和性质,已注定了这种大规模的官方经营海洋活动难以为继的命运。明宣宗宣德年间郑和第七次下西洋后,这一历史上的盛事很快就成为历史陈迹,而明初既定的对民间禁海政策则仍在继续。宣德六年(1431 年)九月,熟悉沿海民情的宁波知府郑珞曾奏请弛出海捕鱼之禁以利民生,结果遭到宣宗的斥责,谓其"知利民而不知为民患","贪目前小利而无久远之计"③,并重申不准沿海居民"私下番贸易及出境与夷人交通"④的禁令。但出乎明朝统治者意料之外的是,严厉的禁海政策非但未能消弭海疆不靖的隐患,反而因禁海直接影响了边海之民的生计,导致"滨海民众,生理无路,兼以饥馑荐臻,穷民往往入海从盗,啸集亡命"⑤,结果"海盗屡出为患"⑥,再加上倭寇的频繁袭扰,加剧了明代中后期海疆不靖的复杂形势。

---

① 《宋史》卷四七《瀛国公本纪》,第 942 页。
② 《元史》卷二○五《卢世荣传》,第 4566 页。
③ 《明宣宗实录》卷八三,宣德六年九月壬申。
④ 《明宣宗实录》卷七八。
⑤ 顾炎武:《天下郡国利病书》卷九五《福建五》。
⑥ 《明宣宗实录》卷八七,宣宗七年二月庚寅。

（一）"倭患"频仍与海防战略主张的提出

沿海倭寇的猖獗，引起明朝统治者的严重不安。从嘉靖二十六年（1547年）起，明王朝先后任命朱纨、王忬、张经、胡宗宪等人经略东南沿海防务，出现了俞大猷、谭纶、戚继光、沈有容等一批抗倭名将。他们的抗倭实践和海防主张，从两个方面丰富和发展了明代的海防思想。

其一，建城筑寨，募兵御倭，加强水军建设。

针对明中叶"浙、闽海防久隳，战船、哨船十存一二，漳、泉巡检司弓兵旧额二千五百余，仅存千人"①的情况，朱纨、王忬等人积极组织抗倭。一方面加强海防，恢复"浙中卫所四十一，战船四百三十九"②，并在浙、闽沿海要地建城筑寨，以防倭寇侵扰。例如，王忬奉命提督浙闽军务后，曾请建嘉善、崇德、桐乡、德清、慈溪、奉化、象山等城，进可出城歼敌，退可入城防守，起到了一定的积极作用。此后，福建沿海各地也大力筑城自卫，新建或扩建州县城廓。一些较大的村镇还纷纷增筑和修缮砦寨堡隘。据地方史料记载，福宁州"沿海吞区，竟起而兴城堡者，无虑二十处"③；同安"筑堡百三座，倭社百六十"④，以坚固的城防工事来抵御倭寇的侵扰。另一方面，俞大猷、戚继光等前线将官则针对卫所缺伍、兵不足用的状况，主张募兵御倭，组织新军。从嘉靖三十年（1556年）开始，俞大猷、谭纶、戚继光、张鏊等抗倭将领先后招募各地民兵，精心训练，成为沿海一带不可忽视的海防力量。例如，俞大猷所统率的部队能征善战，在江、浙、闽、粤沿海地区所向披靡，屡败倭寇，被誉为"俞家军"。另一抗倭名将戚继光看到浙江金华、义乌等地民风剽悍，认为若能选其精壮，严加训练，必能成为御倭劲旅，遂"请召募三千人，教以击刺法，长短兵迭用，由是继光一军特精"，号为"戚家军"⑤。尤其是他所创造的新的战阵法——鸳鸯阵，使持各种武器的士兵人定其位，各尽其长，密切配合，大大提高了作战能力，在抗倭战场上屡建奇功。戚继光由此与俞大猷一起被人们尊为"俞龙戚虎"，其抗倭事迹至今仍被沿海人民广为传颂。

此外，值得一提的是，在嘉靖年间的抗倭斗争中，俞大猷、戚继光、谭纶等人积极在东南沿海地区制造或召募战船，编练了几支相当规模的水军。俞大猷、戚继光均出生于滨海之地⑥，对大海的习性有所了解，俞大猷认为："贼由

---

① 《明史·列传》第九三《朱纨》，第5404页。

② 《明史·列传》第九三《朱纨》，第5405页。

③ 参见《福宁府志·艺文记》卷三九。

④ （嘉庆）《同安县志·征抚》卷九。

⑤ 《明史·列传》第一〇〇《戚继光》，第5611页。

⑥ 俞大猷为福建晋江人，戚继光为山东蓬莱人。他们的故乡均濒海。

海来,当以海舟破之,若我专备于陆,贼舟舍此击彼,我不胜其备,贼不胜其击,逸在彼而劳在我,非计也,宜多集海舟击之。"①因此,他主张要优先发展水军,使之常居十之七,陆兵居十之三。戚继光在组建戚家军的同时,也注意在浙江沿海各地挑选"习知水势风色"的渔民充当水兵,编练成戚家军水师。由此可以看出,在抗倭斗争中俞大猷、戚继光所编练的水军与过去临时征调卫所军士上船征战已有所不同,他们把战船与士卒紧密地结合在一起,进行专业化的训练,并强调"船要坚固,器要齐整"②,"一切战舰、火器、兵械精求而更置之"③,从而建立起具有真正意义的水军。这对明代以后海防思想的发展有相当深远的影响。

其二,防敌于海,提出"御海洋、固海岸、严城守"的海防方略。

俞大猷、戚继光、胡宗宪等人在长期的抗倭斗争中,对海战与海防有了进一步的认识,提出了一些颇有新意的海防思想和主张。例如:俞大猷曾悉心研究过战船的运用和风潮水势的变化,认为倭患由海上而起,"防倭以兵船为急"④,"攻倭长技,当以福建楼船破之"⑤。因此,他很重视水军的编练和海船的制造。对于兵船上的各种武器装备,诸如刀、枪、镖、火药、鸟铳、喷筒以及桅、篷、缆、碇等都有明确的定制,强调"火药、铅弹系兵船紧要之物,宁使有余"⑥,力求使兵船装备强于倭船,以此奠定取胜的基础。他还认为:"海上之战无他术,大船胜小船,大铳胜小铳,多船胜寡船,多铳胜寡铳而已"⑦;又说:"海战无巧法,只在知风候,齐号令,以大胜小,以多胜寡耳。"⑧可见,长期的海战抗倭生涯,使俞大猷充分认识到水军建设和武器装备在海防斗争中的重要作用,他所精心编练的水军在与倭寇的海战中屡建奇功,"未尝一有所挫衄"⑨,充分展示了俞家军的威风。

值得重视的是,俞大猷等人在实践中还提出了以"游兵"在"大洋之外"遏敌的海防方略。他说:"防倭以兵船为急,合用兵十大支,分伏海岛,乘其初至而击之,不使得以相待而猖獗也。"⑩建议在"浙江共设楼船二百只,苍船一百

① 俞大猷:《正气堂集》卷首《功行纪》。
② 俞大猷:《正气堂集》卷七《请多备兵铳》。
③ 戚继光:《纪效新书》卷一。
④ 《俞大猷年谱》,第二册,泉州历史研究会1984年版,第17页。
⑤ 俞大猷:《正气堂集》卷首《功行纪》。
⑥ 俞大猷:《洗海近事》卷三下《又与熊镜湖书》。
⑦ 俞大猷:《正气堂集》卷五《议以福建楼船击倭》。
⑧ 俞大猷:《正气堂集》卷首《功行记》。
⑨ 俞大猷:《正气堂集》卷六《上张冬沙书》。
⑩ 《俞大猷年谱》,第二册,泉州历史研究会1984年版,第17页。

只,分伏于前项海岙,往来巡探攻捕,名之曰游兵,而远遏之于大洋之外"①。这种以战船巡海,遏敌于大洋之外的"游兵",实际上已含有某些海军军种的意义,也体现了其独到的海防思想。在俞大猷、戚继光、谭纶等人抗倭实践和海防主张的基础上,郑若曾所撰《筹海图编》一书较为完整地提出了防敌于海,"御海洋、固海岸、严城守"的海防方略。郑若曾为江苏昆山人,曾入幕浙江总督胡宗宪帐下,对东南沿海抗倭与海防事节耳熟能详,先后辑著有《海防图说》、《筹海图编》、《江南经略》、《郑开阳杂著》等书,其中以海防专著《筹海图编》最能反映明代中期的海防思想。

《筹海图编》汇辑了明代中期有关御倭的各种策论。其中,胡宗宪提出:"防海之制谓之海防,则必宜防之于海,犹江防者必防之于江,此定论也。"②兵部尚书杨博提出:"平倭长策,不欲鏖战于海上,直欲邀击于海中,此之制御北狄,守大边而不守次边者,事体相同,诚得先发制人之意。"他认为:"国初(明初)更番出洋之制极为尽善。至于列船港次,犹之弃门户而守堂室,浸失初意。宜复祖宗出洋之制。"③因此,他主张要防敌于海,并力求在外海截击敌人,不使其登陆上岸,祸及内地。

工部右侍郎翁大立的观点更为明确,他说:"海防之要,惟有三策:出海会哨,毋使入港者,得上策;循塘拒守,毋使登岸者,得中策;出水列阵,毋使近城者,得下策;不得已而至守城,则无策矣。"④

可以看出,上述"御海洋"、"防敌于海"的海防方略有其积极意义。因为,海防战略目标的核心是保卫国家海洋方向的安全和发展利益,"防敌于外海"体现的是一种进攻型的战略取向,而且依明代当时的实际国力,楼船水军本来也是其优势所在,故俞大猷等人都认为:"倭长于陆战,其水战,则我兵之所长,此人人能知"⑤;"倭奴长技利于陆,我兵长技利于水。历查连年用师,凡得捷,俱在海战,利害较然明矣"⑥。遗憾的是,由于明代统治者固有的农本思想,并没有把保卫国家海洋方向的安全和追求国家海洋经济的发展利益结合起来,它所关注的只是国家陆上的安全和发展利益,其海防思想最终只能是围绕守土防御型战略所展开。正如俞大猷所说:"至于多造楼船,以长制短,从来无有决计者。"⑦这使颇有新意的海防思想终究无法突破传统的藩篱。

---

① 《筹海图编》卷一二《经略·御海洋》。
② 《筹海图编》卷一二《御海洋》。
③ 《筹海图编》卷一二《御海洋》。
④ 《筹海图编》卷六《直隶事宜》。
⑤ 《俞大猷年谱》第二册,泉州历史研究会 1984 年版,第 39 页。
⑥ 《筹海图编》卷一二《御海洋》。
⑦ 《俞大猷年谱》第二册,泉州历史研究会 1984 年版,第 39 页。

除了"御海洋"、"防敌于海"之外,"固海岸"则是"紧关第二义"。唐顺之提出:"贼至不能御之于海,则海岸之守为紧关第二义。"他认为:"贼新至,饥疲,巢穴未成,击之犹易;延入内地,纵尽歼之,所损多矣。"①因此,《筹海图编》强调"沿海之兵与内地之兵宜相策应"②,主张"为今之计,宜于春汛、小汛先期一月,将各道兵士督发各海口要害之处……安营操练,与兵船相表里,以为防守万全之计。设或贼船潜入海口,则水兵星罗其外,陆兵云布于其内。其将至也,击其困惫;既至也,击其先登;既登也,击其无备。以疲惫仓遑之贼,而当我养盛豫备之兵,一鼓成擒,可不血刃而收全功矣"③。

至于"严城守"虽是御倭之下策,但《筹海图编》也用了很大的篇幅介绍了各种各样的守城措施,从守城之具、严防奸细,到攻守结合、内外结合的守城之法,详尽完备,具有很强的实际操作性。

总而言之,"防敌于海"和御海洋、固海岸、严城守"海防方略的提出,丰富了明代的海防思想,特别是"御海洋"、"防敌于海"的进攻型海防战略具有独特的积极意义,值得我们深思和进一步研究。

(二)"防海"战略的保守性质

嘉靖"倭患"所引起的海防需求,使明代的海防思想有所发展,但正如《筹海图编》序中胡宗宪所概括的:"防海之制,谓之海防,则必宜防之于海。"④这里的"海防"被释为"防海",突出了一个"防"字。这种"防海"战略既包括了一些"防之于海"、"御之于大洋"、"哨致于远洋"⑤等积极防御思想,也包含了守土防御、海岸防御、防民出海、视商为寇等消极防御和禁海政策的内容,而且由于当时历史条件的限制和传统观念的影响,后者更能反映"防海"战略思想发展的趋向,其对明清以后海洋观的演变产生了相当深远的影响。

首先,就积极方面而言,当时的人们大多主张设防于海洋。如兵部尚书杨博提出:"平倭长策,不欲鏖战于海上,直欲邀击于海中",批评"列船港次",进行海岸防御,"犹之弃门户而守堂室"⑥。副使茅坤引用"守险者必先设险于险之外守之"的古训,主张"海战之重兵……当设战舰,备火攻,而谨斥堠,以迎击于淞海之上"⑦。曾任刑部主事的唐枢则建议:"哨贼于远洋,而不常厥居;击

---

① 《筹海图编》卷一二《经略·固海岸》。
② 《筹海图编》卷一二《经略·固海岸》。
③ 《筹海图编》卷一二《经略·固海岸》。
④ 郑若曾:《筹海图编·序》。
⑤ 《明经世文编》卷二七〇《御倭杂著》。
⑥ 《筹海图编》卷一二《御海洋》。
⑦ 《筹海图编》卷一二《御海洋》。

贼于近洋,而勿使近岸。"①胡宗宪不仅力主"防之于海",而且对远海哨敌和近海歼敌的海防战略也作了较为深入的思考,主张建立会哨制度,"哨道联络,势如常山;会捕合并,阵于鱼丽,防御之法,无窬于此"②。

上述主张,重点在于"防敌于海",设法在外海阻击来犯之敌,以便掌握战争的主动权。应该说,这种海防战略具有积极防御的性质,在海洋意识层面上已朦朦胧胧地感到制海权的重要。例如杨博把设防于海洋比喻成"制御北狄守大边而不守次边者,事体相同",认为在外海截击来犯之敌,是"诚得先发制人之意"、"极为尽善"的御外方略。这种主张很显然含有积极主动、努力掌握制海权的意义。但遗憾的是,由于明朝水军本身的素质以及传统"重陆轻海"观念的影响,明朝统治者并没有把这种"防敌于海"的积极主张转变为实际的战略决策,而且当时也有相当一部分人,包括抗倭名将谭纶在内,都对此提出过疑义。

谭纶说:"今之谈海事者,往往谓御之于陆,不若御之于海。其实大海茫茫,却从何处御起?自有海患以来,未有水兵能尽歼之于海者,亦未有能逆之使复回者。不登于此,必登于彼",无法有效地消弭海患的发生。因此,他认为,"若陆战一胜,即可尽歼,贼乃兴惧,不复犯我,此水战、陆战功用相殊"。谭纶还抨击某些怯战怕死的将官"力主海战",是因为"海战易于躲闪,陆战则瞬息生死,势不两立,且万目共睹,不能作弊。当事者宜坐照之,勿堕将官术中自失长筹可也"③。

此外,唐顺之、严中云、黄元恭等人也有类似主张,归纳起来无非就是:外洋御寇虽是上策,但却无法加以实施。因为:其一,大海凶险,变幻莫测,"海中无风之时绝少,一有风色,天气即昏,面对不相见矣",天气一变,飓风大作,连人带船都将一齐覆没,"虽以元世祖之威、伯颜字木儿之勇,艨艟千里、旌旗蔽空,一遇飓作,万人皆为鱼鳖",因此,防海方略只能"以固海岸为不易之定策矣"④。其二,水军将官怕死怯战,既"畏避潮险,不肯出洋",又推诿责任,"躲泊近港,不肯远哨,是以贼惟不来,来则登岸,残破地方,则陆将重罪,而水将旁观矣"⑤。而且,大海"万里风涛不可端倪,白日阴霾,几如黑夜,故有相遇而不可击,亦有未必相遇者"⑥。总而言之,外洋御寇有难度也不保险,还是"固海岸"、"严城守",搞海岸防御、守土防御更为稳妥。因此,嘉靖年间因"倭患"引

---

① 《明经世文编》卷二七〇《御倭杂著》。
② 《明经世文编》卷二六七《胡少保海防论》。
③ 《筹海图编》卷一二《御海洋》。
④ 《筹海图编》卷一二《御海洋》。
⑤ 《筹海图编》卷一二《御海洋》。
⑥ 《筹海图编》卷一二《御海洋》。

起的"筹海"方略之争,重点还在于"防",难以突破传统守土防御的认知框架。

其次,此一时期的"防海"方略还与明王朝既定的海禁政策紧密联系在一起,从而也就更进一步淡化了原有的积极意义。

例如,朱纨之死的确带有悲剧色彩,但他采取"革渡船、严保甲、搜捕奸民",严禁一切海上活动的做法,实际上体现出某种闭关自守的性质,而且显然与明中叶东南地区日益兴盛起来的私人海上贸易发展趋势相冲突。虽然明王朝陆续制定过不少海禁律法,采取过许多严厉的禁海措施,但商品经济的活跃,总是使人们"嗜利忘禁",趋之若鹜,甚至有愈禁愈盛之势。特别是在东南沿海的江浙闽粤一带,浮海贩易、出洋通商早已蔚为风气,故自宋代以来就有"泛海之商","江淮闽浙,处处有之"①的说法。

但是,在明王朝厉行海禁的政策下,私人海外贸易成为违禁出海的走私贸易而受到残酷打击。为了对抗官军的追捕和残杀,一些走私海商便铤而走险,武装起来形成亦商亦盗的走私集团,即《筹海图编》所称:"海商原不为盗,而海盗从海商起。"②如被朱纨捕杀的许栋、李光头;被胡宗宪诱杀的王直、徐海、毛海峰等所谓"剧盗",均是如此,而那些与走私贸易有千丝万缕联系的豪门大户自然也对海禁政策持抵触态度。因此,正如史书所说:"闽人资衣食于海,骤失重利,虽士大夫家亦不便也","福建边海贫民以海为生,禁海绝其生路,故越禁越乱"③。作为牺牲品,朱纨之死显然与海禁政策所引起的利益冲突有关,但同时我们也可以看出,以海禁为基点和主要手段的海防方略,实际上是封建王朝闭关自守国策的产物,它对明代中叶私人海上贸易活动的发展起了阻碍作用,其消极意义也是不言而喻的。

此外,由于海禁政策的影响,"防海"战略所拟建的海防体系,虽然在理论上有"御海洋"、"固海岸"、"严城守"等多层次防御体系的意义,但其突出的核心始终是"防"与"守",其海防兵力的配置与运用只能立足于沿海岸内敛型的守土防御。如时人唐顺之所指出的:"百年以来,海烽久熄,人情怠玩,因而堕废。国初海岛便近去处,皆设水寨,以据险伺敌,后来将士惮于过海,水寨之名虽在,而皆自海岛移置海岸。"④这种批评虽然针对嘉靖"倭患"之前海防废弛的情况而言,但实际上"倭患"平息之后,上述弊端仍然存在。因为,明代海防乃因"倭患"而起,"倭患"平息,海防也随即渐弛,而内敛型守土防御的海防思想却由此衍生发展,传统观念更加根深蒂固。

---

① 包恢:《敝帚稿略》卷一《禁铜钱申省状》。

② 《筹海图编》卷一一《叙寇原》。

③ 《明史·武备志·海防七》。

④ 唐顺之:《唐荆川家藏集二》,《明经世文编》卷二六〇。

四 张弛交替的"禁海"政策对中国海洋观的深层影响

"禁海"政策究竟给明代中国的海洋观念带来什么样的深层影响呢？

其一，"禁海"政策使民间海外贸易成为非法，扭曲了原来基本正常发展的海洋观念。自宋元以来，中国海商已日益活跃于大洋内海，东至高丽、日本，西达印度、波斯、满剌加等地，甚至深入到阿拉伯的一些内陆商业城市。据记载，宋代"中国商船常至印度巴罗赫、印度斯河口、亚丁及幼发拉底河口诸处。自中国贩来铁、刀剑、鲛革、丝绸、天鹅绒以及各种植物纺织品"①。元代从广州、泉州起航出海贸易的中国商船络绎不绝，有人认为："当时所有印度、中国间之交通，皆操之于中国人之手。"②可以想见，如果中国海商的海外贸易活动能够得以正常发展，不仅中国利用和控制海洋的能力能够不断提高，中国领先于他国的优势将得以维持，而且海外贸易的发展对中国传统重陆轻海、重农抑商的传统观念也会产生深远的冲击和影响。事实上，宋元时期民间海外贸易的活跃，对传统观念已有所影响。例如，北宋中叶谢履所作《泉南歌》中描述的情况已经反映出福建泉州地区人民向海洋发展、依靠贩海为生计的一种风气和观念的变化。

元代时，由于从事海外贸易获利甚丰，沿海地区的社会风气有从重视农本经济转变为重视"舟楫"之利的趋势。有人还以诗赞曰："何如弃之去，逐末利百千。矧引贾舶人，入海如登仙。远穷象齿徼，深入骊珠渊。大贝与南琛，错落万斛船。"③以往大海变幻莫测的凶险，已被"逐末利百千"的欲望淡化成"入海如登仙"的心境了。至于通过从事海外贸易作为发财致富的捷径，更为不少中、小商人所体认，从而还逐步培养起一种冒险出海求富的精神。元代有人记述说："珠玑大贝产于海外蕃夷之国，去中国数万里，舟行千日而后至。风涛之与凌，蛟龙之与争，皆利者必之焉。幸而一遂，可以富矣。而不止也。幸而再遂，则大富。又幸而再又遂，则不胜其富矣。"④为了发财致富而出海冒险开始为人们所认同。很显然，这种社会风气和海洋观念的变化尽管细微却影响深远。

然而，遗憾的是，明代的"禁海"政策从法律上严厉禁止民间海外贸易活动。民间海外贸易完全成为非法活动，而不像宋元时期那样受到国家的鼓励（尽管是有限度的鼓励或睁一眼闭一眼的放任自流）。因此，"禁海"政策的厉

---

① 参见张星烺：《中西交通史料汇编》第三册，中华书局 2003 年版，第 173 页。
② 参见马精鹏译：《伊本·白图泰游记》，宁夏人民出版社 1985 年版，第 490 页。
③ 熊禾：《勿轩集》卷七《上致用院李同知书》。
④ 吴海：《闻过斋集》卷三〇《知止轩记》。

行不仅对宋元以来蓬勃发展的海外贸易是一个重大打击,而且也严重扭曲了原来基本正常发展的海洋观念。可以想见,民间海外贸易既然被官府定为非法活动,那么原本从事海外贸易所得正当之利,也就完全成为"嗜利忘禁"的非法所得。尽管有些人或为牟利、或为谋生,不顾"禁海"律法而违禁出海贩易,但毕竟变成偷偷摸摸的走私行径,社会舆论对此的褒贬臧否也就可想而知了,而这种状况显然不利于向海洋发展的社会风气的形成。

对比同一时期,由于西方殖民航海贸易被确定为国家基本的海洋政策,哥伦布、达·伽马、麦哲伦等人的航海活动得到各自国家的全力支持和肯定,他们成为人们心目中的"英雄",从而推动了整个世界大航海时代的到来。在这场世界性海洋较量的开端之时,西进与"中退",已经不知不觉地使封建中国落后的基因潜伏其中了。美国历史学家斯塔夫里阿诺斯就此评论说:"因为中国商人缺乏西方商人所拥有的政治权力和社会地位,正是制度结构上和向外推动力方面的根本差别,在世界历史的这一重要转折关头,使中国的力量转向内部,将全世界海洋留给了西方的冒险事业。"①

因此,有学者指出,明代民间商人的出海贸易失去合法性,"不仅仅是中国海商这一阶层的悲剧,同时也是中国社会正常发展的悲剧"②。

其二,"禁海"政策逼商为"寇",中国海商的地位更加低下,扼杀了向海洋发展的观念。

由于明王朝厉行海禁,残酷打击违禁出海的民间海外贸易活动,结果迫使一些海商组成武装走私集团,以对抗官府的追捕和残杀,因而也就成为时人所谓的"海寇"。嘉靖朝"倭患"最烈时,曾参与抗倭斗争的茅坤指出:"为民御乱,莫若绝斯民从乱之心。今之海寇动计数万,皆托言倭奴,而其实出于日本者不下数千,其余则皆中国之赤子无赖者,入而附之耳,大略福之漳郡,居其大半,而宁、绍往往亦间有之,夫岂尽为倭也。"③御史屠仲律也认为:"夫海贼称乱,起于负海奸民通番互市,夷人十一,流人十二,宁、绍十五,漳、泉、福人十九。虽既称倭夷,其实多编户之齐民也。"④主事唐枢说得更清楚:"嘉靖初,市舶罢,流臣严其私请,商市渐阻。……而盗愈不已,何也?寇与商同是人也,市通则寇转而为商,市禁则商转而为寇。始之禁,禁商;后之禁,禁寇。"⑤也就是说,当时被人们称为"海寇"的那些人中,有许多是因"通番互市"未能得到官府

第二章

明清时期的海洋观念

---

① 〔美〕斯塔夫里阿诺斯:《全球通史:1500年以前的世界》,上海社会科学出版社1999年版,第445页。

② 陈尚胜:《"怀夷"与"抑商":明代海洋力量兴衰研究》,山东人民出版社1997年版,第39页。

③ 《筹海图编》卷一一《叙寇原》。

④ 《明经世文编》卷二八二《屠侍御奏疏》。

⑤ 《筹海图编》卷一一《叙寇原》。

允许而沦为"海寇",或者干脆就是"市通则寇转而为商,市禁则商转而为寇"。可见,在严厉的"禁海"政策下,"以海为生"的东南滨海之民和民间海商被逼为"寇"是一种较为普遍的现象。①

关于明代"海寇"的性质和组成问题,虽然学术界仍有一些不同的意见,但问题在于,在"禁海"政策的指导下,官府把从事私人海上贸易活动统统视为非法,那些靠贩海为生的海商自然也就被看成"私载海船、交通外国"②的异己力量,或者干脆被冠以"海寇"之名,属于被剿灭之列。如此一来,整个中国海商的地位就一落千丈。在封建中国原本就地位不高的商人阶层,尤其是海商,在人们心目中的形象也就更加低下。当时对民间海商的蔑称很多,诸如"负海奸民"、"沿海奸民"、"内地亡命之徒"、"赤子无赖之徒"、"奸豪射利之徒"、"勇悍无耻之众"、"宁、绍、漳、广诸不逞之徒"、"闽、浙通番之徒"、"倭贼土寇"、"中国叛逆"、"通番巨寇"等等,不一而足,均可以随心所欲地冠诸于从事私人海外贸易活动的中国海商头上。可以想见,在这种政策导向下,不仅正常发展的海洋观念被扼杀,而且传统重农抑商、重陆轻海的观念无形之中也进一步得到强化。

如果再对比同一时期西方国家的殖民航海贸易政策,他们崇尚海外冒险、鼓励殖民扩张,甚至支持用暴力手段夺取财富的真正海盗行径……如同马克思所揭露的:"在欧洲以外直接靠掠夺、奴役和杀人越货而夺得的财宝,源源流入宗主国,在这里转化为资本。"③而这些杀人越货的真正海盗还会受到本国政府的赏赐和礼遇,被作为"英雄"来对待。相比之下,与其简单地说中西所处的时代和社会条件不同,不如说是以商立国和以农立国的两种不同国度,在争夺海洋生存发展空间时所表现出来的海洋观念的不同,而这种不同却预示着中国与西方将在世界性海洋时代来临的激烈竞争中先输一着。

其三,"禁海"政策加剧了海防危机,强化了守土防御的"防海"意识。

明代的"禁海"有消弭沿海"倭患"、加强东南海防的主观意愿,但由于严禁一切民间私人海上贸易,结果等于断了滨海之民"以海为田"的生路,反而在客观上造成了不稳定因素,加剧了海防危机。

这种情况的出现,一方面是随着东南沿海一带商品经济的发展,中国海商有到海外进行贸易的强烈愿望,但明王朝的"禁海"政策却在堵住他们出海贸

---

① 明代"海寇",大体有海商因"禁海"被逼为寇者,也有受官府欺压,冤抑难伸,愤而下海为寇者,还有功名未成,失志而沦为寇者……但就总体而言,因走私犯禁而被视为"海寇"的民间海商当不在少数。关于此问题可参阅林仁川著《明末清初私人海上贸易》(华东师范大学出版社1987年版)和王守稼著《封建末世的积淀和萌芽》(上海人民出版社1990年版)。

② 《明成祖实录》卷二六。

③ 《马克思恩格斯选集》第二卷,人民出版社1972年版,第258页。

易的同时,也迫使他们铤而走险,导致武装走私现象的滋生。例如被明廷称为"巨寇"的王直(汪直)、许栋(许二)、徐海、洪迪珍、张琏等海寇商人,都是海上武装走私集团的首领,他们亦商亦盗,既从事走私贸易,又频频在东南沿海一带抢掠,有时甚至勾引倭寇给明朝海防造成很大的威胁。

另一方面,明代中叶以后各种社会内部的危机正在加深,大批农民破产,生计无着,再加上严厉推行禁海政策,不仅禁止一切民间海外贸易,而且禁止下海捕鱼和海上交通,断绝一切海上活动,结果使东南沿海各地相互的经济联系遭到破坏,严重影响了沿海地区人民的生活,"滨海民众,生理无路,兼以饥馑荐臻,穷民往往入海从盗,啸集亡命"[①]。大批破产失业的农民、渔民成群结队地下海为"寇",使问题变得更加严重。在这种情况下,明王朝本想以"禁海"来巩固海防,求得海疆的安宁,结果适得其反,反而加剧了海防的危机。当然,就思想观念而言,一味禁海,强调"片板不许入海",在强化守土防御的"防海"意识的同时,实际上反映了以农立国的明朝统治者重陆轻海的传统心态。

此外,严厉的"禁海"政策,还使辽阔的海洋真正成为中国与世界隔绝的天然防线,致使中国人无法通过海洋走向世界,对变化了的世界蒙昧无知,从而助长了实行闭关锁国的"天朝上国"的虚骄,对后世产生了相当深远的消极影响。

五 "通洋裕国"海洋观的兴与衰

明代后期私人海上贸易的迅速发展,带来了一些观念上的变化,尤其是郑氏武装海商集团所具有的"通洋裕国"的观念,更是明代海洋观一个引人瞩目的演变。

就总体而言,不论是明太祖朱元璋的"开国禁海",还是明成祖朱棣的"开海远航",其对海洋的看法,始终难以跳出以大陆农业文明为中心的认知框架。在明代统治者的观念中,海外贸易作为一种商业活动,仅属于可有可无的治国之"末",而农桑经济才是其立国之本。明代官方实行垄断的朝贡贸易,主要目的是为了在政治上"怀柔远人"、"羁縻四夷",确立大明王朝的宗主国地位,而很少考虑经济上是否有利可图。明成祖就曾明确宣称:国家向商民征税的主要目的是为了抑制商业活动的发展,而不是为了从税收中获得利益。现在,海外商人因仰慕中华文明前来贸易,我们还要向他们征税,岂不显得太小家子气而有辱大明王朝的国体?! 皇帝尊口一开,底下大臣自然随声附和,叩首称是。在明朝君臣这种海洋观念的指导下,朝贡贸易的定位在于"厚往薄来"、"怀柔远人",因而其活动貌似繁盛,"连年四方蛮夷朝贡之使相望于道",频频来朝,

---

① 顾炎武:《天下郡国利病书·卷九五·福建五》。

实则"四夷朝贡人数日增,岁造衣币赏赉不敷"①,甚至"朝贡频数,供亿浩繁,劳敝中国"②,朝贡贸易不仅无利可图,而且给国家财政造成很大负担。

可以想见,这种不讲经济效益,且又劳民伤财的官方海外贸易不可能会有效激发明代统治者积极向海外开拓的兴趣和决心,因此,在传统重农抑商思想的制约下,明代统治者意识上的从海洋退缩成为一种必然的发展趋势。

从另一个角度而言,明王朝实行垄断的朝贡贸易,严厉禁止私人海上贸易活动,在防备民人下海与外部势力勾结,危害明朝统治安全的同时,在思想上已认定海上贸易是一种不稳定的破坏性因素。更何况,内外勾结的"倭患"也的确造成了明代海疆不靖的严重局势。因此,在没有其他更好的防范措施下,以禁海为明代的基本国策(隆庆以后仅仅是部分开放海禁)也就不难理解了。此外,作为以农立国的封建王朝,其传统的基点就是重农抑商,海外贸易所带来的商品经济的活跃,最终会腐蚀封建王朝的统治基础,这自然不是统治者愿意看到的结果。因此,在以大陆农业文明为中心的认知框架下,通过开国禁海和闭关自守来维持自给自足的封建经济、政治秩序,成为明代统治者从海洋退缩的基本思路。

但是,随着明代商品经济的发展,特别是东南沿海地区商品经济的活跃,在官方朝贡贸易日渐衰弱的同时,私人海外贸易却迅猛发展,并最终形成雄踞一方的郑氏武装海商集团。私人海外贸易的活跃和民间海上势力的崛起,从三个层面反映出明代海洋观念的变化。

第一是民间层面。与官方控制垄断的朝贡贸易不同,私人海上贸易没有"怀柔远人"、"羁縻四夷"的政治目的,而完全是"惟利是视,走死地如鹜"③的经济需求。例如,"中国湖丝百斤,值银百两者,至彼(东南亚一带)得价二倍。而江西瓷器、福建糖品、果品诸物,皆(彼国)所嗜好。佛郎机之夷,则我人百工技艺;有挟一器以往者,虽徒手无不得食,民争趋之。"④而且,东南亚一带所产苏木、胡椒、犀角、象牙等物品,"是皆中国所需","中国人若往贩大西洋,则以其产物相抵"⑤,从事海上贸易无不获利数倍。特别是明王朝部分开放海禁后,仍然规定"不得往日本倭国",结果造成对日走私贸易获利更丰。如丝在日本"每百斤值银五六百两,取去者其价十倍";铁锅在日本"大者至为难得,每一锅价银一两"⑥。许多海商在高额商业利润的诱导下,无视明廷禁令,继续东

① 《明宪宗实录》卷七八,成化六年四月乙丑。
② 《明英宗实录》卷一七,正统八年八月庚寅。
③ 《天下郡国利病书》卷九三《福建》。
④ 《天下郡国利病书》卷九三《福建》。
⑤ 《天下郡国利病书》卷九三《福建》。
⑥ 郑若曾:《郑开阳杂著》卷四。

渡日本，从事走私贸易。

据史料记载，福建"同安、海澄、龙溪、漳浦、诏安等处奸徒，每年于四、五月间，告给文引，驾驶鸟船，称往福宁卸载，北港捕鱼及贩鸡笼、淡水者，往往私装铅硝等货，潜去倭国"①。有些海商则"藉言潮惠、广高等处籴买粮食，径从大洋入倭，无贩番之名，有通倭之实"②。从事海上走私贸易往往致富，形成实力雄厚的海商集团，如前述的王直，"凡五、六年间，致富不赀，夷人信服，皆称'五峰舡主'"③；洪迪珍自"嘉靖三十四、五年载日本富夷泊南澳得利，自是岁率一至，致富巨万"④；李旦"商贩日本，积累巨万"⑤。尤其是郑芝龙海商集团，"每舶例入二千金，岁入以千万计，以此富敌国"⑥。

上述这种情况逐渐在沿海地区形成一种"海中以富为尊"⑦的社会风气，"饶心计者视波涛为阡陌，视帆樯为耒耜。盖富家以财，贫人以躯，输中华之产，驰异域之邦，易其方物，利可十倍"⑧。"沿海居民，富者出资，贫者出力，懋迁居利，积久弊滋缘为奸盗者已非一日。"⑨沿海一带人民以海为田，贩海兴利观念的形成，虽然限制在民间的层次，但已对固有的重农抑商、重陆轻海的传统意识产生局部的冲击。正如时人所说："异时贩西洋，类恶少无赖不事生业，今虽富家子及良民靡不奔走。异时维漳缘海居民，习奸阑出物，虽往仅什二三得返，犹几幸少利；今虽山居谷汲，闻风争至，农亩之夫，辍未不耕，斋贷子母钱往市者，握筹而算，可坐致富也。"⑩

更值得注意的是，这种社会风气还孕育了海权思想的萌芽。嘉靖十六年（1537年）刊刻的、福建诏安人吴朴编纂的《渡海方程》，便提出了在海外设立都护府以保护海上贸易的主张。此书现已失传，据董毅的《碧里杂存》所载："余于癸丑岁见有《渡海方程》，嘉靖十六年福建漳州府诏安县人吴朴著也。其书上卷述海中诸国道里之数，南自太仓刘家河，开洋至某山若干里，皆以山为标准。海中山甚多，皆名，并图其形，山下可泊舟，或不可泊，皆详备。每至一国则云：此国与中国某地方相对，可于此置都护府以制之。直至云南之外，忽鲁谟斯国而止，凡四万余里。……北亦从刘家河开洋，亦以山纪之，所对之国

---

① 许孚远：《敬和堂集》，《明经世文编》卷四〇〇。
② 许孚远：《敬和堂集》，《明经世文编》卷四〇〇。
③ 范表：《玩鹿亭稿》卷五。
④ 乾隆《海澄县志》卷二四。
⑤ 沈云：《台湾郑氏始末》。
⑥ 连横：《台湾通史》卷二九《颜思齐、郑芝龙列传》。
⑦ 彭孙贻：《靖海志》卷一。
⑧ 乾隆《海澄县志》卷一五《风土》。
⑨ 《天下郡国利病书》卷一〇〇《广东》。
⑩ 洪朝选：《洪芳洲先生摘稿》卷四《瓶台潭侯平寇碑》。

亦设都护府以制之，直至朵颜三卫鸭绿江尽处而止，亦四万余里云。下卷言二事：其一言蛮夷之情，与之交则喜悦，拒之严反怨怒。请于灵山、成山二处，各开市舶司以通有无，中国之利也。……其言如此，虽未知可用与否，亦有志之士也。"①吴朴的生平事迹已不可详考，但他留心海上交通，提出以江苏太仓刘家河为起点，南至忽鲁谟斯国，北至朵颜三卫鸭绿江的尽处，在此8万余里的航线上择要地设都护府以控制海上交通，并主张在灵山、成山（今越南）设市舶司管理海上贸易。吴朴把这种做法看成是国家的利益所在，的确是一种远见卓识，包含了某些海权思想的因素。董毂称其为"有志之士"，实际上也反映了当时社会风气对此种主张的认同。

第二是地方官府层面。日益发展的私人海外贸易，在观念意识上对闽粤浙沿海地区的地方官员也有所冲击，对明朝中央推行严厉的禁海政策作了新的思考。例如，嘉靖"倭寇"严重时，负责闽浙海防事务的王忬在考察滨海民情之后，向明廷汇报说："臣近查闽浙地方，少有遗利在民，惟渔船纳税，公私两便。何则？国初立法，寸板片帆，不许下海。百八十年以来，海滨之民，生齿蕃息，全靠渔樵为活，每遇捕黄鱼之月，巨舰数千，俱属犯禁。议者每欲绝之，而势有难行，情亦不忍也。与其绝之为难，孰若资之为用。"②他认为应当改变禁制，让滨海之民下海捕鱼，官府依例纳税，对纾解民生、充实国家财政都有好处。王忬虽然没有直接提出开放海外贸易，但他却看到了海洋与滨海之民生活的密切关系。

福建巡抚谭纶认为，福建"滨海而居者，不知其凡几也，大抵非为生于海则不得食"。如果严厉禁海，民生无所依托，必得"相率而引为盗也"。不如开放近海通商，"即使为贼者半，为商者半；或为商者十之七，为贼者十之三，则彼之分数既减，而我之致力亦易，不尤愈于相率而共为盗乎？"③

后来的几任福建巡抚都不同程度地有类似主张。例如，隆庆元年（1567年）部分开放海禁，就是在福建巡抚涂泽民的力争下得到的批准。此后，万历年间因日本进攻朝鲜，明朝出兵援朝，东南沿海形势紧张，禁海政策再度被提及时，时任福建巡抚的许孚远细察民情，上奏说："据海澄县番商李福等连名呈称，本县僻处海滨，田受咸水，多荒少熟，民业全在舟贩，赋役俯仰是资。往年海禁严绝，人民倡乱，幸蒙院道题请建县通商，数十年来，饷足民安。近因倭寇朝鲜，庙堂防闲奸人接济硝黄，通行各省禁绝商贩，贻祸澄商，引船百余只，货物亿万计，生路阻塞，商者倾家荡产，佣者束手断餐，阖地呻嗟，坐以待毙。"种

① 董毂：《碧里杂存》下卷《盐邑志林·卷三九》，第8—10页。
② 王忬：《王司马奏疏·条处海防事宜仰祈速赐施行疏》，《明经世文编》卷二八三。
③ 《谭襄敏公奏议》卷二。

种惨状，均因厉行禁海，断了人民生路而起，因此，"防一日本，而并弃诸国，绝商贾之利，启寇盗之端，臣窃以为之过矣"①。

万历二十一年（1593 年），福建巡抚陈子贞也指出："闽省土窄人稠，五谷稀少。故边海之民，皆以船为家，以海为田，以贩番为命。向来未通番而地方多事，迩来既通番而内文安，明效彰彰耳目。一旦禁止，则利源阻塞，生计萧条，情困计穷，势必啸聚。况压冬者不得回，日切故乡之思；佣贩者不得去，徒兴望洋之悲。万一乘风揭竿，扬帆海外，无从追捕，死党一成，勾连入寇，孔子所谓'谋动干戈，不在颛臾'也。"②明确反对恢复禁海政策。

此外，曾任两广总督的张瀚、给事中傅元初等人也主张开海贸易，认为这既利民生，又弭寇患，对国家财政税收也有裨益。应当说，大部分的沿海地方官员主张开海贸易绝不是一种偶然的现象，它是明代商品经济发展、私人海上贸易活跃对封建统治阶级海洋观所带来的巨大冲击。这种地方官府层面海洋观念的变化趋势，同样会对传统重农抑商、重陆轻海的观念产生深远的影响。

值得注意的是，一些沿海地方官员还认为开海通商有利于了解海外情况，做到有备无患，对海疆防御也有裨益。陈子贞明确指出："洋船往来，习闻动静，可为我侦探之助。舳舻柂梢，风浪惯熟，可供我调遣之役。额饷二万，计岁取盈，又可充我军实之需。是其利不独在民，而且在官也。"③许孚远以海商陈申、朱均旺及早向福建地方当局通报日本侵略朝鲜为例，认为如果厉行海禁，海外情况将无由得知，最终将对海防不利。徐光启也主张只有开放海外贸易，才能有效地靖倭、知倭、制倭和谋倭，即"惟市而后可以靖倭，惟市而后可以知倭，惟市而后可以制倭，惟市而后可以谋倭"④。这种通过海外贸易往来了解敌国夷情以制敌的思想主张，应当说对后世也有积极的启迪作用。

明代海洋观念变化的第三个层面则集中体现在郑氏海商集团所提出的"通洋裕国"论上。

在东南沿海一带相继出现的众多海商集团中，以郑氏海商集团最为著名，其资本之雄厚，号称"岁入以千万计，以此富敌国"；其影响之大号称"海舶不得郑氏令旗，不能往来"⑤。在明末"东南海氛之炽，与西北之虏，中原之寇，称方会三大患焉"⑥的严重局势下，郑氏集团为了发展海上贸易，借助明廷的名号和力量，铲除与之竞争的其他对手，垄断了东南沿海的贸易。

---

① 许孚远：《敬和堂集》，《明经世文编》卷四〇〇。

② 《明神宗实录》卷二六二，万历二十一年七月乙亥。

③ 《明神宗实录》卷二六二，万历二十一年七月乙亥。

④ 徐光启：《徐文定公集》，《明经世文编》卷四九一。

⑤ 连横：《台湾通史》卷二九《颜思齐、郑芝龙列传》。

⑥ 《海寇刘香残稿》，见《明清史料》，中华书局 1987 年版，第 8 本。

　　清政权入主中原后,郑氏海商集团的头号人物郑芝龙为了保住自己海上贸易的特权,未作坚决抵抗即投降清廷。而其子郑成功则继承家业,起兵海上,收复台湾,建立起雄踞一方的明郑海上政权。清人郁永河评论说,郑氏政权之所以能够以海岛为根据地,坚持抗清斗争 10 余年,主要原因就在于其控制了东南海上贸易,拥有巨大的"通洋之利"。的确如此,郑成功以"通洋之利"与清王朝分庭抗礼,成就一番事业,其"通洋裕国"的思想集中反映了明末民间海洋观的显著变化。

　　与明王朝封建统治者以"农桑为本"的立国思想有所不同,郑成功认为"通洋",即发展海外贸易,能够使国家臻于富强。他根据郑氏海商集团本身的发展过程,以及东南沿海的具体条件,早在隆武二年(1646 年)三月就向隆武帝奏陈"据险控扼,拣将进取,航船合攻,通洋裕国"①之策,主张发展海外贸易,充实军饷,凭借沿海险要之地,抵抗清军进攻。

　　清军入闽后,郑芝龙决意降清,郑成功规劝其父说:"吾父总握重权,未可轻为转念。以儿细度,闽粤之地,不比北方得任意驰驱,若凭高恃险,设伏以御,虽有百万,恐一旦亦难飞过。收拾人心,以固其本;大开海道,兴贩各港,以足其饷。然后选将练兵,号召天下,进取不难矣。"②可以看出,郑成功力主"大开海道,兴贩各港",把发展海外贸易作为反清复明的基本国策。这在当时应该说是一种难能可贵的认识,也反映了明代后期整个民间海洋观的变化趋势。

　　1650 年,郑成功占领金门、厦门后,委派富有经商经验的郑泰、洪旭专管海外贸易,一方面积极建造航海大船,通贩日本、吕宋、暹罗、交趾等国,"行财射利,党羽多至五六十人"③,另一方面分"山海两路,各设五大商",向内地秘密收购商品,转贩外洋,获取高额利润。在郑成功的大力经营下,郑氏海商集团的资本更为雄厚,海贸成为军需粮饷和其他费用支出的主要财源。因此,1653 年,郑成功在答复其父郑芝龙劝降书中不无自信地宣称:我只要控制住东南沿海地区,掌握东西洋海上贸易之利,即进可攻,退可守,谁也奈何不了我。

　　清朝统治者承袭明代故伎,下令禁海迁界,企图用经济封锁的办法,消灭郑氏海商集团的抗清势力,但同样未能收到实效。黄叔璥在《台海使槎录》一书中分析其中原因时认为,清王朝严禁通洋,片板不许下海,但却无法禁止商人通过走私的途径与郑氏政权进行贸易,再由郑氏政权转贩海外各国,结果海

---

① 江日升:《台湾外记》卷二。
② 江日升:《台湾外记》卷二。
③ "福建巡抚许世昌残题本",《明清史料》已编,中华书局 1987 年版,第 6 本。

外所需中国各货,均要通过郑氏政权转手,反而使其独享海外贸易之利,财力更加雄厚。

值得重视的是,在"通洋之利,惟郑氏独操之"的情况下,郑氏海商集团控制了东西二洋海上通商权,对侵犯其经济利益的荷兰殖民者也敢于进行针锋相对的斗争。荷兰殖民者窃据台湾时,因多方刁难郑氏海船到台湾贸易,郑成功"遂刻示传令各港澳并东西夷国州府,不准到台湾通商。由是禁绝两年,船只不通,物货涌贵,夷多病疫,至是令廷斌求通"①,打击了荷兰殖民者的嚣张气焰。1661 年,郑成功为了拓展新的抗清基地,消弭"通洋裕国"的潜在威胁,率军东征台湾,并于 1662 年初把窃据台湾达 38 年之久的荷兰殖民者驱逐出去,完成了收复台湾的壮举。

郑成功"通洋裕国"思想的提出和实践,符合明代中后期东南沿海商品经济发展的趋势。他大力发展海外贸易,并以此作为致国家于富强的重要途径。与中国历代封建统治阶级固守农桑为本的传统观念有所不同,这种海洋观念的变化已开始"透出一股活泼、开朗、新鲜的时代气息,显露出新旧冲突变动的征兆"②。遗憾的是,由于郑成功复台后不久即病逝,郑氏海上势力在与清朝政权的抗争中失败,"通洋裕国"论所带来的新旧观念交替的冲动,终究还是被改朝换代的活剧所淹没了。

第二节　清代海洋观念的发展

一　针对"禁海"的筹海思想论争③

"禁海"是明朝政府经常采取的政治措施和军事手段。从明代"禁海"到"开海"的政策历史演变中,我们了解到,"禁海"是一种政治军事手段,只能短时期推行,不可长期坚持。这种措施与军事上的"坚壁清野"战术类似,只能在某一时期实施,若作为一种长期政策,必然适得其反,造成灾难性的社会后果。

清初由于政治斗争的需要,仿照明代"禁海"的方法以对付郑成功,作为一种暂时性措施,未尝不可,而作为一种长期政策,势必同明朝一样,引发严重的社会危机。

---

① 《从征实录》,宗青图书出版有限公司 1997 年版,第 87 页。
② 杨国桢、陈支平著:《明史新编》(前言),人民出版社 1993 年版,第 3 页。
③ 此部分内容参见王宏斌:《清代前期的海防:思想与制度》,社会科学文献出版社 2002 年版,第 7—36 页。

"禁海迁界令"下达以后,清廷委派四名满大臣到江、浙、闽、粤四省监督执行,奉使者仁暴有异,宽严有别。大抵江、浙稍宽,福建较严,广东最严。最初以距海二十里为界,又认为太近,再缩二十里,仍认为太近,又迁十里,凡三迁而界始定。据屈大均记载:"岁壬寅(1662年)二月,忽有迁民之令,满洲科尔坤、介山二大人者,亲行边徼,令滨海民悉徙内地五十里,以绝接济台湾之患。于是麾兵折界,期三日尽夷其地,空其人民,弃资携累,仓卒奔逃,野处露栖,死亡载道者以数十万计。明年癸卯(1663年)华大人来巡边界,再迁其民。其八月,伊、吕二大人复来巡界。明年甲辰三月,特大人又来巡界,遑遑然以海防为事,民未尽空为虑,皆以台湾未平故也。先是,人民被迁者以为不久即归,尚不忍舍离骨肉,至是漂流日久,养生无计,于是父子夫妻相弃,痛哭分离,斗粟一儿,百钱一女。……其丁壮者去为兵,老弱者辗转沟壑,或合家饮毒,或尽帑投河,有司视如蝼蚁,无安插之恩,亲戚视如泥沙,无周全之谊。于是八郡之民,死者又以数十万计。民既尽迁,于是毁屋庐以作长城,掘坟茔而为深堑。五里一墩,十里一台,东起大虎门,西迄防城,地方三千里,以为大界。民有阑出咫尺者,执而诛戮,而民之以误出墙外死者,又不知几何万矣。自有粤东以来,生灵之祸,莫惨于此。"[①]迁界之地,毁坏田舍、村镇,居民限日搬出,违者以军法论处。挖沟,筑界墙,设烟墩,严禁任何人进入界内,越界者死。沿海人民被强行赶出家园,一迁再迁,数十万群众流离失所,"携妻负子载道路,处其居室,放火焚烧,片石不留"。"界外所弃,若县,若卫所,城廓故址,颓垣断础,髑髅枯骨,隐现草间,粤俗乡村曰墟,惟存瓦砾;盐场曰漏,化为沮洳,水绝桥梁,深厉浅揭,行者病之。其山皆丛莽黑菁,豺虎伏焉。田多膏腴,沟塍久废,一望污莱。"[②]守界兵弁横行,贿之者,纵其出入不问;有睚眦者,拖出界墙外杀之。官不问,民含冤莫诉。人民失业,号泣之声载道,十分凄惨。诗曰:"堂空野鹤呼群立,门塌城狐引子蹲。坠钿莫思悲妇女,路隅何处泣王孙?"[③]这是人为地制造了一个数十里宽数千里长的荒无人烟区域。试图以此为隔离带,实现对郑成功的"不攻自灭"的军事计划。

清朝政府实施"禁海"令,按照计划,只需半年时间,就能困死郑成功。但这个计划完全落空了。郑成功收复台湾后,准备长期抗清,一面积极推动海上贸易,一面实行寓兵于农的政策,鼓励垦种,"勤稼穑,务蓄积",促进经济发展,安定社会秩序,在台湾牢牢站稳了脚跟。"禁海"、"迁界"令既未达到消灭郑氏的目的,又造成了巨大的社会灾难,引起社会强烈不满。统治集团内部接二连

① 屈大均:《广东新语》卷二《地语》。
② 王胜时:《漫游纪略》卷三,进步书局,《粤游》。
③ 江日升:《台湾外记》卷六,福建人民出版社1983年版,第188页。

三对此提出了不同看法。

(一)李之芳:开海利渔的安民主义筹海观

最早对"禁海"、"迁界"令表示反对意见的是湖广道御史李之芳。李之芳,字邺园,山东武定人。顺治四年(1647年)进士,授金华府推官,累迁刑部主事、广西道御史、山西巡按,康熙初裁巡按,复授湖广道御史。擢左都御史,迁吏部侍郎。康熙十二年(1673年)以兵部侍郎总督浙江军务,后以平定三藩之乱,加兵部尚书衔。康熙二十六年(1687年)授文华殿大学士①。他一听说清廷派遣苏纳海等前往各地监督"迁界"、"禁海",就立即上疏表示反对。在李之芳看来,"自古养兵原以卫疆土,未闻弃疆土以避贼"。在他看来,"禁海"、"迁界"不是积极的军事对策。他上疏列举了八条反对意见。第一、二、三条略谓,郑成功兵败江南,胆破心寒,今已远遁台湾,应派大兵乘胜追击,救民于水火,完成统一大业,不该"禁海"、"迁界",导致居民流离失所,为渊驱鱼,为丛驱雀。"沿海皆我赤子,一旦迁之,鸿雁兴嗟,室家靡定,或浮海而遁,去此归彼,是以民予敌"。第四、五两条说,政府移民并未做好安插移民的准备,只是一味强调"迁界"日期,当道者未有处置,惟催赶日促,使民逃亡。离开家园之后,无家可依,无粮可食,饱受流离之苦,走投无路,势必铤而走险。他说,迁移沿海居民,官方出示,"谕限数日。官兵一到,遂弃田宅,撤家产,别坟墓,号泣而去,是委民于沟洫也"。"不为海寇,即为山贼,一夫持竿,四方响应",后果不堪设想。第六、七条说,江、浙、闽、粤滨海地区以鱼盐为富强之资,鱼是日用之需,盐为五谷之辅,实施"禁海",片板不许下海,是自弃鱼盐之利。而断绝海外贸易,等于抛舍东西洋船饷数万。"禁海"、"迁界"不利于国计民生。最后他强调说,滨海地区是内地天然藩篱,兵不守沿海,尽迁其民于内地,是自撤藩篱。李之芳一开始就对这种消极的"禁海"、"迁界"措施的效果表示怀疑,他认为郑氏可以与东西洋各国贸易,断其接济是不可能的。可惜,李之芳的奏议未受重视,疏上,留中不议。清政府失去一次纠正错误政策的机会。②

"禁海"、"迁界"令推行之后,正如李之芳预料,对沿海居民造成了巨大侵扰,沿海农业生产、渔盐采集以及贸易均受到巨大破坏,而郑成功以台湾为根据地,鼓励军民垦荒种粮,积极发展对外贸易,北通日本,南达吕宋、安南等国,火药军器之需,布帛服用之物,应有尽有,加之台湾林木茂盛,造舟之材并不缺乏,"故海上之威曾不为之稍减"。又有一些地方督抚认识到"禁海"、"迁界"过于荒诞,纷纷提出异议。1668年,广东巡抚王来任视察沿海地区时看到流民

① 《清史稿》卷二五二《李之芳传》,第9715—9719页。
② 江日升:《台湾外记》卷六,福建人民出版社1983年版,第203页。

颠沛失所,几次想上疏要求撤销"迁界"令,苦无同心应援。迨其病危,自叹说:"此衷未尽,不但负吾民,且深负吾君。"于是写下遗疏。他在遗疏中提出了三条建议,其中第二条是"粤东边界急宜展也"。他认为广东负山面海,山多地少,人口密集,沿海居民原来以海为田,养家糊口,迁界之后,数十万人迁入内地,抛弃了大量良田,地丁银粮损失 30 余万两,大量流民无家可归,死亡频闻。又设重兵以守其界,筑墩台,树桩栅,每年需用大批人力修整,动用不资,未迁之民日苦于派差。他建议立即撤消"弃门户而守堂奥"的错误"禁海"政策,"急弛其禁",招徕迁民,复业耕种与煎晒盐斤;将外港内河撤去桩栅,听民采捕;将腹里之兵移驻沿海,以防外患。如此这般,"于国用不无可补,而祖宗之地又不轻弃,更于民大有裨益"。王来任的第三条建议是,撤去横石矶口子,准许商人与澳门自由贸易,同时要求在澳门设兵,以防接济海盗。从这些建议看,王来任只是感到"禁海"、"迁界"造成了民生困苦,需要开界复业、发展生产、稳定生活。但他没有论及如何完成统一,如何消灭敌对政权,因此不可能被清廷采纳。他毕竟不是一个军事家。

是时,郑经集中精力于台湾的生产和巩固,沿海无战事。清军在施琅统帅下经过准备,试图渡海消灭郑氏集团,但在海上遭受大风袭击,师船溃散。清廷感到渡海作战没有必胜把握,将施琅召回京城,裁去水师提督之缺,将战船焚毁,准备通过和谈,与郑氏保持和平状态。统治者阅王来任遗疏,得知沿海居民流离困苦,随差人前往调查巡视,准备开界。两广总督周有德得知清廷意图,立即巡行界外,所过地方宣布开界,"蠲其租赋,给以牛种",得到沿途百姓的热烈拥护,"所过郡邑,黄童白叟无不焚香顶祝,迁民千百成群,欢呼载道",如庆更生。① 1669 年,江、浙、闽、粤四省同时接到复界命令,而广东先一年开界复业,群众感谢周有德的政绩,建祠祭祀。② 各省奉令开界,由于认识不同,开界情况有较大差异。有的虽提请开复,而台堡之禁未除,百姓仍不能自由从事渔业生产,更不敢出海贸易;有的使者惮于渡海,继续严禁居民回岛耕种。浙江巡抚范承谟调任福建总督后,见福建台堡高筑,依然严禁,虽云展界垦田,其实不及 1/10。遂于 1673 年上疏,请求完全解除禁令。他说,福建老百姓非耕即渔,自"禁海"、"迁界"以来,民田荒废 2 万余顷,亏减正供约计 20 余万两,以致赋税日缺,国用不足。沿海居民辗转沟壑,逃亡四方,所余孑遗,无业可操,颠沛流离,至此已极,迩来人心惶惶,米价日贵,若不立即妥善安插,一旦饥寒逼迫而生盗心,后果不堪设想。"我皇上停止海界之禁,正万民苏生之会,而

---

① 江日升:《台湾外记》卷六,福建人民出版社 1983 年版,第 165—167 页。
② 周有德,汉军镶红旗人。史载其在两广总督任上,不惮为民请命,要求开海禁,"于是百姓咸乐更生"。见《碑传集》卷六三《周有德传》。

闽地仍以台寨为界，虽云展界垦田，其实不及 1/10。且台寨离海尚远，与其弃为盗薮，何如复为民业。如虑接济透越，而此等迁民从前飘流忍死，尚不肯为非。今若予以恒产，断无舍活计而自取死亡之理。即钉麻、油铁、丝绸、布帛皆奸商、巨贾、势豪、土棍有力者之所办，穷民亦无此资本，何由而济？如虑逼近沿海，难免寇艘侵掠，夫海贼可以登岸之处不过数所，余皆海潮涌入之小港，时涌时退，不能停泊。若设防兵，守御要害，则寇亦无隙可乘。设立水师，原为控扼岩疆，未有弃门户而反守堂奥之理。……兵既卫民，民不失所，此捍外安内之要者也。"①此处，他重点批驳了迁界令的错误和危害，"设立水师，原为控扼岩疆，未有弃门户而反守堂奥之理！"在他看来，从来富国强兵莫过于重视鱼盐之利，福建自禁海以后，"利孔既塞，是以兵穷民困"。因此，他主张开放海禁，允许百姓入海采捕，而加以适当控制，"每十筏联一甲，行以稽查连坐之法"。开船之时，只许携带干粮，不许多带米谷。其采捕之鱼，十取其一，以充国课。此项钱粮可以接济兵饷，用于战船修造，"一举而数善备"②。这一建议未及讨论，福建便置于"三藩之乱"的战火中了。

(二)慕天颜：开海富国的重商主义筹海观

以上诸人反对"禁海"、"迁界"的观点，都是着眼于解决"迁界"造成的沿海居民流离失所的痛苦，安定社会生产生活秩序。这些看法虽有一定道理，但对发展海上贸易以增强国力缺乏深刻认识，或者不提海外贸易，或者重视不够。在我们研究各位筹海人士的观点时，发现慕天颜提出的观点十分珍贵，值得史家重视。

慕天颜，字拱极，甘肃静宁人，顺治十三年(1656 年)进士，授浙江钱塘县知县，迁广西南宁同知，再迁福建兴化知府。康熙九年(1670 年)擢湖广荆南道，调福建兴泉道，擢布政使，升江宁巡抚。由于长期在江浙、福建任官，对于沿海贸易情况比较了解。1676 年，清军平定"三藩之乱"的战争仍在进行，筹集军饷困难，所在告急，"每患不敷"。如何解决兵饷成为清廷讨论的重要议题。论者或请加赋，或曰节流，找不到新的出路。这时，慕天颜上疏提出了自

---

① 范承谟：《条陈闽省利害疏》，《范忠贞(承谟)集》(见《四库全书》集部二五三，第 1314 册)卷三，第 54—55 页。又见江日升：《台湾外记》卷七，福建人民出版社 1983 年版，第 211—212 页。

② 范承谟，字觐公，汉军镶黄旗人，清大学士范文程次子。顺治九年进士，选庶吉士，授弘文院编修，官至福建总督。"三藩之乱"时，被耿精忠囚杀。范承谟的《条陈闽省利害疏》写于 1673 年 8 月。戴震在《范忠贞(承谟)传》中说："福建边疆重地，海氛未靖，加承谟兵部右侍郎，兼都察院右副都御史，总督福建军务。……时康熙十二年七月也。承谟至闽疏言，闽人活计非耕即渔，自禁海以来，徙边海之民居内，以台寨为界，民田废弃二万余顷，亏减正供至二十余万，请听民沿边采捕，十取一以充渔课，其所入接军饷。"(《碑传集》卷一一九)

己独特的看法。他说,自两税之推行,国家财政以金银为重,上下相寻,"惟乏金之是患也,久矣"。明清以来,以银为贵。白银来源有两个途径,一是开矿生产,二是番舶之银。"自开采既停,而坑冶不当复问矣。自迁海既严,而片帆不许出洋矣,生银之两途并绝。"而今流通的白银有定数,凡官司收支,商贾贸易,人民生活所恃以变通者,总不出此,而且消耗者去其一,埋没者去其一,埋藏制造者又去其一,银日用而日亏,别无补益之路,"用既亏而愈急,终无生息之期,如是求财之裕,求用之舒,何异塞水之源,而望其流之溢也。岂惟舒裕为难,而匮诎之忧日甚一日,将有不可胜言者矣"①。这是说,国家的财富是白银等货币,断绝了来源的货币,越来越少,流通越来越紧张。

"由今天下之势,即使岁岁顺成,在在丰稔,犹苦于谷贱伤农,点金兀术,何况流亡迭见,灾歉频仍,于此思穷变通久之道,不必求之天降地出,惟一破目前之成例,曰开海禁而已。"②在他看来,货币的增加靠节流不行,必须开源。开矿生产白银是困难的,唯有发展海外贸易,大力吸引外国白银,才是民富国强的正确途径。"盖矿砾之开,事繁而难成,工费而不可必,所取有限,所伤必多,其事未可骤论也。"中国是银矿比较贫乏的国家,开采银矿的确不是最好的办法,所以这个分析是正确的。"惟番舶之往来,以吾岁出之货,而易其岁入之财;岁有所出,则于我毫无所损,而殖产交易,愈足以鼓艺业之勤;岁有所入,则在我日见其赢,而货贿会通,立可以去贫寡之患。银两既以充溢,课饷赖为转输,数年之间,富强可以坐致,较之株守故局,议节议捐,其得失轻重,有不啻径庭者矣。"③这些议论是典型的重商主义观点。

重商主义在欧洲盛行三个多世纪,萌芽于 14 世纪末,经历了早期重商主义(大约从 15 世纪到 16 世纪中叶)和晚期重商主义(大约从 16 世纪下半叶到17 世纪)两个发展阶段。无论是早期或晚期,都把货币看做财富的唯一形态,并把货币数量作为衡量国家富裕程度的尺度,都把以输入金银货币的对外贸易作为国家致富的主要途径,进而主张国家干预经济,采取限制、保护、奖励等措施,以促进国家生产贸易发展。它们的差别只是表现在如何增加货币财富的方式上。早期重商主义者主张,国家采取行政手段,禁止货币输出,在贸易上应多卖少买,以保证金银货币的流入。例如英国、西班牙、葡萄牙等采取一系列措施,甚至颁布法规,禁止金银货币输出国外。有的规定外国商人必须交出全部货币用于购买当地商品。晚期的重商主义者主张鼓励输出,实现出超,并主张国家实行保护关税,保护本国工场手工业的发展。重商主义在资本主

① 慕天颜:《请开海禁疏》,《皇朝经世文编》卷二六《户政》一《理财》上,第 39—41 页。
② 慕天颜:《请开海禁疏》,《皇朝经世文编》卷二六《户政》一《理财》上,第 39—41 页。
③ 参阅成少森、叶川主编:《西方文化大辞典》,中国国际广播出版社 1991 年版,第 792 页。

义原始积累时期,对于促进商品发展以及货币资本的积累有着积极作用,为资本主义市场经济的确立和成长提供了重要理论条件。①

对照西方重商主义的观点,可以发现慕天颜的思想观点与欧洲晚期重商主义处在同一水平线上。慕氏主张发展对外贸易,吸收外国的贵金属,进而刺激国内工商业的发展,"鼓艺业之勤",坐致国家富强,观点十分明确。这种观点在重农抑商思想笼罩下的中国出现十分宝贵,很有创见,即使与同一时期欧洲的晚期重商主义者相比,也并不逊色。慕氏的重商论在中国经济思想史上应占有重要位置。

在倡导重商的同时,慕氏也批驳了关于"禁海"的种种观点。当时盛行一种说法,认为通商贸易,利欲熏心,会引起海盗抢劫之患,明朝倭寇之乱即起因于此。慕氏不同意这种观点。他说,明代允许中外市舶往来,行之累朝,深得其利,后来出现"倭患",原非起因通商,海盗的出现是难以避免的,出现海盗不必害怕,派遣军队剿除而已。针对"海氛未靖"方事剿除,若一通洋,势多扞格的顾虑,他指出,清朝建立以来,荷兰、琉球等国"贡船"继续到来,"贡舶本外夷所来,犹且无碍;商舶由内地所出,翻谓可虞,又事理之必不然者矣"。禁止中国商船出海,是自己断绝财源,势必使中国越来越穷。"犹记顺治六七年间,彼时禁令未设,见市井贸易咸有外国货物,民间行使,多以外国银钱,因而各省流行,所在皆有,自一禁海之后,而此等银钱绝迹不见一文。即此而言,是塞财源之明验也。可知未禁之日,岁进若干之银,既禁之后,岁减若干之利。揆此二十年来,坐弃之金钱不可以亿万计,真重可惜也。"②此处,他进一步表达了重商的观点,激烈批评对国家不负责任的官僚主义作风和因循守旧的观念。

慕天颜针对"禁海"造成的社会灾难,批评道:"今之言者,明知此禁之当开,乃瞻顾而不敢轻言。即言矣,亦明知此言之可行,又因循不敢决断,则财终从何裕?而用终从何出乎?"在他看来,节约经费与加派税饷均是"微利轻财",行之不足以补军需之孔亟。"致财之源,生财之大"在于开"海禁"。海舶通商利在天下,利在久远。为此他提出开"海禁",加强外贸管理,制定统一的外贸管理章程,建立统一的外贸管理体制。"惟是出海之途各省有一定之口,税赋之入各口有一定之规,诚画一口岸之处,籍算其人船之数,严稽其违禁之货,察惩其犯令之奸,而督率巡防,并资文武,统以兼辖,责之以专汛,弹压之以道官,总理之以郡佐,一切给票、稽查、抽分、报纳诸例,皆俟定议之日,可逐一妥酌举行也。"③这些思想主张在当时都是正确的,都是珍贵的,如被当局采纳,中国

第二章

明清时期的海洋观念

---

① 参阅成少森、叶川主编:《西方文化大辞典》,中国国际广播出版社1991年版,第792页。

② 慕天颜:《请开海禁疏》,《皇朝经世文编》卷二六《户政》一《理财》上,第39—41页。

③ 慕天颜:《请开海禁疏》,《皇朝经世文编》卷二六《户政》一《理财》上,第39—41页。

在走向商品经济发展之路时，不会远远落后于西方。可惜这一建议又石沉大海，毫无结果。中国在商品经济发展的道路选择面前又一次失误。这里我们高度评价慕氏的观点，这是一种在当时最为先进的海洋观、海防观。

（三）蓝鼎元的《论南洋事宜书》

康熙五十六年（1717年），由于对海外华侨华人和移民的错误认识，以及对出海商人的成见，又误认为米粮的出口与海船出售是个危险信号，为了防止海外反清力量与内地建立联系，为了防止海患的发生，清廷下令禁止往贩南洋，全面体现出清王朝"以禁为防"、"重防其出"的观念。对于禁贩南洋这项错误政策，有识之士一开始就坚决反对。蓝鼎元在其《论南洋事宜书》中予以尖锐批判，主张"宜大开禁网，听民贸易，以海外之有余，补内地之不足"。1724年他在文章中一开始就指出，禁止南洋贸易是坐井观天之见。他说："昔闽抚密陈，疑洋商卖船与番，或载米接济异域，恐将来为中国患。又虑洋船盗劫，请禁艘舶出洋，以省盗案。以坐井观天之见，自谓经国远猷，居然入告。乃当时九卿议者，即未身历海疆，无能熟悉情形。土人下士知情形者又不能自达朝宁。故此事始终莫言，而南洋之禁起焉。"[1]

在蓝鼎元看来，清廷对海外的局势缺乏了解，不懂得真正的威胁在哪里，防海的对象搞错了。他说，海外诸番星罗棋布，东洋以日本为强大，而朝鲜、琉球皆尾闾。南洋以吕宋、噶喇吧为大，文莱、苏禄、马六甲、丁机宜、亚齐、柔佛等数十国从未对中国造成危害，安南、柬埔寨、暹罗等国从未侵扰中国。"极西则红毛、西洋矣。红毛乃西岛番统名，其中有英圭黎、干丝腊、佛兰西、荷兰、大西洋、小西洋诸国，皆凶悍异常。其舟坚固，不畏飓风，炮火军械精于中土，性情阴险叵测，到处窥觊，图谋人国。统计天下海岛诸番，惟红毛、西洋、日本三者可虑耳。"[2]今日本不禁，红毛不禁，西洋不禁，而独于柔顺、寡弱、有利无害之南洋，必严禁而遏绝之，完全是错误的。这种对世界形势的分析和认识，在今天看来，也是相当正确的，完全符合当时的实际状况。

蓝鼎元描述了禁止南洋贸易给沿海人民带来的社会灾难和生产生活破坏。他说，闽广地区人稠地狭，田园不足于耕，依海谋生者十居五六，内地无足轻重的货物载运到海外，"皆同珍贝"。"是以沿海居民造作小巧技艺以及女红针黹，皆于洋船行销，岁收诸岛银钱货物百十万入我中土，所关甚大。南洋未禁之先，闽广家给人足。游手无赖亦为欲富所驱，尽入番岛，鲜有在家饥寒窃劫为非之患。""既禁之后，百货不通，民生日蹙。居者苦艺能之罔用，行者叹致

---

① 蓝鼎元：《论南洋事宜书》，《鹿洲初集》卷三。
② 蓝鼎元：《论南洋事宜书》，《鹿洲初集》卷三。

远之无方。故有以四五千金所造之洋艘,系维朽蠹于断港荒岸之间。驾驶则大而无当,求价则沽而莫售,拆造易小如削栋梁以为杙,裂锦绣以为缕,于心有所不甘,又冀日丽云开,或有弛禁复通之候。一船之敝,废中人数百家之产。其惨目伤心,可胜道邪!""沿海居民萧索岑寂,穷困不聊之状,皆因海禁"①,一语中的。

他进一步指出,社会生产遭受破坏,引起社会动荡,海盗如毛。唯有开禁,才能安定民生,而致民富国强。"天下利国利民之事,虽小必为。妨民病国之事虽微必去。今禁南洋有害而无利,但能使沿海居民富者贫,贫者困,驱工商为游手,驱游手为盗贼耳。闽地不生银矿,皆需番钱,日久禁密,无以为继,必将取给于楮币皮钞,以为泉府权宜之用,此其害匪甚微也。开南洋有利而无害,外通货财,内消奸宄,百万生灵,仰事俯畜之有资。各处钞关且可多征税课以足民者裕国,其利甚为不小。"②这种通过发展海外贸易吸收"番钱"、增强国力的主张与前述慕天颜的重商思想同样先进。蓝鼎元认为开洋禁"有利而无害",不必担心米粮出口,不必担心民船卖给外国。他说:"若夫卖船与番,载米接济,被盗劫掠之疑,则从来无此事。何者?商家一船造起,便为致富之业,欲世世传之子孙。即他年厌倦,不自出,尚岁收无穷之租赁,谁肯卖人?况番山材木,比内地更坚,商人每购而用之。如鼎麻桅一条在番不过一二百两,至内地则直千金。番人造船比中国更固。中国数寸之板,彼用全木;数寸之钉,彼用尺余。即以我船赠彼,尚非所乐。况令出重价以卖邪。闽广产米无多,福建不敷尤甚。每岁民食,半藉台湾,或佐以江浙。南洋未禁之先,吕宋米时常至厦。番地出米最饶,原不待仰食中国。洋商皆有身家,谁自甘法网尝试。而洋船所载货物一石之外收船租银四五两,一石之米所值几何,舍其利而犯法,虽至愚者,不为也。"③蓝鼎元的观点是正确的,他的批驳相当有力。

对于清政府的移民政策和南洋贸易禁令,庄亨阳也表示反对。他认为福建居民以贩洋为生者居多,上以输正供,下以济民生。"我民兴贩到彼,多得厚利以归,其未归者或在彼处为甲必丹转徙贸易,每岁获利千百不等,寄回赡家,其族戚空手往者,咸资衣食,给本钱为生,多致巨富,故有久而未归者,利之所存,不能遽舍也。"他主张对于海外华侨华人采取"去来自便"的移民政策。他说:"自海禁严,年久者不听归,又有在限内归而官吏私行勒索,无所控告者,皆禁之弊也。夫不听其归不可,若必促使尽归,令岛夷生疑惑,尽逐吾民,则自绝利源,夺民生而亏国计,尤不可也。"他同时建议撤销关于海船的禁令。"听其

① 蓝鼎元:《论南洋事宜书》,《鹿洲初集》卷三。
② 蓝鼎元:《论南洋事宜书》,《鹿洲初集》卷三。
③ 庄亨阳:《禁洋私议》,《重纂福建通志》卷八七《海禁》。

自便,不给照,不挂号,永弛前禁"①。在这种呼声下,原来支持禁海的一些地方大臣(如两广总督杨琳与闽浙总督满保)逐渐改变了立场,以不同方式提出了开海建议。清廷在 1727 年春天根据闽浙总督高其倬的建议,讨论决定撤销历时十年的南洋贸易禁令。

二 清代海疆政策的思想根源②

清代海疆政策的首要目标或称低层次目标,就是清帝在上谕中反复强调的宁谧海疆,保卫海疆。但还有一个高层次的发展目标,虽然它不是封建统治者既定和追求的目标,但却是社会发展的需要,那就是不断地开发海疆,发展海洋经济,通过海洋发展对外贸易和科技文化交流,以达到富国强兵、提高综合国力的目的。但纵观整个清政府的海疆政策,既没有建立起一支强大的海防力量,保卫住海疆的宁静,也没有积极地开发海疆,广泛地发展对外贸易与科技文化交流;其对外采取的一系列以禁、防为主的限制政策,不但没有限制住资本主义野蛮侵华的步伐,反而限制和封闭了自己,扩大了中国与当时先进国家的距离,造成了近代被动挨打的局面。

那么,造成清政府这种海疆政策的思想根源是什么呢?

首先,清朝历代君主与明中叶以后的历代统治者一样,都没有认识到世界形势的巨大变化,他们在继承传统儒家治国平天下思想的同时,依然用传统的治边思想和治边政策去对付从海上来的西方殖民主义者。例如即使是禁教最严厉的雍正一朝,清廷对于驱逐外国传教士的做法也是非常有分寸的。雍正二年(1724 年)十月,当两广总督孔毓珣奏称,各省除通晓天文算学的西洋人送京师效力外,其余"暂令在广州省城天主教堂居住,不许外出行教,亦不许百姓入教,遇有各本国洋船到粤,陆续搭回。此外,各府州县天主堂,尽行改为公所,不许潜往居住"。雍正皇帝谕曰:"朕于西洋教法,原无深恶痛绝之处,但念于我中国圣人之道无甚裨益,不过聊从众议耳。尔其详加酌量,若果无害,则异域远人自应一切从宽,尔或不达朕意,绳之过严,则又不是矣!"③翌年(1725 年)八月,罗马教皇的使者返回时,雍正帝又赐谕曰:"使臣远来,朕已加礼优待。至西洋寓居中国之人,朕以万物一体为怀,时时教以谨饬安静,果能慎守法度,行止无亏,朕自推爱抚恤。"④考察雍正一朝,清统治者对西洋传教士及其贸易之人所采取的政策,与治理周边少数民族一样均是"施恩布教,令其心

---

① 《闽浙总督满保奏陈严禁商船出洋贸易折》,第一历史档案馆编《雍正朝朱批汉文奏折汇编》第 5 册,第 298 号,江苏古籍出版社 1989 年版。
② 此部分内容参见何瑜:《清代海疆政策研究》,中国人民大学 1996 年博士论文,第 91—96 页。
③ 王之春:《清朝柔远记》,中华书局 1989 年版,第 59—60 页。
④ 王之春:《清朝柔远记》,中华书局 1989 年版,第 61 页。

悦诚服,永无变更,方不愧柔远之道"①。

乾隆皇帝更是以天下共主自居,不论是国内少数民族地区,还是周边属国,以至于东洋、西洋诸国,其所治理的政策方针是完全一样的,即所谓"抚驭远人,全在秉公持正,令其感而生畏方合正经"。虚骄自傲的嘉庆皇帝则把当时独一无二的海洋霸主,所谓的"日不落"大英帝国看成与暹罗一样的弱小属邦,是需要天朝的"宠灵"和"体恤"的。同时,愚昧的清朝统治者不仅把当时资本主义的第一强国与周边的属国视为一体,而且对二者所采取的政策亦是完全一样的。我们知道,允许周边属国在进贡中央王朝的同时彼此互市贸易,是宗主国对属国厚往薄来的一种恩赐,所以清廷可用断绝贸易往来的非常措施,对不恭顺的海外诸国加以制裁。这种制裁手段,清廷也同样施行于以英国为首的西方殖民者。道光十四年(1334年)七月,因英国首任对华商务总监督律劳卑违反清方惯例,径往广州要求直接会见两广总督卢坤,并以公函的方式通知广州当局。为此,中英冲突加剧。七月二十九日,卢坤下令封舱,停止中英一切贸易,得到道光皇帝的支持和认可。谕曰:"该弁目(指律劳卑)既执拗顽梗,不遵法度,自当照例封舱,稍示惩抑,俾知畏惧。如该弁目及早改悔,照常恭顺,恳求贸易,即准奏请开舱,只期以情理之真诚化远人之桀骜。"②其后,道咸两朝将抗击英国侵略者的谕旨和镇压国内太平天国农民起义的谕旨专档,统称为"剿捕档"也就不足为怪了。③

其次,清朝统治者虽然意识不到世界形势的巨大变化,也不会知道西方国家的产业革命意味着什么,但他们却敏感地察觉到西力东渐的大潮在与日俱增,所以在严竣的海疆形势面前,清廷的治边政策便由相对宽松而变得日趋严厉。尽管以天下共主自居的清朝统治者,他们对国内藩部和域外属国,以及葡、荷、英、法等海外诸国的统治思想与应对之策基本上是相同的,但残酷的事实却不断地提示天朝的君主们,用传统的治边政策对待周边弱小的藩部属国,尚可勉强维持,但以之对付日趋成熟的资本主义列强的侵扰,则根本达不到预期的效果。于是,在中外冲突和矛盾日益加剧的形势下,清廷不断强化海疆治理的力度,其治边政策也由宽严相济、偏之以宽而逐步发展为宽严相济、偏之以严,其具体表现则主要是不断加强海疆的防范与限制措施。

其三,在海疆政策方面,突出了"天子守在四夷"的"守"字。清朝的海疆治理实际上分为两个层次,一是朝鲜、琉球、安南等沿海属国;二是东南沿海地区包括台湾、海南、崇明、南澳等沿海岛屿。前者的交往对象主要是毗连中国的

---

① 王之春:《清朝柔远记》,中华书局1989年版,第61页。

② 《清宣宗实录》卷一四九。

③ 《清宣宗实录》卷二五五。

弱小邻邦,与之始终保持着密切的宗藩关系,后者的治理对象除台湾和海南等少数土著民族外,绝大多数是汉人和部分来自世界各地的洋人。这两部分人又有侧重,在乾隆朝以前,清廷以防内为主,即防备不法之人潜聚台湾,为害清廷,或商民出海与外勾结,图谋不轨。乾隆朝以后,则主要是限制不法洋商和防备欧美等殖民主义者的入侵。早期来华的殖民主义者人数虽然不多,但对清廷的压力却很大,他们给中国人留下的最初印象更多的是可恶又可惧。这些会驾大舶,会制造和使用先进火炮,通晓数学、几何学、天文学、地理学、制图学、医学、生物学、解剖学等各种科学知识的西洋人;这些贪婪、凶狠、机敏、狡诈、聪明、自负的异教徒;这些或潜聚于内地,或丛集于海口,不知来自何方的异言异貌的殖民主义者,不能不给天朝的统治者们一种强烈的与日俱增的潜在压力。所以说,康熙皇帝预言"海外西洋等国,千百年后中国恐受其累",因而提醒国人,"海防为要","务须安不忘危",就绝不是无根之语。其后,雍正皇帝更明确言道:"南有欧西各国,更是要担心的","苟千万战舰来我海岸,则祸患大矣"。乾隆皇帝继位以后,对东南海防亦十分关注,多次诏谕沿海督抚整顿海防,革除积弊,"未雨绸缪","防患在于未形"①。乾隆二十二年(1757年),在对西洋各国是一口通商还是多口通商的问题上,乾隆皇帝最终还是以海防为重,坚决改四口通商为一口通商。所以,清廷在海疆方面为什么以守为主,推行一系列闭关自守的政策,原因其实很简单,除了传统治边思想的束缚以外,主要是天朝海防力量的不足,没有一支可以与西方海上力量争雄称霸的军事力量。

毫无疑问,在殖民主义者横行世界的时代,清政府的海疆政策在很大程度上抵制和延缓了西方殖民者的入侵。但同时也与西方世界相对隔离,拉开了中国与先进的资本主义国家的距离,造成了后来被动挨打的局面。

三 海防地理学的功绩与局限②

所谓海防地理学,是指为保卫国家主权、领土完整和领海安全,为防备外来侵略而建立的一种研究海岸、海岛和海域等地理军事利用价值的学科。海防地理学是军事地理学的组成部分,应属部门军事地理学的范畴。它的研究任务主要是揭示国家沿海地区、海洋、海岛地理环境对于海防安全的影响,分析评价海防地理要素对于海防建设的利弊关系,为海防建设、要塞守卫、军队布防和海洋作战提供理论依据。

---

① 《海防备览》卷五,《清高宗实录》卷二三三。

② 此部分内容参见王宏斌:《清代前期的海防:思想与制度》,社会科学文献出版社2002年版,第179—191页,第265—267页。

（一）清代海防地理学的崛起

由于海防建设的需要,清代前期的学者和军事家总结、继承了明代抗倭海防斗争的经验教训,对于我国沿海的地理军事价值进行了认真分析。他们讨论的内容已涉及以下几个方面:第一,对于海区地理形势(包括位置、范围和战略地位)进行了初步分析;第二,对于海岸地理特点、岛屿位置在战略战术上的利用价值进行了认真评析;第三,研究了海洋水文要素(海潮)和海洋气候要素(风向、风力)对海洋作战的影响;第四,研究了海口、海港、海道等问题;第五,提出了军事要塞建设的建议;第六,分析了海防战斗主、客形势的变化条件。这些研究成绩成为近现代海防地理学发展的重要基础。二三百年前关于海防地理的这些认识,尽管比较粗浅,但直到现在读来还感到很有启发性。

清代第一个从事海防地理研究的学者是著名思想家顾炎武。顾炎武(1616—1682),字宁人,号亭林,江苏昆山(今昆山市)人。他出身于江南望族,青年时期曾加入激烈抨击明末弊政的知识分子社团组织——"复社",提倡读书务实,留心经世之学。后来他积极参加了归庄领导的抗清军事斗争,失败之后,"其心耿耿未下",决心"从一而终",游历北方各省,结交志士,试图恢复明王朝的统治。他认为:"秦人慕经学,重处士,持清议,实他邦所少,而华阴绾毂关河之口,虽足不出户而能见天下之人,闻天下之事,一旦有警,入山守险不过数十里之遥,若志在四方,则一出关门亦有建瓴之便"①,遂隐居华阴。顾炎武在学术上的成就是多方面的,他特别擅长经学、音韵学、历史学和地理学。针对明末士大夫空疏不切实际的学风,他强调"博学于文,行已有耻",以明道救世为职志,把学术研究与解决社会问题相结合,树起经世致用旗帜,"文不关于经术政理之大,不足为也"②。

顾氏治学有一套颇为严谨的考证法,就是"普遍归纳证据,反复批评证据;证据来源一一指出;证据之组合,费尽心思,又参用纸上以外的证据"③。顾炎武提倡独创精神,反对盲从和剽窃。他编著的《天下郡国利病书》和《日知录》,就是上述治学宗旨和方法的范例,全祖望对其治学态度和方法给予很

第二章

明清时期的海洋观念

----

① 全祖望:《鲒埼亭集》卷一二,嘉庆九年刻本,《亭林先生神道表》,参见汪兆镛《碑传集三编》卷一三〇《顾先生炎武神道表》。
② 全祖望:《鲒埼亭集》卷一二,嘉庆九年刻本,《亭林先生神道表》,参见汪兆镛《碑传集三编》卷一三〇《顾先生炎武神道表》。
③ 杜维运:《清代史学与史家》,台湾东大图书有限公司1984年版,第31页。

高评价。①《天下郡国利病书》共 120 卷,是一部尚未最后定稿便被社会传抄的作品。全书首为舆地山川总论,次以明代两京十三布政司分区,对各地建置、赋役、屯田、水利、军事、边防、海防、关隘等均有较详细的论述。它编辑于明朝灭亡之后,士大夫痛定思痛,内容取舍有一定针对性。该书通行本有三种,一为收入《四部丛刊》三编的顾氏原稿影印本,不分卷;一为四川成都龙万育的道光三年(1823 年)刊本,分为 120 卷,此本错误较多;又有 1901 年上海图书集成局线装铅印本。

海防是顾炎武关心的重大问题之一,他在沿海各省分卷中辑录了许多明代海防资料,大量珍贵资料得以保存。例如,周弘祖的《海防总论》在其他文献中已很难找到②,由于《天下郡国利病书》的收录,才在清代产生了重要影响。该文不仅是清初海防部署的重要理论依据,而且是清代前期海防地理研究的重要基础。《海防总论》对于杜臻、顾祖禹、陈伦炯等人都有影响,在鸦片战争前后又被辑入严如煜《洋防辑要》卷一和俞昌会的《防海辑要》卷一二之中。杜臻是明朝海防思想的继承者和实践者。杜臻,字肇余,浙江秀水(今浙江嘉兴市)人,顺治十五年(1658 年)进士,累迁内阁学士,擢吏部侍郎,工部尚书。清军统一台湾后,奉命与内阁学士席柱前往广东、福建巡视,主持开海展界事宜。③ 杜臻与席柱于 1683 年启程南下广东,自钦州、防城始,沿海由西而东,而北,历 7 府、3 州、29 县、6 卫、17 所、16 巡检司、21 台城堡寨,还民田 28192 顷,复业丁口 31300;复入福建,自福宁州西分水关开始,遵海以北,历 4 府、1 州、24 县、4 卫、5 所、3 巡检司、55 关城镇寨,还民田 21018 顷,复业丁口 40800,于次年夏天竣事。"因述其经理大略为《粤闽巡视纪略》,首沿海总图,次粤略三卷,次闽略三卷,次附记台湾、澎湖合为一卷。"④在这本书中,杜臻比较详细地记录了这次巡视活动。这本书收入《四库全书》史部传记类,编者评论说:"书中排日记载,凡沿海形势及营伍制度、兵数多寡,缕列甚详。于诸洋列成控制事宜俱能得其要领。其山水古迹及前人题咏,间为考证,亦可以资博览。盖据所见言之,与摭拾舆记者迥别,颇有合于周爰咨诹之义焉。"⑤巡视粤

---

① 全祖望评论说:"(顾炎武)于书无所不窥,尤留心经世之学,其时四国多虞,太息天下乏材,以致败坏。自崇祯己卯(1639 年)后,历览二十一史、十三朝实录、天下图经、前辈文编说部以至公移邸钞之类,有关于民生之利害随录之,旁推互证,务质之今日所可行,而不为泥古之空言,曰《天下郡国利病书》。"又说,"凡先生之游,以二马二骡载书自随,所至隘塞,即呼老兵退卒询问曲折,或与平日所闻不合,即坊肆中发书而对勘之"。(《顾先生炎武神道表》,《碑传集》卷一三〇)

② 周弘祖,湖北麻城人,明嘉靖三十八年进士,曾任福建提学使,官至南京光禄寺卿,坐朱衣谒陵,免官。事迹详见《明史》卷二一五《列传》一〇三。

③ 杜臻:《粤闽巡视纪略》卷一,孔氏岳雪楼钞本,无刊刻时间。

④ 《清史稿》卷二六八《杜臻传》,第 9984—9985 页。

⑤ 《四库全书总目提要》卷五八《史部·传记类》,第 1294 页。

闽之后,杜臻结合工部侍郎金世鉴、左都御史呀思哈在浙江、江苏巡视情况,写成《海防述略》。"是书胪列沿海险要形势及往来策应诸地,于诸洋列戍哨探事宜亦并及之。"①《海防述略》有浙江天一阁藏本,有道光八年(1828 年)《学海类编》活字本,有光绪三年(1877 年)上海著易堂王锡祺编《小方壶斋舆地丛钞》铅印本以及《丛书集成初编》本(1991 年)。此书比较集中地反映了清廷的海防政策。

从《海防述略》中,我们可以看到其中的许多观点与明朝人周弘祖《海防总论》中的思想是一致的,继承关系非常明显。杜氏书中有很多地方袭用了周氏的作品语言。我们把这两种作品放在一起加以对照,发现《海防述略》中的最后一节即《沿海全境》,除了一小段关于季风气候的文字外,其余部分与《海防总论》的开头部分几乎完全一样。可以肯定,杜氏参考了周氏的《海防总论》。此外,《海防述略》与明朝人郑若曾《郑开阳杂著》同样有明显的继承关系。例如《海防述略》中"广东"一节文字,与郑若曾著《郑开阳杂著》卷一《广东要害论》很近似,"登莱"一节更是脱胎于卷二《登州营守御论》,可以断言,杜臻在写作《海防述略》时,也参考了郑氏之书。② 这个结论非常重要,也就是说,周氏的《海防总论》与《郑开阳杂著》同样是清初海防布置的重要参考依据。我们指出杜臻海防思想的来源,并不否定《海防述略》本身的思想价值,它仍然是我们研究的重点对象。

还要指出的是,周弘祖的《海防总论》与杜臻的《海防述略》中相重复的这段话,又出现在第三位作者名下。在王锡祺的《小方壶斋舆地丛钞》第九帙中有一篇文章,名为《海防篇》,作者署名蔡方炳。蔡方炳,字九霞,号息关,与顾炎武同乡,昆山人。其父蔡懋德是明朝官员,死于明末战乱。蔡方炳"性嗜学,尤留心政治心理,工诗文,兼善篆草,韬晦穷居,尝绘著书图,一时名流,题咏殆遍"③。著有《增订广舆记》24 卷,《四库全书》存其目。《海防篇》似选自《增订广舆记》,著作年代失考。而从《海防篇》的最后一句话看,写作年代又迟于杜臻的《海防述略》。究竟孰先孰后,存疑待考。

继顾炎武之后,清代关于历史地理研究的著名学者是顾祖禹。顾祖禹(1631—1692),字瑞五,号景范,江苏无锡宛溪人,学者尊称为宛溪先生。其高

① 《四库全书总目》卷七五《史部·地理类》,第 593 页。
② 郑若曾,字伯鲁,号开阳,江苏昆山人,明嘉靖初贡生,曾师事魏校、王守仁,与归有光、唐顺之过从甚密,互相切磋学问。为胡宗宪幕僚,佐平倭寇,对于沿海地理军事形势有深入研究。《四库全书》编者在提要中评论《郑开阳杂著》说:"江防、海防形势皆所目击,日本诸考皆咨访考究,得其实据,非剿撮史传以成书,与书生纸上之谈,固有殊焉。"(《四库全书》,《史部·地理类》,《郑开阳杂著提要》)
③ 《清史列传》卷七一,中华书局 1987 年版,第 5796 页。

祖大栋,明嘉靖年间为光禄丞,为许论捉刀撰《九边图论》。曾祖文耀,万历年间曾奉使九边,父柔谦,著《山居赘论》,认为《明一统志》疏漏,尝思从全国山川形势论述古今战守攻取得失利弊,怀志未就。逝世前嘱祖禹完成其未竟之业。祖禹少承家学,熟谙经史、舆地。明亡之后,隐居著述,终身不仕。从 1659 年开始,历 30 余年撰成《读史方舆纪要》。

《读史方舆纪要》具有浓厚的军事地理特色,经世致用思想贯彻始终。顾氏十分强调地理研究的军事利用价值。他说:"一代之方舆,发四千余年之形势,治乱兴亡于此判焉。其间大经大猷,创守之规,再造之绩,孰合孰分,谁强谁弱,帝王卿相之谟谋,奸雄权术之拟议,以迄师儒韦布之所论列,无不备载。"①因此,张之洞在《书目问答》中将其列入兵家论著。梁启超也说此书"专论山川险隘,攻守形势,而据史迹推论得失成败之故,其性质盖偏于军事地理"②。清初福建巡抚吴兴祚对于《读史方舆纪要》及其作者推崇备至,称"宛溪顾子,博洽人也。叹史学之蓁芜,闵经生之固陋,于是方舆纪要作焉。昭时代则稽历史之言,备文学则集百家之说,详建设则志邑里之新旧,辨星土则列山川之源流,至于明形势以示控制之机宜,纪盛衰以表政事之得失。其词简,其事核,其文著,其旨长,藏之约而用之博,鉴远洞微,忧深虑广,诚古今之龟鉴,治平之药石也"③。顾氏海防地理思想散见于沿海各省论述之中。《读史方舆纪要》130 卷刊于嘉庆十六年(1811 年,龙万育敷文阁本),后有商务印书馆《国学丛书》本,又有中华书局 1955 年重印本。

康熙中期还有一位大儒对于明代的海防政策进行过研究,他就是姜宸英(1628—1699)。姜氏,字西溟,号湛园,浙江慈溪(今慈溪市)人。姜氏能诗词,工书法,闳博雅健,与朱彝尊、严绳孙齐名,人称"三布衣"。1689 年中进士,授编修,年已 70,后因科场案牵连,卒于狱中。④ 姜氏有两篇文章论及他的海防思想,一是《海防总论》,二是《江防总论》,均收入《湛园集》卷四,后来被辑入曹溶的《学海类编》、严如煜的《洋防辑要》、魏源的《皇朝经世文编》、王锡祺的《小方壶斋舆地丛钞》以及《丛书集成初编》中。

与姜氏同时,粤籍学者屈大均在著作中也谈及广东的海防地理。屈大均(1630—1696),字翁山,又字介子,号莱圃,广东番禺人。清军破广州时遁入空门,行游南北,结交遗民,不久又弃禅归儒。魏耕与郑成功联络,大均与谋。吴三桂反,又一度从其军于湖南,旋以不合辞归,隐居著书。述作甚富,诗名颇

---

① 顾祖禹:《读史方舆纪要》凡例,中华书局 1955 年版。
② 梁启超:《中国近三百年学术史》,上海民智书局 1929 年版,第 94 页。
③ 吴兴祚:《读史方舆纪要序》,《读史方舆纪要》卷首。
④ 全祖望:《翰林院编修姜先生宸英墓表》;方苞:《记姜西溟遗言》。这两篇文章均载于《碑传集》卷四七,第 1—3 页。

盛。《广东新语》是他晚年的笔记作品。是书共有 28 卷，每卷述一类事物，凡广东之天文地理、经济物产、人物风俗，无不记载。其所以名《广东新语》者，是由于"是书乃广东外志也"。可见该书是《广东通志》的补充作品。作者有反清复明的思想，故书中有借古讽今之寓意。及其去世七八十年后，又受文字狱之难，清廷谕令将其所有著述书版一概焚毁。该书有康熙三十九年(1700 年)刻本，有乾隆翻刻本，有中华书局 1983 年校点本。书中《地语》、《水语》、《舟语》等部分表达了屈大均对广东海防问题的看法。

在清朝前期的海防地理学研究方面，蓝鼎元也是一位重要学者。蓝鼎元(1675—1733)，字玉霖，福建漳浦县人，蓝氏少年力学，泛览诸子百家，有志经世，慷慨多大略。1721 年随从兄蓝廷珍赴台湾镇压朱一贵起义，"佐廷珍招降、珍孽、绥番黎、抚流民，经营岁余，而举郡平"①。鼎元尝论台湾治乱之局，建议增设县治，加强台湾海防建设，以防"日本、荷兰之患"，大吏采以入告，"卒如鼎元议"。后以知县分发广东普宁，对潮州的海防提出了富有建设性的意见。著有《鹿洲初集》等多种，《四库全书提要》评论说："鼎元喜讲学，又喜讲经济，于时事最为留心。集中如论闽粤黔诸省形势及攻剿台湾事宜，皆言之凿凿，得诸阅历，非纸上空谈之比。"②关于海防地理的研究，主要有《潮州海防图说》、《论南洋事宜书》等文。

康熙、雍正之际，武英殿大学士张鹏翮也参与了江南海防问题的讨论。张鹏翮(1649—1725)，字运青，湖北麻城人。康熙九年(1670 年)进士，由庶吉士改主事，累迁郎中，出任苏州知府，迁河东运使，擢通政使。1689 年由大理寺少卿出任浙江巡抚，寻以兵部侍郎视察江南，升迁尚书、两江总督等。1723 年授武英殿大学士。卒时，以边防、江防、海防三事遗奏。著有《奉使俄罗斯行程录》、《河防志》等。③ 他的海防思想见于《江防述略》等文。

清代海防地理研究由顾炎武开其端，杜臻、顾祖禹、姜宸英、蓝鼎元、张鹏翮等人继其后，至陈伦炯又有重要发展。陈伦炯(? —1751)，字资斋，福建泉州府同安县人。其父陈昂(1649—1718)，字英士，青年时期是个海商，非常熟悉沿海的岛屿形势和海上气候。1682 年曾跟随施琅进攻澎湖、台湾，因功受苏州城守营游击。④ 施琅担心郑氏后人逃亡海外，为消除不安定因素，派遣陈昂出海查访郑氏后人踪迹。陈伦炯随父在海外游历了 5 年，虽未查访到郑氏

① 陈梦林：《蓝鼎元传》，《碑传集》卷一〇〇，第 6—8 页。
② 《四库全书》集部七，别集六，第 1327 册。
③ 彭端淑：《张文端公鹏翮传》，《碑传集》卷二二，第 2—5 页。
④ "施琅统诸军进战，求习于海道者，公(陈昂)入见，时制府(姚启圣)以水战宜乘上风。公独谓，北风剽劲，非人力可挽，船不得成艘，不若南风解散，或按队而进，施意合，遂参机密"。(方苞：《广东副都统陈公昂墓志铭》，《碑传集》卷一五)

后人踪迹,却意外地掌握了海国的许多情报,目睹了世界正经历的重大变化。归国之后,陈昂升为碣石镇总兵,旋擢广东右翼副都统。他在病危时仍念念不忘祖国海防安全,令其子伦炯代上遗折,提醒清廷警惕以英国、西班牙、法国、荷兰为代表的殖民强盗的入侵。他说:"红毛一种奸宄莫测,其中有英圭黎(英国)、干丝腊(西班牙)、和兰西(法国)、荷兰大小西洋各国。名目虽殊,气类则一。唯有和兰西一族凶狠异常,且澳门一种是其同派,熟悉广省情形。请敕督、抚、关差诸臣设法防备,或于未入港之先,查取其火炮,方许入口,或另设一所,关束彝人,每年不许多船并集,只许轮流贸易。"①又说,"天主一教,设自西洋,今各省(立坛)设堂,招集匪类,此辈居心叵测,目下广州城设立教堂,内外布满,加以同类洋船丛集,安知不交通生事,乞饬早为禁绝"②。陈昂提出的防御措施尽管比较消极,而要求清政府"设法防备","早为禁绝",可谓未雨绸缪,不失为先见之明。清廷虽下令查禁天主教,但对加强军事防御没有引起高度重视,"但令沿海将吏昼夜防卫,寝昂议"③。中国丧失了一次主动了解外国,走向世界的宝贵机会。

陈伦炯在其父亲直接影响下,十分关心祖国的海防安全,"尤留心外国夷情土俗及洋面针更、港道"④。青年时期鉴于明朝中后期倭寇对中国沿海地区的侵扰,曾跟随其父到日本进行调查研究。陈昂死后,伦炯袭荫,得充三等侍卫,受到康熙帝的赏识,"尝召询互市诸国事,对悉与图籍合"⑤。1721 年特别授予台湾南路参将,雍正初擢台湾总兵,移镇高、雷、廉等海防要塞,坐事降台湾副将,复授总兵,历江南苏、淞、狼山诸镇,擢浙江提督。由于受其父亲和康熙皇帝的影响,伦炯一生关心海防安全,研究沿海地理,收集海国情报。每遇西方商人,"询其国俗,考其图籍,合诸先帝所图示指画,毫发不爽,乃按中国沿海形势,外洋诸国疆域相错,人风物产,商贾贸迁之所,备为图志",撰成《海国闻见录》一书。著述目的十分明确,"盖所以志圣祖仁皇帝及先公之教于不忘,又使任海疆者知防御、搜捕之扼塞,经商者知备风潮,警寇掠,亦所以广我皇上保民恤商之德意也"⑥。

《海国闻见录》成书于 1730 年,全书分为上、下两卷。上卷篇目为:《天下沿海形势录》,主要记述我国沿海地理形势;《东洋记》,记述日本、朝鲜和琉球;《东南洋记》,主要记述印度支那半岛、马来半岛及巽他群岛;《小西洋记》,主要

---

① 《清圣祖实录》卷二七七。
② 蒋良骐:《东华录》卷二三,第 374 页。
③ 《清史稿》卷二八四《陈昂传》。
④ 陈伦炯:《海国闻见录自序》,《昭代丛书》本。
⑤ 《清史稿》卷二八四《陈伦炯传》。
⑥ 陈伦炯:《海国闻见录自序》。

记述南亚、西亚和中亚诸国地理风情;《大西洋记》,记非洲、欧洲的主要国家;《昆仑》,记南海之昆仑岛。下卷6幅地图为:《四海总图》(东半球图)、《沿海全图》(中国沿海地图)、《台湾图》、《台湾后山图》、《澎湖图》、《琼州图》。书中记录了丰富的人文、自然地理资料。《四库全书》的编者对它有比较公允的评价。"凡山川之扼塞,道里之远近,沙礁、岛屿之夷险,风云气候之测验,以及外番民风、物产,一一备书。虽卷帙无多,然积父子两世之阅历,参稽考验,言必有证,视剿传闻而述新奇,据故籍而谈形势者,其事固区以别矣。"①此书有乾隆刻本,收入《四库全书》史部地理类,选入《昭代丛书·戊集》、《艺海珠尘·石集》以及《小方壶斋舆地丛钞》等书,部分内容被编入《海国图志》、《防海辑要》,近人李长傅对此书进行了校注整理,由中州古籍出版社于1984年出版。

乾隆、嘉庆、道光年间西方殖民者对中国的侵略威胁越来越大,面对西方的冲击,越来越多的有识之士留心观察海外形势,他们中的主要代表人物有印光任、张汝霖、王大海、谢清高、杨炳南、萧令裕等。

印光任,江苏宝山县人。雍正时期举孝廉方正,发广东以知县用。初署高州石城县,实授广宁,再调东莞,妥当处理了英国兵船进入澳门事件,受到清廷器重,以其为首任广州府海防军民同知,驻扎前山寨。前山寨距澳门三里许,筑城凿池,成为重镇。在任时处理了英国、法国、西班牙、葡萄牙等国在中国海域互相劫夺商船事件。后来升任南澳军民同知。他对澳门周围的地理形势颇有研究,"于诸夷种类支派,某弱某强,某狡某愚"较为了解。草创《澳门记略》,由继任张汝霖加以增损完成。张汝霖,江苏宣城人,由知县升任澳门同知。"霖以他族逼处也,蒿目忧之,时时见诸吟咏。"《澳门记略》凡2卷,上卷2篇,即《形势篇》与《官守篇》;下卷为《澳蕃篇》。该书辑入《四库全书》,后来有各种刻本。

王大海,字碧卿,福建漳州人。乾隆四十八年(1783年)应试落第,灰心仕途,漫游南洋,周历荷兰属地爪哇等处,数年之后,返归故里,著《海岛逸志》,刊于1806年。此后有多种翻刻本,道光二十九年(1849年)又有英译本在上海刊行。该书共6卷,书中对爪哇及其附近岛屿的山川形势、物产名胜及华侨生活情况作了较详细记载,同时论及英国、荷兰、西班牙殖民者侵入该地区的状况。作者亲历之地似乎没有超越南洋群岛,对欧洲国家的介绍几乎全系耳闻。书中比较珍贵的地方是介绍了西方科技情况,诸如关于火轮船、兵船、千里镜的介绍,令人耳目一新,标志着中国人对西方的认识进了一步。《海岛逸志》在鸦片战争后引起社会重视,被辑入《海国图志》、《海外番夷录》等书中。

谢清高(1765—1821)系广东嘉应(今梅州)人。早岁随商家走海南,不幸遇到风暴袭击,船沉于海,被路过的外国商船救起,遂跟随外商在东西洋漂泊

---

① 《四库全书总目提要》卷七一《史部·地理类》,第1550—1551页。

了14年,31岁时患眼疾而瞽,"不能复治生产,流寓澳门,为通译以自给"。1820年春,杨炳南等二人在澳门遇见谢清高。谢氏谈及在海外的游历,请炳南笔录,"以为平生阅历得借以传,死且不朽"①。杨氏遂根据谢氏口述,逐条记录而成《海录》。此书不分卷,约有2.4万字,大致以国名为条目,刊刻于1824年。"徐松龛中丞作《瀛环志略》,魏默深刺史作《海国图志》,多采其说。"②王蕴香亦将其辑入《海外番夷录》,后来又被收入《舟车所至》、《小方壶斋舆地丛钞》以及《丛书集成》。此书最显著的特点是将口述者亲历之地的政治、宗教、风俗、物产比较详细地记录下来,文化资料价值颇高。《海录》对英、法、普、奥、荷兰、西班牙、葡萄牙、美利坚等国均有记述,虽因其知识限制,内容简略,也不具有《海国闻见录》作者那样的战略眼光,但毕竟为嘉庆、道光时期国人最早本于实地见闻的作品。正是从这个意义上,我们将其列入海防史参考资料。

在此附带指出的是,谢清高的口述,又有嘉应名士吴兰修的笔录,名为《海国纪闻》。著名的舆地学者李兆洛为之序③,他说:"清高所言与古籍所载或合或不合,或影响相似,古来著书者大抵得之于传闻,未必如清高之身历,而清高不知书,同乎古者不能证也,异乎古者不能辨也。"因检诸史册有关海国记载,辑录下来,请吴兰修邀请谢氏予以核正。而清高遽死,"欲求如清高者而问之则不复可得也"④。在这种情况下,李兆洛于船中只作了一些文字修改,题名曰《海国纪闻》,交给吴兰修。这一记录本似已刊刻,流传不多。

萧令裕,字枚生,亦作楳生,江苏清河人。好经世之学,与包世臣、魏源、姚莹是好友。曾为两广总督阮元幕宾,兼办粤海关事务。萧令裕对英国殖民者在东南亚的侵略以及广州外商不断滋事,深怀隐忧。道光六年致书友人,谓"十年之后,患必大于江浙,恐前明倭祸,复见于今日"⑤。眼光之犀利,由此可见。著有《记英吉利》及《粤东市舶论》,均被辑入《海国图志》。他是道光前期专门研究英国文化知识的重要学者之一。

① 杨炳南:《海录·序》,长沙,商务印书馆,1938年版。

② 谢云龙:《重刻海录序》,《嘉应州志》卷二九《艺文》。按:《海录》按其著述性质不能归类为海防史地著作,但由于它提供的海外地理资料引起了关心海防建设人士的高度重视,此处予以收录。

③ 李兆洛(1769—1841),字申耆,号养一老人,江苏阳湖人。1805年进士,由翰林院编修出知安徽凤台,前后七载。丁忧归里,以著书讲学自娱。著有《西洋奇器述》、《养一斋文集》、《大清一统舆地图》等;辑有《海国集览》,未见刊本。

④ 李兆洛:《养一斋文集》卷一,第23—24页。

⑤ 包世臣:《答萧枚生书》,《安吴四种》卷三五,光绪十四年(1888年)刻本,《齐民四术》卷一一,第1—2页。

(二)海防地理研究的功绩与局限

综而言之,在清代前期,我国出现了一批关心海防安危、潜心研究海防地理的著名学者。他们不仅详细分析了海岸、海岛以及海区的地理形势,而且重点讨论了海口、海港、海道的军事、经济利用价值。他们不仅关注着祖国的海上航线和太平洋与印度洋之间的国际交通,而且初步探讨了海洋气候、海洋水文对海洋作战的影响。他们不仅关心着祖国海疆的安危,而且观察到了世界形势的变化,感受到了西方的冲击,呼吁人们对西方殖民者的入侵保持警惕。他们研究的内容已经涉及当代海防地理学的各个方面。这些讨论内容,为当时的海防军队的部署与调整提供了宝贵的理论依据,有些认识在今天看来还很有参考价值。

首先,他们非常重视沿海岛屿在国家海防地理中的战略位置,一致认识到了台湾、海南、崇明、南澳、澎湖群岛、舟山群岛、庙岛群岛对祖国大陆所起的"门户"、"屏翰"、"外护"以及交通枢纽作用,与明朝人"弃海岛而不守"的海防线内缩方案相比,清代加强了海岛防御,这是一个历史进步。他们强调主要河流入海口的军事价值,一致认识到了珠江、钱塘江、长江入海口的"咽喉"、"锁钥"地位,要求重兵设防,保护内河航运以及出海安全,这是很有建设性的意见。

第二,他们在讨论海防地理形势时,从不同角度接触到了对中国海域实行战略控制的问题。例如,蓝鼎元的海运与海防相结合的思想十分珍贵,他主张发展我国的海洋运输能力,以解决南粮北调困难,减缓漕运压力,并通过保护海洋运输船队,巡航海上交通要道,控制海面安全,以提高水师的海洋作战能力,建立一支"甲于天下"的"海督水师","使京东有万里金汤之势"的设想,很有创见。另外,张鹏翮要求建立强大的海上武装力量,主张通过主动攻击把来犯之敌合围消灭在海上,与单纯强调岸防相比,这是比较积极的海防思想。

第三,他们对沿海地理形势进行的分析,基本适应了帆船时代维持沿海治安的需要,为守兵的合理布防,提供了比较充足的理论根据。清代前期大多数年代沿海社会秩序相对比较安定,与清军对于要塞的有效控制有着紧密联系。

清代前期关于海防地理的讨论,不可避免地存在着缺点和很大局限性。

第一,他们多数人的视野、观念局限于中国海岸海岛,一直把海盗或外国小股武装作为海防的主要对象,对于周边岛国以外的世界了解很少,缺乏研究兴趣。另外,他们对于保护海外贸易和交通要道安全的认识也是比较模糊的。这些思想局限性,不能不影响到国家的海洋政策和海防战略,从而又影响到海防军事力量的配置结构以及发展方向等一系列事关国家安危的重大政策。

第二,他们强调每一个要塞的战略价值,要求分兵把守,相对忽视了建立强大的海军,实施大规模海上机动作战的军事意义。著名的海权理论家马汉曾经指出:"地理位置可能会达到提升或分散海上军事力量的地步。"①清代前期水师力量的分散布置与其重点海防对象有密切关系,也与当时海防地理研究者强调处处设防有关。这种兵力分散布置的弱点在鸦片战争时充分暴露出来。

第三,清代前期海防地理学者看到了东南亚国家被侵略、被奴役的情况,有人已经敏锐意识到西方殖民侵略的危险正在逼近,呼吁加强海防建设。多数论者对于来自西方的威胁认识还相当模糊,有的感觉甚至是错误的。他们虽看到了西方船坚炮利的优势,但认为大型海船利于海面,而不利于陆地,只要采取诱敌深入的方法,使敌舰失其所长,完全可以打败西方侵略者。正确估价敌我力量优劣对比,分析地理条件利弊得失,都是必要的。而过于迷信地利优势,模糊了对敌方的认识,不利于自身在精神上和物质上做好反击侵略战争的充分准备。清军将领在鸦片战争前的盲目自信与战后迷惘愧悔在此似乎可以得到部分诠释。

---

① Alfred Thayer Mahan, The Influence of Sea Power upon History 1660-1783, Sampson Low London,1890,p. 32.

第三章

明清时期的海洋政策与管理

　　明朝政府的海洋政策与管理,主要体现在海外交通贸易和渔盐经济政策与管理方面。在海外交通贸易方面,与宋、元时期相异,在隆庆改制以前的200年左右时间,基本上都实行"海禁"和朝贡贸易政策,不许民间商人出海,导致私贩盛行。隆庆改制,开放海禁,但措施不善,走私商船为数更多。"海禁"是明代海外交通政策的主体特征,走私贸易的盛行是这种政策影响下明代海外交通的一大特征。清代是中国海外交通的衰落时期。鸦片战争前,中国海外交通的空间已越来越有限,海外贸易政策所表现出的"抑商"与"怀柔"的两面性,畸形的外贸港口布局以及广州通商体制本身,都充分体现了清朝政府对外闭关的本质倾向。

　　在明代前期,市舶司作为官方控制海外贸易的一种机构,在设置上虽是承继了前代的做法,但其职责同宋代市舶司有较大的差别。明代后期,随着私人海外贸易不可遏止的发展,明政府设置督饷馆,制定了各种饷税的征收办法,使明代海外贸易从前期实行的朝贡贸易制转向后期的征收饷税制。清代的海洋贸易管理主要体现在"广州制度"上。粤海关的关税制度和十三行的公行及保商制度,是广州制度的最重要的内容。

　　明清时代的渔政管理是此时整个海洋管理的一项重要内容,围绕海洋安全第一的中心原则,渔政制度与措施纷纷出台,这是中国海洋渔政朝着全面、系统及法制化管理方向发展的时代,尽管其管理的宗旨及手段有不尽科学和合理之处,但总的看来对我们今天的海洋渔政管理仍有不少可资借鉴之处。

　　关于明清时期盐政管理的内容,本卷第一章已有论及,兹不赘述。

第一节　明代的海外交通政策①

一　明代前期的海洋交通政策

明代是我国古代海上交通由盛而衰的转变时期。这种转变,主要在明朝政府的海外交通政策中,得到了充分的反映。明朝政府的有关政策,与前代相比,有很大的变化。

明朝政府海外交通政策的变化是从朱元璋统治时期开始的。在称帝的前一年(吴元年,1367年),朱元璋接连削减了浙西张士诚、浙东方国珍的力量,发兵北伐。这一年十二月,在太仓黄渡(今江苏太仓县浏河镇)设市舶司。以浙东按察使陈宁太仓市舶提举。② 元代末期,浙西张士诚、浙东方国珍都努力开展海外交通,太仓在元代已是一个重要的海港。朱元璋在平定张、方之后,立即建立市舶司,其用意显然要将海外交通继续延续下去。明初制定的《大明律》中有"舶商匿货"律:"凡泛海客商,舶船到岸,即将物货尽实报告抽分。若停塌沿港土商牙侩之家不报告者,杖一百。虽供报而不尽者,罪亦如之,物货并入官。停藏之人同罪。告获者,官给赏银二十两。"③这实际上是元代市舶法则的延续。从这条律文可知舶商出海是允许的,政府只要求他们按照规定尽数抽分。朱元璋还曾专门接见从事海外贸易的商人朱道山,给予优待。朱道山是当时舶商的首领,他在两浙平定后率领群商入贡,目的是希望朱元璋保护海外贸易。而朱元璋也加以笼络,安排他住在都城应天(今江苏南京),以兹号召。果然,海舶此后纷纷前来。④ 建朝的第二年(1369年),朱元璋先后派遣使者,分赴日本、占城、爪哇、西洋等国,接着又遣使前往真腊、暹罗、三佛齐等国,主动建立政治上的联系。总的来说,在建朝之初,朱元璋对于海外交通的态度是积极的,他显然想沿袭宋、元方针。

但是,客观情况的变化促使他采取了另一种态度。首先是倭寇的骚扰。

---

① 此部分内容主要参见陈高华、陈尚胜:《中国海外交通史》,中国台湾文津出版社1997年版,第167—220页。

② 《明太祖实录》卷二八。

③ 《大明律》卷八《户律五·课程》。按,吴元年朱元璋命中书省制定律令,洪武元年正月颁行。以后经多次修订,内容有所增删。最后定于洪武三十年。关于"舶商匿货"的律文,在禁民下海后不可能见诸律文,只能是明初制订的。但是,朱元璋在多次修订以后仍在《大明律》中保留这条文,似乎说明,他并不把禁民下海作为永久不变的国策,还是准备有朝一日重新开放商舶出海的。

④ 王彝:《送朱道山还京师序》,《王常宗集》补遗。

元朝后期，倭寇不断侵扰中国沿海地区。明初，倭寇问题更加严重。洪武二年（1369年）三月，朱元璋派使者到日本，"诏谕其国，且诘以入寇之故"①，诏书中说："间者山东来奏，倭兵数寇海边，生离人妻子，损伤物命。"②但日本政府置之不理，还杀了七名使者中的五人。在此以后，倭寇不仅攻掠山东，而且"转掠温、台、明州旁海民，遂寇福建沿海郡"③。其次是张、方余部和中国海盗在沿海地区的活动。例如，洪武元年五月，昌国州（今浙江定海）兰秀山民作乱，有船二百余，一度进攻明州。作乱者是以方国珍的"行枢密院印"为号召的。④张、方余部和海盗，常常与倭寇勾结在一起。"明兴，高皇帝即位，方国珍、张士诚相继诛服。诸豪亡命，往往纠岛人（指倭寇——引者），入寇山东滨海州县"。⑤ 为了防备这两股势力对沿海地区的骚扰，朱元璋逐步采取多种措施，加强海禁。洪武四年（1371年）十二月下令："籍方国珍所部温、台、庆元三府军士及兰秀山无田粮之民尝充船户者，凡十一万二千七百三十人，隶各卫为军。仍禁濒海民不得私出海。"⑥洪武五年九月，"上谕户部臣曰：石陇、定海旧设宣课司，以有渔舟出海故也。今既有禁，宜罢之，无为民患。"⑦一方面，将原方国珍部下士兵和曾经作乱的兰秀山百姓，强制编入军队，防止他们与倭寇勾结，或再行闹事；另一方面，禁止沿海百姓私自下海，连捕鱼也在取缔之列。诏令中说"仍禁"，可见在此以前已颁布过禁令，禁民私自下海，但是否经过申请，得到批准仍可出海贸易呢？从种种迹象看来，应是禁止百姓通过一切渠道出海，包括原有的合法渠道（向市舶司申请）在内。洪武四年十二月，朱元璋对官员们说："朕以海道可通外邦，故尝禁其往来。"显然，他的意思是禁止百姓的一切海上交通活动。而作为管理海外贸易机构的市舶司，也因此遭到裁撤的结局。太仓黄渡市舶司在洪武三年（1370年）"以海夷黠勿令近京师"的理由停罢。⑧ 到洪武七年（1374年）正月，复设。九月，又罢。⑨ 自此到朱元璋死，一直没有恢复。

洪武十四年（1381年），明朝与日本的关系进一步恶化。朱元璋加强了沿海的战备，在这一年的十月，再一次下令"禁濒海民私通海外诸国"⑩。洪武十

---

① 《明史》卷三二二《日本传》。
② 《明太祖实录》卷三九。
③ 《明史》卷三二二《日本传》。
④ 《明太祖实录》卷三二。
⑤ 《明史》卷三二二《日本传》。
⑥ 《明太祖实录》卷七〇。
⑦ 《明太祖实录》卷七六。
⑧ 《明太祖实录》卷四九。
⑨ 《明太祖实录》卷九三。
⑩ 《明太祖实录》卷九三。

七年(1384年)正月,"命信国公汤和巡视浙江、福建沿海城池,禁民入海捕鱼,以防倭故也"①。洪武二十年(1387年)六月"废宁波府昌国县,徙其民为宁波卫卒。以昌国濒海民尝从倭为寇,故徙之"②。禁海的措施包括禁民下海捕鱼、废县徙民等极端措施,禁止出海通商。但海外贸易是利之所在,尽管三令五申,沿海走私者仍络绎不绝,不少官员也卷了进去。洪武十九年(1386年)发生了"泉州卫指挥张杰等私下番事"③。洪武二十三年(1390年)十月,据地方官员报告,"两广、浙江、福建百姓,以金银、铜钱、缎匹、兵器等,交通外番,私易物货"。针对这种情况,朱元璋除了"申严交通外番之禁"④外,于洪武二十七年(1394年)正月,"禁民间用番香、番货。先是,上以海外诸夷多诈,绝其往来,唯琉球、真腊、暹罗斛许入贡。而缘海之人往往私下诸番,贸易香货,因诱蛮夷为盗。命礼部严禁绝之,敢有私下诸番互市者,必寘之重法。凡番香、番货皆不许贩鬻。其见有者,限以三月销尽。民间祷祀,止用松、柏、枫、桃诸香,违者罪之。其两广所产香木,听土人自用,亦不许越岭货卖。盖虑其杂市番香,故并及之。"⑤显然,严禁私自下海并未取得预期的效果,朱元璋改而禁止番香、番货在国内市场的流通和使用,企图以此来打击走私活动。直到洪武三十年(1397年)四月,朱元璋还"申禁人民,无得擅出海与外国互市"⑥。一年以后,朱元璋病死。可见,禁止百姓下海,是朱元璋长期坚持的一项方针。这在中国历史上是前所未有的。

上述朱元璋的海禁政策,主要是禁止中国百姓出海。对于外国人由海道来华,他也采取了限制的措施。具体的办法是,只允许少数海外国家定期前来朝贡,同时进行一些贸易活动,对于外国民间商人,则不许入境。在撤销市舶司以后,允许由海道来朝贡的国家,仅限于暹罗、真腊、占城和琉球。真腊、占城,在前代便和中国有密切的关系。暹罗在前代是罗斛和暹两国,"其后罗斛强,并有暹地,遂称暹罗斛国。"洪武十年(1377年),明朝赐印,"文曰:暹罗国王之印","自是,其国遵朝命,始称暹罗。"⑦琉球即今日本冲绳,"自古不通中国"。明初,朱元璋派人"以即位建元诏告其国",琉球中山王遣使来贡,自此来往频繁。洪武十六年(1383年),占城国王"贡象牙二百枝及方物。遣官赐以

---

① 《明太祖实录》卷一三九。
② 《明太祖实录》卷一八二。
③ 朱元璋:《大诰续编·追问下番第四十四》。
④ 《明太祖实录》卷二〇五。
⑤ 《明太祖实录》卷二三一。
⑥ 《明太祖实录》卷二五二。
⑦ 《明史》卷三二四《暹罗传》。

勘合文册及织金文绮三十二、瓷器万九千"①。同年,遣使去真腊"赍勘合文册赐其王。凡国中使至,勘合不符者,即属矫伪,许絷缚以闻。复遣使赐织金文绮三十二、瓷器万九千"②。同时还遣使去暹罗,"赐勘合文册及文绮、瓷器,与真腊等"③。所谓"勘合文册",实际上就是一种凭证,分勘合与号簿两种(详见第五章第一节)。没有勘合的外国船,明朝政府一般不予接待。对于外国贡船进贡的物品,明朝政府都要给予回赐;对于外国商船带来的其他物品(称为"国王附进物"和"使臣自进、附进物"),则采取收购的办法。收购之余,允许使者在住处(会同馆)开市五天,由官府指定的商人入馆贸易。进贡和回赐,实际上是交换物品;至于附进物,其数量均大大超过贡品,都由明朝政府用钱购买,会同馆开市更是公开的贸易。因此,可以认为,这一时期的朝贡,是一种官方严格控制下的贸易活动。由于朝贡活动是通过勘合这种形式进行的,所以有人又称之为"勘合贸易"。

朱元璋厉行禁海,推行勘合制度,导致海外交通的衰落。洪武三十年(1397 年)朱元璋自己说:"洪武初,诸番贡使不绝。"而到此时"商旅阻遏,诸国之意不通。惟安南、占城、真腊、暹罗、大琉球朝贡如故"。朱元璋要暹罗向爪哇、三佛齐转达,希望重新建立联系。因三佛齐内乱,未能实现。④ 可以看出,朱元璋在晚年有意扩大海外的交往,但是没有取得成果。

洪武三十一(1398 年)年闰四月,朱元璋去世。其孙朱允炆嗣位,年号建文。朱允炆在对外关系上完全沿袭朱元璋的政策。建文四年(1402 年),朱元璋第四子燕王朱棣夺取了帝位,改元永乐(1403—1424 年)。朱棣继承了朱元璋的海禁政策,即位之初,便宣布:"沿海军民人等,近年以来,往往私自下番,交通外国。今后不许。所司以遵洪武事到禁治。"⑤永乐二年(1404 年),因"福建濒海居民,私载海船,交通外国",下诏"禁民间海船原有民间海船悉改为平头船,所在有司防其出入"⑥。改造船型,使船只无法出海行驶,这和朱元璋的禁止番香、番货,可以说异曲同工,都是想从根本上防止下海私贩。同时朱棣也坚持朝贡贸易之法,仍然实行勘合制度。但和朱元璋不同的是,朱棣积极、主动扩大与海外国家的交往,鼓励海外国家来中国朝贡。即位后不久他宣布:"今四海一家,正当广示无外,诸番国有输诚来贡者听。……其以土物来市者,

① 《明史》卷三二四《占城传》。
② 《明史》卷三二四《真腊传》。
③ 《明史》卷三二四《三佛齐传》。
④ 《明史》卷三二四《三佛齐传》。
⑤ 《明太宗实录》卷一〇。
⑥ 《明太宗实录》卷二七。

悉听其便。"①永乐元年（1403 年）十月，再次宣告："自今诸番国人愿入中国者听。"②为了使海外各国了解他的诚意，朱棣接连派出使者，出海访问海外各国，仅永乐元年派往的，就有占城、真腊、爪哇、西洋（又作西洋琐里，即宋代的注辇，元代的马八儿）、日本、苏门答剌、暹罗、琉球、满剌加（今马来西亚的马六甲州 Malacca）、古里（今印度西南海岸科泽科德 Calicut）、柯枝（今印度西海岸柯钦 Cochin）等国。作为回报，从永乐元年（1403 年）到永乐三年（1405 年），先后前来中国朝贡的海外国家，有琉球、暹罗、占城、爪哇、剌泥（今印度西部古吉拉特 Cajarat）、真腊、苏门答剌、满剌加、古里、婆罗（今文莱）、日本等。其中如琉球、占城、暹罗、爪哇、日本、真腊都在两次以上。日本原来不与明朝往来，建文三年（1401 年），掌权的幕府将军义满遣使到明朝，表示愿意通好。第二年，朱允炆派僧人两名持国书到日本，并于次年回国，日本使同行。他们到达中国时，朱棣已即位，正准备遣使去日本。见到日本使者，大为喜悦，便派赵居任为使，送日本使者回国，携带国书，并赠给金印和勘合文册。③ 从此日本也被纳入朝贡贸易的范围之内。与这种变化相适应，明朝政府恢复了三市舶司。永乐元年八月，"以海外番国朝贡，贡使附带货物前来交易者，须有官以主之，遂命吏部依洪武初制，于浙江、福建、广东设立市舶提举司，隶布政司"④。和前代一样，浙江市舶司在宁波（元代的庆元），福建市舶司在泉州（后迁福州），广东市舶司在广州。新司的性质与过去有明确的不同，它只管理外国海船的朝贡及其有关事宜，不管民间的海外贸易。除了性质的不同之外，三市舶司有明确的分工："宁波通日本，泉州通琉球，广州通占城、暹罗、西洋诸国。"这和前代也是不一样的。正因为市舶司以接待进贡为任务，所以三司都有专门的接待使节的驿馆，"福建曰来远，浙江曰安远，广东曰怀远"⑤。

　　既坚持海禁和朝贡贸易，又力求扩大与海外国家的交往，这就是朱棣的政策。它既是朱元璋时代制订的海外政策的延续，又有变化。永乐三年（1405年）开始的郑和下西洋事件，正是朱棣所推行的海外政策的必然产物。郑和下西洋是中国和世界历史上罕见的规模巨大的海上活动，但是它并没有改变明朝海外政策的性质。在郑和下西洋的同时，明朝政府仍然严格执行禁民私自下海和对外诸国的朝贡贸易制度。

　　郑和下西洋，先后七次，持续了近 30 年，到宣宗宣德八年（1433 年）才告结束。明朝政府与海外的大规模和持久的交往，必然刺激民间开展海外贸易

---

① 《明太宗实录》卷一二。

② 《明太宗实录》卷二三。

③ 〔日〕木宫泰彦：《中日文化交流史》，胡锡年译，商务印书馆 1980 年版，第 516—520 页。

④ 《明太宗实录》卷二二。

⑤ 《明史》卷八《食货志五·市舶》。

的欲望,在得不到官方允许的情况下,沿海地区私贩之风盛行起来。就在郑和结束航海事业的宣德八年七月,宣宗朱瞻基"命行在(南京——引者)都察院严私通番国之禁。上谕右都御史顾佐等曰:私通外夷,已有禁例。近岁官员军民,不知遵守,往往私造海舟,假朝廷干办为名,擅自下番,扰害外夷,或诱引为寇。比者已有擒获,各真重罪。尔宜申明前禁,榜谕沿海军民,有犯行许诸人首告。得实者给犯人家赀之半,知而不告及军卫、有司之弗禁者,一体治罪"①。下西洋活动的结束和下海禁令的重新颁布,标志着明代海外交通出现新的转折。宣德十年,宣宗朱瞻基死,英宗朱祁镇嗣位(年号正统,1436—1449年;天顺,1456—1464年)。"英宗幼冲,大臣务休息,不欲疲中国以事外番",②完全停止了向海外派遣大规模船队的活动。派往海外各国的使节,也大为减少。对于外国的贡船,也下令加以限制。正统二年(1437年)六月,广东官员奏:"占城国每岁一贡……使人往复,劳费甚多,乞令依暹罗等国例三年一贡。"英宗同意,以此告谕占城国王。正统八年(1433年),广东官员奏:"爪哇国贡频数,供亿浩繁,劳弊中国,以事远夷,非计,宜者节之。"英宗谕爪哇国王改为三年一贡。③ 正统十四年(1449年)六月,重申"滨海人民,私通外夷,贸易番货,泄漏事情,及引海贼劫边地者,正犯极刑,家人戍边,知情故纵者同罪"④。代宗朱祁钰(年号景泰,1450—1456年)、宪宗朱见深(年号成化,1465—1487年)、孝宗朱祐樘(年号弘治,1488—1505年)在海外政策方面大体上和英宗是一致的。在孝宗朱祐樘统治时期,对朝贡贸易加强了管理。弘治五年(1492年)十二月,户部研究决定,"各番进贡年限",由"广东布政使出给榜文于怀远驿张挂,使各夷依限来贡。如番舶抵岸,布政司比对勘合,字号相同,贡期不违,然后盘验起送"⑤。弘治六年三月,两广总督都御史闵桂上奏:"宜照原定各番来贡年限事例,揭榜怀远驿,令其依期来贡。凡番船抵岸,备倭官军押赴布政司,比对勘合相同,贡期不违,方与转呈提督市舶太监及巡按等官,具奏起送。如有违碍,捕获送问。"⑥弘治十三年二月又对入贡"夷人"在京的贸易办法作出了具体规定,加以限制。⑦ 总之,从英宗到孝宗,海外政策的基本内容是,坚持禁民下海和继续朝贡贸易,同时一改成祖——宣宗时的积极、主动方针,在对外交往中采取收缩、保守的态度。

---

① 《明宣宗实录》卷一〇三。
② 《明史》卷三三二《哈烈传》。
③ 《明英宗实录》卷一〇六。
④ 《明英宗实录》卷一八二。
⑤ 《明孝宗实录》卷六八。
⑥ 《明孝宗实录》卷七三。
⑦ 《明孝宗实录》卷一五九。

朝贡贸易是一种不受价值规律支配的不等价交换。明朝政府在朝贡贸易中支出的比得到的要多得多。招待贡使,搬运贡品,都要花费大量的人力、物力。明朝政府的回赐物品,其价值总是大大高于进贡品。至于附进物的收购,尽管从表面来看政府收购某些物品也许有利可图,但由于贡使不断以次充好,源源送来,大大超过了中国市场的需要,实际上成了无用之物。在成祖扩大海外交往以后不久,朝贡贸易就成为明朝政府的沉重负担,海外诸国的贡使常为贡期和贡物的收购问题与明朝政府发生争论,使明朝政府疲于应付。英宗正统年间开始海外政策的转折,正是朝贡贸易内在矛盾不断加深的必然结果。由于海外政策向收缩、保守的转变,海外诸国前来进贡的船只渐趋减少,自弘治元年(1488 年)到弘治十七年(1504 年),海外各国来贡者,仅占城 3 次、暹罗4 次、爪哇 2 次、日本 1 次、琉球 8 次。① 不难看出,朝贡贸易实际上已无法继续下去了。

二 明代中、后期海外交通政策的变化

明代前期,政府实行海禁政策,只允许官方控制的朝贡贸易存在,不许百姓私自下海。甚至在郑和下西洋的时代,也不例外。但是,朝贡贸易所得物品,主要用来满足宫廷和上层统治集团的需要,至于其他社会集团对番香、番货的需要,便难以满足。另一方面,海外各国普遍希望得到更多的丝绸、瓷器和中国的其他物品。"华夷同体,有无相通,实理势之所必然。中国与夷,各擅生产,故贸易难绝。利之所在,人必趋之。"②沿海地区的一部分居民,以海为生,例如福建"海滨一带田皆斥卤,耕者无所望岁,只有视渊若陵,久成习惯。富家徵货,固得捆载归来,贫者为佣,亦博升米自给"③。禁止出海,无异继绝了他们的生路。富户为了谋取更多的财富,贫民为了生活所迫,便都走上私贩的道路,经济生活的要求,不是国家的禁令所能取缔得了的。因此,尽管几朝皇帝三令五申,严禁私贩,但私贩仍然存在。以福建来说,"成(成化)、弘(弘治)之际,豪门巨室间有乘巨舰贸易海外者"④。这些私贩海外的活动,常常得到地方官吏的默许和纵容,因为他们可以从中得到好处。弘治年间,"私舶以禁弛而转多,番舶以禁严而不至"⑤。所谓"禁严"指的是朝贡贸易限制过多,外国商船不肯前来。所谓"禁弛"指的是官吏执行海禁不力,以致私贩船日益增多。

---

① 《明史》卷一五《孝宗记》。
② 唐枢:《覆胡梅林论处王直》,《明经世文编》卷二七〇。
③ 张燮:《东西洋考》卷七《饷税考》。
④ 张燮:《东西洋考》卷七《饷税考》。
⑤ 《明孝宗实录》卷七三。

面对这种情况，明朝政府不能不进行一些改革。武宗正德四年（1509年）年三月，"暹罗国船有为风漂泊至广东境者，镇巡官会议，税其货以备军需。市舶司太监熊宣计得预其事以要利，乃奏请于上。礼部议阻之。诏以宣妄揽事权，令回南京管事，以内官监太监毕真代之"①。本来，只有持勘合文书的外国贡船，才许入境。现在广东对没有勘合文书的漂泊海船征税，意味着允许它入境贸易。正德四年（1509年）三月是下诏以毕真代替熊宣的时间，暹罗船漂泊而至应在正德三年。武宗根据礼部的意见斥责熊宣"妄揽事权"，应是指市舶司只负责接待朝贡的船只，不宜插手其他事务，这从下一年的争论中可以看得很清楚。正德九年，新的广东提举市舶太监毕真与地方镇巡官发生争论。毕真认为，"泛海诸船"都应由市舶司管理，现在却"领于镇巡及三司官"，他要求照"旧制"执行。毕真的意见实际上和熊宣一样，他所说的"旧制"应是将"泛海诸船"和朝贡船混为一谈。礼部认为"泛海客商及风泊番船"，不应由"职司进贡方物"的市舶司管理，也就是坚持原来的意见。但是，由于掌握朝政的太监刘瑾倾向毕真，这一次皇帝下令将此事交给毕真负责。② 只是因为刘瑾很快失势被杀，抽税的权力又归于地方镇巡官。所谓"泛海客商"指不是贡使的外国商人，而"风泊番船"顾名思义是指没有勘合因风漂流而来的外国商船，两者实质上并无区别。从以上所引记载来看，从广东到明朝中央政府，对于向没有勘合的外国商船征税一事，并无不同意见，分歧在于由谁来管理此事。因此，在正德三四年间，广东已允许没有勘合的外国商船进入，"税其货"，然后可以买卖。这是海禁政策的一大突破。

正德五年（1510年）九月，"户部覆议两广镇巡官奏，谓：'盗贼连年为乱，军饷不支，乞将正德三年、四年抽过番货，除贵重若象牙、犀角、鹤顶之类解京，其余粗重如苏木等物，估计该银一万一千二百有奇，宜变卖留充军饷。'报可。"③这里所说"正德三年、四年抽过番货"，指的就是没有勘合的番船带来的货物。可以看出，明朝政府改制的重要原因，在于解决地方财政的困难。

改制的结果必然刺激沿海民间贸易的发展，带来新的社会问题。不少官员反对改制，要求恢复原有的办法。正德九年（1514年），广东布政司参议陈伯献提出："岭南诸货，出于满剌加、暹罗、爪哇诸夷。计其所产，不过胡椒、苏木、象牙、玳瑁之类，非若布帛菽粟民生一日不可缺者，近许官府抽分，公为贸易，遂使奸民数千，驾造巨舶等私置兵器，纵横海上，勾引外夷，为害地方，宜亟禁绝。"礼部采纳他的意见，下令要"抚按官禁约番舶，非贡期而至者，即阻回，

---

① 《明武宗实录》卷四八。
② 《明武宗实录》卷六五。《明史》卷八一《食货志五·市舶》。
③ 《明武宗实录》卷六七。

不得抽分,以启事端。奸民仍前勾引者治之"①。这就是说,仍旧把海外贸易严格限制在朝贡贸易许可的范围之内,其他番舶立即"阻回"。次年,巡抚广东御史高公韶又以同样的理由要求重申禁约,以杜后患。② 正德三年、四年的改制遭到了否定。

没有多久,又出现了变化。正德十二年(1517 年)五月,明朝政府"命番国进贡,并装货船舶,榷十之二,解京及存留饷军者俱如旧例,勿执近例阻遏"。这是广东布政使吴廷举请求的结果。"先是,两广奸民私通番货,勾引外夷,与进贡者混以图利,招诱亡命,略买子女,出没纵横,民受其害。参议陈伯献请禁治。共应供(贡)番夷,不依年分,亦行阻回。至是布政使吴廷举巧辩兴利,请立一切之法,抚按官及户部皆惑而从之。"③ "装货船舶"与"番国进贡"并列,前者显然指的是进贡以外的番舶。对二者都采取抽分十之二的办法,意味着允许非朝贡的外国商船进口贸易。所谓"俱如旧例"指的是正德三、四年的改制,而"近例"则是正德九年陈伯献的建议。这是重申正德三、四年改制有效的命令。而在这一命令贯彻执行以后,"番舶不绝于海漤,蛮夷杂逐于州城,广州呈现出繁荣的景象。④ 但是,就在正德十二年八月,佛郎机(葡萄牙)的舰队在屯门港(属东莞县,今属香港新界)强行登陆,接着闯入珠江,前往广州,要求通商。佛郎机人的行为,引起了中国人的愤慨。御史丘道隆、何鳌对此提出强烈的意见。何鳌认为,"祖宗朝贡有定期,防有常制,故来者不多"。因为吴廷举实行"不问何年,来即取货"之法,"禁防既疏,水道益熟,此佛郎机所以乘机突至也"。他主张"悉驱在澳番舶及番人潜居者,禁私通,严守备,庶一方获安"。礼部研究后,同意他的建议,经皇帝批准,取消吴廷举的改制,恢复朝贡贸易之法,"番舶非当贡年,驱逐远去,勿与抽盘"。此事发生在十五年十二月。⑤ 也就是说,吴廷举的改制,不到一年,便遭到了否定。紧接着,又发生了嘉靖二年(1523 年)的"争贡"事件。分别由日本两个地方封建藩主派出的贡使,在宁波发生争执。其中一方向市舶太监行贿取得了合法的贡使地位。另一方不服,率众攻掠,造成一场动乱。明朝与日本之间的朝贡贸易,因此中断了十余年。后来虽然一度恢复,但已难以为继,很快又停止了。"争贡"事件诱发了大规模的"倭乱"。受佛郎机和日本两起事件的刺激,加强"海禁"的主张在明朝政府中占了上风。嘉靖三年,刑部审议后同意了御史王以旗的建议:"福建滨海居民,每因夷人入贡,交通诱引,贻患地方。今宜严定律例。"具体来说,诸如"凡

① 《明武宗实录》卷一一三。
② 《明武宗实录》卷一二三。
③ 《明武宗实录》卷一四九。
④ 《明武宗实录》卷一九四。《明史》卷三二五《佛郎机传》。
⑤ 《明武宗实录》卷一九四。《明史》卷三二五《佛郎机传》。

番夷贡船,官未报视,而先迎贩私货者";"交结番夷,互市称贷,给财构衅,及教诱为乱者";"私代番夷收买禁物者";"揽造违或海船,私鬻番夷者";"各论罪"①。总之,不许中国人与"入贡"的夷人有任何来往。接着,在嘉靖四年(1525 年)、嘉靖八年(1529 年)两次下令没收、拆毁双桅海船,目的仍是禁止百姓私自下海。

嘉靖八年(1529 年),提督两广军务侍郎林富上疏,请求恢复通商。他说:"今以除害为民,并一切之利禁绝之,使军国无所资,忘祖宗成宪,且失远人之心,则广之市舶是也。谨按《皇明祖训》,安南、真腊、暹罗、占城、苏门答剌、西洋、爪哇、彭亨、白花、三佛齐、勃泥诸国,俱许朝贡,惟内带行商,多行诡诈,则击却之。其后趋通。又按《大明会典》,惟安南、满剌加诸国来朝贡者,使回,俱令广东布政司管待。见今设有市舶提举司,又勒内臣一员以督之,所以送往迎来,懋迁有无,柔远人而宣盛德也。至正德十二年,有佛郎机夷人,突入东莞县界,时布政使吴廷举许其朝贡,为之奏闻,此则不考成宪之故也。厥后犷狡章闻,朝廷准御史邱道隆等奏,即行抚按,今海道官军驱逐出境,诛其首恶火者亚三等,余党闻风慑遁,有司自是将安南、满剌加诸番舶,尽行阻绝。皆往漳州府海面地方,私自驻扎,于是利归于闽,而广之市井萧然矣。"他认为,"佛郎机……驱南绝之宜也。"但其他"素恭顺与中国通者,朝贡贸易尽阻绝之,则是因噎而废食也"。他列举了允许朝贡贸易的种种利益,建议允许朝贡国船只"照旧驻扎",而将佛郎机驱逐出境。② 兵部研究,同意他的建议,并指出:"且广东设市舶司,而漳州无之,是广东不当阻而阻,漳州当禁而不禁。请令广东番舶例许通市者,毋得禁绝;漳州则驱之,勿得停泊。"世宗批准了这个处理办法。③ 可以看出,林富上疏是针对广东一度将朝贡船舶"尽行阻绝"而发的,他主张并得到中央政府批准的是恢复原有的朝贡贸易,驱逐佛郎机。《明史·食货志》说林富的意见是"今许佛郎机互市有四利",这把他的原意完全歪曲了。有的研究者认为林富的主张是"再次恢复吴廷举所定的则例",也是与事实不符的。此后,嘉靖九年(1530 年)都御史汪金宏(他曾指挥驱逐屯门佛郎机人的战斗)上疏,强调要加强对番船的管理,允许朝贡的国家,"其依期而至,比对朱墨勘合相同,夹带番贷,照例抽分,应解京者解京,应备用者备用,抽分之外,许良民两平交易,以顺夷情……敢有违例交通者,治于重罪"。皇帝批准了他的主张。④ 因此,朝贡贸易成了唯一合法的贸易形式。随之而来的又是对民间私

---

① 《明世宗实录》卷三八。
② 林富奏疏见《天下郡国利病书》第三三册《交趾、西南夷》。按,此文系黄佐代作,见《泰泉集》卷二〇《代巡抚通市舶疏》。
③ 《明世宗实录》卷一〇六。
④ 《明世宗实录》卷一一八。

贩的严厉取缔。如嘉靖十二年(1355年)九月,世宗命令兵部:"其亟檄浙、福、两广各省,督兵防剿,一切违禁大船,尽数毁之。自后沿海军民,私与贼市,其邻舍不举者连坐。"①在武宗一朝,开始了海外贸易政策的改革,但不断出现反复。而到了世宗一朝,则完全回到前期的"禁海"和"朝贡贸易"的老路上去,而且有变本加厉之势。

从武宗末年开始到世宗一代的严行"禁海",带来了几个明显的后果。首先是番货、番香的缺乏。嘉靖三十四年(1555年)五月,"上命采访笼涎香,十余年尚未获。至是令户部差官往沿海各通番地方,设法访进"②。第二年八月,"壬子,上谕户部,龙涎香十余年不进,臣下欺怠甚矣。其备查所产之处,具奏取用。户部覆请差官驰至福建、广东,会同原委官于沿海番舶可通之地,多方寻访,勿惜高价。委官并三司掌印官,各住俸待罪,俟获真香方许开支。"③龙涎香是抹香鲸的肠道分泌之物,具有奇特的香味,定香能力强,是很好的香料安定剂,还可入药。它至迟在唐代已输入中国,深受上层人物的欢迎。郑和下西洋时,收购龙涎香,"一斤该金钱一百九十二个,准中国铜钱四万九十(千)个,尤其贵也"④。明初之制,钞一贯准钱千文,银一两,则一斤笼涎折合银四十九两。到了此时,皇帝严令寻求,龙涎香价钱大涨:"嘉靖三十四年三月,司礼监传谕户部取龙涎香百斤。檄下诸番,悬价每斤价一千二百两。往香山澳访买,仅得十一两以归。内验不同,姑存之,亟取真者。广州狱夷囚马那别的贮有一两三钱,上之,……通前十七两二钱五分,即进内办……自嘉靖至今,夷舶闻上供稍稍以龙涎来市,始定买解事例,每两价百金。"⑤如此高价,所得仍极有限,可知匮乏到何等程度。宫廷尚且如此,其他社会阶层更可想而知。番货、番香虽以奢侈消费品为主,但其中也有不少实用之物,"禁海"造成的匮乏给社会各阶层都带来了不便。第二,地方财政收入减少。前述林富奏疏的主旨虽是要求开放朝贡贸易,但却讲到了改制以后的一些好处:"番货抽分解京之外,悉充军饷。今两广用兵连年,库藏日耗,借此定以充羡而备不虞,此共利之大者二也。广西一省,全仰给于广东,今小有征发,即措办不前。虽所俸椒、木,久已缺乏,科扰于民,计所不免。查得旧番舶通时,公私饶给,在库番货,旬月可得银数万两。此具为利之大者三也。"他认为这样的结果是"助国给军,既有赖焉,而在官在民,又无不给"。对照一下上面所说正德四年、五年的情况,林富所说的"利"从哪里来,是很清楚的。一旦恢复朝贡贸易,番舶来的数目极

① 《明世宗实录》卷一五四。
② 《明世宗实录》卷四二二。
③ 《明世宗实录》卷四三八。
④ 《星槎胜览·龙涎屿》。
⑤ 《东西洋考》卷一二《逸事考》引《广东通老》。

为有限,抽解所得可想可知,哪有可能补充军饷、得银数万两呢? 这对"库藏日耗"的广东地方财政,是颇为沉重的打击。第三,海上走私泛滥。海上走私的社会根源前已说明。明代前期,海上走私屡禁不绝。正德改制原因之一,便是走私的压力。嘉靖重申旧制,不仅没有达到目的,而且激起了走私的高潮。嘉靖十三年(1534年),海商林昱等舟50余艘,"冒禁入海"。① 嘉靖二十一年(1542年),福建漳州人陈贵等7人连年入番,当年率领26艘船到琉球贸易,同时到达的有广东潮阳的海船21艘,船工1300人。② 自嘉靖二十三年(1544年)十二月到嘉靖二十六年(1547年)三月的两年多时间里,到日本从事走私贸易被风刮至朝鲜因而被押送回国的福建人就在千人以上。③ 以上仅是几个比较突出的例子。正是在这一时期,在沿海一带,形成了几个走私贸易的活动中心,有福建漳州月港、广东南澳港、浙江定海双屿港等。月港在漳州城东五十里,港湾曲折,附近海域是传统的国际交通海道,附近多岛屿,便于私商活动。宣德、正统时开始兴起,正德、嘉靖时私贩更加兴盛。前引林富奏疏中所说各国番舶"皆往福建漳州府海面地方",指的就是这里。双屿在今浙江普陀县,系由两个对峙小岛组成的港湾,位于南北交通孔道。正德年间,葡萄牙船只来到双屿停驻,自此逐渐兴盛。嘉靖初年,宁波港因"争贡"事件停止开放,离宁波不远的双屿便取而代之,成为一个国际性的走私贸易港。"每岁孟夏以后,大舶数百艘,乘风挂帆,蔽大洋而下。"④南澳是个海岛,港湾交错,岛屿众多,而且处于闽、粤交界处,易于私商活动。从事海上走私的,有不少是穷苦的百姓,也有许多富商大贾、豪门贵室。为了对抗官府的缉捕,私商逐渐发展成为一些拥有武装的走私集团,在走私的同时,也从事劫掠。亦商亦盗,是这些集团的特色。著名的武装走私集团头目有王直、林道乾、林凤等。他们的活动,往往得到沿海地区一些官员和驻防军队的纵容和支持。

和中国沿海居民走私活动交织在一起的,是佛郎机的骚扰和倭寇的破坏活动。佛郎机人在明朝拒绝其通商要求后,仍然占据屯门(原属广东东莞,现属香港新界)。嘉靖元年(1521年),被明军逐走。此后,他们沿海岸线北上,到漳州月港、定海双屿港等处,勾结中国走私商人,进行活动。在嘉靖三年(1524年)以后20余年时间内,双屿港成为佛郎机人在中国活动的基地。自永乐初年明朝和日本建立联系以后,双方定期进行勘合贸易。但与此同时,日本武士、浪人、破产农民纠集在一起,到中国沿海地区从事劫掠,始终没有停止

---

① 《明世宗实录》卷一六六。

② 严嵩:《琉球国解送通番人犯疏》,《明经世文编》卷二一九。

③ 《明世宗实录》卷三二一。

④ 张邦奇:《西亭饯别诗序》,《明经世文编》卷一四七。

过。嘉靖二年"争贡"事件发生后，双方贸易中断。在此前后，日本国内情况发生了变化。一是原来掌权的室町幕府名存实亡，无力控制全国局面，诸侯各自为政，尤其是南方沿海的封建主，将掠夺中国沿海地区作为增加财富的手段；而封建主之间的战争，造成日本各阶层大量破产失业，流为盗贼，也把到中国抢劫作为出路。嘉靖二十一年（1542年），倭寇大规模侵犯中国，蹂躏了北至山东、南到福建的广大沿海地区，所到之处，大事烧杀劫掠，仅江浙一带百姓被杀者即有数十万人之多。不少私人海商集团，与倭寇互相勾结利用。倭寇的骚扰，可以说和世宗一朝相终始，直到嘉靖四十四年（1565年），才被中国军队基本肃清。佛郎机和倭寇的骚扰破坏，是明朝政府严行"禁海"的重要原因，而他们的继续活动，特别是与中国走私海商集团的联系，使得明朝政府面临的形势复杂化。

总之，明世宗前期推行的"禁海"和朝贡贸易政策，并没有取得预期的效果。面对复杂的形势，明朝政府内部存在不同的意见，有的主张进一步贯彻严禁的方针，有的主张改制。嘉靖二十六年（1547年）主张严禁的朱纨提督浙闽海防军务，巡抚浙江。他整顿海防，进剿双屿港，破坏了这个国际走私贸易港。他认为海上走私难以根治的关键在于沿海地区的"势家"，提出："去外国盗易，去中国盗难；去中国濒海之盗犹易，去中国衣冠之盗尤难。"他把矛头指向与海上走私有牵连的官员、地方大姓。朱纨含冤饮药自杀后，"中外摇手不敢言海禁事"[1]。朱纨的失败，反映出当时朝野反"海禁"力量的强大，"海禁"实际上是难以维持下去了。而在反倭寇斗争中，倭寇与私人海商集团相勾结利用的事实，也使不少官员认识到，"禁海"断绝了沿海百姓的生计，只能把愈来愈多的人逼上反抗的道路，因而试图寻求解决这一矛盾的途径。嘉靖三十年（1551年）明朝政府中有人提出："将广东、福建、浙江三省，尽许开通番舶，照常抽税，以资国用。"这个建议在讨论中遭到激烈的反对，只好作罢。[2] 此后，主张放宽海禁的意见，以一种比较隐晦的方式提了出来。嘉靖三十五年（1556年）十二月，工部尚书赵文华条陈海防事宜，其中之一是弛海禁。他说："滨海细民，本藉采捕为生。后缘海禁过严，以致资生无策，相煽从盗。宜令督抚等官，止禁通番大船，其余各听海道官编成排甲，稽验出入，照旧采捕。"[3]海禁严厉时，渔民出海捕捞亦在取缔之列。赵文华承认海禁造成了百姓的生活困难，提出允许渔民在官府严格管理下出海捕捞，这可以说是开放海禁的先声。嘉靖四十三年（1564年）九月，福建巡抚谭纶回籍守制前条陈"善后六事"，其中之一是

---

① 《明史》卷二〇五《朱纨传》。

② 冯璋：《通番舶议》，《明经世文编》卷二八〇。

③ 《明世宗实录》卷四四二。

"宽海禁"。他说："闽人滨海而居，非往来海中则不得食。自通番禁严而附近海洋鱼贩一切不通，故民贫而盗愈起，宜稍宽其法。"①他的意见和赵文华是基本相同的。既然出海捕渔可以开禁，那么，出海经商也不是不可以考虑了。特别是嘉靖末年"倭寇"之患已基本消除之后，开放海禁、许民通贩，便成了大势所趋。

　　世宗去世(1565年)，穆宗朱载垕嗣位。隆庆元年(1567年)，"福建巡抚都御史涂泽民，请开海禁，准贩东、西二洋"。这时的东洋指菲律宾群岛和印尼加里曼丹岛北部，西洋指中南半岛、马来半岛和印尼列岛，和以前的东、西洋概念不同。而日本则仍在禁贩之列。②原有的设有市舶司的港口，仍然负责接待朝贡的外国船只；新开放的办理民间商人出海贸易的港口，是漳州月港。如前所述，月港在嘉靖年间已发展成为国际性的走私贸易港，原属漳州府龙溪县。为了加强管理，嘉靖四十四年(1565年)割龙溪县及漳浦县部分地区另设海澄县，月港便属于海澄县。当地居民"农贾杂半，走洋如适市"③。月港开放，适应了他们的要求。

　　明朝政府原在月港设立靖海馆，缉捕海上走私。后来改为海防馆，设海防同知，"颛理海上事"④。月港开禁以后，海防馆就承担了管理出国海商的任务。万历二十一年(1593年)，改为督饷馆。其管理办法是："凡船出海，纪籍姓名，官给批引，有货税货，无货税船，不许为寇。"⑤具体来说，可以分为两个部分。一部分是商船进出口的管理，另一部分是收税制度。其具体内容详见后面章节。

　　开禁后的月港，只许中国商船由此出口，但外国商船并不能进入。按照明朝政府的规定，只有广州、泉州、宁波三处设有市舶司的港口才能接待前来朝贡并从事贸易的船只。泉州市舶司后移至福州，只接待琉球贡使。嘉靖二年(1523年)"争贡"事件发生后，宁波、福州二市舶司都被撤销，只保存广州市舶司。后来福州、宁波二市舶司时开时停，万历二十七年(1599年)又恢复。⑥但在16世纪末，日本与琉球来中国的船都很少，两处市舶司恢复后并不起多大作用，广州市舶司一度移到电白县，连贡船也在拒绝之列，后来虽然恢复，但不许佛郎机入境，其他东、西洋国家随着西方殖民者东来纷纷沦为殖民地，因而前来朝贡者亦日益减少。后来，市舶司移到壕镜(即澳门)。"先是，暹罗、占

①　《明世宗实录》卷五三八。
②　张燮：《东西洋考》卷七《饷税考》。
③　萧基：《东西洋考》小引，《东西洋考》卷首。
④　何乔远：《闽书》卷三〇《方域志》。
⑤　王世懋：《策枢》卷一。
⑥　《明神世宗实录》卷三三一。

城、爪哇、琉球、浡泥诸国互市，俱在广州，设市舶司领之。正德时，移于高州之电白县。嘉靖十四年，指挥黄庆纳贿，移之壕镜，岁输课二万金，佛郎机遂得混入。”①澳门于是“成为番夷市舶交易之所。往年夷人入贡，附至货物，照例抽盘，其余番商私赍货物至者，中澳官验实，申海道，闻于抚按衙门，始放入澳，候委官封籍，抽其十之二，乃听贸易焉”②。对于“私赍货物”的“番商”，何时开始允许征税入境，尚不清楚。但由这一记载看来，澳门原来实行的还是抽分之法。到了隆庆五年(1571 年)，“以夷人报货奸欺，难于查验，改定丈抽之制，按船大小以为额税”。“西洋船定为九等，后因夷人屡请，量减抽三分。东洋船定为四等。”③所谓“丈抽之制”，显然就是月港的水饷。万历四十二年(1614 年)广东海道俞性之“条具五事，勒石永禁”。其中规定：“凡番船到澳，许即进港，听候丈抽。”“凡夷趁贸货物俱赴省城公卖输饷。”④可见，番船进入澳门后，由中国政府有关机构按船大小征税；然后，外国商人将货物运到省城广州交易，另行“输饷”。后者显然是货物税，也就是海澄的陆饷。濠镜成为广州的外港。海澄和广州、澳门采取了大体相同的税制。

万历二十一年(1593 年)日本丰臣秀吉侵略朝鲜，国际形势紧张，福建等地一度又实行“海禁”，但“人辄违禁私下海，或假借县给买谷捕鱼之引，竞走远夷”⑤。福建巡抚都御史许孚远坚决反对，他用嘉靖“海禁”与隆庆“开禁”二者作对比，认为如果再次实行“海禁”的话，很有可能再次激起沿海民变。⑥ 明朝政府有鉴于历史的经验，同意了他的意见。许孚远“移檄招谕，凡留贩人船，不论从前有引无引，日远日近，俱许驾回诣官输饷如故事。凡私通压冬情罪，一切宥免”。于是不少商人驾船回港，饷税因此增加。⑦ 许孚远的做法，意味着出海限制的进一步放松，同时说明开禁确已成为明朝政府对待海外交通的基本方针。此后由于沿海地区某些特殊的情况，仍曾实行过“海禁”，但为时不长，便重新开禁。

开放“海禁”以后，海上走私仍然存在，而且规模很大。这主要有几方面的原因。一是官府的限制过严(如不许压冬等)，而且有关官员常常利用职权，敲诈勒索，严重损害了海商的正当利益。以出港检查来说，“一概嗜为利孔，尽行留难，总哨目兵，次第苞苴，藉声措诈，阻滞拖延”。而在回港时，“仓巡下属逢

---

① 《明史》卷三二五《佛郎机传》。

② 庞尚鹏：《抚处濠镜澳夷疏》，《百可亭摘稿》卷一。

③ 梁廷楠：《粤海关志》卷二二《贡舶》。

④ 印光任、张汝霖：《澳门纪略》卷上《官守篇》。

⑤ 张燮：《东西洋考》卷七《饷税考》。

⑥ 张燮：《东西洋考》卷七《饷税考》。

⑦ 张燮：《东西洋考》卷七《饷税考》。

船至,营求差使,如田夫逐鹿,一有奉委,骤以富名。称验查而常例不赏,称押送而常例不赏,称封钉而常例又不赏。……故差官是瘠商之虫贼也"。"夫衙役之横,无如饷馆之甚。……报货则匿其半,而输半直于吏书。量船则匿其一,而酬具二分于吏书。喜则啸虎,怒则张鸥,甚官坏而吏仍肥,饷亏而书悉饱。……故衙党是残商之蜂虿也。"①二是官府立禁不许往日本贸易,但日本离中国较近,而两国商品差价很大,经营中日之间贸易利润很高,不少商人便冒险前往。三是只开放福建月港一处,对浙、广商人不便。因此,走私贸易难以断线,尤以中日之间的走私最为突出,其次则是吕宋等地。在嘉靖"海禁"时期开始形成一些大规模海商集团,前文已有所述。开禁以后,又有一些新的海商集团形成,他们亦盗亦商,武装走私,成为强大的海上势力。福建泉州南安人郑芝龙,便是其中的代表人物。郑芝龙后接受明朝的招抚,但他所控制的海上力量并未解散,反而利用其在官府中的地位,进一步扩大自己势力。明朝末年,郑氏家族并吞了其他海商集团,以厦门港为基地,自行派船出海贸易。其他前往外国贸易的商船,也要得到他的许可。"郑氏家族独有南海之利,商船出入诸国者,得芝龙符令乃行。"②明亡前夕,亦官亦商的郑氏集团,垄断了海外贸易,而明朝政府在这方面却是无足轻重的了。

综上所述,明朝政府的海外交通政策,和宋、元时期比较,有很大的不同。宋、元时期,总的说来,采取的是开放政策,政府鼓励民间商人出海贸易,虽然也有过"禁海",为期很短。明朝政府却不同,在隆庆改制以前的二百年左右时间(占明朝统治时间的 2/3 以上)基本上都实行"海禁"和朝贡贸易的政策,不许民间商人出海,这就导致了私贩的盛行。隆庆改制,开放海禁,民间商人可以出海贸易,但措施不善,通过官方轨道出海者有限,走私商船为数更多。如果把"海禁"为主作为明代海外交通的一个特点的话,那么,走私贸易的盛行,可以说是另一个特点。还有一个值得注意的特点,那便是私人海商集团的形成,而且占有很大的势力。

第二节 清前期海外交通政策的演变③

1644 年,清军入关,从此开始了清王朝对中国的统治。清代(1644—1911

---

① 张燮:《东西洋考》卷七《饷税考》。
② 邵廷采:《东南纪事》卷一一《郑芝龙传》。
③ 此部分内容参见陈高华、陈尚胜:《中国海外交通史》,中国台湾文津出版社 1997 年版,第 258—271 页。

年)是中国海外交通的衰落时期。鸦片战争前,中国帆船不仅停止了与印度洋地区的交往,并且在东南亚地区的活动也逐渐退缩到近邻国家,海外交通的空间已越来越有限。而鸦片战争后的清朝海外交通,更是身不由己。回溯这两个半世纪中国海外交通的衰落,势必会加深国人对中华民族命运的思索。

与明王朝相比,鸦片战争前的清朝政府除了曾对琉球派遣使节外,既没有向其他海外国家派遣使团,也没有像明朝政府那样积极开展与海外国家政府之间的朝贡贸易。这除了清朝贵族的传统因素外,清初20年的国内统一战争,使得清朝统治者无暇顾及在海外国家中树立"天朝上国"的外交形象。而且,清朝政府对于民间的海外交通政策,也可谓是"一波三折"。

清朝政府在人主中原后不久,为了解决铸造钱币所需的钢筋,在顺治三年(1646年)即发布了准许商民出海贩运洋铜的敕令:"凡商贾有挟重资愿航海市铜者,官给符为信,听其出洋,往市于东南、日本诸夷。舟回,司关者按时值收之,供官用。"①然而,由于郑成功集团在东南沿海地区强有力地开展反清复明的斗争,清朝政府于顺治十二年(1655年)批准了浙闽总督屯泰提出的"沿海省份,应立严禁,无许片帆入海,违者立置重典"的意见②,"敕谕浙江、福建、广东、江南、山东、天津各督抚镇曰……自今以后,各该督抚着申饬沿海一带文武各官,严禁商民船只私自出海。有将一切粮食货物等项,与逆贼贸易者,或地方官查出,或被人告发,即将贸易之人,不论官民,俱行奏闻正法,货物入官。本犯家产,尽给告发之人。其该管地方文武各官,不行盘诘擒拿,皆革职,从重治罪;地方保甲,通同容隐,不行举首皆论死"③。尽管"海禁"政策如此严厉,但由于郑成功集团控制了东南沿海地区的制海权,并未收到预期效果。于是,自顺治十七年(1660年)起,清朝政府在沿海地区又推行大规模的"迁界"政策,强迫沿海居民向内地迁移30—50里不等,并规定"凡有官员兵民违禁出界贸易,及盖房居住耕种用地者,不论官民,俱以通贼论处斩"④。这种严刑峻法,不但使清朝的海外交通处于停滞状态,而且对于沿海地区的民生也造成了极大的破坏。康熙十二年(1673年)浙闽总督范承谟在奏疏中汇报,自迁界以后,"沿海之庐舍、畎亩化为斥卤,老弱妇子辗转沟壑,逃亡四方者不计其数,所余孑遗,无业可安,无生可求,颠沛流离,至此已极"⑤。

康熙二十二年(1683年),台湾郑克塽归降清廷,海峡两岸对峙局面结束。

---

① 《皇朝掌故汇编·钱法一》。
② 《清世宗章皇帝实录》卷九二。
③ 《清世宗章皇帝实录》卷一〇二。
④ 《光绪大清会典事例》卷七七六。
⑤ 杨廷璋等修:《福建续志》卷八七。

次年十一月,圣祖谕令"各省先定海禁处分之例,应尽行停止"①。不久,清朝政府正式设立粤、闽、浙、江四海关,用以管理商民的出海贸易和外商的来华贸易。粤海关设于广州,在澳门设有监督行署;闽海关设于厦门,在福州也设有监督衙署;浙海关设于宁波;江海关初设于松江府华亭县的漴阙(今金山县漕泾东),康熙二十六年迁于邑城(今上海十六铺一带)。② 清朝政府所规定的海外交通港口,也只限于各海关监督衙署所在港。有些学者曾谓清代海外贸易港口多达100余处,并据此而认定清朝海外交通政策的开放,实则混淆了各海关挂号口、正税口、稽查口与出洋口的区别,混淆了国内近海交通港口与海外交通港口的区别。雍正六年(1728年),福建总督高其倬曾说:"漂洋船只出口之处,闽省者总归厦门一处出口,粤省者总归虎门一处出口,其别处口岸一概严禁。如有违禁,在别处放船者,即行查拿,照私越之例治罪。"③

根据清朝政府的规定,"商民人等有欲出洋贸易者,呈明地方官,登记姓名,取具保结,给发执照,将船身烙号刊名,令守口官弁查验,准其出入贸易。"④但清朝政府仍做出了不少苛刻限制:第一,严格限定出海船只的大小尺寸和船员人数。康熙二十三年(1684年)规定,出海商船限定在五百石以下,"如有打造双桅五百石以上违式船只出海者,不论官兵民人,俱发边卫充军"⑤。到康熙四十二年(1703年),清朝政府又有所放宽,"商贾船许用双桅,其梁头不得过一丈八尺,舵水人等不得过二十八名;其一丈六七尺梁头者,不得过二十四名;一丈四五尺梁头者,不得过十六名;一丈二三尺梁头者,不得过十四名"⑥。第二,严格限制造船出海。清朝政府规定出海商民造船,事先必须报请州县官员审查批准,并要取具澳甲里族各长以及邻佑画押保结,方可打造。造竣还要州县亲验烙号,以核梁头是否过限。另外,船商在承揽出海货运生意时,"客商必带有资本货物,舵水必询有家口来由,方许在船"⑦。第三,严禁携带军器、军用物资和有关国计民生用品出洋。清朝政府于康熙三十三年(1694年)定例,出洋贸易船只禁带军器出洋。从国外带军器入关,也"一概禁止。至暗带外国之人,偷买犯禁之物者,并严加治罪"⑧。所谓犯禁之物,包括铁器、焰磺、硫磺、军器、樟板、铜、丝、粮食等。清朝政府对于国内商民海外贸

第三章

明清时期的海洋政策与管理

---

① 《清圣祖仁皇帝实录》卷一一七。
② 参据彭泽益:《清初四榷关地点和贸易量的考察》,见《社会科学战线》1984年第3期;林仁川:《福建对外贸易与海关史》,鹭江出版社1991年版。
③ 《宫中档雍正朝奏折》,第九辑,第566页。
④ 《光绪大清会典事例》卷六二九。
⑤ 《光绪大清会典事例》卷七七六。
⑥ 《光绪大清会典事例》卷一二〇。
⑦ 《光绪大清会典事例》卷六二九。
⑧ 《皇朝文献通考》卷三三。

易所采取的这种严格限制措施,反映了他们对民间中外往来的担心。因此,每逢沿海治安不宁,或国内粮价不稳,或中外争端发生,总有人提出禁止海上商贾。不久,这种担心心理就导致了南洋禁航令的下达。

康熙五十六年(1717年)三月,清圣祖谕令:"凡商船照旧东洋贸易外,其南洋吕宋、噶罗吧等处,不许商船前往贸易,于南澳等地方截住,令广东、福建沿海一带水师各营巡查,违禁者严拿治罪。"①清朝政府之所以严禁南洋,不禁东洋,一方面是由于铸造货币原料的不足,仍需要商船赴日本采办"倭铜";另一方面,则是由于圣祖担心汉族反清势力聚结南洋。乾隆时福建漳浦人蔡新曾指出:"康熙年间,南洋之禁不过谓各口岸多聚汉人,恐酿海贼之阶,非恶南洋也。"②但这种南洋之禁,对于东南沿海地区的经济生活却产生了十分消极的影响。雍正二年(1724年),蓝鼎元曾尖锐指出,南洋禁后,"百货不通,民生日蹙,居者苦艺能之罔用,行者叹致远之无方"。从前,"游手之人尽入番岛","今禁南洋驱游手为盗贼耳"③。

雍正初年,东南沿海地区的地方官员纷纷上疏请开南洋之禁。雍正五年(1727年)三月,世宗根据福建总督高其倬的请求,首先在福建省解除南洋禁令。此后,广东、浙江亦相继解禁。然而,清朝政府在开放南洋贸易后,又做了新的限制,规定"嗣后凡出洋船只,俱令各州县严查船宅、伙长、头碇、水手并商客人等共若干名,开明姓名籍贯,令族邻保甲出具,切实保结。……如有报少载多及年貌箕斗不符者,即行拿究,保甲之人一并治罪。回棹时照前查点。如有去多回少,先将船户人等严行治罪,再将留住之人家属严加追比"④。同时还特别规定:"从前逗留外洋之人,不准回籍。"⑤

乾隆五年(1740年),荷兰殖民者在爪哇巴达维亚城屠杀华人近万名的消息传来,福建总督策楞又上奏朝廷"请禁止南洋商贩"。在朝廷尚未做出最后决定前,内阁学士方苞致书福建漳浦人蔡新,征询其意见。蔡新即回信表示反对,认为商民的出海贸易"一旦禁止,则以商无赀,以农无产,势将流离失所"⑥。与此同时,沿海地区的部分官员也上奏提出反对南洋再禁的意见,从而避免了清朝政府关于国内商民出海贸易政策的又一次倒退。乾隆十九年(1754年),福建巡抚陈宏谋以海洋信风无常和某些海商在短期内难以在外国结清账目为由,奏请朝廷解除对出洋商民回国的时间限定,得到批准,谕令"凡

---

① 《清圣祖仁皇帝实录》卷二七一。
② 《辑斋文集》卷四《答方望溪先生议禁南洋书》。
③ 《鹿州初集》卷三《南洋事宜书》。
④ 《朱批谕旨》,第四六册,第26—27页。
⑤ 《皇朝政典类纂》卷一一八。
⑥ 李维钰等修:《漳州府志》卷三三。

出洋贸易之人,无论年份远近,概准回籍"①。至此,清朝政府在经历了一个多世纪的政策反复后,对于国内商民的出海贸易政策才基本稳定下来。

在与海外国家来往的政策方面,清朝政府在顺治四年(1647年)占领广东时宣布:"南海诸国、暹罗、安南,附近广地,明初皆遣使朝贡,各国有能倾心向化称臣入贡者,朝近一矢不加,与朝鲜一体优待。贡使往来,悉从正道,直达京师,以示怀柔。"②但清朝政府并不像明朝政府立国之初那样大规模向海外国家派遣使团,去通报自己已入主中原的消息,而仅限于欢迎海外国家单方面的入清朝贡。"外国船非正贡时,无故私来贸易者,该督抚即行阻逐。"③显然,入主中原后所面临的反清势力的挑战,使清朝政府无暇派遣使团主动结交海外国家。不过,这种欢迎海外国家前来朝贡的政策,并未因"海禁"政策的实行而停止。如顺治十三年(1656年)荷兰特使杯突高啮(Peter de Goyer)等人来华,被清朝政府准其八年一贡。

康熙二十三年(1684年),清朝政府在开放"海禁"后,即把外国来华的朝贡贸易扩大到沿海互市贸易。外国商船在广东、福建、浙江、江南等地港口皆可进行贸易。不过,从康熙晚期开始,清朝政府对外国来华船只注重了防范。康熙五十六年(1717年)三月,圣祖谕示闽浙总督觉罗满保和两广总督杨琳,"其外国夹板船照旧准来贸易,令地方文武官严加防范"④。雍正二年(1724年),清朝政府明确规定来粤海关的外国商船俱泊黄埔港,并只许正商数人与行客交易,其余水手人等,俱在船上等候,不得登岸行走,且限于十一、十二两月内,乘风信便利返回本国。⑤到雍正十年(1732年),清朝政府又从广州城安全防范目的出发,将外国来粤商船停泊港从黄埔迁到澳门,"往来货物即用该澳小船搬运,仍饬沿途营泛往回一体拨桨船护送,碱位军器不得私运来省"⑥。尤其是到乾隆中期,清朝政府又担心外国商船到江浙一带的贸易会影响海防安全。在临时提高浙海关关税以阻止外船入浙的措施失败后,高宗于二十二年(1757年)十一月七日又旨令沿海督抚,"晓谕番商将来只许在广东收泊交易,不得再赴宁波。如或再来,必令原船返棹至广,不准入浙江海口"⑦。从此开始了对外国商船来华贸易的限关政策。清朝政府之所以把外国商船的来华贸易限制于广州,除了广州自唐宋以来即为中国海外贸易中心外,还在于它在

---

① 《清高宗纯皇帝实录》卷四七二。

② 《清世祖章皇帝实录》卷三三。

③ 《光绪大清会典事例》卷五一〇。

④ 《清圣祖仁皇帝实录》卷二七一。

⑤ 《清世宗宪皇帝实录》卷二五。

⑥ 王之春:《国朝柔远记》卷四。

⑦ 《清高宗纯皇帝实录》卷五五〇。

地理上靠近东南亚地区,海外交通便捷;广州外围的虎门和黄埔建有系统的海防设施;另外,它距离京畿较远,清朝政府也不易感受到"外夷"的威胁。

限关政策执行后,清朝政府对来粤贸易的外国商船严格加以管理和防范,先后颁布了《防范外夷规条》(乾隆二十四年,1759 年)、《民夷交易章程》(嘉庆十四年,1809 年)、《查禁鸦片烟条规》(嘉庆二十年,1815 年)、《查禁官银出洋及私货入口章程》(道光九年,1829 年)、《查禁纹银偷漏及鸦片分销章程》(道光十年,1830 年)、《防范夷人章程八条》(道光十一年,1831 年)、《防夷新规八条》(道光十五年,1835 年)、《洋人携带鸦片入口治罪专条》(道光十九年,1839 年)等管理外商来粤贸易章程。

从这一时期海外贸易政策的演变看,清朝政府对于国内商民出海贸易的政策,采取了逐渐放宽的措施;而在对待外国商船来华贸易的政策方面,则表现出日益严格限制和防范的趋势。然而,这并不能说明清朝政府在海外贸易政策上采取了一种保护和支持本国商民的政策。相反,清朝政府所推行的海外贸易政策并不利于本国海外贸易商人。

第一,从海外贸易的管理措施看,清朝政府对于国内商民的限制远甚于对外商的限制。清朝政府对于外商来华贸易的限制,主要偏重于贸易以外的活动,如与港口所在地人民以及官员的接触等,而对于贸易本身,除有时间和地点的限制外,并没有根本性的限制。而清朝政府对于国内商民出海贸易的限制,则包括有商船航海能力、载重量、安全防卫水准以及商品经营品种等一系列根本性的限制。由于清朝政府严禁国内商民打造大型出海商船,并对商船式样和材料来源也进行粗暴干涉,使得中国商民在国际贸易竞争中,在造船技术和航海能力上就处于劣势地位。到 18 世纪后期,中国出海商船的载重量一般为 120—800 吨,平均 300 吨左右①,而英国商船的平均吨位则在 1000 吨以上②,中西商船在运载能力上首先拉开了距离。同时,清朝政府既不愿亦无力给国内商船出海提供安全保护,并且对其安全保卫措施又采取诸多限制,又使得中国在海盗抢劫时乏力自卫,甚至一些西方商船亦从事抢劫中国商船的活动。他们曾声称,中国商船仅有"轻微的防卫,一只帆船上的小艇都可以毫无困难地对它进行抢劫"③。尤其荒谬的是,清朝政府除限制生丝等产品外销外,还限定茶叶的外销途径,必须从江浙皖闽等产区,先陆运或河运至广州,再由广州行商垄断与外商的茶叶贸易,从而使本国出海商人无法利用本国商品

---

① 姚贤镐编:《中国近代对外贸易史资料》第一册,中华书局 1962 年版,第 60 页。

② H. B. Morse:The Chronicles of the East India Company trading to China 1635-1834. Vol Ⅱ, p. 444-449. Oxford,1926.

③ 田汝康:《十七至十九世纪中叶中国帆船在东南亚洲》,上海人民出版社 1957 年版,第 10—11 页。

资源优势来获取利润，而西方商人却从广州源源不断地将中国茶叶运销亚欧美市场，并大发其财。

第二，从关税待遇上看，中国出海商人的关税负担亦重于外国商人。鸦片战争前的清朝关税，基本上分为货税、船钞以及规礼三种，货税按货物征收，无从比较。而船钞则按船只大小征收。从表面上看，根据康熙三十七年（1698年）稳定后的船钞税率，清朝政府对于国内出海商船所征要远低于外商船只。

然而，船钞的征收，只根据商船的长宽尺度，而不计算深度。据国内学者研究，当时外国商船的吃水深度一般与宽度相等，而中国商船的吃水深度仅为宽度的46%左右。这种长宽尺度和吃水深度的差别，使得两者之间的载重量和贸易额相距甚大。以贸易额为例，外国商船平均在15万两左右，而中国商船则只在3至6万元（约合21429—42858两）之间。这样，在征收的船钞所占商船贸易额的比例上，即使一等船，外船只占0.75%，国内商船则在1.1%和0.6%之间，平均为0.85%[1]，反而高于国外商船。规礼亦称"陋规"，原是海关人员向进出港商人私自征收的各种费用。粤海关自雍正五年（1727年）后，因广东巡抚杨文乾的干预，各种规银被奏报归公，汇并征收。粤海关对外商船只所征收的规银，不分等次，每船统收进口规银1125.96两，出口规银500余两，两者都以9折扣算，分别实征1013和450两，合计1463两。道光十年（1830年），清朝政府又批准两广总督李鸿宾的奏请，将外船进口规银减去1/5，实征810余两，加上出口规银，合征1260余两。粤海关对于国内商船出海所征规银不详。但在闽海关，乾隆前期，仅向洋行缴纳专供地方大员采买舶来品的规礼，每艘大船出入口各缴600两，中船各缴500两，次中船各缴400两，小船各缴200两。[2] 就是说，一艘大船出入口所缴规银也达到1200两，尚不包括其他的规礼。假若再从规银所占贸易额的比例来考虑，则中国商船的规银负担相当于外商来华船只的数倍。

清朝政府对于内商出海和外商来华的政策差别，反映了清朝政府制订这两方面政策的用意的不同。清世宗曾说，国内商人"贸易外洋者，多不安分之人。若听其去来任意，伊等全无顾忌，则漂流外国者，必致愈众，嗣后应定一期限，若逾期不回，是其人甘心流于外方，无可悯惜"[3]。清高宗也曾表示，"国家设立榷关，原以稽查奸宄，巡缉地方，即定额抽征，亦恐逐末过多，藉以遏禁限制"[4]。显然，清朝政府制订这方面政策的依据出于传统的"抑商"观念。而清

① 参见陈希育：《清朝海关对于民间海外贸易的管理》，《海交史研究》1988年第1期。
② 《宫中档乾隆朝奏折》，第二十一辑，第225页。
③ 《朱批谕旨》，第四十六册，第26—27页。
④ 梁廷楠：《粤海关志》卷一。

朝政府制订管理外商来华贸易政策则不然。清高宗曾明确地说,清朝政府之"所以准通洋船者,特系怀柔远人之黎则然"①。清仁宗也曾说:"外洋船来内地贸易,输纳税课,原因其恪守藩服,用示怀柔,并非利其财货。"②正是由于这种"抑商"与"怀柔"的不同,才有内外商海外贸易政策的极大差别。如乾隆二十九年(1764年),两广总督苏昌奏请粤省出海商船,"请照外洋夷商之例,准其配带丝斤",结果被清廷直接予以否定,认为"夷商配带丝斤,系出特恩,非商贩所得援照"③。

清前期海外贸易政策所表现出的"抑商"与"怀柔"的两面性,实质上反映了它的闭关性质。关于清前期海外贸易政策的性质,即闭关还是开放的问题,史家的认识颇不一致。持闭关观点的学者认为,清朝政府限制本国商民出海贸易,限制外国人的种种条规,限制通商口岸,限制外贸商品的数量和种类,具有鲜明的闭关自守性质。④ 持开放论的学者则认为,清朝政府给予外商的一些优惠待遇以及海外贸易的不断发展,表明它实行了一条开放政策。⑤ 然而,上述两种判断都有值得进一步思考的余地。就前一种判断的缺陷看,外贸开放不等于放任自流,严格限制也不意味着闭关锁国。就后一种判断的逻辑缺陷看,一方面把对外政策的性质简单地等同于对外商的优惠是否存在、海禁是否执行和海关是否设置等非本质内容;另一方面则模糊了海外贸易发展的客观效果与政策的主观动机之间的区别。追本穷源,两种观点都没有廓清闭关与开放概念的历史内涵。

严格地说,作为一种带有闭关或开放性质的对外政策,只是人类交往活动发展到一定阶段的历史产物。具体地说,它开始于15世纪以后欧洲国家的海外扩张,使人类的交往活动从区域性发展到世界性阶段,从而开始了各地区之间相互联系和相互影响的历史进程,各国家、各民族都面临着激烈国际竞争的外部环境。从此,一些国家政府通过积极利用外部环境的政策来谋求本国政治经济实力的发展,另一些国家政府则通过消极限制外部环境对国内的影响来维护自身的政治统治。所以,界定这种对外政策性质上的闭关或开放,关键是要考察这个国家政府在本质倾向上是消极还是积极,反应于外部环境,即怎

---

① 《清高宗纯皇帝实录》卷六四九。
② 梁廷楠:《粤海关志》卷二六。
③ 《清高宗纯皇帝实录》卷七四〇。
④ 参见戴逸:《闭关政策的教训》,见《鸦片战争史论文专集》,人民出版社1984年版;傅筑夫:《中国古代经济史概论》,中国社会科学出版社1981年版。
⑤ 参见黄启臣:《清代前期海外贸易的发展》,见《历史研究》1986年第4期;张彬村:《明清两朝的海外贸易政策:闭关自守?》,见《中国海洋发展史论文集》第四辑,台北1991年版;陈希育:《中国帆船与海外贸易》,厦门大学出版社1991年版,第385页。

样解决外部环境与本国生存和发展之间的关系。

清朝政府的海外贸易政策充分体现了它的闭关性质。首先,从清朝统治者对于海外贸易的基本观念看,虽然他们也感到进口某些外国产品(如大米、铜银金属等)可以有助于民生国计,但在观念上却认为中国不需要外国商品,不承认海外贸易有互惠性。清高宗致英王乔治三世的敕谕是这一观念的集中反映:"天朝物产丰盈,无所不有,原不藉外夷货物以通有无。"①其次,清朝政府制订海外贸易政策的目的,一方面在于"怀柔远人",用"怀柔"来消除"外夷"的可能冲击;另一方而,则是对国内商民出海贸易既成事实的承认,以稳定沿海地区的统治秩序。再次,从清朝政府补充和调整具体的海外贸易管理措施看,他们既认不清急剧变化的海外环境的严重挑战,又不能积极地根据现实利害来采取有效的对策,而是一味地按照自身传统或祖宗定制来做出反应,并消极地用防堵、限制和隔离等措施来处理日益激烈的国际竞争环境。这些措施既不能有效对付西方的扩张和挑战,又束缚了中国商民海外交通事业的发展。

另外,虽然不可简单地根据口岸多少来判定外贸政策的性质,但清朝政府之所以把外国来华贸易严格限定于广州,而不定在外贸商品主要出产地的长江下游地区,其目的就是要尽可能地阻断外商与中国腹地的联系。而且在广州,清朝政府又通过洋行商人的垄断制度,阻断了外商与中国普通商人的贸易联系。因此,清前期这种畸形的外贸港口布局以及广州通商体制本身,又鲜明地体现了清朝政府对外闭关的本质倾向。

第三节　明清时期的海洋贸易管理制度②

一　明代的海洋贸易管理

(一)市舶司的沿革与市舶司制度的演变

明代前期,市舶司作为官方控制海外贸易的一种机构,在设置上虽是承继了前代的做法,但其职责在于"掌海外诸番朝贡、市易之事,辨其使人表文勘合之真伪,禁通番,征私货,平交易,闲其出入而慎馆谷之"③,这同宋代市舶司

---

① 《清高宗纯皇帝实录》卷一四三五。

② 此部分内容主要参见李金明:《明代海外贸易史》,中国社会科学出版社,第68—79页,第139—172页;邓端本:《广州港史》(古代部分),海洋出版社1986年版,第196—216页。

③ 《明史》卷七五《职官志·市舶提举司》。

"掌番货、海舶征榷贸易之事,以来远人,通远物"①的职责已有了较大的差别。

1. 市舶司的沿革

明太祖立国之初,为了"通夷情,抑奸商,俾法禁有所施,因以消其衅隙"②,于吴元年(1364年)在太仓黄渡设立市舶司,俗称"六国码头"。后于洪武二年(1370年)二月宣布停罢。其停罢的原因,不少人认为是因太仓迫近南京,生怕发生他变③,但按照《明实录》的记载,"罢太仓黄渡市舶司,凡番舶至太仓者,令军卫有司同封籍共数,送赴京师"④,其停罢原因似乎是朝廷为了加强对海外贸易的直接控制,使外国商船入口贸易的货物能够直接运抵京师,以免经过市舶司中转。倘若如上所述市舶司的停罢仅是为了生怕发生他变,那么外商直接随货物赴京师岂不是更有发生变乱的可能。其实,正因为太仓迫近南京,才有可能做到把货物直接运送京师,而省去市舶司这一道手续。值得指出的是,《实录》中所说的"番舶"可能不单指贡舶,而应包括入口贸易的商舶,因当时刚刚立国,派往海外诸国宣谕即位诏的使者尚在途中,海外诸国获悉即位而派遣使者前来朝贡的为数不多,故朝贡贸易制亦尚未全面实行。但不久之后,朝贡贸易制全面实行,前来朝贡的国家增多了,朝贡船舶已不可能全部集中于太仓一港,于是,明政府不得不沿袭前代的做法,在朝贡船舶经常出入的宁波、泉州、广州三地设置市舶司,以宁波通日本,泉州通琉球,广州通占城、暹罗、西洋诸国。⑤ 至洪武七年(1374年)九月,又宣布三市舶司停罢。⑥这次停罢的原因在《实录》上虽没有交代,但从停罢前后朝贡船舶仍不断入口的事实来看,似乎当时市舶司还不是专门管理朝贡船舶的机构,否则,在贡舶不断的情况下,市舶司如何停罢? 由此说明,洪武年间设置的市舶司尚保留有宋元时期市舶司的互市性质,当朝贡贸易制逐渐全面实行,当贡舶贸易逐渐取代市舶贸易时,市舶司才会再次遭到停罢,这也就是洪武年间设置的市舶司与永乐年间设置的市舶司在职能和性质上的根本差别。

明成祖即位后,一方面遵循洪武事例,严禁沿海军民私自下海交通外国;另一方面大力招徕海外诸国入明朝贡,规定"诸国有输诚来贡者听"⑦,因此,朝贡人数急剧增多。为了加强对附带货物前来交易的朝贡使者的管理,明成

① 脱脱:《宋史》卷一六七《职官志·提举市舶司》。

② 《明史》卷八一《食货志·市舶》。

③ 如郑晓在《今言》卷三说:"洪武初,设太仓黄渡市舶司,至今称'六国码头'。寻以海夷黠,勿令近京师,遂罢之。"傅维麟在《明书》卷八三亦说:"初以太仓为'六国码头',旋以近京师,恐生他变,遂徙之宁波诸处。"

④ 《明太祖实录》卷四九,洪武三年二月甲戌。

⑤ 《明史》卷八一《食货志·市舶》。

⑥ 《明太祖实录》卷九三,洪武七年九月辛未。

⑦ 《明太宗实录》卷一〇上,洪武三十五年七月壬午;卷十二上,洪武三十五年九月戊子。

祖于永乐元年(1403年)八月命令吏部按照洪武初制,在浙江、福建、广东复设市舶司,隶属布政司管辖,每司置提举一员从五品,副提举二员从六品,吏目一员从九品①;永乐三年(1405年)九月,又因贡使越来越多,命令于福建、浙江、广东市舶司分别设馆招待,于是,福建设来远驿,浙江设安远驿,广东设怀远驿,各置驿丞一员。② 这次市舶司的复设,明确规定其专管朝贡贸易,接待朝贡使者的主要职责,这在市舶司的职能上是一大转变,即从原来管理互市舶的机构变为管理贡舶的机构。永乐六年(1408年)正月,明成祖又在云南及短期内重归明朝管辖的交趾分别设立市舶司,置提举、副提举各一员,以接待西南诸国贡使③;十月,再增置云南市舶司提举、吏目各一员,设新平、顺化两市舶司。④ 这种在内陆边疆地区设置市舶司的做法,更明显地表现出市舶司已由管理互市舶转变为专管朝贡贸易,只要有朝贡使者到达的地方,不管是港口或者是内陆,均置市舶司以管理之。

下面就三市舶司的沿革情况分别进行说明。

广东市舶司原设于广州府城外西南一里,即宋市舶亭海山楼故址⑤,正统十四年(1449年)毁于兵燹,迁移到府城内寿宁坊,至景泰六年(1453年)复重建于原址。⑥ 怀远驿于永乐四年(1406年)建于广州城蚬子步(即今广州市十八甫),有房舍120间,为进贡使者及其随行人员留宿之用,属市舶司管辖。⑦据记载,明初曾来往于广东者有安南、占城、暹罗、真腊、爪哇、满剌加、三佛齐、渤泥、锡兰山、苏门答剌、大泥、急兰丹等十二国贡使。⑧ 当成化、弘治时,朝贡人数日渐增多,均居留于怀远驿设宴招待,"衣服诡异,亦有帽金珠,衣朝霞者,老稚咸竞观之,椒木、铜鼓、戒指、宝石溢于库"⑨,呈现出一派车水马龙、门庭若市的繁荣景象。嘉靖二年(1523年),宁波"争贡之役"发生后,浙江、福建两市舶司被停罢,唯存广东市舶司,当时"诸番飞艎走浪,望鼠岛而三休,大舶参云,指麟州而一息",更是盛极无比,号称"金山珠海,天子之南库也"⑩。不过,当时广东已准许非朝贡船入口贸易,而朝贡贸易实际上已名存实亡,故后来广东市舶司大概被停罢过,因嘉靖三十九年(1560年)浙直视师通政唐顺之曾提

---

① 《明太宗实录》卷二二,永乐元年八月丁巳。
② 《明太宗实录》卷四六,永乐三年九月甲午。
③ 《明太宗实录》卷七五,永乐六年正月戊辰;龙文彬:《明会要》卷五七,《食货五·市舶》。
④ 《明太宗实录》卷八四,永乐六年十月庚子。
⑤ 《广东通志》卷二一八《古迹略三·署宅一》。
⑥ 戴裔煊:《〈明史·佛郎机传〉笺正》,中国社会科学出版社1984年版,第60页。
⑦ 《广东通志》卷一八〇《经政略二十三·市舶》
⑧ 《广东新语》卷一五《货语·诸番货物》。
⑨ 《天下郡国利病书》卷一二〇《海外诸番·入贡互市》。
⑩ 《澳门纪略》上卷《官守篇》。

议恢复三市舶司①,但自此之后,终明之世,广东市舶司一直未再变动过。

浙江市舶司于永乐元年(1403年)设于宁波,在元末方国珍的住宅区(即今宁波市中山公园九曲湾一带),永乐四年(1406年)改建为安远驿,而以驿西原方国珍花厅为市舶司,并添建吏目厅于右边,在魏家巷、出梁街、大池头、盐仓门内等地设提举衙门,承办舶务。另外,还设有市舶库,俗称东库,在今宁波市灵桥门内,原为方国珍的广丰仓,洪武年间改为广盈东库,永乐三年(1405年)才改为市舶库,属市舶司管理。为接待贡使,市舶司除安远驿外,还设置了四明驿、嘉宾馆和迎宾馆,四明驿主要接待日本贡使,洪武元年(1368年)设水站于月湖中,分南北二馆,中通桥路,永乐时改名为四明驿;嘉宾馆为嘉靖十八年(1539年)重建于境清寺的废墟上;迎宾馆系崇祯六年(1633年)向鼎新在市舶司大门东侧新建。②

浙江市舶司主要是接待日本贡使,因"十数年间,仅一再至"③,故其繁盛程度远远不如广东市舶司,正统元年(1436年)八月,浙江右布政使石执中等人就以近年日本诸国来贡者少,市舶司官吏人等冗旷为由,把市舶司人员裁减了2/6④;嘉靖二年(1523年)又因"争贡之役"发生,市舶司即被停罢。后来唐顺之在嘉靖三十九年(1560年)建议恢复三市舶司及有人于嘉靖四十四年(1565年)以广东为例要求重开浙江市舶,均遭到浙江巡抚都御史刘畿的反对,浙江市舶司仍不得恢复。⑤ 直至万历二十七年(1599年),明神宗大榷天下关税时,在百户张宗仁的请求下,浙江市舶司始得以恢复,并遣内官刘成征收税课。⑥

福建市舶司原设于泉州城南水仙门内宋市舶务旧址,来远驿设在城南车桥村。⑦ 后因琉球贡船渐多泊于福州城南河口,故市舶司亦不得不迁到福州。至于迁移的时间,众说纷纭:《福州府志》记载是成化五年(1469年)巡抚都御史张瑄奏请迁移⑧;《闽都记》记载是成化五年(1469年)因修撰罗伦谪官奏移⑨;《泉州府志》记载成化八年(1472年)市舶司移置福州⑩;《福建市舶提举司记》记载是成化二年(1466年)巡按御史朱公贤奏请迁福之柏衙,制从之,后

① 王鸿绪:《明史稿》卷七九《志六十·食货二》。
② 徐明德:《明代宁波的海外贸易及其历史作用》,载《浙江师范学院学报》1983年第2期。
③ 张邦奇:《西亭饯别诗序》,载《明经世文编》卷一四七,《张文定甬川集》。
④ 《明英宗实录》卷二一,正统元年八月甲申。
⑤ 《明史稿》卷七九《志六十·食货三》;《明世宗实录》卷五五〇,嘉靖四十四年九月丙申。
⑥ 《明神宗实录》卷三三一,万历二十七年二月壬子。
⑦ 怀荫布:《泉州府志》卷一二《公署》。
⑧ 鲁曾煜:《福州府志》卷一九《公署二》。
⑨ 王应山:《闽都记》卷六《郡城西南隅》。
⑩ 《泉州府志》卷二一《田赋》。

因提举罗伦认为时机不适遂罢;至成化十年(1474年)巡视都御史张公议才将旧司贸易置澳门都指挥王钦宅,迁市舶司官吏居之。① 而萨士武、胡寄馨两先生据此考定为成化十年(1474年)。② 迁移后,置市舶司于布政司西南,都指挥金事王胜故宅;置进贡厂于城南河口,为贮存贡品之用,置来远驿于水部门外,为贡使馆寓之所。③ 福建市舶司虽不如广东市舶司繁盛,但因琉球人贡频繁,"岁市易于我,以转市他岛"④,故在市帕司经营贸易的官牙亦曾达到24名之多⑤,可见其情况较之浙江市舶司为好。嘉靖二年(1523年)"争贡之役"发生后,福建市舶司亦被停罢,至嘉靖三十九年(1560年)始得以恢复;万历八年(1580年)又遭裁革⑥,直至万历二十七年(1599年)明神宗大榷天下关税时,才再次得以恢复,且派遣内监高寀为市舶提督兼管矿务。⑦

总之,明代市舶司是在明朝统治者加强对海外贸易的控制,既厉行海禁,又招徕海外诸国入明朝贡的情况下设置的,终明之世,它随着海禁的严弛与朝贡贸易的盛衰而几经变迁,置罢无常。

2. 市舶司制度的演变

日本学者桑原骘藏曾对市舶司一词下过定义:"市舶即互市舶,当时由华往外国,或由外国来华之贾舶也。此等贾舶,政府设署管理之,谓之提举市舶司,主其事者即提举市舶。"⑧这个定义看来仅适用于宋、元时的市舶司,而不适用于明代的市舶司,因明代前期厉行海禁,禁止私人船舶出海贸易,规定"片板不许入海",唯一提倡的仅是海外诸国以"朝贡"为名的来华贸易,所以明代的市舶司制度比之宋、元已发生了较大的变化。

其一是设置市舶司的目的不同。宋、元两代封建王朝对于海外贸易,一般还是采取积极提倡的态度,他们设置市舶司的目的,在于"使商贾懋迁","以助国用"⑨,即发展海外贸易以增加国家的财政收入。宋高宗曾说过:"市舶之利,颇助国用,宜循旧法,以招徕远人,阜通货贿。"⑩而明朝统治者对海外贸易却持封闭态度,明太祖之初,即宣布"禁濒海民不得私出海",其设置市舶司的

---

① 林玭:《福建市舶提举司考》,载高岐:《福建市舶提举司志》,《艺文》。
② 见萨士武、胡寄馨:《明代福建市舶司考》,载《福建对外贸易史研究》,1948年福建社科研究所,第12页。
③ 《重纂福建通志》卷一八《公署·福州府》。
④ 《崇相集·筹倭管见》。
⑤ 《福建市舶提举司志·属役》。
⑥ 《明会典》卷一五《户部二·州县一》,《闽书》卷四十九《文莅志》。
⑦ 《明神宗实录》卷三三一,万历二十七年二月戊辰。
⑧ 〔日〕桑原骘藏:《蒲寿庚考》,中华书局1954年版,第1页。
⑨ 徐松:《宋会要辑稿·职官四四》。
⑩ 《宋会要辑稿·职官四四》。

目的,在于"通夷情,抑奸商,俾法禁有所施,因以消其畔隙"①,也就是通过市舶司的设置来加强海禁的实行,把海外贸易严格地控制在官府垄断的朝贡贸易之下。就以永乐元年(1403年)明成祖在浙江、福建、广东设立市舶司来说,目的也是使附带货物前来交易的海外诸国贡使有专官负责管理②。前面我们谈过,明政府通过这种附带货物的交易可获得高额利润,因此尽一切办法对之实行控制和垄断,而市舶司就是这种控制和垄断的工具,明成祖在设置三市舶司的同时,亦派出中官提督市舶司③,这明显是为了加强对海外贸易的专制统治,因市舶提举毕竟属地方布政司管辖,而提督则由朝廷直接派下来的内官充当,他代表朝廷直接控制市舶司的日常工作,凡朝贡贸易中的"犒待之仪、贡输之数"皆主于中官,而市舶提举徒有虚名,无所事事,唯有"检视之而已"④。所以说,不能把市舶司的设置看成海外贸易的发展,更不能说是"明朝采取了完全开放政策"⑤。反之,明代市舶司的设置却强化了海禁,扼杀了私人海外贸易,使海外贸易逐渐地趋于衰败。梁廷楠在《粤海关志》中曾指出:"(市舶司)自洪武迄嘉靖,置罢不常,又始置三司,后复罢浙江、福建而专属之广东,大抵归其权于中官,凌轹官吏,古人互市之法荡然尽矣。"⑥可见明代市舶司的设置其性质已从互市舶变为贡舶的专管机构。

其二是市舶司的职责不同。宋、元两代鼓励私人出海贸易,对外商亦持招徕态度,市舶司的职责是"掌番货,海舶征榷贸易之事,以来远人,通远物"⑦。宋端拱二年(989年)规定:"自今商旅出海外藩国贩易者,须于两浙市舶司陈牒,请官给券以行,违者没入其定货。"⑧因此,市舶司的日常工作,主要是发遣进出海港的商舶(本国的和外国的),对商舶的货物进行抽解和征税,防止商舶货物的走漏等。⑨ 但明代的情况却不一样,明代前期严格实行海禁,不准私人出海贸易,其海外贸易仅维持在朝贡贸易一条狭窄的途径上,故市舶司的职责只能是掌管朝贡贸易之事,其具体工作是,贡舶进港后,配合察院、行都、布、按三司验甲勘合、贡期无误后,将贡物封钉,贡使接进馆驿安歇,严加看管,不许擅自出入,交通贸易违禁货物,然后再把贡物启封盘验,搬入进贡厂捆扎打包,

① 《明史》卷八一《食货志·市舶》。

② 《明太宗实录》卷二二,永乐元年八月丁巳。

③ 谈迁:《国榷》卷一三,永乐元年八月丁巳。

④ 张邦奇:《西亭饯别诗序》。

⑤ 张立凡:《试论以勘合贸易为中心的明日关系》,《四平师院学报》1981年第2期。

⑥ 《粤海关志》卷七《设官》。

⑦ 《宋史》卷一六七《职官志》。

⑧ 《宋会要辑稿·职官四四》。

⑨ 陈高华、吴泰:《宋元时期的海外贸易》,天津人民出版社1981年版,第67页。

待朝廷命令到后,即召集役夫将贡物运送入京。① 还有一项工作是,当贡物大量进来,"充溢库市"时,其拣退部分,允许"贫民承令博买"②。这种"博买"必须是在市舶司官员的严密监督下进行,而且是临时性的,只有当进口的贡物大大超过官府的需求时才有此可能,由此亦可看出明政府对海外贸易的绝对控制与垄断。总之,明代市舶司的职责只是"专管进贡方物,柔待远人"③,至于朝贡贸易中较为重要的抽分工作却不在他们手里,而是属镇巡等地方官掌握,故张邦奇在谈到市舶司的职责时说:"其供应之节,控驭之方,掌于郡守;犒待之仪,贡输之数,主于中官;职提司者,不过检视之而已。"④正因为如此,故市舶司经常被看做一种闲置机构,浙江布政使认为浙江市舶司官吏人等冗旷,要求裁减 2/3⑤,福建都布按三司认为福建市舶司专理琉球国贡物,事务不繁。⑥

其三是市舶司的官员配备不同。宋代市舶司官制的变化较为频繁,市舶司提举一般由转运使兼任或另设专官,其中"多儒绅,为名吏者众"⑦。由于市舶司收入与国家财政关系重大,故宋、元两代封建王朝对市舶司官员的配备均异常重视,绍兴二十一年(1151 年),宋高宗派遣知州李庄提举福建市舶时,认为"提举市舶官委奇非轻,若用非其人,则措置失当,海商不至矣",要求李庄到朝廷禀议后上任⑧;而元朝更是以高官兼领或监督市舶司。⑨ 可是,明朝统治者对市舶司官员的配备却显得不甚重视,市舶司官制虽较宋元时完备,但提举一员仅从五品,副提举二员从六品,吏目一员从九品⑩,官卑职微,隶属于布政司,对属镇巡等地方官掌管的非进贡的外国商船无权过问。更有甚者,明成祖为加强对朝贡贸易的控制,在设置市舶司的同时,亦命中官提督之⑪,这些中官私占役户,横取公私财贿,骚扰军民,无恶不作⑫,与地方官的斗争非常激烈,具体表现在对非进贡的外国商船征税权的争夺上。

明初对海外诸国的朝贡,一般是以"怀柔"为主,没有对它抽分,故在广东布政司的档案中,"查得正统年间以迄弘治,节年俱无抽分"⑬,到弘治年间始

第三章

明清时期的海洋政策与管理

---

① 见《福建市舶提举司志·宾贡》。
② 严从简:《殊域周咨录》卷九《佛郎机》。
③ 《福建市舶提举司志·沿革》。
④ 张邦奇:《西亭饯别诗序》。
⑤ 《明英宗实录》卷二一,正统元年八月甲申。
⑥ 《明宪宗实录》卷一五二,成化十二年四月乙未。
⑦ 郭造卿:《闽中兵食议》,载《天下郡国利病书》卷九六,《福建六》。
⑧ 《宋会要辑稿·职官四四》。
⑨ 宋濂:《元史》卷九四《食货志二·市舶》。
⑩ 《明太宗实录》卷二二,永乐元年八月丁巳。
⑪ 《明史》卷七五《职官志·市舶提举司》。
⑫ 《明宪宗实录》卷二一,成化元年九月丙午,卷一九八,成化十五年十二月辛未。
⑬ 《天下郡国利病书》卷一二〇《海外诸番·入贡互市》。

定"凡番国进贡,内国王、王妃及使臣人等附至货物,以十分为率,五分抽分入官,五分给还价值"①。至于对非进贡或遭风泊港的外国商舶的抽分,却是从前面谈过的正德四年(1509年)遭风漂到广东的暹罗船开始②,其规定是"以十分抽三,该部将贵细解京,粗重变卖,留备军饷"③。后来因布政使吴廷举"首倡缺少上供香料及军门取给之议,不拘年份,至即抽货,以致番舶不绝于海澨,蛮夷杂遝于州城"④。对这些非朝贡船的抽分,因市舶司太监熊宣和毕真相继争夺失败,故仍然掌握在镇巡及三司官手里,这就是丘浚在《大学衍义补》里所说"本朝市舶司之名,虽仍其旧,而无抽分之法"⑤的原因所在。然而,非朝贡船增多了,朝贡船就相对地减少了,市舶司的权力亦随之大大减弱。

可是,在成化与嘉靖年间,市舶司太监的权力曾过分膨胀,取得了提督海道、遇警可调动官军的权利。最初取得这种特权的是成化间太监林槐,但为期不长,很快就被取消了;后来嘉靖四年(1525年)提督浙江市舶司太监赖恩援引此例提出要求,获得批准。尽管兵部认为调动官军是朝廷威柄,赖恩不能擅权,要求收回成命,但仍无济于事。⑥ 市舶司太监的权力如此异常膨胀,大概也是朝廷为加强对海外贸易垄断而采用的一种手段,因这样一来,市舶司可兼管海防,有利于加强海禁和阻止私人出海贸易,正如(明)张邦奇所说:"市舶之设,专司贡献,而近复兼与海道,别提举之司,于海隅休戚,亦不得以非己所职,遂默默而已"⑦。

市舶司太监权力的另一次膨胀是在万历二十七年(1599年),当时明神宗大榷天下关税,分别派遣内官刘成、高寀、李凤出任浙江、福建、广东三市舶司,并委以征收舶税的权利。这是自市舶司设置以来,市舶太监第一次取得征税权,但由于这些太监严刑逼勒,横恣敛怨,引起商民极大不满,"鼓噪为变,声言欲杀(高)寀,缚其参随至海中沈之",故在朝内外官员纷纷弹劾下,明神宗不得不于万历三十四年(1606年)下令"封闭矿洞,诸税咸归有司"⑧,从此,舶税的

① 《明会典》卷一一三《给赐番夷通例》。
② 李龙潜、陈尚胜均认为广东抽分开始于正德三年(1509年)(见李龙潜:《明代广东的对外贸易》,载《文史哲》1982年第2期;陈尚胜:《论明代市舶司制度的演变》,载《文史哲》1986年第2期)。这没有矛盾,因《实录》记载的是对市舶太监熊宣的处理时间,为正德四年三月,那么事件的发生时间当然是在处理之前,也就是正德三年。不过,李、陈在论述中,均把对朝贡船的抽分与对非朝贡船或遭风船的抽分混淆起来了。
③ 《天下郡国利病书》卷一二○《海外诸番·入贡互市》。
④ 《明武宗实录》卷一九四,正德十五年十二月己丑。
⑤ 丘浚:《大学衍义补》卷二五《市籴之令》。
⑥ 《明世宗实录》卷五七,嘉靖四年十一月乙亥。
⑦ 《西亭饯别诗序》。
⑧ 《东西洋考》卷八《税珰考》。

征收仍归地方官所管。

综上所述，明代前期因厉行海禁，不准私人出海贸易，把海外贸易仅限制在朝贡贸易的狭窄途径上，故为接待朝贡使者，转运朝贡物品而设立的市舶司，在制度上比之宋元时代已发生了较大的变化。这种变化使市舶司成为明朝统治者实行海禁、扼杀私人海外贸易、对海外贸易实行控制和垄断的工具，因此，不能把市舶司的设置看成海外贸易的发展，更不能说是明政府对海外贸易采取完全开放的政策，否则，就无法解释明代后期海禁部分开放，准许私人出海贸易后，市舶司反而被停罢或者在职能上发生转变的原因了。

(二)明代后期饷税制的实行

明代后期，随着私人海外贸易不可遏止的发展，海澄月港部分开禁，明政府为了加强对私人海外贸易船的管理和控制，为了征收饷税以造船养兵，在海澄月港设置征税机构——督饷馆，制定了各种饷税的征收办法，遂使明代海外贸易从前期实行的朝贡贸易制转向后期的征收饷税制。这种税制的实行，不仅抑制了走私活动，增强了中国货物在海外的竞争能力，而且减少了国内民力的耗费，压低了海外进口商品的价格，对明代后期私人海外贸易的发展起了一定的促进作用。

1. 督饷馆的设置

督饷馆是明代后期官方为实行饷税制而在海澄月港建立起来的一种征税机构，它由明代前期官方打击走私贸易的防海机构演变而来。海澄月港一带因走私活动猖獗，早就引起了明朝统治者的注意。嘉靖九年（1530年），巡抚都御史胡琏提议把巡海道移镇漳州，在海沧设置安边馆，每年派各府通判一员驻扎；嘉靖三十年（1551年），巡海道柯乔又于月港建靖海馆，由各通判往来巡缉，但因走私活动更加猖獗，"二十四将"结巢盘踞，难以治理。因此，嘉靖四十二年（1563年），福建巡抚谭纶把靖海馆改为海防馆，设海防同知驻扎以加强管理①，这就是督饷馆的前身。到隆庆元年（1567年），月港部分开禁，准许私人出海贸易后，海防馆则成为征收饷税的机构，一切引税、饷税均由海防同知负责征收。

但是，由于申请出海贸易的商船不断增多，饷税额的增长急遽上升，遂引起了明朝统治者的怀疑，认为海防同知负责征收饷税时间长，可能暗中操纵税额的赢缩，不尽如实申报。于是决定每年由全省各府选派佐官一人轮流负责征收，而泉州府却因兵饷匮乏，要求同漳州府分享税饷的征收，由漳州负责开往西洋的商船，泉州负责开往东洋的商船，同月港做法一样，也在中左所设官

第三章

明清时期的海洋政策与管理

---

① 《闽书》卷三〇《方域志·漳州府》。

抽饷。但漳州府坚决不同意，认为把税饷割给泉州，漳州将造成匮饷，且分东西洋征收饷税会不利于管理。这次争议后来被否决了，就在这一年（万历二十一年），设在月港的海防馆被改为督饷馆，开始了每年一更替的轮流督饷。①

这种由各府选派佐官轮流督饷的制度维持没有多久，万历二十七年（1599年），明神宗大榷天下关税，中官高寀衔命入闽，舶税遂归其委官征收，而督饷馆则成为闲置机构。至万历三十四年（1606年）舶税征收重新归督饷馆时，因考虑到由各府佐轮流征收会带来诸多不便，一名外府官员远道来月港，不仅驻扎不便，而且需增设供应人役，所费倍繁，于是改由漳州本府的五名府佐每年派一名轮流管理。这种制度大概维持到崇祯五年（1632年），月港已趋于关闭，饷税无从征收，始停止派员轮管。②

督饷馆的职责除了发放商引，征收饷税外，还负责对进出口商船实行检验和监督。每年冬春之间，商船扬帆出航时，督饷馆官员得亲赴厦门检验每艘船只。万历四十五年（1617年），负责督饷的通判王起宗就因在厦门验船无驻扎之处，造成诸多不便而提议在商船往返的必经之地——圭屿建一公馆，以利于监督往来船只。每年仲夏至仲秋，当商船陆续归航时，督饷馆的官员又在海外加强对商船的监督，凡经过南澳、浯屿、铜山及濠门、海门等地，各巡司即随时将商船情况报督饷馆，并以防止海寇掠夺为名，逐程派船"护送"，实际是对商船实行监督，以免出现隐匿宝货、偷漏关税等现象。③

督饷馆的设置不仅有利于官方饷税制的顺利实行，而且使某些督饷官员有机会接触海外贸易商，及时了解他们的疾苦，以提出废除弊端的各种建议，对当时私人海外贸易的发展起了一定的作用。如万历四十四年（1616年），推官萧基就提出《恤商厘弊十三事》，揭露了当时对海商进行敲诈勒索的种种弊端，并提出了各种相应的更正措施，负责监督万历四十二年（1614年）饷税的海防同知卢崇勋，在商船遭受台风袭击，数十万洋货一飓立尽的情况下，亲赴现场慰问受难船商，毅然减去当年饷税的征收，使不少船商免于破产等等。④然而，由于荷兰殖民者的侵略和掠夺，到崇祯年间，月港已迅速走向衰落，为适应饷税制的实行而设置的督饷馆亦随之失去了存在的价值。

督饷馆存在的时间虽然不长，但在我国海外贸易史上却占有重要地位，它标志着我国历史上征收海外贸易税已从实物抽分制转向货币税饷制，这在关税征收上不能不说是一大进步。其实，督饷馆所制定的各种饷税制度已初具

① 《东西洋考》卷七《饷税考》。
② 见《海澄县志》卷六《秩官·明海防馆同知》。
③ 《东西洋考》卷七《饷税考》。
④ 《东西洋考》卷七《饷税考》。

近代关税征收的雏形，已为清初厦门海关的设置开了先声。

2.饷税的征收

饷税的征收一般是以东西洋为准则。当时所谓的"东西洋"，即现在的南洋，其分界据《东西洋考》载述："文莱，即婆罗国，东洋尽处，西洋所自起也。"西洋包括交趾、占城、暹罗、六坤、柬埔寨、大泥、马六甲、柔佛、思吉港等 19 个国家和地区，其范围大概在今天的中南半岛、马来半岛、苏门答腊、爪哇以及南婆罗洲一带；东洋包括吕宋、苏禄、高乐、猫里务、文莱等 10 个国家和地区，其范围大概在今天的菲律宾群岛、马鲁古群岛、苏禄群岛以及北婆罗洲一带。

督饷馆征收饷税的原则是："凡船出海，纪籍姓名，官给批引，有货税货，无货税船，不许为寇。"①其征收内容大抵包含以下四种：

（1）引税

每艘出海贸易的商船均需到海防馆登记，填明货物种类、数量、船的大小以及所要到达的国家，由海防官发给商引，每引应征税若干，称为"引税"，其实也就是一种许可税。按万历三年（1575 年）规定，东西洋每引税银 3 两，鸡笼、淡水税银 1 两，后来又增加到东西洋税银 6 两，鸡笼，淡水 2 两。每请引以百张为率，完后再请，仅限船数而不限到达国。至万历十七年（1589 年），福建巡抚周寀始把往东西洋贸易的商船数各定 44 艘，一年限 88 艘。给引如之，后来因出海贸易者多，又增至 110 引②，外加鸡笼、淡水、占城、交趾州等处共 117 引，万历二十五年（1597 年）再增 20 引，共达 137 引。③ 但是因引数有限，供不应求，故市棍包引之徒则从中上下其手，每每包引包保至五、六船，倡言给引费至数十两，到船回航销引时，又倡言费银数十两，从中进行瓜分；有的甚至捏名给引，虚造邻结，把引移东转西，卖给越贩商人，致使海商叫苦不迭。④

另外，当时往日本贸易尚在严禁之列，而贩日本之利却倍于吕宋⑤，故不少海商"往往托引东番，输货日本"⑥。他们或者假借往福宁卸载，北隙捕鱼及贩鸡笼、淡水的文引，而私装铅硝等货潜往日本⑦，或者"违禁以暹罗、占城、琉球、大西洋、咬𠮾吧为名，以日本为实"⑧。其中尤以那些倚藉官势的豪右奸民最为严重，不时假借东西洋文引而潜趋日本，虽禁严而未能全戢。⑨ 还有一种

---

① 王世懋：《策枢》卷一。
② 《东西洋考》卷七《饷税考》。
③ 《明神宗实录》卷三一六，万历二十五年十一月庚戌。
④ 见萧基：《恤商厘弊十三事》。
⑤ 《明神宗实录》卷四七六，万历三十八年十月丙戌。
⑥ 黄承玄：《条议海防事宜疏》，载《明经世文编》卷四七九《黄中丞奏疏》。
⑦ 许孚远：《疏通海禁疏》。
⑧ 周之夔：《海寇策》，载《重纂福建通志》卷八六。
⑨ 《天下郡国利病书》卷九三《福建三·洋税》。

是贪路近利多,虽领取了往大泥国或咬��吧的文引,却暗中驶往吕宋贸易。①这种种情况说明,当时引税的实行一样是弊病横生,虽说东西洋分开,且各限有引数,但实际上大多数商船还是集中在日本和吕宋两地。

(2)水饷

水饷系一种舶税,征自船商,以船的梁头尺寸为标准。一般在十月修船时,由饷税官亲自到达修船地点,实际丈量船的宽度,编以天地玄黄字号,以某船往某处给引,以后若到同一港口则按原编字号的规格缴纳水饷,不必重新丈量梁头。② 其规定是:西洋船面阔1丈6尺以上者,每尺征饷5两,每多1尺加银5钱;东洋船,量减西洋的3/10;而鸡笼、淡水因地近船出,海船面阔1尺,征饷5钱。③

舶税的征收开始于隆庆六年(1572年),当时漳州知府罗青霄因百姓困苦,负担不起钱粮,提议征收商税及舶税以充钱粮④,这一年的舶税为3000两。万历三年(1575年),福建巡抚刘尧诲请以舶税充兵饷,一年征得6000两,万历四年(1576年),税额增至1万两;万历十一年(1583年)又增至2万多两;万历二十二年(1543年)骤增至29000多两。万历二十七年(1599年)明神宗大榷天下关税,舶税归内监委官征收,这一年大约为27000两;万历四十三年(1615年)为23400两⑤。此后税额则急剧下降,万历四十五年(1617年)出海的43艘船中,返回漳州的仅10艘,到泉州仅2艘,泊于广东的有10艘,温州1艘,其余20艘全部为荷兰殖民者所劫掠。⑥ 到天启四年(1624年)福建巡抚南居益打败荷兰殖民者,收复澎湖列岛后,已是"舶饷逾萧索,不能如额,主者苦之"⑦。

(3)陆饷

陆饷属商品进口税,以货物的多少计值征收,其税出自铺商。当时为防止漏税,规定商船返港后,船商不准擅自卸货,须待铺商上船接买,开列应缴税额,就船完饷后才能转运。其税率大约为2%,即"海货值一两者,税银二分"⑧,但可根据时价的高低随时进行调整。如已列举的100多种进口货物的"陆饷货物抽税则例"就分别在万历三年、十七年和四十三年进行过三次调整。

---

① 《明熹宗实录》卷二八,天启三年三月壬戌。
② 《恤商厘弊十三事》。
③ 《东西洋考》卷七《饷税考》。
④ 《(万历)漳州府志》卷五《漳州府·商税》。
⑤ 《东西洋考》卷七《饷税考》。
⑥ 《兵部题行兵科抄出福建巡抚朱(钦相)题稿》。
⑦ 《海澄县志》卷六《秩官》。
⑧ 《明神宗实录》卷二一〇,万历十七年四月丙申。

万历四十三年(1615年)的一次调整,其税额普遍比万历十七年(1589年)减少了13.6%左右。[①]

陆饷在征收过程中亦出现一些弊病。如为防止漏货,采用了商船入港即先委官封钉的办法,于是为衙门吏胥大开勒索之门,他们"不饱欲壑,不为禀验",商船也就无法卸货。而这些商船经过长时间的跋涉已坏损严重,加之满载负重,若不及时卸货,台风时作,难免覆没。如万历四十二年(1614年)就因这种情况发生,遂使"数十万洋货一飓立尽"。另外,为防止商人虚报货物数量,还采用了一种叫"加起"的做法,如报道本船1000担,即加起作1200—1300担,甚至加到1500—1600担,结果账面上征收的钱不多,而实际征收的却远非此数,衙门吏胥藉此大饱私囊。同时,为防止商船进港之前转移货物,亦设立了种种防范措施,诸如严禁地方套出艇,先出海外接载饷货,命巡缉船防之;而巡缉船在大担内只能就海畔瞭望,不准靠近商船,在本港只能从溪边巡视,不准在商船旁边往来,商船进港后,商人或船工如欲登岸,只能用出艇渡载,且须搜检有否夹带货物[②],把这些商人、船工俨然如同罪犯一样对待。万历三十年(1602年),当商船返港后,税监高寀就下令不准一人上岸,须待完饷后始能回家,凡有私归者则逮之,一时受系的商人相望于道,结果激起商变,诸商怒不可遏,声言欲杀高寀,缚其参随至海中沉之,弄得高寀连夜逃遁,从此再也不敢在海澄露面。[③] 还有一种情况是,一艘商船上的散商数以百计,但完饷时点交货物仅由船主和商首出面,他们乘机对诸散商多加勒索,"有常例,有加增,有果子银,有头髻费,名色不等","东洋船有敛三百余金者,西洋船有敛四百金者,悉归商首操纵,不止饷一费一,甚饷一而费二",结果搞得诸散商怨声载道,愤愤不已。这种种弊病虽然在万历四十四年(1616年)推官萧基已提出过改正方案,但作用可能不大,因当时饷税制的实行已是接近尾声。

(4)加增饷

加增饷为一种附加税。仅征于往东洋吕宋贸易的商船。因当时占据菲律宾群岛的西班牙殖民者开辟了由吕宋到墨西哥阿卡普尔科的"大帆船航线",把墨西哥银元运到吕宋来购买我国的生丝等货物,因此,往吕宋贸易的商船返航时,除了银元外,别无他载,即使带点土产,亦为数极少。针对这种情况,明政府规定,凡往吕宋贸易的商船,返航时除征水陆二饷外,每船需再加征银150两,称为"加增饷"。后来因税额太高,商人负担不起,到万历十八年(1590年)减为120两。

---

① 《东西洋考》卷七《饷税考》。
② 《恤商厘弊十三事》。
③ 《东西洋考》卷八《税珰考》。

对于加增饷的征收，亦有船商钻其空子，返航时除货物外，每船载米或二三百石，或五六百石，其中尤以往吕宋贸易的船商陈华为典型，他满船载米，进港后不经盘验即竟自发卖，向其收税时，却说是不在规定的范围之内。而大米在吕宋为价极廉，运回国后照样可获得高额利润。万历四十五年（1617 年），督饷通判王起宗针对这种情况重新作出规定，一艘商船准许载米 50 石作为食用米，免予征税，凡超出 50 石以外者，则照番米规则，每石税银 1 分 2 厘。①

明政府在征收饷税的同时，为了加强对私人海外贸易商的控制和管理，还遵循一条"于通之之中，寓禁之之法"②的原则，对私人海外贸易商的行动横加种种限制。

首先，每艘商船出海前，必须由里邻作保，到海防馆申请文引，登记船只大小及货物数量等，规定"如所报有差错，船没官；物货斤数不同，货没官"③。然后由海防官将大小船只编刻字号，海船 10 只立一甲长，给文为验④，同时还施以连坐之律，令同港诸船主互相保结，如一人犯法则一体连坐，具广开首举之门，能首实者给重赏，如作奸犯科者则置之重刑。⑤

其次，商船启航时，虽已经海防馆验船，经所在县盖印，并持有文引，但仍需经厦门司盖印，受浯屿、铜山官兵的盘诘，然后才能出海。在盘诘的过程中，经常受到留难敲诈，阻滞拖延⑥，且有时文引为将卒所夺，而被当成倭寇拘捕。⑦ 归航进港时，也同样需经过南澳、浯屿、铜山诸寨及岛尾、濠门、海门各巡司的盘验，且逐程遣船"护送"，名为防止海寇劫掠，实是稽察隐匿宝货。⑧

第三，严禁"压冬"，一船散商需由一商主管辖，船上人员需互相保结，如 10 人往而 9 人归，则以连坐治之⑨；凡超过期限而未归者，即使有文引亦以通倭罪论处。⑩

第四，一有风吹草动，即随时实行海禁。如万历二十一年（1593 年）因日朝战争实行过一年的海禁；天启二年（1622 年）因荷兰殖民者侵占我澎湖列岛，拦劫商船，杀人越货，又实行过一次海禁，直至天启四年（1624 年）福建巡

---

① 《东西洋考》卷七《饷税考》。
② 许孚远：《疏通海禁疏》。
③ 《恤商厘弊十三事》。
④ 《明神宗实录》卷八一，万历六年十一月辛亥。
⑤ 《恤商厘弊十三事》。
⑥ 《恤商厘弊十三事》。
⑦ 《闽书》卷四五《文莅·商为正》。
⑧ 《东西洋考》卷七《饷税考》。
⑨ 李廷机：《报徐石楼》，《明经世文编》卷四六〇《李文节公文集》。
⑩ 《天下郡国利病书》卷九三《福建三·洋税》。

抚南居益打败荷兰殖民者，收复澎湖列岛后才开禁①；崇祯元年（1628 年）又因海寇猖獗，再次禁洋船出海②，至崇祯四年（1631 年）始开禁③；此后似乎又实行过海禁，否则给事中傅元初不会在崇祯十二年（1639 年）仍上疏请开洋禁。如此频繁的海禁不仅使海商备受损失，而且使船工谋生无路，以致造成"引船百余只，货物亿万计，生路阻塞，商者倾家荡产，佣者束手断餐，阖地呻嗟，坐以待毙"④等惨状。

这种种限制，可以福建巡抚许孚远的话来概括，即"凡走东西二洋者，制其船只之多寡，严其往来之程限，定其贸易之货物，峻其夹带之典型，重官兵之督责，行保甲之连坐，慎出海之盘诘，禁番夷之留止，厚举首之赏格，蠲反诬之罪累"⑤。由此可见，当时海外贸易商的一举一动，都不能越出封建专制所许可的范围之外，在如此处处受限、动辄触禁的情况下，根本不可能得到什么顺利的发展。当然，也有部分比较开明的官员，如万历二十一年（1593 年）福建巡抚许孚远实行招抚政策，准许留贩人船，不论从前有引无引，日远日近，均可驾船回国，输饷如故，对私通及压冬情罪，一概宥免。于是，立即收到成效，越贩商人胡台、谢楠等 24 船闻抚绥令，皆驾船回澳，第二年的饷税遂骤增到 29000多两，创开禁以来的最高纪录。⑥ 然而，这种情况毕竟为数不多，因在明政府"于通之之中，寓禁之之法"的原则下，其执行者免不了把海外贸易商当做"囚犯"一样来对待。尤其在万历二十七年（1599 年），明神宗大榷天下关税，中官高寀衔命入闽，海澄舶税则归其委官征收，那更是对海商百般鱼肉，每值东西洋船出航时，即"私寄数金，归索十倍，稍不如意，则诬为漏税"⑦，甚至"历年海商一切贵重美丽奇巧之珍，百入于寀与参随"⑧。在此情况下，海外贸易商的命运只能是"羽毛剥落，行道相戒"，饷税制的实行亦由于给引日少、饷不足额而越发难以维持。

3. 广州、澳门进出口税的征收

上述饷税的征收只是针对由海澄月港进出口的私人海外贸易船而言，至于广州和澳门的情况就不一样，这两地不准私人出海贸易，只准外商入口贸易。在广州，原先对入口的外商是采用抽分制，到隆庆五年（1571 年）因外商

---

① 《海澄县志》卷六《秩官》。
② 《崇祯长编》卷七，崇祯元年三月丙寅。
③ 《崇祯长编》卷四八，崇祯四年七月丙申。
④ 《疏通海禁疏》。
⑤ 许孚远：《疏通海禁疏》。
⑥ 《东西洋考》卷七《饷税考》。
⑦ 《明神宗实录》卷四四〇，万历三十五年十一月戊午。
⑧ 周起元：《劾税监高寀疏》，清高宗敕选《明臣奏议》卷三四。

报货奸欺,难于查验,遂改为丈抽制。这种丈抽制其实同月港实行的水饷制一样,都是以船的大小来确定税额。其规定是,西洋船定为九等,后因外商屡请,量减抽3分;东洋船定为四等。① 这种征税标准据说还另有差异,葡萄牙商船一般可享受与其他外国商船不同的待遇,如一艘200吨的葡萄牙船,第一次丈量时的税额是1800两,以后每次到来,仅需付1/3即可;而其他外国船无论是第一次或以后再来,均需付5400两。且葡萄牙商人在广州购买商品所征收的关税亦比其他国家的商人少1/3。②

当时在广州,每年举行一次交易会,会期长达两三个月,有时4个月,到1580年则改为每年两次,从1月份起,澳门的外国商人即开始为马尼拉、印度和欧洲购置商品;而6月份则为日本,以便在西南和东北季候风到来时,分别把货物运出去。③ 到广州进行交易的外国商船不准进入广州,只能停靠在离广州65—100里的一些岛上,每一个国家都有一固定的停泊地。如果涉及大批商品的贸易,私人不能插手,必须经过政府当局来进行。商品被分为细货和粗货两大类,较值钱的细货被储藏在政府的仓库里,需得到准许始能售卖,持许可证的人在缴付必要的关税后,可以适当的价格和数量售卖货物;但粗货的售卖不必等到准许,只需缴纳税款。④ 这里所说的关税,其实就是征收货物的出口税。万历六年(1578年),在澳门的葡萄牙人被准许进入广州购买中国商品,翌年,明政府则要求他们交付出口税。此后不久,在广州设立一个税司以征收出口税,但没有配备专门官员,仅是由地方官履行这种职责。⑤ 据万历二十九年(1601年)奉命到广东审理案件的王临亨说,来自印度古里的葡萄牙船,每年三、四月间进入中国购买杂物,转贩到日本诸国以觅利,满船载的皆是丝织品,他在广州时曾亲眼看到3艘船到达,每船以30万两银投税司纳税,而后则听其入城同百姓贸易。⑥ 至崇祯四年(1631年),明政府则禁止葡萄牙船进入广州,这对葡萄牙殖民者当然是个严重打击,因为他们不得不重新依赖广州商人提供中国商品。于是,他们同中国商人订立同盟,要求中国商人给他们提供出口商品并在澳门接受进口货物,但是这个同盟不久就破裂了。1637年,葡萄牙殖民者派一个代表团同中国政府谈判,要求准许他们重返广州港进行贸易,但没有达到目的。⑦ 这时葡萄牙人在广州已没有立足之地,他们虽被

---

① "康熙二十四年(粤海关)监督伊尔格图奏",引自梁廷楠:《粤海关志》卷二二《贡舶二》。
② 张天泽:《中葡通商研究》,莱顿,1934,第103页。
③ 张天泽:《中葡通商研究》,华文出版社2000年版,第102页。
④ 《亚洲贸易与欧洲人的影响》,华文出版社2000年版,第77页。
⑤ 《中葡贸易》,华文出版社2000年版,第102页。
⑥ 王临亨:《粤剑篇》卷三《志外夷》。
⑦ 张天泽:《中葡通商研究》,华文出版社2000年版,第132页。

准许参加一年一度的交易会,却被限制在广州城对面的海珠岛上,他们的贸易被限制在澳门一地,以便中国官员可以定期进行征税,中国商人可以控制价格,即使在这种情况下,葡萄牙人的贸易额仍达到每年 100 万里亚尔。①

明朝政府对澳门葡萄牙殖民者的征税早在 1554 年即已开始,当时一位名叫索扎(Leonal de Souza)的葡萄牙阿尔加维人同中国政府签订了一个协议,按照协议条款,准许葡萄牙人在中国港口进行贸易,条件是他们必须交付关税。② 明政府在澳门设有市舶司专门征收进出口税和停泊税,这种停泊税亦同上述的水饷、丈抽一样,均是以船的大小来确定税额。每当船舶到达港口时,由守澳官通知市舶司官员,把货单转交给他们,然后在确定的日子里,由市舶提举或其所委官员在守澳官和船长的陪同下,上船进行丈量,按船的大小来确定停泊税额,以防止葡萄牙的军舰没有任何丈量税可收。在船货被估价并缴纳关税后,即可运往国外或运入广州销售,船舶离开时需再次通知市舶司官员。③ 万历七年(1579 年),因广州开始对葡萄牙人征收出口税,澳门市舶司即改为仅征收进口税和停泊税。④ 但是,葡萄牙殖民者为逃避征税,却利用作为战船的西班牙大帆船进行货物贩运,1612 年,当澳门官员规定大帆船亦应交付舶税时,战船司令居然拒绝接受这种规定,宣称如有必要将诉之武力。而澳门官员仍行使他们的权力武器,即切断殖民地的食品供应,在此危急的情况下,葡萄牙设在澳门的参议院不得不听从理事会的劝告,同意遵照中国政府的要求,可是这位司令对所有的忠告均置若罔闻,最后澳门官员逮捕了这位司令,并强迫他交付了总数 4870 两银的关税。⑤ 正因为葡萄牙殖民者经常如此偷漏关税,故海道俞安性在万历四十一年(1613 年)条陈勒石与澳夷禁约五事中,就提到"禁兵船骗饷,凡番船到澳,许即进港,听候丈抽,如有抛泊大调环、马骝州等处外洋,即系奸刁,定将本船人货焚戮"⑥。然而,葡萄牙殖民者仍然不时实行所谓的"抗丈",拒不交付舶税,甚至在澳门海口设小艇掩护走私船只进入澳门⑦,故澳门每年所征收的饷税经常缺额,据崇祯十四年(1641)香山县知县的报告说,万历二十六年(1598 年)为 26000 两,后因岁输不足,减到 22000 两。⑧

① 莫尔斯(Hosea Ballon Morse):《东印度公司对华贸易编年史》,1925,牛津,第一卷,第 17 页。
② 张天泽:《中葡通商研究》,华文出版社 2000 年版,第 88 页。
③ 张天泽:《中葡通商研究》,华文出版社 2000 年版,第 101 页。
④ 张天泽:《中葡通商研究》,华文出版社 2000 年版,第 102 页。
⑤ 张天泽:《中葡通商研究》,华文出版社 2000 年版,第 119 页。
⑥ 印光任、张汝霖:《澳门记略》上篇《官守篇》。
⑦ 郭尚宾:《郭给谏疏稿》卷一。
⑧ 李侍问:《罢采珠池盐铁澳税疏》。

第三章

明清时期的海洋政策与管理

万历年间,在澳门还出现了专营进出口货物,向市舶司缴纳货物出口税的"三十六行",此事见于周玄暐《泾林续记》中的论述:

> 广属香山为海舶出入咽喉,每一舶至,常持万金,并海外珍异诸物,多有至数万者。先报本县,申达藩司,令舶提举同县官盘验,各有长例。而额外隐漏,所得不赀,其报官纳税者,不过十之二三而已。继而三十六行领银,提举悉十而取一,盖安坐而得,无簿书刑杖之劳。

这种指定铺行专营进出口货物的做法,其实早在几个主要海外贸易港口均实行过。如在浙江宁波,因贡使所附带的货物随便同百姓交易,常受诓骗,往往贡毕由京回返,等候货款,累年不得归国。嘉靖二十六年(1547年),朱纨就任浙江巡抚后,即规定贾船一靠岸,需将货物报官,填写合同,由巡海道司发给"信票",指定铺商与其明白互市,而无信票者不准互市,若互市则以"通番"论罪。①

至于三十六行是否也属这种专营进出口货物的铺行,或者属其他性质,史学界颇有争论。梁嘉彬先生最早提出它们属于牙行性质,认为它们"代市舶提举盘验纳税","主持外舶贸易","为十三行之权舆"②;吴仁安先生倾向于这种看法,认为"广东三十六行就是一种由官牙转化来的承揽对外贸易的商业团体",他们代替市舶司提举官主持海外贸易③。而彭泽益先生却持不同看法,认为"明代三十六行向市舶提举领取税饷银两,提举抽取十分之一数,或为陋规或为利息,这只能视为封建官府以官银发商生息的故事,而不表现为三十六行直接参与对外贸易的买卖行为"④。李龙潜先生更是经过大量的考释,指出三十六行的非牙行性质,认为它们"实际上就是三十六个手工业行业,或商业行业,其头头与'揽头'性质一样,在市舶提举的包庇下,向澳门外商领银,为他们提供他们市场所需要的手工业制品,从中攫取利润"⑤。

其实,《泾林续记》中所载述的"三十六行"既非"牙行"亦非"揽头",而是上述所说的由官方指定专营进出口货物的铺行,他们按照官方的规定,向外商提供非违禁货物,直接参与交换,根本不像牙行那样仅是"评比货物,喝喝价格,主持买卖,甚至并不直接付给卖主价钱,只起着媒介的促成作用"⑥。而更明显的区别是,牙行"与交换行为的本身没有任何直接关系,他既不是卖主又非

① 《日本一鉴·穷河话海》卷七《市舶》。
② 梁嘉彬:《广东十三行考》,商务印书馆1937年版,第22页,第41页。
③ 吴仁安:《明代广东三十六行初探》,《学术研究》1980年第2期。
④ 彭泽益:《清代广东洋行制度的起源》,《历史研究》1957年第1期。
⑤ 李龙潜:《明代广东三十六行考释》,《中国史研究》1982年第3期。
⑥ 刘日重、左云鹏:《对"牙人"、"牙行"的初步探讨》,《文史哲》1957年第8期。

买主，只立足于商品所有者或所有者与消费者之间的外部关系①，可是三十六行既为外商提供了出口商品，又向外商购入了进口货物；既是卖主，又是买主，完全具有普通商人直接参与交换的特征，故不能将之说成是"牙行"。至于"揽头"一词，李龙潜认为"实际上是手工业生产的组织者"②；而唐文基却认为，"揽头又称'揽棍'，有的地方叫'经承'，负责替铺户揽纳买办的商品和支领价银，多由与衙门有勾结的铺行'行头'或衙门胥吏充当"③。他们两位的看法到底孰对孰非，我们姑且毋论。就以李龙潜的看法来说，三十六行只不过是向外商提供出口货物，那么何谈介入手工业生产，甚至为手工业生产的组织者呢？综观明代的海外贸易，何曾出现过组织手工业生产的所谓"揽头"！因此，我们说，三十六行应是如上面所说的专营进出口货物的铺行，他们预先向外商领银定货，以便在下次商船到达时可如数装运，以免发生类似所卖非所买、购销两不相投的现象。这种情况舒尔茨在《马尼拉大帆船》一书中就已谈过，当时其他欧洲人的力量已经由澳门打进中国市场，他们在那里保持有代理商，以传达命令到广州制造指定的货物，当七八月他们的船从印度或欧洲到达时，这些代理商即替外国人把货物从广州搬出，并负责监督把他们的订货装上船舶。④这些所谓的"代理商"大概就是指"三十六行"这类专营进出口货物的铺商。

所谓"铺行"即"指城镇中设肆开店者，有别于长途贩运买卖的行商"⑤。随着国内商品经济的发展，明代各大小城镇均有一定数量的铺行。如杭州自宋元以来，就号称有三百六十行；北京自明成祖迁都后就逐渐成为全国最大的商业都会，铺行数量也最多，据说有一百三十二行。⑥所以说，明代广东三十六行也就是由三十六个铺行组成而得名，它不是"对'各行各业'的一种习俗称谓"，更不是"当时承揽对外贸易的一个商行行邦的统称"⑦。

综上所述，周玄暐所载述的明代广东三十六行，实际就是由官方指定专营进出口货物的三十六个铺行，他们为了在交易中能准确地向外商提供进出口商品，以免发生所卖非所买、买卖双方互不相投的现象，于是采用了领银定货的办法，而市舶提举从中征收 10% 的出口税，真可谓"安坐而得，无簿书刑杖之劳"。这些铺行经营进出口货物是由官方指定的，他们从官府那里获得"澳票"，随同抽分官下澳进行交易，他们的性质同一般商人一样，在"重本抑

①　刘日重、左云鹏：《对"牙人"、"牙行"的初步探讨》，《文史哲》1957 年第 8 期。
②　《明代广东三十六行考释》。
③　唐文基：《明代的铺户及其买办制度》，《历史研究》1983 年第 5 期。
④　《明代广东三十六行考释》。
⑤　《明代的铺户及其买办制度》。
⑥　沈榜：《宛署杂记》卷一三《铺行》。
⑦　《明代广东三十六行初探》。

173

第三章

明清时期的海洋政策与管理

末"的明代封建社会里,不仅其社会地位低下,而且经常受到官府的摊派和勒索。如税监高寀在福建,"私派一切行户,金行取紫金七百余两,珠行取大珠五十余颗,宝石行取青红酒黄五十余块,盐商每引勒银二钱,岁银万两,其他绸缎铺户百家,编定轮日供应,日取数百计",缴纳不起者,则受"擒拿拷逼",致使不少铺商"非投水即自缢,冤号动天"①。正因为如此,故这些铺行在同外商的交易中,最多只能起到提供出口商品、收买进口货物的交换作用,而根本不可能"代市舶提举盘验纳税",或"代市舶提举主持贸易之事",更不能同清代经营对外贸易的洋行——广东十三行相提并论。

二 清前期的海洋贸易管理:粤海关

清代中外通商可分为两大阶段:清入关至乾隆二十二年(1644—1757年)是第一阶段。其中以康熙二十二年(1684年)清统一中国为界,前40年为禁海时期,后73年为多口通商时期。那时,宁波、福州、厦门和广州都是对外贸易的商埠。② 自乾隆二十二年(1757年)后,清廷防范外人的意向加重,"止许在广东收泊交易"③。从那时直到鸦片战争结束(1842年)的85年间,是第二阶段,为广州一口通商时期。这里着重介绍广州一口通商时期清代的海洋贸易管理状况。

广州的对外通商,有悠久的历史。唐中叶后就有市舶提举司,历宋、元、明三代仍袭其制,其间虽有所增设裁并,沿革不一,但直至清代,从未间断。久而久之,便逐渐形成了一套较为完整的对外贸易管理方式,这就是后来西方人所称的"广州通商制度",简称"广州制度"(Canton System)。粤海关的关税制度和十三行的公行及保商制度,是广州制度最重要的内容。④

(一)粤海关的设立及其组织机构

粤海关是清朝政府设于广州,主持对外贸易和征收关税的机构。由于广州的对外贸易在全国居于首位,因此与其他海关相比,它显得特别重要。特别是到了乾隆二十二年(1757年)之后,只准广州一口贸易,在一个长的时期里,粤海关几乎成了唯一的对外贸易机构。现将粤海关的组织机构、税收制度、管理情况分述如下:

粤海关设监督一人,由于其地位重要,早在康熙二十四年(1685年)设关

---

① 《东西洋考》卷八《税珰考》。
② 张德昌:《清代鸦片战争前之中西沿海通商》,《清华学报》第10卷第1期,1935年。
③ 《东华实录》(乾隆朝),第四六卷,第53页。
④ 顾卫民:《广州通商制度与鸦片战争》,《历史研究》1989年第1期,第60—61页。

初期,便设专职监督,而其他海关都不设专职监督。闽海关由福建将军兼任,浙海关、江海关由浙江巡抚、苏江巡抚兼任。而且粤海关还规定要由满族旗人担任,与宫廷有密切的关系。雍正元年(1723年)曾经撤销监督,把税务交给地方官监收,以便调剂地方钱粮等财政问题。但雍正七年(1729年)以后,又恢复了监督的设置,并且命令地方官协助管理。乾隆十五年(1750年),再次明确关税由监督征收,但必须会同两广总督题报。

粤海关下辖各总口,总口辖各口。根据《粤海关志》卷九记载,其组织情况是:

(1)省城大关。下辖:总巡口、行后口、东炮台口、西炮台口、佛山口、黄埔口、虎门口、紫泥口、市桥口、镇口口、江门口。设旗人防御一员。

(2)澳门总口。下辖:大马头口、南湾口、关闸口、娘妈阁口。设旗人防御一员。

(3)乌坎总口。下辖:神泉口、甲子口、碣石口、汕尾口、长沙口、鲘门口、平海口、稔山口、湖东口、墩头口、靖海口。由惠州府同知兼。

(4)庵埠总口。下辖:双溪口、溪东口、汕头口、潮阳口、后溪口、海门口、达濠口、澄海口、卡路口、南洋口、府馆口、东陇口、障林口、黄冈口、乌塘口、北炮台口。由潮州府海防同知兼。

(5)梅箓总口。下辖:水东口、硇洲口、芷芎口、暗辅口、两家滩口、阳江口。由高州府通判兼。

(6)海安总口。下辖:东西乡口、白沙小口、博赊小口、南樵小口、对楼小口、田头小口、锦囊小口、雷州口、赤坎口、乐民口、廉州口、山口小口、钦州口。由雷州府同知兼。

(7)海口总口。下辖:铺前口、清澜口、沙老口、乐会口、万州口、儋州口、北黎口、陵水口、崖州口。由琼州府同知兼。

(二)粤海关征税

粤海关征税,分船钞和货税两个部分。

船钞亦称"船料"、"船税"。其税率按船的大小分等级征收。

货税分进口和出口税,根据商品的价格和性质决定。

规定税则与实征税则有时可相差6倍,说明粤海关陋规杂费,敲诈勒索是相当严重的。事实上这种陋规杂费亦为清廷所认可。如雍正四年(1726年),皇帝下令把陋规杂费一体奏报归公,因此,外商在按税则缴纳应征的船钞之外,又额外征收规银,不分等次,每船一次交纳进口和出口规银1950两。按马士《中华帝国国际关系史》一书的计算,这1950两的规银是:

放关入口银:1089.64两

放关出口银:516.561两

普济堂公用:132 两

签押人员规银:150 两

各项规礼银(共九项):52.440 两

"解京补平"(广州与北京库平差数):9.359 两。

除规银外,又抽取"分头银"和"缴送"等杂费。① 为此外国商人强烈不满,曾经向总督孔毓珣请愿,但毫无结果,直至乾隆登基,"嘉惠远人",才将"缴送"这一项杂费裁撤,然分头银仍照旧征收。

据乾隆二十四年(1759 年)李侍尧等人的调查,陋规和勒索共有 68 条。该调查报告曰:"外洋番船进口,自官礼银起,至书吏、家人、通事、头役止,其规礼:火足、开舱、押船、丈量、贴写、小包等名色共三十条;又放关、出口、书吏、家人等共验舱、放关、领牌、押船、贴写、小包等共名色三十八条;头绪纷如,实属冗杂。"②总计进口规礼每船应缴 1000 两有奇,出口规银 400 两有奇。③ 另据马士的计算,在 1840 年以前,一只载重 900 吨的商船,要纳船钞及规费 6000两;载重 400 吨的商船,也要纳船钞及规费 3300 多两。④

按照规定,清朝政府对海关的税收是采取包干的办法。每年向中央政府上缴税款 91744.5 两,叫"正额",也就是必须保证的数字。除此之外,还力争"盈余"。但设关初期,由于关吏的中饱侵吞,在上缴的税款中,不但没有盈余,而且还经常缺额。经过雍正的整顿后,大有好转。到了乾隆末年,盈余已达"八十五万五千五百两"(见《大清会典事例》卷一百八十八,《户部·关税》)。粤海关税收由乾隆十四年(1749 年)起至道光十七年(1837 年)止,相距 89 年,其收入增加数倍。可见这一时期的广州对外贸易亦有相当的发展。

(三)粤海关的管理

粤海关的职责除征收关税之外,还负责执行对外贸易中有关的禁令,以及对外关系的管理等。

1. 执行对外贸易禁令

清朝政府在对外贸易方面的禁令,主要是限制和禁止有关商品、人员及货币出口。

在限制出口商品方面,主要是:

---

① "分头银"即在征收船钞外于商船载来的番银中规定每银一两抽"分头银"三分九厘。雍正四年(1726 年),广东巡抚兼海关监督杨文乾,又于分头银外将外商所携番银一律抽取十分之一,名曰"缴送"。

② 《粤海关志》卷八。

③ 傅筑夫:《中国古代经济史概论》第五章,中国社会科学出版社 1981 年版。

④ 〔美〕马士:《中华帝国对外关系史》卷一,上海古籍出版社 1999 年版。

（1）茶叶。每年出口不许超过 50 万担。并且规定商人贩运武夷、松罗茶叶至广州，必须由内河过岭行走，不得由海道贩运，以免"洋面辽阔，漫无稽查，难保不夹带违禁货物，私行售卖"①。

（2）生丝。每船准买土丝 5000 斤，二蚕湖丝 3000 斤。头蚕湖丝及绸绫缎匹禁止出口。

（3）大黄。每年每国贩买不得超过 500 斤，并"饬令省城洋行及澳门商人将售买大黄数目及卖与何国人，分晰列册呈缴南海、香山二县"②。大黄之所以限制出口，主要是封建统治者认为这是"羁縻"夷人的一种药品，掌握在手上可以"制夷"。

至于列为违禁品禁止出口的，有米、谷、麦、豆、杂粮、金、银、铜、铁、铅、锡、硝磺、书籍等。金和铜虽属违禁之列，但商人因有利可图，仍然私运出口。此外，还禁止夹带人口出国。"如出口夹带违禁货物并将中国之人偷载出洋，守口官弁徇情疏纵者革职。"③

在进行贸易时，一律不准使用银两货币，"广东洋商与夷人交易只用货物，收买转贸不准用银"④。

2. 执行对外关系中的防夷政策

康熙时，海禁初开，外船出入还比较自由，检查亦不算严格。公元 1715 年英国东印度公司曾与粤海关监督议定了一种通商条约，其内容是：

（1）自由通商；

（2）自由雇用奴仆；

（3）自由采办食用及所需物品；

（4）非卖品等免税；

（5）得在海岸设幕屋修理船桅等；

（6）船舶所属之小艇，经悬旗不受检查；

（7）管理货运人之写字桌及箱，不受检查；

（8）依章纳税外，不得再行赋课；如有留难情事，税关应加保护。⑤

乾隆二十二年（1757 年），洪任辉事件后，由多口通商改为一口通商，两广总督李侍尧为了防范外国人在广州生事，遂制定了"防范外夷规条"五项。这就是有名的"防夷五事"，其主要内容是：

---

① 《粤海关志》卷一八。
② 《粤海关志》卷一八。
③ 《粤海关志》卷一七。
④ 《粤海关志》卷一七。
⑤ 见陆丹林：《广州十三行》，载《逸经》1936 年第 6 期。武育干：《中国国际贸易史》第四章，商务印书馆 1928 年版。

（1）"夷商在省住冬，应请永行禁止。"外国商人在其船舶于九、十月扬帆回国后，如有未了的商务，需要留下来继续处理时，应往澳门居住，不得留在广州过冬。

（2）"夷人到粤，宜令寓往行商管束稽查也。"外国商人到达广州后，可以在"夷馆"住宿，其随行人员不得超过5人，并不准携带一切凶械火器赴省。外商住进"夷馆"后，"责成行商通事……勤加管束，毋许汉奸出入夷馆，结交引诱。……其前后行门，务拨诚实行丁，加紧把守，遇晚锁锢，毋得令番厮人等出外闲行，如夷商有买卖货物等事，必须出行，该通事行商必亲身随行。"

（3）"借领外夷资本及雇请汉人役使，并应查禁也。"中国商人不得向外国商人借款经商，以免互相勾结，滋事生端。同时外商已允许"带番厮人等，尽足供其役使"，所以不得再雇请汉人，为其服务，以杜绝"无赖民人"，"为伊等奔走驱驰"。

（4）"外夷雇人传递信息之积弊，宜请永除也。"外商不得雇人传递消息，特别是不能允许利用官方所设立的驿站，传递信息，探听市场的行情、物价的涨落等。

（5）"夷船收泊处所，应请酌拨营员弹压稽查也。"在外国商船碇泊的地方，要加派兵丁，严加防范，经常巡逻，以防止外国船员、水手滋事生端。

以上规定，亦不能完全遵照执行。1831年英国大班盼师携带家眷歇宿于"夷馆"，并乘坐肩舆入馆，引起轩然大波。于是当时的两广总督李鸿宾又制定了"防夷人章程"八条。道光十五年（1835年），发生了英国人要求"与天朝疆吏书信平行"一事，又由总督卢坤颁布更严厉的防范章程八条；马士、宓亨利在《远东国际关系史》一书中，把全部防夷的措施归纳为九条，现将全文抄录如下：

①兵船必须停泊省河口外，不得进入虎门。——这条规定从不放松。

②洋妇不许带进商馆；枪炮和其他武器也不许携入。——这条规定过去是严厉执行的。迟至一八三〇年，有几名妇女从澳门来参观商馆，中国人为迫使她们立即离省，还两度以停止通商相威胁。

③行商不得向外国人拖欠。——这条规定是不能实行的。诱惑太大了，外国人既不肯停止放账，中国人又不肯停止借债，而且大家又都不记来往账。

④外商不得雇用华籍仆役。——这一条照例很马虎，但是常常被用来作恫吓的武器，如一八一四年、一八三四和一八三九年的情形那样。

⑤外国商人不得坐轿。——步行是唯一合乎外商这类人身份的行动方法。可是步行也不能太多。

⑥外国人不得在省河内划船游乐。——每月有三天准他们在通事陪同下结伴到花地那个对江的花园游散，通事无论就文字或就个人来说，都

要对他们的一切越轨行动直接负完全责任。——这一条通常是马虎的，但也不时加强限制的举动。可是，对于街上散步，即使是在商馆附近，也毫不通融。

⑦外国人不得呈递禀帖，如有陈诉，必须交由行商转呈。——这无异是要他们通过经手非法事情的人控诉一切非法行为。这条规定是公行管理权的基础，从不放松。一八三一年，章程稍有变通，如果行商扣留文件，不予转呈，准两三个外国人携带禀帖卑躬屈膝地前往城门口（但不能进城），递交守城门的官员收转。这项变通方法通常是具文。

⑧"至夷商寓歇行商馆内，向系责成行商管束。其置买货物，必令行商经手；原以防范奸民引诱教唆。嗣后夷商居住行商馆内，不准夷商擅自出入，致与奸民交易营私。"①

⑨外国人不得在广州逗留过冬，一俟货物销出，船舶装妥之后，应即回国或前往澳门。——在广州，买通有关人物之后，可以借故请准在每一个商馆留下两三人逾期逗留不去。虽然每年的离境是强制性的，但是离境也同入境一样，必须花钱。通常离境许可证的费用是三百两银子。

三　清前期的海洋贸易管理：十三行商

明朝后期，当欧洲资产阶级纷纷东来中国贸易时，便产生了为外国资本服务的买办资产阶级的萌芽。发展至清代，这个买办资产阶级便以十三行商的面目出现。十三行商是闭关锁国政策的产物，是由牙行演变而成的半官半商性质的商人。

（一）十三行商的起源

康熙二十四年（1685年），当粤海关成立的时候，外国商船开始来中国贸易。按照清朝政府的规定，外国商人不得与中国商人发生任何直接的买卖关系，外商到中国贸易，必须自行投牙，通过牙行开展商务活动。十三行商就是由官方指定管理外商贸易业务的牙商，因此又叫"官商"或"洋行"。据《粤海关志》卷二十五载："国朝设关之初，令牙行主之，沿明之习，命曰十三行。"《澳门纪略》上卷《官守篇》亦说："国朝康熙二十四年设粤海关监督，以内务府员外郎中出领共事。……岁以二十余柂为率，至则劳以牛酒，牙行主之。曰十三行。……即明于怀远驿旁建屋一百二十间以居番人之遗制也。"就是说，它是沿袭明代官设牙行的旧习，为主持番船贸易业务而设的。

至于十三行这一名称的由来，目前仍有争论。有的认为洋行成立数刚好

---

① 《粤海关志》第二九卷。

是十三家,故叫十三行(日本学者根岸佶持此说)。有的认为这个名称在明朝已有,十三行只是"沿明之习"(见《粤海关志》),但也有人认为不是"沿明之习"的称呼,"其命名的含义也并无另有所指,乃是随着洋货行产生的当时而出现的一个因习俗特有的命名,用以区别其他行口并作为一个洋行商人行帮的统称"[1]。以上这些论点看来仍未能把问题说清。就拿根岸佶的论点来说,据广东布政使官达在雍正五年(1727年)的调查报告中说:"查广东旧有洋货行,名曰十三行。其实有四、五十家。"而且据统计,自康熙至道光以来,只有嘉庆十八年(1813年)及道光十七年(1837年)两年洋行数恰好为13家,其他各年一般在13家以下,乾隆二十二年(1757年)却多至26家。"沿明之习"这一说,也找不到确凿有力的证据,因明代广东经营商业的行商只有"三十六行"之称,并无"十三行"之名。梁方仲先生在《关于广州十三行》[2]一文中,提到吴晗的论点,认为吴晗在《广东十三行考书评》所提出的广东洋货行"也许恰好是前明所留三十六行中之十三个行,因即称之为十三行"。近来吴安仁在《明代广东三十六行初探》[3]一文中,充实了这一观点,认为"明朝广东三十六行行商的数目,在十三家左右;在明代,它出现后之所以被称作'三十六行',是由于沿用了明代民间的习俗称谓,但因为它在实际上长时期以来只有十三家左右的行商,所以,到了明末时期人们干脆把它称为'十三行'了;而到了清代粤海设关前后,人们因为'沿明之习'的缘故,也把经营对外贸易的洋行统称为十三行"。这一论点是比较客观的。

如上所述,十三行商与粤海设关同时成立,行商在"承商"时,都要在户部中领取"部帖",办理立案手续。领取"部帖"所需的费用,少则三四万两,多则20余万两。而当时广东地方政府亦大力鼓励"身家殷实"之人承充洋商。并通过颁发布告的方法,在广州佛山等地的牙行中,进行公开的挑选。但行商的人数并不多,据《广东通志》的记载,"设关之初,船只无多,税饷亦少",故只有"行口数家……听其自行投牙。"[4]这就是十三行商起源的情况。

(二)十三行商的作用

十三行商在对外贸易中,起经纪人即牙行的作用,外国商人投牙时,按营业额收取3%的"行费"。但由于它是闭关锁国政策的产物,又属半官半商性质,所以它的职权范围又大大超出一般牙行。行商既是外商的全权代表,又是

---

① 彭泽益:《清代广东洋行制度的起源》,载《历史研究》1957年第6期。

② 载《广州文史资料》第1期。

③ 载《中国史研究》1982年第3期。

④ 阮元:《广东通志》卷一八〇。

外商的监督人(有些行商还起"保商"作用),十三行是清代对外贸易的垄断组织,行商又是最早的买办资产阶级。

行商的主要作用是:

(1)包销外商运来的所有商品;

(2)代缴关税和各种规银;

(3)代替外商购买各种出口物资;

(4)对外国商人的一切行动负监督之责;

(5)代替政府向外国商人传达政令,办理一切交涉事宜。

上面已提到过行商中有一种叫"保商"的,这是中国封建王朝以商制夷政策的产物,也就是把保甲制度施行于中外商人之中,即以行商保外商,外商生事"保商"负连带责任。而外商抵达广州经商时,亦必需找保商一人担保。这个制度创设于乾隆十年(1745年),当时有行商20家,而获得"保商"资格的才5家,故"保商"也是由政府指定的。

关于行商的作用和经商情况,中外史书多有记载,如《远东国际关系史》在谈到外国商船抵达黄埔之后说:"船通常在码头要停泊三个月。来船的广州收货人于是将开列载货详情的舱单取去,转交给他的保商。这样外商对于这批进口货就可以不必再操心了;除去照缴行用的义务外,他既不用缴税,也受不到官吏的直接需索。现在他唯一挂念的就是出售自己的货物。在这一方面他并不受什么强制,他有将运来的货物原船带回的自由,不过,如果他要出售,那就只能售给他的保商。保商是根据他所能卖的价钱,扣除本人利息和开支,政府额定的各项捐税……再加上一笔起码的利润,而任便给价的。……出口货也只能从保商那里购买或者由保商经手买进。……任何一只来船的全部贸易都操在一个中间人手中,实际上除了现金购货以外,贸易已陷于物物交换状态了;倘使用拒绝采购的方法来压低茶价,那么保商尽可降低进口货价来保持原来的平衡。"[1]

武育干的《中国国际贸易史》亦有类似的记载:"船抵黄埔,即由商馆之运货人(俗称大班),以船上装货清单交于公行行商,由其支付一切码头费用后,运货于商馆内;外国商人自此关于输入货物之事,置之不问,悉听公行所为,彼惟坐守商馆以静待货价之支付而已。(参考《广东通志》经海略二十三)盖彼等以货交付公行行商后,即视行商为唯一'靠山'故当时行商至有'保商'之称焉。船舶由下碇至解缆一切事务,以及完纳税项,亦皆由'保商'代为处理。"

---

① 〔美〕马士、宓亨利:《远东国际关系史》第四章,上海书店1998年版。

（三）十三行商的演变

广州十三行商是一个庞大的对外贸易商业机构，它实际上是由下列三种商业机构组成：

（1）外洋行：专门办理各国商人来粤的贸易业务；

（2）本港行：专管暹罗贡使及商人贸易事务；

（3）福潮行：专门办理本省潮州商人和福建商人的对外贸易事宜。

还有一种洋货铺商，只是供给外商水梢等所需的零星杂物，同时可以由行商的手中批发进口商品，但不能与外商直接往来。这些商人虽然也从事对外贸易，但并不属行商之列。

行商在粤海设关初期，人数比较少。随着广州对外贸易的发展，行商的人数才逐渐增加。①

为了保护自身的利益，康熙五十九年（1720 年），行商中有公行的组织。由头面商人在神前宰鸡啜血盟誓，举行隆重的仪式，规定行规十三条，共同规定进出口货价和加强对外商的约束。这引起了外商的反对，以不开仓贸易为要挟，结果成立后的第二年便解散了。以后，又经过多次的反复，屡设屡废。最后才于乾隆四十年（1775 年）重新组织，并以专揽茶、丝等项大宗贸易为主。

公行在乾隆年间至鸦片战争前的 100 多年中，为全盛时期。特别是乾隆二十二年（1757 年）以后，广州成了唯一的通商口岸，十三行商便垄断了全国所有的对外贸易，成为世界闻名的中国对外贸易垄断集团。最高峰的时候有"四五十家"（包括洋货铺）。

在道光十七年（1837 年）的十三家行商中，最富有的是伍浩官，据他自己的统计，道光十四年（1834 年）财产总值为 2600 万银元②。又如潘正炜（同孚行）的财产亦超过 2000 万银元，而且还捐官买衔，由附贡生而即用郎中，由即用郎中而钦加道衔，并赐花翎。其余每一行商不是候补道，便是郎中，甚至捐有盐运使或布政司的头衔。

行商财政实力之雄厚还表现在向皇帝进贡和捐款等方面。从乾隆五十一年（1786 年）起，每年要照例贡银 55000 两。嘉庆六年增加 95000 两，共 15 万两。此外，临时性摊派也非常多，如嘉庆皇帝 50 大寿，行商进献 12 万两；乾隆五十二年（1787 年）为镇压台湾林爽文之变，行商捐款 30 万两；乾隆五十七年（1782 年）用兵廓尔喀，又捐款 30 万两；嘉庆四年镇压湘黔苗民，行商捐款 12 万两；翌年用兵川陕，镇压"教匪"，捐款 50 万两，第二年又捐 15 万两。还有，

---

① 邓端本编著：《广州港史》（古代部分），第 203—210 页。

② 〔美〕威兼•亨德：《旧中国杂记》，第 78 页。

历次河工亦多令行商捐款,如嘉庆六年永定河工,令各洋行捐款 25 万两;嘉庆九年(1804 年)黄河大工又令捐款 20 万两;嘉庆十六年(1811 年)又捐河南河工款 60 万两;嘉庆二十五年(1820 年)再捐 60 万两。[1]

十三行商虽然有巨额的利益,但在官吏勒索、外商高利贷贷款和经营不善,应付不了竞争局势的情况下,行商欠款的情况也很严重,并时有倒闭的现象。据东印度公司文件所载[2],1774 年行商欠外债 266672 元;1779 年,本息增至 4296650 元;1813 年行商五人积欠款 3964197 元。兴泰行因积欠 2738618 元的巨款而倒闭。《粤海关志》卷二十五载:"十余年来(道光年间),止有闭歇之行,并无一行添设。"说明竞争之激烈。鸦片战争之后,中国门户开放,十三行商垄断对外贸易的制度亦自行取消。咸丰六年(1856 年)十三行街一场大火,十三行商命运遂告终结。

(四)十三行商与商馆

商馆又称夷馆,为外商居停之所,相当于现在的贸易办事处。因外国商人不能与华人杂处,所以十三行商在承接对外贸易业务时,需设馆以接待外商。"馆"是隶属于"行"的,"馆"是"行"接待外商的场所。因其设在十三行街,恰好又是十三家,故又称"十三夷馆"。一家行商同时可以经营好几个馆,如《十三行考》载:同文行向置夷馆三所。同一个国籍的外商也可以租用一个以上的商馆,如英国就有两个馆,但也有几国商人合租一个馆的。租金各个时期有所不同,如雍正六年(1728 年)时为 400 两,乾隆二十五年(1760 年)时为 600 两、650 两至 794 两不等。[3] 商馆由如下人员组成:总管,商人(一等),商人(二等),驻理(四等),驻理(五等),书记(四人),船匠长,船木作,铁匠长,铁匠。

此外,还雇用中国人充任下列职务:买办、通事、银师。[4]

买办的主要职务是为商馆的外国商人采购日用品和副食品。与后来的买办有不同之性质;买办还有权雇用商馆所有的工人。

通事即翻译,其主要的责任是:

(1)跟随官吏检验上下船货物,把税单报告关署;

(2)外国商人到澳门须由通事代向官方领取执照;

(3)转译朝廷谕旨于外国人;

(4)代外国商人查看货物,雇用船只;

(5)跟随外国人出外,如散步或购买物品等。

银师的职责主要是辨别银子的"成色"。因当时进口的银币种类甚多,"成色"分量不足的要"贴水",所以贸易时,要银师对货币作鉴定。

中国政府的防夷政策规定商馆的华人职员亦需联保,即买办要通事保证,通事要洋行商人保证,工人又要买办保证。"令其逐层担保……给牌承允。"所以,他们都需上报关署领取执照,才能受雇。

《远东国际关系史》一书,对商馆的情况有如下的记载:

> 留在广州过冬的外商是住在商馆——即国外经理人或代理商的住所兼办公室,商馆是行商的产业,而以全部或一部分房屋租赁给外国人的。……每一个商馆都有横列的几排房屋,从纵穿底层的一条长廊通入。底层一般都是作库房、华籍雇员办公室、仆役室、厨房和仓库等等之用。二楼则有账房间、客厅和餐厅,再上面一层就是卧室。各商馆所占空地都有限,包括花园和运动场在内,长约一千一百英尺,一般宽约七百英尺,但是每个商馆的房屋都很宽敞,一个商馆普通进深是四百多英尺。房屋正面平均约长八十五英尺。一家商号的库房里往往藏有一百万以上的银元。在一八三二年元旦英国商馆宽敞的餐厅里举行的一次宴会中,席面上坐的来宾有一百人。这些商馆给外国旅客、帝国贵宾都布置了华丽的房舍,但是这些房舍实际上却是一个镀金的鸟笼。能供较多的人运动的唯一场所,就是六家商馆前面正中长宽约五百英尺和三百英尺的一片场地。

第四节　明清时期的渔政管理①

面对着既要维护国家海洋安全而必须实行海禁,又担心海洋社会的主体——数以百万计的渔民"因失其生理转而为盗"反过来影响国家海洋安全而不得不适度弛禁的矛盾境遇,明清两代在海洋渔政的管理上可谓是左右为难、煞费苦心。如何有效地平衡和协调二者的关系,始终是两代渔政管理孜孜以求的共同目标。然而,由于在总的渔政指导原则上存在着明显的重心偏移,具体地说,即是海洋安全为重心所在,渔业生产只是维护海洋安全的一种手段,所以一开始便遭到了正在形成并不断壮大的渔民社会的巨大力量的冲击,兼之中央渔业政策的摇摆性、地方渔业政策的差异性及地方官吏执行政策的主观随意性等内在因素的影响,统治阶级两全齐美的管理目标始终未能实现,而最终以渔政管理的貌似神离、渔业社会经济前进发展作结。

---

① 此部分内容参见欧阳宗书:《海上人家——海洋渔业经济与渔民社会》,江西高校出版社1998年版,第120—157页。

一 渔政管理的基本概貌

在明清统治阶级的眼中,与国家海洋安全大局相比,渔业经济只是蝇头小利,无足轻重。因此,当二者相冲突时,自然是保本而舍末。雍正皇帝下面这句话就典型地代表了明清统治阶级这一鲜明的政治立场。雍正二年(1724年)九月三十日就两广总督孔毓珣等请求宽限渔船梁头以便渔民能在更广阔的海洋空间作业的奏议,雍正皇帝毫不含糊地作了朱批:"禁海宜严,余无多策,尔等封疆大吏不可因眼前小利而遗他日之害,当依此实力奉行。"①我们知道,自康熙二十二年(1683年)迁界令解除以后,便进入了所谓的弛禁期,而到雍正二年时,此项海洋政策已施行了43年。在这种海洋政策相对安全、稳定的弛禁期,皇帝仍以渔业为小利,将心中禁海的弦紧绷着,那么,在海禁森严期,渔业在统治阶级心中居何种地位便可想而知了。所以在明清时代,渔政管理的制度及措施的制定都不是从如何有利于保护、鼓励和促进渔业生产发展的角度出发的,相反,在以维护海洋安全为中心原则的前提下,如何能在最大限度的范围内最有效地控制和确保渔业的安全生产则是明清两代共同遵循的渔政方针,一切繁文缛节均由此衍生。

(一)渔船管理

"沿海数百万生灵多以捕鱼为业,海即其田也,船即其耕耨之具也。有一家而独造一船者,有数家而合造一船者,仰事俯育皆在于船。"②因此,要有效地对渔民进行管理,管理好他们的"耕耨之具"即是关键所在。在坚持以安全生产为根本原则的前提下,明清两代设计了种种渔船管理方案,制定了诸多管理制度和措施,可谓是具体而微。下面分类作一勾勒。

1. 渔船制造的管理

渔船制造管理是明清整个渔船管理系统中最初也是相当重要的一环。对于渔船的制造,明清两代有着严格的管理措施和制度,只有经过官府严格地审查、批示及验查,渔民方能成造一只新船。具体的程序是:"造船时先具呈该州县取供严查,确系殷实良民亲身出洋,船户取具澳、里、甲各族长并邻佑当堂画押保结,然后准其成造。造完,该州县亲验梁头等项,不得过限多带,并将柁工水手一一验查,具澳、甲、长、邻佑、船户当堂画押保结并将船身烙号刊名,然后

---

① 《两广总督孔毓珣等奏覆会议广东渔船事宜折》(雍正六年三月二十二日),《雍正朝汉文朱批奏折汇编》第2册,中国第一历史档案馆编,江苏古籍出版社1989年版,第6页。
① 《两广总督孔毓珣等奏覆会议广东渔船事宜折》(雍正六年三月二十二日),《雍正朝汉文朱批奏折汇编》第2册,中国第一历史档案馆编,江苏古籍出版社1989年版,第6页。
② 《广东总督杨琳奏陈整饬粤省渔船管见折》(雍正二年二月十五日),《雍正朝汉文朱批奏折汇编》第2册,中国第一历史档案馆编,江苏古籍出版社1989年版,第605页。

第三章 明清时期的海洋政策与管理

结照。"①"如隔县别府外省之人欲造船者,必于各该本县呈明确查,该县具印结申详,督抚转饬沿海造船地方成造,仍照例查验式样刊烙号数姓名以行。"②如若不遵,非但船主会被惩处,而且纵容及失察的官吏也会被绳之以法。在这一问题上,明清两代的最高统治者都曾明确地作过指示。如明英宗就毫不含糊地下达圣旨:对"豪顽之徒私造船下海捕鱼者"及"故容者","番治其罪"③,康熙四十二年(1703年),康熙皇帝也明确指示:"如有不遵,例报官,偷造者责四十板,徒三年,失察之州县汛口各官各降一级调用。"④

明清时代之所以要如此严厉地实施此项制度,重要原因之一即是借此统一渔船制式。我们知道,明代实行海禁的主旨是"禁濒海民私通海外诸国"⑤,"禁人民无得擅出海与国外互市"⑥,矛头主要是指向私人商船。对此,政府对具有远洋能力的商船采取了"改"、"拆"、"烧"等斩草除根式的措施,使其失去远洋能力。然而,控制了远洋商船并不意味着威胁海洋安全的后患就得到了彻底的根除。毕竟海洋船只的主体还是渔船,在造船业发达的明代,许多规模较大的渔船同样具有远洋能力,同样会对海洋安全构成威胁。因此,"改"、"拆"、"烧"等管理措施对于远洋渔船的管理同样适用。如景泰年间(1450—1456年),福建漳州就对违式渔船作了一次大规模清理:"其近海违式船只,皆令拆卸,以五六尺为度,官为印照,听其生理。"⑦又如嘉靖年间胡宗宪在福建和广东也实施了毁掉违式渔船的措施:"要之双桅尖底始可通番,各官司于采捕之船,定以平底单桅,别以记号,违者毁之,照例问拟,则船有定式。"⑧等等。禁渔船、下深海、涉远洋的原则到清代仍不变,明代斩草除根式的做法清代依然承袭下来。如康熙四十四年(1705年)广东总督郭世隆在广东就严厉地实施"拆"、"改"违式渔船的措施:"将长大渔船尽行拆毁,改造为梁头不得过五尺,水手不得过五人,舱面不许钉盖板,桅止用单,朝出暮归,不许越境采捕。"⑨等等。

对已经造出且在海洋作业的违式渔船进行无情地"改"、"拆"、"烧",是一

① 明谊修、张兵松纂:道光《琼州府志》卷一七下《船政》,台湾成文出版公司据光绪十六年补刊本影印,第409页。
② 明谊修、张兵松纂:道光《琼州府志》卷一七下《船政》,台湾成文出版公司据光绪十六年补刊本影印,第409页。
③ 《明英宗正统实录》卷七。
④ 《广东巡抚杨文乾奏陈粤省海洋渔船应禁革事宜管见折》(雍正四年十月二十一日),《雍正朝汉文朱批奏折汇编》第8册,中国第一历史档案馆编,江苏古籍出版社1989年版,第305页。
⑤ 《明太祖洪武实录》卷一三九。
⑥ 《明太祖洪武实录》卷二五二。
⑦ (清)沈定均:《漳州府志》卷二五,光绪版。
⑧ 胡宗宪:《广福人通番当禁论》,《明经世文编》卷二六七。
⑨ 《两广总督孔毓珣等奏旨议覆渔船梁头管见折》(雍正二年六月二十四日),《雍正朝汉文朱批奏折汇编》第3册,中国第一历史档案馆编,江苏古籍出版社1989年版,第217页。

种易于激起民愤的不得已而为之的下策。要做到防患于未然，做到海洋渔船合乎海禁规定，最佳策略当然是从对渔船制造监控入手，使渔民按定式造船。这也就是明清两代强化渔船制造管理的重要原因之一。何谓违式渔船？笼统地说，凡具有远洋通番能力的渔船均属违式渔船。具体而言，明清两代略有差异。明代，"祖宗之意止严双桅船只私通番货以启边衅"①。因此，诸凡"双桅巨舰"②、"双桅尖底"③、"双桅沙船"④等双桅渔船皆为违式渔船。规范的渔船乃如胡宗宪所言，即"平底单桅"⑤。至于平底单桅渔船的具体船型、船制大小则因各地海洋的自然环境、社会环境、海防力量的强弱、海禁程度的轻重等不同而未强求整齐划一。例如福建渔船"以五六尺为度"⑥，而在浙江温州、台州、宁波等地，因要利用渔船作为海防的辅助力量，故允许捕黄鱼的沙船梁头可高达一丈四尺。⑦ 相对而言，清代对渔船规制的限制要较明代为松。但由于海洋安全第一的观念仍存留在统治者的心间，所以渔船的规制仍是有明确限制的，具体情形也是因地而异。如广东渔船，"大者名为网缯、板罟，其梁头自一丈至六七尺不等，舵水皆在十名内外，止用单桅……出者有夹罟、板缯、乌船、钓船、缝船、缯船等名，其梁头皆在五尺以内，舵水止四五人及二三人"⑧。在福建和浙江，"渔船梁头不得过一丈，水手不得过二十人，桅之用单用双听其从便"⑨。山东"因造船需用物料匠作俱非本地出产，故造船者甚少。其采捕鱼虾俱扎木筏，并无篷桅，不能远涉外洋"，所以根本未作限制。⑩

对于梁头及舵水手的限定并非统一渔船规制的全部内容，桅篷的高阔同样在统一之列。雍正四年（1726年）三月二十二日广东碣石总兵陈良弼就提出："海盗窃发，其始也，必藉渔船而出，其散也，必藉渔船以登岸。是以欲弭盗先严渔船。……查渔船现例梁头不得过五尺，水手不得过五人……不知梁头虽系五尺，其船腹甚大，依然可以冲风破浪。……查渔船出洋行奸，全凭桅篷，因未有定限，桅高篷阔得以济其追奔逐日之计。请议定其风篷，止许高一丈、

---

① 《皇明世法录》卷七五《海防·闽海》。
② 《明熹宗天启实录》卷五三。
③ 胡宗宪：《广福人通番当禁论》，《明经世文编》卷二六七。
④ 《明神宗万历实录》卷一五三。
⑤ 胡宗宪：《广福人通番当禁论》，《明经世文编》卷二六七。
⑥ 清沈定均：《漳州府志》卷二五，光绪版。
⑦ 宋仪望：《海防善后事宜疏》，《明经世文编》卷三六二。
⑧ 清沈定均：《漳州府志》卷二五，第302页，光绪版。
⑨ 《广东总督杨琳奏陈整饬粤省渔船管见折》（雍正二年二月十五日），《雍正朝汉文朱批奏折汇编》第2册，中国第一历史档案馆编，江苏古籍出版社1989年版，第604页。
⑩ 《山东巡抚陈世倌等奏遵旨议覆兵船扼要巡防等疆事宜四条折》（雍正四年八月初四日），《雍正朝汉文朱批奏折汇编》第7册，中国第一历史档案馆编，江苏古籍出版社1989年版，第824页，第825页。

阔八尺,不许帮篷添裙等项。如有船篷高阔过度即以奸歹究治。"此项建议得到了雍正皇帝的恩准。①

强化对渔船制造进行严格管理的另一个重要原因,即是借此约束使用渔船的渔民。清雍正二年(公元1724年)闽浙总督就一语中的:"臣现于两省造船者必令各报实在姓名,地方官查果殷实良民,取具澳甲亲邻方许成造。其管船之出海舡工与租船之人俱责令船主保结,在船之水手、搭客责令出海舡工及租船之人保结,各取连环互保结状,一人有犯,将保结之人层层追究治罪,至从前已造各船俱于每年换照时查明的名,一体印具保结填给,则有身家之船不敢轻托匪人出洋,而诚实之出海舡工亦不敢滥招匪人驾驶矣。"②这就是说,官府在审批造船手续时,之所以既要查验船主正身,又要澳甲和亲戚邻里出面画押担保,并对将来的船上水手、船工等的身份一一查明,就是想通过层层牵帽的办法,起到在陆上监控海上的作用。

2. 下海后的渔船管理

海洋渔业生产的特性决定了渔船管理的重心不在大陆而在海洋,因此,从这个意义上说,在陆地上强化对渔船制造的管理其终极目标还是为有效地进行下海后的渔船管理作准备。而在明清海洋社会风起云涌的历史时期,强化下海后的渔船管理尤为显得刻不容缓。对此,明清两代可谓"竭心尽智、不遗余力"。

(1)出入口管理

出入口管理是渔船下海管理的关键一环。对此,明清两代有许多具体而严格的规定。

渔船必须验烙刊号、备有执照方能下海是明清两代共同遵守的出口管理制度。所谓"沿海一应采捕及内河通海之各色出船,地方官取具澳甲、邻佑甘结,一体印烙编号给票查验,如有私造、私卖及偷越出口者,俱照违禁例治罪"③即是具体的条文之一。此项制度极为严格,在当时的中国沿海,无论哪一省,也无论哪一类渔船,只要出海就必须受此制度管束。例如在海洋局势相对平静、无造船能力的山东省,虽然"其采捕鱼虾俱扎木为筏,不能远涉外洋",但出口时也"必给照验单,即以此验单照会彼处口岸,照单查验"④。必须补充说明的是,给渔船验烙刊号及颁照一般是在渔船新造成之时,由州县官吏亲自查验合格后,便可就地办理。船照除写明船号、梁头尺寸外,还要登记包括船

---

① 《广东碣石总兵陈良弼奏陈海疆事宜折》(雍正四年三月二十二日),《雍正朝汉文朱批奏折汇编》第7册,中国第一历史档案馆编,江苏古籍出版社1989年版,第26—27页。

② 《闽浙总督满条奏遵旨逐条查覆金铎所陈海疆事宜折》(雍正二年闰四月十三日),《雍正朝汉文朱批奏折汇编》第2册,中国第一历史档案馆编,江苏古籍出版社1989年版,第935页。

③ 《福建省例》二三《出海小船查明烙号》。

④ (清)沈定均:《漳州府志》卷二五,光绪版。

主在内的一船舵水手的年貌、履历、籍贯等。用官方的话说，就是渔船造完后，"该州县亲验梁头等项不得过限多带，并将舵工水手一一验查，具澳甲长、邻佑当堂画押保结，并将船身烙号，然后给照。照内将在船之人详开年貌、履历、籍贯，以备汛口查验"①。这与其说是验船，不如说是验人；查验的不是渔船的性能、质量，而是查船中之人是否安全、可靠。

虽说"船只稽查全在照票"②，但照票并非渔船出入口稽查管理的全部内容。除照票外，渔船装载同样是出入口稽查管理的一项重要内容。所谓"盖有船虽出，亦分载出海，合之以通番者，各官司严加盘诘，如果系采捕之船，则计其合带米水之外，有无违禁器物乎？其回也，鱼虾之外，有无贩载番货乎？有之即照例问拟"③；"出口时船长会同汛兵查点有无夹带器械及多余米粮，入口时查验有无夹带货物"④，即是渔船装载稽查制度主要内容的大体反映。简单地说，所谓"稽查装载"就是稽查渔船在出入口时是否多带规定物品及携带违禁物品。按照当时的管理规定，渔船出海时所允许附带的生活必需品主要是口粮和淡水，而且均有限定。例如口粮的限定标准是：以人头计算，每人每日只许带米一升及防备风浪阻隔的余米一升。⑤ 严格口粮定限制度的主要目的就是防止渔船接济盗贼，"载有定限，而接济无所容矣"⑥，"禁带米粮出口以杜接济，此诚探本穷源弭盗之要诀"⑦。关于淡水的限定原因及限定标准，雍正四年（1726年）广东巡抚杨文乾在上奏给雍正皇帝的奏折中说得很清楚："船只出洋必藉淡水以为饮食，出口之后米粮尚易购求，惟淡水无处寻觅。是以大船站洋必带大小水柜盛贮数日饮用淡水，以为久留海面之计。令请严禁私带大号水柜。"⑧对于渔船所带违禁物品，明清两代的规定不完全一致。明代因

189

第三章

明清时期的海洋政策与管理

---

① 明谊修、张兵松纂：道光《琼州府志》卷一七下《船政》，台湾成文出版公司据光绪十六年补刊本影印，第409页。
② 胡宗宪：《广福人通番当禁论》，《明经世文编》卷二六七。
③ 《闽浙总督满条奏遵旨逐条查覆金铎所陈海疆事宜折》（雍正二年闰四月十三日），《雍正朝汉文朱批奏折汇编》第2册，中国第一历史档案馆编，江苏古籍出版社1989年版，第934页。
④ 《两广总督孔毓珣等奏旨议覆渔船梁头管见折》（雍正二年六月二十四日），《雍正朝汉文朱批奏折汇编》第3册，中国第一历史档案馆编，江苏古籍出版社1989年版，第217页。
⑤ 《两广总督孔毓珣奏旨议覆渔船梁头管见折》（雍正二年六月二十四日）："查前督臣杨琳所议，渔船……米粮每人止许带米一升，余米一升以防风浪阻隔。……臣以为防闭严切，……渔船……米粮照旧例行。"（《雍批》第218页，第1册）又，《洋防辑要》卷二《洋防经制》上："商渔船只各按海道远近人数多寡，每人每日带食米一升之外并带余米一升，以防风信阻滞。"不过，雍正元年，杨琳也提出允许带米一升半，事见《两广总督杨琳奏覆等海事宜条陈折》（雍正元年七月二十六日），《雍批》第1册，第714页。
⑥ 胡宗宪：《广福人通番当禁论》，《明经世文编》卷二六七。
⑦ 《两广总督孔毓珣等奏覆会议广东渔船事宜折》（雍正六年三月二十二日），《雍正朝汉文朱批奏折汇编》第2册，中国第一历史档案馆编，江苏古籍出版社1989年版，第6页。
⑧ 《明英宗正统实录》卷七。

借助渔船作为海上防卫的辅助力量，使渔船兼有兵船的角色，所以，在渔汛期，大规模渔船在洋面作业时允许携带武器。① 而个体或小股渔船出海时私带枪械则是明令禁止的。同商船一样，明代的渔船也是严禁将"马、牛、军需铁货、铜钱、段匹、绢、丝绵"等违禁货物带往番国买卖的；同时，将番货入口登岸也属违法行为，违者，均要处以重刑。② 在这一问题上，清代与明代稍异。在清代，无论何种渔季，渔船皆不许携带枪械出海，违反禁令，不但违者要被处以重刑，而且失察官吏也要受到严重惩处。具体规定是："出口商船并采捕渔船俱不许携带枪炮等器械，如有夹带硝磺钉铁军火器械樟板等物接济奸匪者，守口员弁盘查不实，降三级调用，如有贿纵情弊，革职提问"③；"各港口稽查船只，除梁头五尺之出渔船不准出洋只许在本港采捕外，其余大渔船每人每日带食米一升五合之外不许多带颗粒，并通船务须搜检。严禁夹带军器硝磺钉铁樟木等物。"④只有经过守口员弁上述层层严格稽查后，渔船方能正常地出入口。

（2）海上作业时的渔船管理

海上作业时的渔船管理是明清渔船管理的重心所在。对此，明清两代出台了一系列的重大管理措施。现择其要者介绍如下：

①连艕互结

严禁渔船私自下海是明清两代共同遵守的一项渔政管理的带有原则性的制度。这里所说的"私"有两方面的内容，一是指未经官方许可私自造船、私自下海，这是官府所极力反对的；二是指虽备有执照但只是个体零星船只在洋采捕，也被认为是"私"，在官府的眼光中同样是不合法的行为。为了有效地根除这种私捕弊端，明清两代共同实施了"连艕互结"的管理制度。

所谓"连艕互结"，简言之，即指"渔船出洋必取十船连艕互结，一船为匪，九船定行连坐"⑤。具体地说，即是"欲出洋者将十船编为一甲，取具一船为匪，余船并坐连环保结，并将船结字号于大小桅篷及船旁大书深刻，仍于照后多留余纸，俟出口时即责成守口员弁将该渔船前往何处并在船水手年貌的实

---

① 如松江府即是让渔民及渔船"无事听其在海上生理，遇警随同兵船围剿，则官兵无造船募兵之费，而民灶有得鱼捕盗之益"。见《皇明世法录》卷七五，《海防·直隶海防·江南诸郡》，第999页。顾炎武也说："黄鱼舡非以御寇也，每年四月出洋时各郡渔舡大小以万计，人力则整肃，器械则犀利，唐公顺之捧敕视师约军门每府鱼舡若干，辅以兵船若相须而行，扬刀而战，取甘结给旗票谨船诘验出入。"见《天下郡国利病书》卷二二，《江南》十。
② 《皇明世法录》卷七五，《海政·私出外境及违禁下海》。
③ 《洋防辑要》卷二，《洋防经制》上，第73页。
④ 《洋防辑要》卷二，《洋防经制》上，第76—77页。
⑤ 《闽浙总督满条奏遵旨逐条查覆金铎所陈海疆事宜折》（雍正二年闰四月十三日），《雍正朝汉文朱批奏折汇编》第2册，中国第一历史档案馆编，江苏古籍出版社1999年版，第935页。

姓名籍贯逐一查填入照，钤盖印戳并将所填人数照登号簿，准其出口入口"①。从某种意义上说，这是陆地村落普遍实行的"株连九族"法律制度在中国沿海渔村的一种仿效或者说是一种炮制。"连艐互结"既有利于渔船出入口管理，更有利于海洋安全。"盖此连踪之船在洋虽不能连樯并行，而同此洋面相离不远，声息相闻，奸良亦有分别，断五十船皆肯为匪者，严以连坐之条即多牵制之势，纵有匪人，亦忌惮而不敢妄行矣。"②而这正与海洋安全第一的中心原则相吻合，故在明清两代中国广阔的海洋内得到了普遍而严格的推广。③

②分别船号

雍正二年（1724年）四月十三日，闽浙总督满在《条奏遵旨逐条查复金铎所陈海疆事宜折》中提出了这么一项奏议："分别船号。海洋为匪，非船不行。惟船只漫无辨别，故匪类莫可踪迹。近奉皇上明见万里，饬令出海船只各照省份分别颜色油饰于船头，刊刻各县编号字样。凡某省某州县某号之船在洋行驶望之了然。虽有奸匪不能藏匿。此诚千古杜弊之良法。臣钦遵奉行闽浙两省出洋之船，现在尽皆油饰刊刻无有遗漏。臣又令于船篷上大书某县船户某人姓名，并于船之两旁刊刻船户姓名。汛口出入凭此稽查，倘在洋为匪，则失主先知来历，若畏罪涂抹铲削者，汛口即行拘留。船只既清，则匪类无所托足矣。"④可见"分别船号"实际上包含了两项内容：首先是区别各省船只船头的颜色，其次是在船篷和船的两旁书写某县某户的姓名。做到了这两点，就能在

---

① 《洋防辑要》卷五，《洋防经制》上，第70页。

② 《闽浙总督满条奏遵旨逐条查覆金铎所陈海疆事宜折》（雍正二年闰四月十三日），《雍正朝汉文朱批奏折汇编》第2册，中国第一历史档案馆编，江苏古籍出版社1999年版，第935页。

③ 如明人黄承玄《条议海防事宜疏》讲在倭寇盛行时期，宜令渔船"联以什伍，结以恩义，约以旗帜，无警听其合艐佃渔，有警令其举号飞报"（《明经世文编》卷四百七十九）。明人宋仪星《海防善后事宜疏》也说："濒海之人，诚难禁绝。……但严禁捕鱼船只，定限小满与大满渔船一齐出洋，不许零星越捕，以中倭计。"（《明经世文编》卷三六二）明天启五年（1625年）福建巡抚南居益也提到福建渔船普遍实行"禁其双桅巨舰，编甲连坐"的管理措施（《明熹宗天启实录》卷五十三）。浙江地区同样如此："每年三月以里，黄鱼生发之时，各纳税银，许其结艐出洋捕鱼，至五月各令回港。万历二年（1574年）巡抚都御史方弘静，复题令立纲纪甲，并立哨长管束，不许挱前落后。"（顾炎武《天下郡国利病书》浙江下）在琼州，疍民出洋采捕，此法同样有效："十船为一甲，立一甲长，三甲为一保，立一保长，无论地僻船稀零星独钓有无罟朋，大小料船俱要附搭成甲编成一保，互结报名，自相觉察。按以一犯九坐之条并绳以朋罟同之罪。"（《琼州府志》卷十九下《海黎志》四《防海条议·周希耀条议》）清代，此项制度更趋制度化和严化了。如康熙四十六年（1707年）福建督臣梁条奏："商渔船舡只出外洋者十舡编为一甲，取具连环保结，一舡为匪，余舡并坐。"（《两广总督杨琳奏复筹海事宜条陈折》（雍正元年七月二十六日），《雍批》第1册，第714页）雍正四年（1726年）广东巡抚在广东申严了此项措施并作了一些改进："仍照例编甲连艐，十船为甲，五船互结，一有违犯，四船连坐。"至嘉庆、道光年间仍是"欲出洋将十船编为一甲，取具一船为匪，余船并坐，连环保结。"等等，例子不一而足。

④ 《雍正朝汉文朱批奏折汇编》第2册，中国第一历史档案馆编，江苏古籍出版社1999年版，第933页。

浩瀚的洋面上,清楚地辨认船只的真实具体的身份,从而使"匪类"之船无处藏身。不过,"令出海船只各照省份分别颜色油饰于船头,刊刻各县编号字样"虽系雍正皇帝首先提出,但实际上相类似的举措在明代即已实行。① 雍正皇帝只不过是继承、发展并推广了这一制度。所谓"照省份分别颜色油饰于船头,刊刻各县编号字样"的具体做法是:"船头至鹿耳梁头与大桅上截一半,福建均用绿油漆,浙江均用白油漆,广东均用红油漆,江南均用青油漆,并于船头刊刻某省某县某字号。又内外洋大小船只,毋论布篷、篾篷俱于篷上书写州县、船户姓名,仍于船尾刊刻姓名州县。复因商渔书写刊刻之字号细出模糊,易滋弊窦。又经题定,篷上字画,定以径尺,船头两舷刊刻字号,不许模糊缩出。"②此项制度在管理实践中又得到了发展和完善。乾隆年间(1736—1795年),"又经浙藩司详定,通行闽浙两省,船大者于两舷及头尾刊刻省份、县份、船户姓名、字号,船出者止于两舷刊刻省份、县份、船户姓名字号"③。嘉庆二年(1797年)题定:"出海商渔船只自船头起至鹿耳梁头止并大桅上截一半,各照省份油饰船头,两舷刊刻某省、某州、某县、某号字样,福建船用绿油漆饰红色钩字,浙江船用白油漆饰绿色钩字,广东船用红色油漆饰青色钩字,江南船用青油漆饰白色钩字。其篷上大书州县船户姓名,每字均径尺,蓝布篷用石灰细面以桐油凋写,篾篷、白布篷用浓墨书写黑油分抹,字上不许模糊缩出,如遇剥落即行填写油饰。"④

③水师监督

"连艕互结"的渔船管理体制决定了明清海洋渔业生产必然会呈现出规模化、集体化渔船出海作业特征,尤其是在大的渔汛期,此项特征就更加突出。为了确保连艕渔船在海上安全作业,明清两代出台了一项强有力的管理措施,这就是水师监督。明清时代,每当大批连艕渔船向海洋渔场进发时,水师也派队同去。尤其是在明代,兵船同渔船形影相随更是其时海洋社会一大景观。所谓"每年四月出洋时,各郡渔船大小以万计,……每府船若干,辅以兵船若干,相须而行"⑤即是这种景观的典型反映。

就实施水师监督的动机而言,明清两代存在一些差异。明代,除了起监控

---

① 如据《皇明世法录》卷七五《海防·岭海》载:"广东滨海诸邑……令沿海居民各于其乡编立船甲长、副,不拘人数,……仍于船尾外大书某县某船某甲下某人十字,翻刻墨填为记,其甲长、副各执簿一扇,备载乡中船数并某船只某项生理,一一直书,每岁具呈于县,以凭查考。如遇劫贼,则被害者能识其船,速投首于甲首副,鸣锣追究,俾远近皆知无字者即系为非。"

② 《福建省例》"船只如式刊刻油饰书写",第716页。

③ 《福建省例》"船只如式刊刻油饰书写",第716页。

④ 《洋防辑要》卷二《洋防经制》上《稽查商渔船只桅篷》。

⑤ 《天下郡国利病书》,苏松。

渔船安全作业的作用外，还在相当大的程度上想借助和利用渔船的力量起到维护和巩固海防的作用。正如明人孙原贞所说："体得沿海渔船，熟知海道，不畏风涛，驾驶便捷，远出哨探，战舰不疑，临机得用。……督令沿海府县委官河泊所取勘居民并养鱼户船只，每县定与字号，编定总出甲。……遇有贼船，协助官快船四面夹攻，以取全胜；无警听令捕鱼办课，府县委官河泊所，仍要钤束不许生事。"①在这种近乎军事化的监督管制下，明代渔船颇有点类似在劳改渔场作业，行动极不自由，用顾炎武的话说就是："编立艁纲纪甲，并立哨长管束，不许擞前落后，仍发兵船数只，惯海官兵统领，于渔船下网处巡逻，遇贼即剿。"②追根究底，水师监督制度是海禁的必然产物。随着清代海禁政策的逐渐松弛，此项制度亦随之松弛。不过，由于清代依然实行的是渔船连艁出海制度，而且统治阶级仍以海洋安全为第一要务，所以此项制度在清代依然被承袭下来，只是监控的程度较明代为松。例如康熙五十年（1711年），经闽浙总督范时崇奏议、康熙皇帝批准的水师监督制度即基本上反映了有清一代此项制度实施的实际情况："惟各省沿海渔船皆令沿海之水师以统之。除台澎渔船隶于台澎两协外，其诏安县之渔船则隶于南澳镇之左营……凡渔船远出外洋酌拨营船随之偕往。凡渔船为非专兼各员比照营兵为盗例处分营员，畏有处分自必跟随渔船远出外洋。……设或偶有贼徒，渔船与战船协力擒拿，人多船众，则贼难免脱。"③这种制度与其说是借助渔民的力量加强海洋防卫，不如说是对渔民心存疑虑，放心不下。这种放鸭子式的渔政管理，极大地限制了渔民的生产自由，对渔业的发展是极为有害的。

3. 其他有关渔船管理的制度

明清时代的渔船管理具有鲜明的严密化和制度化特征。由于明清渔业经济和渔民社会的蓬勃兴起，迫使政府在出台上述主干制度的同时，还出台了一系列的辅助性措施。下面选择几项典型措施作些介绍和说明。

（1）渔船换照

此项措施是渔船给照制度的补充。明清时代，一张船照并非永久性地发生效用，而必须定期地予以更换。换照的一般情形是："换照必依旧号排次，毋得更改。统限年终各州县通查该管商渔船只曾否回家，如人回而船不回，一面查汛船主，一面申报督抚行知沿海汛口，船无不获。"④雍正年间，换照的期限有所松动："渔船照票例应年终缴换，但恐出民惮于缴领之烦，且守候稽延或致

---

① 孙原贞：《边务》，《明经世文编》卷二四。

② 《天下郡国利病书·浙江下》。

③ 《闽浙总督范时崇奏陈海洋弭盗管见折》（雍正五年六月初八日），《雍正朝汉文朱批奏折汇编》第3册，中国第一历史档案馆编，江苏古籍出版社1999年版，第540—549页。

④ 《雍正朝汉文朱批奏折汇编》第2册，江苏古籍出版社1999年版，第190页。

有误潮信,应请每遇一官到任换照一次。其间船户舵水偶有交易事故更换许即呈报,注明照内。"①

关于渔船换照,这里值得一提的是清代的商渔换照。所谓商渔换照,简言之,就是指商船在渔汛期可改换成渔船执照从事渔业采捕,渔汛期结束后,又换回商照。当然,具体操作程序并非所说的这么简单。具体情况是:"商船每于渔汛期欲出海捕鱼者,赴地方官呈明换领渔照,取具澳甲户族邻佑保结,连䑸编甲连环互结,准其入海采捕,俟渔期过后将渔照缴销换给商船印照,该地方官将换领商船印照缘由汇报该上司存查。如过期不归,即严查究汛治罪,不许出海捕鱼。"②此外,在换照的同时,"亦应照渔船新例,于船篷背面及两旁头尾,分别添刊书写,以臻画一。仍着令沿海州县,出示海口,着令该船户自行如式油饰增添"③。

我们认为,商渔换照是对渔船规制限定制度的突破,可视为清政府对海洋渔业所采取的一项扶持和鼓励的措施。大型商船加入渔业生产的阵营,自然会有助于提高渔业的生产力水平,因而也就有助于驱动海洋渔业经济的发展。

(2)渔船私租及转卖

有鉴于强化对渔船制造和给照制度实行严格管理这一渔船管理前提,所以明清时代对渔船的私租和私自转卖这两种直接扰乱渔船管理秩序的行为是坚决予以反对的。先言私租。无论从哪个角度讲,私租都是与明清渔船管理原则相违背的,因此政府对于这一违法行为是严令禁止的。如雍正元年(1723年)十月正黄旗汉军副都统许国桂在向雍正皇帝《详陈海洋情弊折》中首条即是"商渔船主顶替宜严也",反对渔船私租行为:"外洋为盗必由内地造船。康熙四十二年(1703年)之例,内开确系殷实良民先具亲自出洋保结,然后准其成造等语。今恐日久法弛,船主并不亲身在船,转租他人,一租再租,多系匪人在洋行劫,亦未可定。臣以为船只一经造成,而撩舵斗四项必用本县之人,船主必亲身出洋方有约束。若有假名顶替,以致事犯,船主同坐,该州县失察,一并议处,应通行沿海再行严饬。"④又如乾隆四十一年(1776年)三月二十日福建出台的"申严私租船只之禁"规定:"沿海居民北洋生理熟识,即在温、台、福、宁一带租赁船只捕鱼看网为业,饬令彼此各属分别严禁编查……亦应如所请,饬令温、台、福、宁等府所辖各属县,申严私租船只之禁。"⑤反对渔船私租,主

---

① 《广东巡抚杨文乾奏陈粤省海洋渔船应禁革事宜管见折》(雍正四年十月二十一日),《雍正朝汉文朱批奏折汇编》第8册,江苏古籍出版社1999年版,第305页。
② 《洋防辑要》,第71—72页。
③ 《福建省例》二十三,《船政例·商船换渔照采捕,照渔船新例一体刊书》,第632—633页。
④ 《雍正朝汉文朱批奏折汇编》第2册,江苏古籍出版社1999年版,第189页。
⑤ 《船政例·商渔船只设立循环填注送核》,第634页。

要是担心私租给扰乱海洋安全的"匪人"。如果允许私租,就等于是全盘推翻了整个渔政管理制度。对于谨出慎微的明清政府来说,显然不会做这种自己打自己嘴巴的事。

关于渔船买卖,官府没有采取一刀切的做法。私自买卖自然是明令禁止的,若经过官府批准且办有一定手续,这种行为也还是可以进行的。兹以乾隆四十六年(1781年)十月十九日所定的条例为例:"经查船只买卖,在所不免,其弊亦从此而出,嗣后买卖交接之时,必得彼此关查。买船之州县,先须查明得船之人来历,如果实系土著良民,即关会卖船处所查明,实有其船,一面关复,一面开除,将关牌县照详销。买船之州县得有卖船地方官印文,方许具详,奉宪批准之后,再行改烙给照。倘彼此关查,一有其人其船来历不明,即可从此严行根查究办,庶几船只收除,各有档案互相稽查,而匪徒私顶影冒之风,或可稍息。"①这个条例,实际上包含了三项原则:首先是必须经过当地官府的批准、监督并具体办理;其次是卖船者不但船只来路正,而且必须是土著居民;第三是买船主人必须提出申请,经过地方政府审查合格后,才可办理手续。

有关渔船私租和转卖的条例措施,主要是针对跨县、府、省的渔业生产而制定的,旨在通过沿海跨县、跨府、跨省之间的渔政机关的互相配合、互相协调,共同维护国家的海洋安全。

(3)循环簿制度

为了使沿海各汛口官吏对每日出入渔船的数量及行踪有准确的了解和进行严密监控,清代实行了一种新的渔船管理制度,即循环簿制度。这种制度,简言之,就是"沿海各汛督臣各给循环印簿两本,每日登记商渔船只及停泊开行日期等由,俱要开写明白,一月一抚督臣按日查对……如有漏开及开载不明,该管官即提汛并究处"②。具体地说,就是沿海汛口"各设循环簿二本,一发澳甲,一发口员。饬将出入船只船户的实姓名,于某年月日领结某县某字号照票,现装某货各计若干,报往某处贸易采捕,管驾某人,保结船户行保某人,临出口时柁水有无更换。其有先经出口今始回籍者,亦令照式填注……逐一声明。循来环去,按月送县互核。倘有违例船只,务即禁阻出口,解县汛究,治以应得之罪,船只入官。其循环簿内,如有澳甲未填及填报互异者,其中显有弊窦,即行分别严提该澳甲及守口书役究拟通详,并将该管口员据实揭报。均饬令会同管员画一办理,将逐月所挂出入舡只,造册密送该县查核,以杜澳甲、

---

① 《福建省例》"商渔船只买卖立法章程",第643页。
② 《正黄旗汉军副都统许国桂详奏陈海洋情弊折》,《雍正朝汉文朱批奏折汇编》第2册,江苏古籍出版社1999年版,第190页。

口书串同填报之弊。该县按月汇造总册,通送备查"①,等等,限于篇幅,其他渔船管理措施便不一一举例叙述了。

(二)渔村的户籍管理

在渔村社会形成、发展及渔村经济组合朝多元化方向发展的明清时代,渔业生产只能视作渔村劳动力最重要的生产行为和经济行为之一,因而渔船管理也就不能涵盖其时渔村渔政管理的全部内容。要做到对渔村全体人口都能进行有效管理,显然还必须借助渔船管理制度之外的更具全面性的管理制度。在明清时代,政府统一推行的根本大法即是渔村的户籍管理制度。

沿海渔村人口同内陆农村人口一样都是国家的编户齐民,自然应毫不例外地接受国家统一的户籍管理。不过,由于内陆与海洋在诸多方面存在着差异性,所以在户籍管理上明清两代就没有采取一刀切的做法。在内陆地区,实行的是保甲制度,简言之,即是"州县城乡,十户立一牌头,一牌立一甲头,十甲立一保长,户给印牌一张,备书姓名丁数,出则注明所住,入则稽其所来"②。而在沿海渔村则同时实行了两种制度:一为澳甲制,一为船甲制。先言澳甲制。澳甲制从形式到内容都是参仿保甲制:"沿海港汊、村庄、岛屿,宜实力编查,……十家为甲,设立甲长一人,每编十甲,设立总甲一人,不及十甲者,即按三五甲为一总"③,"严举澳甲以清烟户也。……应就各乡居民多寡,每家设立门牌,将该家长姓名、年岁、生理填明,其同居弟侄及妻子人口,俱逐一附开于后,该县查明用印,按户悬牌。合计某乡某澳居民若干户,每十户举设甲长一人,编列成册,申送院、司、道、府存案。凡十户之内有窝匪藏私、出外为盗,及不法滋事者,俱令甲长严查,……其散处烟户,不尽比屋而居,俱以十户为率,责令公举附近甲长管辖"④,"澳有甲,当书某澳、某甲、某户"⑤,"某澳束以某甲"⑥。严格说来,澳甲制是明清整个沿海地区统一推行的一种户籍管理制度,并非渔村所独有,只是相比之下,此项制度在渔村实施得更具体和更严格些。其突出表现是,在渔村,澳甲制除了严格地编籍丁户外,还特别严格地加进了编籍渔船的内容,使得渔民的居住和生产的双重活动空间都在澳甲制的严格监控和绳束之下。编籍渔船以稽渔户的具体内容是:"应着澳甲一律查明所辖丁户内船若干只,各于门牌内填注。渔船每日采捕,俱令朝出暮归。出洋

---

① 《福建省例》"商渔船只买卖立法章程",第 643 页。
② 《钦定大清会典事例》卷二百五十八,《户部·户口·保甲》,商务印书馆宣统己酉五月再版。
③ 《福建省例》二十三,《船政例·筹议海防章程》,第 724—725 页。
④ 《福建省例》"会议设立保甲条款",第 669 页。
⑤ 叶春及:《惠安政书》,《图籍问》,福建人民出版社 1987 年版,第 15 页。
⑥ 胡宗宪:《广福人通番当禁论》,《明经世文编》卷二六七。

时查明有无多带食米、淡水及私送火药器械,回时有无夹藏盗赃、衣物、番银等,一经查出,即时送官究治。"①

明清两代政府对沿海渔民除了在陆上渔村严格推行澳甲制外,还同时在海上推行了另一种保甲制,即船甲制。所谓船甲制,简言之,即是以渔船为基本户籍单位的保甲制。推行船甲制的目的有二:一是藉此加强对沿海数以万计的以船为家的水上人家蜑民的户籍管理。蜑民是明清中国沿海一个特殊的渔民阶层。他们"以舟为宅",以渔为生,终年浮荡于海上,"朝东夕西,栖泊无定"②,不能在陆上聚落成渔村,因而澳甲制对他们就无约束力,于是乎,船甲制便应运而生。正如明人周希耀所说:"编蜑甲以塞盗源。……蜑艇杂出,鼓棹大洋,朝东夕西,栖泊无定,或十余艇,或八九艇。联合一艍同罟捕鱼,称为罟朋。每朋则有料船一只随之腌鱼,彼船带以济此蜑。……弭盗之方总不外于总甲。今议十船一甲,立一甲长,三甲为一保,立一保长,无论地僻船稀,零星独钓,有无罟朋,大小料船俱要附搭成甲编成一保,互结报名,自相觉察,按以一犯九坐之条并绳以朋罟同艍之罪。甲保一严,奸船难闪,则盗薮清而盗源塞矣。"③周氏此则条议在当时即已付诸实施,从屈大均《广东新语》卷十八《舟语》中可得到证实。清代由于蜑民"以舟为宅"的水上人家的特性尚未更变,所以船甲制仍是蜑民最根本的保甲制。值得一提的是,雍正七年(1729年)"以广东蜑户以船捕鱼,粤民不容登岸,特谕禁止。准于近水村庄居住,与齐民一体编入保甲"④。但据叶显恩先生研究,这只不过体现了雍正皇帝对蜑民的悯恻之心和良好的愿望罢了,实际上,直至清末甚至是近代,蜑民都未上岸。⑤ 所以雍正皇帝在蜑民中推行的与齐民一体编入保甲的想法也只能视作一种良好的愿望罢了。关于蜑民的详细情况,本书第四章有专门的介绍,兹不赘言。明清时代不仅在水上人家实施船甲制,而且在陆上渔村也实施船甲制,只是两种船甲制在内容和实施目的上有所区别。水上人家的船甲制是一种真正意义上的保甲制,而陆上渔村的船甲制则只是澳甲制的一种补充,其目的是强化对陆上渔民出海作业的管理。这种船甲制也就是我们前文说过的"定例渔船出洋必取十船连艍互结,一船为匪,九船定行连坐"⑥的渔船连环互结制度。虽然此种船甲制更像是一种临时性的渔船生产组织,但由于渔民的生产

---

① 《福建省例》"会议设立保甲条款",第 669 页。

② 《琼州府志》卷一九。

③ 《琼州府志》卷一九。

④ 《清史稿·食货一·户口田制》。

⑤ 叶显恩:《明清广东蜑民的生活习俗与地缘关系》,《中国社会经济史研究》1991 年第 1 期。

⑥ 《闽浙总督满保奏遵旨逐条查覆金铎所陈海疆事宜折》(雍正二年闰四月十三日),《雍正朝汉文朱批奏折汇编》第 2 册,江苏古籍出版社 1999 年版,第 935 页。

空间主要在海洋,而海洋的主要生产工具即是渔船,所以"连环结保"的真正目的还是"以收保甲实效也"①。

(三)海岛渔政管理

在海洋安全高于一切的原则指导下,对被视为倭寇和海盗经常出没的危险地带海岛的管理,明清两代是格外小心翼翼、警戒有加的。明代,政府对于海岛的管理可谓既严厉又简单,实行的是所谓的"虚岛政策"。具体地说,就是强制性地将地处海洋前沿地带、倭寇和海盗经常出没的海岛居民全部迁入内地,禁止海民在海岛从事任何生产行为。② 清初,虚岛政策仍是清政府所奉行的海岛管理政策,尤其是迁界时期,此项政策更是被执行到了不折不扣的巅峰地步。随着迁界令的解除和海洋社会的渐趋安稳,虚岛政策就逐渐被海岛开发的浪潮所冲垮,代之而起的是开放性的管理措施不断出台。因此,从渔政管理的视角来看,迁界令解除以前,海岛(这里所指的是实施虚岛政策的海岛)是无渔民开发渔业可言的,因而也就谈不上有什么具体的渔政管理措施了。真正的海岛渔政措施的出台,应该讲是在康熙二十二年(1683年)之后。随着迁界令的解除,封禁的岛屿便逐渐向包括渔民在内的海民开放。这里所说的"逐渐",实际上包括两方面内容,一是对于封禁的岛屿政府并非一夜之间就全部予以开放,而是在开放其中的一部分岛屿的同时,仍照例封禁其他的岛屿,只是随着时间的推移,封禁的岛屿便逐渐减少。例如直至乾隆五十九年(1794年),仅浙江一省就有11个岛屿仍在封禁之列。③ 道光年间(1821—1850年),封禁政策仍然有遗存。④ 对于封禁的岛屿,清政府的态度是不允许渔民登岛开发的,用官方的话说,就是各省海岛"应封禁者不许渔户札搭寮棚居住采捕"⑤。"逐渐"的第二项内容是,对于已弛禁的海岛,清政府也不是一下子就将海岛的门户全部打开,同样有一个逐渐的启动过程。例如对于渔民在海岛搭寮施网的管理态度的转变过程就典型地反映了这一特征。直到康熙五十年(1711年),政府对于渔民在海岛所进行的此项渔业开发活动都是持反对态度的。⑥ 到

---

① 《福建省例》一三,《户口例·设立保甲事宜》,第402—407页。
② 参见欧阳宗书:《明代渔禁对沿海渔村社会的影响》,《中国社会经济史研究》1995年第3期。
③ 《钦定大清会典事例》卷二五八《户部·户口》载,乾隆五十九年(1794年)"浙江嘉兴、宁波、台州、温州四府,并玉环厅所辖各岛,共计五百六十一处,向有居民,准其居住者一百七十有七处,原应封禁应行驱逐者十一处,内除宁海县所辖之南山等四处,业经迁徙外,其余太平乐清二县所辖之柳机山等七处海岛居民,居住年久,概行驱逐不免流离失所,准其照旧居住,毋许再行私添偷住。并无居民海岛共四百六处"。
④ 参见《洋防辑要》卷二《洋防经制》上《稽查海岛居民渔户》,第81页。
⑤ 参见《洋防辑要》卷二《洋防经制》上《稽查海岛居民渔户》,第81页。
⑥ 康熙四十九年(1710年)浙江温州镇标左营水帅千总郭王森在向康熙皇帝条陈海防十事折本中就特别提出"海山搭盖篷厂每年请开四月之禁以裕穷民也"。而此项奏议遭到了皇帝的否决。见《雍正朝汉文朱批奏折汇编》第3册,江苏古籍出版社1999年版,第359—365页。

雍正四年(1726年),政府的态度已有较大的松动。① 直至乾隆五十五年(1790年)渔民在海岛从事此项渔业生产行为才取得合法地位。②

对于弛禁的岛屿,清政府所采用的渔政措施与陆地渔村并无特别不同之处,只是在实力稽查方面,岛屿较陆地为严。清政府派兵对海岛进行渔政稽查是全方位的。既以就地编立保甲的方法稽查定居的渔民,也以武力巡察临时性搭寮施网的渔民。稽查的重点有三个:一是稽查有无奸匪混杂其中,若有,则予以严惩,即所谓"如有盗匪混入及窝藏为匪者,一经查出即将该犯所住寮房概行烧毁,俾知警惧"③。二是稽查渔民有无超过期限采捕,若渔汛期结束后尚稽延时间,则派兵强行驱逐。如乾隆五十四年(1789年)谕旨:"其有渔户就山搭寮者,一过渔期,即行拆毁。"④乾隆五十九年(1794年)复准:"(浙江)其渔汛时暂行搭寮二十七处,事毕即令拆逐,毋使稍有容留。"⑤三是稽查出入海岛的渔船,即所谓"其渔船出入口岸务期取结给照,登记姓名,倘渔船进口时藏有货物,形迹可疑,即将严行盘诘无难,立时拿获地方官"⑥。

二 渔政管理实际效果评估

以上我们从三个大的方面对明清海洋渔政管理作了粗线条的介绍和描述,下面拟就其实际效果作一客观的评估。

由于明清时代的渔政管理是其时整个海洋管理的一项重要内容,渔政制度的制定及渔政措施的出台都是紧紧围绕海洋安全第一的中心原则而展开的,所以从中央到地方对渔政管理都不敢等闲视之。一般说来,出台的渔政制度和措施都能在短期内得到贯彻实施。如雍正元年(1723年)六月初八日雍正皇帝下达清字朱谕一道给广东总督:"着将出海民舡按次编号刊刻大字,舡头桅杆油饰标记等因,钦此。"同年七月二十八日,广东沿海渔船便率先在全国

---

① 参见《浙江巡抚李卫等奏报查勘浙江洋面玉环山情形并陈募民开垦拔兵设汛管见折》(雍正四年十一月二十日),《雍正朝汉文朱批奏折汇编》第8册,江苏古籍出版社1999年版,第476页。
② 乾隆皇帝谕:"所有各省海岛,除例应封禁者,久已遵行外,其余均着令仍旧居住,免其驱逐。至零星散处人户,僻处海隅,地方官未必能逐加查察。所云烧毁寮房,移徙人口,亦属有名无实。今各岛聚落较多者,已免驱逐。……而渔户出洋采捕,暂在海岛搭寮栖止,更不便概行禁绝。……自应听其居住,毋庸焚毁。"见《钦定大清会典事例》卷二五八《户部·户口》。
③ 参见《洋防辑要》卷二《洋防经制》上《稽查海岛居民渔户》,第81页。
④ 《福建省例》二三《船政例·会议澳甲条款》,第671页。
⑤ 乾隆皇帝谕:"所有各省海岛,除例应封禁者,久已遵行外,其余均着令仍旧居住,免其驱逐。至零星散处人户,僻处海隅,地方官未必能逐加查察。所云烧毁寮房,移徙人口,亦属有名无实。今各岛聚落较多者,已免驱逐。……而渔户出洋采捕,暂在海岛搭寮栖止,更不便概行禁绝。……自应听其居住,毋庸焚毁。"见《钦定大清会典事例》卷二五八《户部·户口》。
⑥ 参见《洋防辑要》卷二《洋防经制》上《稽查海岛居民渔户》,第81页。

完成了此项重大的渔船管理任务。① 次年(1724年)闰四月十三日,福建、浙江两省渔船也悉数完成了同样的任务。② 又如渔船的领照制度、连艞互结制度、渔村的澳甲制度等,在其时的沿海渔村都是一以贯之的渔政制度。因此,从明清渔政管理者及渔政制度的制定者的视角来看,其时的渔政管理还是基本上起到了维护国家海洋大局安全的政治作用的,渔政管理的出发点和终极点还是大体在一条直线上。换言之,从正面来评估,其时的渔政管理在形式上还是基本上达到了管理者的预期效果的。但是,渔政管理的直接对象毕竟还是广大的渔民及其生产和社会行为,因此,要对其时的渔政管理的实际效果作出客观评估,就不能不以渔民和渔业生产为参考系。虽然明清两代统治阶级主观上都只是将渔政管理当做海洋安全管理的一个重要组成部分而加以管理,而不是将如何有利于渔业经济的发展当做渔政管理的目标,但渔政制度的制定者及管理者实际面对的毕竟是以海为生的渔民,以限制和阻碍渔业生产和渔业经济发展来获取海洋社会的暂时安宁毕竟是与广大渔民求生存、求发展的要求相矛盾的,因而势必要遭到渔民的反对和抵制。这种反对和抵制的力量随着渔民社会的发展而不断强大,并自始至终直接影响着政府渔政管理的执行效果。此外,渔政管理制度本身缺乏科学性、系统性和周密性,渔政管理队伍存在腐败性,也是直接影响其时渔政管理执行效果的重要原因。因此,我们若从这些方面来考察其时的渔政管理,就会发现其实际效果与统治阶级的初衷大相径庭,甚至可以说,总体上是失败的。下面具体地分析其中几项重要的原因。

(一)渔政管理制度和措施缺乏严密性和科学性

在中国古代海洋渔政管理发展史上,明清时代是极为重要的历史时期,虽然在统治阶级的眼中渔业只是蝇头小利而不被重视,但由于渔政管理事关国家海洋安危大局,故统治阶级对此皆重视有加。所以明清时代各种渔政管理制度和措施便蜂拥而出,这是前所未有的。不过,因它们多为政治产物,具体地说多为海洋安全压力的产物,故以应急应时、头疼医头、脚疼医脚者为多。这就势必造成整体的渔政管理政策缺乏系统性、周全性和科学性,从而导致渔政制度和措施在具体的执行过程中造成上有政策、下有对策及顾此失彼的现象产生,进而影响全局性渔政管理的科学化、系统化的进程。例如,渔船管理是明清渔政管理的重心所在,中央和地方都出台了许多具体的、可操作性的措

---

① 《两广总督杨琳奏报出海民船通行编号并缴朱谕折》(雍正元年七月二十六日),《雍正朝汉文朱批奏折汇编》第1册,江苏古籍出版社1999年版,第717页。
② 《闽浙总督满条奏遵旨逐条查覆金铎所陈海疆事宜折》(雍正二年闰四月十三日),《雍正朝汉文朱批奏折汇编》第2册,江苏古籍出版社1999年版,第935页。

施,可是由于考虑不周,直至康熙五十二年(1713年)以前连渔船同商船及商船的外形区别标志都未制定出来,从而造成了渔船管理乃至整个海洋船政管理诸种弊端的产生。① 又如,限制渔船规制可谓明清渔船管理的一项重要内容,出台的措施亦可谓严格,执行亦有力度,只是措施本身缺乏周全性从而影响了管理效果。仅以雍正朝为例,雍正年间限制渔船规制仍是沿袭传统的做法,即主要限制梁头,其目的也是使渔船失去远洋能力。这种做法固然抓住了主要矛盾,但并不能从根本上解决问题。在渔船制造技术高度发达的清代,渔民在渔船梁头受限的情况下,巧妙地作横向发展,即扩大船腹以弥补梁头之不足。如雍正年间广东沿海大量涌现出一种适于远洋捕捞的拖风船。官府对此自然是强加限制,使其梁头限制在五尺以内,而渔民凭借其高超的造船技术则制定了相应的对策,即"将丈量之梁头则遵照五尺,即有略宽者亦相去不远,其船腹则渐宽大,盖板仍复私用",因而"依然可以冲风破浪",赴远洋作业。② 此外,为了弥补梁头之不足,渔民在寻求向船腹宽大方向发展的同时,还在船篷上巧加改进,即将布篷改成篾篷,"盖篾篷风力甚大,其在海洋尤为便捷",因而同样可补梁头矮出之不足。③ 再如关于渔船刊号书篷管理,雍正年间题定:"内外洋大小船只,毋论布篷、篾篷俱于篷上书写州县、船户姓名,仍于船尾刊刻姓名、州县。复因商渔书写刊刻之字号细出模糊,易滋弊窦,又经题定,篷上字画定以径尺,船头两舷刊刻字号不许模糊缩出。乾隆年间,又经定例,沿海一应采捕及内河通海之各色出艇,亦照商渔取结给照,一体编烙,刊刻书篷,以便稽查。又经浙藩司详定,通行闽浙两省,船大者于两舷及头尾刊刻省份、县份、船户姓名、字号,船出者止于两舷刊刻省份、县份、船户姓名、字号。"④定例可谓细密,但渔民仍是找出了许多对策:"渔船篷号直书其姓名,书在篷底下截,刊刻字号、县份、姓名,仅在两旁舷边,并将姓名间有排在水仙门板上刊刻。而出洋捕鱼之后,如系宵出起意劫窃,将篷蹲下,姓名不见。且用旧篷在于字上遮拦,更使灭迹。其进口时,将旧篷移过,仍以遵书篷号安分之船。至两旁刊字,或用泥涂抹,或用板遮掩,甚至将水仙门板脱下,则其姓名均难识认,不惟事主无从指报跟缉,而游巡舟师虽梭织哨捕,亦难骤于追获。"⑤对于

第三章

明清时期的海洋政策与管理

---

① 《江宁巡抚张伯行奏为再进濂洛关闽书籍并海船情形折》(雍正五年十一月二十六日),《雍正朝汉文朱批奏折汇编》第5册,江苏古籍出版社1999年版,第274—279页。
② 《广东总督杨琳奏陈整饬粤省渔船管见折》(雍正二年二月十五日),《雍正朝汉文朱批奏折汇编》第2册,江苏古籍出版社1999年版,第605页。
③ 《正黄旗汉军副都统许国桂详奏陈海洋情弊折》,《雍正朝汉文朱批奏折汇编》第2册,江苏古籍出版社1999年版,第189—190页。
④ 《福建省例》二三《船政例·船只如式刊刻油饰书写》,第616—617页。
⑤ 《福建省例》二三《渔船饬令照式书写分别刊刻船户姓名字号》,第621—623页。

这种顾此失彼的管理弊端,官方只怪守口员弁稽查不力,实际上问题出在政策制定者本身。政策制定者一方面制定出刊号书篷的细节,另一方面又急功近利,"通饬沿海各属遍行出示晓谕,将境内渔船,着令渔户自行如式刊刻书写"①。这就犹如将绳子发给渔民让他们自缚,自然就会大有做手脚的余地。足见其政策欠周全性和科学性!

总之,明清时代出台的应急性渔政措施大多缺乏严密性和科学性,这就决定了它们在具体运作过程中的实际效果要大打折扣。

(二)渔政官吏腐败

明清两代尤其是清代的渔政条文有一显著特征,那就是一般都含有对渔政官吏予以奖惩,尤其是对失职官吏予以惩处的具体文字。例如明人周希耀在"清料船以靖海氛"的条文中规定:"凡料船腌鱼者,许经纪赴县报名具结,……哨兵不得生事……兵役故纵,一体坐罪。"②又如明正统十年(1445年)七月乙丑,经英宗皇帝批准:"严私下海捕鱼禁。……敢有私捕及故容者悉治其罪。"③再如清雍正六年(1728年)孔毓珣在《会议杨文乾覆奏广东渔船折》中第一条就是向皇帝陈奏如何惩治失职官吏:"臣等遵照定例历经饬禁,现在沿海将备等官俱系出具印结分送衙门查核,恐有阳奉阴违,应照抚臣杨文乾所奏将陋规开明勒石永禁,责令道府稽查,按季出结,不论文武大小概许揭报请参,如道府不揭,另有发觉,请以徇庇例并参议处再请。如文员有犯,亦许武职揭报。庶文武互相稽察,立法更为周密。至于总兵为武职大员,倘有违犯,请于参疏内声明,请旨加倍治罪,自知儆惕畏惧矣。"④例子不胜枚举。之所以在渔政管理条例中大量出现此类文字,并非是行官样口号或做表面文章,而实实在在地是因为地方官吏的腐败已严重影响了中央渔政政策在地方上的贯彻执行。

清咸丰元年(1851年)七月初四咸丰皇帝曾说过这么一句话:"惟立法尤贵得人,若地方官不能实力办理,该管上司又不能实力稽查,必致良法徒托空言,且易启胥吏扰累等弊。"⑤此话虽仅仅是咸丰皇帝针对福建沿海官吏在推行澳甲制时办事不力而说,我们则认为它道出了整个明清时代渔政管理中共同存在的一项积弊即渔政管理官吏腐败。渔政官吏的腐败犹如附着在明清渔

---

① 《福建省例》二三《沿海各属渔船仍照议定章程着令船户自行如式刊刻书写》,第628—629页。

② 明谊修、张岳松纂:道光《琼州府志》卷一七下《船政》,台湾成文出版公司据光绪十六年补刊本影印,第435页。

③ 《明英宗正统实录》卷七。

④ 《两广总督孔毓珣等奏覆会议广东渔船事宜折》(雍正六年三月二十二日),《雍正朝汉文朱批奏折汇编》第2册,中国第一历史档案馆编,江苏古籍出版社1989年版,第6页。

⑤ 《福建省例》一三《户口例·举行保甲,现复参酌旧章,饬属认真编查船户、棚民具奏》,第424页。

政管理体系中的寄生虫,自始至终存在且越来越严重。腐败最典型的表现形式则是利用职权之便对广大渔民进行敲诈勒索。例如清代沿海各地都存在官吏向渔民勒索银两的陋规。兹以雍正年间为例。据广东提督董象纬查实,广东拖风船"向不符于定例也","又查得此等船只文武员弁俱有陋规,武弁按年每船十二两或十六两,文员于每年换给照票则较武弁加倍。揆厥由来皆执违式二字得以勒索,及遂其欲则船之奸良竟置之不辨"①。在广东,不但拖风船有陋规银,其他渔船同样存在。正如广东巡抚年希尧所说:"广东沿海捕鱼渔船俱编有字号朝出暮归,不许出海过夜。似此稽查严密,渔船何能作奸?奈有不肖汛弁勒索渔船规例,海船每季勒银一二两不等,每年计算不下数百两。"②广东如此,浙江亦不例外。雍正三年(1725年)七月初三日温州总兵边士伟在向皇帝奏报他的访察结果时说:"随查温属各澳渔船每年有总兵陋规银二千余两。"③福建更非净土。雍正七年(1729年)九月初六日福建观风整俗使刘师恕上奏说:"莆田县涵江口乃渔船出入之所,臣亲往查验。……兵役借端需索诚为积弊,及面询各渔户,俱云涵江巡检司向有陋规,每船要钱三百四十文,出入都有。"④渔政官吏对渔民所进行的敲诈勒索当然不仅仅限于渔船陋规银上,而是渗透到渔政管理的方方面面。请看下面几则材料:

(1)验烙给照及澳甲管理

商渔船只验烙给照,原为杜弊起见,乃沿海各属冀得规利,或将船照先用空白发给船房,奸胥蠹役无弊不作。至各澳保甲,例应一年一换,以访日久滋弊。风闻近来皆系衙门蠹役及汛兵包庇,专用土豪奸棍,任其日久把持,以冀分肥获利。⑤

(2)渔船买卖及牌照管理

管船兵役、澳甲串通行保,包揽商贩渔民赴澄(海澄,引者注)领照,从中渔利,遇有船只失水朽坏,将旧照匿不缴销,存留私售,影冒别船,或船只已卖他邑民人,该船胥澳保受贿不报,仍用澄照驾驶。⑥

---

① 《广东提督董象纬奏复拖风船及违式渔船始末情弊并酌筹取结连坐及严饬地方官实力奉行折》(无具体时间奏折),《雍正朝汉文朱批奏折汇编》第33册,江苏古籍出版社1999年版,第84—85页。

② 《署广东巡抚年希尧奏报地方应行事宜折》(雍正元年六月初三日),《雍正朝汉文朱批奏折汇编》第1册,江苏古籍出版社1999年版,第481页。

③ 《浙江温州总兵边士伟奏陈革除渔船陋规以靖海疆管见折》(雍正三年七月初三日),《雍正朝汉文朱批奏折汇编》第5册,江苏古籍出版社1999年版,第452页。

④ 《福建观风整俗使刘师恕奏报巡历兴化泉州地方情形折》(雍正七年九月初六日),《雍正朝汉文朱批奏折汇编》第6册,江苏古籍出版社1999年版,第553页。

⑤ 《福建省例》"会议设立保甲条款",第672页。

⑥ 《福建省例》二三《船政例·商渔船只买卖立定章程》,第643页。

（3）渔盐管理

崇武三面环海，大利归鱼，商人皆贩鱼营生，渡船亦载鱼糊口。历来所有鱼货，或鲜炊，或腌浸，盐炊为脯，应用盐者，自应赴馆照配征课，至贩买生鱼无用盐者，自不应配课，近因哨捕多作奸弊，凡欲贩腥进郡发售，出船渡载，哨捕屡欲逆加私利，索钱担廷，以致馁败。①

（4）渔船规制管理

地方官吏于丈量给照时则指其违式得索陋规，守口兵弁亦执其违式得勒馈送，而渔民亦恐一遵定式即不能采捕资生，甘心馈献。②

（5）渔船出入口管理

出口入口一切挂号地方俱有千把扼守盘查，原以弭盗安民。往往有不肖之徒假题勒索，情属可恶。③

由此足见渔政管理的方方面面都存在官吏勒索渔民的腐败现象，而且参与勒索的官吏也遍及渔政管理的各个阶层，甚至为了获取私利而发生越职勒索行为。营员及汛口员弁滥给牌照即属典型之例。按照渔政管理制度规定，渔船牌照应由本州县地方长官颁发，其他部门无此特权，而在其时，为了分获私利，营员和汛口员弁也干起了此等营生，如康熙五十年（1711年）二月初七日温州镇标左营水师千总郭王森在向康熙帝条陈海洋十事折中的第六条就提到："渔船自闽而来向俱用县照。近来到浙竟有使用营员牌票以作护身符者，不肖营员俱有分规贡献，不辨奸良，一概给与牌票。渔船有牌为据，公然备置军器，扬帆来往乘便劫掠，守汛千把以有上司牌票在船不敢盘诘。此但知利已而不知损民，名为防贼而实则纵贼也。"同年三月初四日范时崇就郭王森的条议向皇帝提出了对策："臣查商渔船只定例州县编号给照，嗣后渔船如有营员擅行给牌无作奸犯科者，给牌营员降二级调用，倘有藉牌为非者，给牌营员革职。"④非但营员滥结牌票，守口汛弁同样如此。这一点，仅从清嘉庆年间颁行的《洋政条例》第七条"严禁汛弁滥给出照"的标题中即可看出。⑤ 营员和汛口员弁执法犯法，其后果是极为严重的：为了分获私利，将"军用"牌照卖给渔民，使渔船堂而皇之地扬帆往来，而且备有武器，对官方的渔政管理制度的执行自

---

① 《崇武所城志·碑记》，载《惠安政书》，第103—104页。

② 《广东总督杨琳奏陈整饬粤省渔船管见折》（雍正二年二月十五日），《雍正朝汉文朱批奏折汇编》第2册，江苏古籍出版社1999年版，第605页。

③ 《正黄旗汉军副都统许国桂详奏陈海洋情弊折》，《雍正朝汉文朱批奏折汇编》第2册，江苏古籍出版社1999年版，第189—190页。

④ 《闽浙总督范时崇奏为遵旨覆议郭王森条陈海防十事折》（雍正五十年三月初四日），《雍正朝汉文朱批奏折汇编》第3册，江苏古籍出版社1999年版，第332—333页及第359—360页。

⑤ 《福建省例》二三《船政例·洋政条款》，第705页。

然形成巨大阻碍;执法队伍如此玩忽职守,腐败堕落,中央的周密的管理措施,只能成为一纸空文。

渔政管理官吏以权谋私、玩忽职守的必然结果就是直接扰乱渔政制度、政策及措施在地方上的贯彻执行。基于这种管理现实,难怪当时的官府要发出这样的感叹:"惟是有治人无治法,检查旧案,所有杜弊防奸之法,何尝不慎密周详,皆由官则视为具文,吏更藉为利薮,此徒法不能以自行也。"①

官吏腐败不但祸国,更是殃民。明清渔政管理的方针本来就不是以如何有利于渔业发展为着眼点,而官吏的敲诈勒索更使得渔民犹如雪上加霜,为了生存,他们不得不忍辱负重,任官吏宰割。只有在被逼无奈的情况下,他们才会作出不同程度的反抗,这一点,连康熙皇帝都深表理解。康熙五十五年(1716年)正月十九日康熙皇帝就对海坛总兵程汉鹏讲过这么一段话:"福建海外没有什么大岛屿可以藏贼,不比尽山花鸟,朕知俱是渔船上的人。且守口的兵渔船出入俱要钱,譬如打有鱼的有钱给他,打不出鱼的哪里的钱给他?没钱不得进口,又回不得去。没奈何抢人东西食,一个船抢食,两个船抢食,就成贼了。"②足见罪魁祸首是守口兵弁。又如康熙五十一年(1712年)五月十九日台州燕海坞发生了渔民杀死六十余名兵丁的事件,究其原因仍是因官吏腐败被逼所致:"先年黄岩有一韩总兵招人在汛地方搭厂捕鱼做鲞,每一只船要银四两,总兵衙门竞相沿为例。近来蒙万岁差看海大人至黄岩,而总兵李近恐大人见厂未便,预先尽数烧毁,所以众人怨恨……"③官吏的腐败与渔民的反抗是一对极为自然的因果关系,无论其交互作用的程度轻重与否,对渔政管理都会形成一种冲击,区别只是力量存在大小而已。

(三)中央与地方分歧造成管理不一

明清时代许多渔政管理政策在具体的贯彻执行过程中都像大海中的扁舟一样,时左时右、时上时下地摇晃,从而影响了它们的执行效果。导致这种政策在执行过程中出现重大摇摆现象的最主要原因,即是渔政管理阶层本身存在着意见上的分歧。可以这么认为,在明清时代,整个海洋渔政管理阶层在渔政管理问题上始终都未达成认识上的统一,相反,意见分歧甚至对立的现象则是随处可见,而认识上的分歧自然会影响行动上的统一。例如对于在海禁时期是否实行渔禁,明清两代从中央到地方都是意见不一,最后虽然在强大的政

① 《福建省例》"会议设立保甲条款",第669页。
② 《海坛总兵程汉鹏奏报钦遵圣训严禁兵丁勒索渔船折》(康熙五十五年五月十七日),《雍正朝汉文朱批奏折汇编》第7册,江苏古籍出版社1999年版,第100—103页。
③ 《苏州织造李煦奏报台州燕海坞渔民起事原由等情形折》(雍正六十一年八月初八日),《雍正朝汉文朱批奏折汇编》第4册,江苏古籍出版社1999年版,第380—381页。

治压力下实施了渔禁政策,但在具体的执行过程中却出现了不同的情况,大多数渔政官吏与中央保持一致,但也有不少官吏做出了相反的行为。如据光绪《镇海县志》卷二十三《人物传》三"向应龙传"载,向氏生于明季,世官指挥,"值明季多盗,严禁山海,樵渔大困。应龙曰:'备寇有方,不在厉禁也',命采捕如故,穷氓皆便之。"向氏置森严的海禁政策于不顾,命渔民照常从事渔业生产,就是与朝廷唱对台戏。又如康熙年间,福建宁德"海禁甚严,民坐困",县令程豫"弛禁,许民捕鱼,民赖以生"①,同样是逆中央之道而行之。迁界令解除以后,是否允许渔民在海岛搭寮盖厂,地方长官意见也非常对立。如郭王森就向皇帝建议在每年四月开禁:"海山搭盖篷厂,每年请开四月之禁以裕民也。"而范时崇则极力反对:"海山盖篷最易丛奸……禁之则良民未即为盗,不禁则奸民更多接济,禁之已久此条应无庸议。"②对于清初广东沿海出现的拖风船,朝廷和地方官吏处理意见也分歧很大:海禁派则采取强硬态度,主张尽行拆毁;而弛禁派则表现出宽容的态度,主张限期改造、不再发展③等等。每一种意见实际上即指导了一种管理行为,其矛盾斗争的结果必然就会使中央既定的方针在基层发生摇摆、松动和移位。

（四）来自渔民社会的冲击

应该讲,影响明清渔政管理效果最重要的因素还是来自渔民社会的强大冲击力。由于明清渔政管理的大政方针是与渔业社会经济的发展相矛盾的,所以必然要遭到其时逐渐形成和不断发展的渔民社会的反对和冲击。这种求生存、求发展的冲击力是极为强大的,正是在它的作用下,才使得明清渔政管理出现貌似神离;同样是由于它的驱动,才使得明清海洋渔业经济取得了前所未有的发展。

我们认为,明清时代是中国海洋渔政朝着全面、系统及法制化管理方向发展的时代,尽管其管理的宗旨及手段有不尽科学和合理之处,但总的看来对我们今天的海洋渔政管理还是有不少借鉴之处的。明清渔政管理政策、制度、措施在具体的执行过程中之所以出现动摇、移位或形式和内容相分离,并非因为政策、制度本身不严密,渔政管理队伍用力不足,而实实在在是因为广大的以海为田的渔民求生存、求发展的力量势不可挡,而且随着明清整个海洋社会经济的蓬勃发展,海洋渔业社会经济冲破渔政管理的藩篱勇猛向前已成为不可逆转的历史潮流。

---

① 卢建其修,张君宾等:乾隆《宁德县志》卷三《秩官志·政绩》。

② 《闽浙总督范时崇为遵旨议覆郭王森条陈海防十事折》(雍正五十年三月初四日),《雍正朝汉文朱批奏折汇编》第 3 册,江苏古籍出版社 1999 年版,第 332—333 页及第 359—360 页。

③ 此类例证,《雍正朝汉文朱批奏折汇编》中极多。

第四章

明清时期的航海与造船业

郑和下西洋是明清时代航海与造船业的分水岭。郑和航海的空前盛举，加深、扩展了中国与海外各国之间的相互了解，发展了彼此的友谊；对于中国和东、西洋各国的社会经济，起了有益的推动作用；对我国古代近海和远洋航路的发展，作了一个很好的总结。明清时代，南海和印度洋上的"西洋"航路，在郑和下西洋时期有了极大的发展，郑和下西洋之后，航路发展集中于"东洋"海域。郑和七下西洋的盛事，把中国传统的航海业、海路开辟和造船技术推进到空前的鼎盛时期。明清两代的海船类型更加多样，装备更加完善。但多次海禁阻碍了海舶制造的正常进行，自明中期开始，造船业明显由盛而衰，民船制造业在夹缝中求生，漕船与战船等官船的规模亦不及往昔。

第一节　旷世之举：郑和下西洋①

郑和下西洋为明代对外关系和中西交通史上的一件大事，它不仅是中国海外交通史上重要的里程碑，而且在世界航海史上也占有重要的地位。从明成祖永乐三年（1405 年）至明宣宗宣德八年（1433 年）的 28 年间，郑和船队经东南亚、印度洋，最远到达红海与非洲东海岸，遍访 30 多个国家和地区，所至国家和地方之多，其地理范围之广，所用船舶之大、之多，无论在中国历史上还是在世界历史上，都是没有先例的。郑和使团所创造的这一辉煌的惊世业绩，使中华民族的声望远播于海外，不断地激发起中国人民的爱国热情和民族自豪感。"自和后，凡将命海表者，莫不盛称和以夸示外番，故俗称三宝太监下西

---

① 此部分内容主要参见章巽：《中国航海科技史》，海洋出版社 1991 年版，第 128—169 页。

洋,为明世盛事云。"①

一　郑和下西洋的背景与性质

郑和(1371—1433),云南昆阳州(今云南晋宁县)人,回族。本姓马,小名三宝。洪武十五年(1382年)明军攻云南时被俘入宫,后拨在燕王朱棣府中听用。朱棣发动"靖难之役",抢夺皇位,郑和立下了功劳。永乐二年(1404年),赐姓郑,始名郑和。永乐三年(1405年),他以内官监太监的身份,率领将士水手以及其他人员共27000余人,乘坐各式海船200余艘,首次远航,取得了成功。自此以后,又连续进行了六次远航,直到宣宗宣德八年(1433年)郑和领导的大规模航海活动才告结束。宋、元时期,人们将我国以南的海洋区分为东、西洋,郑和每次航行,都以西洋为目的地,因此民间习惯称为"郑和下西洋"。

郑和下西洋是明朝初期大力发展海外交通的产物。中国是一个海岸线很长的国家,海域非常辽阔。通过海路交通海外各民族,恢复和建立与亚非诸国的邦交,成为明初外交活动的主要内容。郑和下西洋就是为适应明初发展海外交通的需要,出现于15世纪初的历史舞台上的壮举。因此,明代初期,尤其是永乐大帝朱棣执政期间,明朝政府对海外诸国所奉行的方针政策,决定了郑和下西洋的性质。明王朝是由明太祖朱元璋创立的,但最终使朱明政权得到巩固,得以世袭相传的,则是明成祖朱棣。朱元璋和朱棣针对明初国内外形势,制定了一系列比较明智的对外政策。所不同的是,明成祖"锐意通四夷",向往在临御之年,中国出现一种为前代所未曾有过的天下太平、万国咸宾的盛世。因此,与明太祖朱元璋相比,明成祖朱棣更加重视发展与海外诸国的友好关系,相应地在对外方针政策上又有新的突破。郑和下西洋的过程中,忠实地执行了明初对外的方针政策,使之成为指导郑和使团进行广泛的外交活动的基本原则。

首先,让我们分析一下明初国内政治经济总的发展趋势,以对明初对外方针和对外政策产生的社会基础,有一个概括的了解。

明朝建国以后,以朱元璋为首的封建统治者,吸取了元朝灭亡的一些历史教训,励精图治,力求国家富强,采取了一系列恢复生产、扶植工商、发展经济的措施。经过元末农民战争之后,土地集中的趋势得到缓和,自耕农的数量大大增加了,为恢复农业生产创造了有利条件。明初又以各种积极措施,如把农奴和奴婢解放为自由民,限制官私奴婢的数目,大力开垦荒地,兴修水利,移民屯田,注意改良土壤及革新农具,推广经济作物的种植,减轻田赋与徭役,严惩

---

① 南京图书馆藏清佚名《明史稿·郑和传》。

贪污等等,激发了广大农民的生产积极性,使农村经济很快得到了恢复和发展。据统计,洪武元年全国垦田数字为 180 多万顷,到了洪武二十六年(1393年),就翻了几番,激增至 850 多万顷,农村出现"骎骎无弃土"①的兴旺景象。

手工业方面,明初规定工匠在应役之外,允许个人自由从事商品生产,刺激了手工业者努力提高生产技术。工业方面,具有资本主义萌芽因素的矿冶、纺织、陶瓷、造船等工业部门都有了较大发展。官方在铜、铁产地设立冶炼所,进行较大规模的生产,同时奖励民间开采冶炼。全国一些大城市建立起很多丝织厂,招收大批工人,使用提花机和其他机器进行生产。陶瓷业迅速发展成为大规模的手工工场,出现了景德镇这样的瓷器生产中心——拥有官窑、民窑3000 多所,年产精美瓷器数以百万计。造船业居于世界领先地位,在南京龙湾建立了大规模的龙江造船厂,能造载重千吨以上的远洋巨舶。

商业方面,明初针对元代弊政,于洪武十三年(1380 年)裁撤了全国的税课司局 354 所,改由各府州县直接征税,税率很低,规定"凡商税三十取一,违者以违令论"②。农具以及军民嫁娶丧葬之物、舟车丝布之类全部免税。③ 由于农业、工业与手工业生产都迅速得到恢复和发展,货源充足,加以对商业采取了一系列保护性的措施,商业经济也很快繁荣起来。明初,不仅一些大城市"以是薪桀而下,百物皆仰给于贸属"④就是一些中小城镇,也都成为"商贾往来兴贩"的场所。永乐时,运河沿岸的淮安、济宁、临清、德州等地,"四方百货,倍于往时"⑤。作为全国工商业集散中心的 33 个大城市也形成了,商业贸易日趋繁荣。

明初农、工、商业的迅速发展,带来了社会经济的高度繁荣,"是时(指洪武、永乐间——引者)宇内富庶,赋入盈羡,米粟自输京师数百万石外,府县仓廪蓄积甚丰,至红腐不可食"⑥。在中国漫长的封建社会里,汉朝有过"文景之治",为封建社会初期的盛世;唐朝曾出现"贞观之治",为封建社会中期的盛世,到了明朝"洪、永、熙、宣之际,百姓充实,府藏衍溢"⑦,"仓廪充积,天下太平"⑧,又出现了封建社会后期的盛世。"衣食足而知礼义",当时社会风气也为之一新,"一时士大夫崇尚礼义,百姓乐利而重犯法,家给人足,外户不

---

① 《明史》卷七七《食货志·田制》。
② 《明史》卷八一《食货志·商税》。
③ 《明太祖实录》卷一三二。
④ 顾起元:《客座赘语》卷二《民利》。
⑤ 《明成祖实录》卷一二五。
⑥ 《明史》卷七八《食货志·赋役》。
⑦ 《明史》卷七七《食货志·序》。
⑧ 《明仁宗实录》卷五·下。

阖"①,"人间道不拾遗,有见遗钞于途,拾起视,恐污践,更置阶圯高,直不取也"②。在一个统一的封建大国中,出现这样的太平盛世,这在中外历史上还是罕见的。虽然,当时封建统治阶级的上层,还存在着比较尖锐的矛盾,以致出现了建文时的"靖难之役",但这对国家大局并无严重影响。总的来看,从洪武至宣德年间,国内政治经济形势还是比较好的,阶级矛盾较为缓和,因此在对外方针上,封建统治者既不必发动侵略战争以转移国内人民的视线,又用不着靠掠夺别国来增加财富。相反地,国内升平日久,封建皇权进一步强化,又使封建统治者能凭借着政治经济的强大实力,努力发展邦交方面。

与洪、永、熙、宣之际国内政治经济发展形势相适应,明初对海外各国采取了以和平外交手段广为联络,建立以中国为主导的国际和平局势的方针。在这个方针指导之下,明初于全国平定之后,除"胡戎与西北边境,互相密尔,累世战争,必选将练兵,时谨防之"③,对各方海外国家,则大力开展和平外交活动,这主要是通过郑和使团七下西洋来付诸实现的。永历七年(1653年)三月,朱棣命郑和再下西洋,"敕谕四方海外诸番王及头目人等……祗顺天道,恪守朕言,循理安分,勿得违越,不可欺寡,不可凌弱,庶几共享太平之福"④。宣德五年(1430年)六月,明宣宗朱瞻基"遣太监郑和等赍诏往谕诸番国,诏曰:……其各敬顺天道,抚辑人民,以共享太平之福"⑤。由明太祖制定,而由明成祖和明宣宗继承下来的中国对海外国家的总方针,实际上又成为郑和下西洋的终极目标,即要与海外诸国"共享太平之福",努力建立起一种国际和平环境,使中国免受外患的威胁,并发展与亚非国家在政治、经济、文化诸方面的友好关系,以使国内政治安定、经济繁荣,在对外关系上也充分表现出来。对明朝政府而言,这样做符合国家与民族的利益,对巩固封建统治也是有利的。

为了实现明初对外的总方针,自始至终,郑和下西洋对海外诸国都执行传统的怀柔政策。郑和使团每到一国,首先晓以明朝政府的怀柔之意。这种怀柔政策的由来,据《礼记》上说,"凡为天下国家,有九经"。其中第八经"怀诸侯",第九经"柔远人",就是怀柔政策的根据。所谓"怀诸侯",主要指"治乱扶危,朝聘以时,厚往而薄来",体现了中央政府希望与诸侯国之间,在政治上形成对中央政府的依附关系,在经济方面形成臣属关系。所谓"柔远人",主要表现为"送往迎来,嘉喜而矜不能"⑥。重在提高边远落后的诸侯国的知识与技

---

① 顾起元:《客座赘语》卷一《革新》。
② 祝允明:《野记》。
③ 朱元璋:《皇明祖训·箴戒章》。
④ 《郑和家谱·敕海外诸番条》。
⑤ 《明宣宗实录》卷六七。
⑥ 《礼记·中庸篇》。

能,体现了文明程度较高的宗主国在文化上对诸侯国的影响。这本是我国春秋时代的产物,其后统一的封建国家建立,诸侯制度消灭,封建统治者就把邻国当诸侯看待,而把远方国家则当做远人看待;把"怀诸侯,柔远人"合为一体,成为用以处理对外关系的怀柔政策。这种怀柔政策的作用,就是要在远近的国家中,树立起中国的崇高的威望,使诸国对中国敬畏而向往,以对巩固封建统治发挥重要作用,所谓"柔远人,则四方归之,怀诸侯,则天下畏之"。历代封建王朝之所以要对外实行怀柔政策,其指导思想就是如此。

明初在对外实行怀柔政策方面,较之前历代封建王朝又进了一步,不仅以具体的外交实践,将历代在这方面的政治理想去付诸实现,而且表现出尤为宏大的气度,具体运用上也更为灵活周全。明初实行这一政策时,虽然也是以"天朝上国"自居,却绝不一味以大国兵威去欺侮奴役海外国家,主要通过事实的感化,以和平的方式,让各国做中国的"属国",即"臣服"于中国。"不服,则耀武以慑之。"①这种"臣服"的关系,或者说藩属关系,并不是全凭宗主国对藩属国施加政治、经济和军事的压力而建立的,而是宗主国以强大的政治、经济和军事上的实力作为后盾,主要通过"宣德化而招徕之"的方式,与藩属国之间保持的一种若断若续、时强时弱、并不牢固的政治外交关系。建立这种关系,藩属国并不丧失领土主权的完整,经济上也不蒙受任何损失,只是要对中国表示"臣服"而已。这种关系满足了中国封建皇帝"唯我独尊"的虚荣心,不是国与国之间的平等关系,但它是以中国在经济上吃亏,而在政治上得到虚名来实现的,所以,这种关系与近代殖民主义宗主国与殖民地之间奴役与被奴役的关系,也截然不同。洪武十六年(1383年),朱元璋对礼部诸臣说:"诸蛮夷酋长来朝,涉履山海,动经数万里。彼既慕义来归,则赍予之物宜厚,以示朝廷怀柔之意。"②这是以优厚的物质利益,来酬报远方国家慕中国之心,诸国受此厚遇,自生感激,则其尊敬中国之意愈诚,对中国自然悦服。洪武四年(1371年)七月,朱元璋谕福建行省:"占城海舶货物,皆免其征,以示怀柔之意。"③可见在对外贸易中实行怀柔政策,就不着眼于中国在经济上获利,而宁愿让海外国家在经济上多获厚利,借此以招徕之。洪武五年(1372)正月,朱元璋对中书省臣说:"西洋琐里,世称远番,涉海而来,难计年月,其朝贡无论疏数,厚往而薄来可也。"④这是明初实行怀柔政策,对待海外国家的朝贡的基本立场。"厚往薄来",是不计较海外诸国贡物的好坏多寡与进贡次数的,回礼一律从丰,以奖

---

① 南京图书馆藏清佚名:《明史稿·郑和传》。
② 《明太祖实录》卷一五四。
③ 《明太祖实录》卷六一。
④ 《明太祖实录》卷七一。

励海外国家远来中华的诚心。虽然这样做使明朝在经济上付出一定代价,但在政治上的深远影响却是难以估量的。

朱棣初即位,在论及外事时,首先对朱元璋所奉行的怀柔政策给予肯定。洪武三十五年(1402年),朱棣对礼部大臣说:"太祖高皇帝时,诸番国遣使来朝,一皆遇之以诚,其以土物来市易者,悉听其便。或有不知避意而误干宪条,皆宽宥之,以怀远人。"①朱棣是以一个伟大政治家的识见与气度,自始至终,对海外国家实行了怀柔政策。永乐元年(1368)十月,朱棣又一次对礼部大臣说:"帝王居中,抚驭万国,当如天地之大,无不覆载。远人来归者,悉抚绥之,俾各遂所欲。"②由于明成祖朱棣在发展中国与海外诸国的关系上,颇有一番抱负,不像明太祖朱元璋那样多少还有些保守,因此,朱棣在对外关系上实行怀柔政策,比明太祖朱元璋更有气魄。郑和及其随行人员,正是以这种政治上的魄力与策略,在下西洋的数十年中,激流勇进,所向无阻,为实现明初对外的总方针,作出了卓有成效的努力。永乐五年(1407年),朱棣问礼部诸臣:"四夷之情何如?"礼部诸臣回答说:"蛮夷之情,由来叛服不常,数年陛下怀柔之恩,待之以礼,今皆悦服,无反侧之意。"③作为怀柔政策的实际执行者,郑和使团在这其中是起了很大作用的。

宣德六年(1431年),郑和在总结以往下西洋的历史时,开宗明义,道出了下西洋的性质:"皇明混一海宇,超三代而轶汉唐,际天极地,罔不臣妾,其西域之西,迤北之国,固远矣,而程途可计。若海外诸番,实为遐壤,皆捧琛执贽,重译来朝。皇上嘉其忠诚,命和等……赍币往赉之,所以宣德化而柔远人也。"④14世纪末、15世纪初,一个强盛的封建大帝国——明王朝在东方崛起。缔造和巩固了这个伟大国家的明太祖朱元璋和永乐大帝朱棣,不仅是有明一代在这方面做得比较好的两个皇帝,也是中国历史上有数的比较明智而有作为的皇帝。尤其是永乐大帝朱棣,具有雄才大略,政治上的伟大抱负,就是要在一生中建树四海安宁,万邦来朝,与中国"共享太平之福","超三代而轶汉唐"的政绩。在这种政治理想的指导和鼓舞之下,郑和数次奉命下西洋,"宣德化而柔远人",为明王朝在海外建立超越前代的功绩,贡献了毕生的精力。

二 郑和下西洋的过程与分期

郑和七下西洋,前后历时近30年之久。又可分为两个历史时期。在每一

① 《明成祖实录》卷一二·上。
② 《明成祖实录》卷二三。
③ 《明成祖实录》卷五〇。
④ 郑和:《天妃灵应之纪》。

个历史时期中,郑和下西洋所处的历史背景,其奉使各国的主要目的,所着重要完成的任务,都是各不相同的。在以前对郑和下西洋这段历史的研究中,对此没有加以区分,而往往依照《明史·郑和传》的说法,把郑和七次下西洋的目的和任务,笼统地概括为"成祖疑惠帝亡海外,欲踪迹之;且欲辉兵异域,示中国富强"是不够正确的。

郑和自明成祖朱棣永乐三年(1405年)第一次奉命下西洋,至明宣宗朱瞻基宣德八年(1433年)第七次下西洋归来,这七次航海,前三次可划归为郑和下西洋的前期,后四次可归结为郑和下西洋的后期。郑和下西洋的前期,从永乐三年起,至永乐九年(1411年)郑和第三次下西洋回国止。在这一历史时期中,郑和使团的活动范围,不出东南亚和南亚,而主要往来于东南亚各国之间。当时,中国与东南亚、南亚各国之间,东南亚、南亚各国相互之间,都存在着许多矛盾需要解决,所谓"疑惠帝亡海外"的问题,也是客观存在着的。这一系列的矛盾和问题不加以解决,郑和使团不可能超越东南亚和南亚的范围,向着更远大的目标前进。

在郑和下西洋的前期,东南亚的局势动乱不安,最突出的问题,是安南奉行侵略扩张政策,严重地危及邻国的安全。安南自宋朝以来,陈氏为王,世代称番于中国。明建国之初,洪武二年(1369)六月,安南国王陈日煃即遣大臣来朝贡,并请封爵。明太祖于是封陈日煃为安南国王,谕以"克恭臣职,以永世封";"法尔前人之训,以安遐壤之民"①。直到洪武末年,陈氏各王都能恪守祖训,归顺于中国,中国与安南之间倒也相安无事。建文二年(1400年),安南国相黎季犛在握有兵权之后,一举夺取安南国政权,自立为王。黎氏上台后,大杀陈氏宗族,对内"暴征横敛,酷法淫行,百姓愁怨,如蹈水火",对外"攻扰城方,杀人掠畜","攻劫占城,欲使臣属。又侵掠思明府","此乃中国所疆……夺而齐之,肆无忌惮"②。明朝政府对安南的侵略行径极为愤怒,永乐二年(1404年)八月,朱棣遣使指责安南"越礼肆虐,有加无已",严正警告安南王胡奃(黎季犛之子)"所为如此,盖速亡者也"③。但安南黎氏政权对此置若罔闻,侵略凶焰更加嚣张,"占婆之阿摩罗波月氏(Amaravati)全土尽失,北方膏腴可耕之地,皆入于越(即安南——引者),所保存者广义以南山岳贫瘠之地而已"④。在南侵的同时,其对北方的中国,除继续侵占广西思明府土官之地,又进而将侵略的魔爪伸向云南。永乐三年正月,云南宁远州土官同知刀吉罕就安南大

---

① 《明太祖实录》卷四二。
② 《明成祖实录》卷三〇。
③ 《明成祖实录》卷三〇。
④ 《大越史记全书》卷八。

规模入侵,进京告急:"臣所辖猛慢等七寨,本臣祖宗故地,近被安南攻夺。又掳掠臣婿及女并人民畜产,征纳差发,驱使百端……横被虐害,实所不堪。"①此时正值郑和第一次下西洋的前夕,由于安南对外肆无忌惮地侵略扩张,造成了中印半岛以及中国西南边疆严重的紧张局势。

当时,东南沿海以至南海、南洋群岛一带,局势也颇不稳定。在东南沿海及南海诸岛屿,各种反明势力活动十分猖獗。这些反明势力,有元朝的余孽,有方国珍、张士诚的余党,还有沿海一带反抗明朝统治的豪强地主。这一部分反明的武装力量,人数不多,能量很大。"诸豪亡命,往往纠岛入寇"②,不时窜上大陆,骚扰捣乱。有的则以沿海岛屿为据点,"私自下番,交通外国"③,"因而为寇"④。此外,一些犯事亡命之徒,出走海外,纠众滋事。洪武年间,广东人陈祖义等因犯事全家逃亡海外,占据通往西洋诸国海上交通孔道的旧港,接着不断有"广东漳泉州人逃居此地",陈祖义"充为头目,甚是豪横,凡有经过客人船只,辄便劫夺财物"⑤。陈祖义"为监海上",不仅掠夺商旅,阻挠中外贸易,而且劫持西洋诸国来华使节,"梗我声教","贡使往来者苦之"⑥。在占城沿海,又有海寇张汝厚、林福等,"自称元帅,劫掠海上"⑦。在兰玉案中株连被害者卢江何某,其第四子逃亡出海、"集舶为寇",势力甚强。⑧ 凡此种种,对明朝统治者来说,不啻是郁积在心中的一块病。

洪武十三年(1380年),胡惟庸案发生。胡惟庸及其党徒,为了颠覆朱明政权,不仅与蒙私通,而且通倭,企图"借兵助己"⑨,搞一个里应外合的政变。"初胡惟庸之通倭也,倭人遣僧如瑶率兵卒四百余人,诈称入贡,且献巨烛,藏火药刀剑其中,既至,而胡惟庸已败,计不行。然上是时尚不知也。越数年,而其事始著。"⑩"胡党"勾结外国发动叛乱,其阴谋竟如此险恶。这足以使明朝最高统治者闻之惊心,深感与海外国家的关系实际如何,对皇权统治的安危,有着举足轻重的影响。不仅如此,在东南亚地区,因"胡惟庸谋乱,三佛齐遂生异心,给我信使,肆行巧诈"⑪,使明朝政府在处理与东南亚各国的关系方面,

---

① 《明成祖实录》卷三三。
② 《明史》卷三二二《日本传》。
③ 《明成祖实录》卷一〇。
④ 《明成祖实录》卷二七。
⑤ 马欢著、冯承钧校注:《瀛涯胜览·旧港国》,商务印书馆1935年版。
⑥ 《明史》卷三二四《三佛齐传》。
⑦ 《明太祖实录》卷八四。
⑧ 《卢江何氏家记》,《玄览堂丛书续集》第11册。
⑨ 《明史》卷三二二《日本传》。
⑩ 《明通鉴》卷七。
⑪ 《明史》卷三二四《三佛齐传》。

遭遇到一系列的困难,影响所及,此后中国与东南亚各国的外交关系一直不能正常发展。

在南洋群岛,元时命将史弼、高兴征伐爪哇,给中国与爪哇之间的传统友谊带来很大损害。明朝建立以后,明朝政府又没有通过积极的外交努力,恢复中国与爪哇之间的友好关系。明王朝没有及时地在爪哇建立起威信,以至洪武十三年(1380年)明朝政府"遣使赐三佛齐王印绶,爪哇诱而杀之"①,大明"天子亦不能问罪"②。这样,爪哇更不把明帝国放在眼里。这种状况,直至郑和第一次下西洋时仍未改变,以至永乐四年(1406年)爪哇在内讧中杀死郑和部卒170人。明朝使者在南洋国家中遭遇的种种厄运,与明初按既定对外方针所要达到的目标,相去甚远,不啻天渊,这不能不引起明朝统治者的严重关切和注意。

洪武至永乐初年,海商勾结"诸番夷",武装走私的问题,也很严重。唐宋以来,福建、广东沿海人民,以及部分沿海守军,纷纷靠经营海外贸易谋生,豪富者更以海外经商为发财致富的主要手段。另一方面,海外诸国商贩与中国海商贸易,赢利也是很可观的。洪武以来对中外的民间贸易加以各种限制,又实行海禁以防内外勾结,遂断海民衣食之源,又绝豪富外商发财之机。中外海商被迫联合武装走私,有些恶徒甚至勾结倭贼或海盗,"遂同为劫掠"③。洪武三十五年(1402年)九月,"使臣有还自东南夷者言,诸番夷多遁居海岛,中国军民无赖者潜与相结为寇"④。消息传来,又在明朝统治者的心头增添了一层忧虑。

在郑和下西洋的前夕,不仅在东南亚,就是在南亚,明朝政府也遭遇到各种困境,有失明帝国的威信。据锡兰(今斯里兰卡)史籍记载:"1405年(永乐三年),有中国佛教徒一队,来锡兰献香火于佛齿圣坛,为国王维哲耶巴虎六世(King Wijayabahu Ⅵ)所虐待。"⑤在永乐大帝朱棣执政前夕,洪武时厉行海禁和忽视发展与海外诸国的关系,所造成的严重后果,已日益明显。由于中国与东南亚及南亚沿海国家之间的关系逐渐削弱,外交活动瘫痪,中国的国际地位随之降低,以至洪武末年颇有"诸番久缺贡"⑥之感。这种状况的存在和继续,不仅有损于明朝统治者的声望,也不利于明帝国的进一步巩固与发展。尤其

---

① 《明史》卷三二四《爪哇传》。

② 《明史》卷三二四《三佛齐传》。

③ 《明成祖实录》卷一二·上。

④ 《明成祖实录》卷一二·上。

⑤ 张星烺:《中西交通史料汇编》第6册,中华书局2003年版,第150节注(二)。

⑥ 《明史》卷三二四《三佛齐传》。

是明代最雄心勃勃的君主永乐大帝朱棣登基以后,高踞于"临御天下"①大国帝位之上,"居中夏而治四方"②,在实现既定的对外方针上,自有一番抱负,就更不能容忍这种状况继续存在下去。为此,郑和奉命出使,在第一阶段的航海中,即前三次下西洋,行踪不出东南亚和南亚沿海诸国范围之外,主要为解决中国在东南亚和南亚所面临的一系列问题,树立起中国在东南亚和南亚各国中间的威信,进行了广泛的外交活动。锡兰史籍称,永乐三年(1405年)中国佛教徒在锡兰受维哲耶巴虎六世虐待后,"明成祖怒王之暴行,欲重振已坠之国威,故遣和率舟师远征也"③。应该说,在郑和下西洋的前期,"重振已坠之国威",的确是明成祖朱棣派遣郑和下西洋的动机之一。郑和下西洋前夕的国际形势,决定了郑和第一阶段的航海活动的方针,关键是要缓解中国与海外诸国的紧张关系,建立东南亚和南亚沿海国家间之区域和平局势,还不是要一举实现明初对外的终极目标。为了最终实现明初对海外诸国的总方计,明王朝和郑和使团是棋分两步来走的:只有先在东南亚和南亚打开局面,才能走第二步棋,开始郑和使团第二阶段的航海活动,以在海外建立新的功绩。

明王朝要在东南亚和南亚打开局面,建立威信,除了要克服中国发展海外交通在这一地区遇到的各种障碍以外,还必须要解决当时东南亚、南亚各国之间存在的一系列矛盾。这些矛盾,有各国之间或历史遗留下来的,或现实生活中经常发生的宗教、民族、经济等方面错综复杂的矛盾,姑且不论,就国与国之间比较尖锐的矛盾而言,主要有:其一,安南与占城之间的矛盾。这是由于安南对占城屡次大规模入侵而造成的,前面已有介绍,兹不赘述。其二,满剌加与暹罗之间的矛盾。当时,满剌加名五屿,"无国王,止有头目掌管",一向受暹罗控制、欺凌,"令其岁输金四十两(一说四千两——引者注),否则差人征伐"④。这是满剌加所不堪忍受的。其三,爪哇与三佛齐之间的矛盾。当时,在南洋诸岛国中,"爪哇强,已威服三佛齐而役属之"。但三佛齐并不甘心受爪哇奴役,遣使来中国,寻求明王朝的庇护,以摆脱爪哇的控制,争取独立。明王朝因是封三佛齐酋长为国王,使三佛齐与爪哇处于平等地位。爪哇"闻天朝封为国王,与己埒,则大怒,遣人诱朝使邀杀之"⑤。这样一来,爪哇与三佛齐旧有的矛盾没有解决,反因明的封王而变得更加尖锐了。其四,锡兰(今斯里兰卡)与诸邻国之间的矛盾。当时,锡兰为东南亚和南亚的强国之一,国王亚烈

① 《皇明通纪》卷二《明太祖元年谕》。

② 《明成祖实录》卷三〇。

③ 张星烺:《中西交通史料汇编》第6册,中华书局2003年版,第150节注(二)。

④ 马欢著,冯承钧校注:《瀛涯胜览·满剌加国》,商务印书馆1935年版。

⑤ 《明史》卷三二四《三佛齐传》。

苦奈儿"暴虐凶悖，縻恤国人"①，"又不辑睦邻国，屡邀劫其往来使臣，诸番皆苦之"②，成为南亚及东南亚地区海道不靖、局势紧张的祸源之一。

明帝国建立起来之后，要发展海外交通，要恢复和建立中国与亚非各国的邦交，上述一系列矛盾和问题，是亟待解决的。明朝统治者当然明白，单靠往这些国家派遣几个使节，凭几道文书，是无济于事的。永乐大帝朱棣凭借着明朝政治经济的强大实力，委命郑和统领着当时世界上最庞大的船队，载着27000多人的精锐部队，三次开赴西洋，历时数年，才使这一系列问题得以解决。

安南问题。明成祖朱棣即位以来，屡次遣使切责胡查，令其归还所有侵地，与占城修好，胡查皆不予理会。永乐二年（1404年）八月，陈氏宗属中唯一幸存者陈天平潜至明廷告难，明成祖因以向胡查问罪，胡查假意请迎陈天平归国为王，"复奏誓无二心"③。成祖不知是计，永乐四年（1406年）正月，派遣广西左付将军都督金事黄中、右付将军都督金事吕毅等，统兵5000，护送陈天平回国复位。永乐四年三月，明军入鸡陵关，"将至芹站，山路险峻，林木蒙密，军行不得成列，且遇雨潦；忽伏发，大呼劫天平，远近相应，鼓噪动山谷，寇且十余万。中等亟整兵击之，寇已斩绝桥道，不得前"④。结果陈天平当场惨遭杀害，黄中等战败溃还。此事出乎意外，使明成祖痛感"以至辱国"，为之"大怒"，遂"决意兴师"⑤。永乐四年五月，明成祖朱棣下令成国公朱能、新成侯张辅率大军讨伐胡查。此前，永乐三年（1405年）六月十五日，明成祖朱棣命郑和第一次下西洋。船队"自苏州刘家河泛海，至福建"⑥，等候冬季信风到来，于永乐三年（1405年）十二月或永乐四年（1406年）初"复自福建五虎门扬帆，到达占城"⑦。从郑和第一次下西洋的出航时间、船队动向来看，与当时明成祖要着手解决安南问题的意图，是完全相符的。郑和第一次下西洋，就负有从海路配合解决安南问题的使命，永乐五年（1407年）四月，"征安南官军获贼首黎季犛及其子澄……安南平"⑧，郑和也于永乐五年（1407年）九月二日自西洋返京，这与安南平定，船队理应首航返国，在时间上也是相符的。但是此后还有胡查余孽不时叛乱，明军又连年讨伐，直至郑和第三次下西洋回国时（永乐九年），

---

① 明嘉兴藏本《大唐西域记》卷一一《僧伽罗国》。
② 《明成祖实录》卷七七。
③ 《明成祖实录》卷三九。
④ 《明成祖实录》卷四一。
⑤ 《明成祖实录》卷四一。
⑥ 《明史》卷三〇四《宦官·郑和传》。
⑦ 《明史》卷三〇四《宦官·郑和传》。
⑧ 《明成祖实录》卷四九。

黎氏残余势力才算肃清。

海盗陈祖义问题。郑和第一次下西洋，即予以解决。郑和初至旧港，先是派人招谕，"祖义诈降而潜谋发兵邀劫"，这一阴谋为郑和所觉察，预先已作好防备，待陈祖义率众来偷袭时，"官军力战，贼大败，生擒祖义，馘其众五千"①。旧港一带于是平定。

爪哇问题。郑和第一次下西洋时至爪哇，因部卒 170 人无辜被杀，欲兴师问罪，爪哇"西王惧，遣使谢罪。帝赐敕切责之，命输黄金六万两以赎"②。可是郑和一旦回国，爪哇西王都马板看已避过风头，对交纳赎金一事即不予理睬。明成祖朱棣见爪哇还是顽固不服罪，命郑和第二次下西洋时再至爪哇交涉，都马板这才畏服，"献黄金万两谢罪"。礼部臣以尚欠五万两，请法司治爪哇使者罪，明成祖说："朕于远人，欲其畏罪而已，岂利其金耶？今既能知过，所负金悉免之。"③郑和数使爪哇施加影响，并以武力威慑，迫使其畏罪，加以明成祖宽大为怀，实行怀柔政策，爪哇"自后比年一贡，或间岁一贡，或一岁数贡"④。对中国怀德畏威，心悦诚服。

满剌加问题。永乐三年（1405 年）九月，明成祖朱棣封满剌加酋长拜里迷苏剌为满剌加国王，赐以印诰，使其取得与暹罗平等的地位。"暹罗强暴，发兵夺其受朝廷印诰，国人惊骇，不能安生。"⑤为此，郑和在永乐七年（1409 年）再次来到暹罗和满剌加，一面对暹罗的强暴行径进行谴责，告诫其不得再对满剌加肆行欺凌；一面为满剌加头目正式举行封王仪式。"赐头目双台银印、冠带袍服，建碑封城，遂名满剌加国。""是后暹罗莫敢侵扰。"⑥在郑和这次访问之后，满剌加国在中国的支持下，获得独立发展达 117 年之久。⑦

锡兰（今斯里兰卡）问题。郑和第一次下西洋来到锡兰，即针对国王亚烈苦奈儿"崇祀外道（外道，谓不信吠陀中的哲学，而别树一帜者。——引者注），不敬佛法，暴虐凶悖，糜恤国人，亵慢佛牙"，劝其"敬崇佛教，远离外道"，改邪归正，做一国贤明的君主。可是事与愿违，郑和好心的劝告非但没有奏效，"王怒，即欲加害。郑和知其谋，遂去"⑧。郑和第三次下西洋时，再至锡兰山，"王益慢不恭，欲图害使者。用兵五万人，刊木塞道，分兵以劫海舟"⑨。郑和临危

① 南京图书馆藏清佚名：《明史稿·郑和传》。
② 《明史》卷三二四《爪哇传》。
③ 《明成祖实录》卷六〇。
④ 《明史》卷三二四《爪哇传》。
⑤ 《明成祖实录》卷五三。
⑥ 马欢著，冯承钧校注：《瀛涯胜览·满剌加国》，商务印书馆 1935 年版。
⑦ 《明史》卷三二五《满剌加传》。
⑧ 明嘉兴藏本《大唐西域记》卷一一《僧伽罗国》。
⑨ 明嘉兴藏本《大唐西域记》卷一一《僧伽罗国》。

不惧,以智取胜,"生擒亚烈苦奈儿及其子官属"①。永乐九年(1411年)六月,郑和献俘于朝。明成祖朱棣宽大为怀,以亚烈苦奈儿无知,予以赦免,"命礼部议择其属之贤者,立为王,以承国祀"②。锡兰岛上以前即多海盗在郑和航海时代,亚烈苦奈儿"近处海岛,素蓄祸心"③,称霸海上,海盗由是极为横行。郑和在生擒陈祖义之后,继之又俘获亚烈苦奈儿,"海道由是而清宁,番人赖之以安业"④。于是"海外诸邦,益服中国威德。是时交趾(即安南——引者注)已破灭,郡县其地,诸邦益震詟,来者日多"⑤。

郑和下西洋前期的主要任务,是要在东南亚和南亚沿海各国之间,通过建立一种国际和平安宁的局面,树立起明王朝的声威。此外,还有一个重要任务,就是要为下一步向南亚以西更远的地方航行,建立中途候风转航的据点。古代帆船航海,如要从中国到达南亚以西更远的地方,或者说,要往返于中国与阿拉伯诸国之间,一次季风,仅能达于半途,必待第二年之又一季风来临,始继续乘风航行,以达终点。其间所不同者,在中途的候风地点,自中国而往阿拉伯诸国的船只,约停泊于爪哇或马来海峡一带,而自阿拉伯诸国返回的船只,约停泊在印度南部,如此互相配合,往返适为两年。所以,郑和船队若想在下西洋的后期,远航阿拉伯诸国,或到更远的地方,事先就要在爪哇或马来海峡一带,以及印度南部沿海地区,建立中途候风转航的交通中心站。在马来海峡,由于郑和帮助满剌加赢得独立,"其头目蒙恩为王"⑥,对中国万分感激,自然情愿郑和在满剌加建立据点,"盖造库藏仓廒,一应钱粮顿在其内,去各国船只回到此处取齐,打整番货,装载船内,等候南风正顺"⑦开洋回国。在印度南部沿海地区,郑和船队选择古里作为中途候风地点,在此建立了交通、贸易中心转运站。永乐五年(1407年),郑和"赍诏敕赐其国王诰命银印、给赐,升赏各头目品级冠带",非常重视同古里国建立友好关系。为了纪念这次具有重要意义的访问,郑和使团还特地在古里起建碑庭,立石刻碑,以志永久。

郑和经过三下西洋,前期航海的任务已圆满完成,同时积累了丰富的航海经验,所谓"纵迹建文"的事也进行过了。在郑和三下西洋的同时,明成祖朱棣亲征漠北,北边由是安宁。在郑和第三次下西洋归国时,永乐朝已进入鼎盛时代,政治经济实力更为强大,加以南北均无后顾之忧,郑和进行第二阶段的航

① 《明史》卷三〇四《宦官·郑和传》。
② 《明成祖实录》卷七七。
③ 《明成祖实录》卷八四。
④ 郑和:《娄东刘家港天妃宫石刻通番事迹碑》。
⑤ 《明史稿》列传第一七八《宦官上·郑和传》。
⑥ 马欢著,冯承钧校注:《瀛涯胜览·满剌加国》,商务印书馆1935年版。
⑦ 马欢著,冯承钧校注:《瀛涯胜览·满剌加国》,商务印书馆1935年版。

海的时机,便完全成熟了。郑和下西洋的第二阶段,也就是说,郑和下西洋的后期,包括了郑和第四次到第七次的航行。在郑和撰写的《娄东刘家港天妃宫石刻通番事迹碑》与《天妃之神灵应记》中,"记诸番往回之岁月",概述历次下西洋经过,前三次均以古里为限,不出东南亚和南亚的范围;从第四次出使开始,每次均往忽鲁谟斯以远西域诸国。在郑和撰文之时,第七次"往诸番国,开读赏赐",尚未离国。但这次航海目标仍在"诸番国远者","历忽鲁谟斯等十七国而还"①。由此看来,郑和下西洋前三次与后四次可划为两个阶段,与郑和本人对下西洋历史所作的总结,也是相符合的。郑和后期航海的主要任务,是向南亚以西继续航行,到达波斯湾以远地方,向未知世界前进,通过开辟新的航路,让从来不通中国的海外远国,"宾服"于中国。正如《明史》所说:"永乐十年,天子以西洋近国航海贡琛,稽颡阙下,而远者犹未宾服,乃命郑和赍玺书往诸国。"②"宣德五年六月,帝以践祚岁久,而诸番国远者犹未朝贡,于是(郑)和、(王)景弘复奉命历忽鲁谟斯等十七国而还。"③在郑和下西洋的后期,郑和船队经过南洋群岛,横渡印度洋,取道波斯湾,穿越红海,沿东非之滨南下,最远到达赤道以南的非洲东部沿岸诸国及马达加斯加岛一带。郑和在后期航海的过程中,除了重访东南亚及南亚诸国之外,通过发现新航路,又新访问了许多阿拉伯及东非沿岸国家,与之建立了友好的外交关系,使明王朝声威远播,为历代所未有,"联数中国,翕然而归拱,可谓盛焉"④。

郑和从第四次下西洋开始,每次都远至阿拉伯及东非遥远之国,以当时对世界地理的知识水平,这似乎囊括了极远的海外国家。这些远方国家纷纷随郑和船队来中国朝贡,被看做体现了"际天极地,罔不臣妾"⑤,似乎实现了明初对外的终极目标。马欢曾这样记述郑和第二阶段的航海历程:"弱水南滨溜山国,去路茫茫更险艰。欲投西域遥凝目,但见波光接天绿。舟人矫首混西东,惟指星辰定南北。忽鲁谟斯近海傍,大宛米息通行商。曾闻博望(即张骞——引者注)使绝域,何如当代覃恩光。……俯仰堪舆无有垠,际天极地皆王臣。圣明一统混华夏,旷古于今孰可伦。"⑥郑和使团的广大成员们,正是这样在发展中国海外交通,以及实现明初对外的总方针上,怀有如此远大的抱负和理想,才能不畏艰险,在郑和下西洋的后期,远航"际天极地"的海外,在航海事业上写下了壮丽的诗篇。

---

① 《明史》卷三〇四《宦官·郑和传》。
② 《明史》卷三二六《忽鲁谟斯传》。
③ 《明史》卷三〇四《宦官·郑和传》。
④ 黄省曾:《西洋朝贡典录·序》。
⑤ 郑和:《天妃灵应之纪》。
⑥ 马欢著、冯承钧校注:《瀛涯胜览·纪行诗》,商务印书馆1935年版。

郑和在下西洋的后期,对发展中国与亚非国家间的友好关系,作出了杰出的贡献。那些位于"绝域"的远方国家,出自对中国的敬慕,沿着郑和所开辟的航路,不远万里,纷纷来宾,向明王朝进呈珍贵的献礼。诸国王多有亲自携带妻子亲戚与陪臣一同入朝者,表达宾服中国的热忱。"旷古于今",历代帝王均未能在海外获得如此的成就,明朝统治者在政治上的抱负和虚荣心,得到了一定程度的满足,因而感到非常高兴和满意,也就更加赏识郑和,更加支持郑和使团的航海事业。正如佚名《明史稿》上所说,永乐大帝"命和及其同官王景弘等通使西洋,……以次遍历诸番,所至颁天子诏,宣示威德,因给赐其君长及诸大臣,不服,则耀武以慑之。……自是蛮邦绝域,前代所不宾者,亦皆奉表献琛,接踵中国;或躬率妻孥,梯航数万里,面谒阙庭。殊方珍异之宝,麒麟、狮、犀、天马、神鹿、白象、火鸡诸奇畜,咸充廷实。天子顾而乐之,益泛海通使不绝"①。

郑和下西洋的后期,中国既已在东南亚和南亚打开局面,就着重发展中国与亚非国家间的友谊,相互促进经济、文化交流。因此,在郑和第四次下西洋以后,中国与亚非国家间的友好关系,发展到一个新的阶段。永乐二十一年(1423年)九月,郑和第六次下西洋归来,"西洋、古里、忽鲁谟斯、锡兰、阿丹、祖法儿、剌撒、不剌哇、木骨都束、柯枝、加异勒、溜山、喃渤利、苏门答剌、阿鲁、满剌加等十六国,遣使千二百人贡方物至京"②。亚非各国同时派遣多达1200余人的使节来中国进行友好访问,这在中外历史上是罕见的,实为一代之盛事。永乐二十一年十一月,明成祖朱棣至奉天门朝贺群臣,时亚非各国使节一千数百人咸集阙下。文武群臣为这种盛况所感动,纷纷上表庆贺,成祖亦深有所感地说:"四夷顺则中国宁……四海万民家给人足,然后朕与卿等共享治平之福。"③在永乐朝的后期,随着郑和航海进入第二阶段,中国与亚非国家间的友好关系亦获得进一步发展,这使明朝统治者更加体会到,发展海外交通,努力去实现对海外国家既定的和平外交方针,促进中国与亚非国家间政治、经济、文化上的交往,不仅有利于本民族的繁荣昌盛,同时也是符合自身利益的。

在永乐、宣德二朝,经过郑和在下西洋的后期所作出的努力,亚非海外远国纷纷来中国访问,以种种方式,表达了仰慕中华的诚意,影响所及,对提高明成祖和明宣宗的威望,对巩固明王朝的皇权统治,都发挥了重要的作用。永乐十三年(1415年)十月,麻林等国进献麒麟、天马、神鹿等物,文武群臣纷纷向

---

① 南京图书馆藏清佚名:《明史稿·郑和传》。
② 《明成祖实录》卷一二七。
③ 《明成祖实录》卷一二七。

明成祖称贺："陛下圣德广大,被及远夷。故致此嘉瑞。"①在一些喜庆节日,如元旦、郊祀、万寿、冬至四大节日以及端午节等,明朝政府都正式邀请亚非各国贵宾和使节参加宴会和庆祝活动。这不只为节日增添了不少喜庆气氛,还自然点缀出一种"天下治平,万国咸宾"的盛世场景,又为明朝统治者即兴在臣民面前提高自己的威信,提供了极好的机会。如永乐十一年(1413 年)五月端午节,明成祖朱棣至东苑观击毬射柳,邀请文武群臣、四夷朝使及在京耆老俱往参观。在击射活动进入高潮时,朱棣即对皇太孙朱瞻基说:"今华夷之人毕集,朕有一言,尔当思对之。曰:'万方玉帛风云会'。"朱瞻基即成对说:"一统山河日月明。"②事后,翰林学士金幼孜作《重午日侍从内苑观击毬射柳应制诗》,歌颂当日中外同乐的盛况。诗中有"大明丽天圣人作,弘宣治化昭礼乐。华夷向风四海清,人和岁丰物咸若"之句,生动地反映了在郑和下西洋的后期,随着中国海外交通事业的进一步发展,明初对海外国家的总方针也在逐步实现,"四夷顺则中国宁",当时的国内外形势已发生了不同于永乐初年时的新变化。③

三 郑和七下西洋的航路及其联结的中外海上网络

明初郑和下西洋,不仅在中国航海史上创造了空前的奇迹,而且是世界航海史上伟大的壮举。明代黄省曾说:"西洋之迹,著自郑和。"④一语道出郑和下西洋对丰富中国人民对于海外的地理知识,包括对海上航路的掌握,起了划时代的作用。郑和下西洋在航海事业上取得的伟大成就,集前代航海事业之大成,在海上航路方面亦是如此。

郑和船队每次航海的总里程,《娄东刘家港天妃宫石刻通番事迹碑》和《福建长乐南山寺天妃之神灵应记碑》中,都记为"涉沧溟十万余里"⑤。郑和船队在漫长的远航中,往往穿插进行短暂而距离不等的航行,其航行的日程,自二三日至二三月不等;其航行的路线,有一二条至五六条不等。在郑和下西洋的航路中,既有大綜船队的航路,又有分綜船队的航路;有大致不变的航路,也有不时开辟的新航路。新的航路一旦开辟,逐渐就成为船队惯行的航路。郑和下西洋不仅开辟了横渡印度洋直达非洲东海岸的新航路,而且在整个航程中,向着印度洋和南洋沿岸众多的国家和地区,分别开辟了多种多样的新航路。郑和船队近 30 年的航海活动中,东西线与南北线的航路纵横交错,大綜与分綜船队的航路同时并用,传统航路与新开辟的航路相互配合,使郑和下

---

① 《明成祖实录》卷九九。

② 《明成祖实录》卷八八。

③ 郑鹤声、郑一钧:《论郑和下西洋》,《海交史研究》1983 年刊,总第 5 期,第 11—21 页。

④ 黄省曾:《西洋朝贡典录·序》。

⑤ 郑鹤声、郑一钧:《郑和下西洋资料汇编》上册,齐鲁书社 1980 年版,第 40 页,第 42 页。

西洋的航路显得非常曲折繁复而又机动便利。这与郑和船队每次远航历时久,所到国家和地区众多,以及船队适航能力较强,都有很大的关系。

根据《郑和航海图》、《东西洋考》、《西洋朝贡典录》以及《顺风相送》和《指南正法》两种海道针经的记载,郑和下西洋主要的航路,仅就重要的出航地点而言,已有 20 余处,主要航线有 42 条之多。兹列举如下:

(一)以南京为起点,有下列一单线

南京、太仓线——自南京龙湾出发,经徐山、附子门至太仓刘家港。

(二)以太仓为起点,有下列二线

1.太仓、长乐线——自太仓刘家港至福建长乐太平港。

2.太仓、南京线——宣德八年(1433 年)六月二十一日回洋进太仓,七月六日至南京。

(三)以长乐为起点,有下列一单线

长乐、占城线——自长乐太平港出发,至五虎门张帆,顺风 10 昼夜可至占城国。

(四)以占城为起点,有下列六线

1.占城、交栏山线——自占城灵山顺风 10 昼夜,可至交栏山。

2.占城、暹罗线——自占城顺风 10 昼夜,可至暹罗国。

3.占城、爪哇线——自占城顺风 20 昼夜,可至爪哇国。

4.占城、满剌加线——自占城向正南行,好风 8 日至龙牙门,往西行 2 日至满剌加国。

5.占城、真腊线——自占城顺风 3 昼夜,可至真腊国。

6.占城、外罗山线——宣德八年六月一日,自占城回洋,3 日至外罗山。

(五)以爪哇为起点,有下列一单线

爪哇、旧港线——自爪哇顺风 8 昼夜,可至旧港。

(六)以旧港为起点,有下列一单线

旧港、满剌加线——自旧港顺风 8 昼夜,可至满剌加国。

(七)以满剌加为起点,有下列二线

1.满剌加、苏门答腊线——自满剌加顺风 9 昼夜,可至苏门答剌。

2.满剌加、阿鲁线——自满剌加顺风 3 昼夜,可至阿鲁国。

(八)以苏门答剌为起点,有下列六线

1.苏门答剌、龙涎屿线——自苏门答剌西去 1 昼夜,可至龙涎屿。

2.苏门答剌、锡兰线——自苏门答剌顺风 12 昼夜,可至锡兰山港口。

3.苏门答剌、榜葛剌线——自苏门答剌顺风 20 昼夜,可至榜葛剌国。

4.苏门答剌、溜山线——自苏门答剌过帽山,西南好风行 10 日,可至溜山国。

5.苏门答剌、南浡里线——自苏门答剌往正西,好风3昼夜可至南浡里国。

6.苏门答剌、满剌加线——宣德八年四月十二日,自苏门答剌回洋,二十日至满剌加国。

(九)以淡洋为起点,有下列一单线

淡洋、满剌加线——自淡洋3日可至满剌加。

(十)以龙涎屿为起点,有下列一单线

龙涎屿、翠兰屿线——自龙涎屿西北行5昼夜,可至翠兰屿。

(十一)以帽山为起点,有下列一单线

帽山、锡兰线——自帽山好风向东北,行3日见翠兰山,西行7日见鹦歌咀山,再二三日到锡兰别罗里。

(十二)以锡兰为起点,有下列四线

1.锡兰、古里线——自锡兰山国顺风10昼夜,可至古里国。

2.锡兰、溜洋(即溜山)线——自锡兰山国顺风7昼夜,可至溜洋国。

3.锡兰、卜剌哇线——自锡兰山国南去21昼夜,可至卜剌哇国。

4.锡兰、小葛兰线——自锡兰国往西北好风6昼夜,可至小葛兰国。

(十三)以古里为起点,有下列六线

1.古里、忽鲁谟斯线——自古里国顺风10昼夜,可至忽鲁谟斯国。

2.古里、剌撒(在今也门民主人民共和国卡马尔湾以西,亚丁以东之Ras Sharwein。或谓即非洲东部 Massawa 东南之 Rasa 之对音)线——自古里国顺风20昼夜,可至剌撒国。

3.古里、阿丹(今阿拉伯半岛南也门之亚丁)线——自古里国顺风20昼夜,可至剌撒国。

4.古里、佐法儿(即祖法儿,在阿拉伯半岛南岸之哈得拉毛[Hadra-maaut]地方,临卡姆尔湾)线——自古里国顺风20昼夜,可至佐法儿。

5.古里、天方线——自古里国西行三个月,可至天方国。

6.古里、苏门答剌线——宣德八年三月二十日自古里回洋,四月六日至苏门答剌。

(十四)以小葛兰为起点,有下列二线

1.小葛兰、木骨都束线——自小葛兰国顺风20昼夜,可至木骨都束国。

2.小葛兰、柯枝线——自小葛兰国西北行,好风1昼夜,可至柯枝国。

(十五)以忽鲁谟斯为起点,有下列二线

1.忽鲁谟斯、天方线——自忽鲁谟斯行40昼夜,可至天方国。

2.忽鲁谟斯、古里线——宣德八年二月十八日自忽鲁谟斯回洋,三月十一日至古里国。

(十六)以昆仑洋(指今越南南部东面海上昆仑岛附近洋面)为起点,有下列一单线

昆仑洋、赤坎线——宣德八年五月十一日回国至昆仑洋,二十三日至赤坎。

(十七)以赤坎为起点,有下列一单线

赤坎、占城线——宣德八年五月二十三日回国至赤坎,二十六日至占城国。

(十八)以外罗山为起点,有下列一单线

外罗山、崎头洋线——宣德八年六月三日回国至外罗山,六月十四日至崎头洋。

(十九)以崎头洋为起点,有下列一单线

崎头洋、碗碟屿线——宣德八年六月十四日回国至崎头洋,十五日至碗碟屿。

(二十)以碗碟屿为起点,有下列一单线

碗碟屿、太仓线——宣德八年六月十五日回国至碗碟屿,二十日过大小赤,二十一日进太仓。

以上所举综合的航路,有重要的出航地点,有驶完一段航程所需的具体时间,而略去了沿途所经的若干地点。这仅仅是由历次航行概括出的一种虚拟的航路总线,并不是说郑和船队每次航行,都要循此42线而进行。至于郑和船队的实际航路,每一次出使都是不相同的,这是因为每一次下西洋的经过都不一样,其航路随之而各异。

现将郑和七次下西洋的航路及其各自不同之处和特点,简略叙述如下:

(一)第一次下西洋的航路

其去程航路简化为:南京宝船厂→福建五虎门→占城国→爪哇国→旧港→满剌加国→苏门答剌国→南渤里国→锡兰山国→小葛兰国→柯枝国→古里国。

第一次下西洋返回的航路可简化为:古里→柯枝→小葛兰→甘巴里→锡兰山→伽俯貌山→苏门答剌→满剌加→旧港→杜板(爪哇)→苎麻山→昆仑山→独猪山(国内航程与《郑和航海图》中所记宝船沿粤、闽、浙、江北上的返程相同,此不赘述)。

（二）第二次下西洋的航路

郑和第二次出使，自江苏太仓刘家港开船至锡兰山一段航路，与第一次出使相同。但在印度半岛西岸的航程，与第一次有所不同，所经航程为：锡兰山→小葛兰→甘巴里（在今印度西部沿岸之甘巴湾[Cambay]）→阿拔把丹（与甘巴里相邻）→柯枝→古里。

这次出使自古里返回满剌加的一段航程，与第一次相同。船队到满剌加后，于回国途中访问了暹罗国。在访问了暹罗国之后，船队由暹罗港口开船，途经占腊（柬埔寨），径航福建省五虎门，此后国内航程与第一次返程相同。

（三）第三次下西洋的航路

郑和第三次出使的航路较为复杂。大艬船队仍遵循第二次出使的路线，但在这条线上曾穿插航至一些相邻的国家和地区。如船队在航经满剌加国时，曾航至与其相邻、四面环海的九洲山，并"差官兵入山采香"①。在这次航行中，据费信《星槎胜览》记录，航路有 23 条线。

（四）第四次下西洋的航路

在郑和第四次下西洋时，明朝政府已在东南亚和南亚打开局面，建立了威信。在海路方面，经过郑和三次出使，从南海、南洋群岛到南印度一带，完全打通，没有阻滞；在陆路方面，安南对中国和占城的威胁已解除，明朝在海外的声威大振。郑和在海陆两方均无后顾之忧，加之当时永乐朝已进入鼎盛时代，政治经济实力更为强大，郑和船队经过三下西洋，积累了丰富的航海经验，于是郑和遵照明成祖朱棣的意图，进一步去访问南亚以西的远方国家。其访问西亚及东非沿岸各国，则是开辟了一些新的航路。据马欢《瀛涯胜览》记录，这次航路有 17 线。

与前三次出使航路的不同之处在于：一是自占城至暹罗，比第二次缩短了 3 昼夜。二是自占城至爪哇，不是取道交阑山而往，而是走的以下线路：占城→龙牙门→旧港（三佛齐）→爪哇。三是开辟了自苏门答剌经溜山直航木骨都束的新航线，这段航程只需 25 天，便可由苏门答剌驶至木骨都束，即苏门答剌→溜山→木骨都束。船队沿着这条横渡印度洋的新航线由中国到东非索马里诸地，较之沿印度半岛、阿拉伯半岛海岸而行，经忽鲁谟斯至东非沿岸，航程由 10 万余里缩短到 3 万余里。郑和船队这次出使返回的航路如同去程一样，是从不同的需要出发，分别走的循印度洋沿岸曲折而行和横渡印度洋直达的多

① 费信：《星槎胜览》前集《九洲山》。

条航线。

（五）第五次下西洋的航路

郑和第五次出使，不像以前那样，"历东南诸番，以通西洋"①，而是反过来，先历西洋诸国，而后通东南诸番。原因是这次出使的任务，是送古里、爪哇、满剌加、占城、锡兰山、木骨都束、溜山、喃渤利、卜剌哇、阿丹、苏门答剌、麻林、剌撒、忽鲁谟斯、柯枝、南巫里、沙里湾泥、彭亨诸国及旧港宣慰司使臣辞还②，所以船队要先驶往这些国家；送毕西洋诸国使臣之后，又访问了渤泥、苏禄、吕宋等东南诸国，其往返航路与第四次出使基本相同。

（六）第六次下西洋的航路

这次出使航路最为复杂。这次奉命远航，是乘护送忽鲁谟斯、阿丹、祖法儿、剌撒等 16 国使臣返回他们国家之便，而往西洋诸国访问。③ 但这次出使航路与前 5 次不同，大䑸宝船到满剌加、苏门答剌后，分䑸前往各国。此时，郑和船队经过五下西洋的航海实践，已熟知印度洋、南洋蛛网交错的航路，分䑸航行又具有较充分的海上行动的自由，所以船队采用由苏门答剌西南向印度洋乃至大西洋，以及由满剌加东南向南印度洋乃至太平洋，往各远方国家和地区作扇面形远航的航路，比之前都有较大的发展。

这次赴非洲出使的船队，已自索马里、肯尼亚继续南下，其分䑸则从拉克代夫和马尔代夫群岛，向西通过奔巴岛和桑给巴尔岛，然后折向西南，与从索马里、肯尼亚南下的船队先后取道绿色群岛，穿越莫桑比克海峡，航经马达加斯加岛、莫桑比克、南非沿海；分䑸则继续南下进行海上探险，绕过厄加勒斯角、好望角，进入大西洋，深入西南非洲沿岸。这两方面的船队的远航，确实把郑和下西洋的航路向着印度洋西南方，延伸到"去中华绝远"的地方。

郑和第六次下西洋所经历的爪哇岛东南海域的航路，是很值得我们进一步探索的。

在这次出使中，郑和与各位副使率领的船队，主要周游了 36 个国家，其航路大致为：

太仓刘家港→占城→满剌加→苏门答剌→黎代→南浡里→榜葛剌→西洋琐里→锡兰山→小葛兰→甘巴里→加异勒→阿拨把丹→大葛兰→柯枝→古里→忽鲁谟斯→祖法儿→剌撒→阿丹→木骨都束→卜都哇→竹步→麻林地→慢

---

① 陆容：《菽园杂记》卷三。
② 《明成祖实录》卷一〇三。
③ 《明成祖实录》卷一一九。

八撒→比剌→孙剌→溜山→阿鲁→旧港→爪哇→吉里地闷→渤泥→假里马打→彭亨→暹罗→真腊。

在船队周游 36 国的航路中,郑和率领的大综与各位副使统领的分综,既有共同遵循的部分,也有各自独特的部分,这两方面两部分的航路蛛网交错,呈现出十分复杂的状态。在这次出使中,郑和与各位副使,由中国或中途转航地启程的时间既不一致,而返回年月又不相同;在航海活动中又各独树一帜,其各自所到国家和地区也有差别,它们经历的航路自然就各不相同。郑和使团第六次下西洋,由于着重发挥了分综的作用,给予其独立行动的自由,使有的分综海上航行达 4 年之久,得以有时间在整个印度洋,尤其是在赤道以南印度洋广大海域进行海上探索,西行深入大西洋,抵达西南非海岸,东行深入太平洋,抵达爪哇岛东南海域,将郑和船队的东西洋航路延伸到"去中华绝远"的海域。

郑和第六次下西洋返回的航路为,其西行船队返苏门答剌汇齐,自苏门答剌回洋,经满剌加、淡马锡(新加坡)、昆仑山、占城,沿《郑和航海图》所示返程归国。其东行船队一部分已先自西航至马达加斯加乃至东非沿岸,然后沿西行船队返程归国;一部分回航爪哇后,经旧港、淡马锡、昆仑山、占城回国。其至渤泥、苏禄等国的船队,则回航彭亨,又航至暹罗,又经真腊、占城返国。

(七)第七次下西洋的航路

这次出使,基本上是重复了第三、四次出使的航路。不同之处是:大综船队在开赴忽鲁谟斯的途中,不断地派遣分综分头前往各国访问。这是这次出使的特点。

郑和这次出使,除了访问上述各国外,还带有完成明宣宗朱瞻基交给的敕谕暹罗国王的使命:即调解暹罗与满剌加两国之间的关系。于是,宣德七年(1432 年)七月初八郑和到达满剌加后,又要根据与满剌加国王商谈的情况,再至暹罗国交涉,然后返回满剌加。郑和这样忙了一个月,直到八月八日才离开满剌加。在大综船队暂驻满剌加期间,郑和率少数使船往返于满剌加、暹罗之间,其航路应取一种捷径,即绕过淡马锡(新加坡)北上,直趋暹罗;其返程亦南下绕过淡马锡,西北行而至满剌加。郑和下西洋的航路之所以比较复杂,与船队在下西洋的过程中,要完成明朝政府交给的各种外交使命,有很大关系。

郑和下西洋航路之远之繁复,在当时世界上是绝无仅有的。尽管由于历史条件的限制和各种局限性,地理大发现的历史使命未能由郑和船队来完成,但船队所经历的航路,在那么广大的范围内,发展起了亚非各个沿海国家和地区之间纵横交错的海上交通,沟通和加强了西太平洋和印度洋沿岸各国之间的联系,不仅在航海史上划了一个时代,而且对世界文明的发展也作出了重大的贡献。

四 郑和下西洋的历史成就

郑和是世界上率领庞大船队远航的伟大先驱,郑和下西洋在世界航海史上的伟大成就,已为人们所熟知。这里拟着重论述一下郑和下西洋在政治、经济、文化诸方面,对中国历史和世界历史的发展所作出的重要贡献。概括地讲,郑和下西洋在历史上的成就,政治上主要是建立了亚非国家国际的和平局势,经济上发展了亚非诸国间的国际贸易,文化方面主要在于向亚非各国敷宣了中国的教化,以及增进了中国人民对亚非国家的认识和了解。

(一)中国主导的亚非国际和平局势的建立

中国与亚非诸国间的传统友谊,源远流长,具有悠久的历史。自秦汉以来,除隋、元两朝曾一度征伐琉球、爪哇,用兵海外,历代王朝对海外国家都奉行"和平共处"的方针。明朝建国之初,洪武四年(1371 年)九月,朱元璋即根据历史经验,告诫省府诸臣说:"海外蛮夷之国,有为患于中国者,不可不诛;不为中国患者,不可辄自兴兵。古人有言:'地广非久安之计,民劳乃易乱之源。'如隋炀帝妄兴师旅,征讨琉球,杀害夷人,焚其宫室,俘其男女数千人。得其地不足以供给,得其民不足以使令,徒慕虚名,自弊中土,载诸史册,为后世讥。朕以诸蛮夷小国,阻山越海,僻在一隅,彼不为中国患者,朕决不伐之。"①对明代诸帝来说,这是一个必须恪守的祖训。明朝政府在处理与海外国家的关系方面,也以此为既定的国策。有明一代,基本上都执行了这一国策,凡将命海表者,成为受到海外诸国欢迎的和平使者,而郑和就是其中杰出的代表人物。郑和在下西洋的过程中,为解决东南亚及南亚各国之间的矛盾,为建立亚非国家区域间的和平局势,作出了不懈的努力,获得了很大的成功。郑和使团给各国人民带来福音,理所当然地受到各国人民的热烈欢迎。"天书到处多欢声,蛮魁酋长争相迎。南金异宝远驰贡,怀恩慕义摅忠诚。"②这生动地反映出海外人民热爱和平,衷心感激郑和使团为他们创造了国际和平安宁的环境。

在郑和下西洋以前,东南亚及南亚各国,尤其是南洋群岛一带众多小国,随着彼此势力的消长,以及宗教信仰不同,相互间常起冲突,不时发生纠纷。郑和来到南洋以后,以强大的武装力量为后盾,告诫那些喜战好斗的岛国:"循

---

① 《明太祖实录》卷六八。
② 马欢著,冯承钧校注:《瀛涯胜览·纪行诗》,商务印书馆 1935 年版。

理安分,勿得违越;不可欺寡,不可凌弱。"①"凡所号令,罔敢不服从。"②那些发动侵略战争的国家,不得不偃兵息武了。与此同时,郑和又从统一宗教信仰着手,谋求诸国间和平局势的建立。据英国马礼逊《外国史略》记载:"众岛(指南洋群岛——引者注)之中,牙瓦最贵,古名小爪哇。……明永乐三年,有回回教师(指郑和——引者注)领太军强服其土民,使弃偶像,而拜回回教主。"③这里记载了中国古籍中未著录的一件重要史实,即郑和第一次下西洋至爪哇时,曾劝服当地居民信仰伊斯兰教。在这次出使至锡兰时,郑和又"劝国王阿烈苦奈儿敬崇佛教,远离外道"④。这说明郑和初下西洋,即很注意各国的宗教信仰问题,当发现有崇祀不宜信奉的"偶像"时,即力劝其放弃旧时的信仰,接受比较纯正的宗教,敬崇比较适宜的教主。郑和这样做,对于平衡各国之间的关系,缓解因为宗教信仰等问题而导致的国与国之间的紧张局势,都会起到重要的作用。此外,郑和还通过扶助弱小民族,抑止强暴,促成了各国间和平局势的建立。

(二)中国主导的亚非国际贸易的发展

亚非各国,尤其是南洋国家,物产丰富,具有发展国际贸易的有利条件。薛福成曾赞美道:"南洋诸岛国,皆在赤道下,其物产丰饶。如再熟之嘉谷,千寻之名材,暨夫沉香、檀香、荔枝、豆蔻、肉桂、金银、铅锡、水银、丹砂、明珠、美玉、宝石、珊瑚、琥珀、金刚钻、驯象、文犀、孔雀、翡翠、锦鸡、大贝、玳瑁之族,往往挺秀孕珍,以供天下不竭之用。"⑤自汉唐以迄宋元,中国与亚非诸国间的贸易已很发达,南洋群岛诸国更是中外商旅的荟萃之地。在刘宋时代,"通犀翠羽之珍,蛇珠夏布之异,千名万品,并为世主所虚心"。由是"舟舶继路,商使交属"⑥。赵宋时代也曾"遣内使八人,赍敕书金帛,分四路招致海南诸番"⑦。如此等等,都为发展中国与海外诸国的贸易往来作出了贡献。到了明代,郑和下西洋畅通了中国与亚非各国之间的海上"丝瓷之路",更使中国与亚非国家间的国际贸易事业发展到一个新的阶段。

郑和访问亚非诸国,在与各国建立了友好关系之后,即与之进行广泛的贸易活动。在郑和使团重要成员马欢、费信、巩珍等人的著作中,这方面的记载

① 《郑和家谱·敕海外诸番条》。
② 《明史稿》列传第一七八《宦官上·郑和传》。
③ 《小方壶斋舆地丛钞》第一一帙《外国史略·六》。
④ 明嘉兴藏本《大唐西域记》卷一一《僧伽罗国》。
⑤ 薛福成:《庸庵海外文编》卷三。
⑥ 《宋书》卷五七《蛮夷传论》。
⑦ 《宋史》卷一八六《食货志·下》。

是很多的。马欢在《瀛涯胜览》中记载，在祖法儿国，"中国宝船到彼，开读赏赐毕"，在国家之间的外事活动结束以后，"其王差头目遍谕国人，皆将乳香、血竭、芦荟、没药、安息香、苏合油、木别子之类，来换易纻丝、瓷器等物"。在阿丹国，郑和使团分䑸船队"宝船数只到彼，王闻其至，即率大小头目至海滨迎接诏敕赏赐，至王府行礼甚恭谨感伏。开读毕，国王即谕其国人，但有珍宝，许令卖易"①。郑和使团与亚非诸国发展贸易，总是与奉行明王朝对海外国家的怀柔政策，相辅相成的，于是就能得到各国国王、酋长头目的倾心相助，通过他们"遍谕国人"，而能与各国人民进行最广泛的贸易活动。

郑和使团具有雄厚的物质储备，以强大的国力做后盾，所至满剌加、古里、忽鲁谟斯诸国，为当时世界上著名的商业中心区，郑和使团在那里设有贸易据点。宝船一到，倾国轰动，纷纷前往交易。此种盛况，前后持续达二三十年，因此郑和使团在与亚非国家发展国际贸易方面，获得了空前的成功。黄省曾说："太宗皇帝……将长驱远驾，通道于乖蛮革夷，乃大赍西洋，贸采探异，命郑和为使，贰以侯显，妙择译人马欢辈从之行。"由是"明月之珠，鸦鹘之石，沉南、龙速之香，麟狮、孔翠之奇，梅脑、薇露之珍，珊瑚、瑶混之美，皆充舶而归"②。应当说明的是，郑和船队"充舶而归"的货物，不尽是奇珍异宝，大部分是五金、香料、布匹、药品等日常用品。这些货物，有的经过变卖，可供国家开支各项经费。如正德五年（1510年）就曾将海外货物"粗重如苏木等物，估价该银万一千二百两有奇，留变卖以充军饷"③。有些则直接充作官吏的俸禄，为明朝政府节省了一大笔开支。如宣德九年（1434年）十一月，"行在户部奏：'宣德八年京司文武官俸米折钞，请给与胡椒苏木。胡椒每斤准钞一百贯，苏木每斤准钞五十贯。南北二京官各于南北京库支给'，从之"④。如郑和船队不是大量地买进这些日常用品，是不可能采取这项措施的。至于少量的贵重物品，如黄金、宝石、珍珠诸物，也是国用所需，郑和下西洋进行采办，也是有必要的。所以，当郑和船队停航30余年后，明朝政府即为之库藏空虚，感到有再下西洋的需要。例如，天顺二年（1458年）司礼监太监福安奏："永乐、宣德间……屡下西洋收买黄金、珍珠、宝石诸物，今停止三十余年，府藏虚竭。"⑤天顺三年（1459年）又奏："永乐间差内官下西洋……故国用充足。今久不采，府库空虚。"⑥"内外衙门，屡年成造各王府宝册仪仗关用黄金数多，官库收贮缺乏，乞

———————————

① 马欢著，冯承钧校注：《瀛涯胜览》祖法儿国条、阿丹国条，商务印书馆1935年版。
② 黄省曾：《西洋朝贡典录·序》。
③ 《明武宗实录》卷六七。
④ 《明宣宗实录》卷一一四。
⑤ 《明英宗实录》卷二八七。
⑥ 《明英宗实录》卷三〇〇。

照永乐、宣德年间差内外官员往西洋等处采买……进库应用。"①可见中国与亚非国家间能否充分开展国际贸易,对国用是否充裕,有着举足轻重的影响。

在郑和下西洋之时,不仅明朝政府从发展海外贸易中,获得很大的经济利益,就是普通老百姓,也多因此致富。正如严从简所说:"自永乐改元,遣使四出招谕,海番贡献毕至,奇货重宝,前代所希,充溢库市,贫民承令博买,或多致富,而国用亦羡裕矣。"②由此看来,刘大夏所谓"三保下西洋,费钱粮数十万,……纵得奇宝而回,于国家何益"③,不能不算是一种偏激的说法了。

(三)中国文化的海外传播与中国人海外知识的增长

在15世纪初期,中国是世界上文明程度较高、文化高度发达的国家。郑和在亚非各国进行访问时,本着"王者无外,中天下而立,定四海之民,一视同仁"④的精神,努力宣扬文教,向亚非国家敷宣中国的教化,以提高其文明的程度。明成祖朱棣说:"朕丕承鸿基,勉绍先志,罔敢或怠。抚辑内外,悉俾生遂,夙夜兢惕,惟恐弗逮。恒遣使宣教化于海外诸番国,导以礼义,变其夷习。"⑤可见作为一代雄主的永乐大帝,数遣郑和等大规模出使西洋,对"宣教化于海外诸番国"一事,是极为重视的。郑和的可贵之处,正在于忠实地执行了永乐大帝朱棣的意图,以睦邻为宗旨,"所至颁中华正朔,宣敷文教,俾天子生灵,旁达于无外"⑥。所谓"颁中华正朔",就是颁给出使国本朝的历法,要求海外诸国承认明王朝为"正朔所在"。明朝政府颁给亚非国家的历本,有"王历"与"民历"两种,都有历注,记载上至国家大事、下至民间生活的各项应行的事宜,达62事之多⑦,内容包括了中国政治、社会生活、封建礼俗的各个方面,用以作为让海外诸国"变其夷习"的依据。

郑和在海外努力"宣敷文教",使中国与亚非诸国间的交往空前密切,史称"永乐时,郑和遍历东西洋,靡不献琛恐后"⑧。除了各国使臣之外,满剌加、渤泥、苏禄、麻剌等国国王还携妻带子,亲自率领众多的亲戚僚臣来华访问。他们在中国,所到之处,都受到明朝政府和中国官员的礼遇。明朝政府专门定下番王朝贡礼、番国遣使朝贡礼、番国进贺表笺礼等⑨,按照一定的规格,对亚非

① 《明英宗实录》卷三〇七。
② 严从简:《殊域周咨录》卷九《佛郎机传》。
③ 严从简:《殊域周咨录》卷八《琐里·古里传》。
④ 费信:《星槎胜览·序》。
⑤ 朱棣:《御制弘仁普济天妃宫碑记》。
⑥ 南京图书馆藏清佚名:《明史稿·郑和传》。
⑦ 申时行等重修《明会典》卷二二三《钦天监》。
⑧ 《明史》卷三二三《鸡笼山传》。
⑨ 《明太祖实录》卷四五。

国家的国王和使节进行仪式颇为隆重的接待。各国贵宾在中国生活期间,赐给其仪仗及宫庭所用贵重生活用品,"自王以下,衣服之制如中国"①。"礼乐明备,祯祥毕集。"②至于招待他们的大小宴会,亦办得十分丰盛。明宣宗朱瞻基曾指示礼部说:"四夷宾服,世所贵也。其使臣今不远万里而来者,皆有慕于中国饩廪,宴赐必丰,庶照朝廷优待之意。"③明成祖和明宣宗正是这样刻意于"四夷宾服",派遣郑和邀请亚非诸国国王和使臣来宾,使他们在中国受到优厚的礼遇、盛情的款待,亲见中国文物典章之美,军容仪威之盛,享受到中国先进的精神文明与物质文明;以"生居绝域,习见僻陋",得"获睹天朝太平乐事之盛",感到"死且有光"④,在经过对中国的访问后,为中华文教的魅力所吸引,"其各国王益修职贡,视前有加"⑤。

郑和宣教化于海外诸国,正是为实现明初对亚非国家既定的总方针而采取的重要措施。马敬说:"二帝(指明成祖与明宣宗——引者注)之心岂真欲夸多斗靡于远方哉!盖声名施及番貊,使普天之下,含灵蠢动,悉沾德化,莫不知其有君而尊亲焉。"⑥撇开马敬的封建士大夫立场不谈,在当时的历史条件下,郑和下西洋传播了中国先进的文化教育,为改变海外国家较为落后的"夷习"作出了贡献,符合社会进步的方向,是应该给予肯定的。

郑和使团在海洋上活动了近30年,既使亚非各国人民增进了对中国的了解,又使中国人民对亚非国家的认识方面大大开阔了眼界,丰富了中国人民对于海外的地理知识。中国与亚非国家虽然很早就发生了关系,但没有全面的文字记录,对亚非国家的认识,大都出于传闻。所以,长期以来,中国人民对一些亚非国家的真实情况,缺乏具体的了解和正确的认识。到了宋元之际,中国对海外许多亚非国家,还是可想而不可即,大有望洋兴叹之慨。周去非著《岭外代答》时,常困惑于海外"西南诸国,浩乎不可穷"。限于当时的知识水平,对"三佛齐之南",只好说"南大洋海也,海中有屿万余,人莫居之,愈南不可通矣"。对"阇婆之东",只好说"东大洋海也,水势渐低,女人国在焉。愈东,则尾闾之所泄,非复人世"。对阇婆之西,只好说"其西有海,名曰西大食海,渡之而西,则木兰皮(在西班牙南部——引者注)诸国凡千余;更西,则日之所入,不得而闻也"⑦。像这种对亚非沿海国家模模糊糊的概念,反映出当时中国对西洋

---

① 《明成祖实录》卷五九。

② 费信:《星槎胜览·序》。

③ 《明宣宗实录》卷一三。

④ 《明成祖实录》卷四〇。

⑤ 郑和:《娄东刘家港天妃宫石刻通番事迹碑》。

⑥ 马欢著,冯承钧校注:《瀛涯胜览·序》,商务印书馆1935年版。

⑦ 周去非:《岭外代答》卷二《海外诸番国》。

诸国的地理认识,是相当简陋的。元汪大渊所著《岛夷志略》一书,虽较为可信,仍嫌简略。这些问题,在郑和下西洋之后,才进一步得到解决。郑和船队在太平洋和印度洋上纵横驰骋几十年,不仅开辟了从中国往返于东非沿岸的新航路,而且在各个局部区域和内海,又分别开辟了多种多样的新航线,从而使船队遍历东西洋各国。在郑和使团对所至各地实地进行勘探和调查之后,才把许多未知的海外国家和地方弄清楚了。黄省曾说:"西洋之迹,著自郑和。"①一语道出郑和下西洋在丰富中国人民对海外国家的知识方面,在发展中国的海外交通方面,起了划时代的作用。

郑和下西洋在增进中国人民对亚非诸国的认识与了解方面,所作出的杰出贡献,在郑和使团重要成员马欢所著《瀛涯胜览》、费信所著《星槎胜览》以及巩珍所著《西洋番国志》中,都得到了比较充分的反映。这三部书以简洁的文字,对郑和下西洋所访问的主要国家的位置、沿革、港湾都会、形胜名迹、山川地理形势、气候历法、生产经济与物质资源、商业贸易、政教刑法、人民生活状况、风俗习惯与语言文字,都作了翔实而生动的记述。在同时代人当中,无论是中国人还是外国人,没有谁撰写过可以与这三本书相比的同类著。这三本书不仅为后世研究 15 世纪初亚非诸国的基本状况提供了第一手资料,也为我们研究郑和使团在各国的经历提供了宝贵的原始资料,是珍贵的文化遗产。

郑和船队在向非洲东部赤道以南沿海的航行中,曾发现了马达加斯加岛,那儿离好望角已经不远了。1487 年,一支葡萄牙舰队在巴托罗缪·迪亚士率领下,从红海南下始到达马达加斯加岛对岸,"发现"了好望角,这比郑和船队要晚 70 余年。郑和船队首次到达非洲东部沿海诸国,在哥伦布发现"新大陆"(1492 年)之前 79 年,在葡萄牙人发现欧、非、亚三洲航道(1497 年)之前 84 年。标志着郑和的航海成就、引导郑和船队胜利航抵东非之滨的,是《郑和航海图》。全图以南京为起点,最远至非洲东岸的慢八撒(今肯尼亚的蒙巴萨),分别绘明了航线所经亚非各国的方位、航道远近以及航行的方向;对何处有礁石,何处有浅滩,也都一一标明。郑和船队每经一地,都给予一定的命名。在约 500 个地名中,外国地名约有 300 个,多为马来半岛、印度半岛、阿拉伯半岛沿岸地名。图中还于一些无名的偏僻去处,注明"有人家"的字样,可见当年郑和船队活动范围之广。元汪大渊《岛夷志略》一书,总结了唐宋以来中国对海外诸国的地理认识,但它所收的外国地名,只有《郑和航海图》的 1/3。《郑和航海图》不仅是 15 世纪以前我国关于亚非两洲的一部最详尽的地理图,也是我国现存最早的一部记载亚非两洲的航海图。

---

① 黄省曾:《西洋朝贡典录·序》。

五　郑和下西洋的国内与国际影响

明初,具有资本主义萌芽因素的矿冶、纺织、陶瓷、造船等工业,以及民间手工业的进一步发展,为郑和下西洋大规模地开展海外贸易,提供了雄厚的物质基础。随着郑和船队航海范围的逐渐扩大,在南洋、印度洋沿岸,开拓了愈来愈多的海外市场。海外贸易的数量激增,货源供给要得到保障,必然又会刺激国内官私工业和民间手工业的迅速发展。当时,中国的青花瓷器、各色纻丝、绫绢、纱罗、锦缎、文绮、袭衣、布匹、铜铁用具、铜钱、烧珠、漆器、麝香、樟脑、干鲜果品等等,在国际市场上很受欢迎。如在占城国,"中国青瓷盘碗等品,纻丝、绫绢、烧珠等物,甚爱之,则将淡金换易"。爪哇国"国人最喜中国青花瓷器,并麝香、销金纻丝、烧珠之类,则用铜钱买易"。在锡兰国"中国麝香、纻丝、色绢、青磁盘碗、铜钱、樟脑甚喜,则将宝石、珍珠换易"①。就一般而论,"盖海外之夷,有大西洋,有东洋。……是两夷者,皆好中国绫罗杂绘。……而江西瓷器,福建糖品、果品诸物,皆所嗜好"②。为了满足海外市场的需求,以景德镇为中心的瓷器业,以苏州为中心的丝织业,以松江为中心的棉织业,以芜湖为中心的漂染业等等,都有了较快的发展,这对中国社会经济的进一步发展,起到了一定的促进作用。

(一)郑和在国内的影响

作为中国人民与亚非各国人民友好往来历史上的一桩空前的盛举,郑和下西洋的故事,不仅中国赴海外的使节和人员乐于称道,在国内也是广为流传。钱曾说:"三宝下西洋,委巷流传甚广,内府之剧戏,看场之评话,子虚亡是,皆俗语流为丹青耳。"③自明代起,以郑和下西洋为题材的戏剧和评话,老百姓喜闻乐见,官吏们愿意看喜欢听,就是皇帝也很乐于欣赏。据明朝太监刘若愚《酌中志余》一书记载:"上(指明熹宗朱由校——引者注)创演水傀儡,所演有方朔偷桃、三保太监下西洋诸事。"④流传至今的明代以郑和下西洋为题材的剧本有《奉天命三保下西洋》,小说(评话)有罗懋登著《三宝太监西洋记通俗演义》(以下简称《西洋记》)。《西洋记》写于明万历二十五年(1577 年),嘉靖以来的倭患,至万历年间仍严重危及中国沿海地区的安全。纪念郑和,宣扬郑和,振兴国威,乃反映了当时广大人民抗倭图强的强烈愿望,为时代所需要。

---

① 马欢著,冯承钧校注:《瀛涯胜览》占城国条、爪哇国条、锡兰国条,商务印书馆 1935 年版。
② 顾炎武:《天下郡国利病书》卷九六引崇祯十二年给事中傅元初《请开洋禁疏》。
③ 钱曾:《读书敏求记》。
④ 刘若愚:《酌中志余》卷下。

罗懋登在《西洋记》一书序言中说:"今日东事倥偬,何如西戎,即序,不得比西戎,即序,何可令王、郑二公见,当事者尚兴抚髀之思乎?"明朝后期,海上力量削弱,以致倭寇为患深重。回首话当年,郑和扬国威于海上,东西洋上"海道清宁"①,中外人民皆得安居乐业,那是多么振奋人心!抚今追昔,盛衰变迁,又怎么不令人感慨!在这种心理影响之下,明代后期有关郑和下西洋的戏剧、评话、小说、诗词等纷纷问世,自上而下引起共鸣,大受欢迎,就是情理中事了。清俞樾说:"此书(指《西洋记》——引者注)之作,盖以嘉靖以后,倭患方殷,故作此书寓思古伤今之意,抒忧时感事之忧。三复其文,可为长太息矣!"②郑和下西洋之所以能在国内产生如此深远的影响,首先在于它能激发起中国人民的爱国热忱,鼓舞人们为振兴中华而奋斗,这是已为历史的经验所证实了的。

郑和在国内有许多遗迹和遗物,数百年间,始终为人们所纪念。如云南晋宁县昆阳镇郑和故里祖墓、南京马府街郑和故居、南京净觉寺、南京天妃宫、南京龙江湾宝船厂遗址、太仓刘家港、太仓天妃宫、长乐太平港、长乐天妃宫、长乐三清宝殿、长乐三宝岩、郑和下西洋所用铁锚和铁釜等等。在福建,人们对郑和甚为推崇,"呼为三宝大人,不敢名"。在福建三山地方,"间蓄异器,或发自地下伏藏,侈曰:'此三宝大人物。'遗烈可知"③。此外,南海诸岛中的永乐群岛、宣德群岛、郑和群礁、景宏岛、马欢岛、费信岛,都是为了永久纪念郑和下西洋对我国开拓和经营南海诸岛的功绩而命名的。

特别要指出的是,郑和下西洋在加强祖国大陆与台湾岛的联系方面,在历史上曾发生过重要的影响。据清龚柴《台湾小志》记载,郑和使团"遍历诸邦,采风问俗。宣宗宣德五年,三宝回行,近闽海,为大风所吹,飘至台湾,是为华人入岛之始。越数旬,三宝取药草数种,扬帆返国"④。又据清吴振臣《闽游偶记》记载:"澎湖为台湾门户,有三十六屿,各屿俱在海洋中。……曾闻明永乐丁亥(永乐五年,1407 年——引者注)命太监郑和、王景弘、侯显三人往东南诸国赏赐宣谕。郑和旧名三保,故云三保太监下西洋,因风过此。"⑤在历史上也流传着一些有关郑和在台湾的传说。据张燮《东西洋考》一书记载:"永乐初,郑中贵航海谕诸夷,东番(今台湾基隆一带——引者注)独远窜不听约。家赋一铜铃……至今犹传为宝,富者至缀数枚,曰:'是祖宗所赋'云。"⑥其他的记

---

① 郑和:《天妃灵应之纪》。
② 俞樾:《春在堂随笔》。
③ 黄景昉:《国史唯疑》。
④ 《小方壶斋舆地丛钞》第九帙《台湾小志·一》。
⑤ 《小方壶斋舆地丛钞》(续编)第九帙《闽游偶记·六》。
⑥ 张燮:《东西洋考》卷五《东洋列国考·鸡笼·淡水传》。

载,如"台湾凤山县有姜名三宝姜,传明初三宝太监所植,可疗百病"①。此外清初郁永河《稗海纪游》中,也说郑和曾到"赤嵌汲水",赤嵌即台湾南部的安平。郑和不仅是历史上明确记载的由海路从中国到达东非的第一人,也是历史上明确记载的代表祖国中央政府进驻台湾的第一人,在这种意义上,史称郑和使团在下西洋途中进驻台湾相当一段时间,"为华人入岛之始",在台湾历史上是一件大事。在郑和之后,也就是说,继两万多"华人"(应理解为汉族人),多次到台湾居住生活一段时间之后,大陆人民移居台湾者逐渐增多,为1662年郑成功从荷兰殖民者手中收复台湾,奠定了基础。

(二)郑和在国外的影响

郑和下西洋为亚非国际和平局势的建立,为促进亚非各国人民之间的团结和友谊,为发展中国与亚非诸国之间在政治、经济和文化上的相互交流,都作出了重大的贡献。郑和使团在亚非各国播下了友谊的种子,友谊的花朵开放在亚非人民的心田,历久而不衰败。在郑和下西洋以后的岁月里,一些郑和使团访问过的国家,如渤泥国,"凡见唐人至其国,甚有爱敬"②。在真腊国,"其见唐人,亦颇加敬畏,呼之曰'佛'云。""观通典、通考、各代史异域志,诸书所载,未有如此之异者。"③时至今日,在郑和使团访问过的亚非国家,尤其是在东南亚,还保留着纪念郑和的各种遗迹,流传着许多关于郑和下西洋的故事传说,并且也还在进行着各种纪念郑和的活动。如在印度尼西亚的爪哇岛有三宝垄、三宝港、三宝洞、三保井、三保墩、三宝公庙,在印度尼西亚苏门答腊岛上也有三宝庙,在马来西亚的马六甲有三宝山、三宝城、三宝井,在泰国有三宝港、三宝庙、三宝宫、三宝禅寺、三宝寺塔,在北婆罗洲有中国河、中国寡妇峰等。郑和使团访问各国时所遗留的一些物品,在这些国家中很受尊重,成为人们纪念郑和的信物。如泰国的锡门,为"华人出入必经之处,郑和为建卓楔,扁曰天竺国"④。在满剌加"王居前屋用瓦,乃永乐中太监郑和所遗者"⑤。在印度尼西亚首都雅加达(古称顺塔),有"石椓,相传是郑和所遗者"⑥。如此等等。东南亚有些国家,甚至由于受到郑和的影响,形成了新的风俗,如爪哇的禁食,泰国的水浴等等。南洋一带相传阴历六月三十日为郑和在爪哇三宝垄登陆的日子,今三宝垄有三宝洞,那里有三宝公庙供奉郑和,每年此日各地人

① 王士祯:《香祖笔记》卷二。
② 费信:《星槎胜览》后集《渤泥国》。
③ 罗曰裒:《咸宾录》卷八《真腊传》。
④ 张燮:《东西洋考》卷二《西洋列国考·暹罗传》。
⑤ 黄衷:《海语》卷上。
⑥ 张燮:《东西洋考》卷三《西洋列国考·下港传》。

民必前往进香。此外,在各国许多建有郑和庙宇、寺院的地方,每逢年过节,当地人民竞相抬着郑和的舆像,举行赛神一般的盛会,影响所及,使世界各地来东南亚的游客也深为之感动。如 1928 年,日人中目觉"从非洲回国的时候,道经爪哇三宝垅,下榻台湾银行分行,离行约六十余丈,就是六觉寺,寺中有三保大人像,香火很盛,每年舆像出巡各一、二次"。在目睹当地人民如此崇敬郑和之后,他深感南洋一带"对于郑和一事,很是重视,有若神明"①。直至 1981 年我国古代陶瓷研究代表团在东南亚参观访问,同样深感"郑和在东南亚影响相当大,马六甲的郑和庙也很多,但曼谷的三宝公庙香火最盛。……三宝公庙有个对联,上联是:'七度下邻邦,有名胜迹传异域。'下联是:'三宝驾度航,万国衣冠邦故都。'反映当地华侨对郑和的崇敬"。在南洋国家中,人们还撰写了大部头的郑和传记,从而更扩大了郑和在海外的影响。这些传记,有马来文的《郑和传》15 册,《三保大人传》3 册等等。自古代乃至近代的世界历史上,凡属强国统帅领大军出国远征,多数是对所至各国实行侵略和奴役,给各国人民带来深重的灾难。像郑和下西洋这样实行和平外交方针,以睦邻为宗旨,其远航规模之大,时间之长,范围之广都是空前的,又都给各国人民带来福音,在历史上实属罕见。所以,郑和在海外受到崇敬,历时 500 余年,至今不衰,这种奇特的现象,仔细考究起来,也就不足为奇了。

(三)郑和下西洋对华侨开发南洋的影响

华侨开发南洋的历史,并不是从郑和下西洋时代开始的。早在两汉、魏晋之际,中国人民已与南洋有了联系。在元朝时,有不少南宋遗臣及东南沿海人民,为了反抗元朝的残暴统治,纷纷奔向南洋,成为南洋群岛最早的开发者。由于种种原因,他们无论在所到地区、移民人数以及经营规模上,都是极其有限的,加以他们难以同祖国大陆保持经常性的联系,人力物力都少来源,就不可能对南洋的开发造成什么重大影响。郑和下西洋开辟了中国海外交通史上的新时期,也开创了华侨开发南洋的新时代。郑和七下西洋,完全打通了往南洋各国的海上交通,在海外建立起中国的威望,为华侨开发南洋创造了许多有利的条件,吸引了大批的中国移民到南洋去。在 15—17 世纪,南洋华侨人数的增多,分布范围之广,是历代所不能相比的。清徐继畬说:"中国之南洋,万岛环列,星罗棋布。……明初,遣太监郑和等航海招致之,来者益众。……而闽广之民,造舟涉海,趋之如鹜,或竟有买田娶妇,留而不归者。如吕宋、噶罗巴诸岛,闽广流寓,殆不下数十万人。"②当时,南洋许多国家还处于部落状态,

---

① 昭和三年九月份《地学杂志》第 475 号。

② 徐继畬:《瀛环志略》卷二《南洋各岛》。

一批又一批的中国移民,带去了高度发达的生产技术和封建文化,往南洋贸易的商人,又源源输进中国内地各种先进的制造品。华侨在南洋谋生,摆脱了国内封建专制势力的束缚,使自己的聪明才智充分发挥出来,用以促进各项生产事业的发展。这样,在郑和下西洋之后二三百年间,由于"郑和等航海招致之",愈来愈多的华侨献身于开发南洋的各项事业中,对南洋各国社会的进步与经济的繁荣,起到了决定性的作用。长期在南洋工作的张相文,曾著有《华侨中心之南洋》一书,以大量事实和统计数字说明:马来半岛"自昔已有马来人及暹罗人之从事采锡者,然使联邦成为锡产国而享盛名者则华人也"①。"徵诸马来古史,马来人自昔即知渔鱼,然其发达则在中国人移民增加之后。今马来半岛西海岸之渔业,盖尽在华人掌中也。"②"树胶虽为暹罗新兴之农业,然历年以来,进步甚速,主要植胶地在马来半岛方面,经营之者多中国人。"③"凡属南洋土产,或为输入新加坡及其他马来商港之外国商品,莫不由华商采买贩卖也。"④"婆罗洲华侨之社会组织较苏岛爪哇方面尤优,故其势力亦大,大都小埠之商业几尽为中国人所掌握。"⑤诸如此类的事例,不胜枚举。饮水思源,南洋华侨之所以尤其敬崇郑和,正是不忘郑和下西洋对华侨开发南洋所作出的历史性的贡献。

郑和下西洋之后,华侨在南洋的势力逐渐雄厚,在此基础之上,南洋各地曾出现过若干由侨民建立的政权,也产生过不少的华侨领袖人物。有些华侨领袖,曾对侨居国的治理起了重要作用,有的甚至成为该国的国王。有些华侨领袖,在当地人民的支持下,领导了反抗西方殖民者入侵的斗争,取得重大的胜利。他们在带领华侨开发南洋方面,都各自作出了贡献。这些华侨领袖人物,其姓名事迹流传至今的,在印度尼西亚苏门答腊岛,有开辟旧港的华侨首领广东人梁道民、施进卿,有旧港番舶长广东人张琏。在印度尼西亚爪哇岛,有新村主广东人某氏。在马来半岛,有开辟柔佛槟榔屿的华侨首领广东人叶来(一作叶阿来)。在泰国有暹罗国王广东人郑昭。在越南有广南国王阮潢,港口(即《明史》之宾童龙国)国王郑天赐。在加里曼丹岛,有开辟渤泥边地的华侨首领、福建人林道乾,婆罗国王、郑和使团某成员(福建人)的后裔某氏,戴

① 〔新加坡〕张相时:《华侨中心之南洋》卷下,第32章《南洋农事企业比较论》第1节《英属马来》,南洋商报1927年。
② 〔新加坡〕张相时:《华侨中心之南洋》卷上,南洋商报1927年。
③ 〔新加坡〕张相时:《华侨中心之南洋》卷下,第18章《暹罗之产业》第1节《农林》,南洋商报1927年。
④ 〔新加坡〕张相时:《华侨中心之南洋》卷上,第8章《新加坡中心之南洋近海贸易》,南洋商报1927年。
⑤ 〔新加坡〕张相时:《华侨中心之南洋》卷上,第10章《荷属东印度》第2节《地方志》,南洋商报1927年。

燕国王广东人吴元盛,昆甸国客长广东人罗芳伯,昆甸王广东人陈兰芳,安班澜华侨首领广东人张杰诸。①

但是,郑和船队下西洋,是一项开支浩大的活动,对于明朝政府的财政,是沉重的负担。下西洋所得的宝货、香料,主要只能供上层统治集团消费,不能为国家增加收入。宣宗朱瞻基组织了第七次下西洋活动。此后,英宗朱祁镇天顺元年(1457年)准备派人去西洋,宪宗朱见深成化九年(1473年)又有意此事,都遭大臣劝阻,未能实现。随着明朝社会矛盾加深,财政困难严重,再也没有哪一位皇帝敢于继续这一事业了。

郑和的航行,发生在15世纪前期。再过几十年,在15、16世纪之交,便发生了世界史上著名的"地理大发现"。"地理大发现"首先是新航路的发现,其主要代表人物是哥伦布、达·伽马和麦哲伦,他们的船队规模都比郑和小得多,例如哥伦布远征队第一次出发时,只有3艘船,90人。但是,新航路的发现,给欧洲以巨大的刺激,对西方资本主义的发展起了重要的作用。郑和下西洋的活动,虽然壮观,对中国和世界的历史进程,并没有很大的影响。造成这种差别的主要原因是,欧洲在15、16世纪已有相当程度的资本主义萌芽因素;而在中国,封建的生产关系仍占绝对的统治地位。因此,两种航行有着完全不同的目的,产生了截然不同的后果。郑和航行是为了建立、发展与海外诸国的联系,主要是以和平、友好的方式进行的。航行的结果并没有引起中国和海外国家社会结构的变化。而哥伦布、达·伽马、麦哲伦这些西方冒险家的船队则相反,他们远航探险的目的就是为了掠夺财富,并把"发现"的地区变成他们的殖民地。对殖民地的掠夺,是资本原始积累的重要组成部分。西方资本主义正是依靠掠夺殖民地才得以勃兴。②

第二节　郑和之后的明清海上航路③

明清时代,南海和印度洋上的海上航路,在郑和下西洋时期有了极大的发展(尤其是印度洋航路),郑和下西洋之后,再没有更大的发展。但在"东洋"海域之内,郑和下西洋之后,海上航路却有了较大的发展。这里所指的"东洋",并非是郑和下西洋时期的"东洋"。那时东西洋的划分,据马欢《瀛涯胜览》说,南淳里国"西北皆临大海,……国之西北海内有一大平顶峻山,半月可到,名帽

---

① 郑鹤声、郑一钧:《论郑和下西洋》,《海交史研究》1983年刊,总第5期,第21—29页。

② 陈高华、陈尚胜:《中国海外交通史》,中国台湾文津出版社1997年版,第199—200页。

③ 此部分内容参见章巽:《中国航海科技史》,海洋出版社1991年版,第169—184页。

山，其山之西亦皆大海，正是'西洋'也，名那没嚟（Lamui）洋，西来过洋船只收帆，俱望此山为准"①。这里所说的"帽山"，即今印度尼西亚苏门答腊岛西北海上的韦岛，郑和下西洋时期之"东西洋"以此地为分界。郑和下西洋之后，东、西洋的地域概念又有变化。张燮《东西洋考》（成书于万历丁巳，1617年）中说："文莱即婆罗国，东洋尽处，西洋所自起也。"这里所说的"文莱"，即今加里曼丹岛北部的文莱国，明代后期之"东西洋"则以此地为分界了。郑和下西洋之后，由于明、清统治者对外闭关自守，长期实行"海禁"和阻遏政策，加以16世纪以后西方殖民国家全力向东方的印度洋扩张，在西欧殖民势力炮舰政策的轰击下，不仅曾经称藩于明朝的海外诸国先后沦为西方列强的殖民地，而且也对中国的远洋航海事业形成很大威胁，难以向"西洋"发展。记录当时我国航海活动的一些史籍，如张燮《东西洋考》的记载只限于苏门答腊以东，清人陈伦炯的《海国闻见录》和谢清高的《海录》，也都说中国的海船不再过马六甲海峡西行了，所反映的正是这一事实。由于当时在"东洋"海域之内，航海活动还有较大的发展余地，相应地也就促进了"东洋"海上航路的发展。

一　中国与菲律宾等南洋诸国之间的航路

明代中后期，中国通往菲律宾的航路有了较大的发展。宋、元时代，中国到菲律宾可走两条航线，一条是从泉州起航，经广州、占城、渤泥到麻逸（今菲律宾民都洛（Mindoro）岛），另一条是由泉州经澎湖、琉球（台湾）到麻逸。后一航线虽短捷，但要横渡台湾，有风涛之险，加以途经各地的商业价值不大，而前一航线虽然要绕道渤泥，但较安全，又可在沿途各国进行一些贸易活动，所以宋、元两代同菲律宾贸易交往，主要是走前一条航线。明代初期，中国同菲律宾的古国苏禄、古麻剌朗、吕宋、合猫里、冯嘉施兰等互派使节相访，主要也是走前一条航线，郑和船队访问菲律宾各古国，如无特殊情况，也是采取经占城、渤泥至菲律宾的这条航路。如郑和船队驶离中国后，不是首达占城，而是先去菲律宾诸古国，然后由渤泥至占城，自然要采取后一条航线，即由泉州经澎湖、台湾到菲律宾。这种情况，在郑和七下西洋的航路中，如果曾出现过，也是一种例外，而不会是船队惯常的航路。到了明代中后期，当时已占领菲律宾群岛中部和北部地区的西班牙殖民者实行招引华商往菲律宾贸易的政策，加以明朝政府在隆庆年间（1567—1572年）开放了"海禁"，促使中国商船纷纷前往菲律宾贸易，由以前每年三四艘增至40艘左右，这样一来，前往菲律宾贸易若还采取西航占城、绕道渤泥的航路，就不能适应形势发展的需要了，经澎湖、台湾到菲律宾的短途航路便取而代之，成为中、菲间的主要航路。以这条航路

---

① 马欢著，冯承钧校注：《瀛涯胜览·南浡里国》，商务印书馆1935年版。

为主,当时通往菲律宾各古国和重要港口的航路有:

1. 太武山至吕宋港

太武山(在福建省厦门对岸的镇海角上,明代从泉州或漳州出洋,以此为航运始点)→澎湖屿→虎头山(今台湾西南岸高雄港)→沙马头澳(今台湾省最南端的猫鼻角)→笔架山(阿帕里港北面的巴布延[Babuyan]群岛中之加拉鄢[Calayan]岛)→大港(今菲律宾吕宋岛北部阿帕里[Aparri]港)→哪哦山(今菲律宾吕宋岛西岸顶端的拉奥[Laoang],一说为吕宋北岸的布尔戈[Burgos])→密雁港(今菲律宾吕宋岛西北岸的维甘[Vigan]港)→六藐山(在今菲律宾吕宋岛西北岸的圣费尔南多[San Fernando]附近)→郎梅屿(在今菲律宾吕宋岛托马斯[Tomas]港)→麻里荖屿(今菲律宾吕宋岛西部仁牙因港西北面的博利瑙[Bolinao])→玳瑁港(今菲律宾吕宋岛仁牙因[Lingayan]港)→表山(今菲律宾吕宋岛西岸的博利瑙角)→里银中邦(在今菲律宾吕宋岛的三描礼士[Zambales]省沿海的马辛洛克[Masinloc]或其附近)→头巾礁(菲律宾三描礼士省南端的航道转航角,即 Coehinos 角)→吕宋港(今菲律宾吕宋[Luzon]岛)。

此外,还有另一条航路:

太武山→澎湖山→虎仔山(即虎头山)→沙马歧头(即沙马头澳)→笔架山→大港口(即大港)、红荳屿(菲律宾巴布延群岛中的达卢皮里[Dalupiri]岛)→射昆美山(阿帕里港西面的乘切斯米拉[Sanchez Mira])→月投门(菲律宾吕宋岛西北的圣费尔南多港)→麻里荖表山(即表山)→里银大山(即里银中邦)→头巾礁→吕宋港。

2. 吕宋港至猫里务国

吕宋港→沙塘浅(在今菲律宾吕宋岛西南岸外,Fortune 岛西偏北面之浅滩群[Simobanks])→猫里务国(今菲律宾民都洛[Mindoro]岛,一说为布里亚斯[Burias]岛)。

3. 吕宋港至呐哔啴国及沙瑶国

吕宋港→文武楼(菲律宾民都洛岛西北部的曼布劳[Mamburao])→以宁港(民都洛岛西南的伊林[Ilin]岛)→汉泽山(菲律宾班乃[Panay]。岛西南端的安蒂克[Antigue])→海山(菲律宾内格罗斯[Negros]岛东南方的锡利诺[Silino]岛)→呐哔啴国(在今菲律宾棉兰老岛西北部的达比丹[Dapitan]地区)、沙瑶国(在达比丹南面的锡布盖[Sibuguey]地区)。

4. 自吕宋港至魍根礁老港

吕宋港→文武楼→以宁港→汉泽山→交溢(菲律宾棉兰老岛西南部三宝颜[Zamboanga]港附近的卡维持[Kawit])→逐奇(三宝颜东面的萨卡尔[Sacal]岛)→魍根礁老港(在今棉兰老岛南部的哥达巴都[Cotabato]省一带)。

5. 自吕宋港至苏禄国

吕宋港→文武楼→龙隐大山（在菲律宾民都洛岛西南伊林岛）→以宁港→汉泽山→交溢→犀角屿（菲律宾巴西兰[Basilan]岛西面的桑格贝[Sangboy]岛）→苏禄国（一般指今菲律宾的苏禄[Sulu]群岛，或专指和乐[Jolo]岛）。

6. 自吕宋港至巴荖园

吕宋港→吕蓬（菲律宾卢邦[Lubang]岛）→芒烟山（民都洛西岸的曼加林[Mangarin]）→磨叶洋（亦作麻逸洋，指民都洛岛西南面的民都洛海）→小烟山（菲律宾布桑加[Busuanga]岛）→七峰山（菲律宾巴拉望[Palawan]岛东北角的杜马兰[Dumaran]岛）→巴荖园（菲律宾巴拉望岛）。

在以上主要航线之外，还有两条支线，一条是从吕宋港经猪未山（吕宋港附近的甲米地[Cavite]港）至磨荖央港（菲律宾八打雁[Batangas]省西部的巴拉央[Balayan]港），另一条是从吕宋港取道以宁港，经里摆翰（菲律宾帕马里坎[Pamalican]岛）至高约港（菲律宾库约[Cuyo]群岛中的库约港）。

上述航路中，吕宋港至魍根礁老港的航路可延伸至美洛居国（在今印度尼西亚的马鲁古[Maluku]群岛），吕宋港至苏禄国、巴荖园的航路可延伸至文莱国，进而与通向东南亚各国的航路相连接。因此，明代中后期中国与菲律宾之间航路的发展，进一步沟通了中国与菲律宾及东南亚各国间的海上交通，对发展中国与菲律宾及东南亚各国间的贸易和友好往来起到了积极的作用，同时也有助于加强祖国大陆与台湾的联系。

二　中国与琉球之间的航路

明代中后期，随着中国与琉球国（今日本琉球群岛）的关系进一步加强，中国与琉球国之间的海上航路亦有较大的发展。明世宗嘉靖十三年（1534 年）四月，明朝政府命陈侃前往琉球，册封琉球国中山王世子尚请为王，归国后陈侃将亲身见闻著成《奉使琉球录》，其中记其至琉球航路为：

南台（又名吕南台山，位福建省闽侯县南）→厂石（在福建闽江口内南台岛）→小琉球（台湾北端鸡笼头山）→平嘉山（又名彭加山、彭家山，位台湾基隆港口外东北海上 35 海里处）→钓鱼屿（即钓鱼台，与黄尾屿，赤屿、飞濑岛、北小岛、南小岛、大北小岛、大南小岛合称钓鱼岛）→黄毛屿（即黄尾屿，与钓鱼台是姊妹岛）→赤屿（又名赤尾礁、赤坎屿）→古米山（即今久米岛）→熟壁山（即今伊平屋岛）→移山岛（又名鸟岛，位于琉球群岛中的硫磺山附近）→那霸港（又名濠灞、豪霸，均为 Naba 之音译，位琉球首里西 10 里，那霸江入海处）。

嘉靖四十年（1561 年）五月，明朝政府命郭汝霖出使琉球，册封琉球国中山王世子尚元为王，归国后与副使李际春合撰《琉球奉使录》，其中记其至琉球航路为：

长乐(今福建省长乐县)→厂石→梅花(即梅花千户所,明时设,位于福建闽江口,属镇东卫,屯军防海)→东涌(今东引列岛,位福建闽江口外,马祖列岛东北海上)→小琉球→黄茅(即黄毛屿)→钓鱼屿→赤屿→姑米山→土纳巳山(今琉球的渡名喜[Tonak]岛)→小古米山(又名奥武岛,为久米岛属岛之一)→那霸港。

明神宗万历七年(1579年)五月,明朝政府命肖崇业出使琉球,册封琉球国中山王世子尚永为王,归国后与副使谢杰合撰《奉使琉球录》,其中记其至琉球航路:

长乐→闽安镇(位福建闽江口北,闽侯县东10里)→梅花所(即梅花千户所)→叶壁山(即熟壁山)→北山(即今七岛[口岛、中岛、诹访濑岛、恶石岛、卧岛、平岛、宝岛],位于琉球最东北,与日本相接界)→那霸港。

万历三十四年(1606年)五月,明朝政府命夏子阳出使琉球,册封琉球国中山王世子尚宁为王,归国后与副使王士桢撰《奉使琉球录》,其中记其至琉球航路为:

长乐→厂石→梅花所→东沙山(即东沙岛,在闽江口外白犬列岛东南)→鸡笼屿(今台湾基隆岛)→小琉球→平佳山(即平嘉山)→花缾屿(又名花瓶屿、花左石右千屿,位台湾基隆港口外东北海上,与彭加、绵花两屿同为由福建或台湾至琉球的必经之地,自此东航是钓鱼岛,东南为先岛群岛)→钓鱼屿→黄尾屿→古米山→那奇山(又名度那奇山,位古米山附近)→琉球山(指那霸港外40里处之一小岛屿)→那霸港。

以上《奉使琉球录》诸书对自琉球返回的航路记载过于简略,或仅记沿途经历,故而无从据以记述。原来明代遣往琉球进行册封的诸位使节,除详述自福建至琉球间的航海日记外,还绘有标注航行针路的"琉球过海图",现多阙失,仅能看到万历年间肖崇业和夏子阳奉使琉球所绘"琉球过海图"上所标注的航行针路如下:

第一,肖崇业"琉球过海图"针路:

梅花头正南风,东沙山,船用单辰六更。(册封船从闽江口梅花千户所启碇出海,风向正值南风,风顺行速,不久即至东沙山。船继续航行,风向不变,航向取东南偏东120度,行程360里,或航行15时)

船又用辰巽针,二更,船取小琉球头。(船又由东南偏东向东南行,航向取127度半,行程120里,或航行5时,船至小琉球头)

乙卯针,四更,船彭佳山。(船从小琉球头继续前进,由东偏南向正东行,航向取97度半,行程240里,或航行10时,船至彭佳山)

单卯针,十更,船取钓鱼屿。(船从彭佳山继续航行,航向取正东60度,行程600里,或航行1昼夜,船至钓鱼屿)

又用乙卯针，四更，船取黄犀屿。（船从钓鱼屿继续前进，由东偏南向正东行，航向取 97 度半，行程 240 里，或航行 10 时，船至黄犀屿）

又用单卯针，五更，船取赤屿。（船从黄犀屿继续航行，航向取正东 90 度，行程 300 里，或航行 12 时，船至赤屿）

用单卯针，五更，船取古米山。（船航向不变，从赤屿继续航行 300 里，或 12 时，船至古米山）

又乙卯针，六更，船取马齿山，直到琉球大吉。（船从古米山继续前进，由东偏南向正东行，航向取 97 度半，行程 360 里，或航行 14 时半，船至马齿山〔即琉球那霸西海上的庆良间群岛〕，然后继续航行，即平安抵达琉球国）

第二，夏子阳"琉球过海图"针路：

梅花头开洋，过白犬屿，又取东沙屿。（册封船从闽江口梅花千户所起航出海，经白犬屿，航至东沙屿）

丁上风，用辰巽针，八更，船取小琉球。（船从东沙屿继续航行，时吹南偏西风，船由东南偏东向东南行，航向取 127 度半，行程 480 里，或航行 19 时，船至小琉球）

未上风，乙卯针，二更，船取鸡笼。（船从小琉球继续航行，时吹西南偏南风，船由东偏南向正东行，航向取 97 度半，行程 120 里，或航行 5 时，船至鸡笼山）

申酉上风，用甲卯针，四更，船取彭佳山。（船从鸡笼山继续航行，时风向由西南偏西转为正西风，船由东偏南向正东行，航向取 82 度半，行程 240 里，或航行 10 时，船至彭佳山）

亥上风，用乙卯针，三更船，未上风，用乙卯针，三更，船取花瓶屿。（船从彭佳山继续航行，时吹北偏西风，船由东偏南向正东行，航向取 97 度半，行程 180 里，或航行 7 时半，时风向转为西南偏南，船航向不变，再航行 180 里，或 7 时半，船至花瓶屿）

丁未上风，用乙卯针，四更，船取钓鱼屿。（船从花瓶屿继续航行，时风向由南偏西转向西南偏南，船仍由东偏南向正东行，航向取 97 度半，行程 240 里，或航行 10 时，船至钓鱼屿）

丙午上风，用乙卯针，四更，船取黄尾屿。（船从钓鱼屿继续航行，时风向由南偏东转为正南风，船仍由东偏南向正东行，航向取 97 度半，行程 240 里，或航行 10 时，船至黄尾屿）

丙上风，用乙卯针，七更船，丁上风，辰巽针，一更，船取古米山。（船从黄尾屿继续航行，时风向为正南风，船仍由东偏南向正东行，航向取 97 度半，行程 420 里，或航行 17 时半，时吹南偏西风，船改由东南偏东向东南行，航向取 127 度半，行程 60 里，或航行 2 时半，船至古米山）

又辰巽针,六更,船取士那奇、翁居里山。(船从古米山继续航行,航向不变,行程360里,或航行17时,船至士那奇翁居里山)

又辰巽针,一更,船取马齿山,直到琉球那霸港大吉。(船从士那奇翁居里山继续航行,航向不变,行程60里,或航行2时半,船至马齿山,然后直航琉球国,平安抵达那霸港)

在《顺风相送》和《指南正法》两种海道针经,以及明代郑若曾所撰《日本图纂》和华裔琉球人程顺则所撰《指南广义》中,皆记有由福建至琉球国针路,与上述针路大同小异,兹不赘述。在《顺风相送》和《指南正法》中,还记有自琉球回福建针路如下:

第一,《顺风相送》琉球回福建针路:

港口用坤申,一更半,平古巴山、是麻山。(自琉球港口起航,由西南向西南偏西行,航向取217度半,行程90里,或航行近4时,船傍古巴山[即马齿山]、是麻山[这里"是麻山"应作"麻山",为与琉球那霸西的庆良间列岛相邻小岛]而过)

用辛酉四更半,用辰戌(按:原本辰戌不合罗经定位之理,照这段航路的情形看,应以"辛戌"为是)十二更、单乾四更、单辛五更、辛酉十六更认是东路山,望下势便是南犯,坤未三更半台山,三更是乌麻山,坤针见官塘。(船由南偏北向正西行,航向取277度半,行程270里,或航行11时多,再改由南偏北向西北偏西[辛戌]行,航向取292度半,行程720里,或航行1天零5时,再改向西北行,航向取315度,行程240里,或航行10时,再改取南偏北285度的航向,行程300里,或航行12时半,再改由南偏北向向正西行,行程960里,或航行40时,以东航海路诸望山认作航行针路指标,若不是在去琉球航路之北航行便是"南犯";船再改由西南向西南偏西行,航向取217度半,行程210里,或航行近9时,便可抵达台山[在浙江省金乡海上南麂岛之南];船航向不变,再航行180里,或7时半,便至乌麻山[或即今大嵛山、小嵛山],再改取西南225度的航向行驶,便可见官塘[今闽江口外马祖列岛])

五更平官塘,取定海千户所前抛为妙。

第二,《指南正法》琉球回福州针路:

琉球问舡,用单申一更取包而是麻山。(船从琉球港口返航,取西南偏西240度的航向,行程60里,或航行2时半,船至包而是麻山[即麻山])

用辛酉取枯美山。(船再改由南偏北向正西行,航向取277度半,船趋向枯美山[即冲绳群岛中的久米岛]驶去)

用辛酉四更,又用辛戌十五更、单酉十九更,又用辛酉十五更取南麂山。(船航向不变,行驶240里,或10时,再改由南偏北向西北偏西行,航向取292度半,行程900里,或航行1天半;再改取正西270度的航向,行程1140里,或航行 1 昼夜又 21 时半;再改由南偏北向正西行,航向取 277 度半,行程 900 里,或航行 1 天半,船可航至南麂山)。

坤未三更取台山,用坤未三更取霜山,用单坤取官塘,收入定海千户所。(船从南麂山继续航行,改由西南向西南偏南行,航向取 217 度半,行程 180 里,或航行 7 时半,船可抵达台山;船航向不变,再航行 180 里,或 7 时半,便可到达霜山[又作桑山,有东、西、南、山四霜,并为今图的四霜岛,在福建省霞浦烽火门外,遥对间峡];船再改取西南 225 度的航向趋向官塘驶去,最后在定海千户所安泊)

自琉球返回福建,因为要乘冬季东北风航行,所以航路选在赴琉球航路之北,先以浙江温州海岸诸山为望山,然后沿浙、闽海岸南航,以闽江口北岸的定海千户所为航路终点。

三　中国东南沿海与日本之间的航路

明代中后期,随着中国与琉球间航路的发展,又开辟了由福建经琉球到日本的新航路,在《顺风相送》、郑若曾《日本图纂》等史籍中,皆记载有由福建经琉球往日本的针路。据《顺风相送》,这条航路从福建太武山起航,到达琉球国那霸港后,再取南偏西 195 度的航向,航行 240 里,从椅山(琉球冲绳群岛中的伊江岛)外边航过,再改取北偏东 15 度的航向,航行 150 里,至叶壁山(冲绳群岛中的伊平屋岛);又保持原航向行驶 240 里,至流横山(即今奄美群岛中的冲永良部岛);然后改由北偏东向东北偏北行,航向取 22 度半,行驶 300 里,至田家地(亦作田家山,即琉球北奄美大岛中的德之岛);又保持原航向行驶 210 里,至万者通七岛山(琉球奄美大岛北的宝七岛);再改取东北偏东 60 度的航向,行驶 300 里,船从野故山(又作野古岛,即奄美大岛北的屋久岛)内边航过;再改取东北 45 度的航向,行驶 150 里,至但尔山(又作旦午山),又保持原航向行驶 240 里,至西甫山(一作亚甫山,或即日本大隅佐多岬的大泊),再改取东北偏东 60 度的航向,行驶 600 里,至哑慈子里美山(或即日本四国东南部的足摺岬);再由此取东北 45 度的航向,行驶 120 里,然后改取东北偏东 60 度的航向,行驶 180 里,至沿度奴乌佳眉山(即日本四国东南部的八阪八滨);再改取北偏东 15 度的航向,行驶 180 里,然后又向正北航行 60 里,至是麻山(即日本纪伊水道西边的伊岛),船从此山南边名为长礁的沉礁的东边航过。船在此地取东北偏北 30 度的航向,航行 60 里,是正常的航路。然后再向正北航行 240 里,至大山门(应为大门山,即今纪伊水道以北的淡路岛),船傍西边门驶过,再取东北偏北 30 度的航向,行驶 180 里,便抵达兵库港(今兵库县神户港)。当时从琉球驶往日本的航路,与此大致相同。由于从福建经琉球到日本的航路要经过台湾,于是由台湾到日本的航路从中就开辟出来。

16 世纪以后,中国与日本间的海上交通日益频繁,从福建和浙江两省到日本的航线也随之逐渐增多。除上述由福建泉州、长乐(五虎门)经琉球到日本的航路外,由中国东南沿海港口直航日本的航路主要有下列各线:

1. 浙江诸港

(1)自温州至长崎

温州开船,用单甲五更(取东偏南 75 度的航向行 300 里),用甲寅六更(由东偏南向东北偏东行,航向取 67 度半,航行 360 里),用单寅二十更(取东北偏东 60 度的航向行 1200 里),用艮寅十五更(由东北向东北偏东行,航向取 52 度半,航行 900 里),取日本山(据针路当是至长崎)。(《指南正法·温州往日本针路》)

(2)自凤尾(在浙江定海南,急水门东)至长崎

出港西南风,用甲寅五更(由东偏南向东北偏东行,航向取 67 度半,航行 300 里)、单寅六更(取东北偏东 60 度的航向行 360 里)、艮寅二更(由东北向东北偏东行,航向取 52 度半,航行 120 里)、艮寅十八更(按原航向再行 1080 里)、单寅八更见里慎马(取东北偏东 60 度的航向行 480 里,可见里慎马,即日本长崎港外的女岛)、甲寅七更收入港(由东偏南向东北偏东行,航向取 67 度半,航行 420 里,抵达长崎港)。(《指南正法·凤尾往长岐》)

(3)自宁波至长崎

普陀放洋,用单卯十四更(取正东 90 度的航向行 840 里),又用单卯十更(仍向正东行 600 里),又用甲寅八更(又由东偏南向东北偏东行,航向取 67 度半,航行 480 里),又用单甲八更见天堂(又取东偏南 75 度的航向行 480 里,便可见天堂[即日本天草港,在长崎港南]),收入长岐。(《指南正法·宁波往日本针》)

(4)自长崎回宁波

五岛(长崎港外的五岛列岛)开舡,用坤申七更(由西南向西南偏西行,航向取 217 度半,航行 420 里),用庚申十五更(由西偏南向西南偏西行,航向取 247 度半,航行 900 里),用单庚及更酉二十五更收入宁波是也(先取西偏南 255 度的航向,再由西偏南向正西行,航向取 262 度半,共航行 1500 里,便抵达宁波)。(《指南正法·日本回宁波针路》)

(5)自普陀往长岐

放洋南风,用甲寅十更(由东偏南向东北偏东行,航向取 67 度半,航行 600 里)、单寅十更(取东北偏东 60 度的航向行 600 里)、甲寅三更见里甚马(由东偏南向东北偏东行,航向取 67 度半,航行 180 里,便可见里甚马[即里慎马])、艮寅七更收入妙也(由东北向东北偏东行,航向取 52 度半,航行 420 里,便到长崎港安泊)。(《指南正法·普陀往长岐》)

（6）自尽山（即嵊泗列岛的陈钱岛）至长崎

开舡北风，用单寅十五更（取东北偏东 60 度的航向行 900 里），艮寅九更取五岛，由东北向东北偏东行，航向取 52 度半，航行 540 里，便可至五岛（长崎港外的五岛列岛），单寅五更收入港可也（取东北偏东 60 度的航向行 300 里，便抵长崎港安泊）。（《指南正法·尽山往长岐》）

2. 福建诸港

（1）自厦门至长崎

大担（福建金门岛附近的大担岛）开舡，用甲卯离山（由东偏南向正东行，航向取 82 度半，驶离大担岛）。用艮寅七更取乌坵，内是湄州妈祖，往祭献（由东北向东北偏东行，航向取 52 度半，航行 420 里，至乌坵，即乌坵屿，在福建湄州岛东，那儿湄州岛上有海神妈祖庙，往湄州岛祭献妈祖）。用艮寅及单寅七更取鸡笼头（先保持原航向，然后再取东北偏东 60 度的航向，共航行 420 里，至鸡笼头，即今台湾基隆）。用艮寅二十更，取单寅下十五更，单艮上十五更，取天堂（由东北向东北偏东行，航向取 52 度半，航行 1200 里；再取东北偏东 60 度的航向，航行不到 900 里；然后取东北 45 度的航向，航行 900 多里，便可至天堂，即天草港）。用子癸并壬亥收入港（由正北向北偏东行，航向取 7 度半，又由北偏西向西北偏北行，航向取 337 度半，船驶入长崎港安泊）。（《指南正法·厦门往长岐》）

（2）自沙埕（在今福建福鼎县沙埕港口北）至长崎

开舡南风，用甲寅四更离山（由东偏南向东北偏东行，航向取 67 度半，航行 240 里，离开岛屿而行）。单寅七更、艮寅二十二更、单寅八更，见里慎马南过（取东北偏东 60 度的航向行 420 里；又由东北向东北偏东行，航向取 52 度半，航行 1320 里；再取东北偏东 60 度的航向行 480 里，船从里甚马南边航过）。艮寅七更收入妙也（又由东北向东北偏东行，航向取 52 度半，航行 420 里，船驶入长岐港安泊）。（《指南正法·沙埕往长岐》）

以上由浙江、福建诸港驶往日本长崎港的 7 条航路，以自尽山至长崎的航路最短，全程 29 更，计航行 1740 里，或 2 昼夜又 21 个半小时。其次为自普陀至长崎的航路，全程 30 更，计航行 1800 里，或 3 昼夜。再次为自宁波至长崎的航路，全程 40 更，计航行 2400 里，或 4 昼夜。再次为自温州至长崎和自凤尾至长崎的航路，两条航路全程都是 40 更，计航行 2160 里，或 4 昼夜又 15 小时。再次为自沙埕至长崎的航路，全程 48 更，计航行 2880 里，或 4 昼夜又 20 小时。至于自厦门至长崎的航路，因为要经过台湾，路途最远，全程 64 更，计航行 3840 里，或 9 昼夜又 10 小时，自长崎回宁波的航路，全程 47 更，计航行 2820 里，或 4 昼夜又 17 个半小时。唐宋以来，中日之间的航路，取道南路，如较好地利用季节风，一般 3 昼夜以至 6—7 昼夜，便能横渡东中国海而达彼岸，而以航行 6—7 昼夜者居多。上述各条航路，需时一般 3 昼夜以至 4—5 昼夜，驶完全程所需时日相对来说是较少的。明代中后期中日之间航路的发展，是当时"东洋"航路获得较大发展的又一重要标志，从一个侧面反映出明清时代海上航路发展的趋势。

四　明清时代的国内近海航线

明清时代，国内沿海航路也获得了一定的发展。章巽先生曾发现一册清代航海地图①，其编成的时间大约在雍正（1723—1735 年）末年，即 18 世纪初期，从中可以考见鸦片战争以前清代民间帆船的近海航行路线，按地段大体可分为以下 5 条航路。

1. 自辽东湾北部至山东成山角

锦州→葫芦岛→菊花岛→山海关→天津→庙岛列岛→成山角。

或：

金州（金县）→旅顺口→老铁山→隍城岛→大小钦岛→砣矶岛→侯鸡岛→高山岛→大小黑山岛（自此有航线西通天津）→大小竹岛→长山岛→庙岛→登州（蓬莱）→芝罘岛→威海卫→刘公岛→成山角。

2. 自成山角至茶山

成山角→里岛→马头嘴→苏山岛→乳山寨→大嵩卫→崂山→灵山卫→水灵山岛→云台山（由此转入离岸较远的深海，再向南直航）→茶山（佘山位于长江口外）。

3. 自茶山至台山岛

茶山→花鸟山→尽山（陈钱山）→两广山（狼冈山）→外甩山→东福山→普陀山→朱家尖→韭山群岛→渔山→东矶岛→台州港口→石堂（松门山）→大小鹿山→温州港口→南北麂山→台山岛（位于浙闽交界海面）。

4. 自台山岛至兄弟岛

台山岛→四霜岛→东引岛→牛山岛→乌丘屿→湄州岛→大峃角→崇武城→泉州港口→永宁→宝盖山姑嫂塔→深沪→围头湾→北太武山→厦门→南碇岛→南太武山→东山岛→古雷头→兄弟岛（位于闽粤交界海面）。

5. 自兄弟岛至南亭门

兄弟岛→南澳→南澎岛→赤澳→甲子港口→田尾角→大星山→南亭门（位于珠江口外）。

我国现存的重要航海史籍和古航海图中，成书于明永乐九年至十三年（1411—1415 年）的《海道经》，记载了北起辽东半岛，南至闽江口的航路；《郑

---

①　这册航海地图的影印本及注释，见章巽：《古航海图考释》，海洋出版社 1980 年版。

和航海图》国内部分则记录了北起长江口,南至独猪山(今海南岛万宁县东南海上的大洲岛)的航路;它们所记录的沿海航路,都比这册航海图所记录的航路要短。若就包括我国从北到南的沿海航路而论,我国现存航海史籍和古航海图中,数这册航海图记录范围最为广大。因此,可以把这册古航海图中所记录的沿海航路,看成是对我国古代沿海航路的发展,作了一个很好的总结。

第三节　明清时期的造船业[①]

一　明代造船业的繁盛与衰败

明初郑和七下西洋的盛事,把中国传统造船技术推进到空前的繁盛时期。以郑和宝船队为代表,中国造船业体现出船型巨大、设备完善、航海组织严密有序的特点。在明代还出现了《南船记》、《龙江船厂志》、《漕船记》、《筹海图编》、《武备志》等一系列有关造船的著作,表明中国传统造船技术及其船舶已达到鼎盛时期。不过,明朝的海禁政策使发达的中国造船业迅速衰败下来。

(一)郑和宝船

明初造船的突出成就是打造出世界上最大的木帆船——郑和航海所乘的宝船。郑和船队的大小船舶,都统称之为宝船。郑和所乘坐的一号宝船,"长四十四丈四尺,阔一十八丈"[②]。前设立 9 桅[③],张 12 帆[④],"体势巍然,巨无与比,篷帆锚舵,非二三百人莫能举动"[⑤]。明尺比现代市尺稍小,1 尺相当于31.1 厘米。[⑥] 以此推算,一号宝船长 138 米,宽 56 米。其长宽比为 69:28。

郑和航海所用船只有若干等级,除一号宝船外,下面介绍四种:

二号马船,即《瀛涯胜览》所云之中等宝船,"长三十七丈,阔一十五丈"[⑦],立 8 桅[⑧]。长宽比与一号宝船同,亦为 37:15。

---

① 此部分内容主要参见席龙飞:《中国造船史》,湖北教育出版社 2000 年版;王冠倬:《中国古船图谱》,三联书店 2000 年版。
② 《星槎胜览校注》占城国注引明钞说集本《瀛涯胜览》。
③ 《三宝太监下西洋记》。
④ 《星槎胜览校注》占城国。
⑤ 《西洋番国志》自序。
⑥ 吴承洛:《中国度量衡史》第二章第二节表十二,商务印书馆 1956 年版。
⑦ 《星槎胜览校注》占城国注引明钞说集本《瀛涯胜览》。
⑧ 《三宝太监下西洋记》。

三号粮船，长 28 丈，宽 12 丈，7 桅，①长宽比为 7∶3。

四号座船：长 24 丈，宽 9.4 丈，6 桅，②长宽比 12∶5.7。

五号战船：长 18 丈，宽 6.8 丈，5 桅。③ 长宽比 9∶3.4。

一号宝船之大确实前所未有，其排水量是多少？中国古代测量船舶长度与宽度有两种方法。一种是特作注明的"实数法"："其量船之法，但从中"，"身长则前至艎门下，后至舵楼。梁内阔则上丈走风梁上面，两旁除去栏河，方为实数"④。这与现代测量船体以该船吃水线所在部位的长与宽为准是比较接近的。另一种是"虚数法"，所谓长是通长，宽是通宽。在古文献中，如无特意说明，一般是用"虚数法"。此法所述船体长宽尺寸实际上包含船体水线以上部位的尺寸在内，依此计算出来的排水量，必然大于该船的实际排水量。一号宝船的记法亦为"虚数法"。有的学者在去除部分虚数后，计算得出一号宝船的排水量在 15000 吨左右，载重量超过 7000 吨。⑤

一号宝船如此巨大，史书所记尺寸是否可信？换言之，明初能否造出长达 44.4 丈的大船？宝船宽 18 丈，长宽比仅为 2.466，是不是太宽了？先说长度。北宋初年浙江所造龙舟长 20 余丈，宋徽宗时出使高丽的"神舟"其长超过 30 丈，南宋初年为镇压杨幺起义而造的车船大者长 36 丈。前代已奠定了基础，以明初财力、物力、技术而言，打造特长宝船并非难事。再论宽度。唐初剑南道所造海船"大者或长百尺，其广半之"；北宋岳州万石船"形制圆短，如三间大屋"；朱彧在广州见到的北宋海船"方正如一木斛"。上述三例，船体均为短阔型，其长宽比为 2 或小于 3。造船时必须同时兼顾速度与安全两个因素。古代用木材造船，其抗御力不很强；同时帆船行驶，靠侧风及尾部来的风力，船体宽则相对平稳。在速度与安全难以两全时，只能偏重一方。战船以快速灵活为要旨，所以在安全允许的范围内造得瘦长些，其长宽比值大；客船、货船偏重于安全，所以在不过分影响航速的情况下造得短阔些，其长宽比值小。⑥ 庄为玑、庄景辉在《郑和宝船尺度的探索》中认为："经过了从唐代的十八丈海船，到宋代三十丈神舟这样一个漫长的生产实践过程，在明初特定的历史条件下，宝船的出现是符合事物发展规律的。即使把郑和宝船推到世界造船史方面来看，也不能否定它的存在。因为在整个中世纪，我国造船技术在世界上居于先

---

① 《三宝太监下西洋记》。

② 《三宝太监下西洋记》。

③ 《三宝太监下西洋记》。

④ 万历三十五年刊《温州府志》卷六战船。

⑤ 席龙飞：《世界航海史上的伟大先驱——郑和》（会议论文，未刊）。

⑥ 王冠倬：《中国古船图谱》，三联书店 2000 年版，第 170—173 页。

进地位。"①

1.郑和宝船尺度和船数的文献依据

记录郑和下西洋人数、宝船尺度和船数的文献首推《明史·郑和传》。《明史》为清代张廷玉等撰,刊于乾隆四年(1739年)。《明史》所记确是永乐三年(1405年)第一次下西洋的盛况。

第2种文献是《国榷》,这是编年体的明代史。书中所记仍是第一次下西洋的情况:宝船63艘,大者长44丈,阔18丈;次者长37丈,阔15丈。下西洋官兵人数记为27870人。② 其编撰者谈迁自明天启元年(1621年)起,花费30余年时间,到清顺治十三年(1656年)始告完成。原书在清代未经刊行,向来自有抄本,故未经清人窜改,史料价值较高,直到1958年才正式出版。

第3种文献是《瀛涯胜览》③,作者马欢是下西洋随行翻译,曾于第四、第六、第七次三次随行。该书撰于明永乐十四年(1416年),其中卷首载:"宝船六十三号,大者长四十四丈四尺,阔一十八丈;中者长三十七丈,阔一十五丈。"下洋官兵人数为27670名。所记当然是第四次下西洋情况。

第4种文献是《三宝征彝集》。《天一阁书目》曾著录,法国著名汉学家伯希和也竟然未敢确定其是《瀛涯胜览》的别本。④ 我国著名海外交通史学家冯承钧生前也只闻其名而未睹其书。1935年他在《郑和下西洋考》序中写道:"这部孤本《三宝征彝集》现在或尚存在,若能取以校勘纪录汇编本,必更有所发明。"⑤可喜的是,1983年春在九江市召开的郑和下西洋学术讨论会上,山东大学一位攻读中西交通史硕士学位的青年学者邱克⑥,报告了他在北京图书馆见到了这个海内孤本,不仅证实了这是《瀛涯胜览》的早期抄本,更以复印件披露了所载宝船数、尺度、下洋官兵数,全用会计数字大写。这就排除了各种数字在传抄中产生讹舛的可能性。这当是20世纪80年代郑和研究中的重大收获之一。

第5种文献是《客座赘语》,载有:"宝船共六十三号,大船长四十四丈四尺,阔一十八丈;中船长三十七丈,阔一十五丈。"⑦该书作者为明末顾起元

第
四
章

明
清
时
期
的
航
海
与
造
船
业

① 庄为玑、庄景辉:《郑和宝船尺度的探索》,《海交史研究》1983年第5期;《郑和下西洋论文集》第一辑,人民交通出版社1985年版,第75页。
② (清)谈迁撰,张宗祥校点:《国榷》卷十三"永乐三年"条,上海古籍出版社1958年版,第953—954页。
③ 马欢著,冯承钧校注:《瀛涯胜览》,商务印书馆1935年版。
④ 〔法〕伯希和:《郑和下西洋考》,冯承钧译,商务印书馆1935年版。
⑤ 冯承钧:《伯希和撰郑和下西洋考序》(1935),《郑和研究资料选编》,人民交通出版社1985年版,第57—58页。
⑥ 邱克:《谈明史所载郑和宝船尺寸的可靠性》,《文史哲》1984年第3期,第10—12页。
⑦ 郑鹤声、郑一钧编:《郑和下西洋资料汇编》(上册),齐鲁书社1980年版,第219页。

(1565—1628)。顾原籍江苏昆山,与四度随行下西洋并著有《星槎胜览》的费信是同乡。顾的著作引费信的行纪及乡里传闻乃意中之事,不过从所记宝船尺度看却与《瀛涯胜览》相同。

第6种文献是明末罗懋登所撰小说《西洋记》。[①] 该书成于明万历二十五年(1597年),虽为文学著作,但古今学者均普遍认为对考订郑和宝船有学术价值。冯承钧写道:"《西洋记》所采《瀛涯胜览》之文可资参证者不少,未可以为小说而轻之也。"[②]"向觉明从前也曾取《西洋记》所载古里国的碑文,来校订《瀛涯胜览》古里条所载碑文的错误。"[③]《西洋记》第十五回详细记有宝船9桅、马船8桅、粮船7桅、坐船6桅、战船5桅并各种船型长、阔尺寸。

第7种文献是《郑和家谱》,可参见李士厚撰《郑和家谱考释》。[④]《郑知家谱》载:"公和三使西洋"。所指为第一、三、七次,对二、四、六这三次都缺如。对宝船则记有:"拔舡六十三号,大船长四十四丈,阔一十八丈;中船长三十七丈,阔一十五丈。"

7种文献所记下西洋的哪一次以及所到达的国家,皆各不相同,概可证明其资料来源各异。但是,最大宝船的尺度均为长44丈或44.4丈,宽18丈,人数和船数也相差不大。据此可以认为郑和宝船的尺度和船数的文献依据是充分的、可信的。

2. 郑和宝船尺度的文物依据

郑和宝船的船长与船宽的比值很小,如前述只有2.33—2.4666。这常常引起研究者产生各种疑窦。有人以俗语的"长船短马"为例,诘问郑和宝船何以这样短而肥宽?!自从1975年出土了泉州宋代海船、1978年出土了宁波宋代海船和1976—1984年在韩国新安郡海底发掘出一艘中国元代海船之后,人们的疑窦被解开了,因为这三艘宋、元时代的中国古船其长宽比都是很小的。可以说郑和宝船的长宽比值有了充分的文物例证。[⑤]

3. 郑和宝船的船型与建造地点

郑和宝船属何种船型? 究竟建于何地? 这是宝船研究中的重大问题,也是经常引起争议的问题。

郑和船队庞大,其船均由朝廷下令督办,在全国各地建造。《明成祖实录》卷一九至卷一一四,记载了永乐元年至十七年(1403—1419年)之间新建与改

---

① (明)罗懋登:《西洋记》第一五回,岳麓书社1994年版,第104页。

② 冯承钧:《瀛涯胜览校注序》(1934),《郑和研究资料选编》,人民交通出版社1985年版,第62页。

③ 冯承钧:《伯希和撰郑和下西洋考序》(1934),《郑和研究资料选编》,人民交通出版社1985年版,第60页。

④ 李士厚:《郑和家谱考释》,1937年自刊本,同年有云南正中书局版本。

⑤ 席龙飞:《中国造船史》,湖北教育出版社2000年版,第260—268页。

建海船的翔实资料①,1982年有学者席龙飞在撰写《试论郑和宝船》②时曾根据《明成祖实录》的记载列出这一期间的建造与改造海船统计表。

为组建下西洋船队,明代曾采取了新建与改建相结合的方针,还将造船任务分配到全国各造船中心。所以,船舶类型必然是多样的。

在第一次出使西洋的永乐三年(1405年)六月之前,《明实录》记有五次大规模造船活动。除"永乐元年五月辛巳,命福建都司造海船百三十七艘"之外,更有"永乐二年正月癸亥,将遣使西洋诸国,命福建造船五艘"的记载。可见福建这个宋元以来的造船中心,对建造郑和宝船具有重要地位。当然,浙江等其他造船中心,也共同承担了任务。宋代徐兢在报告他出使高丽之行时记有:"旧例每因朝廷遣使,先期委福建、两浙监司顾募客舟。"看来明代仍是援引旧例。

如果考察郑和出使的航线和基地港,则可知福建更有重要地位。元、明两代向北京、辽东一线的海运,太仓作为基地港具有重要作用。对郑和出使西洋,太仓的重要性则有所变化。例如《西洋朝贡典录》在自序中记有:"西洋之迹,著自郑和。……命和为使,二以侯显;妙择译人马欢辈从之行,总率巨艑百艘,发自福州五虎门,维艄挂席,际天而行。"

据费信的《星槎胜览》和马欢的《瀛涯胜览》:永乐七年(1409年)第三次出使是,九月自太仓刘家港开船,十月到福建长乐太平港停泊,十二月于福建五虎门开洋;永乐十一年(1413年)第四次出使是,自福建福州府长乐县五虎门开船。

第五次奉使的日期,据《郑和航海图考》③,是永乐十四年(1416年)十二月丁卯;据《郑和遗事汇编》④,也是永乐十四年十二月十日。然而翌年(即永乐十五年,1417年)五月十六日,郑和却在泉州郊外灵山的"伊斯兰教圣墓"行香并有刻石为记。郑和行香碑今仍存于圣墓,文曰:

> 钦差总兵太监郑和前往西洋忽鲁谟斯等国公干永乐十五年五月十六日于此行香望灵圣庇佑镇抚蒲和日记立。

考察现存于福建长乐的由郑和亲自立于"宣德六年岁次辛亥仲冬吉日"的《天妃灵应之记》碑,第五次出使是永乐十五年。⑤ 合理的解释是,郑和一行是

---

① 郑鹤声、郑一钧:《郑和下西洋资料汇编》上册,齐鲁书社1980年版,第199—201页。
② 席龙飞、何国卫:《试论郑和宝船》,《武汉水运工程学院学报》1983年第3期;收入《郑和下西洋论文集》第一辑,人民交通出版社1985年版,第99页。
③ 范文涛:《郑和航海图考》,商务印书馆1934年版。
④ 郑鹤声:《郑和遗事汇编》,中华书局1947年版。
⑤ 萨士武:《考证郑和下西洋年岁之又一史料——长乐"天妃灵应碑"拓片》(1936),《郑和研究资料选编》,人民交通出版社1985年版,第104页。

在永乐十四年冬由江苏出发,在福建长乐和泉州一带集中修整待发近一年之久。当时造船技术先进的福建,又处于开洋港地位,较多地承担宝船的建造任务,当在情理之中。

福建的造船业,在宋、元两代的基础上,到明代更有所发展。《明史·琉球传》记有:"赐闽中舟工三十六户,以便贡使往来。"明代出使琉球使臣的座船称封舟,都是福建建造的。封舟比较讲求实效,采取封闭式舱室,舱口与船面平,缘梯上下。其虽不雅于美观,然而实可以济险。不像宋代的客舟、神舟,明知海上航行船体不应过高,只是为了装潢和排场反而加很高的上层建筑,这常常引起船员们的反对。客舟条记有"舟人极畏桥高,以其拒风不若仍旧为便也",正是针对此事。

关于宝船的船型,当然离不开三大船型:广船、福船和沙船。鸟船只是福船的第5号船型,不能独树一帜。广船,是适于远洋航行的船型,以其折扇形帆常给海洋添美景,以其采用铁力木做龙骨和舵杆而具高强度,作为战船,有时为福船所不及。然而因取材的严格常"难以为继",限制了其发展。由上述永乐元年至十七年(1403—1419年)建造海船统计表来看,未见在两广造船,湖广在明代时是指湖北、湖南。所以广船在宝船队中即使有也只能是少数。

宝船队中的船型居多者当为福船和沙船。然而众所周知,沙船采用平底且吃水浅,适于广布沙洲的北洋航线,但难以破深海之大浪。福船为尖底深吃水的船型,"上平如衡,下侧如刃,贵其可以破浪而行也"。明代天启辛酉年(1621年)的著作《武备志》以两卷的篇幅综述各种船型、船舶的优劣。该书取材广博,常对各种船型进行对比。在介绍沙船时特别写道:

> 沙船能调戗使斗风,然惟便于北洋,而不便于南洋。北洋浅、南岸(洋)深也。沙船底平,不能破深水之大浪也。

康熙《崇明县志》载:"永乐二十二年(1424年)八月,诏下西洋诸船悉停止。船大难进浏河,复泊崇明。"由此可见,尽管浏河北岸的太仓是造船基地之一,也为下西洋船队造过船,但是郑和的大型宝船却肯定不是在浏河北岸的太仓建造的。

综合上述各项,可以归纳为如下几点:

第一,自宋元以迄明代,福建都是全国著名的造船中心,特别是出国使臣乘坐的官船多选取福建的船型——福船;

第二,据《明成祖实录》,有"将遣使西洋,命福建造海船五艘"的记载;

第三,据《明史》、《瀛涯胜览》、《郑和家谱》等一系列文献的记载,宝船、马船等各船型的长宽比率均很小,约为2.3和2.46,为在泉州、宁波、韩国新安海底出土的诸尖底海船的实物所证实。长宽比如此之小的船型当肯定不是沙船,因为沙船的长宽比率为3.6—5.1。

第四,郑和宝船队是驶向南洋以及经印度洋去波斯湾和非洲东岸广深海域的,宝船的船型当然会选择适于深海航行的尖底、深吃水、长宽比小但却非常瘦削的船型。这种优秀船型非福船莫属。

根据上述四点,应当确信郑和船队中堪称为旗舰的大型宝船应是福船舶型。船队中有许多船是在苏州、湖广、江西、安徽等长江一线建造的,其中也会有一些沙船型的船舶,但只能是处于辅助地位。

(二)三大官船厂①

1. 从宝船厂到龙江船厂

明代官船厂遍布全国,沿海及内地若干地方均可造船。在众多船厂中,宝船厂、龙江船厂、清江船厂、卫河船厂尤为重要。

宝船厂是明代最早创建的官船厂。"洪武初,即都城西北隅空地开厂造船"②,"永乐五年造海运船二百四十九只,各使西洋诸国"。因系"入海取宝",故名为宝船厂。③ 宝船厂的范围是:"其地东抵城濠,西抵秦淮街军民塘地,西北抵仪凤门第一厢民住官廊房基地,阔一百三十八丈;南抵留守右卫军营基地,北抵南京兵部苜蓿地及彭城伯张口田,深三百五十四丈。"④其旧址在今南京西北郊挹江门和汉中门之间的三汊河一带。面对长江,背依城墙,规模宏大。郑和船队的部分船只,就是在这里打造的。实地调查,船厂南北长 1000 米,东西宽 500 米;东至城墙,西临长江,北抵三汊河,南至中保村,占地约 800 亩。现在此处还保留着"头作塘"、"二作塘"顺序至"六作塘"的地名。这些作塘就是长方形的水塘,分为两列,排在一条轴线的两侧,它们应是当时造船、修船的场所。因年代久远受到不同程度的淤积,6 个作塘存留的面积有大有小,最大的长约 500 米,宽约 50 米。在这些地方曾先后出土一些古船构件。1953年,在"四作塘"出土一段长方体大料,长约 10 米。1957 年在"六作塘"出土铁力木大舵杆,杆长 11.07 米,横截面略呈四方形。杆的一端有长方形穿孔,可安装转舵用的木柄;下半部有榫槽,可安装舵叶,从榫槽长度判断,舵叶高度超过 6 米。1965 年又在"四作塘"发现一段绞关木(盘车),其质地亦是铁力木,长 2.22 米,估计可起重 1000 斤的锚具。如此大的舵杆和绞关木,决非一般船只所能使用,它们应该就是郑和船队中部分船只打造时留下的遗物。⑤

郑和第六次航海归来后,明仁宗于洪熙元年(1425 年)诏令:"下西洋诸番

---

① 本小节内容参见王冠倬:《中国古船图谱》,三联书店 2000 年版,第 174—189 页。

② 《龙江船厂志》卷四。

③ 《龙江船厂志》卷五。

④ 《龙江船厂志》卷四。

⑤ 罗宗真:《从江苏发现的文物遗迹考郑和下西洋的有关问题》(会议论文,未刊)。

国宝船悉皆停止"。后来因需要虽然又第七次下西洋,但未再提到打造新船。所以,宝船厂的造船时间并不很长。始建的宝船厂规模很大,造船能力亦强。自从不再打造郑和船队所需的船只,即使还有其他建造任务,其人力、厂区也必然有不少闲置。《龙江船厂志》云:"后因承平日久,船数递革。厂内空地暂招军民佃种,止留南北水次各一区,以便工作。畎浍中界,而厂遂分为前后矣。"①原宝船厂的一部分改为农田,剩余部分划为前厂和后厂,继续造船。两厂各有水道可通长江,并且"限以石闸、板桥,以时启闭"。不言而喻,缩小后的船厂的生产能力已远逊于原来的宝船厂。嘉靖十五年(1536年),工部都水司主事王利在船厂南门路口建工部分司坊。大约在嘉靖三十年(1551年)之前,更改坊上匾额,"今易其额曰龙江船厂"②。宝船厂缩小后改为龙江船厂,其造船能力也相应降低。

宝船厂及后来的龙江船厂隶属于工部都水司,主管官吏由工部委任,另由兵部派驻部分人员。船厂主要工匠是从浙江、福建、湖广、江西等地抽调而来。明初洪武、永乐时,到厂造船工匠400余户,编为4厢。每厢10甲,每甲10户。"一厢出船木梭橹索匠,二厢出船木铁缆匠,三厢出艌匠,四厢出棕蓬匠。"后来船厂缩小,造船匠户又不断逃亡,到嘉靖二十年(1541年)时只剩下了240户,十年后更减少到不足200户。③造船减少与船户逃亡互为因果,以致厂区荒芜,这与明朝改组船厂有直接关系。总之,宝船厂与龙江船厂纯系官办,主要打造战船、皇家与官府的座船及差役船。

龙江船厂生产23种船舶④,《南船记》一书中亦有相同记载。按用途分,这些船只属两大类:一类是皇室、官府用船,数量少,并不经常打造;另一类是战船,是常年生产的主要品种。备战与供御用是封建王朝两件头等大事,所以对造船质量要求很严,明文规定了各种船的船底板厚度:"预备大黄船底厚五寸,大黄船底厚二寸二分,小黄船底厚二寸一分,战座船四百料者底厚二寸八分,二百料者二寸二分,一百五十料者一寸六分,一百料者一寸六分,轻浅便利船厚二寸,四百料巡座船厚二寸六分,二百料沙船厚一寸九分,摆搭浮桥船厚二寸,一颗印巡船厚二寸,哨船厚一寸五分,划船厚一寸五分。"⑤还严格规定各种船的用料数量和标准,以四百料战船为例,"楠木并板枋共单板一千八十六丈六尺四寸六分二厘,杉木并板枋共单板二百七十八丈一尺六寸六分,松木单板一百五十丈二尺八厘九毫,头大桅用杉木二根,橹用杉木八根,篷称杠用

① 《龙江船厂志》卷四。

② 《龙江船厂志》卷四。

③ 《龙江船厂志》卷三官司志。

④ 《龙江船厂志》卷二。

⑤ 《龙江船厂志》卷二。

杉条四根,招杆用杉木一根,小戗用杂木二根,撑槁用杉槁十六根,五方旗杆用杉槁十六根,船舵用榆木一根,舵牙关门棒用檀木二根"①。船舶打造完成后要经过验收,不符要求者予以严惩。

2. 清江船厂与卫河船厂

明成祖永乐(1403—1424年)年间,在淮安府清江(江苏清江)和东昌府临清(山东临清)创建了清江船厂和卫河船厂。与宝船厂以及后来的龙江船厂的任务不同,清江、卫河二厂专以打造各类运粮漕船。二厂间又有分工:南京、南直隶、江西、湖广、浙江等地所需内河浅船由清江船厂统一打造、供给,而卫河船厂则打造山东、北直隶所需内河浅船及海漕用的远洋船。清江厂产量大,"大约造于清江者,视卫河多十之七"。后来情况有所变更。宪宗成化二十一年(1485年),将卫河厂原承担的"遮洋海船、山东、北直隶浅船听官军领价从便成造","是后官军给领料价,多在仪真(江苏仪征)自造"。卫河厂虽然照例"主事代管",但"缘地里隔远,不能遥控"。军船厂漏洞百出,"往往侵费料价,以致船只脆薄,不堪驾运。甚至中途拆改旧船搪塞,及将船只盗卖而据者,奸弊尤甚"。这样只好又将造船任务回归卫河厂。但经此反复,卫河船元气大伤。世宗嘉靖三年(1524年),"为祛积弊,复旧规,以清漕事",将卫河厂任务改由清江厂承担,"山东、北直隶遮洋三总运船今后督令官旗俱赴清江厂,听本部主事监督成造"。不久,又裁革卫河厂衙署、编制,于是卫河厂与清江厂合二为一,其名称仍为清江船厂。②

清江厂地处山阳(江苏淮安)与清江之间,"东西去县各三十里",面临运河与淮水,位居"天下之中,北达河、泗,南通大江,西接汝、蔡,东近沧溟。乃江淮之要津,漕渠之喉吻"。清江船厂规模宏大,除本身所具造船实力外,又辖有京卫、中都、直隶、卫河4个总厂。每个总厂则分管若干分厂,计京卫厂下辖34个分厂,中都厂下有12分厂,直隶厂18个分厂,卫河厂下属18分厂,共82个分厂。此外,清江船厂还管理3处草厂、5个船闸以及2道河坝。③

清江船厂并非只管造船,还兼管用船——把所造之船交给有关卫所使用。它实际是一个综合的生产与管理机构,由工部都水司主管,清江船厂拥有大批熟练的工匠,其中包括船木匠、舱匠、箬篷匠、竹匠、索匠、铁匠、油灰匠等各项行当。全厂额定各色人匠5393人,分别从苏州、淮安、扬州、济南、开封、凤阳等16府征调而来。④ 另外还有"军余工办"3480人,分属于南京、直隶、中都、

---

① 《龙江船厂志》卷七。
② 《漕船志》卷一《建置》。
③ 《漕船志》卷一《建置》。
④ 《漕船志》卷四《人匠工办》。

卫河 4 厂有关的各个卫所。① 两类人员合计共 8873 人。

为确保每年的运粮数量,各地拥有的漕船数都有定额。除一些地方自造者外,由清江厂打造并分发到各卫所使用的平底浅船和遮洋海船共 6883 只。② 明代又规定,清江厂所造"里河浅船、遮洋海船俱十年一造"③。所以船厂每年要打造漕船总数的 1/10 的新船,以代替老龄船。实际上每年产量多少不一,如嘉靖三年(1524 年)两厂合并,年产仅 436 只,嘉靖二十年(1541 年)共打造 746 只,一般情况下为 600 只上下。④

清江船厂所造遮洋海船与平底浅船各有一定的规格及用料标准,要求各厂官匠工役人等"务要遵照"。对新造之船仔细验看,板材有无以次充好,结构是否齐密严谨,所用铁钉、油料及麻类等是否符合原定斤两。"如有板稀、钉稀、麻朽、油杂,造不如式,舱不如法者",厂官以侵盗贪污罪论处,匠役则予以痛治,甚至革除。⑤

海禁政策严重地限制了造船业的发展。沿海各地的船民为了生计,只能采用各自的对策。一是"揽造违式海舶,私鬻诸番";二是在沿海僻静之处或外海岛屿造船;三是买舟,于外海贴造重底即改平底船为尖底船;四是私自出海之后,连船带货一起卖掉。"明朝实行近 200 年的海禁政策,对于中国造船业造成很大的损害。16 世纪前期,东南亚的船舶也迅速小型化。不过,这是由于殖民者消灭东南亚大型商船的结果。而 14 世纪后期开始的中国帆船的停滞和小型化,却是由于本国政府残酷打击的结果。宋元时期中国造船和航海事业的发展趋势,就中断在明朝昏庸的统治者手里。"⑥

(三)三大船型

中国古代的船型,到明代,或者说通过明代的文献,已经理得出清晰的条理。从前曾有人提出中国古代传统的船型可分为沙船、广船、福船、鸟船四大船型,其实,鸟船仅是福船派生的船型,还不能自树一帜。现将中国古代三大类传统的船型分述如下。

1. 沙船

沙船是发源于长江口及崇明一带的方头方艄平底的浅吃水船型,多桅多帆,长与宽之比较大。因底平不怕沙浅,有"稍搁无碍"之效。"过去,多在上海

---

① 《漕船志》卷四《军余工办》。
② 《漕船志》卷三《船数》。
③ 《漕船志》卷三《船限》。
④ 《漕船志》卷三《船数》。
⑤ 《漕船志》卷七《兴革条约》。
⑥ 席龙飞:《中国造船史》,湖北教育出版社 2000 年版,第 275 页。

附近的太仓浏河等地制造。在历史上以崇明为著。太仓，通州（今江苏南通），海门，常熟，嘉定，江阴等处均有。道光年间上海有沙船五千艘。"①

沙船的历史渊源可追溯到南宋时期。《宋史·兵志一》记有："南渡以后江淮皆为边境故也。建炎初（1127年），李纲请于沿江、淮、河帅府置水兵二军，要郡别置水兵一军，次要郡别置中军，招善舟楫者充，立军号曰凌波、楼船军，其战舰则有海鳅、水哨马、双车、得胜、十棹、大飞、旗捷、防沙、平底、水飞马之名。"②此防沙、平底似为沙船的祖式。

《大元海运记》中载，委张瑄、朱清"限六十日造平底海船六十只"，此平底海船盖为后世沙船的原型。

明嘉靖年间所撰《南船记》载有"二百料巡沙船"图并记有"所谓沙船像崇明三沙船式也"。明嘉靖年间成书的《筹海图编》始有沙船的图文。

周世德在《中国沙船考略》中，实测了大型沙船的帆装图和结构图。该文认为"在主要尺度比值方面，古代沙船与现代沙船很相近"。经实测沙船的长与宽比值小者为3∶64，大者为5∶11。

茅元仪的《武备志》记述了沙船的突出优点："沙船能调戗使斗风"。这是引自稍前的胡宗宪的《筹海图编》。逆风行船必须走"之"字形的航迹。利用逆风行船时，帆除获推进力之外，还附带产生使船横向漂移的力。由于沙船吃水较浅，其抗横漂的能力有限，遂必须使用披水板，放在下风一侧，用时插入水中，以阻扼船横向漂移。造船专家王世铨（公衡）教授认为"防止横漂的披水板也是中国首创"。

2. 福船

福船，是福建、浙江沿海一带尖底海船的统称，其所包含的船型和用途相当广泛。

福建造船业历史悠久，春秋时吴王夫差曾在闽江口设立造船场。③《三国志·吴·孙皓传》载，吴国曾在今福州置建安典船校尉，将罪人"送付建安作船"。唐宋时期，福建对外交流扩大。宋时的福州、兴化、泉州、漳州已成为重要的造船中心，当时朝廷遣使时常到福建顾募客舟，其船上平如衡，下侧如刃，贵其破浪而行也。船舶的这些特点为产生后世的福船奠定了技术基础。

《武备志》博采历代文献2000种，继嘉靖年成书的《筹海图编》之后，明确提出福船的船型系列。据《武备志》卷一一七所述，开浪船即鸟船，以其头

第四章

明清时期的航海与造船业

---

① 周世德：《中国沙船考略》（1962），《中国造船工程学会1962年年会论文集》第一分册，国防工业出版社1964年版，第33页。

② （元）脱脱：《宋史·兵志一》，中华书局1977年版，第4583页。

③ 陈奇、陈颖东：《中国福船》，《福建造船》1992年第1期。

尖故名。在福船船型系列中,以苍山船为最小。若敌船进入内海,因大福船、海沧船皆不能入,必用小仓船以追之,用之冲敌颇便而健,温州人呼之为苍山铁,也有铁头船之名。"戚继光云:近者改苍山船为艟艞船,比苍山船大,比海沧船更小而无立壁(侧壁不披茅竹),最为得其中制。遇倭舟或小或少,皆可施功。"由之可见,鸟船只是福船的一种小型者,自然不能成为独立的船型。

3.广船

南海郡的番禺县(今广州市),自战国以来即重要都会。南海、合浦以及其南的交趾、日南(今越南境内),是汉代向印度洋航行的重要门户。诸地又盛产林木,是重要的造船地点。唐、宋时期,广州、高州(今茂名市)、琼州(今海口市)、惠州、潮州等地的造船业兴盛。"广船原系民船,由于明代东南沿海抗倭的需要,将其中东莞的'乌艚'、新会的'横江'二种大船增加战斗设施,改成为良好的战船,统称'广船'。"①"'广船'是当时中国最著名的船型,在肃清倭患的战斗中作出了贡献。"②

《明史·兵制四》对广船的评价是:"广东船,铁栗(力)木为之,视福船尤巨而坚。其利用者二,可发佛郎机,可掷火球。"《武备志》对广船缺点也有客观评价:"广船若坏须用铁力木修理,难于其继。且其制下窄上宽,状若两翼,在里海则稳,在外海则动摇,此广船之利弊也。"

广船的帆形如张开的折扇,与其他船型相比最具特点。为了减缓摇摆,广船采用了在中线面处深过龙骨的插板,此插板也有抗横漂的作用。为了操舵的轻捷,广船的舵叶上开有许多菱形的开孔,也称开孔舵。广船在尾部有较长的虚梢(假尾)。③

二 清代前期的造船业

清初,清郑之间的征战和造船竞赛,过量消耗了沿江沿海的造船巨木,从而使展海后造船木材紧缺,船价上涨,出现了中国人在东南亚大规模造船的新情况。清代前期往返于日本长崎的中国帆船,为日本江户时代的画师所描绘,并称之为"唐船之图",为今日留下了珍贵形象的资料。40 年的海禁政策,阻遏了造船业的技术进步和船舶大型化进程。中国传统帆船在远洋和东南亚的海上贸易中,受到西方夹板船的严重挑战并在竞争中败退下来。

---

① 黄胜兰、李春潮、潘惟忠:《广东省志·船舶工业志》,广东省船舶工业联合公司 1996 年,第 26 页。
② 张德荫、潘惟忠、王宸:《广州市志·船舶工业志》,广州船舶工业公司 1997 年,第 1 页。
③ 席龙飞:《中国造船史》,湖北教育出版社 2000 年版,第 279—282 页。

（一）国内造船与海外造船

造船需要大量巨木，造船工场的选址，一向是选在木材产区附近。当然只要造船材料的运达较为便捷，有时也选在海内外贸易较为发达的重要港口所在地。

闽北山区盛产杉木、松木，木材结成木排后可便捷地运到福州。福州又盛产棕、铁等物料，有很多技艺超群的船匠。所以福州的南台、洪塘一带是重要的造船工场聚集之地。在福州府还有漳州、泉州和兴化，也是设场造船的重要地点。厦门港并不出产木材，但在清初作为外贸港口的地位上升，造船材料的运输并不困难，加之漳、泉二州是厦门的腹地，利用两地的传统技术力量，厦门的造船业在清代日益兴隆。

浙江的温州、台州（今椒江市一带）、宁波，都具有较好的造船条件，也是历史上的造船重镇。温州港贸易额远较宁波为小，但由于该地盛产杉、樟优质船材，其造船的量额在浙江则是首屈一指的。

江苏的造船重镇则有苏州、扬州、淮阴和松江（今属上海市）等处。康熙帝"南巡过苏州时，见船厂，问及，咸云每年造船出海贸易者，多至千余"①，但在《康熙起居注》中只一般性地说道："苏州造船厂地方，每年不断打造船只，朕所亲见。"②并没有谈及千余艘船只之事，因而对苏州船厂年造船能力能否达千艘，难以定论。不过，苏州是江苏的重要造船基地倒是事实。

广东的潮州，有韩江流域的木材，适于造船。不过潮州是河港，因其水浅难造大船。地处南澳岛的南澳港，因地势优越而造船业兴旺。其他还有高州、雷州（治所在今海康县）和廉州（治所在今广西合浦县）也是造船重镇。广东的海南岛出产楠木、柚木，特别是柚木为制作舵杆、木碇的上好船材。海南岛的榆林、琼州（今海口一带）也是船舶产地，只是所造船舶多为小型船，且多航行到安南、暹罗和南洋一线。

"清代造船业面临最严重的危机，莫过于造船材料普遍长期供应紧张的问题。""最直接的后果是造船费用的直线上升。"据研究，明代月港民间商船的造价为1000余两，到了清代康雍年间则涨到两三千两，大型商船要七八千两以上。

康熙二十二年（1683年）收复台湾后，康熙帝采取了一系列奖励垦荒、蠲免赋税的政策措施，经济发展，人丁兴旺。康熙五十一年（1712年）宣布，以五十年（1711年）的丁银额为准，此后无论人口如何增加，不再多征丁银。人民

---

① 《清朝文献通考》卷三三《市舶互市》，商务印书馆1936年版，第5155页。
② 《康熙起居注》，中华书局1984年版，第2324页。

不再需要以隐匿人口和其他办法逃避丁银。人口的统计数字也比从前准确多了。

为了解决食粮的需要，康熙六十一年(1722年)，以暹罗米价低廉，确定采买30万石。首批大米是在雍正二年(1724年)运到中国的，且由华侨商人用暹罗船负责营运。乾隆六年(1741年)，清廷开始鼓励商民进口大米，次年起又有免征大米税的政策。"乾隆九年(1744年)，福建龙溪商人林捷亨、谢冬发等，陆续自海外造船载米回厦门。商人们这一大胆的突破，地方官员予以默许。于是商民纷纷在暹罗等地造船买米，源源不断地回来……乾隆十二年(1747年)，终于正式允许商民在海外造船。"①

在海外造船，造船的优质木料价格低廉，油、麻、蛎灰及钉铁等物料，可以从国内运到。造船工匠由中国商船上的船员和侨居海外的船匠充任。所造船舶多为中国福船的船型，船价为国内的40%—60%。

中国商民和华侨，利用暹罗、柬埔寨等东南亚各国质优价廉的木材，以清廷迫切需要进口大米作为突破口，使海外造船获得了官方的允许，这在相当程度上补充了日渐萧条的国内造船业，促进了清代的海外贸易。不仅东南亚与中国沿海各港之间大量使用在海外建造的商船，在中国与日本的海上贸易中，所使用的"暹罗船"、"爪哇船"、"广南船"等，也正是有清一代中国商民在海外所建造的具有中国形式和特点的中国帆船。②

（二）清代的海上漕运船

清代槽粮海运所用之船有沙船、三不像船、罝船、卫船等多种，但主要是沙船。盖因"北洋水浅，多沙滩山脚，运输宜用舱浅之船，故应以沙船为首"③。沙船的特点是方头、方尾、平底、吃水浅，可分为特、大、中、小四号。

特大者可以"载官斛三千石"，桅杆多至5根。④ 大号沙船"长十丈，容官斛一千五百石"。"利市头宽一丈八寸。浪斗舱横深一丈五尺，直深一丈一尺。头面梁宽一丈二尺六寸，厚六寸。大面梁宽一丈四尺四寸，厚八寸。"船上竖三桅，挂四篷。"头篷长三丈六尺，宽二丈二尺；大篷长四丈三尺，宽四丈；尾篷长二丈，宽一丈六尺；中顶篷长三丈，宽二丈四尺。头樯长四丈三尺，围圆四尺；大樯长七丈，围圆五尺五寸；尾樯长二丈二尺，围圆三尺。"船上设置三具铁锚，其重量依次为1400斤、1200斤、700斤。舵杆长2.2丈。至于中、小两种沙

---

① 陈希育：《中国帆船与海外贸易》，厦门大学出版社1991年版，第116—117页。
② 席龙飞：《中国造船史》，湖北教育出版社2000年版，第279—282页。
③ 《江苏海运全案》卷十二。
④ 《安吴四种》卷一《海运南漕议》。

船,其尺寸按大号沙船的 7 成、5 成甚至 3 成缩减。① 许多沙船为私家所有,"船主皆崇明、通州(南通州,即今江苏南通)、海门、南汇、宝山、上海土著之富民。每造一船,须银七八千两。其多者,一主有船四、五十号。"当时聚集在长江口内外的沙船多达三千五六百只。② 清代海运往往雇募民船。

《江苏海运全案》、《浙江海运全案》中又绘有三不像船、疍船、卫船之船图,且有文字说明。③

三不像船,"多行北洋,少行南洋。身长腹阔,头锐尾高。船底及两旁纯涂蛎粉,以驱两洋水中咸虫。头尾间抹以矾红。其篷以竹箬为之,取其坚固,然甚重;今亦有用布者。自头至艄水关上有索一根,名勒舵",船上使用木椗。此船形制"不像江南之沙船,不像福建之鸟船,不像浙江疍之船,故名之曰三不像"。满载可容 2000 石。其船体结构自首至尾,主要有正楞梁、浪斗、卧洞仓、水井梁、水井仓、头面梁、头包仓、二包仓、椗门仓、椗耳仓、驶风梁、一至六太平仓、火洞梁、潮仓、进门仓、下窍仓、上窍仓、暗仓、卧窠仓、后兜水梁等。

疍船,"南北洋皆行,身长仓深,头尾皆方。船底及两旁涂以蛎粉,上横抹以煤屑,头尾间刷以矾红"。标准船可容 1800 石。

卫船,"专行北洋。身长腹阔,头尾不高,樯短无棚,旁无粉饰"。立三椗。使用铁锚。

(三)沿海航运的各型船舶

1. 北直隶 5 椗帆船

北直隶帆船属以渤海湾大沽、牛庄等港口为母港的北方船型。该船型是方头方梢平底的船型。由于其航线与上海北航的沙船航线趋于一致,船型与沙船有较多的共性。除主椗在主帆之上设有软帆"头巾顶"之外,在二椗与主椗之间还挂一三角软帆,此三角帆在高处又吊挂起一幅纵式软帆。在顺风航行时这幅软帆能起到锦上添花的作用,有利于提高航速。北直隶船型是北方黄渤海区域的代表性船型。据统计,道光年间,直隶全省有帆船 1000 艘,年货运量约 17 万吨;山东沿海各港 600 艘,4 万吨;盛京(今辽宁)200 艘,3 万吨。

2. 浙江沿海的船型

该船的型线特征是平头首,具有倒梯形的尾封板,且属于无底龙骨的平底船。疍船最初是为装运盐卤而建造,也称为卤疍船,起源于杭州、绍兴、余姚、宁波一带,主要航行于上海与宁波之间,但它也能远航大连、福州、台湾,甚至

第四章

明清时期的航海与造船业

---

① 《江苏海运全案》卷十二。
② 《安吴四种》卷一《海运南漕议》。
③ 王冠倬:《中国古船图谱》,三联书店 2000 年版,第 198—204 页。

越重洋达日本及南洋群岛,同时又能溯江而上至武汉,航行区域极广。卤荟船的型线好,阻力小,故航速较高,从宁波到上海只需 15 小时左右。由于成功地应用了舭水板,在航行中减少了横摇;缺点是分舱多,舱口小,装卸多有不便。①

宁波绿眉毛船被认为是浙江沿海最优秀的船型。该船型历史悠久,数量大,分布广,但多集中在宁波、舟山与温州、(浙江)海门一带。主要航线为温州—宁波—上海,但也能远航山东、福建、台湾,甚至越洋到达日本、琉球与南洋群岛。从型线、总体布置及外形、帆装等诸多方面看,与《中国帆船》中的宁波乌漕船几近完全一致,很可能是同一种船型的两种叫法。绿眉毛船航速高,从吴淞口到定海只需 18 小时左右,顺风时仅需 10 小时左右。该船舷弧(首尾起翘)深、梁拱高,抗风浪性能好。由于舷墙高、舱口小,装卸不够方便。鸦片战争前,在浙江各港往来的海船有 1000 多艘,年货运量达 10 万吨,大部分集中于宁波。

3. 福建沿海的各型船舶

丹阳船也称担仔船,是福建省最优秀船型之一,在福州、晋江、连江沿海一带流行。历史最为悠久。其航行区域多在福建、浙江沿海,南至汕头,北到上海。航速快,操纵灵活,安全性好。隔舱较密,船身坚固,但舱口过小不便于装卸。其龙骨中部略向上翘曲并呈曲线形。当首尾恰遇波峰的中垂状态时,有利于增加船体的强度。

白底船,是福建莆田、惠安一带航行于内海湾澳的船型。该船船首尖削,上层建筑简洁,横稳性好,操纵灵活,适于在内港和沿海进行短途运输,也适于在近海钓鱼、捕鱼。

锚缆船历史悠久,多分布在福建省东北部一带,航行区域与丹阳船相似,吃水深,载量大,用材省且舱口大,能装大件货物。但快速性、稳性、操纵灵活性均不及丹阳船。舱面的房间建筑偏高,重心高,对风浪较为敏感,横稳性也较差。据统计,鸦片战争前,福建全省存有海船 1500 艘,20 万吨。

4. 广东沿海及海南的各型船舶

广东艚船,是大型沿海货船,既可出洋贸易,又适于沿海运输。

广东船,"其飘洋者曰白艚、乌艚,合铁力大木为之,形如槽然,故曰槽。首尾又状海鳅(鲸),白者有两黑眼,乌者有两白眼。海鳅远见以为同类,不吞噬"②。广东船特点之一是用材考究。粤西山区出产优质木材,坚硬如铁,故称铁力木。用铁力木建造的广船优于各型船舶。广东艚船其帆有如大型折扇,

---

① 《浙江省木帆船船型普查资料汇编》,浙江省交通厅 1960 年,第 132 页。

② (清)屈大均:《广东新语》卷一八《舟语》。

船尾有虚梢（假尾），对垂直布置的开孔舵可起到保护作用，伸向尾部的虚梢可用来调控尾帆的缭绳，以调节帆角。首部设木椗；尾端吊着小型交通艇。其轴呈垂直的开孔舵，在转舵时较为省力，舵效也有保证。还常在中线面处设计一个防摇摆的中间插板，对克服和减缓南海突风引起的摇摆很起作用。在道光年间广东海船保有量约为 1600 艘，年运量 20 万吨。广东船分别在广州、潮州、琼州、高州设厂建造。①

（四）往返于日本长崎港的中国帆船

明末到清初实行海禁政策时，东邻日本正处于江户时代（1603—1867年），也在实行锁国政策，然而却开长崎一港实行与我国、荷兰的海上贸易。无论是中国的货物运往日本，或者是将日本的货物运往中国，统由中国沿岸各港与长崎港之间的中国商船（日本称之为唐船）担任。当时，由唐船运载的货物远较荷兰船的货物珍贵，唐船的英姿，在介绍长崎读物的插图或在长崎的版画中均有遗存，不仅从美术史的角度，即使从海事史的角度来考察，也颇为珍贵。1971 年 7—8 月，英国李约瑟博士在日本逗留期间，了解到"唐船之图"并有强烈的兴趣。在李约瑟和日本著名学者薮内清两位博士的推动下，日本大庭修教授于 1972 年 3 月在关西大学的学刊上系统介绍了"唐船之图"，并发表了11 型中国帆船和 1 艘荷兰帆船的黑白照片。

在英国李约瑟编撰的鸿篇巨著《中国的科学与文明》中，在 322 页讲述航海技术的 125 幅插图中仅有 2 幅具体表现古代海船的图样。描绘中国古代船舶的绘画太少，造成了船舶史研究上的困难。由李约瑟的著作可以看出，此卷"唐船之图"可以确信是研究中国船舶史在世界上有数的重要资料。②

据日本在 20 世纪 50 年代和 60 年代发表的文献和著作，自清廷于康熙二十四年（1685 年）颁布"展海令"起，中国赴日的商船数猛增。例如，1683 年为24 艘；1684 年也是 24 艘；1685 年为 85 艘；1686 年则达到 102 艘。到康熙二十七年（1688 年）则高达 194 艘。自此以后是由日本方面对每年到港船舶数加以限制。

"唐船"的始发港是山东（山东省）、南京（江苏省）、舟山、普陀山、宁波、台州、温州（浙江省）、福州、泉州、厦门、漳州、台湾、沙埕（福建省）、安海、潮州、广州、高州、海南（广东省）等所谓濒海 5 省以及来自安南、广南（今越南归仁附近）、占城、暹罗（今泰国）、腊贾（马来半岛中部东岸）、宋卡、北大年、麻六甲、爪

---

① 叶显恩：《广东航运史》（古代部分），人民交通出版社 1989 年，第 248—251 页。
② 〔日〕堀元美：《唐船之图》上とその背景［その1］，《中国涂料》1984 年第 1 期。

哇等东南亚各地的港口。但是,从所绘船图可以看出,即使是来自广南和爪哇的船,也尽显中国船的风格。所绘暹罗船除了首部有一斜桅挂软帆是受西洋船风格的影响外,其余也是中国船风格。

日本所存中国船图,分别属于沙船、福船、广船和浙船四类。南京船属平头平尾平底的沙船型。船上立二桅,挂布帆与篶篷;有近似荷包形的不平衡舵;船之两舷各置披水板。

厦门船、台湾船、福州造南京出船、福州造广东船属福船系列。

广东船属广船系列。

宁波船属浙船系统。

在日本所存船图中还有《唐船修理图》。

岸边五船并列,高桅插云。有的船头上书"恒顺"、"永新"等船名。岸上中国技师正指挥人众搬运木料、制造新船件。说明在长崎已设立了以中国造船技术为先导的船厂。

有的船图上还有题诗:"大清货舶。海外长通一好邻,万艘贸易两事新,得到汉土寻常物,都作东方无限珍。"

诗文本身并非佳句,但情意却佳,说明日本国民对中国商船到来之欢迎以及对中国货物丰美的喜爱。①

三　明清战船②

明朝建立后,军队驻守采用卫所制,"度要害地,系一郡者设所,连郡者设卫"。每一卫下分 5 个千户所,每个千户所又分为 10 个百户所。明成祖永乐年间(1403—1424 年),共有 493 卫和 359 所。③ 这些卫所多设在沿海及内地水陆要冲之处,许多卫所配备一定数量的战船。据统计,沿海设卫共 99 个。④每千户所有 10 只战船,"每卫五所,共五十只"⑤。依此计算,仅沿海的卫所正常配置的战船就多达 4950 只。如果加上内地临江沿河卫所之战船,总数就更多了。

史籍中记载了多次明代充实军备、打造战船之事。太祖洪武五年(1372年)下诏,"濒海九卫造海舟六百六十艘","复命改造轻舟,多其橹,以便追逐"。次年,"广洋、江阴、横海、水军四卫,增造多橹快船,沿海巡檄"⑥。明成祖永乐

---

① 王冠倬:《中国古船图谱》,三联书店 2000 年版,第 273—275 页。
② 王冠倬:《中国古船图谱》,三联书店 2000 年版,第 208—259 页。
③ 《明史》卷九〇《兵二卫所》。
④ 《中国军事史》第三卷六章一节,解放军出版社 1987 年版。
⑤ 《明会要》卷六二《兵五战船》。
⑥ 《明会要》卷六二《兵五战船》。

三年(1405 年),"命浙江等都司造海舟千一百八十艘"①。明初出现了打造战船的第一次高潮,后来则日渐消退。如浙江地区,明英宗正统年间(1436—1449 年),仅余 730 条战船;新江口战船,明初编制近四百只,而宪宗成化十年(1473 年)时,"堪操者止一百四十只"②。这种情况致使海防空虚,是明代中期倭寇猖獗的原因之一。为了抵御倭寇,明代中期掀起第二次打造战船的高潮。一些军事著作也相应产生,先后有戚继光的《纪效新书》、胡宗宪的《筹海图编》、何汝宾的《兵录》、茅元仪的《武备志》等,书中都有若干篇幅介绍当时的战船。

明代战船种类很多,有些是前代战船,有些则是前代所无,或前代虽有而明代予以改进。其中四百料战座船、四百料巡座船、二百料战船等品种前代已有,其他品种主要有如下几种:

大福船:"福船高大如楼,可容百人。其底尖,其上阔。其首昂而口张,其尾高耸,设柁楼三重于上。其旁皆护板,扬以茅竹,坚立如垣。其帆桅二道。中为四层。最下一层不可居,惟实土石,以防轻飘之患。第二层乃兵士寝息之所,地板隐之,须从上蹑梯而下。第三层左右各护六门,中置水柜,乃扬帆、炊爨之处也;其前后各置木桩,系以棕绳,下桩起桩皆于此层用力。最上一层如露台,须从第三层穴梯而上,两旁板翼如栏,人倚之以攻敌。"③福船身长九丈,舟梢长一丈三尺,板厚二寸五分。船底设龙骨,又叫艄,"头艄长二丈六尺,后艄一丈八尺,中艄长五丈八尺"。前中后三段两个接头处各有三尺长的重合,所以龙骨全长 9.6 丈。随行之柴水船又称脚船,吊悬于舷边。船上"大橹二株,用稠木,长四丈"④。又有大篷 1 扇,小篷 1 扇,舵 2 门,舡 4 门。⑤

福船高大,"敌舟小者相遇即犁沉之,而敌又难于仰攻,诚海战之利器也。但能行于顺风顺潮,回翔不便,亦不能逼岸而泊,须假哨船接渡而后可"⑥。"吃水一丈一、二尺,惟利大洋,不然多胶于浅。无风不可使,是以贼舟一入里海,沿浅而行,则福舟为无用矣。"⑦

福船大小不同,分为 6 个型号。1 号、2 号统称为福船;3 号哨船,又叫草撇船;4 号冬船,又叫海沧船;5 号鸟船,又叫开浪船;6 号是快船。1 号福船"吃水太深,起上迟重,惟二号福船今常用之"。

① 《成祖永乐实录》卷三五。
② 《成祖永乐实录》卷三五。
③ 《筹海图编》卷一三。
④ 《兵录》卷一〇。
⑤ 《纪效新书》卷一八。
⑥ 《筹海图编》卷一三。
⑦ 《纪效新书》卷一八。

"福船势力雄大，便于冲犁。哨船、冬船便于攻战追击。鸟船、快船能押风浪，便于哨探。"在战场上协同作战，"大小兼用，俱不可废。船制至福船备矣。"①

草撇船，又称哨船，即3号福船。船身长7.5丈，蠕梢长1丈，舱深8尺，板厚2.5寸。龙骨为三段松木组成，中段长5丈，头艄长1.4丈，后艄长1.1丈；前后有6尺重合，故全长6.9丈。竖2桅，头篷长1.8丈，大篷长4.7丈。船舵2门，以稠木为杆，高2.4丈，围2.4尺；舵叶高1.3丈，设舵索1条。椗4门，以青棏木为之，长1.4丈，齿长6尺。配备一只脚船，平时吊悬于舷侧。船头斗盖、舵盘等用樟木。"先年倭奴多乘此船入犯，故我地亦以草撇藏兵出洋迎贼，用奇取胜。"②

海沧船，又叫冬船，即4号福船。此船"吃水七、八尺，风小亦可动"。船上设大篷1扇，小篷1扇，大橹2根，舵2门，3只木椗。③

开浪船，又叫鸟船，即5号福船。此船"以其头尖故名，吃水三四尺，四桨一橹"。可容三五十人。④船身长7.5丈，艍梢长1丈，舱深9尺，板厚2.5寸。松木龙骨分为三段，"正艄长五丈，头艄长一丈四尺，后艄一丈一尺。前后二艄俱在正艄内沓进三尺"。故龙骨全长6.9丈。竖2桅，头篷长1.8丈，大篷长4.7丈。脚船一，"遇贼出洋，收吊后梢笆边之上"。使用木椗。船上各舱梁头等皆用樟木。⑤

广船，总称乌艚，是一种大型尖底海船。"视福船尤大，其坚致亦远过之，盖广船乃铁力木所造，福船不过松杉之类而已。""其制下窄上宽，状如两翼，在里海则稳，在外洋则动摇。"在这点上不如福船。另外，"广船两旁搭架摇橹，风篷札制俱与福船不同"。广船不仅以强大火力取胜，而且可与敌船直接碰撞，击沉对方。广船又有横江船等各种型号。新会县尖尾船、东莞县大头船亦属广船系列。⑥

叭喇唬船，简称唬船，"底尖面阔，首尾一样，底用龙骨，直透前后"。船身长6.2丈，深5.2尺，以栋木板为两艕，厚2.3寸。大桅用杉木，高5丈，挂布帆；头桅则以大猫竹为之。舵2门，以槐木为杆，长1.1丈。2支木椗，用青棏木，长1丈，齿长4尺。"舺面两旁各用长板一条，其兵夫坐向后而棹桨，每边用桨十支或八支，其疾如飞。有风竖桅，用布帆。桨斜向后，准作偏柁。亦能

---

① 《武备志》卷一一六。
② 《兵录》卷一〇。
③ 《纪效新书》卷一八。
④ 《纪效新书》卷一八。
⑤ 《兵录》卷一〇。
⑥ 《武备志》卷一一六。

破浪,甚便追逐。"①

哨船,又叫高把稍船,与 3 号福船之哨船不同。此船"头尖底峻,艄大篷高",船身长 6 丈,胶艄长 6 尺,舱深 6 尺,板厚 2.5 寸。竖 2 桅,其中杉木大桅高 6.7 丈。船舵 2 门,舵杆用稠木,高 1.8 丈。3 只木椗,用青棡木制成,长 1.1 丈,齿长 5 尺。配置 2 只稍橹、6 只边橹,均以青棡木为之。船底龙骨用杉木。其他如船头斗盖、各舱梁头等皆用樟木。此船"遇风则直走如飞,遇浪则如梭抛掷,履波涛如平地,涉千里于呼息。每遇巡哨,则与唬船齐驱。遥见贼舟,更能飞扑如鹞,足为穷洋利涉长技也"②。

苍山船,船身长 7 丈,胶梢长 8.5 尺,舱深 7.5 尺,底板厚 2.5 寸。船底龙骨"正艕长四丈五尺,头艕长一丈四尺,后艕长一丈一尺"。减去三段间 6 尺长的重合部分,全长 7.4 丈。舵 2 门,以稠木为杆,长 1.8 丈,舵叶高 8 尺,宽 4 尺。青棡木船椗 4 支,柄长 1.3 丈,齿长 6 尺。设 2 桅,大桅用杉木,高 7 丈。③ 船体首尾皆阔。顺风时扬帆;两舷各有 5 支橹,无风则摇橹前进。分为三层:下层装填压船用的土石,中层供兵士寝息,上层为战斗场所。此船吃水六七尺,"水面上高不过五尺,就加以木打棚架,亦不过五尺"。"贼舟甚小,一入里海,我大福、海沧不能入,必用苍船以追之。"用以冲敌颇为便捷。④

艟艞船,形制与苍山船近似。戚继光云:"近者改苍山船制为艟艞。"可见它是苍山船的改进型。但比苍山船大,比海沧船小。⑤

鹰船,两头皆呈尖形,两舷竖立竹排,排上留有箭孔、铳眼,便于以竹排为掩体施放弓箭与火器。此船宜于冲锋陷阵,乘敌人混乱之机,其他战船跟进搏斗。⑥

鸳鸯桨船,两条船左右并列,用活扣连在一起。每条舟长 3.5 丈,阔 9 尺。船舱用生牛皮蒙盖,内藏战卒。船两侧各安装 8 支木桨,合力划进,不用篷帆。遇敌时先施放火器与箭矢,然后打开活扣,分为两舟,从左右夹攻敌人。⑦

子母舟,"长三丈五尺,前二丈如舰船样,后一丈五尺,只有两边帮板,腹内空虚。后藏一小舟,通连一处,亦有盖板掩人"。前面母船帆桨并用,子舟则只备 4 桨。母船前半部装载火药及茅草等易燃物,船头及两侧安装倒刺铁钉。一旦与敌船相撞,铁钉刺人敌船,就"与彼连在一起。先往船上放箭、砂等具,

---

① 《兵录》卷一〇。
② 《兵录》卷一〇。
③ 《兵录》卷一〇。
④ 《筹海图编》卷一三。
⑤ 《筹海图编》卷一三。
⑥ 《筹海图编》卷一三。
⑦ 《武备志》卷一一七。

即将我母船发火,与彼同焚。我军后开子船而归"。①

连环舟,舟长约 4 丈,以桨为动力。"外视之若一舟,分则为二舟。前截半三之一,后半截三之二,中联以环。前截载火炮、神烟、神砂、毒火等器。舟首锭大倒须钉数枚,铳向其前。后截两旁施数桨,载兵士。"战斗中,乘顺风或顺水,直趋敌营。船头铁钉钩住敌船,乘敌人惊慌之际,点燃前半截所载火器,与敌同焚。此时中间环扣自行解脱,后半截船驶回本营。②

车轮舸,即明代的车船。长 4.2 丈,宽 1.3 丈。"外虚边框各一尺,空内安四轮,轮头入水约一尺,令人转动,其行如飞。船前平头长八尺,中舱长二丈七尺,后尾长七尺,为舵楼。"船上配置各种火器,攻击或追逐敌船,均为方便。③

火龙舟,也是一种车船。船身分为三层,"周围以生牛革为障,或剖竹为笆,用此二者以挡矢石。上留铳眼、箭窗,看以击贼"。上下层之间,"首尾设暗舱以通上下。中层铺用刀板钉板。两旁设飞桨或轮,乘风破浪,往来如飞"。战时诈败,精兵藏于下舱,划船者跳水而逃,故意将船弃于敌人。"待贼登船,机关一转,贼皆翻入中层刀、钉板上,生擒活缚。"若敌人识破计策,不抢登船,则将火龙船突入敌阵,将"两旁暗伏火器百千余种"一齐施放,"左冲右突,势不可当。此船一号足抵常用战船十号"④。

赤龙舟,舟形似龙,船首亦作龙头形,口张开,一兵在内观察敌情。船分三层,舱内藏火药武器,"盖背用竹片、菱角钉锭之",以作护体。船底设龙骨,船尾置舵。"浑如赤龙,游于江河。待贼船将近岸时,舟中暗机一动,神火、毒烟、神箭、飞弩一举而发。"⑤

八桨船,两侧各设四桨,行动灵活,"可供哨探之用,不能击贼"⑥。

除常备的战船外,战时还征集其他船只为军用,它们是:

沙船,"底平篷高,易于驾使"。船身长 7 丈,梢长 9 尺,舱深 7.5 尺,板厚2.5 寸。竖 2 桅,挂 2 篷。设稠木大橹 2 支,长 3.6 丈;头橹 2 支,长 3 丈。"其底平,浅水亦可行使,深浅调戗用扳水板把持,以防偏侧。"⑦原为运输船,征集用为运兵船。船上无遮挡物,故只能作后续之用。当鹰船突破敌方船队后,"沙船随后而进,短兵相接,战无不胜矣。鹰船、沙船乃相须之器也"⑧。

---

① 《武备志》卷一一七。
② 《武备志》卷一一七。
③ 《武备志》卷一一七。
④ 《武备志》卷一一七。
⑤ 《武备志》卷一一七。
⑥ 《筹海图编》卷一三。
⑦ 《兵录》卷一○。
⑧ 《筹海图编》卷一三。

两头船，首尾皆有舵，前后四方运转自如，较其他船尤为灵活，"海运之船，无逾其利"。原为海运用船，战时予以仿制，"以此冲敌，则敌舟虽整，可乱也"①。

舟壳船，船身长6.5丈，梢长6.8尺，舱深6.5尺，板厚2.5寸。2桅，大桅用杉木，高6.5丈。青榉木船艇4具，每具长1.1丈，齿长5尺。原"系沿海渔人取鲚之船，底尖艄广，身长船直"。"兵士扮作渔人当先引诱，兵船随后夹攻。"②

渔船，"原系沿海民人捕鱼之船。先藏兵于内，使贼不疑，因而取胜"。船身长7丈，艄梢长7尺，舱深7尺，板厚2.5寸。设2桅，"大桅用杉木，围三尺八寸，高七丈；谎桅高六尺"。"舵二门，用楸木，围二尺四寸，长二丈。椗四门，用青榉木，每门长一丈三尺，齿长六尺。"此船亦有脚船，平时随行在大船后，遇敌船时则吊悬于船舷之外。③

网梭船，此船原为浙江沿海渔民所用，"其形如梭，用竹桅布帆，仅可容二人"。吃水仅七八寸。可为哨探之用。敌船贸然进入里港窄河，则可出动若干网梭船予以围攻。船上设鸟铳，可合力痛击敌人。④

鸟嘴船，亦是浙江渔船，因船首形似鸟嘴而得名。"有风则篷，无风用橹。"长四五尺（丈）。多用于哨探。⑤

蜈蚣船，是葡萄牙人用的一种战船。自嘉靖四年（1525年）始，明代仿制使用。

明代战船相互配合，行军布阵，指挥有序。"各船编定字号，每数船列为一行，每一阵列为数行。昼则麾旗为号，夜则振鼓为节。"临阵对敌之际，"以船之大者为中军座船，而当其冲。以船之中者为左右翼，而分其阵。以船之小者绕出于前后两旁之间，伏见于远近蔽聚之际，使挠其计。……中军大船之前，仍用次等船载佛郎机大铳数架以镇之。两翼中船之前，亦用再次船以载铜将军大铳数十架以列之。其小船亦各载鸟铳、铅筒数百以备于四面"。除上述基本队列与阵法外，又很重视见机而作、临阵应变之能力。"至于奇正之变，大船、中船为正，则以小船为奇；前队为正，则以后队为奇；合之为正，则以辟之为奇。形难预料，变不可穷。"具体到水战格斗，则强调不拘一格，应充分发挥自我的战斗力量，或冲阵，或诱敌，或夹攻，或伏击，"或以火箭焚之，或以水钻溺

第四章

明清时期的航海与造船业

---

① 《筹海图编》卷一三。

② 《兵录》卷一〇。

③ 《兵录》卷一〇。

④ 《筹海图编》卷一三。

⑤ 《武备志》卷一一七。

之"①。如此种种,从多方面反映出明代水师之战斗素养和战术水平。

清朝建立后,先在京口、杭州等地驻屯水师,继而北起黑龙江、南至广东设置水师营。又在一些省份开办造船厂。如龙江船厂,早在明代就是著名船厂之一,清王朝因之,主要打造战船,也打造和修理漕船;又如江宁县草鞋夹船厂②,以及燕子矶船厂③,两厂均承当修造长江水师所用的战船。清初对战船的修造和使用年限作了明文规定:"三年小修,五年大修,十年拆造"。康熙二十九年(1690年)对此稍作改动,外海所用战船,"自新造之年为始,三年以后依次小修、大修,更阅三年,大修或改造"。对于内河战船,则"小修、大修后,更阅三年仍修复用之"。按新的规定,战船仍按期检修,但小修抑或大修则视情况而定;使用十年后,是拆造还是修理,亦视实际情况处理,新的法规更为合理。清代水师所用战船主要有:长龙船、先锋舢板船、拖罾船、哨船、巡船、龙艚船、飞划船、沙船、唬船、小快船、梭船、赶缯船、双篷锯船、平底贡船、水锯船、扒船、大哨船、快蟹船、鸟船等。④ 清初烽火营鸟船长12.3丈,宽2.5丈;闽安中营鸟船长12.2丈,宽2.65丈;而最大的鸟船"长一十五丈有奇,宽二丈六尺"⑤。又据《水师辑要》记载,锯船以松木造成,长达8.9丈,宽2.25丈,深7.9尺,板厚3.1寸,大桅高8.2丈。赶缯船之大者,长达10.85丈,宽2.29丈,深8.6尺,多至24舱;双桅双舵,使用铁锚兼用木桩;载重可达1500石。

总之,清代战船种类既多,又各具特色。

四 明清封舟⑥

封舟是明清两代出使琉球的座船,使臣带有皇帝的敕书,对琉球中山国王进行册封,故称此种船为封舟。封舟虽是官船,但有的是征用浙、闽一带的民船。明清两代多次派船出使琉球,封舟之规格不尽相同。

明嘉靖十三年(1534年)封舟:该年陈侃、高澄出使琉球,所乘之船是在福州打造的。其船"舱口与船面平,官舱亦止高二尺,深入其中,上下以梯,限于出入;面虽启牖,亦若穴之隙。所以然者,海中风涛甚巨,高则冲低则避也。故前后舱外犹护以遮波板,高四尺许,虽不雅于观美而实可以济险,因地异制造作之巧也"。该船长15丈,阔2.6丈,深1.3丈,分为23舱。船上竖立五根桅

---

① 《筹海图编》卷一三。
② 《续纂江宁府志》卷三《军制》。
③ 《续纂江宁府志》卷六《实政》。
④ 《清史稿》卷一三五《兵六》。
⑤ 《中山传信录》卷一。
⑥ 此部分内容参见王冠倬:《中国古船图谱》,生活・读书・新知三联书店2000年版,第266—269页。

杆。"大桅原非一木,以五小木攒之,束以铁环"。大桅高 7.2 丈,周围 6.5 尺;其他桅杆"以次而短"。"舟之器具,舵用四副,用其一,置其三,防不虞也。橹用三十六枝,风微逆或用以人力胜,备急用也。大铁锚四,约重五千斤。大棕索八,每条围尺许,长百丈。"又有"小艕船二,不用则载以行,用则借以登岸也。水十四柜","驾船民梢一百四十人有奇"①。

明嘉靖三十八年(1559 年)封舟:册封琉球国王时所用,"长带虚梢一十五丈,宽二丈九尺七寸,深一丈四尺"②。

明万历七年(1579 年)封舟:长"带虚稍一十四丈,宽二丈九尺,深一丈四尺"③。

明万历三十三年(1605 年)封舟:夏子阳出使琉球时所乘。"连头尾虚梢共计十五丈,船阔一丈三尺六寸,深一丈三尺三寸。"船内原为 24 舱,改造后增为 28 舱。船上立 3 桅,"大桅长七丈二尺,环围七尺五寸;二桅长六丈五尺,环围六尺二寸"。船上官舱三层。舱后为司针盘的伙长住房。再往后为梢,梢尾上建黄屋二层,供奉天妃并安放皇帝的诏书;尾下为舵工操舵及其住所。船底有龙骨。

明崇祯六年(1633 年)封舟:杜三策、胡靖所乘,"长二十丈,广六丈"④。

清康熙二年(1663 年)封舟:造于福州。张学礼、王垓等赴琉球时所乘。"其船形如梭子,上下三层。阔二丈二尺,长十八丈,高二丈三尺。桅舱左右二门,中官厅,次房舱,后立,天妃堂,船尾设战台。""船内有水井二口,设官司启闭,不妄用涓滴。船底用石铺压。"船底设龙骨。船上层设大炮 16 门,中层列大炮 8 位。装头桅及大桅,"桅杆众木凑合,高十八丈,俱用铁裹。杆头有斗,可容数人观风瞭望"。船舵杆为铁力木,并设勒索。有二人专管针盘,另有船工 20 余人,水手 60 余名。⑤

康熙二十二年(1683 年)封舟:汪楫出使琉球时用之,未造新船,只是"选二鸟船充用。船长一十五丈有奇,宽二丈六尺"⑥。

康熙五十八年(1719 年)封舟:徐葆光奉使琉球进行册封,此行有二船,均为事先"取自浙江宁波府属,皆民间商舶"。

1 号船是使臣的座船,"前后四舱,每舱上下三层。下一层填压载巨石,安顿什物。中一层使臣居之。两旁名曰麻力,截为两层,左右八间,以居从役;舱

① 陈侃:《使琉球录》。
② 《中山传信录》卷一。
③ 《中山传信录》卷一。
④ 《中山传信录》卷一。
⑤ 张学礼:《使琉球记》。
⑥ 《中山传信录》卷一。

口梯两折始下,舱中宽六尺许,可横一床,高八九尺,上穴舱面为天窗口,方三尺许,以通明,雨即掩之,昼黑如夜。舱面空其右以行船,左边置炉灶数具。板阁跨舷外一二尺许,前后圈篷作小屋一二所,日番居以避舱中暑热。水舱水柜设人主之,置签给水,人日一瓯。船尾虚梢为将台,立旗纛,设藤牌,弓箭兵役吹手居其上。将台下为神堂,供天妃诸水神。下为柁楼,楼前小舱布针罗,伙长、柁工及接封使臣主针者居之。船两旁大小炮门十二,分列左右,军器称是。席篷布篷九道,舱面横大木三道,设轴转缭以上下之"。

2 号封舟则专载随行之兵役。①

嘉庆三年(1798 年),清廷以赵文楷为正使,李鼎元为副使再次赴琉球进行册封。清使于嘉庆五年(1800 年)自福州起航,所乘二舟均为闽地海船。"舟身长七丈,首尾虚梢三丈,深一丈三尺,宽二丈二尺,较历来封舟几小一半。"2 号船与 1 号船相同,但 1 号船有龙骨,而 2 号船无之。1 号船立 3 桅,"前后各一桅,长六丈有奇,围三尺;中舱前一桅,长十丈有奇,围六尺,以番木为之"。全船分为 24 舱,"舱底贮石曰压钞,载货十一万斤有奇"。设 3 具木椗,形如"个"字,皆以铁力木为之。其舵可升降,当行经进士门海域时,"水浅,起柁尺许乃过"。船上设大横木 2 道,此即绞关木,用以升降帆、舵和移动炮位。"舱面为战台。尾楼为将台,立帜列藤牌,为使臣厅事;下即柁楼。柁前有小舱,实以沙,布针罗。""中舱梯而下,高可六尺,为使臣会食地。左右分居,居复分两层,名曰麻力。上层又划为三间,下层则划为六间,主栖其上,仆栖其下;下层间卧二人。"船内又有其他舱房,分别存贮火药和供胥吏兵士居住。又有水舱,共 4 井,每井贮淡水 200 石,共 800 石,由专人管理。船上还装备 5 门大炮。船工中,"以鸦班为重,每舟三人,人管一桅"。另外又有缭手、椗手、车手等。②

文献所记嘉庆封舟与康熙五十八年封舟各有详略,互相参照,可进一步了解封舟之形制。

五 明清锚具③

明清两代的船用定泊工具有木椗和铁锚两大类。《筹海图编》云:"北洋可抛铁锚,南洋水深,惟可下木椗。"《江苏海运全案》则曰:"南泥性柔,铁锚易走,故有木椗之制。北泥性坚,非铁不入,是以……独尚铁锚。"④《鸿雪因缘图记》

---

① 《中山传信录》卷一。
② 李鼎元:《使琉球记》。
③ 此部分内容参见王冠倬:《中国古船图谱》,三联书店 2000 年版,第 275—279 页。
④ 《江苏海运全案》卷一二。

亦作如是说。可见木椗与铁锚的使用区别是以水浅水深以及水域底部的不同条件来划分的,航行北方水域之海船用铁锚,航行南方水域的海船用木椗。但这个区别对内河船不起作用,南北内河船均用铁锚;对于海船也只是大致如此,在南方海域就曾出土过铁锚,走北方航线的三不像船、疍船也用木椗,所以南木北铁之分并不那么严格。

木椗从木石锚演变而来。木石锚的下端有木齿,并缚石块以增重。木椗则选取优质木料,去石只以木为结构。因以木为主体结构,所以借用古代碇字,称之为木椗。明代大福船高大如楼,上下四层,其第三层"前后各设木椗,系以棕缆,下椗起椗皆于此层用力"①。清康熙五十八年(1719年)封舟属浙船系统,船上有两大两小4具木椗,"形如个字,皆以铁力木为之"②;嘉庆五年(1800年)在福州所造封舟,"椗三,皆以铁力木为之,形如个字"③。麟见亭所记宁波海船,其定泊工具亦是木椗。《江苏海运全案》所载疍船、三不像船也装备木椗。明清两代对木椗的选材很重视,并在实践中积累了丰富的经验。"木椗以夹喇泥(木)为上,乌盐木次之,若黄白盐木已非其选。至南产青秀木,初使尚能入泥,三年后即不能直沉及底。"④如若得以铁力木为之,"则渍海水中愈坚"⑤,那就更好了。总之,木材的选择以质密、量重、坚硬、耐腐蚀者为上。

至于铁锚,它广泛用于内河船与某些海船。明代铁锚是将熟铁加温后锤锻而成的,上下浑然一体,务求坚牢。"锤法,先成四爪,以次逐节接身。其三百斤以内者,用径尺阔砧,安顿炉旁,当其两端皆红,掀去炉炭,铁包木棍夹持上砧。若千斤内外者,则架木为棚,多人立其上,共持铁链,两接锚身,其末皆带巨铁圈链套,提其掟转,咸力锤合。"整个铁锚绝非用一块熟铁打成,只能用多块铁从锚齿开始逐渐打制延长至柄,使之成为一体。锻接的连续性很强,要求很严。锻接时要用"合药","先取陈年壁土筛细,一人频撒接口之中,浑合方无微隙"⑥。为什么要以陈年壁土作为合药?可能因为陈年壁土日久返硝,硝为氧化物,遇热分解,放出氧气,提高铁件温度,易于锻接。

除连续性锻打方式外,又有将锚齿、锚柄分别打制而后焊接成一体的方法。

明代较大的船,往往设置数件铁锚,如嘉靖十三年(1534年)封舟,"大铁锚四,约重五千斤"。运粮漕船亦配置多件锚,有的"计用五、六锚。最雄者曰

---

① 《筹海图编》卷一三。
② 《中山传信录》卷一。
③ 李鼎元:《使琉球记》。
④ 《江苏海运全案》卷一二。
⑤ 《中山传信录》卷一。
⑥ 《天工开物》卷中锤锻锚。

看家锚,重五百斤内外。其余头用二枝,梢用二枝"。在一般情况下,用头锚或梢锚就可以了,但若"十分危急则下看家锚"。梢锚还有另外的用途:"或同行前舟阻滞,恐我舟顺势急去有撞伤之祸,则急下梢锚提住,使不迅速流行。"①此时此景,梢锚所起的乃是减速作用,类似车闸。既不能将梢锚猝然直沉水底,又要利用锚与泥沙的摩擦力以降低船行速度,要掌握恰当的时机和分寸,操作者应具有丰富的经验与娴熟的技巧。一些行驶于南方航线的船只也往往使用铁锚。郑和所乘一号宝船的"篷帆锚舵,非二三百人莫能举动"。偌大之锚理应是铁锚。"淮安清江浦厂中草园地上,有铁锚数枚,大者高八九尺,小者亦三四尺,不知何年之物,相传永乐间三保太监下海所造。"②

清代亦大量使用铁锚。康熙五十八年(1719年)封舟的锚具,《中山传信录》记载有4具木椗,但从该书所绘船图上看到船头上还有一只铁锚。福宁府衙署后园中,"有大铁锚二,长五六尺,不知其何自来,或云官车征蔡牵时所得"③。清代盐运总署所存运盐船模型,上面所用的乃是四齿铁锚。《姑苏繁华图》(又名《盛世滋生图》)中的人字桅客船,两具四齿锚分列于船头两侧。《江苏海运全案》、《浙江海运全案》所绘沙船、卫船所用者亦皆是铁锚。(见王冠倬《中国古船图谱》图384)

总之,明清两代兼用木椗与铁锚,但似乎以铁锚为主。

---

① 《天工开物》卷中《锤锻冶铁》。
② 《七修类稿》卷四八。
③ 《春在堂随笔》卷五。

第五章

明清时期的海洋贸易

明代前期,为保证海禁的顺利实行,明朝政府以要求和接受"诸番"对他们的"上国"明王朝进行"朝贡"为名,把海外贸易置于官方的严格控制和垄断之下,实行朝贡贸易,并将其作为海外贸易的唯一合法形式。朝贡贸易的产生对明朝社会经济的发展不仅没有起到积极作用,反而带来不少弊端,终致难以为继,遂使明代后期私人海外贸易得以迅速发展并达到了相当高度,使我国历史上持续了 1000 多年的以官方垄断为主的海外贸易发生了根本性的变化,进入了一个崭新的时期。受"禁海"与"迁界"的影响,清前期的海外贸易曾一度停顿、萎缩,但自 1684 年实行开海设关、严格管理海外贸易的政策之后,虽有十年的"南洋禁航"以及 1757 年撤销闽、浙、江三海关贸易的阻碍和影响,中国的海外贸易仍以不可抗拒的势头发展起来,其规模和贸易总值均远远超越前代,达到了新的水平。

第一节　明代的海洋贸易

在我国海外贸易史上,明代是一个重要的朝代,它经历了我国海外贸易由盛转衰的主要过程。在明代统治的 200 多年里,我国海外贸易在宋元时期发展下来的基础上又有了新的发展,其中既有由明朝政府主持的震惊中外的郑和七下西洋,亦有由私人海外贸易商经营的遍历东西洋的海外商船。然而,这些发展持续的时间并不很长,到 15 世纪末期,我国商船已绝迹于苏门答腊以西,至于隆庆元年(1567 年)部分开禁后发展起来的私人海外贸易,到万历末年亦急遽地走向衰落,且逐渐被东来的西欧殖民者所压倒。明朝政府对海外贸易的严格控制以及对海外贸易商的残酷打击,使之无法得到正常发展,无疑是导致这种变化的主要原因之一。

明代海外贸易大抵可分为两个时期：一是明代前期（1368—1566年），为朝贡贸易时期；二是明代后期（1567—1644年），为私人海外贸易时期。①

一 明代前期的朝贡贸易②

明代前期（1368—1566年），明朝统治者为了加强对海外贸易的控制和垄断，实行了一种招徕海外诸国入明朝贡贸易的制度，准许这些国家在朝贡的名义下随带货物，由官方给价收买。这种贸易，在海禁严厉的时候，几乎成为唯一的海外贸易渠道，因此史学界称之为"朝贡贸易"，即以"朝贡"为名，把海外贸易置于官方的直接控制之下。

（一）朝贡贸易的原则与限制

明代的朝贡贸易既然已成为官方直接控制海外贸易的一种制度，那么它与海禁的实行必然分不开，因为只有厉行海禁，不准私人出海贸易，堵住外商可能在外海同私人进行贸易的一切渠道，才能迫使海外诸国不得不走朝贡贸易这唯一的途径。因此，一般说来，海禁越严厉时，海外诸国朝贡的次数就越频繁，有人曾以暹罗为例作一统计，从洪武三年（1370年）至洪武三十一年（1398年）海禁最严厉的29年中，暹罗朝贡达35次，平均每年至少1次，而从隆庆元年（1567年）部分开禁到崇祯十七年（1644年）明亡的78年间，暹罗朝贡仅有14次，平均五年半一次。③ 于是，朝贡贸易的原则基本上可以明人王圻的话来进行概括："凡外夷贡者，我朝皆设市舶司以领之……许带方物，官设牙行与民贸易，谓之互市。是有贡舶即有互市，非入贡即不许其互市。"④从这条原则中可以看出，明朝政府就是通过朝贡贸易的实行来加强对海外贸易的控制和垄断。

但是，朝贡贸易在实行过程中出现了一些矛盾：一方面，明政府以"怀柔远人"，"厚往薄来"为宗旨，以高于"贡品"几倍的代价为"赉赐"，朝贡的次数越多，财政负担就越大；另一方面，海外诸国"慕利"而来，"朝贡"一次就进行一次大宗贸易，有的甚至把最主要的财政收入来源都寄托于朝贡贸易之中。⑤ 一年数

---

① 李金明：《明代海外贸易史》导言，中国社会科学出版社1990年版，第1页。
② 此部分内容参见李金明：《明代海外贸易史》，中国社会科学出版社1990年版。
③ 徐启恒：《两汉至鸦片战争期间的中泰关系》，《中国与亚非国家关系史论丛》，江西1984年版，第82页。
④ 王圻：《续文献通考》卷三一《市籴考》。
⑤ 日本学者臼井信义认为，"义满鼎盛期的北山时代最主要的财政收入来源，实际就是和明王朝的贸易"。见臼井信义：《足利义满》（吉川弘文馆1960年版，第178页）。引自田中健夫：《东亚国际交往关系格局的形成和发展》，《中外关系史译丛》第2辑，上海译文出版社1985年版，第138页。

贡,"来者不止"①。面对这些矛盾,明政府只好采取下列种种措施进行限制。

1. 规定贡期,限制船数、人数及贡品数

洪武五年(1372年)九月,明太祖因高丽朝贡使者往来频繁,告谕中书省臣限制其贡期及贡品数,"宜令遵三年一聘之礼,或比年一来,所贡方物止以所产之布十匹足矣"。同时亦将此意转谕占城、安南、西洋琐里、爪哇、渤泥、三佛齐、暹罗斛、真腊等国以及"新附远帮凡来朝者"②。这就是明初规定贡期、限制贡品数目的开始,以后虽然又多次反复重申这一旨谕,甚至在洪武二十三年(1390年)四月以安南屡次"不从所谕,又复入贡"而却其贡,令速遣还。③ 但一直是收效甚微,限制不住。

以琉球为例来说,琉球国小资源缺乏,贡品大部分转市于日本和东南亚各国,其入贡的目的是"欲贸中国之货以专外夷之利"④。在经济上高度依赖于对明的朝贡,因此一岁常再贡、三贡,"天朝虽厌其烦,不能却也"⑤。成化十年(1474年),琉球国使臣在福建杀死怀安县民陈二观夫妻,焚其房屋,劫其财物,明政府因此限其两年一贡,人数只许100,多不过加5人,贡物除国王正贡外,不能附带私货。这对琉球当然是一大打击,第二年即遣使臣程鹏奏乞如常例,岁一朝贡⑥,但未获准。成化十四年(1478年)又再次要求一年一贡⑦,在成化十八年(1482年)的奏疏中甚至卑谦地自称"以小事大,如子事父",但仍未得到同情,礼部认为"其意实欲假进贡之名,以规市贩之利,不宜听其所请",敕令照旧两年一贡。⑧ 直至正德二年(1507年),明武宗因不胜其一再奏乞,只好同意恢复一年一贡。⑨ 但嘉靖元年(1522年)又敕令遵先朝旧例,两年朝贡一次,每船不过150人。⑩ 由此可见,明政府对贡期、人数的限制始终是反反复复,难以执行。

明朝对日本入贡的贡期、船数、人数以及贡品数目的限制更具典型。永乐二年(1404年)规定以10年一贡,船限2艘,人限200,违例则以寇论;宣德元年(1426年)因入贡人、船超过限制,又运来的刀剑过多,乃重新规定今后贡船不过3艘,使人不过300,刀不过3000,不许违禁。⑪ 但这些规定并未见诸实

① 张廷玉:《明史》卷三二四《外国传·暹罗》。
② 《明太祖实录》卷七六,洪武五年九月甲午。
③ 陈仁锡:《皇明世法录》卷三《太祖高皇帝宝训·却贡献》。
④ 《明宪宗实录》卷一七七,成化十四年四月己酉。
⑤ 龙文彬:《明会要》卷七七《外蕃一·琉球》。
⑥ 《明宪宗实录》卷一四〇,成化十一年四月戊子。
⑦ 《明宪宗实录》卷一七七,成化十四年四月己酉。
⑧ 徐学聚:《国朝典汇》卷一〇七《礼部五·朝贡》。
⑨ 《明武宗实录》卷二四,正德二年三月丙辰。
⑩ 《明世宗实录》卷一四,嘉靖元年五月戊午。
⑪ 胡宗宪:《筹海图编》卷二《倭奴朝贡事略》。

行,如宣德八年(1433年)来贡的船有9艘,人数多至千人,衮刀2把、腰刀3500把;景泰四年(1453年)来贡的船有9艘,人数多至千人,衮刀417把,腰刀9483把。① 尽管明政府于嘉靖六年(1527年)强调指出,"凡贡非期,及人过百、船过三,多挟兵器皆阻回"②,并于嘉靖二十六年(1547年)采取果断行动,将先期到来的4艘日本贡船600人阻回,迫使他们不得不开出定海,在舟山停泊10个月,至明年贡期到,才准上陆③,但仍无济于事。到嘉靖二十九年(1550年)再次重申规定"日本贡船,每船水夫七十名;三艘共计水夫二百一十名,正副使二员、居坐六员、土管五员、从僧七员、从商不过六十人"④时,与日本之间的"朝贡关系"已宣告断绝。

2.规定贡道

明政府为了加强对朝贡使者的控制和管理,还分别规定了各国入贡的贡道,要求朝贡船必须停泊在指定的港口,按规定的路线将贡品运送至京。所谓指定的港口一般也就是设置市舶司的广州、泉州和宁波三个地方,至于哪一个国家的贡船停泊在哪一个港口,大概是根据以下三种情况而定:

一是根据航海规律。如日本入贡,一般分派给三道,按定额造船;南海道应贡,在土佐州造船,至秋子坞开洋;山阳道应贡,在周防州造船,至花旭塔开洋;西海道应贡,在丰后州造船,至五岛开洋。而五岛又为三道咽喉,船舶西行可至中国,北行可至朝鲜,从五岛至浙江普陀山仅相隔4000里,当东北风顺时,5昼夜就可到达,即使逆风卸下篷帆,任其荡行,半个月内也可到达。⑤ 从中国到日本的船舶,一般也是到普陀山停泊,然后横渡东海,直达长崎⑥,所以日本贡船一般规定其泊于台州或定海,验明勘合后,把兵器放进仓库,再移至宁波嘉宾堂等候朝廷命令⑦。

把贡品从宁波运送到北京的路线是:由安远驿乘船溯甬江而上,经余姚、绍兴、萧山等地,过钱塘江到杭州,然后由运河经嘉兴、苏州、常州到达镇江,横渡长江,再进入运河,经过扬州、淮安、彭城(今徐州)、沛县、济宁,渡过黄河到达天津,再溯运河到通州登陆,改乘驿丞官提供的车马驿驴前往北京,但往返

① 〔日〕藤家礼之助:《日中交流二千年》,北京大学出版社1982年版,第163页;《明宣宗实录》卷一〇二,宣德八年五月丙子;《明英宗实录》卷二三六,景泰四年十二月甲申。
② 申时行:《明会典》卷一〇五《东南夷·日本国》。
③ 《明世宗实录》卷三三〇,嘉靖二十六年十一月丁酉;木宫泰彦:《日中文化交流史》,商务印书馆1980年版,第551页。
④ 申时行:《明会典》卷一〇五《东南夷·日本国》。
⑤ 诸葛元声:《三朝平攘录》卷五《日本上》。
⑥ 〔日〕藤家礼之助:《日中交流二千年》,北京大学出版社1982年版,第188页。
⑦ 诸葛元声:《三朝平攘录》卷五《日本上》。

途中,还需溯长江到达南京。①

对琉球贡道的规定也是根据航海规律来进行调整。永乐初置市舶司时,规定琉球贡船泊于泉州港,由设在泉州的市舶司接待,但实际上琉球贡船来时大多由那霸港开航,泊于浙江定海或福建长乐五虎门,然后到福州城南河口,返时亦由福州到长乐,出海后直航那霸港。② 这样,设在泉州的市舶司就起不了作用,后来只好迁往福州。这种调整虽然主要是根据航海规律,但其中也难免夹杂有乡土之情,如郭造卿所说,明初泉州立市舶司,乃为琉球入贡,"后番舶入贡,多抵福州河口,因朝阳通事三十六姓,其先皆河口人也,故就乎此"③。这些"朝阳通事三十六姓"系洪武二十五年(1392 年)由明太祖赐予琉球,以便于往来朝贡,他们"知书者授大夫、长史,以为贡谢之司;习海者授通事、总管,为指南之备"④。他们的后裔子孙世袭通使之职,专司来华请封、谢恩、朝贡。⑤由这些人率领的贡船当然是乐于在福州停泊,以享同乡之谊。

从福州运送贡品至北京的路线是:自来远驿起程,乘船溯闽江而上,经延平、建宁到崇安,越过武夷山进入浙江,然后循上述日本贡道直抵北京。⑥

二是按照传统习惯。广州自汉唐以来就一直是东南亚诸国来华停泊的港口,明政府遵循这种传统习惯,仍规定真腊、占城、暹罗、满剌加等国贡道经由广东。⑦ 当贡舶到广东时,大抵被规定停泊在沿海的"澳"中,即"泊口",诸如新宁县的广海、望峒;新会县的奇潭;香山县的浪白、蠔镜、十字门;东莞县的鸡栖、屯门、虎头门等澳。⑧ 还有琼州府的海口,也曾一度作为占城贡船停泊的港口。⑨

由广州运送贡品到北京的路线是:自怀远驿出发,乘船到佛山,溯北江而上,经韶关到南雄,然后越过梅岭,进入江西南安,由水路辗转以抵北京附近运河终点。从南雄至南安这段,因限隔梅岭,舟楫不通,需用民力接运,故明成祖于永乐四年(1406 年)下令,进贡方物如值农忙时,暂收贮于南雄,待十一月农

---

① 王建民:《日中文化交流史》,外研社 2009 年版,第 564—565 页。

② 如嘉靖十三年(1534 年)奉命前往琉球册封的使者陈侃就是从福州造船,由琉球派来的一名看针通事和 30 名善驾舟者导航,五月初八日经长乐出海,二十五日至那霸港,其间仅用了 17 天时间;返航是九月二十日出那霸,二十八日至定海,其间用了 8 天时间。嘉靖四十一年(1562 年)奉命册封的使者郭汝霖也是从福州造船,五月二十二日出海,闰五月初九日至那霸港,其间用了 17 天时间;返航是十月十八日出那霸港,二十九日至五虎门,其间用了 11 天时间。见陈侃:《使事纪略》,《玄览堂丛书续集》第 16 册;徐葆光:《中山传信录》,《小方壶斋舆地丛钞》第十帙。

③ 郭造卿:《闽中兵食议》,顾炎武:《天下郡国利病书》卷九六《福建六》。

④ 《明神宗实录》卷四三八,万历三十五年九月己亥。

⑤ 张学礼:《使琉球纪·中山纪略》,《丛书集成初编》。

⑥ 见高岐:《福建市舶提举司志·宾贡》。

⑦ 《明会典》卷一〇五《朝贡·东南夷》。

⑧ 屈大均:《广东新语》卷二《地语·澳门》。

⑨ 《明英宗实录》卷一四三,正统十一年七月己巳。

闲时再运往南安,遂为定例。①

三是从战略上考虑。对有边界接壤的国家,考虑到如贡道太过径直,可能窥探中国虚实,造成今后隐患,故规定其贡道一般由边远地区迂回到北京。如朝鲜贡道由鸭绿江经辽阳、广宁,过前屯,然后入山海关,抵达北京,其间迂回四大镇。② 成化十六年(1480 年),朝鲜使者因遭到建州女真的邀劫,请求改贡道,但当时任职方郎中的刘大夏坚决不同意,认为原贡道的规定是"祖宗微意,若自鸭绿江抵前屯、山海,路太径,恐贻他日忧"③。对安南贡道的规定是由广西凭祥州入境,经龙州,溯左江到南宁,然后抵北京。④

这种规定实际上很难执行,因由海路运送贡物毕竟路途近,且载运量大,可减少许多转运的麻烦,故朝鲜和越南贡使还是经常违背规定,私自由海路而来。如洪武十七年(1384 年)朝鲜贡使就因水陆两至而遭到绝贡的惩处⑤,洪武二十七年(1394 年)安南亦因遣使由广东入贡而受到谴责⑥。在浙江沿海一带更是经常捕捉到朝鲜贡船,如嘉靖二十一年(1542 年)六月,浙江定海官兵在普陀山捕获到朝鲜梁孝恨等 22 人,自供是正月入贡遭风飘流到此。⑦

3. 限制贡使的行动和交易

明政府为了确保对海外贸易的绝对控制,防止外国贡使同中国人随便接触,以发生相互勾结或泄漏事件,还实行了限制贡使行动和交易的办法。

明初在北京设有南北两会同馆,以接待朝贡的外国使者。朝贡使者一住进会同馆便失去行动自由,按规定 5 天放出一次,其他时间不准擅自出入,唯有朝鲜和琉球两国使者例外,任其出外贸易,不在 5 日之限。但弘治十三年(1500 年),因女真贡使饮酒争坐,致伤人命,刑部等衙门遂实行新例,把朝鲜和琉球也一概禁止。⑧ 后经朝鲜国王一再交涉,到嘉靖十三年(1534 年)才准许弛禁。⑨ 明政府为了有效地限制贡使行动,还于弘治十三年(1500 年)立法规定"在京在外军民人等,与朝贡夷人私通往来,投托买卖及拨置害人,因而透漏事情者,俱发边卫充军。军职调边卫,通事、伴送人等有犯,系军职者如例,系文职者除名"⑩,以此来限制国内军民与外国贡使的接触。

---

① 《明太宗实录》卷五五,永乐四年六月丙子。
② 《皇明世法录》卷八一《东夷·朝鲜》。
③ 徐学聚:《国朝典汇》卷一〇七《礼部五·朝贡》;焦竑:《国朝献征录》卷一二〇《四夷·朝鲜》。
④ 见《明宪宗实录》卷一七六,成化十四年三月辛未;卷一七八,成化十四年五月甲子。
⑤ 《明太祖实录》卷一六二,洪武十七年五月癸丑。
⑥ 《明会要》卷一五《宾礼·蕃使入贡》。
⑦ 《明世宗实录》卷二六三,嘉靖二十一年六月己丑。
⑧ 《明孝宗实录》卷一七〇,弘治十四年正月壬甲;《国朝典汇》卷一〇七《礼部五·朝贡》。
⑨ 《明世宗实录》卷一六九,嘉靖十三年十一月己巳。
⑩ 《明孝宗实录》卷一五九,弘治十三年二月癸巳。

对朝贡使者的交易限制，先是规定赏赐后可在会同馆开市 5 天，由铺行人等持货入馆①，两平交易。到弘治十三年（1500 年）又规定凡遇开市，令宛平、大兴两县委官选送铺户入馆。这些铺户据说是由江南迁移来的，因成祖迁都北京时，曾徙江南、直隶富民 3000 户以实京师，令充宛平、大兴两县厢长，由他们专营对外贸易可能是一种抚慰手段。② 但这种做法因双方欲买卖的货物互不相投，所卖的多数不是贡使所要的东西，故于弘治十四年（1501 年）宣告废除，仍旧采用原先的规定。

这 5 天开市时间，对贡使来说是相当宝贵的，他们往往将它看成对明朝贡贸易中的主要部分。③ 而明政府为了加强限制，也制定了不少有关法律：一是不准会同馆内外四邻军民人等代替贡使收买违禁货物，若犯者问罪，枷号一个月，发边卫充军。二是禁止收买史书及玄黄、紫皂、大花、西番莲缎匹并一应违禁器物。三是开市期间，各铺行人等入馆，两平交易，染作布绢等项应立限交还，如赊买及故意拖延、骗勒贡使久候不得起程者问罪，仍于馆门首枷号一个月；如诱引贡使潜入人家，私相交易者，私货各入官，铺行人等，照前枷号；如贡使故意违犯，潜入人家交易者，私货入官，未给赏者，量为递减，通行守边官员，不许将曾经违犯的贡使再护送进京。④ 这种由官府控制监督，由铺行垄断专营的所谓"交易"，很少受到市场规律的调节，贡使出卖的是由官府拣剩的残余物品，货色粗劣，数量有限，而铺行带进去的是一些所谓"不系违禁货物"，品类价格均有限制，因此经常出现所卖非所买的现象。有的贡使为了达到自己的目的，"往往交通馆夫及市人，不待礼部开市之期，预将违禁货物私卖"，结果造成被人赊买，久不还价，贡使延住经年，酗酒、闹事、残杀等弊病层出不穷。⑤

4.颁赐"勘合"

朝贡贸易虽然原则上是规定有朝贡者才许贸易，非朝贡者则不许贸易，但是，仍有不少外商以个人名义要求进献方物⑥，甚至冒充使臣入贡⑦，故明太祖为辨别真伪，防止假冒，于洪武十六年（1383 年）命礼部颁发勘合文册，赐给暹

---

① 《明孝宗实录》卷一七〇，弘治十四年正月壬申。
② 陈文石：《明嘉靖年间浙福沿海海寇乱与私贩贸易的关系》，《"中央"研究院历史语言研究所集刊》第 36 本上册，第 376 页。
③ 王建民：《日中文化交流史》，外研社 2009 年版，第 582 页。
④ 《皇明世法录》卷四六《户律·把持行市》；《明会典》卷一〇八《朝贡四·朝贡通例》。
⑤ 《明孝宗实录》卷三五，弘治三年二月己亥；卷一五九，弘治十三年二月己亥。
⑥ 如洪武九年（1376 年）五月，日本商人藤八郎到南京献弓、马、刀、甲、硫黄等物，明太祖命令去其献，赐白金遣之。（《明太祖实录》卷一〇六，洪武九年五月壬午）。
⑦ 如洪武七年（1347 年）三月，暹罗亦称暹罗斛国人沙里拨自称是本国派遣来朝贡，船至乌诸洋遭风损坏，漂到海南，以收获漂余苏木、降香、兜罗绵等物来献。明太祖认为他没有表状，既称舟覆，而方物乃存，怀疑必定是外商假冒，命令却之。（《明太祖实录》卷八八，洪武七年三月癸巳）。

罗、占城、真腊诸国,规定凡中国使者至,必验勘合相同,否则以假冒逮之。①这就是明政府对海外朝贡国家颁赐勘合的开始。据《明会典》记载,获得勘合的有暹罗、日本、占城、爪哇、满剌加、真腊、苏禄国东王、西王、峒王、柯支、渤泥、锡兰山、古里、苏门答剌、古麻剌等 15 国。②

所谓"勘合",据说是一种长 80 多公分、宽 35 公分多的纸片,上用朱墨印有"×字×号"骑缝章,一半为勘合,另一半为底簿。③ 每一朝贡国均颁赐勘合200 道,底簿 4 扇。以暹罗为例,礼部把暹字号勘合 100 道及暹罗字号底簿各1 扇存于内府,把罗字号勘合 100 道及暹字号底簿 1 扇赐暹罗,把罗字底簿 1扇发广东布政司,每逢改元则更新换旧。④ 凡暹罗派到明朝的朝贡船,每艘需带勘合 1 道,上面填写朝贡使臣及随船人员的姓名、朝贡物品、数量等,由广东布政司核对底簿后,护送到北京,再同礼部保存的勘合及底簿进行核对,鉴定彼此的朱墨字号,而明使派到暹罗时,则需带礼部保存的暹字勘合,同暹罗所保管的勘合底簿进行核对,返国时,须把暹罗赠送的礼物一一填上勘合带回。⑤

颁赐给日本的勘合,同样是本字号勘合 100 道及日字号底簿 1 扇,而日字号勘合 100 道及日本字号底簿各 1 扇则存于礼部,本字号底簿 1 扇发福建布政司。⑥ 首次勘合是永乐二年(1404 年)由明使赵居任等带到日本;第二次是宣德八年(1433 年)由明使雷春等带去。此后每当改元,即照例送去新勘合和底簿,把未用完的旧勘合和底簿收回。⑦ 终明之世,共颁赐给日本的勘合有永乐、宣德、景泰、成化、弘治、正德六种。⑧

(二)朝贡的手续与仪式

海外诸国入明朝贡,除了受到上述种种限制外,还必须经过繁琐的朝贡手续和仪式。

当朝贡船到达时,先由"守澳官验实,申海道,闻于抚按衙门,始放入澳",

---

① 《国朝典汇》卷一〇七《礼部五·朝贡》;《明太祖实录》卷一五三,洪武十六年四月乙未。
② 《明会典》卷一〇八《朝贡四·朝贡通例》,日本学者藤家礼之助在《日中交流二千年》一书中,称勘合"实际上曾颁发给五十九个国家"(见该书第 163 页)。这可能是误解了郑舜功所说的,发给勘合的有暹罗,占城、琉球等国 59 处(见郑舜功:《日本一鉴·穷河话海》卷七《勘合》),这"五十九处"并非"五十九国"。
③ 〔日〕藤家礼之助:《日中交流二千年》,北京大学出版社 1982 年版,第 161 页。
④ 《明会典》卷一〇八《朝贡四·朝贡通例》。
⑤ 参阅《日中文化交流史》,外研社 2009 年版,第 542 页。
⑥ 王辑五:《中国日本交通史》,上海书店 1984 年版,第 151 页。
⑦ 王建民:《日中文化交流史》,外研社 2009 年版,第 543 页。
⑧ 〔日〕藤家礼之助:《日中交流二千年》,北京大学出版社 1982 年版,第 162 页。

然后由镇巡及三司长官委派地方官会同市舶司官员检验贡使带来的勘合,比对无误,贡期不违,始迎接进港。据说这种迎接仪式颇为隆重,景泰四年(1453年)入贡的日本使者允澎曾记下当时的情况:当他们的贡船到达普陀山,在莲华洋停泊后,便有彩船 100 余艘,环绕使船前来迎接,赠给酒、水、食粮等物。进抵沈家门后,又有官员乘画舫 50 余艘,吹角打鼓前来迎接,接着就有巡检司派来的官船做向导,经由定海进入宁波。到宁波后,由内官把一行人迎到嘉宾馆安歇,并把贡船到达的消息奏报北京;从杭州来的布政司、按察使等,一再为贡使一行人在勤政堂、观光堂设宴,招待茶饭。① 迎接仪式完后,三司官即会同市舶司称盘贡物,注明文籍,除国王进贡物外,贡使人伴附搭买卖的货物,官给价钞收买,然后遣官陪同贡使运送至京。运送贡物的手续,据洪武二十六年(1383 年)规定,贡船到时,由有关部门封识,遣人入奏,待朝廷下命后,才开封起运。这样做,贡使逗留在地方动经数月,耗费极大。至宣德五年(1430 年)明宣宗始改为不必待报,即称盘遣官运送,以减少民间的耗费。②

使者到京后,先至会同馆,由中书省奏闻,命礼部侍郎于馆中宴劳,然后学习朝见礼节三天,选定朝见日期。所进贡的方物,由会同馆呈报到礼部,礼部主客官即赴馆点验,将表笺移付仪部,方物分出进贡皇上若干,太子若干,开写奏本。第二天早朝时运进内府,或在奉天门,或在奉天殿丹陛,或华盖殿及文华殿前陈设,然后由礼部正官面奏皇帝,表示收纳。③

领取赏赍物时,由礼部官具本奏闻,把赐物统一领出,或于奉天门,或于奉天殿丹陛,或于华盖殿,列桌摆好,然后引受赐人朝北站立,分别把赐物置其面前,待受赐人叩头毕,再将赐物授予。如果受赐人多至几十人、几百人,则先把所赐之物,点名分授,待各人列队叩头完后,由礼部出条子让他们到午门倒换勘合,填上所赐物品的种类、数量,翌日再会谢恩。④

朝贡使者在京完成进贡手续回还时,由礼部派遣郎中、主事或进士等官伴送,到市舶司设宴款待,并负责措置沿途饮食供应等事。如琉球国贡使伴送至福建市舶司来远驿安歇,照来时设宴招待完后,由市舶司派通事查明贡使离驿日期及有关事项,呈报布政司,然后由布政司委官一员会同市舶司通事、官吏各一员,将贡使逐一搜检上船,护送至长乐梅花千户所,开洋回国。⑤ 这样,一次朝贡的仪式和手续遂告结束。

① 见《允澎入唐记》,引自〔日〕木宫泰彦:《中日文化交流史》,胡锡年译,商务印书馆 1980 年版,第581 页。
② 见《明宣宗实录》卷六七,宣德五年六月庚午。
③ 《明会典》卷一〇八《朝贡四·朝贡通例》。
④ 《明会典》卷一一一《给赐二》。
⑤ 见高岐:《福建市舶提举司志·宾贡》。

在完成朝贡手续的过程中,明朝政府付出了相当大的耗费。凡朝贡使者进京,沿途来回的车、船、食宿均由官府供给,据《日本一鉴》记载:"入朝者沿途往还,给支廪粮之外,每人肉半斤,酒半瓶……若至会同馆,该光禄寺支送常例,下程每人日肉半斤,酒半瓶,米一升,蔬菜厨料;若奉钦赐下程,五日一送,每十人羊、鹅、鸡各一只,酒二十六瓶,米五斗,面十二斤八两,果子一斗,烧饼二十个,糖饼二十个,蔬菜厨料。"①同时,还分别赐予棉被、寒衣及道里费,如洪武二十年(1387年)十一月,赐予占城贡使一行,各人棉被及寒衣一袭,回到广东,又每人赐钞20锭为道里费,军士减半②;日本贡使在《允澎入唐记》中也记载,当他们在宁波将解缆启程回国时,还由"市舶司给海上三十日大米,人各六斗"。当时允澎一行入贡人员多达1000余名,供给的粮食总量估计应在600石以上。③

(三)朝贡物与赏赍品

海外诸国朝贡的方物,据《明会典》所载,大致可分为如下七大类:

一、香料:胡椒、苏木、乌木、黄花木、降真香、水香、速香、丁香、檀香、黄熟香、薰衣香、沉香、安息香、乳香、奇南香、龙涎香、黄蜡、龙脑、米脑、脑油、蔷薇水、苏合油等。

二、海外奇珍:玛瑙、水晶、象牙、犀角、孔雀翎、宝石、翠毛、龟筒、珊瑚、鹤顶、玳瑁、珍珠等。

三、珍禽异兽:孔雀、火鸡、鹦鹉、倒挂鸟、莺哥、象、六足龟、犀、白鹿、红猴、黑熊、白獭、白鹿、黄黑虎、黑猿、麒麟等。

四、手工业制品:金银器皿、涂金装采屏风、洒金厨子、洒金文台、洒金手箱、描金粉匣、角盘、贴金扇、金系腰、金绦环、锁服、白绵紬、各色苎布、龙文廉席、细花席、皮剔布、竹布、红丝花手巾、西洋布、番花手巾、琉璃瓶等。

五、手工业原料:琉黄、牛皮、红铜、锡、磨刀石、豌石、番红土、西洋铁、石青、回回青等。

六、军用品:马、盔、铠、剑、腰刀、枪、弓、马鞍等。

七、药材:人参、阿魏、紫梗、藤黄、没药、肉豆蔻、大枫子、丁皮、血竭、荜澄茄、芦荟、闷虫药、紫胶等。

以上贡物以香料的数量为最大,如洪武十五年(1382年)爪哇的贡物

---

① 《日本一鉴·穷河话海》卷七《使馆》。
② 《明太祖实录》卷一八七,洪武二十年十一月戊戌。
③ 见王建民:《中日文化交流史》,外研社2009年版,第585页。

中，有胡椒 75000 斤①；洪武二十年（1387 年）真腊的贡物中，有香料 60000 斤；暹罗有胡椒 10000 斤、苏木 100000 斤。②

造成这种情况的主要原因：一是朝廷对香料的需求量极大，仅太岳、太和山宫观所用的降真诸香，每三年需 7000 斤③；太医院一次需香料 5170 斤④；正统初年，内府供用库岁用香蜡计 30000 斤，弘治元年（1488 年）增至 85000 斤，至弘治十六年（1503 年）再增至 110000 斤，后又添买 90000 余斤。⑤ 二是两地差价过于悬殊，如胡椒在苏门答剌每 100 斤值银 1 两，在柯枝值银 1 两 2 钱 5 分⑥，但明朝以"赏赐宜厚"为原则，洪武末年，每 100 斤给银 20 两，差价在一二十倍之间⑦；正因为如此，故海外诸国为重利所诱，纷纷以香料作为贡物，输入中国。然而，大量贡物的输入，经常使明政府出现香料过剩，不得不作为赏赐品或以俸禄的形式分配给文武官员。在永乐二十二年（1424 年）明仁宗即位时，就以钞币、胡椒、苏木遍赐京师文武百官及军民人等⑧，而自永乐二十年（1422 年）至二十二年（1424 年），文武官员的俸钞已俱折支胡椒、苏木⑨，规定"春夏折钞，秋冬则苏木、胡椒，五品以上折支十之七，以下则十之六"⑩。这种现象大概维持到成化七年（1471 年），因京库椒、木不足才告停止。⑪

另一种数量比较大的贡物是日本刀。据说日本刀甚锋利，"光芒炫目，犀利逼人，切玉若泥，吹芒断毛发，久若发硎，不折不缺"⑫，"共精者能卷之使圆，盖百炼而绕指也"，在中国的销售量还是比较大的⑬；但更主要的是一把刀在日本仅值 800 文至 1000 文，而明朝给价却高达 5000 文⑭，其差价在 5 倍以上，故日本以朝贡为名，将刀剑大量输入中国。据记载，在宣德八年（1433 年）入贡时，刀一项仅 3052 把，到景泰四年（1453 年）却增加到 9900 把⑮，而成化

---

① 《明太祖实录》卷一四一，洪武十五年正月乙未。
② 《明太祖实录》卷一八三，洪武二十年七月乙巳。
③ 《明宣宗实录》卷十九，宣德元年七月乙巳。
④ 《明英宗实录》卷二五一，景泰六年三月庚戌。
⑤ 《明孝宗实录》卷一九八，弘治十六年四月丁未。
⑥ 马欢著，冯承钧校注：《瀛涯胜览》，商务印书馆 1935 年版，第 29 页，第 41 页。
⑦ 韩振华：《论郑和下西洋的性质》，《厦门大学学报》1958 年第 1 期。
⑧ 《明仁宗实录》卷二下，永乐二十二年九月庚子。
⑨ 《明仁宗实录》卷九，洪熙元年九月癸丑。
⑩ 黄瑜：《双槐岁钞》卷九《京官折俸》。
⑪ 《明宪宗实录》卷九七，成化十年十月丁丑。
⑫ 《广东新语》卷一六《器语·刀》。
⑬ 张燮：《东西洋考》卷六《外纪考·日本》。
⑭ 指景泰四年（1453 年）入贡时的价值，见王建民：《日中文化交流史》，外研社 2009 年版，第 577 页。
⑮ 《明英宗实录》卷二三六，景泰四年十二月甲申。

二十年(1484年)竟达到38610把。① 有人估计,日本前后11次勘合船所输入的刀,总额恐怕不下20万把。②

贡物中还包含有珍禽异兽。明朝统治者如同中国其他封建君王一样,经常以珍禽异兽的出现来象征"太平之瑞",如永乐十三年(1415年)因榜葛剌和麻林分别来献麒麟(长颈鹿),当时任祭酒兼翰林院侍讲的胡俨即献《麒麟赋》以赞颂说:"夫麒麟四灵之首,百兽之先,乃国之上瑞,旷千百载不一见。今不逾年而再见,此诚皇上至仁之所感召,为万世圣子神孙仁厚之嘉征也。"③海外诸国为了迎合明朝统治者的心理需要,借以攫取厚利④,纷纷把珍禽异兽输入朝贡。

另外,还有一种奇特的贡品——奴隶。如洪武十一年(1378年)彭亨贡番奴6人;洪武十四年(1381年)爪哇贡黑奴300人;洪武十六年(1383年)安南进阉竖25人⑤;等等。有人认为,这些"番奴"、"黑奴"和"阉竖"在当时还不能算为商品,只是与土产性质相类似的馈品,表现了奴隶制度的残余。⑥

至于赏赉品,主要有各种丝绸、棉布、瓷器、铁器、铜钱、麝香、书籍等。其中尤以各种丝绸、棉布数量最大。如永乐九年(1411年)给满刺加国王拜里迷苏刺的赐品中就有锦绮纱罗300匹、绢1000匹、浑金文绮2匹,给王妃的有锦绮纱罗绢60匹,织金文绮纱罗衣4袭;永乐十五年(1417年)给苏禄国东、西、峒王的赐品中分别有罗绵文绮200匹、绢300匹;给朝鲜国王的有文绮表里200匹、纱罗绒锦5000匹。⑦

赏赉品中值得提起的还有铜钱。当时明朝的铜钱在海外诸国已得到普遍使用,不仅日本和琉球,南洋的爪哇、三佛齐、南渤里,以至锡兰均通用中国的铜钱。这些铜钱有的是通过明朝的船舶运出去的;有的是由朝廷直接赏赐给朝贡使者带回国的。获得这种赏赐数量最大的还是日本。如永乐三年(1405年)给日本国王源道义的赐品中,有铜钱150万;翌午又给1500万,给王妃500万。⑧ 因当时日本室町幕府本身不铸钱,即使有铸,也由于铜质恶劣,铸术幼稚,而经常出观破钱、缺钱和烧钱,所以在交易时,人们还是喜欢使用永乐

---

① 《日本一鉴·穷河话海》卷七《贡物》。
② 王建民:《日中文化交流史》,外研社2009年版,第575页。
③ 黄佐:《南雍志》卷二《事纪二》。
④ 弘治三年(1490年),据监察御史武清说,当时进贡狮子、驼马诸类,到京可赏赉白银1000多两。见《明孝宗实录》卷三八,弘治三年五月丁丑。
⑤ 《明太祖实录》卷一二一,洪武十一年十二月丁未;卷一三九,洪武十四年十月辛巳;卷一五五,洪武十六年六月壬午。
⑥ 见周积明:《略论明代初、中期的"朝贡"与"赐赉"》,《武汉师范学院学报》1983年第5期。
⑦ 《弇山堂别集》卷七七《赏赉考下·四夷来朝之赏》。
⑧ 《弇山堂别集》卷十四《皇明异典述九·夷王赏功之优》。

钱,称为"良钱"。① 随着日本国内商业的发展,对铜钱的需求量越来越大,因此,幕府不得不支持各大名或商人从事海外贸易,以进贡为名,来换取中国的铜钱,有时甚至迫不及待地公然请求赐予。如成化四年(1468年)入贡的日本使者带来的国书称:"书籍、铜钱,仰之上国,其来久矣。今求二物,伏希奏达,以满所欲,书目见于左方。永乐间多给铜钱,近无此举,故公库索然,何以利民?钦待周急。"②由此可见,当时赏赐的铜钱对日本经济所起的作用是比较重要的,故日本学者藤家礼之助认为:"简直可以说,没有它(铜钱)就难以指望我国经济的顺利发展。"③木宫泰彦也认为:"这笔钱币,对于日本国内钱币的流通,当然发生了很大影响,在日本货币史和经济史上是特别值得注意的。"④

(四)朝贡贸易的实质

从上面的论述中可以看出,明政府实行朝贡贸易的主要目的在于保证海禁的顺利实行,把海外贸易置于官方的严格控制之上。在明代前期,朝贡贸易实际上已经成为海外贸易的唯一合法形式,其实质是明朝统治者以接受各国对"上国"的"贡品"并给予"赉赐"的方式向朝贡国家购买"贡品","这种贡品实际是一种变态商品"⑤。对于朝贡贸易的看法,有人认为是"政治重于经济"⑥,是"出的多,进的少,根本不计价值"⑦。这大概是由于对朝贡贸易缺乏全面了解而产生的偏见,很难想象,一种仅从政治上优先考虑而不计价值的制度竟然可以维持长达200年之久。

其实,只要我们细心观察一下就可以发现,当时海外诸国的朝贡物品系由三个部分组成,即进贡方物、国王附进物和使臣自进、附进物。对于进贡方物来说,虽然明朝统治者考虑政治因素比较多,在赏赐物上的亏损比较大,但这一部分进贡方物的数量在朝贡物品中占比重很小。据明人张瀚认为,明政府对进贡方物的赏赐,即使是"厚往薄来",亦仅占朝贡物品中的极少部分,"所费不足当互市之万一"⑧。而朝贡国的国王附进物和使臣自进、附进物的情况就远非如此,它们在朝贡物品中占绝大多数,据《明鉴》指出,往往超过进贡方物

---

① 郑学稼:《日本史》第2册,中国台湾黎明文化事业公司1977年版,第123页。
② 《善邻国宝记》,引自〔日〕藤家礼之助:《中国货币史》,北京大学出版社1982年版,第679页。
③ 〔日〕藤家礼之助:《日中交流二千年》,北京大学出版社1982年版,第164页。
④ 王建民:《日中文化交流史》,外研社2009年版,第580页。
⑤ 胡如雷:《中国封建社会形态研究》,三联书店1979年版,第180页。
⑥ 杨翰球:《十五至十七世纪中叶中西航海贸易势力的兴衰》,《历史研究》1982年第5期。
⑦ 范金民:《郑和下西洋动因初探》,《郑和下西洋论文集》(第二集),南京大学出版社1985年版,第280页。
⑧ 张瀚:《松窗梦语》卷四《商贾纪》。

的数十倍。① 就以成化二十一年（1485 年）日本的贡物来说，其中日本国王朝贡的刀是 3610 把，而各大名、寺社附搭的刀却达 35000 余把，超过朝贡数近 10 倍，若按原来自附贡刀每把酬价铜钱 1800 文计算，共值铜钱 7000 多万文。② 我们再分别看看宣德八年（1433 年）和景泰四年（1453 年）日本的贡品数，在国王的附进物和使臣的自进、附进物中，宣德八年有硫磺 22000 斤、苏木 10600 斤、生红铜 4300 斤，衮刀 2 把、腰刀 3050 把；景泰四年有硫磺 364400 斤，苏木 106000 斤，生红铜 102000 多斤、衮刀 417 把、腰刀 9483 把，其余纸扇盒之类均比宣德八年增加数十倍③，由此可见附进物数量之巨。

明政府对这些附进物是采取"官给钞买"的办法，且不说从中抽分一半，单以低价买进，高价卖出，就可攫取高额利润，如宣德八年（1433 年）日本入贡时附带的苏木每斤定价钞 1 贯。④ 而同时明政府支付给京师文武官员充作俸禄的规定是，苏木每斤准钞 50 贯⑤。这样一进一出，单苏木一项就可获利 50 倍。另外，明政府对这些附进物的定价是依照输入数量的多少来决定高低的，如上面所说的景泰四年（1453 年）日本进贡时随带的附进物数量超过宣德八年（1433 年）进贡时的数十倍，明政府即把定价大大地压低下来，若按宣德八年的定价付值，除折绢布外，需铜钱 217732 贯 100 文，按时值折银合 217732 两多，但实际上仅付折钞绢 229 匹、折钞布 459 匹、铜钱 50118 贯，相当于原价的 1/10，后经日本使臣允澎多次交涉，不得不再加上钱 10000 贯、绢 500 匹、布 1000 匹。⑥ 可见明政府从这些附进物的交易中，获利是相当优厚的。正因为如此，明政府为了获取巨利，不择手段地把朝贡贸易严格地置于官府的控制之下，一再强调"船至福建、广东等处，所在布政司随即会同都司、按察司官，检视物货，封䐋完密听候"⑦，并立法规定："贡船未曾报官盘验，先行接买番货者，比照私自下海收买番货至十斤以上事例，边卫充军。"⑧

这种附进物的贸易，从海外朝贡国家的角度来说，他们也一样是获利巨大。我们仍以上述日本朝贡例来说，因当时丝价在中国 1 斤约为 1 两银（当时在日本，白银 1 两仅值中国铜钱 250 文），可是在日本卖是 5 贯⑨，即 5 两银

———————————

① 印鸾章校注：《明鉴纲目》卷一〇《嘉靖二十八年七月倭寇浙东》。

② 《日本一鉴·穷河话海》卷七《贡物》。

③ 《明英宗实录》卷二三六，景泰四年十二月甲申。

④ 《明英宗实录》卷二三六，景泰四年十二月甲申。

⑤ 《明宣宗实录》卷一一四，宣德九年十一月丁丑。

⑥ 《明英宗实录》卷二三七，景泰五年正月乙丑。

⑦ 《明会典》卷一〇八《朝贡四·朝贡通例》。

⑧ 《明会典》卷一〇八《朝贡四·朝贡通例》。

⑨ 〔日〕小叶田淳：《日本货币流通史》（修订增补版）第 394 页，引自彭信威：《中国货币史》，上海人民出版社 2007 年版，第 680 页。

（或 1250 文铜钱），若按在日本 1 两银合 250 文计算，其差价为 4 倍。又如铜钱本身在中国七八百文可换 1 两白银，在日本 1 两白银仅换 250 文，差价为 3 倍多①，刀一把在日本值铜钱 800 文至 1000 文，明朝给价 5000 文，差价为 5 倍多。② 故同样是景泰四年（1453 年）这一批附进物，据《大乘院日记》记载，总价值在日本约为 2000 贯或 2500 贯，而明政府给价为 3000 万文，获利达 11 倍之巨。③ 另外，日本贡使还可以从附搭的贡刀中每把抽 5 分，仅成化二十年（1484 年）一次朝贡，日本正副使四人就可从刀这一项中抽得 1900 余两银。④ 这种情况说明，在朝贡贸易中的附进物贸易本身就是一种国与国之间的长途贩运贸易，它具有不等价交换、贱买贵卖的特点，朝贡国既可把海外奇珍当做奢侈品运到中国来，又可把中国的一般商品运回本国而转化为奢侈品，因此不管是明政府或者是海外朝贡国，均可从中获得高额利润。正因为具有如此重要的经济利益，故明政府不惜"利用国家权力，也就是利用集中的有组织的社会暴力"⑤，对海外贸易实行控制和垄断，极力鼓励海外诸国入明朝贡，以求海外物品大量输入，而从中压低价格以攫取更加优厚的利润，这就是朝贡贸易得以长期维持的根本原因所在。

当然，明政府实行朝贡贸易还有另一种目的，那就是维护自身的专制统治，一方面以海外诸国的频繁入贡来造成一种"万国来朝"、"四夷咸服"的太平假象，以迷惑国内人民，另一方面以朝贡作为一种"羁縻"手段，以控制海外诸国，消除"衅隙"，防止侵扰边境的战争。明太祖在位期间，曾多次对海外诸国的入侵及其他越轨行为以"却贡"或扣留使者来进行惩处，迫其就范。

综上所述，明代海外朝贡贸易是伴随海禁而来的一种海外贸易制度，在"有贡舶即有互市，非入贡即不许有互市"的原则下，明政府为了加强对朝贡贸易的控制和垄断，不能不对海外朝贡国家实行种种限制。这种贸易的实质是明朝统治者以"赍赐"的方式向朝贡国家购买"贡品"。这些"贡品"一般由进贡方物、国王附进物和使臣自进、附进物三个部分组成，其中占绝大多数的附进物贸易实际是国与国之间的贩运贸易，它具有贱买贵卖、不等价交换的特点，无论是明政府或者是朝贡国均可从中攫取高额利润，这就是朝贡贸易得以长期维持的根本原因所在。然而，朝贡贸易并不适应国内商品经济发展的要求，它的产生对明朝社会经济的发展不仅没有起到什么积极作用，反而带来了不少弊端，使明政府在贸易中出现逆差，在财政上造成亏损，丝绸、铜钱、白银等

---

① 彭信威：《中国货币史》，上海人民出版社 2009 年版，第 680 页。
② 王建民：《日中文化交流史》，外研社 2009 年版，第 577 页。
③ 引自郝毓楠：《明代倭变端委考》，《中国史研究》1980 年第 4 期。
④ 《日本一鉴·穷河话海》卷七《贡物》。
⑤ 《马克思恩格斯全集》第二三卷，第 819 页。

大量外流。这种种弊端的存在,使明政府在朝贡贸易的执行中不得不采取既鼓励又限制的双重手法,而当这种矛盾做法发展到无法继续维持时,势必使朝贡贸易制度导向自身的否定。

(五)朝贡贸易的衰落

明代前期所实行的朝贡贸易制度通过郑和下西洋达到鼎盛后,逐步走向衰落。其衰落程度在成、弘年间已明显地表现出来,据记载,自弘治元年(1488年)至弘治六年(1493年),海外诸国由广东入贡者仅占城、暹罗各一次,而在广东沿海私通海外船舶者却络绎不绝。这种情况的出现,除了朝贡贸易自身所存在的各种弊端外,亦由某些客观因素所造成,现分别叙述如下:

1. 朝贡贸易的弊端

朝贡贸易的产生并不是国内商品经济发展的要求,而是明朝政府为控制海外贸易而实行的一种制度,它对社会经济的发展不仅没有起到什么积极作用,反而带来了不少弊端。

首先,明朝统治者为了保证对朝贡贸易的控制和垄断,规定凡贡舶到达后,三司官即会同市舶司把贡物称点盘明、注文籍,遣官同使人运送至京。在运送的过程中不知耗费了多少民力财力。礼科给事中黄骥在奏疏中曾明确地指出:"……贡无虚日,沿路军民递送一里,不下三四十人,埃侯于官,累月经时,防废农务,莫斯为甚。比其使回,悉以所及贸易货物以归,沿海有司出车载运,多者百余辆,男丁不足,役及妇女,所至之处,势如风火,叱辱驿官,鞭挞民夫,官民以为朝廷方招怀远人,无敢与其为,骚扰不可胜言。"[1]更有甚者,这些使者以"朝贡"为名,上岸后一切供给皆出于所在地居民,而使者留在那里动经数月,其耗费亦很浩大。[2] 当时几乎已达到了贡使所经,鸡犬不宁、民不聊生的地步。不少明朝官员亦认为,"连年四方蛮夷朝贡之使,相望于道,实罢中国"[3];"朝贡频数,供亿浩繁,劳敝中国"[4]。似此劳民伤财的交易,岂有不衰落之理。

其次,这种朝贡贸易不讲经济效益,很少受市场规律的调节,经常出现供求失调,在赏赐过程中讨价还价,争论不休。海外诸国入明朝贡,大抵为图厚利而来,不管你需要与否,只要有利可图,则大批载运进来。如成化二十一年(1485年),日本进贡的刀竟达38610把,较之宣德年间进贡的3000把多了十

---

① 《明仁宗实录》卷五上,永乐二十二年十二月丙午。

② 《明宣宗实录》卷六七,宣德九年六月庚午。

③ 《明太宗实录》卷二三六,永乐十九年四月甲辰。

④ 《明英宗实录》卷一〇七,正统八年八月庚寅。

几倍，而按明政府规定民间不得私有兵器，这么多的刀明朝如何使用得了，最后不得不以每把比宣德旧例少 2/3 的价钱才全部买了下来。[1]

第三，海外诸国通过朝贡贸易输进来的物品大多是珍宝珠玉等奢侈品，它们普遍具有物轻价贵的特点，"一美珠而偿银数百，一宝石而累价巨千"[2]。即使是狮子、驼马等异兽，输进来后除了道路上的耗费外，到京尚需银千余两。[3]如此巨大的糜费必然给明朝的财政造成极大的亏损，丝绸、铜钱、白银等大量外流。其实，严格说来，在明代前期的朝贡贸易中，明政府是处于逆差的地位，每年作为赏赐用的丝绸、铜钱经常入不敷出，如成化六年（1476 年）工部奏称："四夷朝贡人数日增，岁造衣币赏赉不敷"[4]；甚至连贮存的金银亦耗费殆尽，据成化九年（1473 年）内承运库太监林镛奏称，"本库自永乐年间至今收贮各项金七十二万七千四百余两，银二千七十六万四百余两、累因赏赐，金尽无余，唯余银二百四十万四千九百余两"[5]。于是，不少明朝官员均上疏反对这种贸易，指出："陛下奈何以有用之财易无用之兽，以小民所出之脂膏而唤此番夷之口"[6]，"以小民之膏血供无穷之糜费，果何益之有哉"[7]。这些说明，朝贡贸易不仅对当时社会经济的发展没有什么益处，相反却导致统治阶级越来越腐化堕落，使阶级矛盾越来越尖锐。

第三，有些贡使更是贪得无厌，"虽倾府库之贮亦难满其谷壑之欲"。如成化五年（1469 年），随日本贡使清启来朝的 3 号船土官玄树等人，在其 1 号、2 号船俱已回还后，则奏称"海上遭风，丧失方物，乞如数给价回国，庶王不见其罪"。礼部对此死赖要钱的做法极其气愤，认为无物不能给赏。但明宪宗看在其国王面上，只好特赐给绢 100 匹、彩缎 10 表里，而玄树仍不知足，尚乞赐铜钱 5000 贯，最后只好再给铜钱 500 贯才勉强将其打发走。[8]

总之，由明政府控制的海外朝贡贸易所造成的弊端是多方面的，它给明代前期社会经济的发展带来了不少危害，而这些危害就是促使朝贡贸易不能持久延续从而走向衰落的内在原因。

2. 匠籍制度的瓦解

我国古代的官手工业是在封建中央集权制度下，为满足皇室的生活需要。

---

① 《日本一鉴·穷河话海》卷七《贡物》。
② 《明宪宗实录》卷五八，成化四年九月己巳。
③ 《明孝宗实录》卷三八，弘治三年五月丁丑。
④ 《明宪宗实录》卷七八，成化六年四月乙丑。
⑤ 《明宪宗实录》卷一二〇，成化九年九月癸丑。
⑥ 《明孝宗实录》卷三八，弘治三年五月丁丑。
⑦ 《明孝宗实录》卷三九，弘治三年六月己丑。
⑧ 《明宪宗实录》卷六十三，成化五年二月甲午。

为巩固中央政权而建立起来的。同时,为了保证所必需的劳动力,特别是技艺较高的熟练劳动力,还设立了匠籍制度,在籍匠户不准转业,定期执行徭役性的劳动。明嘉靖四十一年(1562年),基于徭役形式的匠籍制度实际上已趋于瓦解。

匠籍制度的瓦解,对于明政府实行的朝贡贸易制无疑是一大打击。众所周知,朝贡贸易中的赏赉品大多是官手工业的产品,就以在赏赉品中占绝大多数的丝织品来说,它主要是来自各地方织染局,而各地方织染局的供役工匠正是通过匠籍制度强制征发而来,并以不同的劳役形式编入织染局。①

随着匠籍制度的逐渐瓦解,各地方织染局的额造任务年年不能完成,且拖欠缎匹数目过大(几乎占应交纳数的4/5),产品质量粗劣不堪,以赏赉为主的朝贡贸易亦就越来越难以维持。这从日本后来几次朝贡的情况就可看出。弘治九年(1496年),日本贡使一行将离京返国时,据说因缺乏搬运工,无法搬运领到的铜钱,沿途亦缺乏食物供应,只好以高价购买;嘉靖二十八年(1549年)日本最后一次朝贡,其贡使未得到衣服供应,后经正使策彦周良等一再向礼部交涉,始勉强供给100套,尚缺少500套未能供给。② 种种迹象表明,持续近200年的海外朝贡贸易至此已是接近尾声。

3. 准许非朝贡船入口贸易

正德四年(1509年),广州开始准许非朝贡船入口贸易。准许非朝贡船入口贸易,其实已从根本上否定了"有贡舶即有互市,非入贡即不许其互市"③的朝贡贸易原则,它不仅加速了朝贡贸易的衰落,而且助长了私人海外贸易的发展。

准许非朝贡船入口贸易,实际上意味着广州的朝贡贸易已名存实亡,而沿海一带的走私贸易却日趋发展,那些到广州贸易的海外商船,为逃避抽分,省却陆运,由福建人导引改泊海沧、月港,由浙江人导引改泊双屿,每年夏季而来,望冬而去,肆无忌惮地进行走私贸易④,其中尤以葡萄牙、彭亨诸国为猖獗,"入港则佯言贸易,登岸则杀掳男妇,驱逐则公行拒敌,出洋则劫掠商财"⑤。到嘉靖二十七年(1548年),巡视海道都御史朱纨捣毁双屿港时,仅在外洋往来的走私船舶就达1290余艘⑥,可见当时走私贸易之盛。在这些走私

---

① 见彭泽益:《从明代官营织造的经营方式看江南丝织业生产的性质》,《明清资本主义萌芽研究论文集》,上海人民出版社1981年版,第309页,第316页。
② 王建民:《日中文化交流史》,外研社2009年版,第586页。
③ 郑若曾:《开互市辨》,中华书局2007年版。
④ 《筹海图编》卷一一《经略二·开互市》。
⑤ 王忬:《条处海防事宜仰祈速赐施行疏》,《明经世文编》卷二八三《王司马奏疏》。
⑥ 朱纨:《双屿填港工完事》。

贸易的冲击下,朝贡贸易势必要走向衰落。

此外,西方殖民者东来以及中日关系的恶化,也是朝贡贸易走向衰落的重要原因。

到嘉靖末年,倭患基本平定后,为防止再次出现"乘风揭竿,扬帆海外,勾连入寇"[1]的现象,维持抵御倭患的庞大军费开支,明政府不得不改弦易辙,在福建巡抚涂泽民的提议下,于隆庆元年(1567年)在福建漳州海澄月港部分开放海禁,准许私人出海贸易,从此结束了明代前期维持近200年的朝贡贸易,使明代后期私人海外贸易得以迅速发展。

二 明代后期的私人海外贸易

(一)明代前期的走私贸易[2]

在明政府厉行海禁期间,大凡一切违禁出海的私人海外贸易船均属走私贸易之列。明政府虽然制定出不少海禁律法,却不能完全切断这种私人贸易,犯禁出海的走私贸易船仍多不胜数,大有愈禁愈盛之势,甚至出现了"片板不许下海,艨艟巨舰反蔽江而来;寸货不许入番,子女玉帛恒满载而去"的反常现象。[3] 这种现象的出现与东南沿海一带的地理条件以及海外贸易的巨额利润有着密切的联系。

在东南沿海一带,福建的地理特点是多山少田,"民本艰食,自非肩挑步担,逾山度岭,则虽斗石之储亦不可得。福兴漳泉四郡皆滨于海,海船运米可以仰给,在南则资于广,而惠潮之米为多,在北则资于浙,而温州之米为多"[4]。在正常情况下,由两省向福建贩米均可获利3倍,因此,每年运米之船少则几十艘,多则二三百艘不等,这样做不仅福建人方便,而且广东、浙江人亦可得大利,但是,当海禁严急时,两省商船不通,米价随之昂贵,人民难以存活。另外,在福建本省,从漳泉运货到省城,由海路运者每100斤脚价仅银3分,而由陆路运,却价增20倍,觅利甚难,正因为肩挑度岭无从发卖之故,是以所产鱼盐反而比浙江更贱。[5] 在如此种种情况下,沿海之民无所得食,无以为生,只好冒禁出洋市贩。综观明代前期,从事海外走私贸易最为严重者应数闽省福、兴、漳、泉四郡,如在嘉靖二十三年(1544年)十二月至嘉靖二十六年(1547年)三月的两年多里,到日本从事走私贸易而为风漂到朝鲜,并被解送回国的福建

---

① 《明神宗实录》卷二六二,万历二十一年七月乙亥。
② 此部分内容参见李金明:《明代海外贸易史》,中国社会科学出版社1990年版。
③ 谢杰:《虔台倭纂》上卷《倭原》。
④ 魏敬中:《重纂福建通志》卷八七《海禁》。
⑤ 《筹海图编》卷四《福建事宜》。

人就达 1000 人以上①,其中仅嘉靖二十三年(1544 年)十二月一次被解送回国的漳州人李王乞等就有 39 人②;嘉靖二十六年(1547 年)二月一次被解送回国的福清人冯淑等则多至 341 人③。

除了地理条件外,海外贸易的巨额利润也是走私贸易猖獗的另一原因。明代前期这种海外贸易系属域外长途贩运贸易,其利润之巨颇为惊人,即所谓"其去也,以一倍而博百倍之息;其来也,又以一倍而博百倍之息"④。在山东沿海,据走私贸易者自述,每放一艘走私贸易船出洋,一年可得船金二三千两,且当船舶返航进港后,船户尚可坐分船货的一半⑤;在浙江以西,"造海船,市丝枲之利于诸岛,子母大约数倍"⑥;在广州望县,因"南走澳门,至东西二洋,倏忽千万里,以中国珍丽之物相贸易,获大赢利",故本地农民为利所诱,纷纷放弃"力苦利微"的农耕,而随船出海干起走私贸易。⑦ 正是这巨额的十倍之利,才驱使人们"舍死趋之如鹜"⑧,虽海禁律法严峻,但"小民宁杀其身,而通番之念愈炽也"⑨。

这种愈禁愈盛的走私贸易,在明代前期主要表现有以下四种类型:

第一种是出远洋,直接到日本、朝鲜、琉球及东南亚各国从事长途贩运贸易。这些民间商人,人数较多,因需长途跋涉,历经惊涛骇浪之险,故经常是几十艘船结队同行。如正统九年(1444 年),有广东潮州府滨海居民纠集邻郡 55 人一起载货出洋,到爪哇进行走私贸易⑩;嘉靖二十一年(1542 年),有福建漳州人陈贵等 7 人连年率领 26 艘船载运货物到琉球贸易,同时到达琉球的还有广东潮阳的海船 21 艘,仅在这 21 艘船上服务的船工就有 1300 名之多。⑪ 这些走私商人在组织货物及纠集船队时,为逃避官府的稽查,一般采取灵活机动的做法,不集中在同一地方行动。如纠集外省商人到福建者,见本处海禁严厉,则在广东的高、潮等处造船,在浙江的宁、绍等处购置货物,集中出洋;而在浙江和广东纠集的商人,则在福建的漳、泉等处造船,购置货物,然后集中出

---

① 《明世宗实录》卷三二一,嘉靖二十六年三月乙卯。
② 《明世宗实录》卷二九三,嘉靖二十三年十二月乙酉。
③ 《宪章外史续编》卷三《嘉靖注略》。
④ 《天下郡国利病书》卷九三《福建三·洋税》。
⑤ 《筹海图编》卷七《山东事宜》。
⑥ 丁元荐:《西山日记》卷上。
⑦ 史澄:《广州府志》卷一五《舆地略七》。
⑧ 《兵科抄出浙江巡抚张延登题本》,《明清史料》乙编,第七本。
⑨ 《筹海图编》卷一二《开互市》。
⑩ 《明英宗实录》卷一一三,正统九年二月己亥。
⑪ 严嵩:《琉球国解送通番人犯疏》,《明经世文编》卷二一九《南宫奏议》。

洋。①

第二种是沿海守御官军执法犯法，私遣人或役使军士，利用所督的海船到国外从事走私贸易，以图私利。这种类型在明代前期似乎较为常见。如早在洪武四年(1317年)就有福建兴化卫指挥李兴、李春私遣人出海行贾②；在宣德九年(1428年)，又有漳州卫指挥覃庸等私到国外贸易，甚至连巡海都指挥张翯，都司都指挥金瑛、署都指挥佥事陶旺及左布政使周光敬等人均接受其走私货物的贿赂③；在正统三年(1438年)，浙江备倭都指挥朱兴亦役使军士越境贸易④；正统五年(1440年)，福建永宁卫指挥佥事高璘尝利用所督的海船出海贸易，致使军士溺水死亡⑤。

第三种是奉命出使外国的官员乘机载运私货或挟带商人到国外进行走私贸易，这种情况在明政府看来，似乎不属犯禁严惩之列。如景泰四年(1453年)，给事中潘本愚等人奉使到占城回还，在船中搜出下番官军镇抚罗福等240人带回的象牙梳坯、乌木、锡、蜡等走私货物共1933斤，按海禁律法须没收入官，但朝廷却敕命广东三司照数还给各人⑥；成化十年(1474年)，工科右给事中陈峻等人出使占城，随船装载大量私货及挟带私商多人，到达占城新州港口后，因安南入侵其地而拒不容进，陈峻等人只好假借遭风为由，把船开到满剌加进行贸易⑦；成化十七年(1481年)，行人司右司副张瑾与给事中冯义一同奉命带敕印封占城国王孤斋亚麻勿庵为王，随船亦挟带大量私货，到达广东时获悉斋亚麻勿庵已死，但他们不愿失此走私良机，即匆匆开船到占城，把敕印赐给伪王提婆苔后，又航至满剌加将货物售完再回国，结果冯义在航程中病故，张瑾被礼部劾为"专擅封王"，下锦衣卫狱鞫治⑧。

第四种是在沿海一带进行走私贸易。这些走私商人或者把出口货物直接运到广东进行交易，如浙江商人窃买丝绵、水银、生铜、药材等一切出口货物，船运到广东贩卖，然后再购买广东货物运回浙江，美其名曰"走广"⑨；或者把外国商船引至沿海各走私港口，然后进行交易，当南风汛时把外国商船引由广东而上，到达漳、泉沿海，甚至蔓延至兴、福一带，而北风汛时则把外船引由浙江而下，到达福、宁沿海，蔓延至兴、泉一带。他们为避开官兵的剿捕，经常漂

---

① 《筹海图编》卷一二《经略二·勤会哨》。
② 《明太祖实录》卷七〇，洪武四年十二月乙未。
③ 《明宣宗实录》卷一〇九，宣德九年三月辛卯。
④ 《明英宗实录》卷四一，正统三年四月丁卯。
⑤ 《明英宗实录》卷七四，正统五年八月癸酉。
⑥ 《明英宗实录》卷二三一，景泰四年七月癸未。
⑦ 《明宪宗实录》卷一三六，成化十年十二月乙未。
⑧ 《明宪宗实录》卷二二〇，成化十七年十月癸卯。
⑨ 《筹海图编》卷一二《经略二·行保甲》。

泊不定,攻东则窜西,攻南则遁北,急则分航外洋,缓则合艘内港①,巡海官军无之奈何。

在沿海,这种类型的走私贸易港为数众多。在广东主要有南澳,它位于闽、广交界之处,为走私贸易船上下必经之地。每当三、四月东南风盛时,广东的走私船即纠集开航,从南澳入闽,纵横洋面,由外浯屿而上,入浙江进行贸易,八、九月西北风起时,则卷帆顺流而下,由南澳入广东。而当福建海禁严时则奔广东,反之,广东严时则奔福建,正因为如此,故南澳一镇历来被称为"天南第一重地",为闽、粤两省的门户。② 有明一代,南澳也是防海官军与海寇商人必争之地,嘉靖时的山寇吴平、许朝光,隆万时的海寇曾一本、林道乾等均曾聚众于此为据点,而潮州府在嘉靖中为断绝走私贸易,亦曾用木石填塞澳口,但不久又为善泅水的日本人捞起木石,澳口复通。直至万历初始由同知罗拱辰派参将一员统兵驻扎,分别在深水澳、云盖寺、龙眼沙筑城三座,互相联络,立墩台瞭望,垦田四、五万亩,召军民给牛耕种,遂把南澳变成海防重镇。③

在浙江的主要走私贸易港是定海的双屿,它悬居海洋之中,离定海县60余里,其地势东西两山对峙,南北俱有水口相通,又有小山如门障蔽,中间空阔20余里,乃一海洋天险。在海禁严厉时,浙江走私贸易商往往诱引外国商船到此贸易,而当地百姓亦以"一叶之艇,送一瓜,运一罇率得厚利。驯致三尺童子,亦知双屿之为衣食父母,远近同风"④,海寇李光头、许栋等曾在此地盘踞9年,营房、战舰无所不具。⑤ 到嘉靖二十七年(1548年)朱纨填塞该港时,曾见东洋中有一条宽平古路,因走私商人往来频繁,竟至40余日,寸草不生;而据海上瞭望军士报道,在外洋往来的走私贸易船多达1290余艘⑥,由此可见当时双屿港走私贸易之盛。

在福建的主要走私贸易港是漳州诏安的走马溪,此地为外国商船由粤趋闽的始发之处,亦是走私贸易的交接之所⑦,港内有东澳,为海口藏风之处,凡海寇船往来均泊于此,故俗称为"贼澳"。嘉靖年间,给事中杜汝祯,参政曹亨、副使方任等人进港巡视,于石上镌刻"天视海防"四个大字⑧,以示此地为一海防重地。嘉靖二十八年(1549年),朱纨曾在此大破葡萄牙的走私贸易商,擒

① 胡宗宪:《广福浙兵船当会哨论》,《明经世文编》卷二六七《胡少保海防论》。
② 《广东通志》卷一二三《海防略一》。
③ 《天下郡国利病书》卷九三《福建三·南澳副总兵》。
④ 朱纨:《双屿填港工完事》,《明经世文编》卷二〇五《朱中丞甓余集一》。
⑤ 《虔台倭纂》下卷《倭绩》。
⑥ 朱纨:《双屿填港工完事》。
⑦ 胡宗宪:《福洋要害论》,《明经世文编》卷二六七《胡少保海防论》。
⑧ 《(万历)漳州府志》卷二九《诏安县·兵防志》。

获海寇头目李光头等 96 人,并就地便宜斩首。①

这些走私贸易港由于地处航海要冲,地势险要,洪武初年为巩固海防,往往将岛民内迁,废为荒岛,故在海禁严厉期间,很自然就成为走私贸易船的麇集场所,在港内的交易井井有条,"乃搭棚于地,铺板而陈所置之货,甚为清雅"②,俨然与合法贸易一般无二。同时,亦由于这些港口地处偏僻,俗如化外,统治阶级鞭长莫及,故海寇商人集团往往以此为基地,出没沿海一带,经营其"亦商亦盗"式的走私贸易。③

(二)海澄月港的开禁④

隆庆元年(1567 年),经福建巡抚都御史涂泽民的奏请,明朝政府同意在海澄月港部分开放海禁,准许私人申请文引,缴纳饷税出海贸易。这次开禁之所以称为"部分",是因为对日本的贸易仍属严禁之列,且只准中国商船到海外贸易,而不准海外诸国商船来华贸易。

明政府之所以选择在这个时候开放海禁,其目的首先是缓解因海禁而造成的统治危机。众所周知,福建的地理特点是多山少田,"民本艰食,自非肩挑步担,逾山度岭,则虽斗石之储亦不可得。福兴漳泉四郡皆滨于海,海船运米可以仰给,在南则资于广,而惠潮之米为多,在北则资于浙,而温州之米为多"⑤。在正常情况下,由广东、浙江达到"有禁然不绝其贸易之路者,要以弭其穷蹙易乱之心"的目的。

明朝政府开放海禁的另一目的是征收饷税,借以维持沿海设防的军费开支。明朝政府为抵御沿海倭患的军事耗费异常浩大,计山东、浙、直、闽、广备倭兵饷,每年不下 200 万。这样的军费开支,对于当时财政已处于崩溃边缘的明朝政府来说,的确难以负担,于是,有的官员就提出开放海禁,得海上之税以济海上年例之用,这样一举两得,战守有赖,公私不困;有的则建议以广东市舶司对外国船实行抽分为例,开放海禁征收饷税,年可得银数万两,以充军国之用。在这种情况下,明朝统治者只好同意在海澄月港部分开放海禁,每年征收舶饷 2 万多两,以充闽中兵饷。

那么,当时为什么要在月港开禁而不在其他地方呢? 其实,月港本身的港口优势很微弱,它既无直接的出海口,又非深水良港,海外贸易船由此出海需数条小船牵引始能行,一潮至圭屿,一潮半至厦门。这样一个次等港口,在唐

明清时期的海洋贸易

---

① 《明世宗实录》卷三六三,嘉靖二十九年七月壬子。
② 《筹海图编》卷三《广东事宜》。
③ 李金明:《明代海外贸易史》,中国社会科学出版社 1990 年版,第 85—90 页。
④ 此部分参见李金明:《漳州港》,福建人民出版社 2001 年版。
⑤ 魏敬中:《重纂福建通志》卷八七《海禁》。

宋时仅是海滨一大聚落，至明代后期能崛起成为重要的对外贸易港，大抵是基于以下两方面的原因。

一是月港一带猖獗的走私活动。月港因"僻处海隅，俗如化外"，统治者鞭长莫及，早在成、弘之际就成为海外走私贸易商麇集的地方，至正德年间，虽说在广州准许非朝贡的外国商船入口贸易，但有些外商"欲避抽税，省陆运"，又纷纷由福建人导引来月港进行走私贸易，于是月港遂发展成为中外走私贸易的汇集地，而从事走私贸易的闽人，也一般是从月港出洋。故至明朝政府决定部分开放海禁时，只能因势利导，沿袭闽人到海外贸易皆由此出洋的习惯，以免再受其扰，可保持"境内永清"。

二是月港特殊的地理位置。月港为一内河港口，其出海口在厦门，一般海外贸易船从月港出航，需沿南港顺流往东，经过海门岛，航至九龙江口的圭屿，然后再经厦门岛出外海。因此，月港的管理官员仅需在厦门设立验船处，则可对进出口商船实行监督，以免出现隐匿宝货、偷漏饷税等现象。且当厦门出现倭患或海寇掠夺的警报时，停泊在月港的商船可来得及转移或采取防范措施。这在当时走私严重、倭患猖獗的形势下，是作为私人海外贸易港必备的重要条件。另外，月港地处海隅，距离省城甚远，非市舶司所在地，海外贡舶一般不由此入口，不至于发生扰乱事件。

海澄月港部分开禁后，明代私人海外贸易随即迅速地发展起来。

（三）海外贸易的船舶与海外贸易的地点①

当时由月港出洋的商船，据推官萧基所述："大者，广可三丈五、六尺，长十余丈；小者，广二丈，长约七、八丈"，"多以百计，少亦不下六、七十只，列艘云集，且高且深"②。这些海外贸易船的构造，一般均比较考究，就以广东船来说，有底双重，全以厚三四尺的铁力木为之，锢以沥青、石脑油、泥油；篷以椰索，碇以铁力木，因怕海水腐蚀，皆不使用铁件。船上有云桅3根，即植桅1根，风桅2根，植桅长者十四五丈，或二三接，中皆横一杆，上有望斗，容40余人；每船有罗经3个，一个置神楼，一个置船尾，一个置半桅之间，需三针相对，始敢行海。这种船大者可容乘客1000余人，中者亦可乘数百人。③ 崇祯十五年（1642年），海瑞的孙子海述祖曾用千金家产造一大海船到海外贸易，"其舶首尾长二十八丈，以象宿、房分六十四口以象卦，篷长二十四叶以象气，桅高二

①　此部分内容参见李金明：《明代海外贸易史》，中国社会科学出版社1990年版。
②　萧基：《恤商厘弊十三事》，《东西洋考》卷七。
③　《广州府志》卷七四《经政略五·海防》。

十五丈,曰擎天柱,上为二斗,以象日月,治之三年乃成"①。由此可见当时广东海船制作之不易。

福建海船的构造也是一样考究,我们可以嘉靖十三年(1534年)奉命出使琉球的给事中陈侃在福州造的一艘船为例。这艘船造价计2500多两,自嘉靖十二年(1533年)七月二日动工,至翌年三月完工,其间用了8个月时间。全船长15丈,宽2丈6尺,深1丈3尺,分为23舱,前后竖立桅杆5根,最大一根长7丈2尺,粗径6尺5寸,其余渐次减短,船后建一两层的黄屋,上层置诏敕,下层供天妃。船上的器具:舵有4副(用1副,3副备用),橹有36根,大铁锚4枚,约重5000斤,大棕绳8条,每条粗1尺多,长100丈,有备用小船2艘,储水柜14个等等。② 这些可粗略反映当时海船建造的一般情况。

这些海外贸易船不仅载运大量货物,而且还搭乘不少客商,即所谓"每舶舶主为政,诸商人附之,如蚁封卫长,合并徙巢",船上的人员配备有"亚此,则财副一人,爱司掌记;又总管一人,统理舟中事,代舶主传呼;其司战具者,为直库,上樯桅者,为阿班;司椗者,有头椗,二椗;司缭者、有大缭、二缭;司舵者,为舵工,亦二人更代,其司针者,名火长,波路壮阔,悉听指挥"③。一般说来,当时驶往西洋的船舶,因路途遥远,风波较大,其载重量多数大于驶往东洋的船舶,如1625年驶往万丹的6艘帆船,多数600—800吨,总吨位比整个荷兰东印度公司的回航船队还大,其中4艘分别载有乘客480、500、100和500人;1626年有800吨的船5艘,其中3艘分别乘有500、500和450人;1627年有5艘船,其中3艘分别乘有400、350和500人。④ 而航行菲律宾的船舶一般仅载运200—400人。不过,这些海外贸易船不管大小,其外观和船上设施基本与较小的沿海船相似。

这些海外贸易船的贸易范围比较广,"西至欧罗巴,东至日本之吕宋、长崎"⑤,具体地点有"西洋则交趾、占城、暹罗、下港、加留吧、柬埔寨、大泥、旧港、麻六甲、亚齐、彭亨、柔佛、丁机宜、思吉港、文郎马神;东洋则吕宋、苏禄、猫里务、沙瑶、呐哔单、美洛居、文莱、鸡笼、淡水"⑥等24个国家和地区。在万历十七年(1589年)之前,由月港出航的海外贸易船仅限船数而未定其航行地点,到万历十七年始由福建巡抚周寀定为每年限船88艘,东西洋各限44艘,

① 钮琇:《觚賸续编》卷三《海天行》。
② 陈佩:《使琉球录》,《使事纪略》。
③ 《东西洋考》卷九《舟师考》。
④ 〔荷兰〕范·勒尔(J. C. Van Leur):《印度尼西亚贸易与社会》,1955,海牙,第198页。
⑤ 王胜时:《漫游纪略》,《小方壶斋舆地丛钞》第9帙。
⑥ 黄叔璥:《台海使槎录》卷二《商贩》。

东洋吕宋一国因水路较近,定为 16 艘,其余各国限船二三艘①;后来因申请给引的引数有限,而愿贩者多,又增至 110 艘②,加之鸡笼、淡水、占城、交趾州等处共 117 艘。万历二十五年(1597 年)再增 20 艘,共达 137 艘。③ 但是,西洋各地因路途遥远④,"商船去者绝少,即给领该澳文引者,或贪路近利多,阴贩吕宋"⑤;有的则是"出海时,先向西洋行,行既远,乃复折而入东洋"⑥。所以,每年虽然也按限数给引,但实际到达西洋的商船均不足额。

当时往西洋的贸易点主要是集中在北大年、万丹和巴达维亚三个地方。北大年当时是荷兰同东印度、中国和日本贸易的大本营,被称为"中国和日本的门户",中国的生丝和瓷器在这里大量地进行交易,1616 年燕·彼得逊·昆曾写信给十七人委员会说:"在北大年如可及时提供资本和人……就可获得整个富饶的中国贸易以及应有尽有的生丝。"⑦这个港口对贸易船的吸引不仅是因为有需要的货物,而且是由于有丰富的食粮可供应船员,一位有名的德国旅行家曼德斯罗(Joham Albredet Mandelslo)曾经说过,这里的居民"有多种的水果,有一天下两次蛋的母鸡。这个国家的各种供应非常丰富,如供吃饱的大米、山羊、鹅、鸭、母鸡、阉鸡、孔雀、鹿、野兔、贝壳以及野味,特别是水果,有一百多种"。荷兰人正是从这里首次进入暹罗,也是从这个港口首次航行到日本,而日本商船亦从这里获得了中国的生丝和瓷器。在 16 世纪末到 17 世纪初,日本的平户和北大年一直被称为"姐妹港",相互之间进行着一种生气勃勃的贸易。至于万丹和巴达维亚,则是由于荷兰东印度公司的极力招徕。

同西洋贸易点相反,往东洋菲律宾的商船却因路近利多,每年实际到达的船数大多超过了规定的限额。据威廉·L·舒尔茨(William Lytle Schurz)的估计,每年来到马尼拉的正常船数从 20 艘到 60 艘不等,在 1574 年有 6 艘,1580 年有 40—50 艘,之后 30 到 40 年一般是这个数;在 1616 年仅有 7 艘,而在 1631 年却有 50 艘,5 年后有 30 艘。⑧ 这种情况之所以出现,按照威廉·L·舒尔茨的说法:"每年到达船数的多少是取决于马尼拉赢利买卖的机会,航程的安危,以及中国当地的情况。每当中国人了解到马尼拉的钱缺乏时,这

---

① 《明神宗实录》卷二一〇,万历十七年四月丙申。
② 《东西洋考》卷七《饷税考》。
③ 《明神宗实录》卷三一六,万历二十五年十一月庚戌。
④ 据《燕·彼得逊·昆东印度之商务文件集》记载:1615 年中国帆船从南中国到达万丹的航程分别为 16、17、18 或 20 天;1622 年从南中国到巴达维亚的航程是 43 天(第一卷,第 68 页;第 4 卷,第 726 页)。
⑤ 《天启红本实录残叶》,《明清史料》戊编第 1 本。
⑥ 王胜时:《闽游纪略》。
⑦ 《燕·彼得逊·昆东印度之商务文件集》,第 1 卷,第 33 页。
⑧ 〔美〕威廉·L·舒尔兹:《马尼拉大帆船》,第 71 页。

一年来的船就减下来,在航程中有海盗的消息时,船可能不出港而误过季风期,特别是印度支那沿海长期有海盗的抢劫,倭寇出没于北吕宋,以及以台湾为基地的海盗的攻击,有时候来自葡萄牙或荷兰殖民者的威胁也很严重,当时他们均集中全力以削弱西班牙人在马尼拉的贸易;最后是中国内部的纷争或者沿海各省地方的动乱也可能暂时中断到菲律宾的帆船贸易。"①

(四)进出口商品②

明代后期通过海外贸易船输进来的商品,根据万历十七年(1589 年)规定的"陆饷货物抽税则例"所列举的有 100 多种,其中除少量的暹罗红纱、番被、竹布、嘉文席、交趾绢、西洋布等手业品外,绝大多数还是胡椒、苏木、象牙、檀香、犀角、沉香等香料和奢侈品。③ 据说,在 16 世纪,中国同当时的欧洲一样,对胡椒的需求量很大④,中国贸易船在东南亚主要是购买胡椒。正因为如此,故位于苏门答腊岛西北部的亚齐为了取得必需的中国贸易,不得不使自己确保拥有胡椒港口,从而把胡椒港口向苏门答腊岛的东西两岸扩展。有关当时中国进口胡椒的数量,据范·勒尔(J. C. Van Leur)估计,每年船运到中国的数量最多是 5 万袋,2000 吨,约占印度尼西亚胡椒总产量的 5/6⑤,而鲍乐史(Leonard Blusse)的估计是,从 1637 至 1644 年,每年有 800—1200 吨胡椒输往中国。⑥ 总之,在 17 世纪初期,中国是印度尼西亚胡椒的重要购买者,这一点从当时荷兰的货物清单中经常出现"中国胡椒"的字样亦可得到证明。除了胡椒外,苏木也是当时重要的进口商品之一,据估计每年船运量达 3000—4000 担,即 240—300 吨。⑦

在输入品中还有值得注意的是作为货币支付的白银。这些白银有的是由我国海外贸易船从马尼拉载运回来,有的则是经由葡萄牙殖民者从日本运进来。由于当时西班牙殖民者把墨西哥和秘鲁的银元运到马尼拉,以购买我国的生丝及其他货物,而葡萄牙殖民者则把日本的银条运到澳门和广州来购买我国的生丝、黄金和麝香,因此,马尼拉的西班牙大帆船和澳门的葡萄牙船均被当时人称为"银船",中国皇帝甚至还称西班牙国王为"银王"⑧。每年从马

第五章

明清时期的海洋贸易

---

① 〔美〕威廉·L·舒尔兹:《马尼拉大帆船》,第 71 页。
② 此部分内容参见李金明:《明代海外贸易史》,中国社会科学出版社 1990 年版,第 120 页。
③ 见《东西洋考》卷七《饷税考》。
④ 《亚洲贸易与欧洲人的影响》,第 76 页。
⑤ 〔荷兰〕范·勒尔(J. C. Van Leur):《印度尼西亚贸易与社会》,1955,海牙,第 125 页。
⑥ 鲍乐史:《荷兰东印度公司时期中国对巴达维亚的贸易》,《南洋资料译丛》1984 年第 4 期。
⑦ 《燕·彼得逊·昆东印度之商务文件集》,第 1 卷,第 77 页。
⑧ 〔美〕威廉·L·舒尔茨:《马尼拉大帆船》,第 63 页。

尼拉输入的白银数,据罗杰斯(Pedro de Rojas)在 1586 年致腓力普二世的信中说:"每年有 30 万比索银从这里流往中国,而今年超过了 50 万比索"①;在 1598 年特洛(Don Francisco Tello)致腓力普二世的信中又提到:"来这里贸易的中国人每年带走了 80 万比索银,有时超过了 100 万比索。"②从日本经葡萄牙殖民者输进来的白银数,据在 1585—1591 年访问东印度的英国旅行家拉尔夫·菲奇(Ralph Fitch)说:"当时葡萄牙人从中国的澳门到日本,运来大量的白丝、黄金、麝香和瓷器,而从那儿带走的唯有银而已。他们每年都有一艘大帆船到那里,带走的银达 60 万两以上③,所有这些日本银,加上他们每年从印度带来的 20 万两,在中国可得到很大的好处,他们把中国的黄金、麝香、生丝、铜、瓷器和许多值钱的其他东西带走。"葡萄牙史学家戴奥戈·库托(Diogodo Couto)在 17 世纪初写的 Dialogo do Soldado Pratico 一书中也谈到这个问题:"我们的大商船每年从日本带银出来,其价值超过 100 万金币。"所有这些输进来的白银总数,据梁方仲先生估计:"由万历元年至崇祯十七年(1573—1644 年)的 72 年间,合计各国输入中国的银元由于贸易关系的至少远超过 1 万万元以上。"④

当时输出去的商品除了生丝、瓷器和糖以外,还包含有各种丝织物、铜器、食品、日常用具,以至于各种牲畜等等。在 1596—1598 年任马尼拉总督的摩加(Antonio de Morga)曾把我国海外贸易商带到马尼拉的各种商品列了一张目录表如下:

> 成捆的生丝、两股的精丝和其他粗丝;绕成一束的优质白丝和各种色丝;大量的天鹅绒,有素色的、有绣着各种人物的、有带颜色的和时髦的,还有用金线刺绣的;织上各种颜色、各种式样的金、银丝的呢绒和花缎;大量绕成束的金银线;锦缎、缎子、塔夫绸和其他各种颜色的布;亚麻布以及不同种类、不同数量的白棉布。他们也带来了麝香、安息香和象牙。许多床上的装饰物、悬挂物、床罩和刺绣的天鹅绒花毯;锦缎和深浅不同的红色花毯;桌布、垫子和地毯;用玻璃珠和小粒珍珠绣成的马饰,珍珠和红宝石,蓝宝石和水晶;金属盆、铜水壶和其他铜锅、铸铁锅;大量各种型号的钉子、铁皮、锡和铅;硝石和黑色火药。他们供给西班牙人小麦粉、橘子酱、桃子、梨子、肉豆蔻、生姜和其他中国水果;腌猪肉和其他腌肉,饲养得很好的活鸭和阉鸡;大量的新鲜水果和各种橘子、粟子、胡桃;大量的各种

① 〔美〕布莱尔、罗伯逊主编:《菲律宾群岛》第 6 卷,第 269 页。
② 〔美〕布莱尔、罗伯逊主编:《菲律宾群岛》第 10 卷,第 179 页。
③ 原文的单位为葡元(cruzado),因当时 1 葡元约等于银 1 两,故改用两计算。见全汉升:《明代中叶后澳门的海外贸易》,载香港中文大学《中国文化研究所学报》第 5 卷第 1 期。
④ 梁方仲:《明代国际贸易与银的输入》,《中国社会经济史集刊》第 6 卷第 2 期。

好的线、针和小摆设,小箱子和写字盒;床、桌、靠背椅和画有许多人物、图案的镀金长凳。他们带来了家用水牛、呆头鹅、马和一些骡和驴;甚至会说话、会唱歌、能变无数戏法的笼鸟。中国人提供了无数不值钱,但很受西班牙人珍重的其他小玩意儿和装饰品;各种好的陶器、制服、珠子、宝石、胡椒和其他香料,以及我谈不完也写不完的各种稀罕东西。①

下面集中介绍几种主要的出口商品:

1. 生丝和丝织品

明代后期,我国丝织业生产已有了明显的发展,丝织业中心之一的苏州,"东北半城,皆居机户",到万历年间,城中机户雇佣的织工已达数千人之多。②即使是素不蓄蚕的福建,也不惜从湖州贩运湖丝,"染翠红而归织之",故同样有著名的丝织品销往各地,"凡福之绸丝、漳之纱绢……下吴越如流水,其航大海而去者,尤不可计,皆衣被天下"③,"泉人自织丝,玄光若镜,先朝士大夫恒贵尚之,商贾贸丝者大都为海船互市"④。广东的情况也一样,"牛郎绸、五丝、八丝、云缎、光缎,皆为岭外、京华、东西二洋所贵乎"⑤。丝织业生产的发展为明代后期私人海外贸易的发展提供了雄厚的物质基础。

这些生丝及丝织品由于价廉质优,当时在国际市场上具有很强的竞争能力。如在欧亚市场上可供需求的是中国丝和波斯丝,但中国丝取得的利润最多,据荷兰的估计,中国丝所取利润同波斯丝之比是150%∶100%⑥;在日本市场上中国生丝的销售可获厚利,而波斯生丝只能蚀本出售⑦;在拉美市场上,由于中国生丝的销价比墨西哥和秘鲁的西班牙生丝低,因此殖民者为了保护西班牙工业和西班牙产品在美洲的市场,不得不下令限制和禁止中国生丝的进口⑧。对于当时运到马尼拉的生丝和丝织品的质量,博巴迪拉(Diego de Bobadilla)曾赞叹道:"在中国人带来的所有丝织品中,没有任何东西可比之更白,雪都没有它白,在欧洲没有任何丝织品可比得上它。"⑨正因为如此,故中国生丝在欧洲市场上的要价亦最高,如1606年秋天,荷兰东印度公司十七人委员会确定了一些商品的货价,其中中国生丝每磅12.00荷盾,生绢丝每磅16.20荷盾,绢丝每磅15.60荷盾,在阿姆斯特丹的价格表上,中国生丝每磅

第五章

明清时期的海洋贸易

---

① 〔美〕威廉·L·舒尔茨:《马尼拉大帆船》,第73—74页。

② 《明神宗实录》卷三六一,万历二十九年七月丁未。

③ 王世懋:《闽部疏》。

④ 王胜时:《闽游纪略》。

⑤ 《广东新语》卷十五《货语·纱缎》。

⑥ 《亚洲贸易与欧洲人的影响》,第263页。

⑦ 《亚洲贸易与欧洲人的影响》,第263页。

⑧ 《菲律宾群岛》第1卷,第62页。

⑨ 《马尼拉大帆船》,第72页。

开价 16.20 荷盾,这在生丝的要价中为最高,比波斯生丝要高出很多。①

中国生丝和丝织品正是由于具有上述的种种优点,故在当时的国际市场上需求量很大。1608 年荷兰东印度公司董事会曾指示在印度的商站,要他们特别努力获得对华贸易,以取得极其大量的生丝,因为丝织品有很大的市场,且可以攫取高额利润。② 在 1617 年 2 月发出的荷兰几种可能销售商品的调查中,十七人委员会保守地计算一年可销售中国生丝大约 72000 磅③;1633 年秋天,他们要求提供价值 5 万荷盾的中国生丝,翌年又要求同一数量,到 1636 年却增加到 8 万至 10 万荷盾④。据估计,在 17 世纪初期,由我国商船运到万丹的生丝总量为每年 300—400 担;1619 年荷兰东印度公司估计在欧洲生丝的总销售量是 600 担。⑤ 日本对中国生丝的需求量亦很大,据说,在 16 世纪时日本的富裕阶级很喜爱中国的货物,不管是生丝或丝绸。⑥ 有人估计,在 1612 年进口到日本的中国生丝达 5000 公担(quintal),其中由葡萄牙船运进去的有 1300 公担⑦;1641 年,由中国商船输入日本的生丝是 127175 斤,丝织物 234981 匹⑧。南美对中国生丝的需求量更大,据蒙法尔科(Crau y Monfalcon)在 1637 年声称在墨西哥的墨西哥城、普埃布拉和安特奎拉有 14000 多从事丝织业的工人,他们都依靠中国的生丝作为原材料。⑨

2. 瓷器

明代是我国瓷器发展的一个重要阶段。作为全国瓷器业中心的景德镇到隆万年间,已是“万杵之声殷地,火光烛天,夜令人不能寝,戏目之曰:四时雷电镇”⑩,其“镇上佣工,皆聚四方无籍游徒,每日不下数万人”⑪。在瓷器制作方面,彩瓷已开始流行,由于掌握了铜、铁、钴、锰等金属氧化物的性能,从而使宋以来的青釉、红釉发展到五光十色的高温色釉,其釉面之莹润,色泽之艳丽,真可与五色玉媲美。⑫

除了景德镇外,当时福建、广东的陶瓷业也有了一定的发展。福建德化的

---

① 《荷亚贸易》,第 113 页。
② 《17 世纪荷兰海外贸易概述》,第 59 页。
③ 《荷亚贸易》,第 114 页。
④ 《荷亚贸易》,第 135 页。
⑤ 〔荷兰〕范·勒尔(J. C. Van Leur):《印度尼西亚贸易与社会》,第 226 页。
⑥ 《葡萄牙绅士在远东》,第 6 页。
⑦ 《东方海上霸权的背景》,1948,伦敦,第 89 页。
⑧ 〔日〕山胁悌二郎:《长崎的唐人贸易》,吉川弘文馆 1954 年版,第 30 页。
⑨ 《马尼拉大帆船》,第 365 页。
⑩ 王世懋:《二酉委谭摘录》,载《纪录汇编》卷二○六。
⑪ 萧近高:《参内监疏》,赵之谦:《江西通志》卷四九。
⑫ 景德镇陶瓷研究所:《中国的瓷器》,中国财政经济出版社 1963 年版,第 175 页。

瓷器以釉色、瓷胎洁白而著称，特别是釉色宛如象牙，光色如绢，在欧洲被称为象牙白釉①，据说在明代后期的极盛时期，德化县之东、南、北各地满布瓷窑，其生产规模之大足以惊人。② 广东石湾的陶器在万历年间也有很大精进，其产品"遍两广，旁及海外之国，谚曰，石湾罐瓦胜于天下"③。瓷器业的发展亦为当时海外贸易的发展提供了大量的外销产品。

17世纪初期，我国的瓷器在欧洲已开始闻名。1603年，一艘葡萄牙大帆船"圣·凯瑟琳娜"（Santa Catharina）号被荷兰东印度公司俘获到北大年，在其船货中有"数不清的各种瓷器"将近60吨，约10万件。后来被运到阿姆斯特丹进行拍卖，买主来自西欧各地，法国国王亨利四世在其大使的劝说下，由路易丝·科利格尼（Louise de Coligny）为其选择，购到一件"质量非常好的餐具"；英王詹姆斯一世和法国政府大臣亦均买到瓷器。此次售卖获利很大，拍卖之后，瓷器在欧洲的声望骤然升高，需求量急遽增大。据说，当时欧洲人普遍相信，中国瓷器有"破坏食物毒性"的特征，其实，这是由于欧洲人使用瓷器代替木容器和无釉的陶器，从而使食物减少发霉和变质，起到了降低死亡率的作用。

正是由于需求量的增大，荷兰东印度公司迫不及待地从北大年、巴达维亚等地把我国商船载运出去的瓷器再贩运到欧洲各地。④ 1625年荷兰殖民者在台湾南部建立殖民基地后，台湾则成为荷兰东印度公司的瓷器贸易中心。由我国商船运到台湾的瓷器，被装上荷兰船合公司船运到巴达维亚，然后被带到马来群岛以外的公司所在商站，返航船队则直接把瓷器带到荷兰。

3. 糖

明代后期，糖蔗在福建、广东的种植已非常普遍。糖在当时也是我国海外贸易的商载运出口的主要商品之一。虽然当时在世界上有不少地方可以出口糖，诸如巴西、西印度、孟加拉和爪哇，但是中国糖仍然是荷兰东印度公司最需要的产品之一，不管是在东方的市场或者是荷兰本国的市场，都有大量糖被载运到印度西北部，用来同波斯地区进行交易。1625年，当荷兰殖民者窃踞台湾时，发现有大量的糖可供出口贸易，即如同瓷器的情况一样，把台湾也变成东方糖的集散地。

综上所述，明代后期随着国内商品经济的发展，几种主要的手工业生产，如丝织业、陶瓷业、制糖业等均有了显著的发展，它们为当时私人海外贸易的

第五章 明清时期的海洋贸易

---

① 朱培初：《明清陶瓷和世界文化的交流》，轻工业出版社1984年版，第19页。
② 景德镇陶瓷研究所：《中国的瓷器》，中国财政经济出版社1963年版，第202页。
③ 《广东新语》卷一六《器语·锡铁器》。
④ 李金明：《明代海外贸易史》，中国社会科学出版社1990年版，第127—128页。

发展提供了极其大量的外销商品。这些外销商品不仅在国际市场上具有很强的竞争力,而且其数量之大也令人赞叹不已。

(五)海外贸易商的构成①

明代后期,随着私人海外贸易的发展,出洋经商的人数骤然增多,据崇祯朝兵部尚书梁廷栋等人上书陈述,每年春夏东南风作,那些"怀资贩洋"的海商以及充当"篙师、长年"的"入海求衣食者",数以十余万计。② 如此庞大的海外贸易商队伍,其结构大抵可分为如下几种:

1. 商主,或称绅商

他们不一定是职业商人,而是把钱和货物交给小商人带出海贸易,以从中分享贸易利润。如万历四十年(1612年)浙江抚院捕拿的通番人犯赵子明就属于这种类型。他把蛤蜊、旺缎等货让周学诗带到海澄贸易,遂搭船开洋,往暹罗、吕宋等处发卖,归还后将赊欠的缎款偿付给他。③ 这种由绅商出资让小商人出海经营的现象在当时非常普遍,根据《荷兰到东印度的首次航行》一书所述,这种形式在万丹的贸易中似乎占有数量上的优势。书中还对这种绅商作了如下的描述:

> 这些富裕商人一般是待在家中,每当有一些船只准备出海时,他们就把一笔须加倍偿还的钱交给那些随船的人(带货客商,船员经常也参与贸易),钱数的多少依航程的长短而定。他们立下一个契约,如果航程十分顺利,则按合同偿付;如果受钱者由于某些不幸而不能付钱,那末他必须把自己的老婆、孩子作抵押,直至偿还债务为止。除了这艘船蒙难,那商人就失去这笔贷款……④

这些绅商有的还具有可以单独活动的实力,从自己经营贸易,拥有自己的船、自己的代理商,到把钱、货借贷给那些完全驯服的小商人。⑤ 这些绅商一般拥有比较雄厚的资本,如1615年来到万丹的那些绅商,随带的船货值3—4万里亚尔⑥,5艘帆船的总价值估计达30万里亚尔⑦,不过这些绅商在整个贸易过程中均不露痕迹,而是由许多小商贩来进行的。⑧ 再如荷兰在台湾建立

---

① 此部分内容参见李金明:《明代海外贸易史》,中国社会科学出版社1990年版,第132页。
② 《崇祯长编》卷四一,崇祯三年十二月乙巳。
③ 王在晋:《越镌》卷二十一《通番》。
④ 〔荷兰〕范·勒尔(J. C. Van Leur):《印度尼西亚贸易与社会》,第204页。
⑤ 〔荷兰〕范·勒尔(J. C. Van Leur):《印度尼西亚贸易与社会》,第204页。
⑥ 《燕·彼得逊·昆东印度商务文件集》第1卷,第167页。
⑦ 《燕·彼得逊·昆东印度商务文件集》第2卷,第7—8页。
⑧ 〔荷兰〕范·勒尔(J. C. Van Leur):《印度尼西亚贸易与社会》,第376页。

贸易基地后,中国政府准许一位名叫心素(Simson,音译)的绅商垄断进口贸易,他一次用 5 艘帆船载运货物,并预先支付荷兰东印度公司 1 万磅购丝款,每年丝的成交量是 800 担,相当于每年中国贸易船运到万丹的生丝总量的两倍到两倍半。[①]

2. 船商,亦称船主或舶主

他们自己拥有船只,亦亲自参与贸易。如前面所述的海述祖就属于这种类型,他于崇祯十五年(1642 年)以千金家产治一大舶,亲自载货到海外诸国贸易,有 38 位客商搭乘其船。[②] 这些船主其实也属于富商之列,他们在海外受到很高的待遇。如 1622 年荷兰东印度公司禁止武装进入巴达维亚,但"大船主、杰出的大使和全权大使"被例外地获准进入。[③] 这些船主一般亦拥有较雄厚的资本,他们每次载运出去的货物价值都比较大。

这些船主也有同荷兰东印度公司签订承交货物的合同,其贸易额通常均比较大。如船主王山(Wangsan,音译)1625 年在巴达维亚提出,从台湾交付生丝 1500 担,每担 140—160 两银,如按 1 两银为 6 先令 8 便士计算,总价值为 55000—75000 磅,相当于荷兰东印度公司总资本的 1/10。[④] 再如船主乔雪特(Jousit,音译)在台湾签订了一份瓷器合同,规定在 5 个月内"交付精细、奇特、色彩明快"的瓷器如下:500 个八边形和圆形的蜜钱罐,500 个小的黄油坛,3000 个带盖的奶油杯,500 个足尺的梨形和葫芦形瓶,1000 个半尺、1500 个 3 分尺和 2000 个 4 分尺的瓶子(其中一半为梨形,一半为葫芦形),200 个大的酒杯,500 个酒杯,3000 个深黄色的壶,500 个便壶,200 个大花瓶,1000 个带把的小花瓶,1000 个足尺和 1000 个半尺的带嘴葡萄酒坛,2000 个梨形的带嘴葡萄酒坛,2000 个足尺、2000 个半尺、3000 个 3 分尺、3000 个 4 分尺的碗,8000 个热饮料杯,10000 个半尺和 12000 个 3 分尺的热饮料杯,4000 个足尺、6000 个半尺、8000 个 3 分尺的八边形杯,2000 个"中间隔引"'的小杯,2000 个"整个隔开"的小杯,10000 个"外边带四朵花"的茶杯,10000 个"玫瑰花杯",10000 个钟形杯,1000 套小杯(每套 6 个),5000 个大酒杯,30000 个小白兰地杯,20000 个如上述五种形状的碗,1000 个腌胡椒的酒窖,25000 个上述后两种形状的茶杯。[⑤]

3. 散商,也就是小商贩

他们"皆四方萍聚雾散之宾",往往数百人聚集在一艘贸易船上,从中推一

---

① 〔荷兰〕范·勒尔(J. C. Van Leur):《印度尼西亚贸易与社会》,第 202 页。
② 《舣腾续编》卷三《海天行》。
③ 《燕·彼得逊·昆东印度商务文件集》第 3 卷,第 930 页。
④ 〔荷兰〕范·勒尔(J. C. Van Leur):《印度尼西亚贸易与社会》,第 203、226 页。
⑤ 《瓷器与荷兰东印度公司》,第 48—49 页。

"豪富者为主,中载重货,余各以己资市物往"①。他们之中,"有买纱罗、绸绢,布匹者;有买白糖、瓷器、果品者;有买香扇、梳篦、毡袜、针、纸者"等等。② 这些散商大多数是借子母钱出洋做买卖,如巴达维亚总督燕·彼得逊·昆所说:"这些小商贩以在中国借的利息钱或典当钱来万丹和北大年贸易,他们不得不售卖较高的价格,否则就不能偿还债务。"③1622 年,英国殖民者掠夺了一艘中国船,其船长写信到巴达维亚抱怨说:"……居住在这里的许多中国人都借有利息钱……"④有的散商则是如上面所说的,带着绅商的钱或货物到海外贸易,归还后偿付其债款。正因如此,燕·彼得逊·昆为了达到损害这些绅商的目的,以暴力占有了这些小商贩的货物。他于 1623 年 6 月 20 日写信给 17 人委员会说:"按我的看法,即使阁下送十万里亚尔或更多给中国皇帝或总督作礼物(希望打开中国的贸易),也不会得到什么东西。这不是因为他们祖宗的规则(他们借此为自己辩解),而主要是我们为堵臣马尼拉贸易给他们造成的损失还不够大,马尼拉贸易是中国皇帝的主要事务。中国人说,损失货物的危险不会使他们放弃马尼拉贸易。如果我们要阻止他们去马尼拉贸易,必须把我们所捕获的人全部监禁或杀掉,以便使这些穷人对丢失生命财产的恐惧胜过于对获得利润的欲望。因为只要穷人没有人身危险,那些富人总是会以货物来进行冒险……"⑤

这些散商由于资金少,需按时偿还债务,因此必须赶在季风转换之前做完他们的生意,而不能待在那里等待下一季候风时的较好售价,他们经常不得不廉价抛售,以减少压冬的耗费和国内利息的递增。

4. 仆商

他们是由主人豢养的往海外经商的奴隶。如杭州生员沈云凤把资本托付仆人沈乘祚、来祥往海澄经商,来祥等径往吕宋等处贩卖货物,"包利以偿其主"⑥。另外,当时在海澄一带还有一种由养子经营海外贸易的做法。如《闽书》所载:"或将婆子弃儿,养如所出,长使通夷,其存亡无所患苦。"⑦这些养子实际上也是属于仆商一类。这种利用仆商经营海外贸易的做法,据说在当时的海外华人中亦很盛行。

5. 船工

① 周玄晖:《泾林续记》。
② 《越镌》卷二一《通番》。
③ 《燕·彼得逊·昆东印度商务文件集》第 1 卷,第 167 页。
④ 〔荷兰〕范·勒尔(J. C. Van Leur):《印度尼西亚贸易与社会》,第 384 页。
⑤ 《燕·彼得逊·昆东印度商务文件集》第 1 卷,第 798 页。
⑥ 《越镌》,卷二一《通番》。
⑦ 《闽书》卷三八《风俗志》。

他们受雇于船主,如福清人林清与长乐船户王厚合造钓槽大船,雇请郑松、王一为把舵,郑七、林成等为水手,金土山、黄承灿为银匠,李明习海道,为向导,陈华谙倭语,为通事。① 据说,当时这些被雇佣的船工是不付工钱的,但可以随带货物出去贩卖以获利,因此,这些船工经常也参与海外贸易。所以说,当时这些船工实际上已成为海外贸易商结构中的一部分。

（六）明代后期私人海外贸易的性质②

明代后期私人海外贸易虽然已经发展到了相当高度,且部分代替了前期的朝贡贸易,使我国历史上持续了 1000 多年的以官方垄断为主的海外贸易发生了根本性的变化,使我国海外贸易史进入了一个崭新的时期,但是,它仍然是属于封建制度下的对外贸易,并没有发生性质上的改变。其主要表现有以下几个方面:

首先,明代后期私人海外贸易的发展有很大的局限性,其输入的一般商品不仅在数量上极其有限,而且就整个输入商品的价值来说,其比例是微乎其微,在国内市场的商品总量中更是微不足道。而输入的奢侈品却大不一样,一方面它们具有"体轻价贵"的特点,其价值量是不可忽视的;另一方面它们迎合了当时统治者的挥霍需求和海商追求高额利润的需要,其数量仍是占绝大多数。

其次,明代后期私人海外贸易一般说来具有两个特征:一是和远地贩运贸易一样,既可使本来并非奢侈品的商品进入另一民族或国家后转化为奢侈品,也可把海外奇珍当做奢侈品运来国内。二是和其他商业一样,利润的产生是通过贱买贵卖的途径,"不仅表现为侵占和欺诈,而且大部分是从侵占和欺诈中产生的"③。由于商品产地与消费者迢迢千万里,生产者不知道市场价格,消费者又无从了解商品的原始卖价,商人从中上下其手,一方面欺骗生产者,低于所值地购买,另一方面欺骗消费者,高于所值地卖出,即所谓"其去也以一倍而博百倍之息,其来也又以一倍而博百倍之息"。这种封建性商业利润产生的特殊途径决定了它的利润率是非常高的。

第三,在私人海外贸易迅速发展的刺激下,港区一带的手工业生产虽然有了一定的发展,但尚未发现有海商资本介入的现象。

明代后期私人海外贸易输入的商品绝大多数是奢侈品、香料,它以满足封建统治阶级对海外奇珍异宝的需求为目的,海商资本尚未介入手工业生产,还

① 《越镌》卷二一《通番》。
② 此部分内容参见李金明:《明代海外贸易史》,中国社会科学出版社 1990 年版,第 132—138 页。
③ 《马克思恩格斯全集》第 25 卷,人民出版社 2008 年版,第 369—370 页。

是依附于封建生产关系而存在,活动于简单的商品流通领域,它只能从不停的流通中来增加自身的价值,也就是从贱买贵卖中赚取价格的差额,其性质仍然是属于封建制度下的一种贩运贸易。

第二节　清代前期海外贸易的发展①

康熙二十三年(1684年),清政府正式停止海禁。第二年,宣布江苏的松江、浙江的宁波、福建的泉州、广东的广州为对外贸易的港口,并分别设立江海关、浙海关、闽海关和粤海关等四个海关,负责管理海外贸易事务。② 至此,清初的海禁宣告结束,中国的海外贸易进入一个开海设关管理的时期,一直延续到道光二十年(1840年),长达156年,整个海外贸易获得长足发展。

一　贸易港口的扩大和贸易国的增多

自康熙二十三年(1684年)开海贸易后,"粤东之海,东起潮州,西尽廉南,南尽琼崖,凡分三路,在在均有出海门户"③;福建、浙江、江苏沿海也是"江海风清,梯航云集,从未有如斯之盛者也"④,山东、河北、辽宁的港口"轻舟"贩运也十分活跃。根据史料记载,当时开放给中外商人进行贸易的大大小小的港口计有100多处,它们是:

广东的佛山口、黄埔口、虎门口,紫坭口、市桥口、镇口口、澳门总口、乌坎总口、神泉口、甲子口、碣石口、汕尾口、长沙口、鲔门口、平海口、稔山口、湖东口、墩头口、庵埠口、双溪口、溪东口、汕头口、潮阳口、后溪口、江门口、海门口、达濠户、澄海口、卡路口、南洋口、府馆口、东陇口,障林口、黄岗口、乌塘口、北炮台早、梅菉总口、对楼小口、水东口、碙州口、芷芎口、暗辅口、两家滩口、阳江口、海安总口、东西乡口、白沙小口、徐博小口、南樵小口、田头小口,锦囊小口、雷州口、赤坎口、沙老口、乐民口、山口小口、钦州口、海口总口、铺前口、廉州口、青润口、束会口、禹州口、儋州口、北黎口、陆水口、崖州口,共五大总口及43处小口。⑤

---

① 此部分内容参见黄启臣:《清代前期海外贸易的发展》《历史研究》1986年第4期。
② 关于清朝初设四海关的地址,一般史书记载为云台山、宁波、漳州和澳门,今据李士桢《抚奥政略》卷一《议复粤东增豁税饷疏》所记,为"江南驻松江,浙江驻宁波,福建驻泉州,广东驻广州次固镇"。
③ 《粤海关》卷五《口岸一》。
④ 嵇曾筠:《乾隆浙江通志》卷八六《榷税》。
⑤ 《粤海关志》卷一一;档案,《军机录副》卷一六至一七。

福建的厦门口、同安口、海澄口、福州口、安镇口、漳州口、泉州口、南台口、青城口、汀州口、台湾口等 20 余处①。

浙江的大关、古窑口、镇海口、湖头渡、小港口、象山口、乍浦口、头围口（澉浦口）、沥海口、白峤口、海门口、江下埠、温州口、瑞安口、平阳等 15 处。②

江苏的常州口、扬州口、镇江口、刘河口、松江口、施翘河口、黄田澜港口、任家港口、吴淞口、七丫口、白茆口、孟河口、黄家港口、小海口、石庄口、吕四口、徐六泾口、福山口、新开河口、当沙头等 22 处。③

北方以天津口为盛，其次是山东的登州、辽东的牛庄等港口。由此可知，当时虽然政府规定是广州、泉州、宁波、松江四口通商，但实际上中国整个沿海的大小港口都是开放贸易的。

乾隆二十二年（1757 年），清政府撤销了泉州、宁波和松江三海关，开放港口有所减少，但广东沿海各大小港口以及宁波、厦门等港口也仍然准许往南洋贸易，而且就其贸易量而言，还超过了以前（后文详述）。

如此之多的港口进行海外贸易，世界各个国家和地区的商人纷至沓来。东洋有日本、朝鲜；南洋有吕宋（菲律宾）群岛、苏禄群岛、西里伯群岛、马六甲群岛、新加坡、婆罗洲、爪哇、苏门答腊、马来亚、暹罗、琉球、越南、柬埔寨、缅甸等国；欧洲有葡萄牙、西班牙、荷兰、英国、法国、丹麦、瑞典、普鲁士、意大利、俄国等国；美洲有美国、秘鲁、墨西哥等国，印度洋有印度等国。几乎所有亚洲、欧洲、美洲的主要国家都与中国发生了直接的贸易关系。特别是美国与中国发生直接贸易关系是从乾隆四十九年（1784 年）"中国皇后"号首航广州开始的。而我国宋代与欧、美各国贸易主要是间接贸易，明代海外贸易则主要限于南洋各国。

二　商船数量的增加

随着海外贸易的发展，穿梭往来的中外商船数量逐渐增多。康熙五年（1666 年）中国驶往日本的商船有 35 艘，九年（1670 年）增至 36 艘。④ 特别是开海贸易后，中国与日本的通商进入了正式缔约贸易时期，到日本贸易的商船大增。康熙二十四年（1685 年）有 85 艘；二十五年（1686 年）102 艘；二十六年（1687 年）115 艘；二十七年（1688 年）更增至 193 艘，随船到日本贸易的中国商人达 9128 人次。⑤ 据统计，从康熙二十三年（1684 年）到乾隆二十二年

① 档案，《户部史书》，《康熙二十四年四月七日户部尚书科尔坤题》。
② 《浙江通志》卷八六《榷税》。
③ 《江南通志》卷七九《食货志·关税》。
④ 〔日〕大庭修：《日清贸易概观》，《社会科学辑刊》1980 年第 1 期。
⑤ 〔日〕大庭修：《日清贸易概观》，《社会科学辑刊》1980 年第 1 期。

(1757年)的67年间,中国开往日本贸易的商船总数达到3017艘[1],平均每年41.4艘。商船的吨位也很可观,一般的小船能载重100吨,中船可载重150吨,大船可载重250吨到300吨,最大的可载重600吨到1000吨,而宋代船的载重量为110吨左右。[2] 中国的商船还从事东南亚各国与日本的转口贸易,如康熙五十四年(1715年)至雍正十一年(1733年),从广东、南京、宁波、厦门、台湾开往长崎的商船就有6艘是转运咬留吧(巴达维亚)等地商品的。[3] 乾隆二十二年(1757年)以后,由于日本江户政权进一步实行锁国政策,对中国贸易有所限制,商船数量有所下降,但由于船的吨位增加,贸易数量总额却是增加了(后文详述)。

中国与南洋诸国商船来往贸易,在海禁期间,清政府准其在一定时期内来中国进行朝贡贸易。开海贸易后,来往商船更多。就是在南洋海禁的10年中,来往互市的商船也没有绝迹。康熙二十四年(1685年),从福州、厦门等地开往雅加达的商船有10余艘。康熙四十二年(1703年)有50多艘[4]。康熙五十六年(1717年)"多至千余"[5]。乾隆以后,到南洋去贸易的商船更多。嘉庆二十五年(1820年)前后驶往东南亚的帆船共295艘,总吨位达85200吨。道光十一年(1831年),中国到南洋各国贸易的商船达到275艘,吨位一般在120吨至900吨之间,平均为300吨。[6]

欧、美各国来中国贸易的商船数量也不断增加。根据有关资料统计,从康熙二十四年(1685年)到乾隆二十二年(1757年)的72年中,到中国贸易的欧、美各国商船有312艘[7],而且船的吨位也不小。例如康熙三十八年(1699年)至六十一年(1722年)到广州的英国货船,最小者为140吨,最大者达到480吨,一般者也达到300吨,多数为410吨。清政府撤销了闽、浙、江三关后,欧美各国来中国贸易的商船仍然不断增加。据统计,乾隆二十三年(1758年)至道光十八年(1838年)到粤海关贸易的商船共5107艘[8],平均每年为63.8艘。其中,以英国的商船最多,乾隆五十四年(1789年)为58艘,占外商船总数的67%;道光六年(1826年)为85艘,占外船总数的82%,道光十三年(1833年)

---

[1] 据日本学者木宫泰彦:《中日交通史》下册,陈捷译,商务印书馆民国1931年版,第327—334页所列数字统计。

[2] 郑学檬等:《简明中国经济通史》,黑龙江人民出版社1984年版,第216页。

[3] 《唐船进港回棹录》,转引自《辽宁大学学术论文选编》,辽宁大学科研处1983年版,第168页。

[4] 杨余练:《试论康熙从"开禁"到"海禁"的政策演变》,1981年1月13日《光明日报》。

[5] 《清圣祖实录》卷二七〇。

[6] 姚贤镐:《中国近代对外贸易史资料》第1册,中华书局1962年版,第63页。

[7] 根据《粤海关志》卷二四,马士:《东印度公司对华贸易编年史》卷一《附录》及吕坚《谈康熙时期与西欧的贸易》(载《历史档案》1981年第4期)所提供的数字统计。

[8] 根据《粤海关志》卷二四,第34—40页的数字统计。

为 107 艘，占外船数的 80％。①

三　进出口商品的种类和数量繁多

清代前期，中国海外贸易的进出口货物品种之多，数量之大是空前的。请看当时出口和进口的商品状况。

（一）出口商品的种类及数量

中国是一个地大物博的国家，当时整体生产水平较高。在海外贸易中，中国货物纷纷出口。当时输往日本的商品有：

江苏的书籍、白丝、绫子、绉绸、绫纨、罗纱、闪缎、南京绸、锦、金缎、五丝、柳条、绢绸、棉布、丝棉、皮棉布、丝线、纸、信纸、墨、笔、扇子、砚石、茶、茶瓶、瓷器、铸器、锡器、漆器、明矾、绿矾、红豆、药材、绘画等。

福建的书籍、墨迹、绘画、墨、纸、布、葛布、白丝、绫子、绉、纱、纱绫、八丝、五丝、柳条、绫纨、纱、纪罗捻、绒绸、绢绸、闪缎、天鹅、丝线、棉布、绫条布、砂糖、甘蔗、佛手柑、橄榄、龙眼、荔枝、天门冬、明矾、绿矾、花文石、鹿角菜、紫菜、牛筋、天蚕丝、瓷器、美人蕉、线香、铸器、漆器、古董、扇子、枏莨、针、蜡、降真香、藕粉、鱼胶、丝棉、茶、茴香、蜜饯、花生、药物、生活用品等。

广东的白丝、黄丝、锦、金缎、二彩、五丝、七丝、八丝、天鹅绒、闪缎、锁服、柳条、绫子、绉绸、纱绫、绢绸、纪、绅、绸、漆器、陶器、铜器、锡器、马口铁、针、眼镜、龙眼、荔枝、沉香、乌木、木棉、玳瑁、槟榔子、龙脑、麝香、珍珠英石、漆、椰子、波罗蜜、蚺蛇胆、水银、锅、天蚕丝、端砚、车渠（石）、花黎木、藤、翡翠鸟、鹦鹉、五色雀、碧鸡孔雀、药种、蜡药等。

浙江的白丝、绉绸、绫子、绫纨、纱绫、云绡、锦、金丝布、葛布、毛毡、绵、罗、茶、纸、竹纸、扇子、笔墨、砚石、瓷器、茶碗、药、漆、胭脂、方竹、冬笋、南枣、黄精、黄实、竹鸡（鹑类）、红花木（即丹桂，药用）、附子、药种、化妆用具等。②

其中，主要是丝、丝织物、药材、糖、纸张和书籍。这些商品输入日本的数量"逐年增加，不但供上流社会，且为一般民众广泛使用和爱好。因此，对于日本人民的生活直接间接起了颇大的影响"③。大量商品输往日本贸易，对中国十分有利，因为这些货物"大抵内地价一，至倭（日本）可得五，及日货，则又一

① 《粤海关志》卷二四。张天护：《清代法国对华贸易问题之研究》，《外交月报》第 8 卷第 6 期。
② 〔日〕木宫泰彦：《中日文化交流史》，胡锡年译，商务印书馆 1980 年版，第 673—675 页；《中日交通史》下册，陈捷译，商务印书馆 1931 年版，第 364—367 页。
③ 〔日〕木宫泰彦：《中日文化交流史》，胡锡年译，商务印书馆 1980 年版，第 673—675 页；《中日交通史》下册，陈捷译，商务印书馆 1931 年版，第 364—367 页。

得二"①。

输往东南亚各国的商品主要是丝、茶、糖、药材、瓷器和中国的土特产。例如道光九年(1829年)由厦门输往新加坡的货物有陶器、砖瓦、花岗岩石板、纸伞、粉条、干果、线香、纸钱、烟草以及一些土布、生丝之类,值"三万元至六万元之谱"。当时与南洋贸易,"利可十倍"②。

输往欧、美各国的商品主要是生丝、丝织品、茶叶、瓷器、土布、麝香、朱砂、明矾、铜、水银、甘草、生锌、大黄、桂子、糖、冰糖、姜黄、樟脑、绸缎、丝绒等。其中以生丝、丝织品、茶叶、南京土布为大宗。特别是康熙二十三年(1684年)开海贸易后,数量大幅度增加。例如生丝,康熙三十七年至六十一年(1698—1722年)为1833担,到乾隆五年至四十四年(1740—1779年),为19200担,增加10倍多;到乾隆四十五年至五十五年(1780—1790年)增至27128担,又增加29%;到嘉庆二十五年至道光九年(1820—1829年)增至51662担,再增长90%。茶叶,康熙六十一年至乾隆四年(1722—1739年)为102795担,到乾隆五年至四十四年(1740—1779年)增至807193担,增加7倍多;乾隆四十五年至五十四年(1780—1789年)增至1885443担,又增长1倍多;嘉庆十五年至道光九年(1810—1829年)增至3242874担,再增长近1倍。土布,乾隆五十五年至嘉庆四年(1790—1799年)为7627300匹,到嘉庆二十五年至道光九年(1820—1829年)为12209534匹,增长51%。③

(二)进口商品的种类和数量

在与外国的贸易中,中国从日本进口的商品有黄铜、"表物"(即海参、鲍鱼、鱼翅、海带)及白银等,其中以黄铜最为重要。根据有关资料统计,自康熙二十三年(1684年)至道光十九年(1839年),从日本进口的黄铜达到3.207亿斤④,平均每年进口195.1万斤。其中康熙二十三年(1684年)至康熙五十五年(1716年)为1.2亿斤,康熙五十五至乾隆十九年(1716—1754年)为1.0亿斤,乾隆二十年至道光十九年(1755—1839年)为1.0亿斤。此外金、银输入亦不少,顺治五年至康熙四十七年(1648—1708年)的61年间,从日本输入金239.76万余两,银37.422万贯目。⑤

南洋各国输入中国的商品的种类和数量也相当多。例如从康熙六十一年

---

① 转引自《华夷变态》,浦廉一:《华夷变态题说》。
② 《乾隆海澄县志》卷一五。
③ 根据 H. B. Morse:《The Chronicles of the East India Company Trading to China 1635-1834》Vol Ⅰ,Chap7-28;Vol Ⅱ,Chap 30-60;Vol Ⅲ,Chap 61-77;Vol Ⅳ,Chap78-89 的数字统计。
④ 根据《日本和世界的历史》第15卷,第70页及丰田武《交通史》第300页的数字统计。
⑤ 〔日〕木宫泰彦:《中日交通史》下册,陈捷译,商务印书馆1931年版,第336页。

至道光二十年(1722—1840年),由暹罗、越南、菲律宾、缅甸、新加坡等国家运到福建、浙江、广州各港口贸易的有米、石、象牙、沉香、速香、布、槟榔、砂仁、苏木、铅、锡、珀、玉、棉花、牙鱼、盐、角、燕窝、玳瑁、沙藤、打火石、水牛皮、鱼翅、海参、欧洲羽缎、毛织品、粗哔叽、印花布、竹布、海菜、胡椒、槟榔膏、鹿茸、鱼肚、鸦片等30多种①。其中以米为最大宗,如康熙六十一年(1722年)"于福建、广东、宁波三处,各运米十万石来此贸易"②。乾隆十一年(1746年)九月,"有暹罗商人方永利一船,载米六千五百石余。又蔡文浩一船,自报载米七千石"③,来华贸易。

欧美各国输入中国的商品种类、数量也很多。其中西欧各国的商品有香料、药材、鱼翅、紫檀、黑铅、棉花、沙藤、檀香、苏合香、乳香、没药、西谷米、丁香、降香、胡椒、藤子、白藤、黄蜡、哔叽缎、哆啰呢、羽毛布、自鸣钟、小玻璃器皿、玻璃镜、哆啰绒哔叽、银元、珊瑚、玛瑙、洋参等数十种④,美国输入的商品有皮货、粗棉、铅、人参、水银、檀香水、银元等。在19世纪前,欧美各国输入中国的货物以银元为最多,其次是毛织品和棉花。因为当时欧美各国的货物很难在中国找到市场,所以"夷船"来时"所载货物无几,大半均属番银"⑤。"在1830年以前,当中国人在对外贸易上经常是出超的时候,白银是不断地从印度,不列颠和美国向中国输出的"⑥。例如,英国从1708年到1712年,对华直接出口贸易每年的平均数字。在商品方面不到5000英镑,在金银方面超过50000英镑。……1762年到1768年的数字是:商品58000英镑,金银73000英镑。⑦ 在18世纪,英国因购买中国货物而输入中国的银元达到208900000元。⑧ 又据统计,从康熙三十九年至乾隆十六年(1700—1757年)的58年间,西欧各国输入中国的白银达到68073182两,平均每年为1308401两。⑨ 18世纪中期后每年输入中国的白银一般均在450000两,最高达到1500000两。⑩ 但是从18世纪末以后,由于英国工业革命的结果,英国纺织工业生产力空前

---

① 《光绪大清会典事例》卷五一〇;徐正旭:《越南辑略》卷二;《皇朝文献通考》卷三三;《清高宗实录》卷八〇八;姚贤镐:《中国近代对外贸易史资料》第1册,中华书局1962年版,第67页,第70页。

② 《光绪大清会典事例》卷六一〇,第5页。

③ 档案,《军机录副》卷号二四《财政》,乾隆十一年。

④ 档案,《军机录副》卷号十九,《关税》乾隆五十六年,《宫中档》康熙五十六、五十七、五十九年两广总督杨琳奏折;格林堡:《鸦片战争前中英通商史》,商务印书馆1964年版,第71页。

⑤ 《文献丛编》第176辑,《福建巡抚常赍奏折》。

⑥ 《马克思恩格斯选集》第2卷,第114页。

⑦ 姚贤镐:《中国近代对外贸易史资料》第1册,中华书局1962年版,第367页,第268页。

⑧ 千家驹:《东印度公司的解散与鸦片战争》,《清华学报》第37卷第9—10期。

⑨ 余捷琼:《1700—1937年中国银货输出入的一个估计》,商务印书馆1940年版,第32—34页。

⑩ 严中平:《中国近代经济史统计资料选辑》第1册,科学出版社1955年版,第22页。

提高,棉布、棉纱生产突增,于是英国"没有向中国直接输出金银"了①,而棉布、棉纱输入中国的数量骤然增加。至鸦片战争前夕,西欧国家输入中国的商品中棉花占首位,每年平均输入棉花达 500000 担,价值 5000000 元,棉布占第 2 位,每年进口 530000 匹,价值 1380000 元;呢绒占第 3 位,每年输入价值 1030000 元;棉纱棉线占第 4 位,每年进口价值为 625000 元。②

值得注意的是,这个时期,欧美各国把鸦片输入中国,进行走私贸易。雍正七年(1729 年)开始,葡萄牙人从印度的果亚和达曼贩运鸦片到澳门,大约每年为 200 箱。以后英、美等国为了扭转其对华贸易的逆差,把鸦片作为扩大中国市场的敲门砖。据统计,雍正七年至道光十九年(1729—1839 年)输入中国的鸦片数量达 648246 箱③,平均每年 3889 箱。这么一来,大大改变了中国在国际贸易中的地位,由出超变为入超,严重破坏了中国政府国库的收支平衡和市场的货币流通,从嘉庆五年(1800 年)开始,中国白银由内流变为外流。据统计,嘉庆五年至道光十四年(1800—1834 年)外流白银 6 亿两。④ 海外贸易的这种变化,明显地反映出西方资本主义国家对中国的经济侵略性质,使中国与西欧国家的正常贸易遭到严重的破坏。

四 贸易商品流通量值的增加

最能说明清代前期海外贸易获得长足发展的,莫过于当时整个海外贸易的商品流通量值的不断增加。这一点,我们可以从开海设关贸易后百多年的关税收入中,推算出其贸易值逐年增加的情况。雍正七年到乾隆二十一年(1729—1756 年)四海关贸易的商品流通量,请见表 5-1。⑤

表 5-1　雍正七年至乾隆二十一年(1729－1756)各海关贸易总值统计表

年代	关税收入(两)				贸易总量(两)							
	粤海关	闽海关	浙海关	江海关	粤海关	指数	闽海关	指数	浙海关	指数	江海关	指数
雍正七年 (1729 年)	222117				11105843	100						
雍正八年 (1730 年)	280904				14045187	126						

----

① 《马克思恩格斯选集》第 2 卷,人民出版社 2008 年版,第 114 页。
② 姚贤镐:《中国近代对外贸易史资料》第 1 册,中华书局 1962 年版,第 259 页。
③ 根据《Chinese Repository》Vol V,P547;H,B. Morse:《The International Relation of Chinese Empire》Vol I,P173、209-210;魏源:《道光洋艘征抚记》所载数字统计。
④ 引见刘鉴唐:《鸦片战争前四十年间鸦片输入与白银外流数字的考察》,《南开史学》1984 年第 1 期。
⑤ 按清朝 2%的从价税测算。

(续表)

年代	关税收入(两)				贸易总量(两)							
	粤海关	闽海关	浙海关	江海关	粤海关	指数	闽海关	指数	浙海关	指数	江海关	指数
雍正九年 (1731年)	374453				18727662	168						
乾隆元年 (1736年)			90259						4512930	100		
乾隆二年 (1737年)			90359						4517968	100.1		
乾隆五年 (1740年)		277822		79825			13891097	100			3991234	100
乾隆七年 (1742年)			94058						4702872	104		
乾隆八年 (1743年)		267696	94065				13384816	96	4703248	104		
乾隆十年 (1745年)		291577	88410	47569			14578858	105	4420502	98	2378438	60
乾隆十二年 (1747年)			90929						4546470	101		
乾隆十三年 (1748年)			90803						4540123	101		
乾隆十四年 (1749年)	466941		90811		23397036	211			4540560	101		
乾隆十五年 (1750年)	549804	291598			22960214	207	14579873	105				
乾隆十六年 (1751年)	502769	364212			25138453	226	18210573	131				
乾隆十七年 (1752年)	514810				25740500	232						
乾隆十八年 (1753年)	515318				25765902	232						
乾隆十九年 (1754年)	486258				24313890	219						
乾隆二十年 (1755年)	404957				20247854	182						
乾隆二十一年 (1756年)	320531	358641	101143		16026538	144	17932071	129	5057143	122		
合计	4548825	1851546	830836	127394	227468970		92577271		36838567		6369871	

资料来源:根据梁廷枏《粤海关志》卷十、彭泽益《清初四榷关地点及贸易量的考察》(载《社会科学战线》1984年第3期)的数字推算编制。

从该表看,除了江海关因只有两年的数字,表现下降外,其他三海关贸易总值均呈增长趋势。以乾隆二十一年(1756 年)各海关的贸易总值而言,粤海关比雍正七年(1729 年)增长 44%;闽海关比乾隆五年(1740 年)增长 29%;浙海关比乾隆元年(1736 年)增长 22%。这大体上可以反映这一时期海外贸易的发展趋势。

乾隆二十二年(1757 年)以后,虽然欧美各国的商船主要是到粤海关贸易,但整个海外贸易总值还是比四海关时期大幅度地增长了。我们可以从粤海关在乾隆二十二年(1757 年)以后的关税收入,推算其变化情况,如表 5-2。

表 5-2 粤海关贸易总值统计表

年代	关税(两)	指数	贸易总值(两)	指数
乾隆二十二年至三十二年 (1758—1767 年)	4560913	100	288045650	100
乾隆三十三年至四十二年 (1768—1777 年)	4655717	102	232785850	81
乾隆四十三年至五十二年 (1778—1787 年)	7118031	156	355901050	124
乾隆五十三年至嘉庆二年 (1788—1797 年)	10258066	225	512903300	178
嘉庆三年至十二年 (1798—1807 年)	14510196	318	725509800	252
嘉庆十三年至二十二年 (1808—1817 年)	13322172	292	666108600	231
嘉庆二十三年至道光七年 (1818—1827 年)	14421003	316	721050150	259
道光八年至十七年 (1828—1837 年)	15697281	344	784864050	272
合计	84543379		4227168950	

资料来源:根据梁廷枏《粤海关志》卷一〇的数字累计编制。

从上表可以看出,粤海关在 80 年间贸易总额是不断增长的,总值约计为 4227168950 两,比乾隆二十二年(1758 年)以前四海关贸易的总值 408215787 两,增长 10 倍以上。如果把厦门、宁波等港口的贸易额也统计在内,增长的还要多。

以上四个方面的事实说明,康熙二十三年(1684 年)清政府实行开海设关、严格管理海外贸易的政策之后,虽有十年的"南洋海禁"和乾隆二十二年

(1757 年)撤销闽、浙、江三海关贸易的阻碍和影响,中国的海外贸易并未因此停顿或萎缩,而是以不可抗拒的势头向前发展,其规模和贸易总值远远超越前代,达到了新的高度。明代隆庆年间以后,海禁松弛,对外贸易获得较快发展。万历二十二年(1594 年)是全国海外贸易税饷收入最高的年份,共 29000 余两,按当时的税率为 1 两征税 2 分推算[1],这一年海外贸易商品总值约为 1000000 两。而乾隆十年(1745 年)四港贸易总值达到 36571777 两,比明代贸易总值最高年份增加 35.5 倍。就以粤海关一处的贸易值而言,雍正七年(1729 年)贸易值为 11105800 两,比明代贸易值最高的年份也增长 10.1 倍。如果与宋代比较,清朝海外贸易的总值也是大为增加的。宋代海外贸易商品总值未见统计,南宋赵构说,"市舶之利最厚,若措置合宜,所得动以百万计"[2],那么,南宋的海外贸易商品总值也不过 500 万两[3]而已。这还达不到雍正七年(1729 年)粤海关贸易值的一半,不足道光七年(1827 年)粤海关贸易值的 1/10。

---

① 张燮:《东西洋考》卷七《税饷考》。

② 《粤海关志》卷三《前代史实二》引《宋会要》。

③ 按《朱会要辑稿》"职官四四一"记"凡番货之来,十税其一";又《文献通考》卷二《市籴一·市舶互市》记"淳化二年,始立抽解二分。"今十抽二计算。

第六章
明清时期的海港城市发展

海港城市是人类海洋活动的集中发生地,它以海上通商贸易为主要经济特征,伴随着航海活动的拓展而发展。明清时期,我国海港城市的发展呈现两大特点,一是区域特征已十分突出,二是大批走私贸易港的崛起。此时,广州与澳门互为联结,成为接受异域文化的最前沿,澳门中西合璧的城市建置是中外海路文化交流的典范。福建港市进入兴替期,福州以其一贯的政治属性,作为部分地区的商品集散中心,仍然极具活力;随着官方航海的衰落、走私贸易的兴盛,泉州后诸港一蹶不振,港市的中心转向安海港;厦门曾一度成为东南沿海的贸易中心,在清代得到空前发展;在走私贸易合法化过程中,漳州月港作为民间海商国际贸易商港,得到了最充分的发展。宁波港在明代的发展非常缓慢,而在清前期则进入古代宁波港的全盛时期。北方诸港中以登州和天津最具代表性,其在军事防御和运输中的作用较为鲜明。

第一节　明代澳门的崛起与城市发展

在东亚古代城市发展史上,明代时澳门的兴起乃一特殊的奇迹。一个位于香山县南部顶端的小半岛,在 16 世纪上半叶至中叶的短短几十年中,竟发展成为四方商贾辐辏、天下奇货汇聚的国际性贸易城市。这里将主要对这一奇迹——澳门崛起的原因及其过程加以阐述,并以明代为限,考证其早期城市的建设与发展。

一　葡萄牙人的东来与澳门的崛起

(一)澳门:从沿海边地到国际城市①

自 16 世纪上半叶开始,欧洲殖民者扬帆东来。他们最早接触中国的地方

---

① 此部分内容参见邓端本编著:《广州港史》(古代部分),海洋出版社 1986 年版,第 170 页。

之一，是距离南中国海航线最近的广东沿海。首当其冲并最终"租居"了中国的地盘的"红毛番"，是葡萄牙人。他们的"叩关索市"，导致了澳门的被"租居"和殖民地城市的崛起。

澳门又叫濠镜，在广东香山（今中山）县南的一个半岛上，位于北纬22.11度，东经113.3度。按照《广东新语·澳门篇》记载："濠镜在虎跳门外，去香山东南百二十里。有南北二湾，海水环之。番人于二湾中，聚众筑城，自是新宁之广海、望峒、奇潭，香山之浪白、十字门，东莞之虎头门、屯门、鸡栖诸澳悉废，而濠镜独为舶薮。"由此可见，澳门自从为葡萄牙殖民主义者租居占领后，原来分布在珠江口一带的贸易地点都冷落了下来，澳门成为外国商船来华贸易的主要湾泊和贸易场所。由于它是"海舶出入喉唉"，所以很快便繁荣起来，"每一舶至。常持万金，并海外珍异诸物，多有至数万者"①。关于葡人占据澳门早期的发展情况，庞尚鹏《抚处濠镜澳夷疏》描写得最为详细："往年……夏秋间，夷舶乘风而至者，往止二三艘而止，近增至二十余艘，或倍增焉。往年俱泊浪白等澳……守澳官权令搭篷栖息，待舶出洋即撤去。近数年来，始入濠镜澳筑室，以便交易，不逾年多至数百区，今殆千区以上。日与华人相接济，岁规厚利，所获不资，故举国而来，负老携幼，更相接踵，今筑室又不知其几许，而夷众殆万人矣。"庞尚鹏的奏疏写于嘉靖四十三年（1564年），船舶前来贸易数已由过去每年二三艘增至20余艘，人数达万人，每年的税收可达2万两。② 当时的澳门成了冒险家的乐园。"葡萄牙国商人到中国作上两次买卖，就能发财致富。"③有一个居住在澳门的叫吕武胜的外国商人，"营责（债）取息，获利累巨万"④。王临亨的《粤剑篇》也说："西洋之人往来中国者，向以香山澳为舣舟之所……夷人金钱甚夥，一往而利数倍。"由于在澳门经商能获得巨额利润，所以，"闽粤商人，趋之若鹜"⑤。澳门实际上成了各国贸易的中心。

（二）葡萄牙人的东来与对澳门的"租居"

葡萄牙近代成为西方的海洋强国之一，是近代西方的海洋文化在其走向航海大发现、进而走向海上殖民争霸道路之后的历史产物。自16世纪初起的几十年里，澳门——中国广东香山县的一个原本无人看在眼里的小小荒岛，似乎在眨眼之间崛起为一个世界上著名的国际海上交通、贸易往来和文化交汇

① 周玄晖：《泾林续记》。
② 《明史》卷三二五。
③ 斐化行：《天主教十六世纪在华传教志》，转引自胡代聪：《葡萄牙殖民者侵占澳门前在中国的侵略活动》，《历史研究》1959年第3期。
④ 《澳门纪略》下卷。
⑤ 《明史》卷三二五《佛郎机传》。

的东方中心。澳门的崛起,无疑是 15 世纪末、16 世纪初世界开始走向海洋的世纪、进入大航海和地理大发现的新纪元的缘故:1492—1504 年,哥伦布四次横渡大西洋,发现美洲新大陆,由此有了美洲开发和崛起的历史;1497—1498年,达·伽马绕道非洲好望角到达印度,开辟了从东方到西方的新航路,从而和东方人的原有航路相连接,有了西人东来殖民扩张、同时也客观上启动了东西方世界相互沟通和互动发展的历史;1519—1522 年,麦哲伦船队越过大西洋,穿渡太平洋,完成了人类第一次完整的环绕地球的航行,从而地圆之说得到了人类实践的证实,世界一体化的历史有了全面意义上的开端。而 15 世纪末、16 世纪初期的这三次震惊世界的大航海、大发现以及后来的世界性大航海、大发现和大开发、大发展的历史,也源于 1405—1433 年中国人郑和的七下西洋,开辟了东南亚、南亚、印度洋直至非洲红海海口的纵横交错的大航线,联结成了国际性、洲际性的海上关系和经济贸易大网络,从而无论是从主观上还是从客观上,都向世界宣扬和表现了强盛、富庶的中华帝国这一"遍地是黄金"的"东方乐土",从而激发起了西方人羡慕中国、探求东方以寻宝发财的强烈欲望和兴趣。他们积攒了几十年的知识和勇气之后,这才有了比郑和下西洋晚了半个多世纪然而力量巨大、来势凶猛的世界性大航海、大发现和大殖民、大开发的热潮。

　　葡萄牙人东来,能够居留澳门,靠的不是硬拼硬抢、强夺强占,而是计谋、策略。这当然不是葡萄牙东来的初衷,但当他们在中国南方和东南沿海一而再、再而三地被我国击败、驱逐之后①,他们发现在其他地方所使用的伎俩在中国不那么灵验,因而他们才不得不改变方略,以"中国方式"来对付中国的事情。具体表现在:一是多处浅尝辄止,在那些"只能算作临时居留地"上去而复来,来而复去②,让人对其掉以轻心,实际上他们也是在选择最佳的长居之地。二是貌似谦恭,名其东来窥觑中国的贸易市场和对中国的海上贸易为"称臣"

---

① 参见《世宗实录》、《明史·佛郎机传》、《澳门纪略》、《(嘉庆)新安县志》等及后人的众多研究。如《世宗实录》嘉庆二年三月记:"佛郎机国人别都卢寇广东,守臣擒之。初,都卢恃其巨铳利兵,劫掠满剌加诸国,横行海外。至率其属疏世利等千余人,驾舟五艘,破巴西国,遂寇新会县西草湾。备倭指挥柯荣、百户王应恩率师截海御之。转战至稍州,向化人潘丁苟先登,众兵齐进,生擒别都卢、疏世利等四十二人,斩首三十五级,俘被掠男妇十人,获其二舟。余贼米儿丁甫思多减儿等复率三舟接战,火焚先所获舟。百户王应恩死之,余贼亦遁。巡抚都御史张顶、巡抚御史涂敬以闻,都御史覆奏,上命就彼诛戮枭示。"(卷二四,中国台北"中央"研究院一语言研究所校印本。)
② "葡人至屯门、双屿、语屿、月港、上川和白浪等处居停贸易,皆旋居旋弃,时间短暂,只能算作临时居留地。"(章文钦:《龙思泰与〈早期澳门史〉》,见〔瑞典〕龙思泰:《早期澳门史》一书中文版,吴义雄等译,东方出版社 1997 年版,第 28 页。)

"朝贡"，"以进贡为名"①。三是软磨、蒙混，在明政府明令禁其进入中国沿海港口贸易、居留的情况下，"附诸蕃舶"，"遂得混入（澳门）"②，为最终得以久占长居澳门创造了前提。四是大行贿赂，对中国政府官员以金钱铺路，吃小亏赚大便宜，旨在赚取更多的金钱——葡人"信守两个原则，一即与当时的政府保持良好的关系，二即尽可能地发展他们与中国的独占贸易。为了维护这些有利条件，有关的商人屈从于官员们的经常勒索，作为他们默许违犯中华帝国政令和法例的报偿。……议事会的情况就像其先辈在 1593 年致腓力一世的信中所说的那样：'为了在此地居留下去，我们必须在中国异教徒身上花很多钱。'"③葡萄牙人对中国官员的行贿招数，在古今海交史、国际关系史上，恐怕是最"著名"于世的了。④ 五是"借用"、"租居"：既然霸占不能，殖民不可，能够"借用"、"租居"也可，于是"托言舟触风涛，愿借濠境曝诸水渍贡物"⑤，他们就是这样在澳门站住了脚跟的。正如 1777 年当时的澳门主教兼代理总督祁主教（Alexander da Silva Pedrosa Guimaraens）写给议事会的信中所说的那样："由于向中国皇帝交纳地租，葡萄牙人才得以暂时利用澳门并从中获益。"⑥六是在同中国的政治关系上自认臣属，正如瑞典人龙思泰于 19 世纪 30 年代所著《早期澳门史》对此所作的客观阐述那样："明王朝允许葡萄牙人在澳门定居以后，葡萄牙人对明朝的臣属关系即已开始。""尽管葡人居留澳门已达三个世纪之久，但从未获得澳门的主权"，"葡人只是被视为归顺天朝王化，遵守天朝律令的外国子民，才被允许居留的"。"葡人为了维持居留澳门的权利，必须向中国皇帝交纳地租和赋税，必须像朝鲜、越南、暹罗等亚洲藩属国一样向中国皇帝呈现贡品，从里斯本或果阿派往北京宫廷的使节，也被看做维持朝贡关系的贡使。此外，葡人还必须不断向管辖澳门的各级地方官吏送礼行贿。"⑦这是"1719 年澳门议事会呈康熙皇帝的言词谦卑、感恩戴德的信，并附上一份礼单"中的言词："崇高而伟大之主：治理濠镜澳大西洋人夷官罗萨等，和阖澳人

---

① 于此史载甚多，随目顺举一二：明人张燮《东西洋考》卷五"吕宋"条引《广东通志》载："佛郎机素不通中国，正德十二年（1517 年），驾大舶突至广州澳口，铳声如雷，以进贡为名。抚按查无会典旧例，不行。乃退泊东莞南头……"嘉庆《新安县志》卷二三"艺文"二载祁郏《重建汪公生祠记》中云："正德丁丑（十二年，1517），西蕃佛郎机假以修贡，扰我边围……"

② 如明人严从简《殊域周咨录》卷九"佛郎机"条所记："其（佛郎机）党类更附诸蕃舶杂至交易。"《明史·佛郎机传》卷三二五所记："嘉靖十四年（1535 年）……佛郎机遂得混入。"

③ 〔瑞典〕龙思泰：《早期澳门史》，吴义雄等译，东方出版社 1997 年版，第 57 页。

④ 葡人对中国官员所行的贿赂，这方面的史料不胜枚举，后人的研究认定也不胜枚举，姑不再赘列。

⑤ 《澳门纪略》上卷所记："三十二年（1553 年）蕃舶托言舟触风涛，愿借濠境曝诸水渍贡物，海道副使汪柏许之……蕃人之入居澳，自汪柏始。"相同相类的史籍记载很多。

⑥ 引见〔瑞典〕龙思泰：《早期澳门史》，吴义雄等译，东方出版社 1997 年版，第 18 页。

⑦ 〔瑞典〕龙思泰：《早期澳门史》，吴义雄等译，东方出版社 1997 年版，第 92 页；书前章文钦文《早期澳门史》述论"，第 28 页。

等,承沐陛下之浩荡皇恩已久。陛下之威名播于宇内,近日又加新恩,允准我等不在南洋航行禁令之列,我等将因此而千载受惠。"

(三)中西合璧:国际城市的建立

澳门作为国际城市的建立,是以中西合璧为创造性的殖民地模式。除了上述在城市的体制上葡萄牙人对明朝是臣属关系,"尽管葡人居留澳门已达三个世纪之久,但从未获得澳门的主权","葡人只是被视为归顺天朝王化,遵守天朝律令的外国子民","葡人为了维持居留澳门的权利,必须向中国皇帝交纳地租和赋税",同时"必须不断向管辖澳门的各级地方官吏送礼行贿"①,不断向明清皇帝感恩、纳贡,并且皇子出生,澳门庆祝;皇帝驾崩,澳门服丧;新皇登基,澳门大庆②等等之外,在文化上,认同中国文化,"一尊汉文",实行四个方面的"亦中亦洋":一是在管理上"亦中亦洋",二是在宗教信仰传播上"亦中亦洋",三是在语言交流使用上"亦中亦洋",四是在社会生活习俗上"亦中亦洋"。

在司法管理上,葡人政权只管葡人自己,并且即使他们自己也"很清楚"(尽管不情愿),"作为当地臣民,他们必须遵守中国的法律","葡人只是被视为归顺天朝王化,遵守天朝律令的外国子民,才被允许居留的"。"明清政府为了有效地行使中国对澳门的主权,在澳门设置官吏,察理民蕃,审理蕃汉交涉事件;制定规条政令,对葡人进行防范约束;设立税馆、海关,向出入港口的葡船收税。并在坚持对澳门主权的同时,给予葡人一定的自治权利和优待。"③至于对澳门的中国人,正如龙思泰《早期澳门史》所说:"在外国商人获准居留澳门以后,中国的仆役、手艺人、商人等等,也来到这里(按:事实上在葡人及其他外国"商人"获准居留澳门之前,澳门早就有中国人在此生活。——引者),与他们住在一起。但他们受到一名中国地方官员的管辖。澳门的首席法官——判事官(Ouridor,或称为番差),根据 1587 年 2 月 16 日颁布的对其训令的第30 段,禁止干预对这些中国人的管辖、裁判权。当民政权力转移到前山寨(Casa Branca)时,议事会的理事官(Procurador)戴上中国官员的头衔——'濠境夷目'(intendent of Ghao-kim)。"④

在语言交流使用上,他们要在中国的地盘上生活,要和中国政府和中国人打交道,并要迫不及待地传教,他们不得不学习和掌握中国话,并且在与中国官方的双方文件往来中,也"一尊汉文",正如印光任、张汝霖《澳门纪略》卷上

① 〔瑞典〕龙思泰:《早期澳门史》,吴义雄等译,东方出版社 1997 年版,第 92 页;书前章文钦文"《早期澳门史》述论",第 28 页。
② 〔瑞典〕龙思泰:《早期澳门史》,吴义雄等译,东方出版社 1997 年版,第 93 页,第 95 页。
③ 〔瑞典〕龙思泰:《早期澳门史》,吴义雄等译,东方出版社 1997 年版,第 57 页;书前章文钦文,第 28—29 页。
④ 〔瑞典〕龙思泰:《早期澳门史》,吴义雄等译,东方出版社 1997 年版,第 38 页并校注。

"官守篇"所言:"凡郡邑下牒于理事官,理事官用呈禀上之郡邑,字尊汉文。"

在宗教信仰上,他们一方面迫不及待地传布其天主教,企图使中国甚至远东地区都成为天主教的信民,另一方面,他们又不得不依从中国人原有的信仰,比如对澳门原有的妈祖信仰,他们不但连对澳门的地名称谓,也依其"发现"时所见的"妈阁"或称"阿妈阁"(Ama)来称澳门(中国人原称"濠境"等)为"阿妈港"(Porto de Amacao)和"神名之港"(Porto de nome de Deos),后称澳门为"妈港神名之城"(Cidade do nome de Deos do porto de Macao),甚至为"妈港神圣名之城"(Cidade do Santo nome de Deos de Macao),简称"Macao"[①],"将错就错",一仍其旧,而且据统计,"面积很小的澳门明以后所建妈祖庙即有八座(包括合庙和附庙)"[②]。"在澳门,基督教的传播并未触及中国传统的宗教信仰,葡萄牙人及其他西方人士反而是在认同以妈祖为代表的中国宗教文化的前提下进入澳门的。……妈祖的影响是普遍的;同时也说明西人对妈祖崇拜的认同。"[③]而且即使在他们传播他们的天主教方面,也是"亦中亦洋",多"入乡随俗",尊重中国人的传统习惯,如允许中国教徒"祀孔祭祖",以儒教、佛教解说和比附天主教,等等。当然他们对此不是没有异议、争论甚至争斗,但天主教之得以在中国传播,无疑就是得益于此的。

至于在社会社区生活和习俗方面,其表现更为充分,这里仅举一二:一是在街区建设及其命名方面,16—17世纪"澳门中式公共建筑之代表作乃是议事亭及关闸。当时红墙绿瓦,围墙环抱,院内亭台屋檐飞起,精致而大方"。当初"葡人的建筑犹如他们在澳门的贸易地位一样不安全和简陋"。"而最初的西方建筑在不经意中融入了东方的色彩"。始建于16世纪末、17世纪重建的"宗教性的经典之作"圣保禄教堂(俗称大三巴教堂),"中国石壁画将中西建筑艺术有趣地相结合,反映出大三巴教堂曾是充满异国情调、仍带东方色彩的建筑物"[④]。至于葡人租居澳门后,"高栋飞甍,栉比相望","不愈年多至数百区"[⑤],到万历年间"聚澳中者,闻可万家"[⑥]的街区命名,则完全是中国化的,以

第六章

明清时期的海港城市发展

---

① 〔瑞典〕龙思泰:《早期澳门史》,吴义雄等译,东方出版社1997年版,第14—15页、19—20页及相关校注。

② 系据澳门大学郑炜明统计,引见陈衍德:《妈祖信仰与经济文化的互动:澳门与闽南的比较》,《海交史研究》1997年第2期。

③ 参见陈衍德:《妈祖信仰与经济文化的互动:澳门与闽南的比较》,《海交史研究》1997年第2期;以及其所参阅郁龙余文:《妈祖崇拜与中外文化交流》,《文化杂志》第13、14期合刊。

④ 杨仁飞:《从澳门四百年来的建筑风格看中西文化的交流》,《海交史研究》1997年第1期。

⑤ 刘廷元:《南海县志》卷十二。引见陈衍德:《妈祖信仰与经济文化的互动:澳门与闽南的比较》,《海交史研究》1997年第2期。

⑥ 王临亨:《粤剑篇》卷三。引见陈衍德:《妈祖信仰与经济文化的互动:澳门与闽南的比较》,《海交史研究》1997年第2期。

"畏威怀德"四字命名澳门"中贯四维"的四条大街,又以"明王慎德,四译咸宾,无有远迩,毕献方物,服食器用"20字命名街中各号。① 二是模仿中国人祭祀崇拜的仪式,祭祀入镇澳门的前中国将军等人神,如明将王绰,万历初年,"绰以番俗骄悍,乃就其所居地中设军营一所,朝夕讲武以控制之。自是番人受约束。绰卒,设位议事亭,番人春秋供祀事焉"②。三是葡人与中国人通婚。以婚联姻,这在中外关系史上恐怕是结交通好的最"可靠"的途径了。葡萄牙人东来居留澳门后,"……这种生活不久又因婚姻关系而得以加强。马来人、中国人、日本人和来自其他各地的妇女成为他们(葡萄牙人)的配偶,他们的子女的母亲,而这些子女的后代也许仍然是这一社区的成员。他们的后裔与众不同,被称为'混血儿'"③。

至于在贸易和文化上,在澳门,同时也形成了双向的自愿影响和交流互动。对此,我们可以举两个方面来说明。

一是在航海贸易方面。既然中国明清政府三番五次严令"片板不许下海",或虽然允许而又不得不附加许多十分苛刻的限制,那就说明中国民间尤其是沿海地区有"下海"的需求。明末清初,世界的东西方都出现了资本主义萌芽和原始积累,但不同的是,西方推行重商政策,鼓励海盗活动,而中国却实行闭关锁国政策,因而中国沿海商人和华侨被"逼上梁山",只能大量涌入东南亚、南洋群岛以及日本海域,进行海上走私贸易,并占据了这些地区的海上航行和商业贸易的主导地位。徽商王直是当时控制东西二洋的最大走私海商集团的首脑,他曾对明政府说:"臣直觅利商海,卖货浙福,与人同利,为国捍边,绝无勾引党贼侵扰事情,此天地神人所共知者。夫何屡立微功,蒙蔽不能上达,反惧籍没家产,举家竟坐无辜,臣心实有不甘。""我本非为乱,因俞总兵图我,拘收家属,遂绝归路。今军门如是宽仁,我将归。……但倭国缺丝绵,必须开市,海患乃平。"④其实中国朝廷和官方也并非不需如此,只是存在着包括皇帝在内的开放派与海禁派,根据具体的事态和环境,看谁占据上风而已。"有无相易,邦国之常","交易一事,六十六洲所同欲也。市同利,不市同害。""官市不开,私市不止。自然之势也。又从而严禁之,则商转而为盗,盗而后得商

---

① 《(康熙)香山县志》卷十《外志·澳彝》。引见陈衍德:《妈祖信仰与经济文化的互动:澳门与闽南的比较》,《海交史研究》1997年第2期。
② 参见〔瑞典〕龙思泰:《早期澳门史》,吴义雄等译,东方出版社1997年版,第40页校注。
③ 〔瑞典〕龙思泰:《早期澳门史》,吴义雄等译,东方出版社1997年版,第36页。
④ 见采九德:《倭变事略》附录。引见并请参见徐明德:《论十四至十九世纪中国的闭关锁国政策》,《海交史研究》1995年第1期。

矣。"①朝野上下认识到这一层的人定然不少。屡次海禁与开禁反复转换交织而行，就是最好的说明。葡萄牙的东来及其入居澳门，使得澳门成了连通世界各海上航路的枢纽和世界海上贸易的中心之一。② 中国历代政府之所以有意无意地保持和维护这一结果，实际上也反映出中国和葡萄牙双方以及澳葡政府对这一结果的自觉自愿。

另一方面，是科技文化方面。16世纪以前的中国，科学发现和技术创造无疑是领先于世界各国的，正如英人李约瑟所言，"中国在公元三世纪到十三、四世纪之间，保持（着）一个西方所望尘莫及的科学知识水平"；中国的科学技术发明创造，"往往远远超过同时代的欧洲，特别是十五世纪之前更是如此"③。正因如此，才刺激和启发了欧洲，使得欧洲的科学技术快速地发展了起来，因而葡萄牙的东来和入居澳门，通过澳门作为远东传教中心的建立，使一大批欧洲传教士和学人得以来到中国，既传教又传播科学技术，迎了中国朝野一大批有识之士包括不少明君的强国之心，从而使得像利玛窦这样的不少西方饱学之人，对中国皇帝或当朝权重以"思所以恢复封疆，裨益国家者，一曰明历法以昭大统；一曰辨矿脉以给军需；一曰通西商以官海利；一曰购西铳以资战守"④等真挚诚恳的真知灼见相进言，从而促成了中国明历法、通西商、购西铳等科技和经济方面的强国之策得以制定和实施。至于文化上，随着西方科学技术的引进和宗教文化的传播，一方面带来了他们的思想方法和价值观念，带来了迎合大众心理的宗教信仰，因而在中国大地上，传教士来到哪里，哪里很快就会有教堂出现，就会有信之者众⑤；另一方面，葡萄牙东来及其入居澳门，也源于葡萄牙国王的保教权以及葡萄牙是欧洲向亚洲地区传教的"总管"和唯一"合法""口岸"："任何从欧洲前往亚洲的传教士，必须取道里斯本，并获得里斯本宫廷的批准（该宫廷有权批准或加以拒绝）。"尽管这一特权时被冲击，但基本上还是得到贯彻的。"任何需要在澳门居留一段时间的布道团或传教士，为自身安全起见，不得不违背他们的上司而服从里斯本的命令。"⑥这

---

① 徐光启：《徐文定公集》四《海防迂说》，载《明经世文编》卷四九一。引见陈炎：《澳门港在近代海上丝绸之路中的特殊地位和影响》，《海交史研究》1993年第2期。

② 具体参见陈炎：《澳门港在近代海上丝绸之路中的特殊地位和影响》，《海交史研究》1993年第2期。

③ 〔英〕李约瑟：《中国科学技术史》，中译本第一卷第一分册，科学出版社2008年版，第3页。

④ 意大利传教士毕方济向明朝政府的上书，见黄伯禄的《正教奉褒》。转引自徐明德前揭文。

⑤ 如耶稣会士艾儒略，后来到福建传教，"艾神父在福建传教，先后23年，共建大堂22座，小堂不计其数，授洗1万余人，勤劳丰著，可谓此省之宗徒。"（肖若瑟：《天主教传行中国考》，引见并请参见何绵山：《略论天主教在福建的传播》，《海交史研究》1997年第2期。）据肖文，仅在17世纪二三十年代，到福建传教的葡萄牙人，就有阳玛诺、罗纳爵、李范济等等。

⑥ 〔瑞典〕龙思泰：《早期澳门史》，吴义雄等译，东方出版社1997年版，第174—176页。

使得澳门既成了西方传教士来华西学东渐最早的媒介,又成了东学西渐的桥梁。"澳门以其特殊的地位成为近代西方传教士最早进入中国的港口;也是中西文化交流中西学东渐的唯一渠道。""上述西方科技文化知识的传入,无疑是对中国冲击的第一次浪潮。这次冲击开阔了中国人对世界的视野,他们看到了利玛窦的《万国舆图》才知道世界之大与其想象的不同。来自欧洲的太阳中心说、地圆说,以及近代理学、天文学、数学、物理学等知识的引进与传播,打破了中国知识分子旧的思想观念和心态,摆脱了热衷于所谓'明本心'、'致良知'等理学的约束,开始形成了经世致用的学术风气。可见西方文化经传教士东来的传播对古老的中华文化影响之深。"而与此同时,他们"还把中国的文化介绍到西方各国",而"值得注意的是,西方从中国得到的,远远超过它所给予中国的"①。比如在对中国的汉语及语言学上,在对中国的经书的注疏和翻译上,在对中国舆地的考证、测量和绘制上,在中国历史文化的研究、译述上,等等,都有充分的表现。"据统计,从 1594—1779 年,由里斯本来澳门传教的四百三十人中,有二百人在圣保禄大学学习中文,其中有一百三十人被派往中国内地传教。""这些传教士来中国的目的原来是想用自己宗教来感化异端,最后却倾倒于中国数千年传统的思想文化,反而成为中国文化的积极宣传者和传播者","这些早期传教士经澳门传入欧洲的中国文化,是在欧洲资产阶级革命时代的前夜,正好适应了当时欧洲资产阶级思想和政治的需要,起到了传教士们也完全没有料到的作用"②。

这些,正是澳门之所以一举成为东方最早的中西合璧之城的关键因素所在。③

二 澳门城区的建设与发展④

(一)澳门城区的形成与国际人口的发展

嘉靖三十三年(1554 年),在葡萄牙船长索萨(Leonel de Sousa)与广东海道副使汪柏达成口头协议后,澳门半岛开始对外国商人开放,澳门正式成为各国商人聚居的贸易点。

汪柏对葡人应允的条件究竟有哪些,所承诺澳门开放的程度究竟有多大,

---

① 陈炎:《澳门港在近代海上丝绸之路中的特殊地位和影响》,《海交史研究》1993 年第 2 期。

② 对此的阐述及有关引文,均参见陈炎:《澳门港在近代海上丝绸之路中的特殊地位和影响》,《海交史研究》1993 年第 2 期。

③ 引见曲金良:《葡萄牙东来对中国文化的影响及其当代启示》,《海上丝绸之路研究》第 3 卷,福建教育出版社 2002 年版,第 184—194 页。

④ 此部分内容参见汤开建:《澳门开埠初期史研究》,中华书局 1999 年版,第 223—247 页。

今日均无文献所考。据有关资料推测，汪柏应允澳门对夷商的开放应是有限制的。所以，夷商初在澳门上岸时"仅篷累数十间"①。后大概夷商们见明朝守澳官员并没有对澳门进行严格管理，遂采用行贿的办法，强行在澳门半岛盖屋建房。王士性记载当时情况较清楚："其(夷商)初止舟居，以货久不脱，稍有一二登陆而拓架者，诸番遂渐效之。"②刚开埠时，这些来澳门贸易的夷商都住在船上，后有一两个人带头上岸建屋居住，由于明守澳官员没有及时制止，"姑息已非一日"③，于是，"诸番遂渐效之"。商人都开始上岸建筑自己的房屋仓库以便贸易，即是《澳门纪略》所言："商人牟奸利者渐运甋甓榱桷为屋。"④据庞尚鹏言："近数年来，(澳夷)始入濠镜筑室居住。"⑤庞文成于嘉靖四十三年(1564年)冬，"近数年"，指近三至七年间，也就是嘉靖三十六年至嘉靖四十一年(1557—1562年)。所以可以断言，澳门开始有夷商之定居建筑物，最早不会超过嘉靖三十六年，即澳门城区始建于嘉靖三十六年至嘉靖四十一年间(1557—1562年)。

澳门城区发展很快。平托《游记》称："从1557年起，广东官府根据浪白澳当地商人申请，把澳门港划给了我们。于是，在原先荒芜的岛上，我们的人建造了一个大城镇，里面有价值达3000—4000克鲁查多(Cruzados)的房舍，还有一座……中心教堂。"⑥据庞尚鹏言："不逾年多至数百区，今殆千区以上。"⑦一区为一幢住屋，在上岸建筑房屋的第二年就已发展到"数百区"，到嘉靖四十三年(1564年)时，则发展到"千区"了。假定一位夷商建一区，则这时在澳门已有1000个夷商居住了。嘉靖四十四年(1565年)游澳门的叶权则称："今数千夷团聚一澳，雄然巨镇。"⑧这一时期记载澳门居住人口为：1562年800人，1565年900人。⑨但这800人、900人均指移居澳门的葡萄牙人，而当时的葡萄牙人均蓄有奴仆，据博卡罗言，大约每一位葡人蓄奴6—10名。⑩故又有资

333

第六章

明清时期的海港城市发展

---

① (明)郭棐：《广东通志》卷六九《外志》。
② (明)王士性：《广志绎》卷四《江南诸省》。
③ (明)俞大猷：《正气堂集》卷一五《论商夷不得恃功恣横》。
④ (清)印光任、张汝霖：《澳门纪略》卷上《官守篇》。
⑤ (明)庞尚鹏：《百可亭摘稿》卷一《抚处濠镜澳夷疏》。
⑥ 平托(Femão Mendes Pinto)：《游记》第二二一章，1614年版，转引自普塔克(Roderich Ptak)《葡萄牙人在中国——葡中关系及澳门历史概述》，Klemmerberg Verlag Bad Boll，BRD. 1980.
⑦ (明)庞尚鹏：《百可亭摘稿》卷一《抚处濠镜澳夷疏》。
⑧ (明)叶权：《贤博编》附《游岭南记》。
⑨ 〔葡〕施白蒂(Beatriz Basto da Silva)：《澳门编年史》之《十六世纪的澳门》(中文版)，澳门基金会1995年。
⑩ 〔葡〕博卡罗(Antonio Bocarro)：《1635年的澳门》，载C. R. 博克塞：《17世纪澳门》14—38页，1984年香港版。

料称：1569 年时，澳门有 5000—6000 基督教徒。① 如果平均每位葡人蓄奴 6 名的话，则 900 位葡人蓄奴总数再加葡人数则与此大致相合。这一时期中文资料已有报导，庞尚鹏言："今筑室又不知其几许，而夷众殆万人矣。"②吴桂芳言："况非我族类，不下万人。"③这"万人"，应包括当时进入澳门的华人，除掉6000 夷商及其仆隶，则华人约有 4000 人进入澳门。这是澳门城区初始期之原型。

随着澳门对外贸易的繁荣，澳门成了"远东最有名的城市之一，因为各种财富大量地从这里运往各地交易。它有大量的贵重物品，它的市民比该国其他任何城市都更多、更富有"④。不仅海外贸易发达，在城内与华商的交易亦很发达。《明史·佛郎机传》称："闽粤商人，趋之若鹜。"⑤郭尚宾在万历中亦言："闽广亡命之徒，因之为利，遂乘以肆奸。有见夷人之粮米牲菜等物尽仰于广州，则不特官澳运济，而私澳之贩米于夷者更多焉；广州之刀环硝磺铣弹等物尽中于夷用，则不特私买往贩，而投入为夷人制造者更多焉；有拐掠城市之男妇人口，卖夷以取赀每岁不知其数；而藏身于澳夷之市，画策于夷人之幕者更多焉。"⑥这些材料表明，澳门不仅仅是当时葡萄牙人与日本、菲律宾贸易的中转站，而且在澳门城内与华人的贸易也很繁荣，即已有"澳夷之市"的出现。

住宅区的成片形成及市场的出现，使街道亦随之出现。据白乐嘉言，1555年时，葡萄牙人即开始在澳门进行探测建城。所经路线，自妈阁庙前地起，经万里长城、高楼街、风顺堂街、龙嵩正街至大三巴，而后转向嘉思栏山。当时的街道全铺上碎石，名曰"石仔路"⑦。澳门最早的一条街道即"十字街"，是一条"中贯四维"的十字大街。郭棐《广东通志》卷六九载："陈督抚又奏，将其聚庐中有大街中贯四维，各树高栅，榜以'畏威怀德'四字，分左右定其门籍。以《旅獒》'明王慎德，四夷咸宾，无有远迩，毕献方物，服食器用'二十字分东西为号，东十号，西十号，使互相维系讥察，毋得容奸，诸夷亦唯唯听命。"⑧这实际上是一条纵街与一条横街交叉而成的十字街，被明廷分别命名为"畏字街"、"威字街"、"怀字街"、"德字街"。这条十字大街原本全是"诸夷"居住，但由于华商进

---

① 〔葡〕施白蒂(Beatriz Basto da Silva)：《澳门编年史》之《十六世纪的澳门》(中文版)，澳门基金会1995 年。

② (明)庞尚鹏：《百可亭摘稿》卷一《抚处濠镜澳夷疏》。

③ (明)吴桂芳：《议阻澳夷进贡疏》载《明经世文编》卷三四二。

④ 〔葡〕博卡罗(Antonio Bocarro)：《1635 年的澳门》，C. R. 博克塞：《17 世纪澳门》14—38 页，1984 年香港版。

⑤ (清)张廷玉：《明史》卷三二五《佛郎机传》。

⑥ (明)郭尚宾：《郭给谏疏稿》卷一《防澳防黎疏》。

⑦ 〔葡〕白乐嘉(J. M. Braga)：《西方开拓者及他们对澳门的发现》，1949 年香港版。

⑧ (明)郭棐：《广东通志》卷六九《外志》。

入澳门者与日俱增。至万历乙巳（三十三年）时，其中"德"字街已为华商入居，至崇祯己巳（二年）时，华商则进一步发展至"怀"、"德"二街。这方面有考古材料为证，今澳门妈阁庙原神山第一亭正面石横梁上仍刻有："明万历乙巳年德字街众商建，崇祯己巳年怀、德二街重修。"①今考古材料不仅可以确言明万历时澳门已有一条"中贯四维"、东西各有十号的十字大街，而且还可以证明街旁居民除夷商外，到明末至少有一半居民是华商，因为要出钱修妈阁庙者应只是华人。

随着澳门商业的持续繁荣，入居澳门的人口进一步增加，澳门街道当随之拓殖。据林家骏神父记载，17世纪初今龙嵩街即已成为商业中心，葡人至今仍称之为中街，当时龙嵩街多为官绅士庶的居所。②

到16世纪末至17世纪初，日本人入居澳门者日渐增多。王以宁《请蠲税疏》载："（澳门）藉口防番，收买健斗倭夷以为爪牙，亦不下二三千人。"③万历二十年（1592年）后，日本人开始入居澳门，因为1587年，日本政府"下令驱逐传教士，禁止信仰基督教"④。1597年丰臣秀吉将26名传教士与日本信徒钉死在长崎十字架上后⑤，大批日本天主教徒避难澳门。1614年1月27日，德川家康又下令所有传教士离开日本，当时日本天主教徒分乘5艘大船，其中2艘去马尼拉，3艘去澳门和暹罗。1636年又有嫁给葡人的日本妇女及其子女287人流放澳门。⑥ 这批日本人大多在三巴门一带居住，"其中有不少建筑家及艺术家，因此，耶稣会士认为是一个好机会，利用以工代赈方法，招集此等日本教徒，来建筑教堂（指大三巴寺）及宏丽之前门石壁"⑦。据博克塞记载："澳门的日本基督徒由于1614年、1626年和1636年日本流亡者和被驱逐者的涌入而激增，就自然组成了一条街，除了有葡萄牙人的妻妾、奴仆外，还有商人、教士。"⑧这一以日本基督徒为主的居住区即"三巴庐寺街"。"三巴庐寺"即圣保禄教堂（该堂1602年动土，1603年即建成，但前门之大牌坊则至1637年才完成，牌坊下石级则在1640年完工）。既有"三巴庐寺下街"，当还有"三巴庐寺上街"。这就是当时日本天主教徒在澳门居住的街区。日本人在其居住区

① 谭世宾：《澳门妈阁庙的历史考古研究新发现》，《文化杂志》第29期，1996年。
② 林家骏：《澳门教区历史掌故文摘》之《澳门圣堂史略》（打印本）。
③ （明）王以宁：《东粤疏草》卷一《请蠲税疏》。
④ 〔葡〕施白蒂（Beatriz Basto da Silva）：《澳门编年史》之《十六世纪的澳门》（中文版），澳门基金会，1995年。
⑤ 〔葡〕文德泉（Manuel Teixeira）：《澳门的日本人》，载《文化杂志》第17期，1993年。
⑥ 〔葡〕文德泉（Manuel Teixeira）：《澳门的日本人》，《文化杂志》第17期，1993年。
⑦ 章憎命：《澳门掌故》之一《大三巴牌坊详考》，《澳门日报》1959年9月1—5日。
⑧ 〔英〕C. R. 博克塞：《16—17世纪澳门的宗教和贸易中转港之作用》，《东方学》第46辑1—37页，中文译本，《中外关系史译丛》第5辑，上海译文出版社1991年版。

内还于 1623 年建起了一座神学院。①

除了日本人居住区外,华人居住区在明万历中后期亦应形成。博克塞称:"1642 年,当勃拉艮萨公爵继承葡萄牙国王位登上约翰四世宝座的消息传到澳门时……市民们为新国王的登基举行了为期几周的庆祝活动,特别是中国基督徒街区和日本基督徒街区。"②据 1689 年的资料,当时澳门城市已分为大堂、风顺堂、圣安多尼堂三个堂区。③据 1632 年的澳门图,可以推断这三个堂区大致在明末即已形成。④

葡萄牙人爱雷迪于 1615 年至 1622 年绘有澳门平面图,图中标明,当时葡人租居的澳门城区——"Macao"主要在靠近南湾的澳门半岛中部地区,半岛西南部及东北部均为中国官方控制的地区⑤;而据保存在海牙的一幅绘于 1665 年的早期澳门图显示,澳门半岛中部及南部地区已形成一片一片建筑群区,各建筑群区之间则组成了纵横交错的街道。较大的建筑群区有二十几处,街道则难以数计。⑥这即可表明,澳门城区从 17 世纪初到 17 世纪中叶即明朝灭亡之前已获得了很大的扩充和拓展。

据博卡罗 1635 年的报导,当时澳门城方圆约半里格,最窄处为 50 步,最宽处为 350 步。⑦至于居民人口则增加更快。万历二十五年(1597 年)王士性言:"今则高居大厦,不减城市,聚落万矣。"⑧一聚落当指一户,16 世纪末,澳门人口发展已达万户。据博卡罗记录 1635 年澳门人口数字:"澳门有 850 户葡萄牙人家庭,还有同样多的土著家庭,他们全是基督徒。"⑨据林家骏神父记载,到 1644 年时,澳门人口增至 4 万。⑩大量人口流入澳门,不仅是"四方商

---

① 〔葡〕文德泉(Manuel Teixeira):《澳门的日本人》,《文化杂志》第 17 期,1993 年。
② 〔英〕C. R. 博克塞:《16—17 世纪澳门的宗教和贸易中转港之作用》,《东方学》第 46 辑 1—37 页,中文译本,《中外关系史译丛》第 5 辑,上海译文出版社 1991 年版。
③ 〔葡〕潘日明(Benjamim Videira Pires):《殊途同归:澳门的文化交融》第十一章《地租》中介绍了市政厅内保存的 1689 年的 5 本交租人员登记册。
④ 〔葡〕雷曾德(P. Barreto de Resende):《17 世纪澳门图》。
⑤ 〔葡〕爱雷迪:《澳门平面图》,载《文化杂志》第 29 期,1996 年。
⑥ 〔葡〕阿尔杰门·里卡契夫:《早期澳门地图(1665 年)》,原载《约翰·文彭士地图集》之手绘图,见《文化杂志》第 13、14 期合刊,1993 年。
⑦ 〔葡〕博卡罗(Antonio Bocarro):《1635 年的澳门》,载 C. R. 博克塞《17 世纪澳门》1984 年香港版,第 14—38 页。
⑧ (明)王士性:《广志绎》卷四《江南诸省》。
⑨ 〔葡〕博卡罗:《1635 年的澳门》,载 C. R. 博克塞《17 世纪澳门》1984 年香港版,第 14—38 页。
⑩ 林家骏:《澳门教区历史掌故文摘》之《日渐茁壮的澳门华人地方教会》。又《崇祯长编》卷二四:"(崇祯三年五月)礼科给事中卢兆龙言:闽之奸徒,聚食于澳,教诱生事者不下二、三万人;粤之盗贼亡命,投倚为患者,不可数。"崇祯三年为 1630 年,当时聚居澳门的闽粤之人就有如此之数,可证所言不虚。

贾,辐辏咸集"①,而且"百工技艺趋者如市"②。所有这些资料均可说明,大约在明朝万历中期,即 16 世纪末至 17 世纪初,澳门作为一个国际性的商贸城市已发展成熟,正如乾隆《重修三街会馆碑记》所云:"遂成一都市焉。"③所以,1585 年(万历十三年)葡萄牙国王正式命名澳门为"阿妈神"之城,并将澳门升格为拥有埃武拉市同等自由、荣誉和显著地位的城市。④

(二)澳门公共建筑与机构的出现和发展

公共建筑的大批出现与迅速发展促进了澳门城市的发展规模,而澳门公共建筑的最重要表现形式则多与天主教的传播密切相关。

澳门开埠的第一年——1554 年,就有耶稣会天主教士来到澳门,随后,方济各会、多明我会、奥斯定会教士纷纷来澳,并先后设立会院,建筑教堂。可以说,澳门城市中最早出现的公共建筑就是教堂。冈萨雷斯(Gregorio Gonzalez)神父写于 1570 年的信札称:"索萨(Leonel de Sousa)与中国人达成协议的那一年(1554 年)我恰在岛上,并搭建了一座茅草屋顶的教堂。……翌年,我又搭建了一座教堂,那些葡萄牙人则盖起了一些房屋。"⑤这应是澳门建起的最早的教堂,但由于这两座教堂均是用茅草搭起来的屋棚,故没有保存下来。

一般人都认为圣拉匝禄堂(望德堂)、圣老楞佐堂(风顺堂)及圣安多尼堂(花王堂)是澳门最古老的三座教堂,这三座教堂在荷兰人狄奥多·德·布里于 16 世纪末绘制的《早期澳门全图》中均有记录。⑥

《澳门纪略》亦记录了这三座教堂:"西南则有风信庙,蕃舶既出,室人日跂东归,祈风信于此。……北隅一庙,凡蕃人男女相悦,诣神盟誓毕,僧为卜吉完聚,名曰花王庙。……东南城有发疯寺(因其后设麻风病院而得名),内居疯蕃,外卫以兵。"⑦但《澳门纪略》并未说明三堂建立的时间。前引冈萨雷斯神父写于 1570 年西班牙文抄本记载,葡人进入澳门不到 12 年,就在那里建起一

① (乾隆)《重修三街会馆碑记》,载章憎命《澳门掌故》之十一《会馆谈往》甲《三街会馆》,载《澳门日报》1962 年 9 月 11 日。
② (明)陈吾德:《谢山楼存稿》卷一《条陈东粤疏》。
③ 乾隆《重修三街会馆碑记》,载章憎命《澳门掌故》之十一《会馆谈往》甲《三街会馆》,载《澳门日报》1962 年 9 月 11 日。
④ 〔葡〕施白蒂(Beatriz Basto da Silva):《澳门编年史》之《十六世纪的澳门》(中文版),澳门基金会,1995 年。
⑤ 〔英〕C. R. 博克塞:《佛郎机东来》,《中外关系史译丛》第 4 辑,上海译文出版社 1988 年版。
⑥ 〔荷〕狄奥多·德·布里(Theodore de Bry):《早期澳门全图》,载《文化杂志》第 26 期,1996 年。又参见徐新:《荷兰画家笔下的澳门——16 至 17 世纪两幅铜版画考证》,载《澳门日报》1997 年 10 月 12 日。
⑦ (清)印光任、张汝霖:《澳门纪略》卷下《澳蕃篇》。

个非常大的居留地,内有三座教堂。① 葡人正式入居澳门为 1557 年,下推 12 年,则可以推断上述三堂均始建于 1569 年之前。

但必须说明的是,这时建起的三座教堂均为木棚搭起的简陋结构,而真正能为澳门城市增添辉煌的石质结构的巍峨的西洋教堂均建成于 17 世纪。老楞佐堂建于 1618 年,望德堂建于 1637 年,花王堂则建于 1638 年。②

16 世纪建成的教堂还有噶斯兰庙(Lgreja de Sao Francisco),《澳门纪略》称"东隅噶斯兰庙"③。还有龙嵩庙(Lgreja de Sao Agsatinho),《澳门纪略》称:"龙须(嵩)庙在澳之西北。"④龙嵩庙即圣奥斯定堂。还有板樟庙,《澳门纪略》称"有板樟庙,相传庙故库隘,贫蓄析樟板为之"⑤。板樟庙即圣多明我堂(Lgreja de Sao Domingos),又称圣母玫瑰堂,为西班牙多明我会士建。该堂即为圣保禄大教堂的前身。

17 世纪建起来的教堂最著名的就是圣保禄大教堂(Lgreja de Sao Paulo),亦即闻名遐迩的"大三巴"。大三巴追源应始于开埠之初。16 世纪时,圣保禄教堂即已建成,只不过不是今天这么宏伟壮丽之大三巴,当时规制甚小,结构简陋。1595 年一场大火将这一教堂化为灰烬,后修复,1601 年又一场大火被再次焚毁。于是,就在这一年,澳门葡商及市民决定第三次重修。据花奴利剌年报载,当时捐款达 3130 巴度金元。1602 年正式动工,1603 年先在后面建成一教堂,而后来加建的保存至今的大三巴牌坊则完成于 1637 年。这次工程前后历时 30 余年,仅牌坊一项耗银就达 3 万两。⑥ 其建筑之雄伟,装饰之华丽,设备之完善,皆堪称远东教堂之冠。

大三巴不仅是一座教堂,而且是一规模宏大的公共建筑群。《澳门纪略》称"僧寮数十区"⑦,可证大三巴的规模。大三巴的建成,立即成为当时澳门城市的一大象征。

17 世纪除了重建的望德、老楞佐、花王三座最古老的教堂外,还有 1602 年始建、1634 年重建的阿巴罗教堂(Lgreja de Sao Amparo),亦即《澳门纪略》

---

① 〔英〕博克塞(C. R. Boxer):《佛郎机东来》,《中外关系史译丛》第 4 辑,上海译文出版社 1988 年版。
② 郭永亮:《澳门香港之早期关系》第五章《澳门早期教堂》。
③ (清)印光任、张汝霖:《澳门纪略》卷下《澳蕃篇》。
④ (清)印光任、张汝霖:《澳门纪略》卷下《澳蕃篇》。
⑤ (清)印光任、张汝霖:《澳门纪略》卷下《澳蕃篇》。
⑥ 章憎命:《澳门掌故》之一《大三巴牌坊详考》,载《澳门日报》1959 年 9 月 1—5 日。
⑦ (清)印光任、张汝霖:《澳门纪略》卷下《澳蕃篇》。

中的"唐人寺"①。1622年建东、西望洋山炮台时，亦建起了东、西望洋两座教堂。② 1633年还建起了圣家辣教堂，亦即尼寺。到明朝灭亡之前，澳门城中教堂的兴建情况大致如是。

这一时期在澳门城中完成的公共建筑为西洋式的还有一些工厂、医院、慈善机构、监狱及学校。澳门工厂出现在开埠之初。据《澳门界务说帖》："1557年，中国政府方准葡人建设工厂于该岛之东。此为葡人在澳实行建筑之始。"③1557年就在澳门建工厂，可见葡人刚正式入居澳门就开始建设工厂，而最早就是铸炮厂。该厂建于西望洋山半山间，1625年时，由两位西班牙人管理，到第二年开始由曼努埃尔·迪亚斯·波加罗管理，即著名的"波加罗铸炮厂"④。至明末时，澳门铸炮厂已发展有相当规模。据施白蒂书，1642年时，澳门为了表示对葡国新国王的效忠，一次运去澳门所造铜炮达200尊，足见当时澳门铸炮厂的规模。⑤ 该厂不仅有葡人铸炮工匠，而且还有粤中工匠来该厂铸炮，所铸火炮，颇有影响。⑥

早期澳门除了铸炮厂外，还有位于烧灰炉的石灰工场，福建人开办的织造工厂，各种玻璃镜、自鸣钟及茭文席生产工场、印刷厂及专门生产刺绣画像的作坊⑦，即屈大均言，生产"服食器用诸淫巧以易瑰货"⑧。前引郭尚宾疏章"百工技艺，趋者如市"应是对当时澳门工业生产很准确的概括。

澳门的第一间医院和第一间慈善机构均由卡内罗主教创办，他在1575年

---

① 参见章文钦：《澳门與明清时代的中国天主教徒》135页，载《澳门与中华历史文化》澳门基金会1994年版。黄启臣书采《澳门纪略》康熙十八年(1679年)说。

② 东西望洋山炮台与教堂兴建同时。据文德泉书引首任澳督马士加路也信函称，1623年到澳门时，东西望洋山炮台都已具备雏形，而西望洋炮台葡文碑铭称该台原建于1622年。文德泉神父则认为，西望洋炮台1620年时即已存在，1622年4月29日是举行开放仪式的日子。转引自郭永亮前揭书。

③ 《澳门界务说帖》，载《澳门专档》第四册81—82页。成书于嘉靖末年的《日本一鉴》亦称："又闻(佛郎机夷)市铜铸造大铳。"可证1557年建厂说不虚。

④ 布衣：《澳门掌故》，广角镜出版社1979年。〔葡〕科斯塔(Maria de Lourdes Rodrigues Costa)：《澳门建筑史》，载《文化杂志》第35期1998年。

⑤ 〔葡〕施白蒂(Beatriz Basto da Silva)：《澳门编年史》之《17世纪澳门》中文版，澳门基金会，1995年。

⑥ 霍景荣：《为制胜务须西铳敬述购募始末疏》："广有工匠曾在嚣中打造者，亦调二十余人，星夜赴京。"载《徐光启集》卷四《练兵疏稿》二附录。又徐光启：《闻风愤激直献刍荛疏》："缘澳中火器日与红毛火器相斗，是以讲究愈精。"载《徐光启集》卷六《守城制器疏稿》。

⑦ 参阅科斯塔：《澳门建筑史》，文德泉《澳门四百年印刷业》，载《文化杂志》第六一七期；《巴达维亚城日志》中译本第2册，屈大均：《广东新语》，《澳门纪略》卷下《澳蕃篇》；李瑞祥：《澳门美术发展的四个时期》，载《濠镜》创刊号，1986年。

⑧ (清)屈大均：《广东新语》卷二《澳门》。

11 月 20 日的信中说:"甫抵澳门,即开设医院一间,不论教徒与否,一律收容。"①卡内罗主教 1568 年 5 月到澳门,所以一般人均称这间医院创建于 1569 年。② 这座医院华人称为"医人庙",西人则称"圣辣法耶医院",又称"白马行医院"。据文德泉神父称,澳门第一间慈善机构——仁慈堂与医人庙同时建成。③ 仁慈堂,《澳门纪略》称"支粮庙",早期主要任务是收容孤儿弃婴,其经费由政府及富商资助,但创办人亦是卡内罗主教。大概到 17 世纪时,澳门已发展至 2 座医院。

据有关资料,圣保禄公学最迟在 1565 年时已在澳门开办,到 1577 年时已有学生 150 人,到 1584 年则发展到 200 人。1594 年公学升格为大学,成为远东地区第一所西式教育的高等学校。大学有图书馆、印刷所、诊所、药房和天文观象台④,与圣保禄大教堂组成一规模宏大的公共建筑群。据文德泉《澳门的日本人》一文介绍,17 世纪中叶在圣保禄学院附近还创办了一所日本神学校和一所绘画学校。

此外,龙嵩庙右侧还建成一座监狱,《澳门纪略》卷下:"狱设龙嵩庙右,为楼三层,夷罪薄者置之上层,稍重者系于中,重则桎梏于下。"当时澳门监狱建有三层高楼,圣保禄教堂之牌坊亦不过三层,可以反映这一建筑物的规模。

一座座西式教堂的出现,一幢幢西洋风格公共建筑物的完成,再加上形形色色的西洋式民居,一座完全欧化的城市出现在大明帝国的南海之滨。据斯科塔《澳门建筑史》引当时澳门土生教士保罗·德·特林达德记载,在 1630 年,澳门是(仅次于果阿)葡萄牙在东方的第二大城市,有许多豪华的建筑和住宅,宽阔的院落和大菜园。⑤ 目前保存的一幅 16 世纪后期狄奥多·德·布里(1547—1598)在旅澳后所作的澳门城市鸟瞰图,反映了 16 世纪后期澳门城市的真实状况,岛上约有数百幢高低不同的西洋建筑物,高者约三层,矮者为两层,多为砖瓦结构。建筑形状一般为"人"字形屋顶,教堂或钟楼则为尖顶,有圆锥尖顶,亦有五角、六角之尖顶。图中有纵横交错的街道,行走着抬轿的、骑马的及撑着洋伞走路的西洋人。⑥ 从这幅图看,当时的澳门城市建设已初具规模。

再从保存在博卡罗《东印度国家的所有要塞、城市和村镇平面图册》中被白乐嘉(J. M. Braga)认为是绘于 1632 年的澳门城市鸟瞰图看,明显较 16 世

---

① 郭永亮:《澳门香港之早期关系》第五章《澳门早期教堂》。
② 〔澳〕文德泉(M. Texeira):《耶稣会士于澳门开教四百周年》中译本 11 页,1964 年澳门版。
③ 〔澳〕文德泉(M. Texeira):《耶稣会士于澳门开教四百周年》中译本 11 页,1964 年澳门版。
④ 刘羡冰:《澳门圣保禄学院历史价值初探》(单行本),澳门文化司署,1994 年。
⑤ 〔葡〕科斯塔:《澳门建筑史》,载《文化杂志》第 35 期,1998 年。
⑥ 〔荷〕狄奥多·德·布里:《早期澳门全图》,载《文化杂志》第 26 期,1996 年。

纪后期的澳门不同,房屋建筑成区成片,公共建筑规模扩大,各种军事防御设施已基本完成,城市格局亦大大扩充。[①] 可以表明,到这时,澳门城市的发展已完全成熟。故时人称澳门"高栋飞甍,栉比相望"[②],"雄然一巨镇"。屈大均则称澳门建筑"其居率为三层楼,依山高下,楼有方者、圆者、三角者、六角、八角者、肖诸花果形者,一一不同,争以巧丽相尚"[③]。这些中文资料与早期澳门城市图中表现的实况完全相合,反映了明朝时期澳门城市公共建筑及民居的宏伟气势与多姿多彩。

明代澳城的公共建筑除了西人所描绘的具有西洋风格的建筑物外,还有一部分中国式的公共建筑物,主要是明朝官方在澳门的行政衙署和祠庙。虽然数量不多,但颇具特色:"前明故有提调、备倭、巡缉行署三,今唯议事亭不废。"[④]从这一条材料即可看出,明朝在澳门城至少建有四座政治性机构,即提调衙署、备倭衙署、巡缉衙署和议事亭。这三座衙署明时位于何处,今已无可考,但澳门议事亭则一直保存至清中期拆毁改建,据《澳门纪略》保存的一幅《澳门议事亭图》,议事亭乃一檐牙高椽、鸟革翚飞的中国古建筑群。议事亭乃明朝驻澳官员与澳葡商议贸易及办理居留事宜之地点。

这一时期的澳城之内还有两座华人的公共建筑,一为澳门东南海角的妈阁庙,一为沙梨头的永福古社。妈阁庙,又名天妃庙,根据确切资料应始建于明万历三十三年(1605年),由澳门德字街华商捐建。据《沙梨头永福古社重修碑志》,则知永福古社建于明季。明代澳门城内华人之公共建筑有确切资料者仅此2座,至于建于明代的莲峰庙及观音堂等均在望厦村内,当时俱在澳城之外,故不在此论列。

值得注意的是,明代后期澳门葡人对青洲的开发也采用中国式的园林建筑。焦祈年《巡视澳门记》称:"青洲,草木翁蔚,有亭榭廊宇,土人指为鬼子园囿。"屈大均《广东新语》亦称:"青洲,林木芊森,桃榔槟榔之中为楼榭,差有异致。"今保存在《澳门纪略》中的青洲山图,岛上有完全中国古园林式的建筑,可以反映这一时期澳门城市建设,明显接受了部分中国传统的建筑方法(大三巴牌坊建筑木雕出自中国工匠之手亦是一例),以中西融合互补的方式来完善其建筑艺术。

① 〔葡〕雷曾德(P. Barreto de Resende):《17 世纪澳门图》,载《文化杂志》第 10 期,1992 年。白乐嘉(J. M. Braga):Hong Kong and Macao—A record of good fellowship 第 29 页认为,该图成于 1632 年,当以图中已建起的圣保禄教堂前尚未见完成于 1637 年的大三巴牌坊之故。1960 年香港版。
② (清)张廷玉:《明史》卷三二五《佛郎机传》。
③ (清)屈大均:《广东新语》卷二《澳门》。
④ (清)印光任、张汝霖:《澳门纪略》卷上《形势篇》。

（三）澳门城垣及堡垒的置废

澳门城垣的建筑始于何时，各种文献记载均无确切时间。祝淮《香山县志》："澳城之建，年月无确证，诸书所载，大率在嘉靖时。"①祝氏所言大抵是指嘉靖时澳门即已开始筑城防御，此说颇有道理，叶权嘉靖末游澳门即称澳门为"雄然巨镇"②，当是在澳门见过城墙。施白蒂《澳门编年史》载："1568 年（隆庆二年），经中国驻澳门官员同意，特里斯佟·瓦斯·达·维依加舰队司令下令在 Chunanbo 建起第一道城墙。"③隆庆二年与嘉靖末年仅一年之差，可知澳门筑城之始最准确的说法是嘉隆之间。

然而，在绘于 1598 年的《早期澳门全图》中，我们却看不到一堵城墙，亦看不到一座炮台堡垒。根据 1582 年吕宋总督桑德（Francisco de Sande）的报告和福鲁图奥佐（Gaspar Frutuoso）的《怀念故土（第二篇手稿）》，我们可以推论，嘉隆之时澳门筑起的城墙很可能被明政府派人拆毁。故在 16 世纪末的澳门图上没有城墙的痕迹。

澳门再次筑城乃源起于对荷兰人的防御。1601 年 9 月，荷兰人有两艘贸易船进入澳门，其中有部分水手被扣留，并将其 17 人当做海盗处以死刑，导致葡荷结怨。1602 年，荷兰人在马六甲海峡截击澳门船，1603 年葡船"圣卡塔利娜"号再次被劫，1604 年 6 月，荷兰海军上将麻韦郎（Wybrane Van Warwvck）率领舰队进逼澳门。④ 在荷兰人的威胁之下，澳门葡人再次修筑城墙，以保卫澳门。《明神宗实录》："万历三十三年（1605 年），（澳夷）私筑城垣，官兵诘问，辄被倭抗杀。"⑤"私筑"，即表明这次筑城是未经明朝政府同意的。据路易斯·达·席瓦尔约于 1607 年绘制的澳门地图来看，图中的城墙已大体建成，与汉文资料时间相合。⑥

这一次澳城的修筑很可能在张鸣岗任两广总督时又一次被明政府拆毁。据《全边略记》载，1615 年（万历四十三年），张鸣岗令道臣喻安性、香山县令但启元入澳将"私筑墙垣"的倭奴"押送出境"，并称"数十年澳中之患，一旦祛

① （清）祝淮：《香山县志》卷四《海防》。

② （明）叶权：《贤博编》附《游岭南记》。

③ 〔葡〕施白蒂（Beatriz Basto da Silva）：《澳门编年史》之《十六世纪的澳门》（中文版），澳门基金会，1995 年。

④ 〔荷〕包乐史（L. Blusse）：《中荷交往史》第三章《前往中国》（中译本），路口店出版社 1989 年版；以及〔葡〕科斯塔《澳门建筑史》载《文化杂志》第 35 期，1998 年。

⑤ 《明神宗实录》卷二五七，万历四十二年十二月乙未条。

⑥ 〔葡〕路易斯·达·席瓦尔：《十七世纪前半叶的澳门》，载《卡里勃莱地图集》，见〔葡〕施白蒂：《澳门编年史》之附图。

除"①,可以推论这一次"私筑"的城墙应为明政府拆毁。再从万历四十二年（1614 年）海道副使喻安性针对澳夷订立的《海道禁约》来看，其中便有力图以法令的形式禁止澳夷私造城垣的条款。②

但是，澳门葡人并没有完全遵照执行这一禁约，1617 年（万历四十四年）即开始兴建著名的"三巴炮台"及北部墙垣。③ 这次筑城是"通贿中国官吏，使其不加干涉"而偷偷进行的。④ 到 1621 年荷兰入侵澳门之前，澳门筑城的速度大大加快。1621 年至 1622 年间，不仅三巴炮台还在继续修建，而且妈阁炮台、烧灰炮台、嘉思栏炮台及东、西望洋山炮台均已开始修建。⑤ 澳门东北之城，遂于 1622 年完成。⑥ 同时，青洲也修建了堡垒。

这一次筑城之事亦遭到明政府的干涉。道光《香山县志》载："如珂遣中军领兵戍澳，谕之曰：墉垣不毁，澳人力少也，吾助若毁，不两日，粪除殆尽。"⑦徐如珂署海道副使在万历四十六年（1618 年），离澳则在天启元年（1621 年），这应是他在离澳前的一次对澳门的行动。上文称"粪除殆尽"恐怕仅指青洲，并没有将整个澳门城垣毁除。西文资料亦称中国官兵将青洲岛上的建筑物全部拆毁。1622 年的荷澳之战，那些保存下来的澳门炮台和堡垒都发挥了重要作用。

荷澳之战结束后，1623 年 5 月，马士加路也（Don Fransisco Mascarenhas）出任澳门兵头，他以更快的速度完成了澳门城墙的建设和军事防御体系。施白蒂称："他于同年（1623 年）7 月 17 日就职后建起了城墙，并完善了堡垒体系。"⑧博卡罗则称："澳门市的城墙基本上是由首任总督马士加路也完成的，他修建了这些防御设施中的大部分。"⑨可以看出，马士加路也出任澳督后，澳门的城墙及军事防御体系已基本完成。

天启五年（1626 年），在两广总督何士晋的强力干涉下，其北部城墙（即应包括三巴炮台在内）全部拆毁，但保留东南滨海一带城墙。北部城墙被拆毁

① （明）沈德符：《万历野获编》卷三〇《香山嶴》。
② （清）印光任、张汝霖：《澳门纪略》卷上《官守篇》。
③ 〔葡〕施白蒂（Beatriz Basto da Silva）：《澳门编年史》之《17 世纪澳门》称三巴炮台动工于 1617 年，郑炜明上揭书称动工于 1612 年。
④ 〔瑞〕龙思泰（A. Ljungstedt）：《葡萄牙在华居留地史纲》，波士顿，1836 年版，第 22—23 页。
⑤ 马士加路也信函称："我们在 1623 年抵达澳门时，三巴炮台、东望洋炮台、噶斯兰炮台、西望洋炮台、妈阁炮台及烧灰炉炮台都已有了雏形。"见郭永亮前揭书。
⑥ 〔葡〕施白蒂（Beatriz Basto da Silva）：《澳门编年史》之《17 世纪澳门》中文版，澳门基金会，1995 年。
⑦ （清）祝淮：《香山县志》卷四《海防》。
⑧ 〔葡〕施白蒂（Beatriz Basto da Silva）：《澳门编年史》之《17 世纪澳门》中文版，澳门基金会，1995 年。
⑨ 〔葡〕博卡罗（Antonio Bocarro）：《1635 年的澳门》，载 C. R. 博克塞《17 世纪澳门》，1984 年香港版，第 14—38 页。

后,澳葡并未完全放弃。不到五年,澳葡再次提出复筑城台。虽然明政府明令
"不许复筑",但澳葡政权并没有听命。从绘于 1632 年的澳门城市图看,澳门
北部城墙及炮台已经复筑完成。从这张图上看得十分清楚:当时澳城西起海
边至沙梨头,在沙梨头建炮台一座;复稍南至三巴寺,在三巴寺东高地上建颇具
规模的三巴炮台,从图上看就标出炮位 11 门;复向西至山顶,建仁伯爵炮台;又
在仁伯爵炮台的北面东望洋山上建炮台;城墙从仁伯爵炮台复南折沿海滨至嘉
思栏炮台,复南折至西望洋炮台、烧灰炉炮台,最后至妈阁炮台,并在东望洋北麓
海滨建一城垣。① 整个澳门城除西部内港外,北部、东部及南部均建有城墙,
并于诸要塞处建置炮台,使澳门城成为一座在军事上防范甚为严密的城堡。

明代时,澳门城建有四个城门。《澳门纪略》称:"大门一,曰三巴门;小门
三,曰小三巴门,曰沙梨头门、曰花王庙门。"②很明显,这四个门均设在北部城
墙,主要是为了方便同北部中国内地进行交往而设。到后来,三小门俱塞,仅
三巴一门为出入之口,俱因禁海及清王朝对澳门严加控管之故。直至道光时,
方开水坑尾门和新开门,以方便澳门与内地交往。③

明代澳门城墙和炮台的建设经过几建几拆的过程,但最终仍在 1632 年
(崇祯六年)之前将全部工程完成。很可能是明王朝北部边疆形势日渐危殆,
政府无暇顾及澳门筑城建台之事;亦可能是明政府准备同澳葡合作,考虑到荷
兰人东来入侵澳门的危险,而同意澳门葡人重建城墙及炮台。总之,在 1632
年澳门城墙及炮台重建完工之后,直至明朝灭亡,双方再也没有发生过拆建城
垣的争执。

第二节　明清时期的广州港口与城市

一　明代的广州:转型与发展

(一)澳门崛起后广州港口贸易的转型与发展

广州在明太祖时期便已设立市舶司,而且是朝廷指定贡使登岸最多的一
个口岸。永乐三年(1405 年),为了做好招待贡使的工作,又在广州设置怀远

① 〔葡〕雷曾德(P. Barreto de Resende):《17 世纪澳门图》,载《文化杂志》第 10 期,1992 年。白乐嘉
(J. M. Braga):Hong Kong and Macao—A record of good fellowship P. 29 认为,该图成于 1632 年,
当以图中已建起的圣保禄教堂前尚未见完成于 1637 年的大三巴牌坊之故。1960 年香港版。
② (清)印光任、张汝霖:《澳门纪略》卷下《澳蕃篇》。
③ (清)祝淮:《香山县志》卷四《海防》。

驿。因此，广州的海外交通和贸易一直处于非常繁荣的状态。嘉靖年间（1522—1566 年），朝廷在全国撤销了浙江、福建两个口岸，独留广州一个，因此，广州在全国的对外贸易中，长时期处于垄断的地位。广州又是与欧洲殖民者最早接触的地方，葡萄牙人的舰队最早抵达广州"叩关索市"。葡人的"叩关索市"导致澳门被占，自此，原来分布在珠江口一带的贸易地点都冷落了下来，作为广州的外港，澳门成了一个外国商船来华贸易的主要湾泊和贸易场所。①因此，它对广州港口的海外贸易所产生的影响，是十分重大的。广州的对外贸易，基本上已为葡人所垄断。

葡人占据澳门后，即开辟欧洲、印度果亚、爱琴、马六甲、澳门、日本航线。据儒塞斯记叙："欧洲与东洋的贸易，全归我国独占。我们每年以大帆船与圆形船结成舰队而航行至里斯本，满载上毛织物、绯衣、玻璃精制品、英国及富朗德儿出的钟表以及葡萄牙的葡萄酒而到各地的海港上换取其他的物品。船从哥亚（果亚）航行至爱琴得到香料与宝石，又从爱琴至嘛喇甲（马六甲）更得香料与宋大岛的白檀。其次，再把此等物品，在澳门换取绢加入为船货。最后，又把以上的货物到日本换取金银块，可得到投下资本的二三倍利润。然后，再在澳门滞留数日，则又可满载金、绢、麝香、珍珠、象牙精制品、细工木器、漆器以及陶器而返回欧洲。"②也就是说，葡人把欧洲工业品运至南洋群岛，换取香料、白檀、宝石等物品，然后通过澳门这个贸易港，取得中国的丝织品，转运到日本，换取金银，再以金银换取中国的麝香、珍珠、象牙精制品、细木器以及陶器，运回欧洲，获取暴利。为了换取更多的中国货物，他们从墨西哥进口白银，运来中国，作为商品交换时支付的硬通货。据 1607 年（万历三十五年）墨西哥官员的统计，每年输入中国的白银有百万以上。③ 他们每年在贩卖中国丝织品给日本的贸易中，"获得的银年额达到二百三十万两"④。

万历以后，广州每年夏冬两季举行定期的市集贸易，每次开市数星期至数月不等。葡萄牙商人"每年两次到广州去买货（那边每年举行两次盛大的市集）。他们的确从这种通商中获得了比马尼拉商人或我们更多的利润"⑤。由于广州市场商品丰富，以致葡萄牙商人带来的资金明显不足。

在这期间，广州的对外贸易有了一定的发展，表现在外省商人前来广州贸易的人数不断增加。清代著名十三行行商中的潘同文、伍怡和、叶成义、潘丽

---

① 邓端本编著：《广州港史》（古代部分），海洋出版社 1986 年版，第 170 页。

② 转引自〔日〕百濑弘：《明代中国之外国贸易》，《食货》半月刊四卷一期。

③ 转引自〔日〕百濑弘：《明代中国之外国贸易》，《食货》半月刊四卷一期。

④ 转引自〔日〕百濑弘：《明代中国之外国贸易》，《食货》半月刊四卷一期。

⑤ 此话是当时荷兰驻台湾第三任长官讷茨在一份报告中所说的。见《郑成功收复台湾史料选编》，人民出版社 1982 年版，第 106—109 页。

泉、谢东裕、黎资元等人的祖先,都是在这个时期入粤经商的,发展到后来广州的许多买办资产阶级都是闽、徽等地的商人。林希元在《与翁见愚别驾书》中亦提到:"佛朗机之来,皆以其地胡椒、苏木、象牙、苏油、沉、束、檀、乳诸香,与边民交易,其价尤平,其日用饮食之资于吾民者,如米面猪鸡之数,其价皆倍于常,故边民乐与为市。"虽然林希元为其自身利益出发,要求开放海禁,思想上是倾向于葡萄牙人的,但从这段文字中,亦反映了当时广州与澳门间贸易活跃的情况。另外,在广东巡抚林富于嘉靖初年请求通市的奏疏中,曾谈道"旧番舶通时,公私饶给,在库香货,旬月可得银数万两。"但万历二十九年(1601年),王之甫来广州阅狱办理案件时却说:"西洋古里,其国乃西洋诸番之会,三四月间入中国市杂物,转市日本诸国以觅利,满载皆阿睹物也。余驻省时,见有三舟至,舟各赍白金三十万投税司纳税,听其入城与百姓交易。"①从这则史料中,可以看到广州海外贸易的发展,过去广州抽分所得的番货,每月价值只有"数万金",而万历后,葡萄牙人前来贸易,一次就交纳船税30万金,可见其贸易额已不知增长多少倍了。

葡人在澳门,更进一步勾结中国商人进行"走私"活动。本来沿海的商人早就在海外贸易活动中有"走私"的传统,有了葡人相助,这种活动当然更为活跃了,广州城外的"游鱼洲快艇多掠小口往卖之。所在恶少与市"②。他们窝藏夷货,接引夷人,"夷货之至,各有接引之家,先将重价者,私相交易,或去一半,或去六七,而后牙人以货报官,……则其所存以为官市者,又几何哉?"③《广东新语》卷二《澳门条》中亦说,葡人"每舶载白金巨万,闽人为之揽头者分领之。散于百工,作为服食器用诸淫巧以易瑰货,岁得饶益"。可见葡萄牙人与"走私"商人关系的密切。郑成功的父亲郑芝龙未发迹时,曾与其弟弟芝虎、芝豹来广东,投靠他在澳门经商的母舅黄程。天启三年(1623年),郑芝龙代他舅父押货至日本,乘搭的是李旦的船。李旦是当时有名的"走私"海商,这说明郑芝龙和他的舅父在这一时期亦在广东海外贸易中进行"走私"活动。万历时,明朝政府虽然屡申通澳之禁,"然夷人金钱甚伙,一往而利数十倍,法虽严不能禁也。今聚澳中者,闻可万家,已十余万众矣"④。

此外,葡人为了垄断广州的对外贸易,还坚决反对其他国家与中国通商。据外国文献记载,万历二十六年(1598年)广东官吏准备同意西班牙商人来广东通商,但葡人坚决反对。凡自吕宋至中国的商船,概行阻绝,并派出官员从

---

① 王之甫:《粤剑篇》卷三。
② 严从简:《殊域周咨录》卷九。
③ 严从简:《殊域周咨录》卷九。
④ 王临亨:《粤剑篇》卷三。

果亚至广东,请求中国官吏将西班牙商人逐出,或由葡人自行逐出。① 外国文献也说荷兰于 1601 年、1604 年、1607 年、1622 年、1627 年共 5 次至澳门要求通商,均为葡人所拒。我国古籍《野获篇》也记载荷人侵犯澳门共 2 次,一次是万历二十九年冬,即外国文献所说的 1601 年。一次为万历三十三年,即外国文献所说的 1605 年。葡人还使用了武装力量。崇祯十一年(1638 年),英国人的武装舰队想以武力威胁葡人,与澳门互市,亦遭同样命运,可见葡人是不能允许其他国家插手广州海外贸易的。

由于牙商、牙行的不断增多,广州还出现了依附殖民主义者的买办经济。

明朝很早便有牙行之设,但由于海禁森严,牙商经济一直没有什么发展。据高岐《福建市舶提举司志》的记载,福建市舶司原属有牙行 24 名,后改为 19 名。嘉靖末,则仅有 5 名。但是自葡人占领澳门后,由于广州的对外贸易有所发展,这些牙商又活跃起来。嘉靖三十五年(1638 年),为了加强对外贸易中与外商的联系,"海道副使汪柏乃立客纲客纪,以广人及徽泉等商为之"②。这种"客纲",便是专门为外商服务,承销外国商船进出口商品的团体。这些牙行商人至万历以后,发展为"三十六行"。其性质与后来著名的十三行商相似。梁嘉彬在《广东十三行考》一书中说:"广东有所谓三十六行者出,代市舶提举盘验纳税,是为十三行之权舆。"到了明朝末年,这种商人已由我国传统的牙行商人转化而为专门代理外商的买办商人了。这就是在澳门被占之后,广州与葡萄牙对外贸易中滋生出来的买办资产阶级萌芽,也是清朝时垄断广州对外贸易的十三行商前身。③

明代禁止外国人进广州城,故对外贸易的地点均设在城外。清人严如煜《洋防辑要》载:"洪武初,令番商止集(广州)舶所,不许入城。"另据《天下郡国利病书》卷一二〇载,永乐年间"置怀远驿于广州城蚬子步",广人称"步"为码头,怀远驿也就是建在码头的旁边。怀远驿是贡舶停泊和贸易之所。葡萄牙人初来时,其舶亦抵怀远驿旁靠泊,使节皮来资则招待至怀远驿留宿。

明朝正德、嘉靖年间海禁极严,广州曾一度被封锁,大概就是此期间,禁止外国商船进入广州。陈澧《香山县志》引张甄陶《澳门图说》云:"……先是海舶皆直泊广州城下,至前明备倭迁于高州府电白县。"嘉靖四十三年(1564 年)庞尚鹏的《抚处濠镜澳夷疏》说:"每年夏秋间,夷帕乘风而至,……往年俱泊浪白等澳,限隔海浪,水土甚恶,难于久驻,守澳官权令搭篷栖息,待舶出洋即撤去。"《读史方舆纪要》卷一百亦云:"浪白澳在香山之南,为番舶等候接济之

第六章

明清时期的海港城市发展

---

① 参见张维华:《明史欧洲四国传注释》,上海古籍出版社 1982 年版。
② 《洋防辑要》卷一五。
③ 邓端本编著:《广州港史》(古代部分),海洋出版社 1986 年版,第 149—154 页。

所。"《天下郡国利病书》更进一步指出:"各国夷舰、或湾泊新宁广海望峒,或勒金奇潭、香山浪白、濠镜十字门,或屯门虎头等海澳,湾泊不一,抽分有则例。"①据此,除浪白澳外,在珠江口一带,外商贸易的地点还有新宁之广海等地。在这些海澳中,浪白当最为繁盛。后来又移至濠镜澳。宋应星在《天工开物》卷中说:"闽由海澄(漳州)开洋,广由香山澳。"至此,澳门作为广州的外港,也就成为当时对外贸易最主要的地点。②

广州的对外贸易,促进了广东农业和手工业的发展。对外贸易改变了广州附近地区农业生产的结构。特别是珠江三角洲一带,由过去以生产粮食为主,转变为多种作物同时经营。桑基鱼塘便是这种情况下出现的。此外甘蔗种植和果木、花卉种植面积的增加,都为海外贸易提供了丰富的出口商品。手工业也有很大的发展,特别是冶铁业、纺织业、陶瓷业、造船业和食品加工业的繁荣,使广州及其附近的市镇,成为全国主要手工业产地之一。③

(二)明代广州的城市建设

明代广州的海外交通与贸易对城市建设产生了积极的影响。

明代,广州的城墙进行了两次较大规模的扩建。第一次扩建的时间为明洪武十一年(1378年)前后④,把宋朝的三城联合为一,并把城区向东面和北面扩展。东面扩展到今越秀路,西面扩展到越秀山的后面,周长21里余。还凿象山,开了正东、正西、正南、出北、大北、定海、归德7个城门。越秀山的镇海楼也是在这一次扩建中建立起来的。第二次扩建是在明嘉靖四十四年(1565年)左右⑤,主要是向南扩展。在城南加筑外城。据《阮通志》记载,"自西南角楼以及五羊驿,环绕东南角楼,以固防御,长一千一百二十四丈,高二丈八尺,周三千七百八十六丈。为门八:其东曰永安,西曰太平,南曰水南、曰永清,曰五仙,曰靖海,曰油栏、曰竹栏"。也就是说,利用宋南城雁翅角楼为起点,临江兴建至永安门一带,没有城壕,叫新城。过去的城区称为老城。新城的南界在今一德路和万福路。老城的范围大概东到越秀路,西到丰宁路,南到大德路和文明路一带。⑥ 明代建筑新城,是为了保护新发展起来的商业区,即濠畔街一带。而这些商业区正好又是由于海外贸易的发展而发展起来的。所以新城的

① 顾炎武:《天下郡国利病书》卷一三〇。
② 邓端本编著:《广州港史》(古代部分),海洋出版社1986年版,第161—162页。
③ 邓端本编著:《广州港史》(古代部分),海洋出版社1986年版,第170页。
④ 见中国对外文化协会广州分会编辑的《广州》一书。
⑤ 见曾昭璇:《广州城址的历史地理研究》,徐俊鸣:《历史时期广州水陆变迁》,原载于《中山大学学报》(自然科学版)1978年第1期。
⑥ 参见徐俊鸣:《广州史话》,中华书局1963年版。

扩建与广州海外交通和海外贸易有很大的关系。

二 清代广州港的繁荣

(一)唯一的通商口岸

自乾隆二十二年(1757年)清政府改广州一口通商后,广州成了全国唯一合法的通商口岸,在对外贸易中处于垄断地位。因此,从1759年起至鸦片战争爆发为止,是清代广州海外贸易的繁盛时期。

根据《粤海关志》卷二四的记载,这一时期船舶进口数是逐年增加的,其中最高的一年是1836年,达199艘。最少的1757年也有7艘。这与"国朝设关之初,番船入市者,仅二十余柁"①比较起来,相差不知多少倍。而船舶的吨位数亦由每年的4万吨增加到7万吨。②

关于进口船舶的规模,按《广东新语》卷十八所载:"洋舶之大者,曰独樯舶,能载一千婆兰,一婆兰三百斤,番语也。次牛头舶,于独樯得三之一;次三木舶,于牛头得三之二;次料河舶,于三木得三之一。底二重,皆以铁力木厚三四尺者为之,锢以沥青、石脑油、泥油。……樯凡三,……樯长者十四五丈或二三接。……凡上舶客人千余,中者数百。"有一种贺兰舶,"崇如山岳,有楼橹百十重",还配备有大炮等武器。船舱里面有甜水井,菜畦等。清人赵翼所撰的《檐曝杂记》亦提到西洋船,谓此种船"樯高数十丈,大十余抱,一樯之费数千金。……西洋帆则上阔下窄,如摺扇展开之状,远而望之几如垂天之云,盖阔处几及百丈云"。该书还说:"红毛番舶,每一船数十帆,更能使横风、逆风皆作顺风云。"

美国也加入了各国的贸易行列,1784年美国在取得独立后的第二年,便派遣美国商船"中国皇后"号到达广州。这只船在黄埔停留了4个月,在它停留期间,又有一艘"潘拉斯"号来到。这两艘船共运走茶叶88万磅,获得了很大的利润。从1786年起至1833年止,48年间,美国到达广州的船只有1104艘,仅次于英国,其发展速度比其他国家都快。

至于通过广州出口的本国船舶,也有蓬勃的发展,而且多往来于越南、暹罗、爪哇、苏门答腊、新加坡、吕宋等地,仅新加坡一地,每年便有90余艘中国船往来贸易。《海国闻见录》记载当时葛喇巴(即雅加达)盛况说:"葛喇巴盛甲诸岛,洋舶云集,中国大小西洋白头乌鬼无来由各番珍宝物食,无所不有……中国人口浩盛,住此地何啻十余万。"因此,康熙年间广东道监察御史李清芳在

第六章

明清时期的海港城市发展

① 《粤海关志》卷二五。
② 参见李洵:《明清史》,人民出版社1956年版。

上皇帝的奏折中也说："商人往东洋者十之一，往南洋者十之九。"①田汝康在《十七世纪至十九世纪中中国帆船在东南亚洲航运和商业上的地位》②一文中也说，19世纪20年代，每年行驶暹罗、中国，由华侨集资经营的船舶有82艘；由中国驶往越南西贡的有30艘，吨位6500吨；驶往福发的有16艘，3000吨；驶往顺化的12艘，2500吨；加上驶往越南其他港口的船舶，总计有116只，约2万多吨。该文还引克劳佛特《印度半岛史》第三卷的资料说，当时"行驶马来海面的中国船有加里曼丹十只，五千六百吨；爪哇七只，五千三百吨；望加锡二只，五百吨或一千吨的一只；安汶一只，五百吨，马六甲一只，一千吨；林牙群岛以及附近岛屿三只，二千一百吨；丁加奴一只，八百吨；吉连丹一只，八百吨，总计二十六只，一万七千一百吨"。当然这些船也有从福建出发的，但从广东和广州出发的，当不会少于一半。此外，广州至日本也有航线。据日本史料记载，1715年曾有规定，广东每年可以派出两艘海船往日本贸易，每船贸易额为银27000两，并记有广州港至长崎的里程为870日里，航行天数为16—25天。③

根据史料记载，1792年，中国对英、法、美、荷兰、西班牙、丹麦、瑞典等国进出口贸易是：

进口总额5069653两，出口总额5490524两。合计进出口总额为12560177两。④

1812年进口总额1270万余两，出口总额1510万余两，合计进出口总额2700万余两。

1813年，进口总额1263万余两，出口总额1293万余两，合计进出口总额2556万余两。⑤

1837年，进口总额2014万余元，出口总额3509万余元，合计进出口总额5523万余元。⑥

如果按嘉庆十七年（1812年）的贸易额与道光十七年（1837年）相比，则在短短的26年中，贸易额已增至一倍以上。

当时欧洲的资本主义国家，尤其是英国，正处在经济上升时期，急需扩大商品的交换市场。中国当时是一个富庶的国家，是西欧国家的主要贸易对象，因此这些国家的商人都希望通过政府的关系，打开中国这扇紧闭的门户。

---

① 见《皇清通考·四裔门》。
② 载《历史研究》1956年第8期。
③ 参见冯佐哲、王晓秋：《从吾妻镜补谈到清代中日贸易》，载《文史》第15辑。
④ 李洵：《明清史》，人民出版社1956年版。
⑤ 见《粤海关志》卷一七。
⑥ 见《海国图志》卷二。

1787 年，英国政府派加茨喀特为使节，出使中国，但他在航行途中死亡。1792 年，又派马戛尔尼为使节，继续东来。1793 年，马戛尔尼抵达中国，由天津河口的大沽进入北京，在热河觐见了乾隆皇帝，提出开放舟山、宁波、天津诸港，并要求通商特权，遭到清朝政府的拒绝。为此，乾隆皇帝还特地下谕说明："天朝物产丰盈，无所不有，原不借外夷货物以通有无。特因天朝所产茶叶、瓷器、丝斤为西洋各国及尔国必需之物，是以加恩体恤，在澳门开设洋行，俾得日用有资，并需余润。今尔国使臣于定例之外，多有陈乞，大乖仰体天朝加惠远人、抚育四夷之道！"①马戛尔尼的外交完全失败。1816 年英国政府又派阿美士德出使中国，因觐见礼节问题未能达成协议，被中国政府驱逐回国。1795年荷兰也曾派德胜和范罢览为使节，提出进一步通商的要求，同样也没有达到目的。

当时中国输出的主要商品是茶叶、丝绸、棉布、铜、黄金等。

茶叶是 18 世纪最主要的出口物资，为英、法、荷、葡、西班牙等国商人所抢购。每年约有 45 万担茶叶从广州输出。在英国，清朝初年，茶已是一种名贵饮料。1684 年东印度公司通知在印度的英商说："现在茶叶已渐通行，公司要把茶赠送友朋，望每年购买上好的新茶五六箱运来。"在该公司的宣传下，茶逐渐成为英国流行的嗜好品。从 1701 年起，至 1761 年止，从广州输入英国的茶叶逐年增加。据吴杰《中国近代国民经济史》引密尔蓬恩的资料，1701 年，通过东印度公司从广州输入英国的茶叶为 66738 磅，1711 年为 156236 磅，1721年为 282861 磅，1731 年为 971128 磅，1741 年为 1309294 万磅，1751 年为 2710819 磅，1761 年为 2862772 磅。平均每 10 年增加 1 倍以上。由于英、法、葡、西、荷等国，都要通过广州进口茶叶，因此茶叶的价格一直在上涨。例如武夷茶雍正十年（1732 年）每担价才 13—14 两，到了乾隆十九年（1754 年），却上涨至 19 两一担。虽然英国政府对茶叶课以重税，但销路仍然日益增多。从1781 年至 1793 年的 12 年间，中国对英国输入茶叶的价值便达 96267833 元（银元）。

丝绸在广州的商品出口额中占第二位。外国从广州进口的丝绸中，有生丝和绸缎两种。虽然中国方面对丝绸的输出经常加以限制，"每船准其配买土丝五千斤，二蚕湖丝三千斤，以示加惠外洋之意，其蚕头湖丝及绸绫缎匹仍如旧禁止，不得影射取戾"②，但英商为了垄断广州的丝茶市场，仍然与法、荷等国竞相争购。故每担丝价亦由康熙三十八年（1699 年）的 137 两上涨至康熙六十一年（1722 年）的 142 两。到了乾隆十九年（1754 年）时，则再涨至 150—

① 见《粤海关志》卷二三。
② 《粤海关志》卷一八。

222 两。乾隆年间,平均每年出口湖丝并绸缎等商品,有 20 余万斤至三十二三万斤不等。①

在这期间棉布也有大量的输出,1741 年 15699 匹,1794 年增至 598000 匹,1796 年(嘉庆元年)再增至 82 万匹,1798 年(嘉庆三年)突破了 2125000 匹。自嘉庆五年至九年,每年平均出口 1353400 匹。当时中国的棉布从质量和配色都胜过英国,并且价钱比较低廉,故英商特别想在广州获得这种商品。东印度公司也特许当时的港脚船输入这些商品。

铜的出口也曾盛极一时,主要是铜制品。当时中国的工艺技术比较先进,欧洲还不能仿造。由广州出口的铜多为滇铜。后来因铜价过贵,出口量逐渐减少。

黄金的输出主要是与欧洲的差价较大,外商有利可图。康熙年间,中国的黄金比当时欧洲的价格要低 2/3,所以外国人都做黄金买卖。1736 年东印度公司到舟山、宁波来的船便运走黄金 26000 多两。雍正十一年(1733 年)起,中国金价上涨,金子也就停止了出口。

铁锅的出口量也很大,雍正年间,外国船只来广州贸易的百分之八九十都要购买铁锅,"少者一百至三、二百连不等,多者买至五百连并有一千连者"②。按每连约重 20 斤计,一千连重则 2 万斤,故海船购买铁锅少者 2000—4000 斤,多则达 20000 斤以上。在这期间,外国向中国输入的商品主要有白银、棉花、铅、毛织品、香料等。

白银是充当购买中国商品的支付手段而输入的。各国商人为了到广州市场抢购丝、茶等商品,只好用白银支付。而中国在当时正好缺少白银,因此欢迎白银输入。各国商人带来的银子除纹银外,还有英国的双烛洋、墨西哥的鹰洋、威尼斯的杜加通币等。进口银与货物比例,在康熙年间英国船,平均是银 50000 镑对商品 5000 镑,而在乾隆年间,平均是银 73000 镑对商品 58000 镑。

输入的棉花主要是印度棉花,它质量好,大受欢迎。当时中国生产的棉花供不应求。康熙四十三年(1704 年)由英国运进棉花 1116 担后,又在雍正十三年(1735 年)运进 605 担。到了乾隆五十年已增至 48000 余担,次年更增至 93000 余担,再次年则在 187000 担以上了。据彭泽益在《鸦片战争前广州新兴的轻纺工业》③一文称,嘉庆十九年至二十年(1814—1815 年)的贸易数字表明,从广州进口的商货值银约 3252480 两,其中棉花约值银 1051708 两,占进口货值的 32%。

---

① 见李侍尧:《奏准将本年洋商已买丝货不准其出口疏》。
② 参见《南海县志》卷一。
③ 载《历史研究》1983 年第 3 期。

铅由英船从欧洲直航中国,每次进口 40—60 吨。

香料是从东南亚国家和印度运来的,本是传统的进口商品,此时改由欧洲商人代替东南亚和印度等国的商人运来中国。

至于欧洲制造的毛织品,在中国市场却找不到销路,但英国国会硬性规定本国商船东航,至少要在输出的商品总额中携带 1/10 的土产或制造品,东印度公司为了完成任务,不得不削价向中国推销毛呢制品。

总之,这一时期广州港的海外贸易,仍然处于出超的地位,外国商人处于入超的地位。在这样的情况下,狡猾的外国商人,特别是英国商人,便转而向中国输出鸦片以弥补他们对华贸易的差额,这样就出现了罪恶的鸦片贸易。

英国东印度公司从乾隆三十七年(1772 年)获得鸦片的专卖权后,便向中国大量输出鸦片。1778 年至 1800 年共输入鸦片 4133 箱。1833 年后,竟增至 21985 箱。至鸦片战争前夕已达 40000 余箱。英国在鸦片贸易中获利 3 亿元以上。美国也获利数百万元之多。清朝大臣黄爵滋奏折谓:"道光三年至十一年广东海口,共漏银一千七八百万两。十一至十四年,共漏银二千余万两。十四年至十六年共漏银三千万两。"①出现银根枯竭的现象。从道光六年(1826 年)起,中国在对外贸易中,便从出超的地位变为入超的地位,而英、美、法等国通过鸦片贸易由入超变为出超,摆脱了在对外贸易中的被动地位。鸦片贸易最终导致了 1840 年的鸦片战争。

(二)广州的外港——黄埔港的兴盛

广州的外港波罗庙,历唐、宋、元、明以来,因地理的变迁,码头的淤浅,已不能再担负外港的任务。因此,进入清初,位于波罗庙上游的黄埔港,作为清朝政府指定的外船碇泊之所,便逐渐地兴盛起来。

清朝政府在颁发管理十三行外商条例中,明文规定:"凡载洋货入口之外商船,不得沿江湾舶,必须下锚于黄埔,并不得在别地秘密将商品贩卖。"②当时外国商船携带铜炮前来贸易者,亦明令规定"于黄埔地方起其所带炮位,然后交易"。按照武育干《中国国际贸易史》统计,1817 年广东对外贸易的进口总值中,通过黄埔进口的达 19717444 元,而当时全省的进口总额才达 23488440 元。可见大部分物资都是通过黄埔进口的。

另据马士、宓亨利所著的《远东国际关系史》一书称,外国船来中国贸易,都先驶入澳门,在澳门聘用一名引水,再雇请一名通事(翻译)和买办,领到粤海关颁发的红牌后,才准驶往虎门。在那里经过丈量并缴清各项费用后,再开

---

① 见范文澜:《中国近代史》上册,人民出版社 1953 年版。
② 见黄菩生:《清代广东贸易及其在中国经济史上之意义》,载《岭南学报》第 3 卷第 4 期。

到黄埔,不得进入省河。该书还列举1789年,"停泊在黄埔的有英国船六十一艘(其中东印度公司船二十一艘,港脚船四十艘),美国船十五艘,荷兰船五艘,法国船一艘,丹麦船一艘,葡萄牙船三艘,共计八十六艘"①。

丁则良在《俄国人第一次环球航行与中国》一文中,记述俄船"希望"号和"瓦涅"号于1803年8月7日,由克隆斯达启行,横越大西洋,进入太平洋,取道夏威夷群岛,经过日本抵达中国时,也是先到澳门,然后进入黄埔碇泊的。②

当时粤海关设总口7处,黄埔属驻在广州的省城大关管辖。所以,当时外国商船碇泊地点虽在黄埔,但一切的对外贸易活动仍在广州进行。③

清代广州的对外贸易进一步推动了地方经济的发展,增加了商品性农业的比重,经济作物得到很大的发展,农业商品性的成分增加,必然促进手工业和商业的发展。因此,从明末清初开始,邻近广州的佛山,手工业经济有了很大的发展,冶铁、纺织、陶瓷行业蓬勃兴起,成为当时全国有名的手工业城市。手工业的发达又带动了商业资本的活跃,使我国古代经济中资本主义萌芽的成分更为明显了。④

第三节　明清时期的福建诸港

一　福州港⑤

(一)福州港的重要地位

许多港市的发展与国家权力中心有着密切的关系。大的港市一般是州、郡的治所,有的甚至是中央政府的所在地。这种港市的发展特征与国家政策的效能有着相当大的关联。朝廷的政策在空间上往往有差异,或专门涉及某些区域。在任何情况下,政策的实施都因区域而异,而且,在某一区域内,政策的效能也从核心区到边缘地带而渐次减弱。因而,作为政治中心的港市,其受政策倾向性的影响是不言而喻的。一般而言,政治中心型港市随着国家对待海洋经济、海洋社会以及海外政治关系的政策变化而发生相应的兴衰变化。在这方面,福州港作为福建省的政治文化中心,它在传统国家中的官方海洋事

①　〔美〕马士、宓亨利:《远东国际关系史》第四章,商务印书馆1975年版。
②　见《历史研究》,中国科学院1954年版。
③　邓端本编著:《广州港史》(古代部分),海洋出版社1986年版,第189—196页。
④　邓端本编著:《广州港史》(古代部分),海洋出版社1986年版,第221页。
⑤　《福州港史》,人民交通出版社1996年版,第72—75页。

业上始终占有重要的一席之地。这使得福州港市与国家政治经济政策运作发生着过于密切的联系,福州港市的功能运作与国家政治有着不可分割的因果相关性。

福州为闽海最早开发之所,自汉以来一直为全区政治中心所在,具有相应的文化及经济水平,加上沿闽江北上入浙或入赣的水陆交通线,至唐代已大体完成,沿线城市日增,因而最早发展成为闽东南最为重要的港市。在唐代即成为中国四大贸易港市之一。

我们发现,在闽东南诸港市之中,福州港的政治属性向来十分突出,其历史之悠久,其余诸港无出其右者。《后汉书》卷三三《郑弘》传云:

> 旧交趾七郡贡献、转运,皆从东冶泛海而至,风波险阻,沉溺相系。弘奏开零陵、桂阳峤道,于是夷通。至今遂为常路。①

当时闽江口附近之东冶(即今福州),为海上交通中心,旧交趾七郡的贡献,概由此地转运。

唐代,福州仍是各国来朝入贡之市。《文苑英华》有包何《送泉州李使君之任》诗。该诗所描写的是 8 世纪福州的景况。诗云:

> 傍海皆荒服,分符重汉臣。
>
> 云山百越路,市井十州人。
>
> 执玉来朝远,还珠入贡频。
>
> 连年不见雪,到处即行春。②

海外蕃夷以珠玉为朝贡的贡品入朝,是盛唐时常见的现象,外使入贡常在福州登岸。

明成化前后,福州成为琉球入明贡易的港口,特别是福建市舶司从泉州移置福州后,更使福州与琉球的贸易往来出现了新的高潮。自明成化元年至嘉靖末年(1465—1566 年)这 100 年中,琉球入明朝贡抵福州港就达 78 次,仅此数目就足使福州港跃居各港之首,成为这一时期最有活力的港口。③ 中琉贸易提高了福州港在明清时期闽东南港市活动中的地位,无疑也促进了福州港的繁荣。④

入清,福州港市在清廷开放海禁和厦门设关开埠之后,主要是与国内沿海各港之间互通往来,而与国外直接的航海贸易则较少。唯清廷指定厦门为通洋正口时,福州对琉球国的通商,仍沿袭明代"朝贡贸易"制度,准许一年一贡,

---

① 《后汉书》卷三三《郑弘传》。
② 《文苑英华》卷二七一,并见王象之《舆地纪胜》卷一三〇。
③ 谢必震:《中国与琉球》,厦门大学出版社 1996 年版,第 241 页。
④ 蓝达居:《喧闹的海市——闽东南港市兴衰与海洋人文》,江西高校出版社 1999 年版,第 130—131 页。

贡船直接进出福州港。清廷还使用明代在福州河口地方所设的"柔远驿",作为接待琉球贡使及贸易之所,福州民间称之为"琉球馆"。《闽县乡土志》载:"柔远驿即琉球馆,在太保境(今南台水部)后街,前有十间排,李姓四户,郑、宋、丁、卞、吴、赵各一户,即代售琉球之货。"①

清中叶,福州与国内南北各港的贸易输出仍以茶、笋、菰为大宗;输入则有东北土豆及江浙棉花、绸布等。此外,福杉也由福州港运往山东,建纸则由此销往东北。在外运商品中,以茶叶销路最广,由国内运达关东(即辽东半岛)。江南一带茶馆视建片(茶)为妙品。"商旅辐辏,货物流通,福州港的沿海航运相当活跃,建茶销往国外则由厦门或广州出口,转销于南洋及西方各埠。"②

明清时期,福州港是闽东、闽北以及闽南部分地区的商品集散中心。"八闽物产以茶木纸为大宗,皆非产自福州也。然巨商大贾其营运所集必以福州为目的。"③据《福州府志》记载,明万历年间,福州共有市9个,其中城内6个,城厢3个。④ 较为主要的有上述南台与洪塘。明人王世懋曾形容过热闹的南台街市,其曰:"十里而遥,民居不断。"而万历时期的林燫在他的《洪山桥记》中,对洪塘闹市作了如下的描述:"商舶北自江至者,南自海至者,咸聚于斯,盖数千家。"⑤清代孟超然咏洪山桥,亦有"桥下千帆落影齐"的诗句。⑥ 随着福州商品经济的不断发展,到了清代,福州的城市经济较前已有了很大的变化。如清乾隆时人潘思榘《江南桥记》云:"南台为福之贾区,鱼盐百货之辏,万室若栉,人烟浩穰,赤马馀艎,估舶商舶,鱼罟之艇,交维于其下;而别部司马之治,榷吏之廨,舌人象胥蕃客之馆在焉,日往来二桥者,大波汪然,馆谷其口,肩摩趾错,利涉并赖。"⑦到了清代中后期,武夷茶出口中心由广州转到福州,每年流进的白银从几百万到上千万元不等,这对福州市的繁荣起了很关键的作用。如福州南台商业最盛即和茶叶有关。"闽省城南隅十里许曰南台,烟户繁盛,茶行鳞次,洋粤人集贾于此,街道错综,有上杭街、下杭街、后洋街、田中街之名,皆崇闳,熙攘接踵。"⑧

---

① 《福州地方志》上册,第144页。
② 蓝达居:《喧闹的海市——闽东南港市兴衰与海洋人文》,江西高校出版社1999年版,第22—23页。
③ 光绪《闽县乡土志·商务杂述四》,第345页。
④ 万历《福州府志》卷一二《街市》,抄本。
⑤ 道光《福建通志》卷二九《津梁》。
⑥ 孟超然:《瓶庵居士诗抄》卷四,《亦园亭全集》,嘉庆二十五年刊本。
⑦ 道光《福建通志》卷二九《津梁》。
⑧ 蓝达居:《喧闹的海市——闽东南港市兴衰与海洋人文》,江西高校出版社1999年版,第131—132页。

（二）福州港的内港与外港

明清时期,福州港区随着中琉朝贡贸易兴盛及城池的拓建,在继续向南推移的同时,亦开始向东向近海方向拓展,并进而形成外港、内港之分。

1. 外港的分布

（1）太平港

太平港又名吴航头,在长乐县西隅,面临台湾海峡,周围山峰环抱,是一个良好的避风港。明朝"永乐中遣内臣郑和使西洋,海舟皆泊于此,因改名"①。永乐三年至宣德八年（1405—1433 年）间,郑和率领庞大船队出使西洋,泛海至福建,然后自五虎门（在闽江口）扬帆,其间曾累次在太平港驻泊一段时间,以补充给养,装载货物,修造船舶,征招水手、杂役人等,然后祭祀海神,伺风开洋。郑和驻军的"十洋街""人物辏集如市"②,可见此港当年盛况。

（2）梅花

梅花在长乐县东北 10 余里,与连江小埕为犄角,"舟上通江浙,下通广东,古琉球入贡由梅江入口,虽上邑之边疆,实闽省之咽喉"③。梅花建梅花千户所,"明洪武十年（1377 年）江夏侯周德兴奉命造之,委福州右卫指挥李荣督造"④。明清两代册封使均在此祭海神,登册封舟,赴琉球行册封之事。明万历年间的谢杰有《奉使册封梅花开洋》诗一首:

> 仙岐渡日水飞楼,十丈春蓬太乙舟。
> 凤笛数声江阁暮,梅花五月海门秋。
> 天高北极星辰转,地折南溟日夜浮。
> 此去若过鸟鹊诸,好转消息向牵牛。

梅花有蔡夫人墓、庙。"相传蔡夫人为琉球国人……明万历间因织龙袍入贡,册封精巧妙明懿德夫人。召夫人,舟次梅花,遇风登岸,寓宋直家,适朝命免进京,旋病卒,宋直葬之于马鞍山。"⑤

梅花西南为滋淏江,分东西南北四淏以停舟焉,中有天后宫,"东通大海,西通福清县城,广浙往来客船皆泊此"⑥,"长乐二十都曰御国山,山插海,高出云汉,有捍卫中国之势,夷船入贡者视此准"⑦。连江有玉楼山,"商船在海中,

357

---

① 孟昭涵:《长乐县志》卷五。

② 孟昭涵:《长乐县志》卷一。

③ 道光《长乐梅花志》。

④ 道光《长乐梅花志》。

⑤ 孟昭涵:《长乐县志》卷十九《祠祀》。

⑥ 彭光藻、杨希闵:《长乐县志》卷三《山川》。

⑦ 孟昭涵:《长乐县志》卷三《山川》。

望此山以入港"①。

（3）邢港

邢港位于闽江口北岸闽安镇，古称回港。闽安镇"距省城八十里，有两口，一东出双龟门，外绕壶江、五虎，一南出粮岐门，外绕广石、梅花，为江海之锁匙、会城之门户"。

五虎门和闽安镇设有巡检司。两巡检司扼福州进出大门。古时进出闽江的海船均在此停泊，"客旅、鱼贩、广浙往夫必经"②。明清两代，琉球贡船到达福州，按规定必须在闽安镇靠泊，由闽安镇巡检司申报各衙门，经过检查，验明批照，封钉船舱，然后在军船护卫下才能进入直渎港。

2. 内港的分布

（1）洪塘

洪塘地处福州西郊，是福州城外围重要集镇，宋代曾在此设怀安县治。闽江中、上游各郡县粮食、木材、山区土特产品均运到这里，再分销沿海各县。福州及沿海各县的盐、鱼货也经过这里运往上游各郡县。因此，洪塘市"民居鳞次，舟航上下云集"③。清代中叶，台江港迅速发展，各地货船直接靠泊，洪塘港则日趋冷落，不如往昔。

（2）南台

南台港崛起于明代，港区中心曾在水部门河口尾一带。洪武四年（1371年），福州扩建城垣，开7个城门，辟水关4座，以沟通城内外河道。福建市舶司迁到福州后，促进了南台港航运、贸易的发展。先前江海潮入福州是由闽安镇历经闽县鼓山、归善、崇贤、高惠四里，计有36湾，周流湾洄抵河口水部门，再散入城中诸河。弘治十一年（1498年），督舶邓内监开浚直渎新港，"径趋大江，便夷船往来，士人因而为市"④。此后福州港便日趋繁荣，河道、码头、仓库、接待站的建设也应运而兴。

柔远驿又称琉球馆，地址在今水部门外琯后街十号福州市第二开关厂内，为琉球贡使、通事船员等下榻的馆舍，也是中琉通商贸易的交易所。

进贡厂址在柔远驿北，为接收、贮存贡物的转运站。弘治十八年（1505年）督舶太监刘广曾重加修饰，添建厅堂。正德七年（1512年）督舶太监尚春见木板桥板桥绝朽，致有琉球贡使坠溺水中，因造石桥，称"尚公桥"。进贡厂有锡贡堂3间，供会盘方物；承恩堂3间，供察院3司会宴；控海楼1座、厨房1

① 邱景雍：《连江县志》卷四《山川》。
② 何乔远：《闽书》。
③ 王应山：《闽都记》卷一九。
④ 乾隆《福建通志》卷三《山川》。

所、尚公桥 1 座以及仓库、祠庙等建筑。

明代成化、弘治年间,直渎新港繁荣殷盛曾为全城之冠。自嘉靖年间后,随着中琉贸易的衰落及倭寇侵扰,时填时浚,不如昔日景象。但鸦片战争前,河口一带仍是商业贸易区。

清中叶以后,台江港的中心逐渐移至上下杭等滨江一带。这里客商云集,会馆林立,为"海口之大镇,百货会集之所"①。沿海各地的货物都集中在这里,以待分配闽江中、上游各县;上游各县的木材、粮食也集中在这里,然后再分销沿海各地。

二　泉州港②

明代的泉州承宋元之余绪,在朝廷眼中依然不失为全国的一个重要港市,自明初洪武三年(1370 年)就复设市舶司,永乐三年(1405 年)置来远驿。但泉州市舶司之职责是"禁通番、征私货、平交易",且限定只"通琉球"③,成了海禁工具,无论其管辖范围还是交通辐射面均不能与宋元鼎盛时相比,泉州官方航海贸易因而很不景气。洪武七年(1374 年)泉州市舶司一度被废,永乐元年(1403 年)复置,由于贡舟抵泉者渐少,而抵榕者渐多,于是成化年间泉州市舶司正式移迁福州,这标志着福建官方贸易的北移,泉州港进入私人民间贸易的时代。泉州湾后诸港一蹶不振,成为地方性港口。

明代泉州官方航海衰落,但其民间商人走私贸易兴盛,港市的中心由后渚转向安海,并呈现出更加分散的状况。围头湾内诸港因私商航海兴盛而迅速崛起,以安海港最为突出。安海(即安平)港距郡之统制偏远,官府控制力相对薄弱,"况县治去远,刁豪便于为奸。政教末流,愚民易于梗化"④。另外,其离"番人之巢穴"的浯屿很近,便于私商与外商贸贩,乃与月港同为 17 世纪闽商"泛海通番"活动的中心基地、姊妹港。时人称:"泉州之安海、漳州之月港,乃闽南之大镇也,人货萃集,出入难辨,且有强宗世豪窝家之利。"⑤到明后期,其户数有十余万,其商人势力足与徽商相匹敌。⑥

安海商人能商善贾,且地"濒于海上",扬帆经东石、石井海门便可出外海,有利于私人海上贸易往来。除郑氏集团外,安平港海商多以独立经营的"散

---

① 吴振臣:《闽游偈记》,见《小方壶斋舆地丛钞》第九帙。

② 此部分内容主要参见蓝达居:《喧闹的海市——闽东南港市兴衰与海洋人文》,江西高校出版社 1999 年版,第 32—34 页,第 156—160 页。

③ 《明史》卷八一《食货志五》。

④ 《安海志》卷一二《海港·附文》。

⑤ 《明经世文编》卷二〇五。

⑥ 傅衣凌:《明代泉州安平商人史料辑补》所引资料,《泉州文史》1981 年第 5 期。

商"为主。他们以地方豪右为后盾,以宗族为基础,拉帮结伙,"或出本贩番,或造船下海,或勾引贼党,或接济夷船"。当地商舶到东西洋、日本等地,外国船舶也到附近海面停泊游弋,贩卖货物,所谓"围头峻上乃番船停留避风之门户也"。

明代泉州私人海上贸易的主要对象是日本和吕宋。日本的石见、佐渡、秋田等矿山产银甚多,故白银成为日本的主要硬通货。在万历年间,泉州商人把生丝、丝绸、瓷器等商品运往日本长崎港,换回日本的白银。当时日本所需的各种中国货物,大部分都是用白银来计算价值的,如丝"每百斤值银五六百两",丝绵"每百斤值银至二百两",红线"每一斤价银七十两",水银"每百斤卖银三百两",针"每一针价银十分",铁锅"每锅价银一两",川芎"一百斤价银六七十两"①。

在大帆船贸易时期,美洲的白银大量运到吕宋,以购买中国的丝织品、瓷器等商品,安平"散商"多到东西洋航海贸易,其中以通吕宋为主。万历年间,泉州晋江人李廷机说,在海禁森严时,为了谋生,只好冒禁阴通,而所通"乃吕宋诸番,每以贱恶什物,贸其银钱,满载而归,往往致富"②。

郑芝龙是安平海上走私商人的代表,以他为首的郑氏集团以石井澳为据点,拥有雄厚的家族资本、近千艘海舶而纵横海上。万历年间,郑氏海商驰骋海上,"置苏杭细软、两京大内宝玩,兴贩琉球、朝鲜、真腊、占城、三佛齐等国,兼掠犯东粤、潮惠、广肇、福游、汀闽、台绍等处"③。"岁入千万计","以此居奇为大贾"④。启祯之交,"海寇蜂起,洋船非郑氏令不行。上自吴淞、下至闽广,富民报水如故,岁入例金千万,自筑安平寨,拥重兵专制海滨"⑤。在安平镇筑城开府,征收饷税以养兵,"凡海船不得郑氏令旗者,不能来往,每舶例入二千金,岁以入千万计,以此富敌国"⑥。不少安平商人借其庇护畅行海上。安平私人贸易刚开始时,海上走私船不过数十艘,随后不断扩增,至天启六年(1626年)已增至120艘,次年更增为700艘,而到崇祯年间,猛增至千艘。⑦

郑芝龙为了进一步在安平港发展海外贸易,开辟了一条由安平港直通日本长崎港的航线,把中国的丝绸、蔗糖、瓷器等商品由安平港直接运往日本长

① 计六奇:《明季北略》卷一一《郑芝龙小传》。
② 林时对:《荷丛谈·下册》卷四。
③ 道光《厦门志》卷一六《旧事》。
④ 连横:《台湾通史》卷二五《商务志》。
⑤ 董应举:《崇相集》第2册《米禁》。
⑥ 《台湾省通志》卷三。
⑦ 〔日〕山胁悌二郎:《长崎的唐人贸易》,吉川弘文馆1954年版,第30页。

崎港，"自是往返于日本、漳泉之间之货船，月不停泊"①。1641年郑芝龙派6艘船到日本贸易，所载运的货物中仅生丝一项就有30720斤，丝织品90920匹，相当于当年到达日本的其他中国船载运的生丝总量的1/3，丝织品总量的2/3。② 如1641年6月26日傍晚，郑芝龙的一艘帆船到达长崎港，运载的货物有白生丝5700斤，黄生丝1050斤，燃丝50斤，白纱绫15000匹，红纱绫400匹，白绉绸7000匹，花绸子80匹，麻布7700匹，以及天鹅绒等。7月1日，郑芝龙的第二艘帆船从安海港抵长崎，又运来了白生丝6000斤，黄生丝1000斤，白绸16700匹，纱绫800匹，纶子4500匹，麻布3300匹，天鹅绒625匹。7月4日，郑芝龙的第三艘船从安平港抵长崎，运来白生丝14000斤，黄生丝13500斤，红绸10000匹，白麻布2000匹，白绸4300匹，缎子2700匹，生麻布1500匹，天鹅绒475匹，白纱绫21300匹，绢丝250斤，索绸40匹。③ 7月，郑芝龙再派12艘糖船前往长崎，运去大量的白砂糖、黑砂糖、冰糖，以及各种纺织品和药品。1642年8月，有3艘中国商船抵长崎，其中2艘来自泉州，运去大量生丝、绢织物、粗杂货和药材，而最大的一艘是郑芝龙的船。1643年8月11日和12日，分别有郑芝龙的4艘和3艘船抵达长崎，运去生丝和绢织物。可见，崇祯年间郑氏海商集团到日本贸易相当频繁，当时安海港输往日本的丝和纺织品数量相当多。

当时，从泉州安平输往日本的瓷器也相当多。

据《皇明象胥录》记载，当时日本"互市华人的货物有金银、琥珀、水晶、硫磺、水银、铜表、白珠、青玉、苏木、胡椒、细绢、花布、螺钿、金漆器、扇、刀剑等"④。其中以各种金属数量最大。郑芝龙控制了荷兰殖民者在台湾的贸易，成为荷兰殖民者最大的商品供应者，也控制了葡萄牙殖民者与日本的贸易。

清廷为了隔断沿海人民与郑氏集团的联系，施行海禁与迁界政策。民众为逃脱困境，往往贿赂沿海守界官兵，或"武装走私"，或"有鱼则渔，无鱼则为盗"，进行海上走私贸易。郑成功率部入海后，为增加财政收入，继续和日本进行贸易。郑氏的商船队经常出入日本长崎港，运去大批的货物。郑成功还设立山海路五大商直接经营与大陆的秘密贸易。在顺治十二年（1655年），被清朝查获的屯贮在衙行潘一使家的"旭远号"赃物就有胡椒60袋（每袋重50斤）、牛角15捆（每捆重50斤）、降香8捆（每捆重50斤）、金钱27袋（每袋重50斤）、檀香10捆（每捆重50斤）、黄蜡7包（连包每包重50斤）、良姜136包

---

① 《第崎才广二夕"商馆日记》，第1辑。
② 茅瑞征：《皇明象胥录》卷一。
③ 李言恭、郝杰：《日本考》卷一《倭奴》。
④ 〔日〕木宫泰彦：《参考新日本史》第4编第3章。

（每包重 50 斤）、大枫子 11 袋（每袋重 50 斤）。① 虽然"清朝严禁通洋"，但海商们"厚赂守口官兵"，仍然可以出海贸易。"往来南洋既禁，商船之往东洋者，每于途中私往南洋。"② 到雍正、乾隆之际，贩私的规模更大，从事贩私的"无赖之徒"已有数万人。③

明天启、崇祯和清顺治年间（1621—1655 年），泉州安海港在郑芝龙、郑成功海商集团经营下，成为中国东南海外交通贸易的中心港市（其全盛时代为1628—1655 年）。其中，崇祯元年（1628 年）郑芝龙受明朝招抚后，拥兵安海，并将其作为独占的军事据点和对外贸易的海上基地。安海港的郑氏船队常年穿航日本、巴达维亚和东南亚各地，或以台湾、澳门为中转港与荷兰、葡萄牙、西班牙等商人交易，其中以对日贸易为主。航海、商贸的发达，促进了安平镇的繁盛。"城外市镇繁华，贸易丛集，不亚于省城。"④

清顺治十二年（1655 年），明郑与清廷谈判破裂后，郑成功"将安平家资尽移过金门安顿，毁其居第，堕其城镇"⑤。次年，清兵突入安平，把市区及其附廓村舍烧为灰烬，夷为废墟。1661 年又"迁界"，废弃了安海。后航道淤塞，港埭溃决，泊岸塌陷，码头圮废。安海闭绝将近 30 年，直到 1684 年"甲子复界"，海禁既开，又经一番疏浚整治，才逐渐恢复过来。泉州海商航海活动转入正常，成为"合法"的贸易，唯出洋船须向厦门海关挂验而已。海舶多属泉、漳商贸。这些船载瓷、丝绸、纸张、糖、靛等，运销于国内各地。泉州港海上航运又见兴盛。

三　厦门港⑥

（一）厦门：银城鹭岛的崛起

厦门港位于闽南九龙江入海处的海岛上，港区水深达 20 米，为天然良港。高居堂奥，雄视漳泉。早在元至元十六年（1279 年）即于此设立"嘉禾千户所"，为东南沿海重要之军港。明洪武二十年（1387 年），为中左千户所⑦，月港出海商舶由此挂帆开驾："中左所，一名厦门……从前贾舶盘验于此，验毕移驻

① 江日升：《台湾外纪》卷六，世界书局股份有限公司 1979 年版。
② 蔡新：《辑齐文集》卷四。
③ 《皇朝经世文编》卷四九《户政》；卷二四《曹一士·盐法论》。
④ 江日升：《台湾外纪》卷四及卷八，世界书局股份有限公司 1979 年版。
⑤ 江日升：《台湾外纪》卷四及卷八，世界书局股份有限公司 1979 年版。
⑥ 此部分内容参见蓝达居：《喧闹的海市——闽东南港市兴衰与海洋人文》，江西高校出版社 1999 年版，第 38—40 页，第 117—130 页。
⑦ 道光《厦门志》卷三。

曾家澳,候风开驾。"①随着月港海外贸易的日益兴盛,厦门港也日渐得到发展。

正德十一年(1516 年),葡萄牙商船首次来到厦门,泊于浯屿,并在厦门设立公行。嘉靖二十六年(1547 年),西班牙商船也来到厦门。他们与菲律宾政府保持密切交往,每年都有三四十艘帆船运载大批物资去马尼拉,其中大部分被转运去墨西哥,并且开辟了台湾海峡和琉球岛去日本的航线,后发展为厦门至长崎的直达航线。1575 年,曾到过厦门港的西班牙传教士述其见闻说:"那个港口的人口是壮观的,因为除了大到能够容纳大量的船只外,它很安全、清洁,而且水深。它从入口处分为三股海湾,每股海湾中都有很多船扬帆游弋,看来令人惊叹,因为船只多到数不胜数。"②

明末清初,郑成功以厦门为抗清基地,采取"通洋裕国、以商养兵"的政策,大力招集各国海商来厦门贸易;同时派出大型船队前往东南亚地区的暹罗、柬埔寨、北大年、柔佛、马尼拉、咬𠺕吧(今雅加达)及日本等国,开辟厦门——东南亚——日本——厦门的三角航线。在郑氏集团的经营下,厦门港的海外贸易获得迅速发展,厦门不仅成为国内外航运贸易的中转港,而且成为东南沿海的贸易中心,其海洋经济的发展,声震寰宇。

郑氏集团抗清失败之后,厦门之"城池宫室,兵戈焚毁",其海洋经济受到沉重打击。自康熙十九年(1680 年)清廷收复厦门、金门,康熙二十二年(1683 年)取消"海禁"并在厦门设立闽海关正口以后,厦门"如花之着地,逢春得雨,甲折勾萌,无不各畅其生机"。厦门港得到空前的发展,港口出现"番船往来,商贾翔集,物产縻至"的繁荣景象。其与东南亚各国及日本都有海上贸易往来。但康熙五十六年(1717 年)又重申"海禁",规定"凡商船照旧令往东洋贸易外,其南洋吕宋、噶喇巴(即爪哇)等处,不许前往贸易",而"外国夹板船,照旧准来贸易",各地商船前往安南,"不在禁例"。③ 重申海禁,使"百货不通,民生日蹙;居者苦艺能之罔用,行者叹致远之无方"④。此次海禁施行时间不长,雍正五年(1727 年)解禁,第二年复定厦门港为福建出洋正口,这样,厦门港便成为福建对外贸易的唯一港口。此后厦门港进出口船只不断增多,以至"贸易聚集,关课充盈"⑤。雍正十一年(1733 年)厦门港每年出洋商船有 28—30 艘,

① 《东西洋考》卷九。
② 〔西班牙〕德·拉达:《拉达出使福建记》,何高济、杨钦章译,《海交史研究》1986 年第 1 期。
③ 《清文献通考》卷三三。
④ 蓝鼎元:《论南洋事宜书》,见《鹿洲全集》蒋炳钊、王钿点校本,厦门大学出版社 1995 年版,第 55 页。
⑤ 道光《厦门志》卷七。

到乾隆十九年(1754 年),已增至 70 艘,次年又增至 75 艘。① 当时沿海各省出洋海商,以"闽省最多,广省次之"②。直至乾隆二十二年(1757 年),厦门"港中舳舻罗列,多至万计"③。商船辐辏,百货汇聚,盛况空前。周凯《厦门志》说:"厦门人民商贾,番船辏集,等诸郡县。"④

随着海洋贸易的发展,港口空间格局也不断变化。北宋,厦门属同安绥德乡嘉禾里,于东渡设"官渡"。为使厦门与泉州直接交通,位于"城西北三十里,通同安驿站大路之正渡"的高崎,逐渐取代笡筜港而兴起,成为厦门的通商港口。同时,位于厦门北侧水道东北方的刘五店港是同安县汀溪瓷窑青瓷器(珠光瓷)的输出港口。元朝,刘五店及与其相对之五通成为泉州与厦门的"官渡"。明代允许私商在水仙港盘验后移至曾厝垵出航。位于厦门岛东南部的水仙港又取代高崎港而兴起。明末清初,仍沿用水仙港,并增设沿厦门岛东南的集美、港仔口、新港头、磁街等十多个渡头。

(二)国家社会互动与厦门的兴衰

"鹭岛为全省诸水道之要冲,四面环海,群峰拱护,可为舟楫聚处"⑤,为华南海疆之要地。优越的地理条件为清以后厦门港的崛起设定了区位优势。

入清以前,厦门地方社会与文化已获相当之发展。距今 3000 年前的新石器时代晚期就已经有闽越人在厦门岛上生活。公元 8 世纪唐代中叶,汉族人进入岛上。"自唐薛君珍、陈希儒以儒术倡起,历宋迄明人文辈出。"⑥"师友渊源,绳绳继继,斯文迭起,名士振兴,如林少卿以诗文行世,杨仁甫以廉洁擅名,傅国鼎以经济著声,林负苍以清高见重,祀之乡贤,列之县志,推许当时,流传奕世,庶几不愧海滨邹鲁之邦。"⑦"夫嘉禾一岛,大不过三十里,在唐则为陈薛衣冠之地,宋则为文公过化之区,而元而明,人文辈出。"⑧发展到清代,有了修志的需要。

随着厦门地方社会的发展,国家政治力量也随之渗入。唐朝大中年间(847—859 年),这里出现地名"嘉禾"。嘉祐三年(1058 年),宋朝政权在岛上设防驻兵,厦门岛在军事海防上的重要地位受到重视。宋代岛上设了五通、东

---

① 《宫中档乾隆朝奏折》卷一。
② 《宫中档乾隆朝奏折》卷九。
③ (清)薛起凤:《鹭江志》卷一。
④ 周凯:《厦门志》卷一五《风俗记》,鹭江出版社 1996 年版,第 508 页。
⑤ 《鹭江志·廖飞鹏序》。
⑥ 《鹭江志·廖飞鹏序》。
⑦ 《鹭江志·嘉禾里序》。
⑧ 《鹭江志·黄名香·鹭岛志引》。

渡两处"官渡",即五通与同安刘五店对渡,东渡与嵩屿对渡。"明江夏侯周德兴相阴阳,观流泉,度地居民,建城其中。"①"鹭岛者⋯⋯四面环海,纵横三十里许,名山秀水,自为结构。唐宋以来,并为村墟,明洪武时建所城,领以千户,而市镇之设自此始矣。"②"厦门,旧名中左所,明洪武二十七年(1394年)徙永宁卫中左所官军守御于此。江夏侯周德兴筑城,周四百二十五丈九尺,高连女墙一丈九尺,阔八尺五寸,窝铺二十二,垛子四百九十六,门四:南曰洽德,北曰潢枢,东曰启明,西曰怀音,上各建楼。永乐十五年(1417年),谷祥增高三尺,四门增砌月城。正统八年(1443年),刘亮督同千户韩添筑四门敌楼台。万历三十年(1602年),掌印千户黄銮倡率官军,各捐俸粮重新所署。"③明中左所厦门城的建立,标志着明清王朝政治力量在厦门岛的扩张。

清初"海氛四起",郑成功踞其地40余年,"万中庵疏复两岛,施靖海继莅斯邦,十年生聚,十年教诲,市井乡都,诗书振响,少习长成,甲科辈出"④。特设提军镇守,更移兴泉永道驻扎⑤,康熙二十二年(1683年),"部议以厦门重地,令施琅挂侯印领水师驻扎于此。琅遂表奏,重葺城窝,大建行署,通商训农,民得安堵,今驻厦门水师提督一员,中营参将一员。旧将军时,用副将,今改前、后、左、右营,各游击一员,守备一员,千总二员,把总四员,兵各一千名。除分拨应调,见在五营食粮共四千八百五十名。战船七十只,箭道二,一在北门内,一在外清。大较场一,演武亭一座,在南普陀前"⑥。

除了帝国政治机构的下渗设置之外,明清帝国还加强了对厦门地方社会的政治监控,推行"保甲"制。清代通厦烟户,市镇设福山、和凤、怀德、附寨四社,乡村设廿一都、廿二都、廿三都、廿四都。⑦

编保甲的意图为"令各保长督同甲头,互相稽查奸宄,各造烟户缴查,计共烟户一万六千一百余户"。另设澳甲以稽查船户,有"神前澳、长塔澳、涵前澳、高崎澳、鼓浪屿澳"⑧。

对于厦门港市而言,最重要的国家机构的设置,也许是海关的设立,它标志着厦门港市的发展进入一个新的时期。康熙二十二年(1683年)取消"海禁",并在厦门设立闽海关正口:

---

① 杨国春:《鹭江山水形势记》。
② 薛起凤:《鹭江志·总论》。
③ 《鹭江志》卷一《厦门城》。
④ 《鹭江志·嘉禾里序》。
⑤ 《鹭江志·廖飞鹏序》。
⑥ 《鹭江志》卷一《厦门城》。
⑦ 《鹭江志》卷一《保甲》。
⑧ 《鹭江志》卷一《保甲》。

闽海关旧为户部所管。每三年,部中选一员抵厦专理其事(员外、郎中不等),住户部衔(在养元宫边)。分四处稽查,岁解征税七万三千有奇。今为将军兼管,委官一员,在厦总理,有事则禀明将军,饷银作四季解京。大馆在岛美路头,凡洋商南北等船出入,皆到馆请验,惟米粟免饷,余俱有例。其自外来者,洋船则官亲登其上封仓,命内丁日夜看守,防其偷漏掩处,验明征饷。商船则遣人持丈尺,量测深浅计算所载多寡,分别征饷。自本地出者,则挑赴大馆报税,给单出水。小馆则随潮时,命巡丁遍查渡船,验其有无偷漏,其或隐匿不报,察出则执解大馆,以凭送究。①

另外,因为"台湾既入版图,则内地一大仓储也"。为解决福建沿海人民产粮不足而造成的军粮供给困难,清廷于康熙二十四年(1685年)开放厦门港与台湾鹿耳门港对渡航运。② 厦门自此成为对台运输(简称"台运")的专门口岸。"台运"自康熙二十四年始,盛于乾隆、嘉庆年间,终止于道光七年(1827年),历时142年。③ 清廷于康熙二十五年(1686年)将原驻扎在泉州的泉州海防同知移驻厦门,专门管理台运。《厦门志》说:"厦门为通台贩洋、南北贸易商船正口,海防同知为司口专员。"④台湾也设立了专门衙门。此外,两地港口及通航要道上还设立了文、武汛口。其中,厦门文汛口在城南玉沙坡,负责渡台出入口船只申报检验,盘收台运米谷,传递往来文书;武汛口由水师提标中营参将司理,设有五营汛地和大担、炮台两汛口,专管船舶进出盘验挂牌和巡逻等事务。"厦门商船对渡台湾鹿耳门,向来千余号。"⑤由于投入船舶多,运量大,因此台运成为厦台地方官员的一项要政。

明清帝国政治力量的渗入与制度化,对于地方社会人文的发展,其影响是双重的。这种作用和影响,不仅依帝国政治的性质而定,也在很大程度上受地方社会人文传统的制约和影响。就厦门地方社会而言,据《鹭江志》云:

鹭门田少海多,居民以海为田,恭逢通洋弛禁,夷夏梯航,云屯雾集。鱼盐蜃蛤之利,上供国课,下裕民生。⑥

居民"以海为田",追逐的是鱼盐之利和通洋之利。鱼盐之利是传统海洋经济的主要内容。乾隆时期,厦门之渔业,专业渔民并不多,据《鹭江志》载:

东澳　渔户十七;

塔头澳　渔户七;

---

① 《鹭江志》卷一《关津》。
② 《厦门志》卷六《台运略》。
③ 《厦门港史》,人民交通出版社1993年版,第64页。
④ 《厦门志》卷四。
⑤ 《厦门志》卷五。
⑥ 《鹭江志》卷一《庙宇》。

高崎、石湖、钟宅澳　渔户二十。①

《厦门志》卷一五《风俗记》亦载:"厦岛田不足于耕,近山者率种番薯,近海者耕而兼渔,统计渔倍于农。海港腥鲜,贫民日渔其利,蚝埕、鱼箭、蚶田、蛏淑,濒海之乡划海为界,非其界者不可过而问焉。越澳以渔,争竞立起,虽死不恤。身家之计在,故也。"②

当时的篔筜港,"长可十五六之里,阔四里许,自竹树渡头至江头社,一弯如带",是内海捕捞的好去处,"海利所出,日可得数十金,鱼虾之属此为最美"。黄日纪《前题》诗曰:"篔筜支海集渔家,入夜灯光起小槎,远近星星数不尽,还余几点在芦花。"渔业是港市社会一部分人的重要生计。还有少数人从事盐业生产,如下尾烧灰澳"有盐埕,今在此晒盐"。

通洋之利在于海洋运输和海洋贸易,包括短程的沿海陆岛和岛际交通贸易。海洋贸易作为生计传统,对于厦门地方社会具有举足轻重的地位和作用。明代中后期厦门作为月港的外港,海洋贸易已具备相当的规模。17世纪初地方海商郑芝龙以厦门等口岸为基地进行航海贸易,拥有众多的帆船,成为东南沿海的"海上霸王"。清初,厦门成为郑成功政权的贸易基地,开设了"五大商行"专门从事海外贸易,开辟直达航线来往于日本、东南亚各国。在郑氏集团的经营下厦门海洋经济持续发展。但是,在明末清初的争战中,厦门地方社会经济受到沉重的打击。

"国初海氛四起,郑成功踞其地四十余年,其间城池宫室,兵戈焚毁,而鹭江遂成战场,亦一时之厄也。"③康熙二十二年(1683年)台湾统一后,取消"海禁",并于1684年在厦门设立了闽海关正口。于是厦门传统的海洋贸易经济获得新的发展机遇,进入一个更加兴盛的时期。特别是雍正至乾隆的70年间,厦门海洋贸易盛极一时,以贸易总值而言,乾隆十六年(1751年)达1821万银两。在1750年前后,每年均在千万银两以上。可见贸易规模之宏大。④货物进出的"路头"津澳排列在鹭江沿岸等处,"舟子喧闹争渡客,马头络绎趁墟人"。

连接"路头"之处和周围地方形成港市,带来了街市的繁荣。在空间上而言,厦门街市大致不出福山、怀德、和凤、附寨并厦门港四里之范围,"市所以通天下之货也"。陈迈伦诗曰:"近城烟雨千家市,绕岸风樯百货居。"在这些街市上从事经营的商人、店户须向官府纳税,以获得营业执照。

---

① 《鹭江志》。
② 《厦门志》卷一五《风俗记》。
③ 《鹭江志》卷一《嘉禾里序》。
④ 陈嘉平等:《厦门地志》,鹭江出版社1995年版,第1—4页。

海关的设置以及关赋市税的征收,自然意味着国家对于海市的开放以及民间社会商业活动的合法化。这无疑促进了厦门港海洋贸易的发展和厦门港街市的繁荣。厦门港有理由"以僻陋海隅而富甲天下"①。

海洋贸易的发展,使厦门成为东南重要的贸易港口,而港口的发展,也促成了港市的发展,出现了杨国春《鹭江山水形势记》所云"虽其岛纵横三十里许,而山峰拱护,海潮回环,市肆繁华,乡村绣错,不减通都大邑之风"的气象。②

厦门传统港市的发展在乾隆时代达到鼎盛。当时厦门已成为联系闽南内地市场的中心,是漳、泉一带农产品、手工业品的转口港和消费品集散地。直至嘉庆元年(1796年),厦门一直是"远近贸易之都会"。在清康熙年间至鸦片战争前这100多年中,厦门"人民蕃广,土地开辟,市里殷阜,四方货物辐辏"③,成为闽南政治、经济的中心都市和新兴的港口城市。"由于港口优良,厦门早就成为中华帝国最大的商业中心之一,又是亚洲最大的市场之一。……许多商店摆满生活的必需品与奢侈品,……在这个港内总计大约有一百五十只沙船,其中很多艘正在很宽敞的船坞里修理,如果加上每日从台湾开来的米船,那数目就更多了。"④

厦门在南宋时,岛上已有居民千余户,约6000人。经过数百年的发展,至道光十二年(1832年),厦门土著居民已达144893人,其中男83229人,女61664人。⑤ 这些居民大都从事航运、贸易和海洋捕捞以及港口航运贸易服务等经济活动。

传统的帝国政治对于地方社会的社会经济控制与染指,无疑也会成为地方社会经济发展的一种障碍。吏治腐败对于清代厦门经济的危害是极为明显的,其弊不仅在委员、吏卒、长随、保家等项人役,而且也"在官"。官吏之害对于港市社会与经济的发展是一种摧残。

在厦门港市社会的努力经营下,港市经济呈现繁荣之象。为了适应港市经济的发展,清代康熙年间厦门出现了洋行和商行。这是一种贸易的代理中介机构。他们包揽贸易,代理业务,在商人中选出8—10人,经海关监督的允许,独揽港口的进出口货物贸易。厦门洋行真正设立应在雍正五年(1727年)

---

① 《鹭江志》卷一《街市》。

② 《鹭江志·鹭江山水形势记》。

③ 《厦门志》卷二。

④ 郭士立:《中国沿海三次航行记》,《鸦片战争在闽台史料选编》,福建人民出版社1982年版,第82页。

⑤ 《厦门志》卷七。

后,商民整发往夷贸易,设立洋行经理,其有外省洋行船舶进口,亦归洋行保结。① 洋船由厦门洋行保结出洋,海关征税,厦防同知、文武汛口查验放行。② 洋行是专门经理洋船出口和外国商人与本国商人经营国际贸易的中介机构,而商行则负责国内南北航线和近海船舶贸易的保结。厦门洋行在雍正、乾隆、嘉庆三朝较为兴盛,又以乾隆一朝最为繁盛。康熙朝的洋行有 Limla,Angua,Klmco,Shabang,Chauqua 等 5 家;雍正朝有 Sugua、Cowlo、许藏兴等数家;乾隆朝有林广和、郑德林等数家。③ 至嘉庆元年(1796 年)尚有洋行 8 家,大小商行 30 家。④

洋行与商行,作为对外贸易的中介机构,对当时发展经济和推动贸易有重要作用。但厦门港至嘉庆十八年(1813 年),洋行只剩一家。及至道光元年(1821 年)这最后一家也被迫关闭。而且商行虽在 18 世纪后期开始发展,向历史悠久且特许经营海外贸易的洋行进行挑战并最终取而代之,但亦因种种原因而逐渐凋败,至道光十二三年,仅存五六家。⑤

洋行的没落,商行的凋零,除因港市海洋贸易衰退外,一个重要的原因在于清朝官吏的敲诈和勒索,直接压制洋行,摧残远洋运输。如厦门的洋行,每年须义务承办督抚春贡燕菜 70 斤,将军秋贡燕菜 90 斤;岁购黑铅额耗 40321 斤,每百斤仅由藩库发给价银 3 两;又有津贴泉州船厂洋规 5 成 4000 元,充为海洋缉捕经费银 2 万两。⑥ 公开勒索如此,不见史载者尤甚。"福建之厦门码头,本为内地贩洋商船聚泊之所,后因陋费繁重,屡次禁茶,及愈禁则愈甚,遂使洋行歇业,洋贩不通。"⑦如此,港市商人经济活动多受地方官府政治集团的权力掣肘而无法独立灵活地发展,商业经济活动也就不能顺利进行。

四 漳州港⑧

漳州地处闽南九龙江畔园山麓,是一座著名的历史文化名城,其南濒台湾海峡,北倚博平岭山脉,属闽东南沿海的丘陵平原区。陆路方面,漳州地区为闽粤的交通枢纽,四通八达的陆路交通网为发展对外贸易提供了众多的运输渠道和广阔的腹地。水路方面,漳州地区境内有福建省第二大河流九龙江,发

① 《厦门志》卷五。
② 《厦门志》卷五。
③ 傅衣凌:《明清时代商人及商业资本》,人民出版社 1956 年版,第 198—220 页。
④ 《厦门志》卷五。
⑤ 《厦门志》卷五。
⑥ 《厦门志》卷五。
⑦ 《筹办夷务始末》(道光朝)卷六四,第 5 册,第 2538 页。
⑧ 此部分内容参见李金明:《漳州港》,福建人民出版社 2001 年版,第 1—2 页,第 27—39 页,第 54—61 页,第 69—75 页,第 85—91 页,第 96—101 页,第 124—132 页。

源于闽中大山带南段,正源称北溪,主要支流有西溪和南溪,它们携带的泥沙在下游淤积,形成福建省最大的海积冲积平原——漳州平原。这些溪流在漳州平原东部的龙海县境内相汇入海,其入海口即明代著名的私人海外贸易港——海澄月港。此外,漳州地区其他较长的河流,也在各自的入海口形成优良的港湾,为漳州地区的水上交通提供了方便。海运方面,漳州地区隔台湾海峡与台湾、琉球对峙,隔南海与东南亚相望,附近的海域在历史上就是我国江、浙、闽地区与东南亚、印度各国进行海上交通和贸易的必经之地。其沿海一带,北起九龙江口附近的厦门港,南至毗连广东的诏安湾,港汊众多,岛屿星罗棋布,海岸线漫长,在明代海禁期间,是有名的走私贸易活动地点。

（一）海澄设县

月港的走私贸易,早在明初就甚盛行,据《海澄县志》记述,其"风回帆转,宝贿填舟,家家赛神,钟鼓响答,东北巨贾竞鹜争驰",在成化、弘治之际,就已享有"出苏杭"之称。至正德年间,当地豪民又私造巨舶,扬帆外国,交易射利,于是,诱引了不少海寇商人在此纷争不休,月港遂成为中外走私贸易的汇集之地。

月港猖獗的走私活动很快引起了明朝政府的注意,他们开始在这偏僻的海隅设立海防机构,以镇压走私活动。明朝政府在郡县设有分司弹压,称为"分守"或"分巡",其在滨海地方则又设有巡海。漳州在明初原属福宁道,至成化六年(1470年),因汀、漳、潮、赣诸处盗贼出没,故开始设分守漳南道驻于上杭,管辖漳、汀二郡,遥制江西之赣州,而巡海道就驻在会城。嘉靖九年(1530年),福建巡抚都御史胡琏提议因漳州海寇纵横,巡海使者远在数百里之外,缓急非宜,疏请把巡海道移驻漳州以弹压之,在海沧设置安边馆,每年由各府派通判一员,半年一轮换。这就是月港海防机构的首次设置。但是,它并不能改变当地民众出海谋生的习俗,走私活动依然如故。嘉靖二十七年(1548年),朱纨为福建巡抚时,则立保甲,严接济,并上《曾设县治以安地方疏》,拟在月港设县。设县建议虽得到巡按御史金城的支持,被转行覆议,但当时的走私活动已较收敛,地方亦较宁息,故知府卢璧又建议暂停设县之议。嘉靖三十年(1551年),走私活动再度猖獗,明朝政府只好于月港建靖海馆,由通判往来巡缉。至嘉靖三十五年(1556年),海寇许老、谢策等突然袭击月港,登岸焚烧千余家,杀掳千余人,巡抚都御史阮鹗告谕居民筑土堡防御自卫,但无济于事。加之倭寇骚扰,当地海寇商人头目乘机作乱,号称"二十四将",结巢盘踞,使月港如同化外之地。明朝政府为了加强对月港的管理,不能不考虑扩大行政建制,于是海澄设县之议又重新提到议事日程上来。

嘉靖四十四年(1565年),知府唐九德建议割龙溪县一都至九都及二十八都五图,并漳浦县二十三都之九图,凑立一县。由军门汪道昆与巡按御史王宗载奏请朝廷批准,赐名为"海澄县"。是时百事草创,县治就设在月港桥头,以原八都防御寇乱筑起的土堡修葺之。至隆庆元年(1567年),县治修成后,乃以八都、九都为附郭,内立五图为三坊,余者为乡落,立四十二图为五里。

隆庆五年(1571年),县城重新建造,扩建原城堡为土城,联结九都城,三座石城构成宏伟的海澄县城。城周围环以城池,宽二三丈。新县城周长522丈,高2.1丈,有城门四个:东曰清波、西曰环桥、南曰扬威、北曰拱极,有垛口2045个。县城内设官署、哨官兵房、军械局、仓库、学宫、街坊店肆,规模恢宏。城外又增筑大泥、溪尾、腰城、天妃宫4个铳城,皆用石灰石砌成,连成一气,每一二丈设炮口一个,安放大出铳炮数百门。又在县城东北角海滩要处建晏海楼,楼高4层,约20米,楼底有地道直通县城内的官署。在船只必经之地的海滩,沉石垒址,高筑炮台,东西长120余米,炮口13个,可击寇船于数十里之外。炮台上建有瞭望楼,取名"镇远",与晏海楼互为犄角,威镇九龙江。

关于晏海楼,有人认为是建于万历十年(1582年),其位置"东望汪洋,西揖岞崿,南瞰演武,北俯飞航,实为城隅巨观"。晏海楼后来多次毁于火灾,一再复修,最后一次复修是在民国初年。该楼为四层建筑,高约20米,对角宽度约为8米,下有地下雨道。整座楼为砖木结构,呈八角形,故当地人称之为"八卦楼"。登上晏海楼可以鸟瞰海澄、石码、漳州一带,天气晴朗时,还可远眺漳浦、长泰,可见此楼对当年瞭望海上情况是起了一定的积极作用。漳州名士、《东西洋考》作者张燮曾赋《登晏海楼》一诗,盛赞当年的动人景色:

飞盖移樽逐胜游,凉生衣带已深秋。

月明倒映江如月,楼尽遥连蜃作楼。

埤堄风前横短笛,烟波天外有归舟。

凭栏转觉机心息,安稳平沙卧白鸥。

(二)月港开禁

海澄设县后的第二年,即隆庆元年(1567年),经福建巡抚都御史涂泽民的奏请,明朝政府同意在月港部分开放海禁,准许私人申请文引,缴纳饷税出海贸易。这次开禁之所以称为"部分",是因为对日本的贸易仍属严禁之列,且只准中国商船到海外贸易,而不准海外诸国商船来华贸易。

明政府之所以选择在这个时候开放海禁,其目的首先是缓解因海禁而造成的统治危机。众所周知,福建的地理特点是多山少田,"民本艰食,自非肩挑步担,逾山度岭,则虽斗石之储亦不可得。福兴漳泉四郡皆滨于海,海船运米可以仰给,在南则资于广,而惠潮之米为多,在北则资于浙,而温州之米为多"①。在正常情况下,由广东、浙江达到"有禁然不绝其贸易之路者,要以弭其穷蹙易乱之心"的目的。

明朝政府开放海禁的另一目的是征收饷税,借以维持沿海设防的军费开支。明朝政府为抵御沿海倭患的军事耗费异常浩大,计山东、浙、直、闽、广备倭兵饷,每年不下 200 万。这样的军费开支,对于当时财政已处于崩溃边缘的明朝政府来说,的确难以负担,于是,有的官员就提出开放海禁,得海上之税以济海上年例之用,这样一举两得,战守有赖,公私不困;有的则建议以广东市舶司对外国船实行抽分为例,开放海禁征收饷税,年可得银数万两,以充军国之用。在这种情况下,明朝统治者只好同意在海澄月港部分开放海禁,每年征收舶饷 2 万多两,以充闽中兵饷。

那么,当时为什么要在月港开禁而不在其他地方呢?其实,月港本身的港口优势很微弱,它既无直接的出海口,又非深水良港,海外贸易船由此出海需数条出船牵引始能行,一潮至圭屿,一潮半至厦门。这样一个次等港口,在唐宋时仅是海滨一大聚落,至明代后期能崛起成为重要的对外贸易港,大抵是基于以下两方面的原因。

一是月港一带猖獗的走私活动使其然。月港因"僻处海隅,俗如化外",统治者鞭长莫及,早在成、弘之际就成为海外走私贸易商麇集的地方,至正德年间,虽说在广州准许非朝贡的外国商船入口贸易,但有些外商"欲避抽税,省陆运",又纷纷由福建人导引来月港进行走私贸易,于是月港遂发展成为中外走私贸易的汇集地,而从事走私贸易的闽人,也一般是从月港出洋。故至明朝政府决定部分开放海禁时,只能因势利导,沿袭闽人到海外贸易皆由此出洋的习惯,以免再受其扰,可保持"境内永清"。

二是月港特殊的地理位置使然。月港为一内河港口,其出海口在厦门,一般海外贸易船从月港出航,需沿南港顺流往东,经过海门岛,航至九龙江口的圭屿,然后再经厦门岛出外海。因此,月港的管理官员仅需在厦门设立验船处,则可对进出口商船实行监督,以免出现隐匿宝货、偷漏饷税等现象。且当厦门出现倭患或海寇掠夺的警报时,停泊在月港的商船可来得及转移或采取防范措施。这在当时走私严重、倭患猖獗的形势下,是作为私人海外贸易港必备的重要条件。另外,月港地处海隅,距离省城甚远,非市舶司所在地,海外贡舶一般不由此入口,不至于发生扰乱事件。

由此可见,月港被作为开禁地点而一跃成为重要的对外贸易港口,依靠的不是港口自身的优势,而是当地猖獗的走私活动,以及僻处海隅的特殊地理条件。简言之,是 16 世纪中国海外贸易的特殊形势,使之崛起成著名的私人海

---

① 魏敬中:《重纂福建通志》卷八七《海禁》。

外贸易港。

(三)私人海外贸易的发展

月港部分开禁后,私人海外贸易即迅速地发展起来。当时由月港出洋的商船,据推官萧基所述:"大者,广可三丈五六尺,长十余丈;出者,广二丈,长约七八丈","多以百计,少亦不下六七十只,列艘云集,且高且深"。这些海外贸易船不仅载运大量货物,而且还搭乘不少客商,即所谓"每舶舶主为政,诸商人附之,如蚁封卫长,合并徙巢"。当时搭乘这些海外贸易船出洋经商的人数增长很快,据崇祯朝兵部尚书梁廷栋等人上书陈述,每年春夏东南风作,那些"怀资贩洋"的海商以及充当"篙师、长年"的入海求衣食者,数以十余万计。

海澄未设县之前,海外贸易船一般是从诏安四都的梅岭出航,后来因此地屡遭倭寇的骚扰,故船移至海澄出航。在月港开禁后不久,由这里出航的海外贸易船仅限船数而未定其航行地点。到万历十七年(1589年),始由福建巡抚周寀定为每年限船88艘,东西洋各限44艘,东洋吕宋一国因水路较近,定为16艘,其余各国限船2—3艘;后来因申请给引的引数有限,而愿贩者多,故又增至110艘,加之鸡笼、淡水、占城、交趾州等处共117艘。万历二十五年(1597年),再增加20艘,共达137艘。然而,当时到西洋各地的航程遥远,商船去者很少。即使领的是到西洋的文引,有的贪图路近利多,也暗中驶向吕宋贸易;有的是在出海时,先向西洋航行,待走远后又折回入东洋。于是,从表面看来,每年虽然也按限数给引,但实际到达西洋的商船均不如额。这些商船出洋的航线大抵分为内港水程、西洋针路、东洋针路和台湾水路四程。

关于进出口商品,明代后期从月港进口的商品种类,据"陆饷货物抽税则例"所载,万历三年(1575年)仅55种,万历十七年(1589年)增加至83种,万历四十三年(1615年)再增加至115种。这些商品除少量的暹罗红纱、番被、竹布、嘉文席、交趾绢、西洋布等手工业品,以及番米、虾米、绿豆、黍仔等日常食品外,绝大多数是胡椒、苏木、象牙、檀香、犀角、沉香之类的香料或奢侈品。在进口商品中还有值得注意的是作为货币支付的白银。明代后期,在中国东南沿海一带,由于商品经济的发展,白银使用已相当普遍,出现了银价不断上涨的趋势。与同时期的外国银价相比,显然高出相当多,就以1560年来说,欧洲的金银比价是1∶11,墨西哥是1∶13,而中国仅为1∶4。这就是说,把当时的墨西哥银元运到中国来,马上可提价3倍。故私人海外贸易商为墨西哥银元所诱,迫不及待地涌向马尼拉。当时到吕宋贸易的海外贸易商就是利用两地间的白银差价来赚取利润,即使他们载运出去的货物卖得相当便宜,换回来的银元仍然是有利可图.

当时从月港出口的商品,除了生丝、丝织品和瓷器外,还包含有各种各样的食品、日常用具、家禽和家畜等。漳州一带自古以来就是"善蚕之乡",岁五蚕,吴越不能及。后来虽因"民生渐繁,谷土日多,桑土日稀,而蚕功遂废",但在明代时漳州的丝织业尤为发达,当时从吴中引进先进技术,并加以改进发展而生产出的优质丝绸,为当时的私人海外贸易商提供了源源不断的出口商品。这些生丝和丝织品大量被载运到马尼拉,然后经西班牙大帆船转运到南美各地,直接冲击着西班牙的丝织业生产。从月港出航的海外贸易船也把生丝和丝织品载运到巴达维亚或台湾等地,然后经荷兰殖民者转运到欧洲。

明代后期,中国瓷器在欧洲已很受重视,然而,此时在中国,以盛产瓷器著称的景德镇却出现了原料危机,致使景德镇的瓷器生产几乎陷于停顿。荷兰东印度公司为了满足欧洲对中国瓷器的大量需求,以从中攫取高额利润,不择手段地到处寻找制作景德镇瓷器替代品的基地。漳州一带的瓷窑就是在这种背景下应运而生的。当时漳州一带生产瓷器的民窑,集中分布在平和、华安、南靖、诏安等地,在云霄、漳浦等地亦有发现。这些民窑烧造的瓷器以青花瓷为大宗,还有青瓷、白瓷、色釉瓷(如蓝釉、酱釉、黄釉等)、彩绘瓷(又称五彩或红绿彩)等。这些瓷器制作的工艺水平一般都比较粗率和草就,而其造型、图案却与明末景德镇民窑生产的青花瓷器的艺术风格相似,显然是模仿景德镇的产品。它们是一种急功近利的产业,生产的目的纯粹是为了利润,投向海外的瓷器数量特别大,在一定程度上弥补了内地名窑商品瓷供应的不足,填补了海外对中、下档粗瓷的需求。这些瓷器中所谓的珠光瓷、仿龙泉青瓷、仿景德镇青白瓷、仿景德镇青花瓷等等,几乎可以乱真,致使人们误将它们认为是景德镇或龙泉的产品。

荷兰东印度公司开始是在中国商船经常去的几个地方,如印尼的巴达维亚、泰国的北大年和越南的会安等地,购买由中国商船载运出去的中国瓷器,但这些数量毕竟有限,远远满足不了欧洲市场的需求。于是,他们就直接派船到漳州一带从事走私贸易,或者伺机进行掠夺。当时由荷兰东印度公司载运到欧洲各地的中国瓷器数量异常之大,据统计,在1602—1657年的半个世纪里,荷兰东印度公司载运到欧洲的中国瓷器达300万件,此外,还有数万件是从巴达维亚贩运到印度尼西亚、马来西亚、印度和波斯等地出售的。

(四)漳州与菲律宾贸易的发展

月港开禁后,经月港申请文引出海贸易的商船多数是到马尼拉。英国东印度公司的船长约翰·萨雷斯说:"开往马尼拉的帆船成群地从漳州出发,有时是四艘、五艘、十艘或更多在一起航行,好像是事先约好似的。"①每年从漳

① 李金明:《漳州港》,福建人民出版社2001年版,第85页。

州到达马尼拉的商船数波动较大,据威廉·舒尔茨在《马尼拉大帆船》一书中的估计,从 20 艘到 60 艘不等。出现这种情况的原因,舒尔茨认为:"每年到达船数的多少是取决于马尼拉赢利买卖的机会、航程的安危,以及中国当地的情况。每当中国人了解到马尼拉缺乏银元时,这一年来的船只就会减少;在航程中有海盗的消息时,船可能不出港而误过季风期,特别是印度支那沿海长期有海盗的抢劫,倭寇出没于北吕宋,以台湾为巢穴的海盗的进攻等等。有时候来自葡萄牙或荷兰殖民者的威胁也很严重,当时他们均集中全力以削弱西班牙人在马尼拉的贸易;最后是中国内部的纷争或者沿海各省地方的动乱,也可能暂时中断到菲律宾的帆船贸易。"[①]从漳州到马尼拉贸易的商船一般比较大,其载重量从 100 吨到 300 吨不等。为了提高船舶的装载率,船商们总是把载运的商品包装得非常仔细,把丝绸捆压得相当结实,以便最大限度地把有限的装载空间填满,因此,每艘商船装运的商品价值量就比较大。

对于漳州与马尼拉之间的贸易,西班牙殖民者开始时持欢迎态度,积极鼓励中国商船到马尼拉贸易。因为福建商船不仅给他们提供了各种生活必需品,而且使他们增加了不少税收。每当中国商船出现在马尼拉湾外时,驻扎在马里韦莱斯的观察员即上船布置警卫,且放火把船的到来通知马尼拉当局,在船进入马尼拉湾并在城市前面抛锚后,西班牙皇家财政官员即上船检查,把船上的货物一一进行登记,按马尼拉市价规定船货的价值,然后征收 3% 的货物进口税和每船 500 比索的停泊税。大量的关税收入,有助于西班牙殖民者维持其在菲律宾的殖民统治,因此,西班牙殖民者对与漳州的贸易发展与否甚为关注。

然而,西班牙殖民者并不以此巨大税收为满足,反而巧立名目不时对华商进行种种敲诈。此外,西班牙殖民者为了控制中国商品的价格,于 1589 年正式采用一种批发的、以物易物的操纵法,即所谓的"整批交易法",规定中国商船运来的货物必须交付"整批交易"委员会出售,企图以此来限制中国商品的输入数量,压低价格和减少白银的外流。

随着到马尼拉贸易的商船数的增多,那些因货物一时倾销不出而误了风汛,或为组织返航货源而留在那里"压冬"的华商人数也越来越多。据福建巡抚许孚远说:"东西二洋,商人有因风涛不齐,压冬未回者,其在吕宋尤多。漳人以彼为市,父兄久住,子弟往返,见留吕宋者盖不下数千人。"[②]相比之下,当时居留在菲律宾的西班牙人却不多,在 16 世纪最后 25 年里,在马尼拉服务的强壮的西班牙人(包括墨西哥人、欧洲人和印第安混血儿)从未超过几百人。

----

① 李金明:《漳州港》,福建人民出版社 2001 年版,第 85—86 页。
② 李金明:《漳州港》,福建人民出版社 2001 年版,第 89 页。

西班牙殖民者对这些人数比他们大得多的华人甚感恐惧,生怕一旦骚动,将危及他们的统治。于是,在1580年,龙奎洛总督把华人强迫集中在马尼拉以东的一个地区,称之为"八连",其位置正坐落在政府安置的大炮射程之内。万历三十年(1602年),因明神宗误信阎应隆、张嶷的妄言,派海澄县令王时和与百户千一成往吕宋机易山"勘金",更引起西班牙殖民者的恐惧,遂于第二年(1603年)对马尼拉华人进行大规模的屠杀。据估计,有24000名华人遭杀害或被投入监狱。

1639年,西班牙殖民者再次对马尼拉华人实行大屠杀,原因是大量廉价的中国丝织品输入墨西哥,造成墨西哥本国的丝织业逐渐倒闭,而大量的银元又被走私到菲律宾。秘鲁的葡萄酒和银元流向墨西哥以购买中国的货物,于是造成两个总督辖区之间的贸易在1634年遭到禁止,结果墨西哥的经济走向萧条,马尼拉的财政逐渐枯竭,殖民者不得不大幅度地增加税收,从而导致了政治危机和对华人社区的大屠杀。如此灭绝人寰的大屠杀,当然使漳州与菲律宾之间的贸易大受影响。1604年仅有13艘载有食物和商品的中国商船到达马尼拉,这一年西班牙殖民者所征收的中国货物进口税骤然减少了4万比索,中国商品的贸易额亦从1603年的133万比索下降到1606年的53万比索。

(五)漳州与日本的海上贸易

月港开禁后,虽然准许私人申请文引,缴纳饷税出海贸易,但对日本的贸易仍然是实行严禁,一切开往日本贸易的商船皆属犯禁的走私贸易。然而,当时从漳州出航到日本贸易的冒死犯禁者却为数不少。当时,把中国货物载运到日本销售,一般可获利2—3倍,再把日本白银运回中国,又可使其价值提高1—2倍,可见到日本从事走私贸易的利润额是异常之大。正是这种高额利润的引诱,遂使漳泉海商无视海禁王法,纷纷往日本从事走私贸易。

明朝政府对日本的海禁,其实至万历三十八年(1610年)已名存实亡,自此之后到明亡的30多年里,往日本贸易的走私商船数量一般是直线上升。由于漳州商船到日本贸易的数量日渐增多,故他们的往返,甚至可左右当时日本市场的生丝价格,如1615年有4艘漳州船到达日本,售卖的广州生丝价每担仅165两,而到1616年3月这4艘船离开日本后,丝价即突然升高到每担230两,南京的高级丝每担高达300多两。

这段时间漳州与日本海上贸易的发展也与日本幕府对中日贸易的重视分不开。1603年德川家康统一日本后,即极力想恢复对明贸易,他或者通过明朝商人,或者以琉球王、朝鲜为中介,频繁地对明朝进行活动。他们还大力招徕明朝商船,为他们提供种种方便。除此之外,明朝商人在日本也可受到特殊的待遇。他们到长崎贸易,可随便访问亲友,在亲友家里投宿,可以比较自由地进行交易,出本经营的肩负商人串巷叫卖,幕府也不加干涉。

日本幕府采取积极招引明朝商人的措施,以及日本人民对明朝商人的特殊照顾,当然会促使更多的漳泉海商到日本贸易。由于随同贸易船移居日本的明朝人数不断增多,日本幕府于 1604 年开始任命一些加入日本籍的明朝人及其子孙作为"唐通事";1635 年又任命住在长崎的明朝人为"唐年行司",以掌管有关明朝人的公事及诉讼事宜。而漳州船的船主们亦申请创建了自己的寺院——福济寺(漳州寺)。此事起自于 1623 年,来到长崎贸易的南京船船主们彼此商议,为了使明朝商船进港时严禁天主教徒,并祈求海上往来平安,以供养死去的亡魂,则申请修建一所寺院。获得许可后,便邀请 1620 年以来住在长崎的明朝僧人真园为开山,在伊良林乡内领到寺地,创建一所寺院,这就是东明山的兴福寺,俗称南京寺。1628 年,明朝僧人觉海率同了然、觉意两僧到日本,于是漳州船的船主们也申请以觉海为开山,按照兴福寺的先例,另创建一所寺院。获得批准后,便以入日本籍的明朝人陈冲一为施主首领,在岩原乡分紫山创建了福济寺,俗称漳州寺。后来福州船的船主们也援用此例,于 1629 年请准以明朝僧人超然为开山,由入日本籍的明朝人林楚玉为施主首领,在高野平乡创建了圣寿山崇福寺,俗称福州寺。这三个寺院就是所谓的"唐三寺",寺内都设有船神妈祖堂,各商船带到日本的神佛像也全部送到寺内供奉。如今它们已成为当时漳州等地与日本海上贸易发展的见证。

(六)月港的衰落及其在海外贸易史上的地位

如前文所述,漳州月港的崛起,依靠的不是港口自身的优势,而是当地猖獗的走私活动,以及僻处海隅的特殊地理条件。简言之,是 16 世纪中国海外贸易的特殊形势使之成为重要的对外贸易港口,但也因此注定它只能是一个短期的过渡港口。至天启四年(1624 年),因荷兰殖民者骚扰沿海而实行过一年海禁,第二年开禁后,舶饷已是越来越萧条,不能如额,主管舶饷的官员无可奈何。天启六年(1626 年),又因海寇横行,洋船不能出海而饷额更加不足,只好于崇祯元年(1628 年)停止发放商引。而至崇祯四年(1631 年)再次开禁时,已几乎无商船出海,故海防同知仅委至崇祯五年(1632 年),这说明漳州月港在这一年已基本处于关闭状态。

漳州月港自隆庆元年(1567 年)开禁至崇祯五年(1632 年)关闭,其间仅维持了 65 年。造成漳州月港衰落的主要原因大概有如下几个方面:

1. 荷兰殖民者的劫掠

荷兰殖民者东来之后,为了打开对华贸易的大门,以垄断丝织品与瓷器等中国商品的贸易,在漳州一带沿海不断进行骚扰,进犯厦门、海澄等港口,且非法占据了澎湖岛,把俘获的中国海外贸易商转运到巴达维亚等地充当奴隶。

被驱逐出澎湖岛后,又占据中国的台湾岛南部,继续对中国沿海进行封锁,所有过往的商船,除了在荷兰东印度公司船只护航下打算到巴达维亚的外,其余到马尼拉、澳门、印度支那以及整个东印度贸易的船只都会遭到掠夺。这种劫掠使到海外贸易的商船内不敢出,外不敢归,必然造成漳州月港的迅速衰落。

2. 海禁过于频繁

明朝政府虽然准许私人海外贸易船由漳州月港出洋贸易,但一有风吹草动,仍随时实行海禁。如万历二十一年(1593年)因日朝战争,传闻日本欲侵占鸡笼、淡水,而禁止海外贸易船出海贸易。明朝统治者为防止发生类似嘉靖倭患的骚乱,于一年之后即宣布开禁。而天启二年(1622年)因荷兰殖民者侵占澎湖岛,拦劫商船,杀人越货,又实行过一次海禁,直至天启四年(1624年)福建巡抚南居益打败荷兰殖民者,收复澎湖岛后才开禁,但出海商船已是寥寥无几,饷税征收越来越少。天启六年(1626年)之后,因海寇横行,商船出洋被阻,遂停止发放船引。崇祯元年(1628年),明朝政府又下令实行海禁,至崇祯四年(1631年)同意开禁时,已几乎无船申请出海,饷税无从收起,海防馆同知只好停止委派。如此频繁的海禁,使月港几乎成为死港,渐渐失去作为私人海外贸易港存在的条件,迅速地走向衰落。

3. 明朝统治者横征暴敛

如前所述,由月港出洋的海外贸易商,除了交纳正常规定的引税、水饷、陆饷和加增饷外,还有所谓的果子银、头髻费等名目繁多的苛捐杂税,种种横征暴敛已经超出了海外贸易商所能承受的范围,他们或者"委货于中流,以求脱免",或者"非冤殒于刑逼,即自经于沟渎"[1]。海外贸易商的破产,必然使月港逐渐失去生机。

当然,漳州月港衰落的原因是多方面的,除了上述三个主要原因外,还有如漳州本地因人口增多,田土多种谷物,而桑土日稀,加之出海经商者多,农耕渐弛,且多种甘蔗、烟草等经济作物,故养蚕业及丝织业逐渐凋零,使出口海外的丝织品逐渐减少,对漳州月港的衰落多少有些影响。其他如出海港口的增多,在月港刚开禁时,各地商船均汇集于此申请船引出海,而至崇祯末年,有些闽中的海商都转从闽县琅琦出洋;海寇商人头目郑芝龙自崇祯元年受抚后,也在泉州城南30里的安平港筑城开港,征收饷税以养兵。诸多港口并开,使月港失去了作为唯一私人海外贸易港的地位,必然暴露出其地理位置差、港口条件不好等弱点,从而在竞争中渐渐被淘汰。此外,海寇活动的猖獗,明末的政治动乱等因素,也对漳州月港的衰落有着一定的影响。

月港虽然衰落了,但它在我国海外贸易史上的地位却不容忽视。它结束

---

[1] 《巡抚都御史袁一骥奏疏》,载《东西洋考》卷七。

了明代前期维持近 200 年的朝贡贸易,使明代后期的私人海外贸易得以迅速地发展起来;它标志着我国历史上持续 1000 多年的以官方垄断为主的海外贸易发生了根本性的变化,使我国海外贸易史进入了一个崭新的时期。

然而,月港的崛起并不是顺应当时国内商品经济发展到一定高度,迫切要求开拓海外市场的需要,而是明朝政府为缓解因海禁造成走私问题严重而采取的一种权宜之计。因此,它虽然在短期内有了较大的发展,但对当时国内社会经济的发展并没有起到多大的作用,对此不能给予太高的评价。不过,月港海外贸易的发展,对于促进东南亚国家的经济繁荣和发展中外友好关系,起到了一定的作用。当时随同海外贸易船出去的还有大量的手工业者和农民,他们多数移居到菲律宾和印度尼西亚,为所在国的开发与繁荣作出了贡献。

五 福建诸港市社区的繁荣①

海洋贸易经济的发展,促进了港市社区的发展,带来了港市社区商业的繁荣。明清时期,人们谈及福建的繁荣时,主要指城市而不是乡村。正是都市的商业繁荣,如大量驶入厦门港和海澄的船只以及船上负载的成百上千的货物,吸引了时人的注意力,促使他们把泉、漳等沿海港市描述成福建最富裕的地区。

中琉贸易提高了福州港的地位,也促进了福州港的繁荣。明成化年以前,福州港在中国古代海外贸易史上没有什么显著的地位可言。成化年前后,福州港成为琉球入明贸易的港口,福建市舶司移置福州后,更使福州与琉球的贸易往来出现了新的高潮。明成化至嘉靖末年(1465—1566 年)这 100 年间,琉球入明朝贡抵福州港就达 78 次,仅此数目就足使福州港跃居各港之首,成为这一时期最有活力的港口。② 所谓"民勤于治生,田则夫妇并作。居市廛者作器用精巧,鱼盐、果实、织纺之利颇饶,七郡辐辏,闽越一都会也"③。17 世纪罗马尼亚旅行家尼·斯·米列斯库曾报道他所见福建港市的繁荣景象。他说:

> 本省第一大府城,也是本省省会,名福州府,以各种官用建筑之多、商人和学者之众而著称。……这里土地肥沃,海中渔产丰富,有一海湾一直延伸到城里,大海船可以一直驶入城里。在这个海湾上有一座十分壮观的石桥,把城市同近郊连接起来,桥身为汉白玉,桥下有一百多个桥孔。桥长 800 呎,宽 8 呎,两边都有栏杆,栏杆上雕有石狮子。在欧洲没有一

---

① 此部分内容参见蓝达居:《喧闹的海市——闽东南港市兴衰与海洋人文》,江西高校出版社 1999 年版,第 180—185 页。

② 谢必震:《中国与琉球》,第 241 页。

③ 康熙《福建通志》卷五六《土风》。

座如此壮观的桥，……城市周围生长大量甘蔗……这里盛产荔枝……还有……龙眼，……中国人把荔枝和龙眼都晾成干果，大量出售。①

明清时期泉州港的海洋贸易地位虽大不如前，但民间海上走私贸易仍有较大发展，泉州港仍然呈现繁荣的景象。米列斯库在同一报道中称：

> 泉州府，商业繁荣，经济富裕，规模宏大，因而十分有名。这里的寺庙更为其增添光辉。这里的道路，两侧铺有石块，中央铺砖，清洁整齐别致，独具一格。……城市位于海滨，海湾伸入城内，因而大船能直接进入城市。海湾沿岸还有一些大镇，其富庶程度毫不逊色于府城。海湾里建有一座举世无双的、极其壮观的大桥。……像从前一样，今天在这个城市和所辖城镇，仍有大量居民漂泊海外经商。②

海澄月港在明初本是一个荒凉偏僻的海滨渔村，随着明中叶以后民间海洋经济的发展，而迅速地提升为重要的对外贸易港口，一度成为繁荣的港市。其码头星罗棋布，非常密集。单港口溪尾不够一里的江岸，就有码头7个，有饷馆码、路头尾、箍行码、容川码、店仔尾、阿哥伯、溪尾码头等，均以条石垒砌，十分坚固。城内人口杂处，百货交集，"贾肆星列，商舟云连"，市容极盛。明代文人火勃在《海澄书事寄曹能始》诗中作了极为生动的描绘。他写道：

> 海邑望茫茫，三隅筑女墙。
> 旧曾名月港，今已隶清漳。
> 东接诸倭国，南连百粤疆。
> ……
> 货物通行旅，赀财聚富商。
> 雕镂犀角巧，磨洗象牙光。
> 棕卖夷邦竹，檀烧异域香。
> 燕窝如雪白，蜂蜡胜花黄。
> 处处园栽橘，家家蔗煮糖。
> 利源归巨室，税务属权珰。③

郑怀魁的《海赋》也有类似的描述：

> 尔清漳之错壤兮，旁大海以为乡。……富商巨贾，捐亿万，驾艨艟，植参天之高桅，悬迷日之大篷。……夜睹指南之针，日唱量更之筹。外域既至，相埠弯舟。重译八国，金币通酋。期日互市。定侩交售。……持筹握算，其利十倍。出不盈篚，归必捆载。

---

① 〔罗〕尼·斯·米列斯库：《中国漫记》，蒋本良、柳凤运译，中华书局1989年版，第147—150页。
② 〔罗〕尼·斯·米列斯库：《中国漫记》，蒋本良、柳凤运译，中华书局1989年版，第147—150页。
③ 《海澄县志》卷二一《艺文志》；光绪《漳州府志》卷四一《艺文》。

明末清初，厦门成为对外贸易港市，商业渐臻繁荣。《闽海纪要》记述康熙十四年（1675 年）的厦门云："先是厦门为诸洋利薮，癸卯（1663 年）破之，番船不至。至是英圭黎、万丹、暹罗、安南诸国，常以贡款求互市。许之。岛上人烟辐辏如前。"①随着海外贸易发展和人口的流动，厦门人口迅速增长，乾隆年间厦门人口只有 1 万余户，至道光十二年（1832 年）则增为 14 万余人。② 由于人口的增长，商业的发展，出现了街市拥挤的局面。许多生意人都试图尽量减少不必要的开支。《鹭江志》卷三《风俗》记载：

> 厦地店屋，向来高不过一二丈，偶尔失火，易于扑灭。今因地窄，竟事崇高，至五六丈余。妆饰楼阁、对街之店，栏槛相交，如同一室。故一经火灾，便延毁数十间或至百间，无可着力救止。其害甚不可言。然积重难返，谁为之剔其弊耶？③

厦门在清康熙年间至鸦片战争前这 100 多年间，"人民蕃庶，土地开辟，市廛殷阜，四方货物辐辏"④，成为闽南政治、经济的中心都市和新兴的港口城市。"由于港口优良，厦门早就成为中华帝国最大的商业中心之一，又是亚洲最大的市场之一。……许多商店摆满生活的必需品与奢侈品，……在这个港内总计大约有一百五十只沙船，其中许多艘正在很宽敞的船坞里修理，如果加上每日从台湾开来的米船，那数目就更多了。"⑤

由于对外贸易的发达，在厦门岛西南岸边形成了商业区，在商业区出现了一些与对外贸易有关的专业性街道。至迟到乾隆三十一年至三十四年间（1766—1769 年），厦门城市已初具规模，厦门所城外街市密布，如：

桥亭街　在南门外。

关仔内街　在西门外。

火烧街　在凤仪宫前。

石埕街　在怀德宫前。

神前街　在外关帝庙前。

碗街　在外关帝庙右边。

磁街　在碗街中，直行向海。

竹仔街　在磁街中横列，与提督街连。

提督街　在磁街右边。

亭仔下街　在中街横头。

---

① 《闽海纪要·康熙十四年》。

② 《厦门志》卷七。

③ 《鹭江志·风俗》。

④ 《厦门志》卷二《分域略二》。

⑤ 郭士立：《中国沿海三次航行记》，《鸦片战争在闽台史料选编》，福建人民出版社 1982 年版。

纸街　在外关帝庙左边。

中街　在纸街左边。

木屐街　在中街左边。

关帝庙后街　在庙后横列。

港仔口街　在亭仔下街横头隘门内。

岛美头街　与港仔口接。

五崎顶街　在走马路横头。

走马路街　在廿四崎上。

塔仔口街　在大使宫前。

局口街　在长寮河。

轿巷街　在轿埕。

新街仔　在塔仔后。

厦门港市仔　在防厅前,圆山宫下,共二条。

桥仔头街　在北门外。

菜妈街　在海岸隘门内。①

在商业街区,主要是一些店铺。这些店铺一般为一两层楼,由于地价高,有些地方很拥挤。

随着商业资本的活跃,港市中出现了许多商行和牙行,由商人阶层经营。他们的商业活动不仅为满足本地的需要,而且是国内市场的一个组成部分,还有一部分是为满足海外贸易的需要而进行的。经济的发展,使厦门成为高水平、高消费的繁荣城市。厦门港"梯航既通,南琛北赆。百货丛闐,不胫而走。地窄人稠,物价数倍","衣服华侈,迥于他处"。有诗曰:"锦绣烟花自一洲,无边风景似杭州。楼台半蘸晴江水,箫鼓时闻画鹢舟。"②

第四节　明清时期的宁波港③

一　明代宁波港的缓慢发展

明代是宁波港口发展极为艰难缓慢的时期。明朝初年,由于厉行"海禁",合法的民间贸易事实上不可能存在和发展,官方贸易也只限于宁波通日本。

---

① 《鹭江志》卷一《街市》。

② 《厦门志》卷九《艺文略·鹭门纪概》。

③ 此部分内容参见郑绍昌主编:《宁波港史》,人民交通出版社1989年版,第81—120页。

所以,宁波港内除了几年来一次的日本"贡船"外,几乎没有别的商船靠泊。宁波港内一改宋元时代千樯万楫的盛况,而呈现出一派萧条景象。

（一）宁波港对日本的贸易

永乐二年（1404 年）,明、日签订了勘合贸易条约,即"永乐条约",明朝与日本之间开始了"勘合贸易",宁波港被指定为接待日本"贡船"的唯一港口。明、日间通过宁波港的勘合贸易,大体可分为两期。第一期又称"永乐条约"期,自永乐二年（1404 年）至永乐十七年（1418 年）,其间日本共派遣勘合贸易船 6 次,船只 38 艘,明使赴日 7 次。第二期为"宣德条约"期,自宣德七年（1432 年）至嘉靖二十六年（1547 年）,计 115 年。在此期间日本派遣勘合贸易船 11 次,船只 51 艘,明使去日仅 1 次。由于两期贸易的条约不同,其具体规定也有所不同。如:"永乐条约"规定 10 年 1 贡,每贡人员 100 人、船只 2 艘;"宣德条约"则规定 10 年 1 贡,每贡人员 300 人、船只 3 艘。[1] 从两期"勘合贸易"的实际情况来看,由于日本急于获得贸易上的利益,上述规定往往被突破。

明代日本勘合贸易船到宁波的航线有两条。一是南路,即唐宋以来的传统航线,一般是在春秋两季,乘东北季风,从日本的兵库通过濑户内海,在博多暂停;然后经过五岛,横渡中国东海到宁波。第一期的六次勘合船和第二期的第一、二次勘合船都是走这条航线的。从第二期的第三次起,出发港就改在日本的博多了。二是南海路。这是由于日本幕府在应仁之乱[2]时,为了避开大内氏的劫掠而开辟的一条新航线。它是以日本堺港为起点,经过四国岛南部,在萨摩的津坊暂停,然后横渡东中国海或南中国海到达宁波。

日本派遣勘合贸易船的目的是为了贸易,但名义还是进贡。所以明朝政府对他们的接待优礼有加,十分隆重,不过并没有因此而放弃对他们的严格控制。除贡期、船只数、人数等有明确规定之外,对贸易货品及贸易方式也有一系列的禁限。规定金、银、钢铁、缎匹、兵器等为违禁品,禁止贩运出国;勘合船运来的刀、剑武器类必须交明朝政府统一收购,不准私下买卖。日本来贡人员不准携带武器,违者以盗寇论处。禁止他们在没有明朝官府监督的情况下进行任何交易活动。从局部经济利益来看,由于勘合贸易主要是在北京进行的官方贸易,所以宁波并没有从中得到多少利益,反而却因此花费了大量的人力和物力。

明代由宁波港输入的日本货物,以刀剑、硫磺、铜、苏方木、扇、描金器、屏

第六章

明清时期的海港城市发展

---

① 《明史》卷八一。
② 应仁之乱（1467—1477 年）是日本大名（封建领主）大内氏和细川氏的一次争权夺利的内战。因始于应仁元年,故名。

风、砚等为主,数量是相当惊人的。自永乐至嘉靖年间,两期共 17 次勘合贸易,从日本输入的刀剑总数当在 25 万到 30 万把之间,输入的硫磺大概在 150 万到 200 万斤之间,输入的铜总量超过 150 万斤。明朝政府对此主要用铜钱来给价。①

明朝通过宁波港输往日本的物资以铜钱为第一。这是由于明朝对于使臣自进物和国王附搭品的给价,大都是用铜钱支付的。其次是书籍和名画的输出。每次贡使入明,都以日本国王的名义请求明朝赐给书籍。因此日本勘合贸易船返日时,往往带有大量的中国书籍。此外他们还多方搜求中国名画,日本国内保存的中国名画中有不少是在勘合贸易时期带去的。

综观上述情况,可以看出日本在勘合贸易中获益较大。除了明显的经济上的利益外,明朝铜钱的大量输入,增加了日本国内的钱币流通量,为商品经济的发展创了条件。而大量的中国书籍、古画及丝织品、工艺品的输入,必然直接或间接地促进日本学术和工艺美术的发展,丰富日本社会文化生活的内容。尽管明朝在勘合贸易中没有获得明显的经济利益,但日本某些特产,如硫磺、苏方木、铜等的输入,对明朝的造币业、军工业、染织业、冶炼业及其他手工业的发展也有一定的促进作用。

(二)民间的海上"非法"贸易

宁波港的官方贸易虽然逐步衰落,但海外各国到沿海来贸易的"私舶"却在不断增加,也为海上非官方贸易的发展提供了条件。因此,民间的海外贸易开始发展起来。由于国家明令禁止私人出海贸易,故私人的民间海上贸易实际上是"非法"的走私贸易。

明代中期,宁波沿海的民间"非法"海外贸易已经发展到相当大的规模,当时集结在走私贸易基地双屿港的常有中外商人万余人,停靠船舶千余艘。②

据嘉靖《东南平倭通录》载,"当时浙人通蕃,皆自宁波定海(镇海)出洋"。可见,当时民间商船出海贸易并不是从宁波港起航的,而是从镇海县沿海的几个偏僻小港出发前往双屿港等地进行走私贸易的。

双屿港现名双峙港,位于宁波市东南约 50 千米,是舟山群岛的六横岛与佛渡岛之间的一个港湾。港面上因有呈八字形对峙的两小岛而得名"双屿"。其地北依梅山港,东邻桃花洋,形势险要,位置优越,为中国南北海上交通的要道。其与镇海县的郭巨、鄞县的合呑来去不过半潮航程。

双屿港原先为海盗出没之所。据记载,先是安徽人许二(许楠)下海为盗

---

① 《光绪鄞县志》卷七〇。

② 夏燮:《明通鉴》卷五九,中华书局 1959 年版标点本,第 2248—2249 页;王世祯《泉州史料》卷三。

咨寇,住在双屿,势最强。又有陈思盼据六横与许二纠成犄角之势。不久王直(即五峰船主)入伙,任管柜。[①]嘉靖二年(1523 年)宁波市舶司因"争贡事件"而罢废,非法的走私贸易随即进一步发展起来。于是双屿港就成为重要的走私贸易港了。

嘉靖五年(1526 年),福建囚犯邓獠自按察司监狱越狱亡命海上,招引葡萄牙人到双屿港交易,每年夏季来,冬季去,是以为常。这是葡萄牙殖民者侵入双屿港的开始。

嘉靖十九年(1540 年),又有许一(许松)、许二(许楠)、许三(许栋)、许四(许梓)勾引葡萄牙人,络绎至双屿、大猫等港进行大规模走私贸易活动,一部分葡萄牙人开始在六横岛定居,双屿港逐渐成为葡萄牙殖民者的海上走私据点。其时,双屿港的走私贸易活动,除了海上有基地、陆上有地方豪强作为窝主和靠山外,还有海盗及葡萄牙人的武装保护。这种以武装走私来对抗明朝政府海禁政策的做法,往往使明朝官府束手无策。小规模的围剿与缉私,无法奈何那些武装的走私船队;而进一步严厉海禁又会触动地方豪强的利益。走私贸易到了难以遏制的地步。

由于双屿港走私贸易的规模不断扩大,再加上盘踞在六横岛上的葡人、倭寇和海盗不时劫掠浙东沿海地方,明朝于嘉靖二十六年(1547 年)命令浙江巡抚朱纨发兵进攻双屿港。经过一番激战,五月,官军用木石筑塞了双屿港的南北水口,彻底平毁了这个走私基地,盘踞了 22 年的葡萄牙殖民势力也随之被彻底清除。[②] 自此,宁波沿海非法的民间海上贸易转入低潮,大规模的有组织的武装走私活动也就销声匿迹了。

(三)"开海"之后宁波港的复苏

隆庆元年(1567 年),明朝政府正式宣布开"海禁",允许民间去海外贸易。"海禁"开放后,一度沉寂的宁波港的海外贸易开始复苏,但是直接的对外贸易占的比重很小。这是因为作为宁波港传统的对日贸易,由于种种原因(主要是害怕"倭患")一直没有得到恢复。万历年间在宁波就有"郡禁不得与倭夷互市,且悬赏格捕下海者"的禁令。而对东、西洋各国的贸易,比较起来,南方诸港如泉州、广州等要比宁波港条件好得多。凡此种种,使宁波港在贸易上很难发挥在前朝所起过的作用。即使如此,由于宁波港优越的地理位置,使它很快成为中国南北货物转运枢纽,自元代以来就有的"南北"商号又开始重新发展起来了。

---

① 傅维麟:《明书》卷一六。
② 《朱中丞甓余集》"双屿填港完工事"。

宁波人称为"南帮"或"南号"的长江以南地区港口的商业船帮,专门经营东南沿海和岭南地区的贸易运输。他们运来木材、铁、铜、麻布、染料、药材、纸、糖、干果、香料和杂货,把来自长江中下游的丝绸、棉花、纺织品、陶瓷、海货等运往南方诸港。南号商人主要来自闽广一带。被宁波人称为"北帮"或"北号"的北方商业船帮则专门经营长江以北各港口的贸易运输。他们从北方运来大豆、豆饼、牛骨、猪油、药材、染料、干鱼、干果,从宁波运出大米、糖、药材、棉织品、纸、竹、木材和杂货。北号商人主要是山东人和安徽人。这些商业船帮,除了有自己的商业运输船外,还拥有商店、货栈、仓库甚至钱庄等一系列运输和销售系统,实力较强,在宁波港的贸易运输中占了主导地位。而宁波本地的船主,尽管实力较弱,但两边生意都做,因此也得到了相应的发展。商业船帮的雏形早在南宋时就已经有了。如南宋绍熙二年(1191年),福建船主沈法询,在宁波立了一尊天后神龛,拥有不少信徒。这实际上是一种结帮形式。它通过信奉天后女神这个福建船民的保护神,把福建船主们联合起来。元至元十六年(1279年),定海县(镇海)城关的甬江口边也建造了一座天后庙。

如上所述,明末"海禁"开放后,活跃于宁波港的是"南北"号商业船帮和一些宁波船主,他们为宁波港的复苏,扩大全国的南北物资交流,起了很大作用。但是由于"海禁"是有限开放,对日贸易没有恢复等原因,宁波港基本停留在转口贸易港的地位上。其繁荣程度也就远逊于宋元时代的宁波港了。

二 清代前期:宁波港的全盛时期

入清,在清初40年的"禁海"与"迁界"期间,宁波港的民间海上贸易乃至渔业生产,尽被窒息。康熙二十三年(1684年),弛"海禁",颁"展海令"。康熙二十四年(1685年),正式在宁波设浙海关①,此后的100多年间,由于社会长期安定,生产力较前有了大的发展,加上一定程度的对外开放,宁波港的转运功能和港口贸易发展到了可能条件下的最高点,进入古代宁波港的全盛时期。

(一)浙海关的设立

浙海关的行署在府治南董庙的西边②(今公安局所在地),关口则设在甬东七图,就是现在江东的包家道头。因商船往来均在此验税,故俗称税关。浙海关设满汉海税监督1员,笔贴式1员。海关笔贴式署设在原督粮馆,即府治西察院内署左边。

---

① 雍正《浙江通志》。
② 民国《鄞县通志·食货志》。

康熙三十七年(1698 年),在宁波和定海①分别设立浙海关分关②,自此,外国商船既可以在定海验税,也可以在府治宁波验税交易。同年在定海县城外道头街西新建红毛馆一处,以为外国商人及船员馆宿之地。在定海增设分关,是因为浙海关初设宁波。其中在宁波沿海的计有 7 处:

大关口:在宁波江东,离关署 2 里。

古窑口:在慈溪县,离关署 150 里。

镇海口:在镇海县,离关署 60 里,另有蟹浦和邱洋两旁口。

湖头渡:在鄞县,离关署 150 里。

出港口:在镇海县,离关署 90 里,另有穿山、大矸两个旁口。

象山口:在象山县,离关署 360 里,另有泗州一个旁口。

白峤口:在宁海县,离关署 220 里,另有健跳一个旁口。

海关仓库,俗称海仓库,仍在灵桥门内,地点是宋市舶务和明市舶库的旧址。

乾隆二十二年(1757 年),清政府为限制英国等西方国家来华商船,只允许他们在广州一处收泊交易,不许一船入浙,同时撤销了定海红毛馆,宁波港停止了对西方国家商船的开放。此后,直到鸦片战争前夕,宁波海关的主要任务是对进出宁波港的本国商船进行"稽征"。

宁波海关的"稽征",具体来说可以归纳成以下几个方面:

1.制发和检验进出宁波港船只的执照

经核实无误,登记入册后放行。

2.缉私

船到宁波港或其他有关口址时,海关负责检查有否夹带违禁品,并和守口官兵一起缉拿走私船只。对走私罪的处罚是相当严厉的。例如,私运大米出口超过 50 石的即没收;超过 100 石的,除船货变价充公外,还要受到流放充军的重罚。

3.征税

宁波海关主要征两种税,即船钞(船税,也叫梁头税、货税(正税)和规例(附加杂税)③。税金是根据所载货物的总值按一定的税率来征收的。初时,国货的税率为 4.6%,洋货为 14%—16%。船税则是按船的梁头尺寸,即船的大小来征收的。规例(附加杂税),有放关入口税、放关出口税、签押人员规银等,名目繁多。实际上,宁波海关所征收的税银中,有很大一部分是由规定税

---

① 民国《镇海县志》载康熙二十七年,改舟山昌国为定海县,改原定海县为镇海县。

② 《清史稿·食货六》。

③ 〔美〕马士:《中华帝国国际关系·清代关税制度》,上海书籍出版社 2000 年版。

则外的附加杂税中收取的。宁波海关的税收从一开始就采取包干的办法。初期,定为"正额"(不包括附加税)2.2万多两;设红毛馆后又增加10030两。嘉庆二年(1797年)增加到3.9万两,嘉庆九年(1804年)又增至4.4万两。

(二)港口贸易的发展

1. 对日贸易

康熙二十三年(1684年)开海禁时,正值日本锁国,严禁其本国船只出国,对外开放的港口仅限于长崎一港。所以,这个时期来往于中日两国间的均为中国商船。初期,日本对中国商船的数量和贸易额都未加限制,所以赴日的中国商船逐年增加。康熙二十四年(1685年),中国往长崎的商船73艘。康熙二十七年(1688年)增加到194艘,也是中国去长崎商船最多的一年;到达长崎的中国商人多达9128人次。这一年宁波港去的商船有37艘(其中普陀5艘),占19%。

康熙二十八年(1689年),日本方面为防止金银外流,实施"割符仕法"(也叫信牌),限定中国船的总贸易额为白银6000贯,船只数每年为70艘,并规定期限与起锚地点。此后,宁波港每年去日本的商船为春船7艘(其中普陀2艘),夏船5艘(其中普陀1艘),秋船1艘,合计13艘,占19%弱。

康熙五十四年(1715年),日本修改对外贸易法,限定去日的中国商船为30艘。其中宁波、南京、福建三地合为20艘,贸易额仍为6000贯。此后船数越来越少,乾隆三年(1783年)为20艘,乾隆五十五年(1790年)为10艘。道光十年(1830年),对日贸易仅限于宁波一港,船只为10艘。[①]

凡是中国去日本的商船,不论在何地起锚,一般先停泊在普陀山,等候顺风,然后驶往长崎。

贸易品,出口的主要是丝和丝织品。有白丝、绉绸、绫子、绫织、纱绫、南京缎子、锦、金丝布、绵、罗、南京绢,此外还有葛布、毛毡、茶,纸、竹纸、扇子、笔墨、砚石、瓷器,茶碗、药、漆、胭脂、方竹、冬笋、南枣、黄精、芡实、竹鸡、红花、木樨(丹桂,药用)、附子等。

输入品,最重要的是铜和金、银。后来日本铜的产量减少,就以海参、干鲍鱼、鱼翅、海带等海产品来抵补。曾是日本最主要的输出品的刀剑和硫磺,当时的日本是严禁出口的。铜是清廷铸钱必需之原料。还在海禁时期的顺治朝,就在浙江和江苏设置官额船,每年赴日本采办铜数百万斤。康熙五十四年(1715年),日本为控制铜的出口,规定每年出口铜以300万斤为限。是时宁

---

① 〔日〕大庭脩:《日清贸易概观》,载《社会科学辑刊》1980年第1期;姚贤镐:《中国近代对外贸易史资料》,中华书局1962年版,第60页。

波船为 11 艘,约占总船数的 37%。每年由宁波进口日本铜在 100 万斤以上。乾隆以后,清廷每年向日本买铜 200 万斤,由江浙督抚招商出洋采购,回船之日,官为收买,或者收买一部分,其余听凭商人自行货卖。① 从清代前期宁波港对日贸易情况来看,宁波港与前朝一样,仍为中国对日贸易的最重要港口。

2.对南洋贸易的发展

雍正年间(1723—1735 年),为了得到外国的铜和米,清政府允许商人向南洋和东洋贩运少量生丝。当时,宁波港在南洋方面的通商范围以菲律宾群岛、安南(今越南)、柬埔寨、暹罗为限。② 后来,因为赴日商船受到日本方面的限制,宁波驶往南洋的船只增加了。在 18 世纪,宁波港的情况与其他港一样,是"商人往东洋者十之一,往南洋者十之九"③。那时从宁波港出海走南洋线的船只每年约 585 艘次④,其中应有相当一部分从事海外贸易。这是因为宁波商人往往假借前往广州、南海的名义在中途改变航向,去南洋方面进行贸易。他们从南洋方面输入大米、木材、糖、象牙、珍珠、药材以及机制毛、棉织品和其他机制品;向南洋输出丝、茶、瓷品、海产品、干果、药材和各种土产。暹罗商人运来的主要是大米。⑤ 从宁波驶往暹罗的中国商船主要以白银、丝、茶、土布,换取暹罗的蔗糖、苏木、海参、燕窝、鱼翅、藤黄、象牙等物⑥。此外,宁波港与新加坡、苏禄群岛、西利伯群岛、巴达维亚等地也有过贸易往来。

3.沿海南北贸易与内河转运贸易的发展

宁波港在清朝(鸦片战争前)与国内沿海诸港的贸易取得了前所未有的发展;以内河为港口货物的集疏而形成的转运贸易亦随之更加活跃。《镇海县志》载:"宁郡……外省通直隶、山东,本地通杭、绍、嘉、台、温、处(州)各处。如南船(按指闽、广船)常运糖、靛、板、果、白糖、胡椒、苏木……如北船常运蜀、楚、山东,南直棉花、牛骨、桃、枣诸果、坑沙等货……"当时宁波港的沿海贸易,北至关东、河北、山东,中至江苏,且溯长江深入四川兼走湘、鄂,南到台、温、闽、广,都有船只直接往来,而且相当频繁;与省内的杭、嘉、绍、定海、象山等地,或以海上或自内河,货物集疏,更是往来不断。

从 17 世纪末到 19 世纪 30 年代,宁波港虽然停止了对英国等西方资本主义国家船只的开放,国内沿海贸易和本国商人经营的海外贸易,却在稳步发展。到嘉、道年间(1820 年前后),港口出现了新的繁荣势头。由于海运的发

① 《光绪大清会典事例》卷七九。
② 姚贤镐:《中国近代对外贸易史资料》,中华书局 1962 年版,第 60 页。
③ 《皇朝文献通考》卷二九七。
④ 姚贤镐:《中国近代对外贸易史资料》,中华书局 1962 年版。
⑤ 《皇朝文献通考》卷三三。
⑥ 姚贤镐:《中国近代对外贸易史资料》,中华书局 1962 年版。

展与贸易的增加,码头已不够用,许多商户纷纷在对江开辟新的码头,并且在昔日冷落的江岸边购地置产建新房屋,开设商号,致使江东沿江一带地价猛涨。昔日荒凉的江东地区,不仅成为"桅楼簇簇"的百帆停泊之所,而且随着商店的不断增加,迅速发展成为宁波最繁华的商业区之一。

随着海上贸易的复兴,水上运输业也相应地发展起来。水运和捕鱼原是宁波地区最重要的行业,明朝有所衰落。但到18世纪恢复很快,到19世纪上半叶,鄞县一带从事这项职业的人数(包括捕鱼业有时兼搞运输的)约占劳动力总数的1/5。《光绪鄞县志》卷二《风俗》载:"乡民力田者十之六七,渔于海者二三,江北岸、梅墟一带,或操海舟往来南北洋。""野有荒土而人习风涛"是当地的民俗。

自宋朝以来,先是南方的福建、广东,而后又有北方的山东、江苏等地的商人陆续来宁波,分别经营闽、广及北方诸港与宁波港之间的贸易。他们在宁波定居后,开设商号,打造船只,既搞运输,又搞销售,逐渐形成地域观念很强的商业船帮,他们供奉天后为保护神。1191年,福建商业船帮在宁波首建天后神龛。以后别地来的商业船帮也各自在宁波建造天后宫(也叫天妃宫)。在宁波,南方的贸易商叫做"南号"或"南帮",北方的贸易商叫做"北号"或"北帮"。宁波本地的贸易商发展也很快,他们两方面生意都做,所以也分成"南号"和"北号"。

宁波的商业船帮往来于中国北方(营口、烟台、青岛为主)、南方(福州、广州、厦门、泉州为主)诸港,还有的致力于东洋(日本)、南洋(吕宋、新加坡等地)、西洋(苏门答腊、锡兰等地)的远洋贸易。他们从北方运来各种干果、大豆、豆饼、牛骨、食用油、药材、海味,又从宁波港运去棉花、竹、大米、木材、各种海产品、纸和杂货;从南方运来糖、木材、各种干果、铁、麻布,又从宁波运去丝绸、纺织品、陶瓷、海产品;从海外运来进口木材、白藤、苏木、胡椒、铜、大米、糖、香料等,把丝、丝织品、瓷器、海产品、干果、土布和各种土产运往海外各国。此外,北号商业船帮还担负了清廷的漕粮海运和汇兑饷银的任务。

19世纪30年代,宁波商业船帮进入黄金时期,南北号总数不下六七十家;其中实力较大的有福建帮15家,宁波北号9家,南号10余家,加上山东帮数家,计30余家;最盛时共有大出海船约400艘。当时的商业船帮,是宁波港海上贸易运输的主要力量。

(三)全盛时期的"江夏码头"

随着贸易的发展,宁波的市区范围扩大了。明朝中叶以前,城内仍只有3个商场,与宋元时期一样,都位于东大路的北面,就是大市、中市和后市。大市在县衙和中央大街之间的广场上,中市在中央大街后面东首的两段街上,后市在更东面靠近东北城墙的边上;附设的尚有城外五个集市。这些集市每旬定期开市,西门外是初八、十八、廿八;南门外是初七、十七、廿七;灵桥门外是初四、十四、廿四;东渡门外是初九、十九、廿九;还有灵桥以东约五里处的甬东集市不定期开市。这些城外集市均位于水道上或水道附近,并设有码头或埠头,以供四郊村庄来的舢板船停靠。1566 年以后,新设东津市(在灵桥以东约二里处),同时关闭东渡门外和灵桥门外的两个集市。清乾隆四十五年(1780年)城内又增设了 5 个商场。

除了定期商场外,城内和城外都有固定的商业区。东大路及其向西延伸至西大路的地段构成了主要商业区的轴线。它的各段以及通向它的出巷开设有交易布匹、食物、帽子、家具、竹、丝织品和药材的商店,还有饭店和当铺。这些商店大多按行业聚集,并以诸如竹行巷、药局巷、饼店弄等街巷名称作为标志。东渡门内是最忙碌的商业区之一。这里主要是木器商、竹器商和印刷商聚集区。灵桥门内是另一主要的商业区。这里以药材商、木器商、篾器商和漆器商为主。附近的药行街是药材商聚集的一条街。东门外奉化江边地区——江夏,是城外最繁忙的商场。沿着河岸是停靠航海帆船、航船和舢板的码头。钱庄集中在这个地区,并设有卖海货、糖、木材、麻和谷物的商店。这里还集中了分别专营南、北沿海贸易的商行(南号和北号)。造船厂、福建会馆、天后宫和庆安会馆(船运业会馆)也都设在这里。像鱼鲞弄、糖行街、钱行街,这些地名标志了这些商店聚集于此。

除以上商业区外,江东码头内侧,在嘉道年间已发展成为新的重要商业区,为全市最繁华的地段之一。沿江岸是停靠各种海船的码头。往里纵深处,各种商号如雨后春笋竞相建房开业。那里有"南号",也有"北号",还有贩卖海味、木材和谷物的商号及出售石板、铁器、柴炭、纸张、蜡烛、染料、杂货、牛羊、蔬菜、水果、其他食品等的商店。诸如米行街、木行街、卖席桥、羊市街、卖饭桥等地名,就标志了这些商号的聚集地。另一些地名则反映了各种手工业作坊的集中地,如打铁街、铸冶巷、笔厂弄、作锚弄以及船坊巷等。江夏一带确实是发展到了帆船码头的全盛时代。

第五节　明清时期的登州港①

一　海防重镇:明代的登州港

① 《登州古港史》,人民交通出版社 1994 年版,第 168—239 页。

（一）登州港空前的海防建设

1. 登州卫所的初建

登州地处要津，所谓"东扼岛夷，北控辽左，南通吴会，西翼燕云，艘运之所达，可以济咽喉，备倭之所据，可以崇保障"①，"实南、北关钥"②，"一方之藩篱"③。

终明之世，边旁甚重，对登州的陆、水军事建设，均极为重视。明设卫所，山东都司辖18卫，登州卫居重要位置。洪武九年（1376年），升登州为登州府，将登州由守御千户所升格为登州卫。建制如下：登州卫，置指挥19，经历1，镇抚2；卫下设左、右、中、前、后千户所及中左、中右千户所计7，所置正、副千户30，百户70，所镇抚2。常备军有京操军春戍1276名，秋戍733名，捕倭军820名，守城军余250名，种屯军余114名，守墩军余18名。④后来登州建制、设官和驻兵等虽有变化，但均以海防重镇为前提条件，和登州的地位是相称的。

此外，登州的寨城建设，亦堪称道。如解宋寨，该寨遗址1985年已在蓬莱县五十堡乡解宋营村发现。寨城建在西山之间的低洼之处，呈四方形，周长约800米，城墙的残垣高约7米，宽达9米，城外尚有一段长约200米、宽约4米的护城河遗址。这座城堡北面对着大海，南面筑有砖砌的城门，并有完整无损的顶门城楼。同时，还发现城堡的东西山冈上，各建有高达7米的烽火台，一东二西，遥遥相对，成为解宋城堡军事设施的一部分，从而构成一个较为完整的军事实体，为研究明代堡寨建设提供了珍贵的资料。遗址提供的资料虽和史载不同，但可两相参照，进行比较研究。

登州的城寨，计有蓬莱城、水城、田横寨、刘家旺寨、黄河寨、解宋寨、芦洋寨、栾家口备倭城等。

2. 登州水城的兴建

洪武九年（1376年）五月，为海上防守和海运之需，驻蓬莱的指挥谢观向上奏疏，要求对画河入海处"挑浚绕以土地，北砌水门，引海入城"⑤，以扩建港口。谢观的建议受到了重视，于是在蓬莱城北，南联城墙，兴修了水城，曰蓬莱水城或登州水城，这是我国北方颇具规模的人工港口和海上要塞。后因备倭，

---

① （明）宋应昌：《重修蓬莱阁记》碑文。

② （明）陈钟盛：《蓬莱阁记》。

③ （清）豫山：《重修蓬莱阁阁记》。

④ 《蓬莱县志》卷四《武备·营制》。

⑤ 《登州府志》卷三《城池》。

设帅府于此,亦称"备倭城"①。

水城选址,即宋代所建、元代继续使用的刀鱼寨址。史称"水城在城北,与大城相连,即宋之刀鱼寨"②。其负山控海,形势险要,具有独特的地理优势,依山(丹崖山)、靠城(蓬莱县城)、通河(画河)、傍海(渤、黄海),堪为建港良址。首先,水城港域自丹崖山向北即为大海,与沙门岛、长山岛隔海相望,可互为犄角,形成天然的内、外港区。由沙门岛向北即为传统的登州水道,直通辽东;西去可至天津直沽,往东是山东沿海诸港,确是海上要冲。其次,建筑的条件好。丹崖山伸进海中的一部分,可谓天然的防波堤,丹崖山下的画河稍一改道,可为天然的护城河。其三,水城港址在丹崖山内侧,宽阔隐蔽,适宜军用民需,船舶进出海口方便、通畅、安全。其四,水城所依的丹崖山,在军事上堪称天然的瞭望台,可以看到数十里以外的陆域,对几十里洋面更是一览无余,又是船舶航行的天然标识。白天可以山为标志,航行进港,夜晚,丹崖山上的灯火,即可为船舶导航。

水城的建设,以刀鱼寨为基础,可分为陆域和水域两大部分,选址合理,设计新颖,特点显著,堪称城中港、港上城。水城的形状为不规则的长方形,南北较长,约计655米,其南面靠陆地较为宽阔,北面通海处则较狭窄,两边只有城墙,没有城门,不能出入。出入口在南北两边,并各有一门,南门为陆门,曰振扬门,系用石砖筑成,门洞约3米宽,与陆路相通。从南门入城,唯一的道路是通向水门内平浪台的南北干路。中部靠北边有一条出路,横跨出海腰间,通往丹崖山。北门就是水门,其位置在水城东北隅的平浪台对面,13米外即是东城垣。水门的两边是由砖石砌起来的高大门垛,与两侧城墙相接。上面架有巨桥以供通行,所以又称"天桥口"。口门曾安设过栅栏,可以起落,用以阻、放船,也称"关门口"。这是由水城通往大海的唯一航道。

陆域部分。充分利用了宋元代刀鱼寨址,在南部加筑了城墙,截断海湾,将海湾环城"出海"。城墙随地势高低形成西面和西北两面高,东、南两面低的倾斜状。北墙临丹崖山修建,崖高30余米,以悬崖为墙,只建有1.4米的垛墙。西墙建于丘陵脊背,虽不高亦较险峻。东、南两墙因地势低洼,筑得较高,平均高度约7米。城墙周长2200余米,墙内外均用砖石包砌。城顶设有外垛墙,下端每隔1.35米有一方孔,顶端每隔1.55米有凹形垛口,垛口下方每隔1.47米有方孔一,城顶近垛墙处,有宽2米的用砖铺砌的"海墁"。水城设有一座陆门,即其南门,原为土门,即振扬门,此门通陆地,供车马行人之用。城内为驻兵营地与署衙、寺、庙等。陆域部分还设有敌台和炮台,敌台俗称箭楼,

① 《蓬莱县续志》卷二《地理》。
② 《登州府志》卷三《城池》。

为防御敌人攻城而筑;炮台共有2座,分别设在水门口外的东西两面,东西炮台相距80余米,呈犄角形势,封锁着水门外海面,是护卫水城的重要设施。

水域部分。水城的港池,即出海,是由画河口疏浚扩大后整修成的。出海总面积约为65000平方米,其状犹似一只卡腰的葫芦。在其中部卡腰处,有一条东西走向通道,横贯水上,有活动桥板,以利船只进出。由于出海港岸,大部为顺岸岸壁码头,可以同时靠泊上百只木帆船。[①] 水域部分有水门,又名天桥口,俗称关门口,为水城北门,和南陆门遥相对立,是船舰由出海通往外海的唯一通道,东、西两侧筑有高大的门垛与城墙衔接。水门外之左侧,为丹崖山靠海的陡坡,右侧是海滩,没有屏障,为了抵御东北风和涌浪的力度,并阻挡泥沙侵入,避免造成严重回淤,抛石修筑了一道防波堤。防波堤沿东北炮台向北伸出,涨潮时尽淹没,落潮则部分露出水面。正迎水门而立有一处平浪台,系以沙土石块填筑而成,其东北角有一斜坡道下达码头,东侧有敌台一,台北端有平浪宫面对大海。平浪台原系丹崖山伸出的土丘,宋修刀鱼寨时,将其加高加宽,防止东北风浪侵入港池。金元时利用此港驻水师,并因此修建"平浪宫",俗称"出圣庙",以祈神平浪。

3. 登州水师的创建

前已备述,登州甚重海防建设。登州卫7个千户所,共有船70只,实际并不止此数。特别是驻于水城的水师,其建制凡几变,地位十分重要。嘉靖二十五至三十五年(1546—1556年),水城水师营分为水左营、水右营、水前营、水后营、水中营。水师编制,以福船2艘、海苍1艘、艨艟2艘编为1哨,设哨官1人,2哨为1营,设领兵官1人。即水师共为5营10哨,拥有战舰50艘,约有官兵3000人。平时,以水左、水右、水前、水后4营舰船,各以1哨出海巡察,各以1哨在港休整训练,也即有4哨20艘战舰在登州海疆巡防,水中营则严守水城大门,即严守天桥口。

登州水师的编队堪称科学,其哨、其营均有相当实力。时人多有盛赞水师的文墨。黄克缵《东牟(指登州)观兵夜宴蓬莱阁》碑刻诗曰:"天光海色春相映,叠鼓鸣笳夜急催。鳌首三山含雾动,潮头万马拍空来。"反映了登州水师的风采。

(二)登州港的海上军事活动

登州港在明代的军事地位和作用,在很大程度上,均超越以前各代。隋唐时期虽伐高丽十余次,战事繁忙,但并无长驻水师。北宋代建刀鱼寨,宋元水

---

① 据载,小海的岸壁大多用当地褐色岩石板筑成,建有平台码头,建有系缆柱。还建有多处通下小海的石砌台级(宽约3米),便于上下船舶。因小海非成于一时,疑为清代所建。

师规模也有限，实际上并未在战争中发挥过多少作用。明代不同，登州是北方抗倭的前哨，是援朝抗日的桥头堡，是援辽抗清的基地，在保卫明代北方海疆，反对侵略的战争中，发挥了重要的作用，其业绩是彪炳史册的。

由于倭警时起，来去飘忽，烧杀抢掠，无恶不作，山东沿海频受其害，登州的地位受到重视，立卫设所，修建水城，强化水师，使登州成为抗倭重镇。从已有记载看，北方的几次打击倭寇，几乎都和登州有关。如永乐元年（1403年），平江伯陈瑄在运输饷辽物资途中，"会倭寇沙门岛，追击至金州白山岛，焚其舟殆尽"①。永乐六年（1408年），倭寇成山卫等后，明成祖即"命本城侯李影充总兵官，都督费瓛充副总兵，率官军自淮安抵沙门岛，缘海地方剿捕倭寇"②。永乐七年（1409年），明成祖又"命安远伯柳升、平江伯陈瑄率舟师于沿海捕倭，升败之于灵山，瑄追至白石岛（蓬莱海中），百户唐锭等追至朝鲜界"③。朝廷遣舰队加上登州水师的努力，给倭寇以沉重打击，使之气焰不得不稍敛。

抗倭斗争中的登州港离不开抗倭名将戚继光。嘉靖二十三年（1544年），戚继光年方17，就承袭了登州指挥佥事之职。嘉靖二十五年（1546年），他被任命在登州卫管理屯务；整理卫所，操练士兵，整修战舰。嘉靖三十二年（1553年）六月置都指挥佥事，督率山东登州、文登、即墨3营25卫所。戚继光在登州不仅编练了营、哨、战舰，使水城成为进可攻、退可守的海上堡垒，而且为了海疆安宁，身先士卒，亲率船队巡航。嘉靖三十四年（1555年），如前记登州水师5营10哨，正是在戚继光的统帅组织之下。登州水师战斗素质很高，声威远播。据史载，在戚继光驻登州期间，登州一带几无倭寇，这和他的努力是分不开的。

戚继光还在登州留下了若干诗篇，形象地表现了他当时的活动，以及一代名将的情操和志向。如："封侯非我意，但愿海波平"④；"冉冉双帆渡海涯，晓烟低护野人家。……遥知百国⑤微茫外，未敢忘危负岁华"⑥。情真意浓，读之令人敬仰。

在中朝抗日战争中，登州港的地位和作用十分突出。在日本发动侵朝战争的第二年即万历二十一年（1593年），登州派了一个"中营"，到长岛驻防，以为登州卫的前哨战所。时登州港的地位和作用，可以清乾隆朝山东巡抚徐绩

---

① 《明史》卷一五三《陈瑄传》。
② 《明成祖实录》卷六○。
③ 增修《登州府志》卷一三《兵事》。
④ （明）戚继光：《韬钤深处》，《蓬莱县志·艺文志》。
⑤ 百国，指日本，隐指倭患。《汉书》有倭有百国之说，似源于此。
⑥ 戚继光：《过文登营》，《蓬莱县志·艺文志》。

的话来概括："明季倭犯朝鲜,登州外接重洋,距朝鲜不远,故御倭之制为特备。"①登州在加强防卫的同时,积极参战。"山东之民劳于转输征发"②,"自登州运粮给朝鲜军"③;登州的主要军事长官亦纷纷率兵赴朝。万历二十七年(1599 年),已 60 余岁的登州总兵李承勋也奉调赴朝鲜为提督,李带领的登州部队均英勇善战,驱军直至釜山。战胜撤兵时,李承勋及其所部 3600 余名官兵还被朝鲜方面要求留驻。

明万历四十四年(1616 年)起,女真族首领努尔哈赤在辽宁一带建立了后金政权。万历四十六年(1618 年),即与明朝交战,战事频繁,旷日持久。登州港便成为调运军队、供应粮食和军事物资的前哨基地。万历四十六年(1618 年),登州已设总兵署都督金事,"兼加海运,凡济、青濒海州县悉隶焉"④。天启元年(1621 年),更"设登、莱巡抚赞理军务。二年(1622 年)设登、莱总兵"⑤。战争期间登州源源不断地运输兵员和粮食诸物资到朝鲜去,时驻朝鲜明军和朝鲜军队结成掎角之势,共同抗御后金,由于"通路(陆)遽断",登州成为明朝和朝鲜间的主要交通口岸。

(三)登州港的海上漕运

明代登州港的海漕,虽不及元代,但登州港在其中的地位要超过元代,因为登州除作为通过港、寄泊港外,更多的是以始发港面目出现的,关于海漕运输,登州港始终处于举足轻重的地位。而且明代海运,由于越渤海航行多,南北航行少,登州港的地位更显突出。仅从以登州港为起点的北部航线计,大致有如下几条:

登州——天津线。从登州港入海,经桑岛、三山岛、芙蓉岛、莱州大洋、海仓口、淮河海口、鱼儿铺、侯镇店、唐头塞、大清河、出清河口、乞沟河入直沽,抵天津卫。

登州——蓟州线。从登州入海,经莱州大洋,至直沽口,偏东北向行驶,入蓟运河口,再溯至蓟州。

登州——金州、旅顺口线。自登州港入海,渡庙岛海峡,经沙门岛、砣矶岛、北隍城岛,入乌湖海,可分别驶向旅顺口(约 500 里)、金州(约 700 里)。

登州——盖州线。自登州港入海,望铁山西北口至牛头凹,历中岛、长行岛抵北信口,又历兔儿岛至深井达盖州。

① 徐绩:《蓬莱阁阅水操记》碑刻。
② 《吴晗辑稿》(上)卷四四《宣祖实录二十》。
③ 《明史》卷八六《河渠四》。
④ 《蓬莱县志》卷四《武备》。
⑤ 《山东通志》卷一七《兵防》,雍正本。

登州——宁远（辽宁兴城）线。从登州港入海，经庙岛群岛，入乌湖海，取中行西北向，贯渤海而至宁远。

登州——朝鲜线。大致同唐代"登州海行入高丽道"。

登州——盛京线。经登州盖州线，陆行至娘娘宫、广宁、辽阳至盛京（系海陆联运）。

登州既为饷辽及供应北京的基地港，运艘所集，蔚为壮观。洪武初"舟师数万，由登莱转运"，正统中有运船100艘，亦算可观。进出港口的船种，有"遮洋浅船……钻风船（海鳅船）"①，"有淮船、有辽船、有鱼船、有塘头船、有太仓船，有瓜洲船"②。

明代漕粮之海运，一般由官方组织。有军队守护和押运，亦适应倭寇形势。据载，其运役有千总、有把总、有旗牌、有书记、有家丁、有押船夫（一曰旗民）、有水手、有向导、有加衔至守备者，可见船队组织之规模。

漕海的运制为南北通运，一般同元代，一年两运。至于登州开洋者，则按需要，随时征集发送。"海运粮舟，发时必会合"，结队而行，"令以兵护"③，以防倭寇海贼，以策航行安全。后发展到按程护航，隆庆中，"将沿海地方分为四段，淮安兵船出哨至即墨，即墨至文登，文登至武定，武定至天津。每哨船二十只，每船兵十五名，月粮旧额外，量加一钱。以出满日始，至立秋日止，循环会哨，以销奸萌"④。

（四）登州港的国内外交通贸易

1. 登州港的粮船挟私贸易和民间贸易

在海禁政策的影响下，"僻居东隅"的登州，"阻山环海，地瘠民稀，贸易不通，商贾罕至"⑤。至于倭寇，则使人民生命财产时遭侵袭，不敢入海"营求刀锥之利"。然禁亦有弛，对倭寇的反击剿捕，亦使之气焰稍敛，实际上，登州港的海上贸易并未中断。

明朝政府为了鼓励海运漕粮，刺激海运者的积极性，曾允许运粮船挟带私货，进行贸易。这是半官半民的贸易，是一种特殊形式的贸易活动。南北海运，特别是登莱饷辽，这种粮船挟私贸易对登州港的贸易曾起了不小的作用。

民间的沿海贸易，即便海禁、罢海运期间，也"未尝乏绝"。海禁开，海运复

---

① 《天工开物》卷中《海舟》。
② 《登州府志》卷二二《海运》，光绪本。
③ 《明太宗实录》卷六二。
④ 《明神宗实录》卷六。
⑤ （明）徐应元：《辽船运粮议》，光绪《登州府志》卷一九《艺文志·上·议》；《蓬莱县续志》卷一二《艺文志·上》。

始,其况当更盛。嘉靖三十九年(1560年)三月,"侯汝谅(时辽东巡抚)复请开登、莱海道,诏弛海禁。几未,辽商利之,私载货物往来"①。特别是,"辽东之不隶山东,先朝有深意。辽山多,苦无布。山东登、莱宜木棉,少五谷,又海道至辽一日耳。故今登、莱诸田赋,止从海运。运布辽东,无水陆舟车之劳,辽兵喜得布,回舟又得返辽货,两便之"②。天启初任登莱巡抚的陶朗先论及登辽间的通商贸易云:"登辽两地,通者其常也,不通者其变也。"可见其关系十分密切。

除史籍记载以外,考古发掘亦为当时的海上贸易提供了新资料。登州水城港池,曾出土大量陶瓷器。这些陶、瓷器,据国家文物局鉴定,除个别质地较好外,大多数质量并不高,但却涉及南北名窑的产品,如明代的有江西景德镇的青花瓷,福建省建阳窑、河北省磁州窑、河南省诸窑口的产品,甚至还有远至陕西耀州窑的印花青磁出现,这足以说明登州也是明代陶瓷器的重要集散地和进出口港。关于登州港民间贸易的情况,史载不乏,但鉴于海禁时举时弛,海运时兴时罢,似不至于盛极。

2. 登州港的兵员运输和旅客运输

明代,登州港除货运(饷辽物资的运输)之外,客运(兵员和旅客运输)也是很重要的。时客运有规模者,大抵有四种情况。

(1)役夫运输

据《明太祖实录》记载,洪武元年,明开国伊始,从登、莱港口运往辽东的役夫就有8万人之多。

(2)兵员调动

据《春明梦余录》记载,"洪武四年(1371年)置辽东,即发兵五万戍辽",也是舟师"由登、莱转运"的。同年,明太祖尚遣军由登州港乘船渡海,在辽东半岛的狮子口登陆,收复了辽东,设金、复、盖、海四州卫。传因这次旅途顺利,把狮子口改名为旅顺,这就是旅顺一名的由来。至于援朝抗日、卫辽抗清战争中的兵员调动运输,更是往返频繁,源源不绝。

(3)探亲往返

洪武九年(1376年),由江淮地区选调军兵戍辽,其兵员运输自不待言,随之而来的家属探亲访友,使得登莱港的客运盛极一时。

(4)辽民南迁

自清兵扰边乃至袭辽,辽民趋避,纷纷南迁,由海路来登州。登州为运输辽民,不得不到朝鲜买船,这在朝鲜《李朝实录》中多有记载,说明南下辽民之

---

① 《明会要》卷五六《食货四》。

② 《今言》卷三第207条。

众。

3.登州港的海外交通贸易

明代登州主要是与朝鲜交通贸易。关于交使路线,高丽使明,其线路有如五代时期和金陵航海往来者,有旱路来的,但不多。明太祖曾诏谕"高丽使臣,止教海道朝京"。有经登州海道,从登州登岸的。而且无论高丽还是明太祖都倾心于经登州这一传统路线。明太祖曾说:"旱路里来了,他可要海路里回去……正意看我山东一带船只军马动静。"登州港从明初起即为高丽使臣往返的主要港口。

洪武如此,后朝大抵亦如此。永乐迁都北京后,登州港使用价值更高,使臣往来,商贾交属更为频繁。而当辽东发生战事,陆路不通之际,这种情况更为显著。明天启元年(1621年)七月,朝鲜陈慰使奏上:"天使及臣等一行,六月十六日到登州。"①明天启八年(1628年)正月,朝鲜奏闻使权帖等从北京回朝鲜,奏朝鲜王曰"臣去时或见阻于毛将,或久留于登州,八月始到北京"②等等,均是证明。

关于贸易和贸易方式,本书第八章有论述,不再赘述。

(五)登州港航技术的进步和发展

1.港航技术的进步和发展

长期的港航活动,使人们对登州海域的潮汛有了较为正确和科学的认识。登州海域的潮汛是:"一日之内,凡子午时壮,则卯酉时衰;丑未时壮,则辰戌时衰;寅申时壮,则巳亥时衰。又以初一日何时壮,越三日而更进一时,越五日而更进二时。下半月与上半月等以此推测……大约每月十三日起汛潮,日壮一日,十七、十八日愈壮。二十日始衰,至二十六日而衰止也。又自廿七日起汛潮,日壮一日,初一日、初二日愈壮,初五日始衰,至十二而衰止也。"③《登州府志》关于潮汛的记载,是明人总结一代代航海者长期实践的结果,显示了明代港航活动的成熟和进步,对港航活动有重要意义。

关于登州海域的风候,府志亦作了明确的记载,即"每日五鼓初起,视星月明洁,四际之地皆无云气,便可行舟,至巳时则止,必无暴风。若中道忽见云起,即便易舵回舟,仍泊旧处。大约每岁五月以前,风顺而柔,过此稍劲。至七月以后则劲矣"。隆庆时王宗沐、梁梦龙力主海运,已经正确地认识到,对于风

---

① 《吴晗辑稿》(上)卷五一《光海君日记五》。
② 《吴晗辑稿》(上)卷五四《仁祖实录三》。
③ 《登州府志》卷二二《海运》,光绪本。

候，要"以风柔之时，出滨海之道，汛期不爽，占候不失，即千艘万橹可保不患"①。事实的确如此，登州海域大风频次较多，随季节变化，时南时北，对港航活动带来危害。

明代漕粮海运，由于时行时罢，所以有探索航道的课题。隆庆朝王宗沐和梁梦龙重开海道，为了保证海运安全，在船上普遍使用了指南针，将从淮安至直沽的航线，划分为 13 个运程，登州水域内 5 程，每一个运程都标明了起止距离，对重要航行区段，均有明确的要求，对航行参照物、航行障碍物、航行回避处，对所经岛、岸、湾的泊船处、泊船艘数、所避风向、水深、海底地质等，都有较精确的认识，甚至对航行避风应取航向、应泊港口、航行时刻均有翔实的纪录。

2.港口建设和管理的发展

古代的所谓"海口"或"口"，一般情况下，实为今之港口。发展到明代，登州（蓬莱县）一域（不计庙岛群岛），亦已形成一批港口，在内外交通和漕粮海运中，如众星拱月，围绕着水城，发挥了积极的作用。

关于港口建设，主要是水城的建设。与之相应，船舶进出港口、进出海自有一套制度，从管理的内容和深度而言，亦不同于前代，较前代更为严密和科学。此外，为别于军商，紧靠水城东侧，另辟了新港，即新开海口，新开海口的建设，主要是将画河改造，使其在水城东侧入海。民船既可以在此锚泊，又可折南而去，泊于紫荆山麓的河渠里。后来，允许民船入水城出海，为了保持港口水深，保证港口畅通，明代还有清淤出海的一套严格制度，据史料记载，当时规定，凡进入出海避风的船只，再出海时必须携带一船淤泥运往外海。这无疑是港方和船方互利之举，对保持港池水深亦起了一定的作用。

二　军商并行：清代的登州港

（一）登州港的军事建设

清代登州的海防仍很重要，登州水师同明代一样具有较好的素质和战斗力。但其水师规模不及明代鼎盛时期，不过也有其特色。清代登州水师的编列，较明代有所进步。康熙五十二年（1713 年），战船如赶缯船等的船首和船尾，均明令"刊捕盗各营镇船名，以次编列"②，以便识别，亦便于联络和调动。嘉庆间，曾从广州调出两艘舰船，补入水师营，编为"登州 1 号"、"登州 2 号"。造船和修船方面，水师船舰的制造已有定式，对船身大出、木板厚薄等均有初步规定；在船舰届修之年，对其增津贴银，待修船到厂后，承修官须于次月兴

---

① 《明穆宗实录》卷六一。
② 《清史稿》卷一三一《兵二》。

工,如期修竣,违则惩之。关于汛地,清代因地制宜,设险防守,较明代更有发展,登州等口岸分别划分为险、要、冲、会、闲、散、迁、僻等汛,相机布置防汛。

蓬莱阁是水城的一个重要组成部分,登州水城建后,蓬莱阁亦经多次整修。修阁,使港口周遭环境不断改善,知名度不断提高,而港口的整修则更适应战舰和民船泊驻、装卸、启离的需要。入明以后,蓬莱阁曾有四大三出七次修葺。清嘉庆二十四年(1819年)再次重修,经过此修,其规模已与今相当。蓬莱阁在水城中的地位是重要的,不能仅以游览、祀神概之,"抚时、察变、度材、观要",乃是建阁和修阁之宗旨。

水城建成后,其港口也曾多次增修。入清,顺治十六年(1659年),登州地方官徐可先,从实际出发,组织了天桥铁栅工程,对水城作了创造性的贡献。水城虽"塞以门关,风涛之喷薄可畏;鬻以砖石,舟师之作业难窥",但还可以更严密,即"疏其鏬,通潮汐之往返;密其棂,杜奸宄之任窃,无事则悬之,而舟行不阻,有事则下之,而保卫克定;外施铁叶,攻击无虞;内所坚材,久长可恃"。该工程"始于己亥(顺治十六年)之秋,竣于庚子(1660年)之夏",同时进行的还有"郡城水门闸板三座",亦以铁叶固之,"计费共一千五百有奇"。上至督抚,下至县令县丞约20名官员,皆"裁俸赞襄"[1]。后朝亦曾多次修葺。

此外,自明以来,疏浚港池亦成为经常的事。蓬莱阁有记载挑沙的碑刻,碑文曰:"舟楫之利出入顺利,亦以去淤为第一义。"可见对清淤的重视。当时淤积的情况比较严重,所以"历示商船带沙外运"。从1984年出海的清淤观之,出土的清代遗存相对不多,说明清代的出海清淤工作的频繁,以致即便有遗存亦被商船随沙带出,扔于外海了。

登州海防,在清初主要为地方安定和追剿"海贼",镇压人民起义,其实力已不及明代,但其作用仍很重要。在清代漕粮海运中,山东洋面是要道,登州镇辖南、东、北三汛,为护运粮船的中心,责任重大,登州海防对运程的"出哨"、"弹压"等均有较明确的分工,可确保运粮海道的畅通;嘉庆以后,为防范西方国家的入侵,登州加强水师防务,以阻截来犯之"夷",还组织"驰往驱逐"雇船堵"截口门",一经发现,即"檄沿海口岸,严杜奸民接济"。

(二)登州港的港航活动

有清一代(鸦片战争前),登州的港航活动受海禁的影响极为严重。虽然顺治朝颁行海禁令并不禁绝一切船只,"至单桅出船,准民人领给执照,于沿海附近捕鱼取薪,营汛官员不许扰累"[2]。从商业而言,港航已很衰败。从军事

第六章

明清时期的海港城市发展

---

[1] (清)徐可先:《增置天桥铁栅记》,《蓬莱县志·艺文志》。
[2] 光绪《大清会典事例》卷七六。

而论,虽不及明代,却也尚具规模。登州历来航商不多,大商不多。

地处东隅边镇,面临大海,本应港航发达,但明末至康熙约半世纪,一因战乱,一因海禁,商贸遂绝,甚至于空岛,连庙岛群岛和登州、庙岛群岛岛际的航运活动都没有了。康熙二十三年(1684年),虽说开海,鼓励岛民返岛,但开禁是有限的,恢复亦需要时间。康熙三十一年(1692年),知登州任璇曾写道:"为听《蓬莱曲》,于今更可嗟。旷原耕石碛,走卒就京华。商贾东隅绝,鱼盐一市哗。"《蓬莱曲》亦为康熙时人谢继科所作,其云:"蓬莱曲,蓬莱曲,我今为歌蓬莱曲。蓬莱山,山不生草木;蓬莱地,地不生五谷;蓬莱村,村不见瓦屋,蓬莱民,民不见饶足。呜呼!呜呼!水既涸兮山又秃,商不通兮土不沃,生理难兮衣食促,赋役繁兮官府督。逃亡多,男女鬻,人昼稀,鬼夜哭。"[1]可见当时登州由于海禁,民不聊生的景象。

北方不同于南方,南方商通南洋、西洋,而洋商亦历重洋而来,北方则少,"重本抑末"之桎梏甚重。当南方为开禁而欢呼雀跃的时候,北方则相对沉闷。至嘉庆时,虽经康乾盛世,开海已百余年,登州仍处于商贸落后、港航活动停滞的状况。

清代,和元明代一样,也有南粮北运及京城物资供应的课题。但清代长期执行的是河运政策,一直到道光五年(1825年),因运河难行,才正式提出并实行海运,即使到鸦片战争爆发的道光十五年(1840年),充其量也不过15年。但是,这短时间的海漕运输,较前代有很大进步,颇具特色。一是变官运为商运;二是比前代更为坚定地确立了海漕的地位。

为了搞好商运漕粮,清廷采取了若干措施,特地抽调时任山东巡抚琦善和安徽巡抚陶澍,负责总办。设立了上海海运总局,并设置接收和验货机构,责成重臣领办。官督商办海运,是一项新生事物,朝廷很为重视,商人非常欢迎。据载:"各商闻风鼓舞,争效子来。"[2]其程序大致是:一是集粮和运船至上海港,官、商签订合同,等候装船。二是海运监兑官按序领商船和缴米船接头,官方、船(商)方、货主共同核实后,过秤装船,并特封样米一斗,由商船至天津港呈验。三是择吉日起航,航前行告祭"天后"仪式。四是船至天津港,验货卸船。从刺激商船的积极性考虑,还"优给运价,视民雇有加",特别准许商船捎带载运免税货物二成到目的港进行贸易。

重开海运,其海漕航线,大抵如明代的沿岸航行,在航线上并没有什么突破。但陶澍请行海运时,附有一份详备的航路指南,继承了前代沿岸航行的传统,采取陆上、海上目标为航行参照物与罗盘定向相结合航法,对沿途陆情水

---

① (清)谢继科:《蓬莱曲》,《蓬莱县志·艺文志》。
② 《魏源集》(上),中华书局1976年版,第423页。

情纪录详备。此外,登州港为了配合海漕,搞好运粮船的导航,保证船舶和港口的安全,不仅在众船必经的庙岛港设置了航标,而且还增设了若干门雾炮。每遇浓雾天气,即施放雾炮,以指示庙岛所在的方位,供航船参酌。雾炮的出现和应用,不仅在很大程度上保证了运粮船队的安全,也提高了船舶的周转,显示了港口设施和导航技术的重大进步。

海漕时间虽短,但运量不出。由商承运,又利贸易,船行登州海域必泊庙岛,对登州港航贸易有重要意义。史实表明,登州港在一定程度上的景气与之不无关系。因为运粮船队入登州港域寄泊避风,官方允准粮船自带货物,在港口贸易,这是和前代相同的。由于经过山东的运程最长,山东沿海港口,也是停靠装船的主要港口。所以登州等港附近的农民,在农业破产,无以为生之际,大批劳动力投入搬运装卸。方志记载:"沿海贫民以搬运粮食生活者,不下数万人。"①

在清代,登州还是山东人民闯关东的主要口岸。清廷发布"开海令"后,山东流民即纷纷由登州、莱州等港口,乘船渡海闯关东。康熙年间,是山东人民北上闯关东的活跃时期,据记载,康熙四十六年(1707 年)七月,"今巡行边外,见各处皆有山东人,或行商,或力田,至数十万人之多"②。至嘉庆、道光朝,山东地区灾荒频仍,经由登州港逃荒关东者,为数更众。在人口北流的同时,闯关东略有出成者,有的回乡探亲携妻带子,有的带了乡亲好友同去,使闯关东成为一时无可阻遏的潮流。在山东人口外流中,登州港起了重要的作用,因此客货运输似乎略有起色。

尽管登州港深受禁海之害,商贸活动近于停滞,但康熙开禁以后,仍略有复苏。有赖于登州港的中枢地位,其与南、北方港口的交往,不绝于载。《登州府志》载:"民多逐利于四方,或远适京师,或险涉重洋,奉天、吉林、绝塞万里,皆有登人。富者或当为商,或挟重资南抵江苏,北赴辽沈,舟航之利,便于他郡。"③说明了登州航商由登州港北上南下贸易通商的状况。《厦门志》载,福建船至"天津、登莱、锦州贸易","来往以为常"④。另据载,宁波有个叫信公兴的海商,康熙开禁以后,"因从事与山东登州的沿海贸易和咬昭吧等地的海外贸易而致富,并因此而闻名宁波"⑤。《鹿洲初集》也载,从广州潮州出发,"游

① 《栖霞县志》卷九《艺文志》。
② 《清圣祖实录》卷二三〇。
③ 《登州府志》卷三《山川》。
④ 《厦门志》卷一五《风俗》,道光本。
⑤ 〔日〕松浦章:《乾隆年间海上贸易商人的几件史料》,载《历史档案》1989 年第 2 期,第 133—134页。

奕登莱、关东、天津间,不过旬有五日耳"①。南北方各港如广州、福州、宁波、天津等,都与登州保持着通航贸易。但考当时形势,山东诸港的航运地位并不高,实力也不强,登州港的海上交通贸易是有限的。

第六节　明清时期的天津港②

一　天津港口在军事运输上的地位

朱元璋建立明朝,定都应天(今南京),洪武元年(1368年),遣大将军徐达北伐。徐达率马步舟师25万人,沿大运河水陆两路北上到直沽,获元海船7艘,作浮桥渡军。元朝派将领兵守直沽,闻明军赶到,望风从海口奔逃。③ 徐达军攻克直沽,继而占领漕运储粮重镇河西务,攻入大都。元朝灭亡,残余势力逃往塞外。洪武四年(1371年),镇海侯吴祯镇守辽东,总舟师万人,由登莱转运,岁以为常④,其军需粮饷之一部,由直沽港海运供给。元末明初,直沽成为双方战争攻守的前哨和转运兵员物资的重要港口。

洪武三十一年(1398年),朱元璋死,燕王朱棣为夺取皇位,在北平(今北京)起兵。建文二年(1400年)十一月十三日,率兵从直沽通过先期密造的浮桥渡河南下,直奔沧州,破城,擒守将都督徐凯等,缴获大量辎重器械。随后从直沽港派船到沧州,将辎重和徐凯载回北平。⑤ 燕王朱棣由直沽渡河,攻下沧州。回师后,将海津镇命名为"天津"(天子之津梁,天子经由之渡口)。建文四年(1402年),明辽东总兵官杨文奉建文帝命,率兵10万争夺天津,被燕王朱棣部将宋贵等所击溃。永乐二年(1404年),明成祖因直沽是海运、商船往来要冲,令在此处筑天津城,设卫;又因海口田土肥沃,命调沿海诸军士屯守。永乐三年(1405年),明廷又决定设立天津左卫,次年改青州左护为天津右卫,天津及其港口的军事地位更为重要。⑥

明弘治三年(1490年),为维护朝廷统治,在天津增设山东按察司副使,从天津到德州沿运河一带的军政衙门,归其管辖,并过问练兵、修城、浚河、港口

---

① 《鹿洲初集》卷一二《奏疏》。
② 此部分内容参见《天津港史》编辑委员会编:《天津港史》(古、近代部分),人民交通出版社1986年版,第30—48页。
③ 天津历史研究所地方史研究室编:《天津史大事记》上册,1973年12月。
④ 吴缉华:《明代海运及河运的研究》,中国台北"中央"研究院一语言研究所1961年版。
⑤ 天津历史研究所地方史研究室编:《天津史大事记》上册,1973年12月。
⑥ 天津历史研究所地方史研究室编:《天津史大事记》上册,1973年12月。

漕粮转运等事项。嘉靖四十五年(1566年),明朝北面边防吃紧,朝廷再次决定从天津由海道运粮至纪各庄,再以出船溯滦河转运至永平府城。

日本丰臣秀吉当权时,于明万历二十年(1592年),发兵13万侵入朝鲜,攻占王京(今首尔)和平壤。明朝政府决定派大兵援助朝鲜,天津成为援朝的兵站基地,明廷调保定总兵倪尚志移往天津,总管保定和天津兵马;调山西副使梁梦龙任天津兵备道;同时由浙江、江苏调来大批水军,防守天津;浙江调沙船、唬船80艘、士兵1500余人;江苏调来沙船、唬船60艘、士兵900余名,器械齐全,由运河水运天津。明政府同时拨款下令在天津开局制造军火①,并同意截留漕粮六七万石,备足粮饷,为留军募兵之用。将遮阳船400余艘尽数留用,以充战守。② 万历二十一年(1593年)援朝大军和朝鲜军民一道,打败日军。万历二十五年(1597年)日本再次派兵侵入朝鲜,天津再次成为驻军基地和舰船集结之港口。

万历四十四年(1616年),东北女真族酋长叛明建立金国。后金天命四年(1619年)攻占了抚顺城,辽东吃紧,天津增军1万余人,成为防金的兵站海口。从山东、河南、江浙、福建等省调军88000余人,集中天津,经陆路和水路运到东北。同时还在天津制造军器、车船,天津港又成为转运士兵、供给前方军器、服装的后方基地港口。

明军大败后,为加强防御,建造炮台7座,天津由后方变成了防金的前哨阵地。

清朝初年,为镇压人民的起义,平定战乱,对天津地方的行政组织和军事建制相继进行调整。顺治九年(1652年)将天津左卫、天津右卫合并为天津卫。天津已成为重要的水路咽喉。凡大兵南下乘舟过津,强征纤夫动辄数千名。顺治十二年(1655年),兵船过津,复派民夫多至四五千名不等③,直沽港口军运频繁。康熙四十年(1701年),清政府调浙江定海总兵官兰理为天津总兵。雍正三年(1725年),世宗皇帝以天津之海口为京师重地,设立水师营(海军)驻大沽海口卢家嘴,分拨八旗满洲兵驻防操练。次年,设水师营都统1人,水师凡两千,专防海口,天津改卫为州。雍正九年(1731年),天津又升州为府。浙江闽粤四省承造天津水师营战船。④ 乾隆八年(1743年)增设水师营副都统1人,水师千人,大出赶缯船24艘。⑤ 嘉庆二十一年(1816年)复设水师,补造大出战船各4艘,天津港口在军事运输上始终占有重要地位。

---

① 天津市历史研究所:《天津简史》上册,天津人民出版社1987年版,1973年8月。
② 天津历史研究所地方史研究室编:《天津史大事记》上册,1973年12月。
③ 《新校·天津卫志》卷四。
④ 天津市历史研究所:《天津简史》上册,天津人民出版社1987年版,1973年8月。
⑤ 《明史·兵志·海防》卷九一。

二　天津港漕运功能的发挥

明成祖朱棣即位,建元永乐,迁都北京。京城皇粮和边防军饷,继续仰给于江南。由于需要量的增多,南粮北调频繁,使天津港的漕粮运输有了新的发展。

明朝初年,海上运输由官方统一控制,并派军队护送,不受海禁所限。[①]到直沽港的海船基本沿袭了元代海运的航线。两浙自浙入于海;吴会自三江入于海;淮北、河南自河、淮入于海;山东各滨海州县入于海。[②] 各条海运航线皆通直沽港。[③] 自直沽入渤海经蓟运河可输北方军需;自直沽经渤海上溯滦河达于永平(今河北省卢龙县);自直沽航渤海可抵辽东;直沽至北京航路如故。直沽港是海、河漕运航线十分发达的港口。

永乐元年(1403 年),因海运路险,户部尚书郁新建议“海陆兼运”。永乐九年(1411 年),明成祖朱棣命工部尚书宋礼征集山东、徐州、应天、镇江各州县民工 30 万,疏凿会通河,历时 200 天工成。[④] 由济宁到临清较元代旧河航道缩短 70 余里。疏浚后的会通河,通航能力提高 10 余倍,对天津港漕粮转输的发展起到重要作用。

永乐十年(1412 年),自淮安城西管家湖至淮河鸭陈口,新挖河道 20 余里,湖水入淮,避盘坝陆运之劳,至此自江淮至天津的运河航道大畅。天津港的河漕转输量剧增。由于运河大畅,天津港成为漕粮转运最繁忙的港口,漕粮转运连岁充溢,入京师的粮食无处可存。宣德六年(1431 年),通州增置粮仓。宣德七年(1432 年)北京再增仓廒,天津港的转运量创最高数额,达 6742854 石。

泰昌、天启、崇祯时期,由于漕粮“折银渐多”,抵京城漕米减少,战乱、灾荒交相发生,“岁供愈不足支”,天津港的漕粮转运量有减无增,年只约 200 余万石。[⑤]

清朝,仍建都于北京,皇室贵族、王公大臣以及驻扎北京一带的八旗军队,每年所需漕粮有增无减,漕运为各代皇帝所重视。在实行海禁情况下,天津港的河漕运量,每年保持明代 400 余万石的数额。康熙二十三年(1684 年)海禁放宽,允许船只出海,辽东粮豆开始由民间输入天津贩卖。

乾隆四年(1739 年),河北、山东、河南大灾,辽东农业丰收,天津沿海船户

① 吴缉华:《明代海运及运河的研究》,中国台北“中央”研究院—语言研究所 1961 年版。

② 《明史·食货三》卷七九。

③ 吴缉华:《明代海运及运河的研究》,中国台北“中央”研究院—语言研究所 1961 年版。

④ 北京市社会科学研究所《北京历史纪年》编写组编:《北京历史纪年》,北京人民出版社 1984 年版。

⑤ 吴缉华:《明代海运及运河的研究》,中国台北“中央”研究院—语言研究所 1961 年版。

从东北贩运粮食。天津港成为粮商集散、贩运粮食之地。

道光五年(1825年),清政府创行官督商运新法,于上海设立海运总局,天津置收兑局,调山东巡抚琦善、安徽巡抚陶澍为总办,理藩院尚书穆彰阿为验米大臣,会同直隶总督验收漕米,令沿海各口岸驻军分程巡逻监护。是年,天津港共接卸苏州、松江、常州、镇江四府和太仓一州的商运漕粮160万石,平底沙船1562艘。清政府对官督商运责任明确,运费、杂费、粮食折耗等方面注意照顾船商的利益。从1825年以后,江南到天津的商船遂以为常。漕运季节,自上海海口进入天津的漕船络绎不绝。

三 天津港的杂货运输及其仓储与驳运

(一)天津港的杂货运输

明成祖于北京大建宫殿,其所用物料仰给于各地,天津港除漕粮转运之外,建筑材料和百货运输逐年增多。

永乐五年(1407年),成祖与近侍大臣密议迁都北京,并派大臣宋礼到各地采木,征调工匠23万、民夫上百万投入施工。[①] 四川、湖广、江西、浙江、山西等地的木材及各种建筑材料源源不断地从天津转运至北京。正德十四年(1519年),北京修建迎翠、昭和、崇智、光霁等殿,天津港再次出现木材转运的繁忙景象,港口拽运大木的官兵达6100多人。[②] 嘉靖二十六年(1547年),天津转运湖广的巨大木材折银390余万两。万历年,湖广、四川、贵州的楠杉诸木,折银930余万两,天津港的木材转运量增加1倍多。宫廷所用之琉璃砖瓦,多于临清烧制,经天津转输。

永乐年间,宫廷设快船780余艘,专为运输宫廷用品。广东的珍珠、云南的宝石、苏州的织锦、浙江的丝罗绢帛,以及各地的鲜蛋、水果、笋、茶、禽类、竹木器具等,也多由运河经天津输入北京。天顺八年(1464年),天津港仅转运苏杭织锦就有7万匹。万历年间,除苏、杭、嘉、湖等府织造外,浙、福、徽、宁、扬、广诸府增加1万匹,运抵京城。明代宫廷用品的运输在天津港占有重要地位。

明朝漕运,准许运军附载私物,漕船捎带的私物不征税收,促进了民间贸易的繁盛。大量的土特产品和南方私物,经港口进入天津市场,天津的商业有了新的发展,天津港初步成为我国北方重要的商港。

清袭明制,漕船可挟带私货沿途贸易,商船可载免税货物两成。随着漕

---

① 北京市社会科学研究所《北京历史纪年》编写组编:《北京历史纪年》,北京人民出版社1984年版。
② 天津历史研究所地方史研究室编:《天津史大事记》上册,1973年12月。

船、商船来到港口，各种杂货倾入天津和北京市场。船舶返回时，北方的土特产品又从港口运到南方各地。天津盛产的长芦盐，上裕饷需，下应民食，运销长城以北，黄河以南。直、豫两省180余州县所需民盐，都由天津供应输运。清代天津港的盐运地区，比明代增加了宣化、开封、怀庆三府及所属州县。①

乾隆年间，开放"海禁"，江、浙、闽、广商船，装运粮食及南方的瓷器，玉器、烤绸云纱、藤织品、草席、赤糖、橙柑、香蕉、红木、杉板、药品等进入天津，外国的"洋货"也随船开始流入。靠近港口的北门外、东门外，出现了"洋货街"、"针市街"，专销南方及外地百货。天津港口商船往返不绝，呈现一片繁华景象。

道光二十年（1840年），天津随着漕运、商业的发展，沿海河、运河一线，港口附近商业繁荣，城市规模日益扩大。天津已初步发展成以海河为轴线的经济中心城市。城市人口增加到20万人。天津港不仅是京都的水路门户，而且已成为沟通江南、连接北方各地的运输枢纽。

（二）天津港口的仓库设施

明朝海陆兼用时期，天津转运漕粮的目的地，已由洪武时期的辽东转向北京。这样就加大了天津港口的转运压力。"永乐元年，平江伯陈瑄督海运粮四十九万石，饷北京、辽东。二年，以海运但抵直沽，别用出船转运到京。命于天津置露囤千四百所，以广储蓄。四年，定海陆兼运，瑄每岁运粮百万，建百万仓于直沽尹儿湾城，天津卫籍兵万人戍守。"②又据《大明会典·漕运》记载，永乐"二年……于出直沽起盖芦囤二百八座，约收粮一十万四千石；河西务起盖仓囤一百六十间，约收粮一十四万五千石，转运北京"。出直沽芦囤，位于三岔口附近，其地势较高，既适于船只停泊，又可避免水患，装卸方便，装卸劳力也易于解决。另有露囤1400所，建于天津城北③地势较高的运河畔。尹儿湾百万仓（在今天津北仓以北），占地面积较大，原属武清县境。清雍正年间，始划归天津④，约可储粮100万石，派兵万人驻守。

以上的仓库均建于永乐六年（1408年）以前，当时海船停泊地在海河沿岸至天津东门外。河船多泊于北门外、三岔口、尹儿湾、河西务一带。地处海漕、河漕交汇处的出直沽天妃宫（西庙），运军、船工祈祷活动非常活跃。

明朝"罢海运"后，以河运漕粮为主，保留有河西务仓和尹儿湾仓。河西务隶武清卫仓，由副使二员管辖；尹儿湾百万仓，到正德五年仍继续派官员管理，

---

① 清光绪十年《津门杂记》第一册《盐坨》。
② 《明史·河渠四》卷八六。
③ 《文稿与资料》第三期。
④ 民国《天津县新志》。

"主事仍旧三年一更替"①。

改河道漕运以后，用浅船运粮，可进入潞河，以达通州。天津港口的仓库规模较海陆兼运时期减出。露囤、芦囤等临时性建筑，已废置不用。"迨会通河成，始设仓于徐州、淮安、德州，而临清因洪武之旧，并天津仓凡五。谓之水次仓，以资转运。"②此外，天津地区性的仓库还有天津卫三仓，也可以储运漕粮。

天津卫大运仓计 30 间，官厅 3 间，门楼 1 座；天津左卫大盈仓九廒计 45 间，土地祠 1 所，门楼 1 座；天津右卫广备仓计 35 间，关王庙 1 所，门楼 1 座。三卫仓皆设于天津城内，派正六品户部主事一员监督，以"岁储所漕之粟"，供给官军食用。③ 天津卫三仓于明崇祯年间因火被焚。

清朝时期，天津港口最大的仓库是尹儿湾仓附近的北仓。北仓建于清雍正三年(1725 年)，共有仓库 48 座，每座 15 间，计 720 间，总库容为 40 万石。④ 漕粮到天津港口以后，有的驳运去通州、北京，有的入北仓。清康熙年间，又在天津建立公字廒 6 间，聚粟廒 5 间，日字廒 5 间，共 21 间，作为储存漕粮及本地军饷之用。道光十四年(1834 年)在天津城东北建仓 10 间，可以存粮 3538 石。⑤ 还有常平仓及义仓等，可储粮 14000 余石，以备灾荒补歉之用。

（三）天津港的驳运

1. 驳运的发展

唐代到达军粮城的海运船只，每船荷载可达千石，必须换成出船入北运河，驳于范阳(今北京)，这是天津港口驳运的初期阶段。元朝延祐年间，进出直沽港口的海船大者八九千石，出的也有千石，需要用出船转运。明朝初年，仍需要用出船转运。永乐二年(1404 年)，"令海运粮到直沽，用三板划船装运至通州等处交卸"。"命都督宣信副平江伯海运江西粮百万石，上议粮船抵直沽，且置仓储粮，别以出船转运北京。部议便复请天津等卫多置露囤，从之。"⑥ 用舢板划船转运，效率太低，造成海船等待，所以在港口建立仓库。其后，由舢板划船发展到出船转驳，驳运效率有了提高。罢海运以后，明朝政府加强了河道的治理，漕船可以直达北京，天津港的驳运一度衰落。由于北运河淤浅，明政府自通州至天津丁字沽增设"浅铺"、置"总甲"和"出甲"等管理人员，率领夫

---

① 《明实录·正德实录》。
② 《明史·食货三》卷七九，第 1917 页。
③ 民国《天津县新志》。
④ 《续文献通考》卷七七。
⑤ 民国《天津县新志》。
⑥ 《古今图书集成·经济汇编·食货典》卷一六三《漕运部》。

役在"粮完水涸、逐浅挑浚。春夏之间,粮运盛行,又以堤浅夫役,随船扒浅",并负责招呼船只避浅航行。明万历四年(1576年),武清卫浅铺有11处,设出甲11名,夫役110名;天津卫浅铺12处,设出甲12名,夫役80名;天津左卫浅铺24处,设出甲24名,夫役28名;天津右卫浅铺出甲10名,夫役70名,专管修堤、扒浅之事。

到了清朝,北运河继续淤浅,河船通过不便。清政府采取增加驳船的办法来解决天津港口的转运。清初设红驳船600艘,到乾隆六十年(1795年),驳船已发展到1500艘。道光年间,经常进出天津港的驳船"直隶旧设二千五百艘,二百艘分拨故城等处,八百艘留杨村,余千五百艘集天津备用",并雇用号称载粮250石的"民船五百艘。以备装载。商船首次抵津,府县仓廒庙宇拨卸三十万石"①,其余令驳船径运通州。天津仓廒庙宇所储漕粮再分批运往通州。驳船每160艘在一起,"由经纪自派人分起押运交仓,押运员役禀报仓场,复驰回续押后起米船。经纪等止须带领斛手到船起卸,如有藉端刁难需索,交地方官从严治罪"。清代天津港的驳运达到繁盛时期,驳运的发展给"船夫"、"斛手"等劳动人民带来了深重的苦难。清人汪辑在《驳粮船》诗中写"漕船噬人猛于虎",反映了船民的悲惨生活。②

2. 驳运的管理与制度

清朝时期,漕船在天津港起驳。不及百石的出船由民自便;百石以上者由天津地方官负责办理驳运。当时的驳船,大的负荷100石,出的二三十石。每只驳船由清政府招募船户1名,给腰牌一面,上镇姓名、年貌、住址、驳船号,并造花名册备查。驳船上的水手、舵工由船户自行雇募。③ 由于漕船、货船数量很多,各种船只互相争道。清嘉庆五年(1800年),清政府严格规定各种船只在天津港的航行顺序:漕船先行,织造物及运船、木排等排尾在后,如有违犯,严惩押解人员。这对漕运、驳运的发展起到一定作用。

元代规定,海船与河船换装过驳时,以海船上的装载数为准,不加损耗。明朝初年,基本上维持了这个制度。永乐"二年令海运粮到直沽,用舢板划船至通州等处交卸,海船回还又以水路搁浅迟误"④,海船上的粮食驳运到通州等地交卸,入库的粮数由海船负责。由于北运河水浅,驳运耽误了时间,影响海船回航,待入库粮数计算出以后,方准海船南还。

3. 驳运码头的建设与发展

---

① 《清史稿·食货三》卷一二二。
② 《天津日报》,1983年6月26日。
③ 《钦定户部漕运全书》卷三二。
④ 《明史·河渠四》卷八六。

由于天津港口驳运的发展，驳运的码头也相应增加。除京津航道上的丁字沽、杨村、蔡村、河西务诸处的码头以外，还有去蓟州的航道，设有专用驳船150艘。起驳码头在直沽新河口（今塘沽）。三岔口附近是漕船停靠的码头，也是天津繁华的过驳之地。道光年间开海运以后，海船进入天津港在葛沽办理驳运手续。天津港口的驳运码头遍布于海河两岸的新河口、葛沽、东门外、东北角一带，丁字沽、北仓、杨村、蔡村、河西务以及南运河线上的杨柳青、北大关都是繁盛的驳运之区。明清时期天津港的驳运码头比元代有了较大的变化和发展。

第七章

明清时期的海洋社会

　　海洋社会是海洋活动的实践主体,包括各种介入海洋活动的群体。海洋社会具有自己独特的社会结构形式,其海洋活动呈现出强烈的社会组织特性。这里仅以几大海洋社会群体为例,来描述其独特风貌和鲜活特征。明清时代随着沿海渔村的社会变迁,渔民开发海洋的角色,已从单纯的捕捞朝着多元化方向发展,除作为渔民外,还充当着商人、海盗、海外移民和水师等;此时海商的构成及相互关系已发展得相当成熟,出现了海上商帮、商会、商人家族集团、兼武兼商的海上集团、兼盗兼商的海上集团以及特权官商、买办牙行等新群体,其经营方式以采用共船出海经营为主兼及其他,运作十分灵活。海商的精神文化特征表现为压抑下的冒险心态;疍民是明清海洋社会各群体中受国家海洋政策及海洋社会经济影响、冲击最大的,在向多元经济发展的过程中,他们与海洋社会其他群体逐渐融合,角色呈现多元化特征,除保持渔民本色外,还经常充任佣工、海盗、商贩等角色。明清两代是中国海盗活动由鼎盛走向衰落的时期,这时海盗与海商加强联合,掀起亦商亦盗活动高潮,涌现出众多海盗海商集团,武装活动比过去次数更多、规模更大,同时,海盗在海洋开发与海战军事学中具有不可忽视的地位。海外移民与华侨社会的逐步形成是这一时期海洋社会的又一重要特征,海外移民对中国海洋社会经济的形成和发展、对中国文化的海外影响、对中国沿海社会的变迁以及近现代海外华人社会的世界性发展,影响深远。

第一节　明清沿海渔村社会的变迁①

明清时代,沿海渔民开发海洋的角色,从单纯的捕捞朝着多元化方向发展。促使沿海渔村社会变迁的因素固然很多,但其时的渔禁应为主要的一种。必须承认,渔禁对其时中国海洋渔业及沿海渔村的生计有重大打击,但同时也必须看到,渔禁客观上推动了海洋渔业朝着远洋渔业和海水养殖业这两个新的具有现代渔业性质的方向发展;渔禁一方面造成了中国沿海渔村人口的大量剩余,另一方面却又为开发海洋其他领域提供了大量的生力军。渔民角色的多元化过程及其开发海洋的深入化过程,实际上就是沿海渔村社会变迁和海洋社会及海洋经济多样化、多元化形成并发展的过程。

一　海禁对海洋渔业和渔民的打击

我们知道,明太祖登基后,基于政权新立、国基尚未稳固,东南海上势力未靖,兼之倭寇又在山东、江苏、福建沿海时常出没,便从维护沿海地区的安全考虑,实行了影响深远的海禁政策。② 海禁政策虽不是针对海洋渔业制定的,但海洋渔业自始至终都是海禁政策的一项重要内容;由于"以海为田"的特定生产环境的制约,海洋渔业一开始便成了海禁政策直接的牺牲品。

有明一代,严格讲来,自朱元璋下达海禁令开始直至崇祯皇帝上吊身亡止,并未专门制定出一套有法可依的渔禁政策,然而,各朝针对性较强的临时性渔禁措施却不断出台。例如,洪武五年(1372 年)九月,朱元璋下令说:"石陇、定海旧设宣课司,以有渔舟出海故也,今既有禁,宜罢之,无为民患。"③又如,洪武十七年(1384 年)正月,朱元璋"命信国公汤和巡视浙江、福建沿海城池,禁民入海捕鱼,以防倭故也"④。再如,宣德六年(1431 年)九月,"宁波知府郑珞请弛出海捕鱼禁,以利民。上不允"⑤。还有,正统十年(1445 年)七月,英宗皇帝"严私下海捕鱼禁。时有奏豪顽之徒私造船下海捕鱼者,恐引倭寇登岸。行在户部言:'今海道正欲隄备,宣敕浙江三司谕沿海卫所严为禁约,敢有

---

① 此部分内容参见欧阳宗书:《海上人家——海洋渔业经济与渔民社会》,江西高校出版社 1998 年版,第 65—96 页。

② 参见傅衣凌主编:《明史新编》,人民出版社 1993 年版,第 102—105 页。

③ 《明太祖实录》卷七六。

④ 《明太祖实录》卷一五九。

⑤ 《明宣宗宣德实录》卷八三。

私捕及故容者悉治其罪'。从之。"①等等。尽管这些海禁的具体细节因时因地而异,但禁民下海捕鱼则始终是所有渔禁恪遵无违的中心原则;尽管这些渔禁有轻重缓急之分,各地执行程度也不一,但在皇权极盛的明代,我们绝不能将这些圣旨视作一纸空文。时断时续的渔禁令犹如零星炮弹投放于中国沿海渔村,自然对其时的海洋渔业的发展是重大的打击和巨大的阻碍,而对于广大的以海为田的渔民来说,每一发炮弹都是一次灾难。

不过,明代的渔禁并未严厉到真正"寸板不许下海"的地步。基于怕广大的沿海渔民"失其生理转而为寇"及怕失去国家一笔不小的经济来源——渔课收入,朝廷还是给了渔民一定限度的海洋生产空间的,那就是令其近海采捕鱼虾。渔禁所禁的重点有两端:一是禁远洋采捕,二是禁私造船及私自下海采捕。正如《皇明世法录》所说:"祖宗之意止严双桅船只私通番货以启边衅。所谓'寸板不许下海'者,乃下大洋入倭境也,非绝民采捕于内海,贩枲于邻省也。"②也就是说,渔民近海采捕,不在禁令之列。明人胡宗宪也说:"盖国朝明禁,寸板不许下海,法固严矣。然滨海之民以海为生,采捕鱼虾,有不得禁者。"③而明人章氏焕说得就更加明确了:"防倭者无不议禁渔船,而不知渔船之不能尽禁也。渔有船税、渔税、盐税、旗税,官取给于渔,渔能不取给于海乎?海者,渔之田也。非渔而沙,民无以聊生矣。然则渔不禁,船益多,而召倭起衅不胜诘。惟即平时所禁谕者,再一申明之;曰远洋当戢也。……曰印旗当给也,给印旗以示悬系之法,官兵庶可指明色号;曰越钓当禁也,禁越钓以遏闽人之入浙则闽人不得为倭引导。每年三四五月出汛之期通行严禁,敢有系扈于要冲应禁之地,操刪于广洋远澳之间,不遵旗号自立名色,并福建渔船入浙区地面者,许官兵擒拿解处以违禁论,当不至藉寇兵而滋为患矣。"④章氏的意思有三:一是禁渔有损于国家税收;二是禁渔则沿海居民无法生存;三是只要加强海洋管理,渔业生产不会给国家海洋安全造成危害。比起"片板不许下海"的商禁来,明代的渔禁当然要宽松得多。然而强制性地将渔民的生产空间大面积缩小,则无论是对渔民的生计来说,还是对其时的渔业发展而言,都是直接的打击,此其一。其二,由上可知,明代沿海的渔民虽拥有近海这一狭小的生产空间,但渔业生产并不自由,举凡生产之空间、时间、生产工具、生产方式等,皆在官府严厉监控下。

明代将渔船由外海拉回近海而实行渔禁的目的,倒不是有意与渔民过不

① 《明英宗正统实录》卷七。
② (明)陈仁锡:《海防·闽海》卷七五,台北,台湾学生书局根据国立"中央"图书馆珍藏善本影印,1965年。
③ 胡宗宪:《广福人通番当禁论》,明陈子龙等选辑《明经世文编》卷二六七。
④ 民国《太仓州志》卷一五《兵防下·海防议》。

去,而是以此作为防倭寇、防海盗和防通番的一种手段。实际上,这不仅是渔禁的出发点,而且也是整个明代海禁的出发点。据此,既然渔船作业都必须退回近海,那么将地处倭寇、海盗经常出没的海岛居民迁至内地就更"合情合理"了。这当然不是一种简单的推论,而是历史事实。明代就实施过将澎湖、舟山、南澳等岛的岛民迁入内地的举措。

虽然明代所迁徙的岛民并非全为渔民,但渔民为其中一重要构成成分当无疑问;而且这些岛屿诸如澎湖、舟山、南澳等在明代都是重要的渔场,渔民更是岛民之主体。因此,将岛上的渔民连同岛上的其他居民一并迁入内地,无论从何种角度讲都是对其时海洋渔业的严重打击。

清代,尤其是清中前期,因海禁政策仍是国家海洋管理的根本大法,所以渔禁令仍时有出台。虽然从渔禁持续的时间上来讲,清代要较明代为短,但就渔禁对海洋渔业的打击而言,清代并不亚于明代。清代,不仅承袭了明代的渔禁原则,更有甚者是在清初海盗屡禁不止,尤其是在郑成功控制的东南沿海势力不断膨胀的情况下,清政府为了迅速肃清东南沿海的反清势力,于顺治十八年(1661年)至康熙二十二年(1683年)在山东、江苏、浙江、福建、广东等5省沿海实行了长达23年的"迁界"政策。这种极端残酷的政策,使沿海人民遭受了一场空前的大劫难,使其时的海洋渔业遭到了毁灭性的打击。如在福建渔产区霞浦县"至十八年(顺治)督抚苏尚书、李部院疏请移民以绝济之根,编篱立界海滨,人民悉迁界内,越界者斩,田庐荒废,鱼盐失利,百姓流离,惨不可言"①。又如康熙十一年(1671年)山东渔业大县日照县的情形是:"民多流漓,用供朝夕者,咸藉萁秤","所恃者区区鱼盐之利,而十年海禁森严,小民不敢问津,所以于门悬罄,徒歌仳离文章"②。在"海人谋鱼盐以养身家"的广东电白县同样如此:"康熙元年(1662年)壬寅,诏迁沿海居民赈之。命内大臣巡视滨海居民令徙内地五十里","二年癸卯夏五月,内大臣巡海界再迁民,秋八月复内大臣巡界以绝海患"③。"至康熙二十二年(1683年)总督姚启圣、巡抚吴兴祥、将军施琅平定台湾郑克归顺,海氛始靖,下召开界民归故土"④,海洋渔业才渐渐复苏。可是迁界令的解除并不意味着渔禁令从此就销声匿迹。由于海禁政策依然存在,所以在整个清中前期,像明代那样禁民下远洋采捕及私造船、私下海采捕的渔禁方针也依然存在,只是相比之下,迁界令解除以后,清代的渔禁要较明代为宽松,海岛的渔禁令至乾隆年间就基本解除。尽管如此,它

第七章

明清时期的海洋社会

---

① 民国《霞浦县志》卷三《大事志·清》。
② 陈懋修:光绪《日照县志》卷首《续县志》(康熙十一年)。
③ 叶廷芳撰:道光《电白县志》卷一三《前事纪》。
④ 民国《霞浦县志》卷三《大事志·清》。

仍对海洋渔业的发展起着严重的桎梏作用。学术界据此认为清代的渔业是倒退的,也是有一定道理的。从上述材料和分析中可以看出,渔禁对明清统治阶级来说,纯粹是一种为达到政治目的而采取的强制性行为,而它的社会效果却远远超出政治的范畴而影响到渔业经济和渔民社会。我们认为,动机与社会效果虽是历史事件的两端,但绝不能将二者简单地连成一条直线。从统治阶级的立场来看,既然海防战略是一味保守的防御,禁海、渔禁似乎是一种合乎逻辑的合理行为,但渔禁对其时的渔业经济与渔民社会来说,其打击之大、残酷之极,却是罪恶深重的。

二 沿海渔村的社会变化

美国学者邓肯(Duncan)曾提出过一个影响颇大的理论,名之曰 POET 理论。其基本内容是:假设构成生态复合体的 Population(P:人口)、Organization(O:组织)、Environment(E:环境)、Technology(T:技术)等四要素呈有机的结合,当其中的某要素变化时,其他要素也直接、间接地变化,其结果将使生态系的全体产生变动或维持均衡状态。[①] 邓肯的模式常被引用为研究村落或社区(community)变动过程的理论。他的这种理论为我们研究明清海洋渔业和渔民社会提供了思考的方法。但从社会经济学的角度来看,对海洋渔业和渔民社会作综合研究时,除了人口、组织、环境和技术外,还可加入时间、空间结构和海洋(渔场)陆地(渔村)机能连接的特性。此外,渔民作为渔业开发的主角,也应考虑渔民对环境的认识价值、意识活动和生活行为之系统对渔业开发的统御作用。这样的渔村区域(空间)生态在外部环境要素的投入(input)和冲击(impact)情况下,经历区域内部的自律性或自我调整(throughput,self-regulation)而产生区域变动(output),这种变动会进而形成正面或负面的区域对应(feedback)等机能连锁过程。[②]

基于上述理论,我们可对明清渔村社会的变化作出分析。由于受渔禁这一强大的外部环境的巨大冲击,明清海洋渔场的空间范围便急剧缩小,具体地说,就是由远洋退至近海,由海岛退至海滨,迁界时则完全丧失生产空间。退

---

① O. D. Duncan, 1959, Human Ecology and Population Studies, in P. M. Hauser and O. D. Duncaneds, The Study Of population-an Lnvenrtery and Appraisal, The univ. of Chicago Press, pp. 687-716.

② 参见 B. J. Mccay 1978, Systems Ecology, People Ecology, and the Anthropology, Of Rishing Communities, Human Ecology, Vol, 6, No. 4, pp. 379-422. K. H. Craik 1972, An Ecological Perspective On Environmental Decision-Making, Human Eeology, Vol. 1, No, 1, pp. 69-79. Hsien-ming chen 1992, An Ecological Approach to the Fishing Community of a caral island, study Of Niaoyu, the PengHu Islands, Geograpyical Research No. 18, Taipei.

缩的区域、距离及持续的时间与其时其地渔禁的实际冲击力成正比,众所周知,渔业之于渔场犹如农业之于田地,"盖渔业性质与工商业迥异,为独立之产业,必先有一定之渔场,始可采捕。故渔场又可称为渔业生产之基本"①。渔场空间范围的缩小,便意味着水产品资源的直线减少,因而也就意味着渔获量的直线降低,而渔获物处理、运销等也跟着起相应的变化。渔场的缩小和减少,势必冲击着渔村的生态系。在渔禁的冲击下,原先的渔捞组织便不再适用,渔村内部的组织、分工自然也要跟着起变化。由于渔禁逼得渔民只能在近海作业,故渔捞工具及技术也相应地退缩发展。这一连锁反应的必然结果便是带来明清海洋渔业人口的大量剩余。可以这么认为,在整个渔禁时代,中国海洋渔业人口的本职(渔业)就业率从未达到饱和状态,即便是在所谓的弛禁期,渔业人口也有剩余。因此,明清海洋渔业人口过剩与海洋渔场面积不足的矛盾较之前代就极为突出了。其矛盾斗争的尖锐化程度也与渔禁的实际冲击力成正比例关系。那么,当时析出的大量渔业人口是如何分化的呢? 渔村生态系在此外部环境要素的投入、冲击下,又是如何经历内部的自律性或自我调整而产生变动的呢?

(一)渔民角色的转化

明清沿海渔村析出的渔业人口在当时的社会经济背景下,大的分化方向只有两条,即一为内陆化发展方向,一为海洋化发展方向。

所谓内陆化发展方向,简言之就是由海洋向内陆发展。在这条道上主要分作两道岔口:一道是由海洋捕捞向海水养殖业方向进军,走的仍是渔业之路,充当的仍是渔民的角色;另一道是由渔业向农业进军,走农耕之路,充当农民角色。就前一道而言,渔禁对其时的海洋捕捞业是巨大的桎梏和重大的打击,在被迫无奈之下,渔民只好走上了人工海水养殖业的道路。中国的海水养殖业起步较晚,就现有的考察结果来看,宋代似为源头②,而真正的发展兴盛期则是明清时代,其根本原因即应归为渔禁。道理很简单,明以前国家对海洋渔场的空间范围未作强制性限制,渔民的海洋捕捞物能基本上满足渔民生存的需要和市场需求,故渔民无需借养殖以弥补捕捞之不足。而自明代实施渔禁后,渔民在向海洋捕捞业的发展道路上遇到巨大障碍的情况下,便不得不向养殖业方向发展。明清海水养殖种类之多、规模之大、商品化程度之高均是前代无法比拟的。

就渔民内陆化发展方向而言,向农业进军,走农耕之路,则适应了中国作

---

① 王刚编著:《渔业经济与合作》,中华书局 1937 年版,第 4 页。
② 参见张震东、杨金林编著:《中国海洋渔业简史》,海洋出版社 1983 年版,第 227—228 页。

为传统主流文化的农耕文化的规范。渔禁之后,政府对剩余渔业人口最积极倡导的安置方法便是令其归农。这又可分作两类:一是全部归农,成为全职农民。如《明世宗嘉靖实录》卷九八载:"嘉靖八年(1529年)二月癸未,山东巡按御史马津言:'济、兖迤东并青、莱、登三府负山濒海,其民以沙矿鱼盐为例,情窳不耕,蒿莱满野,宜特设垦田……'疏入,上称善,……令设法召民开垦。"显而易见,在这批归农大军中即有部分渔业人口。而在清初迁界20余年间,渔民的农民转化率之高就更是可想而知了。另一种情况是身兼渔农两职,即在渔汛期打鱼,汛期结束后即归农。这种情况符合明清的渔禁政策,政府是支持和鼓励的。例如在浙江镇海,每至黄鱼汛期和乌贼鱼汛期,农民便纷纷加入捕捞阵营。汛期结束后,"除渔户终年捕鱼外,农民仍归垄亩"①。这种兼职情况,用顾炎武的话说就是"半年生计在田,半年生计在海"②。这类双重身份的人口,一方面随着耕种面积的扩大、耕种技术的提高及经济效益的增长,又会从中逐步分化出一批全职农民,而另一方面,随着海禁的松弛、解禁,则又会从中转化出全职的渔民。其具体情况因时因地而异。一般说来,北方由于耕地好于南方、渔业经济又弱于南方,故沿海渔民成为农民的条件就相对好一些;而在东南沿海地区,本来就存在着人口压力与耕地紧张的矛盾,大批渔民在这里转化为农民就受到了客观条件的限制,而且,在东南沿海地区,由于渔业经济的发达刺激了渔民的渔业生产积极性,所以即便有土地开发,渔民也不愿离开渔业本行。如浙江定海就属典型之例。明代该县"利近东海,民资渔罟出没,衣食之源过于农耕,遂多彼轻此,野有芜土而人习风涛"③。因此,清代弛禁以后,不但全职渔民生产积极性大增,就连半职渔民的经济重心也发生了偏移,即所谓"自海禁既弛,鱼盐蜃蛤之利遍被他郡,其入过于力田"④,自然,要他们成为农民就更是难上加难。从职业特点来讲,由于渔民大多是"男不善耕,女不善织"⑤,他们的经验、技术、兴趣及生产工具皆在海洋,所以即便是在土地和人口矛盾不紧张的地区,若不是万不得已,渔民也是不愿离开海洋的。如此一来,向海洋发展便成了明清中国沿海渔村剩余渔业人口的主要出路了。不过,重新下海的渔民已经不像以前那么角色单一,而是朝着多元化方向发展了,渔村的社会经济便因之发生了巨大的变化。

就渔民向海洋发展的多元化方向而言,主要有如下几个方面:

1. 远洋渔业发展之路,仍充当渔民角色

---

① 乾隆《镇海县志》,载《光绪县志》卷三,《风俗》。
② 《天下郡国利病书·浙江下》。
③ 嘉靖《定海县志》,载光绪《镇海县志》卷三,《风俗》。
④ 参见张震东、杨金林编著:《中国海洋渔业简史》,海洋出版社1983年版,第227—228页。
⑤ 叶廷芳撰:道光《电白县志》卷一三《前事纪》,第3—4页。

从根本上讲,明清时代的海禁是失败的,它并未起到统治阶级所预期的目的。就渔业而言,渔禁的主旨是禁民私造船、私下海采捕及到深海远海采捕,但"私"和"远近"均有很大的主观随意性,更重要的是渔禁并不是斩草除根式的做法(当然,清初迁界时除外),即并不禁渔民售鱼和居民食鱼,也就是说,在渔禁时代,海产品的商业利润依然存在且呈物以稀为贵之势态,故渔民在近海渔场水产品资源不足的情况下,甘冒风险向远洋发展、进行远洋捕捞便势在必行了。换言之,在渔业人口过剩的巨大推力和海洋渔业经济利润的强大拉力的共同作用下,海洋渔业向远洋发展便成了一种历史的必然;兼之其时的造船技术、航海技术、捕捞技术等较之前代有长足的进步,从而为远洋渔业提供了可靠的物质技术上的保证,故明清远洋渔业便有了空前的大发展。明乎此,我们便不难理解为什么在海禁森严时仍"时有豪顽之徒私造船下海捕鱼"①之事发生了。这里所指的"下海"即是下远洋,而其中的"时"字更表明此类现象在其时是屡见不鲜的。在清雍正年间,广东沿海更涌现出一大批专门从事远洋作业的拖风渔船。

2. 加入纷纷扬扬的私人渔业贸易阵营,充当商人角色

水产品与农产品属性区别之一即是水产品不能充当人类的主食而是一种菜,它更多地带有商品的属性。这种商品的属性决定了渔民的生产目的与农民有根本性的区别。渔民因必须将渔获物出售方能换回生活资料而维持生计,故经济利益是渔民的首要追求,而农民的生产目的在古代主要是自给自足,故其商品经济的头脑便远逊于渔民。因此,只要有其他比渔业更好的经济产业的刺激,渔民便较容易改变其经营角色。

我们知道,明末清初是私人海上贸易在中国海洋迅速崛起并兴盛的时期。高额的利润有时甚至是暴利,极大地刺激了沿海居民,其中当然就包括渔民。部分渔民经不住诱惑,便甘冒风险地抛弃本业加入了这场纷纷扬扬的海洋贸易经济的开发经营中。月港(海澄县)渔民转为商民即是典型之例。《崇祯海澄县志》卷一一《风土志·风俗考》载:

> 澄在昔为斗龙之渊,浴鸥之渚,结茅而居者不过捕鱼纬萧沿作生活。追宋谢唏圣筑海引泉而农务兴。……田尽盐卤……岁无再熟获少满,篝戴笠负犁个中良苦。于是饶心计与健有力者往往就海波为阡陌,倚帆樯为未耜。凡捕鱼纬萧之徒咸奔走焉。盖富家以赀,贫人以庸,输中华之产,骋彼远国,易其方物以归,博利可十倍,故民乐之。虽有司密网间成竭泽之,渔贼奴煽狭每奋当车之臂,然鼓枻相续,吃苦仍甘,亦即习惯谓生涯无逾此耳。方夫鲸舶风转,宝货塞途,家家歌舞赛神,钟鼓管弦连飚响

① 《明英宗正统实录》卷七。

答,十万巨贾竞骛争弛,真是繁华地界。①

从这则史料来看,在私人海上贸易未兴起之前,月港只不过是个穷困的渔村。人们住的是茅屋,过的是捕鱼的生活。私人海上贸易兴起后,海澄的渔民在巨额利润的刺激下,基本上都抛弃了本业而转为商民或者说参加了私人海上商贸活动,使月港成为繁盛一时的商贸港口。又如,明清时代台湾与大陆之间的商贸活动,在某种程度上说是渔民架起的桥梁。自明代中后期大陆渔民到台湾进行采捕的远洋渔业兴盛后,一部分渔民便在往返中变成了商人。据黄福才先生研究,明中叶以后,特别是嘉靖、隆庆、万历年间,大陆沿海渔民在渔汛期纷纷来到台湾沿海从事捕捞。渔民看到台湾土著居民丰富的猎物,便以他们的米、盐和日常生活用品进行交换,渔民兼行了早期商人的职责。② 实际上非但在明代中后期,就是在荷兰占领时期、郑氏治台时期乃至清政府治台时期,大陆渔民及渔船都是两岸商贸往来的重要使者和运载工具。③ 往台湾的渔船兼有商船的功能,往海外的商船同样需要由渔船来兼任。如在清初迁界令解除伊始,沿海各地先是允许渔船自由出海,而此间的往日本的商船大多是靠渔船伪装才得以完成商贸活动任务的(当然,往其他国家也同样如此)。如康熙二十四年(1685年)二月十八日南京八号船,因其时"不准商船自由出海,但是渔船可以,本船即是伪装渔船出航"。同期的其他商船也大多采取此种手段。④ 我们知道,清代的渔船管理制度的根本性原则之一,就是严格制定渔船的领照制度,只有真正下海捕鱼的渔民才有资格申请建造渔船并领取渔船执照。也就是说,南京八号船等出洋商船本来即是渔船,至少,舵工水手有不少是由渔民兼任的。

如上的例子不一而足。在渔禁时代,亦渔亦商是其时海洋社会的一项重要特征,渔民转化为商人是其时剩余渔业人口向海洋发展的一个重要方向。

3. 亦渔亦工,充当工人角色

明清时代,渔民除了亦渔亦商之外,还带有明显的亦渔亦工的色彩。例如,在福建沿海,渔民的制糖、织布工业已达到相当的规模。下面两则史料就充分地反映了这点。

泉州渔民制糖:

---

① 梁兆阳修,蔡国祯、张燮等纂,载《日本藏中国罕见地方志丛刊》第435—436页,书目文献出版社据日本东京图书馆藏明崇祯六年刻本影印,1992年,北京。

② 黄福才著:《台湾商业史》,江西人民出版社1990年版,第10页。

③ 其详情可看黄福才先生《台湾商业史》有关章节、曹永和先生《台湾早期历史研究》及江树生先生《清领以前台湾之汉族移民》(载中国台湾《史学汇刊》1970年第3期)。

④ 参见朱德兰:《清初迁界令时中国航海上贸易之研究》,载张彬村主编:《中国海洋发展史论文集》,第二辑,台北,台湾中研院三民主义研究所1990年版。

泉州枕山而负海,田再易,园有荔枝龙眼之利,而干之行天下。沿海之民,鱼翅蠃蛤多于稻粱,悬岛绝屿,以网罟为耕耘。附山之民,垦辟硗确。植蔗煮糖,黑白之糖行天下。①

惠安渔村织布卖布:

滨海业渔,亦不废田事。自青山以往,又出细白布,通商贾,辇货之境外,几遍天下。②

可见,渔工合一,或曰渔民兼工人角色,也是其时沿海渔村一个鲜明的社会经济特征。

4. 在被逼无奈的情况下而成为海盗

一般说来,在海洋社会中渔与盗之间的角色转化似较渔转为其他角色要更为容易和普遍,这似乎可以看成是渔民性格丑陋的一面。不少渔民除了具备渔业生产技能外,也具备了相当程度的海盗技能。所谓"滨海而居者,多业鱼盐而习剽劫。……缓则鬻贩鱼盐以自业,急则剽寇商贾,劫掠村聚以为利"③。"每年春冬二汛,闽省渔船往浙江采捕,各计千余艘,从中奸良不一。出洋之后,若逢鱼汛旺盛,则依期返棹,倘遇鱼汛失利,奸梢匪船,游移海面,大则行强抢劫,小或偷窃割网,靡所不为。"④"沿澳居民,悉以捕鱼为业,其平日谙习水性,稳涉风涛,间有顽梗匪徒,抛弃本业,行劫重洋。始不过三五为群,继则连艭日众"⑤,"海边人所谓有鱼则汉洋,无鱼则海洋"⑥等说的就是这个意思。由于成为海盗无需资本而只需冒险便可在短期内获巨额不义之财,故对渔民来说是很大的刺激。明人宗臣说得好:"不渔不商,不劳不费,持大刀走数十里,便可得黄金数斤,狎美妇数十,扬扬而去。……岂不愉快得意哉?"⑦如清嘉庆年间大海盗蔡牵即为渔民出身,其同党亦多为渔人。他"少时流落邑(按:指福建同安)南乡水澳,为人补网。水澳渔户多本同安籍,以牵奸猾能用其众,既得夷艇夷炮,凡水澳、风尾余党皆附之,势甚众"⑧。但在海洋渔业风顺的年代,绝大多数渔民还是安于本业的,偶发性的海上抢劫行为只是少数不法渔民所为。不过,话又说回来,只要环境逼得渔民无法维持生计,部分渔民便很容易铤而走险。康熙皇帝曾将此种缘由归为贪官污吏所逼:"福建海外没

① 何乔远:《闽书》卷三八《风俗》。
② 《惠安县志》卷三七《风俗》。
③ 袁永之:《诘盗议》,《明经世文编》卷二七一。
④ 《福建省例》二三《船政例》"渔船饬令照式书写分别刊刻船户姓名字号",第625页,《台湾文献史料丛刊》第7辑,《台湾文献丛刊》第199种,台湾大通书局印行。
⑤ 《福建省例》二三《船政例》,"会议设立澳甲条款",第668页。
⑥ 《福建省例》二三《船政例》,"洋政条款",第703页。
⑦ 宗臣:《报子舆》,《明经世文编》卷三三〇。
⑧ 民国《霞浦县志》卷三《大事志》。

有什么大岛屿可以藏贼,不比尽山花鸟,朕知俱是渔船上的人。且守口的兵渔船出入俱要钱,譬如打有鱼的有钱给他,打不出鱼的哪里的钱给他?没钱不得进口,又回不得去。没奈何抢人东西食,一个船抢食,两个船抢食,就成贼了。"①殊不知,罪魁祸首即是包括康熙皇帝在内的明清两代实施渔禁令的最高统治者。这一点,当时的人有过很好的总结。所谓"闽人滨海而居,非往来海中则不得食。自通番禁严,而附近海洋渔贩,一切不通,故民贫而盗愈起"②;"即本处鱼虾之利与广东贩米之商、漳州白糖诸货,皆一切禁罢。则有无何所于通,衣食何所从出?始之何不相率勾引为盗也?"③"操之急则谓断绝生路,有铤而走险耳"④;"虽有船不敢出海,即出海亦止可在浅水采捕,不能得鱼,嗷嗷待哺,势必铤而走险"⑤;"沿海小民约有数十万人皆藉采捕谋生(按:指广东沿海),今既禁其远出,必得除其困苦庶可使之各安生业"⑥;等等,讲的都是只要政府断绝渔民的生路,渔民就会铤而走险,成为统治者称之的"海盗"这个道理。此外,其时海洋黑社会的需要也是一个诱因。因渔民航海技术高超,对海上航路、商路、礁岛港汊等精熟,兼之可持照在近海公开采捕,故其时的渔民便成了倭寇最好的内应和海盗求之不得的生力军。在倭寇和海盗的诱引下,相当一部分剩余渔业人口便上了贼船,干起了"其船出海,得鱼而还则已;否则遇有鱼之船,势可夺则尽杀其人而得之"⑦,"一行严禁,辄便勾倭内讧"⑧,"海盗窃发,其始也,必藉渔船而出,其弊也,必藉渔船以登岸"⑨的海盗生业来。这就是为什么会产生"洋匪停泊,接水销赃,全仗附澳小船游奕接应"⑩,"海寇多为华人"⑪,"倭居十三,而中国叛逆居十七"⑫,以及为什么明清

---

① 此话是康熙五十五年(1716年)正月十九日所说,见《海坛总兵程汉鹏奏报钦遵圣谕严禁兵丁勒索渔船折》,《康熙朝汉文朱批奏折汇编》第7册,中国第一历史档案馆编,档案出版社1985年版,第100—103页。

② 谭纶:《善后六事疏》,《明经世文编》卷三二二。

③ 谭纶:《谭襄敏公奏议》卷二《海寇已宁,比例陈情,乞恳天恩,俯容补制,以广圣孝疏》。

④ 《明熹宗天启实录》卷五三。

⑤ 《广东总督杨琳奏陈整饬粤省渔船管见折》(雍正二年二月十五日),《雍正朝汉文朱批奏折汇编》第2册,江苏古籍出版社1999年版,第605页。

⑥ 《原广东巡抚杨文乾奏报遵谕访查粤东缉盗渔船等事情形折》(雍正三年八月十四日),《雍正朝汉文朱批奏折汇编》第2册,江苏古籍出版社1999年版,第829页。

⑦ 陆容:《菽园杂记》卷一三。

⑧ 徐学聚:《报取回吕宋囚商疏》,《明经世文编》卷四三二。

⑨ 《广东碣石总兵陈良弼奏陈海疆事宜折》(雍正四年三月二十二日),江苏古籍出版社1999年版,《雍正朝汉文朱批奏折汇编》第7册,江苏古籍出版社1999年版,第26—27页。

⑩ 《福建省例》二三《船政例》"会议设立澳甲条款",第669页。

⑪ 宗臣:《报子舆》,《明经世文编》卷三三〇。

⑫ 《嘉靖东南平倭通录》。

统治阶级使尽全身力气进行海禁而"海禁愈严,贼伙愈盛"①,"始不过三五成群,继则连艘日众"②的一个重要原因。

5.离开故土祖根成为海外移民

日本学者桑田幸三曾说过这么两段话:

在元代以前,虽已可见"华侨"的先驱形态,但真正向海外发展,却是从明代开始的。……明太祖民族意识很强,一反元朝厚待外国人的政策,采取国粹主义、锁国主义。但实际上,濒海居民仍有偷渡海外的。……太祖的锁国主义,事实上已崩溃。偷渡出国者是集体偷渡风潮的萌芽。

尽管具备外部刺激及造船技术发达这两个主要条件,但是中国人也并非是一定要到海外去的。我认为在中国本土如果不存在有社会及经济上的压迫和巨大压力,华侨到海外去也不会真正风行起来的。③

以此解释渔民出国而成为海外移民也是恰当的。现在我们很难得到明清海外移民职业构成的统计资料,但我们有理由相信,一定有不少是沿海的渔民。道理很简单,明清海外移民主要是东南沿海居民,而其时东南沿海居民的主体之一即是渔民。而且,在渔禁森严时代,远洋商船片板寸帆不许下海,领有执照自由地在近海作业的即是渔船。换言之,在其时,只有渔民和渔船才最有偷渡海外的便利条件。这也是明清中国沿海剩余渔业人口向海洋发展的一个方向。

6.充当国家的海防力量,由渔民变为民兵和水师

明朝不完全禁止渔民下海捕鱼的原因,除了怕断绝渔民生计而引起他们造反和怕断绝渔课外,还有一个重要原因,那就是想利用渔民作为一道重要的海防屏障以起到备倭防盗的目的。正如明人郑若曾在谈到苏松地区海防时所说:"苏松海防断以御寇,洋山为上策,而淡水门捕黄鱼一节乃天设,此以为苏松屏捍也。……每岁孟夏渔船出洋,宁、台、温大小以万计,苏州沙船以数百计,小满前后放船。……海中常防劫夺,每船必自募惯出海之人,格斗则勇敢,器械则犀利,风涛则便习。其时适当春汛之时,其处则倭犯苏松必经之处。贼至洋山见遍海皆船,其来乃星散而行以渐而至,势孤气夺远而他之矣,复敢近岸乎?此其利有三:不募兵而兵强,不费粮而粮足,不事查督而无躲闪之弊。"④意思是说,渔民格斗勇敢,器械犀利,熟悉水性,是防范倭寇入侵的可以依靠的力量。渔汛期成千上万艘渔船,是一道道坚固的海防屏障,可以起到一

① 唐枢:《复胡梅林论王直》,《明经世文编》卷二七〇。
② 《福建省例》二三《船政例》,"洋政条款",第703页。
③ 〔日〕桑田幸三著:《中国经济思想史论》,沈佩林、叶坦、孙新译,北京大学出版社1991年版,第219—220页,第223页。
④ 民国《太仓州志》卷一五《海防议》。

石三鸟的多重功效，即一是不必专门招募海军，渔民即是可靠的水师；二是不必花费养兵的钱粮；三是在渔业生产时期，这个队伍很好管理。这种内容几乎相同的话在顾炎武的《天下郡国利病书》卷三二《江南》中也说过。此法不限于苏松，福建亦通行。黄承玄就说："臣惟各省海防，独闽省为最急，而各省武备，则闽省为最弛。……至于濒海之民以渔为业，其采捕于澎湖北港之间者，岁无虑数十百艘。……我若好而抚之，则喙息可闻。……宜并令该总，会同有司，连以什伍，结以恩义，约以号帜，无警听其合艍佃渔，有警令其举号飞报，则不惟耳目有寄，抑且声势愈张。兹险之设，永为海上干城矣。"①这里更把渔民看做海上长城，足见渔民在海防中的重要地位！显而易见，渔民在这种情况下是兼有民兵角色的。而在清代，渔民的此种角色特征则不甚明显。虽然如此，国家在征募海上防卫正规军队——水师时，将渔民纳入重要兵源之一，则是两代共有的一项特征。如"洪武中倭数掠海上，高皇……命南雍候赵庸招疍户、岛人、渔丁、贾竖，盖自浙至闽广几万人尽籍为兵，分十千户所。于是海上恶少皆得衣食于县官"②。又如"永乐四年（1406年）命丰城李彬等沿海捕倭，招岛人、疍户、贾竖、渔丁为兵"③。再如康熙五十六年（1717年）二月天津镇总兵马见伯"称大沽营汛并无海船，兵丁不习水性，倘有紧急重务不能远行必致迟务"，所以奏请"招补沿海渔户、海洋贸易水手立为水师，令大沽营将备管辖"。此奏议通过直隶总督赵弘燮上奏皇帝而得到批准。④

　　明清时代，渔民不仅是水师的重要兵源，而且在海防建设中发挥着不可替代的重要作用。

　　可以毫不夸张地说，明清渔业剩余人口向海洋发展遍及其时海洋社会的各个层面，以上所举只是择其要者，其他就不一一分类举例了。

　　（二）渔村生态系的变动

　　明清时代中国沿海尤其是东南沿海人口稠密是为诸多学者所考证的事实。而在居住生活空间与生计活动空间几乎是分离状态的广大渔村，其人口密度之高更是可想而知的事。如福建霞浦县是个渔业县，沿海乡村居民几乎皆业渔且人烟十分稠密。例如"港村，人烟稠密，鱼市喧阗，颇称繁盛"，"松山，全乡业渔，鱼利颇丰"，"水澳，在四十三都罗浮村……居民数百家以渔为活"，"三沙乡，背山面海，无田可耕，人烟可三四千家，皆业渔……三澳者，可八十余

① 黄承玄：《条议海防事宜疏》，《明经世文编》卷四七九。
② 《皇明世法录》卷七五《海防·日本》。
③ （清）周凯修、凌翰纂：道光《厦门志》卷四《海防略》。
④ 《直隶总督赵弘燮奏请动用盐库银两打造海船折》（康熙五十六年二月二十五日），《康熙朝汉文朱批奏折汇编》第7册，第740—743页。

家亦业渔"①,例子不一而足。在这种几乎没有农作物生产、居民无法过自给自足生活的渔村,当受到渔禁等外部环境要素的冲击后,村民是如何开发渔业经济来维持高人口密度的渔村生态系,以及这种生态系又是如何驱动渔村社会经济向前发展的呢?

毫无疑问,渔村居民的生活重心在渔业,其生计资源主要取自海洋。那么,在明清时代,广大的渔民是如何围绕这个重心来发展渔村经济、维持渔村生态的均衡发展的呢?我们先来看看广东澄海县渔村的情况。

"澄跨步海隅,畊三渔七"②,亦可谓典型的渔业县。然而,只要我们深入渔村内部,就会发现,该县渔村内部实际上普遍实行了多种生产形式及多种经济形式的生产经济组合,单一的作业方式及单一的经济模式在清代中期的澄海渔村已不复存在了。据嘉庆《澄海县志》卷之六《风俗·生业》记载,该县渔村的生产组合包括扣圈、桁罾、牵罾、放湖、挨缉、涂跳等共12种。在这12种生业中,渔村经济生活的重心还是渔业,晒盐等是渔村经济的补充形式。就渔业而言,其作业方式多达10种,实际上是以远洋拖风渔业为主、沿岸捕捞和水产养殖为辅的多层次的渔业生产方式的组合。尤其是远洋渔业和水产养殖的出现更具明清渔村生产之特色。男人、女人、老人和儿童分别专门从事某种渔业,一户乃至全村居民分别从事着多种渔业,显示着澄海渔村及渔场环境多彩多姿,其渔业劳力既专业化又多样化,辅之以其他生业作为渔村经济的补充,这也就是该县渔村维持高人口密度的根本原因。渔业劳力既专业化又多样化,并非澄海一县独有,可以说,它是明清中国沿海渔村共同的生态特征。如明代广州边海诸县渔村仅渔具就有罛、罾、箔、笼、涂跳、跳白、钩等7大类,每一类又细分为几小类,每一类都形成了一种专门化的渔业生产方式。此外,该沿海渔村还在沿海滩涂广泛发展养殖业。因此,从这些渔村内部,我们同样可以发现其渔业劳力既专业化又多样化的鲜明特征。

如果说上两例失之宽泛而不够具体和典型的话,那么下面一例则是实实在在地反映了渔村的生态系。这个渔村就是始建于明洪武二十年(1387年)的千户所松江府的青村镇。明末清初的曾羽王是个地地道道的青村人,在他的《乙酉笔记》中,真实地记载了该村镇的生态系的变迁过程。

该村既是军事重镇,也是典型的渔村,村镇的经济重心或经济支柱即是渔业。清初迁界前,该村的经济支柱共有三个,其中有两个即属渔业:

　　　一为开海之利。青村海船约共五六十艘。一日两潮,大鱼则数十斤计,小鱼亦以两计。无船者则肩挑贩卖。亦有沿途捕鱼,不用舟楫,辗转

---

① 民国《霞浦县志》卷四《山川志》。
② 嘉庆广东《澄海县志》卷二四《赋役》。

获利,以赡一城之命。一为结网之利。内河则有缯网、打网,为例尚微。外洋则有希网、长网、拖网。男女无田可种者,皆习此业,且为利数倍于田。每见家有四壁,则数十人聚焉。自朝至暮,拮据不休,彼此谈笑,以消永日。勤俭者铢积村累,以结网而至千金数百金者,比比然也。①

另一个是沾军事重镇之光,有"军储之利,军有月粮,选锋有口、月粮,又有五风汛银米,共万余石"②。实际上,所谓军储之利,只是提供了粮食的商品供应,并不能算是青村的经济支柱。该镇的经济来源主要是渔业。

同前两例相比,青村的渔业捕捞方式及规模皆只能视作是小巫见大巫,但在渔村内部实行专业化分工却甚于前两例,这就是在渔村内形成了专业化的织网业。正是由于有多种形式的渔业捕捞、鱼产品贩卖及专业化的织网业,才使得该村镇在海禁松弛时村民富足,有不少人"拥资巨万",在海禁森严时"而青村犹不至大困"③。

明清沿海渔村既以渔业为经济重心又辅之以其他经济形式,其渔业劳力既专业化又多样化,使得这种渔村生态系内部机制有着较强的自律性或自我调整能力(throughput self-regulation),这也就是海禁时代中国沿海渔村得以均衡发展、维持渔村高密度人口的根本原因。同时我们也可以看出,这种渔村生态机制非但对渔村社会经济发展有利,而且对整个海洋渔业社会经济乃至整个海洋社会经济的发展也都极为有利。渔业劳力既专业化又多样化,既为渔村剩余劳动力广开了就业之路,更为海洋渔业的全方位发展及海洋其他产业的发展提供了充足的人力资本。事实上,明清渔村由过去的单纯的近海捕捞发展为以近海捕捞为中心、以向远洋和海水养殖为两极延伸的多种渔业作业方式的生产组合由单纯的"以渔为生"发展为以渔业为经济重心又辅之以其他经济形式的多种生产经营组合,就足以表明其时的海洋渔业社会经济乃至整个海洋社会经济有着前所未有的发展。

第二节　明清时期的海商社会

商人社会,可以从两个层面去作界定:一个是从它的行业范畴,可以把凡是从事流通行业活动的人员相互构成的群体及其社区作为商人社会,诸如商业及其附属行业人口占绝大比重的城市、港埠,如山东之临清、江苏之扬州、浙

---

① 载《清代日记汇抄》,上海人民出版社 1982 年版,第 10 页。
② 载《清代日记汇抄》,上海人民出版社 1982 年版,第 10 页。
③ 载《清代日记汇抄》,上海人民出版社 1982 年版,第 10 页。

江之宁波、福建之厦门、广东之广州、江西之河口、安徽之芜湖等,已有学者以其空间依托为角度,把它们作为商业城镇予以研究。另一个是与整个大社会相对的关系范畴,可以把与"众"不同的商人经济行为和社会行为及其组织形式、观念心态、风俗习惯作为一种特殊的社会构成进行分析研究。相对外部大社会而言,商人当然有具有自己活动特征和习俗的内部社会。我们这里考察明清时期的海商社会,是后一种范畴的商人社会。[①]

一　海商的构成及相互关系

明代海外贸易商结构在第五章第一节中已有论述,这里仅以清代海商为典型作一介绍。清时期海商的构成及相互关系已发展得相当成熟。清代海商主要由财东、出洋人和行商构成。财东投资于造船、置货,往往不出洋。船长、客商和水手自然是追波逐浪的芸芸众生。洋行商人通常留在港口,充当坐贾和征税人。

投资于海外贸易的财东,事实上在各地的称呼都不同。在福建厦门,造船、置货称为"财东",以示有别于那些领船运货的船长,称"出海"。广东则称财东为"板主",江苏一带称"船商"或"东翁"。各地名称虽有不同,但他们的共同之处就是身份显贵、家财殷富,素称"有力之户"。江苏的海商,有的一人就拥有四五十艘商船。他们不出洋,而是委托亲属或其他人担任船长,出船营运。据说清代上海的富商有一种趋势,即不以囤积粮食作为衡量财富的标准,而是广置船舶,往返于海内外。最为典型的当推上海县巨贾张元隆,他"广置洋船,立意造洋船百只,今已有数十只","往来东、西洋及关东等处"[②]。如此财力的船商一般多见于江苏。福建"虽系依山滨海,土田瘠薄,不能如江、浙财赋之区,多富商大贾"[③]。这种说法符合当时的实际情况。

出洋商船的一船之首,分别有"船主"、"船户"、"船头"、"船商"、"出海"和"老大"的称呼。出于方便的原因,这里用"船长"这一现代术语来表示。在清代,船长是具有两重性的。一方面,他经常受"雇"于财东。实际上,就是接受委托,驾船出洋营运,回棹后与财东分红。从这个意义说,船长只是财东的一位大伙计。在另一方面,出洋时,船长统管全船事务,权力很大,尤其在商务方面更为如此。

船上技术问题属于舵水人的责任范围。在这股人中,伙长和舵工最为关

第七章

明清时期的海洋社会

---

①　陈东有:《走向海洋贸易带——近代世界市场互动中的中国东南商人行为》,江西高校出版社 1998年版,第 171 页。

②　张伯行:《正谊堂文集》卷一。

③　《宫中档乾隆朝奏折》25 辑,第 467 页。

键,任重责大。船只行驶的安全,在很大程度上取决于他们的技术和经验。船上的大缭、二缭以及众水手都要听从他们的指挥。因此,"向来各省商船,俱不惜重价雇募能致得力舵工"①。伙长和舵工对于船长,不仅是被"雇募"的关系,而且也是商船货物的投资者。他们享有的担位数量仅取决于船长,有的与船长合伙贸易,有的则自带货物。一旦他们经营失利而较少出洋时,船长们在招揽这种技术人员时就颇感困难。② 所以,舵工、水手等技术人员,其身份首先是商人,其次才是海员。

船上水手的人数众多。清代较大型商船的水手在 50 人以上,中船 40 人以上,小船 30 人左右。清代广东和福建沿海的港口,水手数以万计。船上水手的来源有两种。一种是客商自带上船。客商附搭赴吕宋的商船,如所带货物有 2000 元,可自带驾船水手 1 名,船长必须给 8 个担位,客商的货物有 4000 元,则可带 2 名水手,依此类推。③ 由客商自带的水手,地位比较低,且与船长没有发生雇佣关系。此类水手人数的多寡,视客商投资额而定。清代商船的贸易额不多,客商所占的比例不大,因此,商人自带的水手不会太多。另一种水手是船长雇募的。按照清朝有关规定,商船出洋之际,如舵水人遇事不能成行,船长可就近招募水手,取具保结,赴海关办理执照,便可上船当水手。

水手和伙长、舵工一样,具有两重身份。他们既是技工,又是中小商人,商船上允许水手拥有一定担位以载货物。办铜商船的水手,在日本购买"零星什物,自伙长至众水手俱得自消"④。日本铜比较便宜,水手买回转售,"亦可得利"。有的舵工、水手附搭条桂、冰糖和桂圆等货销往日本。⑤ 可见,船长与水手之间的雇佣关系并不发达。水手仍然是小商人,通过贸易赚取利润才是他们的目标。

一般认为,船长与舵水人之间不受十分严格的等级制度所支配。舵水人之间更是以"兄弟"相称。中国商船上的气氛较和谐。实际情况是,船上舵水人之间的经济待遇差别很大,水手经常被描写为"下愚粗鲁之人"⑥。中国船上水手的地位较高,人事关系和谐,这仅仅是相对于欧洲商船而言的,这种情况正是中国商船上雇佣关系不够发达的反映。

---

① 《清仁宗实录》卷一六二。
② 林春胜等编:《华夷变态》下册,东京文库昭和三十三年(1958 年),第 2644 页。
③ 叶羌镛:《吕宋纪略》。
④ 《乍浦备志》卷一四。
⑤ 《宫中档乾隆朝奏折》4 辑,第 89 页;55 辑,第 490 页。
⑥ 林炜:《通航一览》卷二三。

船上的客商来自四面八方。据统计,客商来自除了西藏以外的全国各地。① 内陆商人携带货物,从沿海港口搭船出洋。在厦门港,"货客多有别州越府之人临时搭船"者。② 当然,出洋商人主要还是来自东南沿海四省。"其中闽省最多,广省次之。"③1780 年一艘南京船赴日本,在 78 名可以查到籍贯的船员中,67 位是福建人,占全部人数的 85％。1807 年一艘宁波船去日本,福建人 59 名,占全船 88 人的 62％。④ 导致出洋的福建商人如此众多的因素有:福建山多地少,人口压力大。自五代和宋朝以来,福建商人就出没于波涛之中,活跃于国内外市场。清代这种传统丝毫未减。

应该说,清代客商只要稍有本钱,携带货物,出洋贸易并不困难。众客商是商船上货物的投资者,因此,不管是自船自营型还是委托经营型的船长,都重视招揽客商出洋。船长与客商有一定的权利和义务关系,每次出洋,船长要替客商作担保,代为交税;商人出售货物后,必须向船长交纳"水脚银"作为运费,甚至利润要分红。

商船上还有一些地位极为低下的仆人,他们被称为"奴仆"、"跟役"、"随使"或"随厮"。这种人不仅船长身边时有,商人也时常带上船。仆人对于船长和商人的人身依附程度很严重。在福建沿海,还有一种养子风俗。"殷富之家,大都以贩洋为业,而又不肯以亲生之子令彼涉险。因择契弟之才能者,螟蛉为子,给以厚资,令其贩洋贸易。获有厚利,与己子均分。在富者则以他人之子,驱之危地,利则归我,害则归人。在贫者则藉此希图致富。是以贫者之父母兄弟不以契弟之称为可耻,而反以此夸荣里党。若此有关风俗人心者甚大。"⑤

清代行商在港口开设"洋行"或"牙行",业务范围非常之广:在买卖双方中检验商品,评估价格,代征货税,包销商人的进口商品以及代购商人所需的出口商品等。此外,行商对于海外贸易具有更大的影响力,例如,出洋商人必须经由他们作担保。清代不少行商还直接投资或参与海外贸易。清代行商具有双重性的特点:一方面,他们与出洋商人有某些共同的利益,都在一定程度上受到封建政府的剥削和限制;另一方面,行商也盘剥出洋商人,经常充当清朝实行政策的工具。⑥

---

① 〔日〕西川求林斋:《增补华夷通商考》卷一至二。又见陈希育:《中国帆船与海外贸易》,厦门大学出版社 1991 年版,第 285—287 页。

② 《朱批谕旨》46 册,第 34 页。

③ 《宫中档乾隆朝奏折》7 辑,第 863 页。

④ 《通航一览》卷二三三,卷二二六。

⑤ 《闽政领要》卷中。

⑥ 参考陈育宁:《清代前期的厦门海关与海外贸易》,载《厦门大学学报》1991 年第 3 期。

二 海商的性质及特点

清代是中国远洋帆船贸易的最后发展阶段,但是其规模却超过前代。清代海商更是具有某些新的特性和形态,主要表现在帮会的存在、商人家族小集团以及特权官商等方面。

(一)海商帮会及其会馆

清代出洋商人的数量十分可观。据统计,康熙二十五年(1696年)仅赴日本的中国商人就达9128人之多。[①] 这还不包括前往东南亚的商人和移民。出洋者如此众多,他们又来自国内不同地方,彼此划分为不同的帮。帮派现象甚至出现于同一艘船上。道光初年,赴日金得泰号共有90名船员,分为三个派别,当船员发生意见分歧时,"他们目侣(水手)不从我令,我们目侣不从他令",甚至船上总管还挨打。[②] 地域不同的帮派,不仅出现在同一艘商船上,而且存在于众多商船之间。在江苏,"沙船每一州县之船为一帮,共十一帮。而通州,海门,崇明三帮为大,具有船五、七百号"[③]。

既然出洋商人和水手按其地域分为不同帮派,他们必然借助某种媒介发生联系。庙宇就是其中的一种。在出洋者中,所崇拜偶像不太相同,不但在同一艘船上船员信仰的偶像不同,而且即使是同一帮内,信仰也不一致。雍正初年浙江巡抚李卫到任后,"即经留心察访,浙帮水手皆佛神各像不一"[④]。这是由于中国存在多神崇拜,因而船员信奉的神灵也不同。但是,一个平时在家敬奉观音的人,出海时未必就不祈求妈祖的保佑。作为航海之神的妈祖,被认为事关出洋的安全和成败,每当"天后圣母寿辰"之日,船上必设五色旗,以表敬神之意。有信仰偶像自然就有庙宇,它们分布于沿海各地。浙江原先有庙宇72处,到了雍正初年仍有30余处。庙宇的职能除了宗教实践外,在生活上也方便了船员。"各水手每年出银钱,供给养赡。冬月回空时,即在此内安歇,不算房钱,饭食供给。"船员奉献的银钱,除了用于神庙的基本费用和膳食外,一部分还作为水手发生纠纷时的讼费。[⑤] 由于神庙的基本职能是宗教实践,不能满足不断发展起来的商业需要,因此,有的神庙就为职能更广泛的会馆所取代,但有些神庙继续保留了下来。

---

① 〔日〕大庭修:《唐船进港回棹录》,关西大学东西学术研究所昭和四十九年(1974年)版,第1页。

② 《得泰船笔语》转引自松浦章:"江户时代有关漂流唐船的资料"。见《关西大学东西学术研究所纪要》13辑。

③ 《安吴四种》卷四。

④ 《朱批谕旨》41册,李卫奏折,雍正五年十一月八日。

⑤ 《朱批谕旨》41册,李卫奏折,雍正五年十一月八日。

会馆是由地域不同的帮派建立的,并且普遍存在于沿海各地和海外诸国。在浙江乍浦的南门外,闽人建有"三山会馆"。康熙四十五年(1706年),福州商人在乍浦南门外建立了"蒲阳会馆"。乾隆十三年(1674年),兴化商人在乍浦兴建了"鄞县会馆"。在海外,据说康熙年间越南就有"闽会馆"。越南柴棍铺一地,就有福州、广东、潮州、漳州4个会馆。① 广南会安铺,"清人居住有广东、福建、漳州、海南、嘉庆五帮,贩卖北货。中有市亭、会馆,商旅凑集"②。一般来说,国内的会馆是按县建立的,在海外则按府或省份建立。嘉庆年间,福建商人在日本建立的"八闽会馆"就属于这种情况。

会馆的主要职能是什么?"会馆者,集邑人而立公所也。"③日本"八闽会馆"就是"我帮商旅议公之区"。这种由同帮商人共同建立的会馆,调整彼此关系,排忧解难,在商务上对于语言和习惯都相同或相通的商人,也有着彼此交流信息的方便之处。所以,地域性的会馆仍存在至今。只是后来海外华侨大量增加,会馆逐渐面向华侨。会馆还有宗教上的作用,那里有天后圣神宝像,供商旅进香。清代国内的会馆,还成为清朝管理沿海贸易的又一工具。海外会馆则不然。

(二)海商中的家族集团

海商中的家族集团是一个常见的突出问题。清代远洋商船上,船长通常带有亲属。中国赴吕宋的商船,船长所带的"子弟、亲戚,谓之亲丁"。他们被安插在船上管理伙食或财务。个别船长在中途去世,他的亲戚马上继任船长。1831年德国人郭士立(Giitzlaff)乘坐中国帆船自暹罗赴天津,船长是潮州人,其妹夫就在船上当职员。该船途经潮州时,原船长的叔叔继任船长。④ 血缘关系的浓厚色彩,在赴日商船的众多船长身上得到最充分的体现。日本实行正德新例后,每一艘赴日商船必须凭日本颁发的信牌方能进港贸易。拥有一张信牌就意味着取得赚钱的许可证。于是,普遍出现了这样的现象:有些船长不出洋时,把信牌转让给亲属。通常是父亲让牌给儿子,舅舅给外甥,以及兄弟之间的转让。⑤

之所以有这种做法,可能是在复杂的商业投机和冒险中,船长对亲属的信赖超过对其他人,以及希望自己的亲属可以取得经济上的好处。这也是资本主义社会以前经营方式的一个特征。然而,不少中国商人的家庭,同时分散在

---

① 郑怀德:《嘉定通志》卷六。

② 《大南一统志》卷五。

③ 《上海碑刻资料选辑》,第236页。

④ C. Giitzlaff. Journal of Three Voyages along the Coast of China in 1831,1832 and 1833. p. 80.

⑤ 〔日〕大庭修:《唐船进港回棹录》,关西大学东西学术研究所昭和四十九年(1974年)版,第30页。

国内港口和海外,他们互相之间保持密切的关系。例如,侨居巴达维亚20余载的郑孔典船长,其叔父郑大山曾担任赴日商人的总商。郑孔典的弟弟、堂兄弟十几人都从事海外贸易,并在南京、宁波和广南地区设有商业经营点。19世纪20年代,英国人克劳佛也指出,在东南亚的中国商人与国内家族保持着商业联系。这种家族式的经营,使得他们掌握更多的国内外市场信息,拥有更多的资本,因而更具有竞争性。因此,家族式经营在一定程度上可以促进贸易的发展。

(三)特权官商

中国海外贸易中官商的存在并非始于清代。但是清代官商主要是控制和垄断对日贸易。早在康熙二十三年(1685年)开放海禁后,在职的地方官员(主要是福建)就直接参与对日贸易。该年身为福建水师提督的施琅首先派船出洋,如赴日第8号的厦门船和第12号的广南船。[①] 这两艘船的使命,名义上是为了向郑氏残余势力招降。次年,福建共派13艘船去日本,由"福州武官:奉令督理兴贩洋船左都督江君开"和"厦门文官:奉令台湾府督捕海防厅梁尔寿"总押运。[②] 据称他们的目的是把东宁(台湾)的鹿皮和砂糖运出口,收入则用作台湾的军饷。参与派船的有施琅及其部下,福建陆路提督万正色等。受福建地方官员的影响,浙江宁波总兵也派船到日本贸易。虽然当时13艘名为"商卖官船",但它们实为各地官员直接派出。此外,不少地方官员自己派出船只,从事贸易。[③] 可是,组织官船贸易,到了康熙二十五年(1686年)便骤然而止。究其原因,与清廷和地方官态度的不同有关。施琅在康熙二十四年(1685年)提出建议:"将通省之内凡可兴贩外国各港门,议定洋船只数,听官民之有根脚身家不至生奸者",从事贸易。[④] 次年三月,福建巡抚金铉奏请,台湾所产白糖、鹿皮,"仍令照常贩卖,至民间贸易应行禁止"[⑤]。不难看出,两位地方官员旨在限制甚至禁止民间海外贸易,以官员们染指的贸易取而代之。可是,施琅的建议在康熙二十四年四月被否决。对于金铉的建议,康熙帝严厉指出,"福建督、抚所行不善","督、抚若不图利己,则百姓何至受害? 将伊等解任可乎"[⑥]。显然,康熙帝与地方官员的态度截然不同,制止了在职官员正在进行的贸易。

① 林春胜等编:《华夷变态》上册,东京文库昭和三十三年(1958年)版,第425页,第431页。
② 林春胜等编:《华夷变态》上册,东京文库昭和三十三年(1958年)版,第495—496页。
③ 林春胜等编:《华夷变态》上册,东京文库昭和三十三年(1958年)版,第475页。
④ 施琅:《论开海禁疏》,《皇朝经世文编》卷三三。
⑤ 《康熙起居注》二册,第1454页。
⑥ 《康熙起居注》二册,第1455页。

清代另一批官商是乾隆年间以后的办铜官商。不过他们不是在福建,而是在江浙地区。他们也不是在职官员,而是一些与封建政权有很深关系的官商。官商范毓及其儿子范清注、侄儿范清济一族,与清朝内务府有过良好的关系。接替范氏的是王世荣,他是长芦的盐商,乾隆三十八年(1689年)当过捐织郎中。王世荣之后,由他的亲戚钱鸣萃出台办铜。[①] 钱氏原任山东平度州知州。纵观办铜官商,大多是自身作为两淮盐商,财力充足,再加上做过封建官僚,或与封建政权的密切关系,以攫取贸易上的特权。他们所获得的特权主要有四方面:其一,垄断日本铜斤贸易,不容民间商人参加。由于日本对于铜的出口数量有一定配额,江苏办铜商人包揽了全部额数。乾隆三十六年(1771年),闽商林承和的商船从日本运回铜斤,于是被指责为"闽省采办洋铜有碍苏商"[②]。其二,办铜商人可以向政府预支财本,出洋贸易。其三,拥有出口丝绸的优势。乾隆二十四年(1759年),清廷下令禁止丝斤绸缎出口,理由是丝价昂贵,有碍民生。但是,清廷很快又在次年批准办铜商人可以出口丝斤绸缎。海船33卷,合计3960斤。"其非办铜船,仍不得援例夹带。"[③]至于赴南洋的中国商船,直到乾隆二十九年(1764年)才被允许可以出口丝斤,而且数量只有上丝和二蚕粗丝各1000斤,合计2000斤。其四,办铜商人进口货物,可减免税收。乾隆九年(1744年)就规定,"其铜斤办回经过各关,免其纳税"[④]。铜办官商攫取特权后,反过来排斥一般民间商人的公平竞争,因而阻碍了海外贸易的健康发展。

在洋行商人中,也不乏浓厚的封建官方色彩。充当行商,必须是身家殷实,取得政府发给的行帖方能开业。不少行商是凭借官员的支持营业的。雍正年间,祖秉圭担任粤海关监督期间,"以关务为地方官不得过问,任用省城一、二有力行商,垄断专利,胥役人等苛派作奸,罔恤彝情"[⑤]。在福建厦门,情况亦如此。雍正年间,"行保多系有身家之人"。乾隆年间,福建武职官员马龙图的侄儿在厦门开洋行数家,马氏的儿子又与福建水师提督黄仕简的女儿联姻。可见,行商具有一定的官场背景。又如江苏大行商张元隆,与"督臣"关系甚密,他的商船出海时,甚至有水师船护送。许多大行商就是这样厕身于官僚的保护。

要之,清代海商可分为财东、出洋人和行商三个类别。尽管他们各自在经济和社会地位上存在差别,但是,他们自上而下依次存在着一种合伙人的关

第七章

明清时期的海洋社会

---

① 〔日〕山胁悌二郎:《长崎的唐人贸易》,吉川弘文馆1945年版,第184页。
② 《清高宗实录》卷八九五。
③ 《皇朝文献通考》卷三三。
④ 《皇朝文献通考》卷一六。
⑤ 《宫中档乾隆朝奏折》20辑,中国台北故宫博物院1982年,第134页。

系,这是清代海商构成及相互关系的特点。它具有普遍性。然而,海商按其地域又分为不同的帮派,并且以庙宇和会馆作为交流媒介。帮派存在,是自然形成的历史产物,不能完全否定其作用。一方面帮派之间存在矛盾和竞争,另一方面帮派内部可以交流信息,互相帮助,有利于开展贸易。透视整个地域性帮派,人们进而又发现了更小范围的家族商业小集团的存在。由于共同的经济利益,他们内部在资金周转、权益转移和信息沟通方面,都有更密切的合作。国外学者甚至把清代海外贸易的扩展归功于家族集团的作用。至于特权商人向海外贸易各个领域的渗透、控制,排斥民间商人,则又是海外贸易健康发展的阻扰和滞碍。①

三 海商的经营方式②

出海经商的第一物质条件是船只,制造海船需要的资金比制造内河船只要大得多,除少数巨商大贾可独资建造外,大多数商人既不可能独造船只,也没有必要独造。合资租船或造(买)船是海商出洋经商的主要办法。这种合作行为又直接决定了他们出海经营的方式。明人王在晋的《越镌》叙述了三个海商案件③,从这三个案例中我们可以分析海商的出海经营方式。

(一)三个案例

其一,"严翠梧与方子定"案:

> 奸民严翠梧与脱逃方子定,以闽人久居定海,纠合浙人薛三阳、李茂亭结伙通番,造船下海。先是子定于三十七年同唐天鲸雇陈助我船,由海澄月港通倭,被夷人抢夺货物。遂以船户出名具状,称倭为真主大王,告追货价,所得不赀。严翠梧、李茂亭闻之,有艳心焉。有朱明阳者,买哨船增修,转卖茂亭,先期到杭收货,同伙林义报关出洋而去。翠梧、三阳乃唤船匠胡山打劫船一只,结通关霸,透关下海等候。随买杭城异货,密雇船户马应龙、洪大卿、陆叶膣船三只,诈称进香,乘夜偷关。驾至普陀,适逢潮阻,哨官陈勋等驾船围守,应龙等辄乘船而遁。哨兵追之,乃索得段绢布匹等物,纵之使行。而前船货物,已卸入三阳大船,洋洋赴大瞿矣。于是子定先往福建收买杉木,至定海交卸。意欲紧随三阳等,同船贩卖。遂将杉船向大嵩港潜泊,而豫构杨二往苏杭置买湖丝。又诱引郑桥林禄买

---

① 陈希育:《清代的海外贸易商人》,《海交史研究》1991年第2期,总第20期,第99—104页。
② 此部分内容参见陈东有:《走向海洋贸易带——近代世界市场互动中的中国东南商人行为》,江西高校出版社1998年版,第148—162页。
③ 《越镌》卷二一。

得毡毯，同来定海。见三阳船已先发，乃顿货于子定家，寻船下货。

这段史实不仅说明了海商是多人共用一船，而且说明了所用之船，有造的，有买的，有劫的，所买之船还曾是哨船，这有可能是破旧退役的军用船只。海商乘船出发也不是万事俱备，同日同时上船下海，而是一边办船，一边办货，前后陆续，你等我赶。当时虽然处于海禁期间，但只要借口得当，加之贿赂，还是可以出洋贸易的。在所办商货中丝棉品是主要的，还有毛织品和杉木。这杉木却是从福建采办，且需运至定海交卸，其采办转运比起丝棉毛货，更多几分艰难，可见当时商人赴海外经商行为之积极活跃。

其二，"林清与王厚"案：

福清人林清，与长乐船户王厚商造钓槽大船，倩郑松、王一为把舵，郑七、林成等为水手，金士山、黄承灿为银匠；李明习海道者也，为之向导；陈华谙倭语者也，为之通事。于是招来各贩，满载登舟，有买纱罗绸绢布匹者，有买白糖瓷器果品者，有买香扇梳篦毡袜针纸等货者。所得倭银，在船熔化，有炉冶焉，有风箱器具焉。六月初二日开洋，至五岛而投倭牙五官六官，听其发卖。陈华赍送土仪，李明搬运货物，同舟甚众，此由长乐开船发行者也。又有闽人揭才甫者，久寓于杭，与杭人张玉宇善。出本贩买绸绢等货，同义男张明觅船户施春凡，与商伙陈振松等三十令人，于七月初一日开洋，亦到五岛，投牙一官六官零卖。施春凡、陈振松等尚留在彼，而玉宇同林清等搭船先归，此由宁波开船发行者也。林清、王厚抽取商银，除舵工水手分用外，清与厚共得银二百七十九两有奇。所得倭银，即令银匠在船倾销。计各商觅利，多至数倍，得意汛舟而归。由十月初五日五岛开洋，十二日飘至普陀相近，被官兵哨见追赶。商船忙驾入小月岙，船被礁阁，各负银两登山奔窜，逃入柴厂。将未倾倭银，抛弃山崖溪涧间，哨官杨元吉督同捕兵缉拿，邻哨徐尚元者，亦统兵至协擒伙犯六十九人。搜获倭戒指、金耳环、倭刺刀、炉底器械等件；又搜获银共三千九百两七钱。

这里的合用船出洋的情况又有不同：不仅有张玉宇等人"觅（雇）船"出洋，还有商人与船户合资造船、用船、卖船。先是船造好后，请来驾船出洋和出洋经商所需的工作人员，包括银匠和翻译，然后招商出洋。那么林清和王厚就是商主兼船主了，他俩有没有贸易，不得而知，但"抽取"了众商的"商银"，而不是"租金"或"船钱"。把舵和水手都是他俩的雇工，有"分用"。这批商人回程时没有带货回来，也许是中国没有日本货的市场（除了国家需要的铜），但更主要的原因恐怕是中国的海禁。日本银锭与中国的不同，出于应付海禁，所以就在船上重新熔铸，这便是他们在雇用水手和翻译时也不得不雇请银匠的原因。林清应是把船卖了，所以他是"搭船先归"。王在晋在叙述了上述事件后有一番议论，其中作了如此说明："以数十金之货，得数百金而归；以百余金之船，卖千金而返。"可见船被卖了，因为以造船方式出洋经商并在外面把船卖了，既是当时出洋商人的另一项大生意，也是应对海禁的省事办法。这种情况从明一直延续到清。《清实录》载康熙五十五年（1716 年）十月圣祖谕大学士九卿等："朕南巡过苏州时，见船厂问及，咸云每年造船出海贸易者，多至千余，回来者不过十之五六，其余悉卖在海外，赍银而归，官造海船十只，尚须数十万金，民间造船，何如许之多？且有人条奏，海船龙骨必用铁梨上竹下力木，此种不产于外国，惟广东有之，故商人射利偷卖。即加查讯，俱捏称遭风打坏。此中情弊，速宜禁绝。海外有吕宋、噶剌吧等处，常有汉人，自明代以来有之，此即海贼之薮也。"①连苏州也出现了不仅出洋贸易，而且造船卖船的现象，更不用说沿海一带。据《华夷变态》所记，元禄四年（1691 年）从温州出发的 85 号船是在温州造的，元禄九年（1696 年）62 号船是在舟山造的，元禄十年（1697 年）的 41 号船、贞享四年（1687 年）9 号船则分别是在苏州和厦门造的。不过，买什么地方造的船也有讲究，元禄十一年（1698 年）6 号温州船向长崎方面陈述道："温州为一小港，商船往来无多。唯此地颇产木材，甚利于造。故宁波商船大多于此地建造。自不待言，我船亦在温州修复，而作此番航行。"也有去长崎买船的，如贞享四年（1687 年）83 号南京船向长崎方面的风说书所述："拜启：我等搭乘之船为去年自二十八号船分出，而在贵地制造之船。船头伍子贤为去年二十号船之唐人客商。去年原来之船头吴子昭者，为制造上述船需各方大量银子，遂自贵地搭船出航。不得已由我伍子贤掌管银子周转，并称在南京将此船交会于我。不得已申请领船，今番申请外送，实是失礼。"

其三，"赵子明等"案：

> 省城通番人赵子明、沈云凤、王仰桥、王仰泉、何龙洲五名，向织造蛤蜊旺段匹等货，有周学诗者转贩往海澄贸易。遂搭船开洋，往暹罗、吕宋等处发卖，获利颇厚，归偿子明赊欠段价。因在洋遭风许愿，在三茅观延请道士周如南设醮演戏酬神，观者甚众，而学诗之通番遂露。子明虽不与学诗同往，而转买得利，应与学诗并徒。生员沈云凤者，将资本托仆沈乘祚、来祥往海澄生理，来祥等径往吕宋等处贩卖货物，包利以偿其主。

这里有两种经营形式，一种是海商（周学诗）向织造段匹经营者（赵子明）赊借商货来从事经营，另一种是投资者（沈云凤）自己并不经营，以商货为本，交给仆人（沈乘祚、来祥）去经营，即委托代理经营。商业经营者"搭船"——与其他商民合租海船出海。在出海过程中，经营者可以根据实际情况改变自己的行为，变（往海澄）沿海贸易为（往暹罗、吕宋等处）海外贸易。

委托代理经营在清代得到继续发展。材料来自清乾隆年间中国有关方面

---

① 《清实录》《圣祖实录》卷二七〇。

安排海商船只送日本海难漂流人员回国的文件。"财东信公兴,系泉州人,从幼徙居宁波,平生慷慨高风,宁省闻名,向登州府船贸易。""商人信公兴倩行商郑青云,雇本县船户彭世彩船只,置货往洋贸易。"①信公兴有两个称呼,一是财东,一是商人;郑青云则是行商。这一趟置货往日本贸易,由信公兴出资雇船和做置货资本,但他本人不随船出洋,而是请别人,即雇用并委托行商代为经营,与所雇商船的所有者即船主出洋。这种行商与广州十三行行商在委托代理商务的行为上是相同的;不同的是十三行行商是官府所派定,而郑青云是私人所委托。据当时日本漂流民报告,信公兴"每日有三四十人络绎其宅,极为兴旺,看上去皆为有身份之人;其家中从事内外劳务的下人竟有五六十人之多"②。信公兴是一个商务纷繁、家财颇富的大海商,而且在内外事务上较多地使用了雇佣劳动和委托代理。

　　前文第二个案例还为我们提供了有关海商行为的另一个内容:林清船上的商人与后去的张玉宇等人都是到五岛,即今天日本长崎西部海外的五岛列岛,把商货交与"倭牙五官六官,听其发卖"和"投牙一官六官零卖",前者还"赍送土仪"。可见他们不是直接带商货进入市场亲自发卖,而是由当地牙行负责出卖之事,这样,贩运商人即行商会少赚一些利润,但省却了许多麻烦,因为自己卖货并非简单之事,何况异国他乡,语言不通,现场行情不知。再说,"各商觅利,多至数倍",行商也已满足。与牙商即坐贾共享其利,利多于弊。这里所说的"倭牙"是谁? 是日本人,但不全是,也有大量的中国人。有明一代,中日之间既出现了倭乱,也存在着朝贡关系,日本官方欢迎中国商人前去日本贸易,变化发生在明清之际,即日本江户时代的开端。因此,明代中叶始,中国东南诸省,尤其是浙江、福建两地的商民为经商或为别的原因而前往日本,后来又留居日本(长崎一带)者人数很多,并与故乡保持密切的亲属关系和商业往来。明天启五年(1625年)四月戊寅,福建巡抚南居益题奏中有:"闻闽、越、三吴之人,住于倭岛者不知几千百家,与倭婚媾长子孙,名曰唐市。此数千百家之宗族姻识潜与之通者,实繁有徒。其往来之船名曰唐船,大都载汉物以市于倭,而结连崔苻,出没泽中,官兵不得过而问焉。即两汛戒严,间有缉获,而穷

①　分别见《宝历元年(1751)十二月郑青云等为陈明救助并送还日本难民情形事上日本国王申呈》和《乾隆十六年(1751)署宁波府知府黄发给行商郑青云之护照》,日本京都大学附属图书馆所藏"猪饲氏旧藏书"第201册,《唐国漂流记》,见〔日〕松浦章文:《乾隆年间海上贸易商人的几件史料》附文,冯佐哲译,《历史档案》1989年第2期,第136页,第135页。值得说明的是,这是一次送还日本海上难民之举,事关"圣朝柔远深仁"之事,因此是特发护照,所以多有规定:"为此牌仰行商郑青云,即便遵照船务,将又五郎等在途小心照看,加意供给。定限三个月回棹,取领日本王回照,以凭转请题复。事关圣朝柔远深仁,毋得在途逗留越贩,有误期限干咎。"
②　《通航一览》卷二一七,见〔日〕松浦章文:《乾隆年间海上贸易商人的几件史料》附文,冯佐哲译,《历史档案》1989年第2期,第134页。

海鲸窟,焉能尽歼?"①当然,从事倭牙经纪,无论是中国侨民还是日本坐贾,都可以作为中国海商在操作中外商务关系时的行为方式。叶权在分析倭乱起因时,认为"海寇之变,始于浙东,而终于浙西。方嘉靖丙午、丁未(1546、1547年)间,海禁宽弛。浙东海边势家以丝缎之类与番船交易,久而相习。来则以番货托之,后遂不偿其值,海商无所诉。一旦突至,放火杀数十人,势家缘宦力,官为达于朝,朱纨巡抚之出以此"②。明人何乔远《名山藏》也载,嘉靖年间"夏言为兵科给事中,言夷人仇杀之祸皆起市舶。礼部请罢之,而日本贡使绝矣。十八年(1539年),复以修贡请。许之,期以十年,人无过百,船无过三。然诸夷嗜中国货物,至者率迁延不去。贡若人数,又恒不如约。是时,市舶既罢,货主商家相率为奸利,虚值转鬻,负其责不啻千万,索急则投贵官家。夷人候久不得,颇构难,有所杀伤。贵官家则出危言撼当事者兵之使去,而先阴泄之以为德。如是者久,夷人大恨,言挟国王赍而来,不得直,曷归报?因盘踞岛中,并海不逞之民,若生计困迫者,纠引而归之,时时寇沿海诸郡矣"③。上述事例说明,在中、外市场之间双方贸易达到一定的信任度之后,一方有可能把商货留在对方手中,托其保管或是听其发卖,这对加快商人的运作很有好处。这种托付贸易的商务方式当然不止于中日之间的贸易,只要海外有中国人侨居,甚至只要是中国商人与对方的贸易关系保持良好,就有可能出现这种托付贸易方式。

(二)海商经营方式分析

综上所述,海上商人经营方式在明清时期的发展主要有如下几种:

其一,大多商人采用共船出海经营方式,合资租(雇)船、造船、买船;造船、买船者常在海外把船卖掉,既可获利,也可应付国内的禁海政策。

其二,商人与船主的关系,有兼而为之者,也有分而为之,分而为之的商人与船主两者间处以雇佣关系。

其三,商人向生产者赊进商品,外销后再归还赊欠。

其四,海商投资者有自己亲自经营的,也有不亲自经营而交由他人委托代理经营的。

其五,有的商人自己只完成经营中的长途贩运部分,而交易则采取托付经营。

其六,存在雇佣劳动。

---

① 《明实录》《熹宗实录》卷五三。
② 《贤博编》,不分卷。
③ 《名山藏》,《王亨记》卷一。

采用上述经营方式的海商在海外贸易上的运作又是十分灵活的,不论是在各贸易地之间作环状运作,还是改变原定目的地转向新的目标,都是灵活运作的表现。对于商人来说,要有利可图,就必须赶市场。海商赶市场的运作既给各国各地的当地人和西方商人送去他们需要的中国商品,也对西方商人形成竞争之势,使传统的贸易出现浓厚的近代世界市场竞争关系色彩。

南洋万丹各地原与中国有着帆船贸易传统,双方交易常以中国帆船带去的铅钱为媒介。这种市场交易形式在 17 世纪荷兰、英国殖民者和商人初来之时依然照旧,当中国帆船到时,当地商人将货物向中国帆船商人兑换银钱、铅钱,等别的国家商船到时,又以这种银钱、铅钱买货物。中国商人也往往等到别的国家商船来交易之后才启程返航。[①] 银、铅钱之间的兑换率是根据当地市场的行情决定的,当中国帆船来到并带来大量铅钱时,铅钱对银钱的兑换率很低;中国帆船离去之后,铅钱因流通而扩散,兑率渐次增高。荷、英商人因此利用其间差额牟取厚利,"当中国帆船要离开时,可以用一个西班牙古银币买进三十四到三十五贯铅钱,而不到一年的时间,等当地人民再以银币来兑换铅钱时,则每元银币仅换得铅钱二十到二十四贯"[②]。但如果中国商船不能按期到来,也就引起市场变化,令荷、英商人头疼。不仅是中国的商品,而且中国的合法与不合法的货币也直接主导市场,显示出在海外某些地区,中国商人在世界市场中的主角地位。

(三)郑氏集团的海上经营及其独特意义

论及海商的经营方式,我们很有必要说到郑氏集团。郑氏集团在商业运作上分山、海两路,有五商、十行,在中外贸易中做环状运动,形成了贸易网络。海内外贸易是维系郑氏集团的经济命脉,郑氏集团的领袖们在委派宗亲和亲信担任经营要职的同时,采取了重商政策,多次为在海外经商的商人事件与有关国家交涉。当时郑氏集团对外贸易不仅频繁,而且范围广、货量大,各商领袖动辄数万、数十万银两地贩货运销。"一,顺治拾壹年正月拾陆、柒等日,曾定老等就伪国姓兄郑祚手内领出银二十五万两,前往苏、杭二州置买绫绸湖丝洋货,将货尽交伪国姓讫。一,顺治拾贰年伍月初叁、肆等日,曾定老就伪国姓管库伍宇舍手内领出银伍万两商贩日本,随经算还讫;又拾壹月拾壹、贰等日

---

① 参见田汝康:《十七世纪至十九世纪中叶中国帆船在东南亚洲航运和商业上的地位》,上海人民出版社 1957 年版。又见《东西洋考》卷三《下港》。

② 《1605—1609 东印度万丹等地见闻录》(Occurrences at Bantans and other Parts of the East Indians from Oct. 1605 till Oct. 1609 with an account of the Martsand Commodities of those Parts)载查顿(E. Charton)《航程总汇》(New General Collection of Voyages and Travels),1744 年,第 1 卷,第 503 页,引自田汝康:《十七世纪至十九世纪中叶中国帆船在东南亚洲航运和商业上的地位》。

又就伍宇舍处领出银拾万两。"①为了便于经营,他们对沿海正在实施的海禁政策多采用贿赂清朝官吏的办法解决问题。"成功以海外岛屿,养兵十余万,甲胄戈矢,罔不坚利,战舰以数千计。又交通内地,遍买人心,而财用不匮者,以有通洋之利也。本朝严禁通洋,片板不得入海;而商贾垄断,厚赂守口官兵,潜通郑氏,以达厦门,然后通贩各国。凡中国各货,海外皆仰资郑氏。于是通洋之利,惟郑氏独操之,财用益饶。"②对外则以国家政权的形式予以交涉应对。1655年,在厦门的郑成功斥责荷兰人提出的中国商人不要去马六甲和巴林邦贸易以竞争市场的要求,并要求荷兰人不许再为难在马、巴贸易中已经受到巨大损失的中国商人。次年,又对不听警告的荷兰人实行贸易制裁。③令荷兰人也看到中国还是有一个保护商人的政权,会对他们不听警告的行为采取贸易制裁,给他们厉害。"因先年我洋船到彼,红夷每多留难,本藩遂刻示传令:各港澳并东西夷国州府,不准到台湾通商。由是禁绝两年,船只不通,货物涌贵,夷多病疫。"④荷兰人不得不妥协,郑成功才解除制裁。

由此可见,郑氏集团的经营方式一是海内外跨层次的网络性经营;二是宗亲性管理;三是具有比较突出的海洋经济观念和以政权形式实行重商政策。后一种方式与当时的世界海洋经济的潮流是一致的,也是同步发展的,而当时乃至以后200年中的清朝政府都没有去尝试过。

四 海商的精神特征⑤

具有海洋冒险经历和经商经验的中国海商在参与海外市场的行为中虽然也以经济利益为动机和富于竞争性,但在精神上却是受压抑的,他们的冒险往往是在压抑心态下的冒险。

(一)来源于社会的精神压抑与心理重负

与西方商人不同的是,参与近代世界市场互动的中国商人除了官准行商之外,难以得到国家的支持,他们不像西方商人那样,手里拿着自己政府、国会、君主颁发的特许证,到处去寻觅市场,闯荡海洋,开拓者为英雄,掠夺者是好汉;他们更多的时候像是逃犯,因为在以内陆文明为中心,以王权稳定、宗法

---

① 《福建巡抚许世昌残题本》,《明清史料》己编,第6本,第576页。
② (清)郁永河:《伪郑逸事》,不分卷。
③ 参见聂德宁、柯兆利:《郑成功与郑氏集团的海外贸易》,《郑成功研究》,厦门大学出版社1994年版,第312—324页。
④ 《从征实录》"永历十一年六月"条。
⑤ 此部分内容参见陈东有:《走向海洋贸易带——近代世界市场互动中的中国东南商人行为》,江西高校出版社1998年版,第208—219页。

伦理为制度核心的国度里，《大明律》和《大清律例》规定开拓者是罪犯，闯荡者被认为不安分。① 他们总有一种负罪感，特别是在政府的禁令时期，其行为虽然是为了经济利益，有时只不过是为了生存，也总是不那么理直气壮。所以，他们与西方商人的商业接触也就常常是神出鬼没，再加上茫茫大海的遮掩和零散岛屿的帮助，更显得如同官吏奏疏报告上所说的那般"贼"气。即使是官办行商，由于始终有"官"在上，在享受贸易特权和政府庇护的同时也多受限制与管制，他们拥有大量的金钱，所以能换来特权；又正因为他们有大量的金钱，他们也就受到更严重的盘剥，他们心中的压抑感也就更重，他们不得不用大量的精力来应酬各种关系，而缺乏西方商人的那种开拓的潇洒和闯荡的气魄。

集团海商主要活动于明代晚期，多随倭乱而起，除了郑氏集团延续到清康熙年间外，其余都随倭乱平定而被消灭。所以在与西方各国的贸易接触中，集团海商也就只是在 16 世纪中期到 17 世纪前期与侵扰中国沿海的倭寇有关系，与在中国沿海活动的葡、西、荷三国商人有关系。也正是集团海商活动的这种特征，使他们被明廷作为"贼"和"寇"对待。

"贼""寇"之论从明到清，也一直是出海商民头上的紧箍咒。从政府的角度来看，沿海渔、商违禁下海，便已是当诛之"不法"，是最贱的商贾中又"共所不齿"之人。这对海商的活动内容定了性，把海上商人推向了政府的反面。又正因如此，明代政府从中央到地方，很少愿意在对胡作非为的西方商人采取行动时，区别对待同时与西方商人进行贸易的中国商人。嘉靖二十七年（1548年）官兵围剿双屿葡萄牙商人，二十八年围剿漳州葡萄牙人，其中被杀人数是一笔糊涂账，有多少夷人，有多少中国人，中国人中又有多少是"贼"是"寇"是商是民，也是一笔糊涂账。史家同情朱纨者认为朱纨被劾自杀，是那些利益受到侵犯的地方士绅所致。但是这些士绅们所执朱纨求功心切、滥杀无辜的把柄也并非全是虚诬。

如果说顺治和康熙初年的迁界、禁海是为了剿郑还可以说是一种理由的话，那么雍正、乾隆两朝对出海商民的管制则毫无理由可言，而且其管制的残酷程度有时真令商民不寒而栗。

雍正十一年（1733 年），福建漳州商人陈巍、杨营先后从噶喇吧携眷私渡回国，均为地方侦获，最后分别捐谷八千石和五千石免罪。②

福建龙溪人陈怡老于乾隆元年（1736 年）往广东搭船去噶喇吧，娶了一个

① 《大明律》，《皇明制书》卷一三、卷一四，中国台北成文出版社有限公司据万历刻本影印本。《大清律例》卷二〇，天津古籍出版社 1993 年重排本。
② 郝玉麟等奏折，雍正十一年十二月二十六日，中国台湾故宫博物院：《雍正朝宫中朱批奏折》第 23 册，引自韩永福：《清代前期的华侨政策与红溪惨案》，《历史档案》1992 年第 4 期，第 103 页。

当地女子为妾,生二子一女。十四年五月,他带着妾及子女等搭船回国,打算奉养老母。他还携有大量的银货,所以行动格外慎密,船至厦门大担门外,改雇渔船,于六月二十二日秘密回到家中。不料,刚到家,即为地方官侦知,他和妾、子女一并被捕,并由福建巡抚潘思矩迅速向上奏报。① 乾隆对此案非常重视,屡催严审,最后于十五年五月准刑部所议:"陈怡老应照交结外国互相买卖借贷、诓骗财物、引惹边衅例,发边远充军,番妾子女金遣,银货追入官。"②

这种惩罚会给参与海外市场的商民造成多大的压抑,可想而知。

经商可以致富,但不能致贵。富不过是有钱,贵才是伦理社会所重的地位。富者须向贵者发展,才有保障。所以一旦有官可买,富者常以钱捐官,以富求贵,扬州盐商如此,广州行商也如此。捐官之后可出入官场,结交权贵,虽然受某些权贵的盘剥还会增加,但安全感强多了。有的商人没有捐官的机会,或没有去捐官,但是他们大多也会鼓励自己的子孙好好读书,以谋仕途。这种"富贵"观念实在是经商者心中受压抑的表现。

有时,以钱捐官谋贵之后,也不一定就能卸下心理压抑的重负。《蜃楼志》中的主人公苏万魁是广州行商商总,在对外经商中发了一笔大洋财,"家中花边番钱整屋堆砌,取用时都以箩装袋捆",大凡对他家奢靡生活的描写都可以看做广州行商的真实写照。他也捐了一个五品职衔,所以也是一个体面人物,"向来见督抚司道,不过打手请安,垂手侍立"。但是仍然受到新来的海关关差(监督)的勒索,受到拘留班房和毒打的凌辱,结果还是交纳 30 万两银子才了事。苏万魁对此事的体会是"若不早求自全,正恐身命不保",于是急流勇退,弃商归田。他的儿子苏笑官由此而悟出的道理是父亲"到底是看银子太重,外边作对的很多",于是干脆焚券济民,施财近色。这两代人的心理的确揭示了当时社会对商人,特别是对海商的沉重压抑。③

（二）重压之下不顾一切的冒险

海洋生活造就了海商比内陆商人更浓厚的冒险个性,这种个性丝毫不亚于西方商人。而悠久的区域性海上交易活动又形成了其与内陆经济活动向内用力不同的向外用力的思维定势,其开拓意识与闯荡意识也不亚于西方商人。明清时期大凡论及沿海商民的奏疏文章,不论其用词色彩如何,都不同程度地承认沿海商民的这种冒险特性和思维定势。

---

① 中国历史博物馆藏潘思矩奏折,乾隆十四年七月十四日,引自韩永福:《清代前期的华侨政策与红溪惨案》,《历史档案》1992 年第 4 期,第 103 页。

② 《清实录》《高宗实录》卷三四六。

③ 《蜃楼志》,第一回《拥资财讹生关节 通线索计释洋商》,第二回《李国栋排难解纷 苏万魁急流勇退》,第九回《焚凤券儿能干蛊 假神咒僧忽宣淫》。

当西方商船接踵而来，中国海商远比政府更为迅速地予以反应，原因无他，因为西方商船运来的是利润，是白银或银元，所以"趋之若鹜"。当海市开放，中外通商自由之时，我们就会看到梅岭山路上挑夫的繁忙和广州市场上商人的和气以及闽浙海道上船主的从容。一旦禁令公布，管制实施，便是别一种晦色了。禁令毕竟禁不了人的生存本能，管制也管不了人的发展欲望，只是在禁令和管制中如何去寻找生存与发展的夹缝而已。在生存问题上的禁令，往往制造出禁者与被禁者的敌对关系，这种敌对关系在可以进行封闭性统治的内陆地区往往是下达禁令的统治者处支配地位，但是在无法进行封闭的海洋水域，禁令难以实施，敌对关系的双方往往发生冲突。当禁令过严，造成求生存违禁是死，不违禁无法生存也是死的死路时，人们就只能选择违禁了。又由于与政府形成了敌对意识，原本就很淡薄的国家观念不可能促成他们的爱国行为，所以当葡萄牙人、西班牙人、荷兰人、英国人先后试探着想在闽浙沿海建立自己的贸易据点时，东南商人立即在南澳、浯屿、宁波、双屿等处同他们展开了交易，有的人还成为诱使西方人占据海岛的"内奸"。葡萄牙等国商人初时占用澳门，广东官吏见多次驱之不去，只得采用"姑从其便，而严通澳之令"的办法，"俾中国不得输之米谷种种，盖欲坐而困之，令自不能久居耳。然夷人金钱甚夥，一往而利数十倍，法虽严，不能禁也"[1]。此举不妨看做政府施禁与商民违禁的一个缩影。米谷不能禁，何言其他。近在咫尺不能禁，何言远岛。澎湖属漳州管辖，若有快船，来回也不过三天航程[2]，所以荷兰人从澳门败下阵来，受中国商人的导引来到澎湖，"海滨人又有潜装华货往市者"，即有漳、泉商人前来贸易。荷兰人去了台湾，"海滨之民，惟利是视，走死地如鹜"，前去贸易。按理，中国的海商也可以凭依当时已有的先进航海技术去外海外洋开拓新的天地，至少可以在自己的领土上自由地与前来贸易的各国商人交易，提高中国市场在世界市场上的地位，既富己，又强国。然而事情并非如此。明清历朝坚持内陆王权中心之论，大多以朝贡原则裁判贸易，对沿海商民向外用力多以管制，少以放任，决无鼓励；以之为贱民，处之以苛敛，更无保护。所以沿海商民的开拓精神基本上只是以非法方式发挥。地方势力往往以本地为活动中心，利用地利和人和关系采取冒险行为，即使是最有闯荡本事的几个海商兼海盗集团，也并没有冲向太平洋外洋的气魄和游弋印度洋的动机。从行为到思

---

① 《粤剑编》卷三《志外夷》。

② 康熙二十一年七月，太子少保、提督福建水师总兵官、右都督施琅为证明乘南风进剿澎台"无不摧枯拉朽之势"，于六月初组织快船试探澎湖。初四日午刻，从漳浦东南的古雷洲开船，次日未时到达澎湖列岛中处西南方向的猫屿。初六日未时各船返回，初七日到大境，初八日到厦门归汛。可见快船去澎湖只需 13 个时辰，即 26 个小时。见施琅：《决计进剿疏》，《靖海纪事》上卷，王铎全校注，福建人民出版社 1983 年版，第 63—64 页。

维都受到历史和现实的限制,所以他们的冒险行为只不过是为短浅私利而不顾一切地拼死一搏。因搏而死,死得其所;搏而未死,下次再来;赚一笔是一笔,得一次算一次。

在关于明代倭乱研究的成果中,明代中晚期的所谓倭乱多数是闽浙沿海商民所致,所谓倭寇也大多是中国人而非日本人,集团海商便在其中扮演了重要角色。所谓"诸先民有言:市通则寇转而为商,市禁则商转而为寇",已道破集团海商为寇或海上商人集聚成团而为寇之"天机"。而朝廷却并不去具体分析,也做不成具体分析,因为官府已把海商置于自己的对立面。于是海商也就只好站在对立面行事,置之死地,那就只有在死地谋求生存。海商,不仅是集团海商,也包括并未形成集团的海商,其趋利动机中不可能包含除了个人私利、宗族乡族利益之外还会有什么国家的利益在内,许多人连国家的概念、国家的区域大小都不知道;甚者破罐子破摔,既然已是罪犯、盗贼,那么再加上导引番夷占自己的国土、掠自己家园也就不是什么惊人之举了。他们的冒险,是极端的图谋私利而不顾一切;他们的竞争,是不论手段的拼死一搏。而那些武装起来的海上集团商盗,则凭依自己组织的力量,为了自己的利益,无所不为。

压抑心态下的冒险,不仅实现了"市禁则商转而为寇",而且使商人往往丢掉关系商业生命的商业信誉。

以诚取信的传统一直支配着大多数中国商人,并被看做一种美德和职业伦理,明清时期也是如此。但是传统的原则只有在传统的价值观和商利观中才能坚持,只有在双方都一致首肯传统的环境中才能实施。16世纪始,这种环境发生了变化:一是西方商人带来了他们的价值观和商利观;二是明清政府更多的是对海外贸易采取管制和限制。从事海外贸易的中国海商由于在经济上可以给当地官府和官吏带来一些好处而受到地方政府和一些官吏某种程度的重视的同时,在伦理上总是感受到压抑与扭曲。[1] 中国海商已不再是处于传统的贸易环境中,而是处于极为复杂的海上贸易环境之中。由于心理压抑而产生的冒险是不顾一切的,包括诚信和契约,压抑心态下的行为不可能时时处处规范。

1548年和1549年,中国军队两次分别在浙江双屿和福建漳州围剿葡萄牙人,起因虽是葡人抢、杀中国商民,但葡人的暴行又是由于中国商人借贷不还引起。[2] 中国商人与西方商人之间发生借贷关系,已经表明商务关系的密切,而且当时葡人在浙闽经营的时间并不长,足见其商务关系发展之迅速。其

---

[1] 陈东有:《明清"抑商"二分说》,《南昌大学学报》1996年第2期。

[2] 这两次事件的起因有多种说法,这里采取周景濂的分析,见《中葡外交史》第5章和第6章,商务印书馆1991年版。

实商务关系中的借贷并非简单之事,既有纯然的借贷,也有可能是外商采用托付经营的办法与中国商人发生商务关系时转化成的借贷,或曰欠债。有胆量冒险冲破重洋来中国交易的欧洲商人绝不是傻瓜,中国商人借贷只有在充垫资本的时候,欧洲商人才会慷慨解囊,预付若干商款也是正常的资金托付。中国商人在得到这种资金后,不能按期交付商货,又不能按期归还贷款,于是构成商务冲突。清乾隆年间,广东十三行大部分行商发生欠英商巨笔债款,并因此受到朝廷惩处和出现破产。"乾隆二十四年十二月军机大臣议准原任两广总督李侍尧条奏:内地商人等有向外夷违禁借贷者,照例问拟所借之银查追入官等因在案。"①欠债不还,失去信誉,原因固然是多方面的,但放弃诚信的心理因素是长期受到压抑所致,是一种不正常的冒险。

第三节 明清时期的疍民社会②

在明清海洋社会各群体中,受国家海洋政策及海洋社会经济影响,冲击最大的,恐怕还是一支数量庞大、终年浮荡海洋、以舟为家、居无定踪、以渔为生的少数民族群体,这就是名副其实的海上人家——疍民。一方面,渔禁政策强制性地逼他们上岸,而陆上居民又视他们为卑贱之流,不容他们登岸居住,使他们进退维谷,生活茫然;另一方面,历史形成的生活技能和生活习性决定了他们的生活空间仍在海洋,在当时特定的历史条件下,向海洋发展仍是他们主要的选择;再一方面,海禁政策虽使他们的生产空间减少,但蓬勃发展的海洋社会经济却为他们向海洋发展提供了新的历史机遇,弥补了他们单一的以渔为生的经济模式,拓宽了他们的发展空间和活动舞台。疍民在海洋社会中向多元经济进发的过程,也正是他们与海洋其他社会群体融合发展的过程。

一 疍民社会的传统生活模式

提起疍民,我们的眼前就会浮现出宋人乐史在《太平寰宇记》中所描绘的"生在海上,居于舟船,随潮往来,捕鱼为活"的画面。的确,在海洋社会经济的大潮和国家海禁政策未干扰他们平静的生活以前,疍民所传承的就是这种"耕海"的生活模式,甚至是在受到冲击后直至新中国成立前,相当一部分疍民也

---

① 《粤海关志》卷二五。
② 此部分内容参见欧阳宗书:《海上人家——海洋渔业经济与渔民社会》,江西高校出版社1998年版,第97—119页。

还保持着这种古老的"以舟楫为宅,捕鱼为业"①的传统模式。具体地说,这种模式有以下几个特点:

其一,以渔为业。中国古代沿海的渔民大体可分为两类:一类是以渔为生的专业渔民,一类是以渔为副业的兼业渔民。疍民就属第一类。他们自祖先走向海洋开始,干的就是捕鱼的活。捕鱼之外,几乎无其他经济行为。所以疍民的生产形式极为单一,捕获的鱼除一部分食用外,其余则换取其他生活资料,维持简单的再生产。屈大均在《广东新语》卷二《地语》中对疍民的这种生活方式作了描述:"各以其所捕海鲜连筐而至。疍家之所有,则以钱易之,疍人之所有,则以米易。……尝为渔者歌云:船公上樯望鱼,船姥下水牵纲,荡篮白饭黄花(皆鱼名),换酒洲边相饷。"又云:"鳝多乌耳,蟹尽黄膏。备粳换取,下尔春醪。"

其二,以舟为宅。屈大均说:"诸疍以艇为家,是曰疍家。"②广东《高要县志》说:"疍户其种不可考,以舟楫为家,捕鱼为业。"清雍正皇帝说,疍户"以船为家,以捕鱼为业"。因此,疍民与居住陆地的专业渔民有一显著区别,就是疍民是名副其实的水上居民。"疍家艇"既是疍民生产劳动的工具,又是他们栖身生息之所。"艇"既是一个生产经营单位,又是一个家庭单位。哪里有鱼,他们就泛舟到哪里去;打完鱼后,就迁往他处。因此,他们是居无定踪,终年浮荡在海上;也可以说,广袤的大海就是他们的家。

其三,组织松散。从整体数量上来说,疍民是个不小的海洋社会群体。根据叶显恩先生研究,仅广东一省,在明代就有疍民 50 万,清代增达百万之众。③ 但是,由于在生产劳动上他们采取的是分散作业的经营形式,具体地说,是一家一艇独立生产,操舟打鱼,各行其是,各去各方,自食其力,自给自足;子女长大成亲后,又分艇成家,所以很难扩大亲属群组织,难以形成如陆上汉人宗族般具有内聚力的共同体。

其四,妇女勤劳。疍民除了男子勇敢外,妇女也十分勤劳。在海上,她们既要承担生产劳动的任务,又要承担做母亲的职责,乘风破浪,毫无畏惧。关于这点,屈大均也有过生动的描述:"舟人妇子,一手把舵筒,一手煮鱼。橐中儿女在背上,日垂垂扣负瓜瓠。板罾摇橹,批竹纵绳,儿女苦襁褓,索乳哭啼,恒不遑哺。"④

其五,地位低下。在中国古代,疍民的生活普遍比较贫苦,衣食难以自给。

① 顾炎武:《天下郡国利病书》卷一四〇《广东·八》。

② 《广东新语》卷一八《舟语》。

③ 叶显恩:《明清广东疍民的生活习俗与地缘关系》,《中国社会经济史研究》1991 年第 1 期。

④ 《广东新语》卷一四《食语》。

不管冬寒夏炎，男人一般只穿一件短袄，妇女则只围一条布裙，而且都是三年一换，光着脚板出没于波涛之中，无论男女，同样穿木屐。① 造成这种状况的原因很多，主要有这么几点：第一，千百年一成不变的一家一艇的小生产经营模式决定了他们的渔业生产只能维持在一个较低的水平，决定了他们难以向大规模的渔业生产方向发展，因而只能维系一种低产的简单再生产发展水平。第二，产业单一，缺乏其他经济来源。第三，承担着繁重的鱼课，疍民虽生活在海上，但同样必须接受沿岸官府的管束，生活虽然艰苦，但鱼课却不免征，如清康熙年间，广东崖州对疍民征收鱼课繁重，“各里疍户，无力包赔”②。疍民本来就是被迫无奈而下海的，兼之经济地位低下，所以社会政治地位也极低。例如，明代官方就从法律上把疍民与乐户、佃仆、惰民、娼妓、优伶等同属一类，都属贱民阶层，备受剥削与欺压、凌辱。法律还规定其不准上岸定居，不准与陆上人通婚，不准入学读书，不准参加科举考试，不准与凡人通婚等。不仅官方如此，在民间，疍民也是长期受陆上居民的民族歧视和阶级压迫的，正如清雍正皇帝所说：“粤民视疍户为卑贱之流，不容登岸居住，疍户亦不敢与平民抗衡，畏威隐忍。跼蹐舟中，终身不获安居之乐。”③珠江三角洲沙田区的疍民还有一首哀怜自己备受歧视的歌谣：“水大鱼吃蚊，水干蚊吃鱼，大欺小，小欺矮，无可欺，就欺疍家仔。”④

二 海禁政策下疍民社会生活模式的转型

应该说，明清海禁政策对整个海洋渔业乃至整个海洋产业都产生了巨大的冲击，但冲击最大的还是那些世代生在大海、长在大海、以舟为宅、以渔为业、与大海相依为命的广大疍民。面对着消极、保守、反动、残暴、强制的海禁政策，广大疍民可说是进退维谷、水深火热。一方面，政府对于他们只是采取简单的安置性移民的做法而非建设性移民，具体地说，就是只以完成从海洋到陆地迁徙的目的而不管他们在陆地上如何安家立业、重建家园。另一方面，长期形成的世俗偏见和产生的民族歧视又使得陆上居民本能地拒绝疍民上岸、走入他们的生活圈，不给他们提供生存的空间。再一方面，对于长期生活在海上、一登上陆地就“晕陆”，极不适应陆居环境的疍民来说，突然性地、强制性地把他们赶上陆地，无疑是把他们推向绝境。这样，在陆上居民的排斥和疍民本

① 《广东新语》卷一四《食语》。

② （清）张口，邢定纶、赵以谦纂修：《崖州志》卷一三《海防志三》，郭沫若点校，广东人民出版社 1983 年版，第 443 页。

③ 见瞿宣颖纂辑：《中国社会史丛钞》甲集七《民族・疍户》，根据商务印书馆 1937 年复印上海书店 1985 年版，第 389—391 页。

④ 转引自叶显恩：《明清广东疍民的生活习俗与地缘关系》，中国社会经济史研究 1991 年第 1 期。

身的求生欲望的共同作用下，政府的海禁政策在执行过程中就要大打折扣了。为了做到既贯彻海禁政策，又不致使疍民失其生存的希望转而为盗，朝廷和地方也制定了不少管理疍民的办法。如明人花茂就提出把疍民编入民兵以便管束："疍户附居海岛，遇官军则诡称捕鱼，遇禹贼则统统为盗寇。飘忽不定，难于奸诸，不若藉以为兵，庶便约束。"①但是，这种办法在实践中是失败的。如在广东兴宁县，明洪武初年有疍艇400余只，崇祯年间仅存40余只，而到清康熙十八年（1679年），"查点船只，仅十余只"，究其原因，就是因为"兵役以来各徙别地逃窜躲差"②。最有名的且在广东沿海实施的，还是明人周希耀提出的"编疍甲以塞盗源"。他说："看得海洋聚劫多出疍家，故欲为海上靖盗薮，必先于疍家穷盗源。何也？疍艇杂出，鼓棹大洋，朝东夕西，栖泊无定。或十余艇，或八九艇，联合一艇同罟捕鱼，称为罟朋。每朋则有料船一只随之酾鱼，彼船带米以济此疍。各疍得鱼归之料船，西相贸易，事诚善也。但料船素行鲜良，每伺海面商渔随伴船少，辄纠诸疍乘间行劫，则是捕鱼而反捕货矣。弥道之方总不外于总甲。今议十船为一甲，立一甲长，三甲为一保，立一保长，无论地僻船稀、零星独钓、有无罟朋、大小料船，俱零附搭成甲编成一保，互结报名，自相觉察，按以一犯九坐之条并绳以朋罟同艐之罪，甲保一严，奸船难闪，则盗薮清而盗源塞矣。"③这种办法虽然便于统一管理，但是一则缩小了疍民的生产空间，二则限制了疍民的生产自由，三是在温饱不能自给的情况下仍要受河泊所征收渔课的管束，所以必然是要遭到疍民的反抗的，因而也是注定要失败的。那么，在进退两难的情况下，疍民是如何求生存与发展的呢？

事实上，明清海洋社会经济发展的本能驱动力，对朝廷海禁政策的贯彻推行不能不构成冲击，因而随着禁海时间的推移，中央的海洋政策在具体的实施过程中会不断弱化，越来越大打折扣；另一方面，在这种海禁政策的高压下，中国海洋发展的传统模式既已遭受到巨大的冲击，那就必然产生转型，这种转型恰恰为中国这一古老的东方海洋大国的海洋发展注入了强大的生机和活力，驱动着中国海洋社会朝着近代化、现代化迈进。明清海洋社会经济的显著特点是：传统的海洋产业正是在这一时期朝着近代化和现代化发展方向迈开步伐的，一些新的海洋产业在这一时期开始茁壮成长；多方位的海洋开发既广泛吸纳了过剩的沿海劳动人口，缓解了沿海地区的就业压力，又有力地辐射并拉动着内陆经济的发展；辽阔的中国海洋不仅是中国内陆经济和海洋经济的接

① 道光《琼州府志》卷一九下《海黎志四》，《防海条议》。

② 见瞿宣颖纂辑：《中国社会史丛钞》甲集七《民族·疍户》，根据商务印书馆1937年复印上海书店1985年版，第389—391页。

③ 道光《琼州府志》卷一九下《海黎志四》，《防海条议》。又见《广东新语》卷一八《舟语》。

轨点,也是中国经济与世界经济的接轨处。可以说,明清海洋社会经济对其时海洋社会的各个层面都有着巨大的冲击,疍民社会自然不例外。海洋社会经济的转型及其新的发展方向,既冲击着疍民一家一艇的生活、生产的传统模式,又促进了疍民与汉民族的融合,一起实现了海洋经济在这一时期的转型和发展。具体说来,主要表现在以下几个方面:

(一)渔业生产朝专业化、多样化发展

明清海洋渔业的全方位发展也有力地推动着疍民渔业生产的发展。传统的一家一艇的妻子摇橹、丈夫撒网、哪里有鱼就在哪里捕捞的作业方式,在明清时代已受到有力冲击。疍民也同陆地渔村的渔民一样,生产是朝着专业化、多样化方向发展的,单一的捕捞形式在明清时代已不复存在了。如据屈大均统计,明末广东疍民的捕捞形式就有大罾小罾、手罾、罾门、竹箔、篓箔、摊箔、大箔小箔、大河箔、小河箔、背风箔、方网、辏网、旋网、竹笭、布笭、鱼篮、蟹篮、大篊、竹篊等19种。[①] 这是明以前所未有的。实际上,明清疍民的渔业作业方式远不止这些,我们从《广东新语》的记载中就可清楚地看到这点。除了捕鱼以外,采珠也是明清疍民经常从事的一种生业。例如,明末清初,广东疍民经常前往越南(交趾)附近采珠。其时,"海中有珠子树,其状似柳,蚌生于树。树上得蚌,蚌上得珠"。屈大均曾为此写了一首诗:"家家养得采珠儿,兼采珊瑚石上枝。珠母多生珠子树,海中攀折少人知。"[②]尤有进步意义的是,明清时代的疍民已由古老的采捕型渔业向现代生产型渔业迈进,具体地说,就是由海洋捕捞向水产养殖方向发展。这里以疍民主要集中地——广东省为例。明清时代,该地的疍民不仅发展了海水养殖业,如养蚝、养蝠、养白蚬、养虾,而且还发展了大规模的淡水养鱼业。例如,广东南海九江村就是当时名震全国的淡水鱼苗养殖基地,许多疍民都是以养鱼花(鱼苗)为业,称为"鱼花户"。该地的鱼苗不仅销往两粤,而且远销江西、福建、湖南、湖北,"无不之也",养殖的鱼苗有草鱼、鲢鱼、鲤鱼、鲫鱼、鲸鱼、鲩鱼等。这不但促进了当地渔业经济的发展,而且也为地方财政带来了一笔不小的收入来源,同时也不危及海洋安全,所以官方支持,疍民也拥护。[③]

总之,海洋社会经济的发展驱动着疍民渔业经济朝着专业化、多元化方向发展。

---

① 《广东新语》卷一五《舟语》。
② 《广东新语》卷一五《货语·珠》。
③ 参见《广东新语》卷二〇《鳞语》"鱼花"、"养鱼种"、"鱼饷"条。

（二）由个体、分散经营向集体、合作制经营发展

疍民虽是一个人口不少的中国海洋少数民族，但千百年来始终传承的是个体的、一家一艇的经营形式，各艇之间在生产上基本保持了各自的独立性。明清以后，这种个体的经营机制难以适应蓬勃兴起的以社会化、组织化为特征的海洋社会经济的发展。于是乎，一种新的集体化、合作化的生产组织形式在疍民社会中蔚然兴起。例如，南海海域有一种巨鱼，称为海鳅鱼，它是"海鱼之最伟者，大者不可限量，有长数百里，望之如连山者，小者亦千余尺，背常负子以游"①。这种大鱼在明清时代只有勇敢无比、水性极强的疍民敢于捕杀。而对如此庞然大物，个体的小艇是无能为力的，疍民便采取了集体的合作形式。如在广东高州府，疍民捕杀这种鱼的过程是这样的："疍户聚船数十，用长绳系铁棒掷击之，谓之下标，三标后，鳅负痛行船尾之，俟其毙，连船曳绳至水浅处屠之。无鳞皮黑色，身有三节痕，一鱼之肉载十余船，货钱数十万。"②而在广州府，方法虽异，但集体合作形式则是相同的："疍人善没水，每持刀楔水中与巨鱼斗，见大鱼在岩穴中，或与之嬉戏，抚摸鳞鬣，俟大鱼张口，以长绳系钩，钩两腮，牵之而出。或数十人张罛，则数人下水，诱引大鱼入罛。罛举，人随之而上，亦尝有被大鱼吞啖者。或大鱼还穴，横塞穴口，已在穴中不能出而死者。海鳅长者互为里，背常负子，疍人辄以长绳系锭飞刺之。俟海鳅子毙，拽出沙滩，取其脂，贷至万钱。"③疍民的集体化、组织化生产不仅仅表现在捕杀大鱼上，也表现在一般的渔业生产上，罛朋制就极具典型性。所谓罛朋，就是"或十余艇，或八九艇联合一罛，同罛捕鱼，称为罛朋，每朋则有料船一只随之醃鱼，彼船带米以济此疍，各疍得鱼归之料船，两相贸易，事诚善也"④。这实际上是一种生产、加工、销售相配套的经济组织。这种组织形式的出现深刻表明，传统的、个体的、分散的经营机制难以适应规模化、社会化海洋社会经济发展的需要，疍民已从自给自足式的自然经济走向较为开放的海洋社会的商品经济，就必然会走向合作化、集体化之路。

（三）疍民角色的多元化发展

多方位、多层次的海洋社会经济的开发浪潮有力地冲击着疍民千百年不变的以渔为生的单一的经济结构。伴随着疍民经济向多元化发展，疍民的角

---

① 道光《琼州府志》卷五《舆地》"物产·鳞类"。

② （清）杨霁修、陈兰彬等纂：光绪《高州府志》卷五《舆地》七"物产"。

③ 《广东新语》卷一八《舟语》。

④ （明）周希耀：《海防条议》，载道光《琼州府志》卷一九下《海黎志四》"海防条议"。

色也随之呈现出多元化特征。除保持自己的本色——渔民外,明清时代的疍民还经常充任以下一些角色:

1. 佣工,亦即廉价的劳动力

蓬勃兴起的海洋社会经济在有力地冲击疍民单一的经济模式的同时,也为广大的疍民提供了许多新的就业机会。虽然疍民的海洋生存能力和海洋劳动技能决定了他们必然会成为各产业受青睐的劳动力,但是,长期形成的寄人篱下、受人歧视的社会地位也决定了他们一时间是很难改变身份面貌的,换言之,他们仍然只能成为佣工,通俗地说,即是廉价的劳动力。据现有的史料来看,疍民成为佣工的领域很广,先以渔业领域为例。明清大规模的海洋渔业的兴起,使得一时间渔业劳动力紧缺,受到大生产冲击而濒于破产的疍民劳动力就蜂拥而入。在当时的渔场,由地方豪绅做老板,驱使疍民集体劳作的场面随时可见。例如清代广东澄海有一种大型的渔业作业方式,名为"扣圈",其主要劳动力就是疍民。又如在广东高要县,"每岁春末夏初为鱼花节,县境自羚羊峡以上鱼步八十七,峡以下九十四。有疍步,有民步。民步则疍往佣为捞鱼,疍步则疍户自输官租,佃于民,还为之佣"①。再以采珠为例。明清两代的珠池采珠一般都是官府行为,而充当采珠劳动力的又主要是疍民。其生产过程在明人时盛的《水东日记》、明人朱国祯的《涌幢小品》及屈大均的《广东新语》中均有记载。② 兹以《水东日记》卷五所载为例:"珠池居海中,疍人没而得珠,割珠。盖疍丁皆居海艇中采珠,以大舶环池,以石悬大绳,别以小绳系诸疍腰,没水取珠。气迫则撼绳,绳动,舶人觉,乃绞取,人缘大绳上……闻永乐初,尚没水取,人多葬鲨鱼腹,或只绳系手足存耳。因议以铁为耙取之,所得尚少。最后得今法……珍珠初采一万四千五百余两,大约三石五斗。次年,采九千六百余两,每百两余四五两,大约一升重四十六七两。……"可见疍民充当佣工所干的都是一些粗放的、艰苦的甚至是一些危险的且受剥削的工作。

2. 海盗

长期受歧视、受剥削的地位也使得疍民具有较强的反抗性,兼之他们文化素质低,官方又难于管理,所以走上海盗抢劫之路也就势在必然。明清海洋社会经济的兴起,在相当大的程度上是一种群众行为,而非政府组织行为,这也就决定了当时海洋社会经济是一种自发的、非有序的无政府状态下的经济活动。既然政府的控制力难以作用于当时的海洋社会经济,那么抢劫就必然会

---

① 载《高要志》,转引自瞿宣颖纂辑:《中国社会史料丛钞》,上海书店1985年版,第389—391页,根据商务印书馆1937年版复印。

② (明)叶盛:《水东日记》卷五;(明)朱国祯《涌幢小品》卷二六;(明)屈大均:《广东新语》卷一五《货语·珠》。

成为一种不光彩的职业。在这方面,疍民以其高超的海洋生存能力和凶猛的性格特征显示出了明显的"职业优势"。关于他们危害海洋安全成为令人生畏的海盗的记载是不绝于书的。如屈大均的《广东新语》有如此记载,疍民"以其性凶善盗,多为水乡祸患。曩有徐、郑、石、马四姓者,常拥战船数百艘,流劫东西二江,杀戮惨甚,招抚后,复有红旗白旗等贼,皆疍之枭雄。其妇女亦能跳荡力斗,把舵司橹,追本逐利。……粤故多盗,而海洋聚劫,多起疍家。其船杂出江上,多寡无定。或十余艇为一㮶,或一二众至十余众为一朋,每朋则有数乡船随之酾鱼,势便辄行改攻劫,为商旅害,秋成时,或即抢割田禾,农人有获稻者,各以钱米与之,乃得出沙,其为暴若此"①。再如明王怡享《粤剑篇》卷之三《风土志》载:"疍民以船为家,以渔为业,沿海一带皆有之。聚而为盗,则横劫海面,亦多为大盗行劫。"例子不一而足。疍民的这种或以战船数百艘,或以十艇为一㮶的形式,行劫海岸、危害商旅、抢劫农民的行为,实在是极不光彩的。它不仅败坏了疍民的形象,更影响了海洋社会经济健康、有序地发展。

3. 水军

从明初开始,鉴于疍民在海洋聚众为盗、惹是生非,同时也鉴于水军力量的薄弱,政府就推行了一项两全齐美的政策,这就是让疍民充当水军。此项建议最初是在洪武十七年(1374年)由指挥花茂向皇帝提出的:"广东南边大海奸宄出没捕逃,疍户附居海岛,遇官军则诡称捕鱼,遇番贼则同为盗寇。飘忽不常,难于奸诘,不若藉以为兵,庶便约束。又请设沿海依山二十四卫所,筑城浚池,收集海岛隐料无籍等军,仍于山海要害地方立堡屯军以备不虞。皆报可。"②具体实施办法是:"疍人为水军之制:择其二三智勇者,为之大长,授以一官,俾得以军律治其族,与哨船诸总,相为羽翼。……则上无养兵之劳,而水师自足。一旦有事,旦暮可集矣。"③明清时代,疍民充当水军的数量不在少数,如仅在洪武初年,明朝曾将属于广州管理的疍民一万余人充当水军。④又如,在明永乐四年(1406年),皇帝命丰城侯李彬等沿海捕倭,"招岛人、疍户、贾竖、渔丁为兵"⑤。再如,明代福建滨海区有所谓"渔兵"之役,这也是由当地疍民充当的。⑥

---

① 《广东新语》卷一八《舟语》。

② 《明史·花茂传》。

③ 《广东新语》卷七《人语》。

④ 参见(清)阮元:《广东通志》卷一八七《前事略》。

⑤ 见(清)周学曾等纂修、晋江地方志编纂委员会整理:《晋江县志》卷五《海防志》,福建人民出版社1990年版,第97页。

⑥ 参见(明)王家彦:《闽省海防议》,收入《古今图书集成》之《方舆篇·职方典》卷一○三二《福建·总部·艺文一》。

4. 商贩

长期养成的以鱼换取生活必需品的经济传统,使得疍民虽然处于类似自给自足的小生产的状态,但商品交换和商品买卖的意识却极为浓厚。以商品走私、商品贸易和商品买卖为重要特征的明清海洋经济的蓬勃兴起,更促进了疍民社会商品经济的发展。于是乎,一部分疍民就走上了商贩的道路。例如,在明清广东沿海城镇的一些集市上,疍民商贩比比皆是。所谓"茭塘之地濒海,凡朝虚夕市,贩夫贩妇,各以其所捕海鲜连筐而至。虰家之所有,则以钱易之;疍人之所有,则以米易"①。"顺德之容奇、桂州、黄连村,吹角卖鱼"②,"中妇卖鱼,荡桨至客舟前,倏忽以十数"③,"男贩鱼花,妇女偎爱蚕"④等讲的就是疍民贩卖鱼虾的情况。实际上,疍民商贩除卖鱼外,还贩卖花果。例如,清代广东番禺,每年端午节时,"士女乘艇,观竞渡于海珠,买花果于疍家女艇中"⑤。据张寿祺先生研究,19世纪中期以后随着广州经济的不断发展,珠江河面上更增添了一种经营饮食业的流动性疍家艇,在广州市珠江东堤水面、荔枝湾、东海、大坦尾水面,出售"艇白粥"、"炒沙河粉"等特色小吃。当时,在广州市东堤或大坦尾运输谷米商品或其他商品的民船,或在荔枝湾头的游人,一招手,这种出售饮食的小艇便倏忽而至,售出他们的粥品和粉类。又据张先生研究,由清末至20世纪二三十年代,广州市东堤泊有一种巨大的画舫,专供当时达官贵人、巨商、大贾饮宴之用。这种画舫的经营,就是由极少数富有的疍民与陆上的豪绅合伙经营的。⑥

5. 渡船船工

随着疍民由海洋向内陆江河发展(下文将详加阐述),疍民又增加了一个新的角色,这就是渡船船工。如在广东珠江三角洲,由于该地为水网之区,村与村之间常有小河,人们往还,必须借助渡船。这种渡船的船工便是由疍民充当。⑦

可以说,在明清时代,疍民与其他渔民一样,在海洋社会经济的大潮中是充当了多种角色的,这里就不一一列举了。

(四)内陆化与汉化:疍民社会由海洋向内陆的发展

尽管陆上居民对水上居民长期存在歧视、排斥的态度,但在强有力的国家

---

① 《广东新语》卷二《地语》。
② 《广东新语》卷九《事语》。
③ 《广东新语》卷一四《食沿》。
④ 《广东新语》卷二二《鳞语》。
⑤ (清)同治《番禺县志》卷六《舆地四·风俗》。
⑥ 参见张寿祺:《疍家人》,中华书局(香港)有限公司1991年版,第107页。
⑦ 参见张寿祺:《疍家人》,中华书局(香港)有限公司1991年版,第103页。

海洋政策及其他政策的作用下,部分疍民也逐渐由海洋向内陆发展。这种发展进程,从海禁令实施就已开始,到清初迁界令实施期间更达到高峰,其后在雍正七年(1729年),雍正皇帝特别下达圣旨,"以广东疍民以船捕鱼,粤民不容登岸,特谕禁止。准于近水村庄居住,与齐民一体编入保甲"①,更促进了疍民陆地化进程的发展。② 严格说来,疍民的内陆化发展方向有两条:一是由海洋向内陆江河发展,仍是水上居民;二是由海洋向陆地村镇发展,走农耕之路。

先说第一条路。由海洋向内陆江河发展因为没有从本质上改变"水上居民"的身份,所以相对农耕之路来说,疍民是易于接受的。因此,明清时代直至20世纪三四十年代,疍民不仅卷入了海洋经济开发的热潮,也积极投入沿海一带江河经济的开发。从福建福州附近的闽江中下游一带③、湄州湾惠安东部的辋川④、泉州市晋江下游"笋江"水段以及出海之处⑤、西溪下游漳州一带水面⑥,到广东的韩江水系、珠江口水系上的新会县、南海县、番禺县的各条江河、东莞市的东江干流及其支流⑦、广州市区的珠江水段⑧、韶关一带的北江水系⑨、两江水系的三水县河口和肇庆等地的水面⑩,再到广西地段两江水系的

---

① 《清史稿·食货志》。雍正皇帝的圣旨原文如下:雍正七年上谕,闽粤东地方回民之外另有一种名为疍户,即猺蛮之类。以船为家,以捕鱼为业,通省河路俱有疍船,生齿繁多不可数计。粤民视疍户为卑贱之流,不容登岸居住,疍户亦不敢与平民抗衡,畏威隐忍,**跼蹐**舟中,终身不获安居之乐,深可悯恻。疍户本属齐民,无可轻贱摈弃之处,且彼输纳渔课与齐民一体,安得因地方积习强为区别而使之飘荡靡宁守乎? 著该督抚转饬有司通行晓谕:凡无力之疍户听在船上自便,不必强令登岸,如有力建造房屋及搭棚栖身者,准其于近水村庄居住与齐民一同编列甲户,以便稽查,势豪土棍不得借端欺凌驱逐,并令有司劝令疍户开垦荒地播种力田,为务本之人,以副朕一视同仁之至意。
② 关于雍正皇帝圣旨所起的作用是否显著,叶显恩先生是不以为然的。他说:"诚然,雍正七年世宗下谕旨,宣布'疍户本属良民'允许疍户登岸建房居住,力田务本,与齐民一同编列甲户,势豪土棍不得借端欺凌驱逐(史澄,1879;卷二)。这只不过表示雍正皇帝对疍民的悯恻之心和良好愿望罢了。……由于生活习俗以及观念文化、价值观念、思维方式、审美情趣、道德情操、宗教信仰、民族心理等所形成的疍民与陆上居民间之区别,不是一纸谕旨所能清除的。"《明清广东疍民的生活习俗与地缘关系》,《中国社会经济史研究》1991年第1期。
③ 参见翁同梁:《福建几种特异的民族》,《民俗》第80期,1929年12月。又见吴永詹:《闽江流域的疍户》,南京《新亚细亚》第13卷第2期,1937年2月。
④ 蔡清:《惠安县辋川桥记》,《古今图书集成》卷一〇五二《泉州府部·艺文二》。
⑤ 蔡清:《惠安县辋川桥记》,《古今图书集成》卷一〇五二《泉州府部·艺文二》。
⑥ 谢云声:《福建漳渗州之花艇——疍民生活之一》,《民俗》第76期,1929年2月4日。
⑦ 参见顾炎武:《天下郡国利病书·广东八》。
⑧ (清)王士正:《广州竹枝词》写道:"潮来濠畔接江水,鱼藻门边净倚罗;两岸画栏红照水,疍船争唱木鱼歌。"载同治《番禺县志》卷六。
⑨ 屈大均:《自胥江上峡至韶阳作》,共32首诗,其中有两首描写了这一带江河中疍民的生产、生活情况,如第五首写道:"江中蕉叶似,小艇卖鱼家。蚝疍虽无女,钗口亦有花。荡桡杨柳浦,晒网鹭鹚沙。白发多公姥,萧萧水一涯。"(原注:疍人有三种,一曰蚝疍,载《翁山诗外》卷九。)
⑩ 屈大均:《翁山诗外》有多首诗对这一带疍民的生产、生活、民俗有描述。

梧州、南宁、柳州水面及北部湾、海南的一些江河支流①,处处可以发现疍家艇的踪迹,看到疍民劳动和生活的情景。例如,清嘉庆、道光年间,广东佛山镇从汾江新涌口至太平沙数千米河面上,"疍民搭寮水面以居,几占其半"②。又如,鸦片战争前夕,广州河面上聚集的疍家艇约有84000艘。③ 进入江河后,疍民的经济结构也发生了变化。由于内河的渔业资源大大减少,所以他们就从比较单纯的"以渔为业"转为多元化的职业结构。具体地说,即除捕捞鱼虾外,还从事水上运输、削竹、编竹、织网、织布等手工业,以及充当水上流动小贩等。疍民由海洋走向内陆江河虽是政府高压政策威逼的结果,但是作为海洋社会主要力量之一的疍民进入江河、发展江河经济则完全可以看成海洋经济驱动着内陆江河经济的发展,江河经济在某种程度上可以看成海洋经济的辐射和延伸。

再谈疍民的陆地村镇发展之路。尽管陆上居民对于疍民的排斥力很强,但相对于国家强大的政策推动力而言,则是微弱的。因此,自海禁令实施始,就有部分疍民离开海洋走向了陆地,而且,这种人口转移的规模和速度是与时间的推移成正比的。例如,在浙江象山,清同治年间修县志时还发现,在该县石浦盐仓前有不少从福建来的"网捕为生,以船为家"的疍女,而到了民国十五年修县志时,这些疍女"则错居岸上矣",成为陆上居民。④ 又如,在明末清初,广东珠江三角洲一带,"诸疍亦渐知书,有居陆成村者"⑤。当然,明清疍民虽然被逼走上了陆地,但进程并非想象的那么快,大部分疍民还是滞留在海上未改变以渔为生、以船为家的疍民传统,真正上岸的,在当时只是一小部分。虽然如此,疍民对于沿海地区的农业发展还是作出了杰出贡献的。以岭南三角洲的农业开发为例。据张寿祺先生研究,在岭南的珠江三角洲、韩江三角洲、阳江县漠阳小型三角洲以及吴川县鉴江小型三角洲的河滩和海滩围垦造田,疍民是开路先锋和战斗主力。⑥ 然而,在开发农业的过程中,疍民的身份地位并未因他们的历史贡献而提高。如据叶显恩先生研究,原栖身于中山北部和新会东南部的是禺沙湾以南浅海地带的疍民,因这两片浅海先后浮露成陆,并围垦成所谓的西海十八沙和东海十六沙,宽阔的水域变成了沙田和纵横其间的沟渠,而这些沟渠又为陆上的地主,亦即沙田的主人所占据,这就等于切断

---

① 参见张寿祺:《疍家人》,中华书局(香港)有限公司1991年版,第22—24页。

② 吴荣光修纂:道光《佛山中义乡志》卷一四。

③ 姚家贤:《中国近代对外贸易史料》第1册,中华书局1962年版。

④ 民国《象山县志》,李洣修、陈汉章纂,民国十五年(1926年)铅印,台湾成文出版社有限公司1974年版。

⑤ 《广东新语》卷一八《舟语》。

⑥ 张寿祺:《疍家人》,中华书局(香港)有限公司1991年版,第112页。

了他们的生路。鉴于此,疍民就被迫受雇于陆上的地主,用船艇运着农具、种子到沙田耕作。有的后来还成为耕作沙田的佃户。①疍民开发岭南各三角洲,总的说来属于农业经济开发性质,细分起来,则主要有种稻谷、种莎草、筑堤围垦造田、种甘蔗、种藕、养鸭、养鱼苗、灌溉施肥及打零工等门类。②

明清以前,虽然在生产经营上疍民保持单一的家庭生产责任制,相互之间的联系不如陆上渔村渔民之间的联系那么密切,没有形成如陆上渔村汉人宗族般具有内聚力的共同体③,但是,由于文化传承的最高稳定性和最小的进化程度,千百年来他们虽面临种种自然的和社会的生态条件的变迁,却始终只作了适应性的调整和某些边际性的变迁,而没有发生任何实质性的变革,更没有被消融于汉族大传统文化之中。但是,明清以后,情况就发生了变化。如前节所述,随着明清海洋社会经济大潮的冲击,随着中国海洋社会近代化和现代化进程的加速,疍民也卷入了整个海洋社会经济大潮。单一的以渔为生的经济模式开始朝着多元化的经济领域发展,单一的以海为家的船艇生活模式也朝着海洋、内陆江河、陆地三个方向发展,疍民与汉民族之间的交流愈加频繁和密切,这些本身就是民族融合的具体表现。随着民族融合的加强,疍民的鲜明文化特征便开始淡化,汉民族文化传统的影响愈加深入,民族之间的关系得到改善和加强,保持传统文化风俗的疍民的人口数量在融合过程中便不断减少。当然,海洋社会经济促进了疍民与汉族的融合,而民族融合也反过来促进了海洋社会经济的发展,二者在海洋这一大舞台中有机地连为了一体。

当然,由于生活习俗以及观念文化、价值观念、思想方式、审美情趣、道德情操、家族信仰、民族心理等所形成的疍民与陆上居民之间的巨大差异,要把疍民完全融入汉民族之中也不是轻而易举的事,时至今日,仍有部分疍民没有离开水面就深刻地反映了这一点。

第四节　明清时期的海盗社会④

明清时期是中国海盗活动极为鼎盛并由鼎盛走向衰落的时期。

明代中后期,社会经济长足发展,东南沿海地区工商业繁荣,在某些手工业工场中滋生了资本主义生产方式的萌芽,市民阶层经济实力壮大,民间海上

---

① 叶显恩:《明清广东疍民的生活习俗与地缘关系》,《中国社会经济史研究》1991年第1期。
② 参见张寿棋:《疍家人》,中华书局(香港)有限公司1991年版,第112—122页。
③ 参见叶显恩:《明清广东疍民的生活习俗与地缘关系》,《中国社会经济史研究》1991年第1期。
④ 本节主要引见郑广南:《中国海盗史》,华东理工大学出版社1998年版,第23—24页,第349—363页,第376—435页。

商业贸易尤其是走私贸易发展,海盗与海商加强联合,掀起亦商亦盗活动的高潮。这一时期,主要在东南沿海一带涌现出了众多海盗海商集团,主要首领为徽州许二(栋)等许氏四兄弟和王直、徐海、林碧川;南直隶萧显,福建金纸老、李光头、沈南山、邓文俊、谢和、严老山、洪迪珍、张维、吴平、李旦、颜思齐与郑芝龙;广东何亚八、郑宗兴、许栋与许朝光、林国显、林道乾、林凤等。他们或"通番"海外,同日本、葡萄牙、西班牙和荷兰商人互市;或驾船载货兴贩日本、暹罗、占城、交趾、柬埔寨、旧港、渤泥、彭亨、吕宋等国;有的人则侨寓海外,经营经济事业。可见,这时期海盗的亦商活动已跨越国家界线,在海外活动颇为活跃。

海盗的亦盗活动,是随着其亦商活动的开展而更加活跃起来的。这时期海盗的武装活动比过去次数更多、规模更大,出现了数十个海上武装集团,以及一大群以强悍著称的海盗魁首。明代著名的海盗魁首除上述一帮人外,还有钟福全、李夫人、黄萧养、黄三、温观彩、施和、黄秀山、黎国玺、许折桂、李大用、林国显、张琏、曾一本、刘香、李忠、杨六、杨七、李魁奇、褚彩老等,清代有郑、石、马、徐四姓海盗以及杨彦迪、冼彪、周玉、李荣、郑一嫂石氏、郭婆带、吴知青、李尚青、乌石二与蔡牵、朱濆等。这群海盗魁首在不同时期与海域,统领武装船队与部众,用武力在海上及沿海进行抢劫财货,同时也进行反官府与抗官兵的武装活动。这时期海盗武装活动的内容更广泛,明末清初,有众多海盗参加抗清的武装斗争;也有海盗进行抗击葡萄牙、西班牙、荷兰与英国等西方侵略者的武装斗争。

进入清代之后,海盗活动逐渐走向衰落。嘉庆年间,浙、闽、粤虽然爆发规模较大的海盗武装活动,但在清王朝的军事攻剿与招抚利诱下,福建海盗蔡牵、朱濆及粤洋旗帮海盗集团先后败亡。至1840年英国发动鸦片战争,西方资本主义国家加紧侵略中国,军舰横行,海上形势遽变,从此,中国古典式的海盗社会及其海上活动基本消歇,而开始了向近代海盗社会性质的活动转变。

一 明清海盗活动的性质和特点

(一)海盗社会的构成及其活动性质

海盗活动的性质,是由其成员的社会阶级成分构成与他们活动的目的及影响而定的。海盗的成分构成随着时代的变更而变化。

明清时期,随着封建社会发展,阶级矛盾激化,出海参加海盗活动的人数大增,海盗人员成分更加复杂。这时期海盗的主要成员是东南沿海地区破产农民、流民、渔民、沙民、疍民、手工业者、小商贩、船户与海商,以及奴仆、"亡命"、"无赖"、"凶徒"、罢吏、僧道和儒士。儒士系"书生不得志"者。儒士参加海盗活动起自宋代,当时有些科场失意的儒士弃笔从商,出海加入海盗队伍。明清时期,出海参加海盗活动的儒士增多。明嘉靖期间,不少海盗首领注意招贤纳士,因此有儒士出海"从贼"。有的海盗首领也为知书之士:嘉靖时,海盗王直是个儒生;隆庆时,海盗曾一本能诗文,曾在广州海珠寺题壁诗诮广西总督俞大猷;明末,郑芝龙也是一位"颇有文才"的海盗,他不但能文善诗,而且礼贤儒士。清嘉庆年间,广东黑旗帮海盗郭婆带颇具儒士风度,多年在海上漂泊与作战而手不释卷,勤奋读书。这些事例说明海盗亦有斯文风流之辈。

在这里必须着重说明的是,海盗成员虽然来自各阶层,但其中的绝大多数是东南沿海地区的穷苦贫民与流民。东南沿海地区地瘠民贫,田少人众,民靠海为生,由于天灾人祸肆虐,经常发生"生存危机"。穷人为谋生活和求生存,而成群结队出海当海盗,其中有众多的人以当海盗"为业"。出现这种现象并不奇怪,因为在海盗史上,当海盗的人认为"做海盗是一种职业,是过好生活,至少是谋生的一种手段"。因此,在穷人心目中,干海盗这种"职业"是"无本生意",只凭胆量与气力去抢夺他人财物为己有,以此谋生,甚为简便,故乐而为之。不仅如此,海盗的抢劫活动还关系到海滨地区为其接济、销赃及与之交易的数十百万人众的生计问题。这大群人(主要是贫民)倚靠海盗谋生,因此他们视海盗为"衣食父母"。就此而言,海盗的抢劫活动是一种"掠食"性质的行动。他们为争取"过可以忍受的生活"与追求"过美好生活",铤而走险去当海盗。有的海盗首领看到贫民对改善生活的要求和追求,因而打出"劫富济贫"的旗号,借以号召、扩大部伍,壮大势力。

但是,穷苦贫民用当海盗抢劫财物的办法并不能摆脱生活困境和解决"生存危机",然而也正因为如此,又不断有人继续出海为盗,从事抢劫活动,因而使历代官兵剿不胜剿,"时薙时生",海盗活动连绵不绝。

就实质而言,在海上与沿海抢劫财物是典型的"海盗行为",使遭受抢劫者损财失物,甚至丧命,破坏城乡经济和海上交通贸易;而海盗在从事抢劫活动的同时,又经常集中力量开展反官府、抗官兵的武装斗争。因此,海盗为历代王朝和官府所憎恨和不容,同时也由于其作为"黑社会"的"非法性"和被历代上层及传统伦理所赋予的"图财害命"形象,也为传统社会所厌恶和恐惧。但是,也应该看到,他们出动部众攻城略地,杀将官,烧衙署,惩治贪官污吏与地方豪绅,但对普通穷苦百姓,即使是平时无恶行的官绅,一般也不会侵犯。例如,明熹宗天启时,儒士黄道周在漳浦县铜山故里乡居,"诸暴客(海盗)亦相戒无扰"[1]。由此可见,海盗有自己的伦理和爱憎,他们在反抗封建王朝和打击官府恶霸的恶行方面,在历史上也发挥了一定的积极作用。

---

① 庄起俦:《漳浦黄先生年谱》。

海盗在反抗封建王朝与抗击官兵的战争中，啸聚海岛，"不奉正朔"①，"称王称国"②，自任将官，企图建立自己的权力机构。海盗首领的这种举措，触及政治上最敏感的问题，使封建统治阶级感到威胁而惊慌，因而加强出兵攻剿力度；海盗首领亦集中力量抗击官兵，从而把武装活动推向高潮。不过，这些海盗首领虽然称王称帝，也不乏一些相关设施，但他们在政治上并无作为。

(二)海盗活动与"山海之盟"

在封建社会，穷苦民众造反称乱、啸聚山林为"寇"者，人称其为"陆寇"、"山贼"；出海为"盗"者，人视其为"海盗"。陆寇、山贼与海盗的大多数成员为社会底层的穷苦民众，他们有着共同的遭遇与命运，有着共同的要求和追求目标，即反抗封建统治阶级，争取改变自己的生活与处境。因此，他们是天然的盟友。陆寇与海盗在反乱活动中，经常海陆声势相倚，互相支援，配合战斗，形成了"山海之盟"。山海联合活动成为中国历史上海盗活动的一大特色。

至明代，海盗与农民起义军的"山海之盟"关系进一步加强。粤洋海盗"内结山寇，以为心腹之援；山寇之为巢穴，累数千百计而不可穷"③。福建的情况也是如此，海盗联结山寇为援，参加人数"无虑数十万"④。在江、浙，"内地贼"常借海盗的势力反抗官府，"凡海贼一起，内地贼假名纵暴，地方不能御"⑤。明英宗正统景泰间，广州海盗黄萧养与新会海盗黄三、温观彩等率领武装船队联合农民起义军，围攻广州郡城，攻略州属各县，屡败官兵。与此同时，福建邓茂七在闽北山区起义，他的部众与海盗有联系，向闽南海滨挺进，攻占同安县城，过海攻梧州(金门)海岛。天顺年间，广东潮州海盗许万七、黄宇一、林乌铁等人率众攻海阳县，与程乡县罗刘宁等"山寇""相为犄角"，攻击官兵。嘉靖末年，潮州饶平县张琏、大埔县萧雪锋、程乡县林朝曦据山寨反乱，为"山贼"。官兵围剿，张琏率众出海，"山寇"变成海盗，张琏既是山寇首领，又为海盗魁首。在福建，诏安"海贼吴平通诸山寇亦起"⑥，组织一支海上武装，攻略闽、粤沿海各地。

明末清初，海盗与李自成、张献忠农民军余部不约而合，一致支持南明政权，与军民共同抗清。当时，海盗踊跃参加郑成功、郑经父子所领导的抗清斗争，在抗清与收复台湾的战斗中，发挥了积极作用。

第七章

明清时期的海洋社会

---

① 董应举：《崇相集》第二册《漫言》。
② 《明熹宗实录》卷七八，天启六年十一月戊戌。
③ 章潢：《图书编》卷四一《岭南总论》。
④ 何乔远在《闽书》中云，明世宗嘉靖年间，闽地"山海寇"迸发，人数"无虑数十万"。
⑤ 毛希秉：《海防议》，见民国《太仓州志》卷一一五《兵防》。
⑥ 何乔远：《闽书》卷六九《武军》。

清代,海盗与陆地天地会建立联盟,进行反清活动。嘉庆年间,广东廉州天地会首陈公道"煽乱",引海盗武装船队攻南康墟。福建海盗蔡牵率领武装船队几次航海到台湾,同岛上"山贼"首领洪四老、吴淮泗等人的起义军联合反抗官府,杀将官,烧衙署,屡败官兵与乡勇,震动全岛。蔡牵与广东旗帮海盗与天地会及陆地民众始终保持"山海之盟"关系,通过"阴济"船械、粮食等货物,彼此建立了密切的经济联系,支持海上活动。

(三)海盗活动与海商贸易

中国海盗与海商结合,从事亦商活动,兴于宋代,盛于明代。他们的亦商活动具有民间自由贸易性质,不同于封建王朝的贡市贸易,也有别于官僚商人的海上贸易。这两种不同性质的海上贸易,代表不同阶级的经济利益,势必引起彼此之间的矛盾与对抗,爆发海上官私贸易战。官私海上贸易战经过两个阶段:在宋代,海盗与海商为反对官府垄断海上贸易而斗争;明清时期,他们为反抗闭关锁国政策,为冲破海禁而战。

明清时期,由于历行海禁,民间海外贸易遭到限制与阻挡,引起海商的不满与反抗。他们为冲破官府樊笼与海禁,同海盗联合,进行海上武装兴贩活动,掀起民间海上自由贸易热潮。明清王朝"海禁愈严,贼伙愈盛",沿海之民"嗜利忘禁","走死如鹜",使官府"不可胜防,不可胜杀"①。海盗与海商拥有武装船队,占据与开辟港口为基地,明嘉靖时,福建海盗金纸老据浙江双屿港为"番舶主"。继后,许一(松)四兄弟、许栋、李光头、林剪和王直等,先后也据双屿港"为巢"。徐碧溪在浙江自任"澳主";在广东潮州,许朝光也自号"澳长",占据几个港澳,对商船榷税、抽分;清嘉庆间,广东旗帮海盗与福建海盗蔡牵、朱濆在广东、福建与台湾一些港口征收商船税、港规费。海盗、海商这些做法与行动等于否定市舶司提举、太监提督与关权监督的权力,反映了他们主宰海洋和自行管理海上贸易商务的要求。

尤其值得重视的是,海盗与海商在从事海上及海外自由贸易过程中,形成了"商民交相赖"的经济关系。这种经济关系有两种类型:第一种类型为船主役使义男、后生的关系。福建漳州海澄等地的"族大之家",集资造船,"入海贸易"。他们多养嫠人弃儿"使长通夷",互易运回犀角、象牙,加工为杯、栉,沈檀雕作佛身、玩具,出售得值。② 广东东莞、新会等县的富户"在海营生",厚养"后生"(亦称"恭仔")为舵工、水手,或充当武装人员。③ 虽然这种关系具有财

---

① 章潢:《图书编》卷五六《福建事宜》。
② 何乔远:《闽书》卷三八《风俗志》。
③ 俞大猷:《正气堂集》卷一六《后会剿议》。

主与长工的封建关系性质,但它与商业经济也有一定联系。第二种类型为船主与船工的雇佣关系。《崇祯长编》记叙:"闽之土不足养民,民之富者怀资贩洋……如吕宋、占城、大小西洋等处,岁取数分之息;贫者为其篙师、长年,岁可得二、三十金。春夏东南风作,民之入海求衣食者,以十余万计。"[1]至清代,情况也是如此,"沿海居民富者为船主,贫者为舵工、水手。"富人与贫民在海外贸易中"颇资利赖"[2]。这种雇佣关系常遭官府破坏,使船主破产,船工失业。失业舵工、水手多投奔海盗,"为贼驾船",挣工金以养家口。[3]

历史事实表明,海盗与海商从事民间海外自由贸易,确实给东南沿海人民带来了经济利益。有人进行过估算:闽海一艘大海船可养舵工、水手百余人,全省有船数百艘,舵工、水手数万人,数十万眷属家口。如果将江苏、浙江与广东等省的舵工、水手及其眷属家口算在一起,总人数多达一百数十万人,他们倚赖民间海外自由贸易以"资生计"。此外,民间海外自由贸易还推动了东南沿海地区经济及工商业的发展。清初,蓝鼎元在《论南洋事宜书》中云:"闽、广人稠地狭,田园不足耕,望海谋生,十居五、六。内地贱菲无足重轻之物,载至番地皆珍贝。是以沿海居民造作小巧技艺,以及女红针黹,皆于洋船行销,岁入诸岛银钱、货物百十万入我中土,所关为之不细矣。"但是由于"禁南洋",以致"百货不通","居者苦艺能之罔用,行者叹致远之无方"。洋路不通,使海滨富者贫,贫者困,工商业者沦为游手,"游手为盗贼"[4],投靠海盗。

由此可见,官府与海盗、海商在对外贸易问题上始终是矛盾和对抗的。从他们对抗的性质与对社会的影响来看,明清王朝推行闭关锁国政策,抑制工商业发展,是阻碍社会进步,违反历史潮流的;而海盗与海商要求开放海外自由贸易,同各国通商,开拓境外市场,这种要求和行动符合社会经济发展趋势,是有进步意义的。

海盗与海商的海外贸易活动不断遭到封建王朝的禁阻与破坏,其进步意义受到压制。如将这种情况同西方国家作一番比较和考察,就可以发现:在西方,海盗商人得到本国政府的鼓励和支持,到海外其他国家进行殖民掠夺,作为资本原始积累的手段与途径,将所掠夺的财富转化为资本,兴办和发展本国产业。中国的情况则相反,海盗与海商兴贩海外,被官府视为盗

第七章

明清时期的海洋社会

---

① 《崇祯长编》残本卷六六。
② 汪志伊:《议海口情形疏》,《皇朝经世文编》卷八五《兵政》一六《海防》下。
③ 汪志伊:《议海口情形疏》,《皇朝经世文编》卷八五《兵政》一六《海防》下。
④ 蓝鼎元:《鹿洲初集》卷三《论南洋事宜书》。

匪、"叛民"①。他们在海外贸易中所获得的资财无法转化为资本,而被白白消耗掉:张琏、吴平与林道乾等人海上活动所积集的资财,不能用于生产事业,而埋藏于地下;徐海与蔡牵所得白银、"番银",用以塞烦口,"作炮子点放",轰击官兵,银钱化为乌有②;有的海盗、海商拥有巨额资财,但他们不投资于产业,而是将银钱花在官场与购买田地方面,走封建官僚地主的道路。走这条道路的典型代表人物是郑芝龙。郑芝龙早先当海盗,兼营海外贸易,成为著名的大海商。后来,郑芝龙接受明朝廷招抚,出仕为官,将经营海外贸易所获的巨额资财用于贿送朝廷显贵,购置闽、广大量田地,供养部属官兵。这样一来,他所拥有的商业资本变成造就自己成为大官僚地主的本钱。最后,在清王朝的官场上招致杀身之祸。

二 海盗活动与海洋开发

(一)海盗与造船业发展

舟船是海盗在海上活动的工具,是他们的"战马"与生活的"家",人员及财物"尽系于舟,行以舟为舆马,止以舟为室庐,流寓以舟为丘邑,死生以舟为命"③。不仅如此,舟船还是海盗武装实力的主要标志,海盗集团是以拥有舰船及人众多寡来衡量其武装势力的。正因为舟船对海盗如此重要,故海盗首领们非常重视增加船只,扩大船队。海盗的舰队有三方面来源:一抢夺;二购买;三自行打造。随着海盗造船工匠人数的增多,形成了一支实力雄厚的造船大军,对推动造船业的发展与造船技术的提高发挥了作用。

明清时期的海盗集团拥有庞大的武装船队,小者有海船几十至数百艘,大者有一两千艘。明正统至南明期间,海盗黄萧养有"楼橹二千艘",黄三、徐海、刘香、郑芝龙、李九成和广州郑、石、马、徐四姓海盗,各有千艘以上大海船。在这些海盗集团中,郑芝龙拥有与控制的海船为数最多,他有舰船千余艘,还能号集大海船3000艘,控制各种海船近万艘,等于当时西方各国船舶总

---

① 明清王朝厉行海禁,视往海外谋生与经商者为"叛民",不许归国返乡。官府横征勒索,破坏民间海外贸易。谢彬《海澄县》诗云:海商"平生活计在风涛,官府何为苦闹嘈? 不使利源通似水,从教法网密如毛。"因此兴贩海外的"富室迟翔未肯还"。在这样状况下,海商经营海外贸易所累积的资财无法带回乡创办产业,银钱不能转化为资本。

② 据采九德《倭变事略》云,明嘉靖三十五年八月二十四日,徐海在浙江平湖沈庄指挥部众抗击官兵时,"以银塞烦口,火发银星飞,中人、中土、中水如雷声,众(官兵)不能进"。另据《清仁宗睿皇帝实录》记,清嘉庆十四年九月十七日,蔡牵率船队在浙洋与官兵交战,炮弹打光,用"番银"作炮子点放,轰击官兵。

③ 涂泽民:《涂中丞军事集录》卷一《行监军道》,《明经世文编》卷三五三。

数的一半。① 清嘉庆时，粤洋蓝旗帮海盗乌石二有海船千艘，连同红、黑、黄、青、白五旗帮海盗的海船计算，多达 2000 多艘。海盗拥有如此大量海船，除从民间购买部分船只外，其余是海盗自行打制的。

　　明清时期海盗活动空前活跃，出现了众多海盗武装集团，在海盗活动与商民"通番"贸易的推动下，东南沿海地区掀起一股造船热，海盗与商民、船户不顾朝廷不准打造"通番海船"的禁令，不理睬造船"梁头以一丈八尺为准"的限制，竞相打造大型海船。浙直灶丁"私造大船"，下海"通番"②；福建海滨居民"私造双桅大船"，兴贩海外③；广东商民私造商舶出洋通贸。这些民间私造的海船，因出洋航海遭官府的限制与阻挡，大多数船只加入海盗武装船队，参加亦商亦盗活动。④ 当时，海盗为了活动而扩大船队，不惜花巨额银钱购买船只。明人董应举说，福建海滨之人"造一船送贼，得银三四百两者，制一篷与贼，得银三十两者"⑤。清乾隆时，海船造价更高，"每船大者造作近万金，小者四五千金"⑥。海船造价虽昂贵，但海盗还是乐于出重金购买；而造船业主与船户因有厚利可图，积极为海盗和海商造船，"沿海乡村，为其造船"⑦。在海盗方面，他们的造船能力也大为增强，可以随时随地打造海船。例如，黄萧养攻据广州顺德县潘村，在海口造船；王直与叶宗满等人在广东造巨舰，徐碧溪在广东造一艘载万人的超级大海船⑧，王直所"造巨舰，联舫一百二十步，容二千人，木为城、为楼橹，四门其上，可驰马往来"⑨；吴平在漳州诏安县梅岭造战舰数百艘；林道乾渡海至东番（台湾）打鼓山下，就地取材造船；林凤率舰队讨伐西班牙殖民者，在吕宋玳瑁港"修（造）战船"三十艘；李魁奇在广东打造乌尾大船；郑芝龙的舰船大部分是自行打造的，他还"造巨舰于五羊城南"⑩，所造舰船"艨艟高大、坚致，入水不没，遇礁不破"，航行迅速⑪，可敌荷兰夹板船。

---

① 根据日本学者大盐龟雄《近代世界殖民史略》书中提供的当时西方各国海洋船舶的数字：荷兰东印度公司的船舶约 3000 艘。据 Colbert 统计，西方海洋船舶约有 2 万艘，其中一万五六千艘悬挂荷兰国旗。
② 胡宗宪：《筹海图编》卷一一《经略》一。
③ 《明世宗实录》卷一五四，嘉靖十二年九月辛亥。
④ 据章潢《图书编》卷五七《海防总论》云："有一种奸徒见本处禁严，勾引外省，在福建者则于广东之高、潮等处造船，浙江宁、绍等处置货，纠党入番，在浙江、广东者则在于福之漳、泉等处造船、置货，纠党入番。"
⑤ 董应举：《崇相集》第二册《闽海事宜》。
⑥ 光绪《漳浦县志》卷二二《人物志·蔡新》。
⑦ 彭孙贻：《靖海志》卷三。
⑧ 徐碧溪所造大船下海时折坏，未能航行。
⑨ 万表：《海寇议后》。
⑩ 〔日〕川口长孺：《台湾郑氏纪事》卷上，台湾省文献委员会 1995 年版。
⑪ 《兵部题行抄两广总督李题》，《明清史料》乙编第七本。

其他海盗也多拥有"楼橹巍若城山蝶"的大型舰船,同官船比较,"官兵皆小艇"①,"不及贼船三分之一"②。官军兵船破旧,不堪驶用,海盗嘲笑其为"草棚"③(意为不坚铠)。清代,海盗拥有舰船数量之多与船体型之大,也是官军水师所望尘不及的。

上述史实表明,海盗打造舰船和购买海船的举动,对造船业的发展起了推动作用。

(二)海盗活动与海岛开发

在中国广袤的海洋上,大小岛屿星罗棋布。海中岛屿有山、沙、峙、岙、垞、塘、矶等几种名称。在古代,由于科学技术不发达,生产力低下,未能开发海岛。而且历代封建王朝统治者不重视海岛的管辖与经营,反而视海中岛屿为"恶地",把一些海岛作为牧马场或流放、囚禁犯人的场所。④ 不仅如此,官府还大肆破坏岛屿。明代,朝廷屡下诏令,强行迁徙岛屿居民,把舟山(仅留城内居民五百户)、澎湖、海坛、圭屿、浯屿、南澳、大奚山、大北山、大横琴、三灶山等一大批岛屿尽"墟其地"。清初,清王朝大规模"迁界",将海中岛屿当做"化外"地,有的大臣竟然提出放弃舟山与台湾的荒谬主张。⑤ 乾隆五十五年(1790年),朝廷下令禁止岛屿居民增建房屋,烧毁寮棚,驱逐住口。⑥ 官府迫害岛屿居民,以致岛屿乡镇、港澳墟废,房舍毁坏,田园荒芜,渔盐之利尽失,商贩不行,人民流离失所,家破人亡。岛屿居民为求生存,联合海盗,反抗官府,为保卫家园而斗争。

官弃岛屿,岛屿居民与海盗据而有之;官毁岛屿,岛屿居民与海盗在岛屿上生聚,繁殖如故。⑦ 他们重新住屯,再修寮棚,造居舍,建城寨,辟港澳,武装占耕,垦岛荒,经营渔盐,发展海上交通贸易,繁荣海岛经济。就这样,岛屿被毁与重建,在历史上反复多次。最后,岛屿居民与海盗冲破官府的阻挡,逃避官兵的攻剿,占据岛屿如故。

---

① 道光《重纂福建通志》卷二六七《明外纪》。
② 董应举:《崇相集》第三册《答金游击书》。
③ 光绪《漳州府志》卷二六《后纪》。
④ 五代十国时,闽国王氏政权将海坛岛作为谪戍者之所。金门岛曾经为牧马场。北宋初年,犯死罪获贷者多配隶登州沙门岛及通州海门岛,并派兵驻屯"领护",故《水浒》等说部书每言犯人发配沙门岛之事。明代,广东西沙群岛曾为流放犯人的场所。
⑤ 清顺治时,议政大臣奏言:"舟山乃本朝弃地,守之无益"(见魏源《海国图志》卷一《筹海篇》)。清王朝统一台湾时,有大臣主张"弃台",康熙皇帝不理睬这种荒唐主张,加强台湾府县政权,派兵驻防。
⑥ 严如煜:《洋防辑要》卷二《洋防经制》七。
⑦ 严如煜:《洋防辑要》卷六《浙江沿海舆地考》。

海盗之所以与岛屿结下不解之缘,这与他们的活动环境与方式有关。海盗活动于汪洋大海中,不能长期待在船上,船须定期泊岸进行修葺与燂烧,武器、器械、水、粮及其他生活品需要从陆地得到补充。由于海盗船在大陆港澳停泊易遭官兵攻袭,而孤悬海中的岛屿才是海盗泊船与歇息最理想的基地。有的岛屿是海盗寄泊、樵汲和购物之所,有的岛屿则成为海盗活动的根据地。

浙江舟山"悬峙海中,周围约四百余里,岛屿不下百余"①,明代"倭寇贡道之所必由,寇至浙洋,莫有不念于此可巢者"②。东霍山、韭山、佛头、桃渚、崧门、楚门、茶盘、牛头、积谷、鲎壳、石圹、枝山、大鹿、小鹿等岛屿,"在在皆贼舟出没之区",三盘、凤凰、北美和南美等岛屿,为海盗"寄泊、樵汲之区"③。海盗不但在舟山岛屿泊船、樵汲,而且还在一些岛屿进行开发、经营经济事业。舟山有"五谷之饶,鱼盐之利,可食数万人,不待取给于外"④。翁山、秀岱、兰剑、金塘等岛屿,"岁垦之,可得数十万石"⑤。玉环山,地处台州太平县至温州乐清县之间海中,"此山周围约计七百余里……可垦田十万余亩","海舟无籍游民多潜其中,私垦田亩,刮土煎盐及网渔,渔人搭寮居住"⑥。海盗在开发这些岛屿的过程中也发挥了作用。明嘉靖年间,海盗毛烈率众据舟山岑港,三十七年(1558年)三月,"风雨交作,山水骤发,溪涧涌溢,贼于山之高堑处,相其可隄者隄之"⑦。由此可见,浙洋海盗与岛屿居民一起开垦田亩、兴修水利工程和从事鱼盐生产,共同发展岛屿经济,其业绩是应予以肯定的。

广东粤洋岛屿也都是海盗活动的据点。南澳岛,周围三百里,山高而奥,形势险,位于闽粤之间海中,地处南北海上交通要冲,"潮则通柘林,漳则通玄钟",为"外洋番舶必经之途"。岛上深水澳、云盖寺、龙眼沙三处,有田四五万亩。此岛地足耕种坐食,海可出鱼盐,为"内洋海盗必争之地"⑧。明代海盗许栋、许朝光、林凤、林道乾、曾一本和杨老等,"先后据为窟宅"⑨,泊船屯聚部众。许朝光在岛上筑城堡,吴平造居室、起敌楼⑩。在他们经营建设的基础上,该岛后来成为郑成功海上抗清的一个重要据点。粤洋东、中两路的北澎、中澎、南澎等岛屿,是潮州"贼艘经由暂寄之所",黄冈、大澳、放鸡、广澳、钱澳、

---

① 天启《舟山志》卷一,张时徹《防海议》。今之舟山,岛屿1300多个。
② 胡宗宪:《舟山论》。
③ 陈伦炯:《天下沿海形势录》,《皇朝经世文编》卷八三《兵政》十四《海防》上。
④ 严如熤:《洋防辑要》卷六《浙江舆地考》。
⑤ 严如熤:《洋防辑要》卷六《浙江舆地考》。
⑥ 浙江巡抚李卫:《请设浙洋玉环山官兵疏》,《皇朝经世文编》卷八三《兵政》十四《海防》上。
⑦ 采九德:《倭变事略》。
⑧ 蓝鼎元:《潮州海防图说》。
⑨ 杜臻:《闽粤巡视纪略》卷三。
⑩ 章潢:《图书编》卷五七《沿海御寇要地》。

赤澳,乃"潮郡贼艘出没之区"。小星、氹管、沱泞、伶仃山、旗纛山、九洲山、老万山等为海盗樵汲、寄泊的岛屿。① 粤洋西路龙门岛是海盗活动的一重要据点,"龙门者,海岐也。地枕交广之间,当钦州正面,为门户。自钦州发舟,不一日至。重峰叠岫七十有二,错落大海中,大小各不相续。海疆多事,则往往海贼盘踞其中为窟穴"②。明末清初,龙门海盗支持郑成功、郑经父子抗清,该岛成为抗清与郑氏海外通商贸易的基地。海南岛是南中国海一大岛,位处中国通往南洋各国和西方国家的要冲,岛上的重要港澳多是海盗从事亦商亦盗活动的据点。

福建兴化"府属各岛,海盗充斥"③,吉口、湄州,"贼多泊于此"④,漳、泉的浯屿向"为盗薮",圭屿"居民凭海为非",东澳"海口蔽风之处,寇船往来尝(常)泊于此,俗呼贼澳"⑤。澎湖列岛形势险要,号称"一人守,千人不能过"⑥,位居海上交通要冲,为闽、粤通往台湾的门户,南来北往的中外船只"停泊、取水亦必经此"⑦。澳内可容船千艘,海盗屡据为"巢穴"。关于海盗占据岛屿进行海上活动的情况,蒋棻在《明史纪事》中有具体记述:"海上亡赖奸民多相聚为盗,自擅不讨之日久矣。盖以鱼盐蜃蛤,商舶往来,剽掠其间者,累千金则乘潮上下,不利啸聚岛中,俨然以夜郎扶余自大。"海岛最适宜海盗据以"夜郎扶余自大"者是台湾。"其窟维何? 台湾是也。"台湾是中国最大的海岛,面积约36000平方千米,为中国东南门户,南海北洋与海外航运交通必经于此,地理位置颇为重要。从历史上看,台湾自古就与大陆有密切联系。元朝在澎湖设巡检司,管辖台湾,明嘉靖万历间,朝廷增派游兵汛守。当时,东南沿海"贫民时至其地(台湾)规鱼盐之利。后见兵威不及,往往聚而为盗"⑧。与此同时,海盗也经常驾船到台湾。

在闽海,海盗据岛屿,同居民一起垦荒种田、规鱼盐之利、发展海上交通贸易,业绩显著。澎湖居民以渔盐为业,在海盗亦商活动的推动下,"工商兴贩,以广其利",漳、泉"贸易至者,岁常数十艘"⑨。商贾驾船运货到澎湖,再转往台湾贸易。明嘉靖时,大陆与台湾之间"往来通贩以为常"⑩。天启初年,海盗

---

① 陈伦炯:《天下沿海形势录》,《皇朝经世文编》卷八三《兵政》十四《海防》上。
② 潘鼎珪:《安南纪游》。
③ 朱正元:《福建沿海图说》。
④ 道光《惠安县续志》卷一《舆地志·海路》。
⑤ 严如熤:《洋防辑要》卷七《福建沿海舆地考》。
⑥ 章潢:《图书编》卷四十《福建海寇》。
⑦ 光绪《澎湖厅志》卷二《规制·建置沿革》。
⑧ 《明史》卷三二二《鸡笼山传》。
⑨ 顾祖禹:《读史方舆纪要》卷九九《澎湖屿》,引《元志》。
⑩ 《明史》卷三二二《鸡笼山传》。

颜思齐、杨天生、陈衷纪和郑芝龙等人从日本驾船返国,陈衷纪建议到台湾建"扶余之业"。众纳其议,航海到台湾,从笨港登陆,在岛上构筑寨堡以居。随后,颜思齐率领部众"剽掠海上,往来台澎诸岛",其他海盗归附他,杨六(禄)、杨七(策)与刘香,"皆其所部"①。为了立足台湾,颜思齐"分汛所部耕猎"。"耕",即兴汉人"农桑之业",购置犁、锄,开荒种田;"猎",效法高山族人民以"射猎为事"②。同时,他们还从漳、泉招募无业贫民到台湾屯垦,先后至者凡三千余人。这是首次从大陆组织移民到台湾的行动。这数千人到台湾定居,筑屋建村,开荒务农,为台湾农业生产和经济发展奠定了基础。

郑芝龙继承颜思齐未竟的事业,率领部众开发台湾,组织武装商船队,往来山东、江苏、浙江、福建与广东沿海各地,进行亦商亦盗活动,从事海外贸易。崇祯元年(1628年)九月,郑芝龙接受福建巡抚熊文灿招抚,明朝授于其防海游击官职。时值福建大旱,涝饥,芝龙"倾家资,市耕牛、粟麦,分给之"③;又"以舶徙饥民数万至台湾,人给三金一牛,使垦岛荒"④。他们在岛上艰苦创业,"手耒耜,腰刀枪",在旷野荒山莽林"与野兽争逐,筚路蓝缕,以启山林",开垦万顷田园,"用能宏大其族"⑤。此时,台湾"广立村市"⑥,百业渐兴,景象日新。用郑成功的话说,"此乃吾民(鳞)集者也"⑦。从此,台湾社会跨进繁荣发展时期。

郑芝龙迁徙数万漳、泉贫民渡海到台湾屯垦,把大陆封建生产方式也带到岛上,垦田农民要交纳地租。郑芝龙每年征收大量粮谷,故郑成功在《复台》诗中注文云:"太师会师积粮于此。"⑧正因为有此基础,故郑芝龙对儿子成功说:"倘不可为,台湾有如虬髯之安。"此话意义重大,郑成功由此增强了台湾为"吾故土"之意念。他铭记父亲这句话,抗清北伐失败后,决定进行战略转移,兴师东征,驱逐荷兰殖民者,收复台湾。当东征大军登陆台湾时,郑成功立即通牒荷兰总督揆一(Frederick Coyere),严正谕之曰"台湾系我先王所有",今欲收回。⑨ 他的谍文由揆一译为荷兰文:"台湾岛一向是中国的……现在中国人需要这块土地,来自远方的荷兰客人,自应把它归还原主,这是理所当然的事。"

① 乾隆《重修台湾县志》卷一五《杂纪·兵焚》。

② 江日升:《台湾外纪》卷一。

③ 吴伟业:《鹿樵纪闻》卷中。

④ 魏源:《圣武记》卷八《康熙戡定台湾记》。

⑤ 连横:《台湾通史》卷八《田赋志》。

⑥ 倪在田:《续明纪事本末》卷八《闽海遗兵》。

⑦ 杨英:《从征实录》。

⑧ 《延平二王遗集》。

⑨ 陈伦炯:《海国闻见录》。

为此,郑成功勒令荷兰殖民者"立即离开全岛"①,随即收复台湾故土。台湾收复后,郑成功继承父业,领导军民,团结高山族人民,共同开发台湾。清王朝实行迁界后,郑成功招集沿海"数十万人东渡,以实台湾"②,安顿定居,"开辟草莱,相助而耕",发展农业③。继郑成功之后,郑经领导军民奋力经营台湾,发展农、工、商业。台湾经过郑氏祖孙三代的开拓和经营,岛上呈现田庐辟、畎浍治、树畜饶、村落相望的繁荣景象。"从此,台湾日盛,田畴市肆,不让内地。"④昔日"海上荒岛","今喜为乐土"⑤。

在此,必须予以说明的是,郑成功收复与建设台湾,已改变了父亲郑芝龙据台湾以求"虮虱之安"的初衷,这是一次驱逐西方侵略者、捍卫国家领土完整的正义行动。

颜思齐与郑芝龙开拓台湾的事业,贡献之大,为后人称颂。《台湾通史》作者连横评论颜思齐与郑芝龙开发台湾的历史功绩云:"台湾因海上荒岛,我先民入而拓之,以长育子孙,至今是赖……田夫故老往往道颜思齐之事。"他赞誉颜思齐为"手拓台湾之壮士";同时也肯定郑芝龙开台有功。⑥ 台湾人民称颜思齐是"开台第一人",尊奉为"开台王",在台南县笨(北)港,即当年颜思齐入台登陆地方,竖立"开台先驱"、"海瓯著绩"等碑刻,在嘉义县新港,即当年颜思齐率众屯垦之区,建立"思齐阁"、"怀笨楼",以纪念他开台的功业。

海盗同沿海人民与海岛居民共同开发岛屿,开垦数百万亩"岛屿膏腴"农田,兴办鱼盐之利,发展海上交通贸易。至明清时期,海岛经济成为东南大地经济的构成部分,它对本地区工商业的发展与资本主义的萌芽、滋长,起到一定的促进作用。开发与经营海岛在国防方面也有其特殊意义。明清时期是国际风云大变化,国家多危难之秋,倭寇侵扰东南沿海,沙皇俄国南侵,葡萄牙、西班牙、荷兰和英国等西方侵略者国门跳梁,觊觎中国东南海上岛屿,占据以作为侵略中国大陆的跳板。葡萄牙殖民者侵占澳门,荷兰殖民者占据澎湖、台湾,西班牙殖民者也曾经一度占领台湾鸡笼和淡水等地。在这种情况下,明代海盗曾一本、林道乾、林凤与清代海盗蔡牵、朱渍等人先后率领船队到台澎活动,以及颜思齐、郑芝龙率众开发台湾,就具有特别重要的意义。

---

① 〔荷兰〕揆一(C. E. S):《被忽视的福摩萨》卷下,见《郑成功收复台湾史料选编》(增订本),人民出版社1982年版,第69页。
② 沈云:《台湾郑氏始末》卷四。
③ 江日升:《台湾外纪》卷一二。
④ 江日升:《台湾外纪》卷一三。
⑤ 鹭岛遗衲梦庵《海上见闻录》卷下。
⑥ 连横:《台湾通史》卷二九《颜郑列传》,九州出版社2008年版。

（三）开辟民间贸易港口与拓展海上交通航线

从历史上看，宋元明清时期，海盗活动是与社会经济发展密切相连的。随着工商业的发展，海盗活动日益活跃，而海盗"渊薮"，往往也是工商业发达、商业经济繁荣的海滨地区和港市。

海盗与海商为了从事海外贸易，在江、浙、闽、粤沿海岛屿开辟与营建了一批基地和港口。这些基地与港口很快成为新兴港市，呈现出中外商舶辐辏、商贾云集、货物山积的繁荣景象。

浙江宁波双屿是明嘉靖年间海盗与海商开辟的一个典型的民间海外自由贸易港口。双屿港原为双屿岛荒澳。双屿港澳位处南洋北海与海外交通要冲，它面积阔 20 余里，东西两山对峙，南北两小山立峙如门，有水口通往外海，是泊船的良港。从海上用兵方面看，双屿港为"海洋天险"，形势险要，易守难攻，适宜武装船队泊屯。因此，海盗与海商视双屿港为海上活动的理想基地。嘉靖初年，市舶既罢，贡舟不通，民间海外自由贸易兴起。为适应海外贸易发展的需要，海盗与海商据双屿，经略港口，作为海外贸易基地。他们航海兴贩东西洋，招引日本海商与佛郎机（葡萄牙）、暹罗、彭亨等国商人前来双屿港互市，使双屿港成为繁荣的海外贸易港口。

在福建，海盗与海商也开辟了几个民间海外自由贸易港口。福建自然地理条件为"三山六海"。山地瘠田少，不足食，海滨之民多"以海上为家，以夷岛为商贩之地"①。随着海盗与海商贩洋活动发展，漳州梅岭、月港与泉州安平等民间海外自由贸易港市先后兴起。

在广东，明清期间，海盗与海商先后开辟南澳、南洋、辟望村、牛田洋、河门渡、鲍浦、甲子所和铺前港等民间海外自由贸易港口。还有吴川县的芷艼也是明代新兴的港市。"芷艼原属荒郊，万历间闽、广商船大集，创铺户百千间。舟岁数百艘，贩谷米，通洋货"②，贸易颇盛。

此外，海盗与海商还在东南海上的柘林、烈港、岑港、大员和澎湖，以及南海的龙门等岛屿开辟港口，经营海外贸易。

海盗开发海洋的另一业绩是参加开辟与发展海上交通航线。海上航线是中国"交通各民族"，同世界各国进行通商贸易、文化交流、使节交往的海洋通途，是促进友好往来，推动世界进步与发展的交通纽带。就此来说，开辟与发展海上交通航线是意义重大的事业。

到明代中后期，世界进入了大航海时代，中国海盗敏感地意识到这个时代

---

① 康熙《诏安县志》卷三《风俗》。

② 陈舜系：《乱离见闻录》。

的降临,积极投入大航海活动。明嘉靖至启祯期间,航海往日本及南洋各国的海盗首领就有几十人之多。他们在海外活动,开辟两条海外航线:一条从山东、江、浙、闽、粤沿海港口通往日本和朝鲜等国;一条从江、浙、闽、粤通往交趾、占城、柬埔寨、暹罗、彭亨、爪哇、旧港、马六甲等国家和地区。

海盗与舟师在长期航海过程中,摸索而周知大洋航道,并将东西洋航道情况详作记录,注明两洋针路,为船舶航行导航。海洋多险境,航海往西洋海上多"畏途",有"不类人世"的万里石塘、船冲沙即"胶不可脱"的万里长沙和"船触即坏"的铁板沙,以及航海者最惧怕的七洲洋与昆仑洋。① 在东洋航线上有号称航船"难过"的五岛洋。上述海洋的危险海域、复杂海道、凶恶的风涛,一一为海盗与舟师所征服,海洋"畏途"变通途。国际海洋航线畅通,船舶穿梭往来,各国各民族交往频繁,关系日益密切,促进世界发展加快。就此情况来说,开辟与拓展上述两条国际海洋航线,是一大历史功绩。

海盗活动还涉及华侨史问题。早期华侨中包括在国内不为官府所容的所谓"海盗",驾船漂洋过海到日本和南洋各国,为发展繁荣当地经济作出了贡献,促进了中国与海外各国的经济文化交流。如从明嘉靖至明末期间,王直、颜思齐与郑芝龙等多位中国海盗首领航海到日本,与其国官民关系密切,在发展东洋海上交通贸易事业方面作出了贡献,并因此而起家发迹。航海到南洋的海盗首领,有的前往经商贸易,有的到那里开拓创业。由于中国同南洋各国有着国际关系史上最友好的历史传统②,因此他们到处受到执政者和吏民的欢迎;而流寓南洋的海盗都能遵守侨居国的法制,尊重当地人民的风俗习惯,和平相处,共同创办经济事业;开发地方、建设村落和城镇、发展农业、兴办手工业、开矿山、修道路、建港口、经营商业,繁荣经济,用自己的劳动和血汗,作出举世公认的业绩与贡献。比较有名的如梁道明、陈祖义、许折桂、盗何亚八、郑宗兴、张琏、林道乾及其妹妹、杨彦迪等。

流寓南洋的中国海盗在协助侨居国人民发展经济、富裕生活的同时,还在抗击西方殖民者的斗争中发挥作用,不少人为侨居国的民族利益和国家主权而献出生命。明万历初年,广东海盗林凤率领船队远征菲律宾,讨伐西班牙殖民者的战斗就是典型例子。林凤船队离开菲律宾返回闽、粤后,部分部众留居吕宋岛,他们及其后裔同当地人民共同生活和斗争,融合为一体,成为一家人。

---

① 黄衷:《海语》。

② 清人蓝鼎元在《论南洋事宜书》中说过,南洋各国对中国自"开辟以来"未尝有过侵扰之事,双方友好交往,关系亲密。《宋史·渤泥传》云,渤泥人每见中国海商船进港,"国人皆大喜",热情款待;在阇婆,"中国人至者,待以宾馆,食丰洁"。赵汝适《诸番志》亦云,爪哇苏吉丹人喜爱唐货,中国商贾至其地,"无宿泊、饮食之费"。元人周达观在《真腊风土记》中说,真腊人见唐人,称之为"佛"。这些史实生动说明了中国与南洋各国的友好关系。

正因为有这种基础,此后华人航海往菲律宾经商及谋生者络绎不绝。

中国海盗航海到南洋各国活动的另一积极后果是促进了早期侨汇行业的形成。随着航海往南洋的华人日益众多,他们流寓各国,开拓创业,拥有资产,被明清王朝官府视为"通番奸民",返国难;而海盗经常驾船往来中国与南洋各国之间,流寓华人委托他们带银钱回故乡,供养父母妻儿。海盗从南洋带银钱回国给故乡家属,时长日久而经常化,于是便逐渐形成了早期的民间侨汇业。

三　海盗武装活动与海战军事学的丰富和发展

中国海盗长期在海上进行武装活动,积累了丰富的海战经验。历史上著名的海盗首领,都是天生的海战军事家,善于组织和指挥海上作战。他们大多是来自沿海的穷苦贫民,有崇明、上海与太仓沙民,宝山、南汇、象山与鄞县亭民、渔户,淮阳盐贩,福建渔民、船户,潮州乡夫,广东疍民,"其气劲悍","习于风波"[①],"操舟善斗"[②],海战"用而捷"[③]。官、盗海上交战,海盗首领指挥作战的才能胜将帅一筹。明清时期的海盗首领王直、徐海、施和、张琏、吴平、林凤、郑芝龙和郑一嫂石氏、蔡牵等人,擅长指挥海战,他们统领数万至十余万武装部众,数百艘至上千艘舰船,屡败官兵水师,多次战胜西方侵略者,称雄海上。海盗的海战实践和经验,丰富与发展了中国军事学。海盗在长期的海上武装活动与海战中,不用笔杆子,而是用舰船与枪炮,谱写了一部"中国海战兵法"[④]。

明清时期的海盗在海上进行武装活动,在同官兵与西方侵略者战斗的过程中,摸索和形成了一套海上战法。这套海上战法可以归纳为如下几方面内容。

第一,海盗在海战中善于驾驶舰船和使用铳炮等火器。

船,是海盗从事海上活动与海战不可缺少的工具。因此,海盗重视打造舰船,特别是打造以大为优势的巨舰,以武装船队。实力强大的海盗集团都拥有大型舰船。明清时期的海盗舰船皆装备精良的炮铳等远射程的火器,在海战中发挥作用。

炮,明清时期也称为熕。[⑤] 海盗对火炮特别感兴趣,不但善于使用炮,而且还能铸炮[⑥],他们自行铸炮,用铅为弹,以硝制火药,武装舰船,用于海上作战。明正统年间,广州海盗黄萧养船队装备五百斤"神机大炮",攻广州城"炮

---

① 严如熤:《沿海团练说》,《皇朝经世文编》卷八三《兵政》一四《海防》上。
② 茅元仪:《武备志》卷二一四《福建事宜》。
③ 何良臣:《陈纪》卷二《技用》。
④ 郑广南:《中国海盗史》,华南理工大学出版社1998年版,第427—428页。
⑤ 闽南人至今仍称炮为熕。
⑥ 明嘉靖万历间,广东潮州海盗林道乾是铸炮专家,他流寓南洋大泥国,为女王铸黄铜大炮三门。

声震地"。嘉靖时，王直部属毛海峰"有勇力，善使佛郎机，又善弹射"①。明末，福建海盗郑芝龙船队配备大量火炮，其中装备 16—36 门大炮的大型舰船就有几十艘之多。② 他的火炮具有雷轰电击般的威力，能使远处山崩地塌，"铳炮一发，数十里当之立碎"③，船只无存。郑氏用火炮武装起来的船队，在海上屡败官兵与荷兰侵略者。清嘉庆时期，海盗舰船普遍装备火炮，广东旗帮海盗与福建海盗的船队，每艘船装备数门炮，配置数百斤火药。由此可见，火炮是明清时期海盗的主要武器。在海战时，他们的炮声使官兵落魄丧胆。

海盗舰船除装备火炮外，还在船体上护以牛皮、渔网与毡絮等物，以固舰体船身，防御敌船强弩与铳炮的攻击。这样加护舰船的措施，在军事学上是有典可征的。唐代李荃《太白阴经》与宋曾公亮《武经总要》等兵书，称这种加以防护的大船为"蒙冲"。蒙冲船身覆牛皮，左右开掣櫂孔，前后左右开弩窗、矛穴，敌近则施放、刺杀。④ 这种蒙冲船在五代十国的内河水战中曾经使用过，罕见官兵水师用于海战。对蒙冲船，海盗情有独钟，他们因海上实战的需要，重视加护舰船。明天启时，福建海盗李魁奇在广东打造一批乌尾船，装备颇为特殊："船有外护四层，一破网，一生牛皮，一湿絮被，一周迥悬挂水瓮，铳不能入，火不能烧，且比（郑）芝龙船高丈余，自上击下，更易为力。"这种乌尾船为海战"利器"，优势大，"直有无如之何者"⑤。清嘉庆时，福建海盗蔡牵，按蒙冲船式打造和装备舰船，在同官兵水师海上作战时发挥重大作用。李巽占在《论剿贼事宜》中说蔡牵的船队装备特殊，"其船巨、炮巨，船外蔽以牛皮、钢索，使我（官兵水师）炮弹不能入"⑥。道光年间，闽人桂超万称赞蔡牵这种舰船，"炮不能为害"，"殊难抵御"，可用于海上抗击英国军舰。⑦ 由此可见，海盗舰船优于官兵水师兵船，海战战斗力也超过官兵水师，可敌英国舰船。

第二，海盗在海上活动中使用旗号和灯号。

旗号，海上舰船用旗帜打信号，传达命令，指挥行动或作战。古兵法有用旌旗指挥行军、布阵与作战的规则。戚继光在《纪效新书》及《练兵实纪》书中订水师海上行军红、蓝、白、黑、黄五色旌旗的法规。他说："东南之人不知兵旗，无法制。"⑧事实并非如此，海盗的海上活动是遵循兵法的，他们用旌旗指

① 万表：《海寇议前》。

② 〔英〕C·R·博克塞：《郑芝龙（尼古拉·一官）兴衰记》，译文见《中国史研究动态》1984 年第 3 期。

③ 《兵部题行抄出两广总督李题》，《明清史料》乙编第七本。

④ 李荃：《太白阴经》卷四《水战具篇》，曾公亮：《武经总要后集》卷一四《制度》一四《水战》。

⑤ 曹履泰：《靖海纪略》卷三《上熊抚台》。

⑥ 光绪《定海厅志》卷三〇《遗文》。

⑦ 桂超万：《桂超万集》卷一《平夷议》。

⑧ 戚继光：《纪效新书》卷一六《旌旗金鼓图说篇》与《练兵实纪》卷一《练伍法》。

挥船队和部众行动、作战。严如熤《沿海团练说》云，海盗与陆地人民的联络与接济，以旗号，"奸民杂商贩、渔户出没无时，贼与小旗为号，嘹见即为接应其导贼登岸"①。清嘉庆年间，广东红旗帮海盗郑一嫂石氏与张保据香港，筑瞭望哨台，遇有船舶入港，便扯旗为号。因此，香港亦名扯旗山。总之，旗号是海盗首领指挥部众活动与战斗的手段。

灯号，夜间行动的信号。戚继光《纪效新书》定一规则：水师兵船夜间航行，以灯火为号，船上高树灯。② 其实，真正能以灯为号的是海盗舰船。明隆庆时，广东海盗曾一本在潮州海上"浮船数百艘"，"灯号从空中起，烨烨若贯珠"，海洋为之通亮③；而官兵水师夜间不航海，泊岸因怕海盗袭击，很少上灯号。这表明海盗更能贯彻舰船夜间以灯为号这个军事规则。

第三，海盗在海上的火攻战法。

火攻，是中国战争史上常见的一种战法，兵书中亦有论述。

海盗长期在海上活动，熟悉海洋，掌握潮汐与风浪的规律，摸索出海上火攻战法。例如，天启七年（1627 年），郑芝龙船队在福建铜山洋面用"火船"攻击荷兰军舰，烧毁其快艇。崇祯三年（1630 年），郑芝龙又在金门料罗湾海上以火攻焚毁荷兰军舰十余艘；十二年（1639 年）六月，在兴化湄洲洋及枫亭港火攻荷兰舰队，他"令芝豹招来善泅水军，要瓠箭，乘小艇，实茅薪、神烟、炮石、神沙、毒火，而艇之首腋锭狼牙锐钉，相风执驶抵彼船，不可拔，燃火，浮水去。因是焚其五舰，余遁去"④。芝龙用这种奇特的海上火攻战法，大败荷兰侵略者。

郑芝龙火攻荷兰军舰的战法在海战方面意义重大。此后，海战"未有不用火攻"⑤。后来，郑成功在收复台湾的战斗中，效法父亲的火攻战法，在海上烧毁荷兰军舰斯·格拉弗兰（S. Gravelande）号。由此可见，火攻是海盗在海战中一项具有军事意义的创举。

第四，海盗海上善出奇兵。

孙武在《孙子兵法》中讲用兵"奇正之变"，即军队作战，"以正合，以奇胜"⑥。所谓"奇"，就是"乘敌之不意以击之"，为"奇兵"⑦。历代统兵将帅在陆地或江湖演"奇正之变"，而海盗则在海上演"用奇之术"，利用"航海间道"进击，以奇制胜。

---

① 严如熤：《沿海团练说》，《皇朝经世文编》卷八三《兵政》一四《海防》上。
② 戚继光：《纪效新书》卷一八《治水兵篇》。
③ 林大春：《井丹先生集》卷一五附《乡大夫书》。
④ 沈云：《台湾郑氏始末记》卷一。
⑤ 俞昌会：《海防辑要自序》。
⑥ 孙武：《孙子兵法》"兵势篇"与"虚实篇"。
⑦ 曾公亮：《武经总要》卷四《制度》四《奇兵》。

　　明代的海盗尤善于海战,他们熟悉海洋"风涛顺逆之势,港汊大小之宜,海洋深浅之间,审时相机,因时变用",抗击官兵。① 对此,嘉靖时兵部尚书聂豹分析官兵难与海盗在海上作战的原因时说,"海贼与山贼异,山贼有巢穴可以力攻,海贼乘风飘忽,瞬息千里,难以力取",非兵力可胜。② 至清代,海盗保持着海上活动的传统优势,在"巨浸稽天"大海中"驾舟重渺如浮沤之著水"③,"往来如飞","朝粤暮闽,半月之间可周历七省"④。面对海盗这种"猋忽千里"的长技,官府将帅只好望洋兴叹,对海盗感到"驱除万难"。由此可见,海盗在海上活动与海战中,掌握着主动权。

　　从军事学的角度来说,著名的海盗首领在海上活动与作战的过程中领悟到《孙子兵法》中讲的用兵如"神"之道。如上所述,海盗首领在海上作战时,率领部众,驾驶舰船,扬其"乘潮驾风,猋忽千里"的长技,使官兵水师难于对付,被动挨打,这颇符合行军作战"兵贵神速"的军事准则和要求。为了取得海战的胜利,有的海盗首领注意战前准备,侦察敌情以"知彼";船队出动时避实就虚,"不虞以击"。他们善于海上"奇伏",及时捕捉战机,出奇制胜,打败官兵水师及西方殖民者舰队。

　　海盗骁勇,善海战,为某些将帅与筹海者所注意,他们主张借海盗之勇及海战的本领,用于靖海与巩固海防,加强官兵海上作战的战斗力。

　　明嘉靖年间,郑若曾鉴于官军、民兵"只能陆战,而不能海战",因而倡议以沙民为兵,理由是,"沙船素熟海涛,沙民素习海战……以攻则克,不俟训练而见成可用"⑤。所谓"沙民"实际上是海盗。万历时,李贽认为海盗是股强大的军事力量,主张招抚海盗首领林道乾,任以"郡守令尹","足可当胜兵三十万"⑥。董应举目睹荷兰人肆虐海上,侵扰沿海,为御外患,特地去找旧时当海盗者,征询"破红夷之法",并向福建巡抚南居益荐言,借以抗击"红夷"⑦。清兵入关后,大举向东南进军之际,陈子龙主张依靠"沿海之民"抗清,他们"出入瀚渤,轻风涛,狎蛟龙",拥有船只,应募其人,征其船。用于守江与海战,以获奋击之功。⑧ 陈子龙所说"沿海之民",其中也包括拥有船只的海盗。最善于招募海盗者是郑成功、郑经父子。郑成功海上树旗抗清,郑芝龙旧部众率先响

① 何良臣:《阵纪》卷二《技用》。
② 佚名:《嘉靖东南平倭通录》。
③ 李光坡:《防海》,《皇朝经世文编》卷八三《兵政》一四《海防》上。
④ 蓝鼎元:《鹿洲初集》卷一《论海洋弭捕海贼书》。
⑤ 民国《太仓州志》卷一五《兵防》下。
⑥ 李贽:《焚书》卷四《因忆往事》。
⑦ 董应举:《崇相集》第二册《与南二太公书》。
⑧ 陈子龙:《陈忠裕公兵坦奏议·募练水师》。

应,江、浙、闽、粤海盗纷纷驾船投奔郑氏父子麾下,参加抗清,并立下战功。

清末,筹海论者倡说借用海盗之勇及其势力抗御英国侵略者。清道光初年,英国加紧侵略中国,"兹英咭唎之来,其处心积虑已久,其船甚坚,其帆樯甚捷,其火器甚烈,其计谋深远而难测"①。道光二十年(1840年),英国发动鸦片战争,清政府战败,丧权辱国。有识之士目睹腐败的清王朝无力抗御船坚炮利的英国侵略者,将目光转向沿海义民及海盗身上。魏源在《海国图志》中说,沿海民风强悍,海盗、渔民、疍户皆擅长海战,"出没风涛如履平地"。对这类人,"官吏切齿为乱民",殊不知他们的首领"皆偏裨将才,其属皆精兵",乃不可低估的抗御外敌的力量。② 桂超万在《平夷议》中也提出同样主张,认为招募闽、粤善潜水之人为兵,"较之陆军奚啻百万"。他说:"闻嘆夷甚畏洋盗,入夷船窃物,至一舱先灭其灯,夷人一步不敢动,听其窃取而去。"因此,桂超万向朝廷陈议,招降海盗,"授以美官",借其智勇以"制夷"③。这种主张,由湖广总督林则徐实施,"林则徐使人探夷事,翻夷书。知洋人藐视中国水师,而畏沿海枭徒及渔船、疍户,于是招募丁壮五千人",充当士卒,以增强抗英兵力。④ 这"五千人"有相当一部分是海盗。虽然招募海盗的目的是要他们"消骁自效",但林则徐让他们在抗英战争中发挥作用,为国立功,这是应当肯定的做法。

由此可见,海盗之勇及其在海上作战的实践经验,是有军事价值的。毛泽东在《抗日游击战争的战略问题》著作中曾谈到这个问题,他说:"历史上所谓'海盗'和'水寇',曾演过无数次的武剧……都是河湖港汊地带能够发展游击战争并建立根据地的证据。"⑤这段精彩的论述,为历史上海盗在海上所演武剧(海上战斗)作了科学的总结。

第五节　明清时期的海外移民⑥

明清时代,中国海外移民的异域开拓和乡土回归,既是世界历史的一个组成部分,也是中国历史的一个组成部分。海外移民——华侨的历史作用,需要

---

① 宋翔风:《防海辑要序》。
② 魏源:《海国图志》卷一《筹海篇》一。
③ 桂超万:《桂超万集》卷一《平夷议》。
④ 宣统《东莞县志》卷三四《前事略》六。
⑤ 毛泽东:《毛泽东选集》第二卷,人民出版社1991年版,第421页。
⑥ 杨国桢、郑甫弘、孙谦对明清中国沿海社会海外移民作了全面系统的权威研究。本节主要引见杨国桢、郑甫弘、孙谦:《明清中国沿海社会与海外移民》,高等教育出版社1997年版,第27—45页,第202—212页。

进行多角度、多样性的研究。从中国海洋社会经济史的角度来观察,明清海外移民对中国海洋社会经济的形成和发展、中国沿海社会的变迁,都曾起过重要的辅助作用,具有特殊的社会意义。

一 沿海社会动荡与海外移民潮

明清时代中国的海外移民以东南沿海地区尤其是闽粤地区为主,沿海内部的政争、战乱、灾荒、海禁和外部的东西方海洋势力骚扰等引发的社会动荡,是造成海外移民潮的基本动因。

明清时代中国的海外移民潮,大致可分为三个阶段来考察,即明前期、明末清初、清前中期和清后期。清后期的内容将在本书第五卷中加以叙述。

(一)明前期的海外移民(14 世纪末—15 世纪)

明朝建立之初,沿海地区与朱元璋争雄失败的诸豪如方国珍残部等亡命海上,朱元璋为消除海上反明势力的威胁,"禁濒海民不得私出海"①,致使其中一部分人转为海外移民。洪武十四年(1381 年)以后,因倭寇骚扰日剧,朱元璋宣布"禁濒海民私通海外诸国"②,"无得擅出海与外国互市"③,并订有详细的法律条文:"凡沿海去处,下海船只,除有号票文引许令出洋外,若奸豪势要及军民人等,擅造三桅以上违式大船,将带货物下海,前往番国买卖,潜通海贼,同谋结聚及为向导劫掠良民者,正犯比照谋叛已行律处斩,仍枭首示众,全家发边卫充军。其打造前项海船卖与夷人图利者,比照将应禁军器下洋者,因而走泄军情律,为首者斩,为从者发边卫充军。若止将大船雇与下海之人,分取番货,及虽不曾造有大船,但纠通下海之人;接买番货与探听下海之人;贩货物来,私买贩苏木、胡椒至一千斤以上者,俱发边卫充军,番货并没入官。"④断绝海洋生计的沿海居民,一部分向农业人口转化,一部分"往往私下诸番贸易香货,因诱蛮夷为盗"⑤,"或困于衣食,或苦于吏虐,不得已逃逸聚海岛,劫掠苟活"⑥,停留不归而成海外移民。广东南海人梁道明据三佛齐,"闽广流移从者数千人"⑦,就是一个突出的例子。

洪武年间,海外移民主要是海禁挤压而流离出来的沿海人口。爪哇的杜

---

① 《明太祖实录》卷七〇。
② 《明太祖实录》卷一三九。
③ 《明太祖实录》卷二五二。
④ 《皇明世法录》卷二〇。
⑤ 《明太祖实录》卷二三一。
⑥ 谭希思:《明大政纂要》卷一三。
⑦ 张燮:《东西洋考》卷三《旧港》。

板(Tuban)、新村、苏鲁巴益(Sarabaya),苏门答腊的旧港(Palembang),多有广东、福建漳、泉等处人流居于此。唯一的例外,是所谓明太祖赐琉球闽人36姓,可能是官方组织的(至少是后来官方承认的)合法海外移民。从现存琉球唐荣家谱来看,自称洪武二十五年(1392年)或洪武末,洪武、永乐间由闽迁来者,有蔡崇(泉州府南安县人)、郑义才(福州府长乐县人)、林喜(福州府闽县林浦人)、梁添(长乐县人)、金瑛(原系浙江人,元末游闽山,居于闽省)、红某(闽人)。① 这是因为琉球是明初最密切的朝贡国,移民目的是提供朝贡、航海和翻译人才。

明成祖朱棣即位之后,多次遣使东西洋,诏谕海外诸国,招徕朝贡;同时,也敕谕遁留海外流落诸番的民人可"咸赦前过,俾复本业,永为良民"②。镇压和招抚海外流民,便成为郑和出使西洋的重要使命之一。尽管郑和在初航时曾取得800多名海外流民返国,第二次下西洋又在旧港"生擒陈祖义等回朝伏诛"③,而沿海地区的海外移民却未曾断绝。如"明永乐时,福州商人赴麻逸国(马六甲)者,有姓阮、芮、朴、樊、郝等,住麻逸国多年,娶番妇生子"④;"洪熙时,黄岩民周来保、龙岩民钟普福困于徭役,叛入倭"⑤,天顺时充暹罗贡使来朝的"汀州人谢文彬,以贩盐下海,飘入其国,仕至坤岳,犹天朝学士也"⑥。

(二)明中叶至清初的海外移民(16—17世纪)

16—17世纪,中国沿海地区面临西方殖民者的外部冲击和国内王朝鼎革双重挤激的局势,社会出现空前的动荡,内外力作用促成海外移民活动走向高潮。

这一时期,东西方国际格局发生了巨大变化。代表早期资本主义利益的葡萄牙、西班牙、荷兰等国为扩大资本原始积累,拓展商品交换市场,都竭力热衷于推行海外殖民政策。东西方直通航线开辟后,它们的航海贸易势力相继从大西洋、印度洋海域延伸到西太平洋海域,在东南亚一带争夺海上霸权,展开殖民奴役。正德六年(1511年),葡萄牙殖民者侵入马六甲,不久又占据摩鹿加群岛(主要是香料贸易)和中国的澳门,并以上述三地为据点垄断大部分的亚欧贸易;西班牙人于正德十六年(1521年)进占菲律宾,16世纪70年代确

① 杨国桢:《唐荣诸姓宗族的整合与中华文化在琉球的流播》,《亚太地方文献研究论文集》,香港大学亚洲研究中心1991年版,第119页。
② 《明太祖实录》卷一二。
③ 马欢:《瀛涯胜览·旧港》。
④ 《闽都记》。
⑤ 《明史》卷三二二《外国传三·日本》。
⑥ 《明史》卷三二四《外国传五·暹罗》。

立了对菲律宾的统治,建立以马尼拉和美洲阿卡普尔科为据点的亚、美贸易垄断权;荷兰则于 17 世纪前半期逐步确立对爪哇的统治,构筑巴达维亚城并以此为中心,经营远东贸易。

西方殖民者在东南亚建立侵略据点,进行殖民开发,首先碰到的是劳动力问题。东南亚一带有大片的热带丛林和丰富的热带资源,但历来地多人少。西方殖民者在侵占东南亚的过程中,一再与当地的民族发生战争,利用武力劫夺他们的财富与权益;同时,由于屡次的战争,造成各王国或部落混乱,引起内部分裂,各王国或部落之间彼此互相争战,使人口普遍减少。这种情况在菲律宾和印尼尤其突出。荷兰人在进攻爪哇的巴达维亚(1619 年)时,焚烧了货栈和清真寺,整个巴城被夷为平地,爪哇居民也从巴城及其邻近地区被驱逐一空。① 爪哇以外的其他岛屿如"班达岛上的居民大部分被屠杀或饿死,幸存的被运往巴达维亚(包括妇孺),作为奴隶。过了半年所剩无几,大都死去。这样,班达岛上的一万居民几乎全部被消灭"②。在菲律宾,当地原住民要效忠西班牙人,替他们"压服国内叛乱和向国外婆罗洲、摩鹿加、印度支那等地方去扩充势力,与荷兰人起冲突,作那些毫无价值和结果的冒险。于是成千上万的菲律宾射手、划手,被一批批载运出去,至于他们的回家,确从来没提起过……"如班乃岛上的都门甲斯(Dumangas)镇,其居民都是极优秀的划手,原有50000 人口,由于西班牙人的征役,后来只剩下 14000 人,减少了一半以上。③菲律宾南方摩洛民族势力的攻击也使许多人民被屠杀或俘虏。如宿务岛附近的班达亚岛(Bantagan)在遭受苏禄海盗的大肆劫掠之后(1608 年),该岛几乎成了一个无人的荒岛。西班牙人的滥用势力和摩洛民族势力的不断侵扰,使得菲律宾人口在西班牙人占据的不到 30 年的时间里减少了 1/3。

就殖民者的心态而言,他们对于使用东南亚当地的劳动力是有所顾忌的。因为残暴的殖民侵略导致当地原住民对殖民者都十分敌视,殖民者由此也十分惧怕当地人民的报复。印尼的马打兰王国就曾长期对抗占领巴城的荷属东印度公司。马打兰是爪哇的主要产米区,札巴拉等地往往以数百艘艅艎载米往爪哇以外各地去,如马六甲、安汶、班达等地均主要仰仗马打兰大米。④ 因此,大米成为马打兰王国用来对抗荷印公司侵略的经济武器,苏丹·阿贡下令禁止荷兰人从札巴拉输入大米,并宣布大米为王国的专卖品,以防止大米流入荷兰人手中。在这种情况下,荷印公司除了设法通过其他渠道输入大米而外,

① Batavia:As a Commercial,Industrial and Residential Centre. G. Kolff and Co. Batavia-C. -Amsterdam,1937,pp. 37-38.
② 〔印尼〕萨努西·巴尼:《印度尼西亚史》(中译本),商务印书馆 1959 年版,第 147 页。
③ 何晓东:《菲律宾古近代史》,中国台湾三民书局 1976 年版,第 45—46 页。
④ 王任叔:《印度尼西亚古代史》(下),中国社会科学出版社 1987 年版,第 824—825 页。

就是"利用中国人和奴隶的劳动力在巴达维亚地区开辟水田",种植大米,以摆脱公司在粮食上对马打兰的依赖。① 爪哇的另一个王国万丹与巴达维亚的关系也一直相当紧张,万丹居民反对荷兰的各种苛刻法令,时常起而反抗,直到17世纪后半期,巴达维亚地区同样并不安静,种蔗者也不安全②,主要是由于万丹"派遣它的部下经常到巴达维亚进行骚扰,红溪以西的甘蔗园经常遭到万丹居民的破坏"③。可见,殖民者在利用当地人民作为劳动力的时候存在着相当的困难。

正是在这种情况下,西班牙、荷兰等殖民者一方面为殖民开发、殖民生存亟待中国人移民东南亚,以满足劳动力缺乏的需要;另一方面为推动贸易,亦竭力鼓励华商前往马尼拉、巴城等东南亚诸地,因为在商业贸易层面上,华商对于西方殖民者来说还有着特殊的作用。

首先,中国商人前往殖民地据点可为殖民者提供欧洲及远东贸易市场所需的中国传统商品,如丝绸、瓷器、茶以及其他日用百货等。中国丝绸、瓷器对欧洲人历来都是受欢迎的,17世纪更兴起了一种热潮,欧人争相穿着中国丝服,饮中国茶,收藏中国瓷器,建筑中国式庭院,甚至模仿中国人生活④。特别是生丝尤为畅销。⑤ 在这种情况下,从事丝瓷茶等贸易可获得惊人的利润。据载,崇祯四年(1631年)七月,荷印公司在宋卡购得一批中国生丝,每磅价格为3.81荷盾,运至欧洲后却以每磅15.90荷盾的高价出售,利润率高达317%强。次年(1632年)三月销售的另一批生丝每磅售价为16.88荷盾,而在台湾的买价每磅仅4荷盾,运出价每磅亦仅4.83荷盾,公司纯利润更高达325%。⑥ 无怪乎荷印公司的阿姆斯特丹总部曾训令,要不惜使用武力打开与中国直接通商的渠道。⑦ 西方商人不仅把中国商品直接运回欧洲,而且还把中国商品作为远东转手贸易的资本。例如,葡萄牙占据澳门取得直接对华贸易特权后,把印度洋、东南亚的商品运往澳门换取中国商品,然后把中国商品转运到日本等地销售,据称可以赚取高达200%的利润,以此高额利润购买畅销欧洲市场的中国丝、茶、南洋香料等运往欧洲,这样就完成了以东方商品的

---

① 〔印尼〕萨努西·巴尼:《印度尼西亚史》(中译本),商务印书馆1959年版,第151页,第146页,第200页。

② 韩振华:《荷兰东印度公司时代巴达维亚蔗糖业的中国雇工》,《华侨历史论丛》第2辑,1985年版,第71页。

③ 〔印尼〕萨努西·巴尼:《前揭书》,商务印书馆1959年版,第162页。

④ Leonard Blusse and R. Falkenburg:John Nieuhofs Beelden Van Een Chinareis(1655-1657),p. 10, Middleburg,1987.

⑤ D. W. Davies:A Primer of Dutch Seventeeth Century Overseas Trade. The Hague,1961,p. 59.

⑥ K. Clamann:Dutch-Asiatic Trade(1620-1740),Copenhagen,1958,pp. 113-114.

⑦ W. P. Groenveldt:De Nederlanders in China,S. Gravenhage,1898,pp. 313-326.

销售利润支付运回欧洲的货物的贸易过程。① 明后期至清初,中国封建王朝的海禁政策弛紧不定,加之沿海社会气氛动荡不安,西方商人在中国沿海地区的直接贸易往往不得其便,因此,千方百计鼓励华商至东南亚贸易。

其次,华商可为各殖民据点提供维持与发展的粮食和其他日用必需品。万历三年(1575年),菲律宾总督在致西班牙国王的信中写道,每年有12至15艘华民商船到来,载有各色丝织品、面粉、糖、水果、铁、钢、锡、黄铜、铅等其他金属以及在西班牙和印度诸岛可见的各类物品,还包括许多精制的青铜炮和各种军事用品,其价甚廉。② 在巴达维亚建立后,中国人即在城外定居下来,并安心从事稻米、甘蔗及蔬菜的种植。③ 天启元年(1621年)开始到东印度游历的赫伯特爵士(Sir Thomas Herbert)曾详实描述当时万丹的情形:"万丹城本地出产,除了稻米、胡椒和棉花外,殊少其他产品,虽然绝大部分的胡椒还是由辛勤耐劳的华人运到此地的,他们每年正月成群结伙地乘船来到这个港口,把从苏门答腊的占碑、婆罗洲、马六甲等地运来的东西卸下来,以万丹为货仓;除了供应当地外,他们还拿这些货物供应英荷等国家,换取金钱或其他的商品。"④此外,中国移民还作为渔夫、园丁、猎人、织工、砖瓦匠、木匠、铁匠等从事社会发展所需之手工技艺。⑤ 可以看出,欧洲殖民者在东南亚据点的生活在一定程度上仰赖华民的各种技艺和日用物品的供应。

再者,移居东南亚的华民在欧洲殖民者与殖民地原住民之间起着特殊的不可替代的作用。如在荷兰人来爪哇之前,华商已成为中介商;在荷兰联合东印度公司统治时期,爪哇最重要的中介商还是华商。"他们由作为中国杂货商与爪哇人民之间的中介商变成主要是东印度公司与爪哇人民之间的中介商。"⑥东印度公司实际上是唯一的胡椒及其他土产的大收购商和大批发商,"向欧洲直接采购货物全归东印度公司办理,而中国商人主要的只是将中国出口的货物运入印度尼西亚。此外,关于日本商品和印度棉织物的贩卖,主要亦操在荷兰东印度公司之手"⑦。华商往往成为"大收购商"与"大批发商"下面的承包商(中介商)。东印度公司在剥削和掠夺东南亚资源财富时,因远离本土,公司人员有限,往往人手不足,而经营"从西方殖民当局手中租得的或受益

① Leonard Blusse & Jaap de Moor:Nederlanders Overzee Franeker,1983,p. 186.

② Emma Helen Blair and James Alexander Robertson:The Philipine Island(1493-1898),Vol. Ⅲ,p. 299.

③ E. s. De Klerck:History of the Netherlands Indies,Amsterdam,Bruss,1938,pp. 260-268.

④ 〔英〕巴素:《东南亚华侨》,中国台北国立编译馆1966年版,第680—681页,引约翰·克劳福:《印度群岛史》(爱登堡,Constable,1820),第136页。

⑤ E. H. Blair and J. A. Robertson:Op. Cit. ,Vol. Ⅲ,pp. 34-35.

⑥ De Distribueerende Tusschenhandel Der Chineezen OP Java,1952年,海牙。

⑦ 《荷印大百科全书》(Encyclopedie Van Nederland Indie)第2版,第24页。

的专利事业,……需要对本地情况很内行,或者不断地和本地环境相接触,这是西方殖民者所不能做也不愿做的"①。因此便实施所谓承包制。② 17世纪主要是税收承包,即华民承包政府对原住民或中国移民实行的一些税收。华民不仅在收购土特产、征收赋税、推销欧洲货物方面起着重要作用,而且殖民据点与乡村之间贩卖日用食品物资也是华民充当中介商。万历十八年(1590年)马尼拉主教萨拉扎尔(Domingo de Salazar)在一封信中写道:"华人也贩运此地出产之猪、鹿、牛、鸡、鸭等肉类和蛋类,如果没有他们贩来这些东西,我们就会出现食品匮缺,他们擅长经商,连柴薪都运到涧内(Parian)市场贩卖。"③华民对于当地的风俗习惯、语言文化等较为熟悉,并能深入穷乡僻壤,与当地居民关系密切,对于处理殖民者与当地居民之间的关系也大有裨益。

正因为中国移民有上述重要作用,殖民者起初都采取各种手段、措施诱拐、招揽。如隆庆四年(1570年)五月八日,在明多罗岛有两艘中国商船遭到西班牙船队的袭击,两船80多名中国人中有20人被击杀,船上装载的生丝、丝织物、金丝、麝香、描金瓷碗、棉布、描金茶壶等贵重物品尽为西班牙人劫夺。指挥官戈第闻讯之后,认为乘机可以接触中国人,便火急赶往向华商致歉,并释放生存的中国人,安排修理损坏的中国商船。在与当地原住民的战争中还把被监禁的华商释放了。西班牙人还不惜以白银交换中国瓷器和其他商品。④ 荷印殖民当局出于同样的目的,也"对华侨采取了宽大政策,同时也赋予各种权利,以笼络他们"⑤,并在华商中委任甲必丹,负责华民事务的管理,"以加强及维持法律与秩序"⑥,有时甚至采取强制手段逼迫华民移居殖民据点。万历四十五年(1617年),荷印公司封锁万丹迫使华民移至巴达维亚,开发巴城商业。也有直接到中国沿海招募的,如万历十三年和十八年(1585年和1590年),菲律宾总督圣地亚哥·贝拉(Santiago de Vera)和戈麦斯·佩雷斯·达斯马里纳斯(Gomez Perez Dansmarinas)就曾先后遣人来闽粤各地,招募华工。可见,西方殖民者东来对中国海外移民形成一股外部的拉力。

明中叶以后海洋社会经济的兴起和嘉靖倭患造成的沿海社会动荡,对海外移民形成一股内部的推力。成、弘之际,私人海上贸易以武装走私形式在闽、浙、粤沿海悄然兴起,嘉靖时期与倭寇、葡萄牙殖民者勾连,酿成动乱。明

---

① 〔法〕C·罗伯铿:《中国人和马来世界》,译载《南洋问题资料译丛》1957年第3期,第12页。

② 参阅蔡仁龙:《荷属东印度时期的承包制与华侨》,载《华侨历史论丛》第1辑,福建华侨历史学会1984年版,第162页。

③ E. H. Blair and J. A. Robertson: Op. Cit. , Vol. Ⅶ, pp. 227-228.

④ 黄滋生、何恩兵:《菲律宾华侨史》,广东高教出版社1987年版,第24—25页,第28页。

⑤ 〔日〕福田省三:《荷属东印度的华侨》,译载《南洋问题资料译丛》1956年第2期。

⑥ 许云樵校本:《开吧历代史纪》,载《南洋学报》第9卷第1辑,第25页。

隆庆元年(1567年)开放月港为出洋港口后,随着沿海社会商品经济的繁荣和东西洋贸易对中国商品的需求,我国私人海外贸易获得迅速发展。据统计,明末清初,我国商船每年在东南亚的进出口货物总额为24800万斤,年贸易总额计1430万两白银,年利润为787万两左右,货物的贸易利润率高达100%—200%。[①] 可见当时私人海外贸易的规模之大。私人海外贸易的发展,一方面使为数众多的贸易商人到海外经商,成为短期或长期的移民;另一方面还有大量因政治腐败、土地兼并或天灾人祸而破产的手工业者和农民,他们为谋生路,搭附商船流入海外各地。如万历元年(1573年)来到马尼拉的8艘华船,每艘至少搭载华民100名。[②] 万历十一年(1584年)来菲华船数为25—30艘,附船而来的华商及其他华民达4000人。[③] 万历三十四年(1606年)竟有一条华船载有500名华民之多。[④]

政治性集团海外移民,是这一时期出现的新现象。早在16世纪中后期,中国沿海居民为逃避明政府的苛税暴政,即已开始大量移民到南洋群岛及印支半岛中。这阶段的集团式移民主要有两起。一是林道乾至北大年开港。李长傅在《中国殖民史》中说:"林道乾,潮州惠来人,少为邑吏,狡诈逾恒,后流为盗,残虐嗜杀。时倭寇虽败于戚继光,但仍剽掠于闽粤。嘉靖四十五年(1566年)道乾为俞大猷败于诏安,倭寇鼠窜北港(台湾),道乾从之,嗣道乾俱为所并,又惧官军追之,乃自安平镇二鲲身扬帆南航,至昆仑岛(Pulo Condore)遂留居焉。但其地狭小,且有飓风为患,又南航至大泥(Patani),略其地以居,号曰道乾港,聚众至二千余人。"[⑤] 另一著名的集团移民即所谓"林凤征菲"。林凤系广东饶平人,16世纪70年代初年活跃于粤、闽、台沿海,常聚众劫掠潮州、饶平、惠来等地。后因明军集力剿攻,自知不敌,遂决定前往菲律宾。据载,万历二年(1574年)十一月,林凤亲自率船舰62艘,士兵2000名,水手2000名,妇女1500名,以及许多农人和手工业工匠赴菲律宾。[⑥]"船中不但载有武器,还装有大量农具、种子和牲畜。"可见,林凤来菲意欲寻求安居的乐土,主要是属于移民性质的。[⑦] 虽然万历五年(1577年)林凤在西班牙殖民者的攻击下被迫回国,但大多妇幼、工匠及士兵都留下转入吕宋北部山区,与伊戈律

① 林仁川:《明末清初私人海上贸易》,华东师范大学出版社1987年版,第261—272页;又韩振华:《1650—1662年郑成功时代海外贸易和海外贸易商的性质》,载《郑成功研究论文选》,福建人民出版社1982年版。

② Blair and Robertson:Op. Cit. , Vol. Ⅵ, p. 302.

③ Ibid. , Vol. Ⅵ, p. 61.

④ Ibid. , Vol. ⅪⅤ, p151.

⑤ 李长傅:《中国殖民史》,商务印书馆1937年版,第142页。

⑥ John Foreman: The Philippine Islands. London, 1899, p. 46.

⑦ 陈台民:《中菲关系与菲律宾华侨》,香港朝阳出版社1985年版,第94—97页。

(Igorrote)族人杂居通婚,传播中华文化,后来这些人的后裔形成伊戈律—华族(Igorrote-Chinese),他们淡蓝色的皮肤,优美修长的身躯,细斜的眼睛,很容易从当地其他民族中区别出来。①

明朝灭亡后,许多明室遗臣和东南沿海的抗清势力,在清军的进逼下,不甘为清朝臣仆而逃亡海外,也形成了几次政治性集团移民。

最早是南明桂王朱由榔(永历帝)在清军追击下,于顺治十六年(1659年)率随从逃入缅甸避难。据有关史籍记载,当时入缅人数达1478人,其中640人乘船,其余900多人及马940匹皆陆行至缅甸都城阿瓦对河屯驻,被缅王分散至各村以防其作乱。永历帝与从臣则由水路至者梗(今实皆),在陆行者旧营地建房十间定居。② 这批人到达缅甸后不少被杀或自杀。顺治十八年(1661年),缅王将永历帝引渡给清吴三桂以退清兵的进攻。桂王从者则留在阿瓦东部一百里间专事农耕,并建望乡台。"闻当时成聚者有数千人之多,遗裔渐成一族,不忘桂王,自称曰桂家。"③《缅考》云:"百余年生聚日盛,称桂家,兵力强,群蛮畏之。"④后来桂家还出了如宫里雁这样的著名人物,为缅甸采矿业作出了重要贡献。⑤

康熙十年(1671年),广东雷州府人郑玖因"不服大清初政"⑥,"不堪胡虏侵扰之乱"⑦而率亲眷、好友、随从等400余人,战船10艘,自雷州港出发渡海抵达柬埔寨的蛮荼地区,在此聚众垦荒建设。《嘉定通志》载:"郑玖……留发南投于高蛮国南荣(即金边)府。见其国柴末府华民、唐人、高蛮、阇巴诸国凑集,开赌场征课,谓之花枝,遂征买其税,又得坑银,骤以致富。招越南流民于富国、陇棋、芹渤、溙贪、沥架、哥毛等处,立七村社。以所居相传有仙人出没于河上,因名河仙焉。"⑧后河仙地区的繁荣与发达与郑玖及其子郑天赐的业绩是分不开的。

康熙十八年(1679年),另一支数以千计的集团移民亦南渡至南圻,即杨彦迪、陈上川率众向东浦地区的移居。据《大南实录》记载:"巳末三十一年(公元1679年)春正月,明将龙门总兵杨彦迪,副将黄进,交雷廉总兵陈上川,副将陈安平,率兵三千余(原五千,中途沉没约死其半),战船五十艘(原百艘,遇雨

① John Foreman:OP. Cit. ,p.49.
② 参阅邓凯:《球野录》、《也是录》、《永历纪年》、《行在阳秋》等书。
③ 温雄飞:《南洋华侨通史》,上海商务印书馆1929年版,第86—87页。
④ 《腾越州志》(乾隆朝)卷一〇。
⑤ 〔日〕铃木中正、荻原弘明:《贵家宫里雁与缅甸华侨》,载《中外关系史译丛》第3辑,上海译文出版社1986年版。
⑥ 郑怀德:《嘉定通志·疆域志》"河仙镇"条。
⑦ 武世营:《河仙镇叶镇氏家谱》(1818年撰成)。
⑧ 《嘉定通志·疆域志》"河仙镇"条。

沉没其半），投思容、沱襄海口，派员入富春，自陈以明遗臣，义不事清故来，愿臣仆。时议；以彼异族殊音，猝难往使，而穷途来归，不忍拒绝。真腊国东浦地方，沃野千里，朝廷未暇经理，不如因彼之力，使辟地以居，一举而三得也。上从之，乃命宴劳嘉奖，仍授以官职，令往东浦居之。又告谕真腊，以无外之意。彦迪等诸将谢恩而行。彦迪、黄进兵船驶往雷腊（今嘉定地方），驻扎美湫（今定祥）。上川、安平兵船驶往芹苴海口，驻扎于盘辚（今属边和）。"①这支移民当属郑成功的旧部，其后与当地人民开发湄公河三角洲，建明乡社，后裔为明乡人。

康熙二十二年（1683 年）郑克爽降清后，亦有一些郑氏残部流寓东南亚各地。陈春生云："一群达三千多人的反满志士，携同眷属，即于台湾沦陷清手之后分搭九船前赴东南亚各地，其中三船开抵吕宋，一船到暹罗，三船到爪哇，另两船则到马六甲。"②这一记载据许多学者的考证是可信的。③

上述一批批政治性集团移民是 16、17 世纪中国海外移民潮的重要组成部分，他们为促进东南亚的经济开发、文化繁荣做出了显著的功绩，特别是一些原始荒芜之地，通过集团移民集体力量的开垦经营，后来成为东南亚的富庶地带，如越南南部的河仙、边和等地的繁荣就是突出的例证。

（三）清前中期的海外移民（18 世纪至 19 世纪上半叶）

康熙二十二年（1683 年），清朝统一台湾，次年颁谕开放海禁，但仍严格限制船只商船出洋贸易、捕鱼、携带移民出海。康熙四十四年（1703 年）准商船出洋许用双桅，但又规定发给商船的"照内将在船之人详开年貌、履历、籍贯，以备讯口查验，其有梁头过限并多带人数，诡名顶替以及讯口盘查不实卖放者，罪名处分，俱照渔船各加一等"④。尽管有多方面的限令制约，但出洋商船的频繁活动使沿海民人搭船出洋的机会增多，却在客观上造成明末清初以来的又一次海外移民潮流。"闽广人稠地狭，田园不足于耕，望海谋生十居五六"，"游手无赖，亦为欲富所动，尽入番岛"⑤。

清廷面对民人出洋潮流，不免忧虑，恐生盗薮，于朝廷不利。康熙五十六年（1717 年），颁布南洋禁航令，明谕"南洋吕宋、噶喇吧等处不准商船前往贸易"，"于南澳等地方截住，令广东、福建沿海一带水师各营巡查，违禁者严拏

---

① 《大南实录·前编》卷六。
② 陈春生：《丁未黄冈起义记》第 1 辑第 13 册，第 488—489 页，引自颜清煌：《星马华人与辛亥革命》台北联经出版事业有限公司 1982 年版，第 16 页。
③ 参见温雄飞：《前揭书》，第 90—91 页；韩振华：《台湾郑氏余众与印尼华侨》，载《厦门日报》1982 年 7 月 27 日；吴凤斌：《郑成功父子时代与东南亚华侨》，见《华侨历史论丛》第 1 辑。
④ 《古今图书集成》，祥刑典、律令部汇考五七。
⑤ 蓝鼎元：《论南洋事宜书》，《鹿州初集》卷三。

治罪"①。同时也谕令入洋贸易人民三年之内返国,禁止在外聚留,从国内、国外两方面切断移民的机会。南洋禁航令仅行 10 年,至雍正五年(1727 年)以后,陆续在沿海各省解除,但禁止移民海外的政策,到鸦片战争前,都不曾松动,反而更趋完备和稳定。尽管禁令繁多而日臻严密与系统化,仍然无法阻止濒海民众贩洋贸易、移民海外的潮流。清代前期,福建沿海移民主要流向台湾,海外移民有所减弱,而广东沿海移民成了海外移民的主角。由于东南亚经济开发向纵深发展,急需劳力和贸易人手,各地均致力招徕中国移民。特别是暹罗,因广东澄海籍移民郑昭于乾隆三十三年(1768 年)称王,成为吸纳广东海外移民的主要地区。据今人估算,到鸦片战争前夕,散居东南亚的中国海外移民及其后裔达 100—150 万,在绝对数量上已大大超过前代。

二 海外移民社会的形成

(一)海外移民分布区域的变化

唐宋时代,尽管海外贸易的发展远渐东洋、南洋直至阿拉伯世界,也有许多华商定居的贸易地,但其时海外移民的人数十分有限。入明以后,海外移民才成为初具规模的社会现象,移民地域亦已广布于南洋各地。明前期的海外移民分布区域主要集中在南洋群岛和印支半岛地区。爪哇岛的杜板、新村、苏鲁巴益和满都伯夷②,苏门答腊岛的旧港、三佛齐③都有不少闽粤沿海的商民在此聚居,许多地方如万丹、泗水、锦石、杜并同是华商集结的贸易中心。加里曼丹(婆罗洲)在明初即有华番杂居现象,郑和下西洋经此地区,随之移民者日众;南婆罗洲的文郎马神与明朝贸易关系甚密,华夷通婚,华商不思归唐,不少定居于彼。④ 菲律宾群岛与闽粤相距甚近,商民与渔民均常往来,加上贸易及郑和的访问,往往久居者数以万计。⑤ 印支的真腊、暹罗、越南及马来半岛也已有许多中国移民长期定居。

明中叶至清初,移居到东南亚的华民,主要分布在菲律宾的马尼拉,印度尼西亚的巴达维亚、万丹,马来西亚的北大年,暹罗的大城等地。到日本的移民,主要居住在长崎、平户。

菲律宾是这时期中国移民最多的地方。16 世纪 70 年代以前,菲律宾的生产事业和商业还较落后,尚未具备吸引大量中国移民的条件,在菲华民不

---

① 《清圣祖实录》卷二七一。
② 马欢:《瀛涯胜览·爪哇条》;张燮:《东西洋考》卷三。
③ 《明史》卷三二五《外国传六》。
④ 张燮:《东西洋考》卷四。
⑤ 《明史》卷三二三《外国传四·吕宋》。

多,鲜有记载。如 15 世纪随郑和宝船到达苏禄的白丕显(当地人谥称为"本头公")就死于苏禄和乐岛,因他在当地起过不小的作用,至今仍受人景仰。① 据菲西首任总督列加斯比(M. L de Legaspi)的报告,隆庆四年(1570 年)五月,马尼拉"城中居住着 40 名已婚中国人和 20 名日本人"。一年后(1571 年 5 月)马尼拉华民增至 150 人。② 此后,华民急剧增长。至万历十六年(1588 年),来菲定居华民已超 16000 人。③ 万历三十一年(1603 年)在菲华民总数达 30000 人④,就在这年华民遭菲西殖民地当局屠杀 2.4 万—2.5 万人。⑤ 但到崇祯八年(1635 年),马尼拉及其他海岛的华民又达 30000 余人⑥,崇祯十二年(1639 年)大屠杀前夕,更高达 40000 人。⑦ 清初华民又复增加,虽又被杀戮,总数仍达数万人。

印尼的巴城是另一华民重要移居地。万历四十七年(1619 年),荷人开埠时只有 300—400 人,翌年增至 800 人,占巴城居民总人口的 40%。⑧ 顺治十五年(1658 年),巴城已有 5000 多名华民,到 17 世纪末期,巴城城区和乡区华民总数合计共约万人。⑨ 万丹在 17 世纪初也有数千华民移住,据万历三十七年(1609 年)三月二十日亲到下港的德国人约翰·威尔铿(Johan Verken)记载,"中国人在万丹也有几千人住居,其中大部分是富裕的"⑩。

此外,马来亚的北大年、吉兰丹也有数以千计的华民聚居。⑪ 17 世纪的暹罗中国移民则在 3000 人以上,法国观察家则认为不超过 4000—5000 人。⑫

---

① Cesor Adib Majul:Chinese Relations With the Sultanate of Sulu, From Alfonso Felix, Jr. (ed.):The Chinese in the Philippines(1570-1770), Manila, 1966, Vol. Ⅰ, p. 149;Filipino Heritage:The Making of a Nation, Vol. Ⅲ, p. 591, Laking Publishing Inc, 1977.

② Blair and Robertson:Op. Cit, Vol. Ⅲ, pp. 101-167.

③ Eufronio M. Alip:Ten Centuries of Philippine-Chinese Relations (Historical, Political, Social, Economic), Manila, 1959, p. 36.

④ E. M. Alip:Ibid;Blair and Robertson, Op. Cit, Vol. ⅩⅣ, p. 45.

⑤ Gen. J. P. Sanger:Census of the Philippine Islands(Taken Under the Direction of the Philippine Commission in the Year 1903), Vol. Ⅰ, p. 319, Washington, 1905.

⑥ Blair and Robertson:Vol. ⅩⅩ, p. 96;Vol. ⅩⅩⅤ, p. 49.

⑦ Cren. J. P. Saner:Census of the Philippine Islands(Taken Under the Direction of the Philippine Commission in the Year 1903), Vol. Ⅰ, p. 319, Washington, 1905.

⑧ H. T. Colenbrande:《燕·彼得逊·昆东印度商务文件集》。(Jan Pieterszoon Coen: "Bescheiden Omtrent Zijin Bedriff in Indie".)dl. Ⅵ, bl 178, 200. 转见黄文鹰等:《荷属东印度公司统治时期吧城华侨人口分析》,厦大南洋所 1981 年,第 38 页。

⑨ 黄文鹰等:《上揭书》,第 38 页,第 87 页。

⑩ 〔日〕岩生成一:《下港(万丹)唐人街盛衰变迁考》,《东洋学报》第 31 卷第 4 期(译文载《南洋问题资料译丛》1957 年第 2 期,第 108—119 页)。

⑪ 参阅《马来亚华侨志》,1958 年台湾版,第 76 页;张燮:《东西洋考》卷三"吉兰丹"条。

⑫ Viginia Thompson:Thailand:The New Siam, New York, 1941, p. 104.

一般估计认为,在 17 世纪移居东南亚地区的华民总数为 9 万—10 万人。

明末清初中国人移民日本的数量也颇可观,主要集中在平户、长崎等地。万历四十六年(1618 年)仅在长崎的华人就达 2.3 万之众,在彼居者"不知几千家"并已"婚媾长子孙"矣。

清前期海外移民的分布基本上承袭了明中叶以来的区域格局,但又有许多具体的变化。东南亚各商埠和内陆地区的中国移民数量都有很大的增长。华商和潮州人种植业的发展使暹罗成为中国移民最多聚集的地区,人数达 70 万—100 万;爪哇地区除了巴达维亚中国移民持续发展而外,该岛其他地方也出现不少华人集居地,到鸦片战争时爪哇全境华民为 11 万—12 万;婆罗洲矿业的繁荣使中国移民迅速趋集,鸦片战争前夕也已达 15 万之多;马来半岛的种植园区、矿区以及英属海峡殖民地的新埠槟城、马六甲、新加坡等地中国移民亦大大增加;越南、缅甸的中国移民到鸦片战争前夕也发展到各有 10 多万的数量。[1] 唯有菲律宾群岛与其他地方相反,中国移民较之明末减少很多。道光二十年(1840 年)菲岛注册华民不到 6000 人。[2] 日本中国移民的增长速度则不及东南亚地区。总之,到鸦片战争时,海外中国移民的总数为 100 万—150 万,遍布东南亚、东北亚各地。

(二)海外移民社会和华侨社会的形成

海外移民社会形成的基本前提是相当数量的中国移民在海外某一地区(城市或乡村)聚居,并从事相对稳定的职业如住地商、手工业或农业等,形成一定规模的(城市中)社区或(乡村中)村社。海外移民社会的基本标志应有两点:一是聚居在一起的移民群体很大程度上继续保持中国的生活方式,使用中国的语言(包括各种中国方言)和文字,崇尚中国传统文化和民间习俗。二是移民聚居群体内部的个人之间并不是单纯的空间集结,而是相互之间建立一定的社会关系,从事某些社会性的活动。其最主要的表现是移民社区基层组织的建立,如各种乡族宗亲组织或同业公会等等,并由此产生必要的社区领袖。

移民基层组织是移民社会最重要的机制性组成部分,移民基层组织的形式从中国沿海民间社会移植而来,并根据海外所处的特殊环境加以适应改造,通常有以方言、地缘、血缘、业缘结合的帮会、同乡会、宗亲会、同业公会等等。

帮会在海外中国移民社会中具有特殊的意义。海外移民所操方言及移出地区的显著文化差异,使得中国移民到海外各地之后几乎都形成了基本上以方言、地域为背景的"帮",诸如福建帮、潮州帮、广府帮、客家帮、琼州帮和三江

① 吴凤斌:《东南亚华侨通史》,福建人民出版社 1994 年版,第 256 页。
② Edgar Wickbery:The Chinese Philippine Life:1850-1898. Yale University,1965,p. 53.

帮等,福建帮甚至又有福州帮、闽南帮、兴化帮等等,这种帮会成为各地中国移民社会的最基本的社区组织。在帮会的基础上发展成为各种其他社团组织,如跨帮的交叉组织或跨地区的同帮总会等。这种发展与海外移民社会同步演进,成为中国移民社会发展的最重要标志。

海外移民以谋生为出发点离家出洋,海外移民社会也就以生存为最主要目的。由此,经济的发展成为移民社会发展的第一优先目标,注重经济的联络以扩大华人社区经济实力的增长成为各种移民组织追求的方向。因而移民经济事业的变化与发展也是海外移民社会发展的重要标志之一。在经济发展的基础上,才有时间和空间来创造文化的氛围,重视自身的精神享受和后裔的教育事业,这是移民社会逐步走向成熟的标志。

明初是海外移民社会的肇端与准备阶段。

从聚居规模看,明初只在东南亚少数地区有中国海外移民的集中地。有明确史料记载的有两处:爪哇的新村及苏门答腊的旧港。新村居民"约千余家",该地"原系沙滩之地,盖因中国人来此创居"而得名新村①,可以推知新村千余家当以华民为主;苏门答腊旧港亦有闽粤移民"数千人"②。另一方面,新村已成为当时的商贸中心,"各地番人多到此买卖,其金及诸般宝石一应番货,多有卖者,民甚殷富",可见新村的经济联系已较密切,主要从事商业活动。③

从村社的社会组织而言,没有确据可证实,当时已有移民自己的基层组织机构;但记载表明,新村村主为广东人,旧港酋长为南海豪民梁道民。他们都是华民头目,至少可以说已建立自己的村社管理机制。从聚居规模、经济活动和管理机制看,明初个别海外移民点已孕育着移民社会的各种因素。

明中叶海外移民社会初步形成,到清中叶,数以万计的华民聚居区已遍布东南亚和日本等地;而清廷不准海外移民归国的禁令,促进了海外移民定居的趋势,成为海外移民社会发展的重要契机。

早期的中国海外移民社会具有流动性和不确定的特点。随着定居和几代人的繁衍,有一部分融入当地土著社会而消失,一部分保持中国海外移民社会的特征,并成为吸纳新移民的载体。同时,随着中国海外移民潮的持续,又在新的地区不断出现新的中国海外移民社会。这时期,已明显形成了海外移民的职业特色和职业体系。从事最多的是商贩和各类手工匠业,而且城乡华民商贩(包括住商、小店及行商)已构成一种特殊的商业行销网络,不仅连接各个华民社区,也向土著社会延伸;同时商贩和各种手工行业如木匠、鞋匠、织匠、

---

① 马欢:《瀛涯胜览·爪哇条》。
② 马欢:《瀛涯胜览·爪哇条》。
③ 张燮:《东西洋考》卷三《旧港条》。

衣匠、油漆匠、银匠、蜡烛匠等结成跨职业的亦工亦商的华民制销模式,这种模式成为海外移民社会长期普遍存在的传统职业模式。18世纪以后,中国移民的职业有所变化,行业结构向种植业、采矿业等横向延展。从事种植业和采矿业的华民实际上一直都存在,只是到了18世纪以后种植业和采矿业的中国移民数量大增,并出现了行业社会的发展趋势。有的地区如爪哇巴达维亚的中国移民社会种植业已占据最主要的地位,其次才是商贩和手工工业。① 尽管如此,种植业社会的发展与华民其他行业依然密切相关,如爪哇种植业系于爪哇华民蔗糖业的发展,婆罗洲华民种植业则因于华民采矿业的发展,因此,海外移民社会中各种职业之间有一定的依存关系。

　　15—18世纪,中国移民社团的早期形态开始出现。鉴于社会环境的制约,最早的移民社会组织主要依托于寺庙和义山的形式。如在日本长崎,有天启三年(1623年)建立的兴福寺(南京寺)、崇祯元年(1628年)建立的福济寺(漳州寺)、崇祯二年(1629年)建立的崇福寺(福州寺)、康熙十六年(1677年)建立的圣福寺。在东南亚,有顺治七年(1650年)建于巴城的观音亭(1775年改名金德院)②、康熙十二年(1673年)建于马六甲的青云亭等。至18世纪末,仅三宝垄一地就先后建立了大觉寺、东街、振兴街、慢帕街和郭六宫等六处寺庙。③ 义山以郭氏兄弟顺治七年(1650年)在巴城募资创设"唐山义冢"为嚆矢,随后各地华人亦纷纷设建义山或义冢。华人寺庙亭院和义山义冢的建立,拥有共同的社会阵地,是海外移民社会向华民定居社会转变的一个标志。18世纪加里曼丹大大小小的"公司",则是早期中国海外移民社会经济组织的典型表现。

　　随着社会基层组织以及中国移民经济在移居地的发展,到18世纪,各地海外移民社区都已普遍产生了各种形式的华民富商和行政领袖。如爪哇万丹的陆美(Lakmai)、沈树安(Simsuan)、林哥(Limco)④等都是有名的富商。各地的玛腰、甲必丹、雷珍兰等尽管是为殖民统治者而设立的华民领导阶层,但他们也是中国移民实际上的社会首领。许多甲必丹都出身于华民巨富,如爪哇甲必丹连富光在乾隆五年(1740年)红溪惨案中遭劫时资产竟达10万之巨。⑤ 西方殖民者东来之后,在各自的殖民区域和殖民据点里都设立了华民甲必丹,这不仅成为殖民者实行间接控制中国移民社会的一个重要手段,也反映了中国海外移民已形成自己独特的社会实体,并引起殖民者的充分关注,需

①　黄文鹰:《东印度公司时代吧城华侨人口分析》,厦门大学南洋研究所1981年版,第52页。
②　徐云樵校注:《开吧历代史记》,载《南洋学报》第9卷第1辑。
③　林天佑:《三宝垄历史》(中译本),第77页,第84页,第87页,第115页,第137页。
④　J. C. Van Leur:Indonesian Trade and Society,The Hague,1955,p. 383.
⑤　费谬伦:《华人暴乱简述》,第8页。

要设立甲必丹制度来控制这股不可低估及可资利用的社会力量。

三 明清海外移民对中国和世界的作用

（一）中国文化海外传播与中西文化交流的载介

海外移民活动是中国历史上持续不断的社会现象。

远在人类黎明时期，产生于现今中国大陆沿海地区的古文明就由海外移民传播到环太平洋岛屿。① 自先秦到隋唐，从中国直接到日本和间接从朝鲜半岛转徙到日本的移民，具有相当的规模。② 在海洋交通航线上，不少地方也留有中国海外移民的踪迹。唐末中外交流孔道从中亚草原转移到海洋，中国经济重心南移东倾，南方沿海地区才成为海外移民的主要输出地。

早期海外移民作为文化传播的载体，把中国先进的农耕和手工业技术散播到海外岛国异邦，也就成了以中国为中心的东亚政治、经济、文化圈的重要社会基础。他们中的大多数，是去而不归，融入移居地的民族；极少数的回归者，未能形成群体力量，对中国社会的影响很小。中国"天下共主"的形象，主要是由强盛中央王朝的政治影响力造成的。历代中央王朝没有把海外移民当做"侨民"对待，因而海外移民的活动总体上局限于海外，和中国历史发展进程相脱节。

晚唐以降，由于国内外环境和局势的变动，中国海外移民的作用开始悄悄地、渐进地发生变化。

最根本性的变动，是中国在传统亚洲文化圈内"天下共主"地位的实质性动摇。自从安史之乱以后，中国帝王以"德"、"威"在周边和海外国家中树立政治权威，主导东亚政治格局的做法已难以为继。宋朝面对北方民族崛起的严重挑战，对于海外国家，不得不从政治层面下移到经济层面，靠招徕朝贡贸易、怀柔四夷来维持体面。元朝虽曾尝试以武力恢复在海外的政治权威，但讨伐日本、爪哇均告失败。明太祖朱元璋，"德"、"威"并用，也没有取得预期的效果。日本公开以"水泽之地，山海之州，自有其备，岂肯跪途而奉之乎？顺之未必其生，逆之未必其死。相逢贺兰山前，聊以搏戏，臣何惧哉"③相对抗，爪哇"设为奸计，诱（明朝赴三佛齐国）使者而杀害之"④。明成祖朱棣积极"通四夷"，不得不主要依靠郑和下西洋招徕朝贡贸易来维持。明中叶以后，中国不

---

① 凌纯声：《中国边疆民族与环太平洋文化》，台北经联出版事业公司1979年版。
② 韩昇：《日本古代的大陆移民研究》，中国台湾文津出版社1995年版。
③ 《明史》卷三二二《外国传·日本》。
④ 《明太祖实录》卷一三四。

仅面对传统亚洲文化圈内日本倭寇的挑战,还要面对传统亚洲文化圈外西方殖民者东来的挑战,加上经济上不胜负担,朝贡贸易体制也难以为继了。清朝把西方国家来华通商,名之为"入贡",更是一种虚拟的假象。明清两代帝王,都怀抱"天下共主"的政治理想,但和现实的差距却愈来愈远了。这就迫使他们在处理与海外国家的关系上,从主动转为被动。两次鸦片战争以后,更不得不屈从于西方列强,建立不平等的外交关系。

在这种情势下,中国在传统亚洲经济圈内的经济优势逐渐滑落,被东进的西方国家迎头赶上,拉大差距,以致取而代之。宋代以降传统经济制度的变革,土地私有制度和租佃制度占主导地位,传统市场经济的区域性成长,促进了社会生产力的发展和南中国经济地位的提升,海洋贸易的兴盛。明清时代,传统农业经济渐进增长,到"康雍乾盛世"达到顶峰,但同时使中国人口节节攀升,给经济与社会协调发展带来沉重的包袱。传统市场经济曲折成长,明中叶开始形成全国性市场①,但发育很不充分,很不平衡。停止下西洋活动,海洋朝贡贸易下移为东南沿海地区民间性的私人海洋贸易,海洋社会经济的兴起,代表着传统市场经济向海外延伸的需求,但因明清之际社会动乱的影响,丧失了历史机遇。中国社会经济从传统向近代转型的渐进式过程,和以海洋贸易、殖民掠夺和工业化为动力的西方经济的突飞猛进形成强烈的反差。西方海洋经济势力东进,使传统亚洲经济圈纳入西方世界资本主义体系,中国沦为落后、挨打的地位。

在这一大背景下,中国海外移民活动呈现了新的特点。一方面,海外移民虽然长期在官方心目中仍是一种海外流亡的"弃民",但由于官方从海洋退缩,中国与海外国家的经济联系下移到沿海地区的民间层次,使海外与沿海传统市场经济的海外延伸有可能直接联系起来,和中国海洋经济产生互动。而这种互动的积累,最终导致海外移民"侨民"地位的确定,使海外移民从单向的外流发展为双向的循环。另一方面,海外移民虽然在很大程度上依然来自中国国内的推力,但西方资本主义国家掠夺开发殖民地劳力需求的拉力越来越大,最终导致中国海外移民从传统亚洲经济圈走向世界,成为资本主义世界国际人口大迁移的组成部分。海外移民与中国本土的联系,有可能成为中西异质物质文明、精神文明交流的中介,在中国沿海社会变迁中发挥作用。

(二)对中国海洋社会经济产生、发展及演变模式的影响

在中国丧失传统亚洲经济圈内的主导地位和相对优势之前,即在19世纪中叶以前,明清海外移民对中国所产生的历史作用,主要表现在对海洋社会经

①　吴承明:《中国资本主义与国内市场》,中国社会科学出版社1985年版,第217—256页。

济的产生、发展及演变模式的影响上。

中国海洋社会经济在明中叶产生局部质的突破,源于沿海社会经济变迁趋势和历史传统。在一定意义上,海外移民潮是被海洋经济特别是私人海洋贸易牵动的,这就使得海外移民区域和传统亚洲经济圈重叠在一起,海外移民社区一般也是中国海商的落脚点和中转站。中国海商也因压冬住番成为暂时的商业移民,甚至有数十年长期寄居者,因而使海外移民社区和中国海洋经济活动存在稳定的联系,成为中国海洋商贸网络的有机组成部分。海外移民在当地开辟的商贸网络,是中国海洋贸易的主要海外市场。在这个意义上,海外移民的商贸网络对中国海洋贸易的走向和发展规模起了相当重要的作用。

中国海外移民的商贸网络,大致有三个层次:

一是中国移民社区之间的短途或长途贩运。这是商业移民利用原有的地缘、血缘关系建立的地区性或跨国性的商业联系,由移民群体的分衍迁徙逐步、自然地形成的。新的移民社区的建立,往往是原有移民社区的辐射,也是旧有商贸网络的扩张。移民家族或地缘性群体的扩散,带动了商业信息和中国商业习惯的传播。

二是中国移民社区与移居地内地市场的商贸网络。这个网络不仅有城市的中心市场,也包括农村的初级市场。构筑这一网络的,主要是中国海外移民中的小商贩。

三是中国移民社区与海外市场的商贸网络。这包括两个部分,一是中国海外移民往来异域他邦(包括中国),从事跨国性的经营活动,二是就地经营的国际贸易。它直接或间接把传统亚洲经济圈和欧美经济圈连接起来。

中国海商利用这三个层次的商贸网络在亚洲市场建立传统贸易的优势,并借助欧洲商人的转贩,使中国商品进入欧美市场。

中国海外移民商贸网络的存在,给予中国海商海利的刺激,是明代后期海上私人贸易兴盛的重要原因之一。入清以后,虽经禁海、迁界和南洋禁航令的一系列打击,海上私人贸易趋退,但因中国海外移民商贸网络的存在,仍能保持相对的优势。

以福建月港为例。月港是明中叶兴起的走私港口,后期成为唯一合法的出国贸易港口。据张燮《东西洋考》记载,月港鼎盛时期往外通商达 40 多个国家和地区。明清之际月港被捣毁,从此一蹶不振。但这并不意味着月港海外贸易的消失,而只是规模的缩小而已。伦敦大英图书馆印度和东方图书阅览室保存的一份清代乾隆至道光间抄本道教科仪书《安船酌钱科》,是海澄县即月港地区道士的遗物,其中列出海洋航路分"往西洋"、"往东洋"、"下南"、"上北"四个部分,前两部分主要属海外航路,后两部分属国内沿海航路。"往西洋"航路经过和到达的岛屿和港口中有:

泊口、浊猪山、交趾（越南北圻）；外罗、交杯屿、羊屿、灵山大仙（即华列拉岬，Cape Verela）、钓鱼台、伽㒹貌、占城（Champa）；罗鞍头、烟同赤墩、复鼎山、毛蟹州、柬埔寨；罗鞍头、玳瑁州、失力、马鞍屿（今印尼 Karimata 岛）、双屿（今吉达港 Kedah 南）、炼个笠、进峡门、头屿、二屿、五屿、罗山牙、塪坑墩、复镝、口屿、双屿、下港（西爪洼的万丹，Bamtam）；罗鞍头、玳瑁州、失力、马鞍屿、十五屿、浯岐屿、吉凌马、吉里洞（Billiton）、招山、三卵屿、侥洞（今印尼爪哇岛东部）；白屿（Pedro Blanca）、小急水、郎目屿（三巴哇岛 Sumbawa 上的 Tambora 山）、麻离（峇厘岛，Bali）、哩嘛；火山、大螺、小螺、大急水、池汶（即帝汶，Timor）；罗鞍头、昆仑山（Pulo Condore）、地盘（今马来西亚的 Tiuman 岛）、长腰屿、猪州山、馒头屿、龙牙门（新加坡或林加群岛 Lingga Strait）、七屿、彭家山（Banka 岛）、蚊甲山、牛腿琴、凉伞屿（Pulau Labon）、旧港（今印尼苏门答腊岛南部的巨港，Palembang）；罗鞍头、玳瑁州、昆仑山，吉兰丹（今马来西亚的 Kelantan）、昆辛、大泥（即北大年，Patani，今属泰国）；罗鞍头、玳瑁州、三角屿、绵花屿、斗屿、横山、彭亨（Pahang，今属马来西亚）；罗鞍头、玳瑁州、昆仑山、地盘山、东竹、西竹（新加坡海峡的竹岛 Pulau Aur）、将军帽（马六甲海峡中的 Pulau Tinggi）、昆辛、罗汉屿（Rhio 群岛之一）、乌町（即柔佛 Johore，今属马来西亚）；罗鞍头、玳瑁州、大昆仑、小昆仑、真滋、假滋、大横、小横、笔架山、龟山竹屿、暹罗；罗鞍头、玳瑁州、昆仑山、地盘、东竹、长腰屿、猪州山、馒头屿、龙牙门、凉伞屿、占陂（Jambi，今属印尼）。

"往东洋"航路所经和到达的海外国家和地区有：

交雁、红豆屿、谢昆美（吕宋岛北部）、吉其烟、南圆、文莱（Brunei）；密雁（Vigan）、美洛阁、布投（即布楼屿）、雁同、松岩、玳瑁珮、磨里老、里银、中卯、吕宋（Luzon）；吕房（即今马尼拉 Manila）、磨老英、闷闷、磨里你、内阁、以宁、恶同、苏落（即苏禄 Sulu）、斗仔兰、蓬家裂、文莱。①

这些航路所经之地，显然比明代《东西洋考》所记为少，但可以看出清代前期海澄县的海商和船主仍沿袭月港的传统，从厦门出口前往传统亚洲经济圈中的东南亚地区，与海外移民建立的商贸网络相衔接。

海外移民的商贸网络具有多向沟通的性质，在传播传统中国商业文明和生产技术的同时，也帮助了海外产品和生产技术向中国的传播，丰富了中国海洋商贸的内容。

但是，我们必须看到，中国海外移民的商贸网络是以小资本、分散经营的民间经济组织为基础的，它适合中国海商个体式走私性的经营方式，具有传统的惰性，不能刺激甚至延缓大规模企业经营的产生，而对中国海洋贸易的发展

---

① 《安船酌钱科》（抄本），伦敦大英图书馆藏，编号 Or. 12693/18。

有一定的负面影响。当海外商业环境变化,欧洲商人不再主要依靠中国海外移民的商贸网络取得中国商品,而采取直接经营的手段时,中国海商的落后经营方式便不是竞争对手了。

同时,我们还要看到,中国海外移民的商贸网络是出于自愿和生活与生产的需要,在和平交往中无意识和不自觉地自然形成的,它并非中国官方鼓励和支持的行为,因而不像西方殖民主义商业扩张和海外移民,具有夺取海外贸易垄断权并取得军事强权和政治统治权的目的,使"直接在欧洲以外各地用劫掠、奴役和谋财害命方法劫取得到的财宝,源源流回母国,在那里转化为资本"①。这样,它对中国海洋社会经济发展的助力也是很有限的。

因此,我们在评估明清海外移民对中国海洋社会经济影响的历史作用时,要避免两种倾向。一是完全忽视,不承认两者存在互动;一是过分夸大,把它等同于西方的殖民,甚至危言耸听,把中国海外移民说成是中国海外扩张的"第五纵队",这些都是经不起历史事实的检验的。

(三)对中国沿海本土社会变迁的影响

明清海外移民对中国所起的另一重要历史作用,表现在对祖籍地——以闽粤为主的沿海社会变迁的影响上。这在 19 世纪中叶以后的晚清时期,表现尤为明显。

海外移民作为人口流动和移动的一支队伍,本来就是和人口迁出地的社会状况息息相关的。明清中国沿海的几次海外移民潮,和本地人口压力、社会动乱、西方殖民主义者、帝国主义列强的经济掠夺联系在一起,因而不能不对中国沿海社会产生影响。

人口外流,必然减轻人口的压力。从近时段看,可能造成当地劳力的紧缺、生产的萎缩、移民家庭生活的困难等,但从长时段看,则有利于人口结构、生产结构、社会结构的调整。但是,中国东南沿海地区原来人口基数很高,局部性的调整对减轻人口压力的影响并不大,如就全国而言,则可以说是微不足道了。因此,明清海外移民对减轻中国人口压力虽起过作用,不过这种作用是极其次要的方面,我们暂且不把它列为重点来考察。

有必要进一步强调的是,明清海外移民移植中国传统文化建立起来的海外移民社会,经过和当地文化、西方文化的调适,比较顺利地实现了中国传统向近代的转型,并充当了中国近代化的辅助力量的重要作用。

首先,海外移民社会的形成和发展,刺激和提升了中国沿海地区人们的海洋意识,影响了人们的行为取向。

---

① 马克思:《资本论》第 1 卷,人民出版社 1975 年版,第 831 页。

尽管明清政府的海外移民禁令和华民归国禁令长期限制了海外移民与国内眷属的联系,很大程度上切断了海外移民社会与家乡社会的正常联络渠道,但这并没有也不可能根本上阻绝这一社会经济纽带。一方面,不可阻挡的海外移民潮,不断地把家乡的信息带到海外,海外移民社会不可避免地成为家乡的海外社会基地;另一方面,海外移民社会经济实力的增长,使海外移民在生存之余有了新的需要,不断冒死"非法"回国探亲,从而牵引更多的眷属亲友和乡邻移民海外。

有海外关系的家庭和人口大量存在,是明清东南沿海社会的突出现象。海外移民一般都是家庭中的壮丁,每个家庭通常只有一两个人出洋,这样按五口之家估算,家庭直系亲属的数量就应当是海外移民数量的 3—4 倍,如果加上旁系亲属或家族,数量更大。如明末清初以 10 万海外移民估算,则相关的直系家庭人口有 30 万—40 万;鸦片战争前夕以 100 万海外移民估算,则相关的直系家庭人口有 300 万—400 万。

海外移民的冒险精神、事业成功和积累的财富,通过本人的回归或国内亲属的示范,传播了海外发展意识,从而促进了沿海社会的海外移民。晚清时期的海外移民潮,除了西方列强掠夺劳力的强制性移民之外,自由移民都是在这种影响下付之行动的。他们当中的许多人,不再只是把漂洋过海作为求生存的途径,而是当做改变经济和生活状况、谋求事业成功、发财致富的一种选择、一种机会。这种区域性面向海洋发展的社会文化氛围,在官方行政禁令压制下,长期扭曲地表现在非法的偷渡上,解禁之后,便是合法的社会行为,潜在的海外发展力量于是得到了正常的释放。这种转变,理所当然地反映了中国沿海社会价值取向的提升。

其次,海外移民的乡土回归,直接或间接地卷入中国沿海社会近代化的进程。

侨乡社会,是在沿海社会结构的大框架下,以仰赖侨汇接济的侨眷家庭为基础,当地海洋性传统文化和华侨社会文化相结合的"亚社会"。侨乡和传统农村的最大差别,在于活跃的商品经济氛围,传统农业已不占绝对优势地位,而带有"近代"的特色。侨乡的形成是渐进的,而不是外力强加的,从传统向近代转型虽然也遭遇不少阻力,但相对而言没有出现殖民地化那种传统与近代的激烈对抗,而较容易为社会民众所普遍接受。正因为这样,侨乡社会往往成为社会经济变革的先行地区,新式企业和经济组织比较发达,文化教育比较普及。这些都对附近城镇乡村起了带动和启示作用。

海外移民资金和技术的反馈,对沿海新型社会经济关系的成长也起了不少的助力。虽然直到晚清,海外移民资金的反馈,主要用于消费性投入,但数量的增加在促进商品化方面仍有其作用。沿海农村社会与内地农村社会虽都没有完全脱离传统农业社会的阶段,但两者存在社会发展的时间差,前者商品经济的色彩浓重得多,生产和生活的质量比较高,有的地方还成为为国际市场生产的出口农业区。

海外移民的回归,本身就是一种人才的内流。由于海外移民的文化层次较低,他们引进的通常只是在海外移民社会中实际运用的技术和经验,并非海外先进的科学技术,因此往往被忽视。实际上,海外移民社会中的实用技术和生产、管理经验,是中西文明结合的过渡性成果,既有中国传统的承继,又具近代的特征,更符合东南沿海社会经济转型过程的需求,比直接从西方引进技术容易取得成功。这种人才回流虽然很少见诸官方和学者的记载,但可以从散佚民间的私人或家庭的文献、口述历史去探求,有待学者进一步进行田野调查。

海外移民中的知识人士的回归,在传播西方知识和文化上的作用,学界已从不同侧面作过专题或个案的分析。鸦片战争前夕,林则徐在广州探求西方知识,回归的海外移民起了突出的作用。钦差行辕的最初的翻译班子,三人中有两人是回归的海外移民:亚孟,在道光九年至十一年(1829—1831年)间从印度塞兰普尔回国定居;袁德辉,道光七年(1827年)秋从马六甲回国定居。林则徐调查外情的访问对象中,也包括归国定居的海外移民,如从英国回归的香山南屏村人容林,从孟加拉回归的温文伯。① 他们翻译的英文书报和提供的海外见闻,是林则徐睁眼看世界的主要信息来源之一。

(四)考察海外移民历史作用的独特意义

从中国海洋社会经济史的角度去观察海外移民的历史作用,实质上就是把海外移民置于中国传统的海洋经济圈内,观察他们在中国沿海地区与海外国家或地区文化传播互动中扮演的角色。它的出发点和归宿点是在中国,而眼光却盯在中国之外,可以说是吸收了比较世界史的方法。

中国传统文化被说成孤立于世界历史发展之外的古文化,早被历史事实证明是一种虚构的"神话"。若中国史研究的视野只是局限于中国而不顾与外部世界的互动,必然随着史学的现代化而被抛弃。当我们随着海外移民的双向流动去体验它的历史内涵时,不由地感受到中国人文血脉的另一处跳动,人们没有理由让它永远沉寂。

中国通过海洋与海外世界的互动,给中国带来过发展活力和进步,也给中国带来过深重灾难和痛苦。海外移民的异域开拓与乡土回归,只是其中的一个部分。深入发掘和重新诠释中国面向海洋发展的历史资源,揭开中国海洋社会经济史的尘封,对于构筑中国大历史的新框架,是一项不可或缺的工作。

---

① 杨国桢:《林则徐传》(增订本),人民出版社1995年版,第217页,第248页,第314页。

第八章

明清时期的海路文化交流与传播

明清时期中外海路文化交流最显著的特征体现在交流媒介的变化上,乘商船而来的大批传教士、商人和中国的海外移民是这一时期文化交流与传播的最主要载体。通过贸易航道,漂洋过海的传教士与外国商人带来了西方的天文历算、地理学、物理学等科学技术以及艺术和思想,同时,又将中国的经籍、语言文字、中医学、绘画和建筑艺术等传播到欧洲各国,开欧洲人研究汉学之风气;中国大批海外移民将农作物种植及加工技术、手工制造技艺、航海与造船技术、民俗与宗教等传播到东亚文化圈以外更广的世界,并带回了独特的华侨社会文化,促进了沿海区域文化的变迁。

第一节 明清时期西方文化的海路输入

15 世纪的欧洲,经过文艺复兴和航海技术的发展,西方殖民者为寻找新的殖民地,使东西方在海上的交通逐渐地发达起来。欧洲耶稣会士于 16、17 世纪之交,远涉重洋,联翩来华,一股异质文化通过海路被导入中国文化系统,从而揭开了近代中西文化交融与冲突的序幕。

一 科学技术①

(一)天文历法

在传教士输入的 90 种西学(不包括神学著作)图籍中,天文历法方面的著

① 此部分内容参见冯天瑜等:《中华文化史》,上海人民出版社 1990 年版,第 796—798 页;张维华:《明清之际中西关系简史》,齐鲁书社 1987 年版,第 272—275 页。

作达 43 种,其中有 21 种收入《崇祯历书》,因此,《崇祯历书》基本上代表了传教士输入的西方天文历法的水平,而与中国传统历法相比,《崇祯历书》进步之处甚多,如明确指出七曜与地球距离不等,并且提供了七曜距地的具体数值。中国古代虽然也曾有人提出过七曜距地远近不等的思想,但更多的人则认为七曜附着在距地相等的天球上;提供了蒙气差的改正数值。中国古代虽有蒙气差的认识,但从未作过具体计算;在推步技术上引进了几何学、三角学的方法,对于中国来说,这完全是一种新的数学理论,它既简化了计算手续,提高了计算精度,又扩充了解题范围;以定气注历,虽然隋朝的刘焯已提出定气概念,但民用节气仍用平气;提出日月有高卑行度,即日月的近地点和远地点的位置并非一成不变。中国古时却将太阳的近地点固定在冬至;采用了一套与中国古代天文学度量制度完全不同的制度,包括分圆周为 360°,一日 96 刻,60 进位制,改变了我国的圆周 365.25°,一象限 91.3°的古度。至今,我国的天文历法,仍遵循新度量制度。

(二)数学、地理学

西洋数学对中国影响最大的是《几何原本》(前六卷)。该书介绍了古希腊数学家欧几里得的平面几何学。它所涉及的平面几何图形比中国传统几何学要丰富得多,更为重要的是,它的具有严密逻辑结构的公理体系是只具有理论片断的中国传统几何学所不可比拟的。

此外,《同文算指》介绍了西方算术笔算法。这种方法比中国传统的筹算和珠算更为简捷;《比例规解》介绍了伽利略发明的比例规;清人薛凤祚根据穆尼阁传授的知识,编成《历学会通》,其中数学部分介绍了西方近代数学的一些重要成果。对于中国传统数学来说,这些都是新鲜的知识。

耶稣会士向中国学术界介绍的地理学,使中国士人耳目一新。《坤舆万国全图》引进了明确的地圆概念,并以经纬度划分球面。这不但对于破除中国旧有的天圆地方或地平观念有着重要的意义,而且比传统的"浑天说"以"鸡中黄"来比附地球的形状更为科学;介绍了五大洲、三大洋的地理位置,这些知识是地理大发现的产物,而在当时中国人自己绘制的"世界地图"上,世界仅限于中国本土,本土周围全是海水,其间散有几座小岛,"所有这些岛屿都加在一起,还不如一个最小的中国省大"①。

《职方外纪》、《西方问答》亦是当时在中国士人中流行的地理书。前者介绍了各国山川形势,风土民情;后者介绍了西洋海陆通路,物产风俗。这些知识有助于中国人形成比较开阔的世界观念。

---

① 〔意〕利玛窦、金尼阁:《利玛窦中国札记》,何高济、王遵仲、李申译,中华书局 1983 年版,第 179 页。

（三）物理学、机械工程学与火炮制造术

明代杰出的科学家宋应星的《天工开物》，是世界上第一部有关农业和手工业生产的百科全书，其中也记载了若干机械工程技术（如舟车制造）。《天工开物》是中国古典科技的高水平总结，但是，它仍囿于重经验、重实用的中国科技传统，因而无法在科学总结上导出数理科学。宋应星对自己的缺陷颇为知晓。《天工开物》一书原有《观象》、《乐律》两卷，后经作者删去，其原因据其自序说是："其道太精，自揣非吾事，故临梓删去。"与之形成鲜明对比，传教士邓玉涵在《奇器图说》的"导言"中就提出，治机械学必须先修"重学、借资、穷理格物之学、度数之学、视学、吕律学"。该书第一卷讲解物理学的基本原理，如重、重心、重容、比例等问题；第二卷讲机械学基本知识，如天平、杠杆、滑轮、斜面等；第三卷才是各种"奇器"的具体制造方法，显示出近代科学理论思维的严密逻辑过程。

此外，熊三拔所介绍的《泰西水法》，汤若望《远镜说》所介绍的望远镜的制作技术及其使用方法，均引起士人们的浓厚兴趣。

中国发明的火药及火器制造术经阿拉伯传至欧洲，引起了欧洲的兵器革命。至 14 世纪中叶，欧洲的火器制造术已比中国先进。明人所获火器，均是在平交趾、败佛郎机的战争中夺得。万历时，西洋火炮制造术再次由传教士传入，所制大炮"长二丈余，重者至三千斤"，"二三十里内折巨木，透坚城，攻无不摧，其余铅铁之力，可及五六十里"①。清初汤若望分别作《火攻揭要》、《神威图说》，详细介绍西洋制炮技术和炮战技术。然而，直至鸦片战争爆发，中国军队的主战兵器仍然是冷兵器。

（四）医药学

西方医药学于明朝末年传入中国，而首先传入的，是西方解剖学。俞正燮《癸巳类稿》卷十四《书人身图说后》称："西洋罗雅谷、龙华民、邓玉函所译其国《人身图说》二卷。"这里所说的《人身图说》，即现在的解剖学。欧洲解剖学，虽经邓玉函、罗雅谷介绍传入中国，但对中国医学尚未产生影响。因为此时的中国医学，自成体系，还不能接受这种学理。俞正燮生当乾、嘉之世，博览群籍，对于西方传教士的著述，也很留意，但从《癸巳类稿·书人身图说后》中可知，他对西洋解剖学还不能真正了解，误认为西洋人的身体构造，与中国人不同，因身体构造不同，所以信仰宗教也异其趣。中国与西方接触之初，事事多有误解，这是最显著的一例。

---

① 李之藻：《为制胜务须西统乞敕速取疏》。

康熙年间,西洋医术继续传入中国。康熙皇帝尊重、信任传教士,西方科学多被采用,医学属其中之一。西方典籍称康熙爱好西洋医学与解剖学,应属事实。这可以当时宫中任用西洋御医一事来证明。1941年4月15日桂林《扫荡报·文史地周刊》第八期《嘉乐来朝补志》一文,载有阎宗临辑存梵蒂冈图书馆所存康熙六十年(1721年)正月初五日文书,称:

> 标下千总陈东志抚标千总袁良栋同谨禀大老爷台前。禀者:二十九日旨意,叫嘉乐进朝内见,皇上问嘉乐许多话,赏衣食。皇上望西洋内科乌尔达说玩话:"你治死了多少人,想是尔治死的人,比我杀的人还多了。"皇上大笑甚欢。……

据此可知,嘉乐来朝时,康熙已用西洋乌尔达为内科医生。《周刊》第四期又有阎氏《从西方典籍所见康熙与耶稣会之关系》一文,称:

> 允祁废立后,康熙沉入"深痛中,心脏弱,跳得很快,卧病几死"。罗德先进药痊愈,遂荣任内廷御医。

可见充任内廷御医的西洋人,还有罗德先(Rhodes)。康熙如此信任西洋医生,其对于西洋医学的提倡,便可想而知了。

康熙时既然有西洋医生在内廷供职,那么西洋药物想必于此时传入中国。《周刊》第五期阎氏《从西方典籍所见康熙与耶稣会之关系附录》中说:

> (康熙)四十八年正月二十五日奉上谕:西洋人自从南怀仁、安文思、利类思、徐日升等在内廷效力,俱勉力公事,未尝有错。……前者朕体违和,尔等跪奏,西洋上好葡萄酒,乃高年人大补之物,即如童子饮乳之力,谆谆泣奏,求皇上进葡萄酒,或者有益。朕即准其所奏,每日进葡萄酒几次,甚觉有益,饮膳亦好。今每日竟进数次,朕体已经大安。念尔为朕之诚心,不可不晓谕,今将众西洋人传在养心殿,都叫知道。钦此。

这里所说的葡萄酒,虽属日常用品,但因病使用,等于一种药剂。有种说法称康熙曾患疟疾,服用西洋金鸡纳霜而治愈,此说也较可信。西方传教士传教,往往利用医术,所以当时传入中国的西洋药物应该不少。可惜中西书籍记载极少,不能详考。

二 艺术①

(一)绘画艺术

明清之际,传入中国的西方艺术中,绘画最为重要,其传入时间,始自耶稣会士东来。就如佛教东来,佛像雕造绘制艺术也随之而来一样。万历年间罗

---

① 此部分内容参见张维华:《明清之际中西关系简史》,齐鲁书社1987年版,第238—256页。

明坚教士初至澳门传教时，即携有天主耶稣及圣母玛利亚像，这是传入中国最早的西洋艺术品。其后，利玛窦宣教于肇庆、南雄、韶州、南昌等地，无论教堂的构造形式，还是教堂内装饰点缀的物品，均是西洋宗教艺术风格，但尚未被中国艺林注意。万历二十七年（1599年），利玛窦因入京朝贡被阻，居住在南京，在洪武岗建教堂，聚众传教。他携来的西洋艺术品，渐渐为中国人所注意。万历二十八年（1601年），利玛窦入京朝觐，他为神宗带来的圣像令士人大感惊奇。此后，随着教会日渐发展，传入的西洋艺术品日渐增多。

　　写真是最早受到西洋艺术影响的绘画艺术，代表画家有丁瑜父女和莽鹄立等。除写真外，一般绘画也略受到西洋画风的影响，如吴历渔山氏的画作等。清康乾年间，中西绘画彼此产生影响的，以画院派最为显著。清制仿明代画院，在启祥宫南设如意馆，凡绘工文史及雕琢玉器装潢帖轴均召入内。开始类似工匠，没有官秩，后来渐渐引用士流，由大臣引荐或献画称旨召入，与词臣供奉体制不同。康乾间，在这里从事绘画的，除中国人外，还有传教士，如郎世宁、王致诚、安德义、艾启蒙、潘廷章等，所以中西画法容易互相产生影响。嘉庆中，编修胡敬撰《国朝院画录》，记载了80余人。其作品精美可存的，编入《石渠宝笈》、《秘殿珠林》二书，清初各派画风，以及中西艺术彼此间的影响，由此可以窥其大概。清朝初年，传教士中精于绘画的，未必都供职于画院，而供职于画院的，也未必仅此数人。这些传教士将西洋画法介绍到中国，使中国绘画风格产生了些微的变化，而他们自身也深受中国绘画技法的影响，逐渐改变了固有的画风。

　　明清之际在中国的传教士很多，他们或长期直接从事传教事业，或供职于朝廷的钦天监、画院等。由于人数众多，其对中国艺术各方面的影响就不仅仅局限于绘画，其他如在建筑、器物制作等方面，都有大小不等的影响。此时最集中、最典型的西洋建筑当属澳门的各式教堂和公共建筑（第六章已有详论），其他如广州十三行的居所、扬州一带的民居以及北京规模宏丽的圆明园等，均受到了西方建筑艺术的影响。器物制作受西方的影响，以瓷器最为显著。瓷器制作的原料，因出自中国，不可假借。然而瓷器的花纹，则可依各人所好而绘制。西方人多依各人所爱，在瓷器坯胎上绘以西洋花彩，而后烧造。明万历年间，西方传教士来华者日众，常有不少传教士以宗教绘画制作瓷器。当时商人投其所好，大量制作。这种风气到康熙时大盛，著名的"广窑"，便是这种制作形式。通常西商来中国，先到澳门，然后趋集广州。至清代中叶，广州海舶云集，商务繁荣。为投西方人所好，我国商人在景德镇烧造白器，运到广东，再雇工匠仿照西洋画法，加以彩绘，开炉烘染，制成彩陶售给西方商人。乾隆时有名的唐英，曾一度在景德镇监督窑务，也曾依此法制作瓷器，其所著《陶冶图说》称：

……圆琢白器,白彩绘画仿西洋曰洋彩,选画作高手,调合各种颜色,先画白器片烧试,以验色性火候,然后由粗入细,熟中取巧,以眼明心细手准为佳。

这是唐英在景德镇直接制造西洋彩色瓷器。总之,明清之际的瓷器制作,也先后受到了西方艺术不同的影响。

(二)音乐①

西洋音乐传入中国,始自葡萄牙人定居澳门。屈大均《广东新语》记述澳门事迹,称有西洋乐器一种:

男女日夕赴寺礼拜,听僧演说。寺有风乐藏革柜中,不可见。内排牙管百余,外按以囊,嘘吸微风,入之,有声呜呜自柜出。音繁节促,若八音然,宜以合经呗,甚可听。

这里所说的风乐,近似现在的风琴,常在教堂中配以歌诗颂神。此种乐器传入中国,当比屈氏所记为时更早。在西方海商聚集的地方,往往有传教士活动其间,并建立教堂。明嘉靖末年,葡萄牙人已定居澳门,并建立起教堂,风乐成为教堂中的常用乐器,所以说西乐传入中国,始自葡萄牙人定居澳门。

此后,随着传教士传教活动的开展,西洋音乐传入中国内部。艾儒略在《大西利先生行迹》中称利玛窦于万历二十九年(1601 年)入京朝觐时献有铁弦琴一张,神宗十分喜爱,命内臣学习,并问"西曲之意",利玛窦译出了八章进献皇帝。冯承均译赖费之《入华耶稣会士列传·利玛窦传》称:《畸人十篇》后附有《西琴八曲》一卷,利玛窦的献品中有小瑟,由于庞迪我神甫擅长音乐,便命其教授中官曲意八章。由是知利玛窦所献铁弦琴,即西洋之 epintte,而教授中官者,为庞迪我神甫。

康熙时,对西洋乐理的研究更加心切。陈垣先生辑《康熙与罗马使节关系文书影印本》第六件《德理格马国贤启》有此数语:

……至于律吕一学,大皇帝犹彻其根源,命臣德理格在皇三子、皇十五子、皇十六子殿下前,每日讲究其精微,修造新书,此书不日告成。此律吕新书内,凡中国外国钟磬丝竹之乐器,分别其比例,查筹其根源,改正其错讹,无一不备美。

这里有两件事值得注意,一是西洋乐理已在宫廷讲授;一是律吕新书的编订。关于德理格教授皇子乐理的事,1941 年 5 月 18 日桂林《扫荡报·文史地周刊》第十三期《康熙与德理格》所录罗马传信部东方档案也有记载:

六月二十二日(指康熙五十三年即公元一七一四年事言)首领张起麟

---

① 此部分内容参见张维华:《明清之际中西关系简史》,齐鲁书社 1987 年版,第 277—280 页。

传旨:西洋人德理格教的徒弟,不是为他们光学弹琴,为的是要教律吕根源,若是要会弹琴的人,朕什么样会弹的人没有呢? 如今这几个孩子,连乌、勒、明、法、朔、拉六七个字的音都不清楚,教的是什么? 你们可以明明白白说与德理格,着他用心好生教,必然教他们懂得音律要紧的根源。再亦着六十一管教道他们。

此档案所言与《文书》第六件所载相符合。德理格在康熙五十年(1711年)奉召入都,供职宫廷五年,对于西洋乐理的传授,贡献很大。档案中所记载的,是康熙五十三年(1714年)六月间的事,《文书》第六件,据陈垣先生所考,是康熙五十四年(1715年)的事,以时间而论,德理格供职宫廷教授乐理的时间,当不为短。所谓"乌、勒、明、法、朔、拉"六字,是当时所用的六音。此时半音只用"法",而无"t"音,故仅言六音。今乐中的七音"d、r、m、f、s、l、t"即沿此六音而来。

自西洋乐理传入中国,国人便开始思考如何对旧乐加以整理,在礼乐上考订斟酌成一代大典以淑天下。康熙五十二年(1713年),康熙诏令纂辑律吕等书。《文书》第六件称修造律吕新书,即指此事。《律吕正义》是御定"律历渊源"中的第三部著作,全书分上篇、下篇及续篇(乾隆十一年又撰有后篇)。上篇和下篇是谈中国乐律古今尺制及其自定的律制,续篇总名"协均度曲",是由徐日升和德理格合编的,属纯粹的西洋乐理,着重于五线谱的编制及用法,《续编总说》云:

……我朝定鼎以来,四海尽入版图,远人慕化而来者渐多。有西洋波尔都哈儿国人徐日升者,精于音乐,其法专以舷音清浊二均递转和声为本。其书之大要有二:一则论管律舷度生声之由,声字相合不相合之故;一则定审音合度之规,用刚柔二记以辨阴阳二调之异,用长短迟速等号,以节声字之分。从此法入门,实为简径。后相继又有壹大里呀国人德礼格者,亦精律学,与徐日升所传源流无二。以其所讲声律节奏,核之经史所载律吕宫调,实相表里。故取其条例形号,分配于阴阳二均高低字谱,编集成图,使谈理者有实据,而入用者亦有所持循云。

可知当时所论,一为乐音谐和之理;一为曲调编排之用。《律吕正义》续篇大概是中国近代历史上最早介绍过来的一本较系统的西方乐学。上面每一页都绘有五线谱的谱例,来配合汉文的讲解说明。我们知道现在所使用的五线谱,在欧洲是经过很长时期(约10—15世纪)才逐步形成的。可是就在16世纪到17世纪初,它的写谱方法和今天通行的写法,还有许多不同,五线谱还没有普及到音乐领域的各个方面。如在某些器乐中还流行着手法谱（Tablature）①，这表示直到这时候的五线谱还没有完善到取代手法谱的地位。在《律吕正义》续篇中，徐日升和德理格等所讲绘的西方乐理及五线谱就反映了这个时代的迹象。从康熙学习西方音乐的年代来看，正是西方音乐从1600年以后开始进入现代记谱方法的重要时期。

西洋乐理，简易明了，今天稍习音乐的人，即能按谱歌唱弹奏。然而在当时，则属新奇可异，所以令西士讲授宫廷。明清时期，在传入中国的西方学术中，音乐一项当居重要地位。

三 哲学与宗教思想

西方哲学传入中国，始于明末天启、崇祯年间。冯承钧译赖费之《入华耶稣会士列传·高一志传》，称高一志著有《斐录汇答》二卷。"斐录"是西文哲学的音译。还有《空际格致》一书，《四库提要》曾为其著录说："明西洋人高一志撰。西法以火、气、水、土为四大元行，而以中国五行兼用金木为非。一志因作此书，以畅其说。"在高一志的介绍下，这种希腊哲学思想得以流传中国。高一志之后，介绍西方哲学的是傅汛际，他与李之藻共译了《名理探》一书，将西方逻辑学传入中国。希腊哲学传入中国后，并未产生深远影响。实际上，传教士介绍希腊哲学，有矫正当时理学冥想之弊的目的。希腊哲学，重在求知；理学所谈，重自觉、顿悟。两者相去甚远，不易调和。李之藻等虽想利用希腊哲学以矫时弊，但积习已深，不能遽变，所以希腊哲学随即消灭无闻，影响不深。

西方思想传入中国后，曾一度在中国发生争辩，使中国沉寂的思想界产生波澜的，是基督教的宗教哲学思想。自利玛窦传教于中国，皈依者固然不少，而反对者更多。当时反对天主教的，或出于爱国观念，或出于卫道观念，起而辩论。晚明之际，代表中国思想界的，唯有理学一派，其所论心性之学，体系严密，与基督教思想迥异。理学与基督教思想虽然相差很大，但在探索宇宙本体、辨明真理至善以及教人类如何修行已达至善方面，其目的是一致的，都有一种宗教意味的理想。正因为如此，理学家对基督教思想从各个方面掀起了辩证与反诘。由于利玛窦在传教之初即采取"迎儒排释"的态度，所以当即便引起了佛教徒的反诘，加上两教思想大前提不同，所以佛教教徒也加入了这次辩证，争论的焦点集中在宇宙本体问题上。

颇让人深思的是，上述理佛与西方宗教神学的争辩在偃旗息鼓之后，便沉

---

① 手法谱 Tablature 是 15—17 世纪流行于欧洲的一种器乐记谱法。应用于某些特点的乐器，如管风琴、鲁特（lute）、小提琴等。

寂无声了，未尝互相发生影响，这与中国以往的历史不同。儒道两家，在春秋战国时，已形成两派最大势力，彼此攻击诋毁，较之明清间理佛耶之争，实有过之而无不及；佛教东来之后，也曾激起一大波澜，凡是儒生，无不辟佛自重。这些笔墨官司，载在史册，班班可考。但积久之后，儒道佛竟能相得益彰、兼容并包，汇成三教合一的新学说。① 基督教传入中国也经过了这种激烈的论争，却为何不能与理佛思想彼此影响互容呢？"尝谓中国人之根性，重视理论之探讨，不重宗教形式之成立。……因其不重视宗教形式，故无确定之教条。既无确定之宗教信条，自无深固门户之见。既无深固门户之见，固凡理相通说相合者，均可兼容并收。儒道佛三家，其在中国能互生影响者，此其最大原因。基督教传入中国时，宗教之形式已成立，教条已确定，不易容纳外来意见，固不易受其他理论之影响。因其为超然的教派，固始终走不到中国社会里层去。中国固有之文化，在此方面亦始终不能受其影响。"②

科学发展既是世界近代文化的特征，也是国家富强的必备条件。明清时代，传入我国的西方科学知识已粗具大体，然而尽管有徐光启、李之藻、康熙等奋发倡导于前，却终未能畅达其学，以致乾隆之后渐渐衰没无闻，犹如涓涓之泉，不出百里而涸竭中途。"自来中国一般人之思想，多偏重于'人'的方面，而不注意于'物'的方面，换言之，即专在社会科学上用功夫，而不在自然科学上用功夫也。晚明之际，学人喜谈心性；乾嘉之际，学人喜谈经术。学问正宗，自中国人视之，大抵不外乎此。至若天文、历算、物理之学，均属末技，不为学人所重视也。在此种空气中，自西方传入之所谓西学，其不能发扬广大，乃为自然之趋势。西方学术，原对科学颇为重视，在其传入中国之后，尚不足见重当时，则与科学俱来之其他学问，自又不在中国人眼目中矣。凡一国民，俱有其传统之思想习惯，合于此种思想习惯之学术，易于滋育生长，不合于此种思想习惯之学术，必至中途夭折。西来之学乃中国所不欲讲说者也。鸦片战争而后，西人以巨舰利炮打进中国之边疆，而侵及内部，国家生命，危如累卵，国人始知空言经术，不足以救国，而注意于西方各国所以致富致强之原因，于是有维新之运动。自清末同光以迄于今，忧国之士，未尝一日不念及此。……由是知徐、李等辈之提倡西学，乃具有超时代之目光，而国人之不知理会，实乃有所蔽也。"③

---

① 参见张维华：《明清之际中西关系简史》，齐鲁书社 1987 年版，第 257—271 页。

② 张维华：《明清之际中西关系简史》，齐鲁书社 1987 年版，第 271 页。

③ 张维华：《明清之际中西关系简史》，齐鲁书社 1987 年版，第 286—287 页。

第二节　明清时期中国文化对
西方的海路输出和影响

　　以悠久、丰富和灿烂见称于世的中国文化在欧洲国家的传播和影响源远流长。但大规模和初具近代意义的传播和影响，则在明清时期。明中叶（16世纪中叶）以后，虽然明清封建政府实行过海禁政策，但仍然开放广州口岸，准许中外商人在广州进出口贸易。贸易航道同时也是文化传播的通道。明中叶以后，随着葡萄牙、西班牙、荷兰、英国等欧洲国家的商人来中国广州通商和中国商人出海贸易，大批的耶稣会士也纷纷随商船来中国进行传教活动。耶稣会士为了达到传教的目的，注意学习中国语言文字和古典经籍，努力了解中国的传统文化；又因发生"礼仪之争"，使他们重视研究中国儒家哲理思想，对中国的经籍进行翻译和诠释，并向他们自己的祖国传播。他们在欧洲掀起研究汉学（Sinology）的热潮，使中国传统文化在欧洲各国广为传播，产生了强烈而深远的影响。

一　儒家哲学思想对德国古典哲学的影响

　　著名的耶稣会士罗明坚（Michel Ruggieri）、利玛窦（Matteo Ricci）等经澳门进入广州，到肇庆、韶关、南京、北京等地传教时，为传教需要，十分注意研究儒教、道教和佛教，崇拜儒家哲学的自然神观。他们研究孔子的思想，翻译儒家的经籍，撰写解释儒家思想的专著，向欧洲国家介绍儒家的哲学思想。如比利时会士柏应理（Phillppus Couplet）于 1681 年著《中国之哲学家孔子》（*Confucius Sinarum Philosophus*）一书，共分四大部：第一，柏应理上法王路易十四书；第二，论原书之历史及要旨；第三，孔子传；第四，《大学》、《中庸》、《论语》译文。本书既向西欧国家介绍了儒家的经籍，又略举其重要注疏，便于欧洲人民接受。接着比利时会士卫方济（Franciscus Noel）著《中国哲学》（*Philosophus Sinica*）和翻译《四书》、《孝经》、《幼学》，向法国介绍了他研究儒家哲学的心得。德国古典哲学家莱勃尼兹（Gofuried Wilhelm Leibniz），于 1687—1690年，在罗马邂逅结识意大利闵明我（Philippus Maria Grimaldi）等一批从中国传教回去的耶稣会士，并从他们手中得到中国儒家经籍资料，从此发奋研究中国哲学，于 1697 年写成《中国近事》（*Novissima Sinica*）一书，全面地向欧洲国家介绍中国的哲学思想和文化，高度称赞中国文化之伟大，说："我们从前谁也不相信在这世界上还有比我们的伦理更完善，立身处世之道更进步的民族存在，现在从东方的中国，竟使我们觉醒了。"他在书中又指出，中国儒家哲学是超过欧洲哲学的,说:"欧洲文化的特长在于数学的、思辨的科学,就是在军事方面,中国也不如欧洲;但在实践哲学方面,欧洲人就大不如中国人了。"于是,他向欧洲国家的有识之士呼吁:"我甚至认为,必须请中国派出人员,前来教导我们关于自然神学的目的与实践。"①莱勃尼兹汲取了中国儒家的哲学思想,开创了德国古典思辨哲学,后来又传授给他的学生沃尔夫(Christian Wolff)。沃尔夫把思辨哲学进一步系统化、理论化,首次将哲学分为本体论、宇宙论、心理学、自然神学、伦理学、经济学、政治学七部分,认为哲学的一切原理皆可用数学或演绎的方法建立起来。沃尔夫的思辨哲学为他的学生康德(Immanuel Kant)所接受,从而创立了德国古典哲学。以后的菲希特(Fichte)、谢林(Schelling)和黑格尔(Hegel)等人在莱勃尼兹辩证法思想的影响下,创立了德国古典哲学的辩证法思想。这就说明,德国古典哲学的创立是受到中国儒家哲学思想的影响的。法国"百科全书派"(Malebranche)的部分思想家如荷尔巴旭(d'Holbach)、波勿尔(Poivre)、魁斯奈(Francois Quesnay)等人,经常在耶稣会士的报告、书札中探讨中国儒家哲学的实质,从而受到中国无神论、唯物论和自然主义等思想的影响,而成为法国大革命哲学思想的基础。

二 中国的重农主义对法、英古典政治经济学的影响

中国以农立国,历代君主提倡以农为本,实行重视农业的政策。这种经济思想传至欧洲后,为 18 世纪法国资产阶级重农学派(Physiocartis)学说的形成提供了条件。重农学派的创始人魁斯奈被誉为"欧洲的孔子"。他从传至欧洲的中国古籍中,研究伏羲氏、尧、舜和孔子的思想,于 1767 年出版了《中国的专制制度》一书,以七章的篇幅系统介绍了中国文化。在第八章列举了 24 条道理呼吁欧洲国家向中国学习,说:"中国的法律是以自然律为依据的,无论从物质或道德方面看来,都是十分有益于人类的",中国"在自然法上达到了最高的成就"。他高度赞扬中国的重农思想和重农政策,要求法国政府改变轻视农业和束缚农业发展的现状,倡导"中国化"。他利用充任御医的方便,极力鼓动法王路易十五仿效中国皇帝举行春耕"藉田"的仪式。他深受《周礼》一书均田贡赋法的启示,主张法国应像中国一样向土地所有者征收田赋,以提供国家所必需的赋税。② 可见中国重农思想和政策对法国重农学派的形成影响之深。重农学派的改革家、法国财政大臣安·罗伯特·雅克·杜尔哥(Anne Robert Jacques Turgot)继承和发展了魁斯奈的思想,认为农业劳动是一切财富的唯一源泉,是其他各种劳动所以能够独立经营的自然基础和前提。为了更充分

① 转引自沈福伟:《中西文化交流史》,上海人民出版社 1985 年版,第 449 页。
② 《魁斯奈经济著作选集》,商务印书馆 1979 年版,第 412—414 页。

了解中国的重农思想,他委托在法国留学的两名中国籍学生(也是耶稣会士)杨德望、高类思回中国后,为他收集中国的土地、劳动、资本、地租、赋税等农业经济的资料30条;造纸、印刷、纺织等工艺资料15条;自然地理、物产资料7条,以便为法国进行财政改革作参考。杨、高回国后,汇编了《北京教士报告》出版,为杜氏改革法国财政提供了重要的参考。杜氏最后写成《关于财富形成和分配的考察》专著,系统地阐明重农主义的学说,第一次在农业劳动领域内正确回答了剩余价值问题。耶稣会士还根据重农学派的要求,在中国收集有关中国的水稻、桑树、茶叶等农作物栽培技术等资料寄回法国。钱德明(Joan Joseph-Maria Amiot)还写了《中国乾隆帝和鞑靼权贵的农业观》一书,于1770年在巴黎出版,给重农学派极深的影响。而此时,英国古典经济学家亚当·斯密(Adam Smith)到法国旅游,认识了魁奈斯和杜尔哥,从他们那里了解到中国重农主义的经济思想和有关资料,吸收了中国的重农思想并运用了颇多的中国资料,于1776年写成和发表了其代表作《国民财富的性质和原因的研究》(简称《国富论》),抨击欧洲流行的重商主义理论和政策,对英国的经济政策起过重大的作用。

三 中国古典经籍的西传和影响

耶稣会士在中国传教过程中,攻读中国古典经籍,并把中国经籍翻译成西文出版发行,使之在欧洲各国得以传播。1593年,利玛窦率先将"四书"译为拉丁文寄回意大利出版,书名为 *Fetrabiblion Sinense de Moribu*,这是中国经籍最早的西文译本。1626年,比利时会士金尼阁(Nicolaus Trigault)译"五经"为拉丁文,在杭州印行。意大利会士殷铎泽(Prosper Intercetta)和葡萄牙会士郭纳爵(Ignatius da Sinica)两人合译《四书》,把《大学》译名为《中国之智慧》(*Sapientia Sinica*),于1662年在建昌出版。后殷铎泽又译《中庸》,名为《中国之政治道德学》(*Sinarum Scientia Politicomoralis*)于1667和1669年分别在广州及印度果阿出版。1711年,卫方济以拉丁文翻译《四书》、《孝经》和《幼学》,由布拉格(Prague)大学图书馆印行。康熙末年,法国会士马若瑟(Jos-Maria de premare)节译《书经》、《诗经》出版。1752年左右,法国会士孙璋(Alexander de La Charme)翻译《礼记》出版。1770年,法国会士宋君荣(Antonius Goubil)翻译《书经》在巴黎出版。1834年,法国会士雷孝思(Joan-Bapt Regis)翻译《易经》,由莫尔(Mohl)出版第一册,1839年出版第二册,名曰《中国最古之书〈易经〉》(*l-King, antiquissimus Sinarum Liber*),全书分三卷,第一卷用11章的篇幅讨论《易经》的作者、《易经》之价值及其内容、伏羲所创之卦、与五经之价值;第二卷为《易经》原名及注疏之翻译,第三卷为《易经》之批评。此外,还有雷氏拉丁文《易经》注疏第一卷《评论》(*Dissertrationes et notae Griticae in primam partem Commentarii*），现在梵蒂冈图书馆还藏有关于耶稣会士研究《易经》的中文稿本 14 种,名曰:《易考》、《易稿》、《易引原稿》、《易经一》、《易学外篇》、《总论布列类洛书等方图法》、《据古经考天象齐》、《天象不均齐考古经籍解》、《大易原义内篇》、《易钥》、《释先天未变》、《易经总说稿》、《易考》(重)、《太极略说》等。

在 16—18 世纪,中国传统文化在欧洲国家传播广泛、影响深远,其最重要的体现为耶稣会士所译、编、著的中国书籍传至欧洲各国。据不完全统计,在明中叶以后的 200 年间,耶稣会士译著中国书籍不下七八十种。这些著作至今仍然保存在欧洲国家各大图书馆中,继续发挥着中国文化传播和影响的作用。

四 中国语言文字与古典文学的西传和影响

耶稣会士为了研读中国的古典经籍和学习掌握中国的语言文字,以拉丁文编写了中国的文法书籍和字典,寄回欧洲国家出版,为欧洲国家的学者学习中国文化提供方便。例如意大利会士卫匡国(Martinus Martini)编写的《中国文法》(*Grammatica Sinica*),开了中国文法西传的先河,现仍保存于格里斯哥大学亨得尔(Hunter)博物馆。1681 年,比利时会士柏应理(philippus Couplet)回国时,曾以此书指导德国医生闵采尔(*Christian Mentzel*)研读中国语文。闵氏又据此编写一本《汉文入门》(*Clavis Sinica*)在德国印行,为德国人学习中文提供方便。1728 年,法国会士马若瑟在广州编著成《中文概说》(*Notitia Lignuae Sinica*)一书,对于汉字之构造和性质进行详细的论列,举例达 13000 余条,成为西欧国家研究中国文字学的鼻祖。马氏以其书寄给法国学者傅尔孟(E. Fourmont)校阅,傅氏又据此自编《中国文典》一书,于麻六甲英华书院印行,1894 年香港纳匝肋书局重印发行。其书博大缜密,后有各国译本,至今仍流行于欧洲各国。1685 年,闵采尔还在德国出版《拉丁汉字小字汇》(*Sylloge Minutiarum Lexici Lation-Sinico Characteristici*)和《中国字汇式例与文法之建立》(*Specimen Lexici et Grammatica Institution*),至今仍藏柏林国家图书馆。1813 年,法国驻广州领事德经(Christian L Joseph de Guignes),奉拿破仑之命编成《中法拉丁字典》,由巴黎王家印刷所出版,1853 年重印于香港。1762 年,罗马教廷传信部出版奥斯定会士 P. Horatius della perma 和 Cassia us Beligatti di Macerata 两人合著的《藏文字母》,以拉丁字母注藏音。1773 年,Beligatti 又以拉丁文著西藏文法研究,编著《唐古文及西藏之初学》(*Alphabetum Tangutanum Sive Tibetanum*)一书,为欧洲国家学者学习中国藏族文化开辟了道路。乾隆时,法国会士钱德明(Joan Joseph-Maria Amiot)编著《满洲语文法》,孙璋(Alexander de La Charme)编著《汉蒙对照字典》,为欧洲国家的学者学习和研究中国满、蒙文化提供了工具。

中国文学也随着外国商人来中国贸易而向欧洲传播。1719 年,在广州经商和居住多年的英国商人魏金森(James Wilkinson),将中国小说《好逑传》翻译成英文(其中有 1/4 译成葡萄牙文,后经英国文人汤姆士·潘塞改译成英文),于 1761 年在英国出版发行,书末附录《中国戏提要》、《中文谚语集》和《中国诗选》共四册,向英国介绍了中国文学的发展和成就。1766 年由署名 M 的一位法国人译成法文,慕尔(Marr)译成德文,使《好逑传》传播更为广泛,并被评为"十才子书"中的第二才子书。1732 年,马若瑟将元初纪君祥著的元北曲《赵氏孤儿大报仇》一书译成法文,取名《中国悲剧赵氏孤儿》(*Tchao-Chi-Coueuih,ou L'Orphel in de La Maison de Tchao,Tragedie Chinoise*),于 1734 年在巴黎《法兰西时报》(*Mercure de France*)杂志刊登了一部分,第二年,译本收入杜赫德(Jean Baptiste du Halde)著《中华帝国全志》(*Description Geographique,Historique,Chronogique,politique et physlque de L'Encpire de La Chine et de La Tratarie*)的第三卷,《赵氏孤儿》由于《中华帝国全志》的英译本(1736 年)、德译本(1747 年)和俄译本(1744 年)相继出版而流行欧洲并风行一时。1753 年,法国著名启蒙思想家、作家、哲学家伏尔泰(F. de Voltaire)将《赵氏孤儿》改编成新剧本《中国孤儿》(*L'orphelin de La Chine*),于 1755 年 8 月 20 日在巴黎上演。德国著名文学家歌德(Goethe)亦将《赵氏孤儿》和《今古奇观》改译编成剧本《埃尔彭罗》(*Elpenor*)在德国上演,轰动一时,备受各界人士的赞扬。歌德还十分喜欢《好逑传》,高度评价中国像《好逑传》这样好的小说还不少,说:"中国人有千万部这样的小说,他们开始创作的时候,我们的祖先还在树林里生活呢!"[①]歌德还于 1827 年开始将中国抒情诗移植到德国,根据中国的一些诗意写成《中德季日即景》,诗中沉浸着他对孔子、老子哲理思想的仰慕,产生了中西文学在 19 世纪初的共鸣。

五　中国医学的西传和影响

耶稣会士对中医学和中草药感到神奇而纷纷加以研究,并把中医学书翻译或编译传回欧洲(1671 年),在广州居住的一名法国人将晋朝名医王叔和的著作《脉经》翻译成法文,名为《中国脉诀》寄回格莱诺布尔出版。1658 年,波兰医生卜弥格(Miehael Boym)写成《中医津要》(*Clavis medica ad Chinarum doctrinam de pulsibus*)一书,内容包括翻译《脉经》和介绍中医以舌苔、气色诊病法,并列有中药 289 味。这本书于 1688 年出版后,译成欧洲各国文字相继出版,流传极广。从此,中医学成了欧洲人的一种新知识,风靡一时。上述杜

---

① 转引自沈福伟:《中西文化交流史》,上海人民出版社 1985 年版,第 469 页。

赫德的《中华帝国全志》第三卷便是中医专辑,共译出《脉经》、《脉诀》、《本草纲目》、《神农本草经》、《名医必录》、《医药汇录》等著作和许多中医处方,介绍了中国医学的独特医术。从此,欧洲人掀起学习中医知识的热潮,给西欧近代医学、动物、植物学和进化论以深刻的影响。19世纪英国伟大的科学家达尔文(Darwin)著《人类的由来》(*The Descent of Man*)一书时,就引用了清初翻译成德、法、英、拉丁、俄文译本的《本草纲目》一书中关于金鱼颜色形成的资料来说明动物有人工选择问题。他在另一本著作《动物和植物在家养下的变异》一书的第二章《人工选择》中,也一再提到"上一世纪耶稣会士出版的那部主要是辑自中国古代百科全书的伟大著作"(指《本草纲目》)①。据统计,在达尔文的著作中,提到中国中医学和植物学的达104处之多②,说明中国医学和植物学对达尔文的进化论影响甚大。法国耶稣会士钱德明来广东和北京后,很留意中国的实用植物学,他潜心研究靛青和用槐花做黄色染料,并于1747年把资料寄回法国。韩国英(Martialus Cibot)在中国曾注意研究中国的动物、植物,积极采集中国植物标本,其中在澳门采集144种,在内地采集149种,于1780年寄回法国,现在仍保存在巴黎自然历史博物馆。约瑟夫最早把广东的荔枝引进到法国去种植。中国的柑橘树亦由葡萄牙耶稣会士移植到里斯本圣洛伦(St·Laurent)公爵邸宅种植。中国的植物嫁接技术资料也在这个时期传到欧洲,使18世纪欧洲园圃面貌焕然一新。

六 中国工艺美术的西传和影响

16世纪至18世纪,经广州起航点至印度果亚(Goa)到里斯本航线贸易运往欧洲的中国丝织品、瓷器、漆器等货物,既是精湛的高级消费品,又是优美绝伦的工艺品,深受欧洲各国的欢迎和称赞。特别是各国君主均酷爱中国的瓷器,法王路易十四命令其首相马扎兰创办中国公司,派人到广州订造标有法国甲胄纹章的瓷器,在凡尔赛宫设专室陈列展览。德国一些洛可可(Rococo)式的宫殿也以收藏华瓷炫耀一时。英国女王玛丽二世更醉心于中国瓷器,在宫内专设玻璃橱陈列各式华瓷。有鉴于此,欧洲各国纷纷掀起仿造中国瓷器的热潮,并有专家对瓷器进行分析研究,撰著专书加以阐释和宣扬,使中国的工艺美术得以在欧洲广为传播,深有影响。1677年法国人查尔定(Chardin)在希撒诺(Pierre Chicaneau)开设瓷厂,仿照中国瓷器工艺,制造出青花软质瓷。1717年,在江西传教的耶稣会神父殷宏绪(Pierre d'Entrecolles),将景德镇的高岭土标本寄回法国,1750年,杜尔列昂公爵下令在法国勘察和开发瓷土,

---

① 参阅《北方论丛》1981年第4期。
② 潘吉星:《中国文化的西渐及其对达尔文的影响》,载《科学》1959年第10号。

1768 年发现了类似景德镇高岭土的瓷土层,即设塞夫勒瓷厂制造出硬质瓷器。英国于 1750 年在斯特拉福设立鲍瓷厂,生产出第一批软瓷。1768 年又在博屋(Bow)设立"新广州瓷厂",招收工匠 300 人,利用从广州运去的制瓷设备,仿制出中国硬质瓷器。这批瓷器把崇尚超脱、纯朴的中国彩色花纹工艺和洛可可工艺风格结合起来,浑然一体。此后,广州还特制了具有中西工艺风格的瓷盘外销,周缘按等分绘四种不同的五彩图案,供欧洲国家主顾挑选确定加工样式。所绘题材有纹章瓷、神话、宗教和风俗画中的人物画、船舶图和花卉等。1974 年英国出版的《中国纹章瓷》一书,便收集了 2000 多件纹章瓷图片,供英国以至欧洲国家的军团、贵族受勋、喜庆典礼之用。

与此同时,欧洲国家也不断仿制中国漆器。例如 1730 年,法国人罗伯特·马丁(Robert Martin)独家仿制中国漆器,以蓝、红、绿和金色为底色,以中国妇女、中式栏杆、房舍和牡丹花为图案,深受法国人酷爱。路易十五的情妇蓬巴杜尔夫人邸宅的漆制家具全用此种有中国工艺特征的作品。耶稣会士汤执中十分注意研究中国漆器工艺美术,于 1760 年发表了《中国漆考》论文(载《法国考古文献学院集刊》第 15 集),附有中国精美漆器图片。中国漆器(特别是福建的漆器)在英国也十分流行而时麾。商人在广州将大块漆板贩运至英国后,改制成屏风,甚受欢迎,甚至有将家具从英国运到广州上漆的。18 世纪的英国上层妇女以学绘工艺美术为时尚,绘漆竟成为女子学校的一门美工课程。1680 年后,英国家具制造商开始仿造中国漆器家具的色彩和图案,制造出一批中国式的家具。著名家具设计师汤姆·齐本达尔(Tom Chippendale)和海普尔·华特(Heppel White)设计和制造的橱、台、椅等家具,全部模仿中国式样,采用上等的福建漆,绘刻龙、塔、佛像和花草等图案。齐本达尔于 1700 年引进福建漆檀木椅,后又模仿中国竹节家具,设计和制造出雅致的屏风。[①] 18世纪英国的家具被称为齐本达尔时代,直至今天,还可以看到英国家具保存着中国风格的痕迹。英国建筑师威廉·查布斯(William Chambers)到中国考察后,于 1757 年写成和出版了《中国建筑·家具·衣饰·器物图集》(*Designs' of Chinese Building , Furniture, Dresses, Machins and Utensils*)一书,向西欧国家系统地介绍和宣传中国建筑、家具、衣饰等的工艺美术。中国的壁纸(墙纸)亦于 16 世纪中叶由西班牙、荷兰的商人从广州贩运到欧洲。这种每幅通高 12 尺、阔 4 尺的墙纸上有花鸟、山水和人物图案,甚受英、法等国家顾客的欢迎。不久欧洲也仿制各种中国墙纸,生产大批中英、中法混合式的墙纸。1688 年,法国仿制中国墙纸成功。1734 年,英国出版了一本新法制造墙纸的专著,系统介绍中国墙纸的工艺美术水平。英国虽然能生产墙纸,但工艺仍逊

---

① Tom Chippendale: The Centleman and Cabinetmaker's Directory, London, 1751.

色于中国。所以直至 1766 年,英国还从广州、厦门等地贩运大批中国墙纸供应英国需要。今天伦敦古斯银行客厅内还保存着英使马卡特尼觐见乾隆皇帝后带回去的花墙纸,上面绘有 302 个各不相同的栩栩如生的人物,表现了中国极高的传统工艺美术。中国丝绸的工艺美术更为欧洲国家的妇女所艳羡。特别是刺绣工艺在洛可可风行时期,竟取著名的科布林花毡而代之。直到 18 世纪,里昂生产的丝绸仍保持着强烈的中国工艺美术风格。

七　中国绘画和建筑艺术的西传

中国绘画和建筑艺术对西欧国家的影响远远超过工艺美术。明清时期中国的山水、人物画成为欧洲著名画家的摹本。例如法国最杰出的画家华托(Jean Antoine Watteau)的作品,常常仿照中国画那种黯淡的流云和纯朴的山景构成画面中烟雾迷蒙的韵致,被人誉为深得中国作画六法之佳作。他所作《孤岛帆阴》,陈列在卢浮美术馆,更是一派中国绘画风格。其他具有中国画情调的画家还有倍伦(Berain)、基洛(Gillo)、彼里门(Pillement)等。英国著名画家柯仁(John Robert Cozen)的水彩画亦深受中国画风的影响,他的设色山水,与中国画毫无二致,常常用棕灰为底色,再涂上红、蓝二色烘托。他作画时还仿中国画家好用毛刷蘸色和墨,以墨草图,使水彩画在欧洲初期发展时,显出了特色。其学生特涅(Turner)等人的人物水彩画,亦继承了他的笔法。另一位著名画家康斯保罗的作品也深受中国画之影响。其杰作《绿野长桥》,洒脱而出,一如中国江南风光。直到 19 世纪,法国的印象派画家仍然受到中国画风的感染,常用中国的泼墨法作画。其中莫里斯(Malisse)尤其以模仿中国瓷器工艺美术画见长。

中国的建筑艺术和风格在西欧国家的影响也是广泛而深远的。特别是中国的庭园艺术匠心独运、迎合自然的风格,更使欧洲的布置呆板、单调的园囿建筑大为逊色,因而欧洲国家仿照中国建筑艺术和风格建设房屋和园囿,蔚然成风。德国华肯巴特河旁边的费尔尼茨宫(pillnitz),开了按照中国式屋顶建筑的先河,以后德国波茨坦和荷兰、法国、瑞士等国家也多竞相修筑中国式的钟楼、假山、石桥和亭榭。上述英国建筑师威廉·查布斯在他所著《东方园艺》(A Disertation of Oriental Gardening ,1772)一书中,高度赞美"中国人设计园林的艺术确实是无与伦比的。欧洲人在艺术方面无法和东方灿烂的成就相提并论,只能像对太阳一样尽量吸收它的光辉而已"。1750 年,他为丘城(Kew)设计一座中国式庭园——丘园,园内有湖,湖中有亭,湖旁有耸高 163尺的十层四角形塔,角端悬以口含银铃的龙。塔旁建有孔子楼,图绘孔子事迹,一派中国建筑风格。1763 年,他把丘园的建筑撰写成专书《丘园设计图》(Plans,Elevation,Section and Perspective Views of the Garden and Build-

ing at Kew in Survey)出版。另一建筑师哈夫佩尼(W. Halfpenny)也出版了《中国庙宇、穹门、庭园设施图》(*New Designs for Chinese Temples, Triumphal Arches, Gardenseats, Palings*, 1750),系统地介绍中国的庭园建筑艺术,使中国庭园建筑在英国日臻完善,被誉为"中英式花园"①。1773年,德国派出园林设计家西克尔(F. L. Sekell)亲到英国研究中国庭园后,于同年出版了温塞(Ludaig A. Unzer)所著《中国庭园论》(*Uber die Ghinesischen Gartten*),以示德国对英国新兴的中国式建筑应迎头赶上之意。此后,卡赛尔(Kassel)伯爵即在威廉索痕(Wilhelm-Shohe)建筑木兰村(Moulang),村旁小溪起用中国名字吴江(Hu-Kiang)。村中一切建筑风格和艺术均模仿中国,俨然江南苏州园林。中国庭园建筑艺术对德国的影响跃然可见。

八 中国风俗的西传和影响

随着中国茶叶从广州出口贩运至欧洲国家后,中国饮茶的风气也传至欧洲。1610年,荷兰首先兴起饮茶的风气,1636年普及至法国巴黎,1650年在英国伦敦成为社会习惯,1659年传到莫斯科。1685年,海牙有一位医生编写了一本《奇妙草药——茶叶》专书,向欧洲国家介绍喝茶的方法和好处。到了17、18世纪,饮茶成为英国人的生活习惯,每年从广州运去茶叶达2万磅,19世纪初增至2000万磅。茶已成为英国人不可缺少的日常饮料,而取代了巧克力。

由于中国轿子贩运至欧洲,乘轿也成为欧洲人的习惯。在法国路易十四时代,贵族官吏出行均兴乘轿。轿顶围帏的质料和色泽,按等级严格规定,以示身份、官职的高低;轿身均以漆绘,流行图案为中国牡丹、芍药等中国花卉。乘轿者多是贵妇人。与中国不同的是,抬轿夫不用肩荷,而以手举,法语说是"抬椅"(Chaise a porter)。"抬椅"习惯还搬上舞台,1659年出版的莫里哀(Mollere)的喜剧《风流妇女》(*Les precieuses ridienles*)即为例子。抬椅一直在德国、奥地利流行,直至1861年,德国还保存有禁止仆役乘轿的法令,可见中国乘轿之风影响至深。②

---

① 1770—1787年,法国出版《中英式花园》(*Le Jardin Anglo-Chinois*)一书,其中有法国宫廷收藏的中国园林宫室铜版图和瑞典使者切弗尔(Cheffer)收藏的100多帧铜版图,从此这一专名流行法国。
② 引见黄启臣:《16—18世纪中国文化对欧洲国家的传播和影响》,《中山大学学报》(社会科学版)1992年第4期。

第三节　海外移民对中国文化的输出与传播

一　农业手工业移民与生产技术的输出与传播①

明清时代,大量的农业、手工业、服务业等行业的移民在移居地进行着以生产和技术传播为主的经济活动。因此,生产技术的海外传播成为沿海地区与海外移居地社会经济交流的重要内容。

(一)农作物种植及其加工技术的输出与传播

明清以降,中国沿海地区较先进的农业技术和农作物加工技术,随着海外移民传到海外移居地,尤其在东南亚一带最显突出。

1. 生产工具如犁、水车、水磨等的南传

在菲律宾,有着与中国相同的刀耕火种等文化特质,梯田文化即由中国南方传入。②

16 世纪中国移民向菲律宾人民介绍使用了中国犁具。③ 一位英国人对菲律宾的评论中说,他们用的犁具是中国式的,有一个手柄,设有犁头或犁头后的定形铁(犁刀),犁头的上部是扁平的,在耕地时转向一边而发挥功用。④ 中国移民还把水车、水磨和水牛、黄牛、马、粪肥或其他有机肥料的使用方法带到菲律宾并传给了菲律宾农民。⑤ 据载,万历二年(1575 年)菲律宾人开始使用马车做交通工具,"当时菲督派人到中国购买大宗马匹回菲"⑥。万历十六年(1588 年),萨拉扎尔主教也提到:中国人运来很多马匹和水牛。⑦ 从中国输入的水牛,据说比墨西哥引进的牛更能适应菲律宾的自然条件,而且从中国输入

---

① 此部分内容参见杨国桢、郑甫弘、孙谦:《明清中国沿海社会与海外移民》,高等教育出版社 1997 年版,第 73—85 页。
② 刘芝田:《菲律宾民族的渊源》,东南亚研究所 1970 年版,第 30—57 页。
③ 刘芝田:《菲律宾华侨史话》,海外文库出版社 1958 年版,第 47—48 页。
④ Blair and Robertson:Op. Cit. Vol. Ⅵ,p. 128;或巴素:《东南亚之华侨》,中国台北国立编译馆 1966 年版,第 909 页。
⑤ E. M. Alip:The Chinese in Manila,Manila,1974,p. 50;Nicholas D. Cushner:Landed Estates in the Colonial Philippines,New Haven,1976,pp. 24-26,38,40;赵松乔等:《菲律宾地理》,科学出版社 1964 年版,第 62 页,第 95 页。
⑥ 刘芝田:《菲律宾华侨史话》,海外文库出版社 1958 年版,第 24 页。
⑦ Blair and Robertson:Op. Cit. Vol. Ⅵ,p. 35.

途短而价廉,可较大批量地运进,因而成为菲律宾农业的主要畜力。① 历史学家的研究成果指出,可以断定,在西班牙人到来前夕,菲律宾人已经懂得使用以驯服的水牛牵引的犁。当然,这种水牛来自中国,并且很可能训练它们深而整齐地犁地的技术也是由早期华人首先引进到菲律宾的。②

在印度尼西亚,爪哇的文登(Tanggerang)地区,当地农民耕田时广泛使用最早由蔡焕玉(Tjo Huan Giok)大力推广的"中国犁"。③ 蔡焕玉于顺治十二年至康熙三十八年(1655—1699年)在巴城任甲必丹④,可见迟至17世纪中后叶,中国犁耕技术已在印尼的一些地区得到广泛推广和使用,而且至今仍采用这种犁。《荷印百科全书》说:"印尼农民在旱田和农园中使用一种入土较浅的犁,叫做中国犁,显然是模仿中国犁制造的。"⑤19世纪初叶,英人斯宾塞·圣约翰爵士在考察上加里曼丹犁耕技术后,亦说:"我认为这种高级耕作显然是中国文化的遗迹。"⑥可见19世纪加里曼丹农民所用的犁还是中国传播的式样。

2. 稻米耕作法

据考证,东南亚原始的稻米种植法,系利用雨季把种子插于田中;在秧苗生长期内既不施肥,亦不除草,稻田里杂草丛生。当地居民以为这些杂草可以支撑稻秆,不致因结穗而倒坠。收割时只将稻穗摘下,并将晒干后的稻秆与杂草烧成灰以为肥,如此轮作保养。这样的原始种稻法,稻米产量自然不高。⑦中国移民则把较进步的耕作制和先播种苗、插身成行与除草、施肥、收割及稻草的利用等经验带到东南亚并传授给当地人民。16世纪下半期中国移民在印尼万丹建立"新村",已从事水稻种植。康熙四年(1665年)尼霍夫(John Nieuhoff)在巴城看到,那里的中国人"大部分从事打鱼和耕作,尤其是种稻、种蔗和种玉米"⑧。在菲律宾,17世纪20年代后,大批中国移民在中、南吕宋地区种植水稻;崇祯十二年(1639年)在内湖水畔的卡兰巴一地种稻的中国移民即达6000人。一些菲律宾学者对当时华人的农业技术评价甚高,称他们是

① 黄滋生:《16—18世纪华侨在菲律宾经济生活中的重要作用》,载《华侨论文集》(广东侨史学会编)第1辑,第351页。

② Fr. Horacio De La Costa:Chinese Values in Philippine Culture Development, in Charles J. Mccarthy, S. J. (ed.), Philippine-Chinese Profile Essays and Studies. Manila, 1974, p. 52.

③ Pramudya Ananta Toer:Hoa Kiou di Indonesia, Hal. 120, Bintang Press, Djakarta, 1960.

④ 许云樵:《历代开吧史记》,《南洋学报》第9卷第1辑,第31页。

⑤ Pramudya Ananta Toer:Hoa Kiou di Indonesia, Hal. 120, Bintang Press, Djakarta, 1960.

⑥ 〔英〕巴素:《东南亚之华侨》,中国台北国立编译馆1966年版,第723页。

⑦ 陈烈甫:《东南亚华侨、华人与华裔》,中国台湾正中书局1983年修订版,第126页。

⑧ John Nieuhoff:Remarkable Voyage and Travels to the East-Indies (translate from dutch original), from A. Churchill:A Collection of Voyage and Travels, etc. Vol. Ⅱ, p. 258, London, 1744-1746.

菲律宾的农学家①；他们中的许多人成为杰出的园艺匠，甚至在完全荒芜的土地上生产出各种优良的植物。② 中国工匠制造石磨，还把用石磨除稻壳法传授给菲律宾人民，"他们用两块石头把糙米的糠皮磨掉，比棉兰姥（Mindanao）人民用木臼捣米的办法便利得多"③。在越南、柬埔寨，明末移居嘉定、定祥、边和等地的中国移民和当地各族人民一道胼手胝足，开荒辟地，消除森林，浚干沼泽④，使荒山僻壤变为田园耕植之地，进而发展成发达的农业区域，以后又成为世界著名的稻米之仓。⑤

    3. 甘蔗种植及其加工技术

    中国移民把种植甘蔗以及从甘蔗中取糖⑥的技术介绍到菲律宾，并传授给当地人民榨糖、制糖的方法。他们把用垂直的石碾和铁熬锅的榨糖煎糖技术引进菲律宾，在菲律宾建立了第一家使用这种技术的制糖厂。⑦ 在印尼，中国移民对甘蔗种植与加工的贡献更为突出，印尼的土壤与气候均极适宜甘蔗的种植，不过在 17 世纪以前，印尼的食用糖多是从桄榔（aren）花梗中的甜液制成的棕榈树糖（gula aren）⑧，虽然那时当地人能以土法制糖，但生产技术落后，产量很低。印尼制糖业主要是在大量中国人移民爪哇，并把种蔗经验和制糖技术传入当地以后，才逐渐发展起来的。巴素在其著作《东南亚之华侨》中写道："虽然当地人也用土法制造蔗糖，但将真正的制糖之工业介绍到爪哇来的却是中国人。因此，巴达维亚开埠后不久，谙于其道的中国人便开始在该地设立了制糖作坊。他们利用牛拖或水力推转石磨来压榨甘蔗。"⑨杜尔（P. A. Toer）也指出："虽然以往印尼也能以土法产糖，但只有采用了华人先进的制糖工具后，产量才大大地增加，从而促进了当地人民的经济繁荣。这种新的工具就是在中国所普遍采用的水力榨糖机（Kilang air），在没有水力时也可以用畜力来代替……到现在它仍是西爪哇和西苏门答腊制糖加工业的主要工

---

① E. Rodriguez：Pioneers of Our Agriculture，from Alma，R. Huang（ed.）：China and the Philippines，Manila，1936.（Alip：ten Centuries of Philippines-Chinese Relations p. 26）

② Rafael Comenge：Los Chinos en Filippines.（from Alip：Op. Cit · p. 26）

③ 〔英〕巴素：《东南亚之华侨》，中国台北国立编译馆 1966 年版，第 905 页。

④ 〔法〕克洛迪娜·苏尔梦（Claudine Sulmon）：《华人对东南亚发展的贡献——新的评价》，载暨南大学华侨研究所编：《华侨史论文集》，暨南大学华侨研究所 1983 年版，第 343 页。

⑤ 陈湿泗：《柬埔寨两千年史》，中州古籍出版社 1990 年版，第 542 页。

⑥ Fr. Horacio De La Costa：Chinese Values in Philippine Culture Development，from Charles J. Mccarthy（ed.）：Philippine-Chinese Profile Essays and Studies. Manila，1974，p. 52.

⑦ John Foreman：The Philippine Islands（A Political，Geographical，Ethnographical，Social and Commercial History of the Philippine Archipelago），London，1899，p. 118.

⑧ 周一良主编：《中外文化交流史》，河南人民出版社 1987 年版，第 220 页。

⑨ 〔英〕巴素：《东南亚之华侨》，中国台北国立编译馆 1966 年版，第 683 页。

具。"①崇祯十年(1637年),荷印公司决定在巴城及其郊区一带建立制糖磨坊,中国移民容观(Jan Kong)创办了巴城首家制糖磨坊,利用水力和畜力推动石磨榨糖。此后,巴城蔗糖产量大增:

   1637年(崇祯十年):   190余担(12公吨)②

   1648—1649年(顺治五至六年):   2000担(245000磅)③

   1649—1650年(顺治六至七年):   近5000担(598221磅)④

   1652年(顺治九年):   12000担(1500000磅)⑤

   1659年(顺治十六年):   13200担—13800担⑥

17世纪,三宝垄地区也已有中国移民开设的甘蔗榨糖厂,并租用当地居民的旱地来种植甘蔗,同时也从当地乡村居民中采购甘蔗。⑦爪哇甘蔗制糖业不仅始自中国移民,而且在长达两个多世纪中一直由中国移民大规模经营⑧,并直接或间接地影响着爪哇中国移民的入境数量和荷兰殖民政府各项限制移民禁令的效果。⑨

4.引进胡椒栽培法

16世纪万丹中国移民即从事胡椒种植,并采用先进的种植方法,使万丹成为胡椒的盛产地。杜尔(P. A. Toer)指出,"对于胡椒的生产,由于华侨采取了一套完善的先进种植技艺,极大地提高了产量",比用旧法种植增产率达100%。他接着强调:"正是因为16世纪采取了这种先进、优越的种植技艺,简直是魔术般地使万丹成为世界上最大的胡椒生产地,并且提高了它的国际贸易地位,从而成为世界贸易中心。"⑩17世纪末和18世纪最初10年,中国移民把胡椒种植传入加里曼丹时,结合中国园艺管理中的除草、施肥、剪枝、去叶等方法,又改良了南洋地区以往一般的胡椒种植法,以提高胡椒的产量。佛瑞斯特(Thomas Forrest)在其航海记中对中国移民种植胡椒的方法有一番详细的

① P. A. Toer：Hoe Kiau di Indonesia，Hal. 121-122. Bintang Press，Djakarta，1960.

② Vlekke：Nusantara，p. 289，转引自韩振华：《荷兰东印度公司时代吧达维亚蔗糖业的中国雇工》，载《华侨历史论丛》(福建华侨历史学会编)第2辑，1985年6月版。

③ Kristof Glamann：Dutch-Asiatic Trade. Copenhagen，1958，pp. 156-158.

④ Kristof Glamann：Dutch-Asiatic Trade. Copenhagen，1958，pp. 156-158.

⑤ Kristof Glamann：Dutch-Asiatic Trade. Copenhagen，1958，pp. 156-158.

⑥ 温广益、蔡仁龙等：《印度尼西亚华侨史》，海洋出版社1985年版，第100页。

⑦ 〔印尼〕林天佑(Lien Thiam Joe)：《三宝垄历史——自三保时代至华人公馆的撤销(1416—1931)》，李学民、陈巽华译，暨南大学华侨所1984年。

⑧ G. C. Allen and A. G. Donnithorne：Western Enterprise in Indonesia and Malaya：A Study in Economic Development. New York，1957，p. 78.

⑨ P. J. Veth：Jave，Vol. I，p. 134.

⑩ P. A. Toer：Hoa Kiau di Indonesia，Hal. 120-121.

描述：

他们和苏门答腊的习惯不同，不让胡椒蔓茎盘绕在榛栗树上；而是在地上插一根竿子，或是短而坚硬的柱子，俾使蔓茎的滋养不致受到剥夺。华侨对蔓茎行列间的空地能保持得十分清洁；我曾看见他们把蔓茎上的叶子摘掉；据说他们这样做是为了让胡椒粒子得到更多的阳光。我曾数过每一个根茎上面的胡椒粒，多达 70 到 75 个——比苏门答腊者为多。①

利用改良的种植法，既可增加每株胡椒树的产量，还可利于合理密植，"根据殖民地时期的统计，在邦加(Bangka)的胡椒园，那些采用先进生产技术的，每公顷可栽种 2500 株；但那些采用旧法的地方，如苏门答腊的楠榜(Lampung)，只有 1200 株"②。很显然，中国移民带来的先进的园艺管理方法，与胡椒栽培法的改进和印尼胡椒产量的提高密切相关。

此外，中国移民还在整个东南亚经营果园，种植蔬菜供出售，他们供应各种新鲜的蔬菜，并把大豆、卷心菜、小青豆、芹菜、白菜、韭菜、萝卜、芥菜以及荔枝、龙眼、柑橘、中国柚等蔬菜、水果的新品种及其种植和加工技艺传进东南亚各地。③ 总之，中国某些农作物品种以及种植和加工技术的传入有助于东南亚的土地开发和农业生产。

(二)手工制造技艺的输出与传播

中国人移民海外后，不少人从事各种手工行业，如裁缝、织染、刺绣、制皮、制造家具、打铁、打银、制锁、修锁、打铜、打锡、制马具、钉书、制砖瓦、打石、烧石灰、做泥水、制蜡烛、油漆、制鞋修鞋、制帽、制灯笼、编篾、酿酒、榨油、制糖等。④ 正如著名的海盗和探险家丹庇尔(William Dampir)在亚齐所看到的情形："……他们并带来一些工匠，即木匠、细木匠、漆匠等等。这些工匠到后，立即开始工作，制造柜、屉、橱以及各种中国式的玩具；不久就在他们的作坊中都做好了，于是他们立刻开始营业，把那些东西摆在门口兜售。"⑤因此，到东南亚从事手工制造业的中国移民一般都具有既是工匠又是商贩的双重职业，他们不仅出售自制的手工产品，也把当时某些较先进的中国手工技艺和科学生

---

① Thomas Forrest：《新几内亚和摩鹿加等地游记》，伦敦，Scott，1780 年，第 382 页。转引自〔英〕巴素：《东南亚之华侨》，中国台北国立编译馆 1966 年版，第 724 页。

② P. A. Toer：Hoa Kiau di Indonesia, Hal. 120-121.

③ Alip：Ten Centuries of Philippine-Chinese Relations, pp. 96-97；Alip：The Chinese in Manila, pp. 64-68，Manila，1974；以及克洛迪娜·苏尔梦前引文。

④ Blair and Robertson：Op. Cit. Vol. Ⅶ，pp. 33-34，"Relation by Salazar"(Manila，June 25，1588)；pp. 212-238，"The Chinese and the Parian"(Manila，June 24，1590)；费慕伦：《红溪惨案本末》，翡翠文化基金会 1961 年版，第 119—120 页。

⑤ Willoam Dampier：Voyages and Discoveries，London，Argorant Press，1931，p. 195.

产技术传授给当地人民。有记载明初洪武十二年（1379 年）一位名叫辛榜（Simpang）的中国移民教菲律宾人制造"土巴酒"的方法，用曲刀割裂树花，把它的汁放到竹筒中酿成，这种酒直到今天还为菲律宾农民所乐饮。①

荷兰入侵爪哇以前，中国的糖浆炼酒法已传入万丹。《荷印百科全书》记载，中国人把甘蔗酿酒法传入印度尼西亚，用酒曲和酵母使糖浆发酵，可以提炼出含酒精 66％的烈性美酒。② 费慕伦（Vermeulen）博士在其《红溪惨案本末》一书中亦说，荷兰人到达万丹时，"万丹的华侨不但忙于经营商业，而且勤于经营农业（种植胡椒）和酿酒业"③。荷人初抵西爪哇时，荷兰船员还常到雅加达购买中国移民酿制的酒。巴达维亚建立以后，由于对酒的需求量的增加和制糖业的发展，中国的酿酒技术得到进一步的推广，当地酿酒业尤其是中国移民的酿酒业也开始发展起来。因为"亚力酒的酿制与制糖业密切相关，糖浆是这种烈性酒的主要配制原料"④。不过由于种种原因，"制糖酿酒工业……这两个几乎全由华人经营的行业，虽然早在 1614 年已经存在，但到 1680 年以后才得以显著发展"，在那里，酒成了荷兰东印度公司贸易中重要的专利商品。康熙五十一年（1712 年）巴达维亚周围有 12 家亚力酒厂，且均为中国移民所经营。⑤ 中国人制酒术显得相当重要，以致在红溪惨案后，为恢复市场酒的供应，荷印政府不得不立即招引中国移民重建制酒厂。

中国移民除了在亚力酒酿造业上取得专利并得到很大成功外，还引进了中国人制盐的工艺，在顺治五年（1648 年）荷属东印度政府统治时期，巴达维亚有个叫做"郭玉哥"（Conjok，译音）的中国移民，被给予制造和销售盐的特许权，并且在制盐工业中使用了中国的传统工艺。⑥

在其他食品手工业方面，花生油制作法和面包制作也都使用中国的工艺。据林天佑的记载，大约在 17 世纪末或稍后的时期，制花生油是三宝垄中国移民的重要工业。他还指出，他们所制的花生油大多提供给当地居民作烹调之用；另外乡民也盛行用这种油来照明，因为当时还没有煤油和煤油灯，普通人

---

① 刘芝田：《中菲关系史》，中国台湾台中书局 1967 年版，第 347 页。

② 《荷印百科全书》第 1 卷，第 56 页，译文参阅温广益等：《印尼华侨史》，海洋出版社 1985 年版，第 63 页。

③ 费慕伦：《红溪惨案本末》（中译本），第 3 页。

④ Archief der Suiker Industrie Van Ned. Indie，（1923），Vol. Ⅰ，p. 402，from W. J. Cator：The Economic Position of the Chinese in the Netherlands Indies，1936，p. 13.

⑤ W. J. Cator：The Economic Position of the Chinese in the Neterlands Indies，1936，pp. 12-13.

⑥ Nederlandsch-Indisch Plakaatboed，dl. Ⅱ（1642-1677），bl. 112-123，130-131；见克洛迪娜·萝尔梦（Claudine Salmon）：《华人对东南亚发展的贡献——新的评价》。

大多用油盏——一种用陶器做的有脚的油灯。① 这种油盏与中国旧时称作"灯盏"的点灯器皿十分相似。有趣的是盛油的器具的变化大概也与中国移民的手工艺有关。最初人们用牛胃来装油,后来可能是中国篾箩的编织技艺,而改用了编织很密的箩以及大小不一的竹筒。②

　　菲律宾面包制作工艺的传入源于中国面粉的输入。萨拉扎尔(Salazar)主教十分详细而生动地记述了万历十八年(1590 年)马尼拉市场上制作面包的情形:"中国移民的许多面包师用从中国运来的小麦和精细面粉制作面包,并且在市场上销售或沿街叫卖。这对这个城市大有裨益,因为他们制作优质面包且以低价出售;因而,虽然本地大量生产稻米,但现在许多人改吃面包,这在以前是没有的。他们乐于给人方便;当一个人没钱买面包时,他们就以记账的方式赊给面包。因此,许多士兵整年以这种方式获得面包,面包师们亦按需提供面包。"③面包制作和其他面制食品改变了当地人民一向只吃大米及大米制品的状况,丰富了他们的食品结构。

　　在菲律宾的马尼拉,许多中国移民从事制烛业④;在三宝垄,制蜡烛也是中国移民的重要手工业。住在该市北华人区和东华人区的中国移民差不多家家都制造蜡烛。⑤ 制烛手工业之所以如此普遍,大概是由于当时人们除了油灯外,工作时更喜欢用蜡烛照明,因为蜡烛用起来比较方便。另外,中国移民大多带着迷信的习俗,每到初一或十五都要烧香拜神,据说每家至少要为此消耗两对蜡烛,因此蜡烛的销售量很大。关于蜡烛的制作,林天佑写道:"蜡烛确实是中国发明的,其制作非常简单,所用的原料是水牛或黄牛的脂肪,这些原料来自三宝垄附近的札巴拉、淡目、沙拉笛卡等地,中国商人把当地居民拿到市场出售的动物脂肪买回来,制成蜡烛后又拿到各地去出售。"⑥在没有电灯的年代,蜡烛制造法的传入无疑给当地人民的生活带来许多方便。

　　中国家具及其制作技艺的传入也给东南亚地区的日常生活带来了诸多变化。威廉·丹庇尔(William Dampier)非常生动地描述了 17 世纪亚齐的中国木工现场制作细小精巧家具的情形。① 巴素在谈到中国对缅甸手工业的影响时写道:"为砍凿硬木之用,本地木匠的工具是小手斧、凿子、圆凿、锥子,一把粗锯及一把斧头。缅甸人并采用了中国式的刨子和跨长凳。"②

中国的油漆和颜料使用技艺也传入东南亚。印尼语中的"漆"(tjat、tjet)即从福建语"tjhat"的语音变过来的。③ 在缅甸,据成书于 16 世纪 80 年代的《西南夷风土记》记载:"……普坎(蒲甘)城中有武侯南征碑,缅人称为汉人地方。……器用陶、瓦、铜、铁、尤善采漆画金。其工匠皆广人,与中国侔。"④中国移民把中国式的火钳、大平底锅、小煎锅、碗、水壶、壶等器皿及其制作方法介绍到东南亚⑤,也大大方便了东南亚人民的日常生活,丰富了当地的经济行业。

(三)航海与造船技术的输出与传播

明清时期西太平洋和南太平洋地区的航运业与中国人的关系十分密切。欧洲殖民者东来时发现,中国同东南亚地区间的航运业几乎都掌握在中国人手里。崇祯五年(1632 年)暹罗以巴铜王(Prasat Thong)大肆屠杀住在大城(Ayuthaya)的日本人并把大部分日本人驱逐出境之后,暹日之间的贸易也几乎全部转入中国人手中。崇祯九年(1636 年)以后,由于日本禁止泰国舵工登陆,国王的货物就不得不通过中国的帆船来运输了。⑥

17 世纪中国商人是万丹贵族阶层(Patriciate)的重要组成部分。他们居住在固定的房子里,拥有货仓、船只和奴隶,并让这些奴隶"义男"(Peculium)一起从事海上贸易。⑦ 实际上,在 17 世纪期间,南洋群岛的华民船商不仅维持着中国南方和台湾到巴达维亚和万丹间的正常运输,而且在各岛之间也进行贸易。泰国的情况则似乎有些特殊,其皇家船队完全由中国人创建,而从 15 世纪起,船队的最重要位置均被中国人占据,甚至其头衔和职位也用中国人的专用术语。⑧

因为中国人都是最有经验的航海家,而且只有他们才能与大部分中国口

---

① William Dampier:Voyages and Discoveries,p. 195.
② 〔英〕巴素:《东南亚之华侨》,中国台北国立编译馆 1966 年版,第 124 页。
③ 〔印尼〕林天佑:《三宝垄历史——自三保时代至华人公馆的撤消(1416—1931)》,李学民、陈巽华译,暨南大学华侨研究所 1984 年,第 39 页。
④ 朱孟震:《西南夷风土记》,第 7 页。
⑤ E. M. Alip:Ten Centuries of Philippine-Chinese Relations,p. 97.
⑥ G. William Skinner:Chinese Society in Thailand:An Analytical History. New York 1957,p. 9.
⑦ J. C. Van Leur:Indonesia Trade and Society,The Hague. 1955. p. 138.
⑧ Charnvit kasetiri:the Rise of Ayudhya:A History of Siam in The Fourteenth and Fifteenth Centuries,Oxford University Press,1976, p. 32.

岸接触,因此深受泰国王的重视,有的被聘为皇家船队的代理商,有的还被"授予高官显职"①。

Mandelslo 特别强调,崇祯十二年(1639 年)"国王往海外的代办官员、仓库员和会计员都是华人"②帕那莱大帝(1656—1688 年)期间,为皇室所垄断的商船继续由中国人管理业务。③ 康熙十七年(1678 年)的一个暹罗商务报告证实:"国王不论在暹罗或海外的一切航务和商务,均交由华人经理。"④半岛的其他国家如柬埔寨,中国商人也掌握了主要的海上贸易。

正是由于中国人参与了东南亚的航运业,他们的驾驶技术完全按照中国方式,因此在航海运输的过程中,东南亚地区充分采用中国人精湛的航海技术显然是可以肯定的。⑤ 而当时的中国船员已积累了相当丰富的航海经验,具有充足的技术力量。《东西洋考》卷九"舟师考"就详细地阐述了中国船员在东南亚的航海经验,其中的东、西洋针路、占验、水醒水忌、是日恶风、潮汐等条目都是实践经验的总结。如"西洋针路"和"东洋针路"对所经国家或地区的针位、更数、水深、所经岛屿、暗礁或浅滩等等都有较明确的记载;"占验"更包括占天、占云、占风、占月、占雾、占电、占海、占潮八大类,这是船员们对与航海有关的天文气象的实际应用。

据康熙十七年(1678 年)版的达厦德神父(Pere Guy Tachand)出游暹罗日记记载,暹罗国王的中国制商船由中国人驾驶,航驶方面也使用罗盘、测钟和探针等仪器。他们也推算航程,有时按照风向针、气流以及在陆地上发现的山脉、沙土的颜色、光泽和混合成分等来推算,乃至其他种种经验都是他们所遵依的法则。⑥ 测锤是当时中国船员普遍使用的一种"以绳结铁"的测深器,即"沉绳水底,打量某处水深浅几托(方言谓长如两手分开者为一托),赖此暗中摸索,可周知某洋岛所在与某处礁险宜防"⑦。

总之,中国的航海技术对于东南亚航海事业的作用十分重要。东南亚人民也不同程度地学习了中国人的航海技术,如印尼武吉斯族人的航海活动中结构精巧的中国罗盘得到了广泛使用⑧;菲律宾苏禄人的船只也几乎全部使

① G. William skinner:Op. Cit. ,pp. 9-10.

② John Anderson:English Intercourse with Siam in the Seventeenth Century:London,1890,pp. 42,426.

③ Sarasin Viraphol:Tribute and Profit:Sino-Siamese Trade,1652-1853,London,1977,p. 190.

④ J. Anderson:Op. Cit. ,p. 426.

⑤ J. White:History of a Voyage to China,p. 54.

⑥ 〔英〕巴素:《东南亚之华侨》,中国台北国立编译馆 1966 年版,第 162 页。

⑦ 张燮:《东西洋考》卷九"舟师考"。

⑧ H. de la Casta:Asia and the Philippines. Manila,1967,p. 96.

用这种中国罗盘。①

定居东南亚的中国船员、水手和造船工匠,也带去了中国的造船技术,并在东南亚与当地人一起从事造船活动。因为造船耗资巨大,海外中国移民大规模的造船活动主要始自清代。② 在东南亚进行造船,一个十分重要的有利条件就是热带森林中有丰富的优质木材。如婆罗洲北岸有不少松木堪作大桅③;吕宋群岛"树木约4200种,高约50丈,便于建船屋"④,苏禄岛可作为桅木和厚板的铁力木特别丰富⑤,暹罗的林木用以造船亦甚坚美等等。此外,中国人还从国内带来了铁钉、桐油、蛎灰、棕和麻等造船材料,这是在东南亚制造中国船所需要的材料。

大约在17世纪70年代,暹罗的中国移民开始集资筹建或替暹罗封建王公建造远航船只,此时到过暹罗的欧洲人怀特(J. White)指出:"暹罗的船只设计和制造均模仿中国。"⑥另据有关17世纪暹罗外文档案,英国东印度公司驻暹罗代表报告说,康熙十八年(1679年)暹罗航运船只几乎都是中国人建造与经营的。⑦ 18世纪婆罗洲的中国移民已经开始有效地利用当地的造船资源,佛瑞斯特(Thomas Forrest)写道:"从开辟靠近河口的土地起,他们渐渐向内地进展,并着手砍伐木材,使其顺流而下,飘流到他们所建造的简陋的船坞中去。他们用这些木材建造大而坚固的帆船,用这种船装载货物驶回中国。当他们把这些货物卖掉换得大额款项后,就把帆船卖掉,觅致小型的船只作回程之用,然后再重新开始同样的程序。"⑧于乾隆三十九至四十年(1774—1775年)在婆罗洲观光的杰西先生(Mr. Jesse),曾亲眼看到一艘580吨重的帆船,在三月初停置在文莱的一个华人船坞中,到五月底便下水了。杰西还提到华人技师用了4250元建成这艘船,大约每吨仅用30先令,造船之廉价可谓史无前例。⑨ 且不管船价如何便宜,但其时已有中国式船坞(显然是造船厂)的存在,而且造船速度极快。

中国移民在东南亚的造船活动,自然也对当地的造船技术产生了深远的

---

① H. de la Casta: Asia and the Philippines. Manila, 1967, p. 83.

② 参阅陈希育:《清代中国的远洋帆船业》(1989年),厦门大学南洋所油印本,第11—20页。

③ J, Moor: Notices of the Indian Archipelago and Adjacent Countries. Singapore, 1837, p. 29.

④ 魏源:《海国图志》卷一六〇。

⑤ J. Moor: Op. Cit. , p. 44.

⑥ J. White: Op. Cit. , p. 54.

⑦ 《十七世纪暹罗外文档案》卷二,第209页,引见田汝康《17—19世纪中叶中国帆船在东南亚洲》,1957年上海版。

⑧ 佛瑞斯特(Thomas Forest):《新几内亚和摩鹿加等地游记》,伦敦,Scott,1780,转引自〔英〕巴素:《东南亚之华侨》,中国台北国立编译馆1966年版,第723页。

⑨ 〔英〕巴素:《东南亚之华侨》,中国台北国立编译馆1966年版,第723—724页。

影响,如善于航海的印尼人民学习了中国的造船术,仿制了多种中国类型的帆船①。这与中国移民在当时传播造船经验是分不开的。中国移民的航海活动与造船技术推动了东南亚各国之间的贸易往来以及移居地与中国沿海地区的商业活动和技术交流。

(四)建筑技术的输出与传播

明清时代,海外移民所携带的中国建筑技术和建筑风格对海外居住地的影响,以菲律宾和印度尼西亚的爪哇最为典型。

16世纪西班牙占领菲律宾并大规模兴建其殖民据点马尼拉时,大多利用大批涌入菲律宾的中国石匠、泥瓦匠、木匠及其他各种建筑工匠的智慧、勤劳和他们高超的技艺。菲律宾学者 E. M. Alip 之所以说"我们国家早期的艺术家、雕塑家和建筑师都是中国人"②是有史可考的。

中国人首先介绍了各种建筑材料的制造技术以及建筑房屋的方法。他们制造物美价廉的砖瓦,通常一千块砖只需8里尔(reale),虽然他们也懂得利用机会提高砖瓦的价格,但从不会变得过高。③ 中国移民还利用牡蛎壳烧制石灰,萨拉扎尔(Salazar)主教写道:

> 起初,如同在西班牙一样,石灰是用石块制成的,但现在中国人利用在海边发现的白珊瑚和牡蛎壳烧制石灰,开始我们不相信这种石灰的质量,但它生产出来后与我们先前制造的一样好,并使本市不再使用它种石灰。这种石灰非常便宜,我们用 4 Realas 购买 12 bushels 的石灰。④

Alip 也写道:"许多教堂、修道院、医院和石砌的房屋都是华人劳工建造且由华人设计师设计的。……在古老的教堂和碎裂的石砌大建筑(过去的遗址)里,可以看到中国建筑的痕迹。黎萨尔(Rizai)省的 Morong 和 Tanay 的多层教堂的塔形钟楼;南伊洛科斯(Ilocos Sur)圣玛丽亚的巨石楼梯和教堂;内湖纳卡兰(Nagcarlang)天主教公墓饰以瓦片的铁花格围墙和怡廊(Iloilo);卡巴端(Cabatuan)教堂的伞形圆屋顶,都是菲律宾受中国建筑影响的不朽表证。"⑤

在菲律宾各地还可以找到许多具有中国独特风格的建筑物,如内湖 Pag-

第八章

明清时期的海路文化交流与传播

sanjan 旅游胜地入口处有一雄伟的牌楼(这里是 1668 年以前中国人居住的风景如画的小城),以及牌楼顶上的一对摆着作战姿态的中国狮子(似乎随时准备保护这座小城和城里中国人的祖先),以及其他许多中国式庙宇、街道等都明显烙有中国传统建筑的印记。

与建筑有关的雕刻技艺也从中国传到菲律宾。菲律宾家庭中的许多家具如橱、箱、柜等,富于中国式雕刻特征,还有各种木制雕像和家庭神像。[①] "祈祷用的道具(雕刻过的橱、桌、椅等)绘有龙的图案并镶有象牙,现在被那些显贵家庭视为珍宝,而石狮和石龙则用于菲律宾富裕家庭花园院子的护门神。"[②]在 17、18 世纪的建筑物中还可以看到作为尖前饰(post-finial)的砖瓦上的雕刻,也显示出纯粹的中国风格。[③]

明清之际的印尼也建造中国式砖瓦房屋。据载,1530 年(嘉靖九年)在巴城已有很多中国移民盖了美观的楼房,大约一个世纪以后,在三宝垄也建造起用砖作墙、用瓦盖顶的中国住房。[④] 荷兰人到达万丹时,发现中国移民居住区,四周有坚固的栅栏和堑壕,拥有城中最漂亮的也是唯一的石头建筑物。房子多用砖砌成,每一所都是平式房屋。[⑤] 在印尼各地都有中国寺庙和中国式建筑物。一些清真寺的建筑风格也是中国式的,同时,中国建筑术与印尼建筑术渐渐地混合起来,如梭罗、日惹、万丹等地的清真寺上端(mustaka)为宝塔尖,但与中国南方寺庙一样都是重檐的。[⑥]李炯才(Lee Khoon Choy)也认为:"华南清真寺的建筑和设计与那些相传为三宝太监所建的清真寺,确有相似之处,但却与苏门答腊和马来西亚的圆顶清真寺迥然不同。"[⑦]稍后建造的巴城红溪清真寺(Mjid Angke)则已形成中、荷、印尼三位一体的建筑风格了,两角攒尖为中国式,正门口的五级台阶、柱子及屋顶顶石为荷兰式;屋顶和带目格窗则为爪哇式。[⑧]

缅甸的"德由格"(即中国传入的百叶窗),张可通风透光,闭可遮雨蔽日,深受当地人民的欢迎。暹罗真河出口处的重要口岸龙仔厝,是中国移民最初定居的城镇,阿瑜陀耶王朝时建造了一所越艾宗古刹,作为一种中暹建筑艺术

① Alip:The Chinese in Manila, pp. 61-62.

② Alip:Ten Centuries of Philippine-Chinese Relations, p. 103.

③ Alip:Ten Centuries of Philippine-Chinese Relations, p. 105.

④ J. H. Tops, De Verzicht Van de Javaan Geshiedenis(《爪哇简史》),见《三宝垄历史》,暨南大学华侨研究所 1984 年版,第 37 页。

⑤ 〔英〕巴素:《东南亚之华侨》,中国台北国立编译馆 1966 年版,第 679 页。

⑥ Stamat Muljana:Kuntala, Sriwijaga dan Suwarnabhumi, Jakarta, 1981, Hal. 300-301.

⑦ Lee khoon Chcy:Indonesia between Myth and Reality. London, 1976, p. 71.

⑧ A. Heuken:Historical Sites of Jakarta. Jakarta, 1982, p. 106.

合璧的寺庙,以门窗雕刻精美,手艺高超闻名于泰国。① 17世纪,居住在暹罗阿瑜陀耶城的中国移民有自己的"中国街"(China Row),而且是全城最好的街道,沿街有100余座用石头或砖块砌墙,以瓦片盖顶的二层房屋,属于中国移民以及一些"摩尔人"(主要指印度、阿拉伯和波斯商人),而城市的其他寓所则多是由竹子和木板条构建的简陋小屋。②

明清时期,中国建筑技术或建筑风格有的通过中国移民直接带到东南亚,有的则与当地的建筑技术或风格合璧,有的更掺进了西方殖民者所拥有的建筑技术或风格(特别是在建筑风格和宗教绘画方面),融合成为"三位一体"的建筑风格。中国移民也不只是纯粹的技艺载体,他们在某些方面吸收当时较先进的西方技艺,进而对发展东南亚的建筑业作出贡献。

总之,农业、手工业生产技术相对于商业贸易更直接、更深入地促进了中国人海外移居地社会经济的内在变迁。尽管生产技术的传播是由当地社会经济条件及社会需求性与适应性所决定,但事实已经说明:由中国移民所带来并由他们直接参与的农业、手工业技术的转移行为一定程度上促进了海外移居地经济环境乃至社会、文化生活环境的变迁与提升。

二 海外移民社会中的中华文化③

明清时代走向世界的海外移民,其构成基本以下层劳动人民为主,亦有少数知识分子。与移民的构成相适应,传向海外的中华文化实际包括"大传统"与"小传统"两个部分。所谓"大传统",系指传统中国由上层士绅、知识分子所代表的精英文化,"小传统"则是指沿海社会乡民或庶民所代表的大众文化。大、小传统虽然在海外传播的时间有先有后,但两个传统本质上是互动互补的,华侨社会即以中华民族血缘和文化传统在海外获得繁衍与生存。

(一)文学艺术

中国的文学作品很早就在周边国家传播。传播途径主要是汉字、移民的直接移植和华裔的翻译作品。在日本,用古汉语写成的传奇《剪灯新话》等在17世纪已广泛流行于民间,通俗历史小说的翻译开始于17世纪后期,18世纪后半叶则达到顶峰。在泰国,嘉庆七年(1802年)第一次出现《三国演义》的译本,稍后,继续译出29部汉文小说。在朝鲜,19世纪刊印了许多《三国演义》

① 周一良主编:《中外文化交流史》,河南人民出版社1987年版,第509页。
② E. W. Hutchinson: Advententure in Siam in the Seventeeth Century. London, 1940, p. 14. ect. from G. Willion Skineer: Chinese Society in Thailand: An Analytical History. New York, 1957, p. 13.
③ 杨国桢、郑甫弘、孙谦:《明清中国沿海社会与海外移民》,高等教育出版社1997年版,第170—180页。

的手抄本和刻印本。在印度尼西亚,咸丰九年(1859年)出现爪哇文手抄本《薛仁贵征西》。[①] 在马来半岛,华裔文学产生于19世纪前,有马来文诗歌、故事集出版,其中成绩最突出的是朥朥(华侨与马来妇女结婚生下的孩子)马来文翻译的中国古典文学著作和通俗小说。如闽南籍华侨陈明德所译的《杏元小姐》、《凤娇》、《雷峰塔》、《今古奇观》、《聊斋志异》和曾锦文译的《三国演义》、《水浒传》、《西游记》等作品,在20世纪初的海峡殖民地很流行。[②] 在越南,根据中国文学作品写成的字喃韵文作品在18—19世纪已经出现。一些华侨华裔对弘扬中华文化、特别是诗词创作的成绩非常突出,莫天赐即是其中的佼佼者。乾隆元年(1736年),莫天赐从广东和福建招聘36位文人学士到越南,开招英阁,购书籍,日与诸儒讲论,唱诗和韵,成《河仙十咏》诗集,影响很大。[③] 其他著名诗人如吴仁静(1769—1816)、郑怀德(1765—1825),都是明末南渡越南为仕,分别有《汝山诗集》、《艮斋诗集》行世。[④]

中国文学作品移植、翻译或创作后,以手抄、印刷、说唱、戏剧甚至壁画形式广泛传播,对当地的文学发展影响很大。在朝鲜、日本,出现了用汉文仿《剪灯新话》而写的《金鳌新话》、《传奇漫录》、《传奇新谱》等书。在朝鲜,还出现了用汉文或朝鲜文改写中国通俗小说的热潮。在越南,中国历史小说的传入促使当地学者用汉文写出了许多以越南社会为背景的散文历史小说。除艺术形式的魅力以外,中国文学作品的思想内容也具有很大吸引力。以《三国演义》为例,这部作品不仅受到广大知识阶层的青睐,同样也受到文化程度较低的人的喜爱。在朝鲜,它被视为一部"展现历史命运的大悲剧的精神胜利文学"。在泰国,读者对书中所述军事领袖间的会谈以及征服叛徒的精心谋略都非常欣赏,还有些人则将从书中学到的谋略用来追踪和了解统治者当时的政治思想。在马来西亚,一些思想开明的学者也承认《三国演义》包含许多有价值的东西,书中的暗示和寓言,连为王室效忠的那些官员也应该洗耳恭听。总之,中国文学作品在海外的传播随着中国移民的迁移而有悠久的历史,在当地国的接受程度也随传播媒介的多样而变得深入,这是中外文化交流的一个重要侧面,对于华侨社会的中国文化认同和丰富当地民族文化生活都有积极意义。

---

① 〔法〕沙蒙:《中国传统文学在亚洲》,《中外关系史译丛》第3辑,上海译文出版社1986年,第105—107页。

② 陈志明:《海峡殖民地的华侨——朥朥华侨的社会与文化》,林水、骆静山合编:《马来西亚华人史》,台湾,马来西亚留台校友会联合总会1984年,第183页。

③ 陈荆和:《河仙总镇莫天赐的文学著作》,《史学》第40卷第2—3期,东京,1967年,第149—221页。

④ 徐善福:《17—19世纪的越南南方华侨》,梁初鸿、郑民编:《华侨华人史研究集》,海洋出版社1982年版,第202—203页。

文学以外，中国的音乐戏曲也随沿海人民的海外迁移获得传播。在越南，明清时代几乎每一个中国移民集中居住的城镇，都有固定的戏院，移民艺人演出中国的传统剧目，如《三国演义》、《水浒传》等的片断。音乐则以广府、潮州的民间音乐为主。每逢酬神赛会，还聘请中国剧团前去表演。① 在泰国，福建艺人在明末清初就前往北大年、大城表演木偶戏。有的受当地中国移民之邀，在街头搭台表演。有的则在宫廷演出，排场华丽而庄严。② 在荷属东印度，17世纪初即有中国戏剧的演出，演出时间主要在帆船起航驶往中国或从中国回来之时。至 18 世纪末，中国戏剧已在中国移民社区中扎根。这种戏剧最初用汉语演出，内容大多取材于中国历史故事。后来，爪哇的华人后裔也有用马来语演中国戏文的，并且在这个岛屿的中心地区还创造了一种皮影戏，剧目也是中国的历史剧。在柬埔寨，还创造出一种"伯萨戏"，戏目取材于中国与柬埔寨的传统故事，特点是女角穿柬埔寨服装，男角穿中国服装并按中国戏的舞台程式表演。在马来亚及新加坡，晋江的木偶戏曾于清朝末年在那里长期演出。③ 在菲律宾，大约于明末清初，南音开始传入。南音，亦称南曲、南乐，是闽南和台湾最具代表性的民间音乐体系，曲调清悠澹远。南音随华侨而传唱他乡，在东南亚各地闽南华侨密集的城镇，很快都有了南曲会社的组织和活动。④

传向海外的中国音乐戏剧在丰富华侨社会生活的同时，对所在国民间文化的发展产生了深刻影响。以印尼为例，从 17 世纪开始，受中国影响的印尼民间音乐有"十八摸"(Sipatmo)、"甘邦·格罗蒙"(Gambang Keromong)，戏曲则有"莱侬戏(Lenong)。"甘邦·格罗蒙"音乐演奏几十首属于"唐山阿叔调"的器乐曲，并演唱中文抒情诗。"莱侬戏"则属于"关汉卿传统的中国戏剧的模拟"。当年剧团的老板、演员甚至主要观众，大多数是中国侨民和华裔，使用的乐器中有中国胡琴，演奏的是"唐山阿叔调"，后来这个剧种在印尼居民中普及，成了雅加达实力最雄厚、演技水平最高、观众最多的传统剧种。⑤ 有些音乐戏曲，中外已融合为一，听(观)众也不分中外，人们已不愿意去考究它的来龙去脉了。

① 朱永镇：《中越音乐文化之今昔观》，《中越文化论集》(二)，中华文化出版事业委员会 1956 年版，第 278—285 页。

② 《南洋资料译丛》1958 年第 1 期，第 27 页。

③ 吴凤斌主编：《东南亚华侨通史》，福建人民出版社 1993 年版，第 481 页。

④ 陈烈甫：《东南亚洲的华侨华人与华裔》，中国台湾正中书局 1979 年版，第 387 页。

⑤ 杨启光：《试论中华文化对印尼社会的影响》，见暨南大学华侨所编：《华侨史论文集》第 4 辑，暨南大学华侨研究所 1984 年，第 225—226 页。

（二）民俗与宗教

中国海外移民社会与其他民族社会的基本差异是民俗。海外移民的风俗传统虽然形成于出国前的原籍地，但因海外移民聚居的移民社会具有相对的封闭性或半封闭性，而得以长期无意识地保留了下来。最明显的是生活方式，海外移民与国内基本一样。在服饰上，男子一般穿布纽对襟衫和宽头裤或衬衫西裤，少数有社会地位的，在正式社交场合着长衣马褂或西装。妇女多穿布纽斜襟的"唐装"，部分人欧式或当地民族服饰打扮。在发式上，辛亥革命前，男子往往都留辫子，女子则青少年剪短发，中老年梳发髻。饮食上，仍保留吃大米饭、配以中国式的酱菜、青菜和猪肉的习惯，喜现煮现吃。所用炊具和餐具也是中国式的铁鼎、砂锅、陶钵和瓷碗、瓷碟、汤匙、竹筷等。礼俗上，重视养生送死，在生日、满月、周岁、婚嫁、丧葬、祭祖、酬神、忌讳和区分辈分等方面，都与中国礼俗相同。①

在节日庆典方面，"中国化"倾向尤其值得一提。在印尼，早在荷兰殖民统治时期甚至更早的时候，雅加达等地就把中国的民族传统节日——春节和元宵节当做狂欢节来过。这期间到处摆卖年货，到处是鞭炮锣鼓声。人们互相拜年，互送红包，耍龙舞狮，热闹异常。每逢端午节，雅加达及其他城市的中国移民甚至印尼人，都要在江河中举行龙舟竞渡、吃粽子以纪念中国古代爱国诗人屈原。在日本长崎，每年农历二月的土神祭祀、跳舞、搭台演戏，五月的端午赛龙舟、七月的盂兰盆会、九月的重阳敬老、冬至吃小豆粥等风俗习惯，都是清代华侨传入的。② 在新加坡，每年的中国传统节日活动更为多样、热闹。大年除夕，大多数中国移民家庭都是合家大小围聚在一起吃团圆饭；大年头几天，人们打扮一新，相互拜年，祭祖拜神；除夕夜和元宵节都要燃放鞭炮。清明节是祭扫坟墓的节日，人们要在墓前焚香点烛，飨以酒食。七姐妹节是年轻姑娘祈求丈夫的节日，端午节不赛龙舟但吃米粽，中秋节吃月饼纪念月宫的嫦娥和月兔，其他如中元节、重阳节、冬至都有特别的纪念内容。

总之，几乎所有海外移民社会在纪念中国的传统节日方面都有着相同的活动内容。这种活动使人们从单调和一成不变的生活中得到某种解脱，解除疲劳，重现活力；同时，也加强了群体精神、乐观与和谐的价值观。另外，所有节日为不同方言集团的中国移民提供了一个共同的基础，因而具有促使各个群体团结一致的更为重要的社会效果。

在中国海外移民的精神生活中，宗教信仰也占有极为重要的地位。中国

---

① 陈碧笙主编：《南洋华侨史》，江西人民出版社 1989 年版，第 455—456 页。
② 罗晃潮：《日本华侨史》，广东高等教育出版社 1994 年版，第 102 页。

沿海社会流行道教、佛教、伊斯兰教等宗教,以及各种不同的区域性民间信仰。这些宗教、信仰随着移民的漂洋过海,也成了他们在异国他乡的精神寄托。据载,伊斯兰教在印尼爪哇岛的大量传播,早在15世纪初郑和下西洋时即已开始。郑和可能是首位访问爪哇的有地位的伊斯兰教徒,自他第一次下西洋后,永乐五年(1407年)在苏门答腊的旧港,中国移民伊斯兰教徒社区就产生了。接着,在郑和第三次下西洋回航时的永乐九年(1411年),东爪哇的杜板、锦石、惹班,西爪哇的雅加达、井里汶等地也都纷纷建立起伊斯兰教堂。至郑和第七次下西洋的前一年,即宣德五年(1430年),在杜板、井石、井里汶,中国移民伊斯兰教徒社区都已产生了。[1] 马欢《瀛涯胜览》也记载了满者伯夷王国境内的中国移民"多有从回回教门、受戒持斋者"[2]。

比伊斯兰教传播更为持久、更有影响的是佛教。在日本长崎,统称唐三寺的兴福寺(南京寺)、福济寺(漳州寺)、崇福寺(福州寺)修建后,主要聘请中国僧侣担任住持,由此许多僧侣及其一大批弟子长住日本。其中隐元高僧顺治十一年(1654年)从福建渡日弘法影响最大,他在京都宇治创建的黄檗山万福寺,开日本禅宗史一代新风。[3] 在东南亚,佛教庙宇的建立也较早。17世纪中叶,马六甲的青云亭由甲必丹李为经建立,该庙即供奉大慈大悲、救苦救难的观音菩萨。[4] 嘉庆四年(1799年),槟榔屿中国移民建立广福宫,同样供奉观音菩萨。[5] 新加坡中国移民按佛教习俗在寺庙中烧香焚纸,在19世纪20年代后期已从中国进口大量神器、神香、钱纸。[6] 在菲律宾,有不少中国移民捐资的佛庙,规模宏伟。在越南中国移民村寨的寺庙,以供奉观音菩萨为主,每逢初一、十五都要烧香祭拜。在泰国许多寺庙中仍可看到明清时期传去的中国佛像。在古代缅甸,所用佛学名词很多是从中国输入的。[7]

中国海外移民宗教、信仰的特色,是承继沿海传统的民间信仰和多神崇拜。

为海外移民社会普遍尊奉的关帝,本是北方的民间信仰、大忠大义的象征。宋以后,佛教将关羽列为十八伽蓝神之后供奉,道教则追封为"忠惠公"、"义勇武安王";万历三十二年(1605年),加封为"三界伏魔大帝神威远震天尊关圣帝君";顺治九年(1652年),敕封为"忠义神武关圣大帝"。但传入南方特

① 李炯才:《印尼——神话与现实》,香港明报出版部1982年版,第133—134页。
② 马欢著、冯承钧校注:《瀛涯胜览》"爪哇国"条,商务印书馆1935年版。
③ 沈殿忠等著:《中日交流史中的华侨》,辽宁人民出版社1991年版,第199页。
④ 陈祯禄:《青云亭史庙》,马六甲,1965年,第14页。
⑤ 邝国祥:《槟城散记》,香港世界书局1958年版,第37—38页。
⑥ 《新加坡大事记》1830年10月7日。
⑦ 吴文华:《东南亚华人和宗教》,《华侨华人历史研究》1988年第4期。

别是沿海地区以后,进一步和当地的人文社会环境相结合,适应商业和海上贸易的繁荣,被视为财神和海上保护神,成为沿海商人和航海者的民间信仰。明代后期,关帝信仰流传于日本中国移民社区,入清以后,在琉球和东南亚各国普遍传播。19世纪中叶以后,美洲的美国、加拿大,非洲的毛里求斯、马达加斯加、留尼汪,澳洲的悉尼等地,关帝信仰也遍及中国移民社区。

另一为海外移民社会普遍尊奉的妈祖(天妃、天后、天上圣母),本是宋代产生于福建沿海的地方神,因渔民、海商、水手的信奉而成海神。明代以后,随着海洋贸易的拓展,传播于日本、朝鲜、琉球和东西洋各国,并经葡萄牙人、西班牙人的中介,传到美洲和欧洲。清代,在各大洲的中国海外移民社会中,大都有妈祖庙。

此外,从不同沿海地区迁往海外的移民,还崇拜不同的地方神。如新、马地区福建人的地方神有保生大帝、清水祖师、广泽尊王、圣侯恩主、开漳圣王、大使爷等;广东客家人的地方神是三山国王,潮州人的地方神是玄天上帝,海南人的地方神是水尾圣娘,等等。

在南方沿海社会,民间信仰有显明的功能性与实用功利性、多元性与融合性、区域性与家族性的特点。按照不同的精神需要祭拜不同的神祇,一庙多神以至佛、道、释合一,地方神与祖先牌位共设等传统,也被移民带到海外,成为移民寺庙的特色。马六甲的青云亭,正殿祀观音大士,左为关圣帝君,右为天上圣母。所祀神祇,还有大使爷、大伯公(福德正神)、三宝公(郑和)、孔夫子,以及中国移民的祖先牌位。槟榔屿的广福宫,主祀观音大士,左为天上圣母,右为协天大帝。新加坡的天福宫,正殿崇祀妈祖,东堂祀关圣帝君,西堂祀保生大帝;广福古庙,主神齐天大圣,其他神祇有关帝、观音、张天师等。苏门答腊棉兰的关帝庙,奉祀关圣帝君和福德正神。加拿大维多利亚中华会馆里的列圣宫,奉祀关帝、天后、孔子、华佗。澳大利亚墨尔本和悉尼的四邑庙,供奉关帝、财神及历代祖先牌位。在家家户户的神龛中,也往往供满佛祖、观音、大伯公、天上圣母、注生娘娘、保生大帝、关公、齐天大圣等神像。

宗教信仰是适应人的心灵需要而发展起来的。移民海外,有风涛之险,有谋生之难,除依赖血缘、地缘关系的宗亲与同乡组织的帮助外,也寄望于神明庇佑。这些神明,都从故乡分香或移植而来;而且由于实际生活的需要,诸如祈求消灾弥盗,祈求避祸降福,祈求子嗣、发财、平安而求神拜佛,使宗教、信仰活动都带有现实而功利的特点。它不像大传统的宗教文化,常要分辨儒、道、佛的源流派别,它也不关怀什么教义经典、教别与教统,人们所在乎的只是哪一些神祇最能保佑平安、降赐福祉,因而在同一庙堂或不同地方可以儒、释、道三教合一。

海外移民社会中的中华文化,是中华文化的"域外"部分。它的存在和发展,和明清时代中国海外移民社会的相对封闭性和半封闭性相适应。但因为中国海外移民是自然而渐进的,中华文化的移植也没有任何侵略性、奴役性和强制性,因而与域外其他民族的文化相对容易地实现了融合。其中一部分为当地民族所吸收,如关帝、妈祖等也成为日本、朝鲜、琉球、东南亚当地人信奉的神祇。那些没有扩展到当地社会中去的部分,由于某些中国移民社会转化为当地的少数民族社会,而成为所在国文化的有机组成部分。

第四节　海外移民对中国沿海社会文化的回馈与影响①

明清时代,海外移民使中华文化的海外传播从传统的东亚文化圈走向世界。而在海外生根、经过中外文化调适而成的华侨社会文化,随着海外移民的回归本土、与本土社会的往来和文化联系,又反转来注入了中国本土沿海社会,促进了区域文化的变迁。

一　新物种的引进

海外移民把中国物质文明传播到海外,又因海洋经济的互动,把海外物质文明回馈给了中国沿海社会。这一时期引进的农业新物种,在沿海经济变迁中起了重要的辅助作用。

(一)新物种的引进与传播

早期大帆船贸易过程中,许多美洲植物如烟草、玉蜀黍、可可、棉花、菠萝、龙舌兰、落花生、靛青、木薯、番木瓜、人心果、番茄、南瓜以及秘鲁菜豆、沙葛、杨桃、美洲酸枣、腰果等传入菲律宾和南洋其他地区。② 到了明清之际,上述农作物的大多数以及海外其他一些作物相继传到了中国,丰富了中国农作物的品种。它们大抵可分为经济作物和粮食作物两大类。

经济作物主要有烟草、大落花生及其他瓜果类。烟草大约在 16 世纪末自拉美传入吕宋,于万历年间由漳泉移民传入中国。方以智《物理小识》云:"万历末,有携至漳泉者,马氏造之,曰淡肉果,渐传至九边,皆衔长管而火点吞吐

---

① 引见杨国桢、郑甫弘、孙谦:《明清中国沿海社会与海外移民》,高等教育出版社 1997 年版,第 86—89 页,第 186—197 页。

② John L. Phelan: The Hispanization of the Philippines, Madison, 1959, pp. 110-111; E. D. Mcrill: Flora of Monila, The Philippine Journal of Science, Vol. 7, p. 198, from Comrade Beniteaz: History of the Philippines, pp. 58-59; 李永锡:《菲律宾与墨西哥之间早期的大帆船贸易》,《中山大学学报》1964 年第 3 期。

之,有醉仆者。崇祯时严禁之不止,其本似春不老,而叶大于菜,暴干以火酒炒之,曰金丝烟,北人呼为淡把姑,或曰担不归,可以祛湿发散。"①明人谈迁也记载:"金丝烟,出海外番国,曰淡巴菰,流入闽粤,名金丝烟。"②姚旅《露书》称:"能令人醉,且可避瘴气。""淡巴菰,今莆中亦有之,俗曰金丝醺。叶如荔枝,捣汁可毒头虱,根作醺。"③可见明人除知吸烟可醉外,尚知其有"祛湿发散"、"避瘴气"、"毒头虱"等功效。

吕宋烟传入我国福建等沿海地区后,迅速得到培植和传播。姚旅云"有人携漳州种之,今反多于吕宋,载入其国售之"④,说明漳州烟草种植规模已经不小。天启二年(1622年),烟草已传播到西南地区和大江南北。谈迁云:"天启二年(1622年),贵州道梗,借径广西,始移其种。叶似薤,长茎,采而干之,刃批如丝。今艺及江南北。"⑤崇祯时更传至北方各省,"烟酒,古不经见,辽左有事,调用广兵,乃渐有之,自天启年中始也。二十年来,北土亦多种之"⑥。到清初烟草种植日广,嗜烟者也日益增多。叶梦珠《阅世编》说:"烟草其初亦出闽中,予幼闻诸先大父云:福建有烟,吸之,可以醉,号曰干酒,然而此地绝无也。崇祯之季,邑城有彭姓者,不知其从何所得种,种之于本地,采其叶干之。遂有工其事者,细切为丝,为远客贩去,土人犹未敢尝也。后奉上台颁示严禁,谓流寇食之以避寒湿。民间不许种植,商贾不得贩卖,违者与通番等罪。彭遂为首告,几致不测,种烟遂绝。顺治初,军中莫不用烟,一时贩者辐辏,种者复广,获利亦倍初价,每斤一两二三钱。"⑦明末清初,烟草已成为受商贾重视并获厚利的重要经济作物,明末时,种烟"一亩之收,可以敌田十亩,乃至无人不用"⑧。入清后,"今世公卿士大夫下逮舆隶妇女,无不嗜烟草者。田家种之连畛,颇获厚利"⑨。关于烟草的种植,清人包世臣指出:"种烟必需厚粪。计一亩烟叶之粪,可以粪水田六亩。又烟叶除耕锄之外,摘头、捉虫、采叶、晒帘,每烟一亩需人工五十而后成。其水田种稻,……每亩不过八九工。旱田种棉花、豆、粟、高粱,每亩不过二三十工。是烟叶一亩之人工,可抵水田六亩,旱田四亩也。"⑩

---

① 方以智:《物理小识》卷九。
② 谈迁:《枣林杂俎》中集。
③ 姚旅:《露书》卷一〇。
④ 姚旅:《露书》卷一〇。
⑤ 谈迁:《枣林杂俎》中集。
⑥ 杨士聪:《玉堂荟记》卷四。
⑦ 叶梦珠:《阅世编》卷七。
⑧ 杨士聪:《玉堂荟记》卷四。
⑨ 王士禛:《香祖笔记》卷四。
⑩ 包世臣:《安吴四种》卷四。

值得注意的是，可能由于"性燥有毒，能杀人"①，"久服则肺焦，诸药多不效，其症忽吐黄水而死"②等危害，统治者屡屡严禁烟草种植和贩卖，如"己卯（崇祯十二年，1639 年），上传谕禁之，犯者论死。庚辰（崇祯十三年，1640 年）有会试举人，未知其禁也，有仆人带以入京，潜出鬻之，遂为逻者所获，越日而仆人死于市矣。"③"崇祯十六年（1643 年），敕禁私贩，至论死，而不能革也"④。但无论如何，烟草的引进和推广促进了种烟业与制烟手工业的兴起和发展，使我国的经济贸易又增添了一种可获厚利的商品作物。

落花生分为小落花生和大落花生。其中小落叶花生是宋元间与棉花、番瓜之类"从海上诸国得其种归"而繁殖的。⑤ 而大落花生则是明中叶以后从南洋引进的，其时呼为番豆，在南洋暹罗等处产生。⑥ 大落花生可用以榨油，《海澄县志》云："花生，种出外国，昔年无之，今以压油。"⑦嘉靖时（1522—1560 年）已入咏，徐渭《渔樵词》说："堆盘如菽不知名，咏物成林未著声；只有青藤词一语，菜蔬香芋落花生。"⑧万历时传到浙江，万历《仙居县志》载"落花生原出福建，近得其种植之"⑨。清初长洲张璐《本经逢原》"长生果条"也说："长生果一名落花生，产闽地。落花生土中即生，从古无之，近始有之。"清初王绘《蔼园集·闽游记物》载："有落花生者，花堕地而生荚，似豆而实大，今江南亦植之。"⑩可知明末清初落花生已由福建传至江南一带并渐渐繁殖起来。其他传自南洋的瓜类作物当有不少，如《海澄县志》说释迦果"种自荷兰，味甘微酢"⑪，应也是先传到南洋，而后再从南洋移植的。彼时南瓜亦自南洋传入了中国。据明李时珍说："南瓜种出南番，转入浙，今燕京诸处亦有之矣。二月下种，宜沙沃地；四月生苗，引蔓甚繁，一蔓可延十余丈，节节有根，近地即着，其茎中空，其叶状如西瓜花；结瓜正圆，大如西瓜，皮上有棱如甜瓜。一本可结数十颗，其色或绿或黄或红；经霜收置暖处，可留至春。其子如冬瓜子，其肉厚色黄，不可生食，惟去皮瓤论食，味如山药；同猪肉煮食更良；亦可蜜煎。"入药可

第八章

明清时期的海路文化交流与传播

---

① 谈迁：《枣林杂俎》中集。
② 方以智：《物理小识》卷九。
③ 杨士聪：《玉堂荟记》卷四。
④ 谈迁：《枣林杂俎》中集。
⑤ 檀萃：《滇海虞衡志》卷一〇。
⑥ 陈竺同：《南洋输入生产品的史考》，载《南洋研究》第 5 卷第 6 期，第 78 页，第 80 页。
⑦ 乾隆《海澄县志》卷一五，物产条。
⑧ 谢国桢：《明代社会经济史料选编》（上册），福建人民出版社 1980 年版，第 35 页。
⑨ 赵学敏：《本草纲目拾遗》，落花生条所引。
⑩ 谢国桢：《明代社会经济史料选编》（上册），福建人民出版社 1980 年版，第 35 页。
⑪ 乾隆《海澄县志》卷一五，物产条。

"补中益气"①。显然,南瓜先由南洋传入闽浙,后才蔓延到北方的。另有苦瓜,别称锦荔枝、癞葡萄者,李时珍亦说:"原出南番,今闽广皆种之",入药可"益气壮阳"②。又据费信所载,苏门答腊国一等瓜即为苦瓜③,足证苦瓜为南洋瓜种无疑。南瓜与苦瓜数百年来,都是我国重要的蔬菜品种和家禽饲料。

粮食作物方面主要有番薯和玉米等新品种的引进。番薯亦名甘薯、朱薯、金薯、番茹、地瓜等,有原产中国、日本、琉球、吕宋、交趾诸说④,一般认为番薯是由陆路和海路从南洋传入中国,而以从吕宋传入福建的说法最为重要。何乔远《闽书》云:"闽人多贾吕宋焉……截取其蔓咫许,挟小盒中以来,于是入吾闽十余年矣。""万历十二、十三年(1584、1585年),泉州洋舶曾携薯种归晋江五都种植。"⑤万历二十一年(1593年),"久在东夷吕宋"的长乐人陈振龙,"捐资买种,并得夷岛传授法则,由舟而归",在福州南台自家后门纱帽池隙地试栽⑥,并由其子陈经纶呈献福建巡抚加以推广,闽东南沿海地区普遍种植,在灾荒中发挥了救饥的作用。⑦ 于是,很快从沿海向内地推广。据记载,万历年间传播到浙江、江苏等省;清初台湾、四川已有种植;至乾隆年间,更广播至广西、江西、湖北、山东、河南、湖南、陕西、河北、贵州、山西、安徽等全国各地⑧,并成为重要的粮食作物。

玉米原产中南美洲,后传播至吕宋及南洋各地,16世纪传入我国。最初只在闽粤沿海栽培,从正德六年(1511年)到康熙五十七年(1718年),玉米已遍种20个行省。到乾隆后期玉米已在我国普遍种植。

番薯和玉米的引进与广泛种植,使我国增加了两种高产粮食新品种,因它们耐旱抗灾,可在丘陵山地、沿海沙丘种植,不仅扩大了土地的利用率,解决了部分民食问题,还促使我国农作物结构发生变化,腾出更多的水稻田来,扩大如棉花、甘蔗等经济作物的种植面积,从而推动了明清农业生产的分工以及经济作物专业种植区域的形成。

在清中叶以前,物种的引进基本上以可食性农作物为主,到了清代后期,随着中国近代工业的兴起与成长,尤其是清末中国社会的急剧转型,海外华侨

---

① 李时珍:《本草纲目》卷二八,菜部:南瓜条、苦瓜条。
② 李时珍:《本草纲目》卷二八,菜部:南瓜条、苦瓜条。
③ 费信:《星槎胜览》,苏门答腊国条。
④ 吴增:《番薯杂咏》,1937年版,第1—2页。
⑤ 龚显曾:《亦园脞牍》第六卷,引苏琰《朱薯疏》。
⑥ 陈世元:《金薯传习录》(上卷),厦门大学南洋研究院藏本。
⑦ 陈世元:《金薯传习录》(上卷),厦门大学南洋研究院藏本。
⑧ 陈树平:《玉米与番薯在中国传播的情况研究》,载《中国社会科学》1980年第3期。

的民族意识开始觉醒,并投入实业救国的浪潮,不仅将在海外多年积累的资金带回投资家乡,同时还积极地将许多热带、亚热带工业性经济植物良种引入中国,进行投资性栽培,最典型的当数清末引进的巴西橡胶。

(二)海外作物的传入对我国农业生产的影响

海外作物的传入,不仅增加了我国农作物的种类,而且对我国的农业生产发生了深远的巨大影响。

1. 为我国植物油生产提供了重要的原料

汉代以前,我国只会利用动物的脂,不会生产植物油,其中一个重要的原因就是没有找到一个含油量高的植物,芝麻的传入为我国利用植物油找到了一条新途径,所以芝麻传入不久,便出现了植物油生产。《魏志》:"孙权至合肥新城满宠驻地往赴募壮士数十人,折松为炬。灌以麻油,从上风放火烧贼攻具。"

文中所说的麻,指的不是大麻,因为大麻籽一般只当粮食不用来榨油,而是指芝麻。另外在《博物志·物理》中亦有记载:"积油满万石,则自燃生火。武帝泰始中,武库火,积油所致。"说明芝麻当时已大量利用来榨油,可以说芝麻的传入开拓了我国植物油生产的新纪元。经过千余年,直到宋代由于油菜和大豆被利用为油料才打破了芝麻独霸油坛的局面。

后来,花生和向日葵的传入,又为我国的油料生产,增添了新的力量。我国主要的油料作物有四种,芝麻、油菜、大豆和花生,其中海外传入的作物就占了一半,由此可见海外作物在我国油料生产中的地位。

2. 使我国的衣着原料发生了全新的变化

我国原有的衣着原料主要是丝、麻(大麻、苎麻)、葛、毛四种,当时虽然也有布,但不是棉布,而是麻布。汉代棉花开始传入我国,但主要是在边疆,对中原地区的衣着没有发生多少影响,到宋元时期,棉花开始从边疆分南北二路传入中原,明代丘浚在《大学衍义补》中说:"自古中国所以为衣者,丝、麻、葛、褐四者而已。汉唐之世,远夷虽以木棉入贡,中国未有其种,民未以为服,官未以为调。宋元之间,始传其种入中国,关、陕、闽、广首得其利。"由于棉花在生产和加工方面有许多优点,因而使中原地区以丝麻为衣的局面开始被打破并很快被棉所取代,元代王祯在《农书》中说,种棉和养蚕相比,它"无采养之劳,有必收之效",和种麻相比,它"无绩缉之功,得御寒之益",发展到明代,便成了"遍布于天下,地无南北皆宜之,人无贫富皆赖之"的主要衣着原料了。[①] 直到今天,化纤原料发明以后,棉花在衣着原料中仍保持着这种重要地位。

①　(明)邱浚:《大学衍义补》。

3. 使我国形成了吸烟的社会风气

在明代以前,我国的兴奋作物只有茶一项,明代末年,传入了烟草,使我国又多了一样兴奋作物,烟草传入之初,只是作为"御霜露风雨之寒,避山蛊鬼邪之气"的药物利用的。① 到清初,烟草便渐渐变成了"坐雨闲窗,饭余散步,可以遣寂除烦,挥尘闲吟,篝灯夜读,可以远辟睡魔;醉筵醒客,夜语篷窗,可以佐欢解渴"的兴奋剂和消遣品。② 吸烟的人也渐渐多起来,出现了"虽三尺童子,莫不食烟"的现象③,在我国的社会生活中形成了一种吸烟的社会风气。开始烟叶的价格是很贵的,在北方达到"以马一匹,易烟一斤"的程度。④ 由于种烟获利多于种粮食,因而促使了农民弃粮种烟。清初,福建"农民争土(种烟)而分物者已十之五"⑤,到中期进一步发展到"耕地十之六、七"⑥。有的地方如陕南更达到了"沃土瘦田尽植烟草"的地步⑦,道光时刘彬华曾写过一首诗:"村前几棱膏腴田,往时种稻今种烟,种烟市利可三倍,种稻或负催租钱。"深刻地道出了商品经济对种烟的刺激和因此引起的烟粮争地的严重矛盾。清代中叶以后我国人多地少,粮食不足的矛盾已相当严重,烟粮争地矛盾,使我国耕地不足、粮食缺乏的矛盾进一步加深了。

4. 对明清时期我国粮食供应紧张情况起了缓解作用

(1)占城稻对我国粮食生产的影响

宋代引入占城稻之初,目的是为了抗旱救灾的。当时也确实起了这方面的作用。由于占城稻具有生长期短、成熟期早的特点,可被利用来做早稻,这样,到明清时期,双季稻在我国南方发展时,占城稻又被利用来做双季前作稻,从而为我国稻田耕作制的发展和土地利用率的提高又作出了重要贡献。据何刚德在《抚郡农产考略》中说:"粘有早粘、晚粘、再熟粘之分,……临川早粘七分,晚粘、再熟粘共三分,金谷、早粘三分,晚粘七分,无再熟粘;崇仁早粘较迟,晚粘为多,宜黄早粘三分,迟粘六分,再熟之粘一分;乐安上乡多种迟粘,下乡多种早粘,亦有再熟粘,大约早粘十分之三,晚粘再熟粘十六七。"充分显示了占城稻在南方发展水稻生产中的作用。

(2)番薯、玉米对我国粮食生产的影响

番薯玉米是两种耐旱耐瘠又高产的作物,适宜于比较贫瘠的丘陵山区种

① 《本草汇言》。
② 陈琮:《烟草谱》。
③ (清)王逋:《蚓庵琐语》。
④ 陈琮:《烟草谱》。
⑤ 康熙《龙岩县志·土产》。
⑥ 《皇朝经世文编》卷三六,郭起元:《论闽省务本节用书》。
⑦ 《赐葛堂文集》。

植。引入时正值我国人多地少、耕地不足、粮食缺乏这个矛盾日益严重之时，引入后，在开发丘陵山区，缓解我国粮食不足的矛盾方面，起了重要的作用。例如同治《建始县志》说："居民培增，稻谷不给，则于山上种苞谷、洋芋或蕨薯之类，深林幽谷，开辟无遗。"《植物名实图考》说："川陕两湖凡山田皆种之，俗呼包谷，山农之粮，视其丰歉。"番薯的情况亦是如此，雍正时闽浙总督高其倬说："福建自来人稠地狭，福、兴、泉、漳四府，本地所出之米，俱不敷民食……再各府乡僻之处，民人多食薯蓣，竟以之充数月之粮。"①《畿辅闻见录》也说："今则浙之宁波、温台皆是（番薯），盖人多米贵，以宜于沙地而耐旱，不用浇灌，一亩地可收千斤，故高山海泊无不种之。闽浙贫民以此为粮之半。"可见番薯、玉米传入后在缓解我国粮食紧张问题上所起的重要作用。

5. 对蔬菜夏缺起了缓解作用

在我国的蔬菜品种中，夏季的蔬菜一直不多，所以每当夏季，常出现夏缺的现象。我国在同海外交通所引进的作物中，有不少是夏季的主要蔬菜。如黄瓜、西瓜、番茄、辣椒、甘蓝、菜豆、花菜等，这样便弥补了我国夏季蔬菜品种单一的矛盾，从而奠定了我国夏季蔬菜以瓜、茄、菜、豆为主的格局。②

二　语言采借与民间歌谣

（一）语言采借

明清海外移民在向世界各地的发展中，虽然自成社区，并有较强的"族系"意识以保持原有的文化传统，但因各种交往的需要，还是不可避免地受到了其他国家和地区的民族和人群的文化影响。语言作为文化的载体，在这种文化间的交流和影响方面也有明显体现。在从对方输入新的事物和新的概念时，由于原籍方言中找不到表达这些新事物新概念的适当词语，便只能将对方的词语直接借用过来或略加改造，这种现象构成了联结海外华侨社会与原籍中国沿海本土社会所共有的方言圈，从而导致了沿海本土方言与海外移民社会这种共有方言的变异与发展，其中闽粤方言尤为突出。

闽粤海外移民因为与东南亚各国的经济、文化往来最为密切，因而在闽粤方言的外来词中也是以东南亚诸国的语言传入较早、数量较多。生活用品与食品方面的词汇有："杜果"（印尼语 duku，又译榴莲），"榴莲"（印尼语 duri-

① 中国台湾故宫博物院《宫中档雍正朝奏折》第六辑浙闽总督高其倬《奏报地方情形折》，1978 年，第173—174 页。
② 闵宗殿：《海上丝绸之路和海外农作物的传入》，联合国教科文组织海上丝绸之路综合考察泉州国际学术讨论会组织委员会编：《中国与海上丝绸之路》，福建人民出版社 1991 年版，第 112—117 页。

an),"沙窝"(印尼语 sawo,又译甜蜜果),"郎极"(印尼语 Langsep,Langsat,即榔色果),"亚铅"(马来语 ayan 洋铁或锌),"加布棉"(马来语 kapak,木棉),"雪文"(马来语 sabun,肥皂),"洞葛"(马来语 tongkat,手杖),"考泥"(goni,麻袋或麻布),"匕首"(pisau),"淡巴菰"(或淡巴姑、淡果肉,源自西班牙语的吕宋语借词 tobacco)。店铺、住宅方面的词汇有:"吉兰"(印尼语 kedai,小杂货店、小商店),"瓦弄"或"亚弄"(印尼语 warung,小店铺、小吃店),"土库"(印尼语 toko,商店),"五骹忌"(马来语 gokhaki,街廊)。职业、职务、机构方面的词汇有:"都耕"(印尼语 tukang,工匠),"洛昆"(印尼语 loekoen,土医生)。还有源自荷兰语的印尼语借词:"甲必丹"(kapitan 或 kaptein),"雷珍兰"(letnan),"玛腰"(mayor),都是各级华人长官之意,"公班衙"(compagnie 或 kompemi)指荷兰东印度公司,"奥巴"(opas 或 oppasser)意为警察、差役、杂役,"关都"(kantor)即办公室、办事处等。经济方面的词汇有:"盾"(印尼语 ton,印尼货币单位),"镭"(马来语 lui,钱),"巴刹"(马来语 pasar,市场)。社会生活方面的词汇有:"道郎"(马来语 tolong,帮助),"的基米"(印尼语 tjio-em,吻),"交寅"(印尼语 kawin,结婚)。另外,由于历史上常称东南亚各国为"番国",称东南亚华侨也就为"番客"。推而广之,凡外来的人或东西又大多冠以"番"字,如番仔、番婆(海外当地人)、"番仔楼"(洋楼)、"番仔灰"(水泥)、"番仔火"(火柴)、"番仔饼"(饼干)、"番薯"(马铃薯)、"番仔麦穗"(玉米)[①]。

除东南亚以外,海外移民足迹最多的国家是美国,其中又以台山籍居多。他们长期在国外生活,慢慢学到一些简单的英语,回乡后有意无意地讲述,好奇的人也跟着学,久而久之,形成了具有台山特色的"台山英语",即半是英语半是台山话。这种现象在侨乡端芬更为普遍。如"夜市"(yes,是),"努"(no,不),"脱至白肋"(blank,赤身),"老缅"(oldman,老人),"菲士"(face,脸蛋),"骨"(good,好),"伟里骨"(very good,很好),"士胆"(stamp,邮票),"是的"(stick,拐杖),"骨波"(good ball,好球)等等。[②] 在广州,这种半土半洋的英语也有不少,如 dat(that,那)、distaim(this time,现在)、mo(more,更多)、tupisi(two piece,两个)、maisaid(my side,我这儿)等。[③]

---

① 黄素封:《科学的南洋》,上海商务印书馆 1934 年版,第 256 页;许云樵:《文心雕虫续集》"闽语中的巫语"条,新加坡东南亚研究所印,1980 年,第 65 页;厦门大学中国语言文学研究所:《普通话闽南方言词典》有关条目,福建人民出版社 1986 年版;周振鹤、游汝杰:《方言与中国文化》,上海人民出版社 1986 年版,第 237 页;郑甫弘:《明末清初输入中国的南洋物质文化及对中国社会与经济的影响》,《南洋问题研究》1995 年第 1 期;欧阳国泰:《闽南方言的文化特色》,厦门大学海外汉语言文化教育研究所编:《海外华文教育》1995 年第 1 期;曾少聪:《闽南话的若干特点》,铃木满男主编:《福建民俗研究》,浙江人民出版社 1990 年版,第 133 页。

② 梅伟强:《台山第一侨乡端芬镇的调查》,广东华侨历史学会编:《侨史学报》1995 年第 1 期。

③ 周振鹤、游汝杰:《方言与中国文化》,上海人民出版社 1986 年版,第 258 页。

除以上外来词是从口语吸收过来的以外,还有些外来词是通过书面文献接受过来的。其中有些是由原语言直接输送过来,有些则是以另一种语言为媒介间接地吸收进来,尤其是清末,从日语转译过来的英语词汇日渐增多,而且内容大多是经济、政治、法律等事关社会制度的内容。如"改革"(reform),"革命"(revolution),"共和"(republic),"经济"(economy)等。这些内容多由留日学生译介,而传播中则有大量华侨参与。容闳的《西学东渐记》介绍西学颇勤;孙中山身为资产阶级革命领袖,身体力行;黄乃裳亲自回闽粤散发邹容的《革命军》。① 上述这些词是晚清中国引进的重要概念群,也是较长时期内中国社会发展的主题。

　　由于许多外来词是由海外移民引进的,而他们大部分又没有受过语言训练,只是因交往的需要迫使他们用发音相近的汉字来指称和记忆外语单词,因此最初的外来词大多是音译,后来因为学者的加盟,意译词才多了起来,或者一半音译一半意译,或者在音译之外再加上汉字作注释。这种现象反映了中外文化接触的迅速以及中国方言对接受大量新概念的准备不足。尽管如此,这总是民族语言接受外来语从无序到有序的必经阶段,许多词汇经过一段时期的消化还是融化到日常生活中,并且成了俗语,丰富了人民的文化生活。

　　引进借词也可以看做海外移民了解外国并建立新概念的过程,借词方式和层次的变化实际反映了人们心态的变化。虽然早期海外移民采借语言的历史层次还不清楚,但从包涵面来看,则涉及物质、生活、制度、观念等多方面的内容,而且越到晚期,政治色彩越明显。这表明华侨对国外尤其是西方的了解有所深入,对国内社会改革的期望更加迫切。相关语词的借入,推动了沿海乃至全国从社会经济到制度文化的变革。

　　在谈到外来词采借的时候,顺带一提的还有"语音"采借问题,这就是卢戆章创造的"切音"字。卢戆章是福建同安人,早年曾到新加坡专习英文,后回厦门与基督教传教士一起工作,协助马约翰翻译《英华字典》。当时在漳州、泉州一带传教的教士,为刊行《圣经》,使当地人易晓,利用罗马字母创行了一种"话音字",标出 15 个声母,与土音土语拼。卢戆章对这种"话音字"潜心研究,历时十余年,最后选出 55 个记号,创造出一套类似罗马字的横写字母,定名为《中国第一快切音新字》。光绪十八年(1892 年),出版《一目了然初阶》,在"切音新字序"中,自述其研究"切音"之目的云:"国之富强,基于格致;格致之兴,基于男妇老幼皆好学识理。其所以能好学识理者,基于切音为字,则字母与切法习完,凡字无师能自读。"②梁启超对卢戆章研究的切音字大加赞赏,在光绪

---

① 李元瑾:《林文庆的思想》,新加坡东南亚研究会 1991 年版,第 153 页。
② 黎锦熙:《三十五年来之国语运动》,《最近三十五年之中国教育》,商务印书馆,第 64 页。

二十二年(1896年)9月7日《时务报》上撰文云:"窃自喜,此后吾中土文字,于文质两统,可不偏废,文与言合,而读书识字的智民可以日多矣。"[1]由于这些鼓动,"言文一致"、"国语统一"问题开始引起社会重视。光绪二十四年(1898年)七月,上谕调取卢戆章所著有关切音的书,详加考验,于是在全国展开了统一国语的运动。后经直隶宁河王照和浙江桐乡劳乃宣,将切音运动推进为"简字运动",使国语运动获得了进一步发展。

(二)民间歌谣

歌谣是群众口头创作的短篇韵文作品,所表现的多是民族或群众常见的东西。歌谣的这一现实主义特点,决定了它的题材总是十分贴近生活。明清时代海外移民的出国与回国,规模庞大,效应广泛,在民间歌谣上也有着强烈反映。

唐朝以后,沿海许多地方即以"蕃"(番)统称外国。鸦片战争前后,海商去海外经商,农民、手工业者被迫出外谋生,都称为"过番"或"卖猪仔"。有关他们漂洋过海、生存竞争以及由此带来的思与怨的歌谣,也就称之为"过番歌"。

关于过番歌谣的搜集与编纂,国内外许多学者已做了很多工作。就广东而言,广东民族学院的姜永兴曾多方采风,并从中精选近200首编了一部《过番歌谣选注》,其中大部分作品均创作和流传于清末。按内容划分,大致可分为以下九类。一是过番——无奈何,卖咕哩。反映的是农村凋敝、城镇破产、只能背井离乡、被迫卖苦力的情形。二是劝阻——劝郎莫过番。过番有生死之险及家庭支离破碎之苦,非不得已,不要远走天涯。三是送别——去时容易转回难。劝阻不成,只有含泪相送。四是嘱咐——盼望亲人早回来。夫嘱妻咛,互为宽勉和期望。五是思念——望夫无回心欲碎。牵肠挂肚,无穷烦恼。六是怨叹——青春守活寡。"思念"的最高境界是怨叹。生活压力与精神折磨必然会产生现实生活中的痛楚与怨叹。七是苦劳——过到番邦更加难。过番闯天下的华侨常常过着非人的生活。八是乡恋——人在外洋心在家。漂泊在异乡,根却在家乡。九是婚嫁——有福姿娘嫁华侨。少数华侨经过奋斗获得成功,引起家乡妹羡叹。[2]

在福建,类似的"过番歌"也广为流传,有些大段的歌谣,常常包括了以上多项内容。兹举一首《过番歌》为例加以说明。[3] 歌谣唱道:

人间世事说不尽,且说当时过番平。在咱唐山真无空,即着相招过番

---

[1] 梁启超:《饮冰室合集·文集》第2册,中华书局1941年,第1页。

[2] 姜永兴:《过番歌谣论》,广东华侨华人研究会编:《华侨与华人》1995年第1期。

[3] 厦门市思明区文艺联谊会:《闽台民俗风情》,鹭江出版社1989年版,第51—54页。

邦。想到侵欠人钱项，失志无面可见人。……想来想去算无字，还是过番恰适宜。分别双亲且暂时，全望娘子奉侍伊。拜别家中心头酸，一家大小送出门。……烦恼番平水路远，回头再看咱乡村。……点心未吃喉就哽，目水流落到碗干。……在船暝日莫烦恼，八日行到新加坡。……一时心内思想起，行去店前问因伊，头家有卜雇伙记，有谁卜雇做"苦力"。薪金随你多少送，加减不敢要讨添，店主说等辞伙记，别日如有才通知。卜夯米包扛不起，卜做财富不识字。暝日烦恼无经纪，身边又无半分钱。……背着米包十分重，暝时睡去如死人，一日只有二角银，算来十分难得"趁"。……一年过了又一年，年久月深无"趁钱"。外乡虽是好景致，不及在家当初时……番平也是坏住起，返回唐山恰合宜。……想着番平的世景，咱去出外真不明，在厝那卜勤耕作，也免外出做贱人。一路行来莫延迟，二日就到咱庄市。家中大小得相见，好似月缺又团圆。今日相见真欢喜，自恨无银真伤悲，出外如无好运气，无采受苦四五年。……番平景致说不尽，不比唐山的世情。恁今若是不相信，你去看看就实心。……番平好趁是无影，劝你此路不通行。

这段歌谣一开始描述了家境贫困、生活艰难、不得不告别父母妻子出洋谋生的情况；接着描写了离别家乡的痛苦心情以及到了国外以后寻找职业的困难，最后又不得不返回家乡的情形。通篇典型地折射出一个历史事实：清代大部分移民出国的原因都是为了生计，但由于文化水平低，在异国他乡只能从事出卖体力的职业，所得有限，最终还是叶落归根。这种情况与华侨的职业构成、阶级构成是吻合的，资产阶级只是少数。

上述歌谣是出洋华侨的内心写照。其实，华侨出洋所造成的家庭离散也给侨乡的妇女留下了无限的辛酸和苦楚。请看下边几首"情歌"①：

其一：

　　一条手巾兜手后，送到我君落船头。
　　娘你梅免目滓流，三年五年返咱兜。

其二：

　　郎出外，郎出外，庭前花儿懒得开。
　　隔山隔水十五年，风里雨里盼郎来。

其三：

　　相思花开点点金，花枝点头鸟歌吟。
　　阿嫂为啥忧戚戚，阿哥过番无音信。

---

① 《福建风物志·侨乡情歌》，引见白晓东：《浅谈移民传统对闽南文化习俗的影响》，《八桂侨史》1994 年第 2 期。

爱情歌谣的基调本应有男女感情纠葛的悠扬与欢愉，但侨乡情歌却带有强烈的悲欢离合色彩。这不能不说是侨眷家庭特殊环境的投影。当然，对国外向往、对华侨羡慕的人依然很多，反映这种向往的歌谣也不是没有，如流传于晋江地区的《卖布谣》、《厦门水路通番邦》、《我的祖家在唐山》等歌谣，即多褒扬商人、移民之辞。① 另外，由于许多闽南移民去菲律宾的宿务、怡朗发了财，故有民间"要富去宿务"、"想爽住怡朗"、"吕宋客，没有一千，也有八百"等等谚语，表达去海外发财的愿望。②

由于过番歌谣是华侨与侨眷内心世界的质朴流露，直观上给人以很强的"糊口"、"博钱"或消极遁世的印象，以至于造成被迫出洋的社会根源则没有深刻的揭示。尽管如此，歌谣所反映的时代特征与地方色彩依然十分明显，其间所洋溢的乡土气息、真情实感以及所体现的忍耐、勤奋、忠贞、叶落归根等中华民族的美德，还是很激励人心的。就此而言，过番歌谣可以说是一份具有学术价值与艺术价值的珍贵民间文化财富。

三　社会风俗

社会风俗，主要是指一定地域的人们在物质生活、文化生活方面长期形成的共同习惯，包括衣着、饮食、居住、生产、婚姻、节庆、礼仪等方面的规则、偏好、信仰和禁忌。虽然社会风俗兼有物质文化与精神文化的双重特点，但因精神活动的因素更突出，所以，通常将社会风俗归于以意识形态为主体的精神文化范畴。

海外移民对本土沿海社会风俗的影响，一是强化了传统的海洋性民间信仰，二是形成了侨乡社会的习俗。

海外移民很早就把沿海传统的海洋性民间信仰传播到海外。当他们回国省亲之际，总忘不了到祖宫、祖庙顶礼膜拜。为了感谢这些神明的庇佑，还经常不惜花费巨资发起重修或新建，成为他们首先或重点考虑的家乡慈善事业。这就使沿海社会传统的海洋性民间信仰得到了新的活力而更加强固。例如，清初巴达维亚（今雅加达）甲必丹郭天榜等回国资助重建厦门海沧青礁慈济宫，《吧国缘主碑记》云："辛丑（1661年）播迁，庙成荒墟，公之子姓复捐募重建。营立殿阙，架构粗备，未获壮观。吧国甲必丹郭天榜、应章诸君捐资助之。"③乾隆五十一年（1786年），旅居爪哇的福建云霄人陈登魁回国捐献铜陵（今东山县）关帝庙香灯田，《香灯田碑记》云：陈登魁"恭念关帝圣君威灵显

① 晋江县归国华侨联合会编印：《晋江侨乡·侨乡歌谣选》。
② 白晓东：《浅谈移民传统对闽南文化习俗的影响》，《八桂侨史》1994年第2期。
③ 原碑藏厦门市海沧青礁慈济宫。

赫"，"乃自买过梅安乡水田七丘，……交寺僧收入掌管，逐年收税纳粮，永远在庙敬祀香灯之资用"①。莆田涵江后郭的仙宫堂（崇奉慈济真君、文武诸神），也是由海外移民募缘倡建重修的，《仙宫堂题捐禁约碑》云："但念众等食谋外国，利涉重洋，常（蒙）呵护之恩，每荷帆幪之德。窃思宫宇建于先朝，元汉迄今，于兹有年矣，历经风雨，漂坏崩颓，是以同心鸠集乐捐，乃率乡人协力，兴工重葺。"②

海外移民强化沿海社会传统海洋性民间信仰，其消极方面是助长了迷信之风，但它背后传播的海洋冒险精神和商业意识，与向外开拓意识的提升是相呼应的，由此构成了与本土原生社会民间信仰不同的特色。

侨乡社会习俗的形成，更多地反映出海外文化通过华侨回归对沿海社会文化的影响。迄清末，侨乡习俗虽未构成自身的独立体系，但与非侨乡社会相比较，多了许多"侨"的特性。华侨的出洋、归里、婚配、事业、地位无不在侨乡的社会习俗上刻下深深的烙印。下面以著名侨乡晋江的民俗来说明这一情况。③

（一）"送顺风"、"拜公妈"、"三回头"

早期华侨的漂洋过海是侨乡最常见的事情，由此引发的一系列风俗均与祈祷平安、饮水思源有关。"送顺风"、"拜公妈"、"三回头"就是典型例子。华侨出国之前，要登门向亲友告别，亲友则赠以鸡蛋、面线及土特产品为其送行，俗称"送顺风"，祝愿出国亲友或乘槎浮海、或到侨居地都能"一帆风顺"。同时家中亲人的送行仪式更是繁多而寓意深远。临行前，须往公妈厅（祖厅）焚香拜祖，俗称"拜公妈"，表示告别祖宗并祈求祖宗神灵保佑旅途平安。家人为其准备行装时，必须备一小瓶井水和一小包泥土，让出洋者随身带走，寓有出洋者饮水思源、莫忘故土，同时在外能适应"水土"，身体健康。临行时，有些家人还煮4个鸡蛋，为出洋者饯行，预祝来日甜蜜圆满。还有些家人则为出洋人准备一碗豆腐，寄寓着到海外发家致富之意。对一些出洋投靠亲友的，家人还要让他带一包竹心和铅钱片（闽南方言"竹"与"得"、"铅"与"缘"谐音），希望出国亲友能和被投靠者有缘分并诚心栽培。当出洋者辞别家人，走出大门后，还须"三回头"，频望家门，其意是"不要一去不回头"，要牢记家园和亲人，早作归计。

① 《东山文史资料》第10辑，第65页。
② 郑振满、丁荷生编纂：《福建宗教碑铭汇编（兴化府分册）》，福建人民出版社1995年版，第368页。
③ 参见陈苗、陈育伦、刘浩然等有关侨乡民俗的文章，载陈国强主编：《福建侨乡民俗》，厦门大学出版社1994年版。

（二）"脱草鞋"、"送针线"

出国华侨回到家乡，也是侨乡常见的社会现象。围绕这一现象而出现的某些行为方式经传承下来又形成了"脱草鞋"一类的习俗。如华侨回到故里，亲友们要以鸡、猪脚、面线、酒，甚至摆宴席为其接风洗尘，俗称"脱草鞋"。之所以如此名之，是因为早期华侨家庭贫困，只能布衫草鞋，跋涉异域；回国时，因交通不便，有些路程仍然只能脚着草脚步行。因此回家第一件事便是脱掉草鞋好好休息。而人们为其洗尘，也就称之为"脱草鞋"。以后虽然交通条件慢慢改善，但习俗还是相传下来了。归国的华侨往往要回赠以香皂、针线、衣服、布料等洋货，尤以送针、线为常品，寓有"穿针引线"，情谊绵长之意。华侨社会前后牵引的许多移民链就是靠牵针引线形成的。

（三）"公鸡娶妇"、"姑嫂望归"

公鸡娶妇是晋江侨乡风俗中最独特、最具侨乡特色的一种民间风俗。其背景是，侨乡青年男子远在南洋谋生，已到婚嫁之期，家乡长辈即为他在附近乡里订下亲事。待姑娘长成，到了应该出嫁的年龄，男方家长便去信海外，催促海外男儿定期回国完婚。如果华侨不能按择订婚期回家行婚礼，只好借"公鸡"代新郎踢轿门、拜天地、入洞房。过了若干时间，新郎回到家门，才同新娘过上真正的夫妇生活。这种婚礼形式，粗看是种陋俗，但却是联系海内外家庭的一条有力纽带。一方面加强了远在海外的华侨对家庭的责任感；另一方面用公鸡娶过来的媳妇得安心料理家务、侍奉长辈。尽管这种联系一开始比较脆弱，但随着时间的推移，感情纽带与经济纽带还是日益加强了。

华侨出国奋斗短者三五载，长者七八年，无法经常还乡，于是引发了有关姑嫂登高以望兄夫之归的民间传说。建造于宋代的晋江宝盖山上的姑嫂塔，即蕴涵着这样动人的故事。故事云：丈夫婚后贸易海外，姑嫂二人日日登此山巅以望海舶回归，后人即于此处兴建石塔，并雕姑嫂石像于塔中。其实，姑嫂塔之建，主要目的是作航海标志兼作了望远舶之用。民间故事所反映的则是晋江沿海一带青年男子附舶久贾海外，以致许多少妇、姑娘登高望远，久而成习的特殊情况，而这与"公鸡娶妇"所反映的都是男子在外、妇女在乡的一个问题的两个侧面。

（四）"螟蛉子"、"引水魂"

由于丈夫妻子海外海内的长期分离，也由于华侨在外娶番婆还有社会压力，所以年轻华侨婚后的生育率并不高，或者即有生育，却是女的。在这种情况下，为了传宗接代，为了家乡媳妇有个伴，晋江侨乡多数有抱养螟蛉子的习俗。一种形式是按血缘关系过继男子，或者外甥承母舅，或者亲堂之间过继。另一种形式是直接抱养螟蛉子。被抱养者多为附近农村的男孩，一般在 6 岁以下。不管是哪一种形式抱养的小孩进入华侨家庭后，多数会给以一定的栽培，等到十五六岁时，则被带到南洋经商。

出国华侨多有终老故园、埋骨桑梓的叶落归根愿望，但事实上因各种原因客死他乡的华侨时有出现，能运灵枢归国者毕竟少数，多数只能埋骨异域。为让亲人能魂归故里，在国内的家属往往要请道士或和尚做法，以一纸船置一海边江畔，船上置死者衣服一套。道士选择时辰做道法，拉上衣服，扮为"魂身"，祭敬"木主"后置入魂轿，按殡葬归虞仪式，引其魂入祖厅宗祠，俗称"引水魂"。这种仪式虽属迷信，但却是生者对于客死异邦的亲人所寄托的一种深切哀思，寓有慎终追远之意。"引水魂"一事有时会被记入族谱，如"武箴公，……外出旅于吕宋，卒葬莫详，尚未招魂归里，失系"①，字里行间无不流露出未能为死者"招魂"的遗憾，可见这一习俗非常深入人心。

这些仅仅是华侨往返及其职业、地位给予习俗的缓慢影响，至于华侨汇款及举办公益事业对侨乡风俗的影响，还有许多方面。譬如女校的开办改变了女子不上学的习俗，育婴堂的设立部分减弱了溺女婴的习俗，因侨汇充裕引起的铺张浪费习俗，因移民引起的生活方式的崇洋习俗等等，这一切都说明侨乡社会风俗的变化是广泛的。

沿海其他侨乡与晋江侨乡相比，风俗的演变有类似之处，但毕竟背景有异，变化的侧重点也有区别。一般而言，移居西方国家（如美国）与殖民地（如东南亚等地）的华侨，所带来的文化存在社会发展的时间差，因而对侨乡社会风俗的影响也不尽相同。比如广东移居美国的很多，广东的崇洋风气会比福建强烈一些，不仅在上层社会流行，而且普及到了社会各阶层。② 另外，新技术传播对风水迷信的冲击也更大些。在继昌隆缲丝厂、潮汕铁路、新宁铁路开工的过程中，均遇到当地居民风水迷信的阻力，及至成功，"颇极一时之盛，社会心理为之一变"③，"卒之风气日开……群相仿效"④。

沿海侨乡的社会风俗从属于沿海省份的风俗体系，但因为大量华侨的存在及社会经济关系的变迁，使其风俗又具有自身特点。这些习俗既有封建迷信的因子，也有资本主义的成分；既有中华传统的美德，也有西方近代的文明；

① 《银江李氏长房家乘》，引见李天锡：《晋江华侨有关习俗浅析》，陈国强主编：《福建侨乡民俗》，厦门大学出版社 1994 年版，第 92 页。
② 郑德华、吴行赐：《一批有价值的华侨史料——台山解放前出版的杂志、族刊评介》，广东，《华侨论文集》第 1 辑，广东华侨历史学会 1982 年。
③ 《潮汕铁路沿革史略》，1933 年 9 月，《潮汕铁路季刊》第 1 期。
④ 宣统二年《续修南海县志》卷二一，第 4—6 页。

既有农业宗法社会的守成痕迹,也有商业海洋社会的开拓意识。一句话,侨乡的社会风俗兼具了新旧中西的特点,在传承中出现了变异,在吸收中丰富了自身。这种风俗的演变,其作用十分明显。首先,有利于增强海外华侨对家乡的向心力。"拜公妈"、"三回头"、"引水魂"、"公鸡娶妇"、"姑嫂望归",无一不是提醒华侨饮水思源,叶落归根。其次,有利于经济的发展。妇女独立意识的增强、崇商精神的宣扬、消费观念的变化、风水迷信的淡化,都有利于工厂劳动力的吸收、商品生产与商品交换的发展及铁路与矿山的建设,概言之,有利于生产力的提高。第三,有利于文化层次的丰富与提升。对外来习俗的接纳,不仅丰富了民众的生活方式,而且使本具民族性与地域性的社会风俗开始向综合化、多元化的习俗过渡。另外,因着外来文化的借鉴,加之内在社会经济的推力,也使传统习俗加快了向近代文明习俗的转变。

总之,沿海社会文化在思想、语言、文学、民俗等领域都程度不同地受到海外移民的影响,发生了两个方向的变化:一是传统回归意识的深化,一是向外开拓意识的强化。移民思想的外求与内求、外来语言的中学体系、民间歌谣的聚散两依依、社会风俗的中西合璧,无不带有上述两个特征。两种特征粗看似乎矛盾,细看则是一个问题的两个方面和一个过程的两个阶段。回归不是安土重迁,回归只是开拓以后的叶落归根;开拓不是脱缰野马,而是为了更好地兼收并蓄。正是开拓与回归的有机统一,才形成了沿海各地的侨乡,才构成了侨乡的精神品格,才汇成了资金、技术、组织的信息流,才促使了人的素质提高与变迁的持久、快速,才凸显了侨乡与非侨乡的不同色彩。

第九章

明清时期的海洋学探索[①]

随着海洋活动的拓展,明清时期人们的海洋学知识更趋丰富和完备。与航海知识的相应增长,海洋地貌探索、导航手册等古代最具导航意义的地文导航系统逐步完善,完整的海图得以保存,并出现了多种类型。海洋气象学取得的成就主要集中在海洋占候和对海洋风暴的认识上,当时其他海洋气象知识,如对海市蜃楼的解释等也都达到了更高水平。这一时期沿海人民在长期的海洋活动中,进一步认识到海潮之益,对潮流、潮汐、洋流、海洋盐分等海洋水文知识有了更深刻的把握,并将其熟练应用于各种海洋领域。明清两代人们对于我国海洋生物资源的特点和变化,有了更全面的记述与评价。由于海洋环境的变化,海水养殖业迅速兴起,并在养殖规模、养殖技术和产品的商品化程度上,取得了空前的发展,这是中国海洋社会的一场"蓝色革命",在中国海洋渔业发展史上具有划时代的转变意义。

第一节　海洋地貌探索

中国古代航海,主要采用地文导航,海上及大陆边缘海区的一切地貌形态,其导航意义最为重大,这首先被渔民、水手所重视,因而调查清楚,铭记在心或记录在案。而海底地貌亦因关系到海舶的安全,并也有一定导航意义,亦要通过一切可能的手段,如丈量或通过水文辨认,来获得足够的认识,使驾驶的海舶避险就安。总之,认识地貌是为了航行的需要,关系到生命财产的现实安全。

[①] 宋正海、郭永芳、陈瑞平对中国古代海洋学史有专深系统的研究。本章主要引见宋正海、郭永芳、陈瑞平:《中国古代海洋学史》,海洋出版社1989年版。

一 海洋地貌探索

(一)海上地貌

海上地貌的探索与航海是密不可分的。岛屿、港湾本身就是航线经过或到达的地方。因此,渔民、水手需要了解这些地物的名称和正确位置。[①]

明巩珍:"海中之山屿形状非一,但见于前,或在左右,视为准则,转向而往。要在更数起止,记算无差,必达其所。"[②]清《舟师绳墨》:"倘到薄暮行舟,必认一山为重,尖而高者耸立易识。……小而平者,急却难辨,须记得此山的山嘴系何形象,左右有无小山屿,如看见小山屿则知应山,始可认定。"[③]岛屿在航行中有着重要的地位,所以指导航海的海图与书籍无不一一为之详细描述。如《郑和航海图》中载有我国岛屿多达 532 个,外国岛屿 314 个。其地貌类型,分出岛、屿、沙、线、石塘、港、礁、碈、石、门、洲等 12 种。[④] 这比《新唐书·地理志》所载航道上的山、门、州、石、海峡等要丰富得多。

我国有广袤的海区,有众多的岛屿,"辽海东吴若咫尺,朝洋暮海如内地"[⑤],"(登莱),其外岛屿环抱,迤逦以及辽阳"[⑥],"闽、浙、南洋(指广东)水深多岛"[⑦],"浙海岛屿林立"[⑧],"(福建)海中岛屿,东南错列,以百十计"[⑨]。岛屿不仅是陆标,也是躲风候潮的"安乐窝","海翁堀线在府治西北海洋中,浮有沙线一条,线南有一港,港口有大澳,甚深,名为海翁堀。凡过洋之船,多泊此候潮汛,或避台焉[⑩]!此外,也有作为汲淡水、采柴火的中间站,"文昌县七星山在县北一百五十里大海中,峰连有七,一名七洲洋,山下出淡泉,航海者必于此汲水、采薪,其东七星泉,昼夜混混不涸[⑪]。甚至海舶视为畏途的我国南海诸岛,也曾是救生渡死的地方。清初福建龙溪人余士前带二弟从望加饧回国,船遇飓风沉没,有 17 人"扳缘匍匐上海屿","有人插一斧留于腰间者,拾泊崖断竹削之,磨戛得火,龟屿上巨鸟成群,张口欲吞人,共搏击之,水浅处多巨蚶,可

① 宋正海、郭永芳、陈瑞平:《中国古代海洋学史》,海洋出版社 1989 年版。第 97 页。
② 《西洋番国志·自序》。
③ 《舟师绳墨·舵工事宜》(天一阁藏)。
④ 中国科学院自然科学研究所地学史组:《中国古代地理史学》,科学出版社 1984 年版,第 66 页。
⑤ (清)魏源:《复魏制府询海运书》,《魏源集》,中华书局 1984 年版,第 419 页。
⑥ (清)姜宸英:《海防总论》。
⑦ (清)魏源:《复魏制府询海运书》,《魏源集》。
⑧ (清)魏源:《筹海篇》,《魏源集》。
⑨ (清)顾祖禹:《读史方舆纪要》卷九五。
⑩ 《古今图书集成·方舆编·山川典》卷三〇九,引《福建通志·台湾府》。
⑪ 《古今图书集成·方舆编·山川典》卷三〇九,引《琼州府志》。

数人舁。乃煽竹，火炮二物之肉以充腹，……忽大雨如注，舁巨蚶壳承雨水以救渴。在屿中历九日夜，计不得活，合力杀藤，捞坏板作槎，裹鸟肉，贮水于筒，乘槎纵所之"①，在海上漂泊了九日夜，遇海舶得救。②

我国沿海某些地段海蚀现象严重。为了保护农田，防止海蚀现象发展，更为了抵御强大的海啸，保护生命财产安全，我国很早就开始建造海塘，直至清代，我国海塘蜿蜒屹立于海滨，长达数千公里。明清时我国出现的海塘志或地方志中有着不少海塘图。这些海塘图是能充分反映河口海岸地貌的，如 1751 年方观承《敕修两浙海塘通志》和清翟均廉《海塘录》中的图。李约瑟(J. Need-ham)称《两浙海塘通志》等海塘志的书为"一类专门论述中国海岸的地理著作"③。从这类海塘图中，我们可以清楚地看出海塘的建筑是因地制宜的，海塘是不连续的，时断时续，这由海岸地貌而定。在平坦的滩涂之处，则筑之；在海边山地则不需建筑。从海塘图上，可以明显地看出河口地貌和海岸地貌的形态。这样的图其山形又是立体画法，不用图例，更显逼真。④

海岸地貌，在我国沿海省份的地方志中，记载极为丰富，不备述。而明清时期关于岛屿沙洲的地貌记载，除见于地方志之外，更多地见之于"针经"和海上交通的文献。

成书于 16 世纪的《两种海道针经》所记海上地貌的资料很多，如《顺风相送》所记国内地貌达 19 处，国外 74 处，书中提到的地貌类型，有：石牌(排)——礁石；古老浅——岸礁；坤身——沙堤；泥尾——水下泥滩；拖尾一水下沙滩等。⑤ 而《指南正法》所记的"山形水势"34 条，如《东洋山形水势》一节中，说"澎湖，暗澳有妈祖宫，山无尖峰，屿多"，"下打狗仔，西北有湾，看石佛不可抛船，东南边亦湾，东去有淡水，亦名放索番子。远看沙湾样，近有港坤身，有树木"⑥。而《大明唐山并东西二洋山屿水势》一节，内容极其精彩，"外罗山——东高西低，内有椰子塘，近山有老古，打水四十五托，贪东恐见万里石塘，丙午七更取交杯，内打水十八托，外打水念五托，俱可过舡，南边有礁出水。若是马陵桥神洲港口，打水八九托，鼻头二三托打水进港，有塔，可抛舡"，"羊角屿——内打水十七八托，外打水二十托，内外俱可过舡。南有羊角出水中，尖有门，门中有礁。丙午五更取灵山大佛"⑦。

---

① 乾隆《漳州府志》卷四四《余士前传》。
② 宋正海、郭永芳、陈瑞平：《中国古代海洋学史》，海洋出版社 1989 年版，第 98—99 页。
③ 李约瑟：《中国科学技术史》第 5 卷，海洋出版社 1989 年版，第 42 页。
④ 宋正海、郭永芳、陈瑞平：《中国古代海洋学史》，海洋出版社 1989 年版，第 100 页。
⑤ 参见自然科学史研究所地学史组：《中国古代地理学史》，科学出版社 1984 年版，第 66—67 页。
⑥ 《两种海道针经》，中华书局 1961 年版，第 137—138 页。
⑦ 《两种海道针经》，中华书局 1961 年版，第 117 页。

海上交通的书籍,如清雍正八年(1730年)成书的陈伦炯的《海国闻见录》在描述我国南海诸岛的地貌形势时说:"南澳气居南澳之东南,屿小而平,四面挂脚,皆礁古石。底生水草(即珊瑚),长丈余。湾有沙洲,吸四面之流,船不可到,入溜则吸阁(搁)不能返。隔南水程七更,古为落漈。北浮、沉皆沙垠,约长二百里,计水程三更余。尽北处有两山,名曰东狮象,与台湾沙马崎头对峙,隔洋阔四更,洋名沙马崎头门。气悬海中,南续沙垠至粤海,为万里长沙头南隔断一洋,名曰长沙门。又从南首复生沙垠,至琼海万州,曰万里长沙。沙之南,又生礁古石至七洲洋,名曰千里石塘。长沙一门,西北与南澳,西南与平海之大星,鼎足三崎。长沙门,南北约阔五更。"①在陈伦炯的书里还有一些海上地貌学的专有名词:沙栏——沙堤;沙仑——水下沙堤;沙坛——沙滩。这说明,对海洋地貌的认识至陈伦炯时代又有了一定程度的深化。陈伦炯对全国海岸地貌有一段总的论述,我们认为他在海下地貌的描述上更为精彩。②

(二)海底地貌

海底地貌,包括浅海的大陆架与深海的大陆坡、大洋盆地等类型。古代对海下地貌的了解,一般局限于大陆架地貌即浅海地貌上,而对深海地貌不可能进行探索,即便有星星点点的知识,亦属猜测与想象。③

关于黄海的暗沙等海底地貌的论述,明崔旦伯说:"登莱故道,风涛万里,洋礁蝟集,势之险易殆悬绝矣。"④明胡宗宪说:"登莱之海,危礁暗沙不可胜测,非谙练之至,则舟且不保,何以迎敌。"他还指出浅滩之具体所在"若白蓬头、槐子口、桥鸡、鸣屿、夫人屿、金嘴石、仓庙,浅滩乱矶,乃贼所必避,而我之所当远焉者也"⑤。海军军官出身的陈伦炯说:"登莱淮海稍宽海防者,职由五条沙为保障也","庙岛南,自如皋、通州而至洋(扬)子江口,内狼山,外崇明,锁钥长江,沙坂急潮",而苏北海域,"庙湾而上,则黄河出海之口,河浊海清,沙泥入海则沉实,支条缕结,东向纤长,潮满则没,潮后或浅或沉,名曰五条沙,中间深处,呼曰沙行"⑥。清顾祖禹说:"吴淞而南,虽有港汊,每多砂碛","海州之东北,有大北海,不惟道里迂远,且沙碛甚多,掘港、新插港之东,亦有北海,沙碛亦多,不堪重载"⑦。而登州的"成山以东白蓬头诸处,危礁乱矶,伏沙险湍,

---

① (清)陈伦炯:《海国闻见录》卷上"南沃气"条。

② 宋正海、郭永芳、陈瑞平:《中国古代海洋学史》,海洋出版社1989年版,第104—107页。

③ 宋正海、郭永芳、陈瑞平:《中国古代海洋学史》,海洋出版社1989年版,第107页。

④ (明)崔旦伯:《海运编》。

⑤ (明)胡宗宪:《海防图论·山东预备论》。

⑥ (清)陈伦炯:《海国闻见录:天下沿海形势》。

⑦ (清)顾祖禹:《读史方舆纪要》卷一九。

不可胜纪"①。对黄渤海海底地貌的论述，还有一批文人官吏，除杜臻曾以侍郎身份考察过沿海地区，写下了《海防述略》外，其他如姜宸英的《海防总论》、韩奕的《海防集要》都是没有什么实践的经历下写成的。这说明至清初，该海区的地貌知识已经较为普及了。

今天，东海钱塘江口的两侧海区潜伏着暗沙，明宣昭正确地认识到钱塘江怒潮是由海下地貌和喇叭形河口地形所造成的，"下有沙潬跨江西三百余里"②，"考海中山沙，南起舟山，北至崇明，或断或续，暗沙连伏，易于搁浅"③。此外的浙江海区则是"苏洋以南，海道通快"④，"浙洋宽深无沙"⑤，"自浙洋而北，海滨淤沙多而岛屿少，其海岸径直"，"自浙洋而南，岛屿多而淤沙少，其海岸纡曲"⑥。东海从总体上看，是航海的理想海区，但是在小区域里，海下地貌还是很复杂的，如在呼应山有"沉礁打浪"，福州五虎门"打水一丈八尺，过浅"⑦等。对各个小海区的海底地貌，各个沿海地方的地方志里一般均有详尽记载，甚至如《武备志》这样的文献里也有记载，如其卷二一〇的《福建沿海山沙图》等。

台湾海峡的海洋地貌，主要是澎湖与台湾周围海区的地貌情形。陈伦炯说："（澎湖）岛二十有六，而要在妈宫、两屿头、北港、八罩、四澳，北风可以泊舟"，"北之吉屿，沉礁一线，直生东北，一目未了，内皆暗礁布满，仅存一港蜿蜒，非熟习深谙者，不敢棹至"⑧。"八罩流水湍急，岛下有老古石，刚利胜铁"⑨。澎湖"为西渡之标准"，其中的东吉屿和西吉屿系要路，"渡海者必由二吉以入，盖入台之指南"⑩。从台湾海峡的水色来了解其海下地貌则是航海者长期经验的总结，"鹿耳门外，初出洋时，水色皆白。东顾台山，烟云竹树，缀翠浮蓝，自南抵北，罗列一片，绝似屏障画图。已而渐远，水色变为淡蓝。台山犹隐现于海面。旋见水色皆黑，则小洋之黑水沟也。过沟，黑水转淡，继而深碧，澎湖诸岛，在指顾间矣。自澎湖放洋，近处水皆碧色，渐远则或苍或赤，苍者若靛绿，赤者若臙红。再过，深黑如墨，即大洋之黑水沟，横流迅驶，乃渡台极险处。既过，水色依然苍赤，有纯赤处，是名红水沟，不甚险。比见水皆碧色，则

① （清）顾祖禹：《读史方舆纪要》卷三〇。
② （明）宣昭：《浙江潮候说》，《海塘录》卷二〇。
③ （明）胡宗宪：《海防图论·浙直福兵船会哨论》。
④ （清）顾祖禹：《读史方舆纪要》卷八九。
⑤ 《清高宗（乾隆）实录》卷一五六。
⑥ 《清史稿》卷一三八。
⑦ 《指南正法》，《两种海道图经》，中华书局1961年版，第115页。
⑧ （清）陈伦炯：《海国闻见录·天下沿海形势》。
⑨ （清）《海纪辑要》。
⑩ 《福建通志》卷一五《山川》。

青水洋也。顷刻上白水,而内地两太武山,屹然挺出于鹭首矣"①。从水色来辨认海上地貌(当然包括海下地貌),虽无潜海测量之力,却有由表及里之功,不能简单地以粗疏谓之。为了理解上面一段话,引文前面还有介绍台湾海峡小海区的划分:"台厦往来,横流而渡,号曰横洋。自台抵澎为小洋,自澎抵厦为大洋,故亦称重洋。"另还解释了航海学的专业名词"放洋",意思是"舟人转舵扬帆而出海曰'放洋'"。

"环台皆海也"②,海岸地形总的来看"沿路内山外海,多巨石巉岩"③。其海下地貌决定着作为港口的海岸只有鹿耳门(今台南安平港北,今已淤)、鸡笼(今基隆)、淡水(台湾西北,淡水河口北岸,今亦淤塞),"台湾北自鸡笼山对峙福州之白犬洋,南自沙马崎对峙琼之铜山,延绵二千八百里。……而港之可以入巨艘,惟鹿耳门与鸡笼、淡水港,其余港汊虽多,大船不能入"④。台湾的海岸地貌,东北至西北多岩岸,南嵌以下至中部为沙岸,"巨石多生于鸡笼、淡水之间,突怒偃塞,奇不可状","南嵌以下,渐无石质,亦不坚"⑤。海岸地貌影响着海下地貌,当时的良港都位于岩岸线上。但地貌在不断运动中变迁无常,良港鹿耳门,百余年之后,"海边一片尽变为埔,通连嘉邑地界,横宽不啻数里","有出示招垦,虽未成业,亦可谓沧海桑田之望也"⑥。鸡笼港的岩岸无刻不在海水的冲击浸蚀中,"海流日砑訇,海巘长屼嵂"⑦,而台湾府(今台南市)的"海翁堀线"则是海中的一条"浮线",线南的港口是"候潮避风"的地方。⑧ 台湾海上、海下地貌都较复杂,变化大,所以对台湾海岸地貌不甚了然的英国侵略者在道光二十年(1841年)八月与道光二十二年(1842年)二月遭到了失败,"洋船两窥台湾。一在淡水港,遭风触礁;一在大安港,为渔舟诱引搁浅"⑨。

台湾的南端沙马崎头,是往返吕宋的陆标,其海岸特征如同严光垂钓的钓鱼台,"邑之南曰沙马崎头山,西南临海若严陵钓(鱼)台状,凡往来吕宋之船,以此山为定向"⑩。沙马崎头又是东海与南海的分界线。

南海是我国海上活动频繁的海区,也是中外海上交通的必经之路。⑪

---

① 乾隆《台湾县志》卷二。
② 乾隆《台湾县志》卷二。
③ 康熙《台湾府志》卷一二。
④ (清)陈伦炯:《海国闻见录·天下沿海形势》。
⑤ 康熙《台湾府志》卷一二。
⑥ (清)陈国瑛等:《台湾采访册》第27—28页。
⑦ (清)朱仕玠:《小流球漫志》卷二。
⑧ 雍正《台湾府志》卷四。
⑨ (清)魏源:《道光洋艘征抚记》、《魏源集》。
⑩ 乾隆《台湾志略·山川景物》。
⑪ 宋正海、郭永芳、陈瑞平:《中国古代海洋学史》,海洋出版社1989年版,第109—112页。

陈伦炯说："自廉之冠头岭而东,白龙、调埠、川江、永安山口、乌兔,处处沉沙,难以名载;自冠头岭而西,至于城防,有龙门七十二径,径径相通。径者,岛门也。通者,水道也。以其岛屿悬杂,而水道皆通。廉多沙,钦多岛。"①不仅记载了海下地貌,也描述了海上地貌,尤其对分割台地下沉后形成溺谷的"龙门七十二径",今天看来仍是正确的描述。廉钦的东面海区,"高郡之电白,外有大小放鸡,吴川外有涸(硇)州,下邻雷州白鸽、锦囊,南至海安。自放鸡而南,至于海安,中悬硇州,暗礁暗沙,难以悉载,非深谙者莫敢内行"②。《清史稿》总结为:"广州境,其海湾深广,自新安折而北,又折而南,至香山,走为内海,群岛环罗","又西为高州海,多暗礁暗沙","廉州多沙,钦州多岛,襟山带海"③。对海南岛,东路除文昌的潭门港、乐会的新潭那乐港、万州的东澳港、陵水的黎庵港、崖州的大疍港之外,西路除澄迈的乌桑港、儋州的新英港、昌化的新潮港、感化的北黎港之外,"其余港汊虽多,不能寄泊,而沿海沉沙,行舟实为艰险"④。海南岛"沿海多沉沙,行舟至险"⑤。

航行的谚语"上怕七洲,下怕昆仑"⑥所指的地方,都在今南海海域。七洲,即七洲洋,指今我国的西沙群岛周围海面;昆仑,即昆仑洋,指今越南南端昆仑岛周围海面,都位于中国往返南洋(东南以远)和印度洋的航线上。⑦

先人们对珊瑚岛屿的不断成长亦有所认识,"千里石塘,在崖州海面之七百里外,相传此石比海水特下八九尺,海舶必远避而行,一堕即不能出矣"⑧。明清两代,援引顾玠此说者颇众,如明黄佐《广东通志》卷七〇,清邓淳《岭南丛述》卷七,顾祖禹《读史方舆纪要》卷一〇五,温汝能《方舆类纂》卷二五,严如熤《洋防辑要》卷八。而清人的地方志援引此说者更超过上举各书的数量,可谓影响深远。因为是珊瑚礁岛,海拔很低,故亦有"潮至则没,潮退方现"⑨的现象。正因为时现时没,给人一种"善溢"的假象,故名南海为"涨海","万州城,外洋有千里长沙、万里石塘,盖天地所以堤防炎海之溢者,炎海善溢,故曰涨海","或曰涨海多瘴,饮其水者腹胀,故入涨海者必慎其所养"⑩。

关于"东洋"与"西洋"的地貌,其认识范围只限于航道沿线,《顺风相送》与

555

第九章

明清时期的海洋学探索

---

① (清)陈伦炯:《海国闻见录·天下沿海形势》。
② (清)陈伦炯:《海国闻见录·天下沿海形势》。
③ 《清史稿》卷一三八。
④ (清)陈伦炯:《海国闻见录·天下沿海形势》。
⑤ 《清史稿》卷一三八。
⑥ (宋)吴自牧:《梦梁录》卷一二。
⑦ 宋正海、郭永芳、陈瑞平:《中国古代海洋学史》,海洋出版社1989年版,第113页。
⑧ (清)顾玠:《海槎余录》。
⑨ (明)章潢:《古今图书编》卷五九;明罗曰褧《咸宾录》卷六。
⑩ (清)屈太均:《广东新语》卷四。

《指南正法》及其他"针经"都有较详的记录。①

我国古代测量海下地貌的方法是重锤测深法。《顺风相送》称作"掏"，"《指南正法》称作"锏"；陈伦炯《海国闻见录》则称作"绳砣"。它系绳用以测量水的深浅，名为打水，单位称为"托"。"托"是俗语，"谓长如两手分开者为一托"②，合今天的 1.5 米左右。铅锤系在绳的尾端，不致使绳漂斜，用此测量，故有"以托避礁浅"③的说法。郑和船队也经常用这种方法来测量海的深浅，从而了解海底地貌。这种重锤测深法不仅我国使用它，也长期为世界各国所使用，直到 20 世纪声呐（超声波回声测深仪）的发明和推广使用，才结束了它的历史使命。

中国古代的重锤测深法还有另外的重要用途。铅锤（或称掏，锏，绳砣）底涂以腊油或牛油，可以粘起沙泥，探知海底土色。因海洋各处的底质是不同的，可以因不同的底质区别来确定船舶所在的海区，从而指导航线和航向。同时，了解底质还可以知道能否放碇停泊。"铅锤之法，涂以牛油，沾起沙泥，舵师辄能辨至某处"④，"所至地方，……如无岛屿可望，则用绵沙为绳，长六七十丈，系铅锤，涂以牛油，坠入海底，粘起泥沙，辨其土色，可知舟至某处；其洋中寄碇候风，亦依此法。倘铅锤粘不起泥沙，非甚深，即石底，不可寄泊矣"⑤。这些文献的记载证明了重锤测深法在探索海底地貌的重要地位，所以张燮形容它是"走花落矴，神鬼惊散。要知矴地，大洪泥硬"⑥。

把海上地貌与海底地貌当做一个整体来认识，是我国古代探索海洋地貌时的优良传统。陆上山脉的伸展，形成了海下的礁带；岛屿附近多暗礁，珊瑚生长的附近多浅滩，河口附近有大面积的暗沙等，就是在这一整体认识的基础上抽象提高出来的。这种陆海地貌共生的地貌现象，古代名之曰"崩洪"。"崩洪峡者，穿江过河之石脉也。石脉从水中过，是山与水为朋，水与山为共，故曰崩洪"，"石骨过处，水分两份，但水面不能见耳"⑦。

为了达到最大的安全度，水手们往往不是单一地依赖于了解海下地貌或海上地貌，而是两者互相补充。因为需要综合判断，所以我国一直要求"舟师"是有丰富经验知识的人，"行路难者有径可寻，有人可问。若行船难者海水连接于天，虽有山屿，莫能识认。其路全凭周公之法，《罗经针簿》为准。倘遇风

---

① 宋正海、郭永芳、陈瑞平：《中国古代海洋学史》，海洋出版社 1989 年版，第 116 页。

② （明）张燮：《东西洋考》卷九。

③ （明）张燮：《东西洋考》卷九。

④ （清）黄叔璥：《台海使槎录》卷一。

⑤ （清）李元春：《台湾志略》卷一。

⑥ （明）张燮：《东西洋考》卷九《占验》。

⑦ （明）周景一：《山洋指迷》卷三《过峡》。

波,或逢礁浅,其可忌之皆在地罗经中取之。其主掌人观看针路,行船高低,风汛急缓,流水顺急,机变增减,或更数针位,或山屿远近,水色浅深,的实无差。又以牵星为准,保得宝舟安稳"①。只有具备航海知识与经验的"舟师",自然胸有成竹,临危不惊,遇险不乱,"约行几更,可到某处,又沈绳水底,打量某处水深浅几托,赖此暗中摸索,可周知某洋岛所在,或某处礁险宜防,或风涛所遭,容多易位;至风净涛落,驾转犹故,循习既久,如走平原,盖目中有成算也"。此书(其实各本"针经"都如此)就逐条航线上的海上、海底地貌作了经验性的记录,如由小昆仑到真屿的航线识别,是"(小昆仑)两边有礁出水,用庚酉及单酉,八更取真屿",而真屿的地貌识别,"看成三山,内过,打水四十托,泥地,外过,打水十八托,沙地。远过只七八托便是假屿,水浅,不可行。只从真屿东北边出水,礁南边过船,用庚戌针,五更取大横山"②。总之,充分利用世代相传的经验之上,加上自己的不断实践,采用综合分析、判断方法,乃是我国舟师水手的优良传统。③

二　导航手册和海图

现代海图是记载舰船航行或停泊时都需要了解的海洋深度、海底性质、暗礁、沉船、海岸形状、山和岛顶的海拔高度、灯塔和浮标的位置以及水质、海流、潮流的流向和速度等内容的图面资料。十分明显,海洋地貌是海图的主要地理要素。海图上记载的资料是根据航海的需要摄取的,也是长期航海和从事海洋活动不断累积的成果。

我国沿海人民用他们特有的方式,世代相传,不断补充,笔之于簿册,成为航海秘本,这就是更路簿,而针经、海图则是在它的基础上提高而成的。

(一)更路簿

海图的产生和发展与更路簿(或称水路簿)密切相关。古代海图既与更路簿有继承关系,但又共生并存,互相促进。所以要研究海图的历史,必须从简陋的更路簿谈起。海图如果是流,那么其源则是更路簿。原因很简单,这些被我们称为更路簿的"作品",大都是"祖传秘方",只有口头相传,即便有文字记录,也要靠记忆来帮助丰富它,况且这些出自渔民、水手之手的更路簿都是音同字讹,纸粗簿陋,难入经传之林,不登大雅之堂。因此,被刊刻成书的更路簿在我国几乎根本没有。我们的论断只是从现在发现的手抄本的分析中得出

---

① 《顺风相送·序》。
② (明)张燮:《东西洋考》卷九。
③ 宋正海、郭永芳、陈瑞平:《中国古代海洋学史》,海洋出版社 1989 年版,第 117—118 页。

的。

现在能见到的更路簿实物是清末的传抄本。这些抄本，根据代代相传，只能追溯到明初郑和下西洋的时代。这比文献上的记载海图的时间要晚得多。即便如此，仍可以说更路簿是源而不是流。因为人类对海洋的认识和实践也同样遵循由近及远、由浅入深的规律。

我们认为，从"山顶洞人"有成串贝壳的"项链"、徐市采长生不老药至汉使航行印度洋，从市舶司的建立至郑和下西洋，无不在航海实践的继承上开始，再把新的实践添加到整个航海经验中去，并把累积起来的知识传给下一代。代代相传，叠加积累，才建立起今天对海洋的了解。

这种世代传递对海洋认识的载体是什么呢？除口头传授外，我们认为其载体乃"更路簿"一类"著作"，其名称可能不叫"更路簿"或"水路簿"。叫什么名称并不重要，重要的是从"更路簿"一类"作品"中，我们找到了代代传递海洋知识的最原始的载体。这当然不排除初始的口头相传，口头相传和简单的文字相结合，然后形成文字记载，这正是我们祖先传递"信息"的方法。

为了认识更路簿，不妨举几份南海"更路簿"为例。

几份南海《更路簿》都没有始初作者或迭次增补者的姓名，只有抄写者或保存者姓名。像《更路簿》这种用于导航的航海针经一类书，在每条南海地区的出海渔船上都存有一本。但是，在海南岛文昌、琼海等县渔民中间流传着的各种抄本，都是大同小异且各具特色，只不过详简不同，这是因为最初有人写成稿本，后来在互相传抄过程中，渔民们又根据各自的航海实践不断进行补充修改，而最终形成现在看到的这类大同小异、繁简不同的抄本。这些"更路簿"最初的形成时间，可以追溯到五六百年前。如 1977 年已年过 93 岁的老渔民蒙全洲说，他家的"更路簿"是从他的曾祖父蒙宾文那里传下来的，至今已近 200 年，据他了解，海南渔民的"更路簿"是郑和下西洋后传下来的。所以，考究这些"更路簿"形成的时间上限，一般都可以追溯到清初年、明中叶甚至明初。从这里可以看到，"更路簿"都是积累了许多代人航海实践经验，由集体创作而成的。譬如现存广东省博物馆的苏德柳父亲于 1921 年抄的《更路簿》，用棉纸抄写，长 22 厘米，宽 14 厘米，对折双面，共 47 页，有 8000 余字。书分 8 篇，第一篇《立东海更路》，共 29 条，讲渔船从大潭（今琼海县潭门港）开航到东海（即今西沙群岛），以及在西沙群岛各地之间的航行更路；第二篇《立北海各线更路相对》共 116 条，讲渔船从三圹（今西沙群岛的蓬勃礁）开航到北海（即今南沙群岛）的双峙（即双子礁），以及在南沙群岛各地之间的航行更路；第三篇《驶船更路定例》，记载了自外罗（今越南广东群岛主岛）至广东东莞县内的南亭门的线路；第四篇，无篇名，从内容上看，主要是叙述从潭门港往广东沿岸、海南岛沿岸、西沙群岛、中南半岛和南洋群岛等地的更路。第五、六两篇，系正在积累的素材，看不出连续的航向；第七篇《自星洲去吧里更路》，星洲即今新加坡，吧里即今印尼的峇厘。

　　各《更路簿》的更路条文写法基本一致，都有起点、终点、针位（方向）和距离（用航行时间"更"来表示）四个要点。第一篇《立东海更路》如下：

　　　　自大潭过东海，用乾巽使到十二时（更），使（驶）半转回乾巽己亥。

　　　　自三峙下干豆，南风甲庚（北风乙辛），三庚（更）收。对西使（驶）。

　　　　自三峙下石塘，用艮坤寅申，三更半收。对西南。

　　　　自三峙下二圈，用癸丁丑未平，二更半收。……

　　　　自三峙上三圈，用壬丙己亥平，四更收。对……

　　　　自猫注去干豆，乙辛兼辰戌，四更半收。对西北、北风。

　　　　自猫注去下峙曲手，用坤申，四更收。对西南。

　　　　自猫注去二圈，用丁未，三更半收. 。对南。

　　　　自二圈下下峙，用辰戌，一更收。对西北。

　　　　自石塘上二圈，用乙辛辰戌。二更。对东南。

　　　　自石塘四江门出，上猫注，用甲庚，六更收。对东。

　　　　自四江去大圈，用乾巽过头，约半更。对东南。

　　　　自银峙去干豆，用壬丙，三更半收。对北。

　　　　自猫兴上三圈，用癸丁丁未平，三更半收。对南。

　　　　自猫注上三圈，用壬丙平，四更。对南。

　　　　自大圈下去半路，用艮坤加二线丑未，三更。对南。

　　　　自二圈去干豆，用乾巽，四更半收。对西北。

　　　　自尾峙去半路，用癸丁，三更半收。对西南。

　　　　自三圈去半路，用甲庚，六更半收。对西南。

　　　　自二圹去白峙仔，用丑未，更半收。对南。

　　　　自大圈头下白峙仔，用子午，一更收。对南。

　　　　自红草门上双帆，用乾巽，二更收。对东南。

　　　　自红草门上猫兴，用乙辛，二更收。对东南。

　　　　自白峙仔去半路，用寅申，三更收。对西南。

　　　　自半路去外罗，用甲庚寅申，十五更收。对西南。

　　　　自二圈下大圈，用寅申，一更收。对西。

　　　　自三圈下白峙仔，用甲庚卯酉，五更收。对西。

　　　　自白峙仔上三圈，用卯酉，五更收。对东。

　　　　自船岩尾往干豆，用乙卯，四更收。①

──────────

①　厦门大学南洋研究所：《南洋问题》，1978 年第 3 期。

上面提的乾巽（135°）、甲庚（255°）、乙辛（285°），都是罗盘针位，也就是船的航向。罗盘一周分为 24 分，以天干、地支和八卦的 24 字表示，每一字占 15°。"更"是时间单位，用以计算航程距离。每天（昼夜）十更，"海道不可以里计，舟人分一昼夜为十更，故以'更'计道里"①，"海洋无道里可稽，惟计以'更'——分昼夜为十更。向谓厦门至台湾，水程十一更半；自大旦门七更至澎湖，自澎湖四更半至鹿耳门。风顺则然；否则，十日行一更，未易期也"②。"旧志，舟人渡洋，不辨里程，一日夜以十更为准。"③顾炎武（1613—1682）《天下郡国利病书》里收录两篇"针路"，在《太仓使往日本针路（原注：见渡海方程及海道针经）》里说："更者，每一昼夜分为十更，以焚香枝数为度，以木片投海中，人从船面行，验风之迅缓，定更数多寡，可知航至某山洋界。"④古代一昼夜分为十更，众说一词，没有什么值得怀疑的，但是也有人认为一更就等于六十里，"海行之法，六十里为一更"⑤，然而，船舶的航速受到风向、风速、潮流、洋流等的影响，既然一昼夜分为十更，又把每更固定出里数，显然不科学。陈伦炯说："以风大小顺逆较更，每更约水程六十里。风大而顺则倍累之，朝顶风逆则减退。"⑥如何校正"更"的里数，清黄叔璥："水程难辨，以木片于船首投海中，人从船首速行至尾，木片与人行齐至，则更数方准，若人行至船尾，而木片未至，则为不上更；或木片反先人至船尾，则为过更，皆不合更也。"⑦只有"准"，一更才是"六十里"，所谓"准一昼夜风利所至为十更"⑧。至于清释大汕说"去大越七更路。七更，约七百里"⑨，一更等于 100 里，就太离谱了。近人有认为一更为 40 里⑩或者更少一些，都是值得注意的说法。"中国古代航海上计里程的单位是更"，"大致为一昼夜分成十更，一更又合六十里"。这里的一更合 60 里可能不大正确。如澎湖至台南市，旧作五更，今为 52 海里，1 海里合旧 3 里，即澎湖与台南之间的距离为 156 里，一更不过 31 里左右。厦门至澎湖旧作七更，合 220 里左右，行程一天。如一更为 60 里，则厦门澎湖之间当为 420 里，澎湖台南之间为 300 里，帆船一天航行，就有点问题了。这些问题，都待进一

---

① （清）王鸿绪：《明史稿·外国传·鸡笼山》。
② （清）郁永河：《裨海纪游》卷上。
③ （清）陈寿祺：道光《福建通志·海防》。
④ （清）顾炎武：《天下郡国利病书》卷一一九，其另一篇为《福建使往日本针路》。
⑤ （明）黄省曾：《西洋朝贡典录》卷上"占城国"。
⑥ （清）陈伦炯：《海国闻见录·南洋记》。
⑦ （清）黄叔璥：《台海使槎录》卷一。
⑧ （明）张燮：《东西洋考》卷九。
⑨ （清）释大汕：《海外纪事》卷三。
⑩ 朱鉴秋：《我国古代海上计程单位"更"的长度考证》，《中华文史论丛》1980 年第 5 辑。

步的调查研究去解决。①

关于"更"的起源问题。元朝周达观的《真腊风土记》，明初的《瀛涯胜览》、《星槎胜览》②及《西洋番国志》里都是用"日"来计程的，只有到了《西洋朝贡典录》（约成书于 1520 年间）和《东西洋考》（1618 年刻印出版）才用"更"计里程。我们以为它先由直接参加驾驶者所"发明"，后才被大家所接受。目前记载"更"计程的"民间"文献，最早的则是《顺风相送》和《指南正法》。研究一下它们可以提供一些"更"起源于民间的蛛丝马迹。③

(二)针经

《更路簿》，即属于我国文献中称为"洋更"的著作，"舟子各洋皆有秘本，名曰洋更"④。这一类"洋更"经过排比，条理化，集众家之长，使其成为一部整体性的"导航手册"，这就是现在我们能看到的所谓"针经"。

"针经"这类书，见于各家称引的有《渡海方程》、《海道经书》、《四海指南》、《海航秘诀》、《航海全书》、《针谱》（见《日本一鉴》及《桴海图经》）、《航海针经》（见《东西洋考》）、《针位篇》（见《西洋朝贡典录》）、《罗经针簿》（见《指南正法》）。《筹海图编》、《日本一鉴》曾根据《渡海方程》一书外，还参考过《海道针经》。在《郑开阳杂著》、《筹海图编》、《日本一鉴》中关于江苏"太仓使往日本针路"及"福建使往日本针路"各节就是根据《渡海方程》、《海道针经》及《四海指南》这类针经撰写的，可见这类针经提供的素材是多么重要。明南海总兵官邓钟的《安南图志》中著录了"福建往安南图针路"。乾隆《福州府志》卷一三"海防"中著录了一篇无名氏的《针经》，记载的是往返福宁与湄州之间的一段针路。可见明清间的一些著者在编纂海上交通的图书时并没有轻视它们，也并不罕见，否则就不可能成为他们的参考书了。但现在我们除了通过上面一些文献的转述外，提及的"针经"本身却再也找不到了。

不过，在清嘉庆（1796—1820 年）年间张海鹏编刻的《借月山房汇钞》中有一种叫《海道经》的书应该算作"针经"。《海道经》，明初无名氏撰，是记载元代粮食海运的黄渤海航道"针经"。我们说它是专供漕船使用的"针经"，不仅从"海道"上一目了然，就是与针路没什么关系的"占潮"里，还特别提醒船长水手们："漕船之患，最怕船密。"

分析这部"针经"，并与上面提到的"更路簿"作一番比较，立见"更路簿"的

---

① 向达：《两种海道针经序言》，《两种海道针经》。
② 《郑和航海图》虽已以"更"计程，因尚难确定出自郑和同时代人的手笔，在这里暂不作为论据。
③ 宋正海、郭永芳、陈瑞平：《中国古代海洋学史》，海洋出版社 1989 年版，第 120—127 页。
④ （清）黄叔璥：《台海使槎录》。

粗糙。同时比较之后,还可以窥见持"更路簿"的渔民,除"更路"外,其记忆里还装着怎样的经验知识。

《海道经》分类:准备缓急、海道、海道指南图、占天门、占云门、占日月门、占虹门、占雾门、占电门、占海门、占潮门、北海地方。

从文字上看,它是由"更路簿"与经验韵语编集修改而成的,两种痕迹都很明显。譬如"占天门"的"朝看东南,有黑云堆起,东风势急,午前必有雨;暮看西北有黑云,半夜必有风雨。……""占云门"的"秋冬东南风,雨不相逢;春夏西北风,下来雨不从……""占海门"的"蝼蛄放洋,大飓难当;……海泛沙尘,大飓难禁;……鸟鲜弄波,风雨必起;……""占潮门"的"北海(指黄渤海)之潮,终日滔滔;高丽涨来,一日一遭,莱州洋水,南北长落,……"等等,都给人一些明快的谚语感觉。

继《海道经》之后,现在传世的"针经",是《顺风相送》和《指南正法》两书。[①]《顺风相送》据向达推测,它成书于 16 世纪。我们从《顺风相送序》分析,作者的名字应该叫"山"。我国古人写文章,自称名,他人称字(或号),姓省略。向达的标点是"永乐元年奉差前往西洋等国开诏,累次较正针路,牵星图样,海屿水势山形图画一本山为微簿"。这里"山为"与上面的文字连读,极难理解,假如"山"乃作者自称其名,"为"字作编写讲,"微簿"是对《顺风相送》的自谦语,全文就豁然贯通了。重新标点为"……海屿水势、山形图画一本,山为微簿"。这位名叫"山"的作者,在永乐元年(1403 年)就"奉差前往西洋",这比郑和第一次下西洋的永乐三年(1405 年)还要早两年。以后郑和下西洋,他也是随从人员,否则不能有"累次较正针路"的机会。序言中下面一段话,表明这位名"山"的人,参考遴选航海技术人员的工作,"务要取选能谙针深浅更筹,能观牵星、山屿,探打水色浅深之人在船。深要宜用心,反复仔细推详,莫作泛常,必不误也[②]。在挑选技术人员中,标准是很高的,只要技高艺精,航行时才不会出差错,假如本事"泛常",难保不误事。

假如我们的理解不错,这部《顺风相送》正是郑和七次下西洋时使用的"针经"之一。这是否系原本,抑或经过了后人的转抄、润色或重新编排,还要作进一步的研究。不过,我们初步估计,"山"撰的原书落入走洋下番人手里,他们根据航海的需要,增加了一些新内容,也删去了一些旧文字。所以看到的这部《顺风相送》已是新旧杂陈的混合体了。但无论如何,它包含了"山"这位曾追

---

① 这两书原藏英国牛津大学的鲍德林图书馆(Bodleian Library),都是旧抄本,是传教士从中国带到英国去的。1961 年向达先生以《两种海道针经》为名刊布于世。

② 《顺风相送序》,《两种海道图经》。

随郑和下西洋的技术人员的经验真髓则是毋庸置疑的。①

《指南正法》，向达认为成书于康熙末年即 18 世纪初期。我们认为它系明末的作品。其序文中说，此书"指定手法乃漳郡波吴氏，氏寓澳，择日闲暇，稽考校正。自天朝南直隶至大仓，……""南直隶"乃明朝对南京所在地省份的称谓，清顺治二年（1645 年）改为江南省，康熙六年（1667 年）分设江苏，安徽省。② 在清代文字狱的阴影笼罩下，即使不要求出版的书，也不会公然在"南直隶"之前还堂而皇之冠上"天朝"的恭敬称谓，此其一；其二，在《两种海道针经》第 114 页，有一"大明唐山並东南二洋山屿水势"的大标题。"唐山"，指中国、"大明"，乃是明朝的国号无疑，所以，我们认为这部《指南正法》最基本的内容编成于明朝。然而在"定罗经中针祝文"中有"伏念大清国某省某……"又当如何解释呢？我们认为《指南正法》是下蕃舶主的行船指南，而每一次行船都是要念一次"祝文"的，都要进天妃庙烧香叩头，所以此书如传家宝一样传到清代的某舶主手里时，他要念"祝文"，在大庭广众面前自然不能照最初的本子念"大明"二字。这二字是后来改的。这部书最初的整理编纂者是谁？我们认为是"漳郡"的"吴波"。序文作者称作者一般称字或号，如直呼其名，名后再加姓氏，所以"漳郡波吴氏"，即漳郡吴波，他是最初的整理编纂者，且是明代人。"寓澳"，估计是葡萄牙向明廷租借澳门之后。如在前，应称作"壕镜澳"，大概是万历（1573—1620 年）之后人。至于因它"附在清初卢承恩和吕磻辑的《兵钤》一书后面"，"钤有'曾存定府行有耻堂'的图书③，因而认定它是康熙八年（1635 年）何良栋为《兵钤》作序之后，不甚恰当，因为线装书的装订有时是由收藏者自己决定（断线再订如此）的，所以不足为据。也有可能是借抄之后，合二为一。至于"日清"（类似航海日记）提到的"乙丑年"、"己丑年"、"辛卯年"，所记月建大小与康熙廿四、四十八、五十年合，又如何解释？因为"针经"一类书，它在成书时是搜集前人经验而成的；成书后，传抄者在实践的过程中又可以补充、修改。因此，"日清"有可能是后人补充的。但向达先生"合"月建是在"康熙八年以后"这一前提下去"合"的，其实乙丑年的月建也与嘉靖四十四年（1709 年）合，己丑年的月建也与万历十七年（1589 年）合，辛卯年的月建又与顺治八年（1651 年）合。顺治八年也就是永历五年，这个时间正是郑成功积极开展海外贸易的时候，证以该书第 170 页"用丑艮七更取太武，收入思明"一句。"思明"是郑成功改厦门为思明的，康熙二十五年清廷改为"厦门厅"，所

---

① 参见郭永芳：《〈顺风相送〉最初的成书年代及其作者质疑》，《中国东南亚研究会通讯》1986 年第 3—4 期。

② 参考赵泉澄：《清代地理沿革表》，中华书局 1955 年版。

③ 向达：《两种海道针经序言》，《两种海道针经》。

以"思明"一名仅在郑成功政权范围内使用。再联系说朝鲜的"人物衣冠似大明一样"一句话,我们设想一下,假如是明朝(清未入关)人,一般会说"似天朝"、"似吾大明";假如在清政权下的作者见此,一般会说"似故明"、"似胜国"。"似大明"一语,只有中原已非大明衣冠,自己又奉明朝正朔者才用这种语气,这正符合郑成功政权下作者的身份。所以,此书下限可以断为康熙统一台湾之后,吴波流落在澳门之时,大概是康熙二十二年(1683年)之后的几年里。吴波曾为郑成功政权效过劳。①

《顺风相送》与《指南正法》两书的内容大致相似,总括起来有以下三部分:

一是气象方面,如太阳月亮出入时刻、逐月恶风、潮水消长、雷电、观看星辰,以及罗经下针、定船更数和禁忌迷信。

二是航道沿线的山形水势。

三是各处往返针路(包括"日清"),对往返各地的罗经方向、路程远近(更数)、礁石隐显(地貌)、打水深浅(若干"托")、能否抛船(停泊)等都有详细记载,比起"更路簿"来,确有长足的进步。

总之,"针经"是在"更路簿"的基础上发展起来的。"更路簿"是渔民水手的产物,航海时仍更多地依赖经验,"针经"则集诸家"更路簿"之长,经民间航海家的"稽考校正"而成,属于高一层次,它更像今天的《航海通书》。但两则都不失为我国古代航海知识的珍贵史料。又因流传下来的成品不多,就更值得我们珍惜。②

(三)海图

古代的正规海图也是在"更路簿"和古代渔民水手自绘自用的"海图"的基础上绘制的。海图和"更路簿"、"针经"相辅而用,前者直观,后者记录详尽,并行不悖,相互补充,均是航海不可缺少的工具。

海图是航海中必备的,尤其远航不能没有它。因此,我们可以说,它的产生和历史同航海史一样悠久。进行航海活动,积累实践的经验并记录下来,是同步的。但是,明清之前的"更路簿"和"针经"已经遗失殆尽,而海图更甚于此。③

明代海图保留至今的较多,如胡宗宪《筹海图编》中的《沿海山沙图》、《沿海郡县图》、《登莱辽海图》,郑若曾《郑开阳杂著》中的《万里海防图》、《海运全图》,茅元仪《武备志》中的《海防图》、《郑和航海图》(原名《自宝船厂开船从龙

---

① 参见郭永芳:《〈顺风相送〉最初的成书年代及其作者质疑》,《文献》1987年。
② 宋正海、郭永芳、陈瑞平:《中国古代海洋学史》,海洋出版社1989年版,第128—132页。
③ 宋正海、郭永芳、陈瑞平:《中国古代海洋学史》,海洋出版社1989年版,第132—134页。

江关出水直抵外国诸番图》）等。《郑和航海图》是现存最早最珍贵的"针路图"。[1]

1.《郑和航海图》的特点

《郑和航海图》原名《自宝船厂开船从龙江关出水直抵外国诸番图》，最早载于明代茅元仪 1621 年所辑的《武备志》。[2] 因为它是郑和下西洋所使用的地图，所以一般简称为《郑和航海图》。

《郑和航海图》原来是手卷式的，收入《武备志》时改成了书本式，按现在的计页方法，图共 44 页，其中航行图 40 页，过洋牵星图 4 页。

据明代《顺风相送》记载："永乐元年奉差前往西洋等国开诏，累次较正航路，牵星图样，海屿水势山形……"[3]可知郑和下西洋前已有航海图。这些图可能不系统，不完整，但它们是《郑和航海图》的前身，郑和船队在远航过程中，对原先的航海图进行修订、补充，后来又经过加工整理，成为我们现在所见到的《郑和航海图》。其成图时间约为 15 世纪初期。

《郑和航海图》是我国最早不依附于航路说明，而能独立指导航海的地图。从航海学和地图学的观点来分析，它具有以下五个基本特点。[4]

首先，《郑和航海图》突出表明了与航海有关的要素。航行图所表示的内容主要有：大陆和岛屿岸线，浅滩，礁石，港口，江河口；沿海的城镇、山峰；陆地上可作航行目标的宝塔、寺庙、桥梁、旗杆等地物；各种名称注记；航线及其方位、距离等说明注记。这些内容都是与航行关系十分密切的。

其次，不同区域的图幅表示内容有差异，体现出区域的不同航行特点。例如，南京至长江口是沿江航行，船只需顺着江岸不断改变航向，故图上不注航路说明；同时在这区域航行时，主要是根据两岸的山形、地物来确定航行的位置，因而图上对这些要素表示得特别详细。自长江口至马六甲海峡的航段，基本上是沿海岸航行，当时主要用罗经导航，故图上对方位、航程的注记比较详细。横渡印度洋的航行是罗经导航与天文导航相结合，故其图幅内容除一般的航线说明外，还注有天体高度。

第三，图幅的排列配置以航线为中心，各图幅的方位是不统一的。《郑和航海图》所表示的航行范围是从中国南京至今霍尔木兹海峡北部。总的航线在图上自右至左连贯绘出，且大致居图幅中部，因而造成了图幅方位的不统一。例如，南京至长江口的图幅方位是上方为南；长江口至马六甲海峡的图幅

---

① 宋正海、郭永芳、陈瑞平：《中国古代海洋学史》，海洋出版社 1989 年版，第 137 页。

② （明）茅元仪辑《武备志》卷二四〇。

③ 向达校注：《两种海道针经》，中华书局 1961 年版，第 22 页。

④ 朱鉴秋：《郑和航海图之基本特点》，《中国航海》1984 年 1 期，第 85—97 页。

方位是上方为北或西北。

第四，航线注记详细而相当精确。《郑和航海图》的航线注记包括航向、航程以及有关航道深度、礁石分布等说明。航向以 24 个方位表示，与现代罗经相比较，一个方位相当于 15°，且可以精确表示到 7.5°。航程以"更"表示，一更合今 12.5—18 千米。深度以"托"表示，一托约合今 1.7 米。《郑和航海图》共表示了 100 余条航线的注记，经过推算，这些航线注记是相当精确的。

第五，配置有天文导航专用的"过洋牵星图"。各种图共 4 幅，每幅中央是帆船的图，其四周绘有天文导航用的星座，并注记星座的名称、方位及高度。天体的高度以"指"为单位，一指约合今 1.9°。

2.《郑和航海图》地名的考释

《郑和航海图》共标有地名 540 多个，涉及中国、东南亚、印度洋沿岸（包括非洲东岸）等地。其中既有地理名称，如山名、水域名、港湾名、城镇名等；又有地物名称，如宫殿名、寺庙名、桥梁名等。近百年来，国内外不少学者对《郑和航海图》的地名进行考证、研究，取得了不少成果，但仍有一些地名未曾考定今名，已考证的也还有疏漏和失误。近几年我们在前人考证的基础上，对《郑和航海图》的地名进行了全面考释。既利用传统的方法，根据各种历史文献进行查对，又应用大量现代地图集、航海图及航路指南等资料，根据地理位置及航行特点仔细校核；既考虑地名的译音，又根据航行针路推算位置来验证，对 540 多个地名一一作了说明，使《郑和航海图》地名的研究迈进了一大步。下面几种考证方法分别举例作一说明。

（1）利用历史文献考证地名

《郑和航海图》的地名中虽然好多古名现已不用，但从古代史书、图志和历史遗迹中仍可找到根据，只要史料运用得当，可以得出正确结论。如原图长江航段在仪真（今仪征市）以西有斩龙庙，向达注为："据图，斩龙庙在长江北岸，仪征附近，今地无考。"[1]台湾学者周钰森列举了数个龙王庙，而认为该庙是岩山的龙王庙。[2] 我们查阅各种历史文献，在明代《地图综要·江防图》中找到了斩龙庙，其位置与原图相符，而斩龙庙具体位置绘在青山墩上，并注记："青山至仪真二十里"[3]。今虽然斩龙庙已无存，但青山仍在，从而确切地定出了斩龙庙的今地。又如"大灵胡山"，向达注为："据图，大灵胡山在交趾境，与钦州隔北仑河相望，今地无考。"[4]英人米尔斯则认为是越南北部之 Hui Amyap

---

① 向达整理：《郑和航海图》，中华书局 1961 年版，附录第 33 页。

② 周钰森：《郑和航路考》，中国台北海运出版社 1959 年版，第 161 页。

③ （明）吴学俨等编：《地图综要》外卷。

④ 向达整理：《郑和航海图》，中华书局 1961 年版，附录第 10 页。

（21°07′N，107°08′E）。① 均误。因为《海图广记·暹罗往交趾针路》记载，自外罗山（今李山岛）"用单亥针五更取占毕罗山，用单亥针五更取大琅瑚山"②。大琅瑚山为大灵胡山的异译。根据这项记载进行航程推算，可以确定大灵胡山即今越南岘港东侧的山茶半岛上之山峰，高 693 米，晴朗天气时从远处即可见到，半岛东端岬角今名岘港角（Mui Da Nang，16°07′N，108°17′E）。

（2）根据地理特征考证地名

《郑和航海图》中有些地名是按地理特征命名的，这些地名不仅当时可作为舰船海上航行的显著目标，即使现在沿岸航行时也仍有意义，故在现代航海图书资料中也详加描述，可据其考定今名。如原图在暹罗国笔架山附近河口的犀角山，呈犄角形式，右角无名，左角注犀角山。查核现代航海图，在泰国湾今勃兰河河口有一对各高 30.5 米的小岛，其岛形与原图所绘相似，名赛岛、基诺岛，可考定犀角山即今基诺角。又如原图苏门答腊岛上有赤角山，据现代航路指南记载，苏门答腊岛西岸明古鲁以北，岸势陡高，为红色崖岸，距岸较近的显著高山为帕利克山，高 2493 米，可考定赤角山即此山。

（3）根据针路和牵星数据推算位置来考证地名

前述例子中大灵胡山的考证，既利用了历史文献，也采用了根据针路推算位置的方法。根据牵星数据推算位置的例子如关于吴实记落的考证。《郑和航海图》印度西部的针路注记："觜头也有十指，在十指山势去到十二指吴实记落。"在前人著述中未见有关吴实记落的考证。我们认为，按原图"十指山势"，当在西部卡提阿瓦半岛南端第乌角（Diu Point），循此沿岸北去，据航路指南记载，在印度河口东南 10 海里处有皮蒂亚罗河（Bhitiaro Creek）。该地为北辰十二指。故吴实记落即皮蒂亚罗河口。

（4）根据译音考证外国地名

对外国地名的考证，考虑译音是必须的。《郑和航海图》中的外国地名有 300 多个，大多是按当时的读音译写的，前人对此已有较多的研究，我们在考释地名时，略作补充，归纳为三种情况。一是古今译音大致相同或文异音近，这种地名结合地理位置较易判明，如满剌加即今马六甲，答那思里即今丹那沙林等。二是有的古地名省略了音节，这在印度地区较多。如古里即今卡里卡特。三是地理专名与地理通名或冠词合译，如古里由不洞即今马来西亚半岛西岸海中的布坦群岛（Butang Group），"古里由"为马来语 Culao 的译音，其义即"岛"；又如那里寅上，即今里扬（Ar Riyan），"那里"为 Ar 的译音，实为阿语

① J. V. G. Mills: Ying YaiSheng Lan（The Overall Study of the Ocean's Shores）by Ma Huan. London，1970，p. 219.

② （明）慎樊赏辑：《海国广记》，《玄览堂丛书续集》第 101 册，1947 年影印。

冠词。

以上几种考证地名的方法虽分别举例说明,实际考证过程中往往是几种联合运用。这样得出的结论比较准确、可靠。①

郑和的"航海图"赖《武备志》的转载得以保存下来(虽然不一定是原图),但根据航行实践不断修订而成的《针位篇》一书②却亡佚了。大概这与明季倭寇肆虐沿海地区因而导致实行海禁政策有关,而且郑和七次下西洋所费甚巨,下西洋的目的并非扩大贸易,朝野上下颇有得不偿失的舆论,怕旧事重提,竟把郑和航海的科学成果付之一炬。"旧传册在兵部职方(司),成化(1465—1487年)中,中旨咨访下西洋故事,刘忠宣公大夏为郎中,取而焚之。"③不管刘大夏是否烧毁了案牍,而《针路篇》等科学的结晶遗失掉却是事实。

在清初,属于针路图系统的海图,要特别提到《西南洋各藩针路方向图》与《东洋南洋海道图》。这两幅图都是统一台湾之后彩绘呈进给康熙帝的。

《西南洋各藩针路方向图》,签题觉罗满保绘进。满保,正黄旗人,字九如,又字凫山,康熙进士,累官浙闽总督,因镇压台湾农民起义领袖朱一贵有功,加兵部尚书衔。曾奉旨巡海,故能熟悉海国形势。这幅图大概即其官闽浙时所绘,时间在康熙五十年(1711年)前后。全图为一立方幅,设色彩绘。图绘了我国南部诸海,自上海海口起,经浙江、福建、广东诸省重要海埠,凡与暹罗(今泰国)、缅甸、越南及"南洋"各岛航海往返线路、方向、转折,且注记道里远近、土产贸易情况。有意思的是,此图不仅有通常海图体现出的海上的地貌,且凡渐近海处,设色都逐渐加深,这正表明出海水的深浅,是我国海图绘制上的进步。缺点是地名标注过分简略,有些只绘出岛屿而未标注出地名。

《东洋南洋海道图》,施世骠进呈。施世骠(1669—1721),字文秉,福建晋江人,施琅子。这幅图大概是他官福建提督时绘进的,即在康熙五十一年至六十年(1712—1721年)之间。图中绘琉球、安南、暹罗、南掌、港口、柬埔寨、缅甸、广南、柔佛、亚齐、大呢、吉兰丹、丁佳奴、麻六甲、澎亨、旧港,过西文来,蚊阁、马辰、单绒系腊、甘马力、陈宋大港、红豆屿、邦仔、系兰、猫荖、文武楼、班爱、淑务、屋党、芒加风、土山、万丹、井里阁、三把龙、二泊涝、灰蛙等地的航海针路及海上地貌,并各注明其方向、道里远近的数字,以及各地物产种类贸易情况。施世骠一直在沿海带领海军,对海道形势比较熟悉,且要经常巡海,所

① 李万权、朱鉴秋:《〈郑和航海图〉的综合研究》,联合国教科文组织海上丝绸之路综合考察泉州国际学术讨论会组织委员会编:《中国与海上丝绸之路》,福建人民出版社1991年版,第260—263页。

② 《西洋朝贡典录》曾以《针位篇》与《星槎胜览》、《瀛涯胜览》并举。

③ (明)顾起元:《客座赘语》卷一《宝船厂》。但《明史·刘大夏传》:"汪直好边功,以安南黎灏败于老挝,欲乘间取之。言于帝,索永乐间讨安南故牍,大夏匿弗予。"

以此图颇能反映出当时海军将领对海洋知识了解的程度。

上面两幅海图代表了清康熙时代的海洋知识与制图技术的水平，也是了解周围海区与海外交通的参考书。①

在鸦片战争前的明清之间，除上述海图外，还应提到下面一些海图：

明嘉靖三十三年至三十六年(1554—1557年)罗洪先《广舆图》中的《东南海夷总图》；

明嘉靖三十六年(1557年)张天复《皇舆考》中的《东南海夷图》；

明万历四十一年(1613年)王在晋《海防纂要》卷首附图《东南海夷图》；

明万历元年至四十八年(1573—1620年)章潢《古今图书编》卷五九的《东南海图》；

明崇祯十六年(1643年)吴学俨《地图综要》卷四的《东南海夷图》，其绘法沿袭《广舆图》；

明末(1644年前)朱约淳《阅史津逮》中的《东南海国图》，其绘法亦沿袭《广舆图》；

清初(1680年前)顾祖禹《读史方舆纪要》中的《东南海夷图》；

乾隆五十五年(1790年)《七省沿海图》中的《环海全图》；

嘉庆十三年(1808年)温汝能《方舆类纂》中的《东南海夷图》；

道光十八年(1838年)严如熤《海防辑要》中的《东南海夷图》与《广东海图》。

上举各图都是鸦片战争前绘制的海图，虽不属于针路图，但它能反映出我国古代人民对海洋的了解程度。②

第二节　海洋气象探索

海洋天气状况与人们各种海洋活动均是密切相关的。明清时期海洋气象学取得的成就主要集中在海洋占候和对海洋风暴的认识上。当时海洋占候已十分发达，对风暴的认识和预报，均达到了较高的水平，并成为古代海洋气象学一个重要组成部分。这一时期的其他海洋气象知识，如对海市蜃楼的解释等也都达到了更高的水平。

---

①　宋正海、郭永芳、陈瑞平：《中国古代海洋学史》，海洋出版社1989年版，第139—140页。

②　宋正海、郭永芳、陈瑞平：《中国古代海洋学史》，海洋出版社1989年版，第142页。

一　海洋气象预报

要进行任何海洋活动,均需要掌握未来天气状况。这不仅决定了海洋活动能否正常进行,而且直接影响生命、财产的安全。正因为如此,古代水手、渔民都是勤奋的海洋气象观测员,他们千方百计探索天气变化规律,预测预报天气,海洋占候事业在古代很早就发展了起来,到明代已形成一个独立的部门。

郑和领导的庞大船队七下西洋,保证郑和巨大船队多次平安远航的"先进的传统科学技术水平"之一就有传统的海洋占候技术。《西洋番国志》:"始则予行福建广浙,选取驾船民梢中有经惯下海者称为火长,用作船师。"①这说明郑和航海的占候技术是在广大渔民、水手中长期广为流传的天气谚语。这些谚语源远流长,极大部分来源于郑和航海前宋吴自牧《梦粱录》卷一二"江海船舰"和元朱思本《广舆图》卷二"占验篇"中,也极大部分反映在郑和航海后的明清航海占验书中。

明初娄元礼《田家五行》收集了大量占候谚语,其中包括不少可用于海洋占候的谚语。《田家五行》卷上"天文类"汇编的谚语分成论日、论月、论星,论风、论云、论霞、论虹、论雷、论霜、论雪、论电、论气候、论山、论地。《田家五行》卷下的谚语分成论飞禽、论走兽。《田家五行》"拾遗"中的谚语可分成论夏季雷阵雨、论梅雨、论天气酷热则生风、以琴瑟弦索之松弛及炉灰带湿作块占天将雨等。

明代,海洋占候谚语已被好几种书汇编起来,明初无名氏撰《海道经》将收集的谚语,分成占天门、占云门、占日月门、占虹门、占雾门、占电门等。郑和航海可能使用过,以后流传中又可能有所补充的《顺风相送》②,其收集的谚语分编于"逐月恶风法","论四季电歌"、"四方电候歌"、"定风用针法"等条中。明万历戊午(1618年)成书的张燮《东西洋考》所收集的谚语分编于"占验"和"逐月定日恶风"两部分中。成书于明,流传至清并可能有所补充的《指南正法》③,其收集的谚语分编于"观电法"、"逐月恶风"、"定针风云法"、"许真君传授神龙行水时候"、"定逐月风汛"等条中。④

明末张尔岐《风角书》收集了历代占风候雨术,此书卷八"海运风"篇所收集的谚语对海洋气象长期预报是有价值的。

清代海洋占候也有成果。清初有《三光图》(手抄本)。"书的主要内容都

①　明《西洋番国志》自序。
②　向达校注:《两种海道针经》,中华书局,1961年。
③　向达校注:《两种海道针经》,中华书局,1961年。
④　向达校注:《两种海道针经》,中华书局,1961年。

是描述云与天气的关系，共附有云图132幅，……每一幅云图上面，都有说明，解释当日、当月或北斗附近有类似图中所绘云象时，将知未来有何种天气出现。"①此书对于航海很有用。《三光图》作者自序："按此图预知风雨之期，敌人无备，因而击之，大获全胜，亦不缪矣。又如商人游于江湖，不审风势，冒昧行舟，不丧者鲜。若得此书，全身远害，万不失一。"②

清代《舟师绳墨》是一本水师训练教科书，其中气象预报为一重要内容。《舟师绳墨》："仰观之法如何，风云不测，变化无穷。虽古今推算之书甚多，有曰《乾坤秘录》，有曰《雷霆都司》，有曰《测天赋》、有曰《泄天机》。细究其法，都不过占风云气象而已。其说亦有渺茫处。今取其简而明，明而易者。如雾后须防飓。夏秋更有雷风。秋天夜间有露，决无飓。立冬北风虽大不为台，夏至以后北风一起即有风台。又要晓得六月雷响止九台，七月雷响九台来。但风、台、雷、飓，各有云象可观。总之四季有不应时之风，就知不宜。每天再看日、月出没，若有黑云横蔽，非风即雨。兼以天神未动。海神先动，或水有臭味，或水起黑沫，或无风偶发移浪，礁头浪响，皆是做风的预兆。"③

由此可见，中国传统的海洋占候方法在清代有了广泛的传布。④

二　对海洋风暴的认识

海洋风暴是我国近海主要灾害性天气，古代尤甚。古代海船抗风浪能力很差，"大海之中，台飓一至，扶樯覆舟，而人牲命随之"⑤。风暴特别是台风又在中国沿岸造成巨大的海啸。中国的海啸主要是风暴海啸。海啸给中国古代沿海地区带来一次次严重的灾害。所以，海洋风暴的预报在中国古代海洋气象中是十分重要。⑥

（一）大风

海洋风暴一年四季均有，对航海威胁很大，但也相对集中于某些时间，通过长期摸索，人们逐步得出风期概念。"海上飓风时作，然岁有常期，或逾期或不及期，所爽不过三日，别有风期可考。"⑦

明《顺风相送》专门有"逐月恶风法"。明张燮《东西洋考》专门有"逐月定

---

①　洪世年、陈文言：《中国气象史》，农业出版社1983年版，第81页。

②　《白猿献三光图·序》，洪世年、陈文言：《中国气象史》，农业出版社1983年版，第82页引。

③　《舟师绳墨·舵工事宜》（天一阁藏书）。

④　宋正海、郭永芳、陈瑞平：《中国古代海洋学史》，海洋出版社1989年版，第154—156页。

⑤　（清）吴震方：《岭南杂记》。

⑥　宋正海、郭永芳、陈瑞平：《中国古代海洋学史》，海洋出版社1989年版，第157页。

⑦　（清）郁永河：《采硫日记》卷上。

日恶风"。两者均定出一年 12 个月的东西洋航线上的风期（见表 9-1）。清代又明确把风期称为"飓日"或"暴日"。《香祖笔记》、乾隆《福建通志》记载了台湾海峡的风期及其名称（见表 9-2）。清《台海使槎录》、《岭南杂记》等也有这类记载。

表 9-1　明代东西洋航海风期表

	《顺风相送·逐月恶风法》 （15、16 世纪）	《东西洋考》卷 9"逐月定日恶风" （1618 年）
正月	初十、二十一（大将军降，日逢大杀）	初十、二十一（大将军降，日逢大杀）
二月	初九、十二、二十四	初三、十七、二十七
三月	初三、十七、二十七	初九、十二、二十四
四月	初八、十九、二十三	初八、十九、二十三
五月	初五、十一、十九	初十、十一、十九
六月	十九、二十	十九、二十七
七月	初七、初九（神杀交会）、十五、十七	初七、初九、十五、二十七
八月	初三、初八（童神大会）、十七、二十七	初三、初八、十七、二十七
九月	十一、十五、十七、十九	十一、十五、十七、十九
十月	十五、十八、十九、二十七（府君朝上界）	十五、十八、十九、二十七（府君朝上帝）
十一月	初一、初二	初一、初三、十九
十二月	初二、初五、初六、初八、二十八	初二、初三、初五、初六、十二、二十八

表 9-2　清代台湾海峡飓日表

	《香祖笔记》卷二 （1705 年）	乾隆《台湾府志》卷一三"风俗·风信" （1736—1795 年）
正月	初四（接神飓）、初九（玉皇飓）、十三（关帝飓）、二十九（乌狗飓）	初三（真人飓）、初四（接神飓）、初九（玉皇飓）、十三（刘将军飓）、十五（上元飓）、二十四（小妾飓）、二十八（洗炊笼飓）
二月	初二（白须飓）	初十（张大帝飓）、十九（观音飓）、二十五（泷神朝天飓）
三月	初三（上帝飓）、十五（真人飓）、二十三（马祖飓）	初七（关王飓）、十八（后土飓）、二十八（东岳飓）
四月	初八（佛子飓）	初一（白龙飓）、十三（太保飓）、十四（纯阳飓）、二十五（龙神太白飓）

（续表）

	《香祖笔记》卷二 （1705 年）	乾隆《台湾府志》卷一三"风俗·风信" （1736—1795 年）
五月	初五（屈原飓）、十三（关帝飓）	初一（南极飓）、初七（朱太尉飓）、十六（天池飓）、二十九（威显飓）
六月	十二日（彭祖飓）、十八（彭婆飓）、二十四（洗炊笼飓）	初六（崔将军飓）、十九（观音飓）、二十三（小姨飓）、二十四（雷公飓）、二十六（二郎神飓）、二十八（大姨飓）
七月	十五（鬼飓）	初七（乞巧俱）、十八（王母飓）、二十一（普庵飓）
八月	初一（灶君飓）、十五（魁星飓）	初五（九皇飓）、二十一（龙神大会飓）
九月	十六（张良飓）、十九（观音飓）	初九（重阳飓）、十七（金龙飓）、二十七（冷风飓）
十月	初十（水仙王飓）、二十六（翁爹飓）	初五（风信飓）、初六（天曹飓）、十五（下元飓）、二十（东岳朝天飓）
十一月	二十七（普庵飓）	十四（水仙飓）、二十九（西岳朝天飓）
十二月	二十四（送神飓）、二十九（火盆飓）	

从上述两表可以看出，风期的具体日期不一定准确，但这并不能说明中国古代水手们长期广泛使用的风期预报法不科学，无实用价值。用风期预报风暴，关键在于风期的频率。暴日或飓日在不同季节或月份相对集中或分散，可以反映不同时期航海的危险性。频率大的季节或月份，不利于航海，反之，利于航海。①

我国近海，六级以上大风四季都可能出现。暴日或飓日逐月均有，是反映了实际情况的。显然，古代暴日或飓日不仅包括寒潮大风，也包括台风。但台风毕竟与寒潮大风有区别，二者在航海上造成的危险性也不同。台风由海洋吹向大陆的，可以形成相当大的风浪。因此，古代有"船在洋中遇飓犹可，遇台难当"的说法。②

为了更好地为航海服务，有必要对一年中的风暴进行具体的研究，了解不同季节风暴的特点及其与航海的关系。清徐宗干《测海录》有"十二辰风雨记

---

① 康熙《台湾府志》卷七《风信》："过洋以四月……为稳，盖四月少飓日……"
② （清）周煌：《硫球国志略》卷五《风信》。

（表）"，其中不仅有台湾海峡全年12个月风期表，还总结了不同时期风的特点和航运关系。"春夏风不胜帆，船小者速。秋冬帆不胜风，船大者稳。春暴畏始，冬暴畏终。南风多间，北风少断。以四、五、八、十等月为稳。最忌六、七、十二月。"同治《福建通志》也有这类分析："三春飓期最多，舟行宜戒。自清明后，南风司令。四、五月风飓皆轻，往来甚稳。……六、七月北风一起，飓风立至。……八月白露节后，北风应候，船行迅速。九月风每经旬是名九降，……舟不可行。十月小春，天气晴暖，风波恬和，最为利涉。十一、十二两月朔风凛烈；无日不风，乘风隙以往来，若冬春之交，风信难定，尤须戒心。春飓畏始，冬飓怕终。"①②

（二）台风

台风是威胁我国近海和沿海地区的主要风暴。它发生在热带洋面上，平均每月均可出现强台风和台风，但夏秋之交最盛。

关于台风的名称，直到唐代台风仍被称为"飓风"。明杨慎（1488—1559）《升庵全集》解释："飓音贝……每一二岁或三四岁一作，必在秋初，过白露，虽作不甚猛矣。"③他又解释此风前有风虹，纹理色彩如贝壳状，所以将此风称为飓风。他还认为《岭表录异》、柳宗元（773—819）的诗等唐代文献中所说的'飓风"，都是这音贝的飓字。明谢肇淛《五杂俎》指出，福建人称台风为"飓风"。飓音贝，颠簸的意思。明娄元礼《田家五行》："夏秋之交，大风先，有海沙云起，俗呼谓之风潮，古人名之曰飓风。"④由此可见，明代仍称台风为飓风，并对飓的词义进行了多种解释。

清代，台风已不再称"飓风"，而开始称"飑"（台风）这一名称了。原用的"飓"一词并未消失，但词义有了变化，而用来改称寒潮大风或非台风性大风。清代还进一步明确了台风存在的季节。《舟师绳墨》："立冬北风虽大不为台风，夏至以后北风一起即有台风。"⑤《香祖笔记》、《岭南杂记》、《台海杂记》、同治《福建通志》等书均有同样说法。康熙《台湾府志》全面地总结了台与飓的区别，从而详细地描述了台风的特点。康熙《台湾府志》记载："风大而烈者为飓，又甚者为台。飓常骤发，台则有渐。飓或瞬发倏止，台则常连日夜，或数日而止。大约正、二、三、四月发者为飓，五、六、七、八月发者为台。九月则北风初烈，或至连月，俗称九降风，间或有台，则骤至如春飓。船在洋中遇飓犹可为，

① 同治《福建通志》卷八七《风信潮汐》。
② 宋正海、郭永芳、陈瑞平：《中国古代海洋学史》，海洋出版社1989年版，第160—164页。
③ 《升庵全集》卷七四。
④ 《田家五行·论风》。
⑤ 《舟师绳墨·舵工事宜》。

遇台不可当矣。过洋以四月、七月、十月为稳。盖四月少飓日，七月寒暑初交，十月小阳春候，天气多晴顺也。最忌六月、九月，以六月多飓，九月多九降也。十月以后，北风常作，然台飓无定期，舟人视风隙以来往。五、六、七、八月应属南风，台将发则北风先至，转而东南，又转而南，又转而西南始至。台飓多带雨。九降则无雨而风。五、六、七月间风雨具至，即俗所谓西北雨，风时雨也。舟人视天色有点黑，则收帆、严舵以待之。瞬息之间风雨骤至，随刻即止。若预待稍迟，则收帆不及而或至覆舟焉。……清明以后，地气自南而北，则以南风为常。霜降以后，地气自北而南，则以北风为常风。若反其常，则台飓将作，不可行舟。"①

关于台风名称在明末清初由"飓"改为"飚"的原因，目前可归纳有四种可能：

(1)明万历(1611—1619年)时，今台湾岛始称"台湾"②。由于台湾岛正处于太平洋台风的要道，很多台风都是穿过台湾进入大陆。"台湾风信，与他海殊异，风大而烈者为飓，又甚者为台。……五、六、七、八月起者为台。"③

(2)广东口音"大"与"台"相近，广东人称大风，而别处人可能听作台风。时间一久，也就将这种特殊的大风算作台风了。

(3)"泰丰"(Typhon)是古希腊史诗《神权史》(Theogony)中冥王在地上生出的一个怪物，它是海上风暴之父。明末荷兰殖民者侵占台湾后，经常在这里遇到此热带风暴，因此就用现成的海上风暴之父"泰丰"之名称之。后来"Typhon"演变为"Typhoon"，而"泰丰"也就转为汉语台风了。

(4)台风是阿拉伯语 Tufan 的音译。

台风是风速很大(8级以上)的热带气旋。黄海、东海、南海均是台风活动频繁地区。台风对于我国古代航海是严重的威胁。台湾和大陆自古联系密切，横渡台湾海峡的航海活动十分频繁。南海是我国和东西洋各国交通繁忙的海区。古代水手对台湾海峡和南海北部的台风预报有较多的记载，经常用断虹、断霓或赤云来预报台风的到来。④

明陈继儒《珍珠船》："南海有飓母风，四面而至，裂屋拔木，……将作则虹见，谓之飓母。"⑤清徐怀祖《台湾随笔》："若天边云气如破帆，即台飓将至，断霓者，断虹也，亦风至之征。苏党⑥飓风赋所谓断霓饮海者指此。"《香祖笔记》

① 康熙《台湾府志》卷七《风信》。
② (清)黄叔璥：《台海使槎录·赤嵌笔谈·原始》："明万历间，海寇颜思齐踞有其地，始称台湾"。
③ 《台海使槎录》卷一《潮》。
④ 宋正海、郭永芳、陈瑞平：《中国古代海洋学史》，海洋出版社1989年版，第165—167页。
⑤ 《珍珠船》卷二。
⑥ 此指苏过，苏过字叔党。

又把断虹、断霓比喻为屈鲎。"凡台将至,则天边有断虹,先见一片如船帆者,曰破帆梢,及半天如鲎尾者,曰屈鲎。"①然而,断虹并非都是台风的先兆。断虹在早晨出现就不是台风先兆,而是无台风的标志。这些情况,古代也已记述。明《东西洋考》:"断虹晚见,不明天变。断虹早挂,有风不怕。"②明《海道经》也有相同记载。

古代东南沿海渔民、水手常用雷来预兆台风。郁永河《采硫日记》有,台风,"海上人甚畏之,惟得雷声即止"③。《舟师绳墨》:"六月雷响止九台,七月雷响九台来。"④《台海使槎录》、《测海录》、《台湾外记》等书也有这样的说法。可见清时这一谚语在东南沿海是十分流行的。这种打雷和台风有关系的说法,是符合实际情况的。我国大陆和近海,盛夏受暖高压控制,冬季受冷高压控制。而实际上台风是一种低气压,所以无论冬季还是夏季是无法接近我国大陆的。盛夏雷暴最多,但这只是在高压天气内部,由地方性的强烈热对流形成,而与台风无关。所以六月打雷根本不是台风的预兆,相反却证明这里正被热高压牢牢地控制着,台风(低气压)过不来。但秋季情况正相反。这时,冷暖两个高压开始交替。高压之间的锋面或低压有可能控制这些地区。于是台风(低气压)有可能被吸引过来。秋季往往是冷锋。锋面坡度陡。暖空气被迅速抬升,形成雷暴天气,所以七月打雷往往预示着台风的到来。

台风是气流辐合造成的,是四方之风。台风过境,风向不断依此变化一周。因此,风向的变化也可以预报台风。《采硫日记》:"占台风者,每视风向反常为戒,如夏月应南而反北,秋冬与春应北而反南,旋必成台,幸其至也渐,人得早避之,又曰风四面皆至曰台,不知台虽暴,无四方齐至理。比如北风,台必转而东,东而南,南又转西,或一二日,或三五七日。不四面传遍不止。是四面递至,非四面并至也。"⑤这里说的台风"是四面递至,非四面并至",对于一个地方台风过境来说的确是这样的。《测海录》有更详细的说明:"占台者每视风反常则知之。清明以后,地气自南而北,以南风为常,应南风而反北。霜降以后,地气自北而南,以北风为常,应北而反南,则台将作。六七月北风,则必为台矣。六月初六前后七日,尤宜谨防之,俗云六月防初,七月防半。"

海洋中有一种涌(长浪),波长很大。涌的波速与水深的平方根成正比,所以有较大的速度。如台风移动速度每天500公里,则台风引起的长浪的速度每天近1000公里。所以在台风袭来前,近海会先产生涌浪。这种无风的涌

---

① 《香祖笔记》卷二。
② 《东西洋考》卷九《占验》。
③ 《采硫日记》卷上。
④ 《舟师绳墨·舵工事宜》。
⑤ 《采硫日记》卷上。

浪,古代称"移浪"①,移浪会使潮水异常(潮候潮高反常),长海翻腾,浅海淤泥搅起,海水发臭,海生动物习性异常。所有这类现象古代水手称为"天神未动,海神先动"②。渔民、水手对涌十分重视,并用于预报风暴。这方面记载较多。明周履靖《天文占验》:"满海荒浪,雨骤风狂","海泛沙尘,大飓难禁"③。《东西洋考》、《海道经》均有"海泛沙尘,大飓难禁"的记载。《舟师绳墨》:"天神未动,海神先动,或水有臭味,或水起黑沫,或无风偶发移浪,礁头作响,皆是做风的预兆。"④清林谦光《台海纪略》:"凡遇风雨将作,海必先吼如雷,昼夜不息,旬日乃平。"⑤上述这类记载均是用涌来预报风暴。

由于涌作用引起海洋动物习性异常,古代亦用此来预报风暴,明李时珍(1518—1593)《本草纲目》:"文鳐鱼……有翅与尾齐,群飞海上,海人候之,当有大风。"⑥明戚继光(1528—1587)《风涛歌》:"海猪乱起,风不可也","虾笼得鲕,必主风水"⑦。《东西洋考》、《海道经》均有"蝼蛄放洋,大飓难当","乌蜉弄波,大飓难当","白虾弄波,风起便知"等记载。清《测海录》记载:"飓风将起,海水忽变为腥秽气,或浮泡沫,或水族戏于波面,是为海沸,行舟宜慎,泊舟尤宜防。"清《采硫日记》:"海中鳞介诸物,游翔水面,亦风兆也。"⑧除了水族,古代还认为海鸟乱飞也是台风征兆。戚继光《风涛歌》:"海燕成群,风雨便临。白肚风作,鸟肚雨淋","逍遥(鸟)夜叫,风雨即至"。《顺风相送》记载:"禽鸟翻飞,鸢飞冲天,具主大风。"⑨清毛祥麟《墨余录》有详细记载。《墨余录》:"岁辛酉(1861年)八月十九日夜间,满城闻啼鸟声,其音甚细,似近向远,闻者毛发涮然皆竖,在乡间亦然。……余以频海之鸟,恒宿沙际,值海风骤起,水涨拍岸,鸟翔空无所栖止,故哀鸣如是。此疾风暴之征也。当于日内见之。翌日,频海果大风雨,二日始止。"⑩总之,利用海象来预报风暴在古代已受到重视。《东西洋考》、《海道经》中均有占海篇,对此有全面介绍。甚至非海洋动物对海洋风暴亦有预报作用。《唐国史补》:"舟人言鼠亦有灵,舟中群鼠散走,旬日必有覆溺之患。"⑪

---

① 《舟师绳墨·舵工事宜》。
② 《舟师绳墨·舵工事宜》。
③ 《天文占验·占海》。
④ 《舟师绳墨·舵工事宜》。
⑤ 《台湾记略·天时》。
⑥ 《本草纲目》卷四四《鳞部》。
⑦ 同治《福建通志》卷八七《风信潮汐》引。
⑧ 《采硫日记》卷上。
⑨ 《顺风相送·逐月恶风法》,向达校注:《两种海道针经》,中华书局1961年版。
⑩ (清)毛祥麟《墨余录》卷三《海鸟占风》。
⑪ 《唐国史外》卷下。

预测到风暴,特别是台风即将来临,水手们总是千方百计在风暴袭来之前,及时把船驶到附近的避风港中。针经、更路簿等古代导航书中大多记载有航线附近的避风澳(避风港)。明《海运篇》记载:"夫风涛漂溺之虞,以其天道常变不一也。欲免漂溺之患,如沈氏笔谈①,每日五鼓初,起视星月明洁,四际至地,皆无云气,便可行船。至于已时即止,则不遇暴风矣。中道云起,即便易柁回舟,仍泊旧处,可保万全。"②清《海岛礁屿沿海水途》一书详细记载了从福建泉州港到浙闽交界处的沿海各地的"逃台稳澳",有泉州港、兴化港、福州港、福宁港内等43处。强台风时,有时舟虽泊澳亦常至齑粉。《测海录》:"避澳而风忽转。如以此澳受南飓,则舟立碎。"乾隆《台湾府志》:"澎湖湾船之澳,有南风、北风之别。时当南风,误湾北风澳、时当北风,误湾南风澳,则舟必坏。"③《舟师绳墨·碇手事宜》:"常见厦门作飓上风,一船断碇,一撞二、二撞四,如转圆石于千仞之山,一时数十号大船顷刻尽成齑粉。"由此可见,船舶进入避风澳也不一定很安全。船舶不仅要预测风暴,还需要尽快了解风向,然后选择合适的避风澳。进澳还切忌船舶在风的方向上雁行排列,以避不测。④

(三)龙卷风

龙卷风是一种强烈的小范围旋风,是一种严重的灾害性天气现象,船舶在海洋中遇到龙卷风,是会立即船毁人亡的。

明郎瑛《七修类稿》:"世人见龙,或挂或斗,或经过或取水,则必风雨交至,雷电晦暝,甚至败屋拔木。不过闪闪于云烟中,见其盘旋之势耳!"⑤这里不仅列出了人们见到的各种龙卷风状况,而且强调龙卷风与雷、电、风、雨等雷雨情况是相伴随的,指出了它产生的天气条件。

清时在《台湾采访册》中详细生动地描绘了龙卷风。《台湾采访册》:晴天"忽黑云四布,从远岫起。人见之,有尾在云际蜿蜒,不知何物,咸称之曰鼠尾。尝上此路,至湾里溪,渡中流,见一物,在云脚间,或伸,或缩,初见如丝,如鼠尾,再觇则如绳,如牛尾矣。少顷间,小者大者数十条,更有广至数围,渐渐逼近,风遂暴起,舟子惊曰:'鼠尾起矣! 不速至岸,必被淹没'。舟人大恐,甚有

---

① 沈括:《梦溪笔谈》卷二五《杂志二》:"江湖间唯畏大风。冬月风作冬渐,船行可以为备。唯盛夏风起于顾盼间,往往罹祸。曾闻江国贾人有一术,可免此患。大凡夏月风景须作于后。欲行船者,五鼓初起,视星月明洁,四际至地,皆无云气,便可行,至于已时即止。为此,无复与暴风遇矣,国子博士李元规平生游江湖,未尝遇风,用此术。"

② 《海运篇》卷上。

③ 乾隆《台湾府志》卷一三《风信》。

④ 宋正海、郭永芳、陈瑞平:《中国古代海洋学史》,海洋出版社1989年版,第168—172页。

⑤ 《七修类稿》卷四四《见龙》。

哭者。幸到岸,急风大至,与舆夫俱蹲竹下,有顷风止,乃得行"①。这里描绘了龙卷风的发展形成过程。开始很细如丝如鼠尾,并且时往下伸,时又往上缩,以后不断发展,变大如绳,如牛尾,或更粗大,并且大小可达数十条。这种形成过程的描述是很有科学价值的。②

(四)海市蜃楼

在烟波浩渺的海面上,往往会出现远处有物体影像的一种奇幻景象,这就是海市蜃楼。这在中国古代早就引起人们的极大兴趣,并有生动的描述和合理的说明。到明清时期,对其成因有了更科学的解释。

嘉靖九年(1530年)郎瑛对海市蜃楼进行了科学解释。他的《七修类稿》记载:"登州海市,世以为怪,不知有可格之理。第人碍于闻见之不广,故于理有难穷。"但"观其所见之地有常,而所见之物亦有常。又独见于春夏之时,是可知也。……春夏之时,地气发生,则于水下积久之物而不散者,熏蒸以呈其像也,故秋冬寂然,无烟无雾之时,又不然矣!观今所图海市之形,不过城郭山林而已,岂有怪异也耶"③。《七修类稿》介绍了陕西、淞江、广西象州也有海市蜃楼后,反驳海市蜃楼的神秘解释,反问"岂三方所见,亦鬼怪也邪?"接着指出,"新结气空中,遇天地细缊,则随气以见……何足为怪"④。这里郎瑛不仅从海市蜃楼产生的季节、地点、蜃景内容固定来说明海市蜃楼并非鬼怪,不足为怪,海市成因并非不可知,而是有其规律性,可以探索的。于是《七修类稿》提出自己的科学解释:"春夏之时,地气发生,则于水下积久之物而不散者,熏蒸以呈其像也。"或"新结气空中,遇天地细缊,则随气以见"。郎瑛提出天地间,由于地气不散,上下不同的气细缊交密形成蜃象,这是正确的。现在一般也认为由于有下冷上热的空气逆温层存在,下层空气较密较稳定,使光线折射,造成海市蜃楼。

9年以后,嘉靖十八年(1539年),陈霆对海市蜃楼又有了进一步的科学解释。陈霆,字水南,吴兴人,著有《两山墨谈》。他介绍了安丰塘的海市蜃楼后,指出:"然城郭人马之状疑塘水浩漫时为阳焰与地气蒸郁偶而变幻而见者,寡知识遂妄云已耳!"⑤陈霆的解释与郎瑛差不多,但更强调了上下是不同的空气层,上层是热的日光中浮动的尘埃,下层是潮湿的地气,彼此作用变幻,才形成蜃景。郎瑛和陈霆均提出大气层铅直方向上的不均匀性。陈霆更进一步提

① 《台湾采访册》,刘昭民《中华气象学史》,台湾商务印书馆1980年版,第229页。
② 宋正海、郭永芳、陈瑞平:《中国古代海洋学史》,海洋出版社1989年版,第173—174页。
③ 《七修类稿》卷四一《海市》。
④ 《七修类稿》卷四一《海市》。
⑤ 《两山墨谈》卷一一。

出太阳光的作用。这是两个新的概念。尽管二人均没有谈及更具体的形成机制,但这两个新概念是一个大的进步。

1664年方以智《物理小识》又进而强调:"海市或以为蜃气,非也。"接着他转引张瑶星的论述:"登州镇城署后太平楼,其下即海也。楼前对数岛,海市之起,必由于此。"①这里的数岛即庙岛群岛。由此可见张瑶星、方以智,明确认为海市蜃楼既非仙山琼阁,又非蜃气所致,而是现实的岛屿城镇景色,在大气不均匀层中的反映。《物理小识》还谈到阳炎、水影、旱浪,这也实为海市蜃楼。《物理小识》记载:

> 燕、赵、齐、鲁之郊,春夏间,野望旷远处,如江河白水荡漾,近之则复不见,土人称为阳炎。盖真火之气,望日上腾而为湿润之水土所郁留,摇飏,重蒸,故远见其动。莽苍之色得气而凝厚,故又见其一片浩然如江河之流也,……晋符坚载记曰,建元十七年,长安有水影,远观若水,视地则见,人至则止,亦谓之地镜。陆友仁曰,宋宝佑六年四月,常州晋陵之黄泥岸亦有此异相,传呼为旱浪。愚者曰,日中野马飞星烨然者,阳炎之端也,奇者为水影、旱浪,实则凡光生炎,炎自属阳。凡光似镜,镜能吸影,光与光吸,常他处之影于此处。云分衢路日射回薄,其气平者为阳炎、旱浪,其气厚者为山市海市矣。②

由此可见,方以智不仅进一步发展了郎瑛、陈霆的上下气层不同和太阳光的作用原理,而且又进一步指出海市蜃楼和较常见的阳炎、水影、旱浪有着相同的成因,只是大气层厚薄有所不同而已。

清初揭暄、游艺进一步阐明了方以智的观点。揭暄注《物理小识》时,阐述了自己观点,指出:"气映而物见。雾气自涌,即水气上升者,水能照物。故其气清明上升者,亦能照物。气变幻则所照之形亦变幻……地上人物,空中无时不有,特气聚则显耳,故不论山海都地悉得见之。"③揭暄、游艺在《天经或问后集》中,还专门画了个"山城海市蜃气楼台图"。图中的海市蜃楼正是实际城市景物在大气中的反映。④图中有段注记,可以认为是中国古代对苏东坡、沈括、郎瑛、陈霆、张瑶星、方以智等人这条对海市蜃楼成因的科学认识路线的总结,观点也与现代解释相近似。这段"山城海市蜃气楼台图"注记是宝贵的科学遗产,全文如下:

> 水在涯埃,倒照人物如镜,水气上升,悬焰人物亦如镜。或以为山市

---

① 《物理小识》卷二《海市山市》。
② 《物理小识》卷二《阳炎水影旱浪》。
③ 《物理小识》卷二《海市山市》,揭暄注。
④ 道光《蓬莱县志》卷一中的"神山现市"图也明确表示海市蜃楼是远处景物反映。

海市蜃气,而不知为湿气遥映也。山东有学师任新城者问及此。余曰:
"所映者,乃近界城土,非真有人物也"。曰:"信然。"昔曾见海市中城楼。
外植一竿乃本府东关所植者。因语以湿气为阳蒸出水上。竖则对映,横
则反映。气盛则明,气微则隐。气移则物形渐改耳。在山为山城。在海
为海市,言蜃气,非也!

　　揭子游子同记

　　或见登州海市。岛下先涌白气,状如奔潮。岛下涌气,阳升温也。气
成白者'湿为阴抑。如冬月呵气,乃成白也。聚不得散,故成光见象。
1853 年(咸丰癸丑)英国传教士艾约瑟(J. Edikins,1823—1905)和张福禧
(? —1862)合译《光论》一书,系统地向中国介绍了近代西方光学知识。该书
在介绍了折射后,详细地描述了海市蜃楼,并画了蜃景图。《天经或问后集》对
海市蜃楼成因的认识已接近于近代世界光学水平。[1]

第三节　海洋水文探索

　　海洋有着极其复杂的水文现象:潮汐、潮流、洋流、波浪、盐度等。它们不
仅与航海和开发海洋资源关系密切,而且有的本身就是重要的海洋资源。明
清时期人们对海洋水文的认识已有较高水平,其中,对潮汐现象的认识尤为深
刻。潮汐学是中国古代海洋水文学乃至整个海洋学中最为成熟的学科。认识
和开发利用海洋盐分问题,也很突出,所开辟的盐场至今仍被利用。

一　验潮和潮汐表

　　海岸地带,海水周期性涨落现象称为潮汐。[2] 航海、渔业、制盐、潮灌、海
战、海岸工程等海洋活动离不开潮汐,必须掌握潮汐、潮流时刻及其变化规
律。[3] 潮汐来去是有规律的。古人认为,"天下至信者莫如潮,生、落、盛、衰,
各有时刻,故潮得以信言也"[4]。古代潮汐学家大多进行过验潮工作,潮汐论

---

[1]　宋正海、郭永芳、陈瑞平:《中国古代海洋学史》,海洋出版社 1989 年版,第 210—213 页。

[2]　潮汐词义在中国古代一直有三种解说:(1)海水涨为潮,落为汐。持此说的有五代丘光庭《海潮
论》、北宋徐兢《宣和奉使高丽图经》,明张燮《东西洋考》、清陈良弼《乾隆台澎水师辑要》、嘉庆《三
水县志》等。(2)海水上涨。朝至曰潮,夕至曰汐。持此说的有汉许慎《说文解字》、晋麋氏(麋
豹?)的论,南宋马子严《潮汐说》、朱中有《潮赜》。(3)潮汐通指日潮、夜潮。持此说者不多,有
清毛先舒《答潮问》。

[3]　古人认为靠海生活的人不了解潮候是奇怪的事。清周春《梅潮说》下篇:"客问于余曰:'山人习于
山,海人习于海。今我辈生于海国而不明潮候,如之何?'"

[4]　(元)吴亨泰:《答高起岩论潮书》,《海塘录》卷一九。

著大多数有潮候内容,沿海地方志中常记载有潮汐表和潮候谚语。其中,不少潮汐表被刻成石碑立于港口,供人使用。[1] 到明清时期,实测潮汐表已发展得相当成熟。

明清时,沿海地区经济得到迅速发展,海洋活动也广泛地发展起来。但是不同海区,潮汐情况有着明显的差异。由于各地山川有广狭,道路有修远,港湾有迂回,地势不一,故潮之迟速,一郡一邑或异或同,情况复杂,并非划一。所以,广泛的海洋活动,急需有适合本区的潮汐表,也不能用划一的理论潮汐表。于是,实测潮汐表在不同海区全面迅速地发展起来。这些表在明、清沿海地方志中有较多的记载。

中国近海的潮汐,主要是由太平洋传入的潮波形成的,而由日、月引潮力直接在本海区引起的潮汐所占成分很小。太平洋潮波进入本海区后在复杂的海底形态和海岸轮廓影响下形成的潮汐现象显著而复杂,地区差异很大。大体来说,渤海、黄海、东海潮汐性质相近,以半日潮为主,潮差较大,潮流强盛。南海潮汐以全日潮为主,潮差和潮流均不及前述海区。另外,还有介于二者之间的不规则全日潮、不规则半日潮类型。

江浙沿海是典型半日潮,钦州、廉州在北部湾是典型全日潮,琼州海峡是混合潮。所以,不同潮汐类型海区需要完全不同的潮汐表。同一海区的不同港口、不同地段,也需要有不同潮汐表。

(一)半日潮区潮汐表

由于我国半日潮区范围很广,又是海洋活动频繁地区,所以实测潮汐表数量大、类型复杂,但大致可以归纳为谚语、表、图三种。

1. 谚语

广义的实测潮汐表是包括潮候谚语的,它们是广大水手、渔民在世代实践中创造的,由于顺口、易记,使用方便,所以流传很广,但也只是在民间流传,很少被记载下来。目前流传的谚语,有的可能源远流长,可惜已无法考证清楚。但不管怎样,潮谚是实测潮汐表的一种原始形式。

潮候谚语在我国不同海区均有流传,目前已得到系统的收集整理。[2] 其中半日潮潮谚占主要比例。潮谚有简、繁之分,但一般比较简单。例如:

浙江省宁波一带有"月上山,潮涨滩"谚语,指月亮出来以后,潮水才开始

[1] 光绪《平湖县志》卷二《地理下·山水》:"宋元时,凡东南泽国潮汐之候,官榜于亭以便民。"(明)郎瑛:《七修类稿》卷五《潮候歌》:"浙江潮候四季不同,今官府榜于亭。"
[2] 中国古潮汐资料整研组:《中国古潮汐资料汇编》(潮谚)油印本,中国古潮汐整研组 1978 年版。

上涨,逐渐把海滩淹没。①

上海一带有"初一、月半午时潮"②。

明代台湾海峡的福建漳州一带有"初一、十五,潮满正午。初八、廿三,满在早晚。初十、廿五,日暮潮平"谚语。③ 今日在海峡的台湾沿海仍有相似潮谚:"初一、十五,潮至日中满。初八、二十三,潮平在早暮。初十、二十五,暮则潮平。"④

潮谚中较复杂的形式为潮候歌。例如:

浙江一带有《潮涨歌》:"寅寅卯卯辰,初一轮初五;辰辰巳巳子,初六初十数;子子丑丑寅,十一挨十五。"⑤此歌形式类似于赞宁的潮候口诀。

上海一带有一种《潮候歌》:"十三并廿七,潮长日光出。廿九、三十日,潮来吃昼食。十一、十二,吃饭不及。廿五、廿六,潮来晚粥。……"⑥这首歌把一月中一些不易记忆的潮候和最易记的吃饭时间配合起来,便于记忆。

2. 表

以表的形式来表示潮汐时间,在沿海地方志中很普遍。"浙江四时潮候图"是个典型。弘治《常熟县志》卷一"地理·潮候"、康熙《重修镇江府志》卷二"山川"中的潮汐表与此大同小异。

弘治《长乐县志》卷七"词翰"中的潮汐表直接为长乐至福州间交通服务,所以并不注明潮时,而只注明与潮汐密切相关的开船、回船时间。

一些至今流传的潮候歌,按顺序叙述了一朔望月各日的潮候时辰,如吴淞潮歌、澳门、九龙一带的潮候歌。这样的潮候歌实与"浙江四时潮候图"相似,只是以口头形式流传而已,当然也可能以手抄形式记载于更路簿中。由此可见,正规的实测潮汐表与潮候歌,乃至与潮谚在内容上有着密切的关系。

3. 图

为了使用方便,古代常有直观的潮候图。在半日潮区这样的图常有 12格,分别表示一天中的 12 个时辰。古代认为潮汐"差二日半行一时辰,一月一周辰位"⑦。既然两天半差一时辰,而图中又不能把一天分成两部分,分别放入两个辰位内。因此,编这种图的一个基本技术处理是相近两个辰位,一个放二天,一个放三天。这样潮汐差五日行两时辰,等于"差二日半行一时辰"。一

① 陈宗镛、甘子钧、金庆祥:《海洋潮汐》,科学出版社 1979 年版,第 167 页。
② 陈宗镛、甘子钧、金庆祥:《海节潮汐》,科学出版社 1979 年版,第 167 页。
③ (明)张燮:《东西洋考》卷九《潮汐》。
④ 中国古潮汐资料整研组:《中国古潮汐资料汇编》(潮谚)(油印本),中国古潮汐整研组 1978 年版。
⑤ 中国古潮汐资料整研组:《中国古潮汐资料汇编》(潮谚)(油印本),中国古潮汐整研组 1978 年版。
⑥ 中国古潮汐资料整研组:《中国古潮汐资料汇编》(潮谚)(油印本),中国古潮汐整研组 1978 年版。
⑦ 张君房:《潮说》中篇。

般规定阳时管三日，阴时管二日，即子、寅、辰、午、申、戌安排三日，丑、卯、巳、未、酉、亥安排二日。清代在台湾海峡使用三张潮汐图，即"潮长图"、"潮满图"和"潮汐图"，三者间有内在联系，它实际上代表了潮候图发展的三个阶段。

推算一朔望月中各日开始涨潮时辰用"潮长图"。其推潮长法以初一、初二日，加于卯位，左旋顺数至寅而止。由此可知，初八潮长在午时，二十二日在亥时，二十八日在寅时。

推算一朔望月中各日高潮时辰用"潮满图"。推潮满法以初一、初二日，加巳位，左旋顺数至辰而止。由此可见，初五高潮在午时，十四日在戌时、二十六日在卯时。

"潮长图"和"潮满图"形式一样，只是差两个辰位而已。由此可见，二图可综合成一个"潮汐图"。古代把一个潮汐过程，即潮汐周期等分成长、长半、满、退、退半、涸 6 个阶段，每个阶段约历时一个时辰。初一、初二的潮汐过程：卯长、辰长半、巳满、午退、未退半、申涸。至于其他日期的用法，是先确定该日在图中的位置，此位置即此日的潮长时辰，然后依长、长半、满、退、退半、涸 6 段顺时针方向旋转，就可了解各段的时辰了。例如阴历二十四日，子长、丑长半、寅满、卯退、辰退半、巳涸。

"潮长图"、"潮满图"、"潮汐图"只标明一天两次潮汐中的一次的潮汐过程时间。因此要了解另一次潮时，就得采用六时对冲方法来推算。如初四一次潮从辰开始推算，那另一次潮就从图中戌开始推算。十七日从酉开始推算，则另一次潮从卯开始推算。

清代这类潮候图，两天或三天位于同一辰位，因此必定有一两天的潮候有较大误差。但从比较图中可以看出，这类误差也不到半个时辰，并且误差不会积累，而是过两三天自动消除一次。一个月初一开始重新使用此表，误差又从零开始。不仅如此，古人也开始注意解决误差问题。乾隆《凤山县志》在介绍"潮汐图"时，在描述一些高潮时，已补充用了更小的分划。现在有人认为古代这种潮汐图用起来方便，只要略作改进可以在民间推广，以作为现代潮汐表的一个补充。[①] 这个想法是正确可行的。

在清代台湾海峡潮候图中，有一种更简便的"潮候掌图"。此图只是用手掌代替画在纸上的"潮汐图"而已。

（二）全日潮区潮汐表——北部湾

北部湾是典型的全日潮海区。中国古代对此海区的钦州（今广西钦县）、廉州（今广西合浦）的潮候早有研究。北宋燕肃专门研究过合浦的全日潮。南

---

① 李文渭：《我国古代一种推算潮时的方法——指掌定位算潮法》，《海洋科学》1979 年第 1 期。

宋周去非《岭外代答》指出："钦廉则朔望大潮,谓之'先水',日止一潮,二弦小潮,谓之'子水',顷刻竟落,未尝再长。"[1]

(三)混合潮区潮汐表——琼州海峡

琼州海峡的潮汐、潮流十分复杂。"全日潮波在琼州海峡是自东向西传播,因此涨潮流向西流,落潮流向东流。至于海峡中的半日分潮,它的传播方向和全日分潮相反,即自西向东传播。由于除海峡东口外,整个海峡的全日分潮的振幅远大于半日分潮的振幅,因此海峡中部、西部为全日分潮区,半日分潮影响甚小"[2],而"琼州海峡东口为不规则半日潮"[3]。古代横渡琼州海峡的路线,为雷州半岛的海安至海南岛的海口。此路线接近全日潮区和半日潮区的分界线,因此为十分复杂的混合潮区。所以,必须有特殊的潮汐表。这里的潮汐表产生很早。咸丰《琼山县志》转载《旧志》:"伏波将军马援,定为某日潮长则西流,潮退则东流,皆有时刻,勒石二岸,示人渡海。但今验之,每过一二时,毋亦年久渐差乎。"[4]可见,此琼州海峡两边的潮信碑为我国最早的潮汐表。此表曾长期存在,但今已不知所记具体潮候。

明王佐撰《潮候论》[5]专门记述了琼州海峡之潮候。王佐,琼州府临高县(今海南临高)人,字汝学,号桐乡。正统中期中举乡。历任高州、邵武、临江三府同知,著有《鸡肋集》、《经籍目略》、《原教篇》、《庚申录》、《琼台外纪》、《珠崖表录》等,卒年85岁。《潮候论》云:"今《方舆胜览》据琼俗说,而无所发明。琼旧志袭余襄公说而殊无意见,皆不能曲尽琼海潮候之详,故叙所见如此云。"由此可见,自北宋余靖《海潮图序》直到明代王佐《潮候论》,琼州海峡用的潮汐表一直是余靖在武山(今广东东莞西南)验潮后制定的。《海潮图序》:"尝候于武山(广州望舡之处),月加午而潮平者,日、月合朔则午而潮平,上弦则日入而平,望则夜半而平,上弦巳前为昼潮,上弦巳后为夜潮。月加子午而潮平者,日、月合朔则夜半而潮平,上弦则日出而平,望则而平,上弦巳后为昼潮,此南海之潮候也。"由此可见,这只是半日潮潮候。琼州海峡虽属南海,但与余靖所描述的武山潮候并不同。所以,王佐《潮候论》评述"襄公之说,固善矣,然海南潮候实则不同"。所以,余靖的潮汐表,尽管在琼山一直被沿用,但并不合适,人们已感到它"不能曲尽琼海潮候之详"[6]了。至于王佐所

---

[1] 《岭外代答》卷一《潮》。

[2] 陈宗镛、甘子钧、金庆祥:《海洋潮汐》,科学出版社1979年版,第147页。

[3] 陈宗镛、甘子钧、金庆祥:《海洋潮汐》,科学出版社1979年版,第148页。

[4] 咸丰《琼山县志》卷一一《海黎》。

[5] 王佐:《潮候论》,《中国古代潮汐论著选译》,科学出版社1980年版。

[6] 王佐:《潮候论》,《中国古代潮汐论著选译》,科学出版社1980年版。

说的"琼俗"即指渔民、水手所流传的琼海潮汐表,虽然可能比余靖的表较接近实际些,故人们也感到"不能曲尽琼海潮候之详"了。因此,王佐介绍了新的琼海潮汐表。

王佐《潮候论》指出,琼海潮候十分复杂,"但准《授时历》长、短星日期为定候,而二星实与潮候暗契暗合,未尝差爽毫末者"。其实长短星之说不仅可追溯到元代由王恂(1235—1281)、郭守敬等人创制的《授时历》,而且可上溯到南宋。周去非《岭外代答》已指出:"琼海之潮,半月东流,半月西流,潮之大小,随长短星,初不系月之盛衰。"①《潮候论》又指出:"二星每月内推移无定日,而潮水消长从之。自合朔历上弦前后为长星潮;自望历下弦前后为短星潮。逼星前后则潮长,至极渐过,远则潮渐小至尽而将尽。老潮亦常与方来稚潮②相接。逐日轮转,如环无端。若春、夏二季,则星未至前三日新稚潮初生,逐日长大,至星日而极。过后二三日则渐退,虽日有消长,而水痕递减一分,减极,以至后星将近,则潮水不消不长,……此是新稚潮初来,与旧老潮相逼而然。及乎前星老潮退尽,而后星新潮复来,长消同前。秋冬二季又与春夏不同,星过后三日,新潮方生,又逐日长大,以至太极而止,以复消长亦同前。但春、夏潮长在长短星前;秋、冬潮长在长短星后。二星所临前后,即为潮大之期,不拘朔望与上下弦也。长则西流,消则东流。日有消长,又不拘于半月也。"

586

王佐《潮候论》又说,长短星之说"与先儒之说不同","本出于后世方术家阴阳拘忌之书"。其实长短星是方术家虚构的值日星宿,过去历书中采集编入以定南海潮候。至于南海潮候十分复杂,究竟是随长短星还是系月之盛衰,后代是有争议的:有认为"琼州潮……大抵视月之盈虚为候。以为随长短星者妄也"③。也有仍认为"琼州潮……其大小之候,随长短星,不系月之盛衰"④。

清李调元《南越笔记》中记载有"倪邦良流水指掌图"。倪邦良,福建晋江县举人,乾隆二十八年(1763年)曾任琼州府安定县知县。倪邦良翻阅当时水手们使用的流水簿,发现其中所载的琼州海峡潮候表比原有海口《天后庙碑》所载潮候表正确。《天后庙碑》言:"十六、七、八、九四日,伏流,可渡,至中流始有怒涛,乃东西合流处所,所谓中洋合窠浪也。过此可勿戒心。如风大则半日可渡。又岁三月二十三日,天妃渡海南,必有北风,舟楫宜候之。以是日须臾可渡。……"⑤倪邦良决定采用流水簿中的潮候表,以"便于渡海者",但又因

---

① 《岭外代答》卷一《潮》。

② 稚潮为初生的小潮。

③ (清)屈大均:《广东新语》卷四,《中国古代潮汐论著选译》,科学出版社1980年版。

④ 《南越笔记》卷三《琼州潮》。

⑤ 《南越笔记》卷三《琼州潮》。屈大均:《广东新语》卷四。

"舟师流水簿,繁不胜纪,因撮其要略"绘成"倪邦良流水指掌图"①。

琼州海峡潮流不仅天天有,而且还有一个近半个月的起流(涨水)周期。图中所示一年各次起流时间,具体情况是,"每月两次起新流,相距十四日。如十一月十三日起流,二十七日又起流是也。惟四月、十月则新流三次,其逐月争差,各缩二日退一时,俱逆算。如十一月十三、二十七起子,十二月十一、二十五起亥是也。三、九月之初四,十八,四、十月之初一、十五,则缩三日。而流在上半月者,则起时末;在下半月者则起时初。惟四月、十月之十五,流时起中,其起新流之前三日,俱伏流,每日一次,流东四个时辰,便退西。其逐日争差各半个时,历两日差一时,俱顺算;如十一月十三起子末,十四起丑初,十五起丑末是也,若遇闰月,则以上半月照前月下半月,以下半月照后月上半月。又海口比海安流早半个时辰"。②

二 潮流、潮汐知识的应用

明清时期沿海人民在长期的海洋活动中,进一步认识到"海潮之益不浅矣"③,对潮流、潮汐知识及其规律有了更深刻的把握,并将其熟练应用于各种海洋领域。

(一)航海中的应用

最广泛的潮流、潮汐利用莫过于航海。古代航海常按潮候进港停泊,如驿铺。海路驿铺好似陆路驿站,古代水手都能掌握潮候。在海洋水手、渔民中,自古至今流传着大量潮流、潮汐的谚语。导航用的更路簿、针经、海图中常载有航线的潮汐情况。沿海许多地方志常载有潮汐表。这些潮汐表主要用于航行。其中有的潮汐表,为了航行方便,并不记载潮汐涨落时间而直接记载与潮汐涨落时间有关的开船、回船时间。古代一些港口还专门将潮汐表刻成石碑立于港口,供航海者参考。这类表被称为潮信碑。古代著名的潮信碑有钱塘江畔浙江亭的吕昌明《四时潮候图》、琼州海峡两岸的伏波将军马援潮信碑、海安天后庙潮信碑等。

明代海船航行,特别是楼船和巨大的郑和宝船的航行的动力主要是风,但潮流和洋流也是十分重要的。《东西洋考》:"驾舟洋海,虽凭风力,亦视潮信以定向往。"④《台海使槎录》:"大海洪波,止分顺送。凡往异域,顺势而行。"⑤民

第九章

明清时期的海洋学探索

---

① 《南越笔记》卷三《琼州潮》。
② 《南越笔记》卷三《琼州潮》。
③ 《古今图书集成·山川典》卷三〇七《海部》。
④ (明)张燮:《东西洋考》卷九"潮汐"。
⑤ (清)黄叔璥:《台海使槎录》卷一《洋》。

间还流传着"老大勿识潮,吃亏伙计摇"的谚语。在涨潮时,潮流由海向岸,船舶进港容易。反之,退潮时,潮流向海,船舶出海容易。明毕拱辰《潮汐辩》指出:"辅舟漂渡之事,潮长则从海易就岸,潮退则从岸易入海。"船舶进港出港,全根据涨潮落潮了解难和易、快和慢。潮汐涨落十分有规则。浙江、福建、广东等地的商船没有不是随潮进港的。大海中潮流方向不断旋转变化,河口地区潮流则变成往复流。不管是旋转流还是往复流,船舶只要掌握潮信,视潮次停泊或开航,就可以利用潮流进行往返,取得很大经济效益。

船舶在岛屿或近岸海区航行以及出入海港,必须防止海水退潮造成搁浅或触礁。明陈侃《使琉球录》曰:"大舟畏浅,必潮平而后行。"在航行繁忙地区更要掌握潮候。凡水手、渔民,防礁避浅,进出港湾多重视潮候,以保平安。特别是战船或商船常经的海域,潮候更要清楚。元代海运发展,但黄海近海黄水洋暗沙分布很广,更需要按潮汐涨水行船。明代徐贞明《海道经》云:"至元二十一年起运粮……自刘家港开船出扬子,盘转黄沙连嘴,望西北沿沙行使,潮涨行船,潮落抛泊。"①

(二)海战中的应用

海战与潮汐、潮流关系也很密切。《舟师绳墨》载:"潮候随四时之节令,长退有一定之去来……各按时候,即如春天初一日,此处不浅可过。转至夏来初一日,此处却过不去,由此类推,行船无失。"②《舟师绳墨》是清代训练水师的一本教科书。由此可知潮汐的观测和利用已成为古代水师训练的一个必要的科目。古代军事家善于利用天时地利出奇制胜。古人水上用兵,因潮汐分成败者,是很多的。

水军乘潮进攻,克敌制胜的事例很多。1661年郑成功(1624—1661)收复台湾是利用潮汐取胜的典型例子。1661年4月28日(阴历三月三十日)郑成功从澎湖开船,准备从鹿耳门进入台湾。鹿耳门航道很窄,阔仅里许。《台海使槎录》载,台湾"四围皆海,水底铁板沙线,横空布列,无异金汤。鹿耳门港路纡回,舟触沙线立碎"③。荷兰侵略者曾将损坏甲板船沉塞在鹿耳门航道,所以荷兰侵略者并没有设防。郑成功部下大多为沿海居民,对台湾沿海涨潮了如指掌,加上何廷斌的献图向导,所以尽管此航道港路险阻淤浅,也阻碍不了船队的通过。4月30日(四月初二)正值大潮,水涨数尺,全部大小船只均顺

---

① 宋正海、郭永芳、陈瑞平:《中国古代海洋学史》,海洋出版社1989年版,第285—286页。
② (清)《舟师绳墨·舵工事宜》。
③ (清)黄叔璥:《台海使槎录》卷一《形势》。

利通过鹿耳门航道,靠岸登陆。郑成功顺利地收复了台湾。[①]

无独有偶,清政府后来统一台湾,也不止一次采用涨潮攻入鹿耳门的办法。《清朝文献通考》载,康熙"二十二年六月帅征台湾,……鹿耳门险隘难入,兵至潮涌,舟随潮进,遂平之"[②]。乾隆《敕封天后志》:"康熙六十年……六月兴师,十六日攻鹿耳门。克复安平镇。乃潮退之际。海水加涨六尺。又有风伯效顺。各舟群挤直入。……台地悉平。"[③]

古代利用潮汐进行海防的措施也有多种。明胡宗宪《筹海图编》是记述明代抵御倭寇的重要书籍。书中不少是论述海防和潮汐的具体关系的。如读到某处布防时指出:"大衢在北,长涂在南,相离不过半潮之远,潮从东西行,两山束缚,其势甚疾,哨船、战船遇潮来与落时皆难横渡,俟潮平然后可行,策应亦有不便者。"[④]海防经常用木桩打入航道海底,起到阻拦敌船或损坏敌船的目的。《浙东筹防录》:"缘测量梅墟江中水势,潮涨时水深不过二丈以内。四丈长之桩,以二丈入土,二丈在水。潮退时水面可露数尺,潮涨时桩与水平,足拒敌舰矣。"[⑤]《海潮辑说》记载五代后晋天福三年(938年)一次海战时,"海口多植大杙,冒之以铁,遣轻舟,乘潮挑战而伪循"。敌船追之。"须臾潮落,舰碍铁杙,不得退"[⑥]。

(三)海岸工程中的应用

海岸地带的工程建筑,无论在修筑中还是在修筑后,常受到海洋潮汐的作用,因而不能不考虑采取科学的措施,避害趋利。在这方面明清时期也作出了不少成绩。

今山东蓬莱县旧县城外西北的蓬莱古水城是宋元明清海防要地,为我国沿海仅存的古水城。它的设计反映着古代海洋水文知识的娴熟应用。港口码头高程必须根据多年的潮高观测数据来确定,以保证最低潮时有一定水深,最高潮时码头又不被淹没。水城内码头高程为3.2米,这是符合当地潮汐涨落情况的。新中国成立后,水城西不远处建的新码头高程为3.2—3.4米,这也进一步证实古码头高程的确定是有多年潮高观测数据为根据的。古水城有防浪堤和平浪台。水城出口——水门的东、北两面,海面宽阔,潮流、风浪多从这

---

① 陈国强:《郑成功驱逐荷兰侵略者收复台湾的伟大斗争》,厦门大学历史系:《郑成功研究论文集》,上海人民出版社1965年版,第67—71页,第78页。

② 《清朝文献通考》卷二六八。

③ 乾隆《敕封天后志》(莆田县文化馆藏)。

④ 《筹海图编》卷一二。

⑤ (清)薛福成:《浙东筹防录》卷一下《禀抚院刘遵饬勘办梅墟钉事宜》。

⑥ 《海潮辑说》卷下。

里涌来。因此位于水门外东边的防浪堤,有效地阻挡了这个方向来的巨大潮波和风浪。其他方向来的潮波和风浪进入水门到达内部港湾——小海后,首先碰到突出小海中的平浪台。平浪台的作用在于遏止涌入水门的潮浪,使其接触平浪台之后向西折射减弱。由于防浪堤和平浪台的作用,小海内风平浪静,成为避风良港。防浪堤的石块大小不等。大的直径可达 1.5 米,重 2 吨左右,估计当时还要大些。这些石块运自西边丹崖山珠玑岩下。据传搬运这些石块也利用了潮汐。① 人们先将巨石用铁链缚在木排上。涨潮时木排浮起,然后将巨石运到施工地点,待潮退后解链,石块堆积,逐步形成防浪堤。②

三 海啸

与周期性的潮汐现象不同,海啸是海面的异常升高现象。海啸可以对海上船舶和沿海地区造成极大的危害。明清时期对海啸的记载比较详细,认识水平也有所提高。中国古代修筑起雄伟的滨海长城——海塘,它在与海啸的持续斗争中起着巨大作用。

(一)海啸灾害

中国古代海啸灾害十分严重,沿海地方志中屡有记载。重大海啸,正史中大都有记载。古代一些笔记、小说中往往有某些海啸的详细记载。《中国历代灾害性海潮史料》收集了自最早到清末的海啸共 213 次。其中属于 1840 年以前的古代时期海啸共 154 次。

海啸在中国古代有过多种名称。最常用名称为"海溢"。"海溢"名称不仅用得最早,而且历代一直沿用。"海啸"一名的出现至迟在元代。1344 年的海啸,虽然《元史》记为"海水溢"③,但地方志,如嘉靖《宁波府志》④、康熙《台州府志》⑤等已用"海啸"一词。其后,元、明、清时,海啸一词就用得较多了。看来海啸一词使用更多的是在民间,因为直到清代,如康熙《苏州府志》云"俗日海啸"⑥、乾隆《诸城县志》曰"俗名海啸"⑦,是进一步解释"海溢"一词的。所以称"海啸",是因为在海溢时,常可听到海中发出啸声。光绪《慈溪县志》载,雍正

---

① 李文渭、徐瑜:《蓬莱水城与潮汐利用》,《海洋战线》1978 年第 6 期。
② 宋正海、郭永芳、陈瑞平:《中国古代海洋学史》,海洋出版社 1989 年版,第 289—290 页。
③ 《元史》卷五一《志第三下·五行二》。
④ 嘉靖《宁波府志》卷四四,《中国历代灾害性海潮史料》,海洋出版社 1984 年版,第 71 页。
⑤ 康熙《台州府志》卷一四,《中国历代灾害性海潮史料》,海洋出版社 1984 年版,第 71 页。
⑥ 康熙《苏州府志》卷二《祥异志》,《中国历代灾害性海潮史料》,海洋出版社 1984 年版,第 191 页。
⑦ 乾隆《诸城县志》卷三《总记下》,《中国历代灾害性海潮史料》,海洋出版社 1984 年版,第 199 页。

"二年（1724年）七月十八日，海啸有声，滨海居民，同时共闻"①。嘉庆《东台县志》："明万历二十四年（1596年）八月初九日酉时，河、海水齐啸，行舟遭冲激。"②中国古代又称海啸为"海沸"③、"海涨"④、"潮变"⑤、"海立"⑥、"海决"⑦等。

明清历史文献中所记载的海啸灾害是多方面的。可初步归纳为以下几个方面。

1. 溺人

溺杀人是海啸危害最大的方面。历史上，死亡万人以上的海啸并不少见。明成化八年（1472年）七月十七日的海啸，死万余人。⑧明洪武二十三年（1390年）七月的海啸，"松江、海盐溺死灶丁各二万余人"⑨。咸丰四年（1854年）的海啸死五六万人。⑩康熙三十五年（1696年）的海啸死亡高达十万余人。⑪据粗略统计，我国自公元前48年至公元1948年，因海啸死亡人数共达90.7万人⑫。

2. 毁房

毁房和溺人是共生灾害，但也并不等同。古代海啸毁房十分严重。

崇祯元年（1628年）"七月，杭、嘉、绍三府海啸，坏民居数万间，溺数万人。海宁、肖山尤甚"⑬。乾隆四十六年（1781年）六月海啸损坏民房18122间。

3. 决海塘

在重大海啸面前，海塘也常被冲毁。海塘和筑塘技术，正是在这一次次冲击和考验中不断发展、完善起来的。天启《海盐县图经》载："明万历三年（1575年）五月三十日夜，大风驾潮来，……塘则尽崩。"⑭乾隆《杭州府志》云："雍正

---

① 光绪《慈溪县志》卷五五，《中国历代灾害性海潮史料》，海洋出版社1984年版，第214页。

② 嘉庆《东台县志》卷七《祥异》，《中国历代灾害性海潮史料》，海洋出版社1984年版，第163页。

③ 清稿本《海昌续载》丙卷四，《中国历代灾害性潮灾史料》，海洋出版社1984年版，第159页。

④ 《明史》卷二八《五行一·水·水潦》。

⑤ 乾隆《如皋县志》卷四《河渠》，《中国历代灾害性潮灾史料》，海洋出版社1984年版，第121页。

⑥ 嘉庆《方太志》卷三，《中国历代灾害性潮灾史料》，海洋出版社1984年版，第144页。

⑦ 崇祯《海昌外志》册八《丛谈志·祥异》，《中国历代灾害性潮灾史料》，海洋出版社1984年版，第55页。

⑧ 天启《海盐县图经》卷一六，《中国历代灾害性海潮史料》，海洋出版社1984年版，第108页。

⑨ 嘉庆《嘉兴府志》卷三五《祥异》，《中国历代灾害性海潮史料》，海洋出版社1984年版，第81页。

⑩ 光绪《台州府志》卷三一《大事略五》，《中国历代灾害性海潮史料》，海洋出版社1984年版，第237页。

⑪ 清董含《三冈识略续》。

⑫ 高建国：《略论地震震级分级b值规律的普遍意义》，《地震地磁观测与研究》第3卷（1982年）第3期。

⑬ 《明史》卷三八《五行一·水·水潦》。

⑭ 天启《海盐县图经》卷八，《中国历代灾害性海潮史料》，海洋出版社1984年版，第149页。

十三年(1735年)六月初二、三日,风潮大作。仁和、海宁等县石草各塘共坍一万二千二百九十七丈。"①

4.没盐场

盐场均分布在海涂附近,海啸时首当其冲,常一扫而光。明成化八年(1472年)七月,大雨海涨,"浸没盐仓及民灶田产"②。康熙三十五年(1696年)海啸,"盐场尽没"③。

5.淹农田

海啸时,大量海水淹没农田,使农田盐渍化,使庄稼卤死,对农业带来巨大损失。明成化八年(1472年)七月海啸,"咸潮所经,禾稼并槁"④。明正德元年(1506年)海溢,"禾稼淹没,地变为咸卤"⑤。康熙丙子(1696年)"六月初一日,大风,海水泛滥,江南崇明县共淹四十沙"⑥。海啸后,田地几年不能长庄稼,直到土壤盐分有较大淋溶后才能使用。《甲寅海溢记》:"潮水苦咸,淹没之后不宜黍稻,固需养淡数年"。"旧传养淡定须三年"⑦。海啸带来的大量泥沙还冲压田地。清康熙十年(1671年)六月海啸"冲压田地二百五十余顷"⑧。

6.大疫等次生灾害

海啸还可以产生一系列次生灾害。海啸之后大批人畜死亡,又来不及掩埋、消毒,再加上幸存者饥寒交加,所以传染病随即流行起来,往往无法控制,继续造成巨大死亡。《甲寅海溢记》:海啸"灾后未几,遽为大疫,即所谓吊脚沙者,朝发夕亡,不可救药,甚有阖门递染,先后骈死,人为尸秽感触,抑由中湿所致"。光绪《阜宁县志》载,同治六年(1867年)四月海啸,"卤潮内灌大疫"⑨。海啸后,自然界原有的生态平衡被破坏,因而还可引起各种严重的虫灾。在严重的自然灾害中,也常有少数社会败类,财迷心窍,趁火打劫,干起伤天害理的勾当,至于贪小便宜者,打捞财物的人也常有。《甲寅海溢记》云:"洪潮即退,衣服器用什物,散布盈野,贪忍者固以为利,或掉小舟,编竹筏,潮流捞取,满载而归,名曰'捉小熟'。""捉小熟之人,此辈幸灾乐祸,全无心肝。"

每次海啸的危害通常是多方面的、严重的。不少地方志对海啸也有生动

---

① 乾隆《杭州府志》卷三八《海塘》,《中国历代灾害性海潮史料》,海洋出版社1984年版,第224页。
② 嘉庆《东台县志》卷七《祥异》,《中国历代灾害性海潮史料》,海洋出版社1984年版,第107页。
③ 嘉庆《松江府志》卷八〇《祥异》,《中国历代灾害性海潮史料》,海洋出版社1984年版,第203页。
④ 《古今图书集成·山川典》卷三一九《海部》。
⑤ 1960年编《威海新志》卷一《自然灾害》,《中国历代灾害性海潮史料》,海洋出版社1984年版,第119页。
⑥ 东轩主人:《述异记》卷中。
⑦ (清)丁虞:《甲寅海溢记》,民国喻长霖纂《台州府志》卷一三六。
⑧ 康熙《胶州志》卷二,《中国历代灾害性潮灾史料》,海洋出版社1984年版,第106页。
⑨ 光绪《阜宁县志》卷二一《祥祲》。

详细的描述。永乐十九年（1421年）海啸，嘉庆《东台县志》有如下描述："辛丑七月十六夜，夜半飓风声怒号。天地震动万物乱，大海吹起三丈潮，茅屋飞翻风卷土，男女哭泣无栖处。潮头驰到似山摧，牵儿负女惊寻路。四野沸腾那有路？雨洒月黑蛟龙怒。避潮墩作波底泥，范公堤上游鱼渡。悲哉东海煮盐人，尔辈家家足苦辛。濒海多雨盐难煮，寒宿草中饥食土。壮者流离弃故乡，灰场畜满地无卤。招徕初荣官长恩，稍有遗民归旧樊。海波忽促余生去，几千万人归九泉，极目黯然烟火绝，啾啾鸣鸟叫黄昏。"①

在中国历史上最大一次海啸是康熙三十五年（1696年），很多地方志中都有记载。海啸主要发生在长江三角洲地区。康熙《三冈识略》："康熙三十五年丙子六月初一日，大风暴雨如注，时方状亢旱，顷刻沟渠皆溢，欢呼载道。二更余，忽海啸，飓风复大作，潮挟风威，声势汹涌，冲入沿海一带地方几数百里。宝山纵亘六里，横亘十八里，水面高于城丈许；嘉定、崇明及吴淞、川沙、柘林八、九团等处，漂没海塘千丈，灶户一万八千户，淹死者共十万余人。黑夜惊涛猝至，居人不复相顾，奔窜无路，至天明水退，而积尸如山，惨不忍言。"②

（二）风暴海啸（风暴潮）

海啸的成因有海底地震、海底火山和海洋风暴等原因。但在中国古代，海底火山引起的海啸似乎没有，海底地震引起的海啸也很少。中国海啸极大部分是风暴海啸，即风暴潮，其中大部分又是台风引起的。

在中国古代丰富的海啸记载中，海啸与风暴的关系是十分清楚的。一般提法是"大风，海溢"，"大风，海涌"，"风灾，海啸"等。其中明确提到因果关系的也不少，如"海风驾潮"、"大风驾海潮"等。明崇祯九年（1636年）"潮乘飓威，吼决叶家棣塘"③。其他不常用的反映海啸与风暴关系的描述就更多了。如"大风海立"④、"大风卷海水南溢"⑤、"飓涛溢作"⑥等。

明杨慎（1488—1559）还明确指出，风暴海啸主要是台风引起的。《升庵全集》云："飓音贝，凡海潮溢，皆此风为之。"⑦

中国古代记载中，最能反映海啸与风暴因果关系的认识是"风潮"概念。

第九章

明清时期的海洋学探索

---

① 嘉庆《东台县志》卷三八《艺文》，《中国历代灾害性海潮史料》，海洋出版社1984年版，第90页。

② （清）董含：《三冈识略·续》。

③ 康熙《绍兴府志》卷三一，《中国历代灾害性海潮史料》，海洋出版社1984年版，第178页。

④ 《古今图书集成·职方典》卷六八七。

⑤ 道光重刻·顺治《招远县志》卷一《灾祥》，《中国历代灾害性海潮史料》，海洋出版社1984年版，第138页。

⑥ 嘉靖《海门县志》卷三《建置》，《中国历代灾害性海潮史料》，海洋出版社1984年版，第121页。

⑦ 《升庵全集》卷七四。

"风潮"成为中国古代风暴潮的专有名词。到了明代,"风潮"已广泛作为"风暴潮"的一个名称。崇祯《太仓州志》:明正统元年(1436年)"海潮伤禾"①。康熙《靖江县志》卷五"祲祥"和光绪《靖江县志》卷八"祲祥"共记载明代约40次海啸,其中极大部分用"风潮"一词。如"风潮,湮没民居","大雨,风潮淹没田庐","大风潮,人民淹死"等。元末明初娄元礼《田家五行》:"夏秋之交,大风及有海沙云起,俗呼谓之'风潮',古人名曰'飓风'。"②这里说的风潮,并非只指大风,而是还有大风引起的海扰动,即海沙云起。还可以看出,这里的"风潮"也不是指一般的风暴潮,而是指在夏秋之交盛行的台风引起的风暴潮。清代,风潮的名称用得更多。康熙《历年记》:康熙"三十五年(1696年)六月初一日,大风潮,……淹死万人,牛羊鸡犬倍之,房屋树木俱倒,狂风浪大,村宅林木什物家伙,顷刻湮没"③。光绪《阜宁县志》载:"乾隆四十六年(1781年)六月,风潮浸溢,淹没田庐。"④

风暴潮在南海地区又称为"沓潮"。这也是一种风暴潮,与东海、黄海中的风潮所不同。只是沓潮时,原来有定时的潮未退尽,风暴潮是在原来潮的水位基础上进一步涨水。"沓潮"意即老潮、新潮汇合在一起。清代广东沿海有理想化的沓潮曲,强调了两潮会合,以此比喻爱情。屈大均《广东新语》云:"粤人以为期约之节,予以沓潮曲云:'与郎如沓潮,朝暮不曾暇,欢如早潮上,侬似暮潮下',又云:'两潮相合时,不知早与暮,与郎今往来,但以潮为度'。"⑤《广东新语》又全面介绍了沓潮的风暴海啸性质及其与正常潮信的关系。《广东新语》曰:"广人以潮汐为水节,或曰一潮而一汐,或曰两潮而两汐,皆谓之节。其在番禺之都,朝潮未落,暮潮乘之。驾以终风,前后相塈,海水为之沸溢,是曰沓潮,一岁有之,或再岁有之,此则潮之变,水之不能其节者也。"⑥

关于风和潮的关系,《广东新语》还有着较系统的总结。"风之起,潮辄乘之,谚曰:'潮长风起,潮平风上,风与潮生,潮与风死'。"⑦

海啸危害很大,人们迫切需要了解海啸的规律。中国历代已有的海啸记载,也为中国海啸规律探讨创造了条件。

在中国漫长的沿海地区,海啸虽然到处都有,但毕竟在频度上有明显的差异。明代已对海啸的地理分布作了总结。明徐贞明(?—1590)《潞水客谈》

---

① 崇祯《太仓州志》卷一五《灾详》,《中国历代灾害性海潮史料》,海洋出版社1984年版,第93页。
② 《田家五行·论风》。
③ 康熙《历年记》续第133页,《中国历代灾害性海潮史料》,海洋出版社1984年版,第203页。
④ 光绪《阜宁县志》卷二一《祥祲》。《中国历代灾害性海潮史料》,海洋出版社1984年版,第245页。
⑤ 《广东新语》卷四。
⑥ 《广东新语》卷一。
⑦ 《广东新语》卷一。

云："东南濒海，岁多潮患，盖海之势趋于东南，辽海以及青、徐，则有海之饶，而鲜潮之患，是地势然矣。"这里提到的原因不一定对，但所说的海啸地理分布是正确的。由于台风的作用，东南沿海风暴潮确实比北方沿海的风暴潮多得多。

我国海啸主要是风暴海啸，所以海啸预报实为风暴预报。但海啸预报除了风暴预报，也有其他预报法。《甲寅海溢记》[①]总结了4种预报方法：

(1)"潮之消长，随月之阴虚，故洪潮之灾多在秋月之生明与生魄后数日。如嘉庆丙辰为七月十八日，咸丰甲寅则七月初五日。"

(2)"海溢之变，前一年必有大风水示其兆，如癸丑闰六月望后，疾风暴雨，平地水高丈余，西北乡山居之民多漂没者。次年七月遂有洪潮之厄。征之父老曰：'先淡水，后咸潮，与前乙卯、丙辰事同'。"

(3)"考郡志灾变门，康熙戊子二月初十日，白巨鱼至中□桥，占者谓有小灾。是年七月初七日海溢，今甲寅当前三、四月间，乌巨鱼至澄江，十百为群，大者如牛，迎潮掀舞，月余乃去，识者忧之，至秋果验。"

(4)"闻父老言，洪潮之灾若六十年一大劫，三十年一小劫。自嘉庆丙辰(1796年)灾后迄今甲寅(1854年)，相距五十八年，又自嘉庆丙辰上溯乾隆丙戌(1766年)之灾，正三十年。又上溯康熙戊子(1708年)相距五十八年……潮水有信，灾故不爽也。"

《甲寅海溢记》的总结以及前人有关占验海啸的种种记载，证明中国古代对海啸的预报工作是十分重视的。

当然这些只是经验性总结，有的经验也不一定有普遍意义，但有的肯定是可用的。如(1)中，关于夏秋时节海啸易发生是对的，这正是台风季节。又如(4)中提到海啸有着60年准周期，这是有启发意义的。目前中国的历史自然学工作者注意到天象、地象、气象、海象中不少自然现象包含有一个明显的60年准周期。因而人们猜测中国古老的60年一甲子的干支纪年，可能不只是一种单纯纪年法，而还可能是中国古代人民在对历代农业歉收、气候变迁、灾异现象等的重现中，已认识到这种客观准周期的存在。60年准周期的探索有巨大的现实意义，可以深入探讨自然灾害的中、长期预报。[②]

(三)海塘的建造

与海啸斗争，是中国古代人民与自然灾害斗争的一个重要方面。这种斗争是旷日持久的、曲折的。有时人们在严重的海啸面前一时束手无策，因而也产生了一些迷信活动，如造子胥祠、海神庙、潮神庙、镇海塔、镇海楼，设海神

---

① (清)丁虞：《甲寅海溢记》，民国《台州府志》卷一三六。
② 宋正海、郭永芳、陈瑞平：《中国古代海洋学史》，海洋出版社1989年版，第297—302页。

坛、封四海为王、祭海神、潮神、置镇海铁牛、投铁符、强弩射潮等。沿海一些地方还取了一些象征海安洪宁的吉祥名称,如海宁、宁波、镇海、镇江、海安等。但海啸也时有圮庙宇,倾镇海楼、冲走镇海铁牛等事件。在种种残酷事实面前,古代人民并不气馁,而是顽强地与海啸开展了旷日持久的艰苦斗争。这种斗争最杰出的成果是建筑起雄伟的海塘①,捍卫了沿海广大地区的生命财产,有力地推动了沿海地区的农业生产和经济开发。

海塘和万里长城、大运河一起为我国古代三项伟大工程,其规模之大、工程之艰、动员人数之多是十分惊人的。今天,万里长城早已失去它本来的军事防御意义,大运河正在大力整治,而只有海塘工程,虽历经千年来无数次的冲垮、修筑、扩建,至今仍在发挥巨大作用,并一直成为中国劳动人民与海啸灾害斗争的生动的历史记录。我国的海塘工程遍及沿海的平原海岸,但以江浙海塘最为著名,这里海岸线平直,地势平坦,日夜受太平洋传入的东海潮波的冲击,夏秋台风频频活动,是我国海啸最严重地区,钱塘江潮更是汹涌,所以筑塘技术不断受到严重考验,为了保卫肥沃的滨海平原和三角洲,就得不断总结经验,有所创造,技术水平不断提高,工程规模不断扩大。江浙海塘已成为中国古代人民与海啸斗争,取得胜利的象征,它的发展历程集中体现为艰巨而胜利的斗争历程。②

海塘始于何时目前尚无定论,但肯定是十分早的。原始海塘大概十分简陋,抗潮性能差,在功能和结构发展上看,它甚至与清代普遍修建的避潮墩有着继承关系。避潮墩,亦称救命墩,由于泥沙堆积,海水东退,滩涂逐渐扩大,成为灶丁盐户刈割芦苇等杂草的地方。然而,每当风潮骤起,海浪排山倒海而来,卷上海滨时,在这里从事生产的人们就很危险,无法躲避灾难,因而筑墩自救。谢弘宗《筑墩防潮议》云:"滨海之地,最苦海潮。史册所载,不可胜纪,近者康熙三、四年,雍正二年飓风飚发,潮汛暴起,倏忽水高丈余,庐舍人民,立时淹没。浮尸积骸伤心惨目,从来灾害未有如此之甚者。则防潮之道,不可不亟讲也。防潮之道奈何?惟筑墩则可以防之。"③然而,避潮墩只能救命于一时,并不能阻挡海水浸淹农田和居住地。因此,必然要产生比避潮墩更高一级的沿海岸长条分布的挡水建筑,这就出现了原始的海塘。④

明代筑塘采用黄光升的纵横交错法。黄光升,福建晋江人,官至刑部尚

---

① 另一个杰出成果是在许多出海河口建筑了潮闸。
② 陈吉余:《我国围海工程的经验与今后意见》:"在全国海塘工程中,以浙江海塘自然条件最复杂,工程措施最艰巨,工程建筑最宏伟,它能代表我国各个时期海塘工程水平。"《高等学校自然科学学报》(地质、地理、气象),试刊第 1 期(1964 年)。
③ 乾隆《盐城县志》卷一五。
④ 宋正海、郭永芳、陈瑞平:《中国古代海洋学史》,海洋出版社 1989 年版,第 302—304 页。

书。他任过水利佥事,嘉靖二十一年(1816 年)在浙江海盐筑过海塘。黄光升筑塘,善于吸收前人的先进方法,因此方法较完备。黄光升写有《筑塘说》,详细介绍了筑大塘的纵横交错法。清代,海塘条石交接处,凿成槽榫,用铁锔、铁䦆嵌合连贯,合缝处用油灰、糯米浆捆灌,以防渗漏。

一些重要的辅助工程也不断发展完善。南宋时,在大塘内再修一道土塘,以捍咸潮。现在大部分海塘之内有一道土塘,两塘之间还有一条备塘河。再如清代十分注重建造"护沙拦"(现称"担水")和"挑水盘头"("丁字坝"),使潮水逼遛离岸。自此海塘工程从消极防塌进入到积极挑水,改变水流形势,充分发挥了海塘的作用。

清朝政府为确保东南财赋收入,维护封建统治,康熙、雍正、乾隆三朝动员较大的人力、财力筑塘。在历代工程基础上,修筑了从金山卫到杭州的 300 多里的石塘。清代修筑的海宁大石塘已有十分复杂的结构。①

四 洋流

太平洋的北赤道洋流,由东向西推进,在菲律宾以东 12°—13°N 附近海面分成南、北两支。其中较大的北支沿吕宋岛的东岸北流,形成黑潮(洋流)。黑潮是沿着太平洋西部边缘向东北流动的一支强大洋流,也是世界上最强大的洋流之一。此外,中国近海又发育着沿岸流。所有这些洋流,对航海均是重要的,顺流顺水利于航行,要利用;逆流逆水则要避开。

(一)黄海的洋流

宋、元以来,我国航海者对于今黄海分别称为黄水洋、青水洋、黑水洋。大致在长江口以北一带海水含沙量大,水呈黄色,称为黄水洋;34°N、122°E 附近一带海水较浅,水呈绿色,称为青水洋。32°—36°N、123°E 以东一带海水较深,水呈蓝色,称为黑水洋。这种以颜色来划分海区,主要与海水混浊度和深度有关。南宋吴自牧说:"大洋之水,碧黑如淀;有山之水,碧而绿;傍山之水,浑而白矣。"②黄水洋海区,由于有淮河输入泥沙,还有长江的部分泥沙北运,特别是历史上含沙量高的黄河曾流入此海区,再加上这里以上升海岸为主,所以这里暗沙浅滩很多。宋徐兢记:"黄水洋即沙尾也,其水浑浊且浅。舟人云其沙自西南而来,横于洋中千余里,即黄河入海之处。"③清陆陇其说:"若海中大势必至黑洋方为大海,其色深黑而味苦,若其出海千余里。虽则茫然无际,

① 宋正海、郭永芳、陈瑞平:《中国古代海洋学史》,海洋出版社 1989 年版,第 306—307 页。
② 《梦梁录》卷一二《江海船舰》。
③ 《宣和奉使高丽图经》卷三四《黄水洋》。

实则非可横行之地。至通泰兴盐而尽,其未尽者,分沙五支,直入大海之中,凡千余里,所谓五条沙也。潮涨则洋洋汤汤,茫无畔岸,潮落则沙壅土涨,深不容尺,其沙土坚硬,更甚铁石,海船可载数千者,必远而避之。"①

黄海的洋流系统是由两支基本洋流组成的。一支是黄海暖流,它是黑潮在黄海分出的支流。黄海暖流由南向北位于123°E以东海区,并流入渤海。另一支是黄海沿岸流,此洋流位于西部近岸区。黄海沿岸流起自渤海,沿着鲁北沿岸东流,经渤海海峡南部直达成山角,进入黄海。在苏北沿岸时,此沿岸流得到加强,并继续南下直达长江以北32°—33°N附近。明《海道经》详细地记述了这条航线及航行的艰难情况。漕运"自刘家港开船,出扬子江,盘转黄连沙嘴,望西北沿沙行使,潮长行船,潮落抛泊,约半月或一月余,始至淮口,经胶州、海门、浮山、牢山、福岛等处,沿山一路,东至延真岛,望北行使,转过成山,望西行使,到九皋岛、刘公岛、诸高山、刘家洼、登州沙门岛。开放莱州大洋,收进界河,两个月余,才抵直沽,委实水路难,深为繁重"②。

(二)东海和南海的洋流

黄海中有黑水洋,台湾海峡有黑水沟。它们都是黑潮经过之处。

在古代有关台湾海峡航海的书中,黑水沟的记载和描述是十分突出的,清郁永河记:"台湾海道,唯黑水沟最险,自北流南,不知源出何所。海水正碧,沟水独黑如墨,势又稍窳,故谓之沟。"③《台海使槎录》记:"台与厦,藏岸七百里,号曰'横洋',中有黑水沟,色如黑,曰'墨洋',惊涛鼎沸,险冠诸海。"④

乾隆《台湾府志》卷一"山川"也有相同记载。由此可见黑水沟水流急,颜色如墨,宽度不大。

乾隆《台湾县志》记载,台湾海峡黑水沟有两条:一条在大陆和澎湖之间的"大洋"中;一条在澎湖和台湾之间的"小洋"中。海峡中由于有澎湖列岛的存在,所以海峡最深处有两处,分别位于澎湖的东、西两边。这里是洋流流经的地方。但只有东西"小洋"中的黑水沟才是黑潮的支流。而西边"大洋"中的不是黑潮,其中冬半年是由北往南的东海沿岸流,而夏半年则是由南向北的南海海流。

在黄海黑水洋,航行方向与黑潮流向相同,所以可用来做动力,是利用问题。在台湾海峡是为了渡海,来往于大陆和台湾,因此海峡称为"横洋",那么

---

① 《三鱼堂日记》卷六。
② 宋正海、郭永芳、陈瑞平:《中国古代海洋学史》,海洋出版社1989年版,第310—312页。
③ (清)郁永河:《采硫日记》卷上。
④ (清)黄叔璥:《台海使槎录》卷一《洋》。

湍急的洋流（黑潮或东海沿岸流）本身均成为航运一大障碍。此外，由于黑潮和东海沿岸流流速很大，而流向相反，所以在彼此相邻处会造成波涛和大大小小漩涡，成为渡海危险区。至于有的古代文献说黑水沟自北向南流，这大概是冬季至初春情形。例如，郁永河《采硫日记》记载是阴历二月。这段时间，在台湾海峡的"大洋"中主要是东海沿岸流，自然自北向南。在小洋中近台湾西海岸发育黑潮支流，则是自南往北的。但是在表层由于冬季偏北季风发育也可能形成由北往南的表面流。至于夏半年台湾海峡洋流全是由南往北的，不存在由北往南的流向。但是，在古籍中却记载有所谓"万水朝东处"。《台海使槎录》："自鹭门、金门，迤逦东南，以达彭湖，可数千里，风涛喷薄，悍怒激斗，瞬息万状。子午稍错，北则坠于南风烝，南则入于万水朝东，皆有不返之忧。"[1]同治《重纂福建通志》记："台海相传有万水朝东处，《续文献通考》等书皆云在澎湖南，因云澎湖较低，黑水沟自北流南，为万水朝东，勿生还理。"[2]《台海使槎录》记载，黑水沟，"或言顺流而东，则为弱水，昔有闽船飘至弱水之东，阅十二年始得还中土"[3]。乾隆《台湾府志》卷一"山川"也有相同记载。弱水一般指水弱不能胜舟。在这里实为船舶被洋流或潮流冲得无法控制，容易漂流失踪之意。同治《重纂福建通志》又解释所谓位于澎湖南的万水朝东处，不是洋流，实为潮流。"考台海潮流止分南北，潮时北流较缓，汐时南流较驶，澎岛在厦门之东南乃渡台标准，过沟时针路指定东南，船稍近北，虽不见澎湖犹可见台北诸山，苟为南流所牵，则经出南路沙马矶头之下，岛屿可望，不知台湾在何方矣，故黑水沟中值风静，潮涨可随流，潮退必悬椗，惧其南流之驶，非畏万水朝东也。"[4]这里清楚地说明所谓"万水朝东"，只是台湾海峡南部由北往南退潮时潮流，将船漂向南方到南海。原来中国近海的潮汐，主要是太平洋传入潮波形成的。太平洋潮波经琉球群岛之间诸水道进入东海后，有小部分自北往南进入台湾海峡。在南边，太平洋潮波经巴士海峡进入南海后，有小部分自南往北也进入台湾海峡。因此，台湾海峡潮流南北不同。古书中所说的"万水朝东"、"弱水"，可能与潮流及冬季的东海沿岸流造成的船舶向南海漂流失踪有关。

中国明清时与琉球有着广泛的友好关系。明洪武五年（1372年）至永乐三年（1403年），中国与琉球使节往来频繁，航海次数至少有52次。古代由中国去琉球大都以闽江口出发先到台湾基隆，然后向东北航行经花瓶屿、彭家

① （清）黄叔璥：《台海使槎录》卷一《形势》。
② 同治《重纂福建通志》卷一五《山水·台湾》。
③ （清）黄叔璥：《台海使槎录》卷一《洋》。
④ 同治《重纂福建通志》卷一五《山水·台湾》。

山、钓鱼岛、黄尾岛、赤尾岛，穿过黑潮主流到达琉球的姑米，再经马齿山入那霸港。明代航海针经《顺风相送·福建往琉球》，清楚地记述了这条航线。明代的陈侃《使琉球录》、萧崇业《使琉球录》、夏子阳《使琉球录》，清代的周煌《琉球国志略》、李鼎元《使琉球记》，所记述的去琉球路线也是这条航线。

中国人所以最早开辟这条由西南向东北顺流穿越黑潮主流到琉球去的航线，其中地理方面的原因是除利用季风外，主要是利用黑潮洋流。东海大陆坡位于东海大陆架的东南侧外缘，大陆架外边是冲绳海槽，故东海大陆坡即为冲绳海槽的西坡。海槽东坡则为琉球群岛岛缘陆架的西坡。所以冲绳海槽是东海大陆架与琉球群岛岛缘陆架的天然分界。由于这一地理条件，冲绳海槽成为黑潮主流的通路。黑潮流速很大，在东海，可达 2—3 节。因此自中国去琉球要横越黑潮主流，这是十分危险的，容易发生漂流，甚至可能沿着太平洋环流系统顺时针，漂到东太平洋去，但这是很难生还的事。要穿越黑潮主流，安全抵达彼岸，正与横渡大江一样，不得不考虑流速。既要防止漂流失事，又要考虑流速对航线的影响。因此，横越宽阔的、速度较高的洋流，必然要在上游某处横渡，才有可能到达下游某处。钓鱼岛、黄尾岛、赤尾岛相对于姑米山是位于黑潮洋流上游，所以这条航线是十分理想的。这条航线的较早开辟也反映了中国古代认识和利用黑潮洋流航行的又一个成就。

关于洋流漂流，中国古代有"落漈"的说法。明陈侃《使琉球录》转引《大明一统志》记："落漈水至澎湖渐渐低，近琉球谓之落漈，漈者水差下而不回也。凡西岸渔舟至澎湖，遇飓风作，漂流落漈，回百无一二。"[1]陈侃《使琉球录》又载："落漈不知所在殆远，去琉球而非经过之处也。昨至姑米山所，见古米山所急湍，多闻舟有至此而败者，亦不亚于落漈之际矣。"[2]清黄叔璥《台海使槎录》云："水至澎湖渐低，近琉球谓之'落漈'。漈者，水趋下而不回也，凡西岸渔舟，到澎湖已下，遇飓风发，漂流落漈，回者百无一。"[3]"漈"或"落漈"为海水最低处，海水向此方向流动，"趋下而不回也"。显然古代"落漈"概念的提出反映着对洋流的认识。水往低处流，这是中国古人早已有的常识。由于陆地上百川归海的现象，中国古代早已认识到海是世界最低处，故古代又称海为大壑、百谷王、无底等。然而，后来古代航海者又发现海水也在流动着。这种流动有两种。一种是方向不断地呈周期性变动，他们知道这是与潮汐有密切关系的潮流；另一种则是水流定向"不回也"，这就是洋流。根据水往低处流的常识，古代自然认为这种海水定向流动是流向海水最低处，因此存在着"落漈"。根据

① 陈侃：《使琉球录》(《丛书集成》)，第53页。
② 陈侃：《使琉球录》(《丛书集成》)，第50页。
③ (清)黄叔璥：《台海使槎录》卷一《形势》。

海水流动方向,就可以知道落漈位置。由此可见,所谓"万水朝东处",即是指落漈。[①]

五　海水盐度动态规律及其应用

海水是高盐度的,自古海盐生产是沿海地区的一项重要经济活动。海水盐分对农田又是很大威胁。海啸时,海水涌入可以造成大面积的土地盐渍化。但是沿海少雨地区自古又发展潮田,利用河口地区低盐度潮水进行灌溉,发展农业。如何获得高浓度的海水以使盐业高产,又如何获得低浓度潮水以使潮田丰产,这就必须掌握海水的盐度动态规律,并充分利用这一规律。在这方面,中国古代在潮灌和纳潮中已有较高的发展。

(一)潮灌

海水平均盐度高达 35,而庄稼对盐度为 1 的水已不能适应。所以,入海河口大部分河段的水不能灌溉,土地盐渍化严重。为此,古代就在不少入海河口建立了潮闸。徐光启(1562—1633)《农政全书》指出:"新导之河,必设堵闸;常时扃之,御其潮来,沙不能塞也",旱时可"救奴涸之灾",涝时可"流积水之患"[②]。清钱泳《履园丛话》载:"沿海通潮港浦,历代设官置闸,使江无淤淀,湖无泛溢,前人咸谓便利。……闸者,押也,视水之盈缩所以押之以节宣也。潮来则闭闸以澄江,潮去则开闸以泄水。其潮汐不及之水,又筑隄阻岸而穿为斗门,蓄泄启闭法亦如之。"[③]

潮闸的作用很大,好处不少,故时有人总结道:"设闸之道有数善焉,如平时潮来则扃之,以御其泥沙;潮去则开之,以刷其淤积。若岁旱则闭而不启,以蓄其流,以资灌溉。岁涝则启而不闭,以导其水,以免停泓。"[④]古代还总结潮闸有五利:"置闸而又近外,则有五利焉。……潮上则闭,潮退即启,外水无自以入,里水日得以出,一利也;……泥沙不淤闸内……二利也;……水有泄而无入,闸内之地尽获稼穑之利,三利也;置闸必近外;……闸外之浦澄沙淤积,岁事浚治,地里不远,易为工力,四利也;港浦既已深阔,……则泛海浮江货船、木筏,或遇风作,得以入口住泊,或欲住卖得以归市出卸,官司可以闸为限,拘收税课,五利也。"[⑤]

河流下游地区,涨潮时咸重的海水上溯,并对河水发生顶托现象,造成河

---

① 宋正海、郭永芳、陈瑞平:《中国古代海洋学史》,海洋出版社 1989 年版,第 313—316 页。

② 《农政全书》卷一三。

③ 《履园丛话》四《水学·建闸》。

④ 《履园丛话》四《水学·建闸》。

⑤ 光绪《常昭合志稿》卷九《水利志》。

流水位提高,这时灌溉农田非常方便。这类农田称为潮田。潮田在古代沿海地区分布很广。"凡濒海之区概为潮田。盖潮水性温,发苗最沃,一日再至,不失晷刻,虽少雨之岁,灌溉自饶。其法临河开渠,下与潮通,潮来渠满,则闸而留之,以供车戽,中沟塍地梗,宛转交通,四面筑围,以防水涝。凡属废坏皆成膏田。"①潮田出现很早,汉唐时已有。光绪《常昭合志稿》云:"吾邑于梁大同六年(540年)更名常熟,初末著其所由名,或曰高乡,濒江有二十四浦,通潮汐,资灌溉,而旱无忧,低乡皆筑圩,是以御水,而涝亦不为患。从故岁常熟而县以名焉。"②《裴渊广州记》载:"骆田仰潮水上下,人食其田,名为骆候。"③《福建通志》:"有一等洲田,潮至则没禾,退仍无害。于禾不假人牛而收获自若。有力之家随便占据。"④古代潮田分布很广,"凡濒海之区概为潮田"⑤,南方北方均有。南方如南海海岸,"百粤有骆田,澍案,骆音架,即架田,亦即葑田也……骆田仰潮水上下,人食其田"⑥。北方如渤海,"闻昔明世袁中郎曾为宝坻令,尝行其法于壶卢窝等村,至今赖之"⑦。潮汐可以抬高水位,利于灌溉较高处土地,这是事实,但海水苦咸会危害庄稼。那么为什么沿海各地又发展潮田,用潮水来灌溉庄稼?对此,古代也早有研究。人们发现,在河口地区,由于淡水流入,海水盐度有着明显的空间和时间分布规律,只要掌握潮汐涨落规律以及海水盐度变化规律,就可以利用潮汐运动得到淡水。古人明确潮田用的水虽名为海水,实为淡水。"海潮之淡可灌者,迎而东升之。"⑧嘉靖《直隶太仓州志》则明确指出,滨海之地,潮有江、海之分,古人引水灌田,皆江淮河汉之利,而非可施之以咸潮。所以名为海水,实为淡水。其原因古人也已清楚。一是由于淡水入海,河口及河口以外地区淡水分布有很长很宽范围,形成淡水舌深入海洋。《松江府志》记:"凡内水出海,其水力所及,或至千里,或至几百里,犹淡水也,潮至还吸以入,故咸水不至内地。"⑨二是海水咸重在淡水下,形成楔形层。淡水浮于上层,因而便于灌溉。明郭璎《宁邑海潮论》云:"江涛轻淡而剽疾,海潮咸重而沉悍。"⑩明《崔鸣吾纪事》记载有一老农的话:"咸水非能稔苗也,人稔之也。……夫水之性咸者,每重浊而下沉,淡者每轻清而上浮。

---

① 《濒海潮田议》,乾隆《乐亭县志》卷一三。
② 光绪《常昭合志稿》卷九《水利志》。
③ 《汉唐地理书钞》。
④ 《古今图书集成·山川典》卷三〇九《海部三》引。
⑤ 《濒海潮田议》,乾隆《乐亭县志》卷一三。
⑥ 凉时阚骃纂清代张澍辑《十三州志》。
⑦ 《濒海潮田议》,乾隆《乐亭县志》卷一三。
⑧ 《农政全书》卷一六。
⑨ 《古今图书集成·山川典》卷三〇八《海口》引。
⑩ 《海塘录》卷一九。

得雨则咸者凝而下。荡舟则咸者溷而上。吾每乘微雨之后辄车水以助天泽不足。……水与雨相济而濡，故尝淡而不咸，而苗亦尝润而独稔。"①

(二)纳潮

海盐生产在我国历史悠久，传说炎帝时宿沙氏已煮海为盐。②《禹贡》记载青州有盐贡，春秋战国时，北方的齐国和南方的吴越均有鱼盐之利，为富国之本。西汉桓宽《盐铁论》记载，汉代盐铁已成为"佐百姓之急，足军旅之费"，"有益于国"③的重要财赋收入。汉初吴王刘濞"煮海为盐"④，拥有了起兵谋反的重要经济实力。从此盐业不断发展，煎晒盐活动遍布沿海地区，并始终是封建国家重要的财政收入之一。

海盐生产开始只用煮盐法（煮海为盐）。元代《元典章》曾记载福建盐场已用晒盐法。明章潢（1527—1608）《古今图书编》介绍在明嘉靖元年（1522年），晒盐法由福建传入河北长芦盐场，开始在我国北方盐场推广。⑤

"办盐全赖海潮"⑥。制盐的卤水取自海水，这些海水主要是靠潮汐直送到盐田的，或涨潮时抽到盐田。故盐场主要分布于潮间带。无论煮盐或晒盐总希望直接纳入高浓度潮水。但潮水浓度是随季节、昼夜、晴雨等条件不断变化的。所以，纳潮是个复杂问题。纳入的海水先要晒盐。在此阶段，不能再纳新的潮水，这又要防止潮汐侵入盐田。所以盐业生产，不仅要了解潮汐涨落时间和幅度变化规律，而且要了解潮水盐度的空间分布和时间变化规律。为了纳得高浓度海水，盐民十分了解潮水盐分变化规律。"闽浙百一俗号穷海，独盐利为饶。自清水湾以南较川沙以北水咸宜盐，近有沙堤壅隔其外，水味浸淡而煮海之利亦微。"⑦盐民中长期流传着"雨后纳潮尾，长晴纳潮头"，"秋天纳夜潮，夏天纳日潮"等谚语。古代海盐生产有专著介绍。其中包括着不少潮汐和海水盐分规律的运用。

盐场分布和潮汐涨落幅度密切相关，为此盐场分上、中、下三场。姚士粦《见只二编》云："凡煮盐俗曰趁海。一则谓趁潮可漉，一则谓趁天晴可晒也。趁海先佃海场。……分场为上中下三节。近海为下场，以潮水时浸，不易乘日晒也。其中为中场，以潮至即退。夏秋皆恒受日，易成盐也。远于海为上场。

---

① 崔嘉祥：《崔鸣吾纪事》（《丛书集成》）。
② （汉）宋衷注：《世本》（《丛书集成》）。
③ 《盐铁论·非鞅》。
④ 《史记·吴王濞列传》："濞则招致天下亡命者，益铸钱，煎海水为盐，以故无赋，国用富饶。"
⑤ 邢润川：《长芦晒法制盐起源考》，《海盐与化工》1981年第1期。
⑥ （元）陈椿：《熬波图泳·坝堰蓄水》。
⑦ 《古今图书集成·山川典》卷二〇八《海部》。

潮小至所不及,必担水洒灌,方可晒也。凡潮汛上半月,以十三日为起水,至十八日止。下半月二十七日为起水,初二日止。……潮各以此六日大满,故当潮大,三场皆没,自初二、十八日以后,潮势日减,先晒上场,次晒中场,最后下场。故上中每月得晒二场,下场或仅得其一也。凡晒盐俗曰晒灰,谋土之细如灰也。"①

(三)盐度测量

古代生产海盐不仅需要纳取浓度(盐度)高一些的海水,并且要使海水在盐池内不断蒸发浓缩,形成高盐度的卤水。当卤水盐度达到一定标准后才能煮盐,这样才能省柴、省工,经济合算。为了得到较高浓度的卤水,这又必须了解卤水的盐度。在长期的盐业生产中,古代盐民创造了多种测定盐度的有效而方便的方法,其原理类似于今天我们常用的测定溶液浓度的比重计法。

盐业生产必定要测定卤水盐度,因此可以肯定我国古代测定卤水盐度工作一定是很早就有的。宋仁宗时就已创立用莲子为比重计测定盐度法,用于盐厂确定并管理卤水质量的标准。

明代对莲子测盐度法又有改进。明陆容《菽园杂记》载:"以海水倾渍池中,咸泥。使卤水流入井口,然后以重三分莲子试之。先将小竹筒装卤入莲子于中,若浮而横倒者,则卤极咸,乃可煎烧;若立浮于面者,稍淡;若沉而不起者,全淡,俱弃不用。此盖海新泥及遇雨水之故也。"②由此可见,明代有如下改进:①莲子重量标准化,规定重三分,不能多也不能少。这大概是广大盐工们在长期测试中得到的经验。莲子比重计重量标准化,无疑可以使测试结果更加准确。②这里还考虑到卤水盐度变化的情况。海水引入池中后,要咸泥,即盐分要被池中新泥所吸收些,从而使卤水盐度减少。此外,卤水遇雨水后,盐度也会减少。这种结合盐度动态变化的盐度测定,不仅可确定此池卤水是否已可用,并且可进一步指导此池以后的卤水生产。清代仍用莲子测盐度法。清屈大均《广东新语》卷一四有记载。

浙江盐场用莲子作为比重计,这大概是当地盛产莲子的缘故,其他盐场还有用其他物品作为比重计的。

明末清初广东盐场除用莲子,还用鸡蛋、饭、小鱼为比重计。屈大均《广东新语》记载:"投以鸡子或饭,或截小鱼为两以试之,咸皆浮矣。……于是煮之则熟盐,晒之则为生盐也。生盐浮游于面,不杂泥沙,其白如雪,则为盐花

---

① 姚士粦:《见只二编》,光绪《海盐县志》卷八《舆地考·风土》。
② 《菽园杂记》卷一二。

也。"①

明、清时有用火来测定盐度的。《广东新语》:"卤既流,至三四丈为一槽载之,以火照卤,卤气冲火,火灭则良卤也。"②总之,方法多样,说明这些方法都是因地制宜从实践的基础上提炼而成的。③

第四节 海洋生物资源评价与开发

明清时期人们对于我国海洋生物资源的特点和变化,有了更全面的记述与评价,并在人工养殖业上取得了迅速的发展。④

一 海洋生物资源评价

海洋生物资源的评价,是为适应和促进开发这种资源而产生的。评价的内容和水平是不断发展的。

至明朝,珍珠资源的保护问题,已出现了理论上的评述。

明宋应星(1587—?)评论:"凡珠生止有此数,采取太频,则其生不继。经数十年不采,则蚌乃安其身,繁其子孙而广孕宝质。"⑤他正确地指出了人为过度采取,就会造成资源枯竭,提出了有利于珠母贝繁殖的措施。清初屈大均也有论述:"今天下人,……皆尚珠……有'金子不如珠子之语'","买珠之人千百,产珠之池一隅,而用珠之国,极于东西南朔",由此造成过度捕捞;"往总制林富有疏,请罢采珠,谓'珠一采之后,数年始生,又数年始长,又数年始老,故禁私采,禁数采,所以生长之。今经数采,即以人命易珠,有不能多得者'。言甚恺切"。此外,他还认为由于捕捞过度,导致历史上"多产珠"的珠池变成"无"产;"雷州之对乐池、高州石城之麻水池"是如此,"东莞之大步海媚珠池","又县之后海龙岐、青嬴角、荔支庄一十三处"也是这样。⑥ 林富之疏和屈氏之论,对于注意保护珍珠资源是值得借鉴的。

明清时海洋生物资源的利用有了较大发展。一个明显的例子是捕杀大型海兽——鲸有新的发展。这不仅说明了资源利用技术的进步,也说明对古代鲸资源的评价思想会有较大影响。明顾岕《海槎余录》载:"(海鳅)俟风日晴

第九章

明清时期的海洋学探索

---

① 《广东新语》卷一四。
② 《广东新语》卷一四。
③ 宋正海、郭永芳、陈瑞平:《中国古代海洋学史》,海洋出版社1989年版,第324—326页。
④ 宋正海、郭永芳、陈瑞平:《中国古代海洋学史》,海洋出版社1989年版,第330页。
⑤ 宋应星:《天工开物·珍玉》。
⑥ 《广东新语》卷一五。

暖,则有小海鳅浮水面。眼未启,身赤色,随波荡漾而来。土人用舴艋装载绳缳,举枪中其身,纵缳任其去向。稍定时,复以前法施射一二次,毕则掉船并岸,刱置沙滩,徐徐收缳。此物初生,眼合无所见,且忽枪痛,轻样(漾)随波而至,渐登浅处,潮落,阁置沙滩,不能动,举家脔其肉,作煎油用,大矣哉。"康熙《雷州府志》也有捕鲸记载:"疍户聚船十,用长绳系标枪掷击之,谓之下标,三下标乃得之。次标最险,盖首未知痛也,末标后犹负痛行。数日船而尾之,俟其困毙,连船曳绳至水浅处,始屠。"①这两种记载指出,由于鲸属大型动物,有大量的油和肉可资利用。此外还说明,即使捕捞幼鲸也非易事,而要靠集体力量,且要有必要的渔船和特制工具。

在前人认识的基础上,明清时期对于捕捞黄鱼和采捞鲍鱼之类的难易性,都有较详细的记载。关于深水捞采珍珠的工具和艰难,也有生动的描述。除了这些评价的进展之外,关于河鲀有毒部分,明黄省曾《鱼经》和李时珍《本草纲目》所记,都比以前记载为详。综合而论,增记了鱼卵、眼及血液有毒。这些与王充所记鱼肝有毒,都已为现代研究所肯定。从唐至明清,还对烹调加料和解毒药物作了研究,提出了多种用料和药物。这对于有效地利用味质极佳的河鲀肉,具有重要作用。关于海洋生物本身的药用价值问题,从汉朝记载始,及至明清,经历着不断发展的过程。南北朝陶弘景(456—536)的《名医别录》和《神农本草经注》所载,已经利用了鱼类、软体动物、爬行类、节肢动物和藻类等,唐朝又增记了兽类和鸟类。至明朝,李时珍总结了历史上的成就,并有发明。以石决明为例,《名医别录》记它主治"目障、翳痛、青盲,久服益精轻身"②。唐李珣说它主治"肝肺风热、青盲内障、骨蒸劳极"③。而李时珍指出它还可"通五淋"④,扩大了主治范围。

屈大均对海南岛的海藻资源作了新的评价。他写道,海南岛有"菜厂",加工琼枝和草珊瑚,"味甚脆美,一名石花,以作海藻酒,治瘿气,以作琥珀糖,去上焦浮热。大抵琼之利,槟榔、椰为上,海菜次之。海菜岁售万金"⑤。此外,还评述了当地人利用其他海藻为菜食的情况。评论表明,海藻被制成新产品,开辟了海藻的新用途,从而成为当地的一项重要商品。

随着海洋生物类别和分布知识的积累,概括地评述这种资源的组成和海区异同性,已经成为可能和必要。明屠本畯就已作了这种评述。

屠本畯,生卒年月不明,字田叔,浙江明州(宁波)人,明朝海洋生物学家。

---

① 康熙《雷州府志》卷二。
② 《本草纲目·介部》卷四六。
③ 《本草纲目·介部》卷四六。
④ 《本草纲目·介部》卷四六。
⑤ 《广东新语》卷二七。

自述"本畯生长明州。盖波臣之国,而海客与居,海物惟错,类能谈之"①。担任鹾丞期间,应余君房要他介绍闽中海错的请求,很注意研究当地海洋生物。万历二十四年(1596 年)写成专著《闽中海错疏》。全书共分三卷,较简要地记述了 259 种生物的名称、形态和习性,还有一些食用质量的评价。所记绝大多数为海产,且以无脊椎动物和鱼类为多。虽然是记述闽中海产,但还附带地记载了某些外省"海错"。此外,他还在书序中写道,海洋鱼类,"多而不可算数,穷推大则难以寻常量度。是惟海客谈之,波臣辨之,习之甘(即噉)之,否则疑而骇骇而弃矣……海镜江珧,虎头龟脚,冯虾寄蟹,变蛤化凫,奇形异质,总总林林。闽故神仙奥区,天府之国也;並海而东,与浙通波;遵海而南,与广接壤。其间,彼有此无,十而二三耳"。他既指出了海洋生物的多样性,又指出了闽、浙、粤海区生物资源的同异性。②

二 海洋生物的人工养殖

在相当长的历史时期内,由于渔业生产力水平不高、海洋捕捞能力有限,面对着取之不尽的海洋渔业资源,我国古代渔民似乎难以切身地感觉到藉海水养殖以增加渔业资源的重要性和必要性。因此,直至宋代,海水养殖的萌芽才稀疏地出现。③ 然而,当历史的车轮驶进明代时,海洋环境便发生了根本性的变化,虽然海还是那样的海,渔业资源还依然是那样丰富,但由于森严的渔禁令强制性地缩小了渔业的生产空间,故对于渔民来说,便等于直接减少了渔业的生产资源。与此同时,随着渔业生产力的进步,海洋捕捞能力有了很大的提高,因而近海的渔业生产资源就更显得不足。在此海洋社会背景下,既能增加渔业的生产资源又不致触犯海禁令的两全之策就非发展海水养殖业莫属了,这也就是海水养殖业兴起和发展于明清的根本原因。④

(一)人工养殖的海洋生物种类

据明朝《蛎蛎考》记载,福建福宁县人于 15 世纪创造了插竹养殖法。明福宁沿海地区,"田少海多,往往藉海为活"。尤其是"竹屿孤岛无田可耕,无山可垦,宣顺(1426—1464 年)以前,渔箔为生。成弘(1465—1505 年)而后,箔废而蛎业兴。肇自先民取深水牡蛎之壳,布之沙泥,天时和暖,水花孕结,而蛎生壳中,次年取所生残壳而遍布之,利稍蕃。然蛎产多鲜,巨鱼逐群馋食无厌,众心

---

① 屠本畯:《闽中海错疏》序。
② 宋正海、郭永芳、陈瑞平:《中国古代海洋学史》,海洋出版社 1989 年版,第 335—338 页。
③ 参见张震东、杨金森:《中国海洋渔业简史》,海洋出版社 1983 年版,第 228 页。
④ 欧阳宗书:《海上人家——海洋渔业经济与渔民社会》,江西高校出版社 1998 年版,第 159 页。

胥戚，取石块团围，稍无害。但石块不过三五，波浪风倾，害复如前。乃聚议：扈以竹枝水中摇动，鱼惊不入。哀我人斯百计经营……竹枝生蛎。乡人郑姓者遂斫竹三尺许，植之泥中。其年丛生，蛎比前更蕃。因名曰竺。以竹三只故名也。乡人转相慕效，竺蛎遂传……竺竹生蛎，仅百余年"①。这"百余年"是嘉靖年间（1522—1566年）写《蛎蛳考》时上推的时间。当时竹屿人之所以也能独立地创造插竹养殖法，是由于注意总结实践经验而加以改革的结果。当地人民"慕效"先进生产技术的精神是很宝贵的，也是出现"蛎业兴"的重要原因之一。据考证，从明成化间（1465—1487年）始，除竹屿有养殖外，邻近涵江、沙江和武岐一带居民，也有养蛎为业。②

古代浙江和广东也有养蚝业。屈大均较早地记述了广东的养蚝。屈大均是清初学者。他不仅擅长文学，而且对海洋生物有较多研究。对南海海生兽类、鱼类、禽类、介类及藻类等，都有探讨；既注意天然海产，也关注人工养殖。他写道："东莞新安有蚝田……种蚝。又以生于水者为天蚝，生于火者为人蚝……其地妇女皆能打蚝，有打蚝歌。予尝效为之，有曰：一岁蚝田两种蚝，蚝田片片在波涛。蚝生每每因阳火，相叠成山十丈高。"又曰：在"冬月真珠蚝更多，渔姑争唱打蚝歌。纷纷龙穴洲边去，半湿云鬟白波"③。这里"蚝生于火者"，是指烧石投水，蚝生长其上。这是一种不同于插竹养殖的投石养殖法。清李调元（1734—?）对这种方法有较详细的记述："以石烧红散投之，蚝生其上；取石得蚝，仍烧红石投海中。岁凡两投两取，谓之种蚝。"④嘉庆《东莞县志》亦有类似记载。

养蚶业在明朝见诸著作的就更多了，清朝也不乏记载。李时珍较早记载了浙东的养蚶业："今浙东以近海田种之，谓之蚶田。"⑤李时珍是明代杰出的医药学家。所著《本草纲目》52卷，全书收录历代诸家医药之书所载药物1518种，新增药物374种，纠正了古籍中药名、品种、产地的某些错误，其中包括许多海洋生物的研究成果，是我国古代医药学和动植物学的重要文献。此书记载养殖蚶的前面，尚有这样一段记载："《临海异物志》云：蚶之大者，径四寸……肉味极佳。"这被清朝成书的《格物镜原》和《渊鉴类函》所引。此两书且将此与浙东养蚶历史联系，认为三国时《临海异物志》记载了浙东养蚶。这是对《本草纲目》所记的一种误解。唐朝才有浙东和浙西之分，故认为三国时浙东已有养蚶，当误。

---

① 郑鸿图：《蛎蛳考》。
② 民国《霞浦县志》卷一八。
③ 《广东新语》卷二三。
④ 李调元：《南越笔记》卷一三。
⑤ 《本草纲目·介部》卷四六。

明王世懋的《闽部疏》记载，闽中海错，"蚶不四明"；"蚶大而不种，故不佳"。这是说宁波种蚶，这蚶质量比闽中天然所产的大蚶还好。这种评论可能合乎实际，因为宁波可能选择了较好的蚶种和环境进行养殖。稍后的《闽中海错疏》也引述了以上的记载，并明确"四明蚶有二种：一种人家水田中种而生者，一种海涂中不种而生者，曰野蚶"①。从以上两书的记载看，闽中养蚶较宁波为晚，可能在万历二十四年（1596年）尚未出现。至于广东的养蚶业，清康熙时已有记载："惠，潮多蚶田"②。粤东近现代养蚶业，当从古代发展而来。

人工养殖蛏类，明朝已广及闽、粤。当时的《本草纲目》、《正字通》及《异鱼图赞补》等书均有记载。"时珍曰：蛏乃海中小蚌也，其形长短大小不一……其类甚多。闽粤人以田种之，候潮泥壅沃，谓之蛏田。"③此后，养殖方法已有较详记载。以养竹蛏为例，明何乔远《闽书》记道："耘海泥若田亩然，浃杂咸淡水乃湿生如苗，移种之他处乃大。"据此书记载，在福建的蛏田，以"福州、连江、福宁州最大"④。

我国古代人工养殖的海生软体动物，其种类不局限于牡蛎、蚶、江珧及蛏类，据清初著作所记，广东沿海还养殖"白蚬、蛴"等类。⑤ 应提到的是还有人工养殖珍珠贝，通过人工措施，促使它产珠。从宋庞元英《文昌杂录》卷一记载可知，这种方法最迟在宋朝就已经出现了，到清朝屈大均又作了较详细的记载，他写道："凡珠有生珠、有养珠。生珠者以蚌晒之日中，其响开则珠光莹，谓之生珠……养珠者以大蚌浸水盆中，而以蚌质车作圆珠，俟大蚌口开而投之，频易清水，乘夜置月中，大蚌采玩月华，数月即成真珠，是为养珠。养成与生珠如一蚌，不知其出于人也。"⑥虽未言明属海产珠母贝，但可能包括此类。这种养殖方法，还不属大面积水域生产，而是在盆缸中，且催产珍珠方法，与现代用珠媒殖入它的内套膜珍珠层中有别。虽然如此，但毕竟是人工养殖珠母贝，且催产珍珠方法也是一种创造。

海洋鱼类是海洋生物资源中的主要组成部分。其中的个别种类，在我国古代已有人工养殖。黄省曾较早地记述了这种养殖："鲻鱼，松之人于潮泥地凿池，仲春潮水中捕盈寸者养之，秋而盈尺，腹背皆腴，为池鱼之最，是食泥，与百药无忌。"⑦这里的"松"，指松江地区，即今上海地区。"与百药无忌"，是

---

① 《闽中海错疏》卷三《介部》。
② 《广东新语》卷二七。
③ 《本草纲目·介部》卷四六。
④ 《古今图书集成·博物汇编·禽虫典》卷一五八。
⑤ 《广东新语》卷二七《介部》。
⑥ 《广东新语》卷一五《货语》。
⑦ 黄省曾：《养鱼经·一之种》。

对鲻的食用质量的评价,意为食鲻鱼对服百药无副作用。黄省曾是明朝前期吴郡(今苏州市)人,对动物及其人工养殖有一定的研究,著有《兽经》和《养鱼经》。① 其中,后者对前人的《养鱼经》②有较大发展,分鱼种(种苗)、养殖方法及江海鱼类三部分,对鱼池规格、养殖鱼类的选择、鱼饲料、防他鱼及水兽为害及其他注意事项作了总结,还描述和评价了多种海鱼。所载养殖鲻鱼为后人著作所引用。明胡世安的《异鱼图赞补》也有援引。此书所附的《异鱼赞闰集》又较详细地记述了鱼苗的选择问题。他写道:"流鱼如水中花,喘喘而至,视之几不辨,乃鱼苗也。谚云:'正乌二鲈',正月收而放之池,皆为鲻鱼,过二月则鲈半之。鲈食鱼,畜鱼者呼为鱼虎,故多于正月收种。其细似海虾,如谷苗,植之而大。流鱼正苗时也。"胡世安作出如此宝贵的补充,说明他也很重视海洋生物资源的养殖。他是明后期四川安县人,万历四十六年(1618年)写成《异鱼图赞补》一书。全书3卷,另附"闰集"。此书主要是对明杨慎(1488—1559)的《异鱼图赞》作补充,征引文献甚多,共作赞110首。所赞230多种动物中,多数为海产,除鱼类外,还有海兽、软体动物、节肢动物及棘皮动物等,着重描述它们形态和习性的奇异性,还有分类与命名及资源评价等内容。它是我国古代较集中记述海洋动物的一部重要文献。

乾隆《香山县志》记载:"乌头鲮……可畜于池";"鲻鱼,产于池中。头颇黑者乌头鲻,尤美,及冬益肥"。据近人研究,其鱼苗是由南海县九江乡人贩卖供应。此乡在明末清初已有发达的鱼苗业,贩卖各地③。据此可以推论,养殖乌头鲮和鲻鱼,当不局限于香山县;广东沿海养殖海鱼也在乾隆以前已经出现。我国古代养殖海鱼的地方,除上海和广东以外,据研究还有福建、浙江和河北沿海一些地区。④

(二)人工养殖海洋生物的规模

明清时代因是将海水养殖业看做弥补因渔禁造成的渔场面积过小和渔业生产资源不足的战略高度而加以发展的,所以在发展规模上较之前代取得了突飞猛进的成就。这里所指的"规模"包括三方面的内容:其一是指地域分布规模。宋元时代的海水养殖业就目前所见的史料来看,只出现在极少数沿海地区的少数渔村,而明清时代则几乎覆盖了中国沿海的所有省区,尤其是闽、

---

① 黄省曾的《养鱼经》书名,见明隆庆、万历初王文禄辑刊《百陵学山》"岁号"。万历间周履靖辑刊的《夷门广牍》卷七二中,将它记为《鱼经》。
② 黄省曾的《养鱼经》引有春秋末陶朱公范蠡养鱼论。有的古籍记载为陶朱公《养鱼经》。
③ 佛山地区《珠江三角洲农业志》编写组:《珠江三角洲农业志》(初稿)第3册,1976年铅印本,第21页,第39页。
④ 张震乐、杨全森:《中国海洋渔业简史》,海洋出版社1983年版,第228—229页。

粤、浙等东南沿海地区,发展规模更大。必须指出的是,之所以会出现这种区域间的发展不平衡,主要是因为东南沿海受渔禁的实际冲击力要大于其他沿海省份,兼之这一沿海区域是中国海洋渔业的重要生产区,人口与耕地紧张的矛盾又甚于其他省份,剩余渔业人口在难以向农耕之路大规模分流时,便自然而然地要在海水养殖上努力寻找出路。"规模"的第二个内容是指生产规模。兴盛发展起来的明清海水养殖业已不是处于做试验田的阶段,而是大面积推广。① "规模"的第三个内容是指养殖品种的数量规模。宋元以前海水养殖的品种只有牡蛎等为数极少的几种,而到了明清时代,海水养殖品种数量激增,有牡蛎、泥蚶、缢蛏、**蚵**、**蠣**、海蛤、虾、蟹、紫菜、海兔、鲻鱼等几十个品种,涉及贝类、鱼类和海藻类三大门类,其中以贝类养殖品种最多,鱼类次之。②

在渔禁政策高压下兴起的明清海水养殖业无论是在养殖规模上,还是在养殖技术上,抑或是在产品的商品化程度上,均取得了空前的发展。这一产业的兴起不仅为其时沿海的部分剩余渔业人口找到了一条"衣食之源",更积极地驱动了中国传统的"采捕型"海洋渔业缓慢地朝着现代"生产型"海洋渔业方向发展。我们认为,就像从采集转向农业,从狩猎转向饲养家畜一样,明清中国海洋渔业由天然捕捞向人工养殖发展也应该可以看做中华文明的一次重大转折和中国海洋社会的一场"蓝色革命"。虽然在明清时代海水养殖业还没有实力与海洋捕捞抗衡,虽然与现代海水养殖业相比明清海水养殖还显得幼小、原始和落后,虽然它的发展速度还较缓慢,发展步伐也不大,但是这一切的一切都无法抹杀它在中国海洋渔业发展史上所具有的划时代的转变意义。它缓慢前进的方向不仅代表了现代海洋渔业的重要发展方向,而且也代表了未来海洋渔业的发展方向,因为"水产养殖业将成为世界未来十大热门行业之一","渔业的未来是养殖业"。③

---

① 欧阳宗书:《海上人家——海洋渔业经济与渔民社会》,江西高校出版社 1998 年版,第 163 页。
② 欧阳宗书:《海上人家——海洋渔业经济与渔民社会》,江西高校出版社 1998 年版,第 165 页。
③ 中国水产科学研究院科技情报研究所编:《国外渔业概况》,北京科技出版社 1991 年版,第 7 页。

第十章
明清时期的海洋信仰①

海洋信仰是人类在向海洋发展以及开拓、利用过程中对异己力量的崇拜，亦即对超自然与超社会力量的崇拜，从根本上说就是海洋性信仰。它主要产生和传承于民间，但有些又往往受到上至朝廷帝王的敕封和祭祀，因而越发强化了它的"神"格品位和传承播布的"功力"。我国的海洋信仰传统深远，其中海神家族成员众多而庞杂，而又有自身的构成规律可循，其海洋神灵的结构体系，是由海洋水体本位神与水族神，海上航行的保护神与海洋渔业、商业的行业神，镇海神与引航神三个系统的神灵构成的，它是古代的海客舟子在精神世界中构筑的一个生命安全与获取海洋经济利益的保障系统。在陆域与海岛各类海洋社会中的神灵祭祀活动，都极大地增强了海洋社会内部的凝聚力，强化了海上活动的群体精神。这种海洋神灵体系伴随着人们走向海洋、追求海洋经济利益而出现、发展和充实，它的发展、充实又大大增强了人们去追求海洋经济利益的信心与勇气，间接促进了海洋经济的发展。这种神灵信仰的出发点与归宿在功利方面的一致性，从"虚幻世界"折射出中国海洋传统文化乃至中国传统文化的实用理性之光。

明清时期是我国海洋信仰极为泛滥、极为兴盛的时期。这一时期的海洋信仰上承前代，下延近世，有不少至今仍在传承，因而对这一时期海洋信仰的考察，为其完整、系统起见，对不少内容向前代作了追溯，对不少内容也向后世作了延伸，同时尽可能地作了一些总体的系统分析。

---

① 厦门大学王荣国教授对明清时代的海神信仰与经济社会作了全面系统的研究。本章引见王荣国：《明清时代的海神信仰与经济社会》，博士论文，厦门大学 2001 年。其专著《海洋神灵——明清时代的海神信仰与经济社会》由江西高校出版社 2003 年出版。

第一节 明清时期的海洋传奇

明清时期，随着海洋经济的发展，人们开发海洋的广度和深度比前代大大加强了，对海洋也有了更多的认识。但面对潮起潮落、广阔无垠的大海，对许多海洋自然现象仍然无法作出科学合理的解释。海洋在人们心中依然充满危险、神怪与传奇，人们在走向海洋的同时，也在试图营造一个海上的心灵庇护所。

一 海洋自然现象传奇

大海航行充满危险与惊悸。长时间海上航行并经历了九死一生的海客舟子到达目的地之后难免绘声绘色地谈起自己在海上的遭遇，其谈论好像"天方夜谭"。"落漈"之说就属此类。如清袁枚《子不语》所记："海水至澎湖渐低，近琉球则谓之'落漈'。落者，水落下而不回也。有闽人过台湾，被风吹落漈中，以为万无生理。忽闻大震一声，人人跌倒，船遂不动。徐视之，方知抵一荒岛，岸上砂石，尽是赤金。有怪鸟，见人不飞，人饥则捕食之。夜闻鬼声啾啾不一。居半年，渐通鬼语。鬼言：'我辈皆中国人，当年落漈流尸到此，不知去中国几万里矣。久栖于此，颇知海性。大抵阅三十年，落漈一平，生人未死者可望归。今正当漈水将平时，君等修补船只，可望生还。'如其言，群鬼哭而送之，竟取岸上金沙为赠，嘱曰：'幸致声乡里，好作佛事，替我等超度。'众感鬼之情，还家后各出资建大醮，以祝谢焉。"①在科学未昌明的古代，有关"落漈"的"海外奇谈"完全会使人信以为真而增加对泛舟海洋的恐惧。

海上航行经常要受暗礁、巨鱼等的威胁，有效地避免其危害成了航海者共同的心愿。据说"宜兴西北乡新芳桥邸，农耕地得一物，圆如罗盘，二尺余团圆，外圈绀色，似玉非玉，中镶白色石一块，透底明空，似晶非晶，突立若盖。卖于镇东药店，得价八百文。塘栖客某过之，赠以十千，至崇明卖之，得银一千七百两。海贾曰：'此照海镜也。海水沈黑，照之可见怪鱼及一切礁石，百里外可豫避也'"②。能够窥视大海深处的所谓"照海镜"在中国科技落后的古代是不可能有的，那只是海客舟子们编造出来的"神话"，反映了他们美好的愿望。③

"海市蜃楼"奇观是由空气中的温度不同而导致空气层垂直密度的差异，

---

① （清）袁枚：《子不语》，上海古籍出版社1998年版，第479页。
② （清）袁枚：《子不语》，上海古籍出版社1998年版，第668页。
③ 王荣国：《明清时代的海神信仰与经济社会》，博士论文，厦门大学2001年，第20页。

从而产生的光折射,把远处的景物显示在空中或地面,形成各种奇异景象,给人如梦如幻的感觉。在我国沿海一带大都能见到这种现象。①

《史记·天官书》中就有关于"海旁蜄(蜃)气象楼台"的记载。② 晋伏琛《三齐略记》亦有"海上蜃气,时结楼台,名海市"的记载。显然,晋朝以前的人已经把这种奇观称为"蜃气"、"海市"。无论称"蜃气",还是称"海市"都与海有关。古代有人认为,海市蜃楼是由海中的蛟龙、蛤蜊吐出的气形成的,即"蛟蜃之气所为"③。宋代的沈括算是很有科学头脑,他所著的《梦溪笔谈》被誉为"科学史上的坐标"。虽然他对"蛟蜃之气所为"之说表示怀疑,即"疑不然也",却没有提出新的科学的解释。明代的谢肇淛则提出"海市"是"海气"即"海水之精"聚结而成。他说:"登州海上有蜃气,时结为楼台,谓之海市。余谓此海气,非蜃气也。大凡海水之精,多结而成形,散而成光。凡海中之物,得其气久者,皆能变幻,不独蜃也。余家海滨,每岁秋月极明,水天一色,万顷无波,海中蚌蛤,车螯之属,大者如半珠,与月光相射,倐忽吐成城市楼阁,截流而渡,杳杳至不可见方没。海滨之人亦习以为常,不知异也。至于蚌、蜻、蚶、蛎之属,厨下,暗中皆生光尺许,就视之,荧荧然,其为海水之气无疑矣。"④在谢肇淛看来,大凡海中之物,得"海气"久者,"皆能变幻",不仅限于"蜃",蚌、蜻、蚶、蛎等都能"吐成城市楼阁"。谢氏认为对于"海市",其家乡(福建)"海滨之人亦习以为常,不知异也",其实自不必然,见到海市蜃楼奇景,毕竟难以不有惊奇之状。这里还要指出的是,谢氏关于海市成因的见解并没有真正否定"蛟蜃之气"成因说。明清时期,海市是"蛟蜃之气所为"的解释仍普遍流行。明代的李时珍在《本草纲目》中说:"蛟之属有蜃,状似蛇而大,有角,能呼气成楼台城郭之状,将雨即现名蜃楼,亦曰海市。"⑤清代人的《粤中见闻》说,广东"龙穴洲常有龙出没,蛟蜃之尝蒸为城阙、楼台、人物、车骑,错出于层峦迭巘间。舟行海中弗见也,自外望见,变幻斯见。即之辄远,离之复近,虽大风雨不能灭"⑥。如梦如幻的"海市蜃楼"已经给大海以神秘的感觉,古人不知道这种幻景现象是由于光折射造成的而作出具有神秘性的解释。有关海市蜃楼的成因无论是"蛟蜃之气所为"之说,抑或"海水之精"说,都给海市蜃楼、给茫茫大海增添了几许神奇,几多莫测。⑦

---

① 王荣国:《明清时代的海神信仰与经济社会》,博士论文,厦门大学 2001 年,第 21 页。
② 《史记》卷二七《天官书第五》,《二十四史》《缩印本》第 1 册,第 341 页。中华书局 1997 年版。
③ (宋)沈括:《梦溪笔谈》卷二一《异事·海市》。
④ (明)谢肇淛:《五杂俎》卷三《地部一》。
⑤ (明)李时珍:《本草纲目》卷四三《鳞之一·蛟龙附蜃》。文渊阁四库全书本。
⑥ (清)范瑞昂:《粤中见闻》卷一二《地部九》"广海"条。
⑦ 王荣国:《明清时代的海神信仰与经济社会》,博士论文,厦门大学 2001 年,第 22—23 页。

二　海船神灵信仰

在沿海和海上社会民间看来,作为从事海洋渔业捕捞、海洋商业贸易、海洋航运工具的海船同样也具有神灵性。海船船体的重要部位,被渔夫舟子们视为海船的灵性之所在。

尖首尖底船是明清时期比较流行的船型。这类船的底部有根贯通首尾的大梁,被视为灵物。《广东新语》载,广东的海船"船底从一木以梁"①,福建、浙江的海船亦然。浙、闽、粤沿海渔夫舟子通常称船底的大木梁为"龙骨"。如清嘉庆五年(1800年)李鼎元任册封琉球副使时,其所使用的使船大多有龙骨。②又如《福建省民俗志》载,福建沿海渔家把渔船船底一根木头称为"龙骨"。③

为了使海船的"龙骨"具有灵性,造船时在安装龙骨的过程中,船主要举行仪式。如福建"平潭人在龙骨各承接处,夹放有棕、布等物品,据说用以避邪去晦。闽南沿海习惯在'龙骨'缝隙中塞进古钱数枚,大多用铜钱。当地渔民认为,铜钱能驱邪,装若干铜钱意味着航行有保障,不怕水妖风邪的侵扰。……龙海县船民喜欢塞些金银纸于'龙骨'缝中,据说以钱开道能逢凶化吉"④。厦门渔船的龙骨被视为灵魂所在。新船钉龙骨时不仅要选定吉时良辰还要由船主与造船的大师傅将一条数尺长的红布钉在龙骨上,象征渔船捕获红红火火。⑤浙江舟山群岛渔家在造船时,"根据渔民古老风俗,在新船的骨架搭成后,用一块小木头,挖个小孔,里面放进铜板、铜钱或银元等物,放进水舱的梁头里,表示这是船的灵魂。……据说铜或银等金属能镇邪驱灾,若是有金的东西放进去那就更好。……有的小岛还用妇女身上的东西或生活用品,诸如头发、手帕之类,缚在铜钱上,一起放进小孔里。他们认为女人身上的东西,有避邪的作用"⑥。在安装船灵魂的仪式时,要唱相应的仪式歌。⑦在舟山,这种安装"船灵魂"的习俗至今流传。

海船船头有一对船眼睛,渔夫舟子通常称之为"龙目"或"龙眼"。据记载,

---

① (清)屈大均:《广东新语》卷一八《舟语·操舟》下册,第477页。
② (清)李鼎元:《使琉球记》卷二,陕西师范大学出版社1992年版,第56页。此书卷二记载李鼎元本人与琉球耳目官"淡次间,亦以二号船无龙骨为虑",据此可知使船中大多有龙骨。
③ 林国平主编:《福建省志·民俗志》,方志出版社1987年版,第25页。
④ 林国平主编:《福建省志·民俗志》,方志出版社1987年版,第26页。
⑤ 陈复授:《海洋文化的一朵奇葩——厦门渔民旧时习俗考略》,厦门市社会科学界联合会编:《迈向21世纪海洋新时代——厦门海洋社会经济文化发展国际学术研讨会论文选》,厦门大学出版社2000年版,第245页。
⑥ 金涛:《独特的海上渔民生产习俗——舟山渔民风俗调查》,《民间文艺季刊》1987年第4期。
⑦ 姜彬主编:《吴越民间信仰民俗——吴越地区民间信仰与民间文艺关系考察和研究》,上海文艺出版社1992年版,第287页。

福建沿海渔船船头常装置一对龙目。渔民对龙目的安装特别讲究,"通常要在船眼的周边各钉上 3 枚钉子。钉子上挂有红布条"①。厦门渔民在打造新船,安装船头两侧的"龙目"时,要选属龙的渔民为渔船安装。而"龙目"垂下的三条红绫,中间代表妈祖,左右分别代表千里眼与顺风耳。② 广东沿海的海船(包括渔船)船头画有"龙目",通常人们俗称之为"大眼鸡"③。江苏海州湾一带渔船船头有块横木叫"金头","金头上要雕一对龙眼。龙眼两侧上方要钉两根铁钉,叫元宝钉。元宝钉上各挂一束红绿布条,叫彩子"④。有的论者认为,东南沿海的帆船普遍有龙目,但江苏的沙船是个例外。⑤ 事实上,无论是尖首尖底的"福船"与"广船",还是平首平底的江苏沙船,其船首都有船眼亦即"龙目"。龙目的描绘各地大同小异,但福建惠安县海船的龙目则因船只的用途不同而有所区别,"出海打鱼的船,船眼是朝下,寓意靠海吃饭;若是贩运的货船,船眼朝(上),说明是靠天吃饭"⑥。

"龙目"的神灵性是通过"开光点眼"仪式赋予的。福建惠安崇武半岛的渔民新船造好后,于"下水前夕对'龙目'还有一番特别的'点睛'仪式,需要在眼球周围镶上许多红布条,烧香焚冥钱后方涂上油彩。……渔船使用数年后还得举行换目仪式,使它重新明亮"⑦。江苏海州湾的渔船船头之金头上雕有一对龙眼。装金头时,船主烧香磕头,在锣鼓鞭炮声中,木匠大师傅一边执笔开光一边说彩话。所谓"开光",即先在两只龙眼上涂颜色,使之呈白眸黑睛,然后进行点眼(或叫点睛),即以公鸡冠上新取的鲜血点在两只龙眼的正中心。所有的海上渔船,每年出海前都要重新进行开光。⑧

海船的桅杆也具有神灵性。古代海上航行全靠扬起船帆利用风力,没有船桅就不能扬帆,足见船桅是海船中的重要构件。船桅数量依海船的体量大小而定。一般海船的体量小,船桅数就少,海船的体量大,船桅数就多。由于桅杆在海船中的重要性而被渔夫舟子称为"将军"。江苏海州湾的渔民称大桅

① 林国平主编:《福建省志·民俗志》,北京方志出版社 1987 年版,第 26 页。
② 陈复授:《海洋文化的一朵奇葩——厦门渔民旧时习俗考略》,厦门市社会科学界联合会编:《迈向 21 世纪海洋新时代——厦门海洋社会经济文化发展国际学术研讨会论文选》,厦门大学出版社 2000 年版,第 245 页。
③ (清)张心泰:《粤游小志》卷一一,《小方壶舆地丛钞本》。
④ 刘兆元:《海州湾渔风录·一》,《民俗研究》1991 年第 1 期。
⑤ 陈希育:《中国帆船与海外贸易》,厦门大学出版社 1991 年版,第 398 页。
⑥ 林国平主编:《福建省志·民俗志》,北京方志出版社 1987 年版,第 26 页。
⑦ 潘宏立:《一个闽南渔村的信仰世界——福建惠安港村信仰民俗的田野调查》,《民俗研究》1991 年第 2 期。
⑧ 刘兆元:《海州湾渔风录·一》,《民俗研究》1991 年第 1 期。

为大将军,二桅、三桅、四桅、五桅分别为二将军、三将军、四将军、五将军。①福建亦然。福建沿海渔民除了称大桅为大将军,亦有称"掌兵元帅"②。

航海者通常要举行祭桅。据清李鼎元的《使琉球记》记载,册封琉球的使船在行船之前,"命道士举醮祭桅,行一跪三叩首礼"③。官方出使琉球使船的祭桅仪式是向民间的渔夫舟子学来的,反映了当时民间普遍存在祭桅的习俗,说明沿海渔夫舟子将船桅视为"神将",而且要对其举行祭祀仪式。

以上所述的是沿海的渔夫舟子极尽想象之能事,从各局部赋予海船以神灵性。若就整个形体而言,最常见的则是以海船象征龙,海船在海上行驶宛如龙在游动。明代的《地罗经下针神文》载:"伏以奉献仙师酒一樽,乞求保护船只财物,今日良辰下针,青龙下海永无灾。"④可见明代的商船就被视为"青龙"。浙江舟山渔民认为,船头即龙头,"船是木龙"⑤。宁波、台州等地的渔民亦作如是观。⑥清人郁永河的《海上纪略》载,闽海"凡海船中,必有一蛇,名曰'木龙',自船成日,即有之,平时曾不可见,亦不知所处。若见木龙去,则舟必败"。福建还有的地方认为老鼠与人相伴,房子刚奠基时老鼠就会"登门",同样海船的桅杆一树立,老鼠也就"登船"⑦。

还有的将渔船形体做成龙与鱼混合型。明清时期,福建、广东沿海一带还使用艚船。因颜色不同而有"乌艚船"与"白艚船"之分。乌艚船主要用于运粮与海盐,而白艚船则主要用于捕鱼。这种艚船的形状像一条"海鳅"。白艚船舷侧涂两只大黑眼睛,乌艚船舷侧涂两只大白眼睛,"海鳅远见,以为同类不吞噬"⑧。"海鳅"就是"鲸鱼",属于海洋鱼类中的庞然大物,会伤害海上海船及船上渔民或商人的生命安全。渔夫舟子将海船的形体做成"海鳅"状是为了使鲸鱼见了以为是同类而不去伤害。必须指出的是,这种海船的形体肖形并非单一。如艚船形似鲸,船眼则称"龙目",事实上,是"龙"与"鲸"的混合体。又如,浙江舟山渔民认为,"我们的祖先历来相信船有灵魂,是活的,不信你看船在水里的影子:翘起板斧似的两只角,头搁三叉铁锚,两边鼓着一对黑白分明的眼睛,船肋突起红绿相间,三道褐蓬鼓满风像翅膀,桅顶红旗加镶边三角蓬,分明是一只似龙非龙,似鲨非鲨的怪异生灵"⑨。

① 刘兆元:《海州湾渔风录·二》,《民俗研究》1991年第2期。
② 林国平主编:《福建省志·民俗志》,北京方志出版社1987年版,第26页。
③ (清)李鼎元:《使琉球记》卷二,第56页。
④ 向达校注:《两种海道针经》《顺风相送》,中华书局点校本2000年版,第23—24页。
⑤ 金涛:《独特的海上渔民生产习俗——舟山渔民风俗调查》,《民间文艺季刊》1987年第4期。
⑥ 王水:《吴越渔民的信仰与习俗调查》,《民间文艺季刊》1989年第2期。
⑦ 邱桓兴:《中国民俗采英录》,湖南文艺出版社1987年版,第296页。
⑧ (清)屈大均:《广东新语》卷一八《舟语·操舟》下册,第479页。
⑨ 王水:《吴越渔民的信仰与习俗调查》,《民间文艺季刊》1989年第2期。

此外,渔夫舟子还对海船船体施以彩绘图案。油漆彩绘不仅为了使渔船船体牢固耐用,而且还有宗教信仰方面的作用。如浙江舟山群岛新船打造好后,船尾股上总要画一条大泥鳅。据传海泥鳅是海龙王的外孙,在东海上封为鱼皇帝,东海水族都由它管束。① 福建惠安崇武半岛旧式木帆船整个船舷装饰着红、黑、绿、白等颜色绘成的"鮟鱼"的抽象图案,它张大口,瞪着凸眼令人生畏。这种鮟鱼是传说中的神鱼。②

从以上所述可知,在渔夫舟子看来,海船从其整体造型到各个局部如龙骨、船眼、桅杆乃至图案皆有神性,其神性与海上航海者的海上生活乃至海洋渔业、海洋商业贸易等都发生着联系。如在浙江舟山,认为渔船在水中的投影为"似龙非龙,似鲨非鲨的怪异生灵",能"叫海里一切妖魔鬼怪开路让道"③;在福建惠安渔民眼里,"海洋为龙王所主宰,鱼虾龟蟹都得听它的调遣。渔民出海,怕的是遇见大鲨鱼,大鲨鱼一来,把别的鱼吓跑了,捕不着鱼不说,还会使渔船遭害。把渔船画成龙状,便可吓跑大鲨鱼"④。就是说,把船处理成龙的形状,既是为了渔船与渔民的安全,也是为了保证能捕到鱼,对于运输船、商船来说,也可以免受侵害。这是就海船形体的神性功能而言的。彩绘图案的神性功能亦与此相近。如浙江舟山群岛渔船船尾绘着海泥鳅,人们认为大鱼见了会躲避,渔船也就安全了。⑤ 福建惠安崇武渔船所绘的鮟鱼,据说能"驱鲨避鲸,逢凶化吉"⑥。就龙骨的神性功能而言,主要是"镇邪驱灾"⑦,"逢凶化吉","劈风斩浪,讨宝招财"⑧。就船桅而言,江苏海州湾的渔船所贴的春联,大桅为"大将军八面威风",三桅为"三将军日行千里",四桅为"四将军一路福星",五桅为"五将军保驾复兴"或"五将军五路财神"⑨。说明其被赋予的神性功能主要在于保佑海船在海上航行平安,"顺风吉利"⑩。

海船最具神灵性的是船头的"龙目",这与海船从开始建造到完工,特别是开光点眼如神明一样享受了许多香火有一定的关系。广东沿海的渔夫舟子认

① 金涛:《独特的海上渔民生产习俗——舟山渔民风俗调查》,《民间文艺季刊》1987年第4期。
② 潘宏立:《一个闽南渔村的信仰世界——福建惠安港村信仰民俗的田野调查》,《民俗研究》1991年第2期。
③ 王水:《吴越渔民的信仰与习俗调查》,《民间文艺季刊》1989年第2期。
④ 邱桓兴:《中国民俗采英录》,湖南文艺出版社1987年版,第296页。
⑤ 金涛:《独特的海上渔民生产习俗——舟山渔民风俗调查》,《民间文艺季刊》1987年第4期。
⑥ 潘宏立:《一个闽南渔村的信仰世界——福建惠安港村信仰民俗的田野调查》,《民俗研究》1991年第2期。
⑦ 金涛:《独特的海上渔民生产习俗——舟山渔民风俗调查》,《民间文艺季刊》1987年第4期。
⑧ 林国平主编:《福建省志·民俗志》,北京方志出版社1987年版,第25页。
⑨ 刘兆元:《海州湾渔风录·二》,《民俗研究》1991年第2期。
⑩ (清)李鼎元:《使琉球记》卷二,版本比较多,第56页。

为,"海船刻巨目两,骇鱼龙,禁其作祟"①。在渔夫舟子看来,"龙目"不仅具有"识途"功能,而且具有多种功能。如江苏海州湾渔民认为,"船头上所雕之龙眼,经过鸡血点睛,又享受若干香火,已有灵性,确能使船在海上不迷失方向,又避邪照财"②。又如福建沿海渔民相信,"如果船无眼睛辨不清方向,容易迷航或触礁搁浅"。有了船眼睛,"能避沙驱雾,明视远方"③。在惠安崇武渔民看来,点睛后的"龙目"能使渔船不迷失方向,能捕到鱼。他们"相信'龙目'不明亮打不到鱼,还会迷失航向"④。可见,沿海不同地方的民众赋予"龙目"以不同的功能。但总的说来,龙目的神性功能可归结为:其一,在海船航行时能辨清方向,驱雾使渔船不致触礁,避沙使海船不致搁浅;其二,避邪骇鱼龙,禁其作祟,保证海船上的人的生活安全,以便能顺利完成运输、捕鱼任务。要而言之,海船充满神性,其神性主要体现在保佑渔夫舟子在海上的生命与生活安全乃至海上讨生计的安全。

海船的神灵性是渔夫舟子在海上同海洋险恶的自然环境搏斗的"工具"、心灵安宁的保障。明代的航海者就有这种观念,而这种观念是由前代承继下来的,海船的神灵性从根本上说属于原始宗教信仰。在海洋民间社会看来,不但海船的桅杆具有神灵性,海船上的有些用具亦具有神灵性。明代人就将锚视为"龙爪",锚索视为"龙根"。如《顺风相送·歌》载:"新做宝舟新又新,新打艇缲如龙根,新铸艇齿如龙爪。"⑤又如江苏海州湾一带的渔民认为,渔船上的"太平锚"、"太平篮"、"太平斧"也同样都有神灵性,不准任何人从其上跨过去,更不准在它面前做犯忌的事,说犯忌的话。要是"有人不注意在太平锚面前做错事说错话,除了遭耳光之后,船老大要到太平锚前烧香磕头,口念'老锚老锚不见怪,小人做事要担待'"⑥。显然,这里所体现的是原始的万物有灵意识。在渔夫舟子看来,大海是由龙王主宰的,海洋的波浪是龙王震怒所致。在海上讨生计难免触犯龙王,把船的形体做成"龙"的形状是为了与龙王结亲缘,免得龙王发怒危及海船上人员的生命;把船的形体做成"鲸"的形状也是为了与鲸结亲缘,避免鲸对海船的侵害。在渔夫舟子眼里,大海充满灵性,为了对付各

---

① (清)张心泰:《粤游小志》卷一一。
② 刘兆元:《海州湾渔风录·二》,《民俗研究》1991年第2期。
③ 林国平主编:《福建省志·民俗志》,北京方志出版社1987年版,第26页。
④ 潘宏立:《一个闽南渔村的信仰世界——福建惠安港村信仰民俗的田野调查》,《民俗研究》1991年第2期。
⑤ 向达校注:《两种海道针经》《顺风相送》,中华书局点校本2000年版,第47页。
⑥ 刘兆元:《海州湾渔风录·二》,《民俗研究》1991年第2期。太平锚即出海的渔船船头上放的一个最大的铁锚,不到万分危急不动用它;太平篮即后梢挂的大竹篮,专供船遭风暴交了锚时放在海里阻水用的,起到稳住船体随风慢慢游动的作用,太平斧即后舱放着的一把大斧头,专供遭风暴危急时砍桅杆和剁锚缆用的。

种灵怪的侵扰作祟,保证海上捕鱼生产与生活的平安,而把渔船做成"似龙非龙,似鲨非鲨的怪异生灵"。在船体上绘"海泥鳅"、"鲛鱼",其用意亦然。众所周知,东南与南部沿海生活的古越族人习惯断发文身"以像鳞虫"。掘汉高诱解释:"文身,刻画其体为蛟龙之状,以入水蛟龙不害也,故曰以像鳞虫。"① 又据《说苑》载:"翦发文身,烂然成章,以象龙子者,将避水神也。"② 事实上,上述有关海船的种种象征与彩绘图案都属于图腾崇拜,其目的也是为了避免蛟龙巨鱼的伤害与海上神灵的作祟。③

第二节 明清时期的海神家族

明清时期,由于民间海洋贸易的发展,海商们不仅信奉妈祖,也信奉关帝、三官大帝、土地公等,由于海外移民潮流的涌现与海洋渔业的发展,许多陆域的护境神信仰以及海岛渔村的护境神信仰也出现了"海洋化"。特别是我国沿海民众向近海海域的岛屿带移民从而导致了一批岛神、礁神等的出现,尤以浙江舟山群岛为突出。地方性的海神开始增多。由于基督教、伊斯兰教在沿海民间特别是渔村的传播,基督教的上帝、耶稣,伊斯兰教的安拉也被渔夫舟子视为海神,中国民众观念中的海神家族增添了"洋兄弟"。由于郑和下西洋、施琅进军台湾等官方的海洋活动都被传说是得到了海神妈祖庇佑,朝廷屡屡册封妈祖,使之由"天妃"而升格为"天后",乃至"天上圣母"。由于女海神妈祖被"捧上天",使得东海海神、南海海神的地位继续跌落。海神妈祖信仰在全国进一步传播,成了全国普遍信奉的海神。④

一 海洋神灵的结构体系

我国古代人们信仰的海洋神灵多而杂。神灵世界不过是人类的异化,人类观念的对象化罢了。经过认真观察与思考,我们不难发现,海洋神灵虽然阵容庞大,但也有其结构层次。

(一)海洋本位神灵

所谓"海洋本位神灵"是指对海洋水体的崇拜产生的海洋神灵,对栖息在

---

① (汉)刘安著、高诱注:《淮南鸿烈解》卷一《原道训》。文渊阁四库全书本。
② (汉)刘向:《说苑》卷一二《奉使》。文渊阁四库全书本。
③ 王荣国:《明清时代的海神信仰与经济社会》,博士论文,厦门大学2001年,第31—37页。
④ 王荣国:《明清时代的海神信仰与经济社会》,博士论文,厦门大学2001年,第44—45页。

海洋中的水族的崇拜而产生的鱼神、龟神等。正如古人所说的"自有天地以来，即有此海；有此海即有神以司之"①。由于远古时代人类认识水平的局限，先民们在"万物有灵意识"的观照下把自身周围的一切都看成有灵性的，同样大海的水体也被视为充满灵性的世界，也生活着"神灵"。每一个海洋都有海神，如四海之神。夏商时期就有祭祀"四海"之举，表明当时已有了"四海"神灵。隋唐时期出现的"四海龙王"崇拜也属于"海洋本位神灵"崇拜。

潮神、港神也是海洋水体崇拜的构成部分，因为海洋波涛和海港本身与海洋水体密不可分。波涛之神即潮神、涛神，是推波助澜之神。波涛之神原先属于自然崇拜。远古先民们看到大海波涛时起时落，以为其中有着超自然的力量在支配，从而产生了对波涛的崇拜。这种崇拜最初属自然崇拜，自然神后来演化为"人神"。伍子胥则是影响最大的"人神化"后的潮神。伍子胥是吴王夫差的臣下，因屡谏遭谗，被夫差赐剑自杀。临终时，戒其子："悬吾头于南门以观越兵之伐吴；以鱼皮裹吾尸，投于江中，吾当朝暮乘潮以观吴之败亡。"从此海门山潮头汹涌，高数百尺。朝暮再来，其声震怒，雷奔电击，闻百余里。当时有人看到伍子胥乘素车白马立于潮头，认为伍子胥已经成为潮神，于是立庙奉祀。② 从此，潮神伍子胥为浙江民间的民众所信奉。其信仰后来又逐渐扩展到福建沿海民间。不过，在浙江沿海有些地方民众所供奉的潮神不是伍子胥而是"安知县"。相传很久很久以前，宁波镇海海中有一条海蛇在兴风作浪，危害海上往来的渔夫舟子的生命安全。有一个姓安的知县斩了那条海蛇，使东海风平浪静。后来安知县被封为东海潮神。不仅宁波的渔民信奉他，舟山、温州等地的渔民也信奉他。③ 潮汕的潮神是俗称水父、水母的神灵。在古代先民的眼中，天上飘浮着的每一朵云朵都有一个精灵、一个鬼魂在推动着，同样浩瀚的大海上涌起万千层波浪，每一朵浪花也都有一个鬼魂在推动着，那就是推潮鬼。而那些推潮的鬼都集中在潮部。据《夷坚志》记载："宋代明州人沈富，溺于钱塘江，为江神录为潮部鬼，每日职推潮，劳苦备至。年满方求代脱去。"④

港神也就是海港之神，职司港道。港神的产生要晚于潮神，应是海港形成以后的中古时期。据《八闽通志》载，福建的"甘棠港"旧名"黄崎港"，"先有巨石为舟楫之患，唐观察使王审知祷于海灵，一夕震雷，暴雨达旦，则移其艰险，

---

① （清）全祖望：《天妃庙记》，《清朝续文献通考》卷一五八《群祀考二》。清刘锦藻撰原本。
② （五代）杜光庭：《录异记》卷七二。
③ 金涛：《独特的海上渔民生产习俗——舟山渔民风俗调查》，《民间文艺季刊》1987年第4期。
④ （宋）洪迈：《夷坚志》上册，中州古籍出版社1994年版，第268页。

别注平流。闽人以审知德政所致,表请赐今名,封其港之神为显应侯"①。据
《闽书》记载:"有巨石梗舟。王审知就祷海灵,夜梦金甲神,自称吴安王,许助
开凿;因命判官刘山甫往祭。中祭,海中灵怪毕出。山甫凭高视之,风雷暴兴,
见一物,非鱼非龙,鳞黄鬣赤。凡三日夜,风雷始息,已别开一港,甚便舟楫。
闽人以审知德政所致,表请赐今名,封港神为显应侯。"②从以上所引记载可
知,海港有港神。甘棠港之神的形象"非鱼非龙,鳞黄鬣赤",可谓怪物!"港
神"属于"海灵"一类。不仅福建有港神,其他地方也有港神。据清代《废铎呓》
一书记载,今荣成上庄镇的黄华山上古有黄华庙,庙内祀奉的黄华大王是护佑
千步港一带海域的海神。③ 事实上黄华大王就是港神。

　　风神是一种对自然现象的崇拜。风的流动性极大,不仅能够自由地超越
崇山峻岭、平原河谷,而且能够自由超越江河大海,因此风神具有陆神与海神
的双重品格。渔夫舟子崇拜风神并将其视为海神。古代的海船是帆船。"海
船利在风。风起灭顺逆,一军安危系焉。"④说明帆船在海上行驶,其快慢与风
力的大小有关,渔夫舟子的生命安危也与风力的大小有关。在万物有灵意识
支配下,古代人们认为风力的大小也是由神主宰。据《山海经》记载:"帝女游
于江,出入必风雨自随;以其帝女,故称孟婆。"孟婆因此而被奉为司风的风神。
《南越志》载:"飓母即孟婆,春夏向有晕如虹者是也。"风神孟婆亦即飓母。由
于飓是风大而烈者,常使渔船遇难,因此渔民虔诚地供奉并信仰风神。各地都
有风神庙,其塑像多为老媪。渔船始发或归来,均往拜祀。海舶在海上航行如
果遇上狂风巨浪,常常会遭到船翻人亡的灭顶之灾。同样,如果遇到大雾迷天
也有相当大的危险性。福建沿海有些地方的渔民中流行"神仙难撑雾天船"的
口头语,足见其危险。风神即风师爷,为渔民们所普遍奉祀。在他们看来,奉
祀风师爷可以驱散迷雾、避免台风。⑤ 此外,古代的航海者们也把"飓"冠以神
名,如"关帝飓"、"观音飓"等。从中我们不难想象在古代人们的眼里某种"飓"
的风是与某一神灵有密切关系的,作为自然现象的"飓"也被古代的渔夫舟子
打上了"神灵信仰"的文化烙印。

　　海洋水族崇拜是"海洋水体本位神灵"的又一重要构成部分,因为海洋鱼
虾龟蟹由海洋水体中产生,而其生长、生活又须臾离不开海水。鱼神是对海洋

① (明)黄仲昭:《八闽通志》卷一二《地理·山川》福安县"甘棠港"条,点校本,福建人民出版社1990
　　年版上册,第232页。
② (明)何乔远:《闽书》卷三一《方域志》福安县"甘棠港"条,第一册,第755页。
③ 张政利、吴高军:《荣成渔民的谷雨节仪式及其演变》,见曲金良主编《中国海洋文化研究》第1卷,
　　文化艺术出版社1999年版,第153页。
④ (清)周学曾等:《晋江县志》上册,点校本,福建人民出版社1990年版,第109页。
⑤ 〔日〕窪德忠:《道教诸神》,四川人民出版社1989年版,第26页。

鱼类的崇拜,确切地说,主要是对巨鱼的崇拜。山东沿海及其岛屿的渔民崇奉鲸鱼为海神,俗称其为"老人家"。由于尾随鲸鱼后面能够捕到大量的鱼,渔民认为是鲸鱼追逐鱼群入网,又称其为"赶鱼郎";捕鱼丰收就是发财,故又将鲸鱼视为"财神赵公元帅",俗称"老赵"。山东桑岛的渔民称鲸鱼为"老爷子",无论在岸上还是在海里,见到就烧香纸。据说,渔船跟着鲸鱼能网到大批的黄花鱼。因此,渤海湾里打鱼的船只,在渔汛期如果见到鲸鱼追食鱼群,便称之为"过龙兵",一般船只不敢靠前,只有烧纸钱祷告,等鲸鱼过后,尾随其后捕捞,可获得丰收。① 舟山渔民将鲸鱼称为"乌耕将军",看到"乌耕"露面意味着鱼群将至。② 浙南的玉环、洞头一带的渔民于三月开春时,看见第一条浮出海面的大鱼即为海神,要举行祭祀。③

鲨鱼崇拜在我国沿海也普遍存在。山东龙口市屺岇岛的渔民如果出海遇大鲨鱼即"龙兵",要叫鲨鱼为"老人家",并且要多说些好话:"老人家,您别发脾气,俺这有老有小的,不容易。"④在浙江舟山群岛,如果渔船在海上遇到恶鲨,渔民往往口中念念有词,并"向海中撒米,抛小旗,祀祷大鱼速速回避"。传说,鲨鱼露面是因为它到龙宫赶考迷了路,要找人指点而出海问讯。舍米是给鲨鱼充饥,施旗是给它指点迷津,否则鲨鱼要掀翻船的。⑤ 厦门渔民崇奉中华白海豚,相传白海豚曾经救援过落水的渔民,且能阻止凶恶的鲨鱼进入港口。因此,称之为"镇港鱼",亦称"妈祖鱼"。渔民还能通过它洄游的方位推测某些鱼群洄游的规律,因而受到渔民的崇拜。旧时渔家在海上遇到"妈祖鱼"要烧香祝愿,以祈求平安和丰收。⑥

海龟、海鳖崇拜在我国沿海也普遍流行。辽东半岛的先民视海龟为海神,亦即"元神",至今民间每年农历五月十三日要祭祀元神,捉到海龟要放回大海。⑦ 山东长岛渔民也崇拜海龟,海里作业不准捕捞它,一旦网上,也要立即虔诚地放回海里去。⑧ 福建沿海渔民"捕鱼中若发现海龟,要恭敬地送回大海

第十章

明清时期的海洋信仰

① 郭洋溪:《山东海乡民俗拾零》,《民间文学论坛》1989年第5期。
② 金涛:《东亚海神考述》,见上海社会科学院东亚文化研究中心编:《东亚文化论谭》,上海社会科学院东亚文化研究中心,第126—127页。
③ 金涛:《东亚海神考述》,见上海社会科学院东亚文化研究中心编:《东亚文化论谭》,上海社会科学院东亚文化研究中心,第126—127页。
④ 彭文新:《屺岇岛村民俗文化调查》《民间文化论坛》1989年第5期。
⑤ 金涛:《舟山渔民生产习俗调查》,《民间文艺季刊》1987年第4期。
⑥ 陈复授:《海洋文化的一朵奇葩——厦门渔民旧时习俗略考》,《迈向21世纪海洋新时代——厦门海洋社会经济文化发展国际学术研讨会论文选》厦门大学出版社2000年版,第243页。
⑦ 刘长青:《从元神岗的名称说到元神崇拜》,见曲金良主编:《中国海洋文化研究》第1卷,文化艺术出版社1999年版,第138—142页。
⑧ 山曼:《山东内陆文化与海洋文化之比较》,《民间文学论坛》1989年第5期。

里。渔民习惯把海龟看做海中的吉祥物,是渔家保护神的化身"①。海中的大鳖被视为神灵。山东沿海地区与岛屿的渔民认为,"大鳖不能捕,是仙物"。如果捕捞上来了,必须放回海中,还要说:"哎呀,老人家,对不起,对不起。"②此外,在我国海洋渔村社会中还有鲛鱼崇拜、海泥鳅崇拜等。必须指出,水族崇拜属于原始自然神崇拜。海龙王信仰产生以后,水族崇拜就被纳入海龙王崇拜系统中,变成为海龙王的鱼兵蟹将。

(二)航海保护神与渔商专业神

在古代,渔夫舟子要在浩瀚无垠、充斥神怪而又风涛莫测的大海上讨生计,必须依靠强有力的保障系统。而这种保障系统在航海技术相当落后的古代只能建立在虚幻的世界之中,即构筑"神灵保障系统"。这种"神灵保障系统"主要由海上航行保护神与从事海洋渔、商经济活动的专业神组成。

1. 海上航行的保护神

无论是从事海洋运输,还是从事海洋渔业、海洋商业,都要在海上航行相当长的时间,其航程也随着时间的增长而增长。航程长,海况相应也复杂。在海上航行的时间长,不可避免地要遇到多变的气候。在航海交通工具与技术相当落后的情况下,渔夫舟子只能仰仗神灵保护。因此而产生了众多的海上保护神,大致可分为全国沿海海域及其岛屿民间普遍奉祀的保护神和某一区域性海域及其岛屿民间奉祀的保护神。

隋唐以前是否存在全国性民间普遍奉祀的航海保护神尚不清楚。唐宋时期则有观音、妈祖等。观音要算是我国历史上第一尊女性海上保护神。妈祖则是继观音之后出现的又一尊具有全国影响的女性海上保护神。水仙尊王也是我国沿海一带比较普遍奉祀的海神。水仙尊王即水仙王,是"大禹、伍子胥、屈原、李白、王勃"或作"大禹、伍子胥、屈原、项羽、鲁公输子"成神的历史人物的共同称号。水仙信仰流行于江、浙、闽、粤、台诸省,其信仰覆盖面比较大。土地公是土地的守护神,因其神阶最低而具有普遍性。不仅陆地有土地公,就是在海域及其岛屿上也有土地公。土地公的信仰具有普遍性,我国沿海各地从事海洋渔业、海洋商业的人普遍供奉。

区域性的海洋保护神是指为某一区域民众所奉祀,不见于其他区域的海上保护神。因区域的大小不同,可分为以下几种:

其一,跨省区的海上保护神,如晏公、临水夫人等。晏公,原名戍仔,临江府清江镇人。据记载,毗陵为张士诚所据,徐达屡战不利,明太祖亲率冯胜等

---

① 林国平主编:《福建省志·民俗志》,北京方志出版社 1987 年版,第 28 页。
② 彭文新:《屺嵫岛村民俗文化调查》,《民间文学论坛》1989 年第 5 期。

扮为商贾,顺流而下前往援助。因江风大作,舟船将覆,太祖乞神保佑,有穿红袍者前来相救。太祖问:"是谁救我?""默闻曰:晏公也。"洪武年间,"江岸当崩,有猪婆龙在其下,迄不可筑"。因受老渔的指教钓得猪婆龙,"岸乃可成,众问老渔姓,曰姓晏……明祖闻之",于是封为"神霄玉府晏公都督大元帅"①。晏公初为内陆的水神,江河湖泊多有奉祀,大概于明代演变为海神。据《定海县志》卷九记载:"晏公庙,县南半里,祀海神。取海晏之义。别庙一在县西旧水关内。"又《闽都记》载:"晏公海神,取义海晏。闽滨海多祀之。"②显然,晏公之所以从内陆的水神转为海神,除了水缘关系外,很可能还与其神号"晏"字有关,人们望文生义,将其释为"海晏"。晏公信仰流行于浙江沿海,苏南沿海与福建闽东沿海亦有流行。晏公除了单独奉祀外,也有作为妈祖的配祀神。

临水夫人也是跨省区的海上保护神。临水夫人原名陈靖姑,福建福州下渡人,父陈昌,母葛氏。陈靖姑自幼就很有灵性,妙龄时与刘杞结婚。婚后怀孕数月,时值附近一带干旱,她毅然堕胎,专一为民祈雨。由于她的赤诚之心感动了上天,终于求来了雨,解除了旱情。但她自己却因为劳累过度而死去,年仅 24 岁。相传陈靖姑死后有人目睹她在福建古田临水洞挥剑斩大蛇为民除害,于是在临水洞上建庙奉祀,并尊其为"临水夫人"。临水夫人主要是救助妇女难产与保护未成年的儿童,同时还具有祈雨、斩杀水妖、掌管江河的功能。初为闽江流域的船民所尊奉,后来演化为妈祖下属的海神,具有保护海船、救助海难的职能。陈靖姑作为海神,其信仰主要流行于闽东与浙东南。渤海湾沿岸则奉祀金龙大王等。

其二,一个省区的海上保护神。这类保护神管辖范围通常跨越了府的界限。在广东,伏波将军、达奚司空等是其地方性海洋保护神。福建是海神妈祖的故乡,在海神妈祖产生前已出现了一批海神,如泉州南安九日山的通远王。唐代的柳冕也被莆田沿海民众奉为海神。福州演屿神姓陈,生前是福建观察使富沙陈岩之长子,死后成为海神。宋宣和中,给事中路允迪出使朝鲜,海舟于途中遇难,赖"演屿神"庇佑而获济。③ 上述福建诸神产生于晚唐至宋代,并大多至明清时期仍有影响。此外,尚有拿公、尚书陈文龙等。

浙江沿海一带也有地方性的海神,如隋炀帝、陈相公等。在山东,成山头沿海民间信奉始皇帝为海神。秦始皇被渔民奉为海神是清朝嘉庆朝的事。一艘江南货船北上,在成山头附近海域沉没,仅账房先生徐复昌幸免于难。据徐

第十章

明清时期的海洋信仰

---

① (清)赵翼:《陔余丛考》卷三五,商务印书馆 1957 年版,第 774—775 页。
② (明)王应山:《闽都记》卷九《郡城西北隅》侯官县"晏公坊"条,道光十年重刊本,台湾成文出版社 1967 年影印。
③ 曹刚等:《连江县志》卷二一《祠祀》"昭利庙"。民国二十二年(1933 年)刊本。

复昌说，他是被始皇庙里发出的一丝白光指引上岸的。从此，"秦始皇"在民众中名声大振。后来，徐复昌回江南化缘重修始皇庙，并出家于庙中，终其一生到处宣传始皇的神力，使一代帝王演变成一方海神。刘公岛的刘公刘母原是历史上真实的人，死后成神，"舟人经其地者，必致祈祷焉"①。荣成渔民信奉的赤山明神，是今石岛一带的保护神。②

其三，一个府或县的海上保护神。南天水尾圣娘是海南岛民众奉祀的海神。据说，很久以前有一位渔民在海上下网捕鱼，每次下网都捞起一块木头。渔民许愿说："如果给我捕到鱼，就把这块木头当神来膜拜。"话说完，果然灵验，他一下网就捞起一大网的鱼。于是他把那块木头雕成神像进行崇拜。从此以后，附近海滨的渔民也都信奉南天水尾圣娘。③ 实际上这种神属于漂流神。莱芜神女是广东澄海县沿海的一尊地方性海神。传说她是凤凰仙姑的弟子，看到此地渔民受到海怪鱼精的危害，私自下凡除害，不料反被惩罚，曝尸海边。后来化成莱芜岛，东屿是她的头颅，海边的两座山是她的乳房，东屿附近有一片褐色的石堆是她流的鲜血，南屿和北屿是女神的履桃。她世世代代保护着渔民的安全。当地民众管这里叫向美人。④ 羊山神是嵊泗列岛的海神。据清代人的《郑伪纪事》记载，顺治年间郑成功率兵北伐，途经羊山。羊山有山神，"独嗜畜羊，海船过者必置一生羊去，久之蕃息遍山至不可计数"。郑成功的战舰泊于山下，将士竞相捕杀羊为食，引起山神大怒，刮起大风使战舰相撞，"船人损十之七八"。说明羊山神是管辖羊山附近海域的海神，大凡路过的渔夫舟子都要奉献活羊以求海上航行平安。狐仙太爷也是地方性海上保护神。狐仙太爷的形象是白胡子、红光满面的老头子，保护着山东屺嵊岛附近的海域。⑤ 海难中遇难者的冤魂也能保佑渔夫海客在海上往来的安全。渔民在海上捕鱼时凡是渔网打捞到骨头（人骨、鱼骨、兽骨等）都要带回集中收藏。在福建惠安崇武、大岞等地可以看到"聚圣宫"、"头目宫"集中收藏前述各种骨头。厦门的渔民也有这种风俗，大凡在海上发现漂流着的人尸，在渔网中或大鱼腹中发现人体的残骸都要带回妥善处理。厦门港的"田头妈"就是专门安葬这类尸骨的小庙。⑥

① （清）毕懋第、郭文大：《威海卫志》卷一《疆域》。民国十八年（1929年）铅印本，台湾成文出版社影印。
② 张政利、吴高军：《荣成渔民的谷雨节仪式及其演变》，见曲金良主编：《中国海洋文化研究》第1卷，北京文化艺术出版社1999年版，第153页。
③ 童家洲：《日本华侨的妈祖信仰及其与新、马的比较研究》，《华侨华人历史研究》1990年第4期。
④ 隗蒂编著：《潮汕诸神崇拜》，汕头大学出版社1997年版，第17—18页。
⑤ 彭文新：《屺嵊岛村民俗文化调查》，《民间文学论坛》1989年第5期。
⑥ 陈复授：《海洋文化的一朵奇葩——厦门渔民旧时习俗考略》，《迈向21世纪海洋新时代——厦门海洋社会经济文化发展国际学术研讨会论文选》，厦门大学出版社2000年版，第246页。

此外,海洋渔民、海外移民等往往将本地的保护神或本村的护境神如王爷等当做海上保护神。不仅如此,渔民海商大凡信奉基督教、伊斯兰教者,通常把上帝、真主视为海神而祈求其保佑海上安全。海船本身在古代海洋的渔民舟子眼里具有神灵性,同样具有保佑海上航行安全的功能。

2.海洋产业的专业神

在海洋产业中,海洋渔业有专业神,这种专业神主要是保佑捕鱼丰收。渔师爷、楚太等就属于这类专业神。"渔师爷",亦称"渔师菩萨"。相传渔师菩萨原来是一位船老大。他在冬钓结束后的次年春季,率先发现了黄鲥发季节已到,并且能够根据水色、潮流、风候、气温等准确判别鱼发地点。渔船随其出海,都能获得丰收,因此被渔民们奉为"渔师"。渔师去世后,渔民们尊之为"渔师菩萨",并为其立庙。[1] 渔师菩萨信仰主要流行于浙江台州地区沿海渔民中。"楚太"也是一位渔业神。楚太信仰流行于江苏海州湾一带渔民中。相传楚太是佛山地区的一位船老大。他为人善良,能舍己为人,并且能呼风唤雨,有"半仙"之称。在一次航行中,为保护全船的人能够安全与家人团聚,自己牺牲了性命。死后归真,专门保护渔民在海上安全捕鱼。至今海州湾一带的渔船在海上航行时,船老大都要经常向四处远眺,称作"望楚太"。渔民认为,凡是望见远处云雾之中隐隐约约有船只,就是楚太出坛显灵,必然太平无事,还能多取鱼。如果在某一海区捕鱼,开始望见有隐约的船只在移动,后来船影逐渐消失,表明楚太移动了地方,意在告诉渔民本渔区鱼少或有风险,应立即起锚到别的海区捕捞。[2] "长年公"则是广东潮汕沿海渔民信仰的渔业神。

无论是"楚太",还是"长年",原来都是渔业生产中的行家里手。所以,渔师崇拜、长年公崇拜等实际上是一回事,都是渔民的行业神崇拜。中国沿海许多地方的渔民以妈祖为渔业的行业神(或专业神),事实上,那只是海神妈祖的一方面的职能,而不是她的唯一职能。

打鱼用具诸如网具等也都具有神性。网神是将率先发明渔网者尊奉为神,也属于海神族类。舟山群岛的渔民中信仰的网神,一说是海青天海瑞发明一捕墨鱼的轮子网,从而被尊为网神;一说伏羲从蜘蛛结网捕飞虫的启发发明了渔网,从而被尊为网神。[3] 浙江、山东等沿海及其岛屿的渔民大都信奉网神。此外,关公、圣堂菩萨是海客舟子尊奉的财神。

(三)镇海神与引航神

镇海神灵通常是在沿海的海岸地带,个别则在海岛上。在古代的人们看

---

① 童家洲:《日本华侨的妈祖信仰及其与新、马的比较研究》,《华侨华人历史研究》1990 年第 4 期。
② 刘兆元:《海州湾渔风录·三》,《民俗研究》1991 年第 3 期。
③ 金涛:《东亚海神考述》,上海社会科学院东亚文化研究中心编:《东亚文化论谭》,第 126 页。

来,大海被一种超自然与超社会的力量控制着,大海的狂风怒潮被视为"海神"的意志支配的结果,"海龙王"产生以后又被认为是其威力所致。而洪灾则被视为"海龙王"对人类的惩罚,因而希望有一种神能镇住"海龙王",以免给人们带来灾难。石头是自然生成之物,坚硬而耐久,海边的巨石虽任狂风海潮的冲击而巍然屹立。所以先民们认为石头是有灵性的,并对其怀有敬畏的心理,从而产生了石头崇拜。江苏海州湾的大村海清寺塔附近曾有"二石屹然",俗称"石剑"。据吴铁秋《苍梧片景·云台山的异闻》记载:"形象厌龙脉,半插地下半地上",是为镇海之物。据谢元淮《云台新志·恩莱》记载,云台山"遥镇洪流"四字为康熙皇帝所书。花果山照海亭的"云台遥镇,海不扬波"八大字摩崖题刻都具有"镇海"之意。在海州,此类石镇海的例子甚多,如秦山岛东侧的"二大将军"石,捍海堰"万金坝"边的"石人",海州山南"石人"等等,都是古海州人们祭海、镇海习俗所遗留下来的遗物。南海圣王是广东潮汕一带所产生的海神。现在人们见到的"南海圣王"亦即"南海王",是一块稍微雕出鼻眼残损的石虎,并在其上命名为"敕封南海王"①。海门莲花峰旁有三块顶天立地的巨石,远看似并列的船帆,被封为"镇海将军石"、"宁海将军石"、"静海将军石",被称为"镇海三将军石"。这三块石头是作为海神供奉的。② 从根本上说,"三将军石"与"南海王"都属于镇海灵石。

引航神是指为渔夫舟子指引航道、航向乃至港道,不至于发生海难而能平安抵达目的地的神灵。引航神大多是在夜间以灯火专门为夜航船只引航。海船在茫茫的大海上夜航最容易出事,有的因迷失方向而失踪,有的触礁而船破。夜海引航对于渔夫海客来说,因关系到身家性命的安危而显得十分重要与迫切,夜间引航神就是渔夫海客这种愿望的产物。引航神大都位于海岛的岛岸。"笼裤菩萨"就是浙江舟山中山街列岛的渔民信奉的一尊"引航神"。据说很久以前,有一位福建前往浙江海域的渔民在黑夜航行中遇上风暴,渔船触礁沉没,一家人不幸葬身鱼腹,仅一年老的渔民幸免于难而上岛。他想因为岛上没有灯塔自己家人才被大海吞没。从此,他每逢黑夜就擎着火炬为夜海中的渔船引航,使不少渔船免遭灭顶之灾。老人去世后,渔民们感戴其恩德,造庙塑像供奉,尊之为"菩萨",俗称"笼裤菩萨"。菩萨是渔民死后成神的,其塑像的装束完全是穿着"笼裤"的渔民打扮。至今舟山中山街列岛仍流行"青浜苗子湖,菩萨穿笼裤"的谚语。福建的苏碧云与圣公爷也是引航神。苏碧云,同安人,生于明天启年间,读书乐道,淡薄功名,不求仕进。晚年移居海岛生活。由于熟悉海道,凡经他指点的海船都平安无事。死后在海面上屡屡显现

① 隗芾编著:《潮汕诸神崇拜》,汕头大学出版社 1997 年版,第 17 页。
② 隗芾编著:《潮汕诸神崇拜》,汕头大学出版社 1997 年版,第 17 页。

灵异,所以许多海船"均祀香火"①。据《台湾县志·外编》载,圣公爷原来姓倪,生长于海滨,"熟悉港道"。生前为海舶总管,死后成神。"舟人咸敬祀之。"福建的闽南与台湾流行其信仰。在台湾的"泉漳舟人多祀其神,以其熟识港道"②。说明圣公爷属于引航神,主要是港道引航。

沿海海岸也有引航之神。"胜山娘娘"则是浙江慈溪县胜山一带的引航神。慈溪县胜山面临大海。相传很久以前山上有座茅草房,住着一位老婆婆,她夜夜点灯纺纱,茅屋里的油灯放出的微弱的光使在茫茫夜海迷航的船只辨明了方向,好多渔船因此而得救。老婆婆死后,渔民们尊之为神,称之为"胜山娘娘",并在胜山上建庙供奉③,祈望能够继续为渔民引航、指点迷津,保护渔民身家性命的安全。④

二 明清时期妈祖与海龙王影响力的消长

到了明清时期,海神妈祖被封建王朝捧为"天后"、"天上圣母",妈祖在海洋社会中的影响力跃居龙王之上,龙王的神格继续跌落。这表现在:

一方面,龙王在海洋社会中原来拥有的地盘丢失。在山东"南北主要航线上,在重要码头地区,龙王作为海神的地位丧失殆尽"⑤,表现在龙王庙被拆毁或改为其他庙宇。如山东黄县的龙口原先信仰龙王,后来改信仰海神天后。据尹继美《龙口重修天后庙记》记载可知,龙口天后庙始于道光十九年(1839年),同治八年(1869年)重修。"先是龙口有龙神庙,不知创自何时,敝陋甚,至是改建于后。"⑥就是说山东黄县龙口的龙王庙后来改建为天后宫。在浙江嵊泗列岛,专供龙王的庙宇仅2座,其数量根本不能与供观音的灵音寺、菜园的羊府宫、小洋岛的羊山大帝庙以及其他岛屿的天后宫、关帝庙相比,而且其建筑质量较差。⑦ 黄龙岛的护龙宫即龙王庙,其原址在黄龙南港。光绪二年(1876年)建,其庙为茅庐3间,奉祀东海龙王。光绪十三年(1887年)拆除,改建越国公庙。又移地另建一座规模小的石宫,供奉原来的龙王神像。⑧ 以上所述的将龙王庙废去或改为别的神庙的现象在其他地方同样存在。此外,现

① 萧崇业:《使琉球录》,转引自徐晓望《福建民间信仰源流》,福建教育出版社1993年版,第320页。

② (清)范咸:《重修台湾府志》卷一九《杂记·寺庙》台湾县"圣公庙"条,《台湾府志·三种》下册,中华书局影印本1985年版,第2351页。

③ 姜彬主编:《吴越民间信仰民俗——吴越地区民间信仰与民间文艺关系的考察和研究》,上海文艺出版社1992年版,第148页。

④ 王荣国:《明清时代的海神信仰与经济社会》,博士论文,厦门大学2001年,第45—63页。

⑤ 马咏梅:《山东沿海的海神崇拜》,《民俗研究》1993年第4期。

⑥ 《黄县志》卷一三,转引自彭文新:《屺㟂岛村民俗文化调查》,《民间文学论坛》1989年第5期。

⑦ 金涛:《嵊泗列岛的古庙宇及岛神信仰》,《民间文艺季刊》1989年第4期。

⑧ 金涛:《嵊泗列岛的古庙宇及岛神信仰》,《民间文艺季刊》1989年第4期。

存的龙王庙大多比妈祖庙简陋寒酸。

另一方面,龙王跌落为妈祖或其他神灵的配祀神。在福建许多地方的妈祖庙中龙王已经成为妈祖的配祀神。如泉州天后宫东廊十二司,奉祀妈祖的辅神以及其他从祀神祇依次为:顺济司,奉祀北斗星君;镇北司,奉祀玄天上帝;风雨司,奉祀雷声普化天尊;天君司,奉雷部毕元帅;天门司,奉王灵官大帝;水德司,奉水德星君;通远司,奉福祐帝君;海宁司,奉四海龙王;文昌司,奉五文昌夫子;仙灵司,奉吕仙公、清水祖师、裴仙公、九仙祖(大仙公)、李仙公;天英司,奉中坛元帅(太子爷);忠烈司,奉文武尊王。① 由此可见,四海龙王成了妈祖的下属神而且其位置居较后。这在清代的文献资料中也有所反映:“东海多神怪,后乃命棹中流,风日澄霁,中见水族骈集,龙子鞠躬于前。后敕免朝,即退。”②这里所描绘的是东海龙子率水族朝拜海神妈祖的情景,说明由于妈祖在海神中神格上升,东海龙子都率水族来朝拜妈祖。元宵节是我国传统的节日,沿海各地普遍流行舞龙灯的习俗。在福建莆田于农历廿九日还要举行妈祖元宵节。莆田的元宵节按惯例自农历正月初十至十五,名为“元宵心”,各村大都在这一期间举行庆祝活动,到了农历廿二以后庆祝活动就比较稀少,而妈祖元宵节则定于农历正月廿九日。这是因为:其一,原来莆田民间元宵节必演戏,但戏班没有那么多,因此将时间延长至农历廿九举行;其二,元宵节按惯例要道士念经,然而道士的人数也有限,必须安排时间轮流念经;其三,元宵节按惯例要舞狮耍龙,也须轮流表演。特别是耍龙,耍后的龙灯必须火化,民众认为龙灯不火化会变成“孽龙”。但由于龙在古代又代表帝王,其他神祇因地位低,没有资格监督“化龙”,唯有妈祖可以担任。等到各乡都耍了龙灯,由妈祖元宵节这一夜,附带有“火化龙”的仪式一并举行,就不得不安排在正月廿九。显然莆田妈祖元宵节的“火化龙”仪式反映了妈祖神格的上升与龙王神格的跌落。

龙王信仰在海洋社会中神格的跌落,反映在不仅下降为妈祖的配祀神,而且也下降为关帝等神灵的配祀神。如在浙江嵊泗列岛中,大洋岛上的妈祖宫的侧室,马关岛的关圣殿的后殿,则为供奉龙王神像之处。③ 可见,曾经在大海上神威赫赫的龙王已屈居于侧室或后殿。不过在有些地方,即使到了民国时期龙王庙仍然存在,如位于浙江中部的象山半岛。据不完全统计,该地民国时期尚有 35 所龙王庙。此前龙王庙林立,数量相当可观。④ 在山东的岠嵎岛

---

① 黄炳元主编:《泉州天后宫》,泉州闽台关系史博物馆 1990 年铅印本,第 14—15 页。

② 蒋维锬编校:《妈祖文献资料》,福建人民出版社 1990 年版,第 298 页。

③ 金涛:《嵊泗列岛的古庙宇及岛神信仰》,《民间文艺季刊》1989 年第 4 期。

④ 朱永林:《龙是什么——象山半岛龙信仰调查》,见上海文艺家协会编:《中国民间文化——稻作文化与民间信仰调查》,学术出版社 1992 年版,第 55—56 页。

周围流行海神妈祖信仰,而屺㠀岛则保持龙王信仰。① 山东荣成县的镆铘岛,旧时有龙王庙,渔民每年春天都必须在谷雨节这天,于庙前杀猪祭神,渔船出海前先祭龙王庙。山东海阳县麻姑岛上有三个村庄,旧时多近海捕鱼的渔民,岛南端有龙王庙,今遗址尚存。② 从这里可以看出,虽然由于海神妈祖神格的上升而使龙王地位跌落,但是在我国广大海洋区域的陆域及其岛屿中特别是海洋渔村社会中还存在龙王庙与龙神信仰,其影响力并不亚于妈祖。③

第三节　明清时期的海神信仰与海洋渔业

海洋渔民是人类历史上最先走向海洋的人群。海洋捕捞是人类最早的经济活动与产业。由于大海浩瀚、风涛莫测与渔业生产的丰歉所具有的偶然性,从而决定了海洋生产与生活中更多地和海神信仰发生联系。④

一　海神信仰与渔业生产过程

明清时期海洋渔民的海洋神灵信仰与海上渔业生产捕捞紧密地联系着,几乎贯穿着海洋渔业生产的整个过程。现分述如下。

渔汛期的首航日子多由海神确定。海洋渔民往海上捕鱼要受渔汛支配,这就决定了海洋渔业生产具有季节性,亦即周期性。在渔民眼里,每个捕鱼周期何时出海,对于捕鱼生产的丰歉至关重要。因此,古代渔民重视出海日子的选择,特别是每年第一个渔汛期的首航日子。为此,渔民往往要到海神庙焚香祭拜并以占卜确定。据《福建省民俗志》记载,福建沿海古代渔民于"每年春节过后,第一次出海要占卜择日,一般是到妈祖庙(又叫天后宫)进香,求问时机良辰,由神意定夺出海佳期"⑤。此俗至今犹存。这种习俗在我国沿海其他地方也存在。如澳门渔民每年首次出海的日期也是通过占卜由神明决定的。⑥事实上,通过占卜决定出航时间的习俗可以追溯到明代以前。据唐朝段公路的《北户录·鸡骨卜》记载:"南方逐除夜,及将发船,皆杀鸡择其骨为卜,传古

---

① 彭文新:《屺㠀岛村民俗文化调查》,《民间文学论坛》1989 年第 5 期。
② 马咏梅:《山东沿海的海神崇拜》,《民俗研究》1993 年第 4 期。
③ 王荣国:《明清时代的海神信仰与经济社会》,博士论文,厦门大学 2001 年,第 174—176 页。
④ 王荣国:《明清时代的海神信仰与经济社会》,博士论文,厦门大学 2001 年,第 71 页。
⑤ 林国平主编:《福建省志·民俗志》,方志出版社 1987 年版,第 27 页。
⑥ 转见陈衍德:《澳门的渔业经济与妈祖信仰》,《中国社会经济史研究》1997 年第 1 期。

法也。"①又据《汉书·郊祀志》记载，汉武帝时，"既灭两粤，粤人勇之乃言'粤人俗鬼，而其祠皆见鬼，数有效。昔东瓯王敬鬼，寿百六十岁。后世怠嫚，故衰耗。'乃命粤巫立粤祝祠，安台无坛，亦祠天神帝百鬼，而以鸡卜。上信之，粤祠鸡卜自此始用"②。这则引文中的"粤"同"越"，亦即指"古越族"，说明"鸡卜"这种习俗原先流行于生活在我国东南以及南部沿海的古越族中。明清以来我国东南以及南部沿海渔民出海以占卜择定日子的习俗与上古生活在这一带的古越族的"鸡卜"习俗存在某种承继关系。

出海捕鱼前要祭祀海神，祈求海神保佑平安。早在先秦，我国沿海渔民已远航深海捕鱼。前引《管子》一书记载揭示，最迟在春秋战国时期我国沿海渔民已远航深海进行捕鱼作业，为了谋取海洋经济利益而"宿夜不出"。到了明代我国远海渔业得到进一步发展，以福建为例，明代福建沿海一带的渔民已多往浙江海域捕鱼。明代万历年间，闽人董应举在其《护渔末议》一文中说："鱼自北而南，冬则先至浙江凤尾。凤尾在浙直外洋，故福、兴、泉三郡之渔船，无虑数千艘，悉从外洋趋势而北。至春，渔乃渐南，闽船亦渐归钓。"③据此可知，当时福建的福州、兴化、泉州三个府的沿海渔民大都往浙江凤尾洋面捕鱼。《明季北略》载，明崇祯朝浙江巡抚张延登的《请申海禁疏》一文说："闽船之为害于浙者……一曰钓带船，台之大陈山，昌之韭山，宁之普陀山等处出产带鱼。闽之莆田、福清县人善钓。每至八九月，联船入钓，动经数百，蚁结蜂聚，正月方归。"由此文可知，浙江台州府的大陈山、宁波府的普陀山、昌国卫的韭山等附近洋面出产带鱼。每年八九月间，福建的莆田、福清等县出动数以百计的渔船前往钓带鱼。从福建沿海到浙江海域需要多日时间，而且一路风涛莫测，捕鱼作业的安危与产量的丰歉亦难以预料。所以，沿海渔民很重视渔汛期出航前对海神的祭祀。据《福建省民俗志》记载，福建沿海渔民在择定出海日期后，"要到神庙（即妈祖庙）中将香火带到船上"的神龛中，而且"渔家要备三牲、带香烛、金箔、鞭炮等到海滩上设位祭神，由船主点香跪拜，祷告神灵恩泽广被，顺风顺水，满载而归。接着焚烧纸钱，鸣炮喧天……渔船缓缓驶向大海"④。不过，这种风俗在不同的地方有所差别。晋江渔民在祭典之后，"还要驾船只到土地庙或妈祖庙前的海面上绕道一圈，才正式扬帆出海"⑤。惠安沙格渔村

---

① （唐）段公路：《北户录》《笔记小说大观》第六编第一册，（台湾）新兴书局有限公司影印本1983年版，第190页。

② 《汉书》卷二五下《郊祀志·下》《二十四史》《缩印本》第2册，第321页。

③ （明）董应举：《崇相集》第2册《护渔末议》，1924年重刻本。

④ 林国平主编：《福建省志·民俗志》，方志出版社1987年版，第27页。

⑤ 林国平主编：《福建省志·民俗志》，方志出版社1987年版，第27页。

的渔船出海远航前,则必须到供奉妈祖的灵慈宫祭祀。① 厦门港口原先建有"金王爷宫",一般称为"海口宫"。渔民出海前必须先向"金王爷"抽签,求得获准并在一张神符盖上大印后,才能扬帆举棹。② 除了春汛外,福建沿海渔村的渔民于夏、秋、冬汛出海前也要举行祭典活动,其"祭礼仪式与第一次基本相同"③。

浙江沿海及其岛屿的渔民将一年分为四个渔汛期,即"四水"。每水首次出海前都要祭祀海神,其做法亦因地而异。宁波沿海渔船出海前,渔民先要上香拜菩萨,再以水酒供请菩萨。船老大向娘娘菩萨参拜许愿,祈求捕鱼丰收,并许以演戏之愿。鄞县"大对船"出海前,先要在"龙王堂"演戏敬龙王,然后请菩萨上船。经过事先更衣沐浴的渔民边走边敲锣,手捧佛袋上船并将之钉在船舱中,出海时鞭炮齐鸣。④ 舟山群岛每一渔汛期首次出航都要举行隆重的祭海仪式。祭海时渔民备三牲礼品,"或在船头供祭龙王,或在船尾的圣堂舱供祭菩萨,点起香烛、三敬酒,跪拜祈祷……望龙王和菩萨保佑,一汛中平安无事,获得丰收"⑤。广东沿海渔民中亦有此俗。据清代屈大钧的《广东新语》记载:"天妃神灵尤异……其祠在新安赤湾,背南山,面大洋……凡济者必祷,谓之辞沙。以祠在沙上故云。"⑥引文中的"济者必祷,谓之辞沙",当然包括渔民在内。明清时期汕头渔民离岸出海打鱼前要先拜妈祖,当渔船行驶至外海口妈屿时,还要到岛上的天后宫祭拜,同时放生一只鸡。⑦

祭海仪式若进展顺利,则被渔民视为好兆头。相反,一旦出现不顺,就必须采取补救措施。如舟山群岛"旧时,渔船离港出海先要点烛、焚香祷告,若烛火被风吹熄,即为风大不能开船,若三次点火被风吹熄,认为开船不利,不仅不能按期开船,还要再次举行祭海活动,误以为得罪海神,请龙王宽恕"⑧。

下海捕鱼前有很多事务,其处理妥当与否,关系到捕鱼生产作业能否顺利进行。

① 丁毓玲:《妈祖文化的社区分析》,林文豪主编:《海内外学人论妈祖》,中国社会科学出版社1992年版,第88页。
② 陈复授:《海洋文化的一朵奇葩——厦门渔民旧时习俗考略》,厦门市社会科学界联合会编:《迈向21世纪海洋新时代——厦门海洋社会经济文化发展国际学术研讨会论文选》,厦门大学出版社2000年版,第243页。
③ 林国平主编:《福建省志·民俗志》,方志出版社1987年版,第27页。
④ 姜彬主编:《吴越民间信仰民俗——吴越地区民间信仰与民间文艺关系考察和研究》,上海文艺出版社1992年版,第123页。
⑤ 金涛:《独特的海上渔民生产习俗——舟山渔民风俗调查》,《民间文艺季刊》1987年第4期。
⑥ (清)屈大均:《广东新语》卷六《海神》上册,第205页。
⑦ 隗芾编著:《潮汕诸神崇拜》,汕头大学出版社1997年版,第24页。
⑧ 金涛:《独特的海上渔民生产习俗——舟山渔民风俗调查》,《民间文艺季刊》1987年第4期。

首先,海上渔业生产相关的人事安排,渔民们多请海神决定。船老大人选的确定通常要到海神庙"卜筊",由神明决定。船老大是船上的掌舵人,是关系到船上渔民生命财产的安危与海上渔业捕捞丰歉的关键性人物。渔船出海前必须选定船老大,出远海尤其如此。船老大的选择除了渔民自家独资造船自家人充任船老大外,一般还有两种情况:一是几家合资造船,船老大由大家推举产生;二是船主备船,船老大雇人充当。无论是前者还是后者,都要求充任者必须有丰富的海上生活与渔业生产经验以及临时应变的能力。具备这些条件后,进行"卜筊",请海神决定。人类学田野调查表明,福建惠安崇武小岞村渔船的船老大一般要选有丰富的海上渔业生产经验、有一定威信者,如遇数人条件相当,就要到妈祖庙"卜杯"求神明决定,以连续两次卜得"信杯"者当选。如果渔业产量长期不高,渔民们也会去妈祖庙"卜杯",重新改选船老大。① 小岞渔村的渔民出海前还有举行"消度"的习俗。在举行"消度"前,不仅举行仪式的时辰要由海神妈祖确定,而且仪式中一些事务的参与人选,如持油锅者、撒盐米者、倒用油者以及油中的黄表纸球的数目等,都得到妈祖庙通过占卜请海神妈祖决定。②

其次,遇到难以通过协商解决的事,渔民们也请海神决定。如福建惠安大岞渔村的渔民在祭海之后将要出航,但由哪一艘船"开头只",则必须请海神妈祖决定。③ 又如福建九龙江口的"疍民"信仰"水仙王",每年农历十月初十日为"水仙王"的诞辰日,这一天渔民们要汇合庆祝,并抽签分配网位,免得为争夺网位而发生冲突。谁抽到哪一处网位的签枝,就必须绝对遵从神意的安排。④ 这一信仰民俗一直保留到民国时期。上述海神信仰的诸种祭祀仪式都是在渔民出海之前举行的,这是由于前程充满危险并存在着无数的不可知,渔民们希望通过祭海仪式祈求海神保佑,并请海神择定出海日子,确定船老大人选以及处理其他相关的人事安排,从而消除心理上的紧张与不安,坚定走向海洋的信心与勇气。

二 下网捕鱼与祭神

海上捕鱼具有偶然性,时而满舱而返,时而空载而归,给人一种在冥冥之中有神灵支配的感觉。明代以前,我国沿海渔民中就流行以祭祀祈求神灵保

---

① 陈国强、石奕龙主编:《崇武小岞村调查》,福建教育出版社1990年版,第63页。
② 石奕龙:《惠安县大岞村的妈祖信仰》,林文豪主编:《海内外学人论妈祖》,中国社会科学出版社1992年版,第387页。
③ 石奕龙:《惠安县大岞村的妈祖信仰》,林文豪主编:《海内外学人论妈祖》,中国社会科学出版社1992年版,第387页。
④ 林国平主编:《福建省志·民俗志》,方志出版社1987年版,第30页。

佑获鱼的习俗。据《吴地记》载:"阖庐十年(公元前 505 年),东夷侵,吴王入海逐之,据沙洲上,相守有余。届时风涛,粮不得渡,王焚香祷之,言讫,东风大震,水上见金色逼海而来,绕吴王沙洲百匝,所司捞漉,得鱼,食之美。……鱼作金色,为知其名,见脑中有骨如白石,号为石首鱼。"[1]引文中的"石首鱼",今名"黄花鱼"。这则记载表明最迟在春秋战国时期我国东南沿海的渔民中流行此俗:捕鱼前要焚香祷祝以祈求神明保佑,不仅能获鱼而且能获取更多的鱼。吴王只是袭用了当时沿海渔民中普遍采用的为获鱼而举行的祀神仪式以捕"石首鱼",即"焚香祷之,言讫,东风大震,水上见金色逼海而来"。所谓"金色逼海而来"就是指金黄色的石首鱼(黄花鱼)群逼海而来,似乎暗中有海神应吴王的祈求驱赶黄花鱼群前来。又据宋朝人的《稽神录》载:"东州静海军姚氏率其徒捕海鱼,以充岁贡。时已将晚,而得鱼殊少。方忧之,忽网中获一人,黑色,举身长毛,拱手而立。问之不应。……姚曰:'此神物也……'乃释而祝之曰:'尔能为我致群鱼,以免阙职之罪,信为神矣。'毛人却行水上数步而没。明日,鱼乃大获,倍于常岁矣。"[2]引文中的"静海军"建置于五代末的后周显德五年(958 年),治在今江苏南通市一带,而"东州"则是古人对东方的泛称。可见唐宋时期东南沿海以捕鱼为生的人们也认为,鱼群是由神灵主宰的,想要获鱼可通过祷祝,祈求神灵以"致群鱼"。到了明清时期,举行祭祀海神仪式,希冀通过焚香祷祝以祈求捕到更多鱼的做法是渔业生产中不可少的"功课"。浙江宁波沿海渔民于下网捕鱼前要烧金箔,用黄糖水遍洒全船,也往自己身上洒以示干净,并用盐掺米洒在网上和海面上。[3] 这种仪式既是驱邪,也是向神灵祈求。浙江舟山渔民在采集淡菜、海螺前也祭祀海神,特别是每年八九月采集旺季,要举行"开金秋"仪式,在礁盘上摆上香烛供品,祈祷海神保佑,同时口中还轻声唱念相应的仪式歌。[4] 在辽东湾,渔民崇拜海龟即元鱼,称之为"元神"。渔民们在海上捕鱼时,追踪鱼群主要是靠"元神领航"。为此渔船的桅杆上要吊一个大筐,人坐其中以瞭望元鱼的行踪。当海面上有元鱼挥动双鳍,拍打出水花来,表明元鱼混入鱼群中。渔船下网时,先要避开元鱼并往海里投些猪头、寿桃、米糕等,同时口唱颂歌。等元鱼过后,开始撒网,边撒边喊讨彩和吉

① 转引自张震东、杨金森编著:《中国海洋渔业史》,海洋出版社 1983 年版,第 238 页。
② (宋)徐铉:《稽神录》卷四《姚氏》,点校本,中华书局 1996 年版。
③ 姜彬主编:《吴越民间信仰民俗——吴越地区民间信仰与民间文艺关系考察和研究》,上海文艺出版社 1992 年版,第 124 页。
④ 姜彬主编:《吴越民间信仰民俗——吴越地区民间信仰与民间文艺关系考察和研究》,上海文艺出版社 1992 年版,第 289 页。

祥的号子。① 福建沿海渔民在捕鱼作业前也要祭祀海神。清朝张曲楼的《官井捕鱼说》载："吾乡渔利，以马鲛为最……每小满前数日，群鱼相率由外洋卵育，以水暖浪小，鱼苗可保也。吾乡人于是早预结绠，傍晚开艍。先于本洋放绠，每潮收放二三次，夜出晨归，洋头四五日，俟潮大则驶往官井捕取，名曰'下洋'。先以香烛往天后宫延接香火，祀于艍之中仓，后备薪米及一切用物。黄昏炊烟横斜，各艍驶至天后宫前，焚烧楮帛，鸣金放爆，庙祝亦鸣鼓以送之。然后转舵张帆，直驶而下，五十余艍同时并发……及到官井，先寄碇仙人瓦待潮，早后放绠……月轮满天，鱼帜飘扬……收网停泊，得鱼盈舱……"②张曲楼是霞浦竹江人，其《官井捕鱼说》描写的是当时其家乡渔民往官井洋捕鱼的情景。通常渔民往远海即下洋捕鱼前要祭祀海神，但官井洋在霞浦，属近海，从竹江到官井洋仅40里水程，当地渔民却称之为"下洋"。"下洋"前先往天后宫祭祀妈祖，并从天后宫"延接香火，祀于艍之中仓"，其目的在于在海上能够随时向海神妈祖祈求保佑下网多捕鱼，平安捕鱼。

明清时期，沿海渔民不但通过祭祀仪式祈求海神保佑获鱼，而且还以焚香占卜了解鱼群的信息，并请求神灵明示可否捕捉。据清朝人的《咫闻录》记载："渤海有鱼，厥名曰鳅。鳅之大，不知其几千丈也。逆而来水击数十里，怒而去潮吸数十丈……其来也无形，其去也无踪者，从何以窥，客曰：子不见沿滨海若，灵于内地神祇乎。当春夏之交，渔民猬集于庙，焚香祷祝，掷笅而知其来，又必笅卜可捕，以为神之许也，则捕之。"③可见，由于鳅（即鲸鱼）"其来也无形，其去也无踪"，捕捉难度大，捕鳅前渔民往往要在海神庙"焚香祷祝"，祈求神明启示，通过卜笅了解鳅是否会来。鳅来后，又通过卜笅请示神明是否可捕，神许以"可捕"，则捕之。

上述祭祀所涉及的海神主要有天后娘娘、龙王、船菩萨等。明清以来我国沿海渔民还有将鲸鱼视为海神而加以祭祀的。到了明清时期鲸鱼已成了渔民捕捉的对象。但由于鲸庞大凶猛，往往会危害渔船的安全，因此，古代有些地方的渔民以为鱼群是由鲸鱼主管的，从而对鲸鱼产生崇拜心理并进行祭祀。如山东沿海渔民称鲸鱼为"赶鱼郎"，就是因为尾随其后必获丰收的缘故。渔民见鲸鱼游行于海中，视为吉兆，往往焚香烧纸，遥望祝拜。长岛渔民中至今流行这样的歌谣："赶鱼郎，黑又光，帮助我们找渔场。""赶鱼郎，四面窜，当央

---

① 刘长青：《从元神岗的名称说元神崇拜》，见曲金良主编：《中国海洋文化研究》第一卷，北京文化艺术出版社1999年版，第138页。

② 徐友梧：《霞浦县志》卷一八《实业志》"官井捕鱼"条，民国十八年（1929年）铅印本。

③ （清）慵讷居士：《咫闻录》，《历代小说笔记选》第1册，上海书店1983年版。

撒网鱼满船。"①因此,渔民又将鲸鱼视同"财神"、赵公元帅。②山东桑岛的渔民称鲸鱼为"老爷子",无论是在岸上还是在海里,见鲸鱼就烧香纸。据说,渔船跟随鲸鱼之后能网到大量的黄花鱼。因此,渤海湾里打鱼的船只在渔汛期若见到鲸鱼追食鱼群,称之为"过龙兵",船只不敢靠前,只在其后烧纸钱祷告,等鲸鱼过后尾随其后捕鱼,可获得丰收。

出海前要祭海,下网捕鱼作业前要祭祀海神等,所有这些仪式,仅仅是表达渔民们的愿望而已,但捕鱼作业过程中不顺利的事还是在所难免。在捕鱼中一旦出现不如意的事,渔民们立即举行仪式进行补救。如吴越渔民洒盐米于海上,并点燃稻草把,待冒出青烟,举之于船的四周挥舞,以驱赶邪气。③

显然,在古代,由于渔民们的科学知识贫乏,无法解释渔业生产中出现丰歉的原因。他们无法准确地把握鱼群的行踪,而把希望寄托于冥冥之中的海神,相信海神是神通广大的,它能够主宰海洋鱼类,能为自己驱赶来鱼群。④

三 渔船神龛及诸神合祀

渔船神龛中的诸神合祀是指在船上某一部位设置神龛以供奉几尊神偶。这种现象至宋代尚未成形,北宋宣和四年(1122年)给事中路允迪奉命出使高丽,使船在途中遇大风,8舟7溺,只有路允迪所乘的海船得神灵保佑而幸免于难。因随船人员以及水手多来自浙闽等沿海一带,他们各自带去家乡供奉的神灵偶像以便随时保佑。回国后,路允迪将所了解的有关神灵保佑的事上奏,并请求赐额、加封。南宋开禧二年(1206年),金兵进攻淮甸,福建兴化军"遣戍兵,载神(即妈祖神像)香火以行:一战花靥镇,再战紫金山,三战解合肥之围。神以身现云中,着旗帜,军士勇张,凯奏以还"⑤,表明在两宋时期海船上还未专设神龛以供奉神灵偶像。到了明清时期,我国海船已大都在船中设置神龛以供奉海神,渔船亦然。渔民在渔船上设神龛,其用意在于方便处于流动状态的海上渔业生产中的诸多祭祀活动。

海洋渔业生产特别是远海渔业生产充满危险,渔民出海前往往要将香火请入渔船的神龛中供奉着。如浙江舟山群岛渔船的神龛亦即"圣堂舱内香烟缭绕,火烟不断"⑥。福建惠安大岞渔村的渔民"在海上捕鱼时,每条船上都供

① 马咏梅:《山东沿海的海神崇拜》,《民俗研究》1993年第4期。
② 马咏梅:《山东沿海的海神崇拜》,《民俗研究》1993年第4期。
③ 姜彬主编:《吴越民间信仰民俗——吴越地区民间信仰与民间文艺关系考察和研究》,上海文艺出版社1992年版,第124页。
④ 王荣国:《明清时代的海神信仰与经济社会》,博士论文,厦门大学2001年,第76—82页。
⑤ (宋)丁伯桂:《顺济圣妃庙记》,(宋)潜说友:《咸淳临安志》卷七三《外部行祠》,文渊阁四库全书。
⑥ 金涛:《独特的海上渔民生产习俗——舟山渔民风俗调查》,《民间文艺季刊》1987年第4期。

有妈祖,日日有人烧香供奉"①。这显然是为了保证整个航程香火不绝,希冀海神保佑海上航行与捕鱼作业的安全。

远海捕鱼生产过程的时间相当长,或半月或数月,其间必然要遇到所信仰的神灵的诞辰日、成道日以及牙祭日等。浙江舟山群岛渔船上的渔民在海上同样要按岸上的习惯举行各种祭祀。福建沿海渔船上设有神龛,渔民出海时"带些香烛、纸钱上船,以备途中祭日使用"。"下海捕鱼期间,每逢初二、十六的日子,在船上还要'做牙'祭神。而东山县等地是初一、十五祭祀。"②渔船上的渔民在海上每逢这些日子都要"祭祀妈祖、关帝、海龙王"。③

海洋气候变化无常。在突遇大风时,渔民们即在船上的神龛前祭拜神明,烧香化纸钱,以祈求神明保佑平安。江苏海州湾一带的渔船在海上遇风险时,全船的人都跪倒在海神娘娘的神龛前烧香磕头,齐声祷告:"天后圣母娘娘显灵,保佑弟子平安。"④福建惠安沙格渔村的渔民在海上遇险情时,人们总是虔诚地跪拜在妈祖龛前祈求庇护。⑤

前已述及,渔民下网捕鱼作业前要祭祀海神,希冀海神送来更多的鱼,其祭祀大都在神龛前举行。神龛前也是渔民进行酬神祭祀的场所。浙江宁波沿海的渔民凡捕到第一条大黄花鱼,首先用于供祭船菩萨。⑥ 舟山群岛的渔民捕到第一网鲜鱼,也要先取去供奉船菩萨。⑦ 江苏海州湾一带的渔民出海捕到的第一网鱼要取去孝敬龙王与天后娘娘。⑧ 福建沿海渔民在海上捕到的第一网鱼,先要挑选一条大鱼献祭于船上的神龛前。把捕到的第一条大黄鱼或从第一网中挑选最大的鱼献祭于海神,不仅仅以此表达渔民的"酬神"敬意,更重要的是以此祈求海神能够为他们送来更大的鱼群,捕获更多的鱼,获取更大的海洋经济利益。渔民在海上的祭祀活动大都在神龛前进行,那么,渔船神龛中供奉的主要有哪些神,这些神与渔村信仰的神以及海上渔业生产究竟有什么关系呢?据《福建民俗志》载,福建沿海渔船普遍供奉妈祖。⑨ 惠安沙格渔

---

① 石奕龙:《惠安县大岞村的妈祖信仰》,林文豪主编:《海内外学人论妈祖》,中国社会科学出版社1992年版,第387页。

② 林国平主编:《福建省志·民俗志》,方志出版社1987年版,第27页。

③ 林国平主编:《福建省志·民俗志》,方志出版社1987年版,第29页。

④ 刘兆元:《海州湾渔风录·三》,《民俗研究》1991年第3期。

⑤ 丁毓玲:《妈祖文化的社区分析》,林文豪主编:《海内外学人论妈祖》,中国社会科学出版社1992年版,第88页。

⑥ 姜彬主编:《吴越民间信仰民俗——吴越地区民间信仰与民间文艺关系考察和研究》,上海文艺出版社1992年版,第124页。

⑦ 金涛:《独特的海上渔民生产习俗——舟山渔民风俗调查》,《民间文艺季刊》1987年第4期。

⑧ 刘兆元:《海州湾渔风录·一》,《民俗研究》1991年第1期。

⑨ 林国平主编:《福建省志·民俗志》,方志出版社1987年版,第27页。

村规模较大的渔船大都设有神龛,较小的渔船至少也要供奉一个香炉,将一条写着"天上圣母"的红布条贴在香炉存放处,表示妈祖与船同在。[①] 惠安大岞渔村每条渔船上都供有妈祖。[②] 不过,惠安其他渔村的渔船也有供龙王或王爷的。漳"疍民"的连家船供"水仙王"。[③] 浙江沿海及其岛屿的渔民将渔船神龛中供奉的海神称为"船菩萨"、"船关老爷",其情况较复杂,有男女之分。男性船菩萨有的供关公,有的供鲁班,有的供杨甫老大等[④];女性船菩萨有的供观音,有的供寇承御,有的供妈祖。[⑤] 广东、香港、澳门的渔船大都供妈祖,江苏海州湾一带的渔船亦多供奉妈祖。[⑥] 事实上,前述渔船上神龛供奉的海神大都是渔村中信仰的神明。渔民们相信本村的神明能够保佑自己远航捕鱼顺风顺水,吉利发财。因此,每当出海捕鱼时就将本村信仰的神明请到船上去,安置于神龛中。一般说来,沿海渔村的渔船上供奉的都是本村的护境神,如福建惠安沙格渔村,其妈祖信仰在明代以前就已经存在。此外,还有观音妈、土地公、盘古爷等[⑦],但以妈祖为最高神,渔民出海捕鱼时于渔船上供奉妈祖。对于海岛渔村来说,渔船上所供奉的为其护岛神。以浙江舟山群岛为例,在有人居住的岛屿中,"岛岛有岛神,有的一岛一庙,有的一岛数庙,所供祭的岛神有各岛相同的,也有某个小岛所独有的"[⑧]。如其中的嵊泗列岛,天后既是护岛神,也是护船神。"渔民不仅在岛上建天后宫供祀天后娘娘,而且在船上也供奉天后,尊为船菩萨。"关帝与天后一样既是护岛神,也是护船神。渔民在岛岸上建"关圣殿"、"关帝庙"供祀关公,在船上供奉则称为"船菩萨",俗称"船关老爷"。[⑨]

神明偶像是人们信仰心理的外化与象征,渔船上供奉的海神偶像反映了渔民在海上渔业生产过程中信仰心理的需求。

其一,渔民在海上讨生计,希望海神能够保佑他们航行与捕鱼作业的安全。妈祖是航海守护神,能保佑渔民航海与捕鱼平安;观音菩萨大慈大悲,能

---

① 丁毓玲:《妈祖文化的社区分析》,林文豪主编:《海内外学人论妈祖》,中国社会科学出版社 1992 年版,第 88 页。

② 石奕龙:《惠安县大岞村的妈祖信仰》,林文豪主编:《海内外学人论妈祖》,中国社会科学出版社 1992 年版,第 387 页。

③ 林国平主编:《福建省志·民俗志》,方志出版社 1987 年版,第 30 页。

④ 金涛:《独特的海上渔民生产习俗——舟山渔民风俗调查》,《民间文艺季刊》1987 年第 4 期。

⑤ 金涛:《独特的海上渔民生产习俗——舟山渔民风俗调查》,《民间文艺季刊》1987 年第 4 期。

⑥ 刘兆元:《海州湾渔风录·三》,《民俗研究》1991 年第 3 期。

⑦ 丁毓玲:《妈祖文化的社区分析》,林文豪主编:《海内外学人论妈祖》,中国社会科学出版社 1992 年版,第 87—88 页。

⑧ 金涛:《嵊泗列岛古庙宇及岛神信仰》,《民间文学季刊》1989 年第 4 期。

⑨ 金涛:《嵊泗列岛的天后和关帝信仰》,《民间文学论坛》1990 年第 2 期。

救渔民的苦难；关公生前是位刚烈勇猛的武将，在渔民眼里能威镇海域；鲁班是木工的祖师爷，也是造船的祖师爷，渔民供奉他不仅出于感激，而且希望他能够保佑渔船不受风浪的损害。在渔民眼里，海上捕鱼实际上是在龙王的疆域里讨生计，捕捉龙王的鱼兵虾将，因而担心龙王震怒，因此供奉龙王实际上是为了讨好龙王，免得其兴风作浪，危及捕鱼生产与渔民生命安全。

其二，渔民在海上捕鱼作业条件极为艰难，需要群体的团结协作。"一人难以背船过海"，这是渔民中代代流行的一句俗话，它反映了海上捕鱼生产受自然环境的限制，从而需要群体性与协调性。渔民群体的团结协作需要彼此讲义气，因而重义气的关公则为渔民所敬重；而寇承御狸猫换太子救了宋仁宗皇帝，至死不吐真情，被视为烈女，其"义气"同样为渔民所敬重。因此渔民供奉关公、寇承御等，是希望这些神灵能保佑同一渔船上的人能团结协作、齐心协力地投入渔业生产。

其三，海洋中的鱼群具有极大的流动性，捕鱼是否能获得丰收也具有很大的偶然性。富有经验的渔师或船老大能通过观察水色、听水下声音，辨别鱼的种类、鱼群的去向以及鱼的数量。明代王士性的《广志绎》记载，浙江"每岁一大渔汛，在五月石首发时，即今之所称鲞者。宁、台、温人相率以巨舰捕之，其鱼发于苏州之洋山，以下子故浮水面，每岁三水，每水有期，每期鱼如山排列而至，皆有声。渔师则以篙筒下水听之，鱼声向上则下网，下则不，是鱼命司之也"①。"海鱼以四五月间散子，群拥而来，谓之黄鱼，因其色也。渔人以筒侧之，其声如雷，初至者为头一水，声凶且猛，不可捕。须让过一水，方下网。簇起泼以淡水，即定，举之如山，不能尽，水族之利，无大于此。"②这二则记载从一个侧面反映了渔师经验之丰富。这类渔师或船老大死后往往为渔民所崇拜并加以神化。船菩萨中的杨甫老大生前就属于捕鱼技术高超与经验丰富者。相传他为福建一位寡妇捕鱼，捕来一船梅童鱼，进港"过鲜"时却变成一船大黄鱼，使寡妇发了财。寡妇前往舟山致谢时发现杨甫老大生前竟是定海岑港老白龙化身。此后，渔民便尊他为船菩萨。③ 广东潮汕的"长年公"④生前因为有丰富的捕鱼经验与技术，死后受渔民的崇拜与信仰。江苏海州湾的"楚太"生前亦富有捕鱼经验，死后专门保佑渔民多捕鱼与安全捕鱼。⑤ 应该说，对杨甫老大、长年公、楚太等渔业的专业神，渔民供奉的目的在于祈求保佑捕鱼丰收。

必须指出，渔船神龛中供奉的海神并不定于一尊，许多远海捕鱼的大船往

---

① （明）王士性：《广志绎》卷四《江南诸省》，点校本，中华书局 1981 年版。

② 朱国桢：《涌幢小品》卷三一，中华书局上海编辑所 1959 年版。

③ 金涛：《独特的海上渔民生产习俗——舟山渔民风俗调查》，《民间文艺季刊》1987 年第 4 期。

④ 隗芾编著：《潮汕诸神崇拜》，汕头大学出版社 1997 年版，第 56—57 页。

⑤ 刘兆元：《海州湾渔风录·三》，《民俗研究》1991 年第 3 期。

往供奉多尊神灵偶像。如浙江舟山群岛的渔船神龛中的船菩萨偶像两旁还供奉顺风耳、千里眼两个小神偶。① 福建沿海的渔船除了供奉妈祖或龙王、王爷外,也同时供奉关帝②等。渔船神龛中的这种诸神合祀现象值得进一步探讨。一般说,合祀数量越多,亦即海神偶像的种类越多,在海上渔业生产过程中的保佑功能也就越多,越齐全。这种合祀现象是漂泊于大海之上讨生计的渔民复杂的信仰心理需求的表征。显然,渔船设置神龛供奉海神是渔民出海远航前海神信仰活动的延续。渔船供奉海神偶像使海神信仰活动能最直接地贴近海上渔业生产,方便了渔民在海上的祭祀活动,使所供奉的海神能伴随、保佑整个航程和渔业生产过程,随呼随到,保佑周到。

四　船老大:海上祭祀的司祭者

渔民们在海上的整个捕鱼作业过程既是经济活动过程,也是生活过程,这实际上是人与海洋之间、人与人之间种种关系的互动过程。同时为了和谐地完成其互动必须构成一定数量规模的人员组合。这种组合亦即"人与海洋、人与人之间形成的各邦关系的组合"③,是一种"船上社会"④,亦即"特殊的海上社会",是海洋社会中最小的社会群体和最基层的组织。这种"船上社会"在某种情况下会发生解体与重组。据民俗学田野调查,浙江舟山一带的渔民在渔汛结束后要举行大规模的祭海,俗称"谢洋",又称"谢龙王"。"不论丰收歉收都得谢龙王,渔民们也趁机最后欢聚一餐,饱饮一顿,第二天走散,另行搭班捕鱼,投入新的渔汛。"⑤虽然如此,但大部分"船上社会"还是具有相对的稳定性。它是渔村社会不可或缺的特殊的构成细胞。船老大在这种"船上社会"中有着特殊的身份与重要的地位。海神信仰的祭祀活动几乎贯穿着海洋渔业生产的终始,而船老大在其祭祀中充当了重要的角色。渔船在出海前要举行祭祀,通常船老大要组织与主持祭祀。江苏海州湾一带每年春季第一次出海(无论近海或远海)前要举行隆重而又严肃的"照财神路"或称"照船"、"照网"的仪式。"在出海之前,不随便上船或往船上装东西,先把要装船的网具食物等全部物资准备好,整齐地排在靠近船的海滩上,由船老大点燃用花皮(桦树皮)和芦苇捆成的火把,俗叫财神把子,把所有船上的人、网具、食物等一应物资,以及船头船尾、舱里舱外,通通照一遍,在照太平舱时,还要特意放鞭炮驱'恶

---

① 金涛:《独特的海上渔民生产习俗——舟山渔民风俗调查》,《民间文艺季刊》1987 年第 4 期。

② 林国平主编:《福建省志·民俗志》,方志出版社 1987 年版,第 27 页。

③ 杨国桢:《论海洋人文社会科学的概念磨合》,《厦门大学学报》2000 年第 1 期。

④ 杨国桢:《论海洋人文社会科学的概念磨合》,《厦门大学学报》2000 年第 1 期。

⑤ 金涛:《独特的海上渔民生产习俗——舟山渔民风俗调查》,《民间文艺季刊》1987 年第 4 期。

气'。认为一切晦气恶气经过财神把子一照，都被赶跑了，又能添上喜气财气。"①"全年第一次出海这一天，全庄老少都敲锣打鼓放鞭炮到海边送行，在一片锣鼓鞭炮声中，船老大捧着猪头带着全体出海人祭船敬龙王……先到龙王庙神坛前摆供祭品，点烛烧香烧纸马放鞭炮磕头，祈祷龙王垂恩保佑，海上平安，取彩满载。这是祭龙王，是祖祖辈辈出海前必行的一次大型的祭祀活动。然后将祭龙王的供品，摆在出海的船头前烧香放鞭炮祭船。"②浙江宁波沿海渔船出海前，要先上香参拜菩萨并供祭酒菜，船老大向娘娘菩萨即海神参拜许愿，祈求"给我打第一对（意即产量最高）"，并许以演戏酬谢之意。③可见，在江苏海州湾一带，渔民出海打鱼之前，无论是举行"照财神路"的仪式，还是这一仪式后出海当天举行"祭龙王"、"祭船"仪式，都是由船老大主持祭祀的。浙江宁波沿海渔船出海前的祭神祈愿仪式也是由船老大主持的。

有的渔船的船老大是船主雇的，渔船出海前的祭祀仪式是由船主或船老大主持。如浙江舟山群岛渔汛期渔船出海前要举行祭海（或在船头祭龙王，或在船尾圣堂舱祭船菩萨），"祀祷者一般是船主或船老大，祷词均是吉利之语，大意是望龙王和船菩萨保佑，一汛中平安无事，获得丰收。祭毕，船老大把供祭中的一杯酒和少量碎肉、糖、盐、鱼等抛入海中，以谢龙王和船菩萨，俗称'行文书'，或叫'酬游魂'；然后，全船人围坐一起，举杯痛饮。船主和渔民家属在岸上鸣放爆仗，渔民在船上鸣锣，船上挂起大红彩旗，渔船乘风破浪出海了……这是渔汛开始第一次出海的大规模的海祭，舟山各小岛均很盛行。解放后曾一度绝迹……最近，此风又有抬头……"④可见，在舟山群岛，即使船老大不主持祭海仪式而由船主主持，船老大在祭祀中也扮演主要角色。

渔船在海上也要经常举行各种祭祀、祈祷仪式。如江苏海州湾一带的渔船船头放一根最大的铁锚叫"太平锚"，不到万分危急时不动用它。平时不准对它有丝毫触动，不准从它上面跨过去，更不准在它面前做犯忌的事，说犯忌的话。如有人不注意在太平锚面前做错事说错话，除了遭耳光之外，船老大要到太平锚前烧香磕头，口念"老锚老锚不见怪，小人做事要担待"，或者说"老锚老锚没生气，刚才小狗放个屁"⑤。这些仪式大都由船老大主持。

渔汛结束后还要举行一些相关的仪式。如江苏海州湾"农历腊月三十中午，船老大要带领全体船上人员捧着猪头到船前，面向大海，烧香磕头，祭船敬

① 刘兆元：《海州湾渔风录·二》，《民俗研究》1991年第2期。
② 刘兆元：《海州湾渔风录·三》，《民俗研究》1991年第3期。
③ 姜彬主编：《吴越民间信仰民俗——吴越地区民间信仰与民间文艺关系考察和研究》，上海文艺出版社1992年版，第288页。
④ 金涛：《独特的海上渔民生产习俗——舟山渔民风俗调查》，《民间文艺季刊》1987年第4期。
⑤ 刘兆元：《海州湾渔风录·二》，《民俗研究》1991年第2期。

龙王敬天后娘娘。猪头要煮熟放在椭圆形的元宝桶内……祭祀之后,船老大用石刀在猪头上横竖各剁一刀,成十字形口。十谐音实,表示祭船敬龙王天后都是实心实意……祭船之后,船老大要亲手杀一只公鸡,把鸡血淋在船头两侧,驱邪赶恶气壮喜,这叫'挂红'……这些项目完成之后,全体船上人员在船老大的带领下吃猪头,喝团圆酒互相道喜说彩祝愿明年'大发财源','开门大吉','财神到家','合家团圆',等等①。必须指出的是,船老大是海洋渔业生产中的关键性人物,除了要有丰富的海上渔业生产经验与技术,还要懂得海神祭祀仪式的一整套规矩与祭祀所应掌握的技艺。如前所述,江苏海州湾的渔船出海前要举行"照财神路"仪式。"船老大在照之前,先照自己尤其是两只手要轮换多照几下,先把自己身上的晦气赶走再添财气,边照边说彩话:'花皮(桦树皮)燎燎手,银钱动笆斗'。然后开始照船,边照边说彩话:'吉星高照,招财进宝。太平无事,一本万利。大发财源,事事如意。'一切照完之后,火把必须剩下一尺多长,把它扔到海里,边扔边说:'所有晦气都送给大老爷(鲨鱼)'。扔火把要有技术,必须使燃火的一头向上,火把在海面上边烧边随风浪飘向远方,把晦气送到很远的地方,这是最吉利的。如果火把扔在自己的船边就被海水漫熄,预示不吉利,船老大也丢了脸,可能下次人们就不请他当老大了。"同样,农历腊月三十的"挂红"仪式,"能干的船老大能把鸡血淋成一条一直线,从船帮一直淋到船底,这叫'挂满红',是吉兆。凡挂满红的,围观群众齐声叫好,还要连说几遍'生意抱了'的彩话。蹩脚的船老大,鸡血淋不成直线又淋不到底,预示不吉利,众人虽然也叫好,内心总是不满意,第二年出海时心里总是有疑虑。凡不能挂满红的船老大,人们都不要他下次再挂红了"②。就族群而言,以上是汉族。同样疍民族群也颇信海神的。疍民一家一船俗称"连家船",男人则是船上的掌舵人亦即"船老大"。其海神祭祀活动也是由"船老大"安排的。如澳门的疍家"一条渔船上的妈祖崇拜活动中,男主人也居主导地位,仪式从起始到终结的整个过程都是按他发出的指令进行。但是男主人必须掌舵,所以仪式的操作乃交给主妇。从街上购买祭品到船上仪式的具体进行,均由主妇负责。不过,某些重要的程序则必须由男性亲自动手,如燃放鞭炮。③可见,"连家船"男主人是实质上祭神仪式的主持者。显然,渔船上的船老大不仅是渔业生产的指挥者,而且也是为了渔业生产而举行的各种祭祀海神仪式的重要参与者乃至组织者、主持者。因为渔民的海神信仰是与渔业生产紧密联系在一起的,祭神的目的乃在于渔业生产的丰收。

---

① 刘兆元:《海州湾渔风录·二》,《民俗研究》1991年第2期。
② 刘兆元:《海州湾渔风录·二》,《民俗研究》1991年第2期。
③ 转引自陈衍德:《澳门的渔业经济与妈祖信仰》,《中国社会经济史研究》1997年第1期。

五　渔村的神灵信仰与祭祀

海洋区域的渔村可称之为海洋性渔村。① 海洋性渔村是海洋渔民最小的固定性的聚居群落，分布于海岸带陆域及其岛屿，亦即包括沿海渔村与海岛渔村。由于海洋渔业经济活动存在，从而使渔村的诸神信仰及其祭祀活动浸染上海洋性色彩。在海洋区域，直接或间接的海洋活动形成人与人之间的种种联系，从而构成海洋社会。②

在海洋区域中，渔村属于基层的海洋社会。在从事海洋捕鱼生产的渔村中，由于海上捕鱼生产作业的缘故而形成作业组，每个作业组就是一个"特殊的海上社会"。作业组有大有小，其大小视捕鱼航程的远近与所捕鱼种对象而定。由此而组成的特殊的海上社会亦有大小之分。渔村亦有大小之分，一个小的渔村就是一个作业组，有的渔村往往有几个作业组，因此而出现渔村中不同的祭祀类型。

（一）整个渔村的祭祀

这种祭祀基本上是制度化的。它源于渔村中民间约定俗成的相对固定的祭祀日期与祭祀仪式。例如广东南澳后宅靠海有座关帝庙，过去从庙前到海边是一片沙滩地。关帝圣诞（农历五月十三日）和中元节（农历七月十五日）要举行祭海。家家用供桌摆出满满的祭品，上面插着彩旗。远看旌旗招展，香烟缭绕，加上鞭炮的响声，十分热烈。其祭祀除了祭拜关帝和海神外，还祭奠客死海中的亲人。③ 又如，据《福建民俗志》载，闽南地区"渔民们相约在七月二十九日，带上供品到海边祭祀神灵。这天渔家各户挑着满满的祭品从四面八方汇集在海滩上，各家都摆出祭品，主要有猪头、鸡、鸭三牲，还有清酒 12 杯，以及五花八门的山珍海味，满满一桌。祭祀时间定在申时，时辰一到，由主持人焚香祷告，期望海神保佑风顺、满载，然后男女老少一齐跪拜大海，八拜九叩，拜毕焚烧纸箔，最后大家围坐在一起分享供品"④。山东亦然，据《威海卫志》载："海神庙，俗名龙王庙，有二：一在庙前，一在祭台。清明，渔人祭以豕酒。"⑤清明节是传统的节日，参加这种节日祭祀活动的大都是举家而出，"渔人"自然也不例外，这从民俗学田野调查的民俗事项中得到反映。山东蓬莱县

---

① 其经济生活有单纯从事渔业的，有渔农兼营的，有渔农商兼营的，但共同的特点就是从事海洋渔业。这也是它区别于内陆农业村落之处。

② 从事海产品经营的行业与小贩就不属于直接的海洋活动。

③ 隗芾编著：《潮汕诸神崇拜》，汕头大学出版社 1997 年版，第 20—21 页。

④ 林国平主编：《福建省志·民俗志》，方志出版社 1987 年版，第 29 页。

⑤ （清）毕懋第、郭文大：《威海卫志》卷五《典礼》。

大季家镇沿海每年农历正月十三日或十四日举行"渔灯节"。在流行这一习俗的 6 个渔村中,初旺、孙家、季家在农历正月十三日,陈家、顾家、芦洋在正月十四日。节日当天,家家往船上送灯并在船头设祭拜船、放鞭炮、办游乐,日以继夜,夜间又往海边送灯,且向海上放"船灯"。[①] 前述祭祀活动或与传统的节日联系在一起,或有固定的日子,它有着约定俗成、自然而然形成的一套规矩,具有无形的导向性与规范性,渔民家家户户很自然地要参与祭祀。不仅如此,还揭示了其祭祀日期与仪式同被祭祀的特定的神灵有密切联系。渤海辽东湾二界沟渔村是清乾隆年间形成的。这个渔村过去要举行"五月十三槛"与"状告海蜇"的祭祀。毛虾在每年农历五月十三日前后性腺成熟,普遍背上挂椗,个体肥大,是动风槛张网捕捞的黄金时节,村里要举行祭祀海神的活动,故名"五月十三槛";每年农历七月十五左右,海蜇出得太多,混迹到渔网兜中污染鱼虾,撑破网具,所以要举行祭祀状告海蜇,祈求海神绝此恶种[②],故名。每逢举行"五月十三槛"与"状告海蜇"的祭祀日,全村男女老少都集中在村内的广场,由渔会出面主持,敬请九沟八叉的神灵到场,请上、中、下三路八仙光临,然后上猪头、寿桃、面糕、米糕等贡品,向海神上香祈求多出毛虾、让海蜇绝种,同时向海神许愿演戏酬报等。[③] 显然,无论是"五月十三槛"还是"状告海蜇"都是全村举家参与的。当然,其还愿祭神也是如此。

(二)渔业作业组的祭祀

尽管渔业的作业组亦即"特殊的海上社会"只是一个相对稳定的人群集合体,它会由于种种原因产生解体并重新组合。但由于这种"特殊的海上社会"是针对海上的捕鱼生产作业而形成的,因此在这个特定的海上社会中,所有成员有着相同的命运与一致的利益,这就决定了他们有着共同的祀神活动,前述出海捕鱼前的祭海活动、渔船在海上的祭祀活动,大都是在这个特定的海上社会内举行的。某个特定的海上社会也会出于身家性命的安全或希冀渔业丰收的考虑向神灵进行祈求、许愿方面的祭祀。而当愿望实现、平安返航归来后,往往要举行还愿祭祀。如福建惠安崇武渔村的渔民平安返航的当天,要备上供品到邻村大岞的妈祖宫去酬谢,顶礼膜拜。又如,惠安大岞渔村,"当渔船丰收归航后,到天妃宫向妈祖还愿是获得好收成的渔船必需的礼节"[④]。嵊泗列

---

① 山曼:《山东内陆文化与海洋文化之比较》,《民间文学论坛》1989 年第 5 期。

② 不过现在相反,而是祈祷多出海蜇。

③ 刘长青:《从元神岗的名称说元神崇拜》,见曲金良主编:《中国海洋文化研究》第 1 卷,北京文化艺术出版社 1999 年版,第 141—142 页。

④ 石奕龙:《惠安县大岞村的妈祖信仰》,林文豪主编:《海内外学人论妈祖》,中国社会科学出版社 1992 年版,第 387 页。

岛的渔民普遍信仰观音,如果在海上遇险时,通常"口念观音",并许愿只要菩萨保佑逢凶化吉,就到灵音寺烧香做佛事。平安无事返航归来后,就必须还愿兑现,否则要遭到惩罚。因此,无论有多大困难,渔民们都要兑现自己的诺言。在"观音香期",渔民或者其家族要三步一拜前往还愿。① 显然这类祭神大多是兑现渔民"特殊的海上社会"出海前或在海上捕鱼中许下的愿,因而基本上也是以"特殊的社会"名义进行的。福建沿海流行"牙祭"习俗。每逢农历初二、十六日(或初一、十五日),渔民要举行做"牙祭",祭祀妈祖、关帝、海龙王。漳州地方渔民还有的供奉开漳圣王陈元光等。"'牙祭'礼仪比较简单,三四盘肉菜,点上香烛祈祷几句就行了。莆田县沿海'牙祭'只用斋菜、果品祭拜。"② 这种牙祭在渔村大多是以海上作业组为单位进行的。

此外,在渔村中,各渔民家庭也会因某种原因而独自进行许愿与还愿祭祀。

海洋渔业生产是一种充满风险的重体力劳动,由于男女性别的不同,导致体力与身体素质的不同,因此捕鱼通常是男人们的事。不过有些地方也有妇女出海参加捕鱼作业。渔妇参加捕鱼的有两类:其一是疍妇,水上疍民因世世代代生活在"连家船"中,其妇女自然要参加海上捕鱼。据《广东新语》载:"广为水国,人多以舟楫为食。益都孙氏云:南海素封之家,水陆两登,贫者浮家泛海……舟人妇子,一手把舵筒,一手煮鱼。囊中儿女在背上,日垂垂如负瓜瓠,扳罾摇橹,批竹纵绳。"③ 这种情况在福建的福州、厦门沿海一带都有。在福州的疍民称为"伙题"。厦门的渔港是明末清初形成的,其渔民绝大部分是从九龙江流域转移而来的"夫妻船",或称"连家船",实际上就是疍民。由于受到歧视,渔家女很少上岸,只能生活在渔船上,因而渔家女参加渔业生产就成为祖辈相传的风俗。④ 其二是疍家之外的汉族妇女。据民国《莆田县志》卷一记载:"惟莆则男妇并重。田野妇女皆能躬耕,深山妇女皆能樵采,沿海妇女皆能捕鱼,家喻户晓,不烦督促,此全国所未有也。"可见,除了疍妇外,沿海汉族妇女下海捕鱼是很少见的。因此可以说在渔村的经济生活中男人居主导地位。

那么,在渔村的祭祀活动中,渔家男女各自又充当什么样的角色呢?明末史璇《蚕沙口天妃诗》:"年年三月赛天妃,晒网新从海上归。阿妇拈香郎酹酒,风波无恙水田肥。"诗中描写的是渔农兼营的沿海渔村祭祀海神妈祖的情景。"风波无恙水田肥",正是阳春三月溶田插秧时节,男人们从海上打鱼归来亦即

---

① 金涛:《嵊泗列岛古庙宇及岛神信仰》,《民间文学季刊》1989年第4期,第37页。
② 林国平主编:《福建省志·民俗志》,方志出版社1987年版,第29页。
③ (清)屈大均:《广东新语》卷一四《舟楫为食》下册,第395页。
④ 陈复授:《厦门的渔家女》,见龚洁编:《厦门风物》,厦门市文物管理委员会办公室、厦门博物馆铅印本,第177—179页。

"晒网新从海上归","年年三月赛天妃,……阿妇拈香郎酹酒",说的是举家参加渔村每年农历三月海神妈祖神祀的信仰活动,妻子"拈香",丈夫"酹酒",说明在这个渔村中家庭主妇是主持祭祀者,丈夫则作为参与者。事实上,在沿海绝大多数汉族渔村中,出海捕鱼是男人的事,在家中的女人所能做的事就是拜神以祈求在海上的男人平安与捕鱼丰收。福建惠安沿海诸多渔村的妇女在祭神中扮演主角最为典型。据当代民俗学田野调查表明:"惠安崇武渔民,平安到家当天,船老大的妻子依俗要挑上猪头、黄花鱼、鸭蛋和糖果、糕点、柑橘等,到邻村大岞的妈祖宫去顶礼膜拜。祀神之后,这些供品便成了船老大聚会船员,共庆丰收的菜肴。"①惠安沙格是一个以捕鱼为生的渔业村。村里的祭祀活动大都围绕着"海"展开。沙格渔村几乎家家都供奉妈祖神位,当男人出海时,在家的妇女天天烧香拜妈祖,祈望出海的家人一帆风顺,平安归家。② 惠安崇武海边靖海庵有一通石碑,碑文称,过去崇武渔民出海打鱼,遇狂风大作时,在家的渔妇们自发聚集到海边,面对大海祈求神佛保佑出海的家人平安无事,后来在该处建了一座靖海庵以供渔民祈拜之用。在大岞渔村的天妃宫,不是节会的时间,庙内仍是香烟缭绕,不少人在烧香卜笺,而烧香的绝大多数是妇女亦即渔妇。在港璕,平时到土地庙里烧香的也是渔妇。渔汛期出海,渔船在海上行至何处应烧香祭拜神明,都是按照家中女人所交代的去办。舟山渔场一年有四个渔汛期,每个汛期首航是否吉利关系到整个渔汛是否顺利。因此,出海前一天要举行十分严肃而隆重的祭祀仪式。在这一祭祀活动中,渔家主妇主要充任洗涤祭祀用器与用品的角色。为此必须事前沐浴身子,然后先洗净放供品的礼盘,再把三牲礼品放入盘内,端到船上,或在船头供祭龙王,或在船尾的圣堂舱供祭船菩萨。③ 显然,妇女在祭神活动中所充当的角色,与她们在渔村中乃至渔家中的性别角色分工相关。

从以上所述可知,在渔村中渔妇是祭祀活动的积极参与者。不过,当男人在海上捕鱼作业时,渔妇们在拜神与祭神活动中居于主导地位;当男人捕鱼归来后,渔村中举行具有全民性的祭神活动中,渔妇们则居于辅助地位。这是由于渔妇们在家庭中充当基本类似的角色以及处于相同的地位决定的。渔村的祭神活动基本上是举家参与的。渔家是参与渔民村落祭祀的最小单位。这种以家为单位参与渔民村落的祭神仪式,不仅增强了渔村中渔家与渔家之间的凝聚力,而且也增强了渔民个体之间的凝聚力,从而增加彼此之间征服海洋的信心与力量。海上渔业生产需要协作精神。渔村群体性祭祀的举行,在某种

① 邱桓兴:《中国民俗采英录》,湖南文艺出版社1987年版,第297页。

② 丁毓玲:《妈祖文化的社区分析》,《海内外学人论妈祖》,中国社会科学出版社1992年版。

③ 金涛:《独特的海上渔民生产习俗——舟山渔民风俗调查》,《民间文艺季刊》1987年第4期。

意义上说,本身就是海上渔业生产群体协作精神的体现。这种群体性的祭祀活动的举行反过来加强了群体合作精神进一步的培养。①

第四节　明清时期的海神信仰与海洋贸易

海洋商人是继海洋渔民之后走向海洋,追求海洋商业利益的人群。海洋商人从事海洋商业贸易活动充满风险,不仅有商业风险,而且还有人身安全风险。海商把消除心理上对风险的担忧寄托在对神灵的种种祈祷之中。因此,海洋商人的整个商业活动过程也与海神信仰密切联系。②

一　海洋商船的海上航行与海神祭祀

明清时期,从事海洋贸易的海商在出海前要举行祭海。据《漳州府志》记载:"海澄县天妃宫在港口,凡海上发舶者皆祷于此。"③琼州(即今海南岛)为海上南北交通要冲,其海口是往来舟楫必经之处。元代即于此处创建天后庙,"沿袭于明,而香火极盛于清"。凡"灵爽迭着,舟行者必请命于神,而后济者事也如之"④。事实上,明清两代闽粤一带的海商下海出航前祭祀海神妈祖已成惯例。我国海商出海前举行祭祀的现象源于何时有待探讨。据记载,在唐宋时,福建南安延福寺的通远王"其灵之著为泉第一。每岁之春、之冬,商贾市于南海暨蕃者,必祈谢于此"⑤。福清海口的林夫人庙"贾客入海,必祷求阴护"⑥。莆田的罗隐庙"海商祈风,分帆南北"⑦。宋代路允迪奉旨出使高丽国前也举行祭海,说明祭海在当时已是普遍的现象,其他地方的海商也不例外。

出海前如果没有祭祀神灵可能要遭遇不幸。福建莆田"显应侯"在五代时就灵验。据说,"游商海贾,冒风涛,历险阻,以谋利于他郡外番者,未尝至祠下,往往不幸,有覆舟于风波,遇贼于蒲韦者"。而出海前祭祀神灵则可平安无事。泉州海商朱纺往三佛齐国从事海洋贸易,因临行前祭祀"显应侯"并请得香火,"舟行迅速,无有艰阻,往返曾不期年,获利百倍。前后之贾于外番者未

---

① 王荣国:《明清时代的海神信仰与经济社会》,博士论文,厦门大学2001年,第83—95页。
② 王荣国:《明清时代的海神信仰与经济社会》,博士论文,厦门大学2001年,第101页。
③ 万历《漳州府志》卷三一《古迹·坛庙》。
④ (清)李向桐:《重修海口天后庙记》,见蒋维锬编校:《妈祖文献资料》,福建人民出版社1990年版,第330页。
⑤ (宋)李邴:《水陆堂记》,陈仕国辑录《丰州辑稿》下册,第363页。
⑥ (明)何乔远:《闽书》卷六《方域志》第1册,第148—149页。
⑦ (明)何乔远:《闽书》卷之二三《方域志》第1册,第567页。

尝有是"。"显应侯"甚至可化险为夷。兴化军海商"周尾商于两浙,告神以行。舟次鬼子门,风涛作恶,顷刻万变,舟人失色,泣涕相视。尾曰:'吾仗神之灵,不应有此。'遂呼号以求助。虚空之中,若有应声。俄顷风恬浪息,舟卒无虞。"① 唐宋的海商已是如此信仰海神,流风所及,到了明清时代成为更普遍的风气。

此外,明清时期有的地方的海洋商人出海前还请道士做"安船科仪",以祈福禳灾,求得诸神保佑商船以及船上人员平安。②

海商对于神灵的祭祀是十分重视的,特别是从事远洋贸易的海商在海船航行时也要举行祭祀。

从事海洋贸易的最大危险是在航行过程中。与远海捕鱼的渔船相比,不仅时间长,航程长,而且海况也更复杂,而从事远洋贸易就更不要说了。因此,海洋商人特别是从事远洋贸易的商人在整个航程中也要举行焚香祭祀。其焚香祭祀表现为,在出海前祭神时从神庙中请去香火并在船上继续焚香祭祀。如前述福建莆田的"显应侯",宋时"泉州纲首朱纺,舟往三佛齐国,亦请神之香火而虔奉之"③。明清时期,此俗继续流行,并对商船上供奉的神灵偶像进行焚香祭祀,详见后述;而且还表现为商船航行至某地要祭祀当地管辖一方海域的神灵。据记载,大蚶光济王庙,在莆田府城东奉谷里大蚶山。据《泉南录》载:"昔尝海溢,有物如屋瓦乘潮而来,郡人异之,为立庙,凡商舟往来必祷焉。"④又如广州城南五里有崇福无极夫人庙,商船往来,无不乞灵于此,"凡过庙祈祷者,无不各生敬心"⑤。这种状况延续到明清时期。山东庙岛即沙门岛,"岛间水深丈余,可泊数十艘,避北风,上有田地五顷六十亩及神妃显应宫,居民十余家,洋船往来于直沽者必于此湾泊,盖海道咽喉之地也"⑥。庙岛在山东长岛县,它的周围有一列群岛困成一个塘湾,世称庙岛塘。过去是登州外港,所谓岛上有"神妃显应宫"就是"天后宫",供奉海神娘娘。⑦ 这里是南北海上交通咽喉,过往的船只大都要在这里停靠汇集,同时祭祀海神妈祖。

内洋航路途中要举行焚香祭祀,外洋航路就更不要说了。七洲山附近的七洲洋,即今西沙群岛一带海域,为我国古代去南洋群岛乃至西洋各国的必经

第十章

明清时期的海洋信仰

---

① (宋)方略:《有宋兴化军祥应庙记》(绍兴八年),郑振满、丁荷生:《福建宗教碑铭汇编》(兴化府分册),第13页。

② 杨国桢:《闽在海中——追寻福建海洋发展史》,江西高校出版社1998年版,第81页。

③ (宋)方略:《有宋兴化军祥应庙记》(绍兴八年),郑振满、丁荷生:《福建宗教碑铭汇编》(兴化府分册),第13页。

④ (明)黄仲昭:《外闽通志》下册,第410页。

⑤ (元)无名氏:《湖海新闻夷坚续志》后集卷二《神明门》,中华书局1986年版,第213页。

⑥ 《即墨县志》卷一二《杂稽·海程》。

⑦ 郭泮溪:《山东海乡民众拾零》,《民间文学论坛》1989年第5期。

之险地。宋人吴自牧的《梦粱录》中就有"去怕七州,回怕昆仑"之说。明代的航海者中更是相传"上怕七洲,下怕昆仑,针迷舵失,人船莫存"①。在航海者看来,七洲洋之所以险象环生是由于海中的鬼神为祟。因此凡商"舶过,用牲粥祭海厉,不则为祟"②。只有祭祀过"海厉",海商才敢放心往来七洲洋。

从事远洋贸易的商船因航程长,途中往往要停靠一些地方补充薪米淡水之属,同时逢庙祭祀。事实上,凡是过往船舶中途停靠之处同时也是其汇集之处,必然要设庙宇以供海客焚香祭拜。如靠近占城附近的灵山不仅是往中南半岛船舶途中的停靠处,也是西洋航路上船舶中途的停靠处。据《星槎胜览》曰:"……山顶有一石块似佛头,故名灵山,往来贩舶于此樵汲,崇佛诵经,燃放水灯彩船,以禳人船之灾。"③"灵山石佛,头舟过者,必放彩船和歌,以祈神贶。"④可见,灵山是海上往来商舶中途"樵汲"之处,更是海商祭拜神佛之处,供其"崇佛诵经,燃放水灯彩船,以禳人船之灾"。

在途中停靠后重新起航同样要举行祭祀仪式。明代凌濛初在《拍案惊奇》中写道,明成化年间,苏州府长洲县海商 40 余人合伙乘船往海外经商,船至那国里停靠,"随同众人一齐上去,到了店家,交货明白,彼此兑换。约有半月光景,……众人事体完了,一齐上船。烧了神福,吃了酒,开洋"⑤。《拍案惊奇》中所写的虽是小说,但反映的是当时的事实。远洋航船在途中遇到神庙也并非要停靠祭祀,有的则采取在船上遥望祭拜的形式。据记载,西洋针路中的乌猪山"上有都公庙,舶过海中,具仪遥拜,请其神祀之"⑥。又载,过"乌猪山……请都公上船"⑦。就是说,乌猪山上有"都公庙",船舶途中经过其处采取遥望祭拜的形式,同时还"请其神祀之"于船上。那么,都公是何人呢?据记载,"都公者,相传为华人,从郑中贵抵海外归,卒于南亭门。后为水神,庙食其地。舟过南亭必遥请其神,祀之舟中"⑧。显然都公原是华人,因往海外归来卒于途中,而成为管辖"南亭"亦即"乌猪山"附近海域的"水神"(即海神)。往来航船的海商船主都要"请都公上船",以便一路保佑他们一帆风顺。⑨

海洋商人在海上航行中对神灵的祭祀并非单向,而是往返都要祭祀。如

---

① 《海道针经〈甲〉顺风相送》,《两种海道针经》,中华书局点校本 2000 年版,第 83 页。

② (明)张燮:《东西洋考》卷九《舟师考》,点校本,中华书局 2000 年版,第 172 页。

③ (明)张燮:《东西洋考》卷九《舟师考》,点校本,中华书局 2000 年版,第 174 页。

④ (明)张燮:《东西洋考》卷九《舟师考》,点校本,中华书局 2000 年版,第 186 页。

⑤ (明)凌濛初:《拍案惊奇》,上海古籍出版社 1992 年版,第 8 页。

⑥ (明)张燮:《东西洋考》卷九《舟师考》,第 172 页。

⑦ 《海道针经〈甲〉顺风相送》《两种海道针经》,中华书局点校本 2000 年版,第 33 页。

⑧ (明)张燮:《东西洋考》卷九《舟师考》,第 186 页。

⑨ 王荣国:《明清时代的海神信仰与经济社会》,博士论文,厦门大学 2001 年,第 105—109 页。

据《海道针经(乙)指南正法》载,"独猪山……往回献祭"①。又《海道针经〈甲〉顺风相送》亦载,独猪山,系海南万州山地方。"往来祭海宁伯庙。"②福州五虎门是海商船只出入的门户,所以海商"往回献祭"。③ 不仅如此,对于那些途中曾被请上船供奉的神灵,返程时则要举行仪式送神回去。如"都公"为南亭门的"水神",海商南下经过该处时"遥请其神,祀之舟中","至舶归,遥送之去。"④"回用彩船送神。"⑤

此外,海商返航后要举行还愿祭祀仪式。据记载,宋代"泉州杨客在海外经商十几年,积累多金,每遇风暴袭击,必大叫神求,大许愿,及回全忘光,后得报应"⑥。这只是极个别的例子,不过对后来的其他海商具有警戒作用。当然绝大多数的海商在酬神这方面表现出十分虔诚。例如广州城南的崇福夫人庙,据元代无名氏的《湖海新闻夷坚续志》记载:"庙之后宫绘画夫人梳妆之像,如鸾镜、凤钗、龙巾、象栉、床帐、衣服、金银器皿、珠玉异宝、堆积满前、皆海商所献。"到了明清时期还愿酬神几成制度,而且十分奢侈。如《瀛壖杂志》载"海舶抵沪,例必斩牲演剧。香火之盛。甲于一方"⑦。

从上述可知,海洋商人由于海上航行具有极大的风险性而对神灵的祭拜显得十分虔诚,祭祀海神的活动伴随着整个航程。他们不仅祭祀妈祖等海神,凡是他们认为能够保佑其海上航行安全的神灵都予以祭祀,真是多多益善!⑧

二 海洋商船神龛所供奉的海神偶像

海洋商人不仅出海从事海洋贸易之前要举行祭祀仪式,而且在商船上设置神龛供奉神灵,以便在整个航程都能拈香祭祀,保证与神明随时沟通。据说最初在商船上供奉神灵的是宋代福建人。宋咸淳以前,其他地方从事海运者即模仿福建人做法供奉"天后",到了明清时期形成了这一行业的普遍习俗。那么,当时商船上供奉神灵的情况又是如何呢? 在此,我们以琉球国《历代宝案》所记载的有关中国遇难船只资料为主并结合其他资料,专门探讨明清时期海洋商船上所供奉的神灵及其信仰行为,以期进一步对海商的信仰活动有更全面的了解。

---

① 《海道针经〈乙〉指南正法》,《两种海道针经》,中华书局点校本2000年版,第117页。

② 《海道针经〈甲〉顺风相送》,《两种海道针经》,中华书局点校本2000年版,第33页。

③ 《海道针经〈乙〉指南正法》,《两种海道针经》,中华书局点校本2000年版,第115页。

④ (明)张燮:《东西洋考》卷九《舟师考》,第186页。

⑤ (明)张燮:《东西洋考》卷九《舟师考》,第172页。

⑥ (宋)洪迈:《夷坚志》《夷坚丁志》卷六《泉州杨客》下册,第1270页。

⑦ (清)《瀛壖杂志》,岳麓书社1988年版,第54页。

⑧ 王荣国:《明清时代的海神信仰与经济社会》,博士论文,厦门大学2001年,第112—113页。

明清时期的海洋信仰

(一)神灵偶像类型

从《历代宝案》记载中,可查找到有供奉神灵偶像的中国遇难船只 26 艘。其供奉神灵的类型分类如下:

供奉一尊"天后"。乾隆三十年(1765 年),福建漳州府龙溪县船户蔡永盛等 23 名海商驾坐地字 50 号商船,装载货物往江南贸易,又在当地装茶叶往西锦州发卖,再"装买豆子、瓜子要回本县,驶至山东洋面陡遭西北大风,失舵弃桅,任风漂荡,漂至琉球国德岛",随带物件有"天后娘娘一位"①。嘉庆六年(1801 年)四月初四日,福建泉州府商人徐三贯率舵工水手 23 名去广东买双桅乌船并收买赤白糖等项,往天津发卖,又在当地"收买红枣、乌枣、核桃、梨子等物要回家为生理"。返程时,于山东外洋"不意飓风陡起,砍断大桅,随风漂流"。漂至琉球国八重山,随带物件中有"圣母像全座"②。"圣母像全座",全称应是"天上圣母像全座"。嘉庆十三年(1808 年)八月十七日,江南省苏州府镇洋县海商俞富南等 17 人乘船往关东做生意,遇大风,漂到琉球国德之岛,随带物品有"所奉天上圣母"③。嘉庆十九年(1814 年),广东潮州府澄海县船主吴利德率舵工水手 36 人,搭客 22 名,坐驾澄字 149 号船"装载赤白糖等项前到天津府发卖","转到西锦州置买黄姜、木耳、牛油、甘草、防风等件要回本籍"。在江南大洋陡遇风暴,漂至琉球国八重山,商船搁礁打破,"所有货物尽漂弃,惟剩所奉圣母神像全座"④,"圣母神像全座"其全称应是"天上圣母神像全座"⑤。道光二年(1822 年),广东潮州府澄海县郑仁记等柁梢搭客共 90 名乘坐县字 27 号商船,"装载黄糖、苏木等货到江南上海县贸易,又在当地装载棉花、豆饼、布匹等货返回,因遇大风漂到琉球国八重山","通船人数共见船不坚固,将及沉覆坐驾杉板二只上岸活命"。随带物件中有"所奉天上圣母神像全座"⑥。道光四年(1824 年)四月十五日,福建泉州同安县船户洪振利与通船柁梢 29 名、搭客 9 名,共 38 名,坐顺字 96 号关部照地字 2 号商船奉宪令启程到台湾府装载粮米往天津府交纳后转盛京奉天府南金州置买豆子,放洋要回本籍,途中遇大风,砍桅坏舵,货物丢弃,任风漂荡。后"船底破漏,将次沉没",乃带衣包等物跳上舢板,随风漂流至琉球国山南府地方。⑦ 随身携带有"所奉

---

① 蔡铎等编:《历代宝案》第二集卷五〇第 6 册,中国台湾大学 1972 年影印版,第 3195—3196 页。
② 蔡铎等编:《历代宝案》第二集卷九四第 8 册,中国台湾大学 1972 年影印版,第 4632 页。
③ 蔡铎等编:《历代宝案》第二集卷一〇七第 9 册,中国台湾大学 1972 年影印版,第 5014—5015 页。
④ 蔡铎等编:《历代宝案》第二集卷一一八第 9 册,中国台湾大学 1972 年影印版,第 5372 页。
⑤ 蔡铎等编:《历代宝案》第二集卷一三五第 10 册,中国台湾大学 1972 年影印版,第 5745—5746 页。
⑥ 蔡铎等编:《历代宝案》第二集卷一四〇第 10 册,中国台湾大学 1972 年影印版,第 5862—5864 页。
⑦ 蔡铎等编:《历代宝案》第二集卷一四二第 10 册,中国台湾大学 1972 年影印版,第 5840—5850 页。

天上圣母神像全座"①。道光四年(1824年)五月二十二日,福建省泉州府同安县商民吕正等共32名,坐驾盛字338号商船去台湾装载大米往天津府贸易,在当地装载乌枣,又转到山东收买豆饼,要回本籍。不意在洋中沉船,吕正等6名(后饿死5名,仅存吕正)"坐落水柜",随波漂荡,漂至琉球国北山府地方。随身携带物件有"所奉天上圣母神像全座"。道光四年(1824年)七月二十四日,广东省潮州府澄海县商人蔡高泰与舵梢15名、搭客7名,共22名,"驾坐澄字64号商船装载糖货到天津府发卖,在当地装载高粮(当为"梁"字)酒、乌枣等货转审(当为"沈"字)阳省宁远州装载姜货,于放洋回本籍途中遇风涛大作,漂至琉球国叶壁山",船上随带物件中有"所奉天上圣母神像全座"②。

以上供奉"天后娘娘"1艘,属漳州府龙溪县;供奉"天上圣母"1艘,属苏州府镇洋县;供奉"天上圣母神像全座"6艘,其中属泉州府3艘(属同安县2艘,1艘未标明何县),属潮州府澄海县3艘。无论供奉1尊"天后娘娘"或"天上圣母",还是"天上圣母神像全座",事实上,这些海洋商船所供奉的都只是一尊"妈祖神像"。其总数8艘,占30.08%。

供奉"妈祖陪祀顺风耳千里眼"。乾隆十七年(1752年)十月初一日,江南省通州船户崔长顺与海商共23人,乘坐一艘海船从通州吕四场出港,往胶州装载客货物等。后出胶州港往苏州交卸客货物。十一月二十三日忽遇飓风,"坏舵不能收拢,随风逐浪在大洋飘荡",十二月八日又遇西北飓风,"砍断大桅,松去货物",漂至琉球国八重山地方,"船被风浪打碎",为当地民众救起,捞起物件中有"天后娘娘一件、千里眼将一位、顺风耳将一位"③。乾隆四十三年(1769年)十月二十四日,江南省通州商人、船户姚恒顺与海商共14人,乘坐"通字五甲四十四号商船"从太仓州镇洋县装载南货往山东胶州贸易,又在当地"揽装腌猪等货",返回镇洋,不意于"洋中遇着飓风将舵子损折,任风飘行"至琉球国八重山,冲礁船破。随带物件中有"一、天后娘一位,一、千里眼将一位,一、顺风耳将一位"④。引文中的"天后娘",应是"天后娘娘"。乾隆四十四年(1779年)六月九日,福建省闽县船户林攀荣与海商共33人,乘坐顺字34号商船,"装载纸货,由福州出口",于八月二十四日到关东锦州府停泊,又在当地装载瓜子等物后"开洋回南贸易,仍回本省",不意一月初十日五条沙洋面风波大起,船"失舵弃桅,任风飘流"至琉球国马齿山,乘舢板上岸。随带物件有"一、天后娘娘一位,一、千里眼将一位,一、顺风耳将一位"⑤。乾隆五十年

① 蔡铎等编:《历代宝案》第二集卷一四二第10册,中国台湾大学1972年影印版,第5851页。
② 蔡铎等编:《历代宝案》第二集卷一四〇第10册,中国台湾大学1972年影印版,第5850—5852页。
③ 蔡铎等编:《历代宝案》第二集卷三四第3册,中国台湾大学1972年影印版,第2710—2712页。
④ 蔡铎等编:《历代宝案》第二集卷五四第6册,中国台湾大学1972年影印版,第3265—3266页。
⑤ 蔡铎等编:《历代宝案》第二集卷六五第6册,中国台湾大学1972年影印版,第3492—3493页。

(1785 年)三月二十九日,福建省漳州府龙溪县船户林长泰与商人共 26 人,驾驶海船一只,"装载红糖,本县开船到上海地方发卖,转到锦州府收买黄豆、瓜子、芝麻等项回到山东大西岛山放洋,要回本县",十二月初三日"忽遇飓风打断桅舵,丢弃货物",漂至琉球国大岛①,随带物件中有"一、天后娘娘一位,一、千里眼将一位,一、顺风耳将一位"②。乾隆五十年六月二十八日,广东省潮州府澄海县船户陈万金等 38 名海商乘坐澄字 523 号船"装载槟榔,本县开船前到天津府天津县兑换贸易",后转到盛京省奉天府宁海县"置买黄豆",放洋要回本县,不意西风大作,波浪猛起,砍弃桅篷,任风漂流至琉球国叶壁山。随带对象中有"一、天后娘娘一位,一、千里眼将一位,一、顺风耳将一位"。道光十六年(1836 年)六月十六日,广东潮州府澄海县船户陈进利等 50 名商人、搭客坐驾海船一只,于本县出口到天津贸易,又到山东福山县"采买黄豆、小麦、豆饼等项"。十一月初五日放洋回籍,不意"初八日陡遇西北大风,失舵砍桅,任风飘流四十余日",至琉球国山北府。随带对象中有"一、奉敬天上圣母一座,一、顺风爷二座"③。引文中的"天上圣母",即"天后娘娘";"顺风爷二座"应是"顺风爷一座,千里眼爷一座",可能是记录的人未加细察所致。

供奉"天后陪祀顺风耳千里眼总管爷"。道光二十年(1840 年)十二月二十日,江苏苏州府长洲县嘉会铜局坐商杨嗣亨奉旨遣发东洋采办红铜,共 101 名坐金得泰商船"在本县装载药材、糖货以及呢羽缎哔吱等件"从乍浦出口放洋要往东洋,一路遭风,漂到琉球国奇界岛,船撞礁击碎。随带物件中有"一、敬奉天上圣母一座,一、顺风耳一座,一、千里眼一座,一、总管爷一座"④。乾隆十四年(1749 年)四月二十二日,福建省福州府闽县船户蒋长兴等 27 名海商驾乌船"往厦门装糖",五月初十日至上海县发卖,后在当地装茶叶运往锦州发卖。又在彼地装瓜子、黄豆等项。十月十五日出锦州港到江南外洋陡遭西北大风,漂至琉球国麻姑山,冲礁船破,随带物品中有"天后娘娘并将军三位"⑤。这里的"将军三位"其中二位似应是"顺风耳将与千里眼将",另一位应是"总管爷",因清代湄洲祖庙中神像有此组合。

以上供奉"天后陪祀顺风耳千里眼"6 艘,其中属苏州通州 2 艘,属福州府闽县 1 艘,属漳州府龙溪县 1 艘,属潮州府澄海县 2 艘。供奉"天后陪祀顺风耳千里眼总管爷"2 艘,其中属苏州府长洲县 1 艘,属福州府闽县 1 艘。二者共 8 艘,占 30.77%,前者占 7.69%,后者占 23.08%。,供奉"天后陪祀顺风耳

---

① 蔡铎等编:《历代宝案》第二集卷七二第 6 册,中国台湾大学 1972 年影印版,第 3661—3662 页。
② 蔡铎等编:《历代宝案》第二集卷七二第 6 册,中国台湾大学 1972 年影印版,第 3666 页。
③ 蔡铎等编:《历代宝案》第二集卷一六四第 12 册,中国台湾大学 1972 年影印版,第 6825—6826 页。
④ 蔡铎等编:《历代宝案》第二集卷一七三第 12 册,中国台湾大学 1972 年影印版,第 7253—7255 页。
⑤ 蔡铎等编:《历代宝案》第二集卷三一第 5 册,中国台湾大学 1972 年影印版,第 2623—2624 页。

千里眼"与供奉"天后陪祀顺风耳千里眼总管爷"相比较,后者只多了"总管爷",事实上,在神灵偶像组合方面基本相近。

在商船上,还有将妈祖与其他神灵合祀。供奉"天后、观音合祀,陪祀顺风耳千里眼"。乾隆五十年(1785年)四月二十八日,福建漳州府龙溪县船户金乾泰与商人共26人驾坐海船"往福州买纸货到天津府贸易,转西锦州购买黄豆回,到山东大石岛放洋要回本县",陡遇西北大风,打断桅舵,漂到琉球国德岛。随带有"一、天后娘娘一座,一、观音菩萨一位,一、千里眼将一位,一、顺风耳将一位"①。供奉"天后陪祀顺风耳千里眼宫娥彩女"与"关帝、水官大帝合祀"。乾隆四十九年(1784年)闰三月二十二日,江南省苏州府元和县船户蒋隆顺等为本省镇江府黄姓客人所催,装载生姜往直隶天津府交卸。后又屡次为人运载粮米。乾隆五十年(1785年)十月二十三日,因福建莆田商人游华利之雇往山东定武府海丰县装载枣子,要到浙江宁波府交卸,不意在洋中忽遇狂风,失舵砍桅,任风漂荡至琉球国太平山。随带有"一、关圣帝君一位,一、三官大帝一位,一、千里眼将一位,一、顺风耳将一位,一、宫娥一位,一、彩女一位"②。顺风耳千里眼为妈祖的属将,未见关帝陪祀此二神,宫娥彩女当为天后亦即妈祖的陪祀神。"关圣帝君"与"三官大帝"陪祀宫娥彩女则不合情理。所以,引文中应少了"天上圣母",很可能是该船在海中遇难时失落。引文中的"三官大帝一位"也有误。"三官大帝"是指天官、地官、水官三位神灵,应为"水官大帝一位"。因为在明清时期即有独立的"天官赐福"画像,说明民间会根据需要分开供奉。(此组"天后陪祀顺风耳千里眼宫娥彩女"神像应是莆田商人所供奉。"关帝、水官大帝"神像则为苏州府元和县船户所供奉。)供奉"天后陪祀顺风耳千里眼"与"关帝陪祀关平周仓"。道光六年八月三十日,江南省松江府上海县舵工王群芳等海商14人驾坐海船装载货物要到山东交卸,不意在洋中连遭大风,船几沉覆幸漂至琉球国,随带物品中有"一、所奉关圣帝君一位,周仓一位;一、顺风耳一位,千里眼一位"③。这种格局似乎不合情理,引文中有关海洋商船上所供奉的神灵中似乎少了一位"关平"、一位"天上圣母",很可能是商船遇难时遗失于海中。供奉"天后陪祀顺风耳千里眼总管爷"与"关帝陪祀关平周仓"。道光六年(1826年)十一月初六日,江南省苏州府昆山县船工陈志贵等共20人在上海县装载货物要到山东胶州口交卸,十六日在崇明放洋,不意在洋中屡次遭风,砍桅失舵,任风漂至琉球国④,随带物品中有"一、奉

第十章

明清时期的海洋信仰

---

① 蔡铎等编:《历代宝案》第二集卷七二第6册,中国台湾大学1972年影印版,第3661—3662页。
② 蔡铎等编:《历代宝案》第二集卷七三第6册,中国台湾大学1972年影印版,第3709—3710页。
③ 蔡铎等编:《历代宝案》第二集卷一四四第10册,中国台湾大学1972年影印版,第5991—5993页。
④ 蔡铎等编:《历代宝案》第二集卷一四四第10册,中国台湾大学1972年影印版,第5994页。

敬关圣帝君一座,关平一位,周仓一位;一、奉敬天上圣母一位,千里眼一位,总管公一位,顺风耳一位"①。

以上供奉"天后、观音合祀,陪祀顺风耳千里眼"1 艘,属漳州府龙溪县;供奉"天后陪祀顺风耳千里眼宫娥彩女"与"关帝、水官大帝合祀"、供奉"天后陪祀顺风耳千里眼"与"关帝陪祀关平周仓"、供奉"天后陪祀顺风耳千里眼总管爷"与"关帝陪祀关平周仓"各 1 艘,分别为苏州府长洲县与元和县、松江府上海县占。这里共计 4 艘,每种组合占 3.85%。后三种比较接近,占 11.54%。

天后与地方上的守护神合祀。其情况比较复杂。有的供奉"天后、圣公爷合祀"。乾隆十四年(1749 年)十一月间,福建省漳州府龙溪县商人船户林顺泰等 23 名坐驾乌船一艘装糖往天津发卖,转到山东胶州买绿豆、粉干、紫草欲回厦门,行至半洋,陡遭暴风,失舵弃桅,随风飘至琉球国大岛地方,冲礁破坏。② 随带物件中有"一、天后娘娘一座,一、圣公爷一尊"③。有的供奉"天后、天恩公公合祀"。道光十年(1830 年)五月十五日,广东省潮州府澄海商人杨传顺等 23 人,坐驾澄字 159 号商船在琼州府陵水县装载黄、白糖等货往天津发卖。又转奉天府宁远州收买黄豆,开船要回本籍,不意在洋遭风,砍桅失舵,任风漂流到琉球国大岛地方,随带物品中有"一、所奉天恩公公,一、所奉天后娘娘一座"④。可见,上述供奉"天后、圣公爷合祀"1 艘,属龙溪县;供奉"天后、天恩公公"合祀 1 艘,属澄海县。前者以妈祖与圣公爷合祀,后者则以妈祖与天恩公公合祀,这一类共计 2 艘,占 7.69%。"圣恩公公"与"圣公爷"应为漳州与潮州的地方神灵。

有的商船不供奉妈祖,而是供奉"菩萨"。在供奉菩萨的商船中,有的供奉"观音菩萨"。嘉庆二十一年八月二十三日,直隶省天津府天津县海商陈百顺与舵梢 17 人,搭客 3 人,共 20 人驾坐商字 43 号商船,到辽东买黄豆、苏油、豆饼等项,转江南省上海发卖,途中遇飓风,伤舵断桅,随风漂流至琉球国,随带物件中有"所奉观音菩萨"⑤。有的供奉其他菩萨。乾隆八年(1743 年),江南苏州府吴县海商游仲谋等 83 人,驾坐本县贸字第 3 号商船往日本长崎贸易,兑换条铜、海参、鲍鱼、海带等件。返程行至洋中,陡遭暴风,漂至琉球国大岛。随带物件中有"菩萨七尊"⑥。乾隆十四年(1749 年),直隶顺天府天津卫船户田圣思等 20 名海商,驾坐商船在锦州府置买元豆、瓜子等物要往山东胶州贸

① 蔡铎等编:《历代宝案》第二集卷一四四第 10 册,中国台湾大学 1972 年影印版,第 5997 页。
② 蔡铎等编:《历代宝案》第二集卷三一第 5 册,中国台湾大学 1972 年影印版,第 2598 页。
③ 蔡铎等编:《历代宝案》第二集卷三一第 5 册,中国台湾大学 1972 年影印版,第 2603 页。
④ 蔡铎等编:《历代宝案》第二集卷一五四第 10 册,中国台湾大学 1972 年影印版,第 6388—6389 页。
⑤ 蔡铎等编:《历代宝案》第二集卷一二二第 9 册,中国台湾大学 1972 年影印版,第 5510—5511 页。
⑥ 蔡铎等编:《历代宝案》第二集卷二七第 4 册,中国台湾大学 1972 年影印版,第 2445—2447 页。

易,不意半洋陡遭西北大风,桅篷锚舵舢板俱失,任风漂至琉球国大岛。① 随带物件只有"九圣菩萨一幅"②。乾隆十四年(1749 年)十二月间,琉球国大岛地方救起一艘中国遇难商船,船户王源利系福建省泉州府晋江县人。王一行26 人在山东胜州装载青白绿豆、核桃、柿饼等物要往浙江乍浦,行至洋忽遇飓风,失去桅舵,漂至琉球国。随带对象中有"菩萨四位"③。上述供奉菩萨 4艘,其中属于天津 2 艘,属于苏州吴县 1 艘,属于晋江县 1 艘。这一类占15.38%。明清时期,"菩萨"这个称呼在民间不再单纯指佛教中的"能自觉觉他觉行圆满"的"菩提萨埵"。天津的"九圣菩萨"很可能就是民间诸神。"观音"也是佛教民间化、世俗化的产物,即民间诸神。福建民众通常称"观音"为"观音妈",属于民间民众亲昵的称呼。

从以上所述可知,在 26 艘遇难商船中,只有 4 艘没有供奉妈祖,占15.38%。供奉妈祖的有 22 艘,占 84.62%。这说明"海神妈祖"在海洋商船上所供奉的神灵中占绝对优势。海商们以妈祖为主神再加其他神灵供奉。其一,加陪祀神。如"顺风耳千里眼","顺风耳千里眼总管爷","顺风耳千里眼宫娥彩女"。其二,加"菩萨"构成合祀。如与"观音"合祀。其三,以妈祖为主,以其属下为陪祀神的组合与其他神灵组合构成并祀。如"天后陪祀顺风耳千里眼总管爷"与"关帝陪祀关平周仓","天后陪祀顺风耳千里眼"与"关帝陪祀关平周仓"等。其四,与地方神灵构成合祀。如分别与"圣公爷"、"天恩公公"等构成合祀。④

(二)神灵偶像的年代、区域分布分析

根据遇难船只所供奉神灵偶像类型的年代顺序进行考察可知:

乾隆朝海洋商船上所供奉的神灵偶像有"天后(一尊)"、"天后陪祀顺风耳千里眼"、"天后陪祀顺风耳千里眼总管爷"、"天后、观音陪祀顺风耳千里眼"、"天后陪祀顺风耳千里眼宫娥彩女"与"关圣、水官合祀"、"天后、圣公爷合祀"几种类型。

嘉庆朝海洋商船上所供奉的神灵偶像有"天后(一尊)"、"观音菩萨"两种类型。

道光朝海洋商船上供奉的神灵偶像有"天后(一尊)"、"天后陪祀顺风耳千里眼"、"天后陪祀顺风耳千里眼总管爷"、"天后陪祀顺风耳千里眼"与"关帝陪

① 蔡铎等编:《历代宝案》第一集卷三〇第 5 册,中国台湾大学 1972 年影印版,第 2598 页。
② 蔡铎等编:《历代宝案》第一集卷三〇第 5 册,中国台湾大学 1972 年影印版,第 2602 页。
③ 蔡铎等编:《历代宝案》第二集卷三〇第 5 册,中国台湾大学 1972 年影印版,第 2597—2599 页。
④ 王荣国:《明清时代的海神信仰与经济社会》,博士论文,厦门大学 2001 年,第 113—120 页。

祀关平周仓"、"天后'陪祀顺风耳千里眼总管爷'"与"关帝陪祀关平周仓"、"天后、天恩公公合祀"类型。

纵观清乾隆年间至道光年间琉球国救起的 26 艘中国遇难商船可知,这些海洋商船上所供奉的神灵偶像的组合未见有明显的变化趋势。需要说明的是:其一,道光朝泉州府同安县、潮州府澄海县商船出现供奉"天上圣母(神)像全座",但这并不意味着所供奉神灵偶像的变化或神灵偶像组合的变化。事实上,这只是神像的雕造形式发生变化,实际供奉的只是一尊"天后"神像。其二,上述统计,嘉庆朝海洋商船上所供奉的神灵偶像只有"天后(一尊)"与"观音菩萨"两种类型,并不意味着当时海洋商船上只供奉这两种类型,或者海洋商船上所供奉的神灵偶像类型出现变化。从《历代宝案》中有关遇难船只的记载看,乾隆朝 13 起,道光朝 9 起,嘉庆朝只有 4 起。嘉庆、道光两朝的年数都比乾隆朝短,把这两朝的年数相加,正好与乾隆朝的年数相近,同样把琉球国救起的清朝嘉庆、道光两朝的遇难船只数量相加,正好与乾隆朝相当,都是 13 起,其神灵偶像类型数也基本接近。这表明,当时我国沿海海商所信仰的诸神结构具有比较大的稳定性。①

根据遇难船只上所供奉的神灵偶像的区域分布进行考察发现:

江苏、福建、广东海洋商船都普遍供奉"妈祖",天津、浙江未见这方面的记载,不过天津在元代就建有天后宫,其海洋商船理应有供奉"妈祖"的。而清咸丰年间往返于日本长崎与浙江乍浦之间进行海洋贸易的"丰利船"上就供奉"妈祖"(详见后述),这是清代浙江海洋商船上供奉"妈祖"的实例。可以说,妈祖是我国沿海海洋商船上普遍供奉的神灵。但必须指出,并非所有的商船都供奉"妈祖"。单纯供奉妈祖或妈祖及其陪祀神"顺风耳千里眼"或"顺风耳千里眼总管爷"等的,共有 16 艘,占 61.54%。有一部分则是妈祖或妈祖及其陪祀神与其他神灵并祀,如"天后、观音合祀,陪祀顺风耳千里眼","天后陪祀顺风耳千里眼宫娥彩女"与"关帝、水官大帝合祀"并祀,"天后陪祀顺风耳千里眼总管爷"与"关帝陪祀关平周仓"并祀,"天后陪祀顺风耳千里眼"与"关帝陪祀关平周仓"并祀,还有妈祖分别与地方神"圣公爷"、"天恩公公"合祀,共有 6 艘,占 23.08%。在天津、江苏有少数海洋商船单一供奉"菩萨",即便在福建也同样如此,共有 4 艘,占 15.38%。

众所周知,妈祖原是福建沿海民间信仰的神灵。后来,一方面随着闽粤特别是闽中渔民与海商的足迹而传向沿海各地;另一方面由于朝廷的认可而纳入祀典和历代王朝的加封神号,使得妈祖信仰在全国迅速传播并成了全国航海者普遍信仰的神灵。但以上所述显示,各地尚有少数单纯供奉"菩萨"以及

---

① 王荣国:《明清时代的海神信仰与经济社会》,博士论文,厦门大学 2001 年,第 120—122 页。

"妈祖"或"妈祖及其陪祀神"与其他神灵并祀的信仰文化现象。这种信仰文化现象透露出一个历史事实：我国沿海各地的航海者原来都有自己的保护神，随着妈祖成为全国性的海神，有的地方性保护神的神格失落了。当地的人们有的供奉"妈祖"外，还供奉自己本地的保护神，即便"妈祖"故乡的福建沿海也概莫能外，有的供奉"菩萨"，有的"妈祖"与"观音菩萨"或"圣公爷"合祀。此外，据清姚元之《竹叶亭杂记》记载："海船敬奉天妃外，有尚书、拿公二神。按尚书姓陈名文龙，福建兴化人，宋咸淳五年廷试第一，官参知政事，宋史有传。明永乐中以救护海舟封水部尚书。拿公，闽之拿口村人，姓卜名偎，唐末书生，因晨起恍惚，见二竖投蛇蝎于井，因阻止汲者，自饮井水以救一乡，因而成神，五代时即着灵异。二神亦海舟所最敬者。"①就是说，海船除了供奉"妈祖"外，还合祀"尚书"、"拿公"。一般说来，供奉"尚书"、"拿公"的商船是福建的海商。

这些商船大都是往来于国内航线，只有一艘开往日本。道光二十年（1840年）十二月，苏州府长洲县嘉会铜局坐商杨嗣亨等101人奉旨乘坐金得泰商船往东洋采办红铜，装载药材、糖货等从乍浦出口放洋，一路遭风，漂到琉球国奇界岛，撞礁船碎。② 船上携带有"天上圣母"、"顺风耳"、"千里眼"、"总管爷"各一尊。至于远洋航线的情况，据明代张燮《东西洋考》载可知，当时的往西洋航线的海洋商船大都供奉"协天大帝（关帝）"、"天妃"、"舟神（'不知创自何年，然舶人皆祀之'）"。③

那么，海洋商船上所设置的"神龛"又是怎样的呢？《李朝实录》保存有一则相关的记载。嘉庆三年（1798年），海澄县船户陈嘉瑞驾金宝发号商舶出海从事海洋贸易，遇风暴漂至朝鲜，被救起。据《李朝实录》记载，其船上"设窗棂，以金涂之，施锦帐，帐幅金书'天后圣母'字，中供金佛三躯"④。引文中的"窗棂"指神龛，而所谓"设窗棂，金涂之，施锦帐，帐幅金书'天后圣母'字"，意思是设置涂饰金碧辉煌并施设锦帐的神龛，神龛横帐上书"天后圣母"金字。依神龛帐幅上金书"天后圣母"字样来判断，"金佛三躯"当指"天后及其配祀之神"。因为到了明清时期所谓"佛"与"菩萨"一样都被民众用于泛指"民间信仰的诸神"。可见海洋商船上所设置的"神龛"装饰之豪华铺张。神龛终日香烟缭绕。正如有首竹枝词描述道："天后娘娘小像传，中堂虔供一炉烟。扬风旗出高檐外，知是伊家放海船。"⑤据张燮《东西洋考》记载，关帝、妈祖、船神，"以上三神，凡舶中来往，俱昼夜香火不绝。特命一人为司香，不事他事。舶主每

第十章

明清时期的海洋信仰

① （清）姚元之：《竹叶亭杂记》卷三《海舟敬奉天妃》，第87页。
② 蔡铎等编：《历代宝案》第二集卷一七三第12册，中国台湾大学1972年影印版，第7253页。
③ （明）张燮：《东西洋考》卷九《舟师考》，第185—186页。
④ 《李朝实录》正宗卷四八，二十二年正月庚辰。
⑤ 同治《沪城竹枝诗》，转引自《中国社会经济史研究》1995年第3期。

晓起,率众顶礼"①。

在神龛供奉神灵偶像组合方面,渔船似乎更侧重于地方性的保护神,特别是本村的护境神,这是海洋商船所少有的。此外,对妈祖的信仰不如商人普遍。神灵偶像是一种象征符号,不同的神灵有着不同的象征意义。"妈祖"是海上保护神,"顺风耳千里眼总管爷"都是妈祖手下的属将,眼观千里,耳听八方,能够及时有效地获得渔商船遇难的信息,以便迅速救护,保护海上航行安全。"观音"在民间是一位"救苦救难"的"大慈大悲"之神。"水官"解厄,供奉水官可消灾免祸。关帝既是守护神又是武财神,供奉关帝既可保平安又可保佑生意发财。"圣公爷"是熟识港道的引航神,泉漳舟人大多奉祀,这种信仰也传到台湾,在台湾其庙宇称"圣公庙"②。"天恩公公"可能是潮州一带民众供奉的守护神。在海洋商船神龛中所供奉的神灵,有的为一尊,有的则数尊组合在一起。不同的神灵组合构成不同的象征符号系统,其象征意义不尽相同。而妈祖与"顺风耳千里眼"或"顺风耳千里眼总管爷"的组合则最常见,这表明身家性命的平安是第一位的。妈祖与"观音"或"圣公爷"组合也与前者具有同样的意义。总的看来,保佑平安仍是海商的最大心愿,这正体现出普遍的社会心理与中国文化关注现世的人文精神。③

第五节　明清时期的海神信仰与海外移民

海外移民通过海洋航路向我国近海海域的沿海及其岛屿乃至海外移居,寻求新的谋生空间。移民不仅携带着海洋神灵以保护其在海上迁徙的人身安全,而且在移居地建庙供奉,成为移民社会的精神支柱与象征。④

一　海外移民与移神

海外移民是一项风险与希望相伴的冒险性活动。在海洋交通工具不先进而采用木帆船的古代,正常情况下通过海路移民都充满风险,如果是采取偷渡其危险就更大了。明清时代,除了颜思齐、郑芝龙、郑成功等招募闽人前往台湾垦殖属于有组织的活动外,在明代实行海禁的时期以及清初统一台湾后相当长的一段时间内禁止沿海民众渡台,但迫于生计,人们还是顶着禁令偷渡。

---

① (明)张燮:《东西洋考》卷九《舟师考》,第185—186页。

② (清)范咸:《重修台湾府志》卷一九《杂记·寺庙》台湾县"圣公庙"条,《台湾府志·三种》〈影印本〉下册,中华书局1985年版,第2351页。

③ 王荣国:《明清时代的海神信仰与经济社会》,博士论文,厦门大学2001年,第125—127页。

④ 王荣国:《明清时代的海神信仰与经济社会》,博士论文,厦门大学2001年,第137页。

偷渡乘坐的是"湿漏船只",即便不刮大风也难保不出事,遇上风涛,就更不要说。而专营偷渡的"客头"船户则串通习水积匪,将偷渡之人,"用湿漏船只收载数百人入舱,将舱盖封钉,不使上下,乘夜出洋,偶值风涛,尽入鱼腹"①。有的"客头奸梢"甚至故意制造危险,将船驶到外洋,遇上荒岛,就诡称到达台湾,催促乘客登岸。乘客登上沙洲不久海水涨潮而来,"群命尽归鱼腹",而荒岛上人烟断绝,有幸不被潮水淹死,最终也只能坐以待毙。当然,偷渡移民台湾也不乏成功者。清朝福建巡抚吴士功在其一份给朝廷的奏疏中指出:"自乾隆二十三年十二月至二十四年十月,一载之中,共盘获偷渡民人二十五案,老幼男妇九百九十九名口,内溺毙男妇三十名口。其已经发觉者如此,其私自过台在洋中被害者,恐不知凡几。"②可见,这种移民有的是男子单身前往,有的则是举家老幼男妇前往。在前述 25 起偷渡到台湾的 999 人中,有 30 人途中不慎溺毙。而那些未抵台湾途中被害死的就无从计数了。向本国近海海域岛屿带移民要冒生命危险,甚至付出惨重的生命代价,海外移民要冒的危险就更大了。对于海外移民来说,海上的一帆风顺以及平安到达目的地是最大的心愿!

正因为海上移民具有极大的风险性,所以无论是向海岸带、近海岛屿带还是海外移民,在出海前大都要到神庙向神灵祷告、辞行,以祈求神灵保佑其平安到达目的地。不仅如此,"早期移民者之惯例,当彼等远离乡土时,多数均将原供养在家或寺庙中之小型神像携去台湾"③。闽粤沿海是我国海外移民重要的移出地,而这一区域的沿海民众普遍信奉海上航行的保护神妈祖。在历史上,每当这一带向海外移民者要离开家乡之时,大都要先到当地妈祖庙进香膜拜。④ 据研究,福建泉州的船主、水手、海商等凡通过海路出外谋生者都要到天后宫膜拜。⑤ 渡海移民去台湾者在出海起航前,也大都到祖居地妈祖庙上香,并请其香火袋或分身神像等相伴而去。明代天启四年(1624 年),郑芝龙等设寨于笨港(今北港),福建泉、漳等地的沿海民众相继渡海前往垦荒。明末清初,战争的频繁,赋税的繁苛以及东南沿海诸省土地兼并的加剧,使得更多农民流离失所,不少人背井离乡渡海到台湾,从事农垦、捕鱼、经商等营生。而清康熙年间虽然统一了台湾,但是仍禁止沿海民众移居台湾,大批的民众只

---

① (清)方濬师:《蕉轩随录》卷五《记台湾渡海开禁事》,点校本,中华书局 1995 年版,第 182 页。

② (清)方濬师:《蕉轩随录》卷五《记台湾渡海开禁事》,点校本,中华书局 1995 年版,第 182 页。

③ 卢嘉兴:《台湾时期兴建的寺庙》,第 35 页,转引自邢福泉:《台湾的佛教与佛寺》,中国台湾商务印书馆股份有限公司 1981 年版,第 3 期。

④ 周益群:《妈祖与南洋华侨》,见林文豪主编:《海内外学人论妈祖》,中国社会科学出版社 1992 年版,第 341 页。

⑤ 黄炳元:《泉州——妈祖信仰传播的发祥地》,见曲金良主编:《中国海洋文化研究》第 1 卷,北京文化艺术出版社 1999 年版,第 83 页。

能采取偷渡。尽管偷渡本身充满陷阱,风险极大,然而"穷民迫于饥寒,相率入陷井"①。最初大陆移民到台湾并非一去就定居下来,由于种种原因,大多数人在相当长的时间内采取"候鸟式"的迁徙方式,即"春时往耕,秋成回籍"。后来则为相对长时间的定居。据记载,乾隆朝在台湾的汉族移民已超过数十万,大多数人是单身前往的。然而清朝统治者禁止两岸往来,在台移民不能回原籍搬家属,"若弃之而归,则失谋身之路;若置父母妻子于不顾,更非人情所安"。许多为了看望父母妻子,又不得不冒险偷渡回籍探亲。而"冒险偷渡,百弊丛生"②,从而又多了不安全的因素。"偷渡"在海洋交通工具还是依靠木帆船的时代,无疑大大增加了危险性。因此,偷渡往来于台湾的移民,其心理上更需要神灵的庇护。据说,厦门的曾厝垵、浯屿岛、五通渡等是偷渡者出海的出发地,而这些地方都有妈祖庙,偷渡者往往在妈祖庙内烧香后开船出海,祈求神灵的庇佑以平衡心理,藉神威以壮胆气,勇敢地直面死亡的威胁,去争取生存的希望。

海外移民也与海洋渔民、商人一样,在海上同样需要神灵一路相伴,时时庇佑。运载海外移民的航船也要设置神龛。福建泉州的"小船设神龛,大船上甚至筑一间专用小堂"。泉州人出海起航前,船主要到天后宫请一尊木雕的妈祖神像或妈祖令旗、神牌、香火包等"上船奉祀"。③ 事实上,许多地方海外移民动身远行前大都要到本乡或本村供奉护境神或守护神的庙宇内焚香祭拜以祈求保佑一路平安,有的还把护境神或守护神分身像携带在身旁。与此同时,还要到本地的妈祖庙去焚香祭拜并携带其香火袋甚至分身像。移民去台湾者通常就是如此,他们把妈祖的分身神像供奉在船上并称其为"船头妈"或"船仔妈"。日本片山浦的林家之祖是福建莆田人林北山,他因明朝灭亡而举家移民日本避难。林北山家所供奉的"娘妈"即"妈祖"神像及其配祀二神将与二侍女像④是林北山从福建东渡日本时,供奉在船上而带往日本的。早期帆船上所设置的供奉妈祖等神像的神龛都贴着对联。我们从其所贴的对联可以窥见航海者与移民的心态。如有艘闽南开往南洋群岛的船上神龛的对联,上联为"顺风顺水顺人意,得财得利得天时",下联为"身居湄洲真显赫,神在船中保平安"。横批是:"海国安澜"。⑤ 显然,对联寄托着海上航行者祈求海神妈祖保

① (清)方濬师:《蕉轩随录》卷五《记台湾渡海开禁事》,第82页。

② (清)方濬师:《蕉轩随录》卷五《记台湾渡海开禁事》,第181页。

③ 黄炳元:《泉州——妈祖信仰传播的发祥地》,见曲金良主编:《中国海洋文化研究》第1卷,北京文化艺术出版社1999年版,第83页。

④ 〔日〕上野敏政:《明治之神佛废止令与日本天虹信仰》,见林文豪主编:《海内外学人论妈祖》,中国社会科学出版社1992年版,第299页。

⑤ 李天锡:《石狮华侨与新加坡天福宫》,《福建宗教》1997年第3期。

佑整艘船上的人能够一帆风顺的心愿,同时这也是在海上航行特定时空形成的"海上社会"共同的祈盼。海外移民临行前到神庙向神灵进香祈求保佑之后,多数人是讨个香火袋或香火包上船,也有少数人还要捧神灵的分身像(如妈祖或其他神的分身)作为其个体的保护神。对于历史上的海外移民来说,除了运载他们的海船上要供奉神灵偶像外,移民者个人一般也要携带象征着自身守护神的"香火包",以求保护神与自己形影不离。这种个人的保护神实际上成为移民个体的"救生圈"。其用意在于,一旦不幸所乘之船发生海难而跌落水中,尚望个体守护神能保佑自己免于一死。

海洋上的气候变化莫测,谁也不敢保证海船在航行途中不遭遇狂风恶浪。运载海外移民的船只在航行中要对船上所供奉的神灵按时行香祭拜。如前所述,福建泉州的船主起航前要先到天后宫焚香并请尊妈祖像"上船奉祀,朝夕行香"①。海船上供奉神灵偶像的用意还在于,一旦遇到狂风巨浪,船上的人能及时地跪神像前祈祷,希冀神灵保佑他们转危为安。陈泽明在《诸神的起源》中说:"当大陆东南沿海移民渡海来台时,船上都奉祀着一个海神的神像来保佑船只的平安。每当巨浪滔天时,全船人便一致向神像祈祷,希望转危为安。"这个海神就是现在台湾奉祀最多的妈祖。② 渡海移民前往台湾的如此,移民前往东南亚同样如此。运载移民的海船在航行途中,"每到一岸都要把妈祖神像请上岸祭拜"③。

这里还要交代一个有趣的现象,那就是历代帝王对妈祖屡加封号,其封号由"天妃"而"天后",由"天后"而"天上圣母"。然而,在明清时代,沿海民众还是普遍信仰"披发的神",并呼唤质朴的"妈祖"称号。④ 莆田九牧林氏后裔林远峰说:"天后圣母,余二十八世姑祖母也。未字而化,显灵最著,海洋舟中,必虔奉之,遇风涛不测,呼之立应。有甲马三,一画冕旒秉圭,一画常服,一画披发跣足仪剑而立。每遇危急,焚冕旒者辄应,焚常服者则无不应,若焚至披发仗剑之幅而犹不应,则舟不可救矣。"⑤可见,在东南沿海特别是福建沿海,民众以"披发跣足"的妈祖最为灵验,表明与"天妃"、"天后"、"天上圣母"形象相比较,沿海民众更认同平民形象的"妈祖"。据《陔余丛考》载,"台湾往来,神迹尤著。土人呼神为妈祖。倘遇风浪危急,呼妈祖则神披发而来,其效立应。若

① 黄炳元:《泉州——妈祖信仰传播的发祥地》,见曲金良主编:《中国海洋文化研究》第 1 卷,北京文化艺术出版社 1999 年版,第 82 页。
② 陈国强主编:《妈祖信仰与祖庙》,福建教育出版社 1990 年版,第 91 页。
③ 黄炳元:《泉州——妈祖信仰传播的发祥地》,见曲金良主编:《中国海洋文化研究》第 1 卷,北京文化艺术出版社 1999 年版,第 82 页。
④ 容肇祖:《天后》,《民俗》第四十一、二期合刊,第 18 页。
⑤ (清)袁枚:《子不语》,第 517 页。

呼天妃,则神必冠帔而至,恐稽时刻。妈祖云者,盖闽人在母家之称也"①。我国沿海海外移民就是在心理上依靠海神妈祖等神灵的庇佑,在汪洋大海之上乘坐一叶帆船漂向沿海岛屿,漂向岛链带的群岛国家,漂向大洋彼岸。移民与移神是互为表里的。随着海外移民的足迹所至,他们所信奉的神灵信仰也随之传去。在海外移民奉祀的诸神中,海神妈祖是移民们普遍尊奉的神灵。因此其传播也就最广,不仅我国海域的台湾、海南等岛屿,海外岛链带的日本、菲律宾、新加坡、马来西亚、印度尼西亚等国以及大洋对面的美国西太平洋的檀香山、旧金山以及法国的巴黎等地都建有妈祖庙。②

二 海外移民社会的神灵祭祀

明代,我国海外移民在居住地开始形成移民社会。③ 作为构成移民社会成员的个体,而其个体又是作为诸神信仰的主体,大都来自我国的东南沿海,有着大致相同的民族性、信仰心理与思维习惯。因此,不管是我国近海岛屿的海洋移民社会,还是海外的海洋移民社会,在诸神信仰方面的旨趣应无根本性的不同。

海外移民们到达目的地后都要把与自己风波浪里一路相伴的神灵的香火或神像供奉起来,当然其供奉的方式并不是单一的。将携带的神像或香火供奉在移民栖身的茅屋中是最常见的做法。据研究,渡海去台湾的移民登岸后把从故乡随身携带的"妈祖香火、香符、神像等供奉于草寮、茅屋中"④。而往南洋群岛的移民当其登岸后,通常要搭建"亚答屋"以供栖息,同时也把从家乡携带去的"妈祖像"⑤供奉在屋内⑥,或供奉其他神像如观音、关帝、大伯公等。有的移民登岸后则设立神龛、神坛供奉所携带的神像。新加坡学者彭松涛认为,新加坡开埠后第三年(1812年)就有帆船(俗称乌艚)从泉州晋江祥芝乡直航至新加坡,掀开中国与新加坡航运史上的第一页。据有过直接驾驶帆船前往新加坡经历的老船员黄渊捷先生说:"听老一辈舵公说,这第一艘帆船在直落亚逸(马来语意为海湾)靠岸时,即在天福宫现址之海滩上,摆上香炉,安上

---

① (清)赵翼:《陔余丛考》卷三五《天妃》,商务印书馆(上海)1957年版。
② 王荣国:《明清时代的海神信仰与经济社会》,博士论文,厦门大学2001年,第143—147页。
③ 移民社会的出现在时间上并不是整齐划一的。在此所要探讨的是移民社会中的海神信仰,至于在我国近海岛屿带的海岛与在海外国家的华人移民社会的形成问题则非本书的任务。因此,本书不打算在此作专门探讨。
④ 张文绮:《从匾联碑记看台湾官民的妈祖信仰》,见林文豪主编:《海内外学人论妈祖》,中国社会科学出版社1992年版,第249页。
⑤ 闽人称妈祖(ma-Tsu),粤人称婆祖(Po-Tsu)。
⑥ 黄炳元:《泉州——妈祖信仰传播的发祥地》,见曲金良主编:《中国海洋文化研究》第1卷,北京文化艺术出版社1999年版,第83页。

天后神位,设立神龛,朝拜起来。"①在福建沿海乡间的山野之处,过去常常可以看到用石片支起的小屋,小屋内置一尊"土地公"的小神像,有的只安放一个香炉,前述为"安上天后神位"而设立的"神龛"大致与此类似。有的文章则说"在新加坡后来的天福宫所在地设坛奉祀妈祖神像"②,这里所谓"设坛奉祀妈祖神像"应与前述神龛相近。供奉好所携带的神灵偶像后,就是按时对其焚香膜拜。在古代自然科学不发达、航海技术落后的情况下,海洋移民为了到台湾等地乃至海外谋生只能乘槎浮海,经受惊涛骇浪之险,唯一可依赖的就是神灵的保佑。不知有多少人为风浪吞没而葬身鱼腹,那些饱受海上风浪颠簸之苦甚至死里逃生而抵达目的地者大都认为是神灵的庇佑,他们登岸后摆上神像顶礼膜拜,并将神像供奉起来。这不仅表达了移民对保护神由衷的感戴之情,也是希冀神灵保佑他们此后的人生平安与事业发达。必须指出,移民由于通过海路迁徙而形成的临时的"船上社会"亦即"特殊的海上社会"大多出自同一地域但很少出自同一宗族,登岸后会要出现分化;即使由于海上同舟共济而形成的"特殊的海上社会"登岸得以延续,由于这种"海上社会"属于临时组合成的,不是陆域或岛屿上聚居形成的村落,而移民们所携带的神灵的香火包(或袋)乃至神像也不相同,因此供奉于草屋中,乃至专设神龛、神坛中的神灵偶像杂乱无章,有待整合。其整合随着正规神庙、会馆的出现而出现。

（一）海外移民庙宇的出现

群体中正规神庙的出现就总体而言要早于会馆。正规庙宇的建造必须是有一定的神灵信仰覆盖面与经济能力。随着移居地移民人数的不断增多与移民开发事业的发展,经济能力的增强,海外移民群体开始在聚居地集资建造正规的神庙。

在日本群岛,我国海外移民社会于明代就建造神庙,首先出现于移居琉球的闽人中。琉球是明王朝密切的朝贡国,闽人"善操舟"。为了承担中琉朝贡关系中的航海和翻译任务,明朝初年闽人三十六姓移居琉球,其中蔡崇是泉州府南安县人,郑义才是福州府长乐县人,林喜是福州府闽县林浦人,梁添是长乐县人。从现存的唐荣诸姓家谱来看,这些人自称是明洪武或永乐年间由福建迁往琉球的。③ 不过正是移居琉球的闽人将海神妈祖等信仰传到琉球去。据记载,琉球久米村的天妃宫"宫在曲巷中,门南向,神堂东向,门旁亦有石神

---

① 李天锡:《石狮华侨与新加坡天福宫》,《福建宗教》1997年第3期。
② 宋元模:《天后宫在马来西亚各地》,《纪念妈祖逝世千年学术讨论会材料》。周益群:《妈祖与南洋华侨》,见林文豪主编:《海内外学人论妈祖》,中国社会科学出版社1992年版,第342页。
③ 杨国桢:《唐荣诸姓宗族的整合与中华文化在琉球的流播》,《亚太地方文献研究论文集》,香港大学亚洲研究中心1991年版,第119页。

二。进门,上甬道。左右宽数亩。缭垣周环。正为天妃神堂,右一楹为关帝神堂左为僧寮。阶下,钟一所,大门左有神堂,上镶供龙神"①。而"闽人移居中山(即琉球——引者)者创建庙祠,为同祈福"②。就是说,久米村的天妃宫是移居琉球国的闽人共同创建的,作为当地闽人移民社会共同"祈福"的信仰场所。20世纪末,日本人真荣城安子女士到福建泉州寻根认祖时说,她的家谱记载,她家本姓金,是明太祖时受赐到冲绳岛帮助开发的福建沿海三十六姓之一,其先祖移居在那坝区久米村,创建天妃宫,崇拜妈祖。此庙目前还在,仍受崇拜。她一踏入泉州天妃殿,随即跪扑在地上数分钟,激动得流泪。她说,自己找到了真正的祖地,感到无比欢喜。③ 以上所述表明,在琉球的闽人三十六姓移民社区中人们信仰妈祖、关帝以及龙神等海神。必须指出,这些神灵是村落形成后被整合而成的神灵体系。移居琉球的闽人来自福建不同的地方,其村落是如何形成的,他们原来所奉祀的从各家乡随身带去的保护神是如何被整合成前述状况的? 这有待进一步探讨。

继移居琉球的闽人社区中出现妈祖庙之后,明末清初,日本长崎的中国海外移民社会创建了几所佛寺神庙一体的庙宇。长崎港是日本的德川幕府实行"锁国政策"时期唯一的对外开放港口,而幕府只允许中国与荷兰的商船前来贸易。据西川如见的《长崎夜草话》记载,明嘉靖四十一年(永禄五年,1562年)就有装载瓷器、棉布、食品等货物的中国船只来到长崎港入口处的户町海岸。④ 此后至清初,我国沿海海商前往长崎从事海洋贸易者日增。其中有为数不少的人留居长崎而成了商业移民,同时还有一批流亡日本避难的明朝遗民,从而形成了移民社会。为了信仰方面的需求,从明末至清初在长崎的海外移民社会中相继出现了一批寺院。天启三年(1623年),东明山创建"兴福寺";崇祯元年(1628年),分紫山创建"福济寺";崇祯二年(1629年),圣寿山创建"崇福寺";康熙十七年(1678年),万寿山创建"圣福寺"。前三寺合称"唐三寺",再加上圣福寺,又合称"唐四寺"。这些寺院大都供奉民间俗神,其情况为:兴福寺设有妈祖堂,正中主祀天后圣母,左右配祀关帝及大道公(三官大帝);福济寺设有青莲堂,正中主祀天后圣母,旁祀关帝和观音大士;崇福寺设有妈祖堂,正中主祀天后圣母,旁祀三官大帝,而在护法堂内祀关帝与观音。⑤可见,供奉是以妈祖、关帝为主,还有观音与三官大帝。日本学者内田直作教

---

① 徐光葆:《中山传信录》,转引自谢必震:《中国与琉球》,厦门大学出版社1996年版,第116页。

② 转引自谢必震:《中国与琉球》,厦门大学出版社1996年版,第116页。

③ 黄炳元:《泉州——妈祖信仰传播的发祥地》,见曲金良主编:《中国海洋文化研究》第1卷,北京文化艺术出版社1999年版,第82—83页。

④ 郭梁:《长崎华侨史迹若干考察》,《华侨华人历史研究》1990年第1期。

⑤ 童家洲:《日本华侨的妈祖信仰及其与新、马的比较研究》,《华侨华人历史研究》1990年第4期。

授说,唐三寺当初是以妈祖堂、关帝庙为主体的。①

　　清初长崎唐人坊内中国移民社区内出现的神庙则是出现在前述唐寺之后。康熙二十二年(1683年)清朝统一台湾,次年(1684年)开放海禁,我国民间往长崎从事贸易的海商商舶剧增。康熙二十四年(1685年),幕府对来长崎的中国商船数量与贸易额实行限制。由于中国来长崎的商舶数量增多,中国人留居长崎谋生的人也相应增多。康熙二十七年(1688年),长崎的幕府为了控制中国移民而开始建造"唐人屋敷"即"唐人坊",实行集中居住,从而形成特殊的移民社区。康熙二十八年(1689年)唐人坊在长崎的十善寺村御茶园落成,其内共有住房20栋,商店107栋,把来长崎的华商集中于唐人坊内居住。② 当年迁来唐人坊居住的中国人约5000人。③ 康熙五十四年(正德五年,1715年),日本颁布新商法对赴日唐船进一步限制,民间海商来长崎者大幅度减少。④ 18世纪后期,原在长崎唐人坊里的民间海商纷纷回国,只有为清朝政府办铜的官商还在唐人坊中显赫一时。到了乾隆四十九年(1784年)唐人坊内的华侨仅剩892人。⑤ 咸丰九年(安政六年,1859年)日本开港后,唐人坊内的中国人自由出入得到默许,在坊外贸易与居住的中国人逐渐增多,出现了"广马场"、"新地"以及"大浦"、"浪平"等新的唐人居住区,并有部分华人离开长崎向日本其他地方发展。⑥ 日本方面对唐人坊实行严格的监管制,如在唐人坊周围筑坊墙,使之与外界隔绝,而且还派20名监管人员专门监管华商出入,⑦平时华商、船主、水手未经许可不得私自出坊。虽然唐人坊建成之后,凡遇举行祭祀妈祖的日子,长崎幕府也准许中国移民出坊参加祭祀活动⑧,但这毕竟有限,不能随心所欲。为了满足信仰方面的需求,在唐人坊建成的第二年,移民们在坊内建造了一间土地堂,奉祀土地公。乾隆元年(1736年),在坊内建造了一间天后堂,正中主祀天后圣母,旁祀关帝和观音。⑨ 乾隆二年(1737年)又修建了一间观音堂。可见,当唐人坊这个特殊的中国人的移民社区形成后,人们必然要相继建造一些神庙以供奉其原先崇奉的神灵以满足其信仰需求。而这些神庙的建造理所当然地由唐人坊移民社会筹划并付诸实

---

① 〔日〕内田直作:《日本华侨社会的研究》,东京版。
② 〔日〕山本纪纲:《长崎唐人屋敷》,东京谦光社1983年版,第221页。
③ 郭梁:《长崎华侨史迹若干考察》,《华侨华人历史研究》1990年第1期。
④ 〔日〕《通航一览》卷二○四。
⑤ 〔日〕《通航一览》卷二○四。
⑥ 郭梁:《长崎华侨史迹若干考察》,《华侨华人历史研究》1990年第1期。
⑦ 〔日〕山本纪纲:《长崎唐人屋敷》,东京谦光社1983年版,第221页。
⑧ 〔日〕山本纪纲:《长崎唐人屋敷》,东京谦光社1983年版,第292页。
⑨ 〔日〕山本纪纲:《长崎唐人屋敷》,东京谦光社1983年版,第292页。

施。①

移居东南亚的中国海外移民于明朝初年也出现了移民社会。东南亚的中国人移民社会中最初出现的神庙应是神坛与小庙。土地公是神界的"基层干部",庇佑一方水土,是我国民间诸神中广为民众信仰的小神,但也是贴近民众生活的神灵。海洋渔民、海洋商人都信奉土地公。前述日本长崎中国移民社会中就有崇奉土地公并建造土地公庙的。然而,其信仰在海外移民社会中最为普遍的要数东南亚。马来西亚现存最早的土地庙是槟城海珠屿的"大伯公庙"。此庙原来只是一座神坛。到了清嘉庆四年(1799 年)才由客籍嘉应州五属移民建庙立碑。新加坡最早的土地庙为"恒山亭",由福建的漳泉移民于道光十年(1830 年)前后兴建,主神祀大伯公。新加坡的"海唇福德祠"是由广东的广、惠、肇人士集资建造的,其兴建的年代应在清咸丰年间。② 在东南亚,由于土地公的传播地不同而称谓也不同。如马来西亚的土地公,来自福建漳泉、广东潮州籍者称之为"本头公",来自客家者称之为"大伯公",至于"福德正神"则是对土地神通用的尊称。③ 移民社会中最初出现的妈祖庙也是小庙或神坛。如马来西亚供奉妈祖的天福宫原先是个"神龛"或"神坛",后来"发展成一间小庙"④,这种小庙实际上应是一间用土石砌筑的小屋。大概马六甲的青云亭在其创建阶段也属于这类小庙。20 世纪 80 年代有一位散文家去新加坡,在一个偏僻的弹丸小岛上看到一间当年中国海外移民搭盖的庙宇。"庙极小,纵横三五步足矣,多年失修,香火依然旺盛。……有一大沓问卜的签条挂在墙上。直眼看上去,仿佛到了中国内地的穷乡僻壤,……小庙供的是'大伯公',一切闯南洋的中国漂泊者心中的土地神。……神位前的石鼎刻于清朝道光年间。"⑤大概当年我国海外移民在南洋起初所建的小庙就类似于此。这类神坛、小庙仍然比较多且杂,尚未整合成移民社会中具有代表性的神灵。

随着开发事业的进一步发展,东南亚的中国移民开始建造具有一定规模的庙宇。马六甲"青云亭"原名"观音亭",为马六甲第一任甲必丹郑芳扬、第二任甲必丹李君常倡建于康熙十二年(1673 年)。此庙最初被称为"华族难民的庙宇"⑥。可见,青云亭是清初在马来西亚、马六甲的中国移民社会创建的,不

① 王荣国:《明清时代的海神信仰与经济社会》,博士论文,厦门大学 2001 年,第 147—151 页。

② 据庙内清咸丰四年(1854 年)的《重修碑记》记载:"兹我广、惠、肇府人等,羁旅于此,环居一埠,敬立福德神,建庙以壮神威,由来久矣。"《咸丰四年重修大伯公庙众信捐题芳名碑记》,陈荆和、陈育崧:《新加坡华文碑铭集录》香港中文大学出版部 1971 年版,第 70—79 页。

③ 饶宗颐:《淡伯公》,《南洋学报》1952 年第 8 卷第 2 期。

④ 宋元模:《天后宫在马来西亚各地》,《纪念妈祖逝世千年学术讨论会材料》。周益群:《妈祖与南洋华侨》,见林文豪主编:《海内外学人论妈祖》,中国社会科学出版社 1992 年版,第 341—342 页。

⑤ 余秋雨:《漂泊者们》,《文化苦旅》,东方出版中心 2001 年版,第 274—275 页。

⑥ 林孝胜:《草创时期的青云亭》,南洋历史学会年版,第 51 页。

过在当时的规模不大。康熙三十四年（1695 年）第四任甲必丹曾其禄进行扩建，其中的观音堂（即今之大殿）就是此时扩建的。嘉庆六年（1801 年）又进行扩建，才成为今日庙宇之规模。① 创建时的观音亭应是小庙，曾其禄扩建时应是初具规模的正规庙宇，反映了当地华人移民社会与开发事业都获得发展。而嘉庆年间扩建成宏伟规模表明开发事业与移民社会更加发达与壮大。新加坡天福宫的前身是一座小庙。道光二十二年（1842 年）建成正规的神庙“天福宫”。天福宫立有一块清朝道光三十年（1850 年）石碑，碑文写道：“新加坡天福宫宗祀圣母神像，我唐人所建也，自嘉庆廿三年（1819 年），英夷斯临，新辟是地，……我唐人由内地帆海而来，经商兹土，惟赖圣母慈航，利涉大川，得以安居乐业，物阜民康，皆神庥之保护也。我唐人食德思根，公议于新嘉坡‘直隶亚翼’（TeLoKaYer 马来语海湾）之地，创建天福宫，背戌面辰，为宗祀圣母庙宇，……”②天福宫的建筑材料取自国内泉州。“自 1821 年之后，每艘南来乌槽（即乌艚船——转引者）都附载石柱栋梁、砖瓦、琉璃，经过二十年时间，而于 1842 年建成壮伟之天福宫。”③新加坡琼州天后宫的建筑材料也是用帆船从海南岛运去的。④ 可见，修建天后妈祖的宫庙需要开支一大笔经费，还要动用相当多的人力，特别是建材从国内运去，完成这项工程更需要得力的领导群体。显然，从筹划庙宇的建造到建成完工，不仅体现移民社会意志，而且也体现了移民社会的规模与力量。

这种正规庙宇所供奉的神灵是经过整合的。例如马六甲的青云亭的正殿主祀观音，左右配祀关帝及天后，偏殿崇祀孔子与杂神。⑤ 宝山亭，乾隆六十年（1795 年），由蔡士章集资创建。宝山亭，左为天上圣母，中为三保公，右为蔡士章。因蔡士章创建宝山亭并自立一块石碑以纪其事，后人遂将蔡士章与妈祖、郑和配祀在一起。⑥ 天福宫的中殿祀妈祖，后殿供观音，东西分别为关圣帝君和保生大帝。⑦ 槟榔屿广福宫，俗称观音亭，正殿供奉观音大士，左为

第十章

明清时期的海洋信仰

---

① 杨美煊：《龟洋古刹》，海潮摄影艺术出版社 1993 年版，第 138 页。青云亭于民国时期成为莆田龟洋寺的海外廨院。

② 转引自韩槐准：《天后圣母与华侨南进》，《南洋学报》第 2 卷第 2 辑第 70 页；李天锡：《试论华侨华人妈祖信仰的文化特征及其发展趋势》，《华侨华人历史研究》1992 年第 3 期。

③ 彭松涛：《道教传入新加坡概况》，“道教与传统文化研讨会”讲稿（打印件），1991 年 6 月 16 日。转引自李天锡：《石狮华侨与新加坡天福宫》，《福建宗教》1997 年第 3 期。

④ 李天锡：《试论华侨华人妈祖信仰的文化特征及其发展趋势》，《华侨华人历史研究》1992 年第 3 期。

⑤ 童家洲：《日本华侨的妈祖信仰及其与新、马的比较研究》，《华侨华人历史研究》1990 年第 4 期。

⑥ 周益群：《妈祖与南洋华侨》，见林文豪主编：《海内外学人论妈祖》，中国社会科学出版社 1992 年版，第 340 页。

⑦ 周益群：《妈祖与南洋华侨》，见林文豪主编：《海内外学人论妈祖》，中国社会科学出版社 1992 年版，第 340—341 页。

天上圣母,右为协天大帝。① 东南亚的移民信仰的神灵,主要有妈祖、观音、土地神、关帝爷等;显然经过整合后的神灵在移民社会所信仰的神灵中都是神阶比较高而又具有代表性的。

同样在台湾,大陆移民当开发事业有了发展之后,才开始建造庙宇奉祀携带来台湾的神灵、香火。如"大陆人民移居台湾之际,往往在船中供奉上帝公,作为航海指南,以保佑一路平安。安全抵达台湾之后,则建立寺庙,燃香供奉"②。相传明末清初,福建人李、谢、刘等姓到台湾南投松柏坑大坑底开垦山地种植菠萝、茶叶等。他们随身带去武当山北极玄天上帝的"香火",供奉于茅屋中。后来,这批人迁徙他方,忘记将"香火"带走,经常发出毫光,附近居民发现是遗留下来的"香火"显化,便集资建庙祭祀。③ 人走了而将"香火"忘记掉,恐怕未必真有其事。这则传说反映的先带去"香火"后再集资建庙这样一个事实,却是真的。由于郑成功收复台湾后,大力提倡崇祀玄天上帝,因此在台湾形成风气。台湾移民社会所信奉的神灵也同样存在整合问题。"来自不同祖籍的移民,各自有其尊奉的主神,后来,这种状况发生了变化,出现了一些共同尊奉的神祇。"④在"台湾移民所奉祀的保护神除了妈祖外,泉属移民信奉广泽尊王、保仪尊王、法主公、王爷、杨府真人、青山王等,泉属安溪移民信奉清水祖师;同安移民信奉保生大帝;汀属移民信奉定光古佛;漳属移民信奉开漳圣王、感天上帝、广惠尊王;广东移民信奉三山国王等"⑤。应该说这就是经过整合后的结果。

(二)从神庙到会馆

在海外移民社会中,一般说来会馆是从神庙发展而来的。它的出现要晚于神庙。会馆在中国海外移民社会中普遍出现大约始于清代。清初台湾移民社会中出现会馆,如潮汕会馆创建于雍正七年(1729 年),银同会馆创建于道光二年(1822 年),汀州会馆创建于乾隆二十六年(1761 年),三山会馆创于同治七年(1868 年),两广会馆创建于光绪元年(1875 年),还有浙江会馆等。

海外中国移民社会中出现会馆则是在清中叶。在日本长崎于唐人坊设立

---

① 周益群:《妈祖与南洋华侨》,见林文豪主编:《海内外学人论妈祖》,中国社会科学出版社 1992 年版,第 340—341 页。
② 陈小冲:《台湾民间信仰》,鹭江出版社 1993 年版,第 109 页。
③ 陈香编:《台湾的根及叶》,转引自林国平主编:《闽台区域文化研究》,中国社会科学出版社 2000 年版,第 391 页。
④ 陈孔立:《清代台湾移民社会研究》,厦门大学出版社 1990 年版,第 43 页。
⑤ 李祖基:《清代台湾边疆移垦社会之特点与妈祖信仰》,见林文豪主编:《海内外学人论妈祖》,中国社会科学出版社 1992 年版,第 260 页。

后 100 年左右的 18 世纪末,中国移民中出现了一些地缘性的会馆、公所。当时旅居长崎的漳泉帮移民创建了"八闽会馆"①。光绪二十三年(1897 年)漳泉帮移民集资将"八闽会馆"扩建为规模宏大的"星聚堂福建会馆"即"福建会馆"。据光绪二十三年《重建长崎八闽会馆碑铭》记载:"八闽会馆始建迄今殆百余年之久,……今更号曰福建会馆,以克全省均泽也。"②同治七年(1868年),长崎又出现了"三江会馆"等。

此后,大阪、横滨等地的中国移民社会中也相继出现中华会馆。同治十二年(1873 年),在横滨的中国商业移民创建"中华会馆",内设关帝庙③主祀关帝,旁祀天后圣母和门(三)官神。光绪十四年(1888 年),在神户的中国移民创建关帝庙,正中祀关帝,左旁祀天后圣母,右旁祀观音。④ 光绪十八年(1892年),在神户的中国移民创建神(户)阪(大阪)中华会馆,内有关帝庙,供奉关帝。1893 年,在神户神阪中华会馆西侧,增筑了天后宫崇祀天后圣母。宣统二年(1910 年),北海道函馆中国商业移民创建了中华会馆,内设关帝庙,奉祀关帝。⑤ 这些会馆都奉祀关帝为主神,以妈祖、观音、门(三)官神为配祀神。这是由于清咸丰八年(安政五年,1858 年),日本准许开放下田、函馆、横滨、长崎、新泻等港口,实行自由贸易。同治十年(1871 年),中日两国签订了修好条约,原来居住在长崎的福建、广东、浙江、江苏、安徽等地的海外移民纷纷移居横滨、神户等港口城市经商。在日本的中国海外移民社会打破原有地域帮别与省籍界限,进行重新整合,前述各"中华会馆"就是重新整合后的结果。与此相应,他们所信仰的诸神体系也进行了整合,关帝成了人们共同奉祀的主神,其他神灵则为配祀神。

在新加坡,如清咸丰七年(1857 年),琼籍韩亚二、王志德等发起组织琼州会馆(在今小坡吗拉峇街六号),内有天后宫。光绪五年(1879 年),琼州会馆迁至现址(在今美芝津四十七号)。琼州会馆内的天后宫正中供奉天后圣母(婆祖),右侧奉祀昭烈 108 兄弟神,左侧奉祀南天水尾圣娘。⑥ 在马六甲,最早的华人会馆是福建会馆。它是从前述神庙青云亭发展而来的。在越南西贡,粤人创建"穗城会馆",内供奉妈祖、财神等。⑦

必须指出,有些会馆、公所里面就设置神庙供奉神灵,例如,在日本长崎无

① 其确切年代无考。
② 宋超伦:《留日华侨小史》,中央文物供应社 1953 年版,第 13~14 页。
③ 〔日〕经济新闻社编:《华侨——商业民族的写真》,第 180 页。
④ 〔日〕神户新闻社编:《华侨的真实面貌》,第 161 页。
⑤ 童家洲:《日本华侨的妈祖信仰及其与新、马的比较研究》,《华侨华人历史研究》1990 年第 4 期。
⑥ 童家洲:《日本华侨的妈祖信仰及其与新、马的比较研究》,《华侨华人历史研究》1990 年第 4 期。
⑦ (清)张德彝:《航海述奇》,第 19 页。

论是"八闽会馆"还是"福建会馆"内都供奉天后圣母。所以至今当地华侨还称"福建会馆"为"天后宫"。① 在新加坡、马来西亚、印度尼西亚、菲律宾,只要有兴安会馆就有天后宫,只要有琼州会馆就有天后宫或天后堂。诚然,在海外并非所有的会馆都附设神庙。但可以说,有些会馆就设在神庙中(详见后述),大部分会馆中都附设神庙。

无论是独立于会馆的神庙,还是附属于会馆的神庙,大都是由海外移民社会集资建造的。作为特定移民社会中的成员大都乐于捐资,但建庙资金的主要来源则是商帮、船主、富商的捐赠。帮会是海外移民社会的最基本的社会组织,通常以地缘、血缘、业缘乃至方言为纽带聚集而成。同是一个帮会又有可能分为若干小帮会。日本长崎唐四寺的创建实际上就是帮会的行为。"兴福寺"(俗称南京寺)是江南的江苏(含安徽)、浙江、江西三江帮船主们发起并捐资创建的;"圣福寺"(俗称广州寺)是广东帮船主们集资创建;"福济寺"(俗称泉州寺、漳州寺)与"崇福寺"(俗称福州寺)都是福建帮创建的,前者是福建泉漳帮的船主们倡议与集资创建的,后者则是福建福州帮的船主们发起并捐资创建的。据《长崎图志》记载:"崇福寺,在大光寺嵛,名圣寿山,宽永九年(1629年),明人王(王引)、何(何高材)、林(林守殿)、魏(魏之琰)诸大商施。僧超然建,即祀天妃。"②可见这些寺院的兴造大都是仰赖商帮、船主们发起捐资建造的。据道光二十五年(1845年)重修碑文记载,马六甲青云亭是康熙十二年(1673年)由马六甲第一任甲必丹郑芳扬、第二任甲必丹李君常倡建的③,主要是由福建帮商人捐资的。新加坡天福宫保存的刻于道光三十年(1850年)的《建立天福宫记》详细记录了捐资建庙者的姓名。其中有70多个"某某鹏"、"某某船"以及"某某双层"的名字,均属船主的大号,这些人共捐6588元,其中新加坡福建帮首领、首富陈笃生捐3074元7角7分,薛佛记捐2500元,为捐资最多的两笔。④ 至于地缘性会馆中的神庙的建造资金当然也是来自相应的移民社会的成员,而商人特别是富商则是主要的捐资者。

无论是独立的供奉海神的庙宇还是附属于会馆中的海神庙宇,在其建成之初都是为了祈求海上航行安全。马来西亚青云亭有块清乾隆丙午年(1876年)的匾额上书"海国安澜"。⑤ 新加坡天福宫有块匾额为光绪皇帝题写,上书

---

① 童家洲:《日本华侨的妈祖信仰及其与新、马的比较研究》,《华侨华人历史研究》1990年第4期。
② 〔日〕宫田安:《长崎崇福寺论考》,长崎文献社1975年版,第18页。
③ 林孝胜:《草创时期的青云亭》,见林孝胜等合著:《新华历史与人物研究》,南洋历史学会1986年版,第42页。
④ 童家洲:《日本华侨的妈祖信仰及其与新、马的比较研究》,《华侨华人历史研究》1990年第4期。
⑤ 李天锡:《试论华侨华人妈祖信仰的文化特征及其发展趋势》,《华侨华人历史研究》1992年第3期。

"波靖南溟"。其他地方的妈祖庙则有"海国慈航"、"慈航普度"、"神昭海表"、"安澜利运"、"滌潭海宇"、"恬波利运"等各种匾额。琉球国天妃宫的对联有"统全海之洪波,俯顺人情,应念东西南北;……"①点明其神性功能。事实也正是如此。新加坡的天福宫建成后,成为来航新加坡者必到之处。"凡是南来或北归的华人,都把船舶淀在宫前,然后到宫内拜祀天妃,祈求'海不扬波',平安返国。"②说明在海外移民社会中,人们所供奉的神灵原来从故土传来时所具有的神性功能继续保存。

海外移民在到了移居地以后,由于定居生活与职业的关系,促使原来海洋性神灵信仰发生多向度的变化。除了原有的功能仍然被保留外,又被赋予其他方面的功能。例如海神妈祖,海外移民"相信她能消灾除祸,便在街道入口处建起妈祖庙,让妈祖神灵守住街口,阻止灾祸进入社区,妈祖俨然成为海外移民人身安全的庇护神"③。大陆民众渡海迁移去台湾时,从祖籍地将海神妈祖信仰传入台湾。而妈祖则随着移民开发事业的进展与定居生活的出现,其神性功能也随即发生变化。"举凡求福、祈祷、禳灾、祛病等,无不求祷于妈祖,妈祖渐成为'保佑群生'的居台移民的守护神。"④日本的稻谷是由福建海运传去的,日本民间很重视"谷神",而海运的船舶是以妈祖为保护神,妈祖也就被奉为日本稻谷的保护神。日本民间的稻神社奉祀稻神的同时也奉祀妈祖。⑤日本长崎唐人坊里所供奉的妈祖、观音、土地公,由于环境的变化增加了类似于"乡土守护神"的职能,而其海洋性神灵的职能依然存在,只是被"淡忘"而已。只要唐人坊里有人从事海洋活动,上述诸神这方面的职能就会因被使用而被"复忆"与唤醒起来。台南市银同祠庙,是福建同安人于道光二年(1822年)建,主祀妈祖。庙内有一副楹联曰:"银海不扬波,万众稳渡星槎远迩;同民皆乐业,举世遍歌母德渊源。"横匾为"永护民安"⑥,就点明了海神妈祖的功能因奉祀者们生存环境的变化,其原有作为"海神"的功能被保留的同时又成为居台移民安居乐业的保护神。还要指出的是,尽管各海外移民分布地所奉祀的神灵不同,除了妈祖、关帝、观音、土地公等属于海神,其他保护神也都具有

① 李天锡:《试论华侨华人妈祖信仰的文化特征及其发展趋势》,《华侨华人历史研究》1992 年第 3 期。
② 林孝胜等合著:《石叻古迹》,新加坡南阳学会 1975 年版,第 50 页。
③ 周益群:《妈祖与南洋华侨》,见林文豪主编:《海内外学人论妈祖》,中国社会科学出版社 1992 年版,第 339—340 页。
④ 李祖基:《清代台湾边疆移垦社会之特点与妈祖信仰》,见林文豪主编:《海内外学人论妈祖》,中国社会科学出版社 1992 年版,第 249 页。
⑤ 肖一平:《海神天后的东渡日本》,《妈祖研究资料汇编》,福建人民出版社 1987 年版,第 139 页。
⑥ 转引自张文绮:《从匾联碑记看台湾官民的妈祖信仰》,见林文豪主编:《海内外学人论妈祖》,中国社会科学出版社 1992 年版,第 250 页。

海洋性特征。①

综上所述,与从事农业的人们相比较,在古代从事海洋活动的人们对神灵的祭祀更频繁与虔诚。无论是海洋渔民、海洋商人还是海外移民,当其出海起航前都要举行祭海,以祈求海上航行的平安与发财。一艘海船上的人群就构成一个"特殊的海上社会",在海船中设置神龛以供奉神灵偶像,其目的不仅仅是为了方便在海上向神灵祈祷与祭祀,更重要的是能够获得神灵及时的保佑。在陆域与海岛各类海洋社会(如渔村、商帮、移民群体)中的神灵祭祀活动都极大地增强了海洋社会内部的凝聚力,强化了海上活动的群体精神。海洋社会的神灵信仰中以及海船神龛供奉的神灵中的诸神合祀现象有着区域与海洋社会类型的差异,既反映了海神信仰不同区域的特点,也反映了各信仰群体的不同祈盼。

---

① 引见王荣国:《明清时代的海神信仰与经济社会》,博士论文,厦门大学 2001 年,第 152—159 页。

第十一章

明清时期的海洋文学艺术

　　海洋的宏大和深邃,海洋潮汐的汹涌壮观,海洋资源的丰富多样,海洋活动的惊险等等,无不给人以强烈的印象,以致引发历代广大文学家、艺术家的激情来描绘它、歌颂它,留下了大量海洋文学艺术作品。海洋文学艺术是人类对海洋的理解、对海洋的感情、与海洋的生活对话的审美把握和体现,是人类海洋生活史、情感史和审美史的形象展示和艺术记录。明清时期海洋文学艺术的突出成就主要体现在海洋小说、诗歌与杂记中,其中明万历间罗懋登创作的长篇小说《三宝太监西洋记通俗演义》(俗称《三宝太监西洋记》或《西洋记》)虽艺术价值不高,却知识和史料价值丰富;大量的文人笔记性、吟咏性"海错文学",成为这一时期海洋文学的一大特色。集中汇录在各地方志中的大量涉海诗文、杂记等,尽管往往不为文学史家所重视,实则构成了这一时期海洋文学的主体内容,而且对当代海洋历史景观和自然景观的审美鉴赏、对沿海各地凸现其城市、区域历史文化底蕴和文化旅游资源的开发,均具有不可替代的独特价值。

第一节　明清时期的海洋小说

一　《三宝太监西洋记》①

　　明初的郑和是个大航海家,奉使七下西洋,像这样一个伟大的人物,当然

---

① 赵景深先生对这部小说作有专门考证研究,本节引见赵景深:《中国小说丛考》,齐鲁书社 1980 年版。

要被当做传说的箭垛,因之神魔小说《三宝太监西洋记通俗演义》①(后简称《西洋记》)的产生也就不足为奇了。

不过,《西洋记》也非完全荒诞之书,有好些部分都是有根据的。向来中国史地一类的书要想纯粹是信史,那只是妄想;它里面总有一些五行或谶纬的话。

《三宝太监西洋记通俗演义》的作者罗懋登是明万历间人,曾注释过邱浚的《投笔记》②,又曾替高明的《琵琶记》③、传施惠的《拜月亭》④和《西厢记》作过音释,自己也写过《香山记》传奇,可见是个喜欢小说戏曲的文人。他字登之⑤,号二南里人,里居不详。据向觉明的猜测,"《西洋记》里面所用的俗语如'不作兴'、'小娃娃'之类,都是现今南京一带通行的言语,似乎罗懋登不是明时应天府人,便是一位流寓南京的寓公。"但书中方言不仅只是一方面的,即如书中常见的"终生"一词(意云畜生)⑥,恐怕只有太湖系的语言里才有,南京话是只叫做"畜生"的。

《西洋记》叙:"宝船三十六号,长四十四丈四尺,阔一十八丈。"又:"雄兵勇士三万名有零。"(第十五回)大都与《明史》相合:"将士卒二万七千八百余人,……造大舶,修四十四丈,广十八丈者,六十二。"正元帅当然是郑和,副元帅王尚书就是《明史》里的王景弘。至于张柏是否即张达,王良是否即朱良⑦,那就不得而知了。王尚书被形容作"身长九尺,腰大十围"(第十五回)。其实这应该归之于郑和,袁忠彻的《古今识鉴》就是拿这8个字来形容郑和的。

《西洋记》叙天妃红灯引路的事也有根据。第二十二回云:"只听得半空中,那位尊神说道:'吾神天妃宫主是也。奉玉帝敕旨,永护大明国宝船。汝等日间瞻视太阳所行,夜来观看红灯所在,永无疏失,福国庇民。'"郑和自己在《通番记》里也说过这样的话:"值有险阻,一称神号,感应如响,即有神灯烛于帆樯。灵光一临,则变险为夷,舟师恬然,咸保无虞。"

鲁迅⑧和向觉明都据罗懋登的序文,断定他是眼见倭患甚殷,当局柔弱无能,才写出《西洋记》来,以讽喻当局。这话当然可信。他之所以要详细地注释那称道班超的《投笔记》,恐怕也是有些"兴抚髀之思"。

---

① 有申报馆聚珍版本,商务铅印本以及中原书局石印本,后有新文化书社与大达图书供应社之新式标点本。近年来又有几种新版本问世,不俱列。

② 《世界文库》第二、三册收之,易得。

③ 郑振铎:《中国文学史》第4册,山东美术出版社2009年版,第1232页。

④ 向觉明:《关于三宝太监下西洋的几种资料》,见《小说月报》第20卷第1号。以下引向说均据此。

⑤ 孙楷第:《中国通俗小说书目》卷二,作家出版社1957年版,第70页。

⑥ 例如第二十回:"恰好是那个'终生'(指大蟒)自山而来,……'终生'性子又躁。"

⑦ 参看《大公报史地周刊》所刊新近发现的郑和的《娄东刘家港天妃宫石刻通番事迹记》。

⑧ 鲁迅:《中国小说史略》,山西古籍出版社2001年版,第214页。

向觉明说："《西洋记》一书，大半根据《瀛涯胜览》演述而成。"其实主要材料不仅来自马欢的《瀛涯胜览》，费信的《星槎胜览》也是《西洋记》的依据。因为《瀛涯》所载仅 20 国，而《星槎》却有 40 个地方，比《瀛涯》要多一倍。《西洋记》讲到灵山、昆仑山、重迦罗、吉里地闷、麻逸冻、彭坑、东西竺、龙牙加貌、九州山、卜剌哇、竹步、木骨束等处，都是根据《星槎》，因为这十余处地方均为《瀛涯》所不载。赵景深把《西洋记》引用《瀛涯胜览》和《星槎胜览》之处，一一作了比对，共找出 29 处。

鲁迅《中国小说史略》说，《西洋记》"所述战事，颇窃《西游记》、《封神传》"。向觉明也说："《西洋记》的作者一定看过吴承恩的《西游记》，所以模仿的形迹很重。例如，《西洋记》卷十第四十六回说到右先锋刘荫在女儿国影身桥上照影有孕，误饮子母河水等等，这完全是袭取《西游记》第五十三回唐三藏师徒们在子母河受灾的故事。又《西游记》中滑稽的意味很丰富，而《西洋记》中也时常应用浅俗的笑话来插科打诨。这都可以见出承袭之迹。"除上举者外，还有一些地方可以看出。如，金角大仙、银角大仙是袭用《西游记》里的金角大王、银角大王，羊角大仙是袭用《西游记》里的羊力大仙。《西洋记》第二十一回竟把魏征斩泾河老龙和唐太宗游地府的故事完全引了进去。惟师徒四众名称与《西游记》略异，猪八戒作朱八戒，沙和尚作淌来僧；这与引用八仙名一样，故意捏造出元壶子和风僧寿来，而把张果老和何仙姑删去。（此点俞樾在《春在堂随笔》和《茶香室丛钞》曾屡引之，[①]不曾考出其来源。）《西洋记》第二十八回里的吸魂瓶也是《西游记》里所常用的玩意儿。第八十八回到第九十三回里的崔钰判官也是《西游记》中的人物。其他如哪吒、韦驮等亦均见于《西游记》、《封神演义》，惟以前都说是白脸，而罗懋登却硬要写成"朱脸獠牙"的，大约他总爱偷袭，同时也爱改头换面来标新立异。第九十六回叙孙悟空把软水改成硬水，则是罗懋登自己的想象，犹之在《征西全传》里我们也能看见唐僧四众经过薛丁山的战场一样。又，《西洋记》里的马公公，相当于《西游记》里的猪八戒。猪八戒一遇危难，就要散伙，回到高老庄上去看他的老婆；马公公也是一样。第四十九回云："马公公道：'似此难征，不如收拾转去罢。'"第五十三回云："马公公又没辖辙说道：'既是这等宝贝，不得赢他，不如回转南京去罢。'"

《西洋记》引用《西游记》之处，虽是不少，提到《三国演义》之处却更多。

向觉明曾提到《西洋记》里的谐趣，也是模拟《西游记》的。不过《西洋记》里的谐趣，实极笨拙，不及《西游记》远甚。大凡会说笑话的人，自己不笑，引别人笑。别人还不曾笑，自己先就笑了起来，其结果一定要失败。《西洋记》每逢插科打诨的时候，总好像警告似的说："现在我说笑话了！"因此，第二十九回在

① 参看鲁迅：《小说旧闻钞》，齐鲁书社 1997 年版，第 65—69 页。

说过几句笑话以后，来了一句"大家笑了一会"。第三十一回说笑以后，又来一句天师的回答："不消取笑。"（第三十三回同此，例繁不备举。）并且，罗懋登的笑话大都生凑，喜欢用经史成语读别了音，引用出来，以引人笑，技巧极为拙劣。

鲁迅说《西洋记》"特颇有里巷传说，如'五鬼闹判''五鼠闹东京.'故事，皆于此可考见，则亦其所长矣"。按，《五鼠闹东京》见第九十五回，又《金鲤》见第九十四回。这两个故事又见于《包公案》。据现今所知，最早的包公小说专书是《包孝肃公百家公案演义》，乃饶安完熙生所作，今存七十余回。此书刊于丁酉，即 1597，与《西洋记》同年。究竟收有《玉面猫》（即《五鼠闹东京》故事）与《金鲤》与否，未见原书，不得而知。惟《包公案》中确有这两个故事，除文句不同外，情节完全相同。《包公案》写作年代不可知，仅知其较《包孝肃公百家公案》为晚出，当然也较《西洋记》为晚出，故知《包公案》里这两个故事是袭用《西洋记》的。到了清代，皮黄戏里的《双包案》情节更为简单，差不多五鼠变成一鼠，只剩下真假两老包了。（原来是五鼠变成秀才、丞相、皇帝、国母以及包公，弄成各有两个，近似《西游记》的二心之争。）

《西洋记》中除了以上三个传说以外，还有许多是可以考见的。最可注意的是第九十一回田洙遇薛涛的故事。这故事取之于李祯的《剪灯余话》，原名《田洙遇薛涛联句记》。凌濛初的《二刻拍案惊奇》卷十七《同窗友认假作真、女秀才移花接木》的入话也引用了这个故事，惟二人唱和，凌濛初取的是四时回文词的部分，罗懋登取的是联句的部分。罗作极少想象，只是等于把李祯的文言译成白话。

鲁迅说，《西洋记》"文词不工"。一翻开第一页的第一行，第一行的第一句，就是"粤自天开于子，便就有个金羊玉马"，这"便就"两字的连用，犹之"天地乃宇宙之乾坤"是一样的滑稽。还有"问说道"也是常见的。"问道"就行了，何必"问说道"呢？"说"不就是"道"么？"呢""么"两字也弄不清楚，凡应该写作"呢"字的，都写作"么"字或"罢"字了。

至于排句的滥用也是使人生厌的。本来排句也是修辞格的一种，用得少而得当，未始不可以收到相当的效果。《西洋记》里的排句，每一排很长，至少有四五句，而各排又无变化，只是略改几个字，好像写童话一样的写下去。例如第七回叙碧峰长老与妖精斗法，妖精逃到哪里，他也追到哪里。他是这样写的：

"他两个就走到玉鹤峰上去，长老就打到玉鹤峰上去；他两个走到麻姑峰上去，长老也打到麻姑峰上去；他两个走到仙女峰上去，长老也打到仙女峰上去。"

这样一直写了二十几排，只把地名换上会真峰、会仙峰、锦绣峰、玳瑁峰、金沙洞、石臼洞、朱明洞、黄龙洞、朱陵洞、黄猿洞、水帘洞、蝴蝶洞、大石楼、小石楼、铁桥、铁柱、跳鱼石、伏虎石等。像这样的大排场，我们至少可以遇到十几次，看到这等地方，无法可想，只有跳过去不听他的唠叨。差幸这些排句只在前几卷里有，倘若全部都是如此，那真是不堪卒读了。

《西洋记》不是一部有艺术价值的书，但它能保存许多传说，又能容纳两种《胜览》里的文字，采用较早的版本，使后世得以校勘，其功却也未可尽没。①

二　其他涉海小说

明清小说中，中篇小说的代表性作品，要数冯梦龙的《三言》和凌濛初的《二拍》作品集。这些作品有些是据宋元话本改编而来，有些是拟作话本，其形式上的一大特色，就是保存了民间说话艺人的"说话"（说书）套路；其内容上的一大特色，就是讲说平民百姓的社会生活。由于宋元以降中国航海事业和中外海上交通有了更突出的发展，海外贸易在很长时期内更为繁荣，间有倭寇犯乱，海上多事，沿海民人也有往来其中者，所以中国涉海商人以及海外商人的生活形象，便更多地出现在了话本、拟话本所讲述的故事之中。翻翻《三言》《二拍》，有很多篇什涉及这样的内容。如冯梦龙《喻世明言》（《古今小说》）卷十八《杨八老越国奇逢》，依其《古今谭概》卷三十六"一日得二贵子"大加铺衍，叙杨八老原在福建漳浦做生意，于倭寇患乱中被掳掠而去，居十九年，从倭习，后与亲人相认团聚，故事生动，颇为感慨。另如凌濛初《初刻拍案惊奇》卷一的《转运汉遇巧洞庭红，波斯胡指破鼍龙壳》，叙"国朝成化年间"苏州有一姓文名若虚者，通过航海贸易致富，很值得一读。这文若虚本为一介书生，下海做生意本不在行，每每赔本，人称"倒运汉"。谁知他后来时来运转，就因他跟海洋打上了交道的缘故。"一日，有几个走海泛货的邻近……合了伙将行。他晓得了，自家思忖道：'一身落魄，生计皆无。便附了他们航海，看看海外风光，也不枉人生一世。……'"于是跟他们说了，他们"在海船里头不耐烦寂寞"，满口应允，这文若虚便拼凑得一两银子，买了一竹篓不值钱的"洞庭红"橘子装上海船，意在"有枣无枣打一竿"，即使赚不了钱也赔不了什么。于是开船，"出了海口"，"三五日间，随风飘去，也不觉过了多少路程。忽至一个地方，舟中望去，人烟凑聚，城郭巍峨，晓得是到了什么国都了"。泊了船，上了岸，知是"吉零国"（想必是"机灵国"的谐音了），"原来这边中国货物拿到那边，一倍就有三倍价；换了那边货物，带到中国也是如此。一往一回，却不便有八九倍利息，所以人都拼死走这条路"。这文若虚因"那国里银子这样不值钱"，没想到一竹篓橘子也换了好多银子，于是他和众人一齐上船，"烧了神福，吃了酒，开洋"。海路

---

① 参见赵景深：《中国小说丛考》，齐鲁书社 1980 年版，第 264—300 页。

上遇见一个空旷荒芜的无人小岛,在岛上避风时,偶然发现了"床大的一个败龟壳",便图个稀罕:"我自到海外一番,不曾置得一件海外物事,今我带了此物去,也是一件稀罕的东西,与人看看,省得空口说着,道是苏州人会调谎。……"于是拖拉到船边,众人一边笑话他捡了一个不值得带上船的破龟壳子,大而无用,一边帮他将龟壳搬上了船。"当夜无词。次日风息了,开船一走,不数日,又到了一个去处,却是福建地方了。才住定了船,就有一伙惯伺候接海客的小经纪牙人,攒将拢来……众人到了一个波斯胡人店中坐定。"这波斯胡人叫玛哈宝,"专一与海客兑换珍宝货物,不知有多少万数本钱"。众人皆以为文若虚无货可换,文若虚也没想到有谁会买那只败龟壳,他只是想拿回家给人开开眼,算作他的确出过海、到过海外的"物证",谁知那波斯胡却偏偏视其为巨宝,要出五万两银子买下,还怕他翻悔,竟然立了合同字据,最后索性把自己的绸缎店也让给了他。事后波斯胡才告诉他原委:这只大龟壳中有一颗巨大的夜明珠,"光彩夺目",价值连城。文若虚也自此成了福建的巨富。因泛海而得转运发迹,这便成了形象的教材。

《二刻》卷三七还有一篇《叠居奇程客得助,三救厄海神显灵》,也是写泛海经商者的故事,只是这故事不是写其如何泛海发财,而是写他如何与女海神艳遇,从而得宠得福的情事,颇为出奇。至如《西游记》等长篇小说,虽非主以写海与海事,然穿插其中的一些涉海故事,也很值得把玩体味。如《西游记》中的孙悟空大闹龙宫,哪吒闹海;《四游记》中的《东游记》写八仙闹海等等。明清的笔记小说,也有很多铺写海事和涉海者,蒲松龄的《聊斋志异》中就有多篇。比如《罗刹海市》、《夜叉国》、《海公子》等都是。①

至今仍广为流传的长篇小说《镜花缘》,为清李汝珍(约 1763—1830)所作。书前半部叙述唐敖等游历海外的见闻,充满了对海外传奇浪漫色彩的描绘。《镜花缘》中许许多多的故事,并非纯粹是作者杜撰,而是与唐、宋、元、明中国海外航行发展,不断传播有关海外航行和海外故事有关。这方面的例子是很多的。②

三 蒲松龄笔下的海商故事:《罗刹海市》③

清初著名作家蒲松龄,虽聪明才高,每每赶考,却一直到老与科考进士无缘,只好做了一辈子教书先生,但其骨子里却依然具有重商主义色彩,这反映在他的《聊斋志异》的许多篇什之中,如《罗刹海市》、《夜叉国》、《海公子》等。

---

① 曲金良主编:《海洋文化概论》,青岛海洋大学出版社 1999 年版,第 196—198 页。
② 宋正海:《东方蓝色文化——中国海洋文化传统》,广东教育出版社 1995 年版,第 166 页。
③ 此部分内容参见曲金良:《"罗刹海市"与"罗刹国"》,《蒲松龄研究》1994 年第 3 期。

尽管关于蒲松龄的先祖及其族属问题,学术界一度争论很大,有汉族、蒙古族、回族、女真族等多种说法,而说其先祖是阿拉伯人者,国内外学者大有人在:根据蒲松龄所撰蒲氏族谱,其淄川先祖为元代般阳路总管蒲鲁浑、蒲居仁,而蒲鲁浑、蒲居仁的祖上则是元代从阿拉伯来华经商贸易的大海商、世居泉州并被元朝政府任命为泉州海外贸易总管的蒲寿庚。蒲松龄的上辈人也不乏经商贸易者,其父蒲磐就曾经商发家。或许正是由于蒲松龄骨子里就有经商贸易的家族意识与传统的"基因"积淀,所以经商题材进入了其写作的视野。

《罗刹海市》渊源于佛经故事《罗刹国》而又大异于《罗刹国》,其中深有内涵。

在佛教经典中,不乏"罗刹国"的故事,如《佛本行集经》卷第四九、卷第五十,《六度集经》卷四,《出曜经》等等,而故事情节又不尽相同,可知此类故事在印度民间流传极广。我国魏晋六朝、隋唐时已把这些佛教经典翻译了过来,通过隋唐的"俗讲"而广播于民众。到了清代蒲松龄生活的时期,这个起源于佛经的故事仍在民间口传,故而使蒲松龄得以写成具有独特意义的《罗刹海市》。

今试把两者的故事情节、人物、场景等,就相同或近似之处比较如下(前者佛经故事,后者聊斋故事):

前者为马王;后者为马骥。均写其形貌美。

前者为"有五百商人";后者说"仍继父贾"。按佛经故事中,"五百"形容量多,非特定意义。如《杂宝藏经》卷一有"王……语仙人言:与我此女!便即与之,而语王言:当生五百王子……五百彩女中……若生五百子……竖五百力士幢……"《贤愚经》卷第九有"有一国王,……领五百小国王,有五百夫人采女,……值五百头牛……选五百人,奉侍太子。复令择取五百白象,……复令择取五百侍女……五百乘车。"

前者为"欲入大海","求觅珍宝";后者为"从人浮海"。都写为海风吹去。

前者为"至罗刹国";后者为"至一都会",且在后面直陈:"曰:大罗刹国。"

"罗刹"是梵语(aksasa)的音译,指食人恶鬼。前者说"其国多有罗刹女"。后者中,说"其人皆奇丑",与马骥互以为妖。前者说那些罗刹女"共彼商人,五欲自娱";后者说"村人喜……共罗浆酒奉马(骥)","酒数行,出女乐十余人,更番歌舞"。

前者为罗刹女们主动向商人求爱;后者为龙王为女聘婿。

二者均叙商人心态:前者是"其心侧怆,举声啼哭";后者是"离席愧荷,唯唯不已"。均写对故土、亲人之念。

前者为"诣罗刹城渐渐而行";后者为"天明,始达一都会。"前者写罗刹城情景,后者写游海市后到了龙宫,但都形容了其富丽堂皇,都有花、鸟、树等铺张描写。

二者都写了五音歌舞之乐。

二者都写了限定某事之日期的问题,具有神秘的色彩。前者中,作"乃至四月欢乐会时"、"十五日满四月节";后者中,竟也有"三年后四月八日"之约期。"四月八日",相传乃佛之生日。

前者罗刹女哀求商人留下,眼见不成,又只好退一步说,让他们把孩子带走;后者是龙女主动说出"三年后四月八日……还君体胤"的话,并与之兑现。

以上所列,从人物、情节、场景到语言,足可以说明蒲松龄的《罗刹海市》所受佛经故事《罗刹国》影响的程度。我们从佛教在我国的传播导致佛经故事在我国民间广泛流传、变异的事实看,从蒲松龄创作《聊斋志异》的题材来源既有志怪笔记,亦有民间传说来看,从蒲松龄本人复杂的思想以及他的创作原则和目的诸方面来看,可知都是十分自然的事。

佛教自汉东浸,佛经翻译于南北朝遂盛,佛家转经唱导,广宣佛理。如上举"四月八日"佛之生日,据今见史料,北齐高祖时已有斋会隆兴。敦煌卷子《启颜录·论难篇》载:

> 高祖又尝以四月八日斋会讲说,石动筒(北齐之优人——引者注)时在会中。有大德僧在高座上讲,道俗论难,不能相决。动筒后来,乃问僧曰:"今日何日?"僧答云:"是佛生日。"动筒即云:"日是佛儿?"僧即变云:"今日佛生。"动筒又云:"佛是日儿?"众皆大笑。

斋会、俗讲之举,资料甚多,兹不征引。后世至近,遗响犹广。随手翻翻明清各地方志,即可得到于四月八日设斋浴佛的记载若干。如明代所纂方志中有嘉靖《夏津县志》:"四月八日,僧家浴佛,愚民施财。"崇祯《历城县志》:"四月八日,佛浴日,俗作盂兰会。"蒲松龄同时代之方志如《海丰县志》:"孟夏之月(四月)八日为浴佛日,乡愚入寺作斋会。"《莱阳县志》:"四月八日,僧尼作浴佛会。"《日照县志》:"四月八日,好事者登山上香。"再晚些时候直至民国二十四年(1935年)所纂的山东各地方志中,有此项记载的还有商河、禹城、陵县、德干、临邑、平原、武城、滨州、乐安、新城、邹平、长山、无棣、临朐、寿光、高密、临沂、招远、黄县、蓬莱、泰安、济宁、滋阳、曲阜、邹县、曹县、濮州、荏平等州、县志。佛教之风靡与近世之遗响的广远,于此可见一斑。至于佛经故事,则必然会随着佛经之翻译、佛徒之俗讲、佛画、佛曲而流入民间,广衍远布,久历变传。关于《罗刹国》的流传情况,我们今天还能见到金代的史迹:据王伯敏著《中国绘画史》载,山西繁峙县岩上寺殿之金代壁画,"北壁画五百商人被风吹坠罗刹国故事"[①],可举为一例。

蒲松龄是专向民间探囊取宝的作家。我们知道,《聊斋志异》近500篇,其

---

① 王伯敏:《中国绘画史》,人民美术出版社1987年版,第369页。

题材、情节大部分并非蒲松龄的独创,而是依据许许多多的笔记野史、佚闻传说和民间故事。他在《自序》中就说过:

> 自鸣天籁,不择好音,有由然矣。……厂才非干宝,雅爱搜神;情类黄州,喜人谈鬼,闻则命笔,遂以成编。久之,四方同人,又以邮筒相寄,因而物以好聚,所积益夥。

蒲松龄一方面是清初的一位伟大的文学家,另一方面又是一位乡间教书先生。他的经历及所处的环境造成了他思想的复杂性:激进的时代、新思想的萌芽与传统旧思想的束缚集于一身,而他毕竟是以一个伟大文学家的思想与眼力来思考社会现实和处理手中的"本事"题材的。因此,佛经故事《罗刹国》与蒲松龄《罗刹海市》就有了许多的不同点,反映了蒲松龄及其所处时代的思想。

由上面对两个故事所作的引述,我们看到,故事中的人物安排、情节结构、场景描写及人物语言,确如我们所举出的相同或相似。然而问题的另一方面是:前者只是后者的依据,换言之,我们只能从后者中发现前者的影子。在《罗刹国》里,马王是佛世尊的化身,是超度那些因入海经商求宝、又迷恋财色而沦遭苦厄的海商众生的;而在《罗刹海市》中,马骥却直接就是海商。没有超度众生的世尊出现,其实马骥也用不着什么超度,因为他入海后并非"受苦",且倒比入海前要好得多。在罗刹国中的人物,前者是一些罗刹女鬼,后者则写了一个丑鬼群;前者写的是五百海商的"历险记",后者则写了一个海商的"观光旅游记";前者写罗刹女们争相向海商求爱,生男育女,后者写的是海龙君择婿招赘;前者写了一大段身陷铁城地狱的海商们在此被食、受厄的阴森可怖的惨景,后者则写了海市、龙宫——处处似乎是令人向往的世界。还有,前者写马王超度众生归还故土时,罗刹女们追来哭喊哀求他们留下,而后者则写龙女劝商人不必为分离伤心,说出了"两地同心,即伉俪也,何必旦夕相守"的话。这些既相似又相异的地方,都使我们窥见了蒲松龄及其所处时代的思想特色。

在佛教思想中,财、色是被鄙弃、被戒止的。在佛经《罗刹国》之类故事中,都宣扬了这样一种佛理:财、色不可贪婪,否则或为恶鬼所食,或头戴大火轮,受大苦难。而且,这些贪财爱色的人,都是些海上商人,因入海求宝而走进了罪恶的深渊,假如没有马王(即菩萨)的普度,就要永此不得超脱了。这反映了佛教中国之后的桑本商末思想。比如佛经的《罗刹国》故事中,让那些贪财入海而身陷厄难的商人说出了这样的话:"更莫发心向彼大海。乃至佣力,亦可存济。……宁住在彼,餐啖牛粪,用为活命,不为求财而来此也。"而这在蒲松龄的《罗刹海市》中,却恰恰相反。商人马骥,原可为读书之人,却继承了父之贾业,入海求宝,为大风引至罗刹国,经历了一场虚惊,然后是游海历宝、得财得色,娶了海龙王的女儿,做了驸马都尉,声"传诸海",与龙女生男育女,享尽富贵荣华,还能安然得渡以回家省亲。这是很大的不同,形成了鲜明的对比。另外,从两个故事对待女色的态度上,关于情爱关系的处理上,如上所述,也具有很大的区别。中国社会资本主义生产关系的萌芽从明代中叶开始,商品经济更加活跃,由此带来的思想也日趋近代化,尤其是在沿海城市。在山东,则无论是内陆也好,沿海、沿河也好,自明季始,工商业一直发达。山东沿海的盐业始终占全国要位,莱芜的冶铁业自明洪武初年就占全国总产的 1/10—1/6,东昌、兖州的棉花,博山的陶瓷、琉璃行销全国。当时全国著名的大商业都市33 个中北方 9 个,山东几乎占了一半。尤其是运河流域的临清、济宁,更是"五方商贾鸣棹转毂","百贾会集","号为冠带衣履天下"①。"兖东郡濒河招商……民习奢华……不贱商贾"②。至于蒲氏的家乡淄川,也不乏商贾之举,正如与蒲松龄同时代、并为《聊斋志异》做过评论的唐梦赉所撰《济南府志》所描述的那样,"商贾治丝帛,业香屑",斯时之商业隆兴及给社会、经济带来的变化,给人们思想带来的变化得以显见。使我们最感兴趣的是,蒲松龄的父亲就从事过商贾,并由此从"操童子业""不得售"而一跃"称为素封"。《蒲氏世谱·蒲磐小传》是这样说的:蒲磐(即蒲松龄之父)"字敏吾……公少力学而家苦贫,操童子业至二十余年,不得售,遂去贾,数年间,乡中称为素封"。又据《述刘氏行实》中称,"松龄父处士公敏吾,少慧肯研读,文效陶、邓,而操童子业,苦不售,家贫甚,遂去而学贾,积二十余年,称素封"。而后来其家境复至破落,则正是其罢贾弃商、教子习儒所致。"不忘经史……食指烦,家渐落。"③蒲松龄写《罗刹海市》,叙"父衰老,罢贾而归",谓生曰:"数卷书,饥不可煮,寒不可衣。吾儿可仍继父贾。"并凸显了马骥行商探海得到好处的经历,其思想用意可见。

第二节　明清时期的涉海笔记与诗文

明清时期出现了繁盛的涉海笔记和诗文。涉海笔记包括沿海或海洋社会笔记、沿海或海上生活笔记、航海海外笔记等。沿海或海洋社会笔记,著名者如明末清初屈大均的《广东新语》;沿海或海上生活笔记,影响大者如清人郝懿行的《记海错》;至于航海海外笔记,这一时期的不少远航有使臣、文官、通事、宗教人士等随行,他们既忠实地记载了航海途中以及所到各国的情况,又写作了游记,具有很高的文学价值,既是重要的科学与历史遗产,也是宝贵的文学

---

① 《古今图书集成职方典·东昌府部物产考·兖州府部物产考》。
② 顾炎武:《天下郡国利病书》卷三五。
③ 《蒲磐小传》语。

遗产,如明马欢的《瀛涯胜览》、费信的《星槎胜览》、巩珍的《西洋番国志》,清陈伦炯的《海国闻见录》、王大海的《海岛逸志》、谢清高的《海录》等,这些作品虽可视为航海文学,但更多的则是被视为史实记录,而不以文学观之。在这一文人著述领域,文史本然一体,实在难以剥离。本节选择屈大均的《广东新语》、郝懿行的《记海错》等述之。至于涉海诗文,明清时期枚不胜数,然以沿海、海上地域性吟咏为最,所以明清及民国时期的各地方志搜罗较全,对此,我们将另辟专节举例述之;本节我们选择与郝懿行《记海错》共同构成我们所说的"海错文学"的"海味诗"——以清初诗人宋琬的一组"海味诗"为例作一考察,以见一斑。

一 屈大均的《广东新语》①

屈大均的《广东新语》,为我们展现了一个丰富的立体鲜活的海洋世界。

屈大均是明末清初人,"岭南三大家"之一,有 10 多种诗文著作传世。晚年他"考方舆披志乘,验之以身经,征之以目睹"(康熙吴江人潘耒序),写成《广东新语》。该书以"语"为纲,共 24 卷,每卷为一"语",分列天、地、山、水、石、神、人、女、事、学、文、诗、艺、食、货、器、舟、坟、禽、鳞、介、虫、木、香、草、怪语等,多用歌诀之"语",内容涉及岭南的天文地理、名胜古迹、风土人情、经济物产等各个方面,其中涉及海洋方面的主要有:水语、神语、货语、舟语、鳞语、介语等。

(一)海洋自然世界的鲜活描述

在海洋自然世界方面,屈大均描述比较多的是海水的性质及其在生产、生活中的运用,并对海洋水文如潮汐的涨落现象及其成因作了阐释。

屈大均认为,"凡水中必有火也,天地间水不足则火不生,海者水之至足者也。火之体虚,必丽于物而明,水亦其所丽之物也。故海色之碧与味之咸苦,皆火之所为也。"他是以五行观念来解释海水之色与味的。

潮汐是《广东新语》中说得比较多的话题,在水语中有"潮"、"广州潮"、"琼潮"等条目,论述了潮的涨落、成因和相关情况。

对于潮汐的成因,屈大均持的是月亮成因说,认为"大率潮与月相应,月生明则潮初上,月中则潮平,月转则潮渐退,月没则潮干。月与日会,则潮随月而合;月与日对,则潮随月而对"。自东汉王充提出"潮之起也,随月盛衰"的精辟结论之后,潮汐的月亮成因说得到不断发展,后来虽然也有唐代卢肇提出日激

---

① 此部分内容参见方英:《〈广东新语〉中的海洋世界》,见曲金良主编:《中国海洋文化研究》第 1 卷,北京文化艺术出版社 1999 年版,第 93—97 页。

水成因说,但是由于不能自圆其说而遭到历代的批判。屈大均可能对这两种理论都有所了解,在根据自己的经验知识加以判别之后指出:"彼盈此竭,皆系于月不系于日是也。"接着,屈大均又借用涨潮的看法,认为"潮者气之所为",从而用气的强弱来解释潮的大小,在吸收前人理论的基础上有所创新,这是极为可贵的。

潮汐会给渔民带来许多渔产,而且春汛、冬汛、沓潮的情况各不相同。"水头(春汛)鱼多,水尾(冬汛)鱼少,不如沓潮,鱼无大小。"这首渔歌准确地描述了汐期和海鱼的关系。沓潮是潮水中最为强盛的一种,旧潮未退,新潮复来,新旧潮水相互叠合,称为"沓潮"。当重沓时,旧潮之势微劣,不能进退,鱼去而复来,故多;鱼大者始能乘潮,故大。鱼多而且大,所以沓潮深受渔民欢迎。

粤人把沓潮当做期约的时候,有沓潮的时曲,《广东新语》记为:"与郎如沓潮,朝暮不曾暇,欢如早潮上,侬似暮潮下。""两潮相合时,不知早与暮。与郎今往来,但似潮为度。"结合沓潮的情景,咏唱心中的爱情,构思十分巧妙。

在"鳞语"、"货语"、"介语"中,屈大均介绍了珠、珊瑚、黄雀鱼、龙虾、鲎、玳瑁、蚌等上百种海洋生物,大致可归为海洋食物、海洋珍宝、海洋中的奇异生物三大种类。如在海洋食物类中,他描述了鱼、蟹、白蚬、蛤等各种生物的生长习性、食用方法及药用价值。如对河豚是这样记载的:"河豚以番禺茭塘所生者为美,自虎头门至茭塘六七里许,其河豚小,色黄而味甘,少毒,与产他县大而板牙色白者异,其价贱,土人以当园疏。秋时竟为河豚之会,以火燔刺,以沸汤沃涎,浇至再三,杂肥肉烹之,皮骨脱落,斯可食矣。河豚终岁皆有,入秋尤宜多食,益胃暖人,可减一衣。产妇每以为补,其腴在膏,即肝也,俗以为八珍之一云。"

在南海有"浮沉田"的说法。沉田是指在海中养殖蠔和白蚬,并不是实实在在的田地。东莞、新安一带当时都有蠔田。只要把石头烧红投到水中,就会附在上面生长,取石得蠔之后,把石头烧红再投入海中,一年之中可以两投两取。《广东新语》记打蠔歌唱道:"一岁蠔田两种子,蠔田片片在波涛。蠔生每每因阳火,相叠成山十丈高。"

《广东新语》中涉及的海洋珍宝主要有珍珠、珊瑚、玳瑁等。如《广东新语》记广东盛产珍珠,在合浦海中有平江、杨梅、青婴、乌坭、白沙、断望、海猪沙7所珠池;珠由蚌孕育而成,蚌在中秋"胎珠"之后,在月明的晚上不断采纳月亮的精华加以润泽,"蚌以月为食,与蟾蜍相为性命"。采珠从二月之望开始,在采集之前宰割五头大牲畜祭祀。采珠的方法为:"以黄藤丝棕及人发纽合为缆,大经三四寸,以铁为木芭,以二铁轮绞之,缆之收放,以数十人司之。每船木芭二、缆二、轮二、帆五六,其缆系船两旁以垂筐,筐中置珠媒引珠,乘风帆张,筐重则船不动,乃落帆收木芭而上,割蚌出珠。"

《广东新语》中所记载的海洋奇异生物,有石龙、金龙、土龙和吐气成景的蛟蜃;还有牡蛎蚌蠃积其背的海鳅、与黄雀互化的黄雀鱼、人身鱼尾的人鱼,以及血为碧色的古老海生物鲎。东莞合兰海一带,海水漩洄而黝黑,是三江汇流的地方,这里"尝有积气如黛,或如白雾,鼓舞吹嘘,倏忽万化。其为城阙楼台诸状,人物车骑,错出于层峰叠之间,尤极壮丽";鲎,"性喜群游,雌常负雄于背,背骨如扇,作两截,常张以为帆,乘风而行,虽过惊涛不解"。

(二)海洋人文社会的形象展示

1. 船舶世界

《广东新语》中记述了广东造船的悠久历史和丰富面貌,主要有以下内容:

番禺大洲有宣和龙舟遗制,被称为大洲龙船,最初由随宋帝南行的大臣梁太保制作。梁太保公本来打算在大洲上营建宫殿,但没有成功,村民们为了纪念他的忠心,就建了祠庙祭祀他,并且每年"举龙舟"纪念他,全村凑钱按照宣和龙舟的样子制造了一艘新的龙船。"船长十余丈,广仅八尺,龙首龙尾刻画奋迅如生,荡桨儿列坐两旁,皆锡盔朱甲。中施锡幔,上建五丈樯,樯上有台阁二重,中有五轮阁一座,下有平台一重,每重有杂剧五十余种,童子凡八十余人。"工艺精妙博大,每造一船花费金钱数以千计。顺德龙江有斗龙船的风俗。开战之前,选好江面大小适宜、水域平直的地方作为龙船场,各埠的龙船轮番作战,定出胜负。据说最后的得胜者可以使本埠物产丰富,民众安康。广东的龙船以东莞最盛,每年五月中旬,各乡都会举办龙船之会。龙船"长七十余丈,高七八尺,龙髯去水二尺,额与项坐六七人,中有锦亭,坐倍之。旗者、盖者、钲鼓者、挥桡击汰者,不下七八十人"。东莞彭峡的龙船之会在五月峡水猛涨的时候举行,当龙船顺流而下的时候,往往观者如云,画船首尾相接,乘潮上下,到黄昏还久久不愿散去。广州的战船大的叫做横江大哨,"自六橹至十六橹,皆有二桅,桅上有大小望斗云棚"。作战时,站在云棚中的班首是一船的性命所在,他能倒挂着爬上船桅,在观望的时候用镖箭向四面射击,甚至飞越敌舰,斩断其帆槁。小的战船叫飘风子,"人坐船内拨之,其行若飞,人各有所隐蔽"。

渔船有香舫、大涝罾、小涝罾、疍艇等。疍家艇是广州疍民使用的小艇。疍民以"舟楫为家,捕鱼为业",艇既是他们居住的场所,也是他们谋生的手段。疍民"黥面纹身,以类蛟龙之子",善于没水,往往持刀在水中和大鱼嬉戏搏斗。越人善于操舟,有着"铁船纸人,纸船铁人"的说法。下海的时候,风涛多险,船身厚重,往往在船底架一块木头作梁,舱舡上横几根木头作为担。船上有了梁担则骨干坚强,食水很深,风涛不能掀簸,因此称为铁船。这种船只多仰仗海风运行,人所起的作用很小,因而称为纸人。"广州大艨艟,使得两头风,输一篷,赢一篷",讲的就是"铁船"在海中扬篷而行的情景,"输"是指船横行,"赢"

是指船直行。从凌、浈、湟、武诸水一带到清远一带,一路滩高峡峭,船食水浅,底薄而平。顺流时,船行如箭,遇到乱石一折而过,轻巧如燕,因而称为纸船;当逆流而上时,舟子穿行于乱石之间,谨慎小心,一篙失势,就有可能导致舟破人亡,只有强壮有力的舟子才敢行进,因而称为"铁人"。有舟子谣唱道:"朝穿腰,暮穿腰,槁如铁一条。"即使隆冬腊月,舟子也汗流浃背。

广东洋船很多,有独樯船、牛头舶、料河舶等不同种类。当广州承平的时候,与西南诸番15个国家有贸易往来,其中安南、占城、暹罗、真腊斛、锁里5个国家每年都朝贡一次,这时广东海面上行驶着的也多是友好的商船。到了正德年间,开始有大量盗船出现,他们的船多至五六桅,首尾都有舵手,便于回旋,船上设有罗盘、望远镜,神出鬼没,危害沿海居民和海上船只。

在广东的船舶世界中,有威猛的战船,也有捕鱼的小艇,有厚重的铁船,也有精巧的画舫,有中州遗留下来的大洲龙船,也有各种洋船往来航行。从船舶的丰富多彩,可见广州海洋文化兼容并包的特点。

2. 海洋神鬼世界

《广东新语》对此主要记述了以下内容:

"粤人事海神甚谨。以郡邑多濒于海,而雷州出海三百里余,琼居海中",面对气势汹涌、波涛翻滚的大海,渔民心中不由生出种种恐惧和不安,因而总是希望冥冥之中有神灵帮助自己一把。因此,渔民出入的时候,一般都要祭祀海神。"凡渡海自番禺者,率祀祝融、天妃,自徐闻者,祀二伏波。"

"凡渡海卒遇怪风,哀号天妃,则有一大鸟来止帆樯,少焉红光荧荧,绕舟数匝,花芬酷烈而天妃降矣,其舟遂定得济。"最大的天妃祠庙在新安赤湾,其他沿海各地皆有供奉。俗信伏波将军专主琼海,他的祠庙在徐闻。汉代新息侯马候对开发百越作出了重大贡献,他曾经治理过乌蛮大滩,在海南还有伏波井,因而受到越人历代的祭拜,尤以海康、徐闻、横州一带对其最为信奉。

屈大均的《广东新语》只是截取了海洋自然世界和海洋人文世界的几个侧面,但即使仅就这一点来说,也已经是一部很有价值的笔记了。

二 宋琬的"海味诗"[①]

沿海地区历代靠海吃海,其海洋生活反映在海鲜、海产饮食上,别具特色,非内地人所能体验。历代文人墨客,无论是在海边长大、一直在海边生活的,还是原籍海乡而做官外任或客居外地的,也无论原是内地人士而任职沿海的,还是偶游海滨、鉴赏海色的,都会对海鲜海味感情极深,尤其是对那些原籍海

---

① 此部分内容参见赵健民:《从宋琬的"海味诗"解读古代文人的渔乡情结》,见曲金良主编:《中国海洋文化研究》第3卷,海洋出版社2001年版,第239—244页。

乡而做官外任或客居外地的人来说,少时、年轻时的海鲜海产饮食,会给他留下一生难以排解的印象。这里仅以清初诗人宋琬的"海味诗"为例考察之,或能以斑窥豹。

（一）宋琬及其"海味诗"

宋琬（1614—1674），清初诗人，字玉叔，号荔裳，别号署，二乡亭主人，山东莱阳人。少时即能赋诗，有才名，清顺治四年（1647年）进士，授户部主事之职，累迁吏部郎中，以政绩擢浙江按察使。后其同乡于七在登州造反，其被族侄诬告与于七通，下狱三年余，巡抚蒋国柱重新审案，还以清白，释放后长期闲居在家。至康熙十一年（1672年），已到晚年的宋琬又被授任四川按察使。后来云南吴三桂谋反，率兵攻陷成都，宋琬无力抗敌，抑郁而死，享年60岁。其一生写下大量诗、词、文赋，尤擅于诗，有《安雅堂全集》30卷行世。其诗多写个人失意与愁苦，辞意凄楚、清雅、激宕，与施闰章齐名，有"南施北宋"之称。在其大量诗作中，有几首风格清新、畅爽的"海味诗"①，是康熙十一年（1672年）授任四川按察使于赴任途中怀乡所作。这几首"海味诗"情浓意深、通俗质朴，被收录于清乾隆丙戌刻本《安雅堂全集》中，兹录于后：

舟中无事,忽忆故乡海错之蛏,因疏其状,戏为俳体。

蛏

蛏介虫而穴居,各为一孔,潮退时泪汝口间,历历如竹筛眼钩而致之,俄顷千百状,类螝蛴无口眼而以鼻鸣,以井水浸之,腹中泥尽吐出,用以糁面最佳。周身有甲长二寸许,大者或五六寸,体肥而肉脆,以其甲似竹筒,故名笔管蛏,又有以刀靶名者。江淮间取以为腊,盖形同而族异。

雕虫小技旧知名,食邑由来号管城。
曾与江郎书恨赋,莫将刀笔博公卿。

青鱼

鱼长不盈尺,青脊赤鳃,立春后有之。肉香而松,随筋而脱骨,磔磔如猬毛,软不刺口。雌者腹中有子,阔竟体,嚼之有声;雄者白最佳,初入市价颇昂,既而倾筐不满十钱,海上人用以代饭,谓之青鱼粥。

枕上春莺向晓鸣,故园风物最关情。
青鱼白胜西施乳,堪笑河豚浪得名。

带鱼

鱼无鳞鬣,形如束带,长六尺余,色莹白如银,熻熻有光彩,若刀剑之初淬者然,故又谓之银刀。首尾一骨形,与常鳞迥殊。脐上下数寸尤美。

第十一章

明清时期的海洋文学艺术

银花烂漫委筼筥,锦带吴钩总擅场。

千载专诸留侠骨,至今匕箸尚飞霜。

海鲋

海中之鲫也。巨口大眼,鱼目之美无逾此者。土人呼为佳季,不知何指。其来以三月上旬。谚云:椿芽一寸,佳季一阵。惟登州四时有之。蓬莱阁下多怪石,渔人垂纶其上,一掣而得之。千寻巨浪之中,好事者掬海滨之水就烹之,不加盐豉,其味愈鲜好。岛屿参差万里,一碧霁烟收(此处当有错讹——引者),荷蓑笠者错出其间,盖善图者莫能图也。

银钩才脱已充盘,渔父烟蓑五月寒。

弹子窝边明月好,十年空负钓鱼竿。

蛎黄

生海滨石上,戴壳为屋,累累如蜂房,渔人于潮落时以针敲其礴而取之,投釜中,一沸而熟,益以姜桂,味甘而不腻。邢村一带所产甚多,然不若登郡之肥美,大者如鸡卵也。

悬崖簇簇缀蜂房,醒酒偏宜子母汤。

何物与君堪娣姒,江瑶风味略相当。

这五首小诗,虽说带一些伤感,但毕竟因为是闲怡之作,颇能给人一种清新、质朴之感。尤其在每首诗的前面,还写有一段序文,用写实的手法记述了宋琬家乡的滨海风土人情与民间海鲜食俗,是我们考察研究沿海渔区民间饮食风情不可多得的资料。

宋琬的家乡是位于黄海之滨的莱阳县(现为莱阳市),这里自古盛产各种鲜活海味,宋琬笔下的蛏、青鱼、带鱼、海鲋、蛎黄皆是这一带沿海民间常食的海味。宋琬大概和每一个渔乡人一样,是伴着这些美味的海产品长大成人的,因而在对家乡的记忆中,这些习以为常的海产品自然也就成了诗人最难以忘怀的亮点。

蛏,是旧时胶东民间极为普通的海产品之一。因其形酷似细长的竹管,故名竹管蛏。蛏肉鲜嫩脆美,原汁极鲜醇。鲜品煮之,剔出蛏肉连同其汤调制为卤,浇食面条最为鲜美。宋琬所记"用以糁面最佳",就是这个意思。这是沿海渔家的常食。诗中"雕虫小技旧知名,食邑由来号管城"两句,是说像"蛏子"这样的小海物虽然极其普通,但却是食用历史悠久、颇有些名气的海物,人们自古以来就叫它笔管蛏。"曾与江郎书恨赋,莫将刀笔博公卿"两句,则笔锋一转,用笔管蛏比喻南齐诗人江淹手中那枝五彩笔,并借以规劝人们不要像江淹那样,用生花妙笔写出美丽的诗文以博取公卿们的欣赏,但后来才尽时,竟沦落到无人问津的地步。显然,这里仍然是在抒发自己的失意之情怀。

青鱼，我国沿海皆有出产。胶东沿海每年立春初潮时的青鱼最为肥美，因而价格昂贵，一般平民百姓吃不起；但过不了多久，就大批量地涌上市场，非常便宜，当地人买回家当饭吃。清初蒲松龄曾写过一首《青鱼行》，其"二月初来价腾贵，妄意馋嘴非所暨。三月伦尾裁两钱，芳旨无殊价不费"可与宋诗相呼应。宋琬的"枕上春莺向晓鸣，故园风物最关情。青鱼白胜西施乳，堪笑河豚浪得名"，是说时值初春，当清晨躺在床上听到春莺的鸣叫声时，禁不住想到了家乡的一草一木，而此时最令人难忘的是刚刚上市的青鱼。青鱼最鲜美的是鱼白，那滑腴、隽永之美已经超过了西施乳（河豚鱼因肉质细腻、腴美而被人们称之为西施乳），所以素有西施乳之称的河豚也不过是徒有虚名。很明显，后两句也是有感而发。

带鱼，我国沿海均有大量出产，但以黄、渤海所产味最鲜美，而带鱼之美尤在于它的肚皮处。胶东民间有总结诸鱼之美的谚语云："加级头，鲅鱼尾，带鱼肚皮，**鳕鱼嘴**"。宋琬在序文中写了"殊脐上下数寸尤美"，但在诗中却没有直接写带鱼的肚皮之美，而是借用了战国时专诸炙鱼行刺的故事，来表达了自己的思乡之情与对人生的感慨。

海鲋，学名真鲷，胶东人习惯叫做加级鱼（或写作"佳吉鱼"）。海鲋是莱阳一带民间的俗称。加级鱼在胶东人的心目中是最珍贵的海洋鱼类，非宴席不能献之。当地人垂钓得之，就海水而烹，不加任何调味品，以保鱼之鲜美本味，是得食此鱼三昧的最佳方法。对于自己的一生来说，虽然有佳鱼充盘，有美味可享，但不正像垂钓的渔父那样，依旧不过是空负钓鱼竿而已吗？所以宋琬才有了"银钩才脱已充盘，渔父烟蓑五月寒。弹子窝边明月好，十年空负钓鱼竿"的他乡叹咏。

蛎黄，就是牡蛎（俗称海蛎子）的肉，南方人称为蚝。我国沿海礁石上均有所产，且可以大量近海养殖。新鲜的海蛎子汤鲜肉嫩，爽利无比，宴席间调制为汤肴，具有醒酒、提神、娱情之妙，被宋琬称为"子母汤"。在诗人的乡忆中，蛎黄之美无与伦比，只有江瑶柱（即鲜贝）的风味约略可与之相提并论，但仍略逊一筹。于是宋琬在诗中云："江瑶风味略相当"。

宋琬除了这组咏海味的诗外，在他的《安雅堂全集》中，还有一些记述其他海味品的诗，如他自称"戏作"的"黄鱼"组诗：

其一

江湖十载老渔竿，石首多从画版看。

此口锦鳞警入馔，免教安邑送猪肝。

其二

落花时节采茶无，退食常间灭俸钱。

寄语饕人留作脍，使君好客不须恝。

其三

故园风物未应殊，每到春来醉玉壶。

张翰当年浑不解，秋风空忆四鳃鲈。

（二）"海味诗"的审美与史料价值

如果从严格的文学意义上来看宋琬的"海味诗"，显然算不上是真正的"诗"，所以，宋琬自己也将其游戏之作称为"俳句"。但正是这些连作者也不一定看重的咏"海味"的俳句，却给我们考察认知古代文人对海洋物产的认识及由此而生发出来的故乡（渔乡）情结，提供了一份不可多得的历史资料。从"诗言志"的角度来解读这些诗句，或许能从某种意义上审视古代文人蕴藏在他们心灵深处的思想感情活动。

1. 对渔乡独具特色的海洋物产的审美展示

一组五首咏海味的小诗，看起来只不过对蛏、青鱼、带鱼、海鲋、蛎黄这5种海味进行了描述并借以抒发自己的情感，如果仅从所描述、吟咏的数量上来看，它无法与成千上万的海产品相类比，即使和胶东日常所食用的几十种海味也无法相提并论，但却能够使读者兴致盎然，感受富足。展示在读者面前的绝不仅仅是5种海味，而是整个大海，和对大海的感情。宋琬所描述、吟咏的这5种海味品，是胶东沿海中最有代表性的海产。这5种海产风味各异，它们的外貌形态、生活习性、捕获方法、饮食特色，乃至烹调方法、给人的审美情趣，以及由此而给人带来的人生感慨，都是丰富多彩的，似乎向人们展示了整个海洋世界。

以点带面，以小映大，以特色涵盖一般，以有限展示无限，可以说是宋琬这组海味诗的最大特点。宋琬笔下所描述的，是他从自己的生活体验中选取的极少数有代表性的胶东海产，而正是这数量不多的海产，充分展现了富于胶东特色的海洋物产，展示了胶东人与大海的密切关系，也揭示了人类在认识大海与利用海洋物产的活动中所形成的生活与审美文化蕴涵。

2. 表达了不可割舍的渔乡情思

可以说，是丰富多彩的胶东海产养育了包括宋琬在内的无数胶东人。诗人思念家乡的时候之所以会首先想到家乡的海味，正是诗人那种难以割舍的渔乡情愫使然。诗人的这种思乡情感，只有在渔乡长期生活的渔家后代才会感受得到。好多文人在思乡之际总是要联想自己旧时的饮食活动。东晋的张翰因为"莼鲈之思"竟连乌纱帽都不要了，宋琬虽然尚未到此境界，但在行船之中日夜不忘家乡的美味海产，其情思感受是同样的。宋琬的渔乡情结，是海洋文化陶冶的必然产物。大海对人类来说，是一个慷慨的奉献者。蕴藏于大海深处的在古代似乎取之不尽、用之不竭的物产，特别是食物资源养育了无数的渔区民众。所以,海味食品是渔区人们的最爱,这种爱是从小到大在与大海的交往中潜移默化形成的,因此是根深蒂固的。对于生于斯、长于斯的宋琬来说,这种对大海、对家乡真挚的爱是与身俱在的。当这种浓浓的情思在异国他乡涌动时,往往成为诗人赋诗作画的最佳题材。

3. 沿海民间生活史的资料价值

"每思故乡咏美食",是许多古今文人的通性。在古人的诗词文赋中我们不难发现,大量的美食诗文均来自于文人的怀旧之作。无论是在思乡念家时,还是在赞美自己的家乡时,抑或是在感叹自己的人生之路时,甚至在回忆往事或某种生活经历时,文人们总忘不了拈出几种美味食品,借以抒怀,个中缘由耐人寻味。美好的乡味(富于特色的家乡味应该属于美味)食品,之所以能够成为文人笔下表达情思的载体,是因为这些食品不仅能够满足人的生理需求,而且能够超越之,即上升为精神食粮。正如晋人潘尼在《钓赋》中所说:"五味道洽,余气芬芳,和神安体,易思难忘。"① 这就是许多美味食品会在人生的阅历中具有永久魅力的原因所在。宋琬诗也是用吟咏渔乡的海味食品来表达自己的乡绪。宋琬用的是写实的白描手法,详细记述,因而更具有沿海民间生活史的资料价值。

在《安雅堂全集》中,宋琬还用小短文的形式记述了其他几种小海物,虽然是为了借以抒发自己的感慨,却也有很高的资料价值。如以下二则:

拥剑

海边有介虫焉,状如蟛蜞,八足二螯,惟左螯独巨,长二寸许,潮退行沮如中粪,人声弗避,竖其螯以待,若御敌者然。土人取而烹之,螯虽熟不僵也。呜呼,螳螂奋臂以挡车辙,漆园束固笑炸矣,彼夫恃其区区之才并力往进,杀身而不悟者多矣。之于虫何知焉,吾于是乎有感。

乌鲗(贼)

乌鲗生于海中,形如鳖而差小无鳞,翲肉须连蜷以代足,脊中有骨块然笋起,色莹质轻,刮之如玉屑,医方《本草》所谓海螵蛸也。肉在骨外,色正白无雪,脍以为羹,卓象箸无别,口有涎,箸水便黑,春夏之交游于海涂,其群以万数,见人则万口喷沫,海水为之黑数里,渔人遂下大网,尽其族而残焉。呜呼,世之贪财黩货顾反自以为廉,而卒以殒灭者黑为之累也。或曰是古墨吏所化,亦未可知。吾于是乎有感。

在我国的海洋文学发展史中,用诗文歌咏大海与海洋丰富物产的文人大有人在。宋琬们是在渔区成长起来的,对渔乡有着难以割舍的情感。他们用自己的诗文来记录、歌咏渔乡的风味特产、乡风民情,从而起到了创造和传播

① (清)严可均辑:《全晋文》卷九四。

海洋文化的作用。即使不是生于海边，但凡到过海边或感受过大海赐予的文人，也同样会难以自已地用诗文描写、记叙、歌咏大海及其物产，也同样成为海洋文化的创造者和传播者。他们虽然没有宋琬那样对大海深深的情感，但他们在与大海的交往中，被大海那宽广博大的胸怀和无私的物质奉献所折服、所感动、所振奋，于是会按捺不住自己心中的感情涌动，而不能不用自己的笔去记述、赞美。如宋人苏东坡有《鳆鱼行》，梅尧臣有《乌贼鱼》，王安石有《车螯二首》等，清人宋琬的渔乡海味诗文，与之一脉相承，而又别具特色与风味。

三　郝懿行的《记海错》①

海洋生物十分丰富，所以又称"海错"。中国人自古以来在赞美海洋生物方面，有着不少笔记和诗文作品，我们可称之为"海错文学"，笔记如《记海错》、《闽中海错疏》、《海错百一录》、《蟹志》、《蟹谱》、《晴川蟹录》，诗文如上述"海味诗"等。

《记海错》是一本记录、考证胶东沿海人民日常食用的海产品的专著，作者是清人郝懿行。郝懿行（1757—1825），字恂九，号兰皋，山东栖霞城关人。清朝嘉庆年间进士，为清代著名的经学家、训诂学家。据《清史列传》记载，郝氏为人廉正自守，朴讷少语，非素知老友，常相对终日不发一言，若遇好友，谈论经义，则喋喋终日不倦。其住宅简陋，生活俭朴，把一生精力耗于研读和著述中。"得来俸钱，辄以买书"，"展露篇执笔，恒自夜深过四更"。郝氏虽中过进士，但因性格率直，其官途不显，以户部主事这样一个小京官终其身。郝懿行一生治学，著作甚多，计有 30 余种，均被收入《郝氏遗书》，流行于世。其心力尤用于《尔雅义疏》一书。该书用时最久，曾数易其稿，直至临终前才完成。这本书"训诂同异名物，疑似意义，详加辩论，疏通证明"，造诣极深，是他的代表作。然其著作虽多，身后却很凄凉。清代学者牟庭为他写的《墓志铭》说，郝"死后无钱举葬，夫人欲归原籍而不能"。境况凄苦如此，是封建社会普通文人的普遍现象。故其铭云："古云金满籯，不如遗一经，今日抱书篇，不如一囊钱。半生笃信古人言，哭死方知事不然。不可生无书，那可死无钱，古人一瞑百不见，长使今人泪如霰。"

在《郝氏遗书》中，有四部被视为反映自然科学方面的著作，即《记海错》、《宝训》、《蜂衙小记》、《燕子春秋》。但在他自己看来，这些皆属"闲涉物情"之作，笔力深厚，奇趣盎然，使人颇多领悟，因而其文学性显而易见。

《记海错》一书，系郝懿行居京多年，思乡情切，常忆家乡胶东沿海的各种

---

① 此部分内容参见赵建民：《〈记海错〉渔乡风物的文化透视》，见曲金良主编：《海洋文化研究》第 2 卷，海洋出版社 2000 年版，第 146—151 页。

海味产品，而促笔记述之，多为零散之作，后聚集一卷，于清嘉庆十二年（1807年）完成，心意以此馈献乡里。他在自序中云："余家近海，习于海久，所见海族亦孔之多，游子思乡，兴然记之。"其情笃家乡之切足可窥之。

《记海错》一书，共记载各种海产食品48种，皆以名称为题，逐一详述其形态、产地、产时、食法、风味特点、储存方法等，并对其中的许多品种加以考证和辨析。此书对我国常见海产品的文字训诂，具有一定的参考价值，尤其为研究山东沿海海产品的烹饪原料与烹饪方法提供了相当翔实的历史资料。

《记海错》是唯一一本系统记录胶东渔乡风物特产的古籍资料，弥补了古代山东沿海渔乡特产风物系统考察记载之阙。《记海错》序中说："海错者，禹贡图中物也，故书雅记，厥类实繁。……所见不具录，录其可资考证者，庶补禹贡疏之阙略。"很清楚地说明了此书选目的标准，一是录其可"资考证者"，二是补"疏之阙略"者。作者充分利用自己在胶东海边有过长年生活的经验，并带着久居京城思乡的感情色彩，对胶东沿海常见、常采、常食的48种海物特产食品进行了全面、系统的记述和考证，补录了许多其他古籍未曾记录过的品种，如"丝黄鱼"、"海盘缠"、"海肠"之类，均属《记海错》独家首载，即使像明清年间记录海产较全的《海错百一录》、《海味索隐》、《鱼品》之类的专著，也未见有载。

《记海错》虽然不是烹调著作，但其中也有对胶东民间捕获与加工烹制海产品方法的许多记述。并且还通过对它们的考证，进一步反映了某种海产品在我国食用历史的悠久，充分证明了包括胶东人在内的渔区人民在利用、开发、加工、食用海产品所表现出来的聪明才智和创造力。如在"牡蛎"条中，郝氏真实地描写了因蛎房附石而生，且层层相垒如山聚，取食非常不易，于是人们乘海潮退去、蛎壳关闭之机，"人欲取者，凿破其房，以器承取其浆肉，虽可食其浆，调汤尤美也"，因而即使"海上隆冬"，仍有"凿蛎冲冲"的生动场面。

作者运用自己扎实的训释经文的功底，结合自己真实的渔乡生活经历，尝试了从书斋到民俗采风的结合。据不完全统计，作者在书中仅引用的古籍书目就达44种。同时，几乎在所有的条目中，都有郝氏本人来自于真实生活的鲜活描述。如"薄蠃"条下有这样的描述："婉音倩女争携筥篮，每伺潮退，浅濑深隈，摭拾殆遍，傍晚潮生，虚往实归矣。或大如拳，壳厚而嶙峋，如蒺藜饶刺，俗名招招子，一种壳长名来怜子，来怜子亦蠃蠠之声转，或俱名薄蠃子。"渔家女结伴携篮、欢声笑语、捡拾海螺，至晚满载而归的生动场面，以及对大如拳头、俗名"招招子"的海物的形象描述，都是实实在在的生活写真。如此真实活现，如此惟妙惟肖，没有丰富的相关知识和实际生活体验，是写不出这样的文字的。

胶东风味菜特点的形成，不仅是由于得天独厚的海产资源，更重要的是依赖于聪明能干的胶东人在长期的生活实践中对烹食海物丰富经验的积累，形成了烹法丰富多彩、调配富于变化、菜肴多种多样的特点。对此,《记海错》中也有不同程度的记录与总结。虽然文字较为简略,但却实在可信,现举数例:

鲻鱼:其肉作脍,并美。

老板鱼:其肉蒸食之美也,其骨柔肥,亦可啖之。

海豚:性有毒,虽小獭及大鱼不敢啖之。蒸食啖之肥美。……其肝杀人,今海人摘去其肝,将其血尽,肉白而肥,不殊玉脍。

蟹:文登海中有蟹,大小如钱厚,遇半寸,亦炒炙连骨啖之,味极肥美。

海蜇:海人采得之:渍一以矾下,尽其水,形如猪肪或蹇缩如羊胃,人有货致都中者,用密器收之,经年味不变,柔之以醯,啖之极脆,可以案酒。

土肉:今登莱海中有物长尺许,浅黄色,纯肉无骨,混沌无目,有肠胃,海人没水低之,置烈日,濡柔如欲消尽,瀹以盐则定然,味仍不减,用炭灰腌之,即坚韧而黑,收干之犹可五、六寸,货致远方,啖者珍之,谓之海参。

乌贼鱼:其肉炙食之美。

鲳鱼:丰肉少骨,骨又柔软,炙啖及蒸食甚美。

沙鱼:其腴乃在于鳍背上,腹下皆有之,名为鱼翅,货者珍之,瀹以温汤,摘去其骨,条条解散如燕菜而大,色若黄金光明条脱,酒筵间以为上肴。

这些均是当地民间加工、烹食海产品的经验与方法,现在在当地民间及宾馆、饭店中依然多有运用,一些烹制方法独特的风味食品至今广为流传。如现在许多人喜欢吃的"烤鱿鱼",就是《记海错》中"乌贼鱼:其肉炙食之美"的传承。还有一些烹调绝技奇招,也被郝氏写进了《记海错》中,更加难能可贵。如:

"蛤:热酒冲啖,风味尤佳。"把白酒烧热后,趁热冲浇在新鲜的小海蛤上,使其消毒致熟(或半熟),即可佑酒佐食,而且风味殊美。此种食法,今在胶东民间已失传不用,但其风格独到,堪称一绝。

"蝉鱼:肉虽腴美,骨束纤长,须防作鲠。海人食馎饦,碎切为馅,杂入萝卜数片,旋即简其骨束,尽出矣。"用切片的萝卜可去除蝉鱼之细刺,属于奇招绝活之类的加工技艺,旧时在胶东民间依然有运用,可惜如今已不见传承。

海产品,特别是海味珍品,大多数对人体都有重要的补益养生、强身健体、疗疾治病等医药功能,这对于今人来说,已属于常识。但这些常识的积累,却是源于渔区民间的长期的生活经验总结,许多古籍资料中均有所反映。《记海错》对于海味食品的滋补养生与食疗作用,同样多有所载。如:"土肉(海参):其补益人与人参同也";"鳗鲡鱼:今验此鱼形状可恶,而能补虚劳";"昆布(海带):消结核,能消水";等等。

第三节　明清时期地方志中的涉海诗文

一　沿海方志中的涉海诗赋①

中国历代地方志的修纂,是中国几乎历代王朝都十分重视的一件大事。省有省志,府有府志,厅有厅志,州有州志,县有县志,甚至乡有乡志,镇有镇志,村有村志。主持修志者,大都是一地文化要人,参加编修者,也都非饱学诗书者不可。因此,这才保证了方志编纂的质量和权威性。也正是如此,方志中的大量资料才为历代学者所看重。

中国古代海洋文学的现存状况,有如下特点:一是少,二是散,三是作品质量多不精,经典作品少。对于中国古代的海洋文学作品来说,地方志更是不可忽视的一个库源。如山如海的海洋文学作品,大多保存在全国各沿海地方的地方志中,比如,山东沿海方志和浙江沿海方志。浙江舟山方志中的海洋文学作品已被浙江海洋学院集结成册,如《普陀山诗选》、《普陀山散文选注》等。今存方志大多为明清之作,这里只以蓬莱市的清代方志《蓬莱县志》及《重修蓬莱县志》以及民国《蓬莱县续志》为例,对其"艺文志"所载极为丰富、极为宝贵的以明清涉海诗作为主的海洋文学作品略作考察,以见中国沿海方志所载中国海洋文学之一斑。

《蓬莱县志》中的"艺文志"收录了大量明清涉海诗作,比如王廷相的《海望》、王崇庆的《海上》、陈风梧的《田横山》、顾应祥的《游珠矶岩》、王言的《漏天岩》、王世贞的《按部东海怀鲁连高迹慨然有述》及《与僚佐望海》、戚继光的《过文登营》、泰金的《海市》、尹嘉宾的《望海》、黄克缵的《谒海神庙》、郭朴的《观垂钓》、王在晋的《登蓬莱阁四首》、仇录的《观海》、谭昌言的《视兵登海》等等,或曰诗,或曰歌,或曰行,或曰赋,题材多样,情感丰富,不胜枚举。而其中所载任睿的"谒苏东坡先生祠,祠横一石勒海市诗,乃真迹也。其为风雨剥蚀久矣。爰建亭其上,而赋之"。还有任睿的《修船行》,写此题材难能可贵,修船情景小事一桩,但写得小中见大,颇有深意,值得一读:

> 海东远望风烟绝,哨船此日成虚设。亦知中外自一家,安不忘危虑并切。大修小修各有时,文官武弁分其责。今岁例当大修期,先期檄下如片雪。鸠工庀材课程严,经营竹头与木屑。三月告竣讵敢迟,爰付水师沿岸

①　此部分内容主要参见王庆云:《中国沿海方志与中国古代海洋文学——以〈蓬莱县志〉的"艺文志"为例》,见曲金良主编《中国海洋文化研究》第3卷,海洋出版社2002年版,第230—239页。

列。岸上海风连夜起,扬帆竟取作贾舶。吁嗟乎! 不与官家备缓急,何事频年补苴无休歇。

另有,慕维德的《登州杂诗》,内有类竹枝词,分"形胜"、"山川"、"仙迹"、"人物"、"文学"、"民风"、"商贾"、"渔钓"、"物产"、"水城"10 首,写得别致。如开篇一首"形胜"和中间的二首"商贾"、"渔钓":

形胜

三面沧溟绕,荒陬见古风。
人家山色里,城郭水声中。
地接莱夷外,天临渤澥东。
神京遥拱卫,舶趋一帆通。

商贾

千里云帆集,通商列市廛。
明珠鲛客室,夜火蜑家船。
五两西风候,双钦北渡天。
辽阔欣在望,晴日见人烟。

渔钓

泛宅来沧海,生涯付钓蓑。
晓凉吹蟹火,清梦讬鸥波。
自许称渔隐,因之发棹歌。
坐观徒健羡,何日付槃阿。

或大轮廓,或小场面,都写得妙极。另有一首柳培缙的《海外鼠》,写得妙趣横生,"室中鼠,尔自何处来? 本为海外产,远涉重洋至此,胡为哉!"或有拟人之深意于其中。

《重修蓬莱县志》卷十四所收明代诗作,涉海内容也很多,甚为可观。薛瑄的《观海》,"瀛海茫茫未足夸,真是人间一泓水",其气势之大,令人感慨。沈应奎的《吊故齐王田横古风》,有感于旧传田横在蓬莱住过的岛屿,诗并序之,悲歌怀古,苍凉喟叹,感人至深。还有卫青的《歼倭吟》,题下注:"时在文登沿海巡道备倭,飞渡海上,歼灭倭寇,遂抚须吟诗以壮志。"诗曰:

汉有卫青,塞上腾骧。
我名相同,海外飞扬。
瞬息千里,风利帆张。
心在报国,剑舞龙翔。
今除倭寇,昔歼妖娘。
惶惜微躯,誓死疆场。

大丈夫精忠报国,海上歼灭倭寇,吟诗咏志,气概铿锵,令人如闻当年海上鼓角震天,杀声聤耳,凯歌一片,岂不壮哉,令人读之快然。一位暮年壮心不已的英雄形象,跃然纸上,如在面前。

其他如黄克缵的《登蓬莱阁》、塞达的《登蓬莱阁》、王言的《登蓬莱阁》,或大气高歌,或苍凉高远,或婉约清唱,均写得有情有韵:

> 城列千灯锦帐开,东风吹客上蓬莱。
> 天光海色春相映,叠鼓鸣笳夜急催。
> 鳌首三山含雾动,潮头万马拍空来。
> 观兵幸值妖氛息,徙倚危栏一举杯。
>
> ——黄克缵
>
> 阁俯沧溟接混茫,相将词客兴飞扬。
> 波涛今古吞元气,岛屿东西挂夕阳。
> 仙圃几人求大药,孤根何处托扶桑。
> 万流转识朝宗意,并倚危栏望帝乡。
>
> ——塞达
>
> 芳晨寻约泛花游,郡府宴开阁上头。
> 霍(?)影饰摇山雨霁,数声歌动海云秋。
> 潮回珠树光吞月,斗傍(?)灵槎景入楼。
> 为问沧浪濯缨者,无如此处赋清流。
>
> ——王言

十分可喜的是,该"艺文志"卷所载袁可立的一篇《甲子仲夏登署中楼观海市并序》,为我们勾勒出了一幅生动逼真的海市蜃楼图,十分难得,全录如下:

甲子仲夏登署中楼观海市并序

余建牙、东牟,岁华三易。每欲寓目海市,竟为机务缨缠,罔克一觇。甲子春。方得旨予告,因整理诸事之未集又两阅月,始咸结局。于是乃有暇晷。仲夏念一日偶登署中楼,推窗北眺,与平日苍茫浩渺间,俨然见一雄城在焉。因遍观诸岛,咸非故形。卑者抗之,锐者夷之,宫殿楼台杂出其中。谛观之,飞檐列栋,丹垩粉黛,莫不具焉。纷然成形者,或如盖,如旗,如浮屠,如人偶语,春树万家,参差远迩,桥梁洲渚,断续联络,时分时合,乍显乍隐,真有画工之所不能穷其巧者。世传蓬莱仙岛备诸灵异,其即此是舆?自己历申为时最久,前态万状,未易殚述。岂海若缘予之将去,而故示以此酬夙愿耶?因作诗以纪其事云。

登楼披绮疏,天水色相溶。云霭泽无际,谼达来长风。须臾蜃气吐,岛屿失恒踪。茫茫浩波里,突乎起崇墉。垣隅向如削,瑞彩郁葱茏。阿阁叠飞槛,烟硝直荡胸。遥岑相映带,变幻纷不同。峭壁成广阜,平峦秀奇峰。高下时翻覆,分合瞬息中。云林荫琦珂,阳麓焕丹丛。浮屠相对峙,峥嵘信鬼工。村落敷洲渚,断岸驾长虹。人物出没间,罔辨色与空。倏显还倏隐,造化有元功。秉钺来渤海,三载始一逢。纵观临己申,渴肠次日充。行矣感神异,赋诗愧长公。

诗末注云:董其昌书勒石。可知此诗为人所重。至今海边的城市,何以观海的地角房价最为火爆?读此诗也可知,由来尚矣。每日观海听涛,并可偶然见到海市蜃楼,这是千金万金也难买的事情。

又有徐应元的《甲子仲夏登署中楼观海市》,同题,不知是偶然的巧合,还是二人约好以同题作诗,诗题竟然一字不差,只是后者没有并序;但后者内容与诗趣与前者大相径庭,则是一首由海市蜃楼而大发人生世事感慨的打油诗,浅显直白,寓意深远,而又妙趣横生:

有美蓬莱阁,屹然丹山头。高出五云端,俯瞰大海流。坐对三神山,下藏蛟与虬。云气时出没,忽然结为楼。冉冉双城市,鸟隼杂彩游。见岂山灵发,隐若山灵收。把酒一眺望,因之悟所由。岛云有聚散,世事等蜉蝣。东家铅椠子,篝灯焚青油。西家羽林儿,跃马试戈矛。一旦受知遇,谈笑致通侯。穷达其何尝,海云一转眸。我生信有缘,家世亦瀛洲。岂其追仙侣,来作蓬岛游。麻姑今何在,所思空悠悠。幻影与浮名,总之任短修。倚栏长啸傲,此外复何求。

就是这位徐应元,其《登蓬莱阁》写得也好:

高阁悬天际,危栏枕水滨。

云霞如有约,鸥鹭若相亲。

山影当窗乱,涛声入座频。

心知潦倒处,身境总非真。

由此两诗观之,这位徐应元大概是个穷途潦倒、自恃怀才不遇的人,或者曾经致达过,后经变故,不得志而自消自遣起来。手边无书,不能考查,但至少其当时心境如此。林语堂有句论中国人的话(出自《中国人》或译作《吾土与吾民》),说中国人得意了的时候多是儒家,失意了的时候多是道家。此论是精辟到家。两首同题诗,判然有别。《重修蓬莱县志》卷十四所载白门俞倬《六如老人歌》后有谢为宪跋,曰:"从来英雄遭逢不偶,往往托迹空门,遗世绝俗,以自消磨其平生磊落之气",这是较为极端者,托迹空门、隐入山林者总量多则多矣,然更多的是如上"哭笑不得"的释然逍遥,道家自遣。于是,海边可供游赏歌酒,便往往成了这般人等的大好去处,以平添无尽无际的遐想,感悟天地沧海之大,人生之短暂渺小。

写海市的,在《蓬莱县志》中非常多。由此一则可知海市出现的频率之高,二则可知人们有幸见到海市后难以自已的心情和由此生发的感慨的不吐不快。这是所载施润章的《观海市》,并有引曰:

余校士东牟，思见海市，事竣谒海庙，因祷焉。翼日临发，海市适见。歌以记之。

蓬莱海市光有无，仲冬物色夸大苏。我亦再拜乞海若，愿假灵迹看须史。是时苦旱海水渴，神龙困懒枯珊瑚。鼍鼓忽鸣津吏呼，天吴出舞鲛人趋。大竹盈盈横披练，小竹湛湛浮明珠。方员断续忽易位，明灭低昂顷刻殊。列屏复帐闪宫阙，桃源茅屋成村墟。沙门小岛更奇绝，浮屠倒影凌空虚。有时离立为两人，上者为笠下者车。硅然双扉开白板，中有琪树何扶疏。三山十洲一步地，群仙冉冉来蓬壶。神摇目眩看不定，惜哉风伯为驱除。人间快事亦如此，浮云长据胡为乎？噫嘻，浮云长据胡为乎！

此可与苏轼海市诗对读，写得细致生动，形象活脱，末联之感慨，有类宋诗的以议论入诗，然而议得自然，论得深刻，又把诗意提升到了一个新的层面。

《蓬莱县志》中写海市蜃楼的众多诗作中，葛翘楚的《蓬莱阁观海市》也颇值得一读：

备倭城踞海上山，蓬莱阁临山下海。潮声日夜喧钲铜，岛屿苍苍色不改。天吴海若尽好奇，倏忽山遣窝公移。巍峨城郭弹指视，平者为台楼独危。就中一隙楼外天，上有驾鹤骖鸾、瀛洲飞到之神仙。仙人凭栏遥相对，下临五都开阛阓。珠贝珊瑚出龙宫，交易不于日中退。日中卖药有壶公，交梨火枣杂空蒙。鲛绡鲜艳冰蚕茧，云帆番舶遥遥通。应有仙槎接引来，水晶琉璃面面开。变换无端尽万家，境殊尘凡乐讯回。须史神公撤罗绮，灵景仍待东风起。浩荡一碧歌安澜，凌空高阁人独倚。

同样可为重要者，还有王世贞的《和吴峻伯蓬莱阁六绝》并《蓬莱阁后六绝》，以及李攀龙的《赠蓬莱王少府》、王世懋的《寄讯蓬莱阁》、吴维岳的《登蓬莱阁六绝》、徐梦麟的《秋夜泛舟蓬莱阁下》、段展的《铜井》、邹德泳的《登蓬莱阁》、陶性的《观海市》、陈鼎的《观海市》、浦铉的《珠玑岩》、万代尚的《题海潮庵壁》、方宝的《登蓬莱阁》和乔应春的《大竹岛》。其中，有咏海的，有吟咏人文历史景观的，有吟咏自然景观的，有吟咏海洋历史人物的，有吟咏民间日常生活的，甚至有吟咏以记服食之法的，题材多样。如王世懋的《寄讯蓬莱阁》：

遥闻高阁俯蓬壶，为问三山定有无。

云暖蜃楼朝结市，月寒鲛室夜沉珠。

惊湍槛外星河覆，异域尊前岛屿孤。

若遇安期须乞枣，莫教秦帝石空驱。

诗中多处用典，且用得浅明，虽透露着人生的无奈与企盼，但在笔法上并不显得那么沉重，甚至给人以轻松、空灵之感，令人不能不把玩再三。又如吴维岳的《登蓬莱阁六绝》，其一："蓬莱阁上起鸾声，碣石云红峤气清。海水溟溟春又绿，至今无处问徐生。"眼光高远，又落笔平平，最后一叹，让人心潮难静。

再如徐梦麟的《秋夜泛舟蓬莱阁下》：

> 宦况萧萧发自华，几从仙侣泛浮槎。
> 阁临穷海天疑半，席近寒潮月未斜。
> 帆影乱惊三岛雁，砧声遥落万山笳。
> 年来卧鼓鲸波静，倚剑挑灯逸兴赊。

做官难，做个好官更难，做个糊涂官不难也难，即使做个坏官也不一定不难。就凭其"宦况萧萧"一句，也能感染几乎所有官宦文人，不是连最最主张入世的孔老夫子，也希冀能够"泛舟海上，为三月之乐"么？

泛舟海上，若能看到海市，那是再幸运不过的了。对此，陶性、陈鼎各自的《观海市》，都写得让人"以不见为恨"。其中陶性的《观海市》，把一个自幼在海边长大、可以年年看到海市蜃楼的诗人的形象活脱脱展现在读者面前：

> 自幼从鸥海上游，年年蜃市起中流。
> 十洲半隐黄金阙，三岛重开白玉楼。
> 汉武旌旗遥荡漾，秦皇车驾漫沉浮。
> 蓬莱信是无多地，一御虚风即渡头。

而方宝的《登蓬莱阁》，就传达出一腔英雄豪迈之气了：

> 蓬莱阁上剑歌豪，纵酒聊舒百战劳。
> 漠北金河归雁断，塞南铜柱拂云高。
> 樽前霜菊浮隋苑，乱后砧声杂海涛。
> 却笑牛山空坠泪，风尘天地属吾曹。

诗人脚登蓬莱，心怀天下战场，百战之劳，只以一酒慰藉；海涛声里，大丈夫凛然正气，认准"风尘天地"，方是"我曹"用武之地。其既是乐观又是苍凉的心怀与情感，跃然纸上，力透纸背。

可以算做是记"海洋旅游"的，还有左懋第的《游珠玑崖》一诗，诗前有序：

> 余郡西北海涯，有崖削立，其下满白石，俱小而圆。游人由山巅下，石径曲折绝险，仄始至，如履碎玉。余游之时，群坐危石上，海涛接天，水拍岸作雷殷声，雨大，鱼约数丈出没涛中，余与叔侄兄弟良友数人俱观，大呼，浮白乐甚，磨海水题诗石上。

> 水拍青天涛卷雪，石峰片片皆奇绝。
> 浮白狂歌长吉诗，元气茫茫收不得。

这也算做是一种"家庭亲朋好友游"了，游得很是开心，很是浪漫，竟至情不自禁，"磨海水题诗石上"，好是感人。不知此石至今依然安在否？

至于戚继光的作品，这里只录其一首《送小山李先生归蓬莱》，以观其特色：

早年结社蓬莱下,塞上重逢各二毛。

天舆龙蛇开笔阵,地分貔虎愧戎韬。

郊原酒尽雨声细,岛屿人归海气高。

丛桂芳时应入越,扁舟随处任君豪。

英雄之气,掷地有声。

《重修蓬莱县志》卷十四"艺文志"所载,还有"乾隆晋宁李因培鹤峰"的《观海》、谢继科的《蓬莱曲》、杨奇烈的《海市》、马思才的《登蓬莱阁》、黄之遴的《登蓬莱阁》、王蕭的《登蓬莱阁》、彭舜龄的《登蓬莱阁》、李经国的《登蓬莱阁》、徐可先的《奉陪直指程公阅操海镜亭》及其《海镜亭观日出》和《镜石》、张延基的《题海潮庵壁》、任其的《题海潮庵壁》、蔡永庄的《题海潮庵壁》、刘复昆的《题海潮庵壁》等,多得不可尽举。而徐人凤的"蓬莱十景"(以下简称"十景")组诗,尤为值得注意。"十景"之组诗题目分别为:《仙阁凌空》、《狮洞烟云》、《渔梁歌钓》、《日出扶桑》、《晚潮新月》、《神山现市》、《万里澄波》、《万斛珠玑》、《铜井金波》、《漏天滴润》。各首均为七绝,兹不俱引。

登州蓬莱,向有"海国"之称,海战频繁。这在《蓬莱县志》"艺文志"所载作品中多有反映,尤其是对那些精忠报国的英雄将士的缅怀之作,至今读来仍感人至深。关于戚继光的作品,已为我们所熟知;还有诸如马正午的组诗《吊浦中烈公》、王秋水的《烈士歌(为王应期作)》、杨大受的《咏张可大(明总兵崇祯壬申登州城陷死之)》等,让我们今人读之,犹能感觉到古代海上的烽火硝烟。

明清时代海赋作品较之前代更多,如明代王亮的《观海赋》、肖崇业的《航海赋》、郑怀魁的《海赋》等,也大多反映在各地方志之中。

二　沿海方志中的涉海散文

明清时期的涉海记、传小品散文多见于沿海方志中,如《重修蓬莱县志》卷十二"艺文志"所列明人刘尊鲁的《漠岛记》,云:

东镇区域最锯,泽润生民最薄,唯海而已。历代秩祭,其来尚矣。故民间多立行祠。登州,青之鱼盐地也。县志《蓬莱》:民滨海者,奉海神尤切。海之半,有山曰"漠岛庙"、曰"灵祥神"、曰"显应神妃",耆民相传为东海广德王第七女元得。江南几二十载粮运所过,无风涛之险,岂非神明有以助之也。今太仓所蓄露积陈陈,富国裕民,为古今冠,则吾神妃预有力焉。用勒坚珉,以著厥美,当与天地相为终始。

其情可感。在那样的时代,人们的信仰以及何以如此,由此可见一斑。还有同卷所载阎士选的《松石记》。一块石头,经此一写,若在今天拿旅游的眼光来看,便是一大景观。再如雷树枚的《蓬莱阁灯楼记》,颇有可资参考的价值:

余宦游山左三十年,足迹几遍,而海滨之区,尤留意焉。初成山,见山顶有灯楼，询之土人，知为南北商舶而设；至文登鸡鸣岛、利津铁门关，亦均有之。盖海口类多礁石旋流，商舶往来，皆知趋避，其为益殊非浅鲜也。登州海口林立，近年潘伟如廉访督税东海关，建灯楼于福山烟台及宁海崆峒岛，商人咸颂其德。郡城蓬莱阁据丹崖山上，北与大小竹岛及长山庙岛遥遥对峙，为南北商船必经之路，每逢阴雨之夜，云雾渺茫，沙线莫辨，情怯夫误入迷津者之失所向往也。余与同治七年份守来郡，即拟建灯亭以利商舶，兹商之彭明府，慨然以为可行。遂议定灯油等费，每月需制钱若干，余与彭明府、李二尹、李少尉、应千戎并水城各栈，按月摊捐，交陶允执茂才妥为经理，并示喻各岛居民俾共知悉，从此垂诸久远，永无废坠。庶几明光所在，帆樯宵渡，可无迷途之虞。未敢云便民也，亦分守是邦者聊尽吾心云尔。

这是一位作为分守此地者所做的一件便民的大好事。由此记，一者，蓬莱灯塔之最初年代可考；二者，可见其用；三者，可见其经费渠道及如何管理；四者，山东半岛沿海诸处灯塔之设及商贾情形可概见一斑。

《蓬莱县续志》卷十二"艺文志"，有豫山的《澄碧轩记》：

昔在虞部时，习闻蓬莱胜概。岁壬戌出守来郡，每当春夏之交，避风亭上，诗酒怡情，留恋不忍去，惜少憩息。所思欲拓地一弓，茸屋三楹，未遑也。乙丑秋七月大风雨，丹崖倾圮古堞，随之乃酿金重加修整，稍增旧址，式筑新轩，藉云水光，得静深趣，维澄斯静，维碧愈深，以此名之。善观海者，应亦有同心焉。若夫宾日海镜诸名胜，则有当年之旧基在。是有待遇于有志兴复者。

卷十三"艺文志"所载为"传"，内含戚继光等人物的传记，大多与海洋、海事有关。

风暴潮是海洋自然灾害中最为常见的一种，《东台县志》载有一首生动描绘明永乐十九年（1421年）一次风暴潮的诗。诗曰，

辛丑七月十六夜，夜半飓风声怒号。
天地震动万物乱，大海吹起三丈潮。
茅屋飞翻风卷土，男女哭泣无栖处。
潮头驰到似山摧，牵儿负女惊寻路。
四野沸腾那有路，雨洒月黑蛟龙怒。
避潮墩作波底泥，范公堤上游鱼渡。
悲哉东海煮盐人，尔辈家家足辛苦。
濒海多雨盐难煮，寒宿草中饥食土。
壮者流离弃故乡，灰场畜满地无卤。

招徕初荣官长恩,稍有遗民归旧樊。

海波急促余生去,几千万人归九泉。

极月黯然烟火绝,啾啾呜呜叫黄昏。①

第四节　明清时期的其他涉海作品②

明杨慎(1488—1559)写有《异鱼图赞》。明后期胡世安为此书作"补",写成《异鱼图赞补》一书。此书共作"赞"110 首,所赞海洋生物 230 种,其中多数为海产。

清代广东东莞一带妇女不仅都打蚝,而且能唱打蚝歌。歌词有:"一岁蚝田两种蚝,蚝田片片在波涛;蚝生每每因阳火,相叠成山十丈高。"③

以图画描述海洋生物的方法,起源可能很早,史载:"昔夏之方有德也,远方图物,贡金九牧,铸鼎象物,百物而为之备。"④所铸九鼎可能载有海洋生物图。据传,被称为"小说之最古者"⑤的《山海经》原先是有图的,之后图亡而经存。现在见到的插图⑥,则是清吴志伊的《山海经广注》和汪绂的《山海经存》所绘的图,丰富了生物绘图艺术的内容。《山海经》、《尔雅》均包含有不少海洋生物,为此绘图,也就为中国古代"海洋艺术"增添了丰富的内涵。明清时的多种异鱼图赞原来也是有图的。清代《古今图书集成》中就有许多海洋生物的插图,如《鸥图》、《玳瑁图》、《海鳐鱼图》、《魟鱼图》、《弹涂鱼图》、《鳝鱼图》、《寄居虫图》、《龟脚莱图》、《螺图》、《牡蛎图》、《石决明图》、《贝图》、《水母图》等。⑦

另外,航海和海洋工程活动十分浩博,留下了大量文学艺术作品,形式多姿多彩,尤以其中的山水画别具特色。中国古代航海是地文导航,对航线附近的海岸和岛屿地形作了正确形象的描绘。对景图实为长卷分幅的海洋山水画。如《郑和航海图》、《古航海图》⑧、《琉球过海图》⑨等,不仅为航海图册,而

705

第十一章

明清时期的海洋文学艺术

---

① 嘉庆《东台县志》卷三八"艺文",《中国历代灾害性海潮史料》,海洋出版社 1984 年版,第 90 页。
② 此部分内容主要参见宋正海:《东方蓝色文化——中国海洋文化传统》,广东教育出版社 1995 年版,第 159—171 页。
③ 《广东新语》卷二三。
④ 《左传·宣公三年》。
⑤ 《四库全书总目提要·山海经》。
⑥ 参见袁珂:《山海经校注》,上海古籍出版社 1980 年版。
⑦ 宋正海:《东方蓝色文化——中国海洋文化传统》,广东教育出版社 1995 年版,第 160—164 页。
⑧ 章巽:《古航海图考释》,海洋出版社 1980 年版。
⑨ 萧崇业:《使琉球录》。

且其中海塘分布图实为河口海岸的山水画,如《海塘录》①、《两浙海塘通志》中的图就是如此。地方志或其他著作中也有海岸山水图,如《崂山图》、《渔梁歌钓》(晚潮新月)图②、《窥望海岛之图》③等,均是明清时期人们描绘海岸地貌的艺术作品。

描绘海市蜃楼的画留存至今的也有,如清代的《山城海市蜃气楼台图》④、《蜃图》⑤等。

断霓、赤云等在明清占候中时常应用。如明《东西洋考》:"断虹晚见,明天变。断虹早挂,有风不怕。"⑥明代《东西洋考》《顺风相送》《海道经》《指南正法》等均收集有大量海洋占候谚语,语又称为歌,如《论四季电歌》《四方电候歌》等。明戚继光(1528—1587)把海洋占候谚语编撰起来,称为《风涛歌》,以便水兵掌握和使用。《风涛歌》主要是用于风暴预报的,如"海猪乱起,风不可也","虾笼得䰾,必主风水"⑦。由于长浪作用,风暴到来前,海洋水文和生物常有异常,形成先兆,所以又有"天神未动神先动"、"海泛沙尘,大飓难禁"⑧等占候谚语。

关于风和潮的关系,也有不少谚语,《广东新语》云:"风之起,潮辄乘之,谚曰:'潮长风起,潮平风止,风与潮生,潮与风死'。"⑨在潮汐与航海关系上也有不少谚语,如"老大勿识潮,吃亏伙计摇"等。在《顺风相送》中也具体载有某些门类的海洋占候谚。如此等等,反映出以谚语为主体的中国海洋占候的独特体系。

另有一首清诗人查慎行(1650—1727)的《舶趠风歌》,是不可多得的描写季风航海的诗作,写得有趣有味,兹节录如下:

吾闻千里以外风不同,人间乃有万里之长风。来从海上梅雨后,征自西郊野叟眉山翁。古称博物家,无若周元公。《尔雅·释天篇》,八方风色以类从……《周礼》保章十有二,妖祥乖别占荒丰。下而庄生《齐物论》,以至应劭《风俗通》……"舶趠"之名特未悉,士俗传说惟吴中。吴中五六月,水盛溽暑方蕴隆。此风东南来,一扫云翳还虚空。商羊、黑左虫右庚、潜厥踪,炎官亦退三舍避,大启橐籥伊谁动。三日湿气消,五日暑气融。

① 《古今图书集成·山川典》卷二九。
② 乾隆《蓬莱县志》卷一。
③ 《古今图书集成·历法典》卷一二二。
④ 《山城海市蜃气楼台图》、《天经或问后集》。
⑤ 《蜃图》,《古今图书集成·博物汇编·禽虫典》卷一五六"蜃部"。
⑥ 《东西洋考》卷九"占验"。
⑦ 《风涛歌》,同治《福建通志》卷八七"风信潮汐"。
⑧ 《风涛歌》,同治《福建通志》卷八七"风信潮汐"。
⑨ 《广东新语》卷一。

连绵七日九日尚未止;快哉何暇分雌雄。羊角初从何处起,合为一浩荡来无穷。国家象胥译九重,白雉入贡兼青熊,良商豪贾狎海童,高帆幅亚扶桑红。中男长女各效职,飞渡溟渤如轻鸿。此时田间一老翁,置身恍在兰台宫。不知人生更复有何乐,但向北窗高枕卧听声蓬蓬。①

　　总之,明清时期的海洋文学艺术是中国古代海洋文学艺术发展史上的高峰期,充分体现出了中国海洋文化在精神感知、审美鉴赏层面上的丰富灿烂。

---

① 《舶趠风歌》,《敬业堂诗集》卷四三。

参考文献

一、专著

1. 张炜,方堃. 中国海疆通史. 郑州:中州古籍出版社,2002

2. 李金明. 明代海外贸易史. 北京:中国社会科学出版社,1990

3. 欧阳宗书. 海上人家——海洋渔业经济与渔民社会. 南昌:江西高校出版社,
   1998

4. 宋正海,郭永芳,陈瑞平. 中国古代海洋学史. 北京:海洋出版社,1989

5. 杨国桢,郑甫弘,孙谦. 明清中国沿海社会与海外移民. 北京:高等教育出版
   社,1997

6. 陈高华,陈尚胜. 中国海外交通史. 台北:中国台湾文津出版社,1997

7. 王冠倬. 中国古船图谱. 北京:三联书店,2000

8. 黄顺力. 海洋迷思——中国海洋观的传统与变迁. 南昌:江西高校出版社,
   1999

9. 王宏斌. 清代前期海防:思想与制度. 北京:社会科学文献出版社,2002

10. 郑广南. 中国海盗史. 上海:华东理工大学出版社,1998

11. 邓端本编著. 广州港史(古代部分). 北京:海洋出版社,1986

12. 章巽主编. 中国航海科技史. 北京:海洋出版社,1991

13. 刘淼. 明清沿海荡地开发研究. 汕头:汕头大学出版社,1996

14. 赵景深. 中国小说丛考. 济南:齐鲁书社,1980

15. 蓝达居. 喧闹的海市——闽东南港市兴衰与海洋人文. 南昌:江西高校出版
    社,1999

16. 陈东有. 走向海洋贸易带——近代世界市场互动中的中国东南商人行为.
    南昌:江西高校出版社,1998

17. 汤开建. 澳门开埠初期史研究. 北京:中华书局,1999

18. 《登州古港史》编委会编. 登州古港史. 北京:人民交通出版社,1994

19.《天津港史》编辑委员会编. 天津港史(古、近代部分). 北京:人民交通出版社,1986

20. 郑绍昌. 宁波港史. 北京:人民交通出版社,1989

21. 李金明. 漳州港. 福州:福建人民出版社,2001

22. 福州港史志编辑委员会. 福州港史. 北京:人民交通出版社,1996

23. 席龙飞. 中国造船史. 武汉:湖北教育出版社,2000

24. 冯天瑜,何晓明,周积明. 中华文化史. 上海:上海人民出版社,1990

25. 宋正海. 东方蓝色文化——中国海洋文化传统. 广州:广东教育出版社,1995

26. 曲金良. 海洋文化概论. 青岛:青岛海洋大学出版社,1999

27. 安京. 中国古代海疆史纲. 哈尔滨:黑龙江教育出版社,1999

28. 常任侠. 海上丝路与文化交流. 北京:海洋出版社,1985

29. 陈柏坚. 广州外贸两千年. 广州:广州文化出版社,1989

30. 陈希育. 中国帆船与海外贸易. 厦门:厦门大学出版社,1991

31. 陈炎. 海上丝绸之路与中外文化交流. 北京:北京大学出版社,2002

32. 陈元柱. 海口沿革史(油印本)

33. 陈在正. 台湾海疆史研究. 厦门:厦门大学出版社,2001

34. 陈支平. 近500年来福建的家族社会与文化. 上海:三联书店,1991

35. 邓瑞本,章深. 广州对外贸易史. 广州:广东高等教育出版社,1996

36. 杜桂芳. 潮汕海外移民. 汕头:汕头大学出版社,1997

37. 杜经国主编. 海上丝绸之路与潮汕文化. 汕头:汕头大学出版社,1998

38. 方豪. 中西交通史. 长沙:岳麓出版社,1987

39. 房仲甫等. 海上七千年. 北京:新华出版社,2003

40. 房仲甫等. 中国水运史. 北京:新华出版社,2003

41. 江日升. 台湾外纪. 福州:福建人民出版社,1983

42. 江文汉. 明清间在华的天主教耶稣会士. 北京:知识出版社,1987

43. 李东华. 中国海洋发展关键时地个案研究. 台北:大安出版社,1990

44. 联合国教科文组织海上丝绸之路综合考察泉州国际学术讨论会组织委员会编. 中国与海上丝绸之路. 福州:福建人民出版社,1991

45. 联合国教科文组织海上丝绸之路综合考察泉州国际学术讨论会组织委员会编. 中国与海上丝绸之路. 福州:福建人民出版社,1994

46. 梁嘉彬. 广东十三行考. 广州:广东人民出版社,1999

47. 廖大珂. 福建海外交通史. 福州:福建人民出版社,2002

48. 林国平等. 福建民间信仰. 福州:福建人民出版社,1993

49. 林金水. 福建对外文化交流史. 福州:福建教育出版社,1997

50. 林仁川. 福建对外贸易与海关史. 厦门：鹭江出版社,1991

51. 林仁川. 明末清初私人海上贸易. 上海：华东师范大学出版社,1987

52. 刘迎胜. 丝路文化·海上卷. 杭州：浙江人民出版社,1996

53. 孙光圻. 中国古代航海史. 北京：海洋出版社,1989

54. 王川. 市舶太监与南海贸易——明代广东市舶太监研究. 香港：天马图书有限公司,2001

55. 巫乐华. 南洋华侨史话. 北京：商务印书馆,1997

56. 杨国桢. 闽在海中——追寻福建海洋发展史. 南昌：江西高校出版社,1998

57. 杨彦杰. 荷据时代台湾史. 南昌：江西人民出版社,1992

58. 叶显恩. 广东航运史（古代部分）. 北京：人民交通出版社,1989

59. 余光弘. 清代的班兵与移民：澎湖的个案研究. 台北：稻乡出版社,1998

60. 曾少聪. 东洋航路移民——明清海洋移民台湾与菲律宾的比较研究. 南昌：江西高校出版社,1998

61. 张维华. 明清之际中西关系史. 济南：齐鲁书社,1987

62. 章文钦. 澳门历史文化. 北京：中华书局,1999

63. 章巽. 古航海图考释. 北京：海洋出版社,1980

64. 郑振满. 明清福建家族组织与社会变迁. 长沙：湖南教育出版社,1992

65. 朱国宏. 中国的海外移民：一项国际迁移的历史研究. 上海：复旦大学出版社,1994

66.〔美〕费正清. 剑桥中华民国史（上）. 北京：中国社会科学出版社,1998

67.〔美〕穆黛安. 华南海盗. 刘平,译. 北京：中国社会科学出版社,1997

68.〔意〕利玛窦,金尼阁. 利玛窦中国札记. 何高济,王遵仲,李申,译. 北京：中华书局,1983

二、论文

69. 王荣国. 明清时代的海神信仰与经济社会. 博士论文,厦门大学,2001

70. 郑鹤声,郑一钧. 论郑和下西洋. 海交史研究,总 5,1983

71. 李金明. 试论明代海外朝贡贸易的内容与实质. 海交史研究,总 13,1988

72. 黄启臣. 清代前期海外贸易的发展. 历史研究,1986(4)

73. 黄启臣. 16—18 世纪中国文化对欧洲国家的传播和影响.《中山大学学报》（社会科学版）,1992(4)

74. 陈希育. 清代的海外贸易商人. 海交史研究,总 20,1991

75. 王庆云. 中国沿海方志与中国古代海洋文学——以《蓬莱县志》的"艺文志"为例. 中国海洋文化研究,总 3. 北京：海洋出版社,2002

76. 赵健民. 从宋琬的"海味诗"解读古代文人的渔乡情结. 中国海洋文化研究,

総 3.北京:海洋出版社,2002

77. 赵建民.《记海错》渔乡风物的文化透视.海洋文化研究,总(2).北京:海洋出版社,2000

78. 方英.《广东新语》中的海洋世界.中国海洋文化研究,总 1.北京:文化艺术出版社,1999

79. 李万权,朱鉴秋.《郑和航海图》的综合研究,联合国教科文组织海上丝绸之路综合考察泉州国际学术讨论会组织委员会编.中国与海上丝绸之路.福州:福建人民出版社,1991

80. 何瑜.清代海疆政策研究.博士论文,中国人民大学,1996

81. 中国海洋发展史论文集(1—5).台北:"中央"研究院三民主义研究所,1984—1993

82. 晁中辰.论明代实行海禁的原因——兼评西方殖民者东来说.海交史研究,总 15,1989

83. 陈尚胜.论明朝月港开放的局限性.海交史研究,总 29,1996

84. 陈尚胜.明朝后期筹海过程考论.海交史研究,总 17,1990

85. 陈伟明.明清时期农业科学技术文化交流.海交史研究,总 23,1993

86. 陈伟明.明清外销瓷的工艺与文化特色.海交史研究,总 25,1994

87. 陈伟明.清代知识分子对欧洲科技文化的介绍与认识.海交史研究,总 34,1998

88. 陈希育.清朝海关对于民间海外贸易的管理.海交史研究,总 13,1988

89. 陈希育.清代前期的厦门海关与海外贸易.厦门大学学报(哲社版),1991(3)

90. 陈自强.论明代漳州月港的历史地位.海交史研究,总 5,1983

91. 陈自强.月港督饷制度述要.海交史研究,总 13,1988

92. 程伟礼.基督教与中西文化交流.复旦学报,1987(1)

93. 戴和.清代粤海关税收的考核与报解制度论述.海交史研究,总 13,1988

94. 邓端本.论明代的市舶管理.海交史研究,总 13,1988

95. 杜瑜.北方港发展缓慢的历史地理因素.海交史研究,总 26,1994

96. 葛剑雄.中国历代移民的类型和特点.历史地理,第 11 辑

97. 顾卫民.广州通商制度与鸦片战争.历史研究,1989(1)

98. 郭之笏.关于郑和宝船尺度问题的探讨.海交史研究,总 8,1985

99. 何纪生.海南岛渔民开发经营西沙、南沙群岛的历史功绩.学术研究,1981(1)

100. 黄国安.澳门明末清初中西文化交流的枢纽.学术论坛,1990(6)

101. 黄盛璋.明代后期海禁开放后海外贸易若干问题.海交史研究,总 13,

1988

102. 蒋祖缘. 清代十三行吸纳西方的成就与影响. 学术研究,1998(5)

103. 金秋鹏. 天妃信仰与古代航海. 海交史研究,总11,1987

104. 李晓. 山东胶州港兴衰问题初探. 海交史研究,总7,1985

105. 李金明. 明代后期部分开放海禁对我国社会经济发展的影响. 海交史研究,总17,1990

106. 李金明. 清代经营海外贸易的行商. 海交史研究,总24,1993

107. 李庆新. 明代市舶司制度的变态及其政治文化意蕴. 海交史研究,总37,2000

108. 林更生. 古代从海路外传的植物与生产技术初探. 海交史研究,总14,1988

109. 林更生. 古代从海路引进福建的植物. 海交史研究,总4,1982

110. 林建红. 澎湖群岛的拓殖. 海交史研究,总25,1994

111. 林庆元. 简论西学传入中国的社会环境及其媒体. 海交史研究,总24,1993

112. 林文照. 欧洲早期望远镜的传入和我国对它的仿制与研究. 中国历史档案,1989(12)

113. 刘成. 论明代的海禁政策. 海交史研究,总12,1987

114. 刘昌芝. 郑和下西洋引进的珍稀动植物研究. 海交史研究,总17,1990

115. 刘昭民. 最早传入中国的西方气象学知识. 中国科技史料,1993(2)

116. 彭泽益. 广东十三行续探. 历史研究,1986(4)

117. 彭泽益. 清代广东洋行制度的起源. 历史研究,1957(1)

118. 乔凌霄. 明清之际的文化心态与西学传播效应. 安徽史学,1999(2)

119. 沈定平. 明代南北港口经济职能的比较研究. 海交史研究,总23,1993

120. 沈康身. 从《视学》看十八世纪东西方透视学知识的交融和影响. 自然科学史研究,1985(3)

121. 石云里. 揭暄的潮汐学说. 中国科技史料,1993(1)

122. 水天中. 西画传入中国及其早期的发展. 美术研究,1986(1)

123. 司徒尚纪. 海南岛历史上土地开发的研究. 文献,1987(1)

124. 苏鑫鸿,郑雨婷. 明清时期泉州私人海外贸易兴衰原因初探. 厦门大学学报,1989(1)

125. 孙明章. 传教士与明清之际的思想界. 浙江学刊,1990(4)

126. 童家洲. 明末清初中日私商贸易与华侨. 海交史研究,总24,1993

127. 汪敬虞. 论清代前期的禁海闭关. 中国社会经济史研究,1983(2)

128. 王柔. 西洋音乐传入中国考. 音乐研究,1982(2)

129. 吴凤斌. 宋元以来我国渔民对南沙群岛的开发和经营. 中国社会经济史研究,1985(1)

130. 吴建雍. 1757 年以后的广东十三行. 清史研究集,第 3 辑

131. 杨槱,杨宗英,黄根余. 略谈郑和下西洋的宝船尺度. 海交史研究,总 3, 1981

132. 杨国桢. 关于中国海洋社会经济史的思考. 中国社会经济史研究,1996(2)

133. 杨钦章. 海神天妃的故事在明代的西传. 海交史研究,总 11,1987

134. 张毅. 北方航线在我国海交史上的地位. 海交史研究,总 10,1986

135. 张小青. 明清之际西洋火炮的输入及其影响. 清史研究集(4). 成都:四川人民出版社,1986

136. 赵璞珊. 西洋医学在中国的传播. 历史研究,1980(3)

137. 庄国土. 清初(1683—1727)海上贸易政策和南洋禁航令. 海交史研究,总 11,1987

138. 庄为玑,庄景辉. 郑和宝船尺度的探索. 海交史研究,总 5,1983

139. 邹明德. 鸦片战争前基督教传教士在华的文化活动. 近代史研究,1986(5)

参考文献